河底镇志

HE DI ZHEN ZHI

《河底镇志》编纂委员会　编

方志出版社
Publishing House of Local Records

图书在版编目（CIP）数据

河底镇志 /《河底镇志》编纂委员会编，— 北京：方志出版社，2019.1
ISBN 978-7-5144-3471-2

Ⅰ.①河… Ⅱ.①河… Ⅲ.①乡镇—地方志—阳泉 Ⅳ.①K292.55

中国版本图书馆 CIP 数据核字(2019)第 038332 号

河底镇志

编　　者：《河底镇志》编纂委员会
责任编辑：朱姝

出 版 人：冀祥德
出 版 者：方志出版社
地址　北京市朝阳区潘家园东里 9 号(国家方志馆 4 层)
邮编　100021
网址　http://www.fzph.org
发　　行：方志出版社图书经销中心
电话　(010)67110500
经　　销：各地新华书店
印　　刷：阳泉市正达彩色印刷有限责任公司

开　本:889 × 1194　　1/16
印　张:59.00
字　数:1157 千字
版　次:2019 年 1 月第 1 版　2019 年 1 月第 1 次印刷
印　数:0001 ~ 3000 册

ISBN　978-7-5144-3471-2　　定价:300.00 元

《河底镇志》编纂委员会（2014.5.26）

顾　　问	要宜为　杨济才
主　　任	段拥军
第一副主任	任志刚
副 主 任	任晋忠　张海刚
委　　员	王军军　齐瑞新　杨慧清　葛占斌　梁　丽 王爱强　郭　鑫
办 公 室	
主　　任	任晋忠（兼）
副 主 任	郭彦斌　史丽霞

《河底镇志》编纂委员会（2017.12.8）

顾　　问	要宜为　段拥军　杨济才
主　　任	张魁福
第一副主任	马军军
副 主 任	赵世杰　赵　军
委　　员	杨慧清　武海军　王　威　张晓敏　郝　强　关义辉 葛占斌　任素军　胡宝珍
办 公 室	
主　　任	杨慧清（兼）
副 主 任	郭彦斌

《河底镇志》编辑部

主　编　马军军

副主编　任晋忠　杨慧清

编　辑　郭彦斌　史丽霞　马根全　付海川　郭占升　郭俊卿
高瑞清　陈益廉　翟栓富　王周成　闫　冰　段书平
史虎生　史存寿　史化镇　葛锦馨　刘军堂　侯晋元
王永清　云　霞

录　入　代向丽

审　读　杨济才　段拥军　张魁福

《河底镇志》资料采编人员

王可玮　王根保　王海媚　王联喜　邓海涛　邓文全　邓雪花　史永刚　付素卫
白建文　白雪涛　任海月　刘文忠　刘永胜　闫明珠　李小红　李双来　李四海
李永军　李会生　李智慧　杨荣鸿　杨俊珍　张文华　张志远　张建生　张斌银
陈九来　武红忠　武建梅　武海生　武彩英　周云山　周根银　高志林　郭珍寿
郭静伟　曹海联　曹爱平　葛秀文　程积如　程爱明　傅海金　谢桂琴　靳新明

凡　例

1.本志以马克思列宁主义、毛泽东思想、邓小平理论、“三个代表”重要思想、科学发展观、习近平新时代中国特色社会主义思想为指导，坚持辩证唯物主义和历史唯物主义的立场、观点和方法。坚持实事求是的原则，全面、客观记述河底镇自然、经济、政治、文化和社会的发展历史及现状，突出记述改革开放以来的发展与变化，更好地为河底镇的改革开放和经济社会发展服务。

2.本志上限追溯事物发端，下限截至2014年年末。

3.本志严格遵循横排纵写的志书体例，采用章、节的层次结构，具体运用记、志、传、图、表、录等多种记述形式，以志为主，图表随文设置。

4.本志一律采用简练的语体文记叙体，文风力求严谨、朴实、简洁、通俗。用字以国家语言文字工作委员会1986年10月重新公布的《简化字总表》为准；数字按1995年12月国家质量技术监督局发布的国家标准《出版物上数字用法的规定》中的要求执行；计量以国务院1984年2月27日公布的《关于我国统一实行法定计量单位的命令》为准。

5.本志纪年，中华人民共和国成立前，使用历史纪年并括注公元纪年，民国纪年使用阿拉伯数字；中华人民共和国成立后，采用公元纪年。

6.人物收录坚持生不立传的原则，立传人物以过世的有一定贡献和影响的本籍人物为主，兼收对本镇发展有过特殊贡献的客籍人物。其具体收录标准为，一是代表本镇获得的省级以上劳动模范；二是本镇产生的省级以上党代表、人大代表、政协委员；三是本镇历任党政主要领导；四是本镇籍担任正县级以上职务的党政军领导；五是在全镇某一行业或某一领域取得过重要劳动成果或本镇范围内有较大社会影响的代表人物。对符合以上标准的在世人物，入人物简介。人物表、人物录相应放宽收录标准。

7.资料来源为已公开出版的各类志书、各类馆藏档案资料，口述资料，实物资料。除特殊情况外，一般不注明出处。

8.本志以下限年份河底镇行政区域为记述范围，对2000年撤乡并镇时并入本镇的原东村乡、燕龛乡的具体情况集中进行叙述，力求客观、真实地反映历史原貌和河底镇的发展脉络。

序　一

太行山上，刘备山麓，温河之畔，是我的故乡—河底镇。她历来就是阳泉北部的文化名镇、工业重镇、商贸大镇。素有“煤铁火药之乡”“青龙古镇”之称，区划几经调整，现分布着32个村落，养育着五六万儿女。河底镇历史悠久，文化厚重，周朝时期就有人类繁衍生息，1420年，建瓷窑烧制瓷器；1680年，河底村开设境内最早店铺，并于1736年形成一里长街；1838年，文昌庙兴办义学；1854年，清政府在河底设立铸造钱币的“宝泉分局”；1932年，河底村建立高级小学，80年前的抗日战争时期，河底是平定县（路北）县政府所在地。中华人民共和国成立，家乡人民与全国人民一道站了起来，特别是40年前改革开放的春风吹起，河底人民勇立潮头，逐步从温饱型走向富裕，大办乡镇企业，率先建成山西省的“亿元乡镇”。党的十八大以来，河底人民与时俱进，努力全面建成小康社会。党的十九大又提出了乡村振兴战略，河底人民以习近平新时代中国特色社会主义思想为引领，继续撸起袖子加油干。处于这样一个太平盛世，我们有责任为后人留下一部详实、系统的志书，为爱祖国、爱家乡提供乡土教材和情感认同，并找回几代人的记忆。

乡村振兴，乡风文明是保障。编写镇志是乡村文化振兴的重要内容，习近平总书记讲“看得见山、望得见水、留得住乡愁”。我理解乡愁就是乡土文化，是我们小时候对故乡父老乡亲，一草一木，古街老宅的朦胧记忆；是长大后，抚今追昔、寄托情思、教育后人的精神家园；是每个人内心深处对家乡的文化自信。文化是灵魂，志书是载体，农村传统优秀文化和建筑在历朝历代的破与立、拆与建、新与旧的转折中不断得到保护、提升、传承和发展，浓浓的乡愁需要一隅安放。就我们个人而言，我们每个人是政治、文化、社会、经济、民族和宗族等各种关系中的重要构成，但我觉得我们首先应该是家庭与乡亲关系中的主体。唯有如此，才能说的上个人幸福、家庭稳定、社会和谐、国家强大，尤其是在外打拼的河底人，祖辈、父辈和吾辈从河底走出去，身处异乡，犹如浮萍，要找到根真不容易。盛世修志，记述河底历史，传承河底文化，提供河底信息，展示河底风采，理应是我们的本分和责任。

2014年6月6日，《河底镇志》编纂工作正式启动，河底镇党委、政府成立机构、组建队伍、拨付专款，开始了艰苦细致的镇志编纂工作。修志之初，大家就在讨论中定了三条规则，一是必须做成，切不可半途而废；二是用河底人修河底志，因为知根知底莫过于家乡人，他们生于斯，长于斯，对自己的家乡有一种与生俱来的亲近；三是请修过区志的专业人才编修镇志，因为他们都有一定的修志经验和较为丰富的专业知识。编修镇志就是要通过当代人不懈努力，深入挖掘河底自然、历史、文化、经济、习俗等丰富资源，为我们的子孙后代留下宝贵的精神财富。同时也起到记录历史，传承文明，凝聚人心，启迪后人的作用。这本志书记载着我们从哪里来，也指引着我们向何处去，有镇志就有根，有根就有希望，有希望就有我们优秀的后人，而且后人定比前人强。

如今，《河底镇志》历时5年，几易其稿，经各位乡贤和编纂人员辛勤挖掘，精心编修，终于付梓成书。这既是历届党委、政府主导的自觉之为，也是民间乡贤的自发之举，更是党领导下的文化自信。我作为土生土长的河底人，通过此志也更了解了家乡的光荣历史，更增加了对家乡的感情。我相信，还会有更多同乡和我一样从这部百万之言的典籍中受教获益。借此机会，谨为付出艰辛劳作的编纂人员致以崇高敬意！

岁月失语，唯史能言。《河底镇志》是河底文化的薪火传承，是河底大家庭的时代变迁史，是河底镇新时代中国特色社会主义精神文明建设的又一成果。我希望通过她，能把河底镇的优秀文化历史弘扬光大并不断传承下去，把河底镇人民的精气神凝聚起来，为全面建成小康社会，实现习近平总书记描绘的中华民族伟大复兴的中国梦做出我们每个人应有的贡献。

段拥军

2018年10月

序　二

第一部全面系统反映河底镇经济、政治、文化、社会和生态建设各项事业发展的《河底镇志》经过近5个春秋的精心编修即将付梓成书，这是河底人民政治生活和文化生活中的一大盛事，可喜可贺！这是全镇人民继往开来、勤劳奋进、智慧包容、创新发展的文献记录，可敬可颂！

河底是一个历史古镇。早在旧石器时期境内就已有人类活动，有文字记载的历史约2500多年。山底的将军墓、东村的寨山、河底的青龙山、牵牛镇的官道沟……一处处带有历史印记的古地名见证着古镇的悠久和变迁；下章召的古石器、牵牛镇的瓷器、任家峪的铁碓臼、苇泊的铁炮……一件件标有历史特征的旧物件刻录着古镇的繁荣和兴衰；燕龛的北魏石窟、上章召的石佛庙、中佐的寿宁寺、下章召的禅智寺……一座座沉有历史色彩的老建筑传承着古镇的文化和记忆。

河底是一个农耕大镇。北有凤凰山为倚，南以刘备山为屏，温河聚燕龛河、山底河、苇泊河之细流向东进平定、入绵河。在这片百余平方公里的土地上，先民们依山而居，傍水而息，开山垦荒，填壑造地，勤耕细作，战天斗地，给我们留下了3万多亩宝贵的耕地资源，同时也创造了具有北方特色的农耕文化，一代代传承着惜土如金、以农为本的祖训。从“农业学大寨”运动的兴起到联产承包责任制的推广，从“两高一优”农业的尝试到高效农业、现代农业的实施，河底镇始终是郊区农业改革发展的主战场，引领着郊区农业不断创新发展的方向。

河底是一个交通要镇。历史上河底镇境域曾分属平定县和盂县，位于镇南的刘备山上有座刘备庙，“前檐滴州，后檐滴县”的古话流传至今，意思是下雨天的时候前檐的雨水滴在了平定州的界内，后檐的雨水则流入了盂县的辖区，足见河底镇所处位置之险要。一条横穿牵牛镇村和河底村的古驿道，向东出山西达京师，向西进盂县通并州，直至20世纪末仍是周边村民上地耕作、出门访亲的便捷之路。之后的阳盂公路、滴苇公路、207国道，再后来的阳五高速、京昆高速，以及正在建设中的阳大铁路、G239改线工程，更加凸显了河底镇便捷的交通优势。

河底是一个商贸重镇。正是因为坐落在平定、盂县两座古城的交界线上，正是凭着那条可通省城达京师的官道，勤劳智慧的先辈们，依托得天独厚的资源禀赋创造了河底镇曾经的繁荣，赢得了“平定第一镇”的盛誉。元代牵牛镇的瓷器就已名声远扬；至清代中叶，河底的街市已经相当繁盛，商号林立、店铺杂陈，客舍、货栈、茶馆、酒肆一应俱全。如今走在霓虹闪烁的银河大街上，仿佛还能听到数百年前踏过青石板古街的马蹄声，以及商家们此起彼伏的吆喝声，那一派车水马龙、熙熙攘攘的繁华景象……

河底是一个文化名镇。素有“州北文化重镇”之誉。下章召的旧石器遗址，燕龛、邓家峪的古化石遗存，虽不完整，但仍然能够感受到历史文化的厚重；河底、牵牛镇两村数百家商贾字号，囊括上百个门类、上千种产品，俨然是晋东商业文化的一个缩影；自清代始，牵牛镇民间自发组建剧团，民国时期燕龛的娃娃班、山底的东西剧团、上章召的自乐班，到后来的宣传队、戏迷协会等等，无不在台上台下演绎着河底人的“仁义礼智信忠孝悌节恕勇让”；先辈们或荣入仕途、造福一方，或学为人师、行为世范，或悬壶济世、普度苍生，或投身革命、以身殉国，或立足岗位、默默奉献，或勇立潮头、创新创业，不断演绎和淬炼着属于河底的文化精髓。

河底是一个特色新镇。改革开放40年来，特别是进入21世纪，河底在短短十几年里发生了巨大变化：从自给自足的农耕经济到现在的高效设施农业；从阡陌纵横的山庄窝铺到高楼林立的新型城镇；从面朝黄土背朝天的农民成为自主创业的职业农民，巨大的社会变迁也极大地丰富了人民群众的物质文化生活。现如今河底正处在一个经济转型、社会转轨的关键时刻，新一代河底人正在为建设美丽新河底、实现古镇新崛起笃定前行、开拓奋进。

览古镇历史,我们由衷自豪;品《河底镇志》,我们更加自信。志书总计超过百万字,不仅真实记录了河底发展建设如火如荼的生动场面,而且深情描摹了河底人民生生不息奋发图强的精神风貌。可以说《河底镇志》为后人考证研究河底的历史变迁、人文环境以及社会发展提供了颇为客观、科学的详实史料,是全镇人民的一笔宝贵财富,也是一部爱我祖国、爱我家乡的有益历史教材。

《河底镇志》编纂工作于2014年6月启动,定稿于2018年12月,历时四载有余,工程浩繁而艰巨。今将出版面世,这是全体编纂人员艰辛努力的成果,更凝聚着区地方志、镇、村参与者以及诸多在外工作的河底籍老干部、老前辈的智慧和心血。他们淡泊名利,不求回报;他们无私奉献,潜心编修,作为开“先河”者,他们的精神,与志书同在,与古镇长存。

古镇崛起有待日,更需吾辈当自强。让我们以史为镜,以志为鉴,不忘初心,牢记使命,携手共进,勇于创新,为实现古镇新崛起而不懈努力!

河底镇党委书记　张魁福

河底镇政府镇长　马军军

2018年12月

温河大峡谷

温河大峡谷景区

劉備山
海拔1272.6米

刘备山景区

河底镇人民政府办公楼

河底文化广场

河底人民法庭

河底派出所

山西省农村信用社河底分社

河底惠富购物广场

河底卫生院

河底敬老院

河底融浦家园

河底村

燕龛村

东村村

邓家峪村公园

固庄村文化广场

北庄村文化广场

苏家泉村小学

里龙光峪村幼儿园

东村中心小学

河底村幼儿园

河底村小学

河底中学

试验楼

电教室

河底中学全景

1970年秋，全国劳动模范陈永贵（左）到下章召大队参观

2009年6月18日，省委书记张宝顺（左五）在河底村调研

1996年，市委书记田霍卿（前左二）到下章召村鸡场视察

2016年9月8日，市委书记陈永奇（左三）视察阳泉天隆工程材料有限公司

1996年4月10日，中共河底镇第八次代表大会会议代表合影

1996年，河底镇第五届人民代表大会第一次会议召开

2018年4月24日，中共河底镇第十二届代表大会第三次会议召开

2018年11月10日，河底镇第十届人民代表大会第五次会议召开

1995年，河底镇荣获“中国乡镇之星”

1995年，牵牛镇村荣获“全国模范村民委员会”

1998年2月18日，河底镇劳动模范表彰会议劳模合影

2006年，河底镇召开教师节表彰大会

先进教师步入会场

教师节表彰会场

先进集体

先进个人

2000年，河底路一期工程竣工通车

2001年，河底镇举办“两会一节”暨河底路二期工程竣工庆典

2005年2月26日，河底路、燕龛路暨村村通硬化路工程竣工

2006年2月15日，阳泉德旭耐火器材有限责任公司年产20万吨高档耐材项目开工建设

1995年，河底镇举办秋季物资交流大会

1995年，河底镇秋季物资交流大会广场文化表演

1997年10月1日，河底村银河大街竣工剪彩

庆典表演

1954年，山底铁业社浇铸场面

1959年，燕龛机械厂全景

20世纪80年代，牵牛镇陶瓷厂生产的传统瓷货

1958年，上章召村全民大炼钢时的土炉群

20世纪80年代，任家峪铸锅厂的铸锅车间

山西压缩天然气晋东公司郊区加气站

阳泉天隆工程材料有限公司

阳泉红旗实业有限公司

1970年，下章召大队“铁姑娘”战斗队劳动场面

1970年，燕龛公社组织妇女开展深翻土地

20世纪70年代，河底公社农村利用传统畜力播种

20世纪70年代，河底公社开展农村新农具改革

东村设施农业蔬菜基地

固庄村杨青莲在制菌室培植菌类

下章召村蛋鸡养殖厂

牵牛镇村郭海花元大生猪养殖厂

河底村段忠贵奶牛养殖厂

北庄村永恒绿宝蔬菜基地

20世纪90年代建成的河底村银河大街

河底村明清商业街店铺

2015年，河底村举办物资交流会

2014年，燕龛村举办传统庙会

2014年，牵牛镇村举办传统庙会

2006年，河底镇举办首届全民运动会

机关干部参加拱猪比赛

机关干部拔河比赛

乒乓球赛

女子篮球赛

2003年，关家峪村妇女参加阳泉市妇联组织的“巾帼健身与奥运同行”运动会

河底镇妇女参加阳泉市妇联组织的“移动杯”迎奥运2008妇女健身操大赛

三官阁庙

老爷铁旗杆

老爷庙

天主教堂

通保观（俗称老君庙）

奶奶庙

明灵王祠（俗称皮场庙）

无根松

河底全景

下章召村禅智寺

中佐村寿宁寺

程庄、北庄村五龙王庙

小河北村观音庙

苇泊村天齐庙

山底村玉皇庙

燕龛村甘泉寺

牵牛镇村玉皇阁

燕龛村祝三桥

东村村龙王庙

器乐演奏

投篮比赛

夹球比赛

揉力球比赛

2009年，河底镇组织“九九重阳节”活动

敬老楷模——固庄村张三虎

百岁健康老人——固庄村张慧英

十佳最美家庭——东村村郭林妮

十佳好媳妇——北庄村刘翠妮

美德之家——牵牛镇村李晓红

大头和尚戏翠柳

二鬼抱跌

猪八戒娶媳妇

挠 阁

抬花轿

变 脸

跑旱船

威风锣鼓

戏　童

打渔杀江

黄莲送闺女

舞　龙

迎　灯

舞　狮

绕黄河

唱　戏

媒　婆

大镲表演

跑马皮

踩高跷

鸣锣开道

剪 纸

素 描

油 画

手工艺术

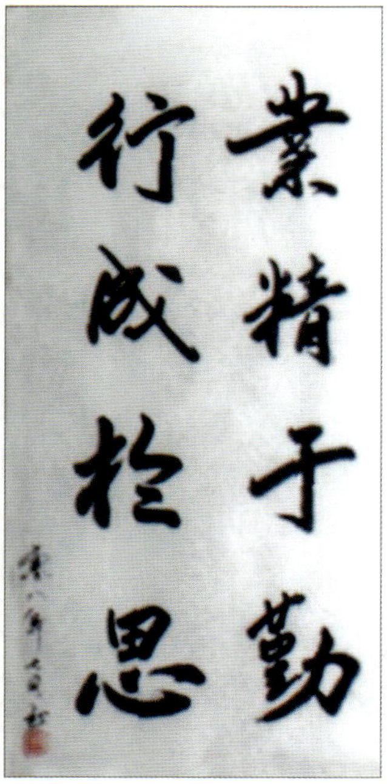

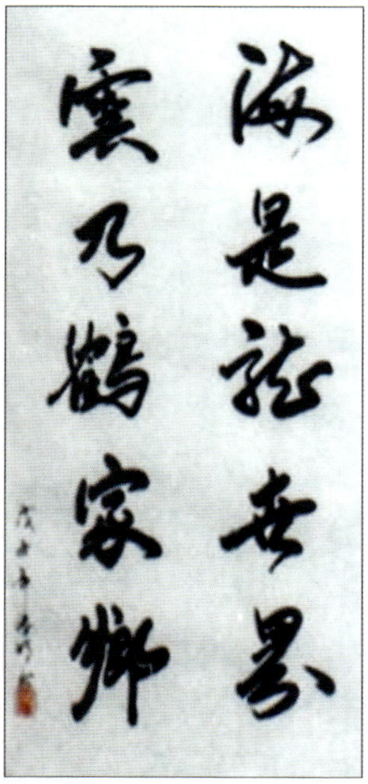

书 法

水墨画

刺 绣

饮食工艺

黄历包

面 塑

手工编织

根 雕

全国残疾人工作
先进乡镇
中国残疾人联合会
二〇〇五年八月

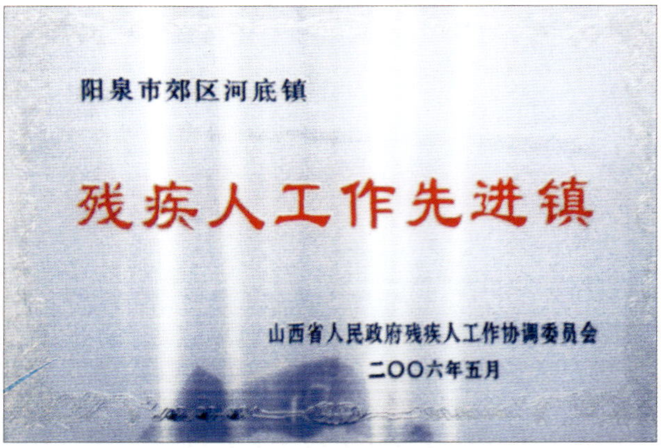
阳泉市郊区河底镇
残疾人工作先进镇
山西省人民政府残疾人工作协调委员会
二〇〇六年五月

拥军优属先进集体
双拥工作领导组
〇〇三年二月

授予：阳泉市郊区河底镇人民政府
拥军优属先进集体
山西省双拥工作领导组
二〇〇三年二月

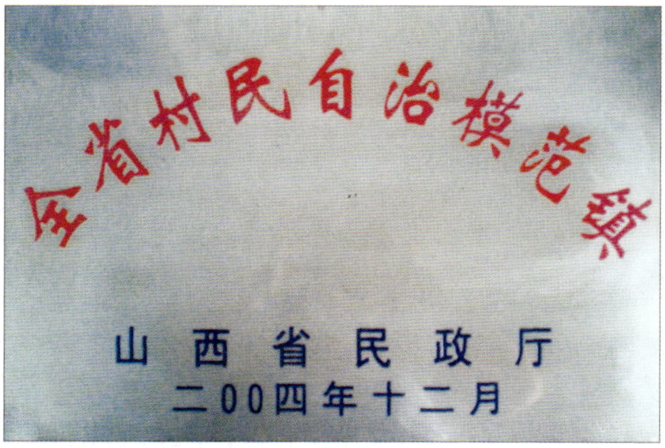
全省村民自治模范镇
山西省民政厅
二〇〇四年十二月

集体一等功
山西省劳动竞赛委员会
二〇〇六年六月

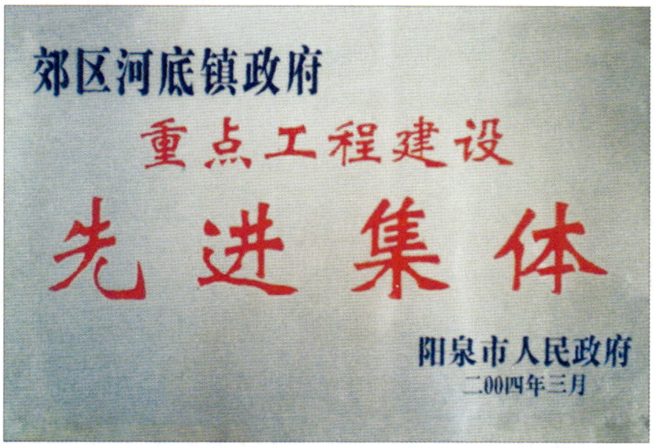
郊区河底镇政府
重点工程建设
先进集体
阳泉市人民政府
二〇〇四年三月

奖给：河底鎮
鄉鎮企業
总产值四亿元镇
中共陽泉市委
陽泉市人民政府 1995.5

第一次全国经济普查
THE FIRST NATIONAL ECONOMIC CENSUS
先进集体
山西省第一次全国经济普查领导小组
二〇〇五年十二月

第二次全国农业普查
先进集体
山西省第二次全国农业普查领导小组办公室
山西省统计局
二〇〇八年六月

拥军优属先进集体
山西省双拥工作领导组
二〇〇三年二月

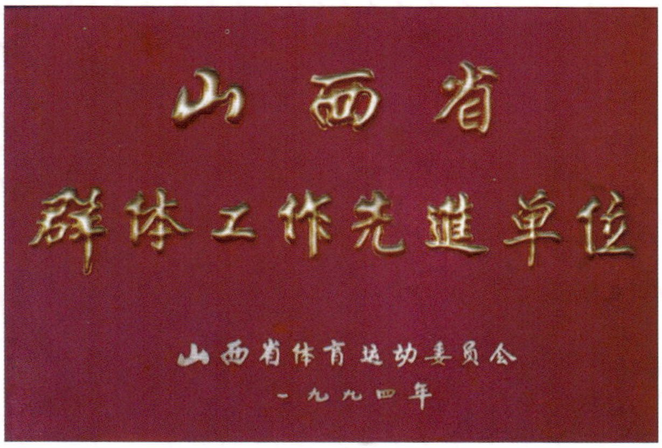
山西省
群体工作先进单位
山西省体育运动委员会
一九九四年

村务公开民主管理
示范乡(镇)
山西省村务公开协调领导组
二〇〇七年九月

全民健身
2006年度山西省全民健身周
先进单位
山西省体育局
二〇〇六年十二月

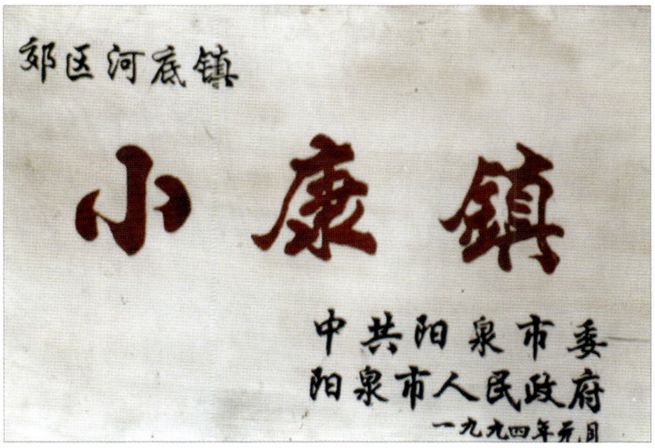
郊区河底镇
小康镇
中共阳泉市委
阳泉市人民政府
一九九四年元月

二〇〇一年度
农民负担监督管理先进单位
中共阳泉市委
阳泉市人民政府
二〇〇二年三月

2014年6月6日，《河底镇志》编纂动员大会召开

2014年6月6日，《河底镇志》编纂委员会成员及资料采编人员合影

精心修志

2016年9月编纂完成的志书草稿及2017年12月完成的征求意见稿

2016年9月13日，镇志编纂委员会组织志稿初审

2018年6月9日，镇志编纂委员会成员与部分参编人员合影

目　录

索 引

说 明

1、本索引为主题索引，收录本志内的人物、地点、事件等重要词条。

2、标引词按第一字汉语拼音（同音字按声调）顺序排列；第一字相同，按第二字音序排列，依次类推。

3、标引词后的阿拉伯数字表示内容所在页码。

D

E

F

G

J

K

L

P

Q

R

S

Y

概　　述

河底镇位于北纬 37°，东经 113°，地处太行山中段西麓，阳泉郊区北部，东与西南舁乡搭界，南与荫营镇相连，西与盂县路家村镇接壤，北与盂县牛村镇毗邻。镇政府驻地在河底村，距区政府所在地 10 千米，镇区面积为 102.32 平方千米。阳盂公路、苇滴公路、阳五高速、京昆高速公路贯穿全境，地理位置优越，交通便捷。河底镇是阳泉市郊区重要的商贸集镇和工业重镇。2014 年，全镇所辖行政村 32 个，人口 5.6 万人。居民以汉族为主，另有回族、满族、蒙古族、壮族、土家族、瑶族、朝鲜族、彝族等少数民族。

河底镇自然环境以山地丘陵为主，最高峰为刘备山，海拔 1270 米，境内气候四季分明，属暖温带大陆性季风气候。季节性河流温河是境内的主要河流，为全镇多数村庄人畜饮水的主要水源。

一

河底镇历史悠久，源远流长。早在旧石器时期境内就有人类活动。秦时辖区属太原郡管辖，西汉为上艾县域，隋属原仇县、石艾县共辖，唐至五代属受州、太原府、广阳县、盂县所辖，北宋属平定县、盂县辖地，元明代属平定州和盂(州)县所辖。清雍正二年(1724)，平定州升为直隶州，盂县为其府县，河底始设镇。

民国元年(1912)，平定废州设县，河底镇境域分属平定县和盂县。民国 26 年(1937)10 月日军侵华战争爆发后，日军侵占阳泉，以正太铁路为界，分为路南、路北两个地区，河底镇境域为路北地区。河底村的三官庙在此时期三度为路北抗日县政府办公地。1947 年 5 月，阳泉解放后，河底镇境所属村庄先后隶属于盂县、平定县、阳泉市工矿区二区、荫营区管辖。从阳泉市郊区人民委员会成立(1957)到阳泉市郊区革命委员会成立(1969)，河底镇称河底人民公社。1984 年 5 月，全区实行乡(镇)村制，河底镇境分属河底镇、东村乡、燕龛乡。2000 年 11 月，撤乡并镇，原东村乡、燕龛乡、河底镇合为河底镇，河底镇境域形成，此建置至 2014 年未再变动。

二

河底镇自然资源丰富，工矿业较为发达。除土地、水、动植物资源外，矿产资源以储量大、品质优、易开采等特点而声名远扬。无烟煤广泛分布在镇区西北部地区，基本覆盖全镇所有行政村。煤炭资源的开发利用历史可追溯到宋元时期。煤炭工业历来是河底镇经济发展的重要支柱产业。依托得天独厚的煤炭资源优势，辖区与煤相关的手工业、铸造业、冶炼业、陶瓷制造业较为发达。明嘉靖五年(1526)，山底村金火匠张宗光等人为盂县藏山祠铸造铁钟；清咸丰四年(1854)，河底设宝泉分局，鼓铸“咸丰通宝”铁钱；牵牛镇村烧制的瓷器；任家峪村铸造的“任”字牌铁锅、炉具等产品响誉三晋及周边省市。除煤炭外，辖区还赋存有铝钒土、硫铁矿、铁矿、耐火黏土、白云石、石灰石、石膏等矿产资源。

20世纪70—80年代，河底镇乡镇(社队)企业发展迅速，掀起“村村点火，户户冒烟”大办工业企业的热潮。其中规模较大的企业有兴华水泥厂、河底电磁电缆厂、燕龛工业砖厂、速凝剂、玻璃厂、耐火砖厂、大理石厂、服装鞋帽厂、铸管厂、阀门厂、暖气片厂、轻质碳酸钙厂等乡镇企业670余家，从业人员11800余人。工业产品多次荣获省市优质产品称号。尤其是上水管、下水管、暖气片、铸铁锅等铸铁产品形成了18个系列、156个品种。产品以质高价优、坚韧耐用等优点畅销全国14个省市。河底铸造厂生产的铸铁下水管被人民大会堂和北京亚运村工程选用。全镇经济实现了由资源优势向产品优势的转化，形成以原煤开采及深加工为主的煤炭工业小区，成为全区6大经济开发小区之一。

从20世纪90年代开始，镇域积极推进乡镇企业民营化改革，不断加大招商引资力度，稳步实施联合运行战略，工业结构得到进一步优化。全镇主导产业煤炭、耐火业产销两旺；冶金、建材业持续盈利，大批闲置资产得到盘活。至2003年，全镇乡镇企业总产值完成124610万元，乡镇企业增加值31710万元，规模企业总产值完成10533万元，规模企业增加值3508万元。

经过企业改制、园区打造、产业结构优化、招商引资等，河底镇工业经济始终保持着较为稳定的发展态势。至2014年，河底镇有股份制、私营工业企业80家，资产总计82949.45万元，营业收入40170万元，从业人员2148人。

三

河底镇土地广袤，种植业始终是当地农民的主要产业。河底镇地处太行山土石山区，可供耕作耕地达2.9万余亩，虽耕地众多，但土壤贫瘠，再加水源匮乏，粮食平均亩产一直在100~150千克之间徘徊，是典型的旱作农业区。传统种植业以生产玉米、谷子为主。中华人民共和国成立前，由于受自然社会条件的限制，耕作粗放，农作物产量较低，农民只能“靠天吃饭”，温饱问题未能解决，农民生活十分艰辛。

民国36年（1947）阳泉解放后，农民分得了土地，生产积极性得到进一步调动，生产条件逐步改善，抗击自然灾害的能力有所增强。因此，粮食产量不断提高，1952年—1958年粮食生产比1949年翻了3番。

20世纪60年代至70年代末，全国掀起农业学大寨运动，河底镇辖区大力推广下章召村学大寨先进经验。全镇移山填沟造平原的农田基本建设全面铺开，农村深翻土地、改造土壤、改良工具、革新技术迅速推进，以温河灌区为龙头的水利工程开工上马，这些重大举措都为辖区的农业生产和农村经济发展打下了较为坚实的基础。

改革开放后，随着土地下放和农村联产承包责任制的推行，镇党委、政府提出“因地制宜，落实宜粮则粮、宜林则林、宜牧则牧、宜工则工”的方针，引导全镇农村以科技为龙头，坚持走农科教一体化的路子，倡导多业并举，全面发展，农业结构得到合理调整，加速了农村经济的发展。但是，随着农民自主经营的灵活性增强，受工矿业高收入利益驱动，20世纪90年代，有相当一些农民弃农从工，或弃农从商，外出打工土地耕作沦为“捎办农业”，粮食生产受到一定影响。

进入21世纪之后，河底镇在围绕“瞄准市场，调整结构，建设基地，强化服务，高产优质，提高效益，服务城市，富裕农民”发展指导方针的基础上，大力发展优质高效农业，先后重点培植东村、下章召、河底、里龙光峪、关家峪、燕龛、苏家泉等种养基地，种植业总产值、粮食、蔬菜总产量大幅提高。与此同时，全镇围绕农村全面建设小康社会和农民增收这个主体，全力推进农业产业化，着力实施退耕还林，发展经济林，大力推进乡镇企业结构调整和体制创新，促进农村宽裕型小康建设和文明生态村镇建设，全镇农业和农村经济发展取得了显著成效。

四

河底镇人居环境风格独特，小城镇建设稳步推进。自古以来，辖区先民因气候条件所限，居住环境多以依山而建的土石窑洞为主，仅有很少一部分人家才有实力修建蓝砖青瓦四合头院落。土石窑洞冬暖夏凉，居住舒适，且具有节能降耗的特点。早在明清时期河底村就有青龙镇之称谓，村内建有著名明清一条街，沿街两侧有各种商铺一百余家，前为经营买卖的门面房，后为生活住宅，还有牵牛镇小街等，这些都是晋冀古驿道上重要建筑的组成部分。全镇居住环境格局一直持续到20世纪70年代。80年代以后，随着社会的巨大变化和人民生活水平的显著提高，镇政府为满足民意和群众需求，大量审批划拨宅基地，全镇迅速掀起住房建设热潮。农民出资盖新房、碹新窑、修院落，房屋建设发生了前所未有的新变化，其结构大多为钢筋水泥混凝土框架结构，一些村民还盖起了二层楼房，甚至还盖起了小高层。村集体大力修建各种公共设施，新农村排房、村委会办公楼、进村牌楼、影剧院、卫生所、学校、幼儿园，几乎各村都一应俱全。有的村还重新修缮了寺庙、古街道、古碑坊、烈士陵园。辖区以固庄、燕龛、河底、山底、牵牛镇、东村等为代表的新农村建设走在阳泉市前列。为有序有效地引导农村和农民的建房需求，科学合理地改善人居环境，河底镇在1991—1997年先后出台了农村村镇建设规划。2000年12月，郊区撤乡并镇工作完成之后，河底镇域面积进一步扩大，镇党委、政府邀请市规划设计院进行规划设计，并经省建设厅评审通过出台《河底镇区总体规划》。河底镇顺利地被山西省政府列为全省城镇建设试点乡镇。小城镇建设在全镇全面铺开。其间，有影响的重大建设工程项目河底银河大街改造工程、河底融浦住宅小区、滴苇路、燕龛路、固庄生态新村、河底幼儿园、北庄村中心广场、五架山别墅小区、中佐富景小区、山底住宅小区等工程建设相继竣工。通过移民并村，武家庄、小沟等村庄迁入河底村和荫营镇。同时，环境改造、生态建设、公益设施、水、电、暖、通讯网络同步跟进，社会主义新农村建设日新月异，农民住房也由分散的偏远山区向镇区居民小区集中，城镇化进程不断加快。随着阳五高速、京昆高速过境公路的竣工，河底镇村镇建设得到了综合提升。2012年，河底镇被山西省政府确定为“百镇建设工程”示范镇。为达到示范镇的总体要求，稳步推进镇区建设，仅2014年全镇共投资6000万元，完成拆迁15000平方米，建成河底、中佐、苇泊、一钢棚户区住宅楼29000平方米，固庄新村进入精装修阶段，投资2000万元的生态观光园已完成地下排水，场地平整、硬化等工程。五架山新村建设，共完成投资15000万元，建成200栋别墅式村民住宅楼，通村公路、深井、新村公园、学校、办公楼、养老中心、卫生所、文化活动礼堂等公共服务设施全部配套建成。至此，河底镇村镇建设和人居环境改造步入一个新的发展时期。

五

河底镇文化积淀深厚，人文古迹荟萃。河底镇素有文化大镇之美誉，自古以来，学有专长，敏于德义的名士贤达，若群星闪耀，人才辈出。享有盛名的古代人物代表，有明代工部主事郭浩、周宏，清代廉吏刘元龙，著名文人魏挚，平定州志协修史鸿藻；近现代代表人物有民间名医段德绪、张五成；学界闻人赵西、张北辰；劳动模范史达华、任荣、王进军、王汉声；晋剧名家史凤存、段玉明；国民党政军领导人刘砚青、李格正、郭一平、武天明；见义勇为代表傅忠义、谢海保；热心慈善事业的民营企业家张三虎、宋根栋；著名画家刘建平；乡土作家王拉寿、郭彦清；国家三级编剧郭俊卿；诗歌、民歌作家高瑞清、李昧所。

河底镇人民在漫长的历史前进过程中，以自己勤劳的双手和丰富的智慧为后人留下了许多宝贵的物质财富和精神财富。辖区著名的文物古迹遗存众多，具有代表性的有：河底村的皮场庙，中佐村的寿宁寺，下章召村的禅智寺，上章召村的石佛庙，牵牛镇村的观音阁，苇泊村的天齐庙，关家峪村的观音庙、关龙逢世系墓碑，燕龛村的甘泉寺，捞儿山五龙王庙，山底村的玉皇阁、将军墓，河底村的刘家大院，大固庄村西园堂的张家庄园山底村的张家大院“四勿堂”，牵牛镇村周氏宅院，燕龛村仁里堡等。辖区民间文化丰富多彩。迓鼓、戏曲颇具地方特色，上章召村剧团被载入《中国戏曲志·山西卷》，燕龛“娃娃班”，山底村东、西剧团，河底村、东村村、牵牛镇村、苇泊村、燕龛村业余晋剧团在本地享有盛名。民间自发举办的街头文娱表演舞龙灯、跑旱船、踩高跷、耍狮子、转阁挑阁、跑驴、霸王鞭、扭秧歌、跑马皮、打铁火、“二鬼抱跌”“母老虎打架”、打迓鼓等传统表演形式经久不衰，民间艺术剪纸、面塑、手工编织、雕刻世代相传，能工巧匠不胜枚举。中华人民共和国成立，特别是改革开放后，各种群众性的文化活动如雨后春笋，蓬勃兴起。卡拉 OK、家庭演唱会、激情广场大家唱、古装戏、街舞、广场舞、健排舞、模特走秀展演等娱乐活动形式多样，极大地丰富了人民群众的精神文化生活，并已成为境内群众生活中不可或缺的重要部分。

六

河底镇各项社会事业协调发展，全面推进，成效显著。

教育方面 河底镇历来有尊师重教的优良传统。辛亥革命前，各种民办私塾馆广布境内乡村。民国初年(1912)，辖区开始兴办新式小学堂。中华人民共和国成立后，以河底的“三完校”为代表的学校教育在平定一带享有较高的知名度。20世纪50年代末，辖区创办的中佐中学师资雄厚、治学严谨、教学形式灵活，教育教学取得令人瞩目的业绩。莘莘学子叩开清华大学、北京大学等名校大门，足迹遍及国内外，为社会培养了大批高素质的建设人才，在阳泉地区的中学教育史上占有一席之地。20世纪80年代后，全镇普及九年制义务教育，河底中学率先成为全市第一所省级示范中学。幼儿教育得到空前发展，职业教育方兴未艾，成人教育进展迅速，中小学实现了现代远程教育。到2014年，全镇义务教育均衡化发展成效明显，成绩斐然。

医疗卫生方面 中华人民共和国成立前，河底镇辖区缺医少药，地方病多发。医疗卫生以传统中医、中药为主，医疗队伍仅仅为有限的十余名民间郎中，人民健康难以保障。1949年后，在中国共产党和政府的关怀重视下，农村医疗卫生事业不断发展。从建立保健站到联合诊所，从乡村赤脚医生的培养到乡镇卫生院的建立，辖区医药事业发展迅速，镇村两级卫生医疗体系逐步建立健全。河底镇、东村乡、燕龛乡、固庄煤矿、红土岩煤矿、燕龛煤矿等一批卫生院相继创办，全镇各行政村村村建立卫生所。改革开放后，辖区各种名目的民营药店，私人诊所开始兴办如全市有名的杨树沟“泰和堂”诊所(药店)进驻河底，农村居民全部纳入医疗保险，人人享有健康权利，群众买药难、就医难问题得到有效解决。进入21世纪后，随着政府投资逐年增加，医疗设备不断更新，技术水平稳步提高，公共卫生、科研、合作医疗体系逐步完善，人民群众健康水平日益提升，人均寿命从中华人民共和国成立前不足40周岁提高到2014年的76周岁以上，广大群众的精神面貌发生了深刻变化。

交通方面 河底镇自古以来地理位置优越，是连接平定、盂县的交通要塞。除湮灭在历史长河中一些古驿道外，民国16年(1927)，阳盂公路为境内最早的高等级公路，日本侵略军在民国26年(1937)10月突破娘子关后，乘汽车一路向北，经此公路直达河底，开始对这一带的残酷统治。中华人民共和国成立后，辖区各村道路以民间自发修建的乡村土路或沿河道铺垫的贸易小道为主。进入21世纪后，辖区公路建设突飞猛进，特别是2003年到2014年，辖区实现了道路“村村通、户户通”，由原来土石铺砌的乡间便道一律变成水泥硬化路面。同时，207国道、阳五高速公路、京昆高速公路、省道石阳线、北郊公路、滴苇公路、牵霍公路、固庄煤矿运煤铁路专线和一大批桥梁和涵洞相继建成。河底辖区交通四通八达，大大方便了百姓出行，有力促进了辖区各行各业的健康发展和区域经济的腾飞。

邮政与电信网络 清宣统元年(1909)，河底设邮寄代办所。1956年，阳泉邮电局在河底设邮电所，次年改为邮电支局。1984年阳泉郊区区域正式成立后，辖区的河底、东村、燕龛、固庄煤矿相继设邮电所。业务主要是负责报刊杂志征订、信件、包裹等的邮递，另外还承担电话转接、电报速递业务。2008年后，河底辖区各邮电所增设了邮政储蓄业务，同时各种快递网点纷纷设点挂牌并投入运行。各邮电所2000年前一直兼有电信业务功能。从20世纪末到2014年，辖区电信发展速度快，从固定电话的安装到寻呼机的出现，从小灵通使用到智能手机的推出，再到电信网络全面覆盖，可以说互联网和大数据应运已经与人们日常生产、生活、学习息息相关，密不可分。

商贸旅游 河底镇是阳泉郊区北部重要的商贸集散地。早在明清时期就有远道而来的商贾驼队或骡马队到达本境从事煤铁、瓷器、棉麻物品和药材、粮食等大宗货物交易。河底工商一条街，牵牛镇小街就是该时代逐步形成的商贸基地。其中河底古街有商贾字号140余家，从业人员500余人，经营行业20余种。20世纪30年代中后期，日军侵占河底后，市井萧条，百业凋零。全国解放后，国家实行统购统销，辖区各村相继成立供销合作社和信用合作社，社员集资入股，供销社保障各村村民的日常生产物资和生活必需品的基本供应。直到改革开放后，随着商品经济和市场经济的实行，辖区各种商店、小卖部、超市、饭店、小旅馆、菜市场遍及全镇各村，各种车辆修理、矿业机械配件商铺等分布在境内主要公路沿线和人口集聚地。

随着人们物质生活条件的改善，辖区人民群众越来越追求高质量的精神生活。生态观光农业在镇辖区许多农村应运而生；乡村旅游和农家乐地方小吃红红火火；新推出的温河沿岸景观旅游吸引市民纷至沓来；东村、北庄等现代农业种植基地采摘如火如荼；家庭小轿车自驾游风行一时，周边地区旅游路线和自然风光以其独有的魅力引领镇境居民领略辖区外异彩纷呈的美妙世界。

七

河底镇在中国共产党领导下，经过战争年代和社会主义革命建设的历练，特别是中共十一届三中全会后改革开放大潮的洗礼，全镇党的领导日益加强，民主法制建设不断推进，社会发展和谐稳定，人民生活水平持续提高，农村养老保险和大病统筹全面普及，新兴农业产业融合发展，生态环境逐步改善，居民收入不断增加，社会主义核心价值观深入人心，尊老爱幼，尊师重教蔚然成风。各种文化生活丰富多彩，各行各业充满生机，全镇政治、经济、文化和各项社会事业成就辉煌，令人欢欣鼓舞。

展望河底镇美好的发展前景，全镇人民倍感使命光荣、任重道远。但也应清醒地认识到镇域经济结构尚欠合理，可持续发展及环保形势严峻，工业园区建设步伐还需加快，资源型经济发展道路优势不再，自主创新实力相对薄弱，技术专业人才缺失严重，劳动就业压力加大，小城镇建设水平不高等。面对这些困难和挑战，河底人民一定会在镇党委的正确领导下，知难而进、锐意改革、勇于实践，不忘初心，继续前进，认真贯彻中共十八大精神和习近平总书记系列重要讲话精神，努力实现镇党委、政府提出的把河底镇全面建成新型工业重镇、特色农业大镇、绿色宜居集镇、和谐文明新镇的奋斗目标，撸起袖子加油干，一心一意谋发展，继续发扬自力更生、艰苦奋斗的创业精神，用自己的双手把河底镇建设成为全区一流乡镇。

大　事　记

战国至清代

周贞定王十二年(前457)

晋卿智伯灭仇犹国,仇犹国将军殉国于山底村将军岭上(俗称北山),并在此埋葬,古称将军墓。

元至顺二年(1331)

农历四月,辖区旱情严重,农作物播种受到影响,民众生活贫苦。

元至正二年(1342)

辖区发生地震,震声如雷鸣,地面开裂,民房损坏。后又发生大旱。

明洪武三年(1370)

牵牛镇村设牵牛铺,为盂县到达平定必经之地。

明永乐十八年(1420)

牵牛镇建瓷窑一座,烧制黑白瓷器,其产品除供本地需用外,还销往邻县。

明成化二年(1466)

辖区发生旱灾,粮食颗粒无收。

明正德十六年(1521)

河底村以古河道定名河底。

明嘉靖三十年(1551)

牵牛镇村设“牵牛山寨”,明清时都有驻兵防守。

明嘉靖年间(1522—1566)

山底村金火匠张宇、张宗美、张宗奎、张宗鲁为盂县藏山大王庙铸造铁钟和大王铁像。

明万历年间(1573—1620)

山底西河湾炉为盂县蒋村铸造大钟,重 5 吨。

明崇祯十二年(1639)

辖区发生旱灾和虫灾。

清顺治六年(1649)

河底村刘茂在会试中考取武进士,随多尔衮、洪承畴率师讨伐南明。

清康熙十九年(1680)

河底村要氏一家创建火药厂,生产火药。

清康熙三十五年(1696)

辖区淫雨连绵,农作物绝收,民众用草根树皮充饥。

清康熙四十二年(1703)

潞安府人赵永义在河底村开办当铺,为辖区第一家。

清雍正二年(1724)

河底村改称河底镇。

清乾隆元年(1736)

河底村建普丰阁,并形成一里长街,商贾字号有 140 余家。

清乾隆三年至二十一年(1738—1756)

在乡试中,河底村考取解元1人,举人5人;在会试中,考取进士2人。

清嘉庆二十三年(1818)

翰林院吉士李卯万为燕龛村李成绩家挂"五世同居"牌匾一块。

清嘉庆二十四年(1819)

辖区发生暴雨,大水淹没固庄沟,在炭窑内作业的2人以及驴骡四五十头被淹浸。苇泊村张元珠不吝资财,出钱雇工打捞,清挖窑道,经过三天三夜的抢救,人、畜安全脱险。

清道光年间(1821—1850)

固庄村"西园堂"张家大院建成。

清道光二年至二十六年(1822—1846)

在乡试中,牵牛镇村考取举人2人。

清道光十一年(1831)

农历十二月十二日,淖泥村(今东村)一带下大雪,深数尺,致使道路阻塞,民众难以行走。

清道光十五年(1835)

辖区发生旱灾、风灾,农作物绝收,斗米价高达1200文。

清道光十六年(1836)

淖泥村(今东村)西崦岭(后叫西岩梁)为通往获鹿驿道,道路崎岖不平,两天泥泞难走,官差行人叫苦不迭。东村曹进福捐钱修路,得到官府、村民一致称赞。

清道光十八年(1838)

河底村刘珂鸣资助重修文昌庙,在庙内开办义学。

清道光十九年(1839)

盂县县令康某倡议在淖泥村(今东村)寿圣寺西建试院,曹一鸣(字小应)同堂弟曹一揆商量,捐大树70株,县绅为他们树石碑一通,以表彰他们的功德。

清咸丰四年(1854)

清廷户部宝泉局在河底镇设宝泉分局,开炉20座,鼓铸铁钱,名“咸丰通宝”。

清咸丰七年(1857)

河底村金火匠鼓铸高15米、粗0.3米的铁旗杆一对,立于老爷庙山门宏场两侧。

清咸丰八年(1858)

牵牛镇村李涟清在乡试中考取武举。

清光绪三年(1877)

张赵(今章召)、南韩庄(今韩庄)一带发生冰雹和旱灾,粮价飞涨,斗米1200至2200文。

清光绪八年(1882)

燕龛村生员史鸿藻参与重修《平定州志》。

清光绪十八年(1892)

苇泊村始建乐楼、楼台(俗称新台),和天齐庙对应坐落,是阳泉市现仅存两座较为完整的明清古戏台之一。

清光绪二十年(1894)

太原阳曲县黄水村传教士王建一到河底、苇泊村传教。

清光绪二十六年(1900)

平定姜家沟贫农张大楞,在直隶深州(今河北深县)当学徒时,加入义和团。后回乡于县城南关真武庙设坛聚众,练拳习武,号召民众反对外来侵略,并派李大笨率团赴苇泊村焚烧天主教堂,驱逐洋教士。翌年秋,被官府血腥镇压。

清光绪二十九年(1903)

神甫胡宝善在河底村后底沟购地 15.5 亩。兴建天主教堂。

同年,境内私塾改称学堂。

清宣统元年(1909)

河底村设邮政代办所。

中华民国

民国 9 年(1920)

辖区大旱,粮食颗粒无收,饥民卖儿卖女,四处逃荒,饿死者众多。

民国 10 年(1921)

河底村瘟疫(伤寒)流行,死者甚众,最严重的一家死亡 7 人。

民国 13 年(1924)

同年,五台县年老五父子在盂县鹤山村创办的“年老五娃娃班”(中路班子科班)迁往燕龛村,民国 26 年(1937),因经营不善负债,班主出逃,该班解散。

同年,河底村袁平福在河底街开办“元兴盛”药店。

民国 16 年(1927)

曹家掌村曹魁亮建起辖区第一家民营手工锄业社,产品为“京东大元锄”。

民国 17 年(1928)

2 月 29 日,著名晋剧演员史凤存(燕龛旦)在本籍燕龛村病逝,享年 73 岁。

民国 20 年(1931)

7 月 4 日,中共山西省特委组织国民党第 11 师高桂滋部官兵在平定城武装起义后,向盂县挺进，途经本境苇泊、河底、牵牛镇等村。

民国 21 年（1932）

河底村建立高级小学校。

民国 25 年（1936）

苇泊至山底开通大道，名为苇山路。

民国 26 年（1937）

11 月 11 日，中共平定（路北）县工委、平定（路北）县政府从盂县上社移至河底村三官庙办公。

12 月，日军进犯河底，平定（路北）县工委、县政府奉命迁往盂县。

民国 27 年（1938）

2 月 14 日（农历正月十五），八路军十九团七大队指导员潘忠和连长等 7 人到盂县侦察敌情，顺路到山底村督促探亲兵员归队走漏了消息，16 日早被日军抓走，在河底西阁外河滩被杀害。

同年，辖区各村相继成立工人抗日救国会、农民抗日救国会、青年抗日救国会和妇女抗日救国会等抗日群众组织。

同年，秘密组织境内第一个中共党支部——苏家泉党支部。

民国 28 年（1939）

1 月，辖区各村在平定（路北）县政府的领导下，普遍开展“合理负担、减租减息”运动。

同年，盂县十三区设在山底村。

民国 29 年（1940）

8 月 14 日，山底村白玉黍母女勾结地痞流氓、日伪人员贩卖毒品，被十三区政府枪决在黑统沟口。

10 月，平定（路北）县五区政府驻曹家掌村。

同年，山底村副村长鲍忠厚被选为盂县县议员。

同年，邓家峪村发生狼灾，被咬死 3 人，咬伤 2 人。

民国30年(1941)

7月,辖区贯彻晋察冀边区政府颁布的《婚姻登记暂行条例》。

10月20日(农历九月初一),山底村发生日、伪军迫害、凌辱村民的"沟子里事件"。

民国31年(1942)

6月25日,八路军十九团围攻小河北村日伪反动武装"红枪会",10多名会首负隅顽抗被击毙。

同年,平定(路北)县贸易局设在山底村西庙。

同年,日军侵占山底村西文昌山,设立据点,称"文昌炮台"。

民国32年(1943)

4月18日,苏家泉村武委会协同平定(路北)县武工队,在村公所打死前去催交粮款的日伪汉奸5人。

同年,燕龛村铁炉开始秘密为抗日政府生产手榴弹壳和地雷壳。

民国33年(1944)

2月,驻盂县日军和伪警备队分两路合围山底西庙,抢走贸易局所有物资,杀害贸易局干部。

冬,燕龛村民兵袭击日伪军,击毙日伪军多人。

民国34年(1945)

2月18日,平定(路北)县支队四连奇袭日伪驻河底警备队,俘虏伪军40余人。

6月9日,河底、西南舁、盂县牛村据点日伪军100余人,包围东村抢粮,制造了骇人听闻的"六九惨案"。

8月,平定(路北)县联社派郭东隆、郭汉山到山底组建平定(路北)县第一座地下军工厂"羊圈炉",秘密试制手榴弹壳。

8月15日,日本天皇宣布无条件投降,盘踞在河底的日军撤走。

秋,阎军骚扰寿阳,致使寿阳百户人家逃难到山底村居住一冬天。

农历十月十五,牵牛镇村剧团在大西庄村演出晋剧《大惨案》,反响强烈。

同年,山底村被平定(路北)县政府授予"支前模范村"称号。

民国 35 年(1946)

春,河底发生狼灾,狼群 7~13 只,咬死村民 3 人,伤 6 人,行人一度不敢上路。

4 月,平定(路北)县地下军工厂(羊圈炉)由于阎军侵犯,由山底迁往盂县石窑峪村,更名“新民铁工厂”。

6 月,河底高小迁往盂县白土坡村,联合成立“河白高小”。1949 年,“河白高小”分校,河底高小返回河底村。

12 月 13 日,平定(路北)县组织四区民兵袭击阎军驻河底地方武装——“复仇队”,俘敌 53 人,击毙 1 人。

同年,平定县联社在河底成立河底铁业联社,为阳泉市手工业生产最早的领导机构。

民国 36 年(1947)

4 月,晋察冀边区石窑峪兵工厂迁至东村,主要生产手榴弹、炮弹等军工产品。

4 月,山底村组织百人担架队支援正太战役。

5 月 2 日,平定、阳泉全境解放。

5 月下旬,辖区各村掀起除奸反霸、清算复仇运动。

6 月 13 日,天降大雨,山洪暴发,牵牛镇村民周占芳被村北河洪水冲走身亡。

7 月,辖区中共地方党组织开始公开活动。

同月,燕龛村创办民生铁厂,生产手榴弹壳和二八炮蛋壳。同月创办荣军消费合作社。

7—8 月,辖区各村掀起土地改革运动。

8 月,任家峪村 84 名铁业工人组成工人合作炉,生产车床、车链等。

11 月,阳泉宝兴享国办商行在河底教堂开办“兴隆号”支行,为解放太原筹集资金、物资。

同年,前、里龙光峪合并,统称龙光峪。

同年,山底村被平定(路北)县政府授予“对敌斗争先进村”称号。

民国 37 年(1948)

春,河底商业联合会成立。

8 月,苏家泉(猪头垴)、上章召、牵牛镇、龙光峪、河底等 11 个行政村,从平定县划入阳泉市四区。

9 月,市公安局在河底设立派出所。

中华人民共和国

1949年

1月 燕龛、曹家掌等6个行政村从平定县划入阳泉市四区;东村、山底、下章召等9个行政村从盂县划入阳泉市五区。

7—8月 辖区阴雨连绵,山坡流失,沟洼地被毁,山底村南坡房屋倒塌甚多,村民张志小在苏家坡住的三间土窑洞倒塌,全家5人遇难。

8月 苏家泉村赵征帆山底村张志忠、曹有山等多名干部并抽调南下、北上支援祖国建设。

9月7日 山底供销合作社成立,为全市首批农村供销社之一。

10月1日 中华人民共和国成立,辖区民众载歌载舞,欢呼庆祝。

12月 阳泉市税务局在河底设立税务所。

1950年

1月 中国少年儿童队相继在辖区各学校成立。1954年2月,改称中国少年先锋队。

2月 燕龛、东村等15个行政村重归平定县和盂县管辖。

5月1日 《中华人民共和国婚姻法》在辖区施行。

同年 阳泉市矿务局在邓家峪村创办“万生矿”,矿部设在青云观院内,邓家峪村有22人被招工。

同年 邓家峪村民用土炉铸造手榴弹壳,支援朝鲜战场。

同年 小河北村军队干部杨士福被西北军政委员会授予“人民功臣”勋章。

1951年

1月1日 遵照中共中央《关于在全党建立人民群众宣传网的决定》，河底村党支部建立宣传网。

3月 辖区开展镇压反革命运动。

春 辖区掀起“抗美援朝，保家卫国”群众运动热潮。

4月 任家峪村成立“铁业生产合作社”，生产手榴弹壳和地雷壳。

7月 下章召村志愿军战士王占玉在朝鲜战场荣立一等功。

1952年

1月 辖区开展“三反”（反对贪污、反对浪费、反对官僚主义），“五反”（反对行贿、反对偷税漏税、反对盗窃国家财产、反对偷工减料、反对盗窃国民经济情报）运动。

10月31日 苏联专家日俄比夫在全国手工业合作总社主任邓洁等陪同下，到任家峪、苇泊等铁业生产合作社参观访问。

11月13日 北庄村王桂芬一胎生三婴（二女一男），民政部门给予经济补助。

12月 山底铁业生产合作社自筹资金，购置安装25马力煤气机，推广了圆炉化焖铁技术，大公报记者肖峰专程到山底村采访，并进行连续报道，该社被评为华北五省市模范生产合作社。

同月 燕龛生产合作社购发动机一部，用于生产发电。

1953年

1月 中华全国总工会参观团到任家峪铁业生产合作社参观。

4月17日 东村、山底等村从盂县被划归阳泉市二区。

同月 中国人民银行盂县三区山底营业所、盂县医院山底医疗点被撤回盂县。

农历三月二十三 河底举办首次物资交流大会，参加人数达 7.35 万人次，成交额 5.05 亿元(旧币)。

6 月 辖区进行中华人民共和国成立后第一次人口普查,11 月底结束。

10 月 辖区开始实行粮油计划统购统销。

同年 苇泊村在原水磨坪地段建起车马店,解决了阳泉至盂县来往客商的住宿问题,此为辖区第一家旅店。

同年 山底铁业生产合作社被评为“山西省手工业模范社”。

1954 年

4 月 辖区按山西省度量衡管理规定,开始实行市制长度以尺、面积以亩、容量以升、重量以斤为单位的度量衡标准。

7 月 河底粮食市场开放。

9 月 15 日 辖区棉花、棉布开始实行凭票证供应。

10 月 市任家峪铁业生产合作社试制砂模铸锅成功。

同年 市教育整顿委员会对全市小学进行整顿,划定辖区河底小学为第三完全小学。

同年 阳泉市人民银行在河底设立营业办事处。

同年 山底铁业社同牵牛镇磺业社、河底磺业社联合改造苇泊至山底公路,当年通车。

同年 山底铁业社自筹资金,建起全省手工业系统第一座 6 立方米再造炉。

同年 任家峪、下章召首办初级农业生产合作社。

1955 年

春 辖区开始实行义务兵役制。

7 月 辖区设立河底、牵牛镇 2 个粮站。

8 月 河底、山底等村遭遇百年不遇的虫害,一夜之间谷苗被咬成光杆。

同年 燕龛机械厂从天津买回美制“小岛机”和“白牌”货运汽车 3 部,此为郊区辖区第一家购买汽车的单位。

同年　山底初级社引进红薯栽植成功。

同年　固庄村村民王老虎购买“拉洋片”(又称照西洋镜)的设备,为辖区第一家。

同年　邓家峪村在大北沟修建监院,住劳动改造人员五六百人,榆树梁驻公安队一个排。

同年　辖区各村全部建立初级农业生产合作社。

1956 年

2 月　山底村团支书鲍华同团市委书记周国俊代表阳泉市出席团中央在延安召开的华北五省区青年植树造林大会。

3 月　辖区成立燕龛乡,属平定县管辖。

5 月　辖区农业、个体手工业全部实现合作化,私营工商业实行全行业工私合营。

6 月　河底古河道发洪水,村民葛存华遇难。

同年　辖区各村均成立高级农业生产合作社。

同年　在荫营矿当工人的邓名恩(邓家峪人)发明了“自磨电发炮机”和“瓦斯监测器”,被省、市评为“劳动模范”。1957 年出席全国群英会,受到了毛泽东主席、周恩来总理的接见。

同年　邓家峪铁业社与任家峪铁业社合并,邓家峪有 44 人转入城市户口,后又随该厂于 1958 年 9 月转入地方国营苇泊铁厂。

同年　山底铁业社被评为“山西省手工业模范社”。

1957 年

6 月　阳泉市第三完全小学教师王惠明被评为省“教学标兵”,出席省文教群英会,受到共青团中央书记胡耀邦等领导的接见。

12 月　山底铁业社转为联社合作工厂。

同年　南沟、韩庄温河公路桥建成。

同年　市邮电局在河底设立邮电支局。

同年　苇泊村知名油匠靳钰等人制作的绳索“空中舞龙”在太原表演,荣获省文化调演奖。

同年 任家峪村妇联主任古保祥参加全国第三届第四次妇女代表大会，受到中央有关领导接见。

1958年

春 阳泉市在山底村召开水利现场会。

3月 阳泉市郊区确定东南沟大队为蔬菜种植基地。

6月 辖区广泛开展学习贯彻“鼓足干劲,力争上游,多快好省地建设社会主义”的总路线运动,掀起“大跃进”热潮。

6月2日 山底合作工厂转为山西省地方国营山底铁厂,划归市冶金局管辖。

8月 中佐中学成立。是年,在全镇范围内招生250余人,有教职工20人,设5个教学班。

同月 河底公社创办全省第一所民办“工农中学”,亦称“红专学校”。

8月15日 撤销平定县制,平定县与阳泉郊区合并,统称阳泉市郊区。全境改属阳泉市郊区(驻地平定城)。

9月 在大炼钢铁期间,河底村珍贵文物老爷庙铁旗杆被毁。

同月 实行政社合一的人民公社,辖区成立河底人民公社。各村高级农业生产合作社撤销,与村合并,改称管理区。

同月 辖区展开深翻土地,大炼钢铁活动。

同月 辖区人民公社刮起大办公共食堂的“共产风”,各村均办起了公共食堂,各家各户不再起锅灶做饭。

10月 河底、中佐、苇泊、龙光峪4个村集资建立电影队,此为全省第一个农村电影队。

同年 山底、牵牛镇、红土岩、小沟在山底老爷庙联合办起山底乡农村医院。

同年 阳泉市工业局在苇泊村东梨堰占地一百多亩修建了苇泊钢铁厂，后更名为工农钢铁厂,阳泉第一钢铁厂。

同年 辖区人民公社对孤老残幼实行“五保”(吃、穿、住、医、葬)政策。

同年 在大搞钢铁运动中,东南沟大队被东村公社确定为焖铁基地,把河槽全部作为焖铁炉,从牵牛镇运回笼奎(牵牛镇瓷厂烧碗、盆的工具),把各村送来的铁矿石装进笼奎内焖铁。

同年 燕龛村在主要街道铺设自来水管道一趟，解决村民下河槽担水问题。

1959 年

2 月 中佐中学体育教师王树忠被省体委评为“先进体育工作者”。

3 月 18 日 郊区境内第一座变电站在任家峪村口建成。安装 35kV 变压器一台，容量为 1800kVA，为河底、三郊、东村和荫营部分地区供电。

同月 山底铁厂王殿华等代表阳泉市冶金局参加全国冶金交通工作会议，受到刘少奇主席的接见。

4 月 2—7 日 山西省中小高炉现场会在市苇泊钢铁厂召开。

4 月 河底管理区党委改称河底人民公社党委。

6 月 30 日 中共山西省委书记陶鲁茄到市苇泊钢铁厂视察。

7 月 五架山村由盂县划归东村公社。

同月 辖区废除 16 两秤，始用 10 两秤。

7 月 3—5 日 河底、牵牛镇连续两次遭风、雹、洪灾袭击，东村饲养员王冬季为抢救集体财产被卷入洪水中，以身殉职。高级社为其召开追悼大会。

10 月 西南舁公社同市交通局、山底铁厂开展以钢铁生产为中心的修路、运输、采矿的“一条龙”连环竞赛，时被誉为“三家村”而闻名全市。

11 月 山底铁厂自筹资金，架设任家峪至山底 35 千伏高压输电线路。

同年 市燕龛机械厂从石家庄购买汽车配件组装成美式吉普车一辆，此为郊区境内第一辆轿车。

同年 邓家峪村邓喜瑜、高鸣山等代表阳泉市郊区（驻平定）出席全国第一次农民运动会。邓喜瑜参加的篮球队在太谷赛区夺得全省第三名，邓喜昌、高鸣山参加的田径代表队在文水赛区获全区田径第三名。

1960 年

5 月 河底农业中学、龙光峪红专学校被评为出席省文教群英会先进集体。

同月 荫营——邓家峪煤炭专用线建成，全长 8.6 千米。

秋 由于天旱不雨，粮食减产，村民生活困难，下章召大队举办“无粮现场会”，市长王文如到会指导，村干部想方设法带领群众共渡难关。

同年 春至夏干旱无雨，粮食严重减产。

同年 牵牛镇村因旱灾粮食大幅度减产，村民因营养不良，200 余人患浮肿病，先后有 76 人非正常死亡。

1961 年

1 月 辖区各公社贯彻中共中央《关于农村人民公社当前政策问题的指示信》和《关于农村人民公社工作条例（草案）》（以下简称“六十条”）。公社下属各村管理区改称生产大队，各管理区下属的生产队一律改称生产小队。

4 月 撤销阳泉市郊区，恢复平定县制。辖区属阳泉市河底人民公社。

8 月 19—28 日 在市委四级干部会议上，上章召生产大队介绍了试行《农村人民公社工作条例（修正草案）》的初步经验。山底（包括牵牛镇、红土岩、小沟 4 个生产大队）介绍了恢复农村供销合作社的试点经验。

10 月 根据《中共中央关于农村人民公社工作条例》精神，农村公共食堂停办。

11 月 全市供销社系统的技术革新现场会在东村小学召开，东村供销社主任王存孝在大会上交流经验。

同年 牵牛镇李子连等表演的迓鼓，以晋中人民代表团名义赴太原参加山西省军区文艺竞赛演出。

同年 山底村为阳泉市蔬菜队，村民吃供应粮、议价油。

1962 年

1 月 河南与下章召第一次分为两个生产大队。

2 月 25 日 固庄村分为大、小固庄两个生产大队。

6 月 任家峪铁业社试制广锅成功，在 1964 年全国同行业评比中，该产品名列第五。

同年 阳泉至山底的公共汽车开通。

1963 年

2 月 东村人民公社成立。

3 月 辖区广泛开展学雷锋活动。

6 月 河底小学被省教育厅确定为省重点小学。

8 月 3—9 日 辖区连降暴雨，房屋、窑洞多漏，有的甚至倒塌。

同年 曹家掌村在庙戏台东侧河旁建起郊区境内第一个水磨，1965 年通电后停用。

同年 苏家泉、北小西庄被市农建局确定为玉米杂交种基地。

同年 龙光峪大队分置为前、里龙光峪 2 个生产大队。

1964 年

4 月 辖区掀起学习毛泽东著作高潮。

7 月 辖区完成第二次全国人口普查。

8 月 4 日 市委、市人委批转东村公社“关于发展养猪情况的报告”，要求各级领导统一认识，发展养猪事业，为农业增收创造有利条件。

8 月 23 日 下午 3 时，河底、牵牛镇、邓家峪、东村等大队遭受雹灾，大部分庄稼倒伏。

秋 “四清”（清思想、清政治、清组织、清经济）运动在大河北、河南、牵牛镇、河底、山底等大队开展。

同年 辖区开展农业学大寨运动。

同年 辖区各大队普遍建立贫下中农协会。

1965 年

5 月 阳泉晋剧团著名演员王意成（艺名茶叶红）在河底村演出时，因心脏病突发，谢世于舞台，时年 58 岁。

7月 荫营煤矿建井队在固庄西山建设矿井“九尺平硐”。1981年1月，从荫营煤矿分出正式建立了山西省阳泉固庄煤矿。

同年 辖区掀起农业学大寨高潮。

同年 北小西庄村成立阳泉市第一个育种实验基地，杂交玉米中单2号育种成功。

1966年

3月8日 河北邢台地区发生7.6级地震，波及本境，群众为防震露宿野外。

7月 “文化大革命”运动在辖区开始。部分青年学生，在“横扫一切牛鬼蛇神”，破“四旧”（旧思想、旧文化、旧风俗、旧习惯）鼓动下，致许多古迹遭毁，资料书籍被焚。

8月23日 阳泉市发生特大洪灾，市区被淹，境内各村组织基干民兵赶往市区抢险救灾。

国庆节后，部分中学生红卫兵到全国各地大串联，致辖区中小学停课“闹革命”。

同年 农村开始实行“大寨式”评工记分法，此方法一直沿用到1978年。

同年 国务院轻工业部副部长邓洁到任家峪锅厂考察。

1967年

3月 辖区各中、小学陆续复课。

同年 各生产大队造反派“夺权”，大队领导班子瘫痪。

1968年

10月 “文化大革命”两派大联合，河底公社、东村公社革命委员会成立。

同月 辖区中小学实现贫下中农管理学校，各中小学改为“七年制”或“九年制”学校。

1969 年

1 月 10 日　荫营至固庄铁路支线竣工运营。

2 月　市体委副主任王进军响应中共中央关于干部下乡号召，回下章召大队担任革命委员会主任。

5 月 1 日　河底大队庆“中共九大”放焰火时不慎失火，死 2 人，伤 2 人。

同月　阳泉市“工农兵毛泽东思想宣传队”进驻山底等村。

9 月　辖区各生产大队先后成立革命委员会。

冬　中国人民解放军某部野营拉练路过牵牛镇村，团部驻官厅半个多月。

12 月　贯彻毛泽东主席“深挖洞、广积粮、不称霸”的指示，辖区各大队普遍开挖防空洞。

同月　山底大队劈山改河造良田的东河湾工程开工。

同月　阿尔巴尼亚外宾到下章召大队参观访问。

1970 年

1 月 7 日　《人民日报》刊载题为《继续革命永向前》的通讯，介绍市体委副主任王进军志愿回村，改变下章召大队落后面貌的事迹。

2 月 10 日　根据中共中央《关于打击反革命破坏活动的指示》和《反对贪污、盗窃、投机倒把的指示》，辖区开展“一打三反”运动。

3 月 1 日　下章召大队自建的“幸福桥”竣工，桥高 17 米，宽 6.5 米，长 50 米，系郊区辖区第一座双曲石拱桥。

同月　河南与下章召大队合并，统称下章召生产大队。

春　下章召改用“梅花楼”种谷，使谷子产量大幅度提高。翌年，推广运用于本省和陕西、河南、内蒙古等省区。

3 月 27 日　郊区革命委员会在下章召大队召开全委扩大会议。

4 月 1 日　辖区燕龛公社联营煤矿（红旗煤矿）发生瓦斯爆炸，死亡 7 人，伤 60 余人，晋中地区革命委员会主要领导亲临慰问。

7月 省军区司令员谢振华、政委曹中南到下章召大队检查指导工作。

8月 越南外宾到下章召大队参观访问。

9月 中佐中学、东村中学改为高中建制,并开始招收首届高中生。

秋,全国劳动模范陈永贵、李顺达、申纪兰先后到下章召大队参观。

11月 牵牛镇大队60余人组成农民施工队,参加平定槐树铺大队至郊区林里大队段的“07230”战备公路工程施工。

12月10日 《新阳泉报》以整幅四版报道“牵牛镇变了”的长篇调查报告,引起全市各界的关注。

同年 牵牛镇村粮食总产突破百万斤,亩产过“黄河”。

同年 辖区各村普及“合作医疗”,乡村医生称为“赤脚医生”。

同年 市手工业管理局下属的红土岩煤业社河底机械修造厂,河底混合社划归郊区。

1971年

2月 下章召大队被阳泉市革委树为学大寨的典型。

2月23日 燕龛公社由平定县划归阳泉市郊区。

4月28日 山西省军区政委、省革委第一副主任曹中南到山底大队考察东河湾改河造地工程。此后,全市有64个单位陆续参观山底。

8月18日晚22时 河底剧场演戏时,因停电观众拥挤,造成4人死亡,11人受伤的重大事故。

11月13日 郊区温河水利工程破土动工,在大河北村召开誓师动员大会。工期分三批进行,历时10年,总投资796.88万元,总投工150.64万个,竣工后解决东村、河底等6个乡镇、71个村的生活和生产用水。

同年 燕龛村试种水稻成功。

同年 上章召大队为解决人畜吃水问题,在村北岭梁修建2万立方米水池,并由下章召村黑角岸铺设铸铁管引回温河水。

同年 阳泉市第二次养猪现场会在北小西庄大队召开,该大队人均养猪1头,户均达到4头。

同年 燕龛中学由平定县划归辖区。

1972 年

2 月　辖区开展批判林(彪)陈(伯达)反党集团和批林整风运动,是年 10 月结束。

同月　全国各大专院校恢复招生,采用群众推荐,领导批准和学校复审相结合的方法录取新生,辖区各大队开始推荐"工农兵学员"上大学。

春　由于旱情严重,辖区各村全民动员担水点种保全苗。

4 月　全国劳动模范陈永贵、中央候补委员王体到下章召大队指导工作。

同年　市委书记周云涛到北庄大队调研农业学大寨情况。

1973 年

3 月　河底辖区统一举办为期 10 天的生产队以上干部学习班,组织到大寨学习参观。

3 月 24 日　郊区温河高灌站枢纽工程建成。

7 月　牵牛镇村郭启云领导的"五七小工厂"试制出喷灌机。阳泉市水利局组织召开抗旱经验交流会,在牵牛镇村参观喷灌现场作业。

8 月　市委在东村大队召开农村工作会议。

9 月　全国劳模李顺达、申纪兰到下章召大队参观学习。

同年　平顺县西沟大队党支部书记,全国劳模申纪兰到五架山大队参观。次年 11 月到牵牛镇参观。

1974 年

2 月　辖区开展批林批孔运动,至次年 1 月结束。

7 月 14—17 日　辖区各大队遭风雹灾,最大冰雹 0.5 公斤。其中曹家掌大队粮田被全毁,西沟农作物大部分被毁。

8 月　曹家掌、燕龛等大队遭受特大雹灾,农作物受灾面积达 300 余亩。

9月1日 温河灌区二期工程动工。

1975年

3月31日 下午2点左右,下章召大队设在河南代王庙防雹炮弹的工地因意外爆炸失火,1人死亡,5人烧伤。

8月 苇泊大队500余亩谷田遭受第三代黏虫的侵害。

9月20日 任家峪大队错转"苏修"电台广播,造成错误播放20分钟的严重政治事故。

同年 下章召大队党支部书记王进军调回阳泉市革命委员会工作。

同年 邓家峪大队组织了"八二"炮排,在岭羊垴布设炮点防雹。

同年 晋东南军分区司令员武天明,阳泉市革命委员会主任周云涛、全国劳动模范李顺达到苏家泉大队考察农田水利基本建设。

同年 河底大队在村西屎臭沟兴建河底火药厂。

同年 市委组织编写的"农业学大寨"丛书《下章召》,由山西人民出版社出版。

同年 大河北双曲砼石台桥建成,桥长58米,宽6.5米。

1976年

1月8日 辖区群众沉痛悼念总理周恩来逝世。

4月17日 中佐中学建立地震测报点,此为全市第一个群众地震测报点。

7月28日 唐山地震波及境内,各村普遍有震感。

7月29日 邓家峪大队"八二"炮排排长张义堂将防雹炮弹放在院内小房保存,三个儿子在院内玩耍,不幸被炮弹炸死。

9月9日 毛泽东主席逝世,河底公社、东村公社、燕龛公社机关设吊唁厅,18日,全镇举行追悼大会。

9月27日 19时10分至21时30分,燕龛、东村、河底公社遭雹灾。

9月 山底大队革委副主任张肉小在长沙出席全国小煤矿会议。

10月21日 辖区人民举行集会,庆祝中共中央粉碎江青反革命集团的伟大胜利。

10 月 郊区五七农业大学在程庄村建成。

同年 邓家峪大队翻眼尖和北山林地划归河底公社管理，后建成河底镇最大的林场，面积达 400 公顷(6000 亩)。

同年 辖区农村全部实行合作医疗。

同年 关家峪大队由荫营矿出资 120 万元，该大队出资 87 万元，大搞大寨式新农村建设，至 1980 年竣工，建起排房 11767 平方米，将原南峪迁至月弯。

1977 年

5 月 太谷县晋剧团在下章召大队演出古装戏《林冲》，封闭了 10 年的古装戏第一次演出，人们争先观看。

7 月 2 日 温河灌区二期工程胜利竣工，郊区区委、区革委在温河灌区指挥部驻地大河北村召开二期工程竣工庆祝大会。

冬 山底大队组装辖区第一辆解放牌汽车。

1978 年

6 月 1 日 辖区各厂矿、学校、企事业单位和各生产大队撤销革命委员会名称，一律用单位名称，其负责人分别称为厂长、矿长、校长、大队长。

11 月 河底供销社商场开业，营业面积 1200 平方米，为郊区第一个商场。

12 月 榆(林垴)燕(龛)公路建成。

同年 在全省铁锅质量评比中，任家峪锅厂生产的“广六锅”名列第一，被山西省手工业管理局命名为“质量信得过产品”。

同年 上章召大队粮食亩产过长江达 400 公斤，总产量 70 万公斤，被市政府命名为“阳泉市学大寨先进单位”，年底出席省委召开的农村党的先进基层组织表彰大会。

同年 上章召大队在村西河滩筑石坝 500 余米，在河滩上建起二层排房 60 间，建筑面积 2781 平方米，解决 30 户村民的住房困难问题。

同年 下章召大队团支部书记王书文被团中央命名为“全国新长征突击手”。

1979年

1月 河底集贸市场重新开放。

5月25日 大河北村在续建水库时因旧水库坍塌，造成死亡3人的事故。

同月 上章召大队青年农机组被团中央命名为“全国新长征突击队”。

同年 辖区粮油开始议价销售，粮食经营实行“双轨制”。

同年 市水利局在河底大队进行滴灌试点。

同年 辖区部分农村开始试行“小段包工”“定额计酬”生产责任制。

1980年

5月15日 郊区公安分局干警傅忠义（东村人）在追堵盗枪窃车犯罪嫌疑人时光荣献身。

10月 省教育厅在河底小学召开全省电化教学现场观摩会。

同年 曹家掌村被阳泉市革命委员会授予春季绿化“先进集体”称号。

同年 受河底硫铁矿炼磺废烟呛损，牵牛镇村甲峰沟、后沟南河一带庄稼受损160余亩，获经济赔偿2万余元。

1981年

1月 上章召大队民校校长、党支部书记郭满义出席在沁水县召开的全省农民技术教育经验交流会，并在会上介绍办学经验。

2月 河南与下章召第二次分为两个行政村。

6月30日 郊区区委印发《任家峪大队生产责任制的考察报告》。

8月 阳泉市在上章召大队召开全市农民技术经验交流会。

9月 人民公社委员会改称管理委员会。同时，将南峪大队改为关家峪大队。

同月 中佐中学毕业生任晓红考入北京大学中文系，是辖区第一个考入国家名牌大学的学生。

10 月 11 日 辖区各村传统庙会开始全部恢复。

11 月 7 日 阳泉至盂县铁路专用线破土动工。

11 月 26 日 郊区政府在大河北大队召开爱国卫生现场会，推广大河北大队的“两管五改”(管水、管肥、改厕所、改炉灶、改畜圈、改水井、改环境卫生)经验。

同年 辖区分设苏家泉、猪头垴、武家庄 3 个大队。

1982 年

1 月 1 日 山西省阳泉固庄煤矿成立。

2 月 牵牛镇大队被山西省人民政府授予“八一年先进集体”称号。被阳泉市人民政府授予“八一年度政法战线先进集体”称号。

2 月 8 日 晚程庄大队 40 人的嘉陵车队方队参加阳泉市元宵节迎灯，是历史上第一家农民进市的车队。

4 月 中共山西省委书记赵雨亭到河底大队考察。

5 月 阳泉市程庄煤矿在程庄境内建成。

7 月 1 日 辖区开展第三次人口普查。

7 月 牵牛镇大队“牵牛牌”半截瓮、耐酸坛分别获阳泉市优质产品奖。

7 月 29 日至 8 月 4 日 河底、东村公社暴雨成灾。

12 月 牵牛镇大队“牵牛牌”耐酸坛获山西省优质产品证书。

同年 苇泊汽车修理厂建成。

同年 牵牛镇大队实行村民养老金制度，为辖区之先。

同年 河底大队实行家庭联产承包责任制，为辖区之首。

1983 年

3 月 辖区开展“五讲、四美、三热爱”(讲文明、讲礼貌、讲卫生、讲秩序、讲道理;心灵美、语言美、行为美、环境美;热爱祖国、热爱人民、热爱中国共产党)活动。

4月8日 邓家峪大队煤窑发生透水事故,死亡6人。

7月28日(农历六月十九) 邓家峪在小北沟搭台唱戏,午饭后突降暴雨,小北沟河水冲塌涵洞顶,冲走看戏外村群众2人。

8月 中佐中学更名为河底中学,并由中佐村迁入河底村。

同年 河底大队在中佐寿宁寺后院成立敬老院,为阳泉市郊区首家。

同年 辖区32个生产大队,全部实行家庭联产承包责任制。

同年 小固庄村被阳泉市委、市政府授予"文明村"称号。

1984年

5月 撤销人民公社体制,恢复建立乡(镇)人民政府,生产大队改称村民委员会,生产队改称村民小组。

7月8日 河底镇青山煤矿发生重大瓦斯爆炸事故,死亡22人,伤14人。

9月9日 经省人民政府批准,河底设镇。

12月 阳泉市在盂县召开全市农村工作会议,东村乡在会上交流做好农村工作的体会。

同年 省委、省政府授予河底派出所"社会治安综合治理先进集体"称号。

1985年

3月 燕龛中学率先在全区实行校长、教师聘任制。

4月 中共山西省委常委、组织部部长卢功勋和省委常委王庭栋到小固庄村视察。

7月20日 苏家泉村阎桂桃、葛改玉夫妇自愿领取河底辖区第一个独生子女证。

7月 区委、区政府给郊里村运输专业户王喜怀、北小西庄村种粮大户李金牛、秦隆永挂金匾。

8月24日 任家峪村煤矿发生片帮冒顶事故,死亡3人,伤1人。

9月4日 郊区第一所农民自筹资金开办的卫生职业学校——燕龛卫生职业学校开学。

同月 牵牛镇村民个人购买回重庆产"嘉陵牌"50型摩托车80余辆。

10月24日 著名作家、省文联主席马烽、副主席孙谦，儿童文学作家、省文学创作委员会主任段杏锦到小固庄村参观。

12月17日 全省乡镇企业最大的水泥厂河底镇兴华水泥厂建成投产。该厂总投资210万元，年生产能力4万吨。

12月 东村村被中共阳泉市委授予“精神文明先进村”称号。

同年 上章召村投资120万元，建起上章召铁厂。

同年 山底村被中共阳泉市委、市政府授予“集资办学先进单位”称号。

1986年

1月 牵牛镇村办煤矿被阳泉市人民政府授予“安全生产先进集体称号”

3月 辖区开始贯彻民政部颁布的《婚姻登记办法》。

10月9日 河底村设立居民委员会。

10月28日 下章召禅智寺被阳泉市人民政府确定为市级文物保护单位。

1987年

4月28日 河底村籍日本华侨王喜莲女士和其丈夫、儿子等一行12人回乡探亲。

6月 牵牛镇村党支部改建为党总支。

8月1日 郊区第一个乡村集资筹建的电视差转台——燕龛乡电视差转台建成运行。

同月 辖区开始颁发居民身份证。

同月 龙光峪村刘家沟煤窑发生沉陷，致使固庄煤矿水泵站、阳盂公路国防电缆受损。

同年 河底村党支部改建为党总支，下设9个党支部。

1988年

1月4日 牵牛镇“玉皇阁”(三甲阁)、苇泊天齐庙被郊区人民政府确定为第一批县

(区)级文物保护单位。

1月15日 阳泉市乡镇局、阳泉日报社联合举办的全市“优秀农民企业家”评选活动揭晓,牵牛镇村党总支书记王汉声、河底村党总支书记要宜愔榜上有名。

同月 市任家峪锅厂生产的部优——任字牌砂锅、平底耳锅、尖底耳锅三种产品被山西省二轻局确定为同年4月在西德萨尔洲举行的第39届国际博览会展品。

5月17日 河底村煤矿二坑发生瓦斯爆炸事故,死亡6人,伤4人。

5月 河底小学在全区率先实行“一无两有三配套”。

6月16日 下午5时许,固庄煤矿馒头山发生大面积山体滑坡,造成北京—西北地区通讯电缆和阳盂3.5万伏高压线路及阳盂公路中断。

6月20日 在山西省第一届农民运动会上,东村乡被评为全省“农村体育先进集体”。

同月 河底镇开通容量为224门的程控电话交换机，为郊区农村第一个实现程控电话的乡镇。

7月 曹家掌型煤厂和铁道部,空军某汽车制造厂联合生产的JJM-ZB加温器,获第13届比利时布鲁塞尔尤里卡世界发明博览会银质奖。

同月 在山西省首届青少年运动会上，山底小学学生王建春在自行车女子3公里(414811)和女子3公里团体(414211)比赛中荣获冠军。

11月 燕龛村北岭梁发现古代原始森林自生柏树化石，经山西省地质学院专家考证,该树化石为两亿四千万年前遗留。

同年 河底村村民程玉英的刺绣作品“丹凤朝阳”参加郊区工艺评展会,被英籍外商选中。

1989年

3月 河底中学被命名为山西省首批示范校。

11月19日 邓家峪泉沟丈八坑口发生重大瓦斯爆炸事故,死亡13人。

同年 任家峪村荣获山西省“千万元村”称号。

同年 小固主村被媒体称为“太行明珠”。

1990 年

1 月　山底村被山西省文物管理局授予“文物保护先进单位”称号。

4 月　郊区温河灌区渠道维修改造工程通过山西省水利厅专家鉴定，评定该工程时间短、进度快、质量好，尤其是大断面 U 型渠道，在全省属先例。

10 月　山西省残疾人宣传工作会议在阳泉市召开，11 日，由山底村残疾人福利厂主办的文艺晚会，在阳泉市宾馆举行。

11 月 6 日　牵牛镇党总支书记王汉声、村委主任李怀义，河底村党总支书记要宜愔参加阳泉市优秀企业家代表团，赴泰国、香港等地考察。

11 月 16 日　经考核，河底幼儿园晋升为省级一类幼儿园。

12 月 8 日　全省农村成人教育工作现场会在东村乡召开，并授予东村乡“全省农村成人教育工作先进乡”称号。

同年　辖区完成第四次全国人口普查工作。

1991 年

4 月 24 日　曹家掌煤矿发生瓦斯爆炸事故，死亡 3 人。

6 月 1 日　牵牛镇村隆重举行新学校落成典礼。

同月同日　著名晋剧表演艺术家王爱爱、田桂兰率山西省剧院演出团在牵牛镇演出。

7 月　区温河灌区买进罗非鱼苗 1500 公斤，网箱养鱼 70 平方米，此为郊区第一个养鱼场。

10 月 20 日　中共山西省委书记王茂林到牵牛镇村新学校考察。

10 月　辖区河底镇、东村乡被山西省农牧厅、山西省体育运动委员会命名为“首批山西省体育先进乡镇”。东村、河底、山底、小固庄、红土岩、苇泊被命名为“体育先进村”。

同年　河底铸造厂获“全省规范化十家企业之一”称号。

同年　河底村在街中心广场兴建仿古大舞台，为全省最大的露天舞台。

同年　河底村被市委、市政府授予“农业战线红旗单位”称号。

同年　郊区人民政府命名东村为“青少年革命教育基地”。

1992 年

4 月　河底村村民光存福参加全国第二届农民运动会乒乓球赛，赴上海赛区预选。

7 月　牵牛镇村治保会成功解救 3 名被拐卖的四川籍少女，成都市、阳泉市及郊区有关领导给予高度赞扬和表彰。

8 月 15 日　河底天主教堂恢复活动并举行开堂仪式。

8 月 16 日　山底村官道沟坑发生煤气中毒事故，18 名矿工因抢救及时，全部脱险。

12 月　牵牛镇汽车队 8 部“东风牌”自卸载重汽车向村民公开出售，《阳泉日报》载文报道。

同年　河底村、山底村被山西省委、省政府授予“千万元村”称号。

同年　河底村被山西省两厅建设领导组授予“两厅建设先进集体”称号。

同年　河底中学被评为“山西省德育工作先进集体”。

1993 年

1 月　河底鑫河实业总公司与台湾铨鋐企业有限公司合资创办阳泉市鑫铨化工公司，为辖区首家合资企业。

同月　河底卫生院被卫生部授予“一级甲等卫生院”称号，成为全市首家。

同月　河底惠丰股份合作有限公司成立，开全区股份制企业先河。

3 月 8 日　省政府召开全省乡镇企业表彰会，会上授予河底镇“二亿元镇”称号，授予牵牛镇村、邓家峪村“千万元村”称号。

6 月　河底亨通有限公司成立工会，成为全省首家私营企业工会组织。

7 月　东村乡人口教育试点经验在全国人口教育工作会议上受到国内外专家学者的好评。

8 月 8 日　投资 100 万元，建筑面积 2800 平方米的河底中学实验大楼奠基动工。

8 月　牵牛镇村就读于阳泉一中的应届高中毕业生王旭东，在全国普通高校招生考试中夺得阳泉市文科第一名。

10月 副省长王文学到河底村亨通有限公司考察私营企业发展情况。

12月 河底、山底两所幼儿园通过省级验收,达到省级示范园。

同年 牵牛镇村李怀义被阳泉市乡镇企业家评审会授予“乡镇企业家”称号。

同年 邓家峪村、里龙光峪村被山西省体委授予“体育先进村”称号。

同年 河底小学、邓家峪小学被定为省计算机教育试点校。

同年 河底中学校长王书明被国家教委、人事部授予“全国先进教育工作者”称号。

1994年

6月 河底“亨通有限公司”组建阳泉市第一家私营企业党支部。

10月 河底通宝观、燕龛甘泉寺、山底玉皇庙、河底天主教堂、东村龙王庙被郊区定为第二批区级文物保护单位。

11月10日 苏家泉村荣获山西省“千万元村”称号。

同年 牵牛镇村幼儿园经上级教育部门验收,达到省级二类园标准。

同年 河底法庭被山西省委授予“全省综合治理先进单位”称号。

同年 曹家掌村被山西省体育运动委员会、山西省农业厅授予“体育先进村”称号。

同年 曹家掌村被郊区人民政府授予“第一电话村”称号。

1995年

3月24日 参加全省建立农村社会保障制度阳泉现场会的民政部部长多吉才让、省委常委、副省长刘泽民和350名代表到河底镇卫生院参观。

3月 牵牛镇村为参加集体生产劳动的村民交纳人寿保险37万元。

4月 牵牛镇村被中共山西省委、山西省人民政府授予“亿元村”称号;授予本村煤矿“全省最佳经济效益乡镇企业”称号;授予村党总支书记王汉声“乡镇企业功勋”称号。为全省十大功勋之一,个人获价值2万元的金牌一枚。

5月 牵牛镇村被阳泉市人民政府授予“乡镇企业部产值亿元村”“创利税三百万元

企业”、“全市先进村民委员会”等荣誉称号。

5月28日 山西省黄河电视台以《三甲阁下的笑声》为题，对牵牛镇村作了电视专题片报道。

6月4—30日 牵牛镇村党总支书记王汉声参加阳泉市赴美参观考察团，到美国等地考察。

8月19日 牵牛镇村彩釉地墙砖厂、胶印厂、包装厂、造纸厂举行竣工投产庆典，市长薄应贤莅临剪彩。

8月19—21日 山西省著名青年晋剧表演艺术家栗桂莲率团到牵牛镇村演出。

10月6—7日 省委书记胡富国、省长孙文盛、省委副书记郑社奎、副省长王文学等领导和出席全省农村小康建设阳泉现场会的代表参观牵牛镇学校、河底卫生院小康示范点。

同月 《里龙光峪村志》编辑出版。

11月20—22日 牵牛镇村党总支书记王汉声赴京参加“全国模范村民委员会、街道办事处表彰会”，在人民大会堂受到国家领导人的亲切接见并合影留念。

11月 河底镇被民政部授予“中国乡镇之星”称号。牵牛镇村民委员会被评为“全国模范村民委员会”。

同月 河底镇成人学校被国家教委授予“农村成人教育先进学校”称号。

12月 曹家掌村被山西省体育运动委员会，山西省全民健身计划领导委员会授予“实施全民健身计划先进单位”称号。

同年 北庄村被省委、省政府授予“千万元村”称号。

同年 邓家峪村煤矿被阳泉市委、市政府授予“创利税300万元企业”称号。

同年 曹家掌村182户农民安装住宅电话，占全村总户数的65%，被誉为“阳泉电话第一村”。

同年 关家峪村投资150万元，建成现代化养猪场，建筑面积2342平方米，养猪1000头。

同年 省政法委书记李俊虎到河底派出所考察。

1996年

1月 牵牛镇村被阳泉市人民政府授予“亿元村”称号。

同月 阳泉市市长魏德卿到牵牛镇村考察。

4月 副省长王昕到固庄村、牵牛镇学校考察。

同月 中央农村课题组专家一行4人到山底幼儿园考察。

7月 山底幼儿园被山西省文化厅授予"省级蒲公英农村儿童文化园"称号。

9月 《河底村志》被列入山西省重点乡镇系列丛书第一辑(特辑)出版。

10月13日 在上海举行的全国第三届农民运动会上,河底镇被农业部、体委、中国农民体协授予"全国亿万农民健身活动先进乡镇"称号。

同月同日 河底村村委副主任陈九来代表河底镇出席在上海召开的"全国亿万农民健身活动先进乡镇"颁奖仪式,并受到了副总理姜春云的亲切接见。

10月29日 燕龛乡被省农工委、省邮电局授予"山西省农村电话发展第一乡"称号。

11月20日 中国马克思主义研究基金会赴晋调研团一行18人,在省委宣传部理论处处长卢渝,市委常委、宣传部部长王克恭的陪同下到牵牛镇考察。

12月 国家教委基础教育司尤司长到邓家峪小学考察。

同月 河底村幼儿园被市政府命名为"农村儿童文化乐园"。

同年 昔阳县大寨村老党员、女劳模宋立英应邀到五架山村指导工作。

同年 牵牛镇村煤矿矿长李志忠被中共山西省委、省政府授予"乡镇企业家"称号。

同年 副省长王昕、省卫生厅厅长朱耀文到关家峪村卫生所参观指导,王昕为卫生所题字—"发展合作医疗,保障农民健康"。

同年 山底村"山塔牌"橡胶厂厂长王国佩被评为省级"重合同、守信誉先进厂长经理"。

同年 河底中学实验楼竣工,省委书记胡富国题写"河底中学"校名。

1997年

2月 牵牛镇村被阳泉市人民政府授予"乡镇企业新创利税第一村"称号。

2月25日 辖区干部群众怀着极其悲痛的心情,收听收看了邓小平追悼大会实况,深切缅怀邓小平的丰功伟绩。

3月3—5日 在全省教育工作会议上,河底镇被省政府"两基"评估验收组授予"实施义务教育先进乡镇"称号。

3月23日(农历二月十五日) 由河底镇组织邓家峪、里龙光峪、牵牛镇村主要领导到河北唐山考察地板砖项目途中，在新乐出口12KM处，里龙光峪村的轿车因驾驶不慎，致使轿车冲出高速公路护栏，造成车辆解体，2人死亡、2人受伤的特大交通事故，经济损失达98万余元。

3月 山底小学被山西省教育厅授予“山西省德育基地”称号。

5月3日 在山西省第二批精神文明建设先进典型命名大会上，河底镇被命名为先进镇;牵牛镇村党总支书记王汉声被命名为“申纪兰式的模范公民”。

5月 苏家泉村荣获阳泉市郊区“文化特色村”称号，面塑艺人杨林先获“文化特色户”称号。

同月 副市长李奕明陪同国家教委教材审核组到邓家峪学校考察。

6月18日 西沟村村办煤矿发生瓦斯爆炸事故，死亡5人。

6月 山底村建立党总支。

8月16日 西沟煤矿发生瓦斯爆炸，死亡4人，经济损失达80万元。

8月 河底村、河底小学被阳泉市精神文明指导委员会授予“阳泉市精神文明建设先进单位”称号。

10月1日 河底村银河大街竣工，举行开通剪彩仪式，副市长刘建田、杨清风出席仪式。

10月24日 在省精神文明建设指导委员会召开的第三批社会主义精神文明建设先进典型命名大会上，燕龛乡被授予“山西省创建文明村镇活动示范单位”称号;燕龛乡被授予“先进乡镇”;燕龛村被授予“先进村”。

10月 河底小学通过省级示范学校红旗单位和农村初中红旗单位双验收。

同月 在第三届中国农业博览会上，山底村阳泉市山塔牌厂生产的特制矿工靴通过名牌认定并获奖，被评为部优产品。

12月 《河底村志》被省政府授予“山西省地方志优秀成果一等奖”。

12月31日 小河北村第三耐火材料厂厂长杨海苗、业务员杨五苗、司机杨开元、外出办理耐火业务，从内蒙古返回途中，在原平县发生严重车祸，3人全部死亡。

同年 河底村被市委、市政府授予“文化特色村”“民政工作先进单位”称号。

同年 牵牛镇村被山西省精神文明建设指导委员会授予“省级文明村”称号。

同年 河底中学成为省级示范学校红旗单位和农村初中红旗单位。

1998 年

1 月 29 日　省公安厅副厅长丁松林到河底派出所考察。

3 月　河底村被市委、市政府授予“农村基层党组织建设红旗单位”称号。

5 月 28 日　全省“三基”工作会代表到河底派出所参观，并对派出所“三基”工作进行检验。

6 月 7 日　河底老爷庙被确定为区级文物保护单位。

6 月 20 日　牵牛镇村党总支书记王汉声参加阳泉市人民政府组织的出国访问团，到德国、法国、意大利等七国访问。

6 月　河底小学被评为省文明学校。

7 月 18 日　苇滴公路河底段扩建一期工程开工。

1999 年

4 月 30 日　中佐寿宁寺、河底关帝庙、明灵王庙、东村关帝庙、任家峪关帝庙、程庄五龙庙被区政府公布为第三批区级文物保护单位。

4 月　牵牛镇村集体为苇滴公路改扩建一期工程河底段捐资 25 万元。

5 月　河底中学获国家“中学 JIP”实验示范校称号。

8 月　邓家峪村丈八煤矿发生瓦斯爆炸事故，死亡 3 人。

9 月　投资 73.71 万元的温河灌区油瓮水库排污工程动工，12 月完成，共埋设排污管路 1835 米，砌筑倒流坝 20 米。

同年　北庄村被市委、市政府授予“宽裕型小康村”称号。

同年　关家峪村修建关山路(关街线)，至 2006 年竣工，全长 8 千米，成为标准的通向刘备山的第一条二级公路。

2000 年

春 市委书记程步云到关家峪村考察龙凤山生态经济园区。

10 月 22 日 郊区温河灌区改造工程举行开工仪式。灌区改造工程总投资 447 万元，翌年 6 月底竣工。

11 月 23 日 苇滴公路一期改扩建工程河底段竣工通车。

11 月 辖区完成第五次全国人口普查工作。

12 月 根据省、市委的安排部署，郊区进行撤乡并镇工作，燕龛乡、东村乡合并到河底镇。

同年 山底小学被山西省教委授予“省级文明学校”称号。

2001 年

4 月 河底镇被中共阳泉市委授予“统战工作先进集体”称号。

5 月 撤并乡镇后全镇共有 8 个村进行了村民委员会补选工作，基层组织建设得到加强。

6 月 14 日 下午 7 时 20 分至 35 分，辖区发生大风和雹灾，冰雹砸坏树木、玻璃、轿车顶，所幸持续时间短，未造成大灾。

6 月 山底小学被省教育厅评为“小学教学质量标准测评实验先进课题组”。

9 月 29 日 投资 558.9 万元的河底路二期工程苇泊段竣工剪彩通车。

10 月 河底小学被省教育厅确定为省示范小学。

同月 苇滴公路改扩建工程二期苇泊段竣工通车。

同年 河底镇党委政府组织 32 个村的党支部书记和村委会主任赴陵川县学习锡崖沟精神，在全镇掀起了修路高潮。

同年 修建苇滴公路挖土时，在苇泊村青石坡下河中挖出明末清初用生铁铸造的铁炮两门(一门已被村民毁坏破碎)。铁炮长 3.13 米，口径 0.3 米。

同年 时任镇党委副书记、镇长的田进勇荣获全国农业战线劳动模范称号。

2002 年

2 月 9 日 河底镇全面开展“三个代表”重要思想学习教育活动。

2 月 26 日 （正月十五）下午，程庄村 80 人的“大头娃娃”表演分队，参加了阳泉市“万马催春争赶超”街头文艺表演，受到广大市民的一致好评。

3 月 3 日 河底村大型文艺歌舞节目《东西南北闹新春》荣获郊区春节群众文艺会演一等奖。

7 月 17 日 河底派出所、东村派出所、燕龛派出所合并，组建成新的河底派出所。

8 月 20 日 苇滴公路改扩建工程三期河底镇敬老院—牵牛镇—山底—小沟—滴水崖段开工建设。

同年 退耕还林工作正式启动，当年实现退耕还林 4900 亩，荒山造林 3600 亩，种植核桃 4200 亩，万亩核桃种植园区初具规模。

同年 关家峪村被市委、市政府授予“文明村”称号。

同年 河底镇被列入省级 100 个试点镇和 6 个市级示范镇。

同年 顺利完成 32 个村的村级党组织和第 6 届村委会换届工作。

同年 全镇 32 个村共无偿支援桃河治理工程石料 14402 方，超额完成市政府下达任务。

同年 河底奶牛场、程庄奶牛场、郊里村康源奶牛场建成投产，存栏 200 多头，填补农业产业空白，推进农业产业结构有序调整。

2003 年

2 月 河底镇被山西省双拥工作领导组授予“拥军优属先进集体”称号。

4 月 全国突发“非典型肺炎”传染疾病，境内掀起抗击“非典”群众运动。

同月 全国突发“非典型性肺炎”，在全镇上下的共同努力下，取得了“防非”的全面胜利，区委、区政府授予河底镇政府抗击“非典”一等功。

5 月 燕龛路改扩建工程正式启动，年底工程全面竣工。

8 月 河底镇天隆 15 万吨特水项目二期工程举行奠基仪式。

9月 在全国普通高校招生考试中，牵牛镇村应届高中毕业生傅鹏飞以全省文科第四名、全市文科第二名、全区文科第一名的优异成绩,被北京大学录取。

10月14日 全市最大的矿泉水生产企业——阳泉市绿然矿泉水厂在山底村建成运营。

12月29日 河底镇档案管理工作顺利通过上级档案部门的验收，达到山西省机关档案工作二级标准。

12月30日 苇滴公路改扩建工程三期段竣工,全线通车。

12月 河底小学大队部获全国"红旗大队"称号。

同年 龙光峪村发生群体上访事件,《山西日报》6月9日、《人民日报》7月13日报道此事。

同年 阳泉绿然矿泉水厂被全国爱国卫生委员会授予"全国百家农村优秀水厂"。

同年 河底路三期工程和燕龛路改造工程作为区政府承诺的八件实事之一,10月份燕龛路改扩建工程竣工通车,解决了燕龛沟5村多年出行难的问题;12月30日,河底路三期(河底面粉厂—小沟段)改扩建工程,全线通车。

同年 河底幼儿园被市委宣传部命名为"十佳小公民道德示范基地";

2004年

1月11日 邓家峪村集体实行月工资制。

3月 河底村在原村委会旧址上新建河底农贸市场,使用面积5000平方米。

5月19日 卫生部组织医务人员为邓家峪村妇女进行免费体检。

8月14日 邓家峪村为全村362户办理了家庭财产保险。

8月 在全国"中华魂"读书活动中,河底中学学生王丰获得国家二等奖,代表全国中小学生在人民大会堂持旗受奖。

9月 郊区全运会上该镇以4金3银3铜的优异成绩名列全区第二。

10月30日 郊区林业局确定邓家峪玉皇庙一棵古楸树龄900年,为国家一级古树,赶驴坊一棵国槐树龄300年,为国家二级古树,并为两棵古树挂牌。

同月 阳泉市广鑫源耐火材料有限公司6万吨不定型耐火材料生产线建成投产。

12月3日 河底镇被市委、市政府授予"文明单位"称号。

同月 河底镇被山西省民政厅授予"全省村民自治模范镇"称号。

同年 河底工业园区，投资1000余万元，打造平台50万平方米，平台建设初具雏形。

同年 通过招商引资，占海洗煤厂、聚源今美工贸公司落户该镇，首开全镇煤炭产品向深加工先河。

同年 北庄村引进山东寿光技术人才，投资60余万元新建4栋高效节能日光温室，领全镇农业产业结构调整之先。

同年 南沟集中供水工程顺利完工，缓解了周边5村的饮水困难问题。

同年 全镇共计投资3200万元，建设改造通村公路78公里，基本实现了村村通硬化路。

同年 河底青龙商场、河底中学综合楼工程、新风工业园办公楼、苇泊通村大桥、中佐富景花园一期等工程项目相继完工，小城镇建设步伐加快。

同年 程庄、北庄两村作为全区首批文明生态村试点单位，当年清理燕龛河道1000米，修筑河堤800米，配置绿化带约2万平米，成为全镇乃至全区、全市生态文明建设的先进典型。

2005年

2月26日 河底镇举行河底路三项工程、燕龛路暨村村通硬化路建设工程竣工庆典。"十五期间"三项工程共计投资7000多万元，建设历程超过100公里，是河底镇公路建设史上投资最大、建设里程最多的时期。

4月29日 世界卫生组织到邓家峪村考察。

4月 郊里村进行村镇建设改造，累计投资1500万元，至2008年年底，村民搬入建成占地3000平方米的新村。

5月 东南沟村村民谢海宝在北京打工，被评为"北京市劳动模范"和"全国劳动模范"。

6月21日 下午4时，邓家峪石槽沟、北山坪发生森林火灾，火灾持续40个小时，过火面积达40公顷(600亩)。邓家峪村民和武警部队官兵、固庄煤矿干部、工人及任家峪、固庄村民500余人参加了扑救。

7月21日 省民政厅副厅长何耀光率省村务公开协调组到邓家峪村调研。

8月1日 市委副书记、市长谢海到程庄村调研。

8月 纪念反法西斯战争胜利60周年和中国人民抗日战争60周年，国家颁发给牵牛镇村李植、东村邓云、傅永智、傅惠，山底村韩晨旭、张志忠、曹有山各一枚由中共中央总书记、国家主席、中央军委主席胡锦涛亲手题写章名的“抗日战争胜利六十周年纪念章”。

10 月 4 日 中央电视台 10 套节目《当代教育》栏目《科教兴国华厦行》,把阳泉市郊区农村幼儿教育作为先进典型进行专题报道,河底幼儿园等走上了央视荧屏。

11 月 12 日 河底镇投资 600 万元的镇区集中供热工程竣工。

12 月 16 日 省委书记张宝顺一行到河底镇敬老院、河底、中佐村等困难群众家中慰问。

同年 燕龛村甘泉寺被市人民政府确定为市级文明保护单位。

同年 10 月 28 日至 12 月 15 日,河底镇圆满完成村支“两委”换届选举工作。

同年 河底镇确立河底、燕龛、程庄、大固庄、里龙光峪 5 村为首批文明生态建设示范村。

同年 全镇耐火产品产量达 17 万吨,收入突破亿元大关。

同年 山底村施晓利获得“全国农村青年创业带头人”称号,受到共青团中央、农业部表彰。

同年 山底村施晓利被评为“阳泉市郊区十大杰出青年”。

同年 镇政府组织全镇 18 个村的煤矿后备干部及技术骨干 32 余人赴山西省煤炭工业学校进行为期 2 年的脱产学习,为煤炭行业健康发展提供了有力的技术人才支撑。

2006 年

4 月 东村集资 10 万元,在东河湾建起日光温室 10 个,占地面积 15000 平方米,建筑面积 800 平方米。

同月 山底村玉皇庙被市政府确定为阳泉市第二批市级文物保护单位。

同月 河底中学学生王佩、郭燕霞在全国中小学素质教育英语知识能力竞赛中分别获特等奖和一等奖。

5 月 15 日至 16 日 中国共产党河底镇第十次代表大会胜利召开,选举产生第十届党委委员、纪委委员以及出席区第七次党代会党代表。

6 月 河底村引进清洁能源天然气,迈开城市化公共服务坚实步伐。

同月 牵牛镇村党总支书记李志忠被阳泉市委授予“优秀党员”称号。

7 月 山底村刘少文考入北京大学,村委会给予一万元奖金。

8 月 东村成立“阳泉市郊区东盛养鸡合作社”,年产鸡蛋 75 万公斤,产值近 500 万元。

9 月 28—30 日 河底镇举办首届全民运动会。山底村获得团体总分第一名。

10 月 9 日 中国／联合国／计划生育第五周期计划生育项目组专家到河底镇调研。

12 月 中共阳泉市委依法领导组授予山底村“2001—2005 年依法治理先进单位”称号。

同月 阳泉市不定型耐火材料研究所依托阳泉市广鑫源耐火材料有限公司挂牌成立。

同月 河底镇被山西省体育局授予“全民健身周先进单位”称号

同月 牵牛镇村被山西省档案局授予“机关档案工作目标管理山西省二级”称号。

同年 关家峪村、山底村被市委、市政府授予“文明生态村”称号。

同年 投资 7500 万元的上海德旭 20 万吨耐火材料项目已成功入驻河底工业园区”

同年 阳泉市无机非金属材料研究所和阳泉市建材科研所在本镇挂牌成立。

同年 河底镇残疾人工作荣获全省模范乡镇荣誉称号。

同年 全镇财政税收首次超过 5000 万元，完成 5210 万元，增幅达 24%。

同年 河底镇养老保险金总计交纳 1167 万元，占全区养老保险总额的 50%。

同年 河底派出所荣获“全国社会治安综合治理先进集体”称号。

同年 河底派出所被评为全省“三基”达标建设示范所。

2007 年

3 月 河底村被市委、市政府授予“文明生态村”称号。

8 月 27 日 固庄村办丈八煤矿因顶板塌落，造成四川籍民工 5 人死亡。

10 月 大河北村筹建矾石烧成小区，2008 年年底建成，共建矾石竖炉 16 支，年产优质铝矾石 24 万吨，为大河北村安置劳力 500 多人。

冬 北京市东城区委副书记陈熙在春节前率团到河底镇东南沟村慰问全国劳模谢海宝的家属。

12 月 河底村被山西省档案局授予“机关档案工作目标管理山西省二级”称号。

同年 固庄村广鑫源耐火材料有限公司被山西省中小企业局授予 “全省百家最具成长性中小企业”称号。

2008年

1月 山底村被山西省农村信用社联合社授予“省级信用社”称号。

同月 《邓家峪村志》出版，与村民见面。

同月 阳(泉)五(台)高速公路在辖区动工修建。

2月 河底村被市委、市政府授予“2007年度新农村建设先进集体”称号。

3月 关家峪村被市委、市政府授予关家峪村“新农村建设先进村”称号。

4月5日 燕龛村史氏举办大规模的祭祖活动，涉及郊区、平定、盂县10余各村的史氏后人，达千人以上。

5月 关家峪村被市委、市政府授予“公路建设模范村”称号。

同月 牵牛镇村党员、村民自发为汶川地震灾区捐款6万余元。

同月 牵牛镇村集体投资36万元，为635名村民(40~59周岁)投保社会养老保险。

6月2日 东村村党总支带领全体党员参加第九届中国(山东)寿光国际蔬菜科技博览会。

6月 山西省第二次全国农业普查领导小组办公室，山西省统计局授予河底镇“第二次全国农业普查先进集体”称号。

同月 里龙光峪村委投资480余万元，给全村45周岁以上村民投入人寿保险。

同月 忻州师院外语系美国籍教师、中国香港籍教师到牵牛镇村参加村民周斌婚礼，为牵牛镇村首次接待外国及中国香港地区客人。

7月28日 晚，山底村南坡原第八生产小队库房坍塌，致使108户村民住房受损。10月，阳泉市老龄工作委员会授予河底村“阳泉市十大敬老文明村”称号。

7月 市委书记谢海到东村日光温室考察指导。

同月 《牵牛镇村志》正式出版发行，村民户均一本。

11月至12月 完成村级党组织和第八届村民委员会换届选举工作。

同年 红土岩村村民刘卯珍投资70多万元，组建阳泉市鸿康养殖有限公司。

2009 年

2 月 河底村歌舞表演《年趣》荣获 2009 年郊区“三节”文艺会演一等奖。

同月 河底村被市委、市政府授予“2008 年度新农村建设先进集体”称号。

3 月 关家峪村被市委、市政府授予“新农村建设先进村”称号。

同月 小沟村 80%的村民(154 户)搬迁到荫营淑花园居住。

4 月 26 日 市长李栋梁到东村日光温室调研。

5 月 19 日 全省高效农业示范区现场会在东村日光温室园区召开，省农业厅和各市、县分管农业的领导参加。

5 月 阳泉市志远工程有限公司同牵牛镇村牵牛山煤矿、牵牛镇村煤矿签订《合作开发煤矿协议》和《煤矿承包协议》,并交付 3000 万元合作费。

6 月 18 日 省委书记张宝顺到河底村调研基层党组织活动。

7 月 全镇启动新型农村社会养老保险项目。

同月 牵牛镇村成立“阳泉市牵牛山种植专业合作社”。

同月 国家新闻出版总署办公室文秘处调研员聂晓珠、办公厅信息处宣传处副主任孙倩、省新闻出版局版权管理处处长吉平等为牵牛镇村图书室正式挂牌,“农家书屋”正式开放。

8 月 河底村被市委、市政府、市军分区授予“支持民兵基层建设先进集体”称号。

9 月 2 日 盂县天然气有限公司郊区分公司在辖区成立。

9 月 牵牛镇村轩辕庙开光庆典前夜,约 20 时 30 分,天空西北方向出现一轮巨大的圆环,周围的天空像有月光般明亮,圆环呈银白色,中间微带雾色,隐约可见云状物飘动,边缘徐徐流动着向外扩散,在夜空的映衬下,十分壮观,约 3 分钟后,圆环渐渐扩大,由东向西方向转移,持续时间约 10 分钟后,圆环逐步扩散变淡,最后消失。

同月 河底村荣获省级“社会主义新农村建设示范村”称号。

同月 武家庄村全体村民整体搬迁至河底村景然小区。

同月 山西省中小企业发展促进会、中小企业服务中心授予固庄村广鑫源耐火材料有限公司“山西省最具社会责任中小企业”称号。

同月 东村中心校成为辖区第一所寄宿制学校。

同月，河底小学被评为山西省教育系统先进校。

11 月 河底小学被评为国家级第三届中小学和谐校园创建先进校。

同月 9—11 日 全镇遭遇百年不遇的雪灾，暴雪导致交通受阻，厂房坍塌，地面企业及塑料大棚普遍受灾。

12 月 河底村被山西省爱国卫生运动委员会授予“农村改厕先进村”称号。

同月 郊里村 76 户居民整体搬迁至郊里新村。

2010 年

1 月 （北）京昆（明）高速公路在辖区设河底收费站。

同月 中国产业评价中心、中国企业信用评价管理中心、中国名优精品选购指导委员会联合授予固庄村广鑫源耐火材料有限公司“中国 AAA 级重质量守信用企业”称号。

2 月 河底镇被市委、市政府授予“2009 年度造林绿化先进乡镇”称号。

春 东南沟村引进外资企业——王者石油支撑有限公司，产品为石油支撑剂。

3 月 河底村荣获阳泉市“2009 年度农村党风廉政建设先进村”称号。

同月 山塔鞋厂生产的“山塔牌工矿靴”被山西省工商行政管理局评为山西省著名商标。

7 月 河底镇党委、河底村党总支被市委授予“先进基层党组织”称号。

11 月 固庄村被山西省社会主义新农村建设领导组授予 “全省社会主义建设示范村”称号。

同月 河底镇完成第六次全国人口普查工作。

12 月 河底村计生协会被国家计生协会评为先进集体。

同年 河底镇现代化农业示范区顺利起步。

同年 山底小学被山西省教育厅授予“现代远程教育工程教学应用先进单位”称号。

同年 东南沟村投资 130 万元，在小花沟建起可养殖 3 万只鸡的养鸡场，租赁给 7 户村民。

2011 年

2 月 河底村被市委、市政府授予“2010 年度农村建设先进集体”称号。

同月 全区春节群众文艺会演首次在河底村举办。

4 月 河底镇被中共山西省委、山西省人民政府授予“集体一等功”称号。

5 月 河底镇被共青团山西省委、山西省青年联合会授予“转型跨越山西青年五四奖状”。

6 月 15 日 晚，辖区骤降暴雨，灾情严重，苇泊村冲毁水泥厂羊眼弯堤坝，河沙乱石掩埋青苗地 20 余亩，15 户村民受灾，当年颗粒无收。山底村遭冰雹及大风袭击，树木连根拔起，电线杆被刮断，房屋被砸毁，农作物倒伏，中断村民用电 24 小时。

7 月 任家峪村梁山地带发生炉渣自燃，造成部分村民住宅存在安全隐患。

8 月 河底镇被阳泉市老年书画研究会授予“老年书画之镇”称号。

9 月 郊里村通过外引内联，实施招商引资，先后引进阳泉市众辉建筑公司和阳泉市通远物流公司，增强了经济发展后劲。

同月 山底村被山西省人口与计划生育委员会、山西省计划生育协会授予“人口计生基层群众自治示范村”称号。

同年 固庄村广鑫源耐火材料有限公司被工信部授予 “第二批国家中小企业公共服务示范平台”称号。

2012 年

1 月 河底镇被山西省总工会授予“山西省五星级乡镇(街道)工会。”

同月 在郊区群众文艺会演中，河底村编创的歌舞快板《转型发展红花开》获一等奖，陈九来获节目创作奖。

2 月 河底镇被山西省文明交通行动计划领导组授予“文明交通示范集体”称号。

3 月 《东村志》出版，与村民见面。

5 月 10 日 村级党组织和第九届村民委员会换届选举工作全部结束，支村两委“一肩挑”比例达到 50%，产生妇女干部 40 名。

12 月 固庄村被山西省环保厅授予“山西生态村”称号。

同月 河底小学获国家级“新课程改革先进学校”称号。

同年 固庄村阳泉市纪检委、监察局授予“廉政文化进农村活动示范村”称号。

同年 河底镇被省政府确定为全省“百镇建设工程”示范镇。

2013 年

2 月 固庄村被阳泉市政府授予“先进集体”称号。

7 月 河底小学学生刘恒瑞获第十二届全国青少年爱国主义读书活动演讲比赛二等奖。

11 月 固庄村被山西省妇女联合会确定为“省级妇女之家示范点”。

12 月 19 日 河底、中佐、前龙光峪、猪头垴、武家庄 5 村组成的河底联村党委成立，河底村党总支书记葛志军任党委书记。

同月 固庄村被山西省平安家庭创建活动领导组授予“平安家庭创建活动标兵村”称号。

同年 山底关帝庙被郊区人民政府确定为“阳泉市郊区不可移动文物”。

同年 山底村荣获“2012—2013 省级文明村”称号。

同年 东村、北庄、下章召、红土岩、上章召、武家庄、邓家峪被列入省级“一村一品”专业村。

2014 年

4 月 17 日 里龙光峪村同山西志远建设集团有限公司签订煤矿股权转让协议。

5 月 27 日 西沟山上引发森林火灾，燃至曹家掌村张花沟、后沟、南沟，致使松树山千年古松化为灰烬，过火面积达 2000 余亩。

5 月 固庄村委会主任张三虎被全国残联评为“全国扶残助残先进个人”，并于 5 月 16 日在人民大会堂受到中共中央总书记习近平等中央领导的接见。

6 月 6 日 《河底镇志》启动编修。

6 月 山底村被山西省精神文明建设委员会授予“文明村”称号。

同月 燕煤公司投资 3 亿元，新建洗选煤厂和程庄到华佳发煤站管状皮带输送机项目。

7月 河底村段永生、王三孩、段冰松、刘敬军、高燕平5户联合成立“阳泉市欣盛源种植专业合作社”。

7月22日 （北）京昆（明）高速河底收费站开通运营。

8月21日至26日 在北京举行的“中华魂、科学梦、青春梦”为主题的第二十六届全国青少年创新大赛中，山底小学教师王仙平获二等奖。

同年 郊里村全力开发打造集休闲、观光、采摘、游泳、垂钓为一体的乡村旅游开发项目，该项目总投资8000万元，预计于2016年投入运行。

同年 河底村投资800万元新建的全市一流的高标准寄宿制幼儿园竣工。

同年 明华科技有限公司（德旭公司）投资1200万元建成真金耐火交易平台，成为全镇耐火行业首家实现“互联网+”企业。

同年 河底镇被评为“全省先进文化乡镇”。

第一章　古镇渊源

第一节　境域区位

河底镇位于北方山山脉的刘备山北麓，地处阳泉市郊区北部。地理坐标为北纬 37° 56′ 20″ ~38° 04′ 11″ ，东经 113° 27′ 45″ ~113° 36′ 42″ 。境域东南与荫营镇接壤，西南与平坦镇由王兰山相隔，西北由盂县环抱，东北过凤凰山与西南昇乡相连。东西最宽 12.8 千米，南北最长 14 公里，总面积 103.04 平方公里。镇政府驻地河底村，距阳泉市郊区政府驻地荫营约 9.9 公里，距阳泉市区约 19.4 公里，距石太高速客运专线阳泉北站 19.9 公里。距省城太原约 120 公里，距首都北京约 381 公里。天黎、京昆高速公路在河底镇境内交汇，并在河底村西设出入口、收费站。

第二节　历史沿革

河底镇境域自古就分属平定、盂县管辖。清代曾设牵牛镇堡。直到民国 26 年(1937)10 月底，日军侵占阳泉，并控制各交通要道和城镇附近地区。由于日军的分隔，平定县境域以正太铁路为界，分成路北、路南两部分。中国共产党坚持抗日，创建抗日根据地。11 月，平定(路北)县抗日政府成立，县政府驻河底村三官庙。民国 27 年(1938)1 月，盂县抗日政府成立。民国 32 年(1943)1 月，寿东县抗日政府成立，7 月改称盂寿县。境域分属 3 个抗日政府管辖。

民国 36 年(1947)5 月，阳泉解放建市，随后先后划入平定、盂县部分村，境域也随之分属平定、盂县及新建立的阳泉市。

1953 年 4 月，境内实行区乡制，河底镇境内始设乡镇建制。即河底镇、牵牛镇乡、苏家泉乡、苇泊乡、任家峪乡、山底乡、北小西庄乡，时属阳泉市第二区人民政府所辖。与此同时，设燕龛乡，时属平定县辛兴区管辖。

1956 年 3 月，乡镇区划再做调整，撤销牵牛镇乡、苇泊乡、任家峪乡，设河底镇及山底乡、东村乡，时属荫营区管辖。

1958 年，实行人民公社制度，河底镇改称河底人民公社。此后随阳泉市郊区的撤销而一度撤销。1961 年 4 月恢复建制并划归市直。1963 年 2 月，增设东村公社，并与河底公社同属荫营区管辖。与此同时设燕龛公社，属平定县管辖，1971 年 2 月划归阳泉市郊区。

1981 年 9 月，境域 3 个人民公社革命委员会改称为人民公社管理委员会。1984 年 5 月实行乡（镇）村制，河底镇境域设河底镇、东村乡、燕龛乡，属阳泉市郊区管辖。2000 年 11 月，撤并乡镇，原东村乡、燕龛乡并入河底镇，此后再无变动。

第三节　区划变更

清代实行都村制，县下领乡，乡下辖都，都下统村。其间，河底、苇泊、任家峪、中佐、燕龛，属平定州安平乡三贤都，驻三都村。牵牛镇、山底、红土岩，属盂县招贤乡四都牵牛镇堡。上章召、下章召、大河北、东南沟、小河北、东村，属盂县招贤乡四都南韩庄堡。北小西庄属南榆村堡。

中华民国建立，废州改县，实行区村制。河底、苇泊（含任家峪、邓家峪、郊里、固庄）、中佐（含龙光峪）、燕龛（含西沟），属平定县第四区驻辛兴。牵牛镇属盂县第一区驻城关。下章召、上章召、苏家泉、小河北、小沟、东村、山底、北小西庄、属盂县第二区驻城关牛村。

民国 26 年（1937）11 月，平定（路北）县抗日政府成立，驻河底镇三官庙。燕龛、中佐、河底、苇泊、曹家掌、北小西庄属四区。民国 27 年（1938）8 月，平定（路北）县设 5 个区，河底、月湾属四区。民国 31 年（1942）8 月，平定（路北）县设 7 个区。邓家峪、任家峪、曹家掌、燕龛、北庄、西沟、郊里属五区。下章召、上章召、牵牛镇、大河北、武家庄、五架山、红土岩、小河北、小沟、东村、山底、北小西庄、东南沟属盂县七区。

民国 27 年（1938）1 月，盂县抗日政府成立。民国 28 年（1939）12 月，盂县设 13 个区。下章召、上章召、东村、东南沟、大河北、小河北、五架山、北小西庄、苏家泉、山底、红土岩属县二区。牵牛镇属县十三区。民国32年(1943)1月,成立寿东县(亦称盂寿县、寿盂县)。民国34年(1945)1月,平定(路北)县五区划归寿东县,曹家掌、燕龛一带属寿东县。

民国36年(1947)5月2日,阳泉解放;4日,设阳泉市。下年8月,从平定县划入阳泉市68个行政村,河底镇境内南峪(月湾)、上章召、河底、苇泊、牵牛镇、邓家峪、任家峪、中佐、固庄、龙光峪、苏家泉(猪头垴)11个行政村属阳泉市第四区人民政府。下章召、大河北、红土岩、小河北、小沟、东村、山底、北小西庄、东南沟、五架山,属盂县。

民国38年(1949)1月4日,阳泉市调整区划,东村等67个行政村由平定县、盂县划入阳泉市,全市划为6个区。民国38年(1949)2月,河底镇境内始设阳泉市第五区人民政府,驻地东村。山底、小沟、红土岩、北小西庄、南沟(今东南沟)、东村、小河北、大河北(武家庄、小河下)、下章召(河南)属阳泉市五区。河底、南峪(月湾)、苇泊、邓家峪、任家峪、中佐、固庄、龙光峪、上章召、牵牛镇、苏家泉(猪头垴)、燕龛、郊里、北庄、程庄、西沟、曹家掌属阳泉市四区。五架山属盂县。

民国38年(1949)9月,阳泉市改称阳泉工矿区,市辖区政府改称区公所,全市仍划分六个区,驻地、辖区未变。

1950年2月,上年划入的67个行政村重归原县,阳泉工矿区辖区缩小,编为3个区。河底镇境内南峪(月湾)、上章召、河底、苇泊、牵牛镇、邓家峪、任家峪、中佐、固庄、龙光峪、苏家泉,属阳泉市第三区公所。东村、南沟(今东南沟)、下章召(河南)、山底、红土岩、小沟、大河北(武家庄、小河下)、小河北、小西庄(今北小西庄)、五架山属盂县。曹家掌、程庄、燕龛、北庄、西沟、郊里属平定县。

1951年6月,阳泉镇改称第三区。河底镇境内南峪(月湾)、上章召、河底、苇泊、牵牛镇、邓家峪、任家峪、中佐、固庄、龙光峪、苏家泉(猪头垴)11个行政村,改属阳泉工矿区第二区公所。其余归属未变。

1953年4月,境内区划大面积调整并实行区乡制。其中属阳泉市二区的设一镇六乡。具体为河底村属河底镇。牵牛镇村、东村村属牵牛镇乡。苏家泉(猪头垴)、南沟(今东南沟)、上章召、下章召(河南)属苏家泉乡。中佐、苇泊、龙光峪属苇泊乡。任家峪、邓家峪、固庄属任家峪乡。山底、红土岩、小沟属山底乡。大河北(武家庄、小河下)、小河北、小西庄(今北小西庄)北小西庄乡。曹家掌、程庄、燕龛、北庄、西沟、郊里属平定县燕龛乡。南峪(月湾)属境外的三都乡。

1956年3月,境内调整为河底镇和山底乡、东村乡。河底、苇泊、中佐、龙光峪属河底镇。邓家峪、任家峪、固庄、关家峪属境外的三都乡。牵牛镇、红土岩、小沟、山底属山底乡。

东村、苏家泉、东南沟、下章召、上章召、大河北、小河北、北小西庄属东村乡。曹家掌、程庄、燕龛、北庄、西沟、郊里属平定县燕龛乡。五架山属盂县。

1958 年 9 月，乡镇改称人民公社，行政村改称生产大队。此后，境内乡镇建制曾一度撤销。至 1961 年 4 月，境内公社建制恢复并归市直。其中，河底公社管辖关家峪、下章召、上章召、河底、苇泊、牵牛镇、邓家峪、任家峪、中佐、固庄、龙光峪、苏家泉、大河北、五架山、红土岩、小河北、小沟、东村、山底、东南沟。北小西庄属的西南舁人民公社。曹家掌、程庄、燕龛、北庄、西沟、郊里属平定县燕龛人民公社。

1962 年，固庄分设为大固庄、小固庄大队。1963 年，分设里龙光峪大队。分设的大固庄、小固庄、里龙光峪大队属河底人民公社。

1963 年 2 月恢复了荫营区建置。在境内设河底、东村 2 个人民公社。南峪（月湾）、下章召、上章召、河底、苇泊、牵牛镇、邓家峪、任家峪、中佐、固庄、小固庄、龙光峪、里龙光峪属河底人民公社。苏家泉、大河北、五架山、红土岩、小河北、小沟、东村、山底、北小西庄、东南沟属东村人民公社。曹家掌、程庄、燕龛、北庄、西沟、郊里属平定县燕龛人民公社。

1971 年 2 月，燕龛公社所属 6 个生产大队，划归郊区，境内 3 个公社统一归阳泉市郊区。苏家泉（猪头垴）、大河北、五架山、红土岩、小河北、小沟、东村、山底、北小西庄、东南沟属郊区东村人民公社。南峪（月湾）、下章召（河南）、上章召、河底、苇泊、牵牛镇、邓家峪、任家峪、中佐、固庄、小固庄、龙光峪、里龙光峪属郊区河底人民公社。曹家掌、程庄、燕龛、北庄、西沟、郊里属郊区燕龛人民公社。

1981 年 9 月，阳泉市郊区革命委员会改称阳泉市郊区人民政府，下辖的 13 个人民公社革命委员会改称为人民公社管理委员会。同时将南峪改名为关家峪大队，撤销南峪自然村并分设猪头垴、河南、武家庄（小河下）3 个大队。关家峪、河南属河底人民公社。猪头垴、武家庄（小河下）属东村人民公社。

1984 年 5 月，实行乡（镇）村制，境内 3 个人民公社管理委员会改建为 1 个镇、2 个乡人民政府，下属生产大队改建为村民委员会。1986 年 10 月，驻地厂矿、街道居民区设置居民委员会，河底镇设河底、苇泊钢铁厂、固庄煤矿 3 个居民委员会。

2000 年 11 月，根据山西省人民政府《关于印发山西省撤并乡镇工作方案的通知》和中共阳泉市委、阳泉市人民政府《关于撤并乡镇工作的指导意见》，境内两乡一镇撤并一镇，原燕龛乡、东村乡并入河底镇。到 2014 年，河底镇共辖 32 个行政村、33 个自然村、3 个居民委员会。32 个行政村、33 个自然村，即关家峪、下章召、河南、上章召、河底、苇泊、牵牛镇、邓家峪、任家峪、中佐、固庄、小固庄、龙光峪、里龙光峪、曹家掌、程庄、燕龛、北庄、西沟、郊里、苏家臬、猪头堖、大河北、武家庄(小河下)、五架山、红土岩、小河北、小沟、东村、山底、北小西庄、东南沟;3个居民委员会,即河底、苇泊钢铁厂、阳泉市第二监狱居民委员会。

第四节　村庄概况

河底村

河底村位于镇境中部,太行山脉中段刘备山北麓。因村落主体分布在河沟谷底,故名河底。又因村东有一山冈叫作青龙山,清代宝泉分局曾奉旨在青龙山下"龙口"设炉铸钱,故号称青龙镇。是镇党委、镇政府所在地,为全镇政治、经济、文化中心。

阳五、京昆高速公路在境内交汇,并在村西设收费站、出入口,纵贯全境的滴苇线与国道207线、省道石阳线交汇成网,距石太高速客运专线阳泉北站19.9公里,距市区25公里,交通极为便达。总面积为6.3平方公里,耕地3305.66亩。至2014年年末,全村共有居民1900户、5229人,设19个村民小组。

境内山、岭、梁、堖环绕,矿产资源丰富,有无烟煤、矾石、铁矿、石灰石、黏土、砂陶土等。自古以来,河底村是平定古州北乡的重镇,享有"平定第一镇"之盛名。清雍正二年(1724)设镇以来,古驿路两侧商号林立,工商繁荣。清咸丰四年(1854)奉旨设宝泉分局,铸铁为钱,址在青龙山下,古镇遂有青龙镇之名。民国26年(1937),平定(路北)县抗日政府成立,该村三官庄为县政府驻地,此为本地最高行政建置。煤铁业为传统产业,明代就有村民以采煤为业者。随着采煤业的发展,冶炼、铸造、锻造等业在本村兴起,清代又引进了火药制造。中华人民共和国建立后,成立铁业社、磺业社。20世纪80年代,除村办煤矿外,还先后兴建铸造厂、阀门厂、砖厂、水泥厂、预制厂、滴塑厂、型煤厂、洗煤厂、金属镁厂、还原罐厂、纯净水厂等。2008年10月5日,煤炭资源整合,村煤矿关闭。经过艰难的转型调整,2014年,砖厂改扩建后,月产达500万块,年产达6000万块,成为全国同行业中产量最高、质量最好的企业,安排120多名村民就业。同时新建型煤厂、组建机械工程施工队、打造商贸物流平台130亩。积极扶持民营企业,兴办阳泉市兆瑞贸易有限公司煤炭物流中心、阳泉市新地伟业炉料有限公司、民营大理石加工厂等。发展商业、饮食业、服务业、运输业、养殖业等50多个民企,从业人员2000余人。

针对人均耕地仅有 0.7 亩的实际，该村一直坚持以工补农的政策，先后投资组建农机服务队，建设高产稳产农田，整修农田道路，打深井、建水库，资助村民打水窖水洞，组织突击队，实施退耕还林、荒山育林，建起果园、蔬菜基地、奶牛场、养猪场、养狐场、生态野猪养猪场等。2014 年，在原有 1 个眼深井的基础上，又新打 1 个眼深井，整合收回土地 100 多亩、核桃园基地达 1000 多亩、双孢菇种植园上市销售。2014 年，粮食播种面积 1782 亩，总产达 488.62 吨。

1973—1988 年，青石碹涵洞，改造古河道 2700 多米，古河道变成宽阔的公路。1975 年，建单面三层村委办公大楼。1987 年以来，将古街改建成宽 10 米，长 1000 余米，全部水泥硬化的银河大街，沿街 100 多店铺以二层底商住宅楼为主。此后依托地缘优势，凭借小城镇建设机遇，先后修建招待所、青龙市场及玉馨小区、融浦家园、隆河花园住宅小区，水、电、暖、网络通信设施齐备，村民居住条件有了极大改善。2014 年，新建两幢建筑面积 17000 平方米的底商住宅楼（含隆河花园 3#），打深井 1 眼，整修街道，维修卫生所、垃圾池等。1983 年，开始实行村民退休制度。2014 年，养老金由每月 200 元提高到 300 元，并始行给村民发放烤火费、农合医疗保险及春节、庙会、中秋节发放福利制度。

历来重视文化教育事业。清代河底村曾产生 3 个进士，其中清乾隆三年（1738）戊午科举人、四年（1739）己未科进士刘熤是寿阳县世称“三代帝师（道光、咸丰、同治）祁隽藻的外祖父。中华人民共和国成立后，先后有 60 多人考入高等院校。2004 年，对考入大学的大学生实行奖励制度。1992 年，修建仿古大戏台。1996 年，编辑出版《河底村志》获得省一等奖。1997 年，保护性动迁关帝庙，修复明灵王庙。村内现存古建通保观、天主教堂为区级文物保护单位。2014 年，幼儿园新建，攀云古桥动工修复，已竣工的寄宿制幼儿园为全市一流，建筑面积 3000 平方米。全村有 6 个配备器材的健身场。元宵节、庙会期间，村民自编自演文艺节目，开展文艺竞赛，出现了自生自养的文体活动队伍。

中佐村

位于镇境中部，与镇政府、网通公司、河底中学为邻。村口接滴苇公路，与阳泉、京昆、太阳高速公路、国道 207 线、省道石阳线交汇成网，交通极为便利。总面积为 1.31 平方公里，耕地面积 700 亩。至 2014 年末，全村共有居民 288 户、869 人，设 8 个村民小组。

村境属山地丘陵，水资源相对充裕，矿产资源种类较多，有无烟煤、矾石、铁矿石、石灰石、矸石等，但储量有限。村内原有煤矿、硫铁矿、铸造厂，随着资源开发利用，不仅以工补农，而且拉动各行各业的发展。村内副业多的时候，还有砖厂、手套厂、灯具厂等。

煤矿资源已近枯竭，于 1998 年关停。村铁业兴起较早，解放前有大小作坊 19 个，品种有炉箅、炉条、双狮头火炉，把把锅、茶壶等销售外地。为支援解放战争，生产过手榴弹壳、炮弹壳。后用蒸汽机代替人力，土炉变园炉化铁，为本市较早一家。进入80年代，铸造厂发展壮大，与市阀门厂联营，为郊区北规模最大一家。村硫铁矿储量品位较好，但由于市场原因，先后于1998年、2010年全部关停。

农作物以玉米、谷子、小杂粮为主，早在20世纪60年代中期，村内响应上级号召，开辟蔬菜基地，为市民供应蔬菜。1971年，调整为粮食自给村，最高平均亩产达到404公斤，实现了粮食自足。为搞好农业，先后修建了几个水库、深井，开辟了果园。1982年，推行家庭联产承包责任制，下放土地承包到户。2003年、2005年，分两批实施退耕还林203.4亩。2014年，粮食播种面积582亩，总产达130.28吨。

原村住宅位于西部。1975年、1976年，修建涵洞500米，拓宽改善村公路。20世纪80年代初，开始在村北面修建新住宅，以枣园地为主，沿陡坡而上，层次分明，错落有致。从2006年开始，修建6层富景住宅小区，至2014年面积达22000平方米，并建起新村委办公楼、舞台、健身场、老年日照中心、村卫生所和商店，背靠塞垴森林公园，环境优美，居住条件大为改善。

中佐村素来重教兴学，有培养人才的优良传统。历史上有多家私塾，民国9年（1920）曾与河底联办乡学。民国26年（1937），本村为游击区建立两面小学。1958年，村中设立阳泉市中佐中学。至2014年，先后有20多人考入高等院校。1987年，在村中建立职业学校，于1992停办。

村西古庙寿宁寺，占地面积1600平方米，保存较为完善。存有金大定二十年（1180）重修碑。从2003年开始，周边群众自愿集资对古寺逐年修缮，已恢复原貌。村中老爷庙尚需保护。大王庙已搬迁并更名为三关庙。从2003年开始，将每年农历四月初八定为本村庙会。

龙光峪村

位于镇境中部，出村公路水泥硬化，与县道滴苇线连接，交通便利。距镇政府2.3公里。总面积为0.88平方公里，耕地面积为132.62亩。至2014年年末，全村共有居民246户、504人，设5个村民小组。

村境属低山丘陵，石厚土薄，水资源匮乏。农作物以玉米、谷子为主。解放前，粮食亩产仅50公斤，20世纪50年代初，提高到150公斤。此后逐步提高，1959年190公斤，1969年262.5公斤，1976年达400.5公斤。

村境内矿产资源丰富，主要是煤炭，硫铁矿。煤炭埋藏浅，易开采，有100多万吨可开采露天煤炭。但因开采年代较早，资源破坏严重。硫铁矿资源较为丰富，储量约200万吨。

采煤、铸造为传统产业。据碑石记载,清同治十年(1871)村中已有铸造业。民国时期颇为兴盛。村中存有铸造炉场遗址13处之多。龙光峪与河底、中佐村的铸造产品统称“河小货”远销内蒙古、东北、河南、山东等地。中华人民共和国成立后,村集体曾创办硫铁矿、煤矿。煤矿因资源枯竭,煤矿早在1999年关闭。硫铁矿因资金问题于1993年停产。2014年,全村劳动力为258人,大多数在外打工。

重视文化教育。1950年,在村五道庙建立第一所四年制小学校。1959年,扫盲运动搞得有声有色,成绩突出,参加全省群英会。1965年,村内新建一所占地860平方米,建筑面积312平方米的学校。1969年,龙光峪学校改为九年制。大、小固庄,前、里龙光峪4个村学生在此就读。

随着改革开放社会的发展,积极努力改善村民生活。村里先后兴建了文化活动中心、休闲娱乐广场、老年日照中心、医疗卫生所、健身广场、篮球场等。期间,村民新建住宅8131平方米。2003年,修通长2.2千米、宽6米的水泥路面村级公路。2011年完成长9.13千米、宽2.5米的户户通街巷路硬化工程。家用电器从20世纪80—90年代的收录机、电视机、洗衣机变为电脑、电冰箱、太阳能热水器、摩托车、小汽车。

里龙光峪村

位于镇境中西部。通村公路水泥硬化,南与省道石阳线连通、东与县道滴苇线相接,交通便利。距镇政府1.5公里。全村总面积3.2平方公里,其中耕地518亩,退耕还林402亩。至2014年年末,全村共有居民256户、592人,设6个村民小组。

村境地势西北高东南低,两山夹一沟,海拔最高点的馒头山为1133.7米,最低点与前龙光峪接壤处,海拔925.3米。石厚土薄,农业生产条件较差。粮食亩产很低,如玉米,解放前亩产100公斤左右。解放后,提倡科学种田,推广优良品种、施用化肥等,产量增长很快,1958年,玉米亩产150~200公斤,20世纪80年代亩产最高达400公斤左右。林业也得到长足发展。2002年,村集体投资12万元,将人均半亩责任田全部退耕还林。到2014年,有果园地50亩、核桃枣树林150亩、荒山造林1000多亩。2014年,粮食总产31.8吨。

境内地下资源丰富,有煤、硫磺、矾土、硅等,以无烟煤储量最大,已探明储量为300多万吨。因土地贫瘠,耕地少,历史上形成了以工补农的生存方式。采煤、铸造在明清时期就已出现。中华人民共和国成立前有资本家开办的煤窑有源盛窑。1952年,村里以24股小煤窑组成民生矿,农业合作化时期归集体,1963年,改称里龙光峪煤矿。20世纪90年代,煤炭平均年产量在10万吨左右,成为全村的产业支柱。1993—2008年,社会总产值由

1113.4万元增加到1596万元。全村积累由60.22万元增加到96万元。固定资产由384.58万元增加到991万元，增长2.6倍。上缴利税由78.8万元增加到300万元，增长3.8倍。人均纯收入由1600元增加到9500元。户均收入由4500元增加到24000元。其间，针对20世纪50年代初划定的矿界储量日渐枯竭的实际，1992年以后，先后创办了一批市场适应能力相对灵活的小型地面企业，如碳素厂、手套厂、电子厂、大型电机修理厂、电极糊厂等。2005年后，全省煤炭资源整合，煤矿关闭。

社会公益事业蓬勃发展。1987年，在全区农村中率先实现男65周岁、女60岁的退休养老制度。1996年，集体投资为年满18周岁以上的村民投保养老保险，男60周岁月领80元，女55周岁月领60元。2008年，又举全村之力为45周岁以上的村民投保社会养老保险。年满60周岁后，男月领475元，女月领440元。

1990年，投资15万元兴建一幢总面积980平方米的二层综合教学楼。1994年，卫生所楼、公共活动楼、500立方米水池三项工程竣工，村人自愿捐资6万余元，修复三官古庙，并将农历七月十五始定为庙会日。是年，举办首届文化艺术节。2000年，在各公共场所修建有专人管理的垃圾站。2002年，投资100多万元，建成村南、村东2条通村公路。2004年，投资50万元，将村中心广场、庙前、街道、公路两侧等地段全部进行绿化。2012年，投资50余万元，建起纯净水厂，免费为村民供应。2014年，投资建成老年日照中心，解决村民的后顾之忧。

苇泊村

位于镇境南部，地处省道石阳线中段，距阳泉市区17公里，距盂县县城21公里，距镇政府1.7公里，是河底镇的南大门。因其特殊的地理位置，中华人民共和国成立以来在此"落户"的单位有公路管理站、交警队、稽查所，还有市一钢、市玛钢，现与阳泉固庄煤矿新区也仅公路之隔。

苇泊河自西向东汇入温河，河谷较为平坦，村民依河谷聚居。总面积为3.91平方公里，耕地面积为1200.88亩。至2014年年末，全村共有居民710户、2107人，设7个村民小组。

矿产资源贫乏，耕地多属坡梁地。全村人均耕地0.41亩，林地400余亩，主要种植玉米、谷子等作物。2014年，粮食播种面积716亩，总产达96.55吨。大力发展养殖业，养羊157只，养鸡14000羽。

地理位置优越，交通极为便利。明清时期该村就有涌泰诚、天德恒、万盛玉、裕盛德、元合店等多家商号。随着改革开放深入发展。1984年，村集体组建华盛实业有限总公司，下属有铸造厂、水泥厂、线材厂、修理厂、砖厂、煤矿、矾石厂、贸易公司及民营、个体企业。

1987 年、1992 年，又在村西省道 214 线左侧，先后建起汽车维修厂、汽车检测站。随着经济结构的调整，到 2014 年，村办集体企业减少到 2 个，一是阳泉庆达汽车维修有限公司，另一个是阳泉市通达汽车检测站。至 2014 年年末，全村劳动力 1140 人，从事商业、饮食、服务、运输等各种专业户 105 户、170 人，绝大多数年轻人外出打工创业。

村民生活水平显著提高。1997 年，投资 150 多万元建中心小学，建筑面积约 2300 平方米。2004 年 9 月，投资 40 万元，建成幼儿园，建筑面积约 4000 平方米。1983—2014 年，有 120 人考入高等学府。苇泊村对考入大专以上的学生实行奖励补助，并购置校车一辆，建立图书阅览室。2001 年，投资 500 万元建设新村。当年，建成有底商的二层住宅楼面积 10000 多平方米、修架一座跨越苇泊河的世纪大桥、开通一条与滴苇公路贯通的隆盛商业大街。2007 年，投资新建净化水厂，整修卫生室，增添新医疗器材。组建和配备卫生清运管理队伍和清运车辆。至 2014 年，新建楼房面积约 3 万平方米，水、电、气、暖全部入户。全村住房面积 162514 平方米，人均 16 平方米。大街小巷全部硬化，大道 5.7 公里，小巷 8.2 公里。安装路灯 50 余盏、健身器材 10 余套，建设娱乐场地 7 个。注重老年人的养老问题，增加养老补助金，城乡养老保险参保率达 90%。每年外出旅游达 400 余人次。2014 年，村委筹资 30 万元，在凤凰山下安放 14 位革命烈士的遗骸建成烈士陵园，成为该村爱国主义教育基地。

境内有千年古刹天齐庙，庙内有 4 棵参天古松，庙外有 2 棵千年古槐，庙东为聚秀阁，庙西为经世阁，是区级文物保护单位。进入本世纪后，村民多次集资修葺，庙宇焕然一新。

上章召村

位于镇境东部，温河支流苇泊河畔，县道河苇线穿越村境，紧接国道 207 线，交通便利。距镇政府 2.4 公里。总面积为 2.85 平方公里，耕地面积为 1875 亩。至 2014 年年末，全村共有居民 511 户、1685 人，设 4 个村民小组。

村境属土石山地貌，为石灰岩山地。解放前，粮食亩产 100 多斤左右。中华人民共和国成立后，农业合作化时期，逐步提高到 100 多公斤。“农业学大寨”期间，大搞农田水利基本建设。1971—1976 年，兴修水池 8 个，总容量 10 万立方米。人造小平原 3 处，大西沟里大平原、西沟小平原、柳林沟小平原，面积达 70 余亩，增加土地 20 亩。粮食产量 1975 年过黄河亩产 250 公斤，1977 年过长江亩产 400 公斤，总产量达 70 万公斤，创历史最好水平。1984 年，农村实行土地联产责任制，2008—2010 年，发展高效农业，到 2010 年，建成日光温室大棚 40 个，150 余亩。2014 年，粮食播种面积 1100 亩，总产达 320.19 吨。发展养殖业，养猪 200 头，养羊 80 只，养鸡 12000 只。

境内矿产资源贫乏，主要资源为石灰石、白云石。上章召村历史悠久，至迟在北宋时期就有人居住。焖炉打铁、打蘑菇钉是传统产业。1951 年，村中 100 多户小手工业者集资成立了上章召铁业合作社。1964 年，建起上章召铸锅厂，生产铁锅。1968 年转产手工铸管，后扩建为机制铸管，铸铁管年产量增加到 2000 吨，收入达 160 万元。1985 年 10 月，在阳泉钢铁公司的支持下，投资 120 万元，建成上章召铁厂，建有 18 立方高炉，年产生铁 8000 吨，收入 1200 万元，安排就业 150 人。期间，还有水泥厂、水渣砖厂、耐火企业、骨料厂等。后因高能耗、环保、经营不善等原因关闭。到 2001 年，人均纯收入仅有 800 元。随着经济结构的调整，村民的就业观念发生了深刻变化，激活了村民个体创新的活力。2014 年，全村劳动力 910 人，除在村里从事种植、养殖、畜牧、运输、建筑、服务等行业外，年轻人绝大多数外出在全国各个大中小城市打工创业。

积极改善村容貌。1975 年，为活跃农村文化生活，建成可容纳观众 1800 余人的大礼堂。1978 年，为解决村民住房难的问题，在村西河滩上筑石坝 500 余米，在河滩上建起大寨式二层排楼 60 间，建筑面积 2784 平方米，解决困难住房 30 户。1994 年，用石头硬化了村委大院到铸管厂门前大桥路面，接通了县道河苇公路。1995 年，为解决村西行人出行绕路之困难，修建了石佛大桥。1996 年，对村委办公楼进行整修。2010—2012 年，对村中大小道路进行水泥硬化，硬化路面 3 万平方米，并安装了路灯。同时，修通了石佛大桥到村委大院道路。

境内古建筑有石佛庙、龙天庙、观音庙、五道庙、永占桥等。古碑碣有宋元祐六年(1091)石佛庙石刻字碑，是镇境内已发现最早的古碑。

下章召村

位于镇境东部，苇泊河、温河交汇处，村庄坐落在温河两岸。国道 207 线、县道河苇线环村而过，交通便利。距镇政府 3 公里。总面积为 4.86 平方公里，耕地面积为 1140.74 亩。至 2014 年年末，全村共有居民 338 户、983 人，设 4 个村民小组。

村境属土石山区，为石灰岩山地。土壤性质为黏土、杂质、沙土。全村退耕还林 420 亩，人均 1.6 亩。其中，除河西坪、花坪的百十亩平地外，上千亩耕地都分布在五里之遥的红岭山、花梁山、梨岩梁三座大山上。农作物以种植玉米、谷子、土豆为主。解放前粮食总产 14 万公斤。中华人民共和国成立后，农业合作化时期，在粮食蔬菜增加的同时建成了闻名全市的百亩果园。农业学大寨期间，在打坝造地、平整耕地的同时，铺设 26 公里农田山路、开凿 3 万立方红岭水池。其间，玉米亩产近 1000 公斤，谷子亩产 500 多公斤，创历史最高水平，成为全市乃至全省的旗帜单位。改革开放以来，以工补农，农林牧副全面发展。

2014 年，粮食播种面积 232 亩，总产达 55.5 吨。全村林地总面积 3580 亩，其中果林 280 亩，经济林 300 亩，生态林 3000 亩。有苹果树 4000 株，核桃树 3 万株。2014 年，养羊专业户 1 户，养羊 600 只；养鸡专业户 1 户，养鸡 12000 羽。

境内矿产资源除石灰石和少量铝矾土、白云石、石膏外，没有其他资源。解放前没有任何传统产业，解放后有一个小型铸锅厂。1962 年，村内通电，南头坪修一间配电室。1970 年，建立小型五七修理厂，1975 年，改扩建为龙头企业耐火厂。1986 年，建石灰厂。1988 年 6 月，市农牧局支持建大型养鸡场，规模 5 万只鸡，产值 200 万元。1993 年，耐火厂改组，命名为阳泉市晋东耐火厂。1995 年，村投资 400 万元对耐火厂进行改扩建。2000 年 2 月，晋东耐火厂实行股份制，更名为晋源昌耐火有限公司。2004 年，晋源昌耐火有限公司由股份制改制为私营企业，更名为阳泉市盛荣耐火材料公司。到 2014 年，有私营企业盛荣耐火材料公司、下章召养鸡场、石灰厂 3 家，年收入达 860 万元。随着经济结构的调整，全村从事汽车运输 40 人、汽车修理 10 人、外出打工 145 人，年收入 500 多万元，创利税 40 多万元。

农业学大寨期间，村中铺碹 500 米阴沟青石涵洞、修起村后石板护坡，建起两栋办公楼房、修筑跨越温河幸福大桥。1980—1984 年，自行设计修建 1640 平方米的大礼堂。1985 年，新修学校，建校舍 24 间，面积 560 平方米，并建村照壁、景乐园。1986—1998 年，大规模整修硬化街道，修建小二楼商店。1999 年，对禅智寺进行修复保护。2010 年，翻修古戏台、观音庙、大礼堂，对村内河坝进行整修，在景乐园建艺术长廊、安装体育器材。至 2011 年，新建河南进村水泥桥，全村街巷入户道路全部水泥硬化，村容村貌巨变。

境内有古刹禅智寺，据可靠史料记载，始建于唐朝前，已有 1400 多年的历史，后经过多次重修扩建，遗存建筑布局以明、清为主，为市级文物保护单位。每年农历正月二十、四月十五为传统庙会日。

河南村

位于镇境东部，苇泊河、温河交汇处，国道 207 线、县道河苇线环村而过，交通便利。村庄坐落在温河南岸。距镇政府 3 公里。总面积为 0.73 平方公里，耕地面积为 375.67 亩。至 2014 年年末，全村共有居民 126 户、337 人，设 2 个村民小组。

村境属土石山区，土地为山坡地，土质分黏土、杂质、沙土，均是旱田。全村退耕还林 188 亩，其中核桃树 108 亩，金银花 80 亩。农业以玉米、谷子为主，70 年代以前种植少量冬小麦。20 世纪 60 年代，大搞农田水利基本建设，在大梁修建大、小 2 个蓄水池。改革开放后，林业、养殖业有了长足发展。建成 20 亩桃园、80 亩果园，有果园专业户 6 户，有养蜂专业户 1 户，养鸡专业户 1 户。2014 年，苹果年产 10 万公斤，桃 1 万公斤，核桃 0.5 万公斤，四处绿化 2 万余株。粮食播种面积 232 亩，总产达 55.5 吨。

境内矿产资源匮乏，只有石灰石。开办炒铁炉是该村的传统产业。1963 年，建起铸造厂，生产铸造铁锅、火炉、水管、茶壶等产品。1978 年，中共十一届三中全会后，建起石灰厂、石子厂、砖瓦厂、铸管厂、加油站等多个工业企业。到 20 世纪 90 年代后期，个人投资办起了耐火材料加工厂、汽车运输、商店、饭店、种植、养殖等，形成了以股份制、私营、个体为主的经济结构。

新农村建设成绩显著。“农业学大寨”期间，修筑跨越温河的幸福大桥。20 世纪 80 代后，建起了办公大楼、小学校，完成南河槽涵洞工程，至 2014 年，拓宽主要街道，水泥硬化了全部街巷道路，修复了“观音庙”“王家祠堂”，建起烈士庙，修建了花池、小风景公园、村名石牌等，安装体育健身器材，实现了数字电视、宽带网络进村入户，新建和改造民居 16150 平方米。

境内有古刹禅智寺，是镇境内最古老的佛教庙宇，为市级文物保护单位。

任家峪村

村位于镇境南部，刘备山脚下，东与山西阳泉固庄煤矿为邻。水泥硬化的村口公路，与省道石阳线、县道滴苇线、河苇线相接，交通便利。距镇政府 4.4 公里。总面积为 1.87 平方公里，耕地面积为 906.68 亩。至 2014 年年末，全村共有居民 720 户、2032 人，设 10 个村民小组。

村境属低山丘陵，村庄依地势而建，多在沟梁之上。1985 年，固庄煤矿改扩建占地 400 余亩，人均耕地 0.3 亩，多为坡地梯田。解放前，粮食亩产不足 100 公斤。随着高效农业、新技术的推广，截止 2013 年，有日光温室 30 余亩，鸡场 2 个，从业人员 30 多人。2014 年，粮食播种面积 471 亩，总产达 138.85 吨。

境内煤炭资源丰富，有少量硫铁矿分布，但品位不高。依据自然条件，自古采煤、冶铸业兴盛，形成了以副养农的传统。采煤历史始于明清时期，至中华民国时期比较有名的私营小煤窑有“永和窑”“德胜窑”等。1959 年，村集体开办煤矿，煤炭年产量逐步提升，20 世纪 60 年代 1 万吨、20 世纪 70 年代 3 万吨、20 世纪 90 年代 6 万吨，从业人员 300 多人。特别是 2005—2006 年，煤矿技改后，煤炭年产量达到 9 万吨，采煤成为村里的支柱产业。2008 年，煤炭资源调整，本村煤矿关闭。

冶铸业历史悠久，遗存雍正十二年（1734）四月十二日铸造的舂米器具—臼，证明 240 多年前，该村铸造业已达到炉火纯青的地步。民国 7 年（1918），村民以 40 座土炉生产铁轮车配件车川、车键。民国 36 年（1947）8 月，阳泉解放后，84 个冶铁、铸造手工业者以 14 盘

“半背半泻”土炉，自发组织“工人合伙炉”。此后多次改组，1949 年 10 月为“任家峪铁业联社”、1950 年 9 月为“任家峪供销社附设生产部”、1951 年 9 月为“任家峪铁业生产合作社”、1958 年 9 月并入地方国营苇泊铁厂、1961 年 9 月分开为“任家峪铁业生产合作社”、1965 年 10 月改称“任家峪铸锅厂”，逐步发展成为隶属于市二轻局集体所有制企业，职工 200 多人。该厂生产的“任”字牌铁锅品质最佳，多次荣获部、省、市、区荣誉称号。1991 年，“任”字牌双边铸铁锅，在全国铸铁锅行业评比中夺得第一，获得“部优产品”称号。同获部优产品称号的还有“任”字牌单边铸铁锅。

20 世纪 80 年代后，随着经济的发展，先后建立大理石厂、化工厂、合页厂、彩色地板砖厂、猪毛厂、石膏厂等，但因市场、技术、经营等原因相继关闭。2006 年，村集体投资修建了商贸楼。2013 年，村集体在牛浪河地段，投资修建了临街商铺住宅楼。

改善人居环境。20 世纪 70 年代，始建村大礼堂，后改建为拥有 1300 多个座位的大型剧院。1987 年，将固庄煤矿饮用水引入村内，铺设了自来水管，摆脱了长期取用河槽井水或人挑、车拉到外村取水的困难局面。1993 年，村集体投资 51 万元，村内开凿 671 米深井一眼，日出水量 1200 立方米，解决了人畜吃水困难。20 世纪 90 年代后期，硬化操场、增设体育设施、安设多种健身器材。进入 21 世纪，投资 170 余万元，建起占地面积 1600 平方米的新学校，购买校车接送初中学生上下学，安装有线电视网络设备，开设农家书屋，修建垃圾池，设专人清扫清运。2007 年，由该村牵头，邓家峪村、关家峪村、固庄煤矿“三峪一矿”共同出资在村口修建“和谐门”牌楼。2013 年，投资 189.77 万元，兴建了本村第一个文化广场，投资 65 万元建起了纯净水厂，同时购置水车为村民运送纯净水，修建蓄水洞解决了冬季饮用水困难，成立了“日间照料中心”，解决了空巢、孤寡老人的实际困难，并在“九九”重阳节为 60 岁以上老人发放每人白面、食油。

境内有古庙“三圣庙”，于 2006 年进行修缮，在古戏台原址建新戏台。每年农历二月初二为本村传统庙会。

邓家峪

位于镇境南部，刘备山脚下，与山西阳泉固庄煤矿毗连，距镇政府 4.7 公里，总面积为 4.51 平方公里，耕地面积为 893.51 亩。至 2014 年年末，全村共有居民 400 户、1134 人，设 4 个村民小组。

境内群山环绕，矿产资源丰富，有硫铁矿、山西式铁矿、铝矾土、云母、高岭土、耐火黏土等。尤其是煤炭储量极为丰富，开采历史悠久，相传始于明代。清代至民国时期，境内煤、铁两业处于鼎盛时期。阳泉解放后，村民利用传统的煤铁产业，大量生产手榴弹壳，支援解放战争和抗美援朝。

1980—1996年，村办企业迅速发展，先后开凿坑口6座，累计开采煤炭200余万吨。此外，还兴办了炼铁铸造、建筑材料、铁木泥瓦、编织、制鞋、粮食加工等企业。2011年，煤炭资源整合，村煤矿关闭。

村办企业发展促进农业生产的发展，建成沟地、坡地和梯田综合配套的农业设施，各种新的农业技术不断得到普及，农机农具、化肥电力在农业生产中得到广泛应用，粮食单产大幅提高。2014年，粮食播种面积438亩，总产达151.2吨。林业生产长足发展，至2014年，四旁植树20多万株，植树成林面积783.5亩，果园30亩。

经济腾飞，村容村貌焕然一新。1983—1997年，劈山改河，开隧道，碹涵洞，垫河沟，建成了一条贯通全村的长1680米、宽6米的出村公路。1973—1993年，前后3次修建礼堂和戏台，设立老年活动室和戏剧娱乐室，同时多次维修庙观，组织实施，谱牒和方志的编修工程。1978年，以引山泉水为主，修建7600立方米封闭式水库。2005年5月，实施旱井自来化入户工程，达到了"一户一井一泵"标准，实现了户户通自来水的夙愿。1992年，村里投资58万元，修建了一座以两层教学楼为主的邓家峪新学校，占地面积5050平方米，建筑面积1193平方米。1998年，投资130万元修建3层办公大楼，此后又建成了灯光球场、乒乓球活动室、健身场等。2003—2005年，投资11万元，水泥硬化村内的主街、中街、小北沟等主要道路，路旁植树5000余株。1989年，实行村民退休制度。1993年，实行农村社会养老保险制度。2002年，实行大学生奖励制度、新型农村合作医疗制度等。

关家峪村

位于镇境南部，刘备山脚下。原主村南峪，属村月湾，相距1公里。南峪，古名关家峪。清顺治十三年(1656)，《重修五龙庙碑记》："郡北五十里许有村名曰关家峪。"相传为夏朝大臣关龙逄故里，村西关氏墓地遗存元泰定元年(1324)《关氏世系碑》一通。月湾，地处形似月弯的沟里，故名。1976年，因荫营煤矿采煤，主村南峪民宅塌陷，举村迁址月湾。1981年6月，复称关家峪。村境与山西阳泉固庄煤矿为邻。水泥硬化的出村公路，与省道石阳线、县道滴苇线、河苇线相接，交通便利。距镇政府5公里。总面积为3.72平方公里，耕地面积为685.73亩。至2014年年末，全村共有居民380户、890人，设5个村民小组。

境内沟壑纵横，地形陡峻，平均海拔900米左右。属砂石山区，土地贫瘠，土层大部分不足30厘米，多为砂土坡地、梯田。河流为山涧、冲沟，雨季经苇泊河，汇入温河。解放前粮食亩产仅有百斤左右。解放后，经过土地改革、农业合作化、农业学大寨、家庭联产承包责任制等，集体大搞水利、推广农业新技术、发展高效农业等，粮食亩产量有了很大提高，最高产量达到每亩1000斤左右。1995年,新建3000头规模的养猪场。2014年,粮食播种面积110亩,总产达33吨。畜牧业养猪900头,养牛40头,养羊60只,养鸡1000只。

境内地势西北高,东南低,属低山丘陵。矿产资源丰富,有无烟煤、硫铁矿等。煤层主要有三尺煤、四尺煤、五尺煤、七尺煤、丈八煤等五层煤炭,是荫营煤矿的重要采区。采煤、冶铁、铸造业历史悠久。清咸丰、同治年间,先民就开始生产铁锅。民国时期有私营冶铸土炉5~6座,生产铁轮车配件,车川、车键、铁砂和一些民用产品等。铁砂为南峪村特产。1950年,成立南峪铁业生产合作社。1965年,成为隶属于市二轻局集体所有制企业。20世纪80年代后,村里曾先后建立了铸造厂、暖气片厂。采煤业发展兴盛,中华民国时期,有私营小煤窑。1959年,村集体建立煤矿,到20世纪60年代煤炭年产量已近万吨,到20世纪90年代达到5万吨,从业人员200多人。2005年,煤矿技改后产量提升到8—9万吨,成为村里的支柱产业。1998年,集体企业改制,2008年,煤矿政策性关闭。到2014年,村里已没有集体工业企业。经过转型调整,村民创办的私营企业有隆丰、隆鑫铸造厂2个、养猪场6个、养鸡场2个、养牛场1个,养羊户6户,还有商业、运输等各种个体户。全村劳动力482人,除在村创业外,多数人都外出打工。

村民生活水平大幅度提高。1974年,投资3万余元,新建关家峪学校。1976年,按照新农村建设规划,将南峪、月湾2个自然村合并,1981年,恢复村名为关家峪村。是年,投资120万元,建成大寨式新农村窑洞470多孔、建成村委办公楼及拥有1600个座位的大型剧院、砌碹了500多米涵洞、建成万吨蓄水库。因荫营煤矿采煤破坏地下水源,人畜饮用水困难。1966年,荫营煤矿开始用汽车送水。1985年,购买校车接送学生上学。1990年,实行村民退休制度。1993年,实行农村社会养老制度。1994年,投资15万元,安装了覆盖全村的有线电视。1995年,修建蓄水池、输水管路,从荫营煤矿引水入村,投资30万元,铺设自来水管路,实现了户户通,结束了人工挑水的历史。20世纪80—90年代,先后投资修通村内下水道、硬化村内道路。2001年,投资100万元,修筑长500米的出村水泥路与阳盂公路连接,修建了商业楼、文化广场、灯光球场。2002年,实行新型农村合作医疗制度。2012年,实行大学生奖励制度,成立“日间照料中心”,修建了老年活动室并配备空调,在广场安装了健身器材。每年“九九”重阳节为60周岁以上老人发放各种食品、用品。

关家峪村先民在漫长的历史发展过程中,创造了丰富的物质财富和精神财富,留下了珍贵的文化遗产。如刘备山刘备庙、关氏世系墓、五龙圣母庙、关公试刀石及娘娘庙、娘娘洗衣石、山神土地祠、钟馗庙和新建的三官庙、自成德张氏故居等,为发展乡村旅游奠定了基础。

固庄村

位于镇境南部，西北与山西阳泉固庄煤矿为邻，正北紧邻省道阳盂公路，交通便利。距镇政府 4.9 公里，总面积为 0.70 平方公里，耕地面积为 248.03 亩。至 2014 年年末，全村共有居民 172 户、476 人，设 6 个村民小组。

境内矿产资源丰富，以优质无烟煤为主，储煤面积 2.465 平方公里，占村域总面积 85%。其次为硫铁矿、石灰岩、黏土岩等。采煤历史悠久。民国时期，有南窑、十股窑两个较大的坑口。1952—1953 年，开凿阳坡、韩家洼 2 座小煤窑。1962—1969 年，先后开凿长坡窑、老井、东煤窑、大井坪煤窑等坑口。到 1985 年，煤炭产量由中华人民共和国成立初期年产 1000 吨，增至 4.72 万吨，增幅 47 倍，采煤成为村集体支柱产业。1983 年，与部队联营兴建了军固煤矿。到 2002 年煤炭年产 7.31 万吨。2008 年，全省煤炭资源整合停产关闭。

在发展煤炭的同时，1950 年，办起了“固庄村铁业生产合作社”。抗美援朝时期，生产手榴弹壳支援前线。1956 年，建青砖厂。1999 年，建异型地板砖厂。经过转型、调整，2004 年，创建私营广鑫耐火材料有限公司。2009 年，建股份制科盈耐火材料厂、古泉纯净水厂、圣利美型煤厂。

村境属土石丘陵，由山坡沟梁构成，土地瘠薄，水资源缺乏。农作物以玉米、谷子为主。1956 年，玉米亩产 145 公斤，谷子亩产 101.4 公斤。20 世纪 70 年代，在农业学大寨运动中，大搞农田水利，兴修南院、南梁、红土、东坡 4 个蓄水池，并埋设管线灌溉农田。1981 年玉米亩产达 561.5 公斤、谷子亩产达 225.4 公斤。1975 年，粮食总产 154356 斤，支援牵牛镇村粮食 0.5 万公斤。重视植树造林。新中国建立至今，先后在境内小井坪、南沟沟、人字坡、南坡、长坡、二亩沟、石窝、椿树湾等处大搞植树造林，同时利用房前屋后，零星植树。到 2014 年年末，零星植树 25000 余株。养殖业历史悠久，以农户散养为主，有牛、驴、骡、马、猪、羊、鸡。20 世纪 80 年代以前，养猪养鸡农户普遍，占总户数的 90%以上。20 世纪 80 年代后，随着经济条件好转，农户散养停止，规模化养殖开始。2014 年，有专业户养猪存栏 140 头。粮食播种面积 87 亩，总产达 36.75 吨。

村容村貌巨变。村中古道蜿蜒崎岖，最宽处仅 2 米。今街巷道路全部水泥硬化，装有 22 盏新式太阳能路灯。实现了自来水入户，建有可供人员车辆通行的南院小石桥、三级公路南马路、新村涵洞、西铁路涵洞等。村中有大舞台、高标准公厕、村委会广场、文化公园，并安装跑步机、高低杠、健身臂等健身器材。随着新村规模扩大，出现龙王庙街、新村一街、新村二街、庙沟街 4 条现代化街巷。古老民居，多为冬暖夏凉的土窑洞，但阴暗潮湿，采光不足。20 世纪 80 年代后，出现平合碹窑。2001 年，出现钢混结构小二楼。2009 年，经过“四议两公开”工作法，进行新农村住宅建设，实行整体搬迁。至 2013 年，有 5 幢 11 层 308 套高标准住宅楼主体完工，建筑面积 40000 平方米，总投资 1.6 亿元，全村人均居住面积达 30 平方米。

1995 年，创建威风锣鼓队，鼓点铿锵、雄壮有力，多次参加全镇、全区文艺汇演、庆典等大型活动，多次获一等奖。

小固庄村

位于镇境南部，原为固庄村地主属地，供长工种地放羊时用，后发展为固庄村属村。1962 年 2 月 25 日，分置成立行政村。小固庄与山西阳泉固庄煤矿为邻。省道石阳线穿过村口，交通十分方便。距镇政府 5.7 公里。2014 年，总面积为 1.8 平方公里，耕地面积为 130.2 亩，居民 114 户、212 人，设 4 个村民小组。

村境属山区，沟壑纵横，耕地多为坡地梯田。2002 年，耕地全部退耕还林，种植核桃，仅余 5 亩机动地。2014 年，全村有核桃树 2190 株。

境内矿产资源丰富，有煤炭、硫铁矿，尤其是煤炭，不仅煤层多，煤质优，而且埋藏浅，易开采。1964 年，建成煤矿，成为村集体经济的支柱产业。1987 年集体建成硫铁矿。随着集体经济不断壮大，村集体先后建成碳素厂、型煤厂、修理厂、酱油醋厂、木器厂等。全村劳动力全部就业，就业人数达 150 人。2005 年后，煤矿、硫铁矿先后政策性关闭。此后，为引导全村剩余劳动力的有序转移，集体投资创建宏利编织袋厂，从业人数达 40 人，产品销往各个水泥厂。2008 年，因市场、经营等原因而处于停产状态。2014 年，有 50 多名村民外出到阳泉地区打工，其中从事工业 18 人，建筑 6 人，运输 7 人，商业、饮食、服务 10 人，其他行业 10 人。

新农村建设起步早，成绩显著。1962 年立村以来，多次对村中道路进行了拓宽、开通、硬化等，20 世纪 80 年代，用耐火砖铺设村中街巷，2003 年实现水泥路硬化，2011 年对街巷维修，实现户户通。1973 年，开始旧村整体改造，建设新农村。到 1984 年，治理河道、碹涵洞、建 3 座古典牌楼。1986 年，建成了高标准的二层楼小学，其间，不仅建成一排排大寨式新式民居，而且先后建成标准的办公大楼、街心公园、六角亭、灯光球场、露天剧场以及高标准公厕。20 世纪 90 年代，安装闭路电视。1991 年，村集体投资，实现了自来水全部入户。各项公共事业良好发展，1982 年，组织全体村民到北京等地旅游。1987 年，举办规模空前的农民运动会。2005—2008 年，为解决村民后顾之忧，村集体先后 2 次为 30 周岁以上的村民交纳农村社会养老保险，至 2014 年，退休村民每月可领取养老金 270 元。2014 年，村内街道绿化率、硬化率、灯光率为 100%。设有医疗卫生所、农家书屋、老年活动室，党员活动室、青年之家、休闲娱乐广场等一系列文体设施。

位于村中央的关帝古庙，外形精巧别致，经多次保护修缮，殿内梁架彩绘、壁画，焕然一新。每逢农历六月二十五传统庙会日，朝拜者络绎不绝。

牵牛镇村

位于镇境西部偏北，旧属盂县，古名牵牛山村、牵牛村。相传有神翁牵牛经过村西山峰，故名。阳五、太阳及在建的京昆高速公路在村东交叉，设有河底收费站及出入口。纵贯全境的县道滴苇线与国道207线、省道石阳线交汇成网，距石太高速客运专线阳泉北站17.5公里，距镇政府4.1公里，交通极为便达。总面积为4.50平方公里，耕地面积为2050亩。至2014年年末，全村共有居民1030户、3108人，设11个村民小组。

村境地势南西高，北东低，地质条件复杂，地下富藏无烟煤、高岭土、硫铁矿等资源。但因长期无序开采，部分地表发生了陷落和开裂，浅层地下水遭到破坏，水资源和森林资源缺乏。农业以种植玉米、谷物为主，2014年，粮食播种面积675亩，总产达150.25吨。

先人远在宋代就开始烧制陶瓷，采煤至迟也不会晚于宋代。历史上以陶瓷业为最，被誉为本地“瓷都”。抗日战争时期，积极配合抗日军民“坚壁清野”，大量生产大瓮、大缸，年产6000余柱（每柱3个），超过战前5倍多，有力支援了抗日战争。民国36年（1947）5月，阳泉解放后，牵牛镇生产的陶瓷产品，被列为阳泉市十大传统名牌产品之一。后由互助瓷厂到集体瓷业社，产品在传统的盆、碗等民用粗瓷基础上，开辟了大酒缸、发酵缸、硫酸坛等工业用瓷。1978年后，集体新建陶瓷厂，开发生产民用细瓷、化工耐酸、耐火建材等系列产品，远销太原、河北、内蒙古等地，从业人员240多人。后改制为有限责任公司，因时代变化，传统产品很难适应市场，2003年停产。

采掘业是传统支柱产业。1950年3月，村民始开采硫铁矿，属阳泉地区首家，后发展为国营企业。1984年以来，主要经济以发展村办煤矿为主，先后开办3个主坑口、6个支坑井，当时的经济收入在全区乃至全市名列前茅。2011年，煤炭资源整合，村煤矿关闭。经过艰难的转型调整，全村经济结构及村民的就业观念发生了深刻变化，激活了村民个体创新创业、开拓市场等方面的活力。2014年，全村劳动力1800人，除在村里从事种植、养殖、畜牧、林业、工业，运输、建筑、商业、饮食、服务等行业外，年轻人绝大多数外出打工创业。2014年，养猪3200头，养羊200只。

公益事业全面发展。旧街巷改造始于1970年的农业学大寨运动中，坚持农田、水利、街道、村容、环境综合治理，到1995年，将两条总长2700余米裸露河道合碹建成水泥硬化的主街道、广场、南坡公路。硬化路面总长2030米，总面积12000平方米，广场、街道两侧新建民居小二楼39幢。1989—1995年，修建了主楼三层、建筑面积5500平方米的新学校，单面四层的新幼儿园。从1982年起，对60周岁以上“三老”人员每月发放养老金。1990年，钻探450米深井，埋设3756米长的输水管道，解决了村民生产、生活用水难题。

历史悠久，文化积淀深厚。明清时期遗存的古迹遗址有三甲阁、观音庙、老爷庙、武庙等。2010年，翻新保护老爷庙，将轩辕黄帝、孔子、关帝、牛王等诸神塑像汇集于老爷庙，确定每年逢三月初三为轩辕庙庙会日。此外，建筑规模较大古民居有周家大院、王家大院。1988年，三甲阁确定为区级文化保护单位。

1995年，在全国“中国乡镇之星”评选活动中，牵牛镇村民委员会被民政部授予“全国模范村民委员会”殊荣。

东　村

位于镇境西北部，古名淖泥村。相传，有一县官到此，问村口一个小孩：“这是什么村？”小孩回答：“淖泥村！”，县官误听为“闹你村！”心中恼火，怒斥小孩，并以方位改村名为东村。距镇政府4公里。总面积为3.25平方公里，耕地面积为2847.19亩。至2014年年末，全村共有居民871户、2473人，设8个村民小组。

村境属山地丘陵，山、岭、梁、垴环绕，矿产资源丰富，无烟煤储量83.7万吨，煤田面积0.7平方公里。此外有褐铁矿、赤铁矿、黏土矿、石灰石等。村民采煤、采铁业始于中华民国初年(1912)。随着资源开发利用，不仅以工补农，补贴家用，而且拉动了各行各业的发展。1978年以来，修涵洞1.5公里，填沟造地300余亩，建大街1公里，沿街商店近百家。该村耕地人均0.7亩，属贫水区，农业落后。解放前夕，全村粮食总产仅20万公斤。中华人民共和国成立后，村集体大搞水利、推广农业新技术、普及优种、施用化肥，尤其是推行家庭联产承包责任制后，农业生产发生巨大变化。2006年后，建日光温室大棚300亩、建蛋鸡15~20万只养殖园区、建干果林基地1000亩。2014年，粮食播种面积1460亩，总产达493.3吨。最好年份达620吨。随着经济发展，生产效率提高，剩余劳动力输出成为正常，到2014年，有230名外出打工，活跃在全国20几个大中城市。2014年，全村养猪400头，养羊40只，养鸡55000只。有从事种植、养殖、商业、饮食、服务、运输等各种专业户160多户。

素有尊师重教的优良传统。元代，就有进士周选任河南按察司使。2007年，投资290万元，建起了高标准的东村小学综合教学楼。传统文化积淀深厚。元代至明清，先后兴建关帝庙、龙王庙、寿圣寺、文昌庙、魁星阁、文笔、五道庙等庙宇。其中龙王庙为区级文物保护单位。新中国建立后，新修露天大舞台、影剧院、老年活动中心、有线电视网络全覆盖。每逢春节、元宵节、传统庙会，村民除上街表演传统社火、歌舞外，还举办篮球、象棋等各种体育比赛。该村的业余晋剧团还远到平定、五台、平山等地演出。至 2014 年，村内主要街道硬化，商品街装上了路灯，60%村民喜迁新居。

东南沟村

位于镇境东北部，温河南畔，水资源充沛。水泥硬化的出村公路向南经苏家泉、猪头垴至河底汽车站，或向西经东村至牵牛镇均可与县道滴苇线相接。距镇政府 6.9 公里。总面积为 2.6 平方公里，耕地面积为 1513.59 亩。至 2014 年年末，全村共有居民 440 户、1333 人，设 7 个村民小组。

村境属土石山区，沟梁起伏，蜿蜒曲折，东西南北各 2 公里，土壤性质为黏土。境内耕地人均 0.65 亩。其中：山地平地 772 亩，位于温河岸边五家坪。1957 年 8 月，南沟大桥竣工剪彩后，该村利用链式水车提取温河水，在五家坪试种蔬菜成功，成为郊区确立的蔬菜种植基地。1958 年，上级有关部门调拨 25 马力锅驼机一台，支援蔬菜基地提水，并为公共食堂磨面。2014 年，粮食播种面积 851 亩，总产达 248.2 吨。

境内地质资源主要有铁矿石、坩子土（黏土）、铝矾土，储量丰富，但品位不高。冶铁业、锻造业为传统产业。中华民国时期，有村民采挖铁矿石、坩子土，建焖铁炉，炼出焖铁（生铁），后加工炒铁（使生铁脱炭成为可锻造的熟铁和钢），最后锻造成矿用的道钉、夹板、铁铲、大锄、镰刀、灶具、锅铲等工具。直至 20 世纪 50、60 年代，这里的锻造产品远近闻名。20 世纪 60 年代后，因资源枯竭、市场销售等原因逐渐消失。期间，集体建起煅烧矾石的窑炉，平炉改建成竖炉。20 世纪 70 年代，又建起了耐火砖厂、轧钢厂、骨料厂等，村民经济收入显著提高。

1997 年，村办企业以股份制的形式承包给私人，2003 年，彻底拍卖给私人，这为民营企业发展创造了有利条件，最多时，全村有民营耐火企业 14 家。2014 年，有民营耐火企业 9 家，其中年产值超千万的有 3 家，剩余 6 家均在 100 万 ~500 万元产值不等。这些私企在安排村民就业的前提下，每年上缴税收均在全镇前列，被区政府称为“东南沟现象”。

村境地形两梁夹一沟，南北为梁，中间为沟，两梁蜿蜒曲折，似双龙腾飞。村落依地势，建在沟梁之上。古代遗迹有明清两代寺、庙、阁、桥等 10 余处，尤其是村东双庙掩隐在千年翠柏之中，实为罕见的一大景观。解放初期，1952 年春，村民筹米筹劳，兴建 7 眼洋式窑洞办公大院。1957 年 8 月，建成跨越温河的南沟大桥。1962 年秋，通电安装 180kV 变压器。1969 年，村办公大院两侧建配窑，对面建舞台。1975 年，为知青建起一栋二层楼，建筑面积 420 平方米。1986 年，投资 30 万元，建南沟小学，占地 4500 平方米，建筑面积 1333 平方米。投资 20 万元，新修大舞台，东西长 30 米（两边带耳房），南北宽 15 米，占地 450 平方米。1994 年,利用境内原东村乡 500 米深井,投资安装输水管道,引水入户,家家用上自来水。2004 年,水泥硬化霍牵线南沟段 2.2 公里。2006 年,水泥硬化舞台广场 1850 平方米、户户通主干道 3000 米。2009 年,兴建文化广场 2700 平方米,设大照壁 1 座,六角亭 2 座。村民捐款 10 万元,翻新关帝庙,新塑木质塑像。2012 年,投资 15 万元,修烈士陵园,为 18 位革命烈士建亭立碑。2013 年,在民政部门支持下,5 眼窑洞改扩成日间照料中心,照料空巢老人 20 余名。

民风淳朴,重视文化教育。自 1977 年恢复高考以来,全村共有 91 名学生考入大、中专学校,其中博士后 1 名、博士生 4 名、硕士生 5 名、本科生 66 名。在美国深造 2 名、日本深造 1 名(女)、马来西亚深造回国 1 名,是远近闻名的文化村。

苏家泉村

位于镇境中部。古时村东沟中有一处泉水,甘甜爽口,长流不息,又因姓苏人家常年护理,故称此泉为苏家泉,称村名为苏家泉村。出村公路水泥硬化经猪头垴村到河底汽车站与县道漓苇线相接,距镇政府 3 公里。总面积为 2.45 平方公里,耕地面积为 1925.56 亩。至 2014 年末,全村共有居民 430 户、1293 人,设 7 个村民小组。

境内群山环绕,沟壑纵横,90%以上为土石山区。耕地以坡地、梯田为主,为旱作农业区。农作物有玉米、谷子、高粱、豆类等。阳泉解放后,民国 37 年(1948)春,村民分享土地改革胜利果实,实现了人人有地种。1956 年开春,走农业合作化道路,高级农业合作社开始组织集体生产,当年粮食产量达到 277 吨。1973 年,在全国农业学大寨运动中,成立了农田水利基本建设专业队。此后三年时间,共投工 24 万个,动用土石 27 万方,凿通砌碹涵洞 7 个总长 7000 米、完成温河干渠工程 1500 米、修防渗支渠 2500 米、毛渠 7000 多米、安装地下管道 900 米、建高灌站一处、水池 5 个总容量 1600 方、修水库 1 座容量 7 万立方米,形成一条龙“蓄、提、引、浇、喷”配套的水利网,时有水浇地 1000 亩、大寨田 1100 多亩、人造小平原 80 亩。粮食亩产由 1956 年 276 斤增长到 1975 年 443 斤。1985 年,推行家庭联产承包责任制,全村土地除少部分集体对户承包外,全部下放到户作为口粮田。1990 至 1993 年,全村推行有机化旱作农业新技术,发展高效农业,村民享受国家种粮直补、退耕还林补助、农机具补贴等惠民政策,每年统一购进化肥、地膜、农药、籽种等。期间,村民自行垒地堎 148050 平方米。1993 年,全村粮食产量达到 966 吨。2014 年,有 0.5 亩的蔬菜大棚 25 个、套种金银花的核桃地 227.8 亩、规模养殖场 5 个,占地 1000 平方米。养猪 270 头,养牛 20 头,养羊 370 只,养鸡 2000 只。2014 年,粮食播种面积 1212 亩,总产达 460.8 吨。

境内矿产资源有石灰石、铝矾土、硫铁矿,其中尤以石灰石最为丰富。据村现存碑石记载，清同治十年村中已有铁炉业，到中华民国时颇为鼎盛，抗战期间还曾为边区支援铁货。新中国建立后，村办企业逐步发展，1955年建硫铁矿、1969年建铸造厂、1985年建轻质碳酸钙厂、1994年建轻质碳酸钙厂二厂，至1997年企业改制前村集体有化工、耐火、石料、涂料等企业11个，从业人员达560人，上缴税金70万元。1998年企业改制后，因管理、市场等原因，几乎全部关停。2014年，有2个耐火加工厂。

民国12年（1923），该村在三官庙开办国民小学堂，1966年搬到新窑洞。随着集体经济收入增加，1994年8月，建成三层教学楼，学校三次新建，三次搬迁，累计投资100多万元。据不完全统计，本村学子考入清华、北大6名，上海、杭州等大学多名，成为博士3名，博士后1名，人大教授1名。

村委会位置俗称“庙底”，旧时建有三官庙、观音庙，西北建有五道庙，正南是小戏台。1977年，拆除所有庙宇。1980年，拆除旧戏台，在原址上修建舞台、文化活动广场。1985年8月9日，苏家泉村为轻质碳酸钙厂竣工剪彩唱大戏，后默认该日为庙会日。

1937年10月，八路军先遣部队战地工作团派王世功、温藏宝，到苏家泉村开展抗日救国活动，并发展了9名中共党员，选举武长征为苏家泉村第一任党支部书记。中共苏家泉村党支部是该镇境内建立最早的党支部。

大河北

位于镇境北部，地处温河灌区，与盂县相邻，阳五高速公路和阳盂路纵横穿越，交通十分便利。距镇政府7.8公里，总面积为2.70平方公里，耕地面积为1201.06亩。至2014年年末，全村共有居民324户、681人，设17个村民小组。

南临温河，水资源十分丰富。历来以农为主，该村已建成沟地、坡地和梯田综合配套的农业设施，种植业持续发展，不仅粮食单产大幅度提高，而且大河北苹果因酸甜可口、营养价值高更是远近闻名，还出口外贸。1955年开始大量种植苹果树，种植面积达100多亩，有十几个品种，平均年产苹果20万公斤。建有2座土窑洞冷藏库，可一年四季供应保鲜苹果，为当时经济发展起着举足轻重的作用。2009年，开始建设千亩果园。2014年，粮食播种面积556亩，总产达154.62吨。

村办集体企业举步艰难，个体民营异军突起。境内渣角山矿产资源以白云石为主，也有少量的铁矿石、铝矾土。解放初期，村民开采铁矿石，除用简易的焖铁炉冶炼灰铁维持生计外，还将铁矿石运往河底、山底等铁厂，支援了国家建设。至20世纪70—80年代，大量开采白云石烧成石灰销往阳泉钢铁厂、山底铁厂，成为当时的主要经济支柱，同时也开采铝矾土矿。1975年后建起矾石竖炉2支，安排劳力100多人，煅烧铝矾石销往各地，集体收入逐年增加。到20世纪末，由于阳泉钢铁厂破产，导致白云石滞销。1990年，投资100多万元建起金属镁厂。由于市场疲软，1992年转厂生产不定型耐火材料，年产量2000吨，年产值60万元，上缴利税7万元。后由于市场销路疲软，管理不善，1994年停产。

1983年，推行家庭联产承包责任制后，村民生产积极性极大提高，开始购置汽车、拖拉机等各种运输机械，从事运输业。至2014年，有个体农用三轮车67辆，大型汽车30多辆，19座客车2辆，出租车8辆，大小铲车6辆，家用小车15辆。个体经济年总产值达到1000多万元。

2007年10月，大河北村委会利用废弃多年的采石场作为招商引资平台，提供"三通一平"，由13位民营企业家投资建厂，厂区面积34000平方米，建筑面积2950平方米，共建成环保型矾石竖炉16支，厂房、库房、办公室共90间，固定资产1300万元。2014年从业人员400余人，年产优质铝矾石16万吨，产值达4800万元，主营业务收入3400万元，上缴利税374万元。产品销往东北、河南、河北、湖北等地。

随着经济逐年增长，村容村貌焕然一新。2010年，购置医疗器械，改扩建村卫生所。2012年，投资100多万元新建幼儿园，占地面积3762平方米，建筑面积308平方米。幼儿入学率100%。培养硕士研究生4名。至2014年，修通一条水泥硬化的进村外环路，村内街巷硬化全覆盖，硬化面积2.2万平方米，主要街巷安装了路灯，栽植了树木，实现了硬化、亮化、绿化。先后两次对村委办公楼进行了维修和改造，建起综合活动室、戏剧娱乐室、图书室、体育广场、健身广场；购置了健身器材、舞台设施、音响设备、投影机等，丰富了村民的文化生活。同时对古庙进行保护性维修。村级办公设施675平方米，村民住宅面积33116平方米。村民收入增长，人居环境改善，呈现出一派欣欣向荣的景象。

小河北村

位于镇境北部，水泥铺筑的县级公路霍牵线穿越村境，经南沟、东村至终点牵牛镇村后与县级公路滴苇线相接。距镇政府8.8公里。总面积为2.62平方公里，耕地面积为1409.22亩。至2014年年末，全村共有居民298户、763人，设12个村民小组。

小河北村位于温河北岸，两岸山峰人称"土龙""石龙"，龙头直抵河岸，村中心宛如巨龙翻滚留下的"龙珠"，乡人称为"二龙戏珠"。

境内耕地80%分布在温河南岸的"土龙"之上。农作物以种植玉米、谷子、土豆为主。农业学大寨期间，建大寨农田，小块连大块，亩产由200余公斤上升到400公斤。同时，修建大小水库、水池11个，总容水量为4600立方米，发展水浇地800亩，购置了10多台柴油机、20多部抽水机、50多支喷灌架、10000多米水管，把温河水抽到1000多米的北山水库，既解决了人畜饮水，又灌溉了农田。500余亩稳产高产田，亩产达到和超过了500公斤。1975年，引进苹果新品种，在黄芦掌、柏树垴、前头河、东坡等地栽植了400余亩苹果树和葡萄树，经过科学管理培植，个头大、品味好、挂果多，在全市范围内进行销售。20世纪80年代后期，实行家庭联产承包责任制，按1982年的人均耕地1.3亩，下放承包地和口粮田。2010年，以发展核桃干果经济林为突破口，栽植核桃树469.9亩。到2014年，共种植核桃干果经济林1000余亩。2014年，粮食播种面积608亩，总产达210吨。

本村矿产资源丰富，如铝矾土、铁矿石、石灰石等，80%蕴藏在渣角山"石龙"之中。1963年，实行亦工亦农，集体在西梁山建高炉，煅烧耐火材料，建立了第一个耐火材料厂，通过外贸出口到世界各地。1986年，集体建立第二个耐火材料厂。1992年，集体兴建了第三个耐火材料厂。1993年，又将私人炉料厂买回改建为第四耐火材料厂。2002年，村民个人建立第五个耐火厂。2003年，企业改制，将集体企业全部卖给个人经营。期间，村民又建立石料厂。到2014年，全村有私人企业6个，除1个石料厂外，5个全部是耐火厂，其中2个为福利企业，安排残疾人50多人。全年上缴国税120余万元。

不断推进新农村建设。1957年，开通简易公路。1968年，公路直通西梁山土矾铝矿，但仍是一条土路。1992年，境内公路沥青铺油。2004年，投资50余万元，2公里公路实现水泥硬化。2012年，对公路彻底改造，在原4米宽的基础上取直、拓宽为8米，并重新水泥硬化。公路两旁栽植5000余株杨柳树，修筑了1000余米长的排水渠。1962年，通电之后，修水库，提温河水，入村解决饮用水问题。1990—2000年，因河水污染，集体鼓励村民修旱井，每户补助200元，水利局补1台抽水机，全村绝大多数农户有了旱井。2013年，村委在舞台大院修筑260立方米的水洞，供无旱井户使用。至此，饮用水问题彻底解决。20世纪70年代，随着收入提高，村民开始修建新房。其间，有36户村民修老式窑洞100余眼。20世纪80年代后，尤其是1985—1987年，村民建新式窑洞360余眼。1985年，投资建起了400平方米的大舞台和460平方米新学校。新教学楼坐北朝南，上下两层，有6个教室，4个办公室。1990年，重新修复观音大庙，新建了月门、大照壁、三角亭，扩建了文昌庙、牌坊等附属建筑，总占地面积约120平方米。修复后的大庙焕然一新，与遗存1500年古柏树交映成辉，更加壮观。1992年，兴建村委会办公楼上下两层，共10个房间，总占地面积为312平方米。设有大会议室、图书室、档案室、广播室、财务室、计划生育助理室、党支部、村委会办公室等。2014年，村中修建了人民公园，总面积为600平方米，建有六角亭、石桌、石凳，种植各种花草树木。整修村委大院，建成260平方米的老人日照中心，设饭厅、住宅等。村委大院设有幼儿园、卫生所。

五架山村

位于镇境最北部，地处凤凰山支脉一巅五峰之中，东有渣角山、馒头山，西有卧虎山，南有南阳山、铁牛山，故名。这里是县道东五线终点，经大河北至东村，与县道霍牵线相交，至牵牛镇与县道滴苇线相接。距镇政府 10.7 公里。总面积为 4.20 平方公里，耕地面积为 1442.58 亩。至 2014 年末，全村共有居民 290 户、720 人，设 6 个村民小组。

村境属山地丘陵，以山地为主，矿产资源极为丰富。地下蕴存大量的铝矿、铁矿，铝黏土极易开采，品味兼优。现已探明铝黏土保有储量为 100 万吨。中华民国时期就已开采铁矿，尤其是 1957—1958 年，大搞钢铁时期得到大量开采，在大力支援国家建设的同时，采掘业逐步成为村民的主要经济支柱。采掘铝矾土矿始于 1975 年，当时规模小，仅为初级加工，产品均由国家外贸局远销至日本、朝鲜、东南亚等地，年产量仅为 5000 吨左右。

境内土地总面积为 12.2 平方公里，解放初期全村耕地面积为 923 亩，到 2014 年耕地增加到 1442.58 亩，新增耕地 520 亩，占总面积的 32%。2014 年，人均耕地面积 1.8 亩。受地理环境的束缚，山高石头多，是典型的旱作农业区，农业以粮食作业为主。中共十一届三中全会以来，致力推行家庭联产承包责任制，农、林、牧、副得到全面发展。到 2013 年，村委把发展高效农业作为主要目标，农业机械化程度进一步提高。购进 90 型拖拉机 1 台、联合收割机 1 台、农用三轮车 1 辆。全村新建成百亩良田 3 块，有肉猪养殖场 5 座，蛋鸡养殖场 2 处，肉猪存栏 800 余头，蛋鸡 1000 余只。2014 年，粮食播种面积 1358 亩，总产达 464.9吨。

物质文化生活大幅度改善、提高。改革开放 30 多年来，经济总量由中华人民共和国成立初期的 2 万元提高到 2013 年的 5000 万元。村民人均收入由 300 元提高到 2013 年的 10200 元，人均存款为 29000 元。到 2014 年年末，新农村建设全部完工，建成 200 栋别墅式村民住宅楼，人均住房面积 40 平方米。街巷道路全覆盖新建水泥路 36800 平方米。新建小学幼儿园 864 平方米、村委办公楼 1150 平方米、卫生所 1 所、养老院 1 座、戏台 1 座、农村公园 2200 平方米。村里购校车 1 部接送在外就读的学生，为全村 60 周岁以上的老人发放养老补助金，每人每月 30 元。投资 160 余万元新钻 800 米深井 1 眼，解决了历史上吃水难的问题。全村拥有汽车 90 部、电话 400 部，商业网点 2 个。2001 年，被河底镇评为“学教活动先进单位”。

北小西庄村

位于镇境最北端，距镇政府 15.5 公里。总面积为 3.81 平方公里，耕地面积为 1964.87 亩。至 2014 年年末，全村共有居民 282 户、858 人，设 6 个村民小组。

村境属土石山区，以丘陵为主，海拔 1000~1100 米。村民历来重视农业，农林牧副全面发展。1965年，作为阳泉市郊区玉米杂交育种基地，中单2号育种成功，广泛推广，亩产达到300公斤左右，是解放前亩产量的3倍。1980年，温河干渠开通后，发展水浇地900余亩，修建大小水库10个，拦河造坝蓄水能力达22.7万吨，电力排灌24千瓦，铺设送水管道3000米，粮食产量达450公斤。1981年，上交爱国粮50万公斤。1983年，实行家庭联产承包责任制后，农机具全部配套，农业机械由60马力增加到260马力。地膜覆盖、包衣种子、吨粮田、双千田等新技术试验成功，粮食由解决温饱走向了商品化。始于1963年的植树造林、退耕还林，主要分布在境内山洼、梁、垴、沟及四旁闲散地上，到2014年末，退耕还林800亩，植树造林2万余株，荒山造林400亩，有苹果树30亩，核桃树64.2亩，全村拥有森林面积1300亩。1956年，村里建起了阳泉市蔬菜公司定点生产厂——粉条加工厂。由此带动养猪业，1964年、1971年，先后召开2次全市养猪现场会。当时全村养猪人均1头，户均4头。2014年，有个体养猪场2家，存栏510头；粮食播种面积1037亩，总产达399.59吨。

矿产资源丰富，主要有铁矿、高铝矾土矿、黏土、石灰石四大类，但工业起步较晚。植物主要有黄芩、金银花、桔梗、瓜篓、茵陈、全蝎、吴加皮等，尚未开发利用。解放前仅有少数人农闲时采铁矿，产量极低。1958年“大炼钢铁”，年产量达2000多吨。1965年，村里投资建起第一座矾石厂，年产仅500~800吨左右。1983年，投资25万元建起了第一个集体耐火厂，工业产值最高达530多万元。2000年后高污染企业改制转型，私人资本投入运营。到2014年，有海博、远洋等私营耐火企业7家。

村民历来重视公益事业。1953年，建立供销合作社。1956年，开通东村至霍树头县级公路。1966年，成立毛泽东思想文艺宣传队。1975年，修建大队办公楼北楼。1979年，投资30万元修建新学校。1980年，自办了村剧团。1984年，成立了村电影放映队、开办了图书室、文化活动室、安装健身器材。1991年，新建大队办公楼。1995年，安装闭路电视。2004年，村村通公路硬化完工。2012年，数字电视户户通工程完工。2014年，又投资整改学校校舍。全村共建水泥硬化路8000米，有集体办公设施1400平方米，新建民居34000平方米，文化设施1000平方米。

北小西庄村属革命老区，民国26年（1937），始有共产党员秘密回村宣传党的抗日主张，10月，建立村党支部，是河底镇境内建立党组织最早的村庄之一。

山底村

位于镇境西北部，旧属盂县，古称德胜村。因村庄坐落在仇犹古国古战场将军岭脚下，故名为山底。山底河贯流全境，属温河源头之一。穿越村境的滴苇公路东与207国道相连,西与阳盂公路相接,阳五、京昆高速绕村而行,通信发达、交通便利。距镇政府4公里,总面积为9.6平方公里,耕地面积为1250亩。至2014年年末,全村共有居民1270户、3650人,设8个村民小组。

境内群山环绕,矿产资源丰富,尤以煤炭、矾石、硫磺为最。明清时采煤、冶铁、砂锅制作已十分发达。盂县藏山村七机岩现存的明朝嘉靖年间大铁钟就出自山底工匠之手。民国33年(1944)春,建立了平定(路北)县第一座地下兵工厂,后定名为"新民铁工厂",成为专供晋察冀三三兵工处的军工企业,大量铸造手榴弹壳、"八二"炮弹壳,被誉为"支前模范村"、"对敌斗争坚决村"。民国36年(1947),组建了胜利铁工厂。翌年,迁市区,更名"大众铁工厂",为阳泉水泵厂前身。其间,村中成立胜利铁业生产合作社。1951年,联合互助炉组建为山底铁业生产合作社,生产铸铁管、铁板、架子锅等。1952年,被评为华北五省二市"模范生产社"。1953年,被评为"山西省手工业模范社"。后演变为国营山底铁厂、二轻局山底纺机厂。20世纪60—70年代,对煤矿老坑口进行改扩建,大力发展地面企业,建成砂锅厂、农机厂、砖厂、石厂等企业。尤其是中共十一届三中全会后,村办企业迅猛发展。先后建成山塔鞋厂、矾石厂、耐火厂、农机厂、汽车队、绿然矿泉水厂及商店等,山底煤矿到1993年职工300人,年产原煤20万吨,成为村集体经济的支柱产业。2009年11月30日,山底煤矿在全省煤炭资源整合中关闭。在艰难的经济转型调整中,村党总支按照"人人有岗位,个个有事干"的思路,在加强村办重点企业管理的同时,积极引导民营企业不断发展壮大。山塔鞋厂更名为阳泉市山塔工贸有限公司,阳泉市绿然矿泉水厂更名为漾泉水厂。阳泉市璞鑫耐火材料厂属民营企业,成为集体铝黏土资源与制品企业强强联合的典范。

该村人多地少,土地贫瘠。人均耕地不足0.4亩,种植作物以玉米为主。2014年,全村有36个具有先进设施的钢架结构日光温室大棚,占地面积50亩,安置劳力60余人。有养鸡专业户4户,养鸡15500只;养猪专业户3户,养猪700头;养羊专业户4户,养羊240只;养狐狸专业户1户,养狐狸60只。全村原有林地面积661.9亩,其中经济林120亩,生态林541.9亩。2013年,在北山恢复林地150亩,由村委会组织人员栽种核桃树4300株。林地面积811.9亩,经济林270亩,生态林541.9亩。2014年,粮食播种面积1140亩,总产达214.65吨。

1999年以来,按照"农村城市化"的发展思路,加快新农村建设步伐建成宽13米、长600米大街,修建住宅楼13栋、2.8万平方米,按建筑成本价安置危房户和住房特困户210户。2009年,村集体全额垫资,为1056户村民安装使用天然气,成为郊区第一村。每年为全村18~59周岁的村民交纳农村社会养老保险，每月为62~65周岁的男女村民发放退休金。2010年，国家校安工程投资158万元，加固幼儿园投资80万元，集体又投资310多万元，重新修建山底学校和加固山底幼儿园。

20世纪60年代，山底生产大队被阳泉市人民政府评为“农业生产先进单位”。70年代被评为“阳泉市农业战线十面红旗村之一”。

2011年，被国家人口和计划生育委员会、中国计生协会授予“人口和计划生育基层群众自治示范村居”，被省市区授予省千万元村、省级文明村、省级信用社、省体育先进村、省级蒲公英农村儿童文化园、省文明学校、省德育基地、省农村中小学现代化远程教育工程教学应用先进集体；市小康村、市文明村、市文明生态村；区红旗党总支、文明村、小康村、经济十强村、卫生村、平安村、模范村，连续多年被评为先进党总支、红旗村等光荣称号。

村内有一处规模宏大、历史悠久、以明清建筑为主的玉皇庙古建筑群，俗称“西庙”。20世纪80年代，村民集资修缮，恢复原貌。1991年，被省文物局授予“文物保护先进单位”。1994年列为区级文物保护单位。2006年，列为市级文物保护单位，东庙列为郊区不可移动文物。

小沟村

位于镇境西北部，与盂县交界。县道滴苇公路从村中穿过，与阳盂公路贯通，交通便利。距镇政府7公里。总面积为1.52平方公里，耕地面积为145.99亩。至2014年年末，全村共有居民218户、529人，设4个村民小组。

该村地势西北高、东南低，属山地。沟壑纵横，崎岖不平。海拔最高点1000米，最低点800米。土壤耕地性质属山地褐土。人均耕地0.4亩。农业以粮食生产为主，农作物有玉米、谷子、高粱、蔬菜、瓜果及花卉。2009年，整村搬迁后，全部耕地由仍留在村里的村民耕种。2014年，粮食播种面积140亩，总产达42吨。

境内矿产资源丰富，有煤炭、铁矿石、铝矾土、硫铁矿，其中煤炭储量最大。早在清康熙年间小沟村的先人就因煤而定居，此外，村中还有东炉、西炉、南炉等地名，可知古时这里冶炼业之兴盛。1962年，村煤矿开始用电照明、抽水，标志着村办企业的开始，同年村民用电实现户户通。1992年，村煤矿有2个坑口，年煤产量6万吨，除供应本市化肥厂外，大部分销往河北等地。1993年，有职工120人，年产原煤8万吨，年产值1600万元，创利税40万元。1986年，村集体建阳泉市郊区小沟标牌厂。1993年有职工28人，固定资产20万元。年产值40万元，销售收入30万元，上缴利税5万元。1992年，建小沟村龙溪耐火材料厂，生产各种不定型耐火材料，远销东北各大钢铁厂。2003年，村集体投资600万元建成富东耐火厂。2009年，整村搬迁后，企业关停。

小沟村地形高低起伏，村民住宅主要依地势而建，零乱无序。改革开放以后，村民经济收入不断提高，村委会结合实际，整体规划，先后以村内主要干道北侧为中心区域建设新村。1982 年，治理河道，修建 600 米河坝，建成连接南北的水泥大桥。1984 年，修建建筑面积 9500 平方米的村委办公楼、礼堂。1986 年，修建新学校，建筑面积为 3000 平方米。1988 年，修建商店、饭店，建筑面积为 550 平方米。1990 年，打凿村第一口 500 米深井，1992 年，自来水实现户户通，彻底解决了吃水困难。全村 80%的村民在北部中心区域修建民宅，人均居住面积 50 平方米。小沟村建成一个交通便利、房屋整齐、公共设施较为齐全，环境优雅的社会主义新农村。2007 年 12 月，郊区园区土地平整公司与小沟村签订合作协议。2009 年，经区、镇、村三级联合调查后，小沟村村民同意整体搬迁，在郊区淑华园小区有住宅楼 4 幢，共有 154 套住房，1 个底商门面房，总面积 15143 平方米，妥善安置村民 174 户、399 人。此外，以货币结算分流到市区及盂县等地的村民有 31 户、91 人，不愿住楼房的老人仍住在村里的有 13 户 39 人。2014 年，全村有中学生 12 名，小学生 22 名，分别在就近在荫营二中、文苑小学就读。

红土岩村

位于镇区西北部，与牵牛镇、山底、东村相邻。2014 年年末，全村 324 户、765 人，劳力 360 人，耕地 550.01 亩，年平均气温 10.4℃，年降水量 533 毫米，主要种植玉米、谷子、豆类、蔬菜等。

村境属山区，土地分布在 8 沟、5 梁、3 个坡上，土质土壤差，大部分土地为沙质，如遇干旱，粮食产量大为减少。2014 年，粮食播种面积 220 亩，总产 59450 公斤，亩产 270 公斤。养殖业以养猪为主，2014 年，生猪存栏 2200 头。村民居住环境大部分是窑洞，生活用水基本上家家户户有水洞。20 世纪，该村工副业主要以煤炭开采为主，有煤矿丈八坑口 1 座，每年产原煤大约 5 万吨左右，村劳力主要从事煤矿生产，部分劳力在外村煤矿打工，进入新世纪后，随着产业转型，村煤矿全部关闭，村民以从事运输业和外出打工维生。有小学 1 所，教学设施齐全，院内全部硬化。有硬化篮球场 1 个，村级卫生室 1 个，村民生活水平年年提高，人民安居乐业。

猪头垴村

位于镇境中部，原为苏家泉村七队，1981 年，经上级政府批准成为行政村。紧邻苏家泉村，东与上章召村毗邻，西与牵牛镇村交界，南至河底村，北与东村相邻，距镇政府所在地河底村约 1 公里。总面积为 0.40 平方公里，耕地面积为 238.16 亩。至 2014 年年末，全村共有居民 70 户、159 人，全村以武姓、张姓为主。

境内群山环绕，沟壑纵横，人均耕地1亩，多数分布在村北，为坡地梯田，黄土土质，土层较薄。农作物有玉米、谷子、高粱、豆类等。1973年，在全国农业学大寨高潮中，修蓄水池，建水浇地、大寨田。2014年，总产达41.63吨。

境内矿产资源主要是石灰石及少量的低质铝矾土。工副业主要以采石灰石、加工耐火材料、铸造等为主。中共十一届三中全会后，村集体先后投资，建立采石厂、压砖厂、炼铁炉、炉料加工厂等，生产石子、块石、空心砖、民用铁锅等产品。其间，采取企业体制改革措施，但因市场疲软、销路欠佳等诸多原因，到2001年多数关停。坚持生产的仅有1991年建立的兴盛炉料加工厂。

1991年，时任村委会主任的武香川主持牵头建立兴盛炉料加工厂。2000年，企业改制后更名为阳泉市兴发特种耐火材料有限公司，为非公福利企业。从业人员30多人。产品主要有高铝质、高镁质、黏土质、特种和不定型耐火材料，销往石钢、宣钢和文水海威钢铁公司。2014年5月，公司通过质量管理体系认证，符合标准GB/T 19001—2008/ISO 9001:2008。全年收入2000多万元，上缴利税300余万元。

境内山高沟深，交通不便。村庄主体依地势坐落在深10多米的山坡之上。清光绪年间，村民自发组织修建出村道路。经过几代人的艰辛，1968年冬，开通通往河底村的公路。1994年，投资15万元，治理河道，碹筑高8米、宽5米、长30米的涵洞。2000年，投资80万元，从村中心石拱桥续碹300米的阴沟，并与路面填平，建成中心广场、大舞台。2013年，硬化路长3250米，面积6500平方米，实现水泥硬化路户户通，并安装太阳能路灯16盏、电力路灯22盏。全村46户家家有水洞或水窖，实现了电信、移动、有线电视全覆盖。

武家庄村

位于镇境北部，村西紧临温河灌渠，北与盂县接壤，阳五高速公路从村中穿过。距镇政府8.4公里。总面积为1.54平方公里，耕地面积为658亩。2009年，因阳五高速公路过境占地，该村整体搬迁至河底景然居小区，建立了武家庄新村。至2014年年末，全村共有居民72户、158人，设10个村民小组。

旧村被温河灌渠环绕，水资源极其丰富。种植业持续发展，不仅粮食单产大幅度提高，而且土质的酸碱度更适宜栽植苹果树。20世纪50—60年代开始大量种植苹果树，种植面积约20多亩，有国光、红星、红元帅、黄元帅、赤杨、六月等多个品种，平均年产苹果3.5万公斤。由于口感好，时有外地或搞运输的前来购买。村中还建有1座土窑洞冷藏库，可一年四季供应保鲜苹果，为当时经济的发展起着重要作用。

高度重视现代畜牧业发展，2011年，响应区、镇关于发展高效农业的号召，筹资200

余万元建成高标准现代化养猪场1座，并引种经营，年出栏达到1000头，收入达到180万元，年创利60万元，成为带领全村农民增收致富的主要途径。为高效利用荒山荒地，增加土地效益，2011年，大力扶持村民承包耕地，建设核桃经济林示范园。2014年，投资15万元，小山、阳坡沟荒山造林，面积达100亩，种植侧柏、刺槐16000株。粮食以玉米、谷子为主，2014年，粮食播种面积90亩，总产达36吨。

武家庄村资源禀赋深厚，特别是铝矾土和白云石资源不仅储量较大，而且品类齐全。1978年以来，依托得天独厚的资源条件，积极寻求工业强村的致富路径。1982年建成矾石竖窑、1983年建成灰窑各1座，1992年筹资建成耐火骨料骨粉厂、安排劳力30多人。在20世纪70年代、80年代，白云石、铝矾土销量盛行，白云石通过简易的石窑加工成石灰后，主要销往阳泉钢铁厂。铝矾土烧制后，经人工选捡，依次分出不同等级，然后销往全国各地。起初运输由销往地派车进行拉运，后来村集体购置2辆货车，由本村村民运输，大大降低了运输成本。两种产业是当时的主要经济支柱，由于管理、市场不稳定及搬迁多种原因，铝矾土停产。20世纪末，阳泉钢铁厂倒闭，白云石随之滞销。村集体企业倒闭后，1985年，村民先后购置三四轮车及大小型货车从事运输业。至2014年，对旧村进村公路及村内街巷进行全面硬化，安装路灯18个。

2009年，利用阳五高速公路过境占地国家拨付的专款，在镇区中心景然居小区购置住宅楼2幢，妥善安置村民72户、158人。利用地理位置优势，支村“两委”鼓励支持村民转变发展思路，通过购置商铺自主经营或经营汽车运输增收致富。2014年，全村拥有商铺户10户，大型货车8辆，家用轿车7辆，摩托车28辆，全村有劳动力96人，安排就业20人。全村实现了由单一的农业生产向整村城镇化的跨越发展。

燕龛村

燕龛村位于镇境西南部，燕龛河畔。因村状似展翅欲飞的燕子，又因古人依山凿了许多石佛、佛龛，故名燕龛。东与山西阳泉固庄煤矿隔山相邻。距镇政府10公里。总面积为7平方公里，耕地面积为1041.08亩。至2014年年末，全村共有居民430户、819人，设12个村民小组。

村境属山地丘陵地区，土壤耕地性质为沙土。解放前全村粮食总产10万公斤。解放后，农、林、牧全面发展，果品产量最高年份达25万公斤。2014年，果林基地300亩，苹果树1.2万株，核桃树300株，粮食播种面积450亩，总产达112.15吨。

矿产资源以煤炭为主，采煤、冶铸为古代传统产业。1947年组建的燕龛村铁业社，铸造产品手榴弹壳、八二炮弹壳等军工及民用产品，为解放战争的胜利做出贡献。1956年转为国营企业。1966 年后建起村铸造厂，主要生产水管、水泵等。1994 年转为散热器厂生产散热器片。1984 年建成燕龛村煤矿，全村从事工副业人员共有 160 余人。历史最好年份煤矿产量达 8 万余吨，产值 1000 余万元，2008 年年底按照上级关于煤炭资源整合的要求，村办煤矿关闭。2014 年散热器厂改制后引进民营企业永茂矿山机电有限责任公司，发展养殖专业 8 户，从业人员 60 余人。

随着经济的发展，村容村貌大为改观。1992—2014 年，修涵洞 1300 米，新建住宅 54 户，占地 10800 平方米，户均 200 平方米，人均 50 平方米。同时，增加基础设施投入，建起二层教学楼、村委办公大楼、文化广场、文艺舞台、灯光球场、东山公园、老年活动室、健身场、读书室，安装路灯等。2008—2014 年，累计投资 356 万元，截潜流、修储水仓、建净水厂、筑钱河大坝，彻底解决了人畜吃水，自来水入户率达 100%。

截至 2014 年，全村有大小汽车 55 辆，其中家用汽车 42 辆，程控电话 60 部，手机用户 420 户，宽带用户 120 户。

境内有唐代建筑古刹甘泉寺，1994 年，村民集资维修，庙宇金碧辉煌，现为市级文物保护单位。有一处罕见的千年青杆，至今苍翠挺拔，生机盎然。

曹家掌村

位于镇境西偏南，是乡级公路榆曹线终点，经燕龛、程庄、北庄与省道石阳线相接。距镇政府 13.1 公里。总面积为 12.68 平方公里，耕地面积为 1828.37 亩。至 2014 年末，全村共有居民 382 户、1067 人，设 4 个村民小组。

村境属山区，东南西三面环山，东临翻眼尖，南依刘备山，山泉溪流汇集成自南向北的河流，村落依河两岸，东西相向对而建。山多地广，自然条件优越，适宜农、林、牧业发展。

粮食作物以玉米、谷子为主。1974 年，农业学大寨时期，荫山坪劈山改河建地，建高标准大寨田。1979 年，建南河湾菜园地 20 亩。1994 年，建太行肉牛养殖场，养牛 100 头。2008 年，建蔬菜大棚 11 个。2012 年，建成千亩核桃园。2014 年，粮食播种面积 860 亩，总产达 294.2 吨。畜牧业发展，有养蜂专业合作社，年产蜂蜜 0.5 万公斤。养猪 620 头，养羊 210 只，养鸡 4000 只。

冶铁业、锻造业为传统产业。1927 年，曹魁亮建起第一家民营手工锄业社，产品是“京东大元锄”。1943 年，办起手工业翻砂厂，铸造灰生铁手榴弹壳和地雷壳，支援抗日战争、解放战争。1948 年，村办焖铁炉，用坩埚筒装矿石和焦煤冶炼生铁。1951 年，村办炒铁炉，用木材作燃料在炉中把生铁冶炼成熟铁（即粗钢），最后锻造成锄板、镢头、镰刀等农具。1952 年，曹魁亮办起民营锄业社。1967 年，村集体办起铸锅厂，生产各种铁锅，销往河北、内蒙古、甘肃、湖南等地。1997 年，村办企业改制，铸锅厂拍卖转让给私人经营。2014 年，重新组建成阳泉市大晨恒通商贸有限公司，从业人员 15 人。

境内烟煤储量丰富。1982 年，村集体投资始建煤矿，后扩建为 2 个坑口，职工 100 人，年产原煤 4 万吨，年产值达 88 万元。2002 年，通过煤矿评估生产能力提升为 9 万吨，成为村里的支柱产业。2008 年，村煤矿政策性关闭。

村容村貌持续改善。1965 年，村里通电，家家户户安装电灯。1970 年，村集体修大礼堂和村委办公南楼。1976 年，建河西教师办公楼。1977 年，为方便东西两岸村民出行，在村中河道架设单孔友谊石拱桥。1978 年，因阳泉一矿采煤，所属自然村张花沟、羊皮凹村民搬迁回主村。1982 年，建村委会办公楼（北楼）。1984 年，安装自来水。1987 年，修建舞台、小学校。1989 年，安装闭路电视。1990 年，因荫营煤矿采煤，所属自然村蔡家峪、杏树凹村民搬迁回主村。同年，修公路 1.3 公里。2002 年，建张花沟蓄水池。2004 年，修建南头道路、建西沟蓄水池、修铁桥。2005 年，修河道截流护坝。

西沟村

位于镇境西南部，太行山脉西麓。境内有柏油公路与省道石阳线相接。距镇政府 13 公里。总面积为 4.84 平方公里，耕地面积为 338 亩。至 2014 年年末，全村共有户 131 户、290 人，设 5 个村民小组。

境属山区，地势西南高东北低，海拔最高点为 1287 米，最低点为 1020 米，坡陡谷深，源于境内的燕龛河清澈见底、四季长流。耕地以山坡梯田为主，土壤瘠薄，属砂页岩质山地褐土。农作物以玉米、谷子、马铃薯为主，宜发展林业、牧业。

全村人均耕地 1.3 亩，有林地 5744.55 亩。1978 年前，人均纯收入 132 元。中共十一届三中全会以来，结合该村自然优势，大力发展林业、养殖业。1994—1995 年，村集体与农户共建果园 100 亩，栽核桃树 280 亩，苹果园、葡萄园形成规模，人均果树达半亩。由于 2009 年开始实施搬迁，果树随之荒芜。2009 年 8 月，进行林权改革，将林地、山地 4084 亩，按每人 14.13 亩分户到人。荒山造林 4000 余亩，其中经济林 93.45 亩，生态林 668.85 亩。粮食作物以玉米、谷子、豆类为主。2014 年，粮食播种面积 200 亩，总产达 50 吨。2000 年，开始发展养殖业，时有养猪户 6 户，存栏数 300 头，年出栏 280 头，年收入 20 万元。2014 年，有蜜蜂养殖 6 户、12 人，300 多箱，产量达 6 吨，年收入约 24 万元。养猪 1 户，存栏 20 头，年收入 3 万元。

境内煤炭资源丰富，为无烟煤，属阳泉矿务局和荫营煤矿。1984 年，村集体投资 56 万元，开办煤矿，有职工 60 人，年产煤炭 3 万吨，煤质发热量高，属阳泉地区一级煤。1986 年

3 月，始建活性炭厂，次年投产，有职工 30 人，年产量 2000 吨，远销往北京、天津、唐山等地，年收入 200 万元。1993 年底，因市场、环境污染等原因关闭。1996 年，经与矿务局协商，同意划给西沟 1.4 平方公里采区，储量 517.6 万吨，由于投资大，尚未开采。至 2001 年底，煤矿年收入 100 多万元。2005 年 10 月，国家资产重组关闭煤矿。

村境坡陡谷深，自古以来村民出行艰难。1987 年，村集体投资 30 多万元，架桥梁、碹涵洞，用土石铺垫，开通宽 4 米、长约 2.5 公里的出村公路。1994 年、2004 年、2011 年先后三年，出村公路全部改建为柏油公路。期间，修筑陈家圪涵洞，跨径 15 米，长度 90 米。1996—1997 年，村里投资 65 万元，修建了以村委会、学校、卫生所为一体，建筑面积 1193.34 平方米的三层综合大楼，设有农家书屋、乒乓球活动室，大楼门前为健身广场，装有漫步机、双杠、秋千等健身器材 5 种。种植多种观赏型树木。1999 年后，撤点并校，西沟村小学合并到燕龛中心小学校。2009 年，村幼儿园撤销。自 1978 年村设立学校以来，共有 20 多人考入高等学府，其中研究生 2 人。

2010—2013 年，为灌溉农田，建拦截潜流河坝 7 条，总长 130 米，投资达 60 多万元。2005 年，国家启动农村饮水安全应急工程，为集地表水，建成内径 4 米，深 7 米，容积 90 立方米的圆形水井，并在长坡用水泥、钢筋修建内径 6 米、深 5 米，存水约 100 立方米的水塔，铺设 3 路 2200 米的主管道，然后分入户，实现自来水入户全覆盖。

2014 年，全村有大小汽车 30 辆，其中家用小车 28 辆，程控电话 4 部，手机用户 195 部，宽带用户 40 户。

程庄村

位于镇境西部，境内水泥硬化的乡级公路榆曹线贯穿南北与省道石阳线相接，距镇政府 9.8 公里。总面积为 3.44 平方公里，耕地面积为 786.89 亩。至 2014 年年末，全村共有居民 170 户、406 人，设 5 个村民小组。

境内山峦起伏，沟壑纵横，有丰富的煤炭资源矿及建材料石、红砖黏土等。耕地沙性明显，地瘠土薄，地块零散。全村耕地人均 0.83 亩。林地面积 1298.5 亩。主要种植玉米、谷子、豆、薯类等作物。1948 年，全村粮食总产 2.9 万公斤，亩产 108 公斤。中华人民共和国成立后，长期坚持大搞农田水利、推广农业新技术、普及优种、施用化肥，农业生产变化明显，2014 年，粮食播种面积 248 亩，总产达 62.61 吨。

1980 年，集体开办煤矿，从业人数 120 人，年产量 5 万吨，产值 2500 万元。2007 年，煤矿关闭，转型调整。村民享受国家种粮直补、退耕还林补助、农机具补贴等惠民政策。积极发展养鸡、养羊大户，创办养殖专业合作社，致力打造一村一品。到 2014 年，全村有经济林核桃种植基地 240 亩，产量 1.2 万公斤，有蛋鸡场 2 个，产量 7 万公斤。从事种植、养殖、商业、饮食、服务、运输等各种专业户 17 户、55 人。

村容村貌整体改观。1980—2014 年，村民新建住宅 10310 平方米，人均 28.6 平方米。1984 年，村里投资 40 万元，建起办公楼、新学校、剧场 1760 平方米。1990 年，建成篮球场、文化活动室、健身场等。1999 年、2008 年，先后分两次投资 17 万元、140 万元，打水井 1 眼、深井 1 眼，解决了村民吃水难题。村中街巷道路实现硬化、亮化、绿化。

旅游资源丰富，村前捞儿山海拔 1152 米，山上植被茂密，松柏挺拔。山腰建有五龙庙、捞儿泉、观音殿、药王殿等名胜古迹。五龙庙是区级文物保护单位。

北庄村

位于镇境西部，省道石阳线穿越村境，交通便利。主要山峰有东山（龙王山、捞儿山），海拔高度 1152 米。距镇政府 8.9 公里。总面积为 2.77 平方公里，耕地面积为 566.31 亩。至 2014 年年末，全村共有居民 240 户、488 人，设 7 个村民小组。

境内山峦起伏，沟壑重重。土壤沙土各半，属碱性地，较为贫瘠，水土流失严重。农业以粮食生产为主，主要有玉米、谷子、黍、豆类、季节性蔬菜等。1958 年，建设坟坷垃水库，自流回村灌溉，水浇地面积 100 亩。1966 年，建设第一条 880 米高灌站。1970 年，建鸡飞垴 500 吨静压水池。1970 年，农业学大寨修建海棉田 60 亩。亩产过黄河达 610 斤。1972 年，亩产过长江达 803 斤。1973 年，修建小河水库，可蓄水 10000 立方米，建南岭高灌站，管路 350 米，杨程 90 米高。1976—1977 年，劈山改河造地 30 亩。2001 年，发展高效农业，建高新日光大棚蔬菜基地 50 亩，成立阳泉市鑫海种植专业合作社，建百企千村扶贫综合生态园 50 亩。发展养殖业，引进种鹿 40 只，新建鹿场 1 座。养羊 80 只。土壤植被保护较好。退耕还林，荒山绿化，至 2014 年，已形成 4 块林区。即东山、老木匠凹山林区，南岔、臭塔山林区，狼窝掌、金火沟山林区，回梁道、三岔沟山林区。林区树种多为松柏，生长茂密，乔灌、草本丛生，植被覆盖率达到 80%以上。2014 年，粮食播种面积 300 亩，总产达 78.56 吨。

境内无烟煤储量丰富。为取暖、做饭和打造农具，先民很早就有挖煤的历史。1962 年，开挖 3# 煤（席煤窑）。1963 年，开挖小河西场四尺煤窑。1966 年，开挖九坪 9# 煤建立煤矿。1969 年，村煤矿领先归公社联营。1979 年，新建北庄村煤矿，从业职工 130 人，年产煤炭 6 万吨，年产值 138 万元。2008 年后，煤炭资源整合，煤矿关闭。在经济结构转型调整中，村民的就业观念发生了深刻变化。2014 年，全村劳动力 270 人，年轻人多数外出打工创业。

村民居住环境不断改善。1967—1969 年，开通出村公路，修建大队办公室、仓库、合作医疗室共 24 眼窑洞。1985 年，修建小学校、幼儿园 200 平方米。1985 年，安装自来水到户。

1987年，修建舞台。1996年，水泥硬化村东至村西煤矿街道800米、街心广场500平方米。2002年，为改善村民饮水，新建水厂。2003年，治理大河污染，建筑坝储水工程300米。2008—2013年，治理村前小河污染，砌碹涵洞300米，地面建成舞台广场、餐厅中心广场、公园共5000平方米。2010年，全村巷道路水泥硬化实现户户通。

郊里村

位于镇境西部，原属平定县，自古地处平定、盂县两县交界处，与盂县互为邻居，故称交里。后谐音为郊里。省道石阳线穿越村境，路北为本村旧址，路南为新村。西与盂县接壤，东与山西阳泉固庄煤矿为邻，交通便利。距镇政府6.2公里。总面积为2.03平方公里，耕地面积为82.19亩。至2014年年末，全村共有居民88户、233人，设6个村民小组。

村境属山区丘陵，5座山峰环绕，其中石羊垴两大巨石如羊头、羊尾正对村中央，昔人将地形地貌赞为“五福从天降，山羊就地起”。土壤性质沙土较多。农业以粮食生产为主。中共十八届三中全会后，粮食最高产量9万公斤，果品最高1万公斤，荒山植树700余亩。2014年，种植核桃50亩，有养殖专业户4户。粮食播种面积851亩，总产达248.2吨。

境内矿产资源丰富，有煤、黏土、硫铁矿、山西式铁矿等，尤其是无烟煤储量丰富，开采历史悠久。民国时期，村民就以开采熄煤(尺二煤)、烩煤(尺八煤)为副业收入。进入合作社后，集体先后在瓦窑沟、小河沟、小鸡背等地开采熄煤、烩煤，销往平定及周边的铁锅厂、铁匠铺。1979年，村办煤矿正式投产，先后开凿坑口6座，大战洼4座，旧村1座，前东坡1座，全部属12#煤层(四尺煤)，安排就业60多人，累计开采原煤40余万吨，成为全村的支柱产业。2008年，煤炭资源整合，村办煤矿停产。在经济结构调整中，抢抓机遇，招商引资，2006—2011年，先后成功引进阳泉市通远物流公司、阳泉众辉建筑公司。到2013年，安排村民就业60余人，为全村经济发展增强了后劲。

原本一个溪水围抱的小山村，因长期开采煤炭，20世纪70年代后，河水断流，甘泉井干枯，1982年冬开始，固庄煤矿出资每天从固庄煤矿深井拉水，解决人畜生活用水困难。1988年7月16日下午，境内寡妇桥馒头山东南方向出现山体滑坡。2005年，本村成为省级地质灾害移民村，并在村南坪开工修建占地30000平方米的移民新农村。到2008年，居民住宅区基本建成，全部村民入住。其间，利用境内燕煤集团井下用水管网加压泵水站，集体投资修建了1000立方米甘甜水蓄水池，每家每户铺设了自来水管道，解决了新村居民生活用水。至2013年，新一届支村“两委”铺设自来水管网、街道硬化、周边绿化，新建舞台、幼儿园、文化广场、蓄水池，运煤公路改扩建以及二层村集体活动场所等项工程，进一步配套完善，特别是一层占地260平方米的综合活动室，给村民提供了一个办理红白喜事的场所，得到了村民及外界一致好评。新村建设资金，累计投入2000多万元。

阳泉森达康农业开发中心（河底林场），位于境东翻眼尖山上，海拔1000~1100米，建于1976年，总经营面积6500亩，实现基本绿化。2014年，经有关部门批复，成立阳泉森达康农业开发中心，授权本村全权负责，开发项目以林区管理建设和生态旅游为主，建成一个以采摘、休闲、观光、游泳、垂钓为一体的旅游景区。该项目总计投资8000万元，2014年，已投入500万元，计划在2016年完工。

第二章　自然环境

第一节　地层地貌

地　层

境内出露地层由老至新有下古生界奥陶系、上古生界石炭系、上古生界二叠系及新生界第四系。

下古生界奥陶系分布于武家庄、东村、苏家泉、苇泊以东地区。仅有中统上部的峰峰组地层，缺失上统，为一套石灰岩、白云岩及泥灰岩组成的反复出现的泻湖——浅海相碳酸盐岩类及少量硫酸盐岩类的混合沉积建造，厚度 73~142.20 米。其中，有丰富的石灰岩及白云岩、石膏和建筑石材原料等矿产，其侵蚀面赋存山西式铁矿。

上古生界石炭系主要出露于山底、牵牛镇、河底、固庄以西地区，且西部广大地区发育较完好，均深埋地下，东部仅属零星残留分布。海陆交互相沉积的黏土岩、碎屑岩、可燃有机岩（煤）、碳酸盐岩等岩层交互产出，平行不整合于奥陶系中统峰峰组之上，厚度 75~152 米。由下至上分为中统本溪组、上统太原组和山西组，缺失下统。本溪组赋存铝土矿、耐火黏土矿、硫铁矿、山西式铁矿及高岭土等矿产。太原组和山西组为重要的含煤地层，赋存有丰富的无烟煤。

上古生界二叠系广泛分布于郊里以西燕龛一带，为一套黄绿、杏黄、灰白、紫红色的砂岩、粉砂岩、砂页岩、页岩及泥岩组成的河湖相碎屑岩及泥质岩建造，与下伏的石岩系地层呈整合接触，厚度 566.5~583.40 米。分为下统下石盒子组，上统上石盒子组及石千峰组。二叠系地层赋存有寿阳式锰铁矿及紫砂陶土矿。

新生界第四系其松散堆积层主要分布于山坡、沟谷、河床及其两侧阶地中，厚度变化较大，从数米到百余米不等。可划分为离石组、马兰组及汾河组。

地　貌

河底镇地貌全部为山地和丘陵，在山地和丘陵中分布着一些狭长的河谷谷地和沟谷谷地。山地以温河为界分为两部分,其东北部为秋林山脉的西段,是太行山脉的组成部分,从镇境以东的西南舁境内延伸而来,山体已显低矮,山势较平缓。西南部为北方山山脉的支脉刘备山脉,其西段为河底镇与荫营镇、平坦镇及盂县的界山,东段伸入镇境,与秋林山脉相连,成为盂县盆地和阳泉盆地的分水岭。山地由西向东渐趋平缓,而逐步过渡为丘陵地貌,属阳泉盆地北端底部的丘陵区。全镇地势西高东低。最高点为本镇与荫营镇、平坦镇及盂县交界处的刘备山主峰,海拔 1172 米;最低点为下章召温河谷地,海拔 795 米。两地高差 377 米。

山　地

小起伏石灰岩溶蚀侵蚀低山主要分布于温河以北地带。山顶海拔达 800~1000 米,相对高差仅为 200~300 米。山脊线走向不明显,山体主要由奥陶系灰岩构成,山顶局部残留石炭系砂页岩,缓坡及山顶有薄层黄土覆盖。

小起伏砂页岩侵蚀中山主要分布于温河以南、镇境西部地带。山顶海拔一般为 l000~1100 米,相对高差为 200~400 米。山体主要由二叠系砂页岩构成。山顶呈浑圆状或为平顶山,沟谷底部宽平。以缓坡为主,局部出现陡坡。

丘　陵

黄土覆盖的石灰岩丘陵主要分布于镇境北部,主要由奥陶系灰岩构成。局部丘顶有石炭系页岩,并有黄土覆盖。丘顶成一个平面,保持早期地形特色。丘顶海拔 1000 米左右,地面呈波状起伏。

黄土覆盖的砂页岩丘陵主要分布于镇境南部。丘陵的基础由石炭系及二叠系下部煤系地层构成,大都有黄土覆盖。丘顶海拔 700~900 米,相对高差数十米至百余米。地面呈波状起伏,沟谷宽浅,丘坡平缓。

第二节　山脉　河流

山　脉

秋林山脉

位于温河沿岸及以北的地区,东由西南舁乡境内延伸而来,向西至盂县境内,主脉东西走向。山体主要由中奥陶系灰岩构成。

平梁顶。位于北小西庄村西北部，东临凤凰山，东西走向，海拔 1100 米，山体岩性为石灰岩。

咋角山。位于大河北村东北 800 米处，主脉南北走向，海拔 1036 米，山体岩性为石灰岩。

南腰山。位于大河北村北 500 米处，主脉东西走向，海拔 910.2 米，山体岩性为石灰岩。

馒头山。位于大河北村西北 700 米处，主脉东北西南走向，海拔 871.3 米，山体岩性为石灰岩。

大　梁。位于河南村西，主脉东西走向，海拔 800 米，山体黏土结构。

南　岭。位于河南村南 100 米，主脉东西走向，海拔 800 米，石灰岩结构。

寨　山。位于东村村北 1000 米处，东临温河，东西走向，海拔 936.2 米。

蘑菇山。位于东村村南 1000 米处，东西走向，海拔 936.5 米。

红岭梁。位于下章召村东北，东北西南走向，海拔 950 米，石灰岩结构。

花　梁。位于下章召村西北，南北走向，海拔 950 米，山体石灰岩结构。

离岩梁。位于下章召村东面，紧靠村边，主脉东西走向，海拔 950 米，山体石灰岩结构。

刘备山山脉

位于镇境西部，是北方山山脉的支脉，东西走向。其西段为本镇与荫营镇、平坦镇及盂县的界山，东段伸入镇境。山体主要由石炭——二叠系含煤砂页岩构成。主要山峰有：

佛爷梁。位于本镇与平坦镇、盂县三地交界处，东西走向，海拔 1269.1 米。

王兰山。位于本镇与平坦镇交界处，西北与佛爷梁相连，东北和刘备山相连，呈弓形向南凸出，海拔 1272.4 米。山上建有王兰寺。

上寨坪山。位于本镇西与盂县交界处，为佛爷梁向北的分支，南北走向，海拔 1286.4 米。

翻眼尖。位于河底镇曹家掌村东北 1250 米处，海拔 1254.1 米。

枪杆梁。位于河底镇蔡家峪村东北，西北东南走向，东南与刘备山连接，海拔 1212.8米。

石鸡咀山。位于邓家峪村西北 1500 米，与荫营镇交界处，西北东南走向，海拔 1133.7 米。

西　山。位于河底村西 2500 米处，南北走向，海拔 1096 米。

摩天垴。位于河底村东北，南北走向，海拔 900 米。抗战期间，日军在此建有炮楼。

馒头山。位于小固庄村西 1500 米处，南北走向，海拔 1098 米。

将军墓梁。位于山底村北 1000 米处，东西走向，海拔 1056 米。

馒头山、四梁。位于山底村西南部，为刘备山山脉向北的支脉，南北走向，海拔 1000 米左右，山体为小起伏砂岩。

黄砂垴。位于牵牛镇村西南 1300 米处，海拔 1115 米。

阎王台。位于西沟村北 2000 米，主峰海拔为 1287 米。

王墓梁。位于西沟村南 1000 米，主峰海拔为 1287 米。

捞儿山。位于程庄村东 200 米处，南北走向，海拔 1152 米，山体岩性为砂岩。

轿顶山。位于里龙光峪村西南 1000 米，主峰海拔为 1133.7 米。

河 流

境内主要河流为温河，为季节性河流。西源出于盂县南娄乡西南庄村西的北方山东麓，北源出于盂县北下庄乡西麻河驿村的尖山，两流于盂县温池汇合后称为温河。自温池向东南约 3 千米经温泉峡进入本镇，向东南流经武家庄、大河北、小河北、东南沟、下章召、河南，后经荫营镇的韩庄、马庄、小庄、辛庄入平定县境，在平定县娘子关镇河滩村西汇合为绵河，是海河五大河之一的子牙河的北源滹沱河支流。在境内全长 8 千米，流域面积 97.8 平方千米，占全流域面积的 7.4%。2007 年，年径流量为 1761 万立方米，多年平均径流量为 2519 万立方米。年输沙量 22.53 万立方米，最大洪峰流量为 1652 立方米 / 秒。在境内的主要支流有山底河、苇泊河等。

山底河　其上游为燕龛河，发源于河底镇西沟、张花沟、羊皮凹，由南而北流经曹家掌、燕龛、程庄、北庄，入盂县境。主河道境内长 7.5 千米，汇水面积 30 平方千米。常年有清水流量，年径流量为 423 万立方米。燕龛河出盂县境入河底镇为山底河，由西北向东南经小沟、山底后，折向东北于武家庄入温河。主河道长 5.3 千米，汇水面积 10 平方千米，年径流量为 115.2 万立方米。

苇泊河　源出刘备山东北麓，流经关家峪、任家峪、邓家峪、苇泊、上章召，于河南入温河。流域面积 32.6 平方千米，河道长 9.2 千米，年径流量为 389.9 万立方米。

第三节　土壤　植被

土 壤

河底镇地形复杂，海拔高度相差较大，干湿季节交替明显，自然植被及成土母质不同，土壤侵蚀切割均有明显差异。因此，土壤的形成受垂直地带性和地域生物气候、地理环境的影响，形成了性质不同的土壤类型。其由西南向东北呈现有规律的发布。但本镇又多属山地、丘陵及河流的二级阶地，土壤的主要类型以褐土为主，具体包括粗骨性褐土、山地褐土、褐土性土3个亚类。

粗骨性褐土主要分布刘备山南坡的燕龛、曹家掌、西沟等地砂页岩区，发育在岩石裸露分化残积母质上，占全镇土壤总面积的12%左右。植被覆盖率为20%~30%。由于坡度较大，侵蚀严重，土体层位薄而岩石碎块多，因而在境内无农田土壤。呈酸中性，有机质含量1.67%，全氮含量0.084%，全磷含量0.051%。

山地褐土为境为主要土壤类型，分布广泛，占全镇土壤总面积的70%以上。依其成土母质可分为石灰岩质山地褐土、砂页岩质山地褐土、黄土质山地褐土、堆垫山地褐土、红黄土质山地褐土。其中，石灰岩质山地褐土主要分布在温河以北的五架山的代通梁和咋角山等石质山区；砂页岩质山地褐土主要分布在程庄、北庄、小沟、山底、关家峪、邓家峪、任家峪等较缓部位的山坡上；黄土质山地褐土主要分布在小西庄、河底、上章召、下章召等地，并与石灰岩质山地褐土、砂页岩质山地褐土呈复域存在；堆垫山地褐土分布在温河及其他河流河谷谷地；红黄土质山地褐土分布在东村的九亩垴、枣沟、桃树林等地的山坡。土层厚度一般在35厘米以上，地表面常有较薄的枯枝落叶层，心土层有假菌丝体，并有腐殖质下移现象。自下而上母质特征逐步明显，石灰反应亦渐强烈，多呈微碱性，个别呈微酸性。有机质含量2.25%，全氮含量0.01%，全磷含量0.04%~0.099%。

褐土性土主要分布在东村、南沟、苏家泉、上章召等黄土丘陵区山间沟壑平坦地带，占全镇土壤总面积的18%左右。多发育在第四纪黄土母质上，绝大部分为耕种土壤，生产性能较好，宜耕期长，疏松多孔，通透性强，吸水快，易蒸发，耐旱不耐涝。土层厚度一般在3~20厘米，通体石灰反应较强。根据成土母质分4个土属：(1)耕种黄土质褐土性土，有机质含量0.26%~2.02%，全氮含量0.025%~0.081%，全磷含量0.047%~0.054%；(2)耕种埋藏红黄土质淡褐土性土，有机质含量0.17%~0.97%，全氮含量0.020%~0.086%，全磷含量0.031%~0.106%；(3)耕种沟淤质褐土性土，有机质含量0.86%~1.34%，全氮含量0.062%~0.086%，全磷含量0.089%~0.128%；(4)耕种堆垫褐土性土，有机质含量0.67%~1.12%，全氮含量0.055%~0.056%，全磷含量0.056%~0.085%。

植　被

境内植物属泛北极华北植物区系中的太行山植物区系，主要成分为第三纪植物区系的残遗种，包括裸子植物中的油松属，被子植物中的杨属、柳属、胡桃属、鹅耳枥属、栎属、榆属、虎榛子属、野皂荚属、蚂蚱腿子属、蔷薇属、沙棘属等。其中，有些古老植物起源于欧洲，在发展过程中形成新的地理亚种，如沙棘。

根据不同的土壤类型其植被也表现为有规律的发布。粗骨性褐土植被以野菊花、苔草、蒿类等草本植物为主，亦有少量酸枣、黑圪针、荆条等灌木，覆盖率为 20%~30%；石灰岩质山地褐土植被以盘地草、狗尾巴草等为主，植被覆盖条件较好；砂页岩质山地褐土植被有茂密丛生的荆条、圪针、盘地草等草灌植被，并有稀疏的油松林，植被覆盖较好；黄土质山地褐土和红黄土质山地褐土自然植被主要为旱生草本植物的白草和蒿类；堆垫山褐土自然植被以喜湿性稗子和毛毛草；褐土性土自然植被也以酸枣、白草和蒿类为主。

境内几乎无天然草地，西南部的刘备山山脉及温河以北的秋林山脉分布有较大面积的荒草地(属未利用土地)，其余地区分布则较零散。植被主要由中生灌木、禾本科杂草组成。由于坡度大，土层薄，有机质含量少，牧草覆盖度和产草量很低，有待于进一步开发利用。

第四节　气候物候

气　候

境内属暖温带大陆性气候，受季风环流和地形因素的影响，气候多变且四季分明，春季干燥多风，夏季炎热多雨，秋季温和凉爽，冬季寒冷干燥。按温度指标划分，冬夏季较长，春秋季偏短。

气温与地温

受地势影响，境内气温差异明显。中东部地处温河凹谷，地势偏低，海拔在 800 米左右，且人口密集，气温有走高趋势，年平均气温在 11℃~12℃；西部及北部海拔 850—1000 米的山地，年均气温在 9℃~10℃，西部西沟及北部五架山与中部低洼的河底年平均气温相差 3℃左右。

从气温的年际变化看，幅度在 ± 0.1℃~ ± 0.3℃之间，最暖年与最冷年的温差在 2℃左右。境内历年极端最低气温为 -19.2℃，出现在 1954 年 12 月 29 日；极端最高气温为 40.2℃，出现在 1955 年 7 月 24 日。

从气温的月际变化看，境内夏、冬两季气温较为稳定，最热月是 7 月，月平均气温为 24.5℃；冬季持续时间较长，最冷月是 1 月，月平均气温为 -5℃；春秋两季气温变化较大，春季升温和秋季降温的幅度大致相同，月平均气温的升降可达 6℃~8℃。

平均日较差与海拔高度和季节因素有关：海拔较高的地方日较差大于海拔较低的地方；春季的日较差较大，5 月为全年最大，8 月则为全年最小，全年平均日较差为 11℃~14℃。

河底镇历年平均活动积温分布表

表 2-1　　单位:天、℃

≥0℃				≥10℃			
初日	终日	天数	积温	初日	终日	天数	积温
3月8日	11月23日	261	3925.5	4月17日	10月11日	178	3401.5

境内无霜期分布受地势影响长短不一。无霜期长短与海拔高度和纬度有关，总的来看,境内无霜期由西北向中部逐渐延长。境内初霜日出现在9月下旬至10月上旬,终霜日出现在5月上旬至5月中旬,平均无霜期日数一般为131~153天。

河底镇历年霜冻初终日及无霜期表

表 2-2　　单位:米、天

海拔高度	保证率 50%			保证率 80%			保证率 95%		
	终霜日	初霜日	无霜期	终霜日	初霜日	无霜期	终霜日	初霜日	无霜期
850	5月1日	10月2日	153	5月6日	9月24日	144	5月18日	9月18日	131

境内地面年平均温度为11.2℃12.7℃。地面月平均温度最高为7月,最低为1月,年变化振幅为30.9℃~32.7℃。地中温度的变化随深度的增加而减小。

河底镇历年各月平均气温、地温表

表 2-3　　单位:℃

月份	1	2	3	4	5	6	7	8	9	10	11	12	全年
气温	−5.3	−2.8	3.8	11.7	18.5	22.4	23.3	21.5	16.8	10.8	3.2	−3.2	10.1
地温	−4.6	−1.4	5.9	15.9	21.7	25.4	26.3	24.9	19.2	12.3	3.6	−2.6	12.2

降水与蒸发

境内年平均降水量一般在500~600毫米。由于年际季风环流的变化,致使年降水量极不稳定,最多降水年份是1963年,降水量达866.4毫米,最少降水量年份是1972年,降水量为240.4毫米。最多与最少年份的降水相差626毫米,丰枯比为3.6。

从降水量的年内分配来看。冬季（12 月至下年 2 月）降水量占全年总降水量的 2%~3%，在 10~16 毫米左右。春季(3~5 月)降水量占全年总降水量的 10%~15%，在 55~80 毫米之间。春季降水直接导致春旱频繁，给春播带来困难。夏季(6—8 月)由于受季风影响，雨量最大，占全年总降水量的 60%~65%，一般在 300 ~ 400 毫米之间。秋季(9—11 月)降水量占全年降水量的 20%~25%，一般在 100 毫米左右。并且境内因受季风气候影响，夏季雨势凶猛，强度较大，不仅难以利用，且常暴雨成灾，给当地经济带来一定影响，尤其是对农业影响较大。

河底镇历年逐月平均降水量、蒸发量分布表

表 2-4　　　　单位：毫米

项目	1 月	2 月	3 月	4 月	5 月	6 月	7 月	8 月	9 月	10 月	11 月	12 月	全年
降水量	1.2	6.8	10.8	15.9	32.8	61.5	120.8	153.3	76.8	30.5	19.8	12.2	542.4

境内器测蒸发量年均为 1943.6 毫米，最高为 2337.2 毫米(1982 年)，最低为 1319.1 毫米(1964 年)。水面年蒸发量的变化范围介于 1000 ~ 1300 毫米，多年平均水面蒸发量为 1202 毫米，平均流域总蒸发量为 409.4 毫米。一年四季的蒸发量以夏季为最大，春季次之，秋季较小，冬季最小。前半年的蒸发量大于后半年，常年蒸发量大于降水量，为境内气候干燥的主要原因之一。尤以 4 月中旬至 5 月中旬、8 月中旬至 9 月中旬蒸发量为大，因而春旱和秋旱出现频繁。

气压与风

境内气压的高低与气温的高低成反相关关系。一般午后气压最低，早晨气压最高；7 月气压最低，1 月气压最高；夏季气压最低，冬季气压最高。

年平均风速为 1.7 米 / 秒。冬、春两季风力最大，月均风速为 1.9 米 / 秒 ~2.4 米 / 秒。尤以 4 月平均风速为剧。秋季次之，夏季最小。冬春季由于受北方强冷空气的影响，常出现风速在 17.0 米 / 秒以上的大风；夏季常出现强对流天气，产生雷雨大风。冬春季多刮西北风；春分以后至立秋，特别是夏季，则多刮偏东风。

河底镇各月平均气压及风速风向表

表 2-5　　单位:百帕、米、秒

项目	1	2	3	4	5	6	7	8	9	10	11	12	全年
气压	936.7	935.1	932.4	928.7	925.6	922.4	920.9	924.7	930.2	935.0	937.0	936.8	930.5
平均风速	2.6	2.2	2.4	2.5	2.3	1.9	1.4	1.1	1.3	1.7	2.4	2.5	2.0
最大风速	20	17	19	28	20	16	14	9	14	20	20	20	28
风向	西	西	北西	西	北西	西	北东	北西	西北西	西北西	西北西	西	西

物　候

境内物候现象主要受地貌特征的影响,随海拔高度变化呈细微差异,但总体现象基本一致,其具体表现为:1 月至 2 月初,冰封大地,万物凋谢,民间有“一九二九不出手;三九四九河上走”之谚。2 月底 3 月初,冰雪初融、土壤解冻、桃杏花开,有“雨水红杏花开鲜”之说。3 月上旬冬小麦返青,3 月下旬柳树发芽,4 月上旬河水冰开、大雁归来,开始备耕,4 月下旬开始播种,农谚“五九六九沿河望柳;七九开河,八九雁来;九九又一九,耕牛遍地走”“谷雨前后,安瓜点豆”。6 月初,大秋作物不再播种,即过了芒种,不可强种。6 月下旬至 7 月初,小麦、桃、杏成熟,核桃结果,农谚“小麦上场,核桃瓣瓤”。7 月下旬玉米拔节、谷子抽穗,银河转向,瓜菜上市,农谚“天河调角儿,吃上豆角。8 月上旬,蝉鸣蛙叫,葵花渐熟,赶种晚秋蔬菜,农谚“立秋知了催人眠,处暑葵花笑开颜;头伏萝卜二伏菜,三伏起来撒荞麦”。9 月中下旬,谷子等大秋作物及核桃、花椒等瓜果成熟,开镰秋收并赶种小麦,农谚“白露早,寒露迟”。秋分种麦最适时,同时秋菜进入生长旺盛期,农谚有“场上勒戈响,地里萝卜菜根长”。10 月中旬,大雁南飞,百草枯黄,下旬冬小麦分蘖,河水现凌,农谚“寒露百草枯,霜降水流稠。”11 月上旬,薄冰初见,中旬结冰,初雪再现。12 月末,即农历腊月初,气温骤降,农彦“腊七腊八,冻煞王八。”

第五节　自然资源

土地资源

2009年,河底镇土地总面积为154567.05亩,其中农用地111964.65亩,占土地总面积的72.43%;其次为其他用地,共21345.15亩,占土地总面积的13.81%;建设用地略次之,共21257.25亩,占土地总面积的13.76%。

农用地

河底镇农用地总面积111964.65亩,其中林地面积最大,为66199.05亩,占农用地总面积的42.82%;其次为耕地,面积35318.25亩,占农用地总面积的22.85%;园地和其他农用地所占比重较小,分别为2299.8亩和8147.55亩,占农用地总面积的1.49%和5.27%。

建设用地

河底镇建设用地总面积21257.25亩,其中城乡建设用地20449.95亩,占建设用地总面积的96.20%;其余为交通水利用地和其他建设用地,面积分别为735.9亩和71.4亩,占建设用地总面积的3.46%和0.34%。

城乡建设用地。细分为城镇用地、农村居民点用地和独立工矿用地三类。城镇用地面积为2754.15亩,占城乡建设用地总面积的13.47%;农村居民点用地9588.3亩,占城乡建设用地总面积的46.89%;独立工矿用地8107.5亩,占城乡建设用地总面积的39.65%。

交通水利用地。交通水利用地包括公路、铁路、管道运输、水库水面用地四类,其中公路和铁路用地占主体,分别为417.15亩和277.65亩,占交通水利用地总面积的56.69%和37.73%;水库水面用地为41.1亩,占交通水利用地总面积的5.58%。

其他建设用地。只包括风景旅游及特殊用地类,为71.4亩。

其他土地

河底镇其他土地总面积21345.15亩,其中水域1061.7亩,占其他土地总面积的4.97%;自然保留地20283.45亩,占其他土地总面积的95.03%。(附表2-6)

矿产资源

本镇矿产丰富,已发现的均为外生沉积矿产。主要矿产为煤炭,其次还有非煤矿产10种。

煤　炭

本区煤炭以无烟煤为主,含煤岩系集中分布于东村、河底以西地区,储量约6000万吨。全区分布面积65平方千米,占总面积的63%。所有煤田位于沁水煤田的东北缘,主要含煤地层有石炭系上统太原组和山西组,具有煤层层数多、厚度小的特点。含煤岩系总厚176米左右,煤层总厚为14.77~17.29米,含煤系数9%,可采煤层一般4~5层,最多为9层。

太原组含煤一般5层,局部6层。自下而上依次为15~10号煤。其中境内可采煤层为15号煤,厚2.7~2.5米,平均厚度5.45~7.60米,俗称丈八煤,大部属中硫低灰、高发热量的无烟煤,仅燕龛井田为贫煤。12号煤(四尺煤)厚0~2.25米,平均1米以上。

山西组含煤一般6层,局部地区7层,总厚度最大8.4米,一般3~4米。自下而上依次为9~1号煤。其中境内可采煤层为9号煤(第一砂岩上煤),厚度0~5.3米,一般0.7~2米,煤层比较稳定,厚度大,多数分两层,下部称丈二煤,上部称四尺煤,中间夹0.3~5.04米砂页岩或页岩,属较稳定的局部可采煤层。8号煤(第二砂岩上煤),为薄—中厚煤层,局部可采。7号煤仅在寡妇桥一带砂岩中局部存在,厚0~1.85米,平均1.16米,为低硫、低灰分无烟煤。

非煤矿产

铁矿。境内铁矿有山西式铁矿、寿阳式锰铁矿2种,储量约33万吨。

山西式铁矿系指奥陶系石灰岩侵蚀面上，中石炭统本溪组底部的赤铁矿或褐铁矿而言。厚数厘米至数米,最厚可达11.3米。矿体一般延长数米至数十米,也有延长500余米者,呈不规则窝子状、透镜状、似层状产出。矿石为致密状、蜂窝状、多孔状、鲕粒状等类型。含铁量35%~50%,含磷0.03%~0.09%,含硫0.11%~0.92%。此类型铁矿主要分布在镇境北部,以五架山矿床(点)最具代表性。

寿阳式锰铁矿分布在中东部地区,赋存于上古生界二叠系上、下统分界的附近,矿体7层，具有工业价值的仅2层，呈似层状、扁豆状、薄层状产出。规模较小，出露长度10~400米,一般50~150米。沿倾向延伸,最深750米,一般20~150米。厚0.3~1.5米,产状与地层一致。矿石呈黑褐、褐、红、黄褐及黑绿等色,由致密状、鲕状、豆状、皮壳状、混染状、团块状组成。矿石矿物主要有赤铁矿、褐铁矿,次为软锰矿、硬锰矿及少量黄铁矿。矿石品位:铁为10.45%~43.62%,一般20%~30%;锰为0.53%~10.43%,一般为1~3%;硫为0.007%~0.054%;磷为0.11%~0.93%。由于矿层薄,品位低,故仅可小型开采。

铝土矿。储量约2000万吨,赋存于奥陶系石灰岩侵蚀面上,中石炭统本溪组下段中部,俗称G层铝土矿。一般只有1层,产状近于水平,总体倾向西南。矿体呈层状、似层状、

河底镇土地用途分区面积统计表

表 2-6　　　　单位：亩

单位	辖区面积	土地用途区																	
		基本农田保护区		一般农用地区		城镇建设用地区		村镇建设用地区		独立工矿用地区		风景旅游用地区		生态环境安全控区		林业用地区		其他用地区	
		面积	%	面积	%	面积	%	面积	%	面积	%	面积	%	面积	%	面积	%	面积	%
固庄村	1069.05	195.45	18.28	152.85	14.3	387.15	36.21	31.95	2.99	196.2	18.35	36.9	3.45	0	0	0	0	68.55	6.41
邓家峪村	5860.65	763.65	13.03	875.25	14.93	2965.95	50.61	0	0	297.45	5.08	113.4	1.93	0	0	0	0	844.95	14.42
关家峪村	5579.7	708.75	12.7	207.75	3.72	4165.05	74.65	0	0	247.8	4.44	9	0.16	5.55	0.1	0	0	235.8	4.23
河底村	7115.7	2426.55	34.1	1511.1	21.24	1000.2	14.06	1372.65	19.29	120	1.69	435.3	6.12	0	0	6.15	0.09	243.75	3.43
河南村	1094.85	175.35	16.02	457.8	41.81	277.05	25.3	0	0	60.9	5.56	6.45	0.59	0	0	38.7	3.53	78.6	7.18
里龙光峪村	3464.1	9	0.26	236.4	6.82	2194.35	63.35	766.05	22.11	152.7	4.41	53.85	1.55	0	0	0	0	51.75	1.49
牵牛镇村	6748.05	1863.6	27.62	1420.8	21.05	1819.05	26.96	0.6	0.01	652.8	9.67	672.45	9.97	0	0	0	0	318.75	4.72
龙光峪村	1018.35	0	0	195.6	19.21	600.75	58.99	0	0	124.35	12.21	30.75	3.02	0	0	0	0	66.9	6.57
任家峪村	2808.15	761.85	27.13	362.85	12.92	700.8	24.96	0	0	591.9	21.08	163.95	5.84	0	0	13.35	0.48	213.45	7.6
上章召村	4270.65	1880.1	44.02	1158.15	27.12	596.1	13.96	0.75	0.02	490.5	11.49	63.9	1.5	2.4	0.06	27.3	0.64	51.45	1.2
苇泊村	5862.9	527.25	8.99	1872.9	31.94	695.55	11.86	1077.6	18.38	1085.7	18.52	382.5	6.52	0	0	25.2	0.43	196.2	3.35
下章召村	7199.85	1079.7	14.16	665.1	9.24	4816.2	66.89	11.1	0.15	330.15	4.59	154.35	2.14	0	0	61.2	0.85	142.05	1.97
小固庄村	570.75	0	0	85.2	14.93	344.7	60.39	0	0	77.25	13.53	63.6	11.14	0	0	0	0	0	0
中佐村	1962.6	54.75	2.79	1050	53.5	111.75	5.69	139.65	7.12	367.95	18.75	43.2	2.2	0	0	0	0	195.3	9.95
大河北村	4038.6	879.6	21.78	647.25	16.03	523.2	12.95	39	0.97	159.6	3.95	169.8	4.2	0	0	44.7	1.11	1575.45	39.01
东　村	4873.65	2781.75	57.08	931.05	19.1	482.25	9.9	8.85	0.18	517.5	10.62	10.05	0.21	0	0	61.65	1.26	80.55	1.65

续表 2-6　　单位：亩

单　位	辖区面积	土地用途区																	
		基本农田保护区		一般农用地区		城镇建设用地区		村镇建设用地区		独立工矿用地区		风景旅游用地区		生态环境安全控区		林业用地区		其他用地区	
		面积	%	面积	%	面积	%	面积	%	面积	%	面积	%	面积	%	面积	%	面积	%
红十岩村	1739.1	547.05	31.46	746.85	42.94	275.4	15.84	3.15	0.18	0	0	0	0	0	0	0	0	166.65	9.58
东南沟村	3901.5	1448.55	37.13	397.35	10.18	1421.7	36.44	0	0	364.8	9.35	55.05	1.41	1.05	0.03	148.35	3.8	64.65	1.66
山底村	11351.25	1659	14.62	1139.55	10.04	6312.3	55.61	0	0	525.15	4.63	474.9	4.18	8.55	0.08	256.65	2.26	975.15	8.59
苏家泉村	3668.7	1401.15	38.19	1456.35	39.7	158.25	4.31	8.1	0.22	330.6	9.01	111	3.03	3.9	0.11	4.35	0.12	195	5.32
五架山村	6297.9	1136.85	18.05	898.35	14.26	3388.65	53.81	0	0	0	0	0	0	24.9	0.4	0	0	849.15	13.48
武家庄村	2313.9	178.35	7.71	273.9	11.84	1243.05	53.72	36.75	1.59	0	0	69.15	2.99	0	0	137.55	5.94	375.15	16.21
小沟村	2279.25	0	0	522	22.9	1061.85	46.59	0	0	0	0	0	0	0	0	39.6	1.74	655.8	28.77
小河北村	3933	741.6	18.86	964.2	24.52	795.15	20.22	0.75	0.02	201	5.11	114.45	2.91	0	0	97.05	2.47	1018.8	25.9
北小西庄村	5715	1774.65	31.05	1246.35	21.81	632.4	11.07	0	0	230.55	4.03	199.5	3.49	0	0	60.3	1.06	1571.25	27.49
猪头垴村	601.05	188.55	31.37	192.9	32.09	129.3	21.51	0	0	47.1	7.84	20.7	3.44	0	0	0	0	22.5	3.74
北庄村	4161.3	518.7	12.46	213.9	5.14	2825.85	67.91	101.25	2.43	156.15	3.75	121.8	2.93	5.85	0.14	6.75	0.16	211.05	5.07
曹家掌村	19015.35	1942.2	10.21	351.75	1.85	15398.1	80.98	25.5	0.13	233.25	1.23	99	0.52	3.6	0.02	57.3	0.3	904.65	4.76
程庄村	5153.85	778.95	15.11	237.3	4.6	2622.15	50.88	0	0	190.05	3.69	688.35	13.36	0	0	17.55	0.34	619.5	12.02
郊里村	3040.35	77.4	2.55	195	6.41	2268.9	74.63	0	0	0	0	49.05	1.61	0	0	0	0	450	14.8
西沟村	7258.35	401.4	5.53	326.7	4.5	5918.55	81.54	0	0	0	0	45.15	0.62	0	0	0	0	566.65	7.81
燕龛村	10599.6	1101	10.39	469.2	4.43	7192.65	67.86	0	0	291.9	2.75	122.7	1.16	17.1	0.16	62.4	0.59	1342.65	12.67
合计	154567.05	28002.75		21461.7		73324.35		3623.7		8043.3		4580.25		72.9		1166.1		14352.1	

透镜状。单个矿体走向长度数百米至 2000 米，一般为 200~900 米。矿体厚 1~7.3 米，一般 2~4 米。主要矿物为硬铝石、高岭石，含有少量赤铁矿、褐铁矿及有机质，化学成分具有高铝、高硅、低铁、低硫的基本特征。按自然类型可分为致密块状铝土矿、白色豆鲕状铝土矿及黑色豆鲕状铝土矿三种。含氧化铝为 52.71%~64.15%，一般在 60%以上。铝硅比为 2.82~5.61，一般在 3~5.5 之间。主要分布于温河以北地区。

镁。白云岩，出露于奥陶系中统峰峰组地层中，大部分埋藏在上覆地层之下，一般质量较差，规模较小。主要分布在温河沿岸，储量约 315 万吨。氧化镁平均品位一般多在 18~20%间，大河北矿点大于 20%。

硫铁矿。储量约 1600 万吨，主要分布在山底—河底一线左右，被地方国营矿山占有，代表性的有河底矿区（床）。赋存于中石炭统本溪组底部，矿体一般为 1 层，少数为 2 层，长数十米至数千米，厚 0.5~6 米，一般 1~2 米。厚度变化较大，明显受侵蚀面古地形控制，凹陷部较厚，凸起部位较薄，基本上可成似层状，厚度不等的矿层局部形成透镜状、窝子状矿体。矿石矿物以黄铁矿为主，白铁矿少量，常见矿石类型为致密块状、团块状、星散状、条带状和结核状。矿床品位硫 8%~36%，平均 20%左右。

耐火黏土。耐火黏土分布广泛，矿床规模大，矿石质量好，储量丰富，易于开采利用，并常与铝土矿、铁矾土、山西式铁矿共生，部分还伴有镓元素等。主要分布在温河沿岸的山底、东村等地，储量约 719 万吨。产出层位与铝土矿相同或在铝土矿之上，都位于石炭系中统本溪组下段的中上部，二者呈过渡或相变关系。矿体通常有 2~3 层，呈层状及透镜状，严格受古侵蚀面岩溶地形控制，层位稳定，产状平缓。

石灰岩。区境温河沿岸地区广泛出露，储量约 524 万吨，均产于中奥陶统峰峰组二段中，厚度达 67.6 米。分布在苏家泉、上章召以北，山底以东的地区。面积广泛，适于露采。矿石中氧化钙含量一般为 50%~55%，是有前景的矿产之一。

石膏。分布于温河下游的下章召一带，储量约 103 万吨。属沉积石膏，赋存于峰峰组一段，厚度 5~13.5 米，长 200~300 米以上。石膏品位 76.43%~89.19%。

陶瓷黏土。产于石炭系上统太原组上部 15 号煤层中，通常有 2~3 层。矿体呈层状、似层状及透镜状，长 150~300 米，厚一般 0.7 米，最薄 0.1 米，最厚 1.1 米，埋深 0~12 米。矿石由黏土矿物和非黏土矿物组成。境内陶瓷黏土属软质黏土，据其颜色可分为灰紫色软质黏土（紫坩）、灰白色软质黏土（白坩）、灰褐—灰黑色软质黏土（黑坩）、青色半软质黏土（青坩）。同风化煤密切共生，主要分布在牵牛镇等中西部产煤地带。

水资源

该镇地貌属干石山地及小起伏丘陵区，水资源相对贫乏。地表尽管有温河水系，但多属季节性河流，断流频现。地下水尽管相对丰富，但由于特殊的地质结构及地矿过度开采，水质较为低下，水量日趋减少。

地下水

该镇地下水资源按地质结构、含水层岩性及地表植被等因素，分为一般山丘区裂隙地下水和岩溶山地水。岩溶山地水又分为覆盖型岩溶山地地下水和裸露型岩溶山地地下水。地下水由于受环境污染，成分复杂，主要为硫酸重碳酸盐和硫酸氢化物型。矿化度小于0.25克/千克，pH值为7.5~7.8，硬度为22度。

一般山丘区裂隙地下水。分布在除东北部小西庄外的所有区域，占镇域面积的85%以上，地下水资源丰富，但可开采率较低，且水质较差。由于本区域煤矿开采的影响，大多裂隙地下水的机井干涸和小泉、小水断流，已失去供水意义。

覆盖型岩溶山地地下水。分布在温河以南的所有区域；面积占镇域面积的80%左右，地下水资源丰富，可开采率较高，且水质优良，是本区域内的城镇主要人畜用水和部分企业自备水源。

裸露型岩溶山地地下水。分布在温河以北的小西庄一带，发布面积相对较小，地下水资源有限，但为尚有潜力区。本区域开采娘子关泉域地下水，以满足当地生产、生活用水。

地表水

河底镇地表水主要由温河水系构成。资源量为2519万立方米。河流均为季节性河流，主要支流有2条，流域面积为97.8平方千米，多年平均河川径流量为2519万立方米。境内河川径流量因受降水量和流域下垫面的影响，有以下3个特征：(1)径流年际变化大，降水量大的年份，河川径流也大，反之则小，而且这种变化远大于降水量的变化，为年降水量的1.7~3.3倍。(2)径流年内分配不均，境内河流多属暴雨型间歇河流，只有燕龛河有常年清水流量，但水量不大。其余河流、沟岔在汛期洪水暴涨暴落，流径时间短，枯季河道则出现断流现象，资源利用率低，80%的河川径流集中于汛期7—9月，而当地主要的用水季节集中在4~6月，利用地表水的供需矛盾较大，且水源低，农田高，必须配备提水设施方可利用。(3)境内次一级支流流域面积小，流域长度短，沟道纵坡陡急，不具备大型集中蓄水条件。

生物资源

植物资源

河底镇野生植物属太行山植物区系。中华人民共和国成立后，由于外地引入，境内植物种类增多。据1987年、1988年阳泉市郊区植被调查，镇境内主要植物有87科、212种，其中药用植物百余种，花卉数十种。

乔木有27科、75种。优势树种有油松、白皮松、青杆、云杉、雪杉、侧柏、桧柏、石柏、银杏、五角枫、苹果、白梨、桃树、杏树、李子、海棠、山楂、杜梨、山荆子、樱桃、西洋梨、沙梨、核桃、国槐、刺槐、龙爪槐、合欢、榆树、黑弹榆、山榆、东北榆、大果榆、漆树、暴马丁香、小叶白蜡、水曲柳、臭椿、香椿、白椿、蒙古栎、胡栎、辽东栎、板栗、枣树、桑树、柿树、君迁子、栾树、法桐、泡桐、皂角、黑栋子、梧桐、柽柳、楸树、毛竹、小叶杨、毛白杨、新疆杨、山杨、青杨、加杨、旱柳、垂柳等。

灌木有25科、55种。主要有黄刺梅、绒毛绣线菊、灰枸子、山杏、山楂叶悬钩子、山桃、榆叶梅、小叶悬钩子、木瓜、沙棘、沙枣、胡枝子、小叶锦鸡儿、紫穗槐、绣球、酸枣、小叶鼠李、圆叶鼠李、六道木、桦叶荚、照山白、荆条、黄栌、蚂蚱腿子、枸杞、杠柳、花椒、山皂角、连翘、紫丁香、虎榛子、蜡梅、木槿、石榴等。

藤本有2科、3种。有葡萄、山葡萄、紫藤等。

草本有28科、74种。有银花背蕨、北桑寄生、马兜铃、土大黄、马齿苋、甘草、地肤、猪毛菜、刺沙蓬、灰菜、石竹、王不留行、九节菖蒲、芍药、白头翁、蒺藜、远志、铁苋菜、乳酱大戟、地锦草、甘遂、线叶柴胡、北柴胡、防风、田旋花、菟丝子、益母草、薄荷、紫苏、丹参、黄芩、曼陀罗、龙葵、地黄、透骨草、小车前、北方拉拉藤、茜草、羊胡子草、沙参、党参、牛蒡、黄花蒿、家艾、狭叶青蒿、蒿、白莲蒿、猪毛蒿、苍术、鬼针草、大蓟、小蓟、线叶菊、旋覆花、苦苣菜、蒲公英、款冬花、苍耳、栝楼、胡椒、马兰、山韭、黄精、山丹、薏苡、稗子、白茅、狼尾草、白草、芦苇、狗尾草、马唐等。

真菌类有5科、5种，为蘑菇、马勃、灵芝、木耳、茯苓。

药用植物有百余种。有银杏（白果）、侧柏、桑葚（桑白皮）、马兜铃、核桃、地肤子（扫帚菜）、鸡冠花、王不留行、桑寄生、芍药、牡丹（丹皮）、白头翁、九节菖蒲、独行菜（葶苈子）、大戟、杏（杏仁）、柿子（柿蒂）、栝楼、党参、地黄、防风、柴胡、黄芩、薄荷、益母草、丹参、柽柳（三春柳）、枸杞子、地骨皮（枸杞）、蒺藜、牵牛花（二丑）、连翘、荆芥、茜草（四轮藤）、臭椿皮、地榆、地丁（米口袋）、透骨草、远志、车前子、酸枣、菟丝子（无根草）、山茱萸、曼陀罗（洋金花）、大蓟、小蓟（刺儿菜）、蒲公英、牛蒡、旋复花、白茅、黄精、山丹（百合）、石苇、油松、山楂、槐花、山桃、石榴、薏苡、甘遂、紫花地丁、龙葵、桃仁、鬼针草、丁香、茵陈、艾蒿、青蒿、马齿苋、紫苏、菊花、沙参、甘草、黄芪、土贝母、白术、蓖麻子、石榴皮、洋金花、苏子、百合、韭子、凤仙花(急性子)。

花卉有仙人掌、仙人球、仙人山(山影拳)、蟹爪兰、昙花、令箭荷花、燕子掌、文竹、吊兰、荷花、君子兰、中国兰花、仙客来、洋绣球(天竺葵)、玻璃翠(何氏凤仙)、海棠、菊花、倒挂金钟(灯笼海棠)、变叶梅(彩叶草)、水仙、马蹄莲、一品红、米兰、茉莉、扶桑、五色梅、夹竹桃、朱顶红、美人蕉、一串红、凤仙花(家桃花)、迎春、无花果、石榴、紫荆、丁香、玉兰、牵牛花、木槿、铁树、龙舌兰、坐锅花、西番莲、芍药、牡丹、杨桃梅、玫瑰、月季、鸡冠花等。

动物资源

野生动物兽类有金钱豹、狼、狐、獾、刺猬、狍、山狸、野兔、鼠(岩鼠、花鼠、大仓鼠、盐松鼠、褐家鼠、小家鼠、子午沙鼠、松鼠)、黄鼠狼等。

鸟类有鹰、猫头鹰、雉鸡、石鸡、乌鸦、岩鸽、雕、斑鸠、麻雀、山雀、黄鹂、喜鹊、燕子、啄木鸟、麻喜鹊、布谷鸟、山八哥、百灵、画眉等。

蛇虫类有无蹼壁虎、山麻蜥、虎斑游蛇、白条锦蛇、蜥蜴、蟾蜍、青蛙、蝴蝶、蜻蜓、蚯蚓、蝉、蜘蛛、螳螂、蜗牛、黄蜂、土蜂、蟑螂、蝎子、土鳖鱼、蚂蚱、蝈蝈、蝼蛄、黏虫、金龟子、蚜虫、瓢虫、钻心虫、毛毛虫、牛虻、蚂蚁、天牛、萤火虫、水蛭、蚂蟥、尺蠖、蠹虫、苍蝇、蚊子、跳蚤、臭虫、蚰蜒、蛾等。

鱼虾类有草鱼、鲤鱼、罗非鱼、泥鳅、虾等。

第六节 自然灾害

气候灾害

旱 灾

境内旱灾较为频繁,几乎年年都有发生。常见旱灾主要有春旱、初夏旱、伏旱、秋旱等。据统计,从元至顺二年(1331)至 2008 年,区境见诸史料的中等以上旱灾有 40 次,其中元代 1 次,明代 7 次,清代 9 次,民国时期 7 次,中华人民共和国成立后 16 次。在大旱中,尤以连年干旱威胁最大,史料记载,境内连旱三年以上的特大旱灾共 6 次,分别是明成化二十年(1484)至二十二年(1486),清光绪二年(1876)至五年(1879),民国 9 年(1920)至民国

11 年,1959—1961 年,1971—1973 年,1984—1986 年,尤其是进入 20 世纪 90 年代,境内工业化进程步伐加快,地下水位连年下降,遇到旱灾农业减产日益严重。1995 年,春旱严重,1—5 月降水较正常年份偏少,农作物播种推后 1 个月,作物减产 3 成至 4 成;1997 年出现夏秋旱,严重影响作物灌浆成熟,大秋作物普遍减产;1999 年再次出现春夏旱,1—7 月降水较正常年份偏低 136 毫米;2000 年再次春旱,降水减少 9 成。

洪　涝

境内地势沟壑纵横,大型洪水灾害发生相对较少,偶有发生洪涝,也是局部受灾,或局限于夏秋洪涝。历史上有文字记载的洪涝为:民国 37 年(1948)6 月 13 日,天降大雨,牵牛镇山洪暴发,村民周占芳被河水冲走而亡。1959 年 7 月 3 日,天降暴雨,东村河道洪水暴涨,村民王冬季为抢救具体财产,被洪水吞没牺牲。1983 年 7 月 28 日,邓家峪村小北沟搭台唱戏,突降暴雨,山洪暴发,冲毁涵洞,村民任七毛 7 岁的外甥和邻村关家峪 70 岁的老汉被洪水冲走。

雹　灾

雹灾是境内发生较多、危害较大的气象灾害。历年平均有 20 个至 25 个雹日,其中成灾雹日为 2.5 个至 3.9 个;降雹期为 4 月中旬至 10 月上旬,其中 6—8 月降雹日数占全年总雹日的 80%左右。境内产雹区主要在西北部的两岭山脉和管头山山脉,冰雹的运行路线一是从管头山山脉经盂县的王村、苌池、城关、路家村、清城,延及本镇;二是从两岭山脉经盂县的东梁、西烟、苌池、土塔、牛村,延及本镇温河以北地区。有关雹灾的史料很多:清光绪三年(1877)三月,章召一带“大雨雹,深二尺”。1986 年 6 月 22 日下午,燕龛附近村庄遭雹灾,受灾农田上千余亩。1993 年 7 月 28 日,北部小西庄一带发生雹灾,农作物千亩受灾,其中部分绝收。2006 年 7 月 12 日,北部小西庄一带遭受冰雹袭击,造成玉米、谷子和果园受灾,农业经济损失约几十万元。

雪　灾

2009 年 11 月 11 日至 12 日,该镇普降暴雪。11 日 14 时,累积积雪深度分别达 49 至 51 厘米。截至 12 日,降水量达到 43.4 毫米。此次降雪持续时间之长、雪量之大,是 1954 年有气象记录以来的历史最高纪录。雪灾造成部分房屋、工棚、圈舍超压受损,90%的温室大棚等因不堪大雪重压倒塌,部分厂房设备及大面积温室农作物受损,直接经济损失 2400 万元,其中农业损失 1300 万元,工业损失 1100 万元。大雪导致全镇交通受阻,导致大量车辆和人员滞留。受降雪影响,包括蔬菜在内的鲜活农产品价格短期上涨,部分学校暂时停课。

风　灾

境内的风灾有三类：第一类为强冷锋过境所致，多出现在春季。如1978年，境内春旱严重，连刮6级至9级大风12次，土壤含水量降至10%以下。第二类为强对流天气所致。第三类为干热风，平均每年出现0.9次，以5月下旬至6月上旬的干热风对冬小麦的危害最大。民谚"早谷晚麦，十年九坏"和"小满不满，麦有一险"即言此。干热风最长曾持续4天，如1982年6月8日至11日，境内连刮4天干热风。

霜　冻

境内霜冻出现的频率在50%以上，北部多于南部，高寒山区多于平原和丘陵，地形低洼闭塞处霜冻强度较大。中华人民共和国成立以前有关霜冻的记载很少，仅见的一次为元至治三年（1323）7月，冀宁路属地陨霜。中华人民共和国建立后，见诸史料的记载增多，温河北岸及西部高海拔地区几乎年年有霜冻。

生物灾害

元至正十九年（1359）蝗至遮天蔽日，稼禾俱尽。民国4年（1915），大股蝗虫自河北平山县涌入境内，温河北岸一带青苗被踏食一空。1958年秋，小西庄等村黏虫踏食谷田百余亩。1963年农历九月初，境内大面积黏虫伤稼。1975年7月下旬至8月上旬，温河北岸村庄谷类作物发生三代黏虫。2003年，农大108感丝黑穗，部分地块发病株占到5%，小西庄村的部分果园首次发现苹果棉蚜。2008年苇泊村种植晋谷34号，谷田苗期发生谷瘟病，造成减产。

地质灾害

地　震

晋获断裂带虽是全省地震活动较为频繁的地带，但强度较小，震级不大于5.5级，烈度不大于7度。该区位于其北端，地震灾害古来时有发生。元至正二年（1342）夏地震，裂地1余尺；至正十一年夏，冀宁路属县多地震，声如雷声，房倒屋塌，死伤惨重，余震持续半月。明永乐九年（1411）春地震，秋再震，震声如雷。明成化九年春地震，秋地震。明嘉靖十五年十二月初二地震，三十四年十二月地震。明万历二十二年地震。明天启六年夏地震，七年夏地震，余震隔三岔五，持续大约3月。清康熙十六年（1677）地震。清道光十年地震，余震持续月余。清咸丰七年八月初七地震。民国宁夏海原8.5级地震波及该镇。新中国成立后，1956年8月19日与9月3日，平定县企明发生两次5级地震，波及境内。1966年3月8日与3月22日，河北邢台6.8级和7.2级地震波及境内，有不少房屋、窑洞倒塌，还有土崖坍塌，乡民大都搭棚暂居避震。1976年7月28日，唐山地震波及境内，全区普遍有感。

1987 年、1989 年大同阳高一带发生地震，境内均有感无灾。

滑　坡

滑坡指地表斜坡上大量的土石整体地向下滑动的一种自然现象，是在一定的地质条件下由重力作用引起的。1963 年，因连日阴雨致山底南坡圪台滑坡，村配电室顺坡下滑全部倒塌。1988 年 7 月 16 日，固庄馒头山因局部塌方引发滑坡，约 4000 立方米的塌落岩石推动山脚下的堆积物，顺山坡向北东方向滑动，形成长宽各 100 米的滑坡体。此次滑坡使阳石公路约有 100 米路面被挤压呈波浪形拱起，中断运行 12 天。滑坡体还拥上固庄煤矿的公路，造成交通中断。滑坡体之上的建筑物全部被毁，穿过滑坡体的国家通信电缆被挤断，输电线杆倾倒，燕龛乡电路被阻断。造成塌方和滑坡的触发因素是雨水偏多，水的张力和润滑作用使原来十分陡峭并受小煤窑采煤影响的山体发生滑移。

地　陷

境内的地陷主要是由采掘业造成的。由于地下大面积采空，顶板陷落，形成地陷，地面产生裂缝，对地面建筑物和其他设施造成破坏，从而危及人民生命和财产安全。对此，各级地方政府和有关企业已进行了妥善处置，将受到地陷影响的居民迁居他处。1978 年，羊皮洼（曹家掌自然村）居民因一矿采煤而迁居曹家掌。1979 年，张花沟、后沟、榆树圪洞 3 个自然村（曹家掌自然村）居民因一矿采煤迁居曹家掌。1981 年，南峪居民因荫营煤矿采煤而迁居月湾，后改名关家峪。

第三章　人口　民族

第一节　人口规模

人口总量　河底镇远在北宋时期就有居民。明清时期，河底镇属于平定州管辖，因境内有煤铁资源，清代中期煤铁采掘业开始繁盛，外地迁入者不断增加，人口逐渐增多。抗日战争时期，侵华日军实行惨无人道的“三光政策”（杀光、抢光、烧光），境内人口明显减少。新中国成立前，受战争因素和自然灾害影响，人口增长较为缓慢。因历史上无户籍专著记述，故无查考境内户籍的统计资料。中华人民共和国成立初期，随着境内工矿业的蓬勃兴起，众多建设者汇聚该地，人口出现增长。1960年至1962年经济困难时期，因自然灾害的影响，人民的健康状况恶化，非正常死亡急增，人口出现锐减，人口发展跌入低谷。1965年之后，随着医疗条件和生活质量的改善，人口再现升势。1974年计划生育政策贯彻之后，境内人口呈现平缓上升。

1949—2014年阳泉市郊区河底镇人口数量统计表

表3-1　　单位：户、人

年份	户数	人数			年份	户数	人数		
		总人口	男	女			总人口	男	女
1949	2983	11731	—	—	1958	3461	12964	—	—
1950	3033	11959	—	—	1959	3549	12901	—	—
1951	3075	12128	—	—	1960	3541	12751	—	—
1952	3141	12235	—	—	1961	6273	24699	13120	11579
1953	3176	12526	—	—	1962	6259	25088	13275	11813
1954	3236	12643	—	—	1963	7175	26251	13730	12521
1955	3276	12583	—	—	1964	6460	26999	14007	12992
1956	3292	12619	—	—	1965	6497	27638	14351	13287
1957	3383	13680	—	—	1966	3776	14747	—	—

续表 3-1　　单位：户、人

年份	户数	人数			年份	户数	人数		
		总人口	男	女			总人口	男	女
1967	3784	15066	—	—	1991	16492	48985	26879	22106
1968	3817	15501	—	—	1992	16542	49105	27149	21956
1969	3849	15780	—	—	1993	16936	49277	27348	21929
1970	3973	16177	—	—	1994	17105	50024	27764	22260
1971	3995	16419	—	—	1995	17040	50058	28046	22012
1972	4174	16548	—	—	1996	17507	50321	28230	22091
1973	9990	36994	19039	17955	1997	17624	50393	28225	22168
1974	10190	37810	19392	18418	1998	17740	50689	28168	22121
1975	10769	38415	19722	18693	1999	17980	50142	28008	22134
1976	10952	38603	19792	18811	2000	17966	50213	27958	22255
1977	10881	39089	19965	19079	2001	18592	50364	28073	22291
1978	4461	17716	—	—	2002	18765	50576	28220	22356
1979	4595	17583	—	—	2003	18964	50230	27937	22293
1980	12376	39515	20187	19328	2004	19304	50000	27830	22170
1981	12831	39830	20322	19508	2005	19502	49542	27548	21994
1982	4944	17704	—	—	2006	19771	49247	27280	21967
1983	13096	40587	20714	19873	2007	20019	49384	27479	21905
1984	13540	40959	20913	20046	2008	20695	49297	27377	21920
1985	13406	41243	21111	20133	2009	20724	41881	30106	25466
1986	14629	41448	21341	20107	2010	21087	48361	26680	21681
1987	15013	41816	21508	20308	2011	21412	48164	26462	21702
1988	15912	47287	25506	21781	2012	22055	48108	26419	21689
1989	16170	47877	26030	21843	2013	22311	48162	26399	21763
1990	16898	48870	26764	22106	2014	22416	47372	25747	21625

人口密度　河底镇区域面积为 102.62 平方千米。中华人民共和国建立后，该境人口密度随人口总量的变化而变化，除少数年份外总体呈上升趋势。1964 年，人口密度为 413.8 人／平方千米；1982 年，达到 452.8 人／平方千米；1990 年，人口密度为 527.6 人／平方千米；2000 年，人口密度为 538.9 人／平方千米；2010 年，人口密度为 457.9 人／平方

千米;2014 年,人口密度为 459.73 人 / 平方千米。

地域人口分布　境内人口稠密,但区域分布极不平衡,镇区中心、镇区周边以及手工业、工矿业发达地区的人口较为稠密。镇区西部、北部地区人口稀疏。

全镇 32 个行政村,人口在 1000 人以上的村有 11 个,分别是河底、山底、牵牛镇、东村、苇泊、任家峪、上章召、东南沟、苏家泉、邓家峪、曹家掌,其中河底最多,为 5229 人。人口在 500~1000 人的村有 12 个,分别是下章召、关家峪、中佐、小西庄、燕龛、红土岩、小河北、五家山、大河北、里龙光峪、小沟、龙光峪;人口在 200 至 500 人村有 7 个,分别是北庄、固庄、程庄、河南、郊里、西沟、小固庄;人口在 200 人以下的村有 2 个,分别是武家庄和猪头垴。

2014 年河底镇各村人口数量统计表

表 3–2　　单位:户、人

村名	户数	人口			村名	户数	人口			村名	户数	人口		
		总人数	男	女			总人数	男	女			总人数	男	女
河　底	1900	5229	3632	2597	固　庄	172	476	248	228	小　沟	218	529	280	249
中　佐	288	869	450	419	小固庄	114	212	93	119	红土岩	324	765	400	365
龙光峪	246	504	239	265	牵牛镇	1030	3108	1596	1512	猪头垴	70	159	85	74
里龙光峪	256	592	263	329	东　村	871	2473	1256	1217	武家庄	52	158	83	75
苇　泊	710	2107	1145	962	东南沟	440	1333	712	621	燕　龛	273	819	428	391
上章召	511	1685	884	801	苏家泉	430	1293	638	655	曹家掌	382	1067	535	532
下章召	338	983	514	469	大河北	324	681	362	319	西　沟	84	214	116	98
河　南	126	337	178	159	小河北	298	763	398	365	程　庄	170	460	232	228
任家峪	720	2032	1040	992	五家山	290	720	368	352	北　庄	240	488	247	241
邓家峪	400	1134	583	551	小西庄	282	858	512	346	郊　里	88	233	109	134
关家峪	313	890	475	415	山　底	1270	3650	1860	1790	固庄矿	2468	6243	3318	2925

第二节 人口变动

自然变动

人口出生率　中华人民共和国成立后，社会环境稳定，人民生活逐步改善，健康水平不断提高，该镇人口自然变动总体呈增长趋势，但上升幅度较为平缓。大致可分为5个发展阶段。1954—1959年为第一次生育高峰期。1959—1962年，由于三年自然灾害，人民生活水平下降，浮肿等疾病盛行，低出生、高死亡，人口自然变动出现较大幅度下降，人口出生率跌入低谷。1963年开始，国民经济逐步恢复，人民生活水平有所改善，人均寿命有所提高。无计划生育现象严重，该镇人口出生第二个高峰期。1964年，出生率为18.71‰。1974—1990年是该镇人口出生第三个高峰期，全镇各村人口普遍人口出生率保持在18‰左右。其中，1982年出生率为19.38‰，1990年的人口出生率为18.67‰，到2000年后，受计划生育政策影响，人口优生优育和人口控制效果显现，自然增长速度减缓，出生率降低到8.94‰。2010年又降低到6.54‰。2014年全镇人口出生率5.71‰。

人口死亡率　中华人民共和国成立前，受战争因素和自然灾害的影响，以及医疗条件落后，人民生活水平底下，境内人口死亡率总的情况呈下降趋势。中华人民共和国成立后，随着人民生活条件改善，健康水平有所提高。1957—1961年，由于受自然灾害的影响，死亡率急剧攀升，是历史上死亡率最高年份。1964年全镇人口死亡率为7.56‰；1982年，人口死亡率为9.21‰左右；1990年下降为6.31‰；2000年人口死亡率为6.77‰；2010年人口死亡率8.81‰。2014年人口死亡率为5.95‰。

人口期望寿命　随着人民健康水平的逐步提高，该镇人口的平均期望寿命在不断延长。据人口普查显示，1964年平均期望寿命为56.16岁，65岁以上人口为827人。1982年平均期望寿命为64.27岁。1990年，平均期望寿命为63.45岁，65岁以上人口为2422人，男1266人、女1155人；80岁以上188人，男86人、女102人；90岁以上5人。2000年，人口平均预期寿命达到69.99岁，65岁以上人口为3562人，80岁以上270人，男120人、女150人；2010年平均期望寿命为70.93岁，65岁以上人口4320人，男2256人、女2064人；80岁以上685人，男350人、女335人；90岁以上41人，男22人、女19人。

自然增长率　河底镇的人口自然增长，经历了一个曲折发展过程。1964年，人口自然增长率为 11.15‰；1982 年，人口自然增长为 10.17‰；1990 年，人口自然增长率为 13.36‰；2010 年，人口自然增长率为 -2.27‰。

机械变动

迁移变动　中华人民共和国成立后，由于婚姻、参军、上学、招工、退休、家庭转户等原因，镇人口机械变动较为频繁，总的特征是迁入大于迁出。20 世纪 50 年代，国家正处在大规模经济建设时期，外地人口大量迁入该镇，因此，机械变动较大。1973 年，河底、东村、燕龛 3 个公社共迁入人口 448 人，迁出 217 人。1975 年，3 个公社共迁入人口 834 人，迁出 496 人。1976 年，3 个公社共迁入人口 632 人，迁出 812 人。1977 年，3 个公社共迁入人口 661 人，迁出 491 人。1982 年，常住一年以上且户口在外地的共 309 户 3015 人，人住地户口待定有 34 户、140 人。1983 年，河底、东村、燕龛 3 个公社迁入人口 797 人，迁出 882 人。1990 年人口普查，河底镇总迁移人口总数 3795 人，其中：男 3106 人，女 685 人，由省范围内由街道迁入 568 人，由镇迁入 480 人，由乡迁入 1232 人，外省迁入 1469 人；按迁移人口原因分类：工作调动 165 人，男 144 人，女 21 人，分配录用 102 人，男 88 人，女 14 人，务公经商 1654 人，男 1481 人，女 173 人，学习培训 1 人，投亲靠友 351 人，男 117 人，女 234 人，退休退职 5 人，男 4 人，女 1 人，随迁家属 124 人，男 38 人，女 86 人，婚姻迁入 178 人，男 27 人，女 151 人，其它迁入 1224 人，男 1219 人，女 5 人。2000 年，居住该镇街道半年以上且户口在外乡镇街道 14076 人，其中男 7553 人，女 6523 人，居住该镇街道不满半年且离开户口登记地半年以上 132 人，男 69 人，女 63 人。2010 年，居住该镇街道且户口在外乡镇街道离开户口登记地半年以上 6393 人，男 5058 人，女 1335 人，户籍在区 1054 人，男 613 人，女 441 人，山西省其他县市区 3308 人，男 2706 人，女 602 人，外省 2031 人，男 1739 人，女 292 人；居住该镇街道且户口待定 111 人，男 52 人，女 59 人，原住镇街道，在外工作学习 6 人，男 1 人，女 5 人。

户口变动　1964 年全镇总户数 6439 户，其中家庭户 6329 户。20 世纪 80 年代后，随着市场经济的不断完善，农民走出农村，进城务工，或在市区买房迁居，异地就业、上学，加剧了镇区人口的流动性。1982 年总户数 12220 户，家庭户 12206 户，常住人占总人口的比重为 98.33%，常住该镇一年以上户口在外县市的占总人口的 1.26%。1990 年总户数 12378 户，家庭户 12262 户，常住人占总人口的比重为 92.29%。常住镇一年以上户口在外县市的占到总人口 6.48%，人住该镇不满一年或离开户口登记地一年以上的均占到 0.41%。2000 年总户数 15356 户，家庭户 14208 户。2010 年总户数 13587 户，家庭户 13377 户。

第三节　人口构成

自然构成

性别构成　中华人民共和国成立初期,因经历了抗日战争、解放战争以及抗美援朝,境内1964年,全镇男13690人,女12806人,男女性别比为97.7。随着镇手工业、工矿业迅速发展,大量招收外地职工,男性人口纷纷迁入,同时受重男轻女思想的影响,境男女性别比一直偏高。1982年,全镇男22993人,女20546人,性别比为111.9;1990年,全镇男27830人,女22849人,性别比为121.6;2000年,男28794人,女23018人,男女性别比为125.1;2010年男24663人,女19369人,性别比为127.3,2014年,男25747人,女21625人,性别比为119.1。

年龄构成　中华人民共和国成立后,特别是改革开放以来,人民生活方式由温饱型向营养型转变,防病、治病的医疗水平日益提高,生产生活和人居环境显著改善。人口年龄构成状况呈现出新的特点。据人口普查数据绘制的人口金字塔及人口特殊年龄构成情况表可以看出,从1964到2010年,境内人口年龄构成总的趋势是:少年人口呈下降势;0~14岁人口:1964年,为11296人,1982年为12305人,1990年为12823人,2000年为11073人,2010年为5651人。明显看出2000年以后,受计划生育政策影响,少年人口逐年减少。中年(劳动年龄)人口增势明显;15~64岁人口:1964年,为17373人,1982年为29850人,1990年为35479人,2000年为37177人,2010年为34061人。可以看出2000年以前中年人口逐年增加,2000之后逐年下降。65岁以上老年人口略显上升:1964年为827人,1982年为1384人,1990年为2422人,2000年为3562人,2010年为4320人,从1964年开始,老年人口逐年增加,人口老龄化趋势日益显现。

残疾人口　由于河底镇属于工矿区,从事采掘业人员较多,导致残疾人口较多。2000年以后,随着国家煤矿资源整合,小煤矿关停,加之经济结构转型,采掘业减少,因之造成的残疾人口也随之减少。

2009—2014年河底镇残疾人口统计表

表3-3 单位:人

年份	视力	听力	言语	肢体	智力	精神	多重	合计
2009	95	65	24	551	104	19	—	858
2010	101	71	28	590	117	22	—	929
2011	109	77	29	616	118	27	1	977
2012	113	83	33	653	126	33	1	1042
2013	117	88	37	696	133	42	2	1115
2014	123	94	44	770	139	52	2	1224

社会构成

民族构成 河底镇居民以汉族为主。据1964年人口普查统计,境内人口为29496人,全部为汉族人口。改革开放后,由于社会日益发展和地区经济不断繁荣,人口迁入、工作调动、婚嫁等因素,少数民族人口陆续迁入境。到1982年,全镇汉族人口43415人,有5个少数民族,共124人,其中回族为61人,满族54人,蒙古族7人,藏族1人,其他未识别的民族1人。1990年,全镇汉族50598人,有少数民族9个,共126人。新增4个少数民族。其中,满族为56人,回族53人,壮族5人,蒙古族、仫佬族各3人,土家族2人,藏族、瑶族、朝鲜族各1人。2000年,全镇汉族人口51680人,有少数民族11个,共132人。其中回族43人,满族42人,土家族20人,壮族12人,苗族9人,藏族3人,彝族2人,朝鲜族、羌族、白族、土族各1人。2010年,全镇汉族人口43853人,有少数民族14个,共179人,其中彝族34人,回族33人,土家族26人,满族23人,蒙古族20人,佤族13人,苗族9人,壮族6人,羌族4人,维吾尔族、瑶族、仫佬族各3人,朝鲜族1人、其他未识别的民族1人。

城乡结构 1964年,境内农业人口24609人;非农业人口1887人。1982年,农业人口41292人;非农业人口2247人。1990年,农业人口38468人,男18830人,女19638人;非农业人口11916人,男8808人,女3108人。2000年,农业人口38379人,男20323人,女18056人;非农业人口13231人,男8383人,女4848人。2010年,农业户口30894人,其中男16461人,女14433人;非农业户口13027人,男8150人,女4877人。呈现农业人口逐年下降,非农业人口逐年攀升的特点。

文化构成 明清时期,境内农村教育以私塾为主,只有少量官办学堂。中华人民共和国成立后,通过扫盲识字,该镇人口文化程度不断提高。从20世纪60年代到70年代,青少年中文盲逐渐减少。20世纪80年代后,随着高考制度的恢复,尊师重教蔚然成风,农村教育水平逐年提升,初高中文化程度人数不断增加,农村人口文化结构明显改善。据 1964 年、1982 年、1990 年、2000 年、2010 年人口普查资料显示,镇随着国家普及九年义务教育,受教育人数逐年提升,且男性受教育人数多于女性,文盲和半文盲人口多集中在原东村乡和燕龛乡。

1964—2010 年河底镇人口文化程度构成统计表

表 3-4　　单位:人

文化程度	1964 年			1982 年			1990 年			2000 年			2010 年		
	合计	男	女	合计	男	女	合计	男	女	合计	男	女	合计	男	女
研究生	—	—	—	—	—	—	—	—	—	2	1	1	7	4	3
科	—	—	—	75	—	—	42	40	2	119	85	34	501	281	220
大专	18	—	—	—	—	—	217	178	39	1072	633	439	1507	838	669
高中	100	—	—	3532	—	—	4973	2772	2201	5894	3132	2762	5677	3158	2519
初中	689	—	—	9834	—	—	16092	9216	6876	21840	12494	9346	21963	12705	9258
小学	10173	—	—	15153	—	—	15010	8573	6437	14982	8774	6208	10174	5751	4423
文盲、半文盲	15516	—	—	9398	—	—	8695	3868	4827	4582	1873	2709	2162	845	1317

职业构成　在业人口的职业构成,民国以前,村民世代以农耕为主,有矿产资源的农村人口也兼营煤、铁两业以及手工业、商业等。中华人民共和国建立后,实行男女同工,以集体生产为主,参加各种生产劳动。改革开放以后,乡镇企业迅猛发展,农民有了生产自主权,催生众多的行业和工种,各种职业应运而生。在业人口的职业构成发生了显著变化。农村劳动力从传统农业生产向工矿业等行业分流,由单一的从事工矿业生产向多种行业发展。2000 年后,随着农村经济体制改革,市场经济逐步完善,在业人口发生新的变化,从事农业的人员比重逐年下降,从事商业及服务行业的人员比重逐年递增。

1990 年,全境在业人口 25410 人,男 16091 人,女 9319 人。其中,农林牧渔水利业 7268 人,男 1984 人,女 5284 人;工业 14065 人,男 11276 人,女 2789 人;地质普查和勘探业 26 人,男 25 人,女 1 人;建筑业 458 人,男 406 人,女 52 人;交通运输邮电通讯业 899 人,男 859 人,女 40 人;商业、公共饮食、物资供销和仓储业 828 人,男 449 人,女 378 人;房地产管理、公用事业、居民服务和咨询服务业 134 人,男 80 人,女 54 人;卫生、体育和社会福利事业 301 人,男 149 人,女 152 人;教育文化艺术和广播电视电影业 851 人,男 415 人,女 436 人;科学研究和综合技术服务事业 1 人,为男性;金融保险业 92 人,男 44 人,女 48 人;国家机关、政党机关和社会团体 486 人,男 402 人,女 84 人。

2000 年,分性别的各行业人口 1988 人,男 1436 人,女 552 人。其中,农林牧渔业 314

人，男134人，女130人；采掘业721人，男606人，女115人；制造业277人，男231人，女46人；电业、煤气及水的生产和供应业3人，男2人，女1人；建筑业29人，男28人，女1人；地质勘探和水管理业2人，均为男性；交通运输、仓储及邮电通信业194人，男186人，女8人；批发和零售贸易、餐饮业148人，男92人，女56人；金融保险也16人，男6人，女10人；社会服务业52人，男20人，女32人；卫生体育和社会福利事业46人，男19人，女27人；教育、文化艺术广播电影电视业84人，男27人，女57人；国家机关、政党机关和社会团体89人，男71人，女18人；其他行业13人，男12人，女1人。

2010年，就业人口1628人，农林牧渔服务业179人，采矿业485人，制造业214人，店里、燃气及水的生产和供应业19人，建筑业64人，交通运输、仓储和邮政业286人，信息传输、计算机服务和软件业6人，批发和零售业117人，住宿和餐营业71人，金融业11人，租赁和商务服务业8人，科学研究、技术服务和地质勘探业1人，水利、环境和公共设施管理业3人，居民服务和其他服务业55人，教育46人，卫生19人，文化、体育和娱乐业4人，公共管理和社会组织40人。

2013年，全镇农业生产条件年报资料显示，全镇从业人员为10924人，农业在业人口呈逐年下降趋势，其中，农业从业人员为2667人，工业从业人员3802人，建筑业532人，交通仓储及邮政1575人，批发零售为988人，住宿餐饮564人，其他为796人。

2014年，乡村从业人员11782人，男7674人，女4108人；其中农业从业人员3011人，工业3630人，建筑业699人，交运仓储和邮政业1557人，信息传输、计算机服务和软件业195人，批发零售业1111人，住宿和餐饮业644人，其他行业935人。

第四节 婚姻 家庭

婚 姻

成婚年龄 中华人民共和国成立前，境内一般家庭婚姻完全取决于“父母之命媒妁之言”，讲究门当户对，沿袭买卖婚姻，盛行早婚，部分贫困家庭，还存在“指腹为婚”“娃娃亲”“大换亲”等陋习。一是采用以女儿换媳妇的方式（俗称换亲），二是收养无力抚养家庭的女儿养大后形成婚姻（俗称童养媳），三是由双方父母做主将未出生的子女定为婚约（娃娃亲），等出生长大后形成婚姻，以上形成婚姻的年龄，一般为男15周岁、女13周岁。1947

年后，境内积极宣传执行晋冀鲁豫边区颁布的《婚姻法》，男女婚龄有所推迟。1950年，《中华人民共和国婚姻法》施行，明确规定最低结婚年龄为男20周岁、女18周岁。实行男女平等，婚姻自主，一夫一妻制。自由恋爱，登记结婚，结婚自愿，离婚自由，早婚早育现象得到控制。此后，成婚年龄持续走高，后又波动回落。1970年后广大青年响应国家提倡的晚婚号召，结婚年龄高出法定年龄3~5周岁以上。据1990年第四次人口普查，境内15周岁~19周岁已婚人口仅占年龄总人口的0.69%；20~24周岁已婚人口占该年龄总人口的32.5%，比1982年的46.3%下降13.8个百分点；25~29周岁已婚人口占该年龄总人口的83.6%，比1982年的89.9%下降6.3个百分点，晚婚已成为广大青年的自觉行为。2001年4月，国家对《婚姻法》进行了修订，规定结婚年龄男不得早于22周岁，女不得早于20周岁。提倡晚婚晚育，优生优育。2005年后，境内男女青年结婚年龄大多在24周岁左右，部分大专以上学历的青年受就业、家庭经济状况等因素，婚龄推迟到30岁左右。

婚姻状况　中华人民共和国成立前，由于沿袭封建买卖婚姻制度，贫苦百姓常有无力支付聘礼而终身未婚，而少数大家富户，却可一夫多妻。境内有婚人口比重偏低，且无婚人口中男性居多。中华人民共和国成立到70年代，由于经济不发达，信息滞后，受传统观念影响，男女择婚范围一般局限本村或邻村上下。改革开放后，随着经济发展、交通便利、信息沟通、外出求学打工，青年男女的交流日益增多，择婚观念也由单纯的物质追求转变为家庭状况、个人素质的总体要求，择婚范围明显扩大，现代婚姻逐步普及。与此同时，境内有婚人口比重逐年上升。据人口普查所反映的河底镇15周岁以上人口的婚姻状况来看，1982年有配偶人口所占比重为62.46%；1990年，15周岁及15周岁以上37901人，男20882人，女17019人；未婚10522人，男6828人，女3694人；有配偶24621人，男12907人，女11714人；丧偶2305人，男731人，女1574人；离婚453人，男416人，女37人。2000年，15周岁及15周岁以上3734人，男1953人，女1781人；未婚696人，男447人，女249人；初婚有配偶2683人，男1366人，女1317人；再婚有配偶110人，男45人，女65人；离婚32人，男25人，女7人；丧偶213人，男70人，女143人。2010年，15周岁以上3477人，男1783人，女1694人；未婚560人，男349人，女211人；有配偶2608人，男1317人，女1291人；离婚34人，男24人，女10人；丧偶275人，男93人，女182人。从以上看出，未婚男性多于男性，丧偶女性多与男性，女性再婚人口高于男性，体现了女性婚姻观念的彻底解放。

家　庭

家庭组合　中华人民共和国成立前，由于男女不平等，家庭一般为男人当家，父母财产多为儿子继承。家庭组合上，多为女性到男家。有女无子或无儿无女者，有的招上门女婿,有的为传宗接代“过继”儿子。中华人民共和国成立后,由于妇女参加了社会活动和劳动,人口文化素质的提高,男女双方在家庭地位上趋于平等。但在家庭组合方面,仍然以女性到男家为主,但男性到女家落户者也日趋减少,无儿女“过继”现象趋于消亡,父母财产仍多由儿子继承,虽《婚姻法》有明确规定,但女儿多不与娘家兄弟争产,而把赡养孝敬父母作为自己的职责。

家庭规模　中华人民共和国成立前,受多子多福等传统观念影响,镇家庭结构多数为父母和已婚子女组成的大家庭,常有“四世同堂”“五世其昌”的大户人家,普通百姓家庭也以三世同户者较为普遍。因此,家庭人口常见七八人乃至二三十人之多。

中华人民共和国成立后,社会发展进步使传统大家庭观念逐渐分化,但家庭户的规模随人口总量的增长,20 世纪 90 年代中后期呈上升趋势。1964 年,户均人口为 3.09 人;至 1971 年,户均人口增加到 4.11 人,1982 年,户均人口为 3.38 人。1990 年,总户数 12378 户,家庭户 12262 户,共 46472 人,男 23727 人,女 22745 人;集体户 116 户,共 4252 人,男 4105 人,女 147 人,户均人口为 3.82 人。2000 年,总户数 15356 户,家庭户 14208 户,共 47948 人,男 25046 人,女 22902 人;集体户 1148 户,共 3864 人,男 3748 人,女 116 人,户均人口为 3.37 人。2010 年,总户数 13587 户,其中家庭户 13377 户,共 39749 人,男 20489 人,女 19260 人;集体户 210 户,共 4283 人,男 4174 人,女 109 人,户均人口为 2.97 人。2013 年家庭户均人口为 2.8 人。

家庭结构　1990 年,全镇一人户 927 户,二人户 1385 户,三人户 2503 户,四人户 3955 户,五人户 2184 户,六人户 876 户,七人户 282 户,八人户 96 户,九人户 31 户,十人及以上户 23 户。2000 年,一人户 1368 户,二人户 2335 户,三人户 4235 户,四人户 4257 户,五人户 2870 户,六人户 440 户,七人户 108 户,八人户 49 户,九人户 26 户,十人及以上户 11 户。2010 年,一人户 1370 户,二人户 3692 户,三人户 4278 户,四人户 2501 户,五人户 1169 户,六人户 290 户,七人户 54 户,八人户 15 户,九人户 6 户,十人及以上户 2 户。据人口普查资料分析,从家庭结构的地域分布看,一人户及多人户在较为偏远的五架山、北小西庄、大河北、小河北村以及燕龛等村分布较多,而三人户多分布于镇区及周边各村。

家庭类型　1990 年,全镇单身户 801 户,一对夫妇户 852 户,二代户 8456 户,三代户 1629 户,四代户 27 户。2000 年,一代户 3007 户,二代户 9104 户,三代户 2045 户,四代户 52 户。2010 年,一代户 4637 户,二代户 6616 户,三代户 2083 户,四代户 41 户。统计数据表明残缺型单身户及复合型多代户在较为偏远山村,而二代户多分布于镇区周边。同时实行计划生育国策以后,家庭子女较少,一方面随着子女外出工作和婚嫁,空巢家庭有所增加，另一方面子女成家后愿和父母共同生活的增多，由此联合型多代家庭也在逐年增加。

第五节　宗族　姓氏

宗　族

宗族结构　农村的宗族结构有其独特的血脉渊源和历史传承。最为典型的是家族结构“九族”制。比如，以自身为家族中心坐标，纵向延续，上有父母、祖父母、曾祖父母、高祖父母，下有子、孙、曾孙、玄孙。横向延续，有兄弟、堂兄弟、再堂兄弟、三堂兄弟，姐妹、堂姐妹、再堂姐妹、三堂姐妹。围绕纵横间的九族，形成了九族与五服的家族结构。九族中重要标记是按照“五服”规定的丧服区别，以此来确定人高祖至人玄孙之间的五代血缘关系。“五服”以内的称“家”，凡是家，红白喜事都要参加，以此来表示家族关系亲疏。此外，凡不出“五服”的家男女因为有相同的血缘关系，是不能通婚的。农村这种宗族观念和“家”意识特别浓厚，一家有难，全族相助，体现了血浓于水的宗族亲情。据散藏在民间的部分家乘宗谱和碑记记载，境内一些宗族来源久远，支派复杂。

家　谱　境内素有编修家谱（宗谱、族谱）的传统，以此来记载族人的姓氏流源、族规家训、世系繁衍、重要事件、风俗人情、族人内传等内容，其中也在一定程度上或涉及，或反映，或印证，或补充了村历史、人口、经济、文化、生产、生活、环境等的变迁和发展概况，有一定的史料价值。编修家谱以清代至民国时期最为盛行，所修之家谱均带有较强的私密性。经年传久存，有的家谱被毁，有的遭损，有的失传，也有的则较完整地保存了下来。20世纪80—90年代，部分姓氏又重新整编续修了家谱，家谱得以延续。河底村有《段氏家谱》《荆氏家谱》，牵牛镇村有《周氏宗谱》《王氏宗谱》《赵氏族谱》《黄氏宗谱》《郭氏族谱》《张氏族谱》《阎氏宗谱》《刘氏族谱》《韩氏宗谱》《李氏士麟支谱》《黄氏家谱》，山底村有《张氏族谱》《施氏族谱》《鲍氏族谱》《潘氏族谱》，现均由各姓门族户收存管理。

郭氏宗族　上章召村《郭氏家谱》记：元皇庆元年（1312），由北异村徙居于上章召村。

程氏宗族　据龙光峪程氏家族所藏及所续族谱记：程氏自太谷徙于距燕龛二里处安居，其后，族姓繁衍，遂名为程家庄。程氏四世祖，自明嘉靖年间，迁居龙光峪。

段氏宗族　据河底村《段氏家谱》记载：一说段氏原籍南直隶应天府长州县集贤里村；二说段姓祖籍山西寿阳县土陉村。据《段氏家谱》载，其始祖段文于明万历年间徙居河底村，历传十六世，后分支于三都、石卜咀、上烟、下烟等村。

侯氏宗族　据东村《侯氏家谱》记载：明万历年间（1573—1620），侯氏五世祖侯国，由盂县白水村迁徙该村，当时属盂县招贤乡四都古溺泥即淖泥村。迄今400余年。

刘氏宗族　河底村刘姓属一姓多族，主要源于三大宗族：一是祖籍平定西小麻的“西小麻刘”氏，据《刘氏家谱》记载，其始祖刘朝忠、刘朝良于明万历年间徙居村，历传17世；二是源于祖籍乐平（昔阳）猛虒村的“昔阳刘”氏，据《刘氏家谱》载，其始祖刘宗礼于清康熙初年徙居村，历传15世；三是祖籍盂县杏村的“盂县刘”氏，据《刘氏家谱》载，其始祖刘望（东股）、刘棹（西股）于清康熙二十一年（1682）徙居村，东股在先，西股在后，历传14世。

王氏宗族　河底村王姓属一姓多族，主要源于三大宗族。其中一族源于盂县孔南庄（今属阳郊）。据《王氏家谱》（手抄）记载，其始祖王锐于清康熙四十年（1701）徙居村，历传14世。其余不详。

葛氏宗族　河底村葛氏为同一宗族，原籍平定城关。据《葛氏家谱》记载，平定葛氏14世祖葛廷辅携三子于明崇祯八年（1635）徙居村，历传14世。

李氏宗族　河底村李姓属一姓多族，主要源于两大宗族。其中一族源于山西阳曲，后迁至东坳，又分支于平定岔口红土凹，其始祖李凤于明万历三十五年（1607）徙居村，历传15世。

光氏宗族　河底村光姓。祖籍平定。据《光氏家谱》载，其始祖光云河于清顺治年间徙居村，历传14世。

赵氏宗族　河底村赵姓为一姓多族。祖籍为苏家泉、昔阳县等地，其余徙居奉村较晚。

要氏宗族　河底村要姓祖籍寿阳县山底铺。据《要氏家谱》载，其始祖要傺于清康熙十五年（1676）徙居村，历传12世。

荆氏宗族　河底村荆姓祖籍平定赛鱼（今属阳泉郊区）。据《荆氏家谱》载，始祖名荆重新、荆重明。

张氏宗族　山底朔州张氏一族于明洪武六年（1373）从朔州马邑迁来，后又分别迁至红土岩村和平坦镇李家山村。2014年人口达200人，历传16世。

姓　氏　历史上镇由于交通闭塞，经济、文化落后，人口县际流动极少，因此各村点稳定为单一始祖姓氏的人口居多。中华人民共和国成立后，因各种主客观需要，人口零星入迁频繁，姓氏随之逐趋复杂，各姓氏人口数量悬殊性极大。1990年，镇姓氏在全区的占比情况，张姓占全区张姓的13.6%，李姓27.7%，史姓12.9%，赵姓9.5%，刘姓15.3%，杨姓17.2%，郭姓28.2%，高姓8.4%，任姓36.1%，周姓27.3%，胡姓14.2%，阎姓17.7%，葛姓31.7%，程姓57.0%，曹姓63.9%，谢姓77.8%。

2014 年河底镇各村前五大姓氏人数统计表

表 3–5　　　　　　　　　　　　　　　　　　　　　　　　单位：人

村名	第一大姓氏		第二大姓氏		第三大姓氏		第四大姓氏		第五大姓氏	
	姓氏	人数	姓氏	人数	姓氏	人数	姓氏	人数	姓氏	人数
河底	刘	487	王	466	葛	369	郭	268	李	236
中佐	李	218	苏	168	赵	33	高	25	段	23
龙光峪	李	350	刘	80	苏	66	杨	10	郭	2
里龙光峪	程	436	赵	39	刘	33	张	27	曹	25
苇泊	张	503	史	177	郭	103	靳	98	韩	62
上章召	郭	771	李	88	张	76	杨	38	葛	27
下章召	王	600	郑	270	乔	110	史	10	石	9
河南	王	318	—	—	—	—	—	—	—	—
任家峪	任	1400	张	37	白	24	胡	15	李	12
邓家峪	邓	680	张	89	王	35	路	31	聂	11
关家峪	张	560	史	130	赵	95	胡	45	李	42
固庄	张	125	贾	76	王	45	高	43	李	27
小固庄	张	90	王	26	李、史	10、10	刘	9	米	6
牵牛镇	周	549	李	384	王	279	赵	278	张	210
东村	李	551	王	295	侯	277	曹	229	傅	150
东南沟	谢	545	李	302	张	164	孙	103	宋	90
苏家泉	闫	342	赵	310	李	243	张	70	胡	45
大河北	李	336	潘	123	杨	32	王	17	武	12
小河北	杨	565	王	30	白	9	—	—	—	—
五架山	杨	413	傅	53	高	41	武	37	韩	27
北小西庄	李	500	宋	100	刘	100	秦	100	—	—
山底	张	688	李	294	高	247	王	189	刘	159
小沟	张	375	李	39	杨	15	赵	12	高	11
红土岩	刘	305	张	280	周	190	—	—	—	—
猪头垴	武	150	张	20	常	5	—	—	—	—
武家庄	武	82	张	30	傅	3	—	—	—	—
燕龛	史	415	王	65	曹	33	荆	30	李	20
曹家掌	曹	479	荆	70	李	55	史	53	王	42
西沟	白	202	刘	25	李	13	岳	11	高	9
程庄	程	180	李	51	王	30	刘	24	郭	18
北庄	胡	108	赵	101	梁	90	程	58	傅	44
郊里	王	94	杨	18	高	16	李	12	张	9

第四章　村镇建设

第一节　建设规划

城镇规划

1988年,《河底镇区总体规划》首次编制完成。全镇定位于“全镇政治、经济、文化和信息中心,以煤炭为主、工农业协调发展的工业重镇”。1990年,燕龛村绘制出全村建设规划图。1994年燕龛乡4村和1997年河底镇14村对该村建设进行了规划设置。2000年,原燕龛乡、东村乡并入河底镇,镇域面积进一步扩大。2001年6月,区政府为河底镇补助资金9万元,于是年年底由阳泉市规划设计院完成《河底镇区总体规划》建设方案。规划范围北至河底猪场与苏家泉村为界、西至河底铸造厂与青山沟为界、南至新区南入口处、东至兴华水泥厂与上章召为界、规划总面积3.06平方千米。2002年9月,该规划通过省建设厅的评审。

2012年,河底镇被省政府确定为山西省“百镇建设工程”示范镇,阳泉市首批确定的2个城镇化示范镇。2013年,全镇按照“企业向园区集中,人口向城镇集中”的基本思路,坚持因地制宜、突出特色的原则,围绕“新型工业重镇、特色农业大镇、绿色宜居集镇、和谐文明新镇”的建设目标,大力实施“农业立镇、工业强镇、城建兴镇”战略,全面启动新一轮镇区规划建设。投资20万元(其中阳泉市住房保障和城乡建设管理局下拨10万元),聘请阳泉市规划设计院专家编制完成《河底镇近期建设规划》(2013—2017年)。规划范围东至苇泊村山梁延伸至阳五高速公路,南至固庄、小固庄与固庄煤矿相接,西至青山沟,北至京昆高速河底出口连接线,面积9平方千米,形成“一核、一轴、三组团”的用地格局。“一核”为河底村中部与中佐村形成的镇区中心区;“一轴” 是指镇区苇滴公路所形成的东西向城镇发展轴,该轴带是城镇结构外延的重要依托,其南北两侧沿街以传统商贸业为主,向南北两侧延伸为城镇商业、服务、文化娱乐、居住的中心区,为镇区的景观轴。“三组团”为靠近河底高速公路出口的北部新区组团、镇区东部的苇泊组团、镇区南部的固庄组团。在规划建设中,河底镇将改造提升镇区道路、供排水、供电、供热、垃圾收集转运、公园绿地等市政公用设施,不断提升重点镇的综合承载能力。强化城镇综合整治和管理,加大重点镇环境综合整治力度,重点搞好镇区环境卫生和镇容镇貌整治。加快建立管理长效机制,积极推行社区化管理模式。积极引导民居建设转向规模化居民小区。鼓励信誉好、实力强的企业投资重点镇区旧街改造和居民区建设,力争一年见成效、五年大变样。同年11月22日,阳泉市规划局邀请相关专家通过对《河底镇近期建设规划》的评审。29日,阳泉市郊区人民政府批复同意河底镇近期规划。

农村规划

程　庄　1994年,区城建局完成程庄村(1997—2010)建设规划。2007年,阳泉市建筑设计院完成程庄村(2007—2020)新农村建设规划编制。规划包括村域发展总体布局,产业发展布局,村庄总体结构与建设用地布局,公共设施规划、道路交通规划,绿化系统规划,给水排水、环卫保护、防灾减灾规划,电力电信和燃气实施规划,社会事业实施规划,文化教育、科技医疗和社会保障规划,民主政治建设和规划实施管理措施。2009年6月6日,阳泉市郊区社会主义新农村建设推进村规划专家评审组原则上通过了程庄村新农村建设规划。

山　底　2009年7月,山西宝玉科技开发有限公司完成《阳泉市郊区河底镇山底村新农村建设规划(2007—2020)》编制。规划面积9.6平方千米。根据山底村经济发展地理环境村庄建设现状,以山底村为中心规划为五个区域,村北为粮食种植区,种植玉米、小杂粮1246亩;村中为居住片区,以统筹水电路等基础设施的建设;以山底村为中心辐射周边的综合服务区,形成文化、商贸、教育、娱乐中心;村南为经济林种植区,以苗木、花卉种植为主,发展农副产品加工产业;村庄周边为生态绿化区,以种植油松、国槐等树种改变村域自然生态环境。在产业布局上形成"一区""三片"的布局,即村西采掘工业区,村东北果园区、村北生态农业区、村东粮食种植区。在村庄布局上形成"两轴、两心、三组团、四块绿地"即围绕滴苇公路及村中心路形成村庄的经济发展轴、沿村西南北走向形成景观轴;村中部的综合办公中心、村东部的文体广场青少年活动中心;村中部的南北三个居住组团和村南文体广场公园绿地,村东景观绿地,村中部、北部两区的休闲活动绿地。

苇　泊　2010年6月,山西宝玉科技开发有限公司完成《阳泉市郊区河底镇苇泊村新农村建设规划(2010—2020)》编制。规划范围总面积318.56公顷。其中近期为2010—2013年,远期为2014—2020年。规划布局为:村中部为村庄建设区域,村西部为生态农业区域,村东北部为工业区域,村南为固庄煤矿建设用地。形成"一心、两轴、两组团","一心"是指村委会、卫生所以及商贸设施形成的村庄公共服务中心;"两轴"是指以村主干道形成村庄纵向发展主轴和以小区内步行街道形成的横向发展主轴；“两组团”是指新建小区主干道东西两侧的两个居住组团。规划还包括基础设施规划、社会事业发展规划、民主政治建设规划、近期建设治理规划等内容。

固　庄　2010年6月，阳泉市康德建筑设计公司完成《固庄村新农村建设规划（2009—2020）》编制。规划区域面积2.9平方公里。规划范围东至固庄煤矿新区铁路，西至固庄煤矿旧区矸石山，南至任家峪，北至阳盂公路。区域规划为现代农业工程区，位于村南，主要发展蔬菜、花卉、水果和养殖，规划建设100个日光温室大棚；居民住宅小区与行政办公区位于村中及村东，建设4个居民小区和综合行政办公区，建设智慧养老中心设计床位3001张，安排就业人员1500名，建设医院、学校、幼儿园、大型超市、休闲餐饮中心，居住人口达到8000人；生态旅游园区工程位于村西，以“西园堂”张家大院为开发重点，按照市场运作规律，村为主体的模式，广泛吸纳社会资金进行修缮改造，建成具有本地特色的旅游景点，形成集观赏花卉、采摘水果、特色美食、娱乐休闲的活动为一体的特色旅游项目；特色工业园区工程位于村北，充分利用阳五、京昆两条高速公路经济带的优势，发展环保型、高科技型现代工业项目和物流建设项目。人才战略工程位于村中心，加大对农民技术工作的培训力度，和特殊人才引进力度，增强村可持续发展。

五架山　2012年12月，山西中方森特建筑工程设计研究院完成《阳泉市郊区五架山村新农村建设规划》编制。整个村域划分为村庄建成区用地、农田用地、其他林地、园林用地、复垦区、对外交通用地。规划新农村位置位于自然村东北部，规划区域南北长500米，东西最宽处约400米，规划用地总面积为20公顷。村庄规划形成“一心、一横一纵、三区”“一心”指规划村庄中西部一村委会、文化活动广场、老年活动中心等元素所形成的村庄行政办公与公共活动中心。“一横一纵”指村庄内部两条主要横向纵向干路，再辅助以干路形成村庄道路网结构。“三区”是指依据村庄功能结构划分的三个片区，分别为中心村庄建设区，旧村复垦区和西部养殖种植区。

第二节　基础建设

街　道　牵牛镇小街位于牵牛镇村“神棚场”东，形成于元末明初，从官厅到楼底铺周家庭院街长630米，宽8米，由砂石铺筑。明代中叶，河底的中心在后底河及东西垴岭一带。明末清初,逐渐沿古驿道向古河道北岸扩展,形成河底一条街,沿街辟有许多小巷,南面有肉铺巷、水淹洞巷、五道庙南巷、河神庙南阁巷;北面有东巷、财神庙巷、程家巷、义元德巷、旗杆巷、五道庙北巷、荆家巷。当时的路面,除古街西管道用青石砌铺外,一般用炉渣、黄土铺垫。直到二十世纪五六十年代,街巷依旧保持原貌。东村小街形成于明代,小街西五道庙前分开上街、下道,上街一般不通车马,南北以民宅商铺为主。明末清初,苇泊古街初建,东起聚秀阁,西至灯山,长约300米,路面由青石铺砌。

1973年,河底村对古街道开始规划改造。1985年,河底村硬化渡槽桥至影剧院长1000米、宽3.5米道路。1987年,混凝土硬化青山沟至预制厂1120米、铸造厂至苇山路300米的路面。1988年,影剧院至一钢办公楼长1200米、宽3米路面得到硬化。1989年,水泥硬化加油站至庙垴坡340米道路。

1990年,水泥砌石铺路2条,一条是红渠沟,另一条是东坡路,总长500米,平均宽3.5米。1991年,河底镇对中心地带进行了整修。其中,河底村水泥砌石西官道和水泥厂前路480米。1992年,河底村投资31.7万元硬化路面3条。其中,舞台东西两段长611米,宽6米;预制厂至河道水泥砌石172米,宽3.5米;大影沟以及天主教堂至大影沟路270米。1993年,燕龛乡修复田间道路4.5公里;河底村水泥砌石道路3条,其中,老君庙至学校138米,五道庙安北巷至幼儿园160米,车站西路长31.5米;中佐村沥青铺设路面250米。1994年,燕龛乡4村进行村镇规划,燕龛村村镇建设二期工程竣工。1996年,银河大街和村镇改造工程启动。1997年,银河大街的改造工程竣工,延长至650米,成为全市村镇建设示范工程;河底镇14村、东村乡12村村镇规划工作全部完成。1998年,滴苇路河底段扩建3200米。2001年,河底镇全面推进城镇化进程。滴苇公路河底段二期工程竣工;沿线建成近5000平方米的信用社、电信支局、电管站办公楼;同年,任家峪、邓家峪村、固庄煤矿合资修建了300米混凝土高标准公路。2003年,拓宽河底至猪头垴0.8公里道路。2004年,前龙光峪村多方筹资,新修通村路基,硬化里程2公里;任家峪村将多年的臭水沟改造成一条平坦的硬化路。2005年,河底中心广场建设开始了拆迁工作。2007年,苇泊街道改造和大固庄文化广场、牵牛镇文化中心建设完成。2009年,河底镇对主街道进行整修重建。2011年,河底村混凝土浇灌巷道49条,总面积629436平方米。其中,镇政府至东坡10条,青山沟至学校10条,北环区二区至商场6条,天主教堂至红渠沟6条,老君庙至预制厂、狐场6条,吴家岭南一区、街上共计11条。2012年,曹家掌村投资6万元拓宽石门梁古道,打通了河底、荫营护林防火的灭火通道。2013年,北庄村中心广场建设项目完成。2014年,大河北村对果园的所有田间道路进行拓宽和硬化,硬化总长度2000米,平均宽度3米以上，硬化厚度10厘米。总投资30多万元。同年，郊里村完成3.5公里河底林场林区公路硬化。

桥　梁　明嘉靖四十五年（1566），苇泊天齐庙道河上建成感应桥，为长3米、宽2米的单孔石桥。清乾隆三十一年（1767），河底村明灵王祠附近，跨河底河建成攀云桥，为南北走向，长18.25米、宽4.3米、桥涵高约7米的单孔石拱桥。民国13年（1924）燕龛、程庄、曹家掌、西沟、北庄等村共同捐资，于燕龛村甘泉寺以南40米处建成祝三桥，为长20米，宽4米，净跨6米的独孔石桥。此外，境内还有始建无考的部分桥梁，如东村永安桥，又名斜阁圪料桥，长4C米，宽4米；上章召村永占桥，为呈东西走向，长12.1米、宽3.25米两层单孔石拱桥；郊里村寡妇桥，为长16米、宽8米、高10.5米的独孔石桥；东南沟村南沟木桥，长12米，宽1.3米，厚0.33米，横跨温河。

1969年，下章召村口横跨温河修建长50米、宽6.5米、跨径37米的单孔水泥双曲拱的幸福桥，两肩各筑3个小拱。同年，大固庄建水泥石头混合结构长15米、宽5米、高5米的绞车道小桥。1976年郊区五七农业大学于程庄村北建长17米、宽6米、高7米的两孔跨河石座砖拱结构的农大桥。20世纪70年代，固庄村南院葫芦咀下建南院小石桥，为长14米、宽5米的石拱桥。1980年，曹家掌村河口地段清盂河上建东西走向，长19米、宽8米的双拱石的团结桥。1982年，程庄村北建长20米、宽6米、高6.5米的程庄煤矿桥。1983年，在南峪口修建油郎河大桥。1990年，程庄村口建长21米、宽7.5米、高7.5米，两孔跨河石拱结构的兴隆桥。1992年，牵牛镇村南建长12米、高9米、宽4米，单孔砖拱结构的永宁桥。1995年，上章召村西建长20米、宽5米，单拱结构的石佛桥。2001年，苇泊隆盛大街南建宽度20米，宽12米水泥预制结构的世纪桥。2004年，苇泊通村大桥完工。

防　洪　1975年，河底村在天主教堂至桑沟口500米地段，用青石碹成2米宽河洞。同年，苇泊村投资6万元，采用石混结构在庙沟到河漕庙沟修筑长150米、孔数跨径2.2米、断面4.31平方米的涵洞。1976年，中佐村修建由瓦窑沟至村口长300米和铁楼至大石头底长80米的2条涵洞。1983年，下章召大队修筑淤沙坝1条。1985年，河底村投资28万元，治理改造渡槽桥墩至电影院古河长1000余米、宽3.5米的涵洞。1987年，苇泊村投资6万元，筑修理厂到河漕长150米、孔数跨径1.5米、断面2.0平方米的涵洞。1988年，河底村建成从影剧院至市一钢办公大楼长1200余米、宽3米的涵洞。1997年，河底村在村银河大街下碹河道650余米。苇泊村投资7万元，于该村小学到河漕的地段筑成长120米、孔跨径1.8米、断面2.89平方米的砖混结构的涵洞。

2000年，苇泊村投资15万元，于西阁到河漕修建长100米、孔数跨径2.6米、断面

6.03 平方米的涵洞。2003 年,河底镇资金 400 余万元,集中对苇泊河、燕龛河进行了清理整治,共修筑河堤 2300 米,配置绿化带约 2 万平方米。2004 年,对镇区 700 米河道和燕龛河进行治理。2013 年,燕龛村投资 38 万元改善河东区的道路及附属设施条件,对河东道路硬化。河东道路硬化全长 220 米、宽 5.5 米、厚 0.2 米,铺设直径 800 毫米的水泥下水管路、重新更换直径 80 毫米的优质 PPR 自来水管、安装铁制下水篦,青石路沿石、沉淤泥池等配套设施。

供　水　解放前境内供水主要来自山涧泉水、河水、井水、旱井蓄水,民居的大部分院落都修水洞或水窖储存雨水,仅河底村有水窖 133 个。其中,苇泊村龙王潭水源以甘甜、清冽闻名。人们靠担挑、辘轳提水的方式把水储存在水瓮而后饮用。清乾隆十年(1745)二月十五日苏家泉村村民集资,凿通村第一座水井,即东沟井。

解放后境内各村开始兴修水库蓄水解决饮水困难。1947 年,任家峪村凿出村第一口水井,缓解了全村人畜用水。1956 年,里龙光峪在村四周低洼处打水窖 20 眼;南沟村在温河石槽安装 1 台水车,用毛驴拉动水车提水,后改用风力风车带动水车提水。1957 年,河底村在面羊湾掘井取水,解决生活和生产用水。1958 年,牵牛镇村引头道桥水池水流入八亩堰蓄水池。同年,燕龛村铺设自来水管 300 米。1959 年,河底村开始使用自来水,水源地在南院井,水管沿街道铺设至东阁,主要由供销社使用。同年,东村在寨山顶建 1000 吨蓄水池。1960 年在寺坪又建 2000 吨的穆桂英水池。1963 年,曹家掌村在村庙戏台东侧河旁建起水磨 1 座,燕龛村投资 3000 元建水塔 1 座。1968 年,河底村在全村主要地段铺设自来水管,修建供水房,每日定时为村民供水。1969 年,龙光峪村在大河坪打井取水,并建成两个 100 立方米蓄水池。1969 年苏家泉村西沟井凿通。

1970 年,河底村在街上、汽车站、前头沟都建立了水房,由大队派人定时开、关水,每担水收取 2 分钱。1971 年,里龙光峪在村南圪台二圪洞修建了 500 立方米的蓄水洞;牵牛镇在村西南坡建高灌站 1 个及梦花沟园地机井 2 个;上章召在村北岭梁修了 20000 立方水池,并由下章召村黑角岸铺设铸铁管引入温河水;东村在寨山顶修建万吨蓄水池;大河北建成四亩垴 2000 立方的自来水水洞。1972 年,随着温河灌渠的建成,南沟村在后沟修建 10 万吨的蓄水池 1 个,将温河水引入。1973 年,深 10 米,直径 60 米,容量为 3 万立方米的下章召红岭水库竣工。1974 年,东村在村南红土坪修建 10 万吨水库 1 个,铺设供水管网 10 公里,提水站 3 个。1975 年,苇泊村在杨家岭和神堂垴各修建一个可蓄水 4000 余立方米的水池。1976 年小西庄榆树垴水库投入使用,并铺设送水管道 3000 米。20 世纪 70 年代后期,温河水利工程的建成境内各村铺设输水管道,逐渐吃上了自来水。同时,随着电力的普及部分村开始出现机井。固庄煤矿供水管线建成，经南窑庄水库、三郊水库、南山水库到达新区，再经杨家岭泵站到达旧区。在满足矿使用的同时，还向周边的任家峪，苇泊，前、里龙光峪，大、小固庄，榆林垴，郊里等村供水。

1980年，五架山修建水洞1个；固庄在神树岭建水库1座，增加五道庙供水点1处。1982年，任家峪修建落成村万吨大水库，并铺设自来水管。同年，牵牛镇村在村西岩梁温河南干渠处铺引长600米、直径300毫米的水管，将温河水引至土崖沟水池。1983年，燕龛村实现自来水入户。1985年，曹家掌村、北庄村截潜流，建水塔，安装自来水管道；程庄安装自来水，告别辘轳绞水。1986年，里龙光峪村与固庄煤矿达成了由该矿为里龙光峪村供水的协议，该村投资5万元购回无塔供水器，铺设了地下管道；小河北安装自来水管路；河底镇政府为任家峪、关家峪下章召每村补助1万元解决人畜吃水问题。其间，温河上游煤矿企业的日益增多温河水污染严重，政府部门拿出补贴资金鼓励农户打旱井解决饮水问题。1987年，河底镇全年支出水洞补助款15070元，解决了312户、1560人的吃水困难；为河底中学拨款43334元新建300立方水洞1个；燕龛村投资5万元完成自来水工程，实现了除西沟村外其他5个村吃上自来水；东村乡90%的村安装了自来水设施。1988年河底镇水洞补助款21154元，共打水洞248个，总容水量10628立方，解决了6村、248户、12400人的吃水困难。1989年，河底镇帮助村民打水洞323眼12919立方米，解决9个村、323户、1615人的人畜吃水困难。

20世纪90年代，由于煤炭开采境内地下水源遭到破坏，境内打深井解决饮水。1990年牵牛镇村聘请河北省地矿局第一地质大队在土崖沟水池旁钻探深井1眼，埋设输水管道3756米，引至南瓜脑水池；红土岩村投资90多万元打造深井1眼。1991年，燕龛乡投资60万元打深井解决全乡人民生活用水；山底、小沟、红土岩投资40万元，打出平均日出水量为43立方米的深井3眼，解决了5000人的吃水问题；五架山、大河北、小河北等村投资30万元，打旱井210眼，解决了包括南沟、苏家泉在内的约8000多人吃水问题。同年，山底村建成自来水供水系统，小固庄村实现自来水入户。1992年，河底村投资70万元在桑沟口打出1眼560米的深井。到1994年，河底村新增水洞水窖204个。1997年，龙光峪村投资8万余元，建成8000立方米蓄水池。1998年，固庄村投资对原水管进行了改造，铺设口径为3寸和4寸两种铸铁主管道，送至农家。1999年，程庄村投资17万元打水井1眼。

21世纪初，河底、山底等村投资建起饮用水处理厂。2002年北庄村修建水厂改善村民饮水。河底村投资370多万元的青龙纯净水厂建成，每户发放饮水机，铺设自来水管道4万米，修建水表井185个。2003年，镇政府投资120万元，完成长9千米的河底水网改造工程。2004年,大河北村安装输水管道约4千米。同年,河底镇投资400万元,完成了南沟集中供水、燕龛片6村饮水解困、河底水网改造、前龙人畜饮水等9项工程,解决1万人的饮水困难。同年,固庄村对自来水主管改为耐腐蚀、无污染,轻捷、便利的饮用水专用水管。2005年,西沟村投资30万元,修建水塔1座,存水量150立方米。河底村兴建的水处理厂经过改造正式注册为青龙纯净水厂,开始向市场提供桶装纯净水。在挂牌当天,免费发给每户村民1台饮水机,并以每桶纯净水3元的优惠价格出售给河底村民。到年底,河底镇投资1010万元,争取市级以上投资360万元,解决1.9万人的饮水安全问题。2006年。河底镇投资1000余万元,实施了南沟集中供水、河底水网改造、燕龛片六村饮水解困、山底水网改造、牵牛镇净化水、邓家峪净化水、小沟深井、修筑截潜流坝9条,铺设输水管路4000余米等一大批饮水工程,受益人口8000余人,使全镇饮水安全率提高到70%。同年,河底镇在全镇范围内实施了旱井自来化工程建设,涉及任家峪、苇泊、牵牛镇等13个行政村,总投资90余万元,购置潜水泵3027台,铺设输水管路6万余米,完成旱井自来化3027户,受益人口近万人。镇政府对400余户标准高户挂上"旱井自来化示范户"门牌。2007年,牵牛镇村投资200余万元,净化水厂一期工程竣工,完成南瓜垴800平方米蓄水池覆顶,以及300平方米的净化水厂房、300立方净水池的建设,并购买每小时净化水30立方米的净化水设备。同年,苇泊村投资40万元,将神堂水库改建为净化水厂,年处理水3万余吨。2008年,苏家泉村建起净化水厂。燕龛、苏家泉、东村等村实施饮水安全工程。2009年,小固庄村投资10余万元修建蓄水池。同年,北庄村建成大河截流水池,大固庄村在村大场投资48万元,修建古泉水厂。至年底,全镇共有深井9眼,分布在河底、牵牛镇、下章召、任家峪、邓家峪、山底、小沟、红土岩、程庄9村,形成了蓄、引、提并举供水工程110处,各类蓄水池121个,总库容30万立方米,旱井7251眼,净化水厂10个。全镇安全饮水达8处,自来水入户率达90.5%。

2010年,河底镇被列为郊区开展安全饮水安全达标乡镇活动示范点,实现了从解决饮水困难向保障饮水安全的转变。邓家峪村投资11.8万元,铺设管路2000米,工程量0.4万方,解决1174人饮水安全问题;北庄村投资149.4万元,铺设管路1500米,建水池2个,管理房150平方米,工程量0.8万立方米,解决475人饮水安全问题;河底村投资79.8万元,铺设管路3000米,工程量0.8万立方米,解决1400人饮水安全问题;里龙光峪村投资19.6万元,维修1000立方米水池1个,工程量0.2万立方米,解决580人饮水安全问题;曹家掌村投资30万元,维修3000立方水池1个,工程量0.26万立方米,解决1014人饮水安全问题;程庄村投资11.4万元,更新管路1500米,工程量0.1万立方米,解决456

人饮水安全问题。大固庄村委会投资13.3万元，在神树岭新建600立方米水库1座，解决全体村民的吃水问题。2011年，温河灌区改线。2012年，任家峪筹资80余万元建起纯净水厂；里龙光峪村委会自筹资金50余万元建起纯净水厂免费供应村民。河底村投资200万元对原大井沟水库进行了全面的维修，加高了坝体，增加了库容，并全部进行了封顶。2013年，五架山村投资160余万元新凿800米深井1眼。河底投资972万元，在兔堰梁打深井1眼，井深850米，出水量50吨/时，铺设管路3600余米，并对净水厂进行了更新改造。2014年，河底镇共投入资金近300万元对部分供水、排水管网进行了改造。到是年年底，全镇有饮用水处理厂13个，全镇年供水量达到396.2万立方米。

2014年河底镇饮用水厂一览表

表4-1

单位名称	建厂时间	地　址	投资（万元）	从业人数	生产能力（吨/小时）
河底水厂	2000	东　坡	100	25	一次30，二次1
阳泉市漾泉源水厂	2003	甘　涯	420	21	二次5
北庄净化水厂	2005	鸡不滩	100	1	一次8
邓家峪净化水厂	2006	小　台	46	2	一次8
牵牛镇纯净水厂	2006	土　崖	140	5	二次1
程庄净化水厂	2007	银桥梁	80	2	一次3
燕龛净化水厂	2007	土　沟	110	2	二次1
神堂垴净化水厂	2007	神堂垴	45	6	一次10，二次0.5
苏家泉纯净水厂	2007	杨家垴	25	2	二次0.5
阳泉市古泉净化水厂	2009	大　场	97	2	二次1
中佐净化水厂	2011	红渠沟	67	2	一次3
任家峪净化水厂	2012	村委会南	80	4	一次10，二次1
里龙光峪纯净水厂	2013	村委会南	47	2	二次0.5

供　电　中华人民共和国成立前，境内照明以松油材、油灯、蜡烛为主，灯具有油瘪、煤油灯、马灯、灯台等。粮食加工离不开石碾、石磨、杵臼、碌碡，需要付出沉重的劳动代价。

1954年，燕龛村购置发电机1部用于生产。1958年，由于“大炼钢铁”运动的开展，河底村用电照明从开始，公社大门至老君庙配备了路灯。同年，燕龛机械厂自磨电，代供燕龛村照明用电。1959年8月，面积约5000平方米的任家峪35kV变电站投入运营，该站主变压器2台，总容量为16.3兆伏安。其中，1号主变压器容量为6.3兆伏安，2号主变压器容量为10兆伏安,35kV进、出线4回,10kV出线6回。同年,东村、上章召村送电。1961年,任家峪全村通电、改用灯泡照明。同年,苇泊通电,在村主要道口立木质电杆10余架。1962年夏,大河北、下章召、南沟、河南、关家峪、邓家峪村通电。1963年9月,牵牛镇告别无电历史。1964年,河底公社投资2万元,在龙光峪村南梁修建配电室,架设高、低压线路,大、小固庄,前、里龙光峪四村送电。至此,河底公社实现电力村村通。10月,小河北村通电。1965年固庄煤矿地面主35/6kV变电所建成,后经两次改造安装了2台SF7-10000/35主变压器,容量10000kVA(一用一备),将35kV电源变为6kV,再以双回路方式分配给二号风机房、瓦斯抽放站、榆林垴配电室、苇泊配电室、监房配电室等用电点,6kV母线联结方式为单母线分段。供电电缆Ⅰ回路为LGJ3*150,长度3.3千米,Ⅱ回路LGJ3*150,长度3.9千米,35kV进线为全桥接线方式。同年,曹家掌、燕龛、北庄、程庄苏家泉村、小西庄送电,照明、粮食加工得到解决。1985年,东村电业管理站建成。1987年,面积约3000平方米的35kV燕龛变电站投运,该站主变压器2台,总容量为12.6兆伏安。1号、2号主变压器容量均为6.3兆伏安,35kV进、出线3回。10kV进、出线7回。1989年11月29日,占地面积15000平方米的110kV苇泊变电站投运,主变总容量126兆伏安,1号主变压器容量为63兆伏安,2号主变压器容量为63兆伏安,110kV进线2回,35kV出线10回,10kV出线11回。20世纪90年代,各村相继对主要路口和街道安装路灯,方便村民晚间出行。

2000年,山西省电力公司启动了农村低压线路改造,实行"同网同价"和"三公开(公开电量、公开电价、公开电费)、四到户(销售到户、抄表到户、服务到户、收费到户)、五统一(统一电价、统一发票、统一抄表、统一核算、统一考核)",简称"农网改造"工程。2001年7月,河底供电所成立,下设燕龛、东村两个营业站,共有职工23名,担负着盂县路家村镇、牛村镇、河底镇、荫营镇35个行政村的供电、维护、服务等工作。其中,河底营业站职工12名,管辖42个供电台区(配电室9座、变台33座)8617户单相用户、295户三相用户和10个驻地职能部门的供电任务。辖区内共有10kV线路三条,总长35.61公里、配电变压器99台,总容量20240kVA,(综合配变42台/9370kVA,大工业专变14台/4460kVA,普通工业专变29台/5760kVA,水利专变3台/600kVA,非居民照明专变1台/50kVA)低压线路93.33公里。燕龛营业站职工4名,管辖8个村,12个供电台区(配电室5座、变台7座)1385户单相用户、73户三相用户。辖区内共有10kV线路2条,总长21.9公里、配电变压器30台,总容量5500kVA,(综合配变12台/1260kVA,大工业专变5台/2050kVA,普通工业专变11台/2090kVA,水利专变2台/400kVA)低压线路20.206公里。东村营业站职工7名,管辖13个村,30个供电台区(配电室8座、变台22座)4987户单相用户、224

户三相用户。辖区内共有 10kV 线路 2 条，总长 21.45 公里、配电变压器 82 台，总容量 8405kVA,(综合配变 30 台 /4540kVA,大工业专变 1 台 /500kVA,普通工业专变 50 台/3865 kVA,水利专变 1 台 /200kVA)低压线路 96.87 公里。2005 年,滴苇公路河底段、南河公路、青山沟、南梁东坡、河苏路、后底沟、光家垴等架设路灯 297 盏,其中河底公路上 148 盏,银河大街 27 盏,其他道路 122 盏。

2011 年,河底镇对辖区内 17 个村 30 个台区进行农网升级改造,新增配变 11 台 / 容量 2430kVA,增容改造 8 台 /2090kVA,高损变更换 7 台 /1295kVA,新建 10 千伏接续线路 4.213 公里，新建及改造 0.4 千伏线路 20.352 公里。同年，苇泊隆盛大街安装照明灯 50 盏。2012 年,对 4 个村 5 个台区(牵牛镇、河南、北庄、燕龛)进行农网升级改造,新增配变 1 台 / 容量 200kVA,增容改造 4 台 /815kVA,新建 10 千伏接续线路 0.325 公里,改造 10 千伏线路 2 条,其中:869 河底线 8.502 公里、867 东村线 6.279 公里,新建及改造 0.4 千伏线路 9.71 公里。低电压治理涉及改造 1 个村 1 个台区（河底南 3#），新增配变 1 台 / 容量 200kVA，新建 10 千伏接续线路 0.253 公里，新建及改造 0.4 千伏线路 1.435 公里。2013 年,对 2 个村 5 个台区(牵牛镇、苇泊)进行农网升级改造,新增配变 1 台 / 容量 315kVA,增容配变 1 台 /200kVA,新建 10 千伏接续线路 0.5 公里,新建及改造 0.4 千伏线路 14.33 公里。同年,中佐村投资 5.04 万元,安装节能高杆灯 36 盏。2014 年,对 4 个村 8 个台区(任家峪、邓家峪、下章召、小固庄)进行农网升级改造,新增配变 1 台 / 容量 200kVA,增容改造配变 1 台 /200kVA 新建 10 千伏接续线路 1.3 公里，新建及改造 0.4 千伏线路 23.37 公里。同年,机井通电工程涉及改造 2 个村(下章召、苇泊),新增配变 2 台 / 容量 400kVA,新建 10 千伏接续线路 0.5 公里，新建及改造 0.4 千伏线路 0.58 公里。河底镇区投资 80 万元,安装路灯 87 盏。至是年年底,河底镇其他村庄街道路灯安装情况:任家峪 28 盏、邓家峪 22 盏、大固庄 22 盏、小固庄 16 盏、小西庄 22 盏、小河北 22 盏、猪头脑 16 盏、曹家章 24 盏、西沟 16 盏、郊里 16 盏、武家庄 18 盏、红土岩 22 盏、前龙光峪 20 盏、里龙光峪 20 盏、五架山 24 盏、北庄 11 盏、牵牛镇 22 盏、小沟 18 盏。

供　暖　20 世纪 80 年代前,境内冬天取暖以盘炕火、烧火炉为主要方式,而炕火以柴火、玉米棒、煤泥糕为主要燃料,火炉有瓷、铁两种,铁火炉多产自任家峪村,以煤炭为主要燃料。

80 年代初期,固庄煤矿共设两个锅炉房,分别为新区供暖一队、旧区供暖二队,负责全矿监区、生产生活区的冬季供暖和澡堂洗澡加热,总采暖面积约为 35 万平方米。新区锅炉房共有锅炉四台,其中:燃气蒸汽锅炉 1 台;燃煤热水锅炉 2 台;燃煤蒸汽锅炉 1 台。热水锅炉担负着新区居民采暖和办公区域采暖；蒸汽锅炉担负着丈八平峒供暖、新区澡堂采暖及洗澡用热。新区管网覆盖范围包括新区家属区、新区工业区，由新区锅炉房循环泵供给，总采暖面积15.5万平方米。旧区共有锅炉4台。其中热水锅炉2台；蒸汽锅炉2台。热水锅炉主要是供旧区居民供暖、监区监舍和旧区办公区域供暖；蒸汽锅炉是供监区澡堂采暖、洗用热和旧区澡堂采暖、洗用热，旧区管网覆盖范围分为高区、低区，高区包括监区、部队院及部分高区居民住户，低区供居民住户，总采暖面积为19.5万平方米。1989年，河底中学安装暖气设备。1991年，河底镇150多户搬入新居的家庭土暖气开始安装。

2005年8月，河底镇实施集中供暖工程，投资600万元铺设供暖管道，并购置10吨锅炉1台，解决3万平方米村集体以及居民住宅的冬季取暖。2006年又投资100万元，增设6吨锅炉1台，保证了“一备一用”正常运行的供暖系统。同年，镇政府投资50万元，对河底敬老院、河底中学及河底镇人民政府的供暖系统进行了完善。到2014年底，镇区共铺设供暖管道4.2万米，其中主管道10万米。供暖用户1076户，其中村民居民户1056户，单位20个，供热面积13.5万平方米，其中村民居民户10.1万平方米，单位用户3.4万平方米。

供　气　境内民众做饭、取暖以及工业烧成均以烧煤炭为主。2009年，盂县天然气公司在清城建成区域供气站1座。河底镇政府借助该站建设的有利条件，全面启动全镇天然气利用工程。盂县天然气公司完成了清城供气站至河底镇11公里的中压供气管道铺设和供气设施的安装。该输气管道由西至东通过了小沟、山底、红土岩、山底、河底村。6月17日，阳泉市郊区人民政府授权盂县天然气公司在河底镇的天然气经营权，业务包括以管道输送方式经营河底镇所辖区域内天然气供应、管道建设安装、维护等。9月2日盂县天然气有限公司郊区分公司在河底镇成立。

2011年，璞鑫、中博、中陶、王者、晋盛源、瑞峰等6家耐火企业完成了天然气烧成改造。投资3000余万元，先后完成了河底住宅楼、山底村、苇泊等1500户居民供气改造工程。河底天然气管网建设已覆盖全镇15个村庄，年供气容量5000万方。

2012年4月，“盂县—阳泉复线”天然气管道过境，沿线途经境内小沟、山底、红土岩、东村、南沟、苏家泉、上章召7村，河底镇给予了全力协调，使惠及郊区、城区、矿区的天然气二期工程按期完工。同年10月，山西压缩天然气集团晋东公司投资1500万元，在苇泊村东建成占地8000平方米，日加气3万立方米的郊区加气站。2013年6月17日，阳泉市住房保障和城乡建设管理局颁发“燃气经营许可证”，明确了盂县天然气有限公司郊区分公司经营区域为郊区河底镇。2014年，天然气管网覆盖河底镇山底村、牵牛镇、河底、苇泊、中佐、固庄等村，全镇有次高压管网11公里，中压管网19公里，低压管网12公里，阀门井18个、调压箱34个、调压柜20个(4个区域调压柜),居民用户2500户,工业用户8户,公福营业用户14户,锅炉用户4户,壁挂炉用户50户。

第三节 便民服务

政府机构 1982年,阳泉第二监狱建成。1990年,河底镇政府机关办公楼建成,4层砖混结构,建筑面积3834平方米。同年,固庄煤矿机关办公楼建成,5层砖混结构,建筑面积5674平方米。阳泉交通运输执法局郊区分局建办公用房,建筑面积591.7平方米。1997年11月,河底派出所于河底镇人民政府西北,建2层砖混结构办公楼,建筑面积317.7平方米。2002年,河底税务所自建三层砖混结构办公楼,占地面积725.6平方米,总结总面积494.6平方米。2004年,新风综合办公楼完工。2005年,河底工商所于河底路北即融浦小区对面,建2层办公楼,建筑面积332平方米。2006年,河底镇建两层会计核算中心,建筑面积600平方米。镇机关累计建筑面积为4434平方米。2008年,河底镇计划生育服务站建办公用楼,建筑面积700平方米。2011年10月,河底国土中心所建二层办公楼,框架结构,建筑面积186平方米。2012年,河底法庭于河底中学背后,建办公楼建筑面积1200平方米。

医疗卫生 1984年,燕龛乡新建乡卫生院。1991年,阳泉固庄煤矿医院建成,为3层砖混结构,建筑面积5577平方米。同年,河底卫生院大楼主体工程完成。1992年,河底镇卫生院建五层综合大楼,面积2400平方米,其他辅助用房348平方米,共计3769平方米,并开始完善相关配套设施;同年,燕龛乡新建乡卫生院。2007年,新建计生服务所。2010年,河底中心卫生院达到一级甲等医院标准;村级卫生所达标率达100%。

文化教育 1974年,苇泊戏台落成,整体为砖石结构,台面高约8米、宽14米。占地约1000平方米,建筑面积为210平方米。1978年,河底影剧院建成,占地面积2133平方米,建筑面积1773.22平方米。1983年10月,河底中学建成,占地面积22667平方米,建筑面积9874平方米。有教学楼2幢,实验楼1栋,阶梯教室栋,仪器室36个,准备室3个,图书室2个,阅览室1个。1984年,程庄、北庄两所小学竣工。1985年,燕龛乡建乡文化站,2村建起了剧场,1个青年之家,1所卫生职业学校。1986年,小固庄完全小学建成。同年,燕龛乡村村建起了文化室。1987年,阳泉郊区育英小学于固庄煤矿新区建成,建筑面积2423

平方米。同年，燕龛乡修建影剧院1座，剧场5个，村村有电影队，燕龛乡电视差转台建立。燕龛、曹家掌新建2所小学校。1989年，燕龛乡建乡文化中心大楼1栋；中、小学校全部实现"一无两有三配套"（校校无危房，班班有教室、人人有课桌凳，教学仪器、图书、文体器材三配套）；新建电视差转台。1990年，新建牵牛镇、里龙光峪学校。同年，东村中学建成，教学大楼2栋，教学实验楼1栋，占地面积20400平方米，建筑面积4508平方米；燕龛乡红旗煤矿兴建文化活动室。1991年，牵牛镇建起闭路电视差转台，家家安装了闭路电视。同年，河底镇建灯光篮球场及体育活动室各1个。1992年，固庄煤矿俱乐部于固庄煤矿新区建成，为2层，砖混结构，建筑面积3960平方米。同年，河底舞台落成，钢筋混凝土结构仿古型建筑，出檐歇山顶，琉璃瓦吻脊，黄绿蓝三色相间覆盖，占地面积1705平方米；燕龛乡中学新建教学楼1幢，并安装了暖气设备。1993年，燕龛乡新建3个灯光篮球场。1995年，山底村建独立幼儿园1所；苏家泉村三层教学楼；五架山、大河北把村委办公楼交付学校使用。1996年，阳泉市农村首家河底中学实验楼竣工，省委书记胡富国亲笔题写"河底中学"校名。1998年，燕龛乡新建乡职业学校、教学楼和文化中心楼。2001年，任家峪建教学楼1栋。2002年，河底中学的大门、围墙进行了改造；小河北村新建教学楼投入使用；任家峪、小河北、上章召、大河北等村对校舍危房进行了改造。2004年，河底中学综合楼工程完工，东村中学完成暖气配套工程。2007年，对河底中学、河底小学中心校、东村中心校进行改造。2010年，河底小学在原址新建教学楼2441平方米，设有实验室、仪器室、电教室、微机室、图书室、音美教室等，可容纳1200多名学生。同年，11所中小学进行了校舍安全改造；广播电视畅通率达100%，数字电视用户达到5000户。2011年，32个村基本实现"农家书屋"全覆盖，村级体育健身场所总面积达到5.9万平方米，人均1.5平米以上。2013年，河底幼儿园建成，有大、中、小班3个，可容纳幼儿300余名。北庄村文化广场建成，占地面积36000平方米。

商业服务 1975年，河底供销社位于河底银河大街中段，属于砖混结构二层楼房，建筑面积1500平方米，营业面积1200平方米。1983年10月，河底村建河底集市贸易市场。1987年，河底镇建起加油站。1988年，农行阳泉河底分理处于于河底银河大街西段落成，为二层砖混结构，建筑面积656平方米。1993年，河底储蓄所办公楼于河底村银河大街建成，为2层砖混结构，建筑面积约为167平方米。1994年，燕龛乡集贸市场建成。1995年，河底邮政局办公楼建成，为2层砖混结构，建筑面积441平方米。2000年，河底供电所在河底镇政府西侧建电管站办公楼，3层砖混结构，建筑面积600平方米。2001年，滴苇公路沿线建成近5000平方米的信用社、电信支局。2002年，苇泊加油站如期竣工。苇泊村、红土岩村的专业市场建设全面完工。2003 年,位于河底村南环路口投资 150 万元的河底信用社综合大楼竣工封顶,为 4 层砖混结构,建筑面积约为 2247.7 平方米。同年,建成河底地税办公楼。2004 年,河底镇建成河底集贸市场,青龙商场完工,卫生院底商全部开放。2005 年,3000 平方米苇泊服务中心建成。2006 年,河底工商所办公楼和苇泊服务区、专业市场建成,金海马家具市场开业,河底卫生院底商出租铺开。2007 年,大力河底沿路商贸,入住商铺 53 家。2009 年,盂县天然气有限公司郊区分公司于河底村西的原敬老院建成,为 2 层砖混结构,占地面积 2000 平方米。2011 年,新增龙光峪村、小河北村、武家庄村 3 个农村便民连锁店,全镇提前一年实现全覆盖。

养老事业 1983 年,河底公社和河底大队投资 200 万元联办敬老院。同年,占地面积 420 平方米,建筑面积 384 平方米的东村乡敬老院改建完工。1986 年,河底镇投资 14306 元新办镇敬老院。2007 年,对镇敬老院进行扩建。

建筑队伍

河底建筑队 旧时有三四名泥瓦匠,修建、维修村中房舍。20 世纪 70 年代,大队聘任光德胜组织 20 多人组建河底村建筑队,主要任务是兴修水利设施。1975 年,建村委办公楼 1 栋,占地 597 平方米,建筑面积 1611 平方米,总体设计为单面 3 层,中间套底为大舞台,三层为大队会议堂。此外,还修建街上的旧电影院。80 年代后期,建筑队解散。

苇泊建筑队 20 世纪 70 年代,苇泊村有 4 名泥瓦匠。1971 年,大队成立建筑队,有社员 20 余人,主要任务是水利设施修建、民用建筑。建筑队修建村办公楼、村舞台。80 年代,建筑队解散。

牵牛镇工程队 1969 年,牵牛镇村里组建了农田水利建设专业队(水利队),有 10 余人。1970 年,水利队改称为村建筑工程队(修建队),人员最多时 120 余人。村建筑工程队先后完成主街河槽涵洞、南坡后底河槽涵洞、村委办公大院、村大礼堂、露天剧场、商场、陶瓷厂、机械厂、木器厂、南崖湾楼房、所有街道、公路的拓宽和硬化以及“五·二〇”水库、卧牛山水池、南瓜垴水池等许多项工程的设计、施工任务。1989 年,村大规模修建任务减少,修建队解散。

东村建筑队 中华人民共和国成立初期,东村有泥瓦匠 3 人。1969 年东村成立了建筑队,开始修建村集体窑洞、水利工程和社员建房,当时有 10 余人。到 70 年代,建筑队发展到 50 余人,完成电影院、舞台、办公楼、教学大楼等重点工程的施工任务,培养 8 名匠人。1984 年,建筑队解散。

2014年河底镇各村主要公共设施一览表

表4–2　　单位:平方米、年

村名	建筑名称	建筑面积	层、幢	建筑结构	建设时间
程　庄	仓库	201	1层	砖石	1972
	拖拉机车库	120	1层	耐火砖	1977
	学校、办公楼	1100	2层3幢	砖石	1984
	剧场	660	1层	水泥混凝土	1984
	澡堂	220	1层	砖	1991
	煤矿办公楼	100	1层	砖	1998
	车库	180	1层	水泥混凝土	1999
	水井房	20	1层	砖	1999
	饭店	360	1层	砖	2005
	净化水厂	150	1层	砖	2006
	牌楼	—	—	水泥	1995
	捞儿山牌楼	—	—	汉白玉	2001
大固庄	老君庙	416	平房	砖混	2004
	舞台	1351.88	1层	砖木	1975
	舞台宿舍	204.4	平房	砖混	1975
	磅房	380	平房	砖混	1988、2003
	加油站	2049.6	平房	钢架、砖混	1992
	办公楼	2864.5	3层	砖混	1992
	学校	1872	2层	砖混	1992
	公园	1813	亭台长廊	砖木	2003
	车库	234	平房	砖混	2003
	配电室	245.8	平房	钢筋混凝土	2005
	水厂	565	平房	砖混	2009
	科盈耐火材料有限公司	1639.3	平房	砖混、钢架	2009
	圣利美型煤有限公司	1683.2	平房	砖混	2009
	乡村食府	1952.73	2层	砖混	1982
	饲养院	60	平房	砖木	1985
	磨坊	80	平房	砖木	1976

续表 4-2

单位:平方米、年

村名	建筑名称	建筑面积	层、幢	建筑结构	建设时间
	龙王庙	153.9	平房	砖混	2002 年重修
	文化园门楼	—	—	木质	2007
	牌楼	—	—	钢筋水泥浇筑木顶	2004
河　底	文昌庙	185	2 层上下院	砖石	清康熙初年
	老君庙	630	上下院	砖木、砖石	1729
	通保观(西阁)	160	2 层	砖石	1887
	烈士堂	40	1 层台阶式	砖混	1976
	卫生所	270	2 层上下院	砖木、砖混	1986
	面粉厂库房	1110	2 层	砖混	1988
	观音庙	57	1 层	砖木	1990 年重修
	办公楼、舞台	1328	2 层	砖混	1991
	老爷庙	359.7	1 层上下院	砖木	1998 年重修
	明灵寺	1007.9	1 层上下院	砖木	2009 年重修
	学校	3561	主楼 3 层,副楼 2 层,3 幢	主楼框架,副楼砖混	2010 年重修
	银河大街牌楼	—	—	汉白玉	2011
红土岩	幼儿园	2972.25	3 层	框架	2014
	舞台	400	1 层	砖石	1979
	办公楼	630	2 层	砖混	1980
	学校	450	2 层	砖混	1991
	篮球场	1000	1 层	混凝土	2000
	健身场	120	1 层	混凝土	2000
	三圣庙	500	2 层	砖瓦	不详
郊　里	办公楼	350	2 层	砖混	1986
苏家泉	舞台	320	1 层	砖混	1980
	办公楼	1600	2 层	砖混	1980
	学校	1200	3 层	砖混	1994
西　沟	办公室	3963.33	2 层	砖混	1971
	舞台	362.34	1 层	砖木	1979
	活性炭厂房	3065	平房	砖混	1986
	煤矿办公室	6298	平房	砖混	1987

续表 4–2 单位:平方米、年

村名	建筑名称	建筑面积	层、幢	建筑结构	建设时间
西　沟	办公楼	1193.34	3 层	砖混	1996
小固庄	饲养院	1171.5	平房	砖木	1965
	旧办公楼	1756	2 层	砖混	1981
	锅炉房	63	1 层	砖混	1981
	车库	2690	平房	砖混	1983
	牌楼	30	3 个	木制	1984
	六角亭	25	1 个	木制	1984
	舞台	337.5	1 层	砖木	1984
	舞台东西房	520.1	2 层	砖木	1984
	学校	1091.3	2 层	砖混	1987
	新办公楼	1641.6	3 层	砖混	1994
	会议室	160	1 层	砖混	2009
	关公庙	84	1 个	砖木	1984 年重修
大河北	车库	300	1 层	砖混	1975
	金属镁厂房	772	1 层	砖混	1989
	旧学校	385	1 层	砖混	1978
	舞台兼办公楼	675	3 层	砖混	1981
	幼儿园	850	1 层	砖混	2009
东　村	关帝庙	340	1 层	砖瓦	1300
	龙王庙	295	1 层	砖瓦	1626
	文昌庙	55	2 层	砖瓦	1800
	旧供销社门市部	1260	2 层	砖瓦	1957
	粮站	840	1 层	砖瓦	1957
	办公楼	1033	2 层	砖石	1977
	礼堂	1423.75	3 层	砖混	1980
	信用社	1100	2 层	砖混	1980
	综合楼	281	2 层	转石	1980
	露天舞台	480	1 层	砖瓦	1981
	供销社百货楼	1120	2 层	砖混	1982
	中学	4508	3 层	砖混	1984
	卫生院	2500	1 层	砖石	1965

续表 4-2 单位:平方米、年

村名	建筑名称	建筑面积	层、幢	建筑结构	建设时间
东　村	食品公司猪场	3600	1 层	砖混	1984
	电管站楼	350	2 层	砖混	1985
	乡政府楼	2260	3 层	砖混	1985
	小学	2050	2 层	砖混	2008
	幼儿园	—	2 层	砖混	2008
河　南	办公楼	200	1 层	砖石钢筋混凝土	1985
	铸管厂办公楼	160	2 层	砖石钢筋混凝土	1992
东南沟	村委大院	600	1 层 3 幢	砖石	1953
	南沟中心校	1333.52	2 层	水泥钢材	1989
	舞台	450	1 层	水泥钢材	2003
	烈士陵园	20	1 层	砖木	2013
	老年日照中心	210	1 层 2 幢	砖石	2013 年改扩建
	牌楼	—	—	—	2011
苇　泊	办公楼	600	2 层	砖混	1962
	舞台	200	1 层	砖混	1976
	修理厂	10000	2 层	砖混	1987
	修理厂	—	1 层	砖混	1987
	旅店	240	2 层	砖混	1995
	小学	7000	2 层 3 幢	砖混	1997
	幼儿园	120	2 层	砖混	2002
	市场	320	1 层 2 幢	砖混	2004
	苇泊牌楼	—	—	细青石料	2012
武家庄	车库	160	1 层	砖混	1989
	办公室	85	1 层	砖混	2006
燕　龛	知青楼	500	1 层	钢筋混凝土	1975
	小学	2000	2 层	钢筋混凝土	1988
	街心公园	1430	1 层	砖、石、水泥	1993
	幼儿园	600	1 层	钢筋混凝土	1993
	办公楼	430	3 层	钢筋混凝土	1994
	文化中心	1100	3 层	钢筋混凝土	1994
	供销社大楼	400	2 层	钢筋混凝土	1994

续表 4–2 单位:平方米、年

村名	建筑名称	建筑面积	层、幢	建筑结构	建设时间
燕龛	供电营业站	300	3 层	砖混	1998
	农村信用社	210	2 层	砖混	1983
	甘泉寺	1400	1 层	砖、石、木	建于唐 1995 年维修
	牌楼	—	—	混凝土木顶	1995
	东山公园石牌楼	—	—	草白玉石料	2005
下章召	三层楼	2500	3 层	砖混	1968
	住宅二层楼	280	2 层	砖混	1970
	礼堂	1600	3 层	砖混	1977
	照壁	80	1 层	砖混	1984
	学校	560	1 层	砖混	1985
	商店小二楼	120	2 层	砖混	1986
	景乐园长廊	50	1 层	砖混	2012
	日间照料中心	250	平房	砖混	2014
	牌楼	—	—	细青石料	2003
山底	南楼	2600	1 层	砖混	1976
	戏台	150	1 层	砖混	1979
	办公楼	1000	2 层	砖混	1981
	学校	1883	2 层 2 幢	砖混	1982
	深井泵站	200	1 层	砖混	1985
	牌楼	—	—	混凝土钢筋	2005
邓家峪	旧村委办公楼	1870	3 层	楼板	1985
	小学	1193	2 层	框架	1992
	办公楼	1400	3 层	楼板	1998
	卫生所	120	1 层	楼板	1998
	集体车库仓库	3951	1 层	砖瓦	1999
	邓家峪牌楼	—	—	水泥钢筋浇筑	2001
小沟	办公楼、礼堂	13100	3 层	砖混	1983
	小学校	1800	3 层 2 幢	砖混	1985
关家峪	隆丰铸造厂	1442	4 层	砖混	1965
	旧学校	680	1 层	砖混	1974

续表 4-2　　　　单位：平方米、年

村名	建筑名称	建筑面积	层、幢	建筑结构	建设时间
关家峪	车库	531	1 层 2 幢	砖混	1981
	田园人家食府	205	1 层 3 幢	砖混	1981
	馗星庙	9.5	1 层	砖混	1981
	库房	518	1 层	砖混	1981
	煤矿办公室	80	1 层	砖混	1989
	煤矿磅房	60	1 层	砖混	1989
	煤矿宿舍	600	3 层	砖混	1989
	炸药库	240	1 层	砖混	1991
	暖气片厂	1630.61	3 层	砖混	1992
	养猪场	2342	5 层	砖混	1995
	学校	550	3 层	砖混	1997
	配电室	47.7	1 层	砖混	1998
	型煤厂	187	平房	砖混	1999
	煤矿配电室	120	1 层	砖混	2002
	商品楼	1020	2 层	砖混	2007
	老年活动室	72	1 层	砖混	2012
	老年日照间	143	1 层	砖混	2012
	礼堂	2131	1 层	砖混	1981
	办公楼	250	3 层	砖混	1981
	化妆室	115	1 层	砖混	1981
	牌楼	—	—	混凝土结构	2007
里龙光峪	办公楼礼堂	1691	3 层	砖混	1981
	四亩岭服务楼	1359	2 层	砖混	1986
	电极糊车间	230	平房	砖瓦	1989
	卫生所	300	2 层	砖混	1990
	学校	514	2 层	砖混	1990
	文化活动中心	474	2 层	砖混	1995
	伙房餐厅	106	1 层	砖混	1995
	三官庙	74	1 层	砖混	1997
	饲养院	232	1 层	砖石	1998

续表 4–2　　单位:平方米、年

村名	建筑名称	建筑面积	层、幢	建筑结构	建设时间
里龙光峪	水厂厂房	351	1层	砖混	2000
	澡堂	257	1层	砖混	2000
	村口影壁	1	1层	砖混	2003
	仿古影壁	—	1层	砖混	2004
	车库	162	平房	砖混	2004
	老年日照中心	514	2层	砖石	2014
	舞台	220	1层	砖瓦	1945
	学校	312.4	1层	砖瓦	1950
	活动场所	1000	1层	砖混	1950
	牌楼	—	—	汉白玉石材	2002
小河北	小学	640	2层	砖混	1985
	舞台	160	2层	砖混	1985
	幼儿园	100	1层	砖混	1985
	办公楼	240	2层	砖混	1992
	养老院	260	1层	砖混	2014
猪头垴	舞台	2500	2层	砖混	2004
五架山	小学、幼儿园	864	2层	砖混	2012
	深井站	600	1层	混凝土	2012
	办公楼	1800	3层	砖混	2013
	礼堂	2100	3层	框架	2013
	服务用房	380	1层	砖混	2013
	村大门	280	3层	砖混	2013
	卫生所	75	1层	砖混	2013
	锅炉房	140	1层	砖混	2013
	展览馆	1500	2层	框架	2013
	五架山牌楼	—	—	花岗岩石材	2014
牵牛镇	三甲阁	56.44	3层	砖木	1597
	观音庙	182.26	1层	砖木	1649
	办公院	2676	2层	砖混	1978
	澡堂、供销社	972	4层	砖混	1982

续表 4–2　　单位：平方米、年

村名	建筑名称	建筑面积	层、幢	建筑结构	建设时间
牵牛镇	剧场	499.61	1 层	砖混	1985
	牵牛镇商场	904	3 层	砖混	1986
	木器加工厂	623.12	2 层一幢	砖混	1987
	陶瓷厂	887	2 层	砖混	1988
	磅房	213.72	1 层一幢	砖混	1990
	煤矿办公室	331.75	2 层	砖混	1990
	牵牛镇学校	5500	3 层	砖混	1991
	胶印厂	1704.2	2 层	砖混	1993
	幼儿园	1626.84	4 层	砖混	1993
	机械厂	1433.1	2 层	砖混	1995
	彩釉地墙砖厂	5935	2 层	砖混	1996
	礼堂、卫生所	1711	3 层	砖混	1997
	文体活动中心	160	1 层	砖混	2009
	轩辕庙	351.19	1 层	砖混	2008 年重建
	储蓄所	300	2 层	砖混	2006
小西庄	学校	3022	1 层	砖混	1980
	舞台	600	1 层	砖混	1984
	办公楼	1000	3 层	砖混	1995
北　庄	办公楼	288	2 层	砖石	1985
	水厂	420	1 层	混凝土钢筋	1986
	舞台	1250	2 层	砖石	1986 年修建，2013 年改建
	车库	250	1 层	砖石	1993
	餐厅	300	1 层	砖石	2012
	幼儿园	70	1 层	砖石	2013 年改建
	牌楼	—	—	混凝土钢筋	2006
中　佐	办公楼	243	2 层	砖混	2013
	舞台	390	2 层	砖混	2013
	老年日照中心	500	2 层	砖混	2013
任家峪	礼堂	1500	2 层	砖结构	1972
	学校	5500	4 层	框架结构	2003

续表 4–2 单位:平方米、年

村名	建筑名称	建筑面积	层、幢	建筑结构	建设时间
任家峪	山神庙	2000	1 层	砖	不详
	村委会旧楼	495	2 层	砖	1984
	综合大楼	300	3 层	砖混	2005
	大理石厂	7760	平房	砖	1985
曹家掌	西南楼	264	2 层	砖混	1970
	礼堂	605	1 层	砖瓦	1970
	小学	568	2 层	砖	1976
	办公楼	248	2 层	砖	1982
	卫生所	144	2 层	砖瓦	1982
	舞台	414	1 层	砖	1987
	汽车库	240	平房	砖	1991
	幼儿园	720	2 层	砖	1995
	商品房	270	平房	砖	1996
上章召	办公楼	170	2 层	砖	1974
	礼堂	1000	1 层	砖	1975
	学校	700	1 层	框架	2010
龙光峪	老君庙	99	2 层	砖石	1743 年重修
	乐楼	72	1 层	砖石	1842 年修,1865 年重修
	办公室	625	1 层	砖石	1964
	库房	332	1 层	砖木	1965
	学校	383	1 层	砖木	1965
	舞台	215	1 层	砖木	1965
	办公室	116	1 层	砖石	1975
	卫生所	37	1 层	砖混	1994
	车库	320	1 层	砖混	1977
	硫铁矿机房	213	1 层	砖木	1985

第四节　居民住房

境内的古老民居多为土窑洞。选择向阳、天然土层厚的土垄前挖掘窑洞，深度一般5米，洞内或用石灰泥直接抹墙或用砖石复碹后挂墙，洞外用青砖垒砌前墙，并设置简易门窗。这种窑洞俗称“靠山窑”或“土窑”，优点是冬暖夏凉。不足是洞低而窄小，采光不足。明清时期境内多为石、砖窑洞，极少数青砖瓦房。窑洞用青石或青砖拱碹而成，顶部为拱形，门窗宽大的大合碹，一般三孔以上连碹，洞内用石灰泥抹墙，洞外用青石或青砖垒砌前墙。这种窑洞俗称“石窑洞”或“砖窑洞”。其优点是冬暖夏凉、坚固耐用，比土窑洞选址自由、朝向自由，光线充足，故历代沿用。瓦房、平房均属木架结构顶，砖石垒砌。瓦房通常砌明柱，前面明柱两排，上有立栏、卧栏，正面设置隔扇门窗，檩、椽支撑起脊，外形为双坡顶或单坡顶，富裕人家脊端安装“兽”或“稳”。主房3间或5间，墙面、屋顶多以青灰色调为主，人称“青砖大瓦房”。境内现存规模较大，保存较好的古民居多为明清建筑。有河底村的葛家大院、刘家大院，固庄“西园堂”张家大院，牵牛镇村周家大院、王家大院，山底村张家大院，燕龛村东史鸿藻故居等。平房的墙体较瓦房简易，有单纯用石或砖垒砌的，屋顶外形与瓦房不同，为平面顶，采用炉渣拌石灰夯打而成，屋顶有坡度以排水。无论平房、瓦房，门窗都很宽大，光线充足，但保暖性能较窑洞次。

境内民居建设高潮期有三个阶段：一是1948—1956年。在此期间，几乎家家动土、户户修盖，有在新址上盖新房的，有在旧址院里建配房的，有翻新旧居的，过去的坩埚墙、石头墙和土坯墙不少换成了砖墙。二是1979—1988年。中共十一届三中全会以后，随生活水平的提高，境内居民居住环境逐步改善，民居多为平合碹窑洞，以石头做基，红砖垒墙，钢筋水泥混凝土浇注圈梁，钢混现浇或钢混预制盖顶或砖合顶。20世纪80年代，民居院落多为正窑4眼，东西配平房，正窑打雨棚，大方窗户，女儿墙，水刷石前墙。同时，居民小二楼建筑出现。1980年至1989年原燕龛乡，有90%的农户盖了新房，全乡共建房屋4000间，8万平方米，平均每户新建60平方米，居住条件大变样。1987年，东村乡审核发放宅基地使用证3959户，占应发证数的99.8%，1987年批建户70家，总修建居住面积1.4万平方米。1989年，关家峪建起了大寨式新农居。三是1990—2000年。90年代民居户型也有了改变，采用预制板或水泥现浇盖顶，大雨棚带走廊，釉面砖贴墙或瓷釉涂料造面。小二楼建筑逐年增加,人居环境有了根改观。1991 年,河底镇又有 150 多户搬入新居,其中住宅小二楼迅速增加,家庭土暖气的安装蔚然成风。1996 年镇区农村宅基地使用证颁发 2706 户,其中河底村 1735 户,苇泊村 300 户,中佐 651 户;兴建居民住宅 1 万平方米。1997 年,河底村是山西省首批城镇化建设试点和示范单位,经阳泉市住建局、规划院等部门的专家联合勘测定位、反复研讨,出台了整体布局城镇规划。

2001 年,山底村建住宅楼 1 栋;苇泊村底商住宅楼 2 栋。2002 年,河底镇被列入省级 100 个试点镇和 6 个市级示范镇;建成信用社 2 栋住宅楼;山底村建 3 栋住宅楼改善群众居住环境。2004 年,中佐住宅楼等工程项目完工。2005 年,山底村建成 2 号、3 号、4 号住宅楼;红土岩住宅小二楼开工建设;郊里村移民新居。2006 年 7 月 24 日,河底镇城镇建设重点项目河底青龙苑住宅小区 2 号楼实现顺利封顶;建成 1.3 万平方米的育新住宅小区。2007 年,新农村建设扎实推进。山底、程庄、邓家峪 3 个重点推进村的完成规划工作。河底青龙苑住宅小区续建工程开始。2009 年,西沟村和武家庄村整体搬迁完成,东南沟村新居建设进展顺利。

2011 年,河底镇以建设绿色宜居集镇为目标,实施河底、中佐、苇泊、山底商贸住宅楼建设。同年,河底镇根据省农村工作暨扶贫开发改造会议有关精神和《山西省人民政府关于解决农村困难群众住房问题的意见》有关规定,认真落实开展农村危房改造工作。危房改造程序按照个人申请、村委评议、乡镇审查、区级相关部门复查核准的程序开展工作。危房改造工程经验收合格后,补助资金经区农村危房改造领导组批准,先拨付村委会,由村委会统一发放给农户。是年,危房改造 11 户,涉及大河北、东南沟两村,补助资金 12.1 万元。2012 年,固庄生态新居、山底新农村改造加快推进;危房改造 66 户,补助资金 92.4 万元。2013 年,河底村新一轮旧村改造、中佐富景小区二期工程正式启动。全年危房改造 42 户,补助资金 65.3 万元。其中,采用节能环保材料改造按户补助标准为 1.65 万元。2014 年,河底镇危房改造 230 户,验收 215 户,补助资金 303.5 万元。五架山村新村 200 栋别墅式村民住宅楼建成半数村民已迁入新村;一钢棚户区住宅楼 2.9 万平方米开建;固庄新村进入精装修阶段。

1998—2014 年河底镇居民小区建设情况统计表

表 4–3　　单位:年、平方米、层、个、栋

小区名称	地址	建筑时间	建筑面积	楼层	单元布局	楼栋	商铺	车库
南外环楼	村舞台西	1998/2005	4996	4/6	4	2	—	—
融浦小区	原供销社批发部旧址	2006—2007	30125	7	19	6	29	11
景然小区	融浦小区正对面	2007—2008	11818	7	8	4	29	7
玉馨小区	车站坳渣堆	2005/2008/2014	28416	7	19	5	61	16
隆河小区	河底车站	2010/2014	21140	7	13	3	29	30
东坡楼	东坡底	2006	5443	7	4	1	18	12
居信楼	信用社旁楼后	1999	5400	6/4	6	3	10	—
富景小区	中佐村南富景街	2006/2014	22000	—	—	—	48	—
隆盛小区	苇泊村南	2001/2003/2007/2008/2010/2013	30000	2/4	—	20	50	—
馨固庄园	固庄村东	2010—2014	20300	11	—	7	—	—
山底居民小区	山底村东、西大街	1998	5500	—	—	9	56	—

说明:“/”表示开工时间。

新村移民

郊里新村　因采煤造成郊里村部分地面下沉,2005 年,郊里村投资 720 余万元,在旧村小南梁地段重新进行新村建设,硬化路面长 1.4 公里,修建房屋 165 间,占地 24000 平方米,其中包括 7 套 168 平方米的小二楼,新建舞台 1 座,卫生所、幼儿园各 1 所。

西沟新村　2009 年,因阳煤集团一矿采矿造成地基沉陷对全村实施补偿搬迁,补偿款共计 1518 万元。全村 98 户分别搬迁到河底玉馨小区、荫营、阳泉市、盂县、平定等地,以河底居住最为集中有 12 户,户均面积 85 平方米。

武家庄新村　2009 年,因修建阳五高速过境公路,武家庄村整体搬迁至河底村景然小区。2011 年,村集体在小区设立村委会办公场所。2014 年村集体先后投资约 43 万元,安装单元防盗门 8 个、电动门 2 个、监控设施 16 个,平整摩托车、汽车停放处所 2 处。

小沟新村　2010 年 3 月，因郊区工业园区和小沟煤矿联合矿产开发土地平整工程，小沟村整体搬迁至郊区淑华园，新村占用 3 栋 11 个单元共 154 套楼房，使用面积达 1.5 万余平方米。同时,投资 2719 万余元,建成集村委会和卫生所在内,面积为 200 平方米的集体办公楼 1 栋。

五架山新村 2014年,五架山村投资1.5亿元,于旧村东北建成200栋别墅式村民住宅楼,水泥硬化路面36800平方米,拓展文化活动场所3000平方米,新建小学幼儿园864平方米,农民公园2200平方米,村委办公楼1150平方米,开凿了800米深井一眼。

第五节 生态园林

二十世纪六、七十年代,境内按照"社造社有,队造队有,个人植树永远归个人所有的政策",依靠社队集体、学生造林为主,鼓励社员个人植树为辅,对荒山、荒坡、荒地、通道、村庄、河滩、房前屋后,开展抓季节性的群众植树造林,形成了"高山松柏河边柳,村里杨槐处处有,半山干果村边园,绿树成荫多好看"的景致。八九十年代,境内重点开展荒山造林、四旁绿化。

21世纪,随城镇化进程的推进,园林绿化走上快车道。2001年,河底镇投资20万元完成了镇区100亩荒山绿化和镇政府前500平方米中心绿地建设。2002年完成了河底路二期工程沿线的绿化、美化。2003年,河底路三期工程和燕龛路沿路绿化工程。2004年,完成了8千米滴苇路绿化工程,推进全镇生态建设步伐。河底成为全区首批文明生态村试点。2006年,河底镇制定实施《关于创建园林城市建设绿色河底实施方案》,大力实施通道绿化、村镇绿化、文明生态村绿化、交通沿线景点绿化、企业学校绿化等五项工程,建成6个园林式工厂,5个花园式学校。2008年,河底镇投资60万元,对河底路两侧通道绿化补植补种,对绿化厚度不够的部分地段增厚、增宽,对镇区中心、河底中学背后的荒山和耕地进行绿化,造林870亩。2009年,河底镇结合"三城同创"拆迁27户,平整场地1万平方米,完成了河底中心广场的建设,河底中心广场及环镇绿化。同时抓好镇区周边园林村、园林企业、花园式学校建设。

2010年,对河底中心广场进行绿化。2011年,按照"园林城市"的建设要求,投资400万元,绿化政府广场周边50亩,并拆除镇区临建21处。2012年,围绕"森林城市"的建设主题,新增绿化面积3万平方米;五架山农民公园、北庄村中心广场等一批村镇建设项目相继建成。2013年,河底凤凰垴栽植各类苗木40余万株,农民公园初具规模。东村、北庄、下章召、红土岩、上章召、武家庄、邓家峪共7个村被列入省级"一村一品"专业村。2014年,栽植各类苗木30余万株,完成河底镇区干道、银河大街、中佐富景花园通道绿化,达到了春有花，夏有荫，秋有景，冬有绿的景观效果。固庄生态观光园已完成地下排水、场地平整、硬化等工程。

下章召景乐园　1993年，下章召村在幸福桥北建50米长廊，东西有2个六角凉亭，四周有松树、柏树、刺槐、花草等围绕，占地3500平方米。

燕龛街心公园　1996年10月，燕龛于村中心广场建街心公园，园内建有小桥流水、鱼池、凉亭，种有垂柳、柏树、龙槐、冬青、桃树、月季等各种树木花草，占地面积1500平方米。

河底村南路坡景点　2000年，河底村西南环路，建于占地面积60余亩，原先坡顶上只有一棵松树，后围绕这一棵树栽植垂柳松柏，并铺设草坪。

镇区中心广场公园　2008年，建设100亩，投资100万元，在原有基础上，高标准、高规格设计施工，与原有绿化景点对接，扩大景点范围。

双庙园林　位于东南沟村东入口处。现存树龄为500年的古柏4株。2014年，底郊区人民政府将该处确立为“重点林保护区”。

小固庄村休闲园　园以种植雪松、侧柏为主，配以冬青等小灌木。

苇泊环村绿化带　村南坡有700余棵油松林。凤凰垴生态公园的环山路四周有柏树、刺槐、毛白杨等，并建有文昌阁。在村西后梁、杨家岭地段栽种松树70棵，刺槐900棵。村南摩天垴、瓦口坡、青石坡栽种柏树、刺槐3000棵。村东南二亩沟、主义沟、小桥沟种植杨树2000棵。村街道两旁有松树、国槐、云杉松300棵。

河底村聚贤亭景点　位于村东环路，四周垂柳环抱、松竹围绕。

河底村北环路景点　位于村北环路惠富超市右，园内青龙腾飞雕塑，欧式长廊，种有雪松、黄杨、红叶小檗、冬青、国槐、柳树。

程庄村沿河公园　位于燕龛河西，筑坝1000米，蓄水5000立方米，种植雪松、银杏、桧柏、冬青、红叶小波、碧桃、海棠、连翘、玉兰等高档苗木1万余株。

燕龛村东山公园　位于村东核桃崖山，园内建汉白玉牌楼1座，凉亭2个，种有松树、柏树、柳树、刺槐、杨槐及各种花木等。

裕祥公园　位于村委会东，园内植有垂柳、侧柏、冬青，和三只鹿雕。

山底环村绿化带　村中、北部后底沟至新建路种植杨树370亩，柳树150亩。村东西大街、后底沟南道栽植树木1.2万余株。

固庄文化公园　位于村龙王庙前，种有松柏、云杉、冬青、木槿、月季等花卉和树木，设有梅花鹿、仙鹤等石雕和双鱼喷泉、六角凉亭、华灯、回廊。

河底村农民公园　位于电台路，乔灌搭配，针阔混交，占地150亩。

牵牛镇绿化景点　位于村东南滴苇路两侧，有柳树、柏树20亩。

南峪口花园　位于任家峪、三都两村交界处，栽植各类苗木3万余株，以针阔混交、乔灌搭配、草坪铺底与人造景观相应成景。

固庄梁骆驼岩景点　位于固庄矿北口，栽植树木6840株，灌木450株，铺设草坪1.2万平方米。

大河北村健身公园　位于村南，园内有健身广场和假山喷泉、鱼池、凉亭、长廊，种植有垂柳、柏树、龙槐、冬青、银杏树、月季等和草坪。

河南村游乐健身公园　位于村东，公园有观音庙、小山、花池、健身器材，种有松柏、垂柳、花卉等。

山底村文体活动广场　位于村中心，安装有健身器材、广场灯，建有标准篮球场地1个。

郊里观光休闲园　位于原河底林场，有林3400亩，有松树、柏树、杨柳树、刺槐、杏、桃等百余种。

第五章　交通　通信

第一节　交　通

公　路

河底镇境内自古有盂县通往北京和太原的古驿道(俗称官道)。民国 25 年(1936)苇泊至山底辟成的大道。民国 26 年(1937)10 月底,日军逼迫民工修建成勉强通行汽车的简易公路——阳盂线。中华人民共和国成立后,境内多次对已有道路进行拓宽、改建。到 2014 年年末,过境公路干线有国道 207 线及省道石(盆口)阳(泉)公路 2 条,境内共长 5.4 千米。过境阳五高速公路、京昆高速公路 2 条,境内长 17 千米。地方公路、86 条 155.89 千米,全部为晴雨通车里程,其中县级公路 4 条、30.14 千米,乡级公路 3 条、14.8 千米,村级公路 79 条、110.95 千米,全镇 32 个行政村通村公路路面全部硬化,实现了农村公路与国道、省道、县道、乡道、村道、户道的“六级联网”。

古驿道　据明嘉靖版《盂县志》记载,“牵牛山市在县东三十里路通北直隶获鹿县”。境内牵牛镇村旧属盂县,自古是盂县东出的东大门。河底镇自古是平定州北最大的集镇。两村境内,有一条由盂县入平定州直达京师的古驿道。

据《盂县志》记载,春秋时期,晋国智伯欲灭仇犹,借献钟之名,砍伐树林,修筑最早由晋阳(今太原市南境)通向仇犹国(今盂县境)的一条大道。至秦代,原仇县(今盂县境)通省府的道路已具相当规模。汉代,上艾县仍是通往太原的通道。隋代,开辟东出太行山的河北之道。元代盂县东出可去大都(今北京市)。明永乐元年(1403),修筑北京至太原的驿道,盂县遂有到达北京和太原的通道。据《牵牛镇村志》记载,明洪武一年(1370),盂邑在牵牛镇设铺递,有铺兵 3 名。千百年来,南来北往的官商繁忙往返于古道之间,在此停车歇脚、装卸物资,由此逐步形成牵牛镇这个长盛不衰的重要驿站。同时也造就了平定州北最大的商品集散地河底古镇。古驿道年代久远,已湮没难觅,似为自盂县城往东南经清城、牵牛镇、千亩坪、桃坡、平定县城、甘桃驿、井陉核桃园,穿过井陉古驿道可经获鹿达北京。牵牛镇、河底境内古道，西起牵牛镇村西大道（官道沟至村西出口）、小街、东大道（村东出口至界牌梁），翻过界牌梁出盂县境，经河底村西官道、古镇一里长街、攀云桥出境。民国16年（1927），盂县东南出口另辟新路，修筑了阳盂线，这条古驿路遂失去了昔日冲要地位。至2014年，这段古驿道上的牵牛镇西大道上，仍有历经千百载车轮碾压深7~8厘米的车辙印沟，在河底西官道上，有清道光六年（1826）本村保长郭维清纠众捐资，宽5米石砌古道。牵牛镇曾经建有西阁、牵牛镇桥、三甲阁、观音庙、官厅、集场等，河底镇建有普丰阁、东西集场、三官阁、老爷庙、明灵王庙、攀云桥等，至今还保留有不少古香古色的老宅院、老客栈、老马店，古老的门楼、石碑、石雕、砖雕、古家具，加上流传民间的古地名、古代名人传说、名人宅院，不仅让人们感受到古驿道当年的古风古韵，而且能将人们带回当年此地车水马龙的盛景。

过境干线公路　中华人民共和国成立前，该镇过境干线公路只有阳盂线，该公路起初是一条断续通行独轮车和铁轮车的天然山路，民国26年（1937）10月底日军占领阳泉后，逼迫民工将阳盂线修建成简易公路，路基宽5~6米，主要通行马车，也可勉强通行汽车。1955年至1956年经过两年整修、养护及部分铺筑路面，于1957年1月1日正式通行汽车，取名北郊公路。

1973年，由于国防战备所需，原平定至辽县（今左权）的平辽公路（207国道）向北延伸，途经该镇，又一条干线公路在该镇过境

1978年，北郊公路延伸至五台县石盆口，改名为阳（泉）石（盆口）线。1988年至1990年，由山西省公路局投资1603万元，将该镇路段改建为二级公路。2001年，更名为石（盆口）—阳（泉）线。

到2014年，该镇过境的干线公路有2条，即国道207线及省道石（盆口）阳（泉）公路。国道207线系国家南北交通干线公路，境内人称战备路。道路由北向南从西南舁乡进入该镇，穿越该镇下章召村东河南口，越境长度不足千米，东南入荫营镇韩庄村。省道石阳线由西北向东南由盂县榆林垴入境，经郊里、里龙光峪、小固庄、苇泊、任家峪村口出境，进入荫营镇三都村，过境全长5.4千米。

过境高速公路　20世纪，该镇没有过境高速公路。进入21世纪后，随着全国高速公路的大力兴建，2008年1月，阳泉至五台山高速公路阳泉至盂县段开工奠基。2010年12月30日上午8时，阳泉市郊区下千亩坪至阳泉市盂县元吉段开通，此高速公路途径该镇，该镇始有过境高速的历史。此后，阳五高速数次南北延伸，并与高速国网并网，故也称天黎高速。

2010年，在阳五高速开通，与高速国网并网的同时，太阳高速公路开工建设，次年建

成，2012 年 3 月 6 日正式运营。该镇拥有第二条横跨该镇的高速公路。太阳高速是山西省高速公路规划网“三纵十一横十一环”主骨架第五横的重要组成部分，是国家高速公路网北京至昆明的重要路段，故也称京昆高速。

到 2014 年，该镇有过境高速公路 2 条，即阳五高速和京昆高速。阳五高速穿越本镇东北部，从荫营镇前洼村进入该镇境内上章召村，途经苏家泉村、东南沟村、东村村、大河北村、武家庄村，过五架山隧道出境到盂县境内，境内全长 9 千米。该高速在上章召设大型交互枢纽，与过境的京昆高速互通。道路双向四车道标准，设计速度 80 千米 / 小时，路基宽度 24.5 米。京昆高速东西横贯该镇中北部，从西南畀乡进入该镇境内下章召村，途经河南村、上章召村、苏家泉村、河底村、猪头垴村、东村村、山底村，过隧道出境到盂县境内，境内段长 8 千米。

县（区）公路　20 世纪 50 年代，国民经济快速恢复，境内为适应钢铁冶炼，矿石运输的需求，大力兴建公路，多条县（区）公路相继建成。进入 90 年代后，为改善通行条件，对多条县（区）公路进行了路面加宽及沥青铺筑。进入 21 世纪后，配合上级公路联网的相关政策，又对多条县（区）公路进行了水泥硬化。到 2014 年，该镇分布县（区）公路 4 条 30.14 千米，分别是滴苇线、河苇线、霍牵线、东五线。

滴苇线起点盂县清城乡滴水崖村，即滴苇线与省道石阳线交汇处，途经该镇小沟、山底、红土岩、牵牛镇、河底、苇泊村，又与省道石阳线交汇，全长 10.3 千米，为二级公路。路面状况为水泥路面，全线为可绿化里程，已全部绿化。苇泊至山底段为民国 25 年（1936）辟成的大道。1955 年，山底铁业生产合作社协同牵牛镇、河底 2 个磺业社，共同修建了山底至河底长达 5 千米的公路。1958 年，省交通局修通苇泊至盂县清城段后，此线改为县级公路。1982 年，对 K3+000—K10+000 处铺筑为沥青路面。1988 年，对 K3+000—K8+000 处铺筑沥青路面。1995 年，对 K8+000—K10+000 处进行了改扩建。1995 年至 1996 年对 K0+000—K3+000 处进行了重建并铺筑为沥青路面。2000 年 4 月至 2003 年年末，对滴苇线进行了大规模改造。总投资 2638 万元，改造工程分三期进行：2000 年 4 月 1 日至 10 月 20 日为第一期，完成 1.7 千米的改造任务；2001 年 4 月 1 日至 10 月 1 日为第二期，完成 1.93 千米的改造任务；2002 年 8 月 21 日至 2003 年年末为第三期，完成剩余路段的改造任务。整个工程共动用土石方 715842 立方米，其中挖石方 177518 立方米，挖土方 276204 立方米，填土石方 262120 立方米。路面为铺筑。这是阳泉市郊区有史以来县乡公路建设改造最大的一项工程。改造后的公路分别达到城市干线二级公路标准，路基宽 24 米，路面宽 16 米，人行道各宽 3 米；平原微丘区二级公路标准，路基宽 12 米，路面宽 11.5 米；山岭重丘区二级公路标准,路基宽 8.5 米,路面宽 8 米。滴苇线的改造建设,对拉动当地经济的发展,起到很大的促进作用。已实施 GBM 工程。

河苇线起点河南口,终点苇泊,途经下章召、上章召等村,全长 4.59 千米,为三级公路。路面状况为水泥路面。全线为可绿化里程,已绿化 2.8 千米。始建于 1958 年。2005 年,将全线改造为水泥混凝土路面。2008 年,已实施 GBM 工程。

霍牵线起点霍树头,终点牵牛镇,途经小西庄、小河北、南沟、东村等村,全长 9.45 千米,其中三级公路 4.3 千米,四级公路 5.15 千米。路面状况为水泥路面。全线为可绿化里程,已绿化 2 千米。始建于 1958 年,属钢铁运输线。1996 年,区交通局投资 50 万元,将全线进行了路面沥青铺筑。2005 年,改造为水泥混凝土路面。

东五线起点东村,终点五架山,途经大河北,全长 5.8 千米,为四级公路。路面状况为水泥路面。全线为可绿化里程,已绿化 3.5 千米。始建于 1958 年。1990 年至 1991 年,由区、村共同投资 84 万元建为沥青表处路面。2005 年改建为水泥混凝土路面。

乡级公路　该镇分布乡级公路 3 条 14.8 千米,分别是榆曹线、南武线、关街线。

榆曹线起点榆林垴(盂县),终点曹家掌,途经北庄、程庄、燕龛,全长 4.1 千米。有二级公路 2 千米,三级公路 2.1 千米。路面状况为水泥路面。全线为可绿化里程,已绿化 3 千米。始建于 1976 年冬,1979 年年初通车至燕龛。20 世纪 80 年代前期,修建延伸至曹家掌。2005 年,全线建设为水泥混凝土路面。2008 年,已实施 GBM 工程。

南武线起点南流(盂县),终点武家庄,全长 5.2 千米,为四级公路。路面状况为水泥路面 1 千米,中级路面 4.2 千米。全线为可绿化里程,未绿化。始建于 20 世纪 80 年代。2002 年,由区政府投资改造建设为水泥和沥青碎石路面。

关街线起点关家峪,终点街上,全长 5.5 千米。其中三级公路 1.5 千米,四级公路 4 千米。路面状况为水泥路面。全线为可绿化里程,已绿化 3.3 千米。建于 2003 年。

村级公路　中华人民共和国成立前,该镇所有村落虽有道路互通,但多为崎岖小道。新中国建立后,随着村集体经济的不断壮大,境内多数村自筹资金,建设通村道路。进入新世纪后,享受国家村村通工程的惠民政策,通村公路逐年改善。2000 年,该镇掀起公路建设热潮,累计建成乡村公路 9 条,长 19.8 千米,基本形成了村村通公路的道路覆盖网络。截至 2002 年年底,全镇公路建设投资超过 4000 余万元,新增里程 10 余千米。公路建设速度加快,不仅改变了路况不好、运输不畅的现状,而且加快了城镇化建设进程。同时拉动了内需,带动了相关产业的发展。2004 年,贯彻落实"四个一批,五级联网"的总体规划和要求,群策群力,克服种种困难,掀起了"村村通"硬化路的建设高潮。共投资达 3200 万元,建设改造村通公路79.2千米，构筑了纵贯全镇的公路交通网络。任家峪、邓家峪、固庄等经济条件好的村在改善村容村貌、建设文明生态村方面走在了全镇前列。2005年，对纵贯全镇32个村的村级公路进行了“村村通”建设，使全镇通车总里程达100余千米，进一步整合交通资源、改进了基础设施、提升了河底镇对外开放新形象。到2014年，河底镇主要村道路共计79条，通车里程达到110.95千米。连同过境公路及区乡公路，互联成网，连通全镇32个行政村。

2014年河底镇村级公路一览表

表5-1　　单位：公里

路线编号	名称	起讫地点	里程	公路等级	路面结构
C075140311	里龙光峪西—里龙光峪东线	里龙光峪西—里龙光峪东	1.313	四	水泥混凝土
C076140311	苇泊村委会—苇泊线	X298140311—苇泊	1.428	四	水泥混凝土
C091140311	苇泊—苇泊东线	X295140311—苇泊村东	1.24	四	水泥混凝土
C092140311	关家峪口—关家峪线	Y062140311—关家峪村	2.593	四	水泥混凝土
C212140311	任家峪东—任家峪西线	任家峪东—任家峪西	1.551	四	水泥混凝土
C213140311	牵牛镇东—牵牛镇西线	牵牛镇东—牵牛镇西	1.832	四	水泥混凝土
C214140311	东村南—东村北线	东村南—东村北	2.83	四	水泥混凝土
C215140311	东村东—东村西线	东村东—东村西	4.496	四	水泥混凝土
C216140311	南沟村委会—南沟线	X299140311—南沟村	2.027	四	水泥混凝土
C217140311	大河北南—大河北北线	Y036140311—大河北北	1.427	四	水泥混凝土
C218140311	大河北村委会—大河北线	Y036140311—大河北	0.843	四	水泥混凝土
C219140311	五架山村委会—五架山线	Y036140311—五架山	2.812	四	水泥混凝土
C220140311	五架山戏台—五架山线	C219140311—五架山	0.906	四	水泥混凝土
C221140311	小西庄村委会—小西庄线	X299140311—小西庄	1.563	四	水泥混凝土
C256140311	河底—南沟线	X295140311—南沟村	3.695	四	水泥混凝土
C257140311	小河北—南沟桥线	小河北村入—X299140311	1.322	四	水泥混凝土
C258140311	小河北村东—小河北村西	小河北村东—C257140311	0.538	四	水泥混凝土
C259140311	霍牵线—小河北线	X299140311—C257140311	0.84	四	水泥混凝土
C260140311	武家庄西—武家庄东线	武家庄村西—Y061140311	0.389	四	水泥混凝土
C261140311	武家庄—温和灌区线	Y061140311—温和灌区	0.422	四	水泥混凝土
C262140311	东村东—东村西线	东村东—东村西	1.507	四	水泥混凝土
C263140311	苏家泉村西—苏家泉村东线	C265140311—苏家泉村东	2.349	四	水泥混凝土

续表 5-1 单位:公里

路线编号	名称	起讫地点	里程	公路等级	路面结构
C264140311	苏家泉村东—苏家泉村西线	苏家泉村—苏家泉村西	0.361	四	水泥混凝土
C265140311	河底—河底水厂线	X295140311—河底水厂	0.933	四	水泥混凝土
C266140311	广场—河底工商所线	X295140311—C265140311	0.481	四	水泥混凝土
C267140311	河底—河底矿线	X295140311—河底矿	2.334	四	水泥混凝土
C268140311	小西庄北—小西庄南线	C221140311—小西庄南	0.556	四	水泥混凝土
C269140311	山底村委会—山底线	山底村委会—山底	0.954	四	水泥混凝土
C270140311	程庄口—程庄线	程庄口—程庄	3.4	四	水泥混凝土
C270140311	小沟村委会—小沟线	小沟村委会—小沟	3.866	四	水泥混凝土
C277140311	河底小学—河底村西线	C265140311—C267140311	0.351	四	水泥混凝土
C278140311	龙光峪—里龙光峪线	X295140311—T214140311	2.582	四	水泥混凝土
C279140311	里龙口—里龙线	S214140311—C278140311	0.958	四	水泥混凝土
C280140311	S214—郊里林场线	S214140311—林场	2.462	四	水泥混凝土
C281140311	燕龛—西沟线	Y041140311—西沟	2.259	四	水泥混凝土
C282140311	燕龛口—燕龛线	Y041140311—燕龛煤矿	2.909	四	水泥混凝土
C283140311	程庄口—程庄线	Y041140311—程庄村	0.647	四	水泥混凝土
C284140311	程庄口—程庄村委会线	C283140311—C283140311	0.388	四	水泥混凝土
C285140311	北庄口—北庄线	Y041141311—北庄村出点	0.979	四	水泥混凝土
C286140311	北庄村委会—北庄线	C285140311—C285140311	0.435	四	水泥混凝土
C287140311	小沟口—小沟线	小沟村委会—X295140311	0.13	四	水泥混凝土
C288140311	滴苇线—小沟线	X295140311—C287140311	0.194	四	水泥混凝土
C289140311	山底口—山底线	山底村北—山底村南	2.07	四	水泥混凝土
C290140311	山底村东—山底村西线	X295140311—C289140311	0.286	四	水泥混凝土
C291140311	山底村牌楼—山底水厂线	山底村牌楼—山底水厂	0.98	四	水泥混凝土
C292140311	红土岩口—红土岩线	红土岩口—红土岩村	1.241	四	水泥混凝土
C293140311	牵牛镇村北—牵牛镇村南	牵牛镇村北—X295140311	1.215	四	水泥混凝土
C299140311	中佐口—中佐线	X295140311—中佐村出点	0.75	四	水泥混凝土
C295140311	中佐—龙光峪线	C294140311—C278140311	1.092	四	水泥混凝土
C296140311	上章召口—上章召线	X298140311—上章召村	1.137	四	水泥混凝土
C297140311	上章召桥—上章召线	X298140311—上章召村	1.305	四	水泥混凝土
C298140311	河南口—下章召线	X298140311—下章召出点	1.758	四	水泥混凝土

续表 5-1　　单位:公里

路线编号	名称	起讫地点	里程	公路等级	路面结构
C299140311	河南村西—河南村东线	河南村西—河南村东	0.601	四	水泥混凝土
C301140311	固庄口—任家峪线	S214140311—任家峪村煤矿	3.055	四	水泥混凝土
C302140311	任家峪村口—邓家峪村口线	C301140311—邓家峪村煤矿	3.018	四	水泥混凝土
C303140311	邓家峪小学—邓家峪煤矿线	C302140311—邓家峪村煤矿	0.807	四	水泥混凝土
C304140311	邓家峪村委会—邓家峪线	C302140311—邓家峪村	0.515	四	水泥混凝土
C305140311	S214—任家峪村口线	T214140311—C301140311	4.754	四	水泥混凝土
C306140311	小固庄口—小固庄线	S214140311—小固庄村	0.155	四	水泥混凝土
C307140311	小固庄村东—小固庄村西线	S214140311—小固庄村西	0.575	四	水泥混凝土
C308140311	小固庄—小固庄村委会线	小固庄村委会—C307140311	0.184	四	水泥混凝土
C309140311	固庄东—固庄西线	S214140311—固庄村	1.293	四	水泥混凝土
C310140311	固庄—固庄东线	C305140311—固庄村东	0.312	四	水泥混凝土
C311140311	固庄—固庄西线	C309140311—固庄西	0.227	四	水泥混凝土
C312140311	河底镇—河底线	河底镇—河底村	0.239	四	水泥混凝土
C320140311	郊里林场办公楼—林场线	C280140311—林场	1.707	四	水泥混凝土
C320140311	郊里林场西—郊里林场东线	C320140311—林场东	1.706	四	水泥混凝土
C325140311	河底东—河底西线	河底东—C267140311	0.7	四	水泥混凝土
C331140311	小西庄小学—小西庄线	小西庄小学—X299140311	0.151	四	水泥混凝土
C332140311	下章召林场—下章召线	林场—C298140311	0.336	四	水泥混凝土
C404140311	上章召—上章召线	C2947140311 上章召	0.5	四	水泥混凝土
C406140311	北庄村委会—北庄线	Y041140311—北庄线	0.5	四	水泥混凝土
C407140311	S214140311—郊里线	S214140311—郊里线	2.8	四	水泥混凝土
C418140311	关家峪—刘备山线	关家峪—刘备山线	2.5	四	水泥混凝土
C422140311	五架山村委会—五架山线	X322140311—五架山线	1	四	水泥混凝土
C423140311	山底村委会—山底线	C209140311—山底线	1	四	水泥混凝土
C434140311	上章召—苏家泉线	C297140311—C264140311	2.336	四	水泥混凝土
C438140311	东五线—东村线	东五线—东村村	2.552	四	水泥混凝土
C439140311	瑜曹线—程庄线	榆曹线—程庄	0.498	四	水泥混凝土
—	—	—	110.95	—	—

桥　梁

该镇居民自古就有修桥补路，功荫后世的传统。据清乾隆四十九年（1784）《重修盂县志》卷四、光绪七年（1881）《盂县志》卷六《关寨附桥梁》中有“牵牛镇桥”的记载。古桥坐落在古驿道咽喉地段，为盂县境内15座古桥之一。

位于郊里村南端0.5公里处的寡妇桥，相传为49名好施寡妇捐资修建，为独孔石桥。桥长20米，宽2米，高6米。

位于东村老爷庙下河道的永安桥，桥长40米，宽4米，桥身设计走向奇特，不东不西，非南非北，贸然在桥上步行者，迷迷糊糊一时不辨东西。桥的设计走向是圪料的，从桥的外观东侧看，阁是东北方向；从桥的外观西侧看，阁是西南方向。从阁一侧进去在阁内会听到“说笑声、唱歌声”，回音四起，动听悦耳，出来后路人因陶醉而觉方向变幻，迷失东西。因桥的阁（涵洞）设计为斜的，这一绝被关东卖艺郎说成为“斜阁圪料桥”。

位于上章召村南沟底河道的永占桥，桥长12.1米，宽3.25米，桥面块石铺砌，桥两边有青石栏杆和望柱，桥头望柱上雕石狮，其余望柱为圆形。

位于东南沟村东，横跨温河的南沟木桥，相传由今西南舁乡北舁村一郭姓人家捐建。此木桥长12米，宽1.3米，厚0.33米。

位于苇泊天齐庙下河道的感应桥，桥长3米，宽2米，建于明嘉靖四十五年（1566）。

位于河底村的攀云桥，跨河底河，为独孔石桥。桥长16米，宽8米，高10.5米，建于清乾隆三十一年（1766）。

位于燕龛村东南的祝山桥，跨燕龛河，为独孔石桥。跨径6米，桥长20米，宽4米，高6米。建于民国13年（1924），由燕龛、程庄、曹家掌、西沟、北庄等村的四邻乡民捐资修建。桥面全部用卵石铺成，共计360块。桥头立碑3块，以志纪念。

中华人民共和国成立后，随着交通事业的快速发展，各级政府面对境内沟壑阻隔的自然环境，大力修建公路桥梁，有效贯通了各类公路网。1957年，为配合大炼钢铁，运输矿石的需要，霍千线南沟段南沟桥建成，有效打通了温河的阻隔。随后，苇泊桥也相继建成，使县乡公路有效贯通。1969年，下章召村发扬自力更生的精神，建成该镇第一座采用预制拱梁修建的双曲拱桥，方便了村民出行，起名“幸福桥”。1974年，配合温河水利工程的建设，东五线大河北路段横跨温河的团结桥建成。1988年，河苇线河南口路段横跨温河的河南口桥建成。到2014年，境内共有各类桥梁24座。

2014 年河底镇境内小型公路桥梁一览表

表 5-2　　单位：米、吨

桥名	所在地名	属线	结构	孔数／跨径(米)	桥长	载重(吨)	跨越河流	建成年份
河底桥	河　底	苇山线	石　拱	1／12	25	13	河底河	1967
小西庄桥	小西庄	牵西线	石　拱	1／8	16	13～60	小西庄河	1972
北庄桥	北　庄	榆燕线	石　拱	3／6	23	—	北庄河	1978
程庄桥	程　庄	榆燕线	砼盖板	2／6.8	13.6	—	燕龛河	1978

2014 年河底镇境内干线公路桥梁表

表 5-3　　单位：米、吨

路线号	桥梁名称	中心桩号	跨越地物	荷载(汽－挂)	主桥结构	桥梁全长	桥跨组合	桥面净宽	桥面净宽
207 国道	章召小桥	922.225	沟　壑	15-80	石　拱	12.0	1-5	7.80	1958
214 省道石阳复线	小固庄桥	139.422	沟　壑	15-80	板　拱	31.5	1-8	7.40	1958
214 省道石阳线	苇泊桥	140.020	苇泊河	15-80	石　拱 重力式墩	52.9	3-11.4	12.0	1958

2014 年河底镇境内干线公路桥梁表

表 5-4　　单位：米、吨、辆

名称	路别	位置	等级	桥长	桥宽	孔数／跨径	昼夜交通量	结构	设计荷载(汽—挂)	建筑年代
南沟桥	县级	霍牵线 k4+315	公路Ⅱ级	50.3	5.8	2／15	1200	石　拱	15-80	1957
小西庄桥	县级	霍牵线 k3+350	公路Ⅱ级	15.3	7	1／9	1200	石　拱	13-60	1972
友谊桥	县级	河苇线 k3+231	公路Ⅱ级	30.5	7	1／15	2000	石　拱	15-80	1984
河南口桥	县级	河苇线 k0+045	公路Ⅱ级	76.4	8	2／16	2000	盖　板 轻型桥台	20-100	2004
山底桥	县级	滴苇线 k3+437	公路Ⅱ级	30.5	12	3／10	2000	T 型梁 重型桥墩	20-100	1992
苇泊桥	县级	滴苇线 k9+790	公路Ⅱ级	39	9	2／8	1800	双曲拱 U 型桥墩	20-100	2000
团结桥	县级	东五线 k1+439	公路Ⅱ级	58	6.9	2／6	500	双曲拱 轻型桥墩	15-80	1975
北庄桥	乡级	榆曹线 k0+669	公路Ⅱ级	23	10	3／6	2500	石　拱	20-100	1978
程庄桥	乡级	榆曹线 k2+043	公路Ⅱ级	14	8.5	2／6	2500	盖　板 轻型桥台	20-100	1998
燕龛桥	乡级	榆曹线 k2+839	公路Ⅱ级	12	6	1／5	2000	石　拱	15-80	1991

续表 5-4　　单位:米、吨、辆

名称	路别	位置	等级	桥长	桥宽	孔数 / 跨径	昼夜交通量	结构	设计荷载(汽-挂)	建筑年代
程庄桥(2号)	村级	程程线 k0+077	公路Ⅱ级	17	2	2 / 6	1500	—	13–60	1998
水厂桥	村级	山山线 k0+289	公路Ⅱ级	13	5.5	1 / 10	1500	—	13–60	1995
上章召桥	村级	上上线 k0+071	公路Ⅱ级	15	7	2 / 6	1500	—	13–60	1995
河南桥	村级	河下线 k0+009	公路Ⅱ级	13	5	2 / 5	1500	—	13–60	1989
任家峪桥	村级	固任线 k0+426	公路Ⅱ级	30	10	2 / 6	1500	—	13–60	1995
下章召桥	村级	河下线 k0+391	公路Ⅱ级	34	7	1 / 25	1500	—	13–60	1997
程庄3# 桥	村级	榆程线	公路Ⅱ级	30	5	2 / 11	500	—	13–60	2009

铁　路

河底镇的铁路交通,主要有荫营煤矿、固庄煤矿的运煤专用线,荫固专用线起点白荫专用线,区间 13.04 千米处,向北经三都至固庄煤矿,全长 8.84 千米。该线设三都站(盂县货站)、固庄煤矿站 2 个装卸站点,年货运量 80 多万吨。由固庄煤矿投资兴建。1956 年,铁道部第三设计院对白荫支线勘测设计时,作为远期规划同时进行了设计。1967 年,正式动工修筑,1968 年荫营至三都段通车,1969 年铁路延修至固庄煤矿铁路装车站。

第二节　运　输

公路货运

20 世纪 50 年代以前,境内的货物运输主要依靠人力和畜力。人力运输工具有大小扁担、抬杠、担杖、麻包、口袋、捎马、箩筐、筐篮、独轮车等。畜力运输工具有笼驮、鞍架、牛牛车、铁轮大车等。木制铁轮大车在当时是较先进的运输工具,主要从事煤炭、铁货、铁板等货物运输。邓家峪村村民邓白牛、邓爱福、邓爱宝 11 岁就赶着毛驴往阳泉站送铁货。村民张喜存、张周存兄弟 2 人年轻时各推着一辆独轮车,翻山越岭走 20 多千米山路往岔口卖煤炭。1955 年,东村孔家购置了一辆三套马车,河底硫铁矿开始使用胶轮小平车,此后河底、牵牛镇、东村等大部分村集体及农户都陆续购置了小平车。1956 年至 1957 年,农业合作化高级社时期，河底、邓家峪、山底、牵牛镇等村先后拴起第一批胶轮大车，河底村社员史通成、邓家峪村社员邓秉林、邓元堂、张四苟等先后成为第一代赶车把式。

1968年，河底购置了第一台手扶拖拉机，次年又购置了30型、工农7.1型两台拖拉机，1971年又购置小卡斯汽车一台。此后，境内拖拉机、汽车逐步发展。但其时小平车和马拉胶轮车仍是短途和中途运输的最主要工具。中共十一届三中全会后，随着机动车运输的快速发展，村村成立了车队。到20世纪80年代初，马车队全部解散。小平车的短途运输也只偶尔在农村出现。

1982年后，运输市场开放，允许农民个人或联户购置大中型汽车或拖拉机从事生产和运输，个体运输专业户迅速兴起。在“有路大家跑车，有河大家行船”的口号下，该镇形成了集体、个体一齐搞运输、开放活跃的运输市场新格局。以河底村光根存创建的通茂运输公司为代表的个体汽车运输企业应运而生。

进入20世纪90年代后，推广集约化运输经验，山底等集约化经营车队相继成立，运输业再次掀起高潮。以山底集约化车队为例，1993年，拥有车辆36部、吨位数180吨、货运量25920吨、年运输能力4006405吨千米、从业人员75人。

公交客运

该镇没有公交客运经营主体，中华人民共和国成立初，所辖区域的公交客运有阳泉客货转运栈承担。当时的客货转运栈从省交通局调回日产丰田牌旧汽车6辆，开始货运业务。之后，在阳泉至河底间试运“以卡代客”(以卡车代替客车)，客货混装的运营业务。

1958年，阳泉市公共汽车公司开通了阳泉至河底的客运线路。1962年，阳泉至山底公共汽车开通。1970年至1973年，开通了阳泉至山底、阳泉至燕龛客运线路。1980年至1988年，开通了阳泉至东会里、阳泉至盂县、阳泉至岔口、阳泉至张家井4条为过境线路。

截至2014年，通行于境内的公共汽车线路有8路、9路、郊区501路、502路及通行盂县、五台、忻州、太原等地的长途客车，还有私人运营的中巴车。途经各村，遍布站点，单程总计40.9千米。

2014年河底镇公共汽车入境及过境客车简表

表5-5　　单位:千米

路别	区　间	境内里程	境内主要站点	开营年份	日发班次
8	阳泉—河底	3.9	南峪口、苇泊	1958	19
9	阳泉—西南舁		河南口	1964	7
501	阳泉—东村	8.2	南峪口、苇泊、河底、牵牛镇	1964	4

表 5-5 单位:千米

路别	区　间	境内里程	境内主要站点	开营年份	日发班次
502	阳泉—山底	8.1	南峪口、苇泊、河底、牵牛镇	1970	4
503	阳泉—上章召	2	河南口、下章召		
303	阳泉—固庄矿	1.	南峪口		
526	阳泉—任家峪	1	南峪口		
529	阳泉—北异		河南口		
6	阳泉—曹家掌	11.3	南峪口、苇泊、龙光峪、固庄煤矿、郊里、燕龛	1971	2
13	阳泉—东会里		河南口	1980	4
11	阳泉—盂县	5.4	南峪口、苇泊、龙光峪、固庄煤矿、郊里	1983	6
17	阳泉—岔口		河南口	1984	6
22	阳泉—张家井		河南口	1988	2

个体客运

1986 年,该镇个体客运开始出现。1997 年 1 月,上级交通管理部门成立了客运服务中心，积极组织客运车辆挂靠服务中心，对无证经营和乱串线车辆进行了清理整顿。1998 年,严格实行司乘人员持证制度。1999 年,创建了阳泉至东村的一条文明线路。2000 年,由于个体中巴车的涌入,阳泉至东村、阳泉至山底、阳泉至燕龛、阳泉至东会里、阳泉至盂县、阳泉至张家井等线路的阳泉市公共汽车公司并线或停运。上级交通部门在该镇各村建立汽车客运站台,对挂靠和个体营运的客车,要求依据客车座位载客,严禁超载,并按照“乡镇有站,大村有棚,小村有牌”的思路,积极推进村村通客车工程,各行政村通客车率达到 100%。2010 年,为加强安全管理,对个体客车进行整合,不再以个体形式完成客运任务。

车辆检测维修

该镇车辆检测及维修企业主要有阳泉市通达汽车检测站及阳泉庆达汽车维修有限公司。

阳泉市通达汽车检测站，隶属苇泊村委会。创立于 1992 年 4 月 28 日。坐落在省道 214 线石阳线 K000+000 左侧,紧傍 307 国道,交通极为便利。占地面积 13332 平方米,停车场 6850 平方米。现有职工 32 名,全员都经过上岗培训,其中中级职称 5 名,初级职称 2 名。注册资本 120 万元,固定资产 462 万元,服务项目有:安全检测、综合检测、环保检测。到 2014 年 9 月底,年检车辆 11568 台次,收入 89 万元;保车辆 1682 台次,收入 25 万元;环保检测车辆 3069 台次,收入 28 万元;上缴税金 8 万元,实现利润 3 万元。预计全年收入 170 万元,上缴税金 11 万元,实现利润 10 万元。法人代表为靳红亮。

阳泉庆达汽车维修有限公司，是集汽车修理、机动车安全检测为一体的专业厂家，法人代表张金贵。位于214省道南边，对面是山西省阳泉第二监狱办公生活区，距阳泉市区仅20千米。始建于1987年，隶属于苇泊村委会。建厂以来一直从事国产进口各种汽车的专业维修，常年聘用高级技师协助，特别注重轿车的维修工艺创新。在近30年的汽车专业维修实践中积累了丰富的经验，形成了严格的规章制度、技术操作规程、技术要求。如二级维护、发动机总成大修、进出厂检验、竣工标准等均有严格的规定。2014年，改名为阳泉庆达汽车维修有限公司。有职工32人，其中：具有中级职称的质检技工2人，综检技工2人，汽修技工14人，共18人，占全厂职工的60%。占地总面积为12000平方米，房产面积为3900平方米，有主修车间700平方米、二级维护车间800平方米、办公楼400平方米、业务大厅200平方米。拥有固定资产500万元，各类专用和通用设备40台(部)。大型设备有曲轴磨床、镗缸机、绗磨机、喷油泵试验台、冷磨热试台、行吊、举升架等。专用机具有轮胎螺丝拆装机、小吊车、轮胎动平衡机、轮胎拆装机、汽车吊车等。具有年大、中修150台/次、二级维护1500台/次、小修500台/次的生产能力。2014年，创利润10万元。

第三节　公路管护

公路管理

河底镇交通管理机构

20世纪50年代，河底运输站组建，是河底镇第一个专业运输管理机构，隶属于市运管机构管辖。历任站长李玉川、任秃手。20世纪80年代后撤销。

1984年4月，该镇境内的交通管理实行“统一领导，分级管理”的体制，在上级交通管理部门逐步健全的同时，河底运输代管站、东村运输代管站、燕龛运输代管站相继成立，形成了干线公路和地方道路分级管理，公路建养和交通规费征收分工负责的模式。所设3个站，隶属于阳泉市郊区交通局社会运输管理站管辖。运输代管员分别为周石寿、吴玉娥、李栓贵。他们不仅管理公路运输、乡镇的公路建设，还兼管拖拉机养路费的征收工作。

1988年10月，本境内河底运输代管站、东村运输代管站、燕龛运输代管站更名为河底运输管理站、东村运输管理站、燕龛运输管理站，隶属阳泉市郊区交通局社会运输管理所管辖。站长由各乡镇派出。同时运政管理人员统一配备制服，戴帽徽、领章、胸章。

2000年后,撤乡并镇,东村乡、燕龛乡并入河底镇。河底镇设河底运输管理站,隶属阳泉市郊区交通局社会运输管理所管辖。2004年,改隶阳泉市郊区道路运输管理所。此后伴随机构精简,乡镇站所撤销,运输管理由河底运输管理办公室实施。

驻地交通管理机构

阳泉市郊区公路管理段苇泊道班　坐落于省道214线石阳线K140+650右侧，总占地面积4936.3平方米。办公生活区由原前院区域改建组成,由原二层主楼改造为办公生活房屋,原附属房屋改造为附属服务房屋,总占地面积1840平方米。生产作业区由原后院区域改建组成,布设车库、库房、料场和小型构件预制区等,总占地面积892平方米。便民服务区由原车库区域改建组成,设置小型超市和便民服务点,总占地面积97.5平方米。生活设施区由前院北侧区域改建为菜地、果园生活设施,设置绿色生态文化长廊,总占地面积498平方米。旧址保护区由原苇泊公路管理站旧址区域组成,对窑洞和平房及旧址院落做保护性修缮，总占地面积373平方米。办公区院内设绿化景观，庭院绿化美化面积达30%以上。

其前身是苇泊公路管理站(所)。1950年,阳泉市始设阳泉公路管理站,隶属榆次公路管理段。苇泊公路管理站成立于1962年7月,属阳泉公路管理段,是新中国建立后,政府在阳泉市郊区境内建立的第一个公路养护机构,养护着干线阳上线及杨西线、苇山线、苇黄线等县(市)公路共67千米。许进任副站长。此后,其随着行政区划、隶属关系的变更而多次易名。1966年7月1日,易名为公路管理所。1974年12月21日,易名为公路管理站。翌年,1月18日任命张田为站长。1979年11月7日,易名为山西省阳泉苇泊公路养护段,属阳泉公路管理总段。1982年2月6日,易名为阳泉北郊公路养护段。1985年2月5日,与阳泉南郊公路养护段合并,易名为阳泉市郊区公路养护段,并迁址白毛梁。苇泊旧址成为苇泊道班驻地。苇泊道班属阳泉市郊区公路养护段。1987年10月9日,阳泉市郊区公路养护段易名为阳泉市郊区公路管理段,隶属关系不变。2014年,苇泊道班有养护职工10人，管养着国道207线928k+155—931K+100和省道214线石阳线136k+100—144K+872(干线)、135k+322—139K+792(复线)、杨白线0k+000—3K+625(连接线)两条国省干线公路,养护里程16.2千米,同时也是阳泉市公路分局间歇式交通量观测站。养护机械设备有双排小型货车1辆、割草机1个、简易清扫机1个。

阳泉市公安局交通警察支队三大队苇泊交警二中队　1987年,根据国务院《关于改革道路交通管理体制的通知》,阳泉市公安局建立公安交通警察支队,苇泊交警二中队隶属阳泉市公安局交通警察支队三大队。

苇泊交警二中队驻地位于省道 214 线 K140+200 右侧，租用五层办公大楼 1 幢。2014 年年末，中队有民警 24 名，协勤民警 22 名，设中队长 1 名。

中队管辖路段为省道 214 线 137km+100m（郊里）至 147km+500m（郊区建设局）以及所辖沿线的县、乡、村道路。二中队的重点危险路段为三都坡、固庄坡、南峪口、固庄煤矿东大门。其主要职责：设有 6 个岗位，分别为苇泊客运检查登记岗、三郊岗、巡逻一组、巡逻二组、护学岗、业务大厅。苇泊岗、三郊岗职责为，对过往辖区客运车、危化品车辆进行逐车检查登记。巡逻一组、二组职责为，全天候在辖区道路巡逻，查处各类违法行为，预防重特大道路交通事故的发生。中队定期对辖区展开“五进”宣传，即进学校、进企业、进家庭、进农村、进社区。2014 年，中队开展“五进宣传”计 107 余次，发放宣传单 2000 余份，共查处重点违法行为 77 起，其中饮酒驾车、无证驾驶、涉牌涉证等违法行为，简易程序 6000 余起。

阳泉市公安局交通警察支队三大队河南口交警中队　1987 年，根据国务院《关于改革道路交通管理体制的通知》，阳泉市公安局建立公安交通警察支队。2011 年 9 月，组建河南口交警中队，隶属阳泉市公安局交通警察支队三大队。河南口交警二中队驻地位于国道 207 线 K922+400 东侧，有二层楼建筑，总占地面积 800 平方米。2014 年末，中队有民警 18 名，其中合同民警 16 名，设中队长 1 名，指导员 1 名。

河南口中队管辖路段 152.7 千米。县级道路 4 条 27.4 千米，霍树头—牵牛镇 8.4 千米，水峪—韩庄 7.8 千米，杨树庄—白岩沟 7.2 千米，河南口—苇泊 4.0 千米。乡级道路 3 条 17.3 千米，西南舁—张家井 7.5 千米，西南舁—石窖堖 6.2 千米，北舁口—代家庄 3.6 千米。村道 30 条 90 千米。管辖 2 个乡镇 28 个村，其中：西南舁乡有西南舁村、五里庄村、王家庄村、大西庄村、东南舁村、雨下沟村、代家庄村、郊山村、石窖堖村、霍树头村、杜家庄村、大洼村、北舁村、咀子上村、张家井村、孔南庄村、东林尖村。荫营镇有韩庄村、马庄村、小庄村、辛庄村、南堖村、东堖村、西堖村、火石岩村、前洼村、后洼村、三郊村。其主要职能是道路及车辆管理。河南口交警二中队坚持管理就是服务的理念，加强车辆和驾驶员管理工作，结合路查，配合交通征费、保险、工商等部门搞“一条龙”综合服务。2014 年，河南口交警中队共查处简易程序违法 400 多起，一般程序违法 119 起，其中醉酒驾驶 3 起、饮酒驾驶 6 起、涉牌涉证 97 起、其他重点违法 13 起。

阳泉市交通运输执法局郊区分局　其前身是阳泉市郊区交通征费稽查所。1987 年，根据省编办《关于交通部门设立养路费征稽机构的通知》组建，隶属于山西省交通征费稽查局阳泉分局。为事业单位，正科级建制。主要职能是负责阳泉市郊区杨家庄乡、李家庄乡、荫营镇、河底镇两乡两镇以及驻地单位共 4362 台 9404 吨的汽车、挂车、汽车列车、轮式专用机械车和摩托车的养路费、公路货运附加费、代征铁路道口安全管理费等规费征收任务。1987—2008年,22年累计完成养路费、货运附加费征收任务2.86亿元,代收铁路道口通行费32万元。

2009年,全国税费改革后,根据山西省编委《关于组建山西省交通运输执法机构的通知》和省编办《关于山西省交通运输执法局职能配置、机构设置和人员编制的通知》阳泉市郊区交通征费稽查所整体转变职能,重新组建为阳泉市交通运输执法局郊区分局,定编12人,仍为事业单位,正科级建制。2011年1月,正式挂牌。2014年,有正式职工11名,其中局长1名、书记1名、副局长1名、正科调研员2名、普通职工2名,编制外用工4名。主要职责是行使五项职能(执法监督、治超监督、收费公路监督、安全生产监督、审计监督),因辖区无收费公路,主要行使执法监督、治超监督、安全生产监督,配合市局开展审计监督。监督对象主要为辖区交通执法单位:交通系统(阳泉市郊区交通运输局及下属路政所、运管所、公路站)、公路系统(阳泉市郊区公路管理段、阳泉市公路分局白泉超限监测站),共有监督执法人员120人,监督执法车辆12台,监督巡查路段为郊区辖区207国道、214省道和县乡道路,里程189.874千米。

2009—2014年,阳泉市交通运输执法局郊区分局整体转变职能以来,围绕交通行政执法监督这一中心,坚持"团结、和谐、务实、创新"的方针,以维护用路人的合法权益,保障交通安全,维护公路交通执法公平、公正为目标,全面开展交通执法监督的各项工作。2014年,执法监督138次,出动车辆138辆次,出动人数690人次。对执法单位存在的问题提出当场纠正3次,下达《交通行政执法监督意见书》11份;治超监督次数217次,出动车辆217辆次,出动人数1085人次;专项检查和巡查71次,出动车辆71辆,出动人员355人;1月至10月底,安全生产监督检查38次,出动车辆38辆,出动人数190人次,圆满完成省局、市局下达的各项工作任务。

1991—2013年,先后被交通征费稽查系统省局、分局评为先进单位、先进基层党组织、完成目标责任制优秀单位等称号。被市、区、河底镇各级党委、政府授予文明单位、治安防范达标单位、爱国卫生运动红旗单位、创建文明站卡优秀单位、服务经济建设先进驻地位、标兵文明单位称号。其间,档案管理达省二级档案管理标准。

公路养护

境内的道路养护在古代多由驿站代司其职。清代,通衢驿道的大修工程由巡抚、布政司主管,费用报工部审批核销;府官道和中修工程由地方州、县主管;一般民间大道和小修工程由地方商绅捐款或按人头、户数摊派。

民国初期，境内的道路养护分经常养护和征工大修两种。后因战事不断，基本改为征工养护。民国26年（1937）后，境内道路养护靠发动沿线群众及驻地部队维护。而日本侵略军占领区则在公路沿线强制设立“爱护村”，强征民工组成所谓的“爱路义勇队”来维护公路畅通。

阳泉解放初，公路建设资金甚少，境内只是在路阻地段临时组织群众挖土垫路、平坑填沟，维持通车。当时，境内公路技术标准都很低，全是没有铺筑路面的土路。使用的养路工具是铁锹、镐头和抬筐等，运料有时靠小平车和少量畜力车。

1950年，境内各级公路管理部门设立，负责征收养路费和保护公路。次年，政务院颁布《民工建勤整修公路暂行规定》后，开始了有政策、有组织、较规范的公路养护活动。即重要干线公路由专业道班养护，其余地方道路采取民工义务建勤办法，组织群众小组养护。当时过境的阳盂公路，由榆次公路段在阳泉三都村建立的阳盂群众工区专业道班养护。阳泉至山底的地方道路，采取道（工）群（众）共养办法养护。道路养护采用“粘土矿渣稳定路面法”和“利用硫磺矿渣加铺磨耗层”的方式，实施后效果良好，曾被上海车队误认为是柏油路。1957年后，该方法普遍推广。

1958年，境内掀起大炼钢铁、大办交通的群众性运动，地方公路迅速增加，但新增里程线型不好，河滩路占到50%以上。同时，大多数养护工人压缩回村，支援农业生产，干线公路基本处于无人养护状态。后从阳泉市各厂矿抽调工人组建养护队伍，河底养路队随之设立，1960年改组为河底道班，有养路工23人，负责阳盂线三都坡至郊里21千米。

20世纪70年代，公路日常养护由道班工人或民工建勤代表工养路队员完成，每年春秋季节由沿途公社、大队派社员全面整修公路。

20世纪80年代，公路养护全部是道工或民工建勤代表工养路队员专业养护。干线公路养护手段基本达到了机械化程度，实现了养护材料运输机械化、油路混合料拌和机械化、碾压机械化、洒水布料机械化、平整铲推路面机械化。到1995年全镇都通了油路，干线公路都达到二级至三级路标准，好路率91.7%；县乡公路达到二至四级路标准，好路率85%。

1996年，根据上级“谁投资，谁受益”的原则，该镇获得上级每千米1000元的公路养护经费，对公路养护采取了承包管理的办法，全镇所有公路保持了每公里1人进行护养。到2000年，全境公路好路率增到90%以上。

进入21世纪后，该镇成立公路养护站。按照县路县养、乡路乡养、村路村养的原则，实行“统一领导，分级管理”，该镇境内公路好路率达到89.2%，综合值77.4。

2008年开始，境内层层签订公路养护目标责任状，确保建一条、成一条、好一条、绿一条。到2014年年末，该镇境内根据“硬化+绿化+美化”标准，干线公路实现了通道绿化，部分路段实现了景点美化，所有道路实现了硬化，好路率及综合值得到再次提高。

第四节　邮　政

营业网点

据新编《牵牛镇村志》记载，明洪武一年(1370)，盂邑在牵牛镇设铺递，有铺兵3名。专门递送官署文书。清宣统元年(1909)，河底设邮寄代办所。次年，全国取消“邮界”，改按行省划分邮务区，下设一、二、三等邮局。山西邮务局在平定县设立了阳泉、平定2个二等邮局，直属山西邮务管理局。河底等代办所归阳泉邮局管理。民国3年(1914)，废除驿传制度，驿和驿铺全部裁掉，牵牛铺被裁撤。民国26年(1937)10月底，日军入侵占领阳泉，邮政、邮寄代办所相继关闭撤销。

中华人民共和国成立后，该镇邮政事业重新恢复。1956年，阳泉邮电局在河底设邮电所，开办有函件、包裹、汇兑业务，要宜慎为河底镇第一个乡邮员，负责投递河底、中佐、龙光峪、苇泊村报杂、信件。1957年1月，河底邮电所改设为河底邮电支局。1969年12月1日，全国邮政和电信分开。河底邮电支局的邮政和电信也随之分离。1973年，全国邮政电信合并，河底邮电支局的邮政和电信又随之合并。1986年8月，郊区邮电中心支局升格为阳泉市郊区邮电局。同年，遂在东村设邮电代办所。1988年，在燕龛设邮电代办所，1992年，在固庄煤矿设邮电所，分别负责该区域的包裹、信函、汇兑和电报、电话等业务。1997年，燕龛邮电代办所升格为燕龛邮电支局，配备支局长1人，工作人员3人。1998年10月，国家邮电进行体制改革，邮政和电信再度分营，阳泉市郊区邮政局从阳泉市郊区邮电局分立。2002年5月，郊区邮政局更名为阳泉市邮政局郊区分局。其间，河底邮电支局改设为河底邮政支局。2008年，成立中国邮政储蓄银行，郊区邮政分局在河底邮政支局挂牌成立阳泉市邮政储蓄支行，为二类支行。2009年10月，东村设邮电代办所及燕龛邮电支局，同时撤销。此后，圆通、韵达、申通等民营快递企业进入邮政市场。到2014年，该镇除部分快递业务外，主要邮政业务由河底邮政支局承担。营业地址位于河底银河大街，有职工10人，其中支局长1人，投递员3人，营业员6人。

邮路设置

明清时期，境内有一条盂县至平定州的古驿路，长 46 公里，是当时盂县三大驿传线路之一。据明嘉靖《盂县志》记载，“牵牛山市在县东三十里路通北直隶获鹿县”。由盂县城往东南经清城、牵牛镇、河底镇、千亩坪、桃坡、平定县城、甘桃驿、井陉核桃园，穿过井陉古驿道可经获鹿达北京。中华民国时期，境内有一条阳泉经河底、清城至盂县城的主干邮路，全长 30 公里，为逐日步差邮路。

到 20 世纪 60 年代，河底邮电支局有自行车逐日班投递邮路 2 条。其中一条是河底公社范围，投递点有南峪(月湾)、上章召、苇泊、牵牛镇、邓家峪、任家峪、中佐、固庄、小固庄、龙光峪、里龙光峪、河底、下章召(河南)13 个生产大队及驻地机关、厂矿企事业单位。另一条是东村公社范围，投递点有苏家泉(猪头垴)、东村、山底、小沟、红土岩、南沟(今东南沟)、大河北(武家庄、小河下)、小河北、小西庄、五架山，计 10 个生产大队。1978 年，河底邮电支局有摩托车逐日班投递邮路 1 条，投递点在原东村公社范围的基础上，新增加了燕龛、北庄、郊里、曹家掌、西沟、程庄 6 村。另一条是自行车逐日班投递邮路，投递点是河底公社范围及驻地机关、厂矿企事业单位。2014 年，境内有邮路 4 条，其中摩托车邮路 3 条 200 公里，自行车邮路 1 条 70 公里，单程全长 270 公里。投递点 100 多个，均为逐日班投递。邮政信箱 2 个，设于河底营业厅内外。

运递工具

中华民国以前，境内驿站、铺递和邮政局所的运递形式主要为人力徒步、畜力驮运两种。

20 世纪 50 年代，河底邮电支局配备了自行车，邮运工具以自行车代替了步行，刘拴财、贾振祥为境内自行车投递员。1971 年，阳泉至盂县汽车邮路开通。1978 年，配备了一辆摩托车，开始使用摩托车投递。郭来牛成为境内第一个摩托车投递员。此后，除短途或个别村庄内需自行车或步班投递外，基本实现了投递工具机动化。2014 年，河底邮政支局共有邮政摩托车 3 辆，自行车 1 辆，机动运输工具邮路占总邮路的 75%。

邮政业务

函　件　清宣统元年(1909)，境内邮政初办时就开办信函业务。中华人民共和国成立后，境内的邮政业务逐渐扩大。1952 年，河底邮电所经办的函件业务有平常信函、挂号信函、新闻稿件、邮资总付信函、明信片、印刷品、盲人读物等。1955 年，开始实行“银行联行专用信封制度”。1958 年，起开办国内保价印刷品业务，同年，挂号邮件收据将三联改为一联，交寄时抄登挂号清单。1960 年，开办“特种挂号信函”业务，用于交寄粮票、布票、户口迁移证、粮食转移证和共青团关系。1957 年至 1969 年，解放军战士交寄平信，只要加盖

“军人免费”三角戳记便可交寄。80年代中期,再度实行此制度。1978年后,函件业务新增邮政快件,并对其优先处理,保证时限。境内的机要通信,一直由阳泉邮电局承担,直接押接、收寄、投递机要文件。1993年,河底邮电支局增加特快专递。1998年后,由于电信的迅速发展,通信方式发生了较大变化,信函业务量出现了逐年递减的趋势。2010年,实施专业化改革后,函件业务有了很大的发展。2011年,函件业务主要经营项目有DM邮送广告、邮资信函、商业信函、广告邮简、邮资广告明信片、专用邮资广告信封、贺年有奖明信片、企业拜年卡、消费账单、户外媒体等。

包　裹　中华人民共和国成立前,只办理普通包裹业务。1952年以后,开办的包件业务有普通包裹、保价包裹、代收货价包裹和快递小包四种。1979年7月1日后,开始办理“甲乙类保价包件”业务。凡交寄手表、怀表、金银、金银饰品、珠宝玉器、外国铸币,按甲类保价包裹收寄;个人交寄其他物品,价值不超过30元的,一律按乙类保价包裹收寄。80年代初,开办了国际包件业务。1988年,河底邮电支局开办的国内包件业务分为民用包裹、商品包裹和快递小包,国际包件业务分为普通包裹、脆弱包裹、保价包裹。1998年后,在发展普通包裹的同时积极开发新业务。2000年,推出了快递包裹、校园包裹,并加大业务宣传,市场营销服务,推动了包裹业务的持续发展。2014年,河底邮电支局收寄包裹0.2万件,收入达到3.1万元。

汇　兑　境内的汇兑业务开办于清光绪三十二年(1906),当时叫汇寄银钞。中华民国期间,汇兑业务分为普通汇票、高额汇票、定额汇票、小额汇票、电汇汇票,而以普通汇票使用最多。新中国建立后,1950年,将汇兑业务改解汇为划汇。邮政汇兑以办理个人汇款为主,并且实行了限额制度,每笔汇款最高限额为300元。1955年2月25日,停止使用旧汇票,3月1日起随全国发行新人民币而使用新汇票。1962年,取消汇套,改将汇票装入汇款通知单代汇套寄发。1981年7月1日起,实行最高限额为5000元。2014年,最高限额为5万元。当年河底邮电所邮政汇兑开发汇票6670笔,汇兑金额3400万元。河底邮电支局实现电子化汇兑,并与全国联网,新增业务种类有:投递汇款、24小时电子汇款、2小时汇款、实时汇款、账户汇款、商务汇款、网汇通业务。

报刊发行　1953年,河底邮电所开始办理报刊订销业务。1959年,实现村村见报。“文化大革命”时期,各类报刊发行量大幅度下降,发行的报刊主要有《人民日报》《山西日报》《光明日报》和《红旗》杂志。1998年后,每年的订阅量大幅度增长。随着人民群众生活水平的不断提高,对文化类、信息类、休闲类报刊的需求量增多,到2014年,河底邮电支局私费订阅呈上升趋势,发行的报刊主要有《人民日报》《山西日报》《阳泉日报》《读者》《求是》

《家庭》等多种。报刊发行量1100份，流转额达到26万元。

邮政储蓄　1987年6月30日，河底邮电支局开办邮政储蓄业务。当时开办的种类有活期储蓄、整存整取定期储蓄、零存整取定期储蓄、定活两便储蓄、有奖储蓄5种。1988年，邮政储蓄充分利用网络服务、信誉优势，积极开展代收、代付业务，开办代发工资，养老金、代收水费、电费、电信资费、代发低保金等业务。1994年，开办邮储绿卡业务。1998年后，邮政储蓄业务储蓄余额和市场占有率持续提高。2004年12月，河底邮电支局邮政储蓄网点实现了与全国联网，客户持绿卡、银联卡可在全国邮政储蓄网点办理存取款业务，此后又开办了小额质押贷款业务。2014年，邮政储蓄余额达到5000万元，绿卡卡户数1300户，绿卡卡均存款余额达0.5万元以上。

代理保险　是邮政的新业务，从2005年全国统一版本代理，保险实时出单系统建成后，河底邮电支局实现了代理中国人寿、太平洋保险、人保和泰康等多家保险公司多种产品，在邮政网点实时出单，实现了保险公司部分柜台业务在邮政网点的延伸，同时建成代理开放式基金系统，开办了代售基金等理财产品业务。2014年，代理保险金额300万元。

邮政速递　随着市场的不断发展变化，速递业务已成为邮政的较大业务，从1993年开办特快专递邮件业务后，特快业务量出现较好的发展势头。到2008年已开办国内异地、国际、同城三大业务，使EMS邮件通达全球五大洲，国内邮件投递信息上网率达到100%，及时率达100%。2014年，特快业务量2000件，包裹业务量4200件。

民营快递

快递业是物流业和邮政业的重要组成部分，是以信息化为基础，集实物寄递、电商配送、供应链管理于一体的复合型新兴服务业，是国民经济的重要组成部分。作为改革开放后兴起的朝阳产业，2012—2014年，河底镇驻地先后有圆通快递河底营业部、韵达快递河底便民服务站分部、中通快递河底营业部、申通快递河底分部4家开业。

第五节　电　信

营业网点

河底镇境内电信业始于1956年，其产生初期，经营网点与邮电合并，并经历过几分几合。直至1998年，邮政电信再度分营，河底邮电支局改称河底电信支局，属阳泉市郊区电信局管理。1999年，国家实施移动、电信分离，该镇境内先后成立中国网通河底支局、中国移动通信河底指定专营店。2008年5月23日，国家工业与信息化部出台通讯改革政策，宣布中国联通向中国电信出售CDMA业务，保留GSM业务与中国网通合并成立中国联合网络通信有限公司。郊区网通分公司与郊区联通分公司合并成立新的郊区联通公司，名称为中国联合网络通信有限公司阳泉市郊区分公司。该镇境内下辖有河底、燕龛2个支局，以及固庄新区、固庄旧区、山底、东村4个无人值守点。经营固定电话、小灵通、宽带及移动通信业务，属全业务通信运营商。次年8月，中国电信阳泉分公司阳泉电信郊区营销中心，在河底设营业厅。2014年3月，挂牌中国电信郊区河底镇电信支局。同时，中国移动通讯集团山西有限公司阳泉分公司郊区营业部，又增设郊区北区（河底）营销中心（河底）、河底营业厅。到2014年，该镇境内有中国联合网络通信有限公司阳泉市郊区分公司、中国移动通讯集团山西有限公司阳泉分公司郊区营业部、中国电信集团公司山西省阳泉市电信分公司三家公司运营的电信业务。

电信业务

固定电话

1952年，阳泉邮电局架设了荫营至该镇的单线通信线路，境内电信随之诞生。1956年，根据毛泽东主席“七年内完成乡和大型合作社的电话网”和1956年《农业发展纲要40条》中“乡乡通电话”的要求，市邮电局在河底设立邮电所，并将单线通信线路改为双线。电信事业开办初期，河底安装容量为30门的磁石交换机1台，设备较为落后，人工转接。河底、邓家峪等农业合作社，安装了磁石手摇电话。1957年，河底邮电所升为邮电支局，当年，实现了乡乡通电话。1958年，市政府投资将市邮电局容量635门的交换机装在人民公社，电话普及到所有生产大队。1963年后，邮电支局、邮电所都开办了长途电话业务，通过阳泉邮电局长途电话台接续。1975年，开始使用单线载波机。中共十一届三中全会后，农话线路不断延伸，设备不断更新，转话点不断增加。1982年，开始使用自动交换机装置，以HJ—905纵横交换机设备为主，具有长话插入、催挂信号的优先装置，接续方式仍由阳泉邮电局转接。1983年6月，河底大队安装34门磁石交换机1台。此后山底大队也安装20门磁石交换机1台。1984年，根据省政府加快煤矿通信建设的要求，郊区实施煤矿通信工程。乡镇集资15.5万元，市政府投资80万元，到1986年，为乡镇煤矿安装了电话，使乡镇煤矿通话率由1983年的14.4%提高到95%。1987年6月，电话开始进入家庭。1988年6月，河底邮电支局开通了一条容量为224门的程控电话交换机，取代了原150门的磁石交换机，在当地率先实现了农村电话自动化。1993年6月，河底支局安装ZX—500门全数字交换机,成为阳泉市第一个使用全数字交换机的农话支局。1993年12月,阳泉至郊区采用光缆传输,用户通过长途交换设备自动接续沟通,该镇范围的长途电话均实现了自动化,直拨全国。1994年后,随着电话通信实现全部主观程控化,长途电话业务不再单设。同年,牵牛镇村安装了程控电话交换机,有250余户安上了自动拨号电话。1995年元旦,上级邮电部门将电话初装费由3500元降至2700元,并开展了一系列优惠促销活动,引发了境内第一次电话装机热潮。山底村安装了500门程控电话交换机,有400余户安上了自动拨号电话,并设5089×××,7位专门号段,印制了山底村电话本。1995年年底,燕龛乡曹家掌村的182户农民安装了住宅电话,占全村总户数的65%,被誉为“阳泉电话第一村”。1996年,上级邮电局把城乡电话市场作为重点进行开发,制定了发展电话乡、电话村的奋斗目标,与上级政府紧密配合,采取邮电优惠一点、乡村补助一点、个人拿一点的“三个一点”工程,有效地启动了农村电话市场。燕龛乡率先成为山西省农村电话发展第一乡,每百人拥有电话21部,超过中等发达城市20部/百人的标准,平均5人拥有一部电话。同年10月29日,省农工委、省邮电管理局在燕龛乡举行了隆重的挂牌仪式,授予燕龛乡“全省农话发展第一乡”称号。到1999年,电话初装费逐步下调到1000元。2001年后,在电话初装费逐步下调的同时,形成统一的市话通信区,境内取消了每千米6元的界外费,农话并入市话,到2002年,最终取消了电话初装费,固定电话用户迅速增加。2007年,河底镇境内固定电话最多时有用户为8200户。2005年后,随着移动电话及互联网的快速发展,家庭市话安装步伐放缓,有的家庭甚至拆机。到2014年,联合网络通信阳泉市郊区分公司河底支公司固定电话用户为2890户。

无线寻呼(BP机)

这是一种单向传播信息的通信工具。1992年1月,上级邮电部门在临近该镇辖区的市第二人民医院门诊大楼开通了450兆无线直拨对讲电话;无线电寻呼发射台同时建成,126寻呼台开通。1993年11月,又在刘备山开通了900兆移动通信直播站,无线寻呼系统并入阳泉本地网,后实现全省漫游。其间,该镇境内不少人成为BP机用户。但由于无线寻呼功能与移动电话的短信功能相同,加之移动电话资费下降,寻呼机功能逐步被移动电话替代,BP机用户日渐减少,随着移动电话的快速发展,BP机逐渐退出市场。

移动电话

该镇移动电话业务产生于21世纪初,2001年9月18日,中国移动通讯集团山西有限公司阳泉分公司郊区营业部在境内镇政府所在地设指定专营店,率先经营移动电话业务。随后直到2008年,联通河底营业部组建后,在原有固话网的基础上开通了无线市话。

主要经营移动话音、数据、IP电话和多媒体业务、各类增值业务等。除提供基本话音业务外,还提供数据、无线上网、联通在线、炫铃、彩E、手机证券等多种增值业务。拥有“如意通”“新势力”“世界风”“新时空”等著名服务品牌，用户号码段包括130、131、132、133、153、156。与此同时,中国电信进入该镇市场,经营移动电话业务。

到2014年,中国移动在该镇主要经营除提供基本话音业务外,还提供数据、传真、IP电话、无线上网、宽带接入、视讯通、移动办公、信息点播、彩铃、彩信、手机证券等多种增值业务。拥有“全球通”“神州行”“动感地带”等著名服务品牌,用户号码段包括139、138、137、136、135、134、158、159、150、151，并由原来的移动专营店全部转型为移动手机专卖店,形成了以营业厅服务、1860电话服务及互联网服务、大客户个性化服务为主体的客户服务体系,境内有移动电话用户22696户。中国联通在该镇累计建设G网基站27个。除在镇政府所在地设联通河底营业部外,境内东村、山底等行政村另设代办点8个,建成了以营业厅服务、10010电话服务及大客户亲情化服务为主体的客户维系与服务体系,形成了一流的联通通信网络,境内有移动电话用户5016户。中国电信在该镇主要经营品牌及业务有我的e家、商务领航、号码百事通、天翼互联网手机、电信光纤宽带、全球眼、互联星空等。用户号码段包括133、153、189,境内有移动电话用户1198户。2014年,全镇共拥有移动电话用户28910户。

小灵通

小灵通无线市话,简称PAS,是一种新型的个人无线接入系统。它采用先进的微蜂窝技术,通过微蜂窝基站实现无线覆盖,将用户端(即无线市话手机)以无线的方式接入本地电话网,使传统意义上的固定电话不再固定在某个位置,可在无线网络覆盖范围内自由移动使用,随时随地接听、拨打本地和国内、国际电话。PAS是市话的有效延伸和补充。2003年，山西省通信公司阳泉市郊区分公司在该镇开通了小灵通业务，当年发展小灵通用户1200户。2004年,大力优化和扩建小灵通网络,覆盖范围扩大,用户也稳定增长,小灵通用户达到1408户。到2006年,河底镇小灵通用户达到3781户。之后,由于手机资费的进一步降低,小灵通用户逐步减少。2011年,全部退出移动电信市场。

电　报

20世纪50年代,河底开始办理电报业务,当时设备简陋,收发电报都用电话传输。话传经阳泉邮电局转发。1993年,河底邮电支局安装电报传真机,开办传真电报业务。1995年以后,随着固定电话及其他各种通讯业务的快速发展,电报的部分功能被汉字传呼机和移动短信功能取代,电报业务下降。特别是互联网开通,电报的大部分功能被电子邮箱、电子邮件取代,电报传真等传统业务逐渐淡出通讯舞台。

宽带上网

进入 21 世纪后,该镇互联网建设从无到有、发展迅速。2003 年,山西省通信公司阳泉市郊区分公司开通了宽带业务并覆盖到河底镇全境。至 2008 年,“中国—欧盟信息社会示范项目”渗透到该镇文明和谐新农村建设中,河底镇建成了东村村、山底村 2 个信息化示范点。为全镇全面实现市、县(区)、乡(镇)、村(社区)四级党务政务计算机网络建设规定的基础标准奠定了基础。其间,该镇运营的三大通信公司都积极发展互联网用户,2014 年,该镇境内联通互联网宽带接入用户宽带用户 2776 户。移动互联网宽带接入用户宽带用户 8057 户。电信互联网宽带接入用户 159 户。全镇共拥有互联网宽带接入用户 10992 户。人们利用互联网发布信息、查询资料、收发邮件、购销商品、银行结算、微信聊天、休闲娱乐等,互联网的功能已经渗透到工作和生活的各个方面。

第六节　广　电

广　播

中华人民共和国成立初期,广播员站在高处用铁皮做的喇叭筒高声呼喊进行时政宣传。

1953 年,境内始有单管及三管收音机。1956 年 7 月,阳泉市有线广播站在荫营区公所(后沟)院内设立广播分站,河底镇设广播维护站,境内各农业生产合作社始装舌簧喇叭,通过电话线路传输中央和省、市广播节目信号。河底维护站工作人员为邓富堂。

1959 年,有线广播在各生产大队得到普及。平均每个村安装舌簧喇叭 20 至 30 个,集中村民收听。1960 年,河底广播放大站建立,有扩音机 1 部,输出功率 250 瓦,带动东村、燕龛、西南舁部分大队喇叭,喇叭总数为 222 只。1962—1968 年,山底、邓家峪、牵牛镇、里龙光峪等大队,先后购置扩音机、安装高音喇叭,早晚转播中央和省广播电台新闻节目。1969 年,市广播站投资重新架设了韩庄—河底—东村有线广播线路,方形水泥线杆居多,亦有部分木质线杆。

1970 年 9 月,阳泉郊区人民广播站成立,河底公社建立广播站。河底架设公社至大队广播专用线 4 趟,河底—牵牛镇 3 公里、河底—下章召 4 公里(串联河南)、河底—南峪 5 公里(串联中佐、前龙光峪、里龙光峪、大小固庄、任家峪、邓家峪等大队)、河南—苇泊 3

公里。同时，牵牛镇大队将村内木头电杆换成了12米高的水泥电杆，并设立广播室，配专职广播员2名，设备有扩音机、话筒、25瓦高音喇叭7只。与此同时，有线广播开始入户，村民家家户户安装了广播小喇叭，小喇叭与公社广播站统一联网，定时转播上级节目。

1972年，河底公社有线广播专用线路全部换成水泥线杆，村民户户安装了广播喇叭，站内配备550瓦扩音机2台、601录音机2部，安装了自动开关系统，除每天转播中央和省、市、区节目外，还开办了5分钟的自办节目。自办节目为农业学大寨鼓劲加油，宣传好人好事。每星期播出3次，隔一天播出1次。1975年，境内每个村都有通讯员、维修员，大村设通讯组，广播通播率达100%，通响率达98%。河底公社广播站出席了全省模范放大站表彰会。

1988年至1989年，河底镇广播放大站进行了设备更新和技术改造，达到部颁乙级标准，河底镇至各村广播线路全部改为电缆传输。1991年4月，镇广播放大站改称为镇广播电视站。年内，镇广播电视站开办了自办节目。同时，牵牛镇大队安装入户有线广播音箱820只，广播普及率、通响率均达95%。1994年，里龙光峪村建立宣教广播站。1994年至1997年，境内有线广播入户率和通响率一直稳定在97%以上，同无线调频广播，混合覆盖率达到100%。期间，入户的小音箱和街头联户音箱数量逐年增加。1998年，市区广播电视台与各乡、镇、村联网，境内用户的各类小喇叭、小音箱和各村街头联户音箱相继被淘汰。1999年，有线广播停办。镇广播电视站只承担通往各村有线电视线路的安装维护任务。

电　视

无线传输覆盖

河底镇境内的电视事业发展始于20世纪70年代。1971年，河底大队购置了境内第一台825型黑白电视机。有专人管理，固定每晚在老君庙为社员开机收看。此后，电视逐步开始进入家庭。到1980年，仅河底大队有黑白电视机500余台。1983年至1985年，河底、东村、燕龛、里龙光峪等大队社员开始购买彩色电视机。20世纪80年代后期，彩色电视机逐步普及。电视用户多采取屋顶竖杆架设简易天线，接收中央及省电视信号。

1988年11月，上级电视发射台在刘备山顶破土动工，于1989年9月26日使用6频道，正式开始向该镇辖区发射山西电视台节目信号。至1992年，境内无线电视覆盖率达到94%以上。此后历经过两次大的维修，发射、天馈、供电、节传、防雷、监测系统设备得以全部更新，新增1000瓦发射机一部，用14频道转播中央电视台第七套节目，境内群众看电视难问题得到解决。

有线传输覆盖

1990年至1995年，为解决电视信号弱、图像模糊问题，程庄、苏家泉、河底、小固庄、西沟、固庄、关家峪、里龙光峪、小河北、邓家峪、任家峪、红土岩、北小西庄、山底等村先后投资建立了本村有线闭路电视差转台，转播卫星传输的中央电视台7套节目和省、市台电视节目。其间，河底村不仅投资建立有线闭路电视台，还投资购置了一套采、录、编设备，并配备了专职采编人员，以该村发生的新闻、好人好事及政策宣传为主要内容，进行节目制作，同时，还担负着河底镇政府的一些重大会议以及各项活动的新闻报道工作。随着数字网络电视的发展，河底村这些专职采编人员逐步成长，有的成为区级专业播音员，有的还成为中央电视台专业采编记者。

1997年5月，阳泉市郊区有线电视台开始动工筹建，7月1日，开始试播，7月22日，山西省广播电视厅下文批准阳泉市郊区有线电视台正式运行播出。阳泉市郊区有线电视台节目覆盖全镇。

1998年8月，上级政府与阳泉市广播电视技术开发服务中心签订了关于联合建设郊区有线广播电视专用传输网络的合同后，河底镇、东村乡并网。到2000年，光缆线路延伸到燕龛乡。至此，河底镇境内有线广播电视实现了全镇联网。

2002年12月19日，该镇除有线广播电视业务外，其余的网络财产、财务和人事全部实行垂直管理。2003年10月1日，有线广播电视业务也全部实行直管。截至2014年，河底镇设有线网络维护站，有线电视覆盖率达到99%，光缆干线58.40千米，有线用户8693户。

电　影

放映电影，俗称“打电影”。1950年，境内电影放映由山西省电影放映七队定期巡回放映。1958年，河底村下放干部郭占春、回村高中生弓全忠最早引入电影放映机，建立了境内第一支农村电影队。期间，河底公社正式成立了河底公社电影队，队长为王义，队员是刘培实、李忠继，成为山西省第一家社办电影队。阳泉市代表在当年山西省平陆县召开的全省电影工作会议上，介绍了社办电影队的先进经验，受到与会人员的高度评价。1963年，马计明参加河底电影队工作，1965年，张文祉参加河底电影队工作。河底电影队虽然是一个社办电影队，但是爱机护片工作搞得很好，由于信誉好，所以发行公司一般优先照顾该队上映首轮新片。在晋中地区电影工作会议上，刘培实荣获了爱机护片三等奖。1970年，上级在境内人民公社普及电影队，原东村公社电影队成立。放映员由张亮、赵所义、李玉贵担任，放映设备为16毫米流动放映机。该电影队不仅负责东村公社所属10个村的电影放映，同时负责燕龛公社所属村的电影放映。当时的电影放映，没有专门的场所，一般多在村打谷场即学校操场露天挂幕映出，电影放映之前通常要播放幻灯片，进行政策宣传。电影队在农村一般不采取售票办法，以村人口多少包场收费，标准大约按每人 0.05 元计算，每场最高收费 50 元左右。

20 世纪 60—90 年代，农村开始兴建电影院。1980 年，在河底村东新建河底影剧院，占地面积 1300 平方米，拥有观众座席 1760 个，使用“松花江”5501 型座机放映，同时拥有解放 130 提包机作流动放映之用。同年，东村影剧院也随之建成，占地面积 1700 平方米，拥有观众座席 1600 个，使用“松花江”5501 型座机放映。1990 年燕龛乡影剧院在燕龛村建成，占地面积 760 平方米，观众座席 999 个，使用东风牌座机放映。

农村影剧院的建成，电影放映由包场为主转为按场按人售票，电影票价每张 0.15 元至 0.30 元。1985 年，电影价格体制改革，实行价格浮动与市场经济接轨，剧院电影票价最高达到每张 1.5 元。但随着电视普及，到 20 世纪 90 年代，电影观众人数大幅减少，放映收入入不敷出，境内电影队、影剧院关门。1997 年，马计明再度回到河底村，带领儿子马俊生扛起放映机，推着自行车在约好的庙会上放电影，父子二人献身电影事业的事迹，与 2008 年 9 月 17 日，在山西新闻网以《山西阳泉父子走乡串村放电影已经坚持四十多年》为题进行了报道。当年 2 月 1 日，阳泉市启动农村数字电影工程，经过推荐，马俊生成为一名农村数字电影放映员。由政府出钱提供数字电影设备 1 套，流动放映三轮摩托车 1 辆，承担全镇 32 个行政村，一村一月一场电影的放映任务。2009—2012 年，马俊生年年圆满完成任务，连续四年被阳泉市农村电影放映工程领导组评为先进工作者。2014 年，按照上级要求，全镇 31 个行政村（不含 1 个搬迁村），共放映电影 372 场，实现了为每村每月免费放映一场高清晰、高保真音画效果的数字电影目标。

第六章　经济综述

第一节　经济发展

河底镇境内煤炭、铝矾土、硫铁矿、石灰石等矿产资源储量丰富。1978 年改革开放前，境内经济基本是依靠单一的农业生产，工业方面有少量煤炭开采，其他矿产资源很少开采利用，全镇经济发展缓慢。中共十一届三中全会召开后，随着改革开放的逐步深入进行，乡镇企业兴办及建设快速推进，工业生产得以全面发展。尤其是煤炭生产量，在全省煤炭资源整合之前，长期位居全区前列。工业经济的快速发展，带动了全镇经济的稳步提升。原河底镇一度发展成为郊区北部的工业重镇，曾成为山西省确定的 100 个小城镇建设示范乡镇之一。

1979 年，境镇内 3 个人民公社的总收入为 1749.7 万元，纯收入为 1096.42 万元。上缴国家税金 49.39 万元。

1982 年，粮食总产量、总收入分别为 839.12 万千克和 2568.9 万元。1983 年，镇境内农村在联产承包责任制的基础上，注重了对“专业户”“重点户”的发展。之后，镇境内的经济发展形式由单纯的农业形式变为工、商、农相结合而又以工业为主的结构形式。1987 年，原河底镇、燕龛乡和东村乡农民人均纯收入分别为 962 元、1081 元和 700 元。1989 年，原河底镇成为亿元镇，1991 年成为全省二十强乡镇之一，1992 年位跃全省十五强之列。1993 年后，境内各乡镇坚持“地下与地上并重，新建与技改并举”的指导思想，强化第一产业，狠抓第二产业，大力发展第三产业，推进了经济的整体发展。当年，燕龛乡 6 个农村全部被区委、区政府命名为小康村；东村乡 7 个农村被区委、区政府命名为小康村。1994 年，牵牛镇村乡镇企业总产值达到 10986.7 万元，跻身于全市首批亿元村行列。原河底镇实现了全镇村村达小康。1996 年，原河底镇被省政府评为“科学技术先进乡镇”；11 月，在全省经济综合评价中，位居第 17 名，跻身于“经济综合实力百强乡镇”行列。牵牛镇村乡镇企业总产值达到 22702.7 万元，成为全市首家“双亿元村”。

20世纪中叶之后，随着乡镇企业在发展过程中存在的深层次矛盾，以及国内、国际大环境的影响，多数小企业停产或转产，致使镇境内经济的发展有所起伏。为了克服不利影响，党委、政府对企业进行了产权制度改革及产业结构调整，积极推进企业的“强强联合”和“强弱联合”，并建设招商平台，出台多项优惠政策，加大招商引资工作力度，使镇经济又趋于平稳运行并逐步增长。2003年，河底镇召开经济工作会议，明确提出了“联合强工、园区兴农、市场建城”的发展思路，规划了全年的重点项目工程，即“1866”工程，分别为全镇确保煤炭行业完成储备1000万元、完成8个工业联合项目、建设6大农业园区、落实6项小城镇建设重点工程。到2005年，全镇财税收入完成4202万元，比“九五”末增长150.6%，年均增长20.2%。

杨兆明在政府工作报告中说：2008年国民经济健康发展，全镇企业总产值完成23080.5万元，占年计划的100%，乡镇企业增加值完成60235万元，占年计划的100.5%，规模以上工业总产值13795万元，占年计划的82.6%，规模以上工业增加值完成6853万元，占年计划的84.6%，固定资产投资完成27508万元，占年计划的100.02%，招商引资完成25150万元，占年计划的100.1%，财政税收完成7202万元，占年度任务的88.9%，农民人均纯收入达到5800元。比上年净增597元，新建温室大棚506亩，发展东村、郊里、红土岩等8个养殖小区，河底村住宅楼及底商开发完成投资1550万元。同年，作为支柱产业，长期以来占经济总量70%的煤炭行业，产量锐减，对全镇的经济构成、劳动就业等方面产生了较大的不利影响。对此，镇党委、政府积极寻求对策，努力提升现存煤炭企业的产量，开发煤炭深加工项目，并大力发展煤炭以外的工业行业，加大招商引资力度。全年招商引资取得新突破，实际到位资金25150万元，最终形成了年产70万吨煤炭、50万吨洗精煤产品、15万吨特种水泥、20万吨不定型耐火材料、1万吨冶金铸造产品的以煤炭、耐火材料、建材工业为主要经济支柱的经济发展格局，不利局面得到扭转。农业以集约化、产业化为方向，大力发展设施农业，加强高效农业建设。到2010年，综合经济实力又跃上新台阶。农村经济总收入231690万元，比2005年增长40.2%；财税总收入达到8008万元，比2005年增加3800万元，年均增长18%。基本实现了经济发展平稳过渡、农民收入持续增长的局面。2012年面对国家新一轮的经济调控，经济下行的巨大压力，面对转型发展的重重困难，面对社会管理的艰巨任务，在区委区政府的正确领导下，较好地完成了镇九届人大二次会议确定的目标任务，为今后的经济转型跨越发展奠定了扎实的基础。2012年全镇规模以上工业总产值完成21064万元，固定资产投资完成47474万元，招商引资实际到位资金46490万元，税收实际入库9068万元，农民人均纯收入达到9022元。

报告指出，2013年是全面贯彻落实中共十八大精神的开局年，是实施“十二五”规划的攻坚年，也是河底实现转型突破的推进年、深化年，2013年必须全力抓好六项重点工作，即工业抓项目、农业抓提质、城建抓基础、生态抓修复、民生抓投入、管理抓创新，全面推进新型工业重镇、特色农业大镇、绿色宜居集镇、和谐文明新镇的建设，开创奋力崛起的新局面。是年，工业强镇、农业大镇、城镇重镇的格局正在形成。

2014年，全镇工业总产值62152万元，固定资产投资额50703万元，第三产业收入15928万元，招商引资累计总到位资金57740万元，财政总收入5428万元，农民人均纯收入9600万元，出口产品交货值2019.8万元。

部分年份工农业总产值表

表6-1　　单位:万元

年　份	工业产值	农业产值	年　份	工业产值	农业产值	年　份	工业产值	农业产值
1989	12090	951.5	2000	67909	1994	2009	69919	6546
1990	12795	1064.35	2001	73868	2247	2010	75593	—
1991	17141	793	2005	113880	2853	2011	79200	—
1992	18746	851	2006	125075	3007	2012	84579	—
1998	9041	2252	2007	131899	4649	2013	91230	—
1999	796513	1384	2008	153010	5200	2014	62152	—

注:2010年后，不再核算农业总产值。

2004—2014年招商引资到位资金表

表6-2　　单位:万元

年　份	到位资金	年　份	到位资金	年　份	到位资金
2004	7710	2008	25150	2012	46490
2005	7198	2009	25390	2013	59890
2006	24000	2010	30310	2014	57740
2007	15100	2011	45096	—	—

1987—2014 年固定资产投资情况表

表 6-3 单位:万元

年份	固定资产投资完成额		年份	固定资产投资完成额		年份	固定资产投资完成额	
	生产性投资	非生产性投资		生产性投资	非生产性投资		生产性投资	非生产性投资
1987	995.7	476.6	1997	1960	385	2007	18965	2040
1988	736	201	1998	480	481	2008	19930	3730
1989	609	522	1999	552	115	2009	17148	10575
1990	841	366	2000	1149	34	2010	8159	13125
1991	595	623	2001	2010	590	2011	23161	5271
1992	1756	570	2002	6839	2262	2012	35135	12339
1993	3626	595	2003	8880	960	2013	47773	12117
1994	2767	636	2004	17649	1230	2014	28443	22260
1995	2982	202	2005	13144	6680	—	—	—
1996	1815	664	2006	16897	5266	—	—	—

1987—2014 年农村主要经济收益分配情况表

表 6-4 单位:万元

年份	农村经济总收入	农林牧渔业收入	工业收入	运输业收入	商饮服务业收入	农民外出劳务收入	农民从集体再分配得到收入
1987	12633	954	8240	1363	1416	—	—
1988	14439	1221	9339	1787	1269	—	—
1989	17203	1105	12319	2038	1272	—	—
1990	18718	1301	13015	2384	1333	—	—
1991	21375	1162	14633	3183	1786	—	—
1992	28118	1344	17838	5158	2737	—	—
1993	44266	2326	25650	8443	11266	—	—
1994	66325	2511	29147	17155	15785	—	—
1995	91600	5591	37164	25814	19986	—	—
1996	116964	5891	49620	29972	22202	184	56
1997	142916	5393	61199	42687	25079	326	—
1998	160645	4665	67230	48839	29774	298	80
1999	139170	4602	52175	45228	26772	114	368
2000	123473	3787	46866	41000	19101	334.7	107.3
2001	127600	4252	43734	46818	19312	405	239

续表 6–4 单位:万元

年　份	农村经济总收入	农林牧渔业收入	工业收入	运输业收入	商饮服务业收入	农民外出劳务收入	农民从集体再分配得到收入
2002	136500	4550	46795	49932	20677	405	239
2003	144421	4570	54696	49932	20677	405	239
2004	151600	4570	61875	49932	20677	405	239
2005	165200	4080	73371	60480	16092	871	566
2006	175000	4080	73631	70020	16092	871	566
2007	183750	4080	73941	78460	16092	871	987
2008	198450	4080	73941	93160	16092	871	987
2009	214500	7214	65497	95553	18212	1985	162
2010	231690	8174	66417	110223	18532	1985	162
2011	250420	8094	85227	110223	18532	1985	177.5
2012	267397	4677	92721	114615	20992	2083	160.2
2013	270402	9125	92961	115223	21338	3889	177
2014	—	—	54210	—	—	—	—

说明:2014 年后,统计口径有所变动,表中工业收入之外的其他项目不再进行统计。

第二节　经济效益

工业经济效益

1978 年改革开放后,镇境内的工业得到快速发展,工业总产值逐年上升,经济效益呈现逐年增长态势。镇境内的经济发展、各项社会事业的进步和人民生活的改善、农村居民收入的提高等各个方面,均最主要的依赖乡镇企业经济的发展,而乡镇企业经济几乎完全由工业经济构成。1987 年,乡镇企业总产值为 9620 余万元,营业收入 10956 余万元。到 1997 年,营业收入达到 139865 万元,是 1987 年的 12.8 倍。20 世纪 90 年代末期之后,由于受到原材料涨价、市场竞争加剧等外部条件的变化以及产业结构调整、部分企业经营管理较差等因素的影响,有不少企业关停,经济效益有所下滑。到 2002 年,营业收入降为 83100 万元,比 1997 年下降约 40%。之后,工业经济在曲折中运行。2009 年,工业企业总产值和增加值分别降到 96399 万元和 25950 万元。2014 年,工业企业总产值和增加值分别为 62152 万元和 14638 万元,其中规模以上工业企业总产值和增加值分别为 14295 万元和 3543 万元。

农业经济效益

民国 36 年(1947)以前,镇境内农业经济效益很低。阳泉解放后,尤其是中华人民共和国成立以后,随着社会主义制度的建立,农业自然资源得到有效利用,农业生产得以全面发展,农业经济逐步增长。1978 年改革开放后,家庭联产承包责任制开始实行,种植结构有所改变,养殖业得到发展,农业经济效益有了升高。随着镇境内经济的发展,加大了对农业的投入,设施农业、高效农业建设稳步推进,农业经济效益继续升高。但由于所处的区域环境及自然条件对农业生产形成的种种制约,使农业发展水平不容易得到快速而大力地提升,直到 2014 年农业总体经济效益不是很高。

粮食单产

中华人民共和国成立初期,镇境内粮食单产较低。20 世纪 60 年代后,逐步提升。到 20 世纪 70 年代末,亩产突破 300 千克。20 世纪 90 年代至 2014 年,粮食亩产很少有突破 300 千克的年份,总体呈现下降态势。其间,1993 年单产最高,也仅为 324.6 千克,镇境内土地产出率不高。

部分年份粮食作物平均亩产量统计表

表 6-5　　单位:千克

年　份	亩　产	年　份	亩　产	年　份	亩　产	年　份	亩　产
1979	329.6	1993	324.6	2001	189.2	2009	163.3
1982	246.4	1994	276.2	2002	240.7	2010	151.1
1987	140.3	1995	253	2003	159.2	2011	207
1988	308.3	1996	272	2004	168.5	2012	237
1989	314.3	1997	158.8	2005	171.8	2013	261.1
1990	320	1998	270.7	2006	142.4	2014	297
1991	192.4	1999	80.9	2007	151	—	—
1992	181.3	2000	95.7	2008	152.3	—	—

主要农副产品生产量

中华人民共和国成立后,随着农业生产的大力发展,主要农副产品产量总体保持了较快增长态势。1978 年改革开放以后,由于产业结构的不断调整,禽蛋、奶类产品产量波动较大,油料作物产量锐减,肉类产品产量总体呈现提升态势。至 2014 年,仍然保持了这样的生产格局。

部分年份主要农副产品生产量统计表

表 6–6　　　　单位:吨

种类 年份	粮食	蔬菜	肉类	禽蛋	水果	奶	油料
1979	12700	3251	—	—	585.4	—	122.8
1982	8395	2570	—	—	285	—	14.6
1987	4070	1184	137.9	74.2	397	5	33.2
1988	9143	2379	128.2	105.1	406	3	90
1989	9370	4207	101.1	170.2	520	3	52
1990	9433	3371	105.1	340.4	408	—	60
1991	5488	2506	105.1	497.8	365	—	18
1992	4934	2134	126	536	192	1	20
1993	9111	2919	162	605	229	—	31
1994	7769	3485	—	—	237	—	19
1995	6884	3545	337	696	314	—	18
1996	7449	7267	395	650	478	—	20
1997	4206	6233	282	596	215	—	47
1998	6501	6970	384	621	218	—	14
1999	1978	236	361	636	122	—	1
2000	2290	3395	445	1329	130	—	4
2001	4524	7053	408	775	103	28	—
2002	5409	6605	406	765	141	60	—
2003	2909	4278	346	878	205	286	—
2004	3206	2511	425	807	205	637	—
2005	3263	2661	519	45	271	674	—
2006	2743	2183	623	769	344	682	—
2007	2908	2349	579	1052	320	600	—
2008	2951	2605	662	1091	350	394	—
2009	3191	3435	980	1433	321	150	—
2010	2937	4191	1141	—	529	—	—
2011	3988	6001	1133.5	1773	561	7.8	—
2012	4563	7115	1439.3	2039	561	—	—
2013	5001.1	7713.7	1568.7	2096	393	—	—
2014	5377	7451	1527	2110	423	5	—

农民人均纯收入

20 世纪 80 年代，随着改革开放的深入发展，镇境内农民的人均纯收入在增长过程中，虽小有起伏，但总体呈现提升态势。1987 年，实现 916 元。到 1993 年时，超过 1200 元，达到1356元,增长48%,生活水平步入“小康”。10年后,到2002年时,突破3000元,达到3100元,增长129%。而之后,增长速度更显加快。2004年突破4000元,2007年突破5000元,2009年突破6000元,2011年突破7000元,第二年随即突破9000元,几乎可以看作平均每过两年就会有一个大的跨越。到2014年,达到9600元,是1987年的10.5倍。农民生活水平以较快的提升速度迈向富裕。

1987—2014年农民人均纯收入统计表

表6-7　　单位:元

年份	收入	年份	收入	年份	收入	年份	收入
1987	916	1994	1977	2001	2875	2008	5800
1988	932	1995	2309	2002	3100	2009	6052
1989	1001	1996	2386	2003	3380	2010	6480
1990	1027	1997	2862	2004	4005	2011	7711
1991	1056	1998	2965	2005	4207	2012	9022
1992	1169	1999	2959	2006	4681	2013	9386
1993	1356	2000	2908	2007	5200	2014	9600

第七章 经济体制变革

第一节 农村经济体制变革

土地改革

中华民国36年(1947)阳泉解放前,镇境内土地多数为少数地主、富农占有。有的农村,贫雇农占地极少,甚至无立足之地。地主凭借占有大量土地,依靠地租、雇工和高利贷剥削农民。封建土地制度,严重制约了生产力的发展。

中华民国28年(1939)年初,镇境内一些村庄在抗日民主政府领导下,相继开展"减租减息,实行合理负担"运动。中华33(1944)年,实行减租减息的有原平定(路北)县七区一带的东村、小河北、山底、红土岩、小沟等农村。中华34年(1945),四区政府在荫营大泉眼煤窑秘密召开千人大会,贯彻"减租减息"政策。随后,镇境内"减租减息"运动普遍展开。减租方式分"二五"减租和"三七五"交租两种。前者指佃户在原租额上减去25%,后者指租额不得超过租佃地产粮的37.5%,超过者减到"三七五",不足者依其约定。

中华35年(1946)冬,平定(路北)县政府遵照中共中央"五四"指示精神,开始在一些老解放区展开土地制度改革运动。同时,在新老接壤的地区展开了减租减息、反特清算与反倒算运动。中华36年(1947),镇境内解放后,根据老区和新区的不同特点,土地改革运动分两步进行:在老区实行土改复查,在新区实行土改。5月中旬,晋察冀中央局组成的"华北工作大队"进驻阳泉市郊区境内协助进行新区土地改革,随后,镇境内的土地改革掀起了高潮。10月,中共中央颁布全国土地会议通过的《中国土地法大纲》,镇境内的农村土地改革运动进一步深入,民主政权也发展壮大。中华民国37年(1948)11月,按照中共中央有关土改文件精神,中共阳泉市委组织土改、整党复查工作队深入镇境内各村,对土地改革进行了认真的复查、纠偏,对错划成份、侵犯工商业利益、个别地方乱打乱斗等问题作出妥善处理。中华民国38年(1949)春,开始丈量土地,确定地权。同时,陆续给农民颁发"土地房产所有证"。1951年春,发证工作结束。

在土地改革运动中，按照土地政策，对地主、富农的土地进行了清算没收。广大农民不仅分得了土地，还分得了耕畜、农具等生产资料和粮食衣物等生活资料。彻底推翻了封建土地所有制，实现了“耕者有其田”。

农业社会主义改造

互助合作 经过土地改革，农民虽然获得了土地，但单家独户的耕作，存在许多困难，于是农民们先后组织起了互助组。互助组贯彻自愿、互利、民主的原则，各自记工，等价交换，实行以还工和计价结算相结合的管理办法。中华民国38年(1949)，东村等村组织起了变工组。1952年，农业互助组进一步发展，形式有长年性的、季节性的和临时性的等多种。参加互助组的男女全半劳力占到总劳力的30%左右，占参加农业生产劳动力总数的45%左右。到1954年，互助组的生产方式得到巩固提高，常年性互助组占到总农户的40%左右，常年性互助组和临时互助组的参加户数占到农户和半工半农户总数的45左右%，经营土地占总耕地面积的近60%，农作物平均亩产也比单干户要高五六公斤。

初级农业生产合作社 20世纪50年代初，针对部分农村出现的买卖土地、两极分化现象，镇境内开展了大规模的农业社会主义改造运动。1953年，遵照中共中央关于合作化若干问题的指示，阳泉市郊区境内出现东垴、大洼、高垴庄3个初级农业生产合作社试点村。随后，他们在办社和耕作上的先进经验在镇境内得到推广。1954年10月中旬，中共阳泉市委发出《关于互助合作运动的动员报告》，镇境内的办社运动掀起高潮。1955年年初，针对在办社中由于缺乏经验出现的一些问题，对新建的合作社进行了整顿和巩固，并推动未办社的村积极加快办社步伐。到年底，加入初级农业合作社的农户占到总农户的80%以上，入社土地占到总耕地面积的近80%。

农村互助合作化的全面推行，使镇境内的农业生产得到迅速恢复和发展。

高级农业生产合作社 1956年年初，镇境内的农村又掀起了农业社会主义改造的热潮。土地收归集体所有，牲畜、农具等生产资料作价收购，实行统一经营，按劳分配，农业合作社由初级转向高级。到年底，初级社全部转为高级社。1957年，高级社经过整顿和巩固，有99.6%的农户加入了高级社。基本上完成了对个体农业的社会主义改造。

高级社成立后，镇境内参加生产的劳动力比过去任何一年都多，特别突出的是参加生产劳动的妇女达到妇女总数的80%以上。

人民公社

1958年，镇境内农村兴起大办人民公社的热潮。之后，农村经济体制由高级农业生产合作社转变为人民公社。人民公社实行“政社合一”“一大二公”，生产资料公社所有。组织上实行工、农、兵、学、商“五位一体”，按军事化要求，大兵团作战，大食堂吃饭；生产上实行计划管理，其生产纳入国家计划；分配上实行工资制和供给制相结合的分配制度。当年秋，平定贵石沟会议后，镇境内出现了“一平二调”风和浮夸风，造成粮食征购过头，农民口粮严重不足，当年人均口粮在150公斤左右。此后的几年间，加之自然灾害因素，人均口粮逐年下降，导致大多数人饥饿瘦弱，不能正常生产，疾病流行，出现非正常死亡现象。

1960年春，全面展开了整顿和巩固人民公社的工作，完善了以“四大管理”（计划管理、劳动管理、财物管理、财务管理）为主的管理制度。1960年冬至1961年春，镇境内进行了以反“五风”（一平二调风、浮夸风、强迫命令风、生产瞎指挥风、干部特殊化风）为中心的整风运动。1961年6月，遵照中共中央《关于坚决纠正平调错误，彻底退赔的规定》，开始退赔农村平调损失。同时，根据群众意愿，取消了供给制和公共食堂，恢复了自留地，对个人所有的房屋、农具、家禽、零星树木和其他生活资料等也给予明确保护。在分配上坚持“各尽所能，按劳分配”的原则。1962年2月，根据中共中央《关于改变农村人民公社基本核算单位问题的指示》，进行了基本核算单位的下放工作。同年镇境内的生产队基本实行独立核算。1963年，镇境内各人民公社深入贯彻中共中央制定的《农村人民公社工作条例》，即“六十条”，进一步整顿完善了“三级所有，队为基础”的基本经营制度。大力发展农业生产，在技术上实行科学种田，因地制宜推行农业“八字宪法”，推广传统农业生产技术，使农业生产得到迅速恢复。1964年后，镇境内各人民公社掀起了更加深入的农业学大寨运动，大搞农田基本建设，农业生产发展迅速。1965年，虽然旱情严重，但农业生产仍获得较好收成。

1966—1976年“文化大革命”期间，镇境内大批所谓的“三自一包”（自留地、自由市场、自负盈亏和包产到户）、“工分挂帅”、“物质刺激”，扰乱了正常的生产、生活秩序。但广大干部、群众发扬大寨“自力更生，艰苦奋斗”的革命精神，坚持不懈地大搞农田水利基本建设，改变生产条件，对促进农业生产、抑制“文化大革命”的破坏起到一定的积极作用。其间，镇境内粮食产量总体上保持了较大幅度增产。但是，由于片面强调“以粮为纲”，制约了农村经济的总体发展，农民人均纯收入增长缓慢，多数农村仍处于贫困状态。

家庭联产承包责任制

1978年中共十一届三中全会后，镇境内农村经济体制改革开始全面展开。1979年，程庄等大队始行小段包工、定额计酬的生产责任制。即包工不包产，任务到组，责任到人，定额计工，限期完成，从夏管到秋收以组作业，按劳动质和量计算报酬。1980年10月，郊区区委传达贯彻《中共中央关于进一步加强和完善农业生产责任制的几个问题》，镇境内各党委也进行了传达贯彻。到年底，镇境内实行小段包工、定额计酬的生产队，约占生产队总数的25%；实行联产到劳的生产队约占生产队总数的65%；实行联产到组的生产队约占生产队总数的10%。责任制的落实，调动了农民生产的积极性。当年，虽遇较重旱情，镇境内粮食总产仍获得较好收成。

1983年9月，镇（乡）、村干部参加区委、区政府举办的稳定完善责任制干部培训班。培训班学习结束后，镇境内大部分农村在坚持生产资料集体所有制的前提下，把土地承包到户，分户独立经营，自负盈亏，全面实行家庭联产承包责任制；少数生产队实行队组集体承包责任制，也有少数商品粮专业户。家庭联产承包责任制的推行，实现了农民和土地这一生产要素的有机结合，使农民获得生产经营自主权，为"两户"（专业户、重点户）发展创造了条件，促进了农业生产的发展。该年，镇境内粮食生产获得丰收，为中华人民共和国成立后的第二个丰收年。涌现出年产万斤粮户。

1984年，镇境内各农村基本废除了沿用28年的工分制，解决了承包不彻底，责、权、利不统一以及产业结构和经营层次不相适应的问题，注重发展专业户、重点户，把耕地向种田能手集中。东村乡出现专业户288户、重点户445户。同时各乡镇政府大力发展乡镇企业，引导农村剩余劳力从土地中解放出来，从事第二、第三产业。有的农村对土地进行了调整，把调出的土地调给商品粮专业户。同时，各农村对土地承包年限普遍作了延长，除蔬菜队承包期为5~10年外，其余农村把土地承包期延长到15年。并把山场划分为自留山、责任山，实行开发性承包，林木作价到户，果园长期承包。部分农村工副业、企业实行工资制和利润承包。镇境内出现了统分结合的双层经营体制和多种经营形式并存的新格局。1989年，燕龛乡6个农村，发展农业专业队5个，承包责任田400余亩。

1990年后，为解决农民产前、产中、产后存在的困难，镇境内多数农村建立了不同名称的经济合作社或农工商总公司，并在村民小组一级配备农经服务员。镇境内的经济合作组织在为农民服务中做到了以下五统一：①统一制定种植计划；②统一购运化肥、农药、种子、农膜等农用生产资料；③统一安排推广新技术；④统一购置大中型农业机械；⑤统一进行农田基本建设。燕龛乡还多一项统一灌溉。该乡除口粮田、自留地分户经营外，责任田、果园全部由农业专业队集体承包经营。燕龛村利用村办企业优势采取以企管农形式，把920亩耕地承包给煤矿和农机厂的4个劳力，各企业设1名副职专管本单位职工所承包土地的配套服务，企业备有耕畜、农机具，以季节组织专人从事农业生产。采取这种形式的还有程庄村。经济合作社在下大力搞好社会化服务的同时，积极推行农村承包合同管理，使各农村承包合同兑现率达到99%。各经济合作社还积极配合区政府实施全区3万亩机械化有机旱作粮田工程的承包，推广新的工程技术10余项，并引进多种农业机械。

1992年，区委、区政府出台《关于发展城郊型高产优质高效农业的试行方案》，制定了“瞄准市场、调整结构、建设基地、强化服务、高产优质、提高效益、服务城市、富裕农民”的指导方针。镇境内各农村认真实行，并且积极落实党的农村政策，进行了延长土地承包期30年不变和减轻农民负担的工作；同时，实行土地规模经营，推进农业重点工程及基地建设。1993年，20个农村达到小康建设标准。1995年，东村乡农业服务组织达到28个。

为了加快推进农业产业化进程，2007年8月，区委、区政府召开全区高效农业动员会，出台《关于推进高效农业发展的实施意见》和《推进高效农业发展考核办法》，确定了发展高效农业的补助政策和具体措施。河底镇党委、政府认真贯彻执行会议精神，全面启动了现代农业示范区建设。到2010年，对农业的投资累计达到1.02亿元，无公害产地认证面积达到3960亩；农民专业合作社发展到13个，辐射带动600余户农民从事产业化经营。传统农业向现代农业快速迈进，农业为农民提供的纯收入由2005年的340元提高到1000元以上。

2011年，阳泉华龙集团入驻东村温室大棚基地，以“农超”对接模式与农民结成“企业＋农户”的联合体。2012年，现代农业综合示范园建设逐步拉开框架。东村、山底、上章召的设施蔬菜，牵牛镇、东村、红土岩的专业养殖，河底、东村、小河北、曹家掌的核桃种植等，一批富有特色的专业村初具规模，“一村一品”的产业格局正在形成。阳泉华龙集团的“企业＋农户”和易汇投资公司的“公司＋农户”模式，开始引领全镇农业由传统经营模式向产业化、精细化、集约化迈进。2013年，新增农民专业合作社6个，北庄村出现了大户经营的新型经营模式。

至2014年，全镇通过支农资金整合，农民专业合作社发展到43个，全镇农户有了稳定收入。

第二节　企业产权制度改革

手工业社会主义改造

自宋代以来，镇境内个体手工业就逐步发展，清代为兴盛时期，主要有采煤、铸造、陶瓷等多个行业。中华民国初年，民间铸造技艺有了很大进步，铁锅等日用器具和车串、锄、锹等工农业用具远近驰名。中华民国 35 年(1946),河底铁业联社成立,组织起 23 个手工业生产合作社,从事铁业生产和运销。

中华民国 36 年(1947),在市人民政府的扶持下,手工业者以组织合股、私人集股或以劳力代股金进行生产。1952 年 12 月,阳泉市手工业生产合作社联合社成立,镇境内的手工业生产和基层手工业生产合作社归市联社领导。1953 年,在"巩固提高旧社,积极发展新社"的方针指导下,到 1955 年,在农业合作化运动的推动下,镇境内手工业系统基本实现了合作化,手工业行业拓展到煤、铁、陶瓷、砖瓦等 10 余个。为促进农业生产的发展,1956 年年至 1958 年底,市联社把大河北铁业社、东村木业社、山底砂业社、小西庄和河底 2 个锄业社、牵牛镇瓷业社,共计 6 个合作社下放到所在乡、村。

社队企业

1958 年,在"大办钢铁,大办工业"的号召下,以煤炭采掘业为基础,各社队办起了一批耐火、修配等小型企业。同时,手工业生产社(组)开始实行所谓的"过渡""升级""合并",到 1959 年,手工业合作社(组)成为社队企业。之后,个体工业无发展。

1960 年,手工业管理体制出现混乱,同时限制发展工副业,社队企业大多停办。1961 年,贯彻党中央提出的"调整、巩固、充实、提高"的方针,任家峪、河底等地的铁锅及擦生锄板、陶瓷、锹等传统名牌产品全部恢复生产。1970 年,北方地区农业会议提出"建立县、社、队三级农机修造网"和"围绕农业办工业,办好工业支农业"的方针,镇境内的 3 个人民公社都办起了农机修配厂。此后,社队企业在曲折中发展。由于当时片面强调"以粮为纲",社队企业被当作"集体经济内部的资本主义"来批判,规定从事工副业的劳动力不得超过总劳动力的 7%~9%,因此,社队企业发展缓慢。

乡镇企业及其民营化改造

河底镇境内的乡镇企业,是在社队企业的基础上发展起来的。改革开放后,随着体制的变革,始称乡镇企业。

1978 年中共十一届三中全会召开后,镇境内各地发挥当地矿产资源优势,大搞以煤炭、耐火为主的采掘及烧制业,乡镇企业开始迅速发展。1983 年,煤炭等采掘企业普遍装配安全设备,基本实现了半机械化生产。采掘业的发展壮大,带动了其他企业的迅速发展。农村经济实现了由"以粮为纲"的单一经济向综合型经济的转移。主要产品有煤炭、耐火黏土熟料、水泥、平板玻璃、耐火砖、陶瓷等多种。1984 年,按照区委、区政府确立的"以工为主,兴工致富"的指导思想,镇境内的乡镇企业呈现出铺摊子求速度的势头,日用陶器、砖瓦、铸件、木器、轻纺等新的制造加工业顺势而起。村镇企业在发展中,试行了多种形式的经济责任制和承包制，注重了人才的培养和先进技术的引进。1987年，为了增强企业的活力，进一步深化了企业改革。对企业实行了以“定产值、定利率、定上交、定提留、定工资总数、定企业素质”的经济承包责任制，把竞争机制和风险机制引入企业。1988年，企业中普遍实行招标、认标、夺标来确定领导人的制度，并对单位的主要领导和环节干部实行工资报酬同本单位效益挂钩的分配制度。同时，加强了对专业技术人员的培训，当年，仅原河底镇就培训200人。在原材料涨价的压力下，企业内部广泛开展了“双增双节”活动。致使企业增强了活力，提高了经济效益。同时企业内部开展了以标准化验收和计量标准为中心的全面质量管理，管理工作逐步向标准化、制度化、规范化迈进。1990年，集体企业（乡、村办）181个、11047人，私营、个体企业489个、754人。

随着改革的深入进行，乡镇企业在运行中形成的政企不分、管理粗放等体制方面的问题逐步暴露出来，使乡镇企业经济效益不理想。为了扭转这种局面，1993年，燕龛乡与各乡办企业签订承包合同，真正放权于企业厂（矿）长。1994年，镇境内各乡镇党委、政府提出并初步安排了企业产权制度改革工作。改制工作与企业具体情况相结合，租赁、承包、拍卖、股份制和股份合作制等多种形式被用于改制实践。燕龛乡坚持“积极、稳妥、渐进、彻底”的原则，采取“先易后难，先地面企业，后煤矿企业”的办法，对7个乡企业进行改制。镇境内改制后的各企业，真正做到了责、权、利的统一。1996年10月，在区改制工作大队和区改制办的帮助指导下，原河底镇成功地拍卖了13个村办集体企业，开了全市农村集体企业拍卖的先河。

1997年，镇境内各乡镇的企业改制工作以制度创新为目标，以产权改革为核心，以股份制和股份合作制为重点，采取加强领导、典型引导、舆论开导、思想疏导、因势利导的综合措施，加快企业改制步伐。1998年，按照区委、区政府的要求，坚持“好的稳、大的股、小的卖、亏的变、死的破”的方法，成熟一个改制一个，改制一个成功一个。并把实现乡镇企业民营化作为解放生产力、发展生产力的根本性措施，进一步推动企业改制工作全面、深入展开。改制工作中，镇境内各乡镇都成立了企业改制领导

1997年，东村村委会与部分企业签订承包合同（图7-1）

组，组建了改制工作组。从机关抽调工作人员，组成工作队，进驻各村和乡镇办企业，采取乡镇领导包片、包企业，工作队包村，村干部包企业的责任制，村村确定试点，以点带面，不留死角。乡镇书记、乡镇长为企业改制的第一负责人，对本乡镇的改制工作负总责、具体抓。乡镇改制领导组深入重点、难点企业，共同研究制定措施，帮助重点、难点企业解决实际问题。

2002年，改革力度不断加大，改制步伐不断加快。以产权清晰、政企分开为突破点，以规范完善股份结构和建立健全法人治理结构为重点，以建立现代企业制度为落脚点，全面推进企业的机制转换和体制创新。按照"产权可知化、决策民主化、管理市场化、用人社会化、发展规模化"的标准和"能售不租、能私不股、能集不散"的原则，企业产权制度改革得到进一步引深。到年末，全镇累计完成改制企业64家，占集体企业总数的90%，其中改为有限责任公司的4家、租赁的35家、拍卖的29家。改制后，企业进入现代化运行的轨道，整体提高了市场核心竞争力。到2003年11月，另14家地面企业全部完成了产权制度改革工作，其中改制为股份制的企业2家、出售企业12家。到年底，民营化率接近98%，其中天隆公司、山塔鞋业公司等四家规模较大企业组建为有限责任公司，民营经济焕发出强劲的市场活力。到2014年，全镇股份制、私营企业82个，占97.6%；集体企业2个，占2.4%。

第三节　社会保障制度改革

从中华人民共和国成立至20世纪70年代末的数十年中，镇境内实行计划经济下的社会保障制度。1951年，实施《中华人民共和国劳动保险条例(草案)》，其中包括了疾病、负伤、生育、医疗、退休、死亡待遇和待业救济等保障和福利项目，社会保险、社会救济、社会福利、优抚安置等保障项目步入正常发展阶段。1954年5月，劳动部门把保险移交给工会管理，劳动保险范围扩大到供销社和粮站。

"文化大革命"期间，社会保障工作因受到严重冲击和破坏而基本中断。

1978年中共十一届三中全会召开后，随着改革的不断深入，传统的社会保障制度越来越不适应实际现状，镇境内的社会保障制度改革工作开始稳步推进。

1991年，开始实施《关于企业职工养老保险制度改革的决定》，建立了基本养老保险与社会补充保险和个人储蓄性养老保险相结合的制度，实行国家、企业、个人三方共同负担保险费用的原则。随后，各农村也进行了养老保险制度改革。

1994年7月，随着郊区政府《关于建立多层次的社会保障体系的实施方案》的出台，镇境内的社会保障制度改革深入进行。1995年10月1日，开始实施《山西省城镇企业职工失业保险暂行条例》(该条例至2004年7月31日废止)。

2002年1月16日，郊区政府办公室下发《关于〈印发阳泉市郊区城镇职工基本医疗保险暂行办法〉的通知》。2月4日，又下发《关于印发〈阳泉市郊区职工大病统筹保险暂行办法〉的通知》。当年，社会保障制度得到全面落实，全镇低保户实现了应保尽保。2003年，全镇低保户增加到812户，在发放低保金的同时，还发放了救济粮和救济金。

2004年10月，郊区政府下发《关于印发〈阳泉市郊区工伤保险实施意见〉的通知》。河底镇首先在采矿等高危行业中实行。

2005年，社会保障覆盖面继续扩大，医疗卫生保健工作得到提高，农村合作医疗功能初步显现，全镇共有26371人享受到医保政策。同年6月，区政府办公室印发《关于在全区各类企业推行工伤保险制度的通知》，境内工伤保险的范围进一步扩大到各类企业。

2006年7月，郊区政府办公室印发《关于农民工参加基本医疗保险的通知》。9月25日，又印发《关于农民工参加工伤保险的通知》。根据两个《通知》精神，镇政府将农民工参加社会保险列为工作重点。2007年10月19日，城镇居民医疗保险正式全面启动，与城镇职工医疗保险、新型农村合作医疗制度无缝对接，实现了基本医疗保险在全民中的制度覆盖。同年，生育保险正式开展。当年，农村新型合作医疗参保率达到81%。2008年1月，河底镇开始施行《劳动合同法》和《就业促进法》，进一步规范劳动管理和就业管理。以家庭、职工自我保障为基础，以村或企业为基本保障单位，基本形成资金统分结合、分级筹集、政府协调、部门管理的社会保障新格局。以社会保险、优抚安置、社会救济、社会福利、社会互助和社会服务为主要内容的多层次、一体化的社会保障体系在全镇逐步建立。到2010年，城镇居民基本医疗保险进一步完善，全镇城乡居民参保率87.3%。2011年，新型农村社会养老保险全面铺开，全镇参保率达到91.2%；正式启动城镇居民社会养老保险制度试点工作，当年参保人数占应入人数的52%。2013年，新型农村合作医疗保险人口覆盖率达100%。到2014年，各类社会保障制度得到全面落实。

第四节　商贸流通体制改革

私营商业

明清时期，镇境内一些交通较发达地区，商业已具规模，贸易活动繁盛，河底、牵牛镇等地逐渐发展成为商业集镇。组织形式有独资、合营两种，经营方式有坐商、摊贩、货郎担三种。河底“商业一条街”，字号店铺有140余家。燕龛村从清光绪年间至中华民国初年陆续开设数家买卖商号，规模稍大的有永德成、德和堂、中和镇三家。镇境内的这些商业都是私人资本，为封建体制下的私有制贸易。

中华民国时期，商业更趋繁荣。一些流动商贩还将镇境内产的铁锅、锄板、瓷器等产品销往外地。日军侵华战争时期，镇境内店铺横遭抢劫，市面萧条，私人资本因战乱而几乎全部倒闭。

中华民国36年（1947）阳泉解放后，人民政府实行贷粮扶商政策，私营商业又得到较快发展。1955年，国家对私营商业采取改造、安排相结合的方针，私营商业逐步纳入国家计划轨道。1956年，国家对私营商业进行社会主义改造，多数过渡到供销合作社或组成公私合营店、合作小组，有的转业；也有少数继续自营的商业；药店转变为国营。到1959年，自营的基本消失。1966年“文化大革命”开始后，私营商业被完全取缔。

1978年中共十一届三中全会后，私营（个体）商业又开始发展。私人资本实行中间特色社会主义制度下的管理体制。到2014年，私营商业又已占据商业的主导地位。

供销合作商业

中华民国34年（1945），平定（路北）县抗日民主政府发动群众集资入股，在山底、任家峪等村创办供销合作商业。1949年，燕龛村的3名退伍伤残军人组织群众入股，组建了荣军合作社。供销合作商业为集体所有制。1954年以乡并社。1958年5月，供销社与国营商业合并，镇境内的基层供销社改并为1个供销合作总店（河底）。供销社的身份由集体所有制变为全民所有制。1962年6月，供销社与国营商业分家，恢复了原集体所有制性质。同年，在东村设立公社级供销社。1969年，供销社第二次与国营商业合并，河底、东村供销社划归区财贸办公室分管。1973年4月，国营商业与供销社第二次分家，镇境内所辖基层供销合作社全部划归阳泉市供销合作社管理。

1979年，供销合作社开始进行经济体制改革，各基层供销社相继进行清股、扩股，农村供销社重新恢复了农民群众集体所有制的合作商业性质。1985年3月，郊区供销合作社成立，镇境内的基层供销社划归其管理。

2004年1月，供销社系统开始进行以"转换职工身份，变革用工制度"为主要内容的体制改革，到2006年底结束。河底供销合作社改制为河底供销合作社有限公司，东村供销合作社和燕龛供销合作社改制为个人承租经营。到2014年没有改变。

国营商业

中华人民共和国成立前，河底就有7家私营字号药店。1956年，国家对私营工商业进行社会主义改造后，到1959年，全部改造并为国营河底药店。1993年，设立东村药店。2004年经营体制改革后，镇境内的国营药店全部由内部职工承包经营，具体品种、数量及销售金额、利税等不在进行单项统计。2011年，根据省、市有关文件精神，镇境内的国营药店实施破产，到年底，全部转为私人经营。到2014年，经营体制没有改变。

粮油购销

清末民初，河底即有粮店，并有粮食交易市场，逢五、逢十为集日。另外在庙会期间也有粮食交易市场。当时的粮店和交易市场都是私人资本。

中华人民共和国成立之后，镇境内的粮油购销体制经历了多种变化。具体可分为四个时期。一是自由购销时期。中华人民共和国成立之初，镇境内粮食市场上多种经济成分并存。一方面，国家逐步收紧对粮食的集中统一管理；另一方面，在对私营粮食经营进行"利用、限制、改造"的同时，仍然许可私营店铺的合法经营，但国家调整了公私经营范围。到1952年，粮食自由购销，价格由市场供求决定，市场经营主体多元化，但国有系统已经开始确立在市场上的主导地位。二十统购统销时期。1953年起，国家加大对粮食部门的投入，通过划拨土地、修建库房、政策扶持，粮食部门得到较快发展。粮食流通进入统购统销时期。1955年，镇境内在河底、牵牛镇设立粮站，主要承担农业税粮的征购以及城镇居民的粮食供应任务。1956年，牵牛镇粮站并入河底粮站。1972年，在东村新建了粮站。一直到1984年，粮食市场经营主体单一，完全由国营粮食系统经营，价格由国家统一制定。三是购销双轨制时期。1985年，取消统购制度，实行合同定购，合同以外的粮食可以自由上市，销售价格由国家制定，农产品购销体制由统购统销走向"双轨制"。1992年，按照国家搞活农产品流通的相关政策，在保证完成国家定购任务的情况下，对粮食实行长年放开经营政策。到1993年，镇境内的粮食销售价格基本全部放开。1994年，购销价格放开。到1997年，粮食购销政策实行"双轨制"，即在保证政府能够稳定地掌握一定数量的粮食，以稳定粮食供给的前提下，放开粮食市场购销。并按照国家规定，议购粮按国务院确定的定购基准价（保护价）敞开收购，不拒收、不限收、不停收，不压级压价，不打“白条”。四是流通市场化时期。1998 年，镇境内粮食系统实行政企分开的经营体制，深化粮食企业改革。敞开收购农民余粮，粮食收储实行顺价销售，粮食收购资金封闭运行。2001 年，粮食流通体制改革进一步深化。2004 年，东村粮站并入河底粮站。同年开始，粮食行政管理部门管理全社会的粮食流通和对市场主体准入资格的审查，全面放开粮食收购市场，实现粮食购销市场化和市场主体多元化。企业员工进行了买断工龄、身份置换的改革，加强了对下岗工人的再就业和社会保障工作的力度。至 2014 年，镇境内的粮食购销基本由私人经营。国有粮站在性质不变的情况下，也由私人经营。

第八章　农　业

第一节　综　述

河底镇地处太行山土石山区，土壤贫瘠，水源匮乏，自然灾害频繁，是典型的旱作农业区。当地农民习惯采取一年一熟的耕作方式，主要粮食作物有玉米、谷子、小麦、高粱、薯类、豆类，主要油料作物有芝麻、小麻、葵花，主要植物有油松、侧柏、刺槐、杨柳、花椒、核桃、苹果，主要畜禽有牛、羊、猪、鸡、兔。

中华人民共和国成立前，境内受自然和社会条件的限制，耕作粗放，农作物产量较低，农民"靠天吃饭"，衣食不足，生活艰辛。1949 年，全镇实有耕地约 3 万余亩，粮食亩产只有几十公斤；林地只是小片天然的次生林，村庄农户偶有自发栽植的零星四旁树；畜牧养殖也局限于农户零敲碎打的分散养殖。

中华人民共和国成立后，农民抗击自然灾害、改变自然环境的力量增强，农业生产条件随之改观，粮食产量不断增长。据河底公社统计，1952 年，全镇实有耕地 33293 亩，粮食亩产 105 公斤，总产 338.10 万公斤。特别是人民公社成立后，农业生产条件进一步改观，粮食产量大幅提高。1958 年，全社粮食产量 465.13 万公斤，亩产 155 公斤。1961 年，受自然灾害的影响，粮食产量下降到 188.55 万公斤，亩产下降到 99 公斤。

20 世纪 60 年代中期至 1978 年，全国开展"农业学大寨"运动，该镇大力推广下章召经验，农田基本建设的资金投入逐年加大，农村修建水库、改造荒滩、改良土壤、改进工具，以温河灌区为龙头的水利工程相继上马开工，人造平原、深翻土地、推广梅花耧等农业生产运动蓬勃开展，农业基础设施和耕地地力得到很好的改善。1971 年，河底公社全社粮食产量首次突破 487.76 万公斤，亩产高达 340.5 公斤。截至 1973 年，全社共建成"大寨田"6931 亩、水浇地 1345 亩，共兴修水库 6 个、库容 143000 立方米，蓄水池 66 个、蓄水能力 48170 立方米，水洞 5 个、容水 2800 立方米，旱井 189 眼、容水 6648 立方米，水井 29 眼。全社拥有拖拉机 20 台、排灌用动力 173 台、农产品加工机械 62 台、农用水泵 76 台、副业动力机械133台、饲料加工机械42台、手推平车614辆;结合玉米、高粱两杂优种的推广普及,促进了粮食产量的持续增长,至1978年,全镇粮食总产量保持在361.56万公斤(不含东村公社352.63万公斤、燕龛公社103.27万公斤),对满足人民温饱具有积极的意义;全镇共建成"大寨田"7420亩(不含东村公社5570亩、燕龛公社1600亩)、水浇地2140亩(不含东村公社7455亩、燕龛公社1170亩);全镇拥有各类机械6651.66千瓦(不含东村公社4577.65千瓦、燕龛公社1519.06千瓦)。但是,这一时期由于"左"的思想影响,片面强调"以粮为纲",忽视了林果业、畜牧业和乡村企业的发展,特别是为了盲目追求粮食产量"达刚要、过黄河、跨长江",一味扩大高产作物的播种面积,甚至还毁林种粮,盲目拓荒,造成了对自然生态的严重破坏。1978年,全社种植业收入83.65万元(不含东村公社85.54万元、燕龛公社24.24万元),林业收入5.67万元(不含东村公社7.12万元、燕龛公社0.91万元),养殖业收入4.41万元(不含东村公社3.45万元、燕龛公社0.81万元),副业收入675.06万元(不含东村公社359.87万元、燕龛公社93.69万元),其他收入6.08万元(不含东村公社19.90万元、燕龛公社10.06万元)。

中共十一届三中全会后,全镇上下贯彻实事求是的思想路线,合理调整农、林、牧、副、渔间的比例,纠正了以往违背客观规律、片面强调"以粮为纲"的错误,因地制宜,落实宜粮则粮、宜林则林、宜牧则牧、宜工则工的方针,强调广大农村要以科技为龙头,坚持走农科教一体化的路子,倡导多业并举、全面发展,从而使农业结构得到了合理的调整,加速了农村经济的发展。在农业结构调整中,粮食作物与经济作物比例的调整速度较快。1987年全镇粮食作物的播种面积下降为1.13万亩(不含东村乡1.32万亩、燕龛乡0.45万亩),经济作物上升至0.13万亩(不含东村乡0.13万亩、燕龛乡0.04万亩)。

经过10多年的努力,农业生产得到了长足发展。1990年,全镇种植业总产值达360.80万元(不含东村乡346.26万元、燕龛乡106.12万元),占农业总产值的69.5%;全年粮食产量419.5万公斤(不含东村乡398.7万公斤、燕龛乡125.1万公斤),油料产量12.4万公斤(不含东村乡79.7万公斤),蔬菜产量203.8万公斤(不含东村乡85万公斤、燕龛乡48.3万公斤),林业产值为8.26万元(不含东村乡6.91万元、燕龛乡9.48万元),占农业总产值的1.6%;全镇造林面积为1240亩(不含东村乡1050亩、燕龛乡1301万亩),四旁植树3.12万株(不含东村乡5.33万株、燕龛乡2.23万株),畜牧业产值达149.26万元(不含东村乡33.33万元、燕龛乡11.72万元),占到农业总产值的28.8%,当年肉类总产量4.42万公斤(不含东村乡4.28万公斤、燕龛乡1.81万公斤)、禽蛋30.3万公斤(不含东村乡2.90万公斤、燕龛乡0.841万公斤)。农业机械进入推广应用、长足发展的新阶段,特别是运输机械在这一时期得到了迅速增加，全镇农业机械总动力33916千瓦（不含东村乡14568千瓦、燕龛乡3666千瓦）。

这一时期，由于联产承包责任制的全面落实，农民自主经营的灵活性增强，但由于受工矿业高收益的趋势，农民从事农业生产的积极性相对削减，部分村庄出现了主副业倒置的现象，一大部分农民弃农从商或弃农务工，农村大面积土地荒芜，农田水利设施荒废，农业生产相对受到影响。

1992年，中共十三届八中全会通过《关于进一步加强农业和农村工作的决定》，农业生产引起了各级党委政府的重视，该镇在继续调整农业结构的同时，为适应农产品供求变化的形势，把发展"两高一优"农业放在经济工作首位，围绕上级"瞄准市场、调整结构、建设基地、强化服务、高产优质、提高效益、服务城市、富裕农民"的发展指导方针，不断增加农业投入，改善农业生产条件，城郊型"两高一优"农业基础进一步强化。积极推广和运用有机旱作、优育优种等粮食增产新技术。重点培植了东村、下章召蛋鸡养殖村，河底、里龙光峪、关家峪、燕龛生猪养殖村和苏家泉羊、兔养殖村。2001年，合并后的河底镇，全年种植业总产值达1246万元，占农业总产值的55.4%；全年粮食产量452.4万公斤，其中谷子107.9万公斤，豆类5.9万公斤，薯类39.7万公斤；蔬菜产量705.3万公斤。林业产值为36万元，占农业总产值的1.6%；全镇造林面积为195亩，成林抚育7005亩，四旁植树18万株，水果产量10.3万公斤；畜牧业产值达815万元，占到农业总产值的36.3%，猪年末3948头，出栏4479头，家禽年末58600羽，出栏38630羽，当年肉类总产量40.8万公斤，禽蛋7.5万公斤。全镇农业机械总动力34113千瓦，农业基础设施建设力度加大，全年农田水利建设项目21个，投资186万元，农业生产条件得到进一步改善。

"十五"期间，全镇紧紧围绕农村全面建设小康社会和农民增收这个主体，全力推进农业产业化、农村工业化和农村城镇化(一体三化)进程，着力实施以退耕还林、发展核桃经济林为主要内容农业发展战略，大力推进乡镇企业结构调整和体制创新，促进农村宽裕型小康建设和文明生态村镇创建，全镇农业和农村经济发展取得了显著成效。2005年，粮食播种面积23400亩，总产量520万公斤，蔬菜种植面积1200亩，总产量280万公斤，果类种植面积860亩，总产量50万公斤。万亩核桃基地经过多年培育，经济效益初步显现；北庄"绿色恒宝"大棚蔬菜基地建设形势喜人。全镇完成荒山造林任务12000亩，四旁绿化植树14万株，通道绿化100公里；关家峪3000亩龙凤山生态工程效益明显；下章召太行山绿化工程全面完成；燕龛生态经济沟初具规模，河底村、里龙光峪村、大固庄等村文明生态建设彰显特色；燕龛、程庄村被命名为市级三星级文明生态村，固庄、里龙被命名为市级二星级文明生态村。饮水解困取得新成绩。投资400余万元，实施了南沟集中供水、燕龛片六村饮水解困、河底水网改造、前龙人畜饮水等9项工程，解决10000余人的饮水困难。以河底、程庄、郊里3个奶牛场为骨干，以里龙、燕龛、关家峪、郊里四个养猪场为龙头，以东村、下章召两个蛋鸡养殖为基地，畜牧业不断巩固发展，成为农民增收的重要渠道，“十五”期末全镇奶牛存栏200多头，生猪存栏300多头，蛋鸡存栏12万羽。

“十一五”期间，全镇围绕建设社会主义新农村这一中心任务，立足科学发展，围绕发展新产业、建设新村镇、健全新保障、树立新风尚、培育新农民、创建好班子的“五新一好’工作重点，继续实施“一体三化”战略，以文明生态村镇创建为有效载体，科学规划和扎实推进全镇建设社会主义新农村工作。坚持城乡统筹，积极推进农民增收，加快农村经济结构战略性调整，农村经济社会保持了良好的发展势头。五年共实施重点调产项目42个，年增利税2000万元，成为全镇经济发展新的增长极。现代农业示范区建设全面启动，对农业的投资累计达到10200万元。到2010年，温室大棚面积达到1500亩；核桃经济林面积达到8000亩；规模养殖小区达到15个，蛋鸡存栏达到18万羽，生猪出栏1.6万头；无公害产地认证面积达到3960亩；农民专业合作社发展到13个，辐射带动600余户农民从事产业化经营，传统农业向现代农业快速迈进，农业为农民提供的纯收入由2005年的340元提高到1000元以上。

“十二五”开局之后，继续贯彻落实科学发展观，按照上级党委、政府转型跨越发展的总体部署，抢抓山西省成为国家资源型经济转型综合配套改革试验区的重大机遇，围绕“五年再造一个新河底”的奋斗目标，全力推进经济发展方式转变。着力建设现代农业综合示范区，以品质提升农业，全面提升现代农业建设水平，通过对园区生产体系的改造和完善，将园区建设成为集标准化种植与养殖、蔬菜加工配送、种养循环链接、新品种新技术试验展示等功能于一体的生产型现代农业综合示范园区。2014年，积极响应山西省委、省政府“百企千村”政策，联合燕煤集团与北庄村共同打造农业循环经济园区，全年共投入资金2740万元，改造高标准温室50亩，新建连栋智能温室7000平方米，鸡舍10000平方米，造地近200亩，其中120亩大棚骨架已焊接完成，同时为配合园区生产经营，新打深井1眼，铺设滴水灌溉管路近8000米，设施农业占地面积975亩。在固庄、任家峪两村食用菌栽植的基础上，新增河底、红旗公司2家种植大户，完成投资300万元，种植面积超过10000平方米。东村村蔬菜基地作为全市最大的老蔬菜基地，面对许多大棚出现不同程度破损的困境，设法筹措资金150万元，对基地内水毁道路及老旧大棚进行了维修，使老基地换发新生机，并顺利通过部级标准化种植园区验收。全年新增核桃种植面积550亩，使全镇核桃保有量突破15000亩大关。投资100万元新建程庄金鑫源肉羊养殖基地、投资120万元新建山底永强养猪基地,现代农业园区基础建设进一步夯实。

第二节 种植业

作物种类

粮食作物

玉米。南部村主俗称玉茭,北部村庄俗称玉黍,是境内的主要粮食作物,占粮食播种面积的70%以上。中华人民共和国成立前,种植技术及品种落后,玉米产量不高,亩产只有70公斤,品种只有大黄、二黄、小白等。20世纪50年代后,为解决阳泉市的城市居民吃菜,政府在该镇温河沿岸水源条件好的山底、东村、东南沟村相继开辟蔬菜基地,玉米随着粮食作物种植面积逍减而递减。由于人们注重种植技术的改进并首次引进改良品种"金皇后",亩产量大幅提高。三年困难时期过后,为解决农民口粮不足的问题,玉米种植面积再度扩大。此后,玉米种植面积尽管又趋递减,但由于引进春杂、维尔等玉米双杂交种并施用化肥,亩产猛增到300公斤。20世纪70年代后,片面强调"以粮为纲",大量种植高产作物,推广丹玉6号、丹玉8号、忻黄单9号、大单1号、大单2号、中单2号等单杂交种,玉米种植不仅面积扩大,而且总产剧增。1976年,仅河底公社种植面积增至6738亩。中共十一届三中全会后,实行家庭联产承包责任制,种植结构由农民掌握,故玉米种植面积又趋缩减。但由于引进农大60号新型良种且使用增产菌拌种、进行种子包衣等,亩产迅猛增加。1979年亩产高达449公斤(不含东村公社439.5公斤、燕龛315.5公斤),总产达335.10万公斤(不含东村公社309.06万公斤、燕龛公社72.39万公斤)。20世纪90年代后,玉米种植面积波幅平稳,但品种更新频繁,先后推广了农大、太单、晋单、中玉、沈单等系列品种,对稳定全镇粮食产量起了决定性作用。进入21世纪后,该镇立足优质高效农业的发展思路,先后引种鲜食玉米和粮饲兼用玉米品种,全镇玉米品种的种植格局为多品种均衡种植,其主流品种有田糯、张玉、东单、富友、屯玉、先玉等,玉米亩产相对递减。2001年,全镇种植面积14415亩,亩产202公斤,总产291.70万公斤。2014年,全镇种植面积保持在16170亩,亩产316公斤,总产稳定在511.40万公斤。

谷子。境内种植历史悠久,主要分布于东部土壤条件较好的村庄。中华人民共和国成立初，其品种为传统品种白母鸡、石榴嘴、毛毛谷、大黄谷、小黄谷等，全镇（不包括东村、燕龛乡所辖村）种植面积保持在5000亩左右，亩产量徘徊在75公斤左右，总产量在37.5万公斤上下波动。20世纪50年代，种植面积随粮食作物种植面积的减少而减少，主干品种有石榴咀、牛蹄黄、大红袍、秋后变、大黄谷等。20世纪60年代，种植面积继续减少，但品种增加，主要有人人爱、河不死、大寨谷、过江1号、长农1号、长农2号等。20世纪70年代，由于大面积种植高产作物，谷子种植面积继续减少。但因引进推广杂交品种长农10号、长农12号、晋中202、晋谷21号等优良品种，改进种植方式，推广了下章召大队研制的三腿“梅花耧”，加宽谷子的播幅，增加密度，亩产量提高。1976年，仅原河底公社种植面积下降到2858.5亩；中共十一届四中全会后，实行联产承包责任制，种植品种由农民自主确定，由于谷子营养丰富，且符合当地人民饮食习惯，故种植面积一度回升。1979年，全社种植面积达4825亩（不含东村公社3882亩、燕龛公社1419亩），亩产达202公斤（东村公社226公斤、燕龛公社255.5公斤），总产达97.35万公斤（不含东村公社87.78万公斤、燕龛公社36.25万公斤）。进入21世纪后，种植结构再度调整，谷子随着粮食作物播种面积的减少而减少，但品种不断优化，先后引进长农35号、金谷2401。尽管播种面积及产量减少，但品质提高。2001年，全镇种植面积5595亩，亩产192.87公斤，总产107.90万公斤。2014年，全镇种植面积保持在945亩，亩产158公斤，总产稳定在15.1万公斤。

高粱。南部村庄俗称茭，北部村庄俗称秫秫，境内均有种植。新中国建立初，沿袭传统的种植结构，高粱作为杂粮，很少专种，大多与谷黍间作，或种植在边角地堰。传统的品种有硫黄茭、白茭。种植面积一直保持在800亩左右。20世纪60年代后，其种植面积开始增加并引进新品种三尺三、大红袍。尤其是20世纪70年代，片面强调产粮指标，开始推广高产杂交品种，先后推广的杂交品种有晋杂4号、晋杂5号、遗杂7号等。优种高粱以其产量高的优势，种植面积猛增。1976年，仅河底公社种植面积达781亩。20世纪80年代后，高粱种植面积保持在700亩左右（不含东村公社450亩、燕龛公社120亩左右）。20世纪90年代后，随着市场及种植结构调整，全镇高粱种植规模逐年缩减或小幅波动。2001年，全镇种植面积180亩，亩产211.13公斤，总产3.8万公斤。2012年，全镇种植面积保持在516亩，亩产170公斤，总产稳定在8.8万公斤。此后不再专种，也不做统计。

小麦。境内主要种植旱地冬小麦，春小麦面积很小，多分布于温河沿岸村庄。新中国建立初，区境种植的是和尚头、芒芒麦，种植面积6000多亩，亩产50公斤左右，总产30万公斤上下。20世纪50—60年代，引进了169号、中苏68，但播种面积减少。1965年，仅河底公社种植面积达3120亩，亩产达154.6公斤，总产达482302公斤。20世纪70年代，强调粮食产量指标和复播指数，故小麦种植面积稍有回升，品种以太辐10号为主干品种。1971年，种植面积最大，为4802亩，但当年欠收，亩产只有73.1公斤，总产351978公斤。1979年，全社种植面积达3200亩（不含东村公社3091亩、燕龛公社805亩），亩产达193.5公斤（不含东村公社261公斤、燕龛公社166公斤），总产达61.97万公斤（不含东村公社80.67万公斤、燕龛公社13.36万公斤）。进入20世纪80年代，随市场开放，外地小麦、面粉进入该镇，加之种植小麦投资大而收益小，故种植面积逐年递减，除温河沿岸少有种植外，其他地区很少种植，推广的主干品种为晋农3号。20世纪90年代后，随着市场供需变化及种植结构的调整，该镇冬小麦不再种植。

豆类。境内均有分布。种类繁多，主要有大豆、小豆、绿豆、豇豆等。其中，大豆种植面积较大。绿豆、小豆很少专种，多数与玉米、谷子等作物间种或套种。豇豆不专种也不间种，只种在谷子、玉米地的边行。20世纪60年代，由于受高产作物的挤压，种植面积连年下降。尤其是20世纪70年代后，种植面积骤降。1976年，河底公社只有5亩（其中下章召3.5亩、小固庄1.5亩）。中共十一届三中全会后，豆类以其经济价值高的特性，深受农民青睐，种植面积逐年增加，同时农民多采取传统的间作套种，豆类总产量较高。1979年，全社仅大豆总产达12.07万公斤（不含东村公社1.23万公斤、燕龛公社2.07万公斤）。21世纪后，随着市场供需变化及中央对种粮农户取消农业税，并实行补贴，全镇豆类杂粮继续恢复。2001年，全镇豆类专种面积1050亩，亩产56.2公斤，总产5.9万公斤。2014年，全镇种植面积保持在330亩，亩产45公斤，总产稳定在1.5万公斤。

黍糜。境内均有分布，但面积较小。因其生长期短，故常作为灾年春旱大秋作物误期播种的补种作物，也称备荒种子。1949年，全镇种植面积几千亩，亩产40公斤左右，总产量几百万公斤。此后种植面积尽管逐年减少，但因黍类脱粒后剩余的黍头是加工笤帚的原材料，加之当地人们逢年过节喜食黍类制作的粘质食品，黍类作为传统品种，一直保留种植。1979年，全社种植面积达795亩（不含东村公社821亩、燕龛公社202亩），亩产达128.5公斤（不含东村公社293公斤、燕龛公社321公斤），总产达20.42万公斤（不含东村公社48.13万公斤、燕龛公社12.97万公斤）。2001年，全镇种植面积225亩，亩产151.13公斤，总产3.4万公斤。2014年，全镇种植面积保持在120亩，亩产120公斤，总产稳定在1.4万公斤。

薯类。包括马铃薯与甘薯，俗称山药和红薯，境内分布较广。马铃薯种植时间较长，以传统品种紫皮山药、白皮山药、红皮山药为主。甘薯于20世纪50年代引入境内。20世纪50—60年代，由于口粮不足，以薯类代替口粮，其种植面积显著增加，其品种引进了五台白、里外黄、小白令、黑山药、一刀砍、虎头白、南甲山药、元叶青等。20世纪70年代其种植面积逐年下降，品种以静石2号和洲杂15号为主。1976年，河底公社只有361.5亩。中共十一届三中全会后，随着种植结构的调整，薯类作为一种蔬菜，种植面积趋于增加，品种有老两口、克新1号、晋薯1号等。1979年，全社种植面积达521亩(不含东村公社798亩、燕龛公社112亩)，亩产(以5：1折干，下同)达382.5公斤(不含东村公社320.5公斤、燕龛公社420公斤)，总产达19.92万公斤(不含东村公社25.58万公斤、燕龛公社4.71万公斤)。20世纪90年代后，由于受其他蔬菜的冲击，种植面积开始缩减，但品种翻新。先后引种脱毒甘薯——晋甘薯3号、美国黑薯、北京553、新农4号、紫甘薯、维多无糖1号等特色甘薯。2001年，全镇种植面积2445亩，亩产162.4公斤，总产39.7万公斤。2014年，全镇种植面积下降到525亩，亩产160公斤，总产下降到8.3万公斤。

经济作物

油料。境内油料作物主要分布于原燕龛乡一带，其他村庄也有零星种植，品种有蓖麻、小麻、花生、葵花、小芥、芝麻等。除蓖麻、小麻进行小面积专种外，其他多栽植于地边、道旁、房前院后。20世纪50年代，随着人们生活水平的提高，食油食用量增加，油料种植面积逐年增加。20世纪70年代，由于“粮挤油”，种植面积锐减。1979年，全社总产仅6.42万公斤(不含东村公社3.99万公斤、燕龛公社1.92万公斤)。20世纪80年代，调整种植结构，其种植面积再度减少。1982年，全社总产减为0.37万公斤(不含东村公社0.29万公斤、燕龛公社0.81万公斤)。此后，市场开放，外地食油进入本地市场，种植油料效益低下，故其种植面积继续下降。到2014年，只有零星种植。但统计资料未作统计。

烟叶。本地品种主要为小兰花，俗称旱烟。境内均有分布，但很少专种，多为房前屋后小块种植。产品多自产自用，剩余上市自销。20世纪70年代前，种植面积较大。此后，随着生活水平提高，人们多吸食香烟，本地旱烟则很少种植。到2014年，偶有零星种植。

西瓜。境内种植面积较小，主要分布在温河沿岸村庄，其他地区也有零星栽培。进入21世纪后，伴随日光温室的推广，部分农户采用大棚进行种植，产品多自产自销。

香瓜。俗称甜瓜。温河沿岸沙壤土多有栽种。燕龛的甜瓜品种尤佳，广销本地。进入21世纪后，伴随日光温室的推广，部分农户采用大棚进行种植。2014年，全镇种植面积2亩，亩产6667公斤，总产1.2万公斤。

蔬菜作物

境内蔬菜种植历史悠久。传统蔬菜品种有豆角、倭瓜、南瓜、白萝卜、胡萝卜、茴子白、大白菜、北瓜、小白菜、菠菜、芹菜、小葱、韭菜等，其中豆角、倭瓜、南瓜习惯于与大田玉米套种，菜根、芥菜习惯于与大田谷黍套种，其他时令蔬菜多采用菜园专种。民国初年，燕龛、东村、东南沟等水源条件较好的村庄，农民经营小片菜园，成为当地小有名气的种菜“专业户”。中华人民共和国成立初，河底公社蔬菜种植面积保持在3000~4000亩，亩产保持在900~1000公斤，总产在200万公斤左右。随着阳泉这个新型城市的崛起，对蔬菜需求剧增，蔬菜种植迅速增长。20世纪50年代后，为解决阳泉市的城市居民吃菜，政府在该镇温河沿岸水源条件好的中佐、山底、东村、东南沟村相继开辟蔬菜基地，境内蔬菜种植面积成倍增长。此间引进了西红柿等果蔬类品种。20世纪60年代开始，因受自然灾害影响，粮食歉收，只好以菜补粮，搞“瓜菜代”，蔬菜种植继续增长。1961年，河底公社蔬菜种植面积增加到12429亩。此后，政府多次调整粮菜种植比例，蔬菜基地开始缩减。1971年，将境内条件较好的且种粮可实现自给的原基地村，调整为粮食自给村而不再种植商品菜，该镇蔬菜种植面积一度缩减。1979年，全社种植面积825亩（不含东村公社890亩、燕龛公社326亩），亩产（以5∶1折干），1429公斤（不含东村公社1620公斤、燕龛公社1933公斤），总产达117.89万公斤（不含东村公社144.19万公斤、燕龛公社63.02万公斤）。在此期间，蔬菜品种结构也发生了新的变化，高产易贮的大白菜、茴子白、芥菜仍为主干菜，受消费者欢迎的瓜果豆类菜种植量大幅度增长，先后引进西红柿、黄瓜、茄子等优良品种。西红柿品种有特瑞皮克、中蔬4号6号、毛红801、毛粉802、毛粉823、红玉、晋抗1号、红将军、红博士等，亩产可达1万公斤以上；黄瓜主要品种有山东密刺、新泰密刺、津研、津绿系列品种，亩产在1万公斤以上；茄子主要品种有茄杂1号、茄杂2号、大民茄、二民茄、黑茄王、快圆茄、布利塔等。2007年，区委、区政府出台《关于推进高效农业的实施意见》，确立以开发温河水资源、燕龛沟水资源为重点的万亩无公害蔬菜基地建设的具体目标，全区开始了大规模设施蔬菜建设工程。该镇加大了温室大棚设施建设，反季节蔬菜生产的比重越来越大，选择品种以高抗病、高产量、果型好、品质好为标准，重点推广了西安的金棚一号、保冠、精选金鹏、以色列美粉宝石、山东无敌、沈阳斗牛士P3、荷兰劳斯特、芬达、玛瓦等品种，亩产超过1.25万公斤。截至2014年年底，共新建大跨度节能温室及大棚近千个，总面积突破千亩，全镇蔬菜种植面积保持在1221亩，亩产6115公斤，总产稳定在746.6万公斤。

东村设施农业蔬菜基地　位于东村村居民区北部，北靠阳五高速，东接东五公路，西临京昆高速，园区土壤肥沃，土层深厚，地势向阳，光照充沛，依靠温河灌区的水源优势，为发展设施蔬菜农业生产提供了优越的自然条件。园区于2006年开始兴建，截至2014年，累计投资3000万元，园区设施面积600亩，其中温室大棚143架、占地310亩，春秋简易拱棚136架、占地290亩，园区分12个功能小区，五区为京晋合作示范区、十区和十一区为农超对接蔬菜基地，其中包括2000平方米的育苗中心，其他小区为综合蔬菜种植区。园区水电全部配套，园区道路全部硬化，所有棚室全部安装滴管和水肥一体化供给设施。基地主要产品有黄瓜、小黄瓜、西红柿、青椒、尖椒、苦瓜、豆王、北瓜及多种叶菜。年产商品菜1155.6万公斤、优质蔬菜苗200万株，经济收入2585万元。基地采取"集体搭台，农户经营，合作社服务"的体制，有310户菜农入住园区从事设施蔬菜生产，为抵御市场风险，菜农自发组织成立了"阳泉市冬春蔬菜专业合作社"，成功注册了"东村恒业"蔬菜商标，并与阳泉市华龙超市实现了农超对接，园区逐步向品牌农业和订单农业方向发展。2014年，按照农业部蔬菜标准园创建"五化"（规模化种植、标准化生产、商品化处理、品牌化销售、产业化经营）目标，着手开展创建工作，当年顺利通过验收，成为阳泉市首家部级蔬菜标准示范园。

北庄鑫海高效农业示范园　由阳泉市北庄鑫海种植专业合作社投资建设。合作社成立于2014年1月8日，共有职工80余人，园区位于阳泉市北20公里处，地处阳泉近郊，是阳泉市典型的资源转型示范地。园区紧邻207国道、阳五高速、京昆高速，交通十分便利。园区地处山西中部的丘陵地带，海拔高，光照充足，昼夜温差大，并且具有丰富的河水、地表水资源，水源充足，水质较好，基地土层厚度100厘米以上，土质为红褐色，有利于植物根系生长，植物良好营养以及土壤好的物理特性的形成，尤其是矿山复垦区矿物质营养极为丰富，为生产各种优质蔬菜水果提供了良好的地质条件。园区依托合作社按照阳泉郊区确立的"规模发展、设施带动、科技支撑、农民增收"高效农业发展思路，累计完成投资1500多万元，建高标准、高科技温室大棚40栋，移动大棚120栋，总占地面积300亩，实现了第一年起步、第二年入轨、第三年蓬勃发展的既定目标。合作社本着"从发展中找创新、从创新中谋发展"的宗旨，多次去山东寿光、北京科技园、内蒙古、东北等实地考察参观，学习他们的先进管理技术，吸取他们的先进种植经验。结合当地现有的有利条件，改扩建的温室大棚结构为坐南朝北东西走向，跨度为9米，净长度为80米，后墙及侧墙为双层水泥砖墙，中间加固保温材料结构。温室骨架采用新型镀锌钢管的平面拱形结构，温室中后部设木头立柱，薄膜选用厚度为0.2毫米的抗老化无滴塑料薄膜。保温被选用新型的防水防晒加筋保温被。在2014年5月动工实施建设2000立方米蓄水池1个，增设1800米提水管道1套，实施肥水一体化设施150亩，架设2公里电力设施，实现田间道路硬化1000米，增设病虫害防治机器300套，并铺设滴灌、卷帘机、增温机、发电机、喷雾器、旋耕机设备等。温室大棚达到了国内最先进的高标准温室大棚标准。园区主要产品有黄瓜、西葫芦、西红柿、青椒、尖椒、豆王、茄子等各类蔬菜，同时还生产小西瓜、甜瓜、香瓜、葡萄等各类水果。年产商品蔬菜、瓜果200万公斤，直接经济收入500多万元。

耕作制度

轮作倒茬

该镇人民很早就采用轮作倒茬的耕作方式。传统轮作方式是玉米、小麦、谷子、豆类、杂粮轮流种植，间隔一年，倒茬一次，无固定模式。20世纪70年代，随小麦种植面积扩大，轮作模式多样化，一般是玉米、小麦、小日月谷黍，豆类、小麦、小日月玉米，玉米、小麦、薯类，玉米、小麦、蔬菜。20世纪80年代后，由于小麦种植面积减少，轮作模式又趋单一。随着该镇粮食作物种植种类的减少和本地农民对土地投入的不断缩减，轮作倒茬这一传统的耕作制度，也逐渐由原来的玉米、小麦、谷子、薯类的隔年倒茬模式过渡为玉米、谷子或玉米、薯类的多年对一年的不对称轮作模式，即连续种植玉米3~5年后，种植一季谷子或薯类。由于该镇粮田全部为家庭承包经营的块小点多模式，即一块大地分几家或一家土地分多处，农户种植又大多以解决自家食用为目的，所以一块地里玉米、谷子、薯类、瓜菜多种作物种植现象非常普遍。一般是近地、交通方便的路旁地种植瓜菜、薯类等，而远地和劣地则主要种植玉米和谷子。瓜菜、薯类及谷子实行轮作倒茬，玉米多连作。进入新世纪后，随着高效农业的推广，塑料大棚、日光温室蔬菜种植的轮作倒茬模式花样众多。

间作套种

传统间作以谷黍间作豆类或萝卜，玉米间作倭瓜、豆角等。20世纪70年代，推广"带种法"和"宽窄行种植法"，利用小麦套玉米，玉米套红薯、豆类、瓜类、萝卜，谷子套豆类等。在蔬菜栽培过程中，较为常用的有早熟、中熟茴子白的间作套种、夏黄瓜架下在大暑前套作秋黄瓜或秋豆角、茄子间作白萝卜、秋黄瓜架下套作茴香或芫荽、越冬茬黄瓜或冬春茬黄瓜套种苦瓜等。进入20世纪90年代，出现了立体种植法，即玉米套大白菜或茴子白。由于间作套种可以增加单位面积的种植效益，该镇农民在间作套种方面积累了大量的成功经验和种植模式。进入21世纪后，由于土地分户小块经营，加之该镇地块多为条形梯田，农户大多重新沿用传统间作套种模式，应用最为成功且普遍推广的套种模式是玉米田里套种豆类（以小豆为主），也有玉米套种马铃薯的。间作模式主要是在瓜菜田间作几行玉米，以充分利用地力和光照。在玉米或是谷子田的地边，种植一行豇豆或小豆，地墙根则依墙的高度种植豆角（梅豆或扁豆）和瓜类等攀缘作物。

回茬复播

该镇人多地少，古有回茬复播的耕作经验，一般是夏粮收获后，复播小日月玉米、谷黍或蔬菜类，达到一年两熟或者两年三熟。蔬菜种植主要有两种茬次，一种是两大茬安排，即在同一块地里，一年内安排种植两茬产量较高的蔬菜。第一茬是春夏季播种的春夏菜，以瓜果类蔬菜、早熟茴子白为主；第二茬是在秋季种植秋黄瓜、秋豆角或萝卜、大白菜为主。另一种是3个小茬安排，即在同一块地里，一年安排三茬生长期相对短的蔬菜。第一茬为越冬菜，如菠菜、小葱或早季小白菜、油菜、水萝卜等；第二茬为夏季蔬菜，以茄果类蔬菜和中晚熟茴子白为主；第三茬种植芥菜、秋菠菜、芫荽等越冬菜。20世纪70年代，为提高粮食产量，强调复播指数，科学搭配田间结构，保持四季都有作物生长，提高叶面积光照系数。1972年，河底公社复种面积达4224亩。蔬菜茬次逐年增多。1976年，试种成功"五种五收"。进入20世纪80年代后，随着小麦种植面积减少，复种面积也逐年减少。后全国粮食市场全面放开，白面（小麦面）在该镇随处可以买到，且销售价格也不算太高；另外，由于该镇小麦生长季节干旱少雨，十种九不收，小麦种植的投入和产出倒挂，农民多不再种植小麦。粮食作物的回茬复播也在该镇悄然退出。进入2000年后，随着高效农业的推广，塑料大棚、日光温室等种植技术被农民认可，以蔬菜种植为主的回茬复播模式，花样众多。具体有一茬到底温室栽培模式、一年两茬温室栽培模式、一年三茬温室栽培模式以及大棚栽培的早春茬、秋延后、一年多茬叶菜类栽培模式。

有机旱作

20世纪90年代，该镇推广有机旱作农业技术，该技术包括地膜覆盖栽培、配方施肥、秸秆还田、选用抗旱品种、生物覆盖技术等，是把生物覆盖和秸秆还田有机结合起来的一项行之有效的保护性耕作制度。在该镇玉米田得以广泛应用。具体做法：当玉米成熟采收后，将玉米秸秆在距离地面30厘米处用镰刀砍断，并隔行顺垄平铺在玉米行间，一行铺一行不铺，秸秆覆盖隔年进行，随后将玉米根茬刨起后均匀压在上面，以防冬、春季节铺压秸秆被大风刮散。这一技术除了对抗旱保墒、增加土壤有机质含量，培肥地力有积极作用外，既简单又实用，农民的认可程度较高。玉米整秸半覆盖技术是对应于该镇农户种玉米手工点播，秋天又是采用人工刨地的实际而兴起的一项耕作改革。这和该镇缺少耕畜，地块零散，农艺措施落后不无关系。该镇也有部分田块采用机械秸秆还田，但比重非常小。

种植技术

育种加工

中华人民共和国成立，该镇农作物品种主要靠以户选优和户与户之间的调换。20世纪50年代，开始村与村之间品种调换。20世纪60年代，开展外地优种的引进和自留自繁工作。1963年，市农建局先后在北小西庄、苏家泉大队建立玉米杂交种基地，划出良田，进行良种繁育和提纯复壮，年育良种上万公斤。20世纪80年代，依照"四化一供"（品种布局区域化、种子生产专业化、加工机械化、质量标准化，以县为单位统一供种）的种子方针，全镇种子由上级种子公司统一供种，种源靠外调。1989 年，推广种子包衣技术。包衣种子在北小西庄村试种 800 亩，增产 11.3%。1998 年该镇玉米、谷子全部实现 100%包衣加工和小包装化。2000 年 12 月 1 日《种子法》实施，种子供应实行许可制度，该镇种子供应步入法制化轨道。2006 年 5 月 19 日，国务院办公厅出台《关于推进种子管理体制改革加强市场监管的意见》后，同年 10 月 20 日，省政府出台《山西省人民政府办公厅关于推进种子管理体制改革加强市场监管的实施意见》，11 月，该镇种子供应完全步入市场化轨道。

适时播种

河底镇属于典型的暖温带大陆性季风气候区，广大农民经过长期的生产实践，形成了一套适合该地自然气候特点的播种规律。玉米播种期在谷雨前后，即 4 月 15 日前后。谷子播种期，海拔较高的地区为立夏后播种，海拔较低的温暖区为小满前后播种。高粱在谷雨前后播种，小麦在 9 月下旬播种，黍子于芒种前后播种，大豆及瓜类于谷雨前后播种，有“谷雨前后种瓜点豆”之说。其他豆类较大豆晚，马铃薯、甘薯在谷雨前后播种。

合理密植

传统农业盛行稀植，有“玉米地里卧下牛，还是种得稠”的说法。一般亩留苗：玉米 700~1000 株、谷子 8000~10000 株、高粱 1500~2000 株、冬小麦每亩播 4.5~6.5 公斤。蔬菜习惯采用按撮移植，如辣椒、芹菜 1 窝种植 2 根~3 根，菜园 4 米开扇，畦宽 1 米，每亩 150 畦，每畦种 30 撮，一亩地 4500 撮。20 世纪 50 年代中期推广了玉米“一挂鞭”（宽行近株）、“一对蜡”（一穴二株）密植法，后又演变为宽窄行种植法，即宽行 0.67 米以上，窄行 0.27 米，株距 0.27~0.30 米。20 世纪 60 年代，该地普遍采用密植栽培，一般亩留苗：玉米 1500~2000 株、谷子 2 万 ~3 万株、高粱 2500~3000 株、冬小麦每亩播 7~8 公斤。蔬菜种植开始推广单株密植增产新技术，畦宽 1 米，每畦栽 36 株，则一亩地 160 畦，共栽 5760 株。20 世纪 70 年代，由于优良品种的引进和化肥的施用，种植密度上升很快。每亩留苗：玉米 2800~3500 株、谷子 2.2 万 ~3 万株、高粱 6000~8000 株、冬小麦总茎数 50 万~60 万株。蔬菜种植，西红柿 2600~2800 株，黄瓜 2800~3200 株，西甜瓜 1800~2000 株。20 世纪 80 年代留苗密度有所下降。20 世纪 90 年代，上级下达“工程田”“吨粮田”任务，亩留苗密度有所上升。进入 21 世纪后，由于优良品种的迅速推广以及粮食价格的逐步上升，对单位产量的要求提高，亩留苗密度为：玉米 2400~2800 株、谷子 2 万~3 万株。同时为协调群体与个体之间生长，采用玉米宽窄行种植，宽行 0.6~0.8 米、窄行 0.2~0.4 米，株距 0.3~0.4 米。2007 年，以美国先锋公司选育，中美合资企业山东登海先锋种业有限公司按照该公司的质量标准，和专有技术独家生产加工的先玉335为代表的密植型玉米品种进入该镇种子市场，带动了种子市场玉米品种格局发生了重大变革。全镇玉米种子由传统的每亩播种密度在2300~2800株之间的稀植大穗型品种，转向每亩播种密度在3500~4000株的密植型品种。由于该品种株型紧凑、整齐，更适合于机播、机收，且籽粒脱水快，商品性好，单产潜力大，可缩短上市时间，一出现就受到市场欢迎。之后，该镇又陆续引进、推广大丰26、潞玉36、京科968、金博士588等一系列密植型品种。

地膜覆盖

1985年，在北小西庄村示范玉米地膜覆盖技术，亩增产20%。1990年，该镇组织机械化地膜覆盖有机旱作工程，投入铺膜机12台（不含东村乡7台、燕龛乡4台），地膜使用量东村乡3000公斤、燕龛乡1000公斤，铺膜面积1500亩（不含东村乡1520亩、燕龛乡200亩）。进入21世纪后，随着全镇工矿业快速发展，农民在土地投入特别是地膜覆盖上逐步缩减，2014年，地膜使用量3160公斤，铺膜面积448亩。

塑料大棚　日光温室

1997年，上级实施桃河、温河流域万亩蔬菜基地工程，东村新建蔬菜基地塑料大棚500亩。进入新世纪后，围绕上级"两高一优"农业发展目标，大力发展GRCI型日光温室基地，继续推广日光温室"果、芹、甘"高效栽培技术、土壤无害化处理技术、配方施肥技术等。2004年，全面启动GRCI型日光温室的改造工程，高标准建成北庄、东村设施农业示范区，开始了资源型经济结构转型的新探索。2005年，紧紧围绕农业集约化发展目标，北庄又建成了12座10米大跨度节能温室，并推广日光温室黄瓜一茬到底栽培模式，取得了亩产1万公斤、亩收入2万元的良好效益。2008年，全面落实上级"3+3"高效农业发展目标，镇村两级对农业的投入将近4000万元，重点扶持高效农业发展。截至2014年底，共新建大跨度节能温室及大棚近千个，总面积突破千亩，全镇蔬菜种植面积保持在1221亩，亩产6115公斤，总产稳定在746.6万公斤。

无公害农产品生产

进入21世纪后，随着绿色环保理念的引入，该地区采用综合防治技术控制病虫害，开始无公害蔬菜生产技术的应用。其做法是通过选用抗病品种采取健身栽培、合理轮作等一套农业措施，提高蔬菜抗逆性，减轻病虫危害；用黑光灯诱杀多种害虫；利用阳光晒种杀虫灭菌；使用遮阳网抑病；晒种、温汤浸种等高温处理种子；高温灭杀土壤中的病虫；高温闷棚抑制病情；采用生物防治和合理使用化学农药。2005年，河底镇完成近千亩无公害农产品产地环境认证。2007年4月北庄村、东村温室基地4个主要品种通过了省级无公害农产品产地认证。2012 年，该镇蔬菜生产基地获得山西省无公害农产品产地证书。

田间管理

病虫害防治

粮食作物病虫害。河底镇粮食作物的病害，主要是玉米的大小斑病、丝黑穗、瘤黑粉、玉米矮花叶病。黑穗病，主要危害玉米、高粱、谷子的穗部。谷子白发病是幼苗浸染，植株不抽穗导致严重减产。黏虫，俗称行军虫，主要危害谷子以及禾本科作物，分夏黏虫和秋黏虫，秋黏虫危害谷子，减产过半。蚜虫，俗名油汉，主要危害高粱、绿豆及蔬菜等作物，干旱高温年份发生较重。地下害虫，主要危害作物的地下部分及种子等，种类多，食性杂，危害重。主要种类有蝼蛄、蛴螬、金针虫、地老虎等。另外还有杂谷螟虫、小麦锈病等。2008 年，荫营镇三都村、河底镇苇泊村种植晋谷 34 号，谷田苗期发生谷瘟病，造成减产。

蔬菜病虫害。蔬菜病害主要有霜霉病、灰霉病、白粉病、早疫病、晚疫病、青枯病和黄萎病。蔬菜虫害有棉铃虫、白粉虱、小菜蛾、美洲斑潜蝇。1998 年，植物检疫性害虫美洲斑潜蝇传入该镇，主要危害番茄、芸豆、瓜类等多种蔬菜作物，幼虫蛀食叶肉组织，形成带湿黑和干褐区域的蛇形白色斑，成虫产卵取食也造成伤斑，受害的叶片表面布满白色的蛇形潜道，严重影响蔬菜的产量。由于温度的升高，美洲斑潜蝇呈逐年上升趋势，大棚蔬菜表现尤为严重。

果树病虫害。在河底镇果树病害常见的有苹果腐烂病、苹果早期落叶病、苹果褐斑病、苹果锈病等，葡萄霜毒病、葡萄白粉病等，主要虫害有苹果叶螨、桃小食心虫、蚜虫、苹果棉蚜、顶梢卷叶蛾、梨星毛虫等。

综合防治。20 世纪 90 年代主要用的农药有灭扫利、功夫、1605 乳油、敌敌畏、辛硫磷、氧化乐果、3911 粉剂、石硫合剂、福美砷、843 抗复剂等。进入 21 世纪后，高效低毒农药用于农业生产，有杀螨克、桃小灵、阿维高氯、吡虫灵、毒死蜱等，还有更安全的新型农药生物制剂 BT 和频振式杀虫灯、黑光灯、性绣剂。2001 年，全镇农药使用量 6000 公斤。随着我国加入 WTO 后，农产品的安全问题成为植保工作的重点，严格禁止在蔬菜、水果、中药材等作物上使用高剧毒农药。从 2007 年 1 月 1 日起，全面禁止甲铵磷、对硫磷、甲基对硫磷、久效磷、磷胺 5 种高剧毒农药在农业生产中使用。2014 年，全镇农药使用量 3820 公斤。

肥料应用

有机肥。河底镇传统农家肥包括畜肥、禽肥、人粪尿、秸秆肥、绿肥、炉渣、炕土、荒土等。农民多在冬闲、早春的温润季节培沤肥料。20 世纪 90 年代后，由于培沤农家肥耗时费工，此项措施逐渐弱化，取而代之的是秸秆还田新技术——生物覆盖，可有效增加土壤有机质含量。生物覆盖方式分为两种,一种是玉米整秸免耕或半耕覆盖,另一种是将玉米等作物秸秆机械粉碎直接还田。推广此项新技术率先在小河北、小西庄、大河北、东村等村推广。进入新世纪后,伴随无公害农产品的推广,农民又逐步恢复传统农家肥的施用技术。

化肥。中华人民共和国成立前,境内农民就掌握了施用化肥的技术,很早以前农民就利用煤矸石熬制黑矾(硫酸亚铁),供农田施用,大大提高了农作物产量。1953 年,开始使用氮素化肥。1968 年,磷肥引入该镇。1976 年,钾肥首次在该镇部分蔬菜园施用。1979 年,全社施用化肥总量为 83.3 万公斤(不含东村公社 175.6 万公斤、燕龛公社 26.5 万公斤),亩均用量 55 公斤(不含东村公社 118 公斤、燕龛公社 52 公斤)。20 世纪 80 年代,该镇化肥施用由原来的单一使用氮、磷、钾配比,向高效复合肥料发展。90 年代后,高效复合型肥料进一步发展,二元复合肥磷酸二铵、磷酸一铵、硝酸磷肥、三元复合肥等用量增加。配方施肥更趋精准,综合运用现代农业科技成果,根据不同作物的需肥规律、土壤供肥性能与肥料效应,在增施有机肥的基础上,产前根据目标产量,确定氮、磷、钾肥和微量元素肥料的适宜用量,以及相应的施肥技术。2009 年,经山西省农业厅土壤肥料工作站批准,由区农业技术推广中心承担省级测土配方施肥项目建设,为东村、河底 2 村制定玉米、谷子种植大配方,通过项目建设的实施,掌握了土壤养分含量分布情况,为以后科学指导农民施肥,促进增产增收起到了重要作用。2014 年,该镇化肥施用量达 48.72 万公斤,其中氮素化肥 22.56 万公斤,磷肥 6.58 万公斤,钾肥 5.65 万公斤,复合肥 13.93 万公斤。

第三节　养殖业

饲草　饲料

饲草　境内牧坡主要分布于西部和北部山区。草地类型为灌木草丛类,共分两个等四个级(二等六级,三等六、七、八级)。牧草种类以白羊草、苔草、铁杆蒿及其他禾本科植物为主,豆科植物稀少。牧草平均覆盖度 73.7%。牧坡处于自生自灭状况,杂灌侵染与水土流失严重。人工种草始于 20 世纪 50 年代。1957 年,河底村引进苜蓿,在田瘠土薄地块种植 20 亩。20 世纪 80 年代后,有养殖户种植牧草。1980 年,引进聚合草,在河底公社上章召大队种植。1999 年,从上级草原站引进紫花苜蓿、沙打旺、红豆草、无芒雀麦等优良牧草种子,在全镇推广。2014 年,全镇人工种草保留面积扩大,但利用率偏低。

饲料　中华人民共和国成立初,畜禽饲料主要靠农民自理,有啥喂啥。国家实行统购统销后,农村畜禽所需饲料,采取集体预留及按国家奖售政策供给。河底镇曾依省政府规定的标准,实行斤猪斤料,种公猪留料250公斤,母猪180公斤,肥猪180公斤,改良羊10公斤,奶羊10公斤,土种羊2.5公斤,奶牛每日1.5公斤。每供市场1.5公斤奶,国家返还饲料0.5公斤。由于不重视草料的加工利用,时有"人畜争粮"的现象。20世纪60年代后,为了提高粗饲料利用率,曾试验推广粗饲料粉碎、农作物秸秆青贮、青饲料打浆、糖化发酵等加工利用技术。1979年,全社预留饲料40.01万公斤(不含东村公社40.85万公斤、燕龛公社15.41万公斤)。20世纪80年代,开始推广使用配合饲料,下章召等鸡场进行饲料自行加工。2000年后,河底镇配合饲料加工逐步减少,以推广应用省内外大型饲料加工企业生产的浓缩、预混、配合饲料为主。2014年,天津正大、北京美好佳、北京德佳、北京九州大地等20多个厂家生产的各个饲料种类在全镇生猪、蛋鸡、奶牛养殖中广泛推广应用。

畜禽饲养

家　畜

马。历史上境内偶有饲养,多为官方驿站或少数大家富户,品种以蒙古马为主。中华人民共和国成立后,随着骡的需求量加大,马的种用价值逐步提升,存栏及品种逐年增加。1952年,河底镇饲养34匹,历史最高年份的1958年达71匹。1967年,引进新疆伊犁马。20世纪80年代后,由于农业机械化水平的不断提高,养马日渐减少。1992年后,该镇不再饲养。

驴。是本地传统的役用牲畜,品种以本地灰毛驴为主。新中国成立后,先后引进广临驴、闻喜驴等品种,饲养量逐年增加,1952年,仅原河底镇达1401头。农业合作化后,由于土地集中耕种,养骡与马者增多,驴的存栏下降,1957年为1270头。三年困难时期,由于粮食歉收,人的口粮和饲料粮严重不足,大量牲畜被宰食。1963年存栏骤减为327头(不含东村公社340头)。20世纪70年代后,随农业机械化推广和电力事业的发展,农用畜力逐渐减少,存栏再次下降,1979年为77头(不含东村公社89头、燕龛公社24头)。20世纪80年代后,由于该镇人多地少,农用畜力相对过剩,存栏继续下降并消失。

骡。中华人民共和国成立前,境内养殖甚少。品种主要是本地驴与蒙古马的杂交种。由于它集马和驴的优良特性于一身,不仅体壮力强,耐久力好,抗病力强,而且用料少,符合当地生产需要,长期呈增长趋势。1952年,河底镇饲养201头。三年困难时期,存栏稍有下降;1963年存栏骤减为162头(不含东村公社88头)。而后又逐年增长。1979年445头(不含东村公社317头、燕龛公社131头)。此后逐年减少,2001年存栏264头。2014年末存栏13头。

耕牛。1949 年前,境内用土种黄牛作耕牛,由于饲养粗放、品种单一,发展缓慢。中华人民共和国成立后,先后引进蒙古牛、晋南大黄牛、草原红等优种牛,数量逐年增加。1952 年,河底镇饲养 32 头,1963 年增至 125 头。20 世纪 70 年代后,由于农村推广机械化,役用牛逐年减少。其间,土种黄牛仍以体型小、性温顺、善行崎岖山路、觅食力强、耐粗饲等优良品性,在该镇饲养,1979 年年末仅存栏 29 头(不含东村公社 45 头、燕龛公社 11 头)。此后,用途逐步改变,成为肉牛改良的基础群。2001 年末存栏 59 头。2014 年年末,存栏 55 头。

奶牛。进入 21 世纪后,随着人民生活水平的不断提高,该镇养牛业开始由役用向乳用转变,先后引进中国黑白花、三河等优种牛。政府大力扶持农民发展奶牛养殖业,该镇奶牛养殖专业户、规模养殖场开始出现。2001 年,全镇奶牛养殖 10 头。2002 年起,规划建设郊里村康源奶牛场。2005 年,规划建成程庄奶牛养殖小区,逐步建成河底、程庄、郊里 3 个规模奶牛场。到 2014 年,末,全镇奶牛存栏 5 头,年产鲜奶 5000 千克。

猪。历史上境内多为民间散养,品种为土种黑猪。新中国成立初,生猪养殖主要采取“私养公助”的办法,养殖量逐年增加。1952 年,河底镇饲养 360 头。1958 年,各地大办猪场,养猪业迅猛发展,到 1959 年,养殖达到高峰,年末存栏 1793 头。1971 年,毛泽东主席向全国发出关于发展养猪业的指示后,基本上形成社社队队有猪场、家家户户有猪圈的局面。先后引进乌克兰、巴克夏、哈白猪、内江等良种。1978 年,全镇 80%的生产大队办起集体猪场,当年存栏 2674 头(不含东村公社 3547 头、燕龛公社 720 头),为中华人民共和国成立后的最高年份。20 世纪 80 年代后,随着农村经济体制改革的深入和联产承包责任制的推行,政府鼓励和扶持发展各类养殖专业户,并且随着市场经济的发展,国家取消生猪统购统销政策,实行议价销售,集体养殖重新崛起,与个体养殖取长补短。此间,引进杜洛克、梅山、大长枫、枫泾、太原黑白花等猪种。1986 年后,因受粮食价格上涨,饲料短缺的影响,养猪业下滑。1987 年,年末存栏降为 459 头(不含东村乡 711 头、燕龛乡 460 头)。20 世纪 90 年代后,养猪逐步转向规模化经营,保证了品种优良,普及科学配料和管理。1992 年,燕龛村、河底村要卯仓建成集约化养猪场。此后,里龙光峪、关家峪、河底村相继建成集约化养猪场。2000 年,市农业局领办里龙光峪猪场,组建阳泉市三元杂交猪繁育基地,次年始先后从北京引入杜洛克、长白、大约克原种猪共 80 头,率先向全镇提供二元母猪。2001 年,全镇生猪存栏 3948 头。至此,以里龙光峪、燕龛、关家峪、郊里 4 个养猪场为龙头,全镇养猪业步入规模化经营,生猪生产稳定发展。2014 年,投资 120 万元新建山底永强养猪基地,全镇存栏生猪 12850 头。

羊。境内养羊历史悠久,以饲养土种羊为主,且山羊多于绵羊。羊群属农民私有,主要靠本地土种羊自交自繁，发展缓慢。1952 年，河底镇饲养 3685 只。农业合作化后，羊群收归集体，随着集体经济的不断壮大，养羊业发展迅速。期间，先后引进美利奴、高加索、秃角等品种，推广改良本地土种。1959 年年末，存栏 8827 只，为历史最高年份。20 世纪 70 年代，由于开山造田、封山育林，使牧坡减少，养殖量下降。此间，引进新疆改良细毛羊与本地羊杂交形成半细毛羊，引进黎城大青羊杂交改良本地山羊进行推广。1979 年末存栏 701 只（不含东村公社 1875 只、燕龛公社 3092 只）。20 世纪 80 年代后，集体羊群作价放给私人饲养，因“卖羊难”及效益差，养羊业一度跌入低谷。1987 年，全镇年末存栏 214 只（不含东村乡 460 只、燕龛乡 88 只）。20 世纪 90 年代，重点培植了苏家泉羊养殖村。此间，虽羊价缓升，但限于农民投资能力差，林牧争坡，养羊业回升艰难。2001 年，全镇年末存栏 4072 只。2002 年，区政府发布封山禁牧通告，要求全镇羊群转变传统的放牧方式，实行舍饲圈养，以保护生态建设成果，确保退耕还林等林业工程的顺利实施。2014 年，投资 100 万元新建程庄金鑫源肉羊养殖基地，全镇年末存栏 3392 只。

兔。历史上均由民间自养自销。20 世纪 70 年代，外贸部门通过供销社组织肉兔出口，对农民实行赊销种兔，主要品种有青紫兰、黑优种、加利福尼亚等。农民卖了商品兔后抵账结算、对越冬兔补粮等办法，促使农民家庭养兔一度兴盛，后因市场波动影响，外贸部门停止收购，农民养兔无处销，养兔业不振。中共十一届三中全会后，重点培植苏家泉兔养殖村，实行集约化笼养，全镇养兔业形成高潮。2001 年，全镇年末存栏 1776 只。2014 年，全镇年末存栏未做统计，基本呈下降趋势。

鹿。1983 年，东村大队李斯义、侯小臭各养鹿 3 头。1997 年，燕龛村投资 60 万元建养鹿场，当年引进梅花鹿 72 头。2000 年，北庄村投资 48 万元建成养鹿场。9 月，从东北引进梅花鹿 40 头。2006 年年末，全镇鹿存栏 338 头，其中燕龛鹿场存栏梅花鹿、马鹿 200 头，北庄鹿场存栏梅花鹿 138 头。2008 年年末，全镇鹿存栏 335 头，其中燕龛鹿场存栏梅花鹿、马鹿 185 头，北庄鹿场存栏梅花鹿 150 头。2014 年，全镇鹿存栏未做统计，基本呈下降趋势。

狗。2001 年，程庄村投资 40 万元办狗场，狼青、黑背、藏獒、圣伯纳、苏联红等 6 个优良品种先后落户。2005 年，停止饲养。

貂。1982 年，燕龛大队史宝堂养水貂百余只，曹家掌大队单富怀养水貂 12 只。后因效益不佳而停止饲养。

狐。2002 年，河底村李升怀养蓝狐 37 只，至 2008 年年底存栏蓝狐、银狐、雪狐共 420 只。2014 年，存栏未做统计，基本呈下降趋势。

野猪。2012 年,刘备山科贸公司先后从东北及山西省吕梁、左权和本地刘备山上引进了纯种野猪进行驯化,与家猪杂交繁育后代。到 2014 年,共投入资金 300 万元,平整场地 30 余亩,围起栅栏成功培育出近 200 头特种野猪和 50 头种猪,成为阳泉市规模较大的特种野猪繁育、养殖、生产企业。

家 禽

鸡。境内养鸡历史悠久,一般系自养自销,品种多为土种柴鸡。20 世纪 50—70 年代,先后引进来航、白兰克、澳洲黑、九斤黄、芦花鸡等品种,但饲养一直呈缓慢发展状态。20 世纪 80 年代,随着家庭联产承包责任制的推行,养鸡业逐步兴起。1988 年,下章召村投资 210 万元, 建成存栏 5 万羽的蛋鸡场。该镇养鸡业开始由分散饲养向集约化规模养殖转化,由粗放饲养向科学化、机械化养殖转化。其优良品种有星杂 579、星杂 288、尼克、星布罗、海赛斯、罗曼、京白、罗斯、洛岛红、来亨、晋杂、火鸡 12 个品种。1999 年,东村乡出台一系列扶持政策,乡农办为养殖户提供优质鸡苗、饲料药品及全程技术服务,负责产品销售,扶持东村养鸡形成规模,该村年末存栏 500 羽以上养鸡户 19 户,共养鸡 35400 羽。2014 年,建成现代化鸡舍 10000 平方米,蛋鸡存栏 15.73 万羽。

鸭。境内饲养甚少,多数养于农户,无专项记载。1994 年 8 月,燕龛村投资 2000 余元,购进雏鸭 1000 多羽,饲养在村内 10 亩鱼塘。后停止饲养。

鹌鹑。1982 年, 大河北村李希模饲养 200 羽, 同年原东村公社联校杨继红饲养 200 羽,因效益不佳,下年均停止饲养。2005 年,牵牛镇村王心宝投资 80 多万元建成阳泉市牵牛镇村天元养殖场养殖鹌鹑,占地面积 2000 平方米,职工 10 人。2014 年,该养殖场存栏鹌鹑 7 万多羽,年产禽蛋 10 万多公斤,年销售额 100 多万元。

七彩山鸡。2006 年,小河北村村民杨朴牛饲养 500 羽,因效益不佳,2013 年停止饲养。

其他养殖

蜂。境内传统养蜂以土种“黑蜂”为主,呈自生、自灭、自营巢状。养蜂户主要分布在牵牛镇、燕龛、关家峪等靠近大山、蜜源丰富的村庄。民国 33 年(1944),牵牛镇村李億人、李修人兄弟俩用土法养蜜蜂,后逐渐改为木箱框架养蜂。1959 年,牵牛镇村乔玉怀再操蜂业,并积累养蜂经验,创办蜜蜂养殖场。实行家庭联产承包责任制后,集体养蜂解散,个体养蜂专业户出现。2001 年,乔玉怀投资 20 万元,重建蜂场,占地面积 450 平方米,养蜂 20 箱,年产蜂蜜 250 公斤。同年,郊区政府机关老干部赵计成回乡创业,在关家峪创办蜂场,养 30 箱,年产蜂蜜 400 公斤,其饲养模式和技术得到了境内外蜂农和专业技术人员的认可,2005 年,当选阳泉市蜂业协会常务理事。2010 年,关家峪赵计成蜂场扩大养殖规模,实行基地养殖,成为阳泉市集养殖、科研、培训为一体的标准化养蜂示范基地,养蜂数量达到顶峰,养蜂 80 箱,年产蜂蜜 1000 公斤。2012 年 10 月 18 日,阳泉市蜂农观摩学习现场会在赵计成蜂场召开,有效推动了全镇养蜂业的发展。在此同时,随着农村经济结构的调整,为适应养蜂业抵御风险的能力,曹家掌村蜂农曹和平采用“抱团取暖”的原理和村里其他几个蜂农合计,成立阳泉市佳禾蜂业专业合作社,曹和平担任社长,11 户蜂农入社,养蜂 400 多箱,该镇养蜂业单打独斗的模式由此终结。合作社统一购进蜂具、统一打药、统一进行培训,就连销售也由合作社统一操作,走出了一条合作养殖的成功之路。在曹和平的启发下西沟村蜂农白存怀也把村里其他 5 户蜂农召集起来成立了“盛和养蜂合作社”。全镇由此形成了“单体成规模,群体紧联合”的蜂业发展格局。到 2014 年,全镇养蜂 480 箱,年产蜂蜜 10560 公斤。

鱼。1991 年 7 月,温河灌区买进罗非鱼苗 1500 公斤,网箱养鱼 70 平方米。1993 年,燕龛村养鲢鱼、草鱼,池塘面积 30 亩。此后,池塘养鱼以休闲垂钓为主。2001 年,全镇池塘养鱼面积 40 亩,渔业产值 3 万元。2014 年,全镇池塘养鱼面积 40 亩。

蚂蚁。20 世纪 90 年代,里龙光峪程积如曾养殖。

蚂蟥。20 世纪 90 年代,曹家掌村民曾经养殖。

疫病防治

境内常见畜禽疫病主要有炭疽、鼻疽、破伤风、马流感、口蹄疫、布鲁氏菌病、猪瘟、猪肺疫、猪气喘病、传染性胃肠炎、鸡新城疫、高致病性禽流感、寄生虫病等,此外,还有仔猪副伤寒、猪丹毒、羊快疫、鸡白痢、鸡痘、鸡法氏囊病、传染性支气管炎、禽霍乱、兔瘟等病。1953 年前,疫情基本处于自生自灭状态,对病畜只能在简陋的技术条件下依靠中医中药,且“治大不治小,只治不防”。20 世纪 50 年代,贯彻执行“预防为主,防治结合”方针,1953 年,首次进行炭疽疫苗注射和鸡新城疫刺种工作。1958 年 4 月,首次进行猪瘟苗注射,此后,兽医站坚持春秋两季对各种畜禽进行防疫注射,主要是大牲畜炭疽、猪肺疫、猪丹毒、鸡马立克、鸡新城疫(Ⅰ系、Ⅱ系)、羊痘。大牲畜除预防注射外,还兼用传统灌药,一般是春灌茵陈汤、夏灌消黄散,秋灌理肺散、冬灌茴香散,牲畜发病率降低。1974 年,引进抗破伤风血清后,对家畜破伤风治疗提高到新水平。1985 年 7 月 1 日,国务院颁发《家畜家禽防疫条例》,贯彻预防为主的方针,加大了畜禽防疫力度。1990 年,马鼻疽、马传贫、炭疽、猪瘟、猪丹毒、猪肺疫、猪口蹄疫基本得到控制。1998 年始,按照《中华人民共和国动物防疫法》要求,河底镇采取春秋集中强免与平时普查补免相结合措施,坚持“乡不漏村、村不漏户、户不漏畜”的原则,强抓牲畜口蹄疫防疫,鸡新城疫、猪瘟、猪丹毒、猪肺疫等免疫工作有序进行,免疫密度均达85%以上。2000年,牲畜口蹄疫强制免疫密度,猪、牛、羊分别为123%、199.7%、128%。2005年11月,根据山西省政府防控高致病性禽流感电视电话会议精神,该镇全力防控高致病性禽流感疫情,根据疫苗到位情况,对全镇鸡场分批集中强免,全镇禽类免疫密度达到100%。2006年2月,平坦镇瀑里种鸡场突发高致病性禽流感疫情后,该镇组织春秋两次集中强制免疫,免疫密度达到100%。至2014年年末,该镇坚持制度化、规范化防控牲畜口蹄疫、高致病性禽流感等动物重大疫病。

养殖场区

下章召蛋鸡养殖基地 以养鸡场为龙头,养鸡场位于村西南头坪,占地面积40亩,初始建设投资170万元。1986年开工建设,1988年6月正式养鸡投产。该养鸡场共建鸡室9栋,每栋鸡容量6000羽,总容量为50000羽,其中蛋鸡室6栋、育成室2栋、孵化室1栋,鸡场后院是饲料加工区。鸡场防疫设备齐全,整体为"一条龙"流程,设计年产值200万元,是阳泉市蛋鸡养殖基地,是下章召村主要集体企业,2002年,通过企业改制,鸡场整体转化为个体经营。2014年,存栏蛋鸡3万羽,年产鲜蛋15万公斤,年产值150万元。

东村蛋鸡养殖基地 位于东村村居民区以南1000米的蘑菇山,南临京昆高速。园区于2008年开始兴建,截至2014年,累计投资1517万元,其中基建投资1252万元,配套设备165万元,引种90万元,其他10万元。园区占地面积350亩,鸡舍90栋、建筑面积33960平方米,鲜蛋贮存室1350平方米,饲料加工及贮存室1800平方米,办公及生活区300平方米。蛋鸡存栏30万羽,品种主要为原产美国的中型蛋鸡新罗曼,年产鲜蛋450万公斤、收入2800万元,淘汰鸡收入360万元,合计经济收入3160万元。基地采取"园区化管理、工厂化生产、科学化防疫、产业化运作"的经营模式,有100户农民入住园区从事蛋鸡养殖,园区养殖由此带动加工运输等相关产业,解决村民就业300人,为本村蔬菜基地提供优质农家肥45万公斤。

阳泉市惠和养殖场 始建于2005年,位于河底镇牵牛镇村,占地面积5亩,是阳泉市郊区较大规模的养殖场之一。养殖场主要以饲养生猪为主,因其地处村东马岭阳坡,距郊区温河灌区1公里,水源丰富,光照充足,通风良好,外加科学饲养,其生猪因肉质鲜嫩,肥瘦适宜,走进千家万户,成为阳泉市生猪养殖品牌。养殖场西南与214省道、207国道相连,东南距京昆、阳五高速入口1公里,距市区25公里,距区政府所在地荫营14公里,距盂县城15公里,交通十分便利。经过十多年的努力,惠和养殖场规模从小到大,从生产环节、防疫环节,公司加工厂,产销渠道等方面都得到了长足发展。截至2014年,累计投资达200余万元,养殖规模达1000多头,年收入360万元,年利润60万元。在惠和养殖场的辐

射带动下，相邻各村发展养殖场10余家，为他们提供生产技术服务，起到了龙头带动作用，为河底镇养殖业的发展奠定了基础，为村民致富开辟了道路。

程庄奶牛场　始建于2005年，设计投资500万元，占地30亩，存栏300头，分两期建设。该项目是阳泉市郊区产业结构调整扶持奶牛养殖发展的重点项目。一期工程投资300万元，完成了牛棚、牛舍、青储池和饲料饲草车间建设。2006年引进新西兰进口的纯种黑白花奶牛50头试养，饲养技术、疾病防疫挂靠阳泉市郊区农牧局，经营基本顺利，但牛奶的市场价格低迷。2008年，受三聚氰胺奶粉事件影响，无法继续经营，2009年关闭。

第四节　林　业

林木资源

境内森林主要分布在温河沿岸及西部山区，多为人工林。灌木主要分布在全镇的浅山、低山区。由于受区域性气候、土壤、地形、水文等影响，森林生态因子也有明显变化，森林的水平分布和垂直分布各不相同，形成了温带黄土丘陵林带和温带土石山半干旱林带。东南部多温带黄土丘陵林带。年平均气温8.6℃~10.50℃，年平均降水量570毫米左右。土壤以黄土为主，其次为褐土。盆地、山间谷地、山地丘陵为碳酸盐褐土、淡褐土。树种以油松、侧柏为主，其次为杨树、榆树、刺槐等。经济林有苹果、梨、核桃、花椒等。天然灌木主要有山皂角、荆条、蚂蚱腿子、胡枝子、黄栌、酸枣、虎榛子等。天然草类主要有白草、盘草、芦草、蒿类等。温带土石山半干旱林带分布在西部及北部。年平均气温9℃~11℃。年平均降水量500毫米左右。土壤主要为山地淋溶褐土、山地褐土。山间谷地和山地丘陵为碳酸盐褐土、淡褐土。树种有油松、侧柏，其次是刺槐、杨树。山下丘陵区和河流两岸以人工阔叶林杨树、柳树为主，其次为刺槐、榆树等。经济林有苹果、梨、桃、杏、核桃、花椒、柿子等。天然灌木主要有山皂角、山葡萄、沙棘、荆条、酸枣、绣线菊、黄刺梅、蚂蚱腿子、胡枝子、黄栌、虎榛子。而且土石山区的阳坡多为山皂角、荆条、酸枣，阴坡多为胡枝子、虎榛子和黄栌。草本植物主要为盘草、蒿类、小孔菊、败酱、阿尔泰紫菀等。其古稀树木有小河北村古柏，相传为宋柏，胸围5米，胸径1.7米，树高22米。燕龛村老云杉，相传为唐代所栽。胸围2.2米，胸径0.7米，树高22米。据1979年统计，东村公社年末实有林地面积4000亩、燕龛公社675亩；河底镇年末实有宜林木面积11825亩（不含原东村公社1100亩、燕龛公社

7200 亩)。改革开放后,随着全民义务植树运动的开展,林木资源逐年递增。

采种育苗

境内林木种子资源匮乏,长期以来采种甚少。中华人民共和国成立初期,境内植树造林种苗多采用传统的枝条插栽,其次是移植枣、槐等树木的根蘖苗。此外也有采集树籽、果实进行直播造林。20 世纪 50 年代开始育苗。由于方式落后,品种单一,成活率低。1956 年,贯彻国家"自采、自育、自繁"的方针,采种被列入计划。当时采集的树种主要是桃、杏、椿、榆。所采树种除自用外,剩余的全部交售给国家。同时执行国家"农业合作社培育苗木收入免纳农业税"的政策,群众育苗积极性大大提高,以乡村、学校为单位的苗圃陆续建成。20 世纪 70 年代,贯彻省革委会"用百分之一耕地育苗"的规定,育苗工作迅速发展。1979 年,仅原燕龛公社就采集树种 275 公斤,全镇育苗面积 30 亩(不含东村公社 46 亩、燕龛公社 50 亩)。20 世纪 80 年代后,随着全民义务植树的开展,所采树种远远不能满足造林育苗所需,大部分树种由省内外调拔,育苗也有集体转向"专业户""重点户"。1986 年后,为配合上级工程造林而采取了定向育苗,在培育树种上由原来的杨、柳、榆、椿等阔叶树,新增加了油松、侧柏等针叶树和核桃、黑椋子等经济树以及泡桐、刺槐等速生树种。20 世纪 90 年代后,育苗工作更加注重品种结构的调整。在育苗中不仅有荒山造林苗木,"四旁"绿化苗木,还增加了经济苗和风景观赏苗等,同时大力推广了容器育苗和"ABT"生根粉等先进技术在育苗生产上的应用,使苗木质量、培育技术水平不断提高。2001 年,育苗面积 45 亩。

植树造林

境内古有清明前后种杨插柳的传统习惯。传统植树局限于房前屋后,山顶墓旁,造林多为了遮阳纳凉,点化风水。由于战乱频繁,植树造林发展迟缓。新中国成立后,境内植树造林工作纳入规划。20 世纪 50 年代,植树造林由个体为主转向了以集体为主,并在四旁插木栽树和垦殖果园的同时进行荒山播种造林和封山育林,除先后对刘备山、皮彰庙、任家峪、下章召等地实行封禁外,还以合作社为单位广泛开展植树造林,绿化荒山。1958 年"大跃进"开始后,植树造林出现了严重的浮夸现象,栽的多,成活率低。另外,私人树木被平调,极大地伤害了群众造林的积极性,影响了四旁绿化。1963 年后,针对"大跃进"时期出现的问题,重点纠正私人树被平调的错误,进行稳权发证工作,调动了农民造林的积极性。"文化大革命"期间,林业政策遭破坏,个人林木被当作资本主义尾巴割掉,群众性的植树造林处于低潮。20 世纪 70 年代,落实省革委会《关于林业政策若干问题的具体规定(草案)》,植树造林继续贯彻"国造国有,社造社有,队造队有,鼓励社员在房前屋后或生产队指定的地方栽树,自种自有"的政策,群众植树造林积极性提高,林业生产由四旁植树逐步转向荒山绿化。1979年，全镇造林面积300亩（不含东村公社427亩、燕龛公社79亩）。改革开放后，该镇落实林业政策，稳定山权、林权，林业生产得到较快发展。同年，贯彻全国人大常委会五届四次会议《关于开展全民义务植树运动的决议》，掀起全民义务植树的热潮，全镇参加义务植树人员达上万人。1985年，全镇林业“专业户”“重点户”蓬勃发展。同时，镇林场与固庄煤矿签订联合绿化协议，造林绿化再掀高潮。1989年，实行领导干部任期绿化目标责任制，乡（镇）长、分管副乡（镇）长，层层签订绿化目标责任状，具体规定了任期内造林绿化、森林保护等各项指标及奖惩办法。原燕龛乡党委书记范德新率先开辟造林绿化“书记山”，同时开展林业质量年活动，实用技术得到大面积推广、普及，造林成活率由过去的71%提高到85%，造林核实率达103%。1991年，社会绿化活动开始兴起，全镇形成了造林绿化机关、学校、企业共同参与的格局。一大批农民公园、街心花坛、庭院绿化经上级验收达标。2001年，全镇当年成活率85%以上的造林面积195亩。成林抚育面积7005亩。进入新世纪后，围绕山西省开展的造林绿化六大工程，按照“山上治本、身边增绿”的绿化理念，积极开展通道绿化、环城绿化、沿线荒山绿化、园林村绿化、园林学校绿化、企业绿化等工程。与此同时，根据阳泉市创建国家级园林城市的总体要求，建设完成阳盂路精品绿化路工程。2002年，全面落实上级退耕还林政策，全镇完成荒山造林任务12000亩，四旁绿化植树14万株，通道绿化100公里；关家峪3000亩龙凤山生态工程效益明显；下章召太行山绿化工程全面完成；燕龛生态经济沟初具规模，河底村、里龙光峪村、大固庄等村文明生态建设彰显特色。

林场营建

1975年，燕龛林场建成，成为该镇第一个乡办林场。此后，乡、村林场迅速发展，河底及东村林场相继建成。1988年，燕龛中学办起该镇第一所校办林场，进入20世纪90年代后期，随着市场经济的不断深入，该镇大部分村办、校办林场停办。2014年，乡办林场仅存河底林场、燕龛林场2家。

河底镇林场　1976年建场。位于邓家峪村的北山坪，翻眼尖山上，海拔1000~1100米。总经营面积6500亩。建场初期仅有果园120亩，林地234亩。主要靠公社煤炭育林基金造林。1976年至1979年，造林2252亩。1984年，与固庄煤矿联合造林，固庄煤矿每年向林场投资2万~3万元，由林场职工造林管护，受益按比例分成。1985年造林750亩。1991年发展多种经营项目，先后建起地板砖厂、石厂、煤厂、饭店、运输等经营实体，年创收30万元。1990年，拆除了原来的破石窑，建起房屋24间共360平方米。截至1993年年底，造林6000亩。其中，用材林1000亩，防护林5000亩，成活率89%，实现基本绿化，进入管护阶段。1997年林场新建蓄水池1座。2005年发生火灾，过火面积达1000亩。

燕龛林场　1975年建场。位于曹家掌村的张花沟、羊皮洼、灰沟峪、阴山梁、木耳梁三沟两梁，南与荫营林场接壤，海拔1000~1100米，总经营面积7109亩。1978年，仅有人工幼林6.4亩。1979年，垦殖果园50亩。1983年，乡政府与林场签订合同，每造一亩林投资20元，幼林抚育每亩5元，育苗每亩200元，加上其他投入每年投资约2万元，从而加快了绿化步伐。1989年，造林900亩。1990年，在林场周围修筑了瞭望哨所3处，购置风力灭火器3台，对讲机2个。到1993年，绿化面积达7000亩，占总经营面积的98.5%。其中，防护林2400亩，用材林4600亩，林场进入管护阶段。

果园垦殖

境内果树栽培历史久远。传统水果有槟果、香果、花红果、梨、杏、桃、葡萄等，干果有花椒、核桃、红枣等。果树大多栽植于房前屋后，也有个别富户成片经营果园。1953年实行农业合作化后，村村垦殖果园，大造"花果山"，同时引入苹果等优良果品树苗，涌现了大河北、东村等苹果村，该镇经济林发展形成高潮。1958年大植核桃树，干果树也随之增加。20世纪70年代，随着新的树种不断引进，经济林建设稳步进行。1979年，全镇果园面积767亩(不含东村公社616亩、燕龛公社135亩)，水果产量29.92万公斤(不含东村公社27万公斤、燕龛公社1.62万公斤)，干果产量3221.5公斤(不含东村公社3725公斤、燕龛公社5437.5公斤)。20世纪80年代后，由于分散经营，加之果园树龄老化，经济林持续滑坡。20世纪90年代后，贯彻落实上级"高产、高效、优质"农业的实施方案精神，加快基地建设，经济林建设重新发展。进入21世纪后，着力实施以退耕还林、发展核桃经济林为主要内容农业发展战略。2003年起，针对果树以富士苹果树为主的实际情况，逐步引进、推广了幼树纺锤形整型技术及盛果期果树小冠开心型树型改造技术。管理理念上由传统重冬剪转为重夏剪，通过环剥、环割、扭梢、疏花、疏果、果实套袋等一系列夏管措施，有效平衡树势，促进成花、坐果，减少了冬剪工作量，先进果树管理技术得到推广应用。2005年，果类种植面积860亩，总产量50万公斤；万亩核桃基地经过多年培育，经济效益初步显现。到2014年，全年新增核桃种植面积550亩，使全镇核桃保有量突破7033.5亩大关，核桃总产量15.6万公斤；园林水果面积805.5亩，其中苹果757.5亩、梨40.5亩、桃4.5亩；水果产量42.3万公斤，其中苹果40.5万公斤、梨1万公斤、桃0.8万公斤。

第五节 水 利

蓄水工程

旱井水洞 中华人民共和国成立前，境内地下水源贫乏村以旱井和水洞为主要蓄水设施。旱井俗称水窖，一般口小底大，呈瓦罐形，井壁井底用灰土夯实。水洞也称水窑，多呈长方形，用白灰砂浆砌石洞墙，墙面抹1~2毫米白灰层，粗料石拱券，三七灰土做底，和旱井一样建于地下，容水量较大。用旱井、水洞蓄水，能减少蒸发，防止结冰，污染少，水质好，较池塘清洁卫生。由于容水量小，只能满足一家一户当年用水。1956年，里龙光峪在村四周低洼处打水窖20眼。1973年，河底公社有旱井189眼，蓄水6648立方米，水洞5个，蓄水2800立方米。此后，随着温河水利工程的建成，旱井、水洞成为一种备用蓄水设施。20世纪80年代，根据地表水污染严重、地下水遭到毁坏的现状，政府倡导鼓励农户在宅院内修建旱井、水洞，以解决人畜用水。2006年，实施旱井自来化工程。该工程涉及任家峪、苇泊、牵牛镇等13个行政村，总投资90余万元，购置潜水泵3027台，铺设输水管路6万余米，完成旱井自来化3027户，受益人口近万人。镇政府并对400余户标准高的户挂上了“旱井自来化示范户”门牌。到2014年，全镇旱井、水洞容水量在8万立方米左右。

蓄水池 境内修建蓄水池始于20世纪50年代。1958年牵牛镇村引头道桥水池水自流入八亩堰蓄水池。1959年，东村在寨山顶建设1000吨蓄水池。1960年，在寺坪建起2000吨的穆桂英水池。20世纪70年代，该镇大搞农田水利基本建设，大小蓄水池星罗棋布，蓄水量增长迅速。蓄水池大多建于山头梁垴，与机电提水组成提蓄配套工程，灌溉农田。有的与提水泵站、机电井、渠道、管路配套，作为前池、调节池使用，保证供水和蓄存水量。1973年，河底公社有蓄水池66个，蓄水48170立方米。改革开放后，由于受工矿业高收益的趋势，农民从事农业生产的积极性相对削减，部分村庄出现了主副业倒置的现象，一大部分农民弃农从商或弃农务工，农村水利设施荒废，大部分蓄水池倒塌或废弃。

红土坪水池。位于东村村南红土坪。1969年10月动工，1976年8月竣工。蓄温河灌区水。直径123米，深9.9米，容水量10万立方米。

东梁山水池。位于东村东寨山。1968年10月动工，1975年竣工。蓄温河灌区水。直径100米，深10米，容水量10万立方米。

东沟水池。位于苏家泉村东。从温河灌区苏家泉支渠引水入池。1974 年 11 月动工，1976 年 10 月竣工。总投资 13.8 万元。池深 11 米，直径 90 米，容水量 7 万立方米。

一级调节池。位于北小西庄村，温河灌区北干渠终端。1975 年动工兴建，1982 年竣工。池为梯形，宽度分别为 55 米、90 米，长 140 米，深 5.7 米，容水量 5.6 万立方米，为西南舁高灌站一级站前池，建成后因池底漏水严重，未能使用。

后底沟水池。位于东南沟村后底沟。1972 年 11 月动工，1984 年 8 月竣工。蓄温河灌区水。中间为长方形，长 80 米，宽 40 米，两边半圆，半径 20 米，池深 12 米，容水量 7 万立方米。工程累计投资 13 万元。1993 年，原东村乡深井建成后，被用作乡集中供水站的一级站前池。后随深井报废而废弃。

水　库　20 世纪 70 年代，伴随温河水利工程的兴建，该镇先后建成各类型水库。1971 年，小固庄水库建成。截止 1973 年，河底公社有各类型水库 6 座，蓄水 143000 立方米。此后饮牛沟水库、西峰沟水库、油瓮水库、黑土坪水库先后建成。由于多年的干旱天气，水库蓄水量严重不足，加之管理不善，许多水库已报废，2014 年仍在使用的水库只有油瓮水库。油瓮水库位于温河主河道河底镇武家庄村断面以上 500 米处，水库控制流域面积 600 平方千米，主要拦蓄洪后尾水和消冰水，为两岔河高灌站调节水源。水库原有效库容 80 万立方米，大坝为浆砌石重力坝，全段面溢流，坝高 18.75 米，坝底长 35 米，顶长 44.4 米，宽 26 米，背水面为鼻坎挑流。大坝左侧设闸门启闭室，与左岸工作桥连接，安装 63 吨启闭机一台，坝底改造后留有矩形泄洪洞一孔，高 2.5 米，宽 2.5 米，泄水能力为 88 立方米 / 秒，由安装在迎水面的钢闸门控制。大坝右侧迎水面设置 29 级卧管放水设施，每阶高度为 0.5 米，排水能力为 0.5 立方米 / 秒。水库设计标准为 50 年一遇，校核标准为百年一遇。2012 年 4 月 1 日，该水库列入水利部第三批病险水库除险加固规划的重点项目，经过 8 个月建设，于 2012 年 11 月 25 日竣工，工程总投资 479.84 万元。该工程建设内容主要包括：大坝上游面增设防渗面板，加固调整溢流面，改造加固泄洪洞，新建竖井式进水塔和交通桥，更新闸门、启闭机。该工程累计完成钢筋混凝土 2868.5 立方米，浆砌石 3551.7 立方米，土石方开挖 5172.1 立方米，钢筋 87 吨，锚杆 1050 根。2012 年 12 月 30 日，财政部绩效评价组对油瓮水库除险加固工程进行了绩效评价验收，该工程被评为优良等级。工程完工后，油瓮水库设计洪水标准达到 30 年一遇，校核洪水标准达到 200 年一遇，总库容达 186 万立方米，水库防洪能力进一步提高。

塘　坝　1958 年曹家掌芦义沟塘坝建成。此后燕龛西桥塘坝、北庄核桃坪塘坝、小固庄沟塘坝先后建成。1993 年，全镇共有塘坝 4 座，总控制流域面积 9.5 平方公里，总蓄水能力 12.9 万立方米。后由于多年的干旱天气，塘坝蓄水量严重不足，加之管理不善，塘坝全部报废。

引水工程

中华人民共和国成立前，境内沿河沟或有透水浅井的村庄利用土渠引水灌溉和解决吃水。20 世纪 70 年代中期，伴随温河引水工程上马，渠道建设发展较快。

温河水利工程总干渠　西起境外牛村镇温池村拦河导流坝，东至武家庄村总干渠沉沙池，全长 9.02 千米。明渠开凿在沿河岸峭壁上，长 6.78 千米，断面宽 2.5 米、高 1.8 米；渡槽 5 座，长 0.27 千米；隧洞 15 个，共长 1.97 千米。总干渠过水能力为 3 立方米 / 秒。渠尾与沉沙池衔接，下设分水闸 1 座，分水至南、北干渠。2013 年 3 月，温河灌区管理站对年久失修、丧失引水功能的温河总干渠进行维修改造。明渠修复 150 米，渠道清淤 8870 米，渡槽加固 1 座，闸门维修 6 处，覆盖渠改造加固 390 米。工程量主要有：浆砌石砌筑 3600 方，土石方开挖 11200 立方米，混凝土浇筑 105 立方米。工程总投资 263 万元。至 2013 年 11 月，该工程主体工程完成，实现了全线自流引水。

温河水利工程南干渠　从总干分水闸起，经东村、河底出境至荫营镇白毛梁水池（阳泉市郊区自来水公司），全长 17.87 千米。其中明渠长 9.71 千米，渠道断面分别为高 1.6 米、宽 1.7 米和高 1.5 米、宽 1.6 米。有渡槽 4 座，共长 0.4 千米；倒虹吸 6 处，共长 3.89 千米；隧洞 23 个，长 3.87 千米。过水能力为 2 立方米 / 秒。

温河水利工程北干渠　从总干分水闸起，经大河北、小河北至北小西庄龙江水池，全长 7.59 千米。其中明渠长 6.66 千米，断面高 1.35 米、宽 1.3 米。有隧洞 4 个，长 0.44 千米；倒虹吸 2 处，长 0.44 千米；渡槽 1 座，长 51 米。过水能力为 1 立方米 / 秒。

温河水利工程支渠　山底支渠，位于南干渠首，长 2.4 千米，过水能力 720 立方米 / 小时；牵牛镇支渠，位于南干 2+998 处，长 0.6 千米，过水能力 720 立方米 / 小时；苏家泉支渠，位于南干 4+76 处，长 7.5 千米，过水能力 1800 立方米 / 小时；河底支渠，位于南干 6+926 处，长 1.2 千米，过水能力 540 立方米 / 小时；任家峪支渠，位于南干 9+700 处，长 1.2 千米，过水能力 1080 立方米 / 小时。

提水工程

水　井　中华人民共和国成立前，境内乡村水井多分布在东村、牵牛镇等地下水源丰富区。提水以辘轳、挑杆、畜力木斗水车和铁制水车等传统工具为主。新中国成立后，境内煤系地区大量挖凿浅层水井，提水工具不断更新。1947 年，任家峪村开凿本村第一口水井，缓解了全村人畜用水。1957 年，河底村在面羊湾等地勘察水源，掘井取水，解决生活和生产用水。1949 年，始推广使用解放式链条水车，提水量和灌溉面积逐步扩大。1969 年，苏家泉村西沟井凿通，缓解了全村人畜用水问题。1973 年，河底公社有水井 29 眼。此后，随着农村普遍通电，机电井迅猛发展。1979 年，全镇有机电井 21 眼（不含东村公社 4 眼、燕龛公社 7 眼），其中配套 11 眼（不含东村公社 4 眼、燕龛公社 5 眼）。20 世纪 80 年代后，开始钻凿深层地下水。1986 年，该镇第一眼机电深井在第一钢铁厂水泥厂东钻凿成功后，全镇机电深井建设发展迅速，下章召、小沟、河底、牵牛镇、红土岩、固庄矿 1#、苇泊、山底、固庄矿 2#、邓家峪、第一钢铁厂 3#、任家峪深井先后钻凿成功。到 1993 年，全镇共有机电井 13 眼，装机 954 千瓦，每小时出水量 632.5 吨。此后，由于乡镇煤矿采煤量增大，地下水层破坏严重，原有深井部分干枯或水位下降。据 2011 年普查，全镇共有地下水取水井 39 眼，其中规模以上机电井（井管内径≧200 毫米或日取水量≧20 立方米）13 眼，规模以下机电井（井管内径＜200 毫米或日取水量＜20 立方米）5 眼，人力井 21 眼，全年取水量共 239 万立方米。

电灌站　境内多为山地，发展水利要提水上山。1956 年，东村乡东南沟村利用温河水建成河湾机灌站，安装 25 马力锅驼机水泵一组，发展水浇地 200 亩。20 世纪 60—70 年代，随着农村普遍通电，电力高扬程提水灌溉迅猛发展。东村河南坪电灌站、东南沟河湾电灌站、小河北河堰电灌站、牵牛镇水泉坡电灌站、武家庄两岔河高灌站、山底小河电灌站、小沟老虎沟电灌站、苏家泉东沟电灌站、北小西庄庙圪洞电灌站、五架山小河电灌站、东村红土坪电灌站、河底小固庄河电灌站、牵牛镇土岸头电灌站相继建成。到 1979 年，该镇电灌站达到 26 处（不含东村公社 23 处、燕龛公社 12 处）。进入 20 世纪 80 年代后，按照发展与管理并重方针，对设备老化、年久失修的电灌站进行维修更新，恢复效益，而对水源干枯，设备损坏严重，失去效益的电灌站，则予以淘汰销号。据 2011 年普查，全镇（包括温河灌区）共有规模以上（装机流量≧1 立方米／秒或装机功率≧50kW）小（1）型泵站 1 处，装机流量 0.52 立方米／秒，装机功率 600kW，水泵 2 台。规模以下泵站（装机流量＜1 立方米／秒且装机功率＜50kW）9 处。

两岔河高灌站　位于武家庄村温河与山底河交汇处，是温河灌区引水工程枯水期供水的主要枢纽工程。其配套工程包括导流坝和引水涵洞、泵站前池、高灌泵站。导流坝建在温河主河道的泵站与油瓮水库中段，坝长 35 米，高 4.24 米，为重力式溢流坝。引水涵洞开凿在温河主河道右岸，穿凿温河与山底河交汇角，长 187.6 米，断面 1.2 米×1.8 米，底坡 6.4‰。油瓮水库开闸放水时，水流经导流坝入引水涵洞，再流入泵站前池。泵站前池建于山底河弯道上，将原山底河进行裁弯取直，新开河道（长 68 米，宽 8 米，底坡 3%）后利用原山底河弯道拦截上游缺口，筑砌石重力坝封闭下游缺口，建成高灌站前池。池深5~9米，长100米，宽70米，总容水量5万立方米。高灌泵站位于油瓮水库下游约500米处，泵站机房采用分基型机房，一列式布置12SH-6型机泵两组，设计泵流量为760立方米/小时，配套电机360千瓦，铺设直径为40厘米的压力铸铁管道500米，总扬程86.7米。泵站将前池水源提至南北干渠，以保证枯水期供水。

节水工程

喷　灌　1974年5月，该镇在牵牛镇大队首试喷灌新技术，装机12马力，试验面积100亩。同年6月下旬，上级在牵牛镇大队召开喷灌现场会。1975年春季，小河北大队利用原高灌工程和山顶水池及管道的自压能力，发展了半固定式和移动式喷灌，喷灌面积700亩。喷灌新技术在该镇范围内得到迅速推广。1979年，该镇喷灌机械达到10套(不含原东村公社2套、燕龛公社24套)。进入20世纪80年代，因管理不善，设施失修严重，喷灌面积锐减。

滴　灌　1979年，该镇在河底、大河北分别进行粮田滴灌、果树滴灌试点推广，全镇滴灌技术一度盛行。20世纪80年代，由于管理不善，工程设备损坏丢失严重，滴灌工程停止使用。进入21世纪后，随着设施农业的大力兴起，与日光温室相配套的滴灌工程再度兴建。

农村供水工程

中华人民共和国成立前，境内除温河沿岸和部分煤系地区有少量的水井和小泉小水外，大部分灰岩地区主要靠打旱井、修水洞蓄雨水解决人畜饮水。一遇干旱年份，无水可蓄，常发生水荒现象。境内32个行政村中就有多半历史上严重缺水。中华人民共和国成立后，人民政府组织和领导广大群众，发扬自力更生、艰苦奋斗的精神，打旱井、修水洞、开发浅井、建设小型提水站，解决人畜吃水困难的问题。进入20世纪70年代，随着温河水利工程的兴建，该镇组织广大群众兴建了一批与温河水利工程相配套的引水渠、小型电灌站、水池、水库等工程。全镇除燕龛乡所辖村庄外，多数村庄吃上了温河水，全镇人畜吃水基本上得到解决。1979年，全镇32个行政村全部吃上自来水。到20世纪80年代，由于温河上游盂县境内煤矿开采和乡村企业的增加，温河水的污染日趋严重，有害物质严重超标，已不适合人畜饮用。该镇逐步把解决人畜吃水的重点转向了开发奥陶系岩溶水，靠打深井改善人畜吃水条件。进入新世纪后，全镇先后开展了饮水解困与饮水安全工程。一大部分村上马净化水处理工程，进一步改善了群众的饮用水质。采用集中供水的办法，解决了由于多年运行，原有供水设施老化及损毁严重等重大饮水安全问题。2000年至2005年年底，河底村紧紧抓住山西省饮水解困的历史机遇，按照“一解困、二达标、三优化”的目标，新建了一大批集中供水工程,有效解决了村民的饮水困难。2006年,开始实施饮水安全工程建设。2007年,大力推广农村饮用水净化工程建设,涉及全镇32个自然村,实现了饮水安全全覆盖。据2011年普查,全镇农村集中式供水工程共23处,其中规模以上供水工程6处(设计供水规模200立方米/天及以上或2000人及以上),供水人口1.75万人;规模以下集中式供水工程17处(200立方米/天(2000人)>设计供水规模≥200立方米/天),供水人口1.16万人。分散式供水工程(纯窖池供水)1900处,供水人口0.81万人。到2014年,镇区人均年用水量超过30吨,是新中国建立初期的10倍。净化水处理后的废水全部用于企业和农业,镇区年总用水量在30万吨,供水普及率达到90%以上。2014年年底,河底镇饮用水厂达到13家,占全镇行政村的41%。

第六节 农业机具

农 具

境内传统农具可分为铁木农具、石制农具和编制农具,大多以人畜为动力。其常用的有用于耕作的犁、耧、耙、盖、石砘、铁锨、镢、锄,用于收脱加工的钗、镰刀、碌碡、勒杠、扇车、簸箕、石磨、石碾、碓臼,用于运输的扁担、荆条筐、箩驮、茅锅、手推独轮车、铁木轮大车,用于提水灌溉的辘轳、拉斗水车等。

随着生产力的发展,传统农具不断更新。中华人民共和国成立初,任家峪等村引进手摇铡草机,随后喷雾器、新式步犁、双轮双铧犁、解放牌链筒式水车、胶轮小平车等先后引入本境,农具改革日新月异。20世纪60年代中期,引进离石生产的14# 山地犁和忻县生产的16# 山地步犁,极大地提高了农耕效率。1970年春,下章召大队在旧式两腿耧的基础上改制成三腿梅花耧,提高了谷子的单产量。次年在省内外农村普遍推广,后被收入《山西省农机科研成果汇编》。20世纪80年代,尽管农业机械化在该镇不断推广,但由于土地分散经营,加之该镇地理条件等因素,手工农具在农业生产中仍占重要地位。进入21世纪,由于现代制造业的发展,石磨、石碾、碓臼、箩驮、茅锅、手推独轮车等原始笨拙型农具逐渐退出农耕领域,新式农具向轻便型发展。到2011年,全镇拥有拖拉机配套大中型农具24套,拖拉机配套小型农具91套。2014年,未做统计。

农　机

动力机械

1953年，境内引进煤气机、锅驼机，最早用于铁业合作社的铸铁冶炼，而后逐步用于粮食加工和抽水灌溉。1957年，农村开始通电，电动机用于碾米、磨面、切草、脱粒、抽水等生产领域。1959年，东村公社首先引进1台60马力柴油机，燃油动力在境内推广。20世纪70年代后，境内农村全部通电，随之碾米、磨面、切草、脱粒等农副产品加工机械得到大力发展，与之配套的动力也逐年递增。1979年，全镇动力机528台、4728千瓦（不含东村公社358台、4193千瓦，燕毚公社149台、1003千瓦）。20世纪90年代，由于农副产品进入工厂化集约加工，原先分散在各村各户的农副产品加工机械及相应配套的动力也大幅度下降。到2001年，全镇动力机678台、3442千瓦，其中，柴油机13台、117千瓦，电动机665台、3325千瓦。2011年，全镇农业机械总动力29128千瓦，其中，柴油发动机25297千瓦、汽油发动机1666千瓦、电动机2165千瓦。2014年，未做统计。

耕作机械

20世纪60年代，该镇引进国产跃进—20型拖拉机、工农7—1型手扶拖拉机，在河底、东村等大队使用。此后，品牌型号逐年增多，先后分配调剂回上海手扶、东方红—28型、东方红—30型、上海—50型、铁牛—55型、泰山—25型等不同型号拖拉机。1973年，东村公社又购进东方红—75型链轨式拖拉机，该镇始有大型耕作机械（后改装成单缸推土机）。此后，随着全国农业机械化步伐的加快，上级支援人民公社补助款连续发放，公社拖拉机站相继成立，农业耕作机械逐年递增。到1979年，全镇拥有各类拖拉机98台（不含东村公社81台、燕毚公社35台）、总动力1497千瓦（不含东村公社1216千瓦、燕毚公社420千瓦）。中共十一届三中全会后，随着农村实行联产承包责任制，土地承包到户，各公社农机站相继解散。其间，尽管该镇大型耕作机械趋减，但农民个人购买小型耕作机械增多，尤以12马力、15马力，小四轮拖拉机受到农民欢迎，不易操作的手扶拖拉机逐步淘汰。到2001年全镇拖拉机保有量发展到108台、1052千瓦。20世纪90年代后，拖拉机被农用车取代而逐年下降。2011年，拖拉机实际保有量为58台、621千瓦。2014年，未做统计。

耕作配套机械

1966年，20世纪70年代，机引双铧犁、三铧犁、双向犁、翻转犁、机引圆盘耙、滚齿耙引入该镇，部分机械实现耕、耙、播配套作业。1979年，全镇有机引犁74台（不含东村公社66台、燕毚公社31台），机引耙2台。1987年后，随着地膜覆盖和机械化秸秆直接还田技术在农业生产上的应用，引进洪洞生产的铺膜机，在北小西庄村试用。20世纪90年代，为配合上级3万亩机械化有机旱作农业工程的实施，各类耕作配套机械相应增加。进入21世纪后，由于农民对土地的投入递减，耕作配套机械保有量逐年减少，但种类增多。2001年，全镇有机引犁53台、旋耕机14台、播种机18台、机引铺膜机17台。2003年后，本着“试验示范、典型引路”的办法，结合实际，积极探索，重点引进了先进的农业机械以及配套机具，为农民果园引进微耕机、挖坑机、喷雾机，为大棚基地引进卷帘机等。到2011年，全镇有机引犁31台、机引耙15台、旋耕机35台、播种机25台、机引铺膜机7台、秸秆粉碎还田机23台、耕整机16台、大棚卷帘机400台。2014年，未做统计。

排灌机械

1953年，苇泊村安装畜力水车，该镇开始使用机械排灌。1956年，东南沟村利用温河水建成河湾机灌站，安装25马力锅驼机、水泵一组，发展水浇地200亩。20世纪60—70年代，随着水利事业的发展，兴建了一批电灌站，排灌机械也相应加快了发展的速度。1979年，全镇有各类型排灌水泵138台（不含东村公社78台、燕龛公社38台）。20世纪80年代后，由于水源干枯、设备损坏老化等原因，有些井站被迫淘汰，排灌机械遭遇重创。2001年，全镇各类型排灌水泵保持在250台。进入21世纪后，排灌机械开始进入千家万户。在水源缺乏的山村，用潜水泵抽水窖水成为某些家庭生活用水的时尚追求。到2011年，排灌用动力机械137台、315千瓦。2014年，未做统计。

收获脱粒机械

20世纪50年代，玉米脱粒机引进该镇。先后推广北京昌平产玉米脱粒机、榆次产红旗切脱机。进入70年代后，在推广玉米脱粒机、切脱机的同时，又推广了小型谷物脱粒机，基本上使玉米、谷子的机械脱粒等得到普及。到1979年，全镇有各类型收脱机械49台（不含东村公社26台、燕龛公社14台），其中机动割晒机1台、机动脱粒机43台、机动扬场机5台。20世纪80年代后，由于土地分散经营，原大队统管的脱粒机械报废的多而购置的少，小麦割晒机、种子清选机等不适宜该镇的大型机械悄然退出。到2001年，全镇拥有各类型收脱机械27台。进入新世纪后，收脱机械向小型、轻便、实用化发展。到2008年年底，各种脱粒机仅存33台。此后，未做统计。

畜牧机械

1953年，任家峪等村使用手摇铡草机，畜牧机械在该镇推广。20世纪60—70年代，由于大力发展养猪业，集体猪场相继建成，畜牧机械得到空前发展。在引进铡草机、榆次红旗切脱机的同时，饲料粉碎机、青饲料粉碎机也开始登场。到1979年，全镇有各类型畜牧机械98台（不含东村公社69台、燕龛公社24台），其中饲料粉碎机17台（不含东村公社23

台、燕毳公社7台），切脱机75台（不含东村公社44台、燕毳公社14台），打浆机6台（不含东村公社2台、燕毳公社3台）。20世纪90年代后，养猪、养鸡由分散饲养转化为集约化、工厂化饲养，由粗放饲养转化为科学化、机械化饲养，小打小闹畜牧机械逐步淘汰。到2001年，全镇各类型畜牧机械23台。2007年，保持在28台。此后，未做统计。

农副产品加工机械

20世纪60年代，随着电力的逐步发展，该镇农副产品加工机械由引进到发展，70年代进入高峰。到1979年，全镇有各类农副产品加工机械98台（不含原东村公社75台、燕毳公社37台），其中碾米机31台（不含原东村公社12台、燕毳公社9台），磨面机46台（不含原东村公社38台、燕毳公社22台），榨油机11台（不含原东村公社5台、燕毳公社6台）。20世纪80年代后，由于原计划经济逐步向市场经济转轨，农民自动调整粮食种植结构，以及部分机械趋于饱和，所以，增长速度放慢，小麦不再种植，加工小麦的面粉机相应淘汰。市场开放，玉米可以换回白面，大米、小米、食油随时随地可以买到。原有机械的加工量大大降低，甚至出现闲置。到2001年，农产品加工机械32台。再到2011年，农产品初加工作业机械保持在82台，农产品初加工用动力机362台、1522千瓦。此后，未做统计。

运输机械

该镇传统货物运输一直以人担、畜驮及平车、马车拉为主。1955年，燕毳铁业社从天津购回美制小道奇和白牌货运汽车2辆，结束了该镇无机动车的历史。此后，汽车、拖拉机逐年发展，大大改善了农村运输难的状况。到1979年，全镇有农用载重汽车27辆、1683千瓦（不含东村公社13辆、822千瓦，燕毳公社5辆、375千瓦），拖拉机98台、1497千瓦（不含东村公社81台、1216千瓦，燕毳公社35台、424千瓦）。进入80年代后，农用运输车的出现，以其快速便捷的优势迅速取代了拖拉机在运输业中的主导地位。到2001年，农用运输车340辆、8580千瓦，农用载重汽车279辆、20250千瓦。截止2011年，农用运输车595辆、25500千瓦，低速载货汽车335辆、21425千瓦。此后，未做统计。

燕毳铁业社拥有河底镇境内最早的汽车（图8–1）

农田基本建设机械

1973年，东村公社将链轨式拖拉机改装成为单缺液压推土机，该镇在农田土地基本建设中首次使用推土机械。此后，随着农田土地基本建设进入高潮，村村搬山造平原，其机械设备快速增加。1979 年，推土机发展到 5 台（不含东村公社 4 台、燕龛公社 1 台）。20 世纪 90 年代后，该镇大面积进行土地复垦，大型推土机红旗 100、宣化—140、50 装载机、挖掘机相继投入使用，小型推土机逐步退出。2001 年，全镇拥有农田基本建设机械 26 台、1072 千瓦，其中装载机 12 台、456 千瓦，挖掘机 1 台、44 千瓦，推土机 13 台、572 千瓦。至 2011 年，全镇拥有农田基本建设机械 10 台、530 千瓦。此后，未做统计。

第九章　工　业

第一节　发展综述

宋元时期，河底镇境内个体手工业就逐步发展。清初进入兴盛时期，主要有采煤、冶炼、铸造、陶瓷等多个行业。民国时期，镇境内民间铸造技艺有了很大进步，铁锅等日用器具和车串、锄、锹等工农业用具远近闻名。民国35年(1946)，平定县联社在河底成立河底铁业联社，这是阳泉手工业生产最早的领导机构，对镇境内的手工业生产作了统一安排。次年，镇境内普遍遭受严重的干旱和风雹等自然灾害，群众生活非常困难。市人民政府组织开展手工业生产，进行生产自救。政府对手工业实行贷款、贷粮等扶持措施，使手工业生产迅速发展，手工业者以组织合股、私人集股或以劳力代股金进行生产。

1950年，燕龛煤铁业生产合作社成立。1952年12月，阳泉市手工业生产合作社联合社成立，镇境内的手工业生产和基层手工业生产合作社归市联社领导。1953年，在“巩固提高旧社，积极发展新社”的方针指导下，镇境内手工业生产合作社有所发展，手工业行业拓展到煤、铁、石灰、木工、修理等10余个。20世纪50年代开始，在阳泉手工业系统逐步形成的十大传统名牌产品中，就有河底产的河小货(把把锅、茶壶等)、龙光峪产的托付货(板鏊等)、章召产的京钉、牵牛镇产的瓷器等多种。一直到20世纪70年代末，大多数手工业转入机械生产以前，长期盛名不衰。而之后，铸锅生产工艺经过几次技术革新，生产出独具特色的铁锅，一直到20世纪90年代盛名不减。

1958年，在“大办钢铁，大办工业”的号召下，以煤炭采掘业为基础，各社队办起了一批冶炼、修配等小型企业。但手工业系统盲目“过渡”“升级”“合并”，冲击了集体所有制企业的生产，管理体制被搞乱。与人民生活相关的一些小产品减产甚至断档。1960年，工副业的发展受到限制，社队企业大多停办。1961年，贯彻中共中央提出的“调整、巩固、充实、提高”的方针，任家峪、河底、山底、上章召、下章召、牵牛镇等地的铁锅及擦生锄板、瓷器、锹等传统产品恢复生产。1970年，北方地区农业会议提出“建立县、社、队三级农机修造网”和“围绕农业办工业，办好工业支农业”的方针，镇境内各公社都办起了农机修配厂，有的社队还建起了耐火厂等地面企业。但受当时形势影响，片面强调“以粮为纲”，社队企业被当作“集体经济内部的资本主义”来批判，规定从事工副业的劳动力不得超过总劳动力的7%~9%，因此，社队企业发展缓慢。但镇境内的多数手工业行业逐步向半机械化、机械化过渡，年总产值也有所提高。

1978年中共十一届三中全会召开后，随着改革开放的进行，社队企业发展速度加快。1979年，镇境内3个人民公社办的企业收入总计231.6万元，其中东村人民公社44.26万元、河底人民公社77.18万元、燕龛人民公社110.16万元；生产大队办的企业收入总计1259.63万元，其中东村、河底和燕龛3个人民公社的生产大队分别为432.4万元、756.01万元和71.22万元。之后，社队企业逐步演变成为乡镇企业并迅速发展，个体企业也开始出现。镇境内各地发挥当地矿产资源优势，大搞采掘业。1982年，牵牛镇陶瓷厂生产的耐酸坛被省政府命名为省优质产品。同年，河底公社建成玻璃厂。1983年，煤炭等采掘企业普遍装配安全设备，基本实现了半机械化生产。同年，下章召铸造厂生产的铸铁管被省乡镇局命名为省乡镇企业系统优质产品，牵牛镇陶瓷厂生产的半截缸被市政府命名为市优质产品。农村经济实现了由“以粮为纲”的单一经济向综合型经济的转移。

1984年2月，按照区委、区政府确立的工业发展的指导思想，河底镇境内各乡镇党委、政府确立了“以工为主，兴工致富，发挥优势，放宽搞活”的指导思想，变以农为主为兴工致富，变封闭为开放，变单一生产为多种经营。经营层次上，乡镇办、村办、联合办、个体办四个轮子一起转，镇境内企业的发展速度和经济效益都有了很大提高。1986年，按照区委、区政府提出的“依托矿业，兴旺百业，改造农业，共同富裕”的产业、产品结构调整指导方针，镇境内各乡镇利用采掘业积累的资金，大力兴办地面企业，走资源延伸加工的路子，形成了地下企业与地面企业并重发展的生产格局，煤炭、耐火材料、建材、冶金铸造等成为经济发展的支柱产业。矿产品得到延深加工，出卖初级产品的销售方式被打破。同年，河底镇水泥二厂生产的325#矿渣水泥被省乡镇局命名为省乡镇企业系统优质产品，河底镇电磁电线厂生产的QZ-2聚酯漆包线被市政府命名为市优质产品。1987年，针对乡镇企业在快速发展并壮大的过程中，暴露出来的与市场经济竞争激烈的特点不相适应的矛盾，区委、区政府提出了“深挖内涵，稳抓外延，狠上水平，争创名优，提高效益”的发展方针，引导乡镇企业从铺摊子求速度向上水平增效益方面转移。河底镇境内各乡镇党委、政府围绕区委、区政府这一发展方针，立足实际，正确处理了加快发展速度和提高经济效益的关系，深化企业改革。采取“以地下养地上，由地下转地上”的发展方向，本着实事求是，稳中求进的原则，注重增长与稳定相互统一、速度与效益相互提高、改革与发展相互推动，以促进经济稳定增长。积极引导镇境内的乡镇企业以推进科技进步为手段，以提高产品质量和经济效益为目的，强化企业“内功”，从而提高了乡镇企业的整体素质，增强了企业的实力和发展后劲。镇境内集体经济不断壮大，个体经济蓬勃发展。到年末，乡镇企业发展到553个，从业人员达到9749人，总产值9621万元。其中集体企业183个，总产值8439余万元，占乡镇企业总产值的87.7%；个体、联办企业也分别发展到356个和14个，总产值分别达到832万元和348万元，分别占乡镇企业总产值的8.6%和3.6%。1988年，燕龛乡工业硅厂、五架山矾石厂、苏家泉轻质碳酸钙厂成为出口企业，出口产品分别为结晶硅、熟矾石和轻质碳酸钙，出口交货值分别为208万元、31.4万元和27万元。河底镇兴华水泥厂生产的325#硅酸盐水泥被市政府命名为市优质产品。苏家泉轻质碳酸钙厂生产的轻质碳酸钙被省乡镇局评为省乡镇企业系统优质产品，被市政府命名为市优质产品；1989年，该产品又被省政府评为省优质产品。山底村山塔鞋厂生产的特制矿工靴被省乡镇局评为省乡镇企业系统优质产品，被市政府命名为市优质产品。到20世纪90年代初期，工业产品种类发展到煤炭、耐火熟料、耐火材料制品、水泥、砖、日用陶瓷器、硫铁矿、钢材、生铁、铸铁管、铸铁锅、阀门、暖气片、轻质碳酸钙、轻钙粉、硫酸铝、大理石、各类家具、鞋类等30余种；赤血盐钾、瓷釉涂料、滴塑制品、高强石灰粉填补了山西省该项空白。上水管、下水管、暖气片、铸铁锅等铸铁产品形成了18个系列、156个品种，产品以坚韧耐用的优点畅销全国14个省市，其中河底铸造厂生产的铸铁下水管被人民大会堂和北京亚运村工程选用。共有2种产品被省政府命名为山西省优质产品，4种产品被省乡镇企业局命名为山西省乡镇企业系统优质产品，5种产品被市政府命名为阳泉市优质产品。镇境内经济实现了由资源优势向产品优势的转化。形成了依靠丰富的煤炭资源，以原煤开采及深加工为主的煤炭工业小区，成为全区六大经济开发小区之一。1994年，实施“珍惜地下，发展地上，培育人才，狠抓技改”的发展战略，以开发优势产品为重点，形成了煤炭、建材、冶金铸造、化工、耐火五大主导行业。牵牛镇村生产的墙地砖填补了山西省该项空白。原河底镇实现了村村达小康。1995年，坚持“深挖内涵，稳抓外延，狠上水平，争创名优，提高效益”的发展方针，大力投资新项目，开发新产品。山塔牌鞋和苏家泉的轻钙粉成为省乡镇企业信得过产品，红土岩村的保温涂料获市级科技进步二等奖。

随着改革的深入进行和经济全球化及中国加入世贸组织带来的机遇和挑战，全镇乡镇企业在运行中长期积累的结构性矛盾以及一些急需扭转的根本性问题逐渐凸显出来，使乡镇企业经济效益不理想，一批小型企业停产半停产。为了扭转这种局面，1997年后，

河底村速凝剂厂获得市级荣誉(图 9-1)

镇境内各乡镇党委、政府稳步推进乡镇企业民营化改革。同时,不断加大招商引资力度,稳步实施联合运作战略,工业结构得到进一步优化,全镇主导产业煤炭、耐火业产销两旺,冶金、建材业持续盈利。随着企业民营化改革的持续深化,私营、个体经济为镇境内经济社会的快速提升发展发挥出越来越显著的作用。为使产品真正具有高科技含量,20 世纪 90 年代,镇境内各乡镇对强企业实行"一票否决"制。2001 年,工业经济围绕"抓规模上水平、抓科技上档次、抓管理上效益"的方针,坚持走内涵挖潜、联合发展的道路,对在 2000 年时已处于停产或半停产的 23 个企业,成功盘活了 10 个,盘活资产近 2800 万元,占到闲置总资产的 60%。

2003 年,全力实施区委、区政府确定的"农村工业化、农业产业化、乡村城镇化、农民知识化"的"四化"发展目标和宽裕型小康镇的建设。全年完成调产项目 26 项,投入资金 3500 余万元。全镇乡镇企业总产值完成 124610 万元,同比增长 9.3%;增加值完成 31710 万元,同比增长 5.9%。规模以上企业总产值完成 10533 万元,同比增长 21.1%;增加值完成 3508 万元,同比增长 34%。工业整体上呈现良好运行态势。为打造河底镇产业集聚的发展平台,奠定招商引资基础,当年,按照"政府策划、市场运作"的思路,镇政府对苇泊至上章召一带进行规划开发。2004 年,实施积极的人才战略,进行人才资源储备。按照"高级人才靠引进,中级人才靠培养、初级人才靠培训"的思路,选派 32 名优秀人才到山西煤炭职业技术学院学习企业管理和煤矿生产实用技术等专业知识,为镇经济发展和社会进步奠定了人才基础。镇党委、政府大力推进工业园区建设,累计投入资金 110 万元,出动机械 90 多台(辆),投工 3 万多个,功用土石方 80 多万立方米,使 50 万平方米的招商平台初具雏形。完成调产项目 27 项,投入资金达 13115 万元。阳泉天隆建材公司 15 万吨特水生产线、占海 30 万吨洗煤生产线、河底金属镁厂 5000 吨重熔镁锭项目、广鑫源耐火材料公司 6 万吨不定型耐火材料生产线等一批年产值在 3000 万元以上的项目相继建成投产,耐火产品向"尖、精、特"方向转型发展,产业结构调整步入规模化集团化轨道。通过制定招商引资优惠政策,年引资总到位资金 7710 余万元。镇党委、政府认真贯彻落实区委六届二次会议提出的"企业走出村庄,山地变工厂,企业向园区集中;村民走向城镇,农民变工人,人口向城镇集中;人才走进企业,能人变老板,资本向优势企业集中;干部走出机关,管理变服务,精力向发展经济集中”的“四走四变四集中”发展战略,抢抓机遇,争先发展,大力调整产业结构。全镇投入1300余万元建成2条精洗煤生产线,开启河底镇煤炭深加工、精加工先河。同时完成了耐火工艺的改造。全镇企业总产值和增加值分别完成135350万元和34280万元,均比上年增长8.6%,全镇经济实力进一步增强。

到2005年,工业主导行业呈现出“煤炭稳、耐火扩、建材增”的新特点。投资2300余万元,对全镇10家耐火企业进行了以2条隧道窑和25座梭式窑为主要内容的耐火工艺改造,使耐火行业在生产规模、产品结构、营销水平等方面都步入了一个良性发展的轨道。全镇共实施调产项目108项,累计投入资金54960万元。以占海洗煤厂、聚源今美工贸公司与新建的森东洗煤厂、融聚鑫洗煤厂为主的四大洗煤企业,年入洗原煤量达到70万吨。先后投资2600余万元,对天隆公司进行以两条回转窑建设为内容的提升扩建,使该公司“企鹅”牌特种水泥年生产能力达到15万吨,成为全国第四大特种水泥生产基地。乡镇企业总产值完成159970万元,比2000年增长65.5%。

2007年,围绕区委、区政府提出的“发展高效农业、振兴耐火工业、推进城镇建设”发展目标,坚持以项目建设为抓手,实施内联外引、突出重点、择优扶强战略,全力推进产业结构转型升级。组建成立了河底镇建材研究所,5月又组建成立了德旭无机非金属建材研究所。围绕“引项目、引人才、引资金”三项重点工作,加大招商引资工作力度,全年共引进外来资金15100万元,新建项目14个,续建项目8个。以改造耐火竖窑工艺为重点的环保工作全面展开,拆除矾石竖窑38支。到2010年,努力克服了国际金融危机和煤炭企业兼并重组的不利影响,新引进王者和晋盛源2个有限公司石油压裂支撑剂项目,陶粒砂行业成为工业发展的强力支撑。非公有制经济占到乡镇企业总产值的80%以上,销售收入1000万元以上的民营企业7个,500万元以上8个。全镇企业总产值完成104222万元,较上年增长801%。

2013年,认真落实省委、省政府“六位一体”(项目储备、项目签约、项目落地、项目开工、项目建设、项目投产和固定资产投资)工作机制,有序推进重点项目建设。全年引进各类经济技术项目9项,签约金额10.1亿元,实际到位资金59890万元。到2014年,全镇有股份制、私营工业企业80个,资产总计82949.45万元,营业收入53171.47万元,从业人员2148人;分别占全部工业企业的97.56%、97.08%、98.08%、92.63%。集体企业2个,资产总计2491.94万元、营业收入1038.53万元,从业人员171人,分别占全部工业企业的2.44%、2.92%、1.92%、7.37%。

2005—2014 年工业生产企业发展情况表

表 9-1　　单位：个、万元、人

年份	企业个数	工业增加值	工业总产值	上缴税金	从业人员
2005	—	31320	113880	3400	—
2006	—	34320	125075	4150	—
2007	110	39511	131899	4800	11860
2008	118	19185	153010	7800	11860
2009	81	20760	69919	6150	7300
2010	85	22520	75593	6300	4250
2011	66	23870	79200	7500	3560
2012	67	24125	84579	7087	2100
2013	65	24925	91230	3301	2058
2014	73	14638	62152	2920	1987

2001—2014 年规模以上工业企业发展情况表

表 9-2　　单位：个、万元、人

年　份	个　数	工业总产值	固定资产	营业收入	出口交货值	从业人员
2001	8	5309	3932.2	—	—	1740
2002	8	9530.1	4019.6	—	—	1801
2003	7	8916.3	2662.5	—	—	1762
2004	9	14882.3	3509.6	14045.3	—	2095
2005	9	13877.1	3630.4	13699.6	—	2907
2006	8	17232.6	6637.8	14659.7	106.4	2438
2007	7	14521	6682.9	14931.5	—	1980
2008	6	14350.2	7725.8	12860.3	—	1094
2009	4	3818	5573.5	5780.8	—	619
2010	3	4933.4	4283.1	3991.3	—	347
2011	5	30056.6	6156	30495.5	—	764
2012	6	25206.6	7772.6	23500.9	—	778
2013	6	21163.2	7118.1	42710.9	2722.3	617
2014	5	14294.6	17427.4	17172	2019.8	683

2014 年规模以上工业分企业基本情况表

表 9-3　　单位：万元、人

企业名称	地址	总产值	资产总计	营业收入	出口交货值	从业人员
阳泉天隆工程材料有限公司	苇泊	3910	4343.90	5018.30	—	178
阳泉广鑫源耐火材料有限公司	固庄	2821.6	5074.50	2028.10	—	162
阳泉市中亚铸钢制品有限公司	苇泊	3693.9	1697.70	5403.10	—	120
山西富尔顿科技有限责任公司	苇泊	2019.8	3738.70	2722.30	2019.8	98
阳泉市晋盛源石油压裂支撑剂有限公司	中佐	1849.3	2572.60	2000.20	—	125

第二节　煤炭工业

煤田地质与水文

河底镇境内煤田归属阳泉矿区，含煤地质时代为古生代石炭纪太原组。煤系地层属于华北地层区山西分区阳泉小区。煤田位于沁水盆地东北边缘，由于东部太行和北部五台的隆起，形成了一个东北高而西南低，沿北西走向往南西倾斜的单斜构造。在矿区范围内，由于含煤岩系岩石力学性质相对较软和张力作用方式（顺序挤压）相对舒缓，因此，塑性形变比较显著，脆性断裂变形相对变弱，故断裂构造不太发育，没有赋存岩浆岩。

煤系地层中含水微弱，水文地质条件简单，但含有煤层气。据历年资料分析，矿井含气系数一般为 0.5 立方米 / 吨煤，最大为 1 立方米 / 吨煤。主要含煤地层具有埋藏浅、易开采的特点。煤层总厚度为 14.77~17.29 米，含煤系数为 9%。可采煤层自上而下分别为 3#、6#、8#、9#、12#、15#。其中 12#、15# 煤层稳定可采，3#、6#、8#、9# 煤层在北部稳定可采，其他地区局部可采。15# 煤层为厚煤层，其余煤层为薄及中厚煤层。煤层倾角一般在 5 度 ~10 度，属近水平煤层。镇境内煤田煤质品种单一，均为优质无烟煤，以发热量大、灰分低、含硫少、含碳量高和可磨系数好而著称。

煤炭资源管理

明代时，官府对煤炭开采的管理比较松弛，一般由村民自采。清代初期加强管理，建立采煤执照制度。中华民国时期，多数小煤窑仍处于无政府、无组织状态。煤矿开采无计划，破坏性生产甚多。

民国37年(1948),阳泉市人民政府对镇境内的煤矿进行审查登记,为中、小型私营煤矿发放登记证。中华人民共和国成立后,阳泉市工商局抽调矿管人员,首次对镇境内各煤矿进行审查登记和整顿工作,至1950年10月,为生产煤矿发放了登记证,结束了镇境内煤矿开采无政府、无组织状态。之后,根据山西省人民政府的有关规定,由市煤业管理局下设的私改科开始对镇境内私人开办的煤矿进行改造,使其逐步向合理化、集体化经营方式转变,国家收回了矿产资源所有权。"文化大革命"期间,煤炭资源管理混乱,有的煤矿出现乱采乱挖、破坏资源的现象。"文化大革命"结束后,市矿管部门先后停止了季节性开采、破坏资源严重的小煤窑,为新建煤矿进行了审批,使煤炭资源管理逐步走向正规。

1984年8月,郊区乡镇局组建阳泉市郊区矿业公司,开始直接对镇境内煤矿进行采矿资源管理,同时也为各煤矿建立了较完整的基础管理资料。1993年,镇境内煤矿开始分阶段进行以规范开采行为为主的产、运、销全面整顿。至2000年,各煤矿消灭了无证及越界越层开采矿井。

2004年,郊区地矿局配合相关部门,对河底镇的煤炭资源进行了整合。整合后,全镇有煤矿17座,井田面积约12平方公里,保有储量约3142万吨。矿井生产能力均在9万吨/年以上,总生产能力162万吨/年。2006年12月,河底镇保留煤矿按规定上缴了吨煤2元的资源有偿使用费,结束了无偿使用国家煤炭资源的历史。

2008年12月,全镇煤矿企业再次进行了整顿。此后,煤炭资源管理使用走上了规范化、法治化轨道。

煤矿煤质化验情况表

表9-4

煤矿名称	开采煤层	全水分(W%)	灰分(A%)	挥发分(V%)	硫分(S%)	固定炭(C%)	发热量(千卡/千克)
关家峪煤矿	15#	1.20	13	10.5	2.3	77	7200
固庄村煤矿	15#	1.43	16.31	9.88	22	68.61	6537
小固庄煤矿	12#	1.08	12.08	8.59	0.73	79.50	7388
任家峪煤矿	15#	1.42	11.09	8.98	0.94	80.96	7272
青山煤矿	8#	1.17	18.90	10.10	0.45	70.40	6500
河底煤矿	15#	1.03	16.04	7.65	1.35	74.63	7080
牵牛镇煤矿	15#	0.51	11.13	9.38	1.98	78.98	7306
龙光峪煤矿	15#	0.84	14.46	15.83	0.53	68.51	6919
里龙光峪煤矿	15#	1.2	6.7	12.1	1.2	86.8	7563
中佐煤矿	15#	2.51	19.08	12.04	0.35	69.39	5823

续表 9–4

煤矿名称	开采煤层	全水分（W%）	灰　分（A%）	挥　发（V%）	硫　分（S%）	固定炭（C%）	发热量（千卡 / 千克）
邓家峪煤矿	15＃	1.90	13.01	7.64	0.83	79.42	7325
红土岩煤矿	15#	1.45	3.8	11.64	0.78	70.07	7220
小沟煤矿	15#	0.96%	14.03	13.23	0.65	75.74	7200
东村煤矿	12#	0.63	35.31	15.2	0.81	53.65	5191
山底村煤矿	15#	1.60	16.74	10.79	1.33	73.09	6896
红旗煤矿	15＃	1.51	12.30	11.60	0.51	83.49	7920
曹家掌煤矿	3#	——	1.32	11.38	0.48	76.2	7234
程庄煤矿	8#	0.97	33.24	14.90	0.46	56.22	5460
燕龛村煤矿	9#	1.16、	28.65	13.74	0.5	60.83	5858
西沟煤矿	3#	1.03	8.01	9.6	0.46	80.7	7200
北庄煤矿	9#	1.11	22.09	12.23	0.64	67.63	6446

煤炭生产

矿井建设　河底镇境内的煤炭开采有确切文字记载的，始于元代。《大元一统志》载："盂州有炭窑十三处，去州南招贤村，岁办官课。"招贤为都名，镇境内的牵牛镇为之管辖。至明代中叶，镇境内居民已经"用石炭为炊"。清代，采煤业有了较大发展。同治年间（1862—1874），河底一带小煤窑甚多，且分布较广。中华民国时期，许多矿商借正太铁路通车之便，纷纷来到阳泉开凿煤矿。郊里村民以开采熄煤（尺二煤）、烩煤（尺八煤）作为副业收入。20 世纪 30—40 年代，镇境内的邓家峪一带就有多座小煤窑。

民国 36 年（1947）阳泉解放后，镇境内的煤矿生产得到恢复和发展。为开展生产自救，从事手工业煤炭生产的村庄有小沟、山底、红土岩、东村、牵牛镇、河底、中佐、龙光峪、里龙光峪、燕龛、任家峪、邓家峪、郊里等多个村庄。

1950—1957 年，镇境内煤矿继续整改，同时人民银行调整对私营煤矿的贷款，使煤矿逐步向合理化、集体化经营方式转变。重点扶持了集体经营的中型煤矿，停止了无矿区划界、季节性开采又无安全措施的小煤窑。1958 年后，镇境内各社队充分利用当地煤炭资源优势，积极发展采矿业。同时，按照国家有关政策，对私营煤矿进行"关、停、并、转"。1978 年后，镇境内煤矿生产企业迅速发展，同时，加大对煤矿生产企业的投资建设。1980 年，燕龛乡有 4 个坑口，到 1983 年增加到 8 个。1988 年，原河底镇 11 个煤矿全部通过了上级部门的考核验收，其中，9 个煤矿达到国家一类矿标准，2 个煤矿达到国家二类矿标准，彻底消灭了三类矿。该年产量达到 84 万吨，收入 2300 万元，比上年增加 634 万元。1994 年，燕龛乡新建了红旗煤矿 12# 新井项目,并对该矿丈八井升压运输进行了改造;同时对程庄煤矿、北庄煤矿、曹家掌煤矿的井下运输及通风系统进行了改造。至 1995 年,重点新建曹家掌、程庄等煤矿,重点续建红旗(燕龛)、牵牛镇、邓家峪、山底等煤矿。镇境内共有乡(镇)、村煤矿 21 座,其中乡镇办煤矿 2 座、村办煤矿 19 座。年生产能力 178.5 万吨。

20 世纪 90 年代后期,根据国家煤炭产业结构调整政策,镇境内加大了对煤炭资源的整合和煤矿生产企业的整改力度,煤炭产量及效益继续稳定发展。到 2001 年,在 6 月煤矿停产整顿的困难形势下, 全年煤炭产量仍达到 72.22 万吨, 销售 90.16 万吨, 实现收入 6652.4 万元,比上年增长 8.8%;完成税收 1126.93 万元。2002 年,煤炭储备实现 1433 万吨。2004 年,全镇共生产原煤 105 万吨,销售收入完成 17120 万元,实现利润 5000 万元,上缴税金 2500 余万元。2005 年 1 月,河底镇召开煤炭企业体制改革工作动员会。当年,全镇有 17 个煤炭企业全部确定经营模式,实现村矿分离、权责明确的管理经营体制。2007 年,按照省煤矿关闭标准的要求,对山底煤矿官道沟 12# 坑、燕龛煤矿 3# 坑、任家峪村煤矿 12# 坑实行了关闭。全镇生产煤矿减少至 15 个,产量和效益有所下降。全年生产原煤 65 万吨,实现销售收入 17550 万元,完成税收 3668 万元,比上年分别下降 5.4%、5.1%和 5%。2008 年,随着煤炭产业政策的调整,到 10 月,对康裕实业总公司煤矿实施了彻底关闭,另有经整顿待关闭的生产矿井 12 座。同时,为保证煤炭工业能较稳定发展,对红旗煤矿进行了提升生产能力的工程改造。到年末,全镇保留煤矿 17 座,其中继续生产的 3 座,生产原煤 33.5 万吨,实现销售收入 13187 万元,仍继续发挥着全镇经济发展的支柱作用。

2009 年,郊区执行山西省煤炭资源整合的相关政策,为了改变全区煤矿多、小、散、低的产业格局,对全区煤炭资源进行了整合,对煤矿进行了兼并重组。整合重组后,河底镇境内的地方煤矿形成 1 个主体企业和 1 个主体煤矿, 即阳泉市燕龛煤炭有限责任公司(市属)和山西阳泉郊区牵牛山煤业有限公司。阳泉市燕龛煤炭有限责任公司兼并山西煤炭运销集团阳泉郊区漾泉煤业有限公司,形成绝对控股,股份分别占 51%和 49%;牵牛山煤业兼并于山西阳泉郊区和泰煤业有限公司,股份分别占 49%和 51%。整合后,镇境内地方煤炭工业发生了质的变化,现代化水平逐步提高,进入一个全新的发展阶段。2012 年,牵牛山煤业领取了开工证,并实施前期各项准备工作,项目总投资 17002.98 万元,年生产能力 60 万吨。到 2014 年,生产矿井及其规模基本没有改变。山西阳泉郊区牵牛山煤业有限公司有工作人员 12 人,资产总计 27084.11 万元。全镇暂无镇属正常生产的煤炭企业。

开采方式　镇境内采煤自古沿用原始手工操作,受落后的生产方式限制,只能开采浅层煤或露头煤。据《平定州志》载,“凿山为穴,横入十丈取之”,此即为原始的斜井开采;

"或一井而下,炭纵横广有,则随其左右伐取,其上枝(支)板,以防压崩",此即为原始的竖井开采。井下无掘进、回采之分,使用油鳖照明,工具为铁锹、铁锤、铁镐、条筐、木担而已,几乎没有安全设施。采出煤炭靠人背、担运或绳提出坑。因大多是自取烧用,农闲而作,农忙而缀,生产规模较小。

清初,当地居民在长期开采煤炭的过程中,学会了通过观察石脉来判定有无煤炭的办法。清代中叶,采煤规模逐步扩大,清嘉庆年间(1796—1820),能用斜井开采较深煤层,并使用驴、骡将煤炭驮运出坑,竖井则使用辘轳提升煤炭。井下已有采掘和运输的分工。当地不少居民逐渐由半煤半农转为专业采煤者。中华民国时期,郊里村村民曾挖掘本村独有的浅表层的烩煤(40 厘米)和烯煤(60 厘米)。开采方式以 2 人或 3 人为一组进行。挖煤时,人要爬进煤坑里去,只有坐在地上,斜着身低着头才能用镐刨煤。往外运煤使用低矮的自制小四轮车,人几乎是趴在地上拖运。烯煤发热量大、起火快,而烩煤又是生产铁锅时必不可少的一种原料,当时远近闻名。

1958 年河底矿业社坑口运输情况(图 9-1)

中华人民共和国成立后,在建设新矿井的同时,逐步改进落后的生产方式。20 世纪 60 年代,普遍采用电煤钻打眼、放炮落煤、机械通风。20 世纪 70 年代后,注重推广采用新的开采技术,对生产、储量较大的煤矿从采掘、提升、运输、供电、排水等环节进行技术改造,提高机械化生产程度。1972 年,红土岩煤矿运输大巷使用无极绳绞车运输,1976 年工作面使用可弯曲刮板运输机运输。郊里村的烯煤、烩煤生产,开采条件也有了很大改善,销售量不断增大,日产量一度达到 5 吨左右。一直到 20 世纪 70 年代后期,随着铸造工艺的革新改进,烩煤、烯煤也不再生产。

1986 年,红旗煤矿丈八井使用双滚筒绞车提升。1989 年,该矿对采煤方法进行改造,丈八井由高落式采煤改为对拉仓房式采煤试采成功,工作面及顺槽使用可弯曲刮板运输机运输,大巷使用无极绳绞车运输。1990 年,郊区煤矿在薄煤层、中厚煤层推广壁式或刀柱式采煤法,镇境内试采成功的工作面有青山煤矿 8 号煤工作面、河底煤矿 12 号煤工作面等。在运输系统改造方面,全镇有 80%以上的坑口井下实现了调绞矿车运输;在提升、通风、排水方面全部实现了机械化。至 1993 年,镇境内延续数百年的手工开采方式得到了根本性转变。

1994 年后，为进一步提高煤炭资源回收率，推进煤矿不断向正规化、标准化发展。2003 年,燕龛煤矿 3# 煤层完成了薄煤层壁式采煤工作面改造。至 2008 年,对全镇所有生产矿井实行了以采煤方法改革为主的矿井配套改革建设，即在薄及中厚煤层全部实现了短壁式开采,在厚煤层(15#)实现了壁式放顶煤开采,运输采用刮板运输机。2014 年 6 月,燕煤集团投资建设的程庄到华佳发煤站管状皮带输送机项目试车投产。至当年,镇境内生产煤矿开采及运输方式有了质的提高。全镇煤炭资源回收率达到 45%以上。

煤炭加工

镇境内的煤炭销售,一向以原煤和人工拣出的块炭为主。这种简单粗放的经营方式造成煤炭品种单一,经济效益低下。为改变该种落后的营销方式,20 世纪 80 年代以后,为使煤炭生产稳定增效,在市场竞争中立于不败之地,煤炭深加工走上快速发展的道路。1987 年,红土岩煤矿投资 70 万元,建成坑口筛选煤厂,年入选能力 12 万吨,开创了郊区机械选煤先河。这些筛选煤厂的建成,使煤炭产品达到 3 厘米以下、3~5 厘米、5~10 厘米、10 厘米以上 4 个品种,吨煤平均增值 20 余元。1988 年,曹家掌村型煤厂建成投产。1989 年,西沟村建成活性炭厂，主要生产活性炭，产品规格有 2J15 净化水用煤质颗粒活性炭、2K4050 净化空气用煤质颗粒活性炭、2J30 脱硫用煤质颗粒活性炭、PJ03 净化水用规则形状煤质活性炭。产品主要销往天津、北京等地。1993 年,产量达到 300 吨,产值 60 万元,实现利税 12 万元。同年,燕龛乡本着“稳定产量,保护资源,合理开采,加工增值”的原则,大力抓了煤矿的技术改造。红旗煤矿投资 102 万元,建起选煤楼;燕龛、程庄、北庄、郊里村煤矿全部建设了小型筛选设备;北庄煤矿投资 150 万元,对运输大巷进行技术改造。通过多项技术改造,全乡的块炭率由原来的 20%提高到 45%,年增加经济效益 214 万元。2000 年,在煤炭行业整体受挫的情况下,新建洗煤厂 4 个,年生产能力 420 万吨,使原煤得到增值。2001 年,山底、燕龛 2 村各新增一条煤炭筛选生产线,块炭率提高 10%;任家峪、固庄两村各新增 1 条煤炭多级筛选生产线,块炭率提高 15%。2004 年,全镇投入 1300 余万元,建成 2 条精洗煤生产线,洗煤能力得到大力提升。2005 年,招商引资企业阳泉市郊区占海洗煤厂在程庄村建成投产，项目总投资 1000 万元，固定资产 600 万元，年实际洗煤 30 万吨。到 2006 年,全镇形成了年产 50 万吨洗精煤产品的生产格局。2009 年后,固庄、东村、任家峪、河底等村相继建起了型煤加工厂。2014 年 6 月,燕煤集团建成洗选煤厂。当年,全镇有原煤洗选、加工企业 5 个,从业人员 60 人,资产总计 1763.39 万元,营业收入 661.51 万元。

2014 年煤炭加工企业基本情况表

表 9–5　　单位：、万元、人

企业名称	成立年份	产品名称	地　址	营业收入	资产总计	从业人员
阳泉市郊区占海洗煤厂	2004 年 4 月	煤炭洗选	程庄村	568.09	767.58	15
阳泉市圣利美型煤有限公司	2009 年 8 月	型煤	固庄村	0.31	118.77	7
阳泉市任远型煤厂	2010 年 10 月	型煤	任家峪村	—	25.00	1
阳泉市思源型煤厂	2010 年 11 月	型煤	东村村	10.85	326.35	22
阳泉市银河兴旺型煤厂	2012 年 6 月	型煤	河底村	82.26	525.69	15

安全管理

旧时，镇境内采煤皆为自然通风，油灯照明，开采几乎无支护设施，伤人事故常有发生。

中华人民共和国成立后，用于煤矿各项安全的投入不断加大，安全状况逐年好转。1980—1983 年，镇境内所有煤矿井下都安装防爆型电气设备，消除明火照明及刀闸开关，煤矿安全系数得到提高。

1984 年 7 月，河底镇青山煤矿发生重大瓦斯爆炸事故，当即死亡 16 人，后在冒险抢救中又死亡 6 人。郊区矿业公司认真分析事故发生的原因，针对煤矿现状，对镇境内所有煤矿的特工种人员进行培训，提高他们的业务素质，使之牢固树立“安全为天”的思想；严格规定主扇机必须由专人看管，严禁随便停开主扇；严禁井下在工作面无风与瓦斯超限时作业；凡大型事故发生，必须先通知救护队及有关主管部门，不得在险情未排除前盲目组织抢救。1985 年，镇境内乡镇企业管理站设专人负责煤矿安全，各煤矿设专职安全员，安全网络基本形成。经过对镇境内煤矿安全设施状况的检查，生产矿井中消灭了三类矿。1987 年 4 月，燕龛乡对乡境内煤矿全部进行了停产整顿，对无证开采、“三证”（营业证、开采证、安全证）不健全的矿井，勒令停采；对越界开采的矿井，勒令撤回矿界内生产。直到 9 月，各煤矿经过整顿，经相继复查验收合格后，才陆续恢复生产。同年，河底镇境内各乡镇本着“增产增收上水平，安全作业保效益”的原则，对生产煤矿进行了系统的整顿验收，全部煤矿都制定了严格的安全作业制度，健全了技术资料和安全资料档案，基本达到了二级以上安全管理水平，煤矿生产基本纳入了规范化、制度化的轨道。各乡镇均对外包工实行了全人次的专门培训，各煤矿专业技术工种管理及操作人员，依制遵章，持证上岗。规定外包工人员入井，必须有本矿安全管理人员带班，一般情况下不允许外包工队单独承包坑口和班次，不准外包工人员担负瓦斯检查、探放水、火工管理、钻眼放炮、机电绞车和回柱放顶等特殊工种职务和危险要害工作。9 月，郊区在程庄村成立阳泉市郊区煤矿安全技术培训中心。成立初期，临时租用程庄村的房屋办公，在程庄村村委会办公楼内进行煤炭行业的正规技术培训。有3个教师，2个培训室，开设井下采掘、机电、瓦斯3个专业班，每班40余人，每月一期。1990年，建成一座集办公、教学、住宿、餐饮为一体的教学大楼后，培训中心迁入。

1994年，镇境内煤矿分阶段开始了以产、运、销为主的全面整顿工作。各乡镇政府与各所属煤矿都分别签订《安全生产合同书》。1997年6月，西沟村煤矿发生特大瓦斯爆炸事故，立即引起郊区政府和燕龛乡政府的高度重视。随后，郊区政府要求所有煤矿立即开展安全大检查。对存在安全隐患的矿井，坚决停产整顿。对无证私开的小煤窑，按照"三不留一封填"（不留人员、不留设备、不留地面建筑、封填矿井）标准，坚决彻底取缔。

1998—2000年，各煤矿进一步完善了技术档案，制定完善了关于防治各类灾害规章制度。期间，为有水患威胁的矿井配备了探放水设备，培训了一批专业探放水队伍。

2001年后，进一步加大了煤矿的安全整改工作。为确实有效降低事故的发生，要求所有壁式回采工作面必须使用金属摩擦支柱或单体液压支柱、金属顶梁进行支护，杜绝木支护。2002年8月26日，河底镇召开煤炭专项整治暨打击私挖乱采工作会议。会后，镇、村、企三级联动，采取炸坑口、断路、填坑、停电、吊销证件等多种手段，共整治18处、220点，有力地规范了煤矿矿山秩序。为杜绝通风、瓦斯重特大事故的发生，至2003年8月，各煤矿矿长、副矿长参加了郊区安监局组织的半军事化培训，各煤矿职工参加了镇煤管站组织的培训，学习了国家安全生产监督管理局的《煤矿安全生产基本条件规定》《煤矿安全规程》《中华人民共和国安全生产法》及省政府办公厅、市政府办公厅等部门有关安全生产的文件、规定。为进一步加强煤矿安全工作的监管，各煤矿进驻了由郊区安监局派驻的安全监督检查员。当年，全镇煤矿通风系统不合理的矿井进行了通风系统改造，完成瓦斯抽放、配风井、风机房及主要井巷工程建设项目，使所有矿井安装了备用主扇。各高瓦斯矿井安装了WEBGIS软件系统和联网软件，实现了矿、区、市、省四级联网瓦斯监测监控。所有煤矿全部完成了瓦斯监测监控系统的安装，采掘一线职工、井下特殊工种及采掘工作面的管理人员，全部佩戴瓦斯报警头灯，建立完善瓦斯监管制度，使矿井安全系数有了很大提高，为杜绝各类重特大事故的发生奠定了基础。2004年，阳泉市矾窑煤矿程庄井、阳泉市红土岩煤矿12#和15#坑、阳泉市红旗实业有限公司红旗煤矿12#和15#坑达到三级标准化矿井。全年没有发生生产安全事故，百万吨死亡率为零。至2006年，全镇所有保留煤矿全部领取"安全生产许可证"。2007年，强化了现场管理跟班作业制度，允许职工在没有跟班领导的情况下，有权拒绝进入工作面。2008年3月，河底镇组织各煤矿矿长、安全科科长、劳资科科长及劳资员参加市安全技术培训中心举办的关于地方煤矿推行个人安全技能账户培训班，从事井下甲烷传感器标校人员参加了市安全技术培训中心举办的甲烷传感器调校培训班。当年，在加强煤矿复工复产工作中，全面贯彻落实“先抽后采、监测监控、以风定产”的瓦斯治理方针，坚持“时间服从质量，速度服从标准”的原则，坚决遏制重特大事故的发生，不符合安全规定的决不复产。2009 年，把建设“通风可靠、抽采达标、监控有效、管理到位”的工作体系运用到各煤矿，各煤矿的视频监控系统、人员定位系统、产量监控系统全部安装完成，实现了瓦斯四级联网，上线率达 100%，均能按规定定期校验瓦斯监控传感器。生产矿井全部达到二级标准化标准，杜绝了各种安全事故的发生。2011 年，成立河底镇安全生产监督管理站。各生产矿井建立健全水文地质条件分析资料，严格按照“预测预报、有掘必探、先探后掘、先治后采”的原则，落实“防、堵、疏、排、截”综合治理措施，严格执行“探水线、警戒线、积水线”三条线管理办法进行探水作业，进一步提高矿井应对水灾的处置能力。2012 年，为进一步强化安全监督，统一辞退各煤矿驻矿安监员，重新通过考试、培训、实习等程序另招聘了驻矿安监员。2008—2014 年，全镇煤矿未发生一起安全事故，百万吨死亡率为零。

历年煤矿重大事故案例表

表 9-6　　单位：人、万元

年／月	单　位	事故地点	类别	死亡人数	直　接经济损失	直接原因
1970.4.1	燕龛公社联营煤矿	—	瓦斯	7	—	—
1983.4.8	邓家峪煤矿	—	透水	6	—	—
1984.7.8	青山煤矿	9# 煤西顺南墙掘进面	瓦斯	22	13.5	主扇停止运转，工作面瓦斯超限，瓦检员未制止作业，放炮时引起瓦斯爆炸
1988.5.17	河底煤矿	老窑沟四尺坑南采区西南顺掘进面	瓦斯	6	4.0	主扇无人看管，地面施工人员私自停开，瓦检员脱岗，瓦斯超限未及时发现，违章放炮，产生明火，引爆瓦斯
1989.11.19	邓家峪煤矿	丈八坑南区西顺五北回采工作面	瓦斯	13	11.5	该面越至界外 250 米左右，无正规通风系统，工作面风量不足，顶部瓦斯积聚，放炮处理伞檐时，引爆瓦斯
1991.4.24	曹家掌煤矿	9# 煤基建井井巷掘进工作面	瓦斯	3	2.9	井巷掘至 3# 煤风筒断开，未及时接通，施工点瓦斯积聚，瓦检员脱岗漏检，钉道工作业时产生火花，引爆瓦斯。

续表 9-6　　单位:人、万元

时间	单位	事故地点	类别	死亡人数	直　接 经济损失	直接原因
1997.6.18	西沟煤矿	3# 煤层工作面	瓦斯	5	20	工作面瓦斯积聚，放炮员在回风道违章放炮，产生火花,引爆瓦斯。
1999.8.2	邓家峪煤矿	西顺二北墙工作面	瓦斯	3	10	风筒断裂未及时接通,工作面瓦斯积聚，放炮时产生火花,引爆瓦斯。
2007.8.27	大固庄康裕实业总公司煤矿	西区南墙工作面	冒顶	5	52	回采工作面支护质量低劣,顶板来压后,造成大面积垮塌。

煤炭运销

清代以前,镇境内的煤炭采掘,皆为自取烧用。清代后,煤炭产量有所增大,自用有余外,当地人用驴、骡驮运或牛车拉运煤炭往返于井陉、寿阳等地,或易钱,或换回食用物品。小煤窑所产煤炭,除主要供当地民户及手工业作坊使用外,一部分也通过阳泉煤业公司销往外地。日军侵华期间,镇境内的大部分煤炭被其掠夺。

中华人民共和国成立后,镇境内煤炭运销得以长足发展。20 世纪 60 年代前,煤炭运输主要靠马车运往白羊墅车站。20 世纪 70 年代后,汽车运输逐渐取代马车运输。1984 年 10 月后,郊区煤炭运销公司对镇境内的煤炭运销统一调拨管理。通过石太铁路,可销往河北、山东、天津等地,通过干线公路可销往河北、山东等地。2005 年 7 月,阳泉市海天经贸有限公司在西沟村成立,经营煤炭存储销售。2014 年,有从业人员 12 人,资产总计 1741.6 万元,营业收入 2479 万元。

第三节　耐火工业

耐火生产

镇境内的耐火资源集中而丰富,蕴藏的铝矾土品位高、易开采,其中特一、特二级料占 50%以上。20 世纪 70 年代,东村、东南沟等地建起了耐火材料厂,耐火制造业开始逐步发展。到 1978 年,耐火工业产品主要有耐火黏土成品矿、耐火黏土熟料、生矾石、耐火砖、钢瓦、下水道水管等。20 世纪 80 年代,东南沟、武家庄村建成耐火骨料、骨粉厂和矾石竖窑,苏家泉村建起耐火材料厂。东南沟村制造出郊区范围之内独一无二的玻璃窑用的特大型过梁砖(300毫米400毫米2300毫米)和池盆砖,该两种砖每个均在500公斤以上,实为罕见。1992年,小沟村建起龙溪耐火材料厂,主要生产各种不定型耐火材料粉,产品远销东北各大钢铁厂。到20世纪90年代初期,东村乡的不定型耐火小区初具规模,收入达到1523万元,取代了煤炭工业的龙头地位,成为行业之首。但镇境内的耐火生产总体上呈现出来的特点是产品比较单一,技术含量也较低。

1994年开始,结合产权制度改革,镇境内的耐火行业以建立现代企业制度为目标,迈开了企业产权制度改革的步伐。同年,牵牛镇村陶瓷厂设立耐火粉厂,生产耐火骨料、粉料;次年,引进技术,开发生产耐酸产品。到1996年,先后有小河北耐火材料厂、小西庄浇注料厂、东南沟浇注料厂、下章召耐火材料厂等建成了不定型耐火材料生产线,投入生产。1997年5月,东村乡召开耐火研讨会,聘请了6名全国知名的专家教授参加,出台了《关于不定型耐火小区建设发展的实施意见》。会后,下大力抓了不定型耐火小区建设,对全部16个耐火企业重点进行了挖潜改造,引进技术,开发新产品,使不定型耐火小区形成一定规模。2001年后,随着产权制度改革的深入进行,镇境内的微小、亏损企业实行拍卖、兼并,强盛企业实行联合经营,耐火企业的规模得到扩张,综合竞争力得到提高。2003年,小沟村投资600万元建成富东耐火材料厂。同年,全镇耐火工业结束了集体经营历史,形成了产权人格化、管理科学化、运行规范化的现代企业管理制度的运行机制。同时,随着隧道窑对倒烟窑的取代,产品虽得到更新,种类有所增加,但耐火生产总体也步向低谷,部分小型企业停产或半停产。究其原因,一是因为窑炉改造的刚刚完成,多数耐火企业生产还没有完全步入正轨;二是受到大环境的影响,耐火市场还没有完全走出低迷状态。但最主要的原因是企业本身存在着一些不容忽视的问题,即企业规模偏小,产业集中度低,对市场开拓与产能的提升不适应,资源利用率低,名优产品比重少等等。针对存在的问题,镇党委、政府积极创造条件,大力推进企业实现以产品为龙头、以市场为导向,建立互利共赢的企业联合体。2004年,在重新定位市场的认识中,通过大力调整和扶持引导,激发起了民间的投资热情,迅速发展了一批"小而精,小而强,小而专"的不定型耐火企业。当年,不定型耐火企业发展到31家,实现销售收入4680万元。到2005年,全镇耐火材料生产企业走出低迷状态,在生产规模、产品结构、营销水平等方面都开始步入良性发展轨道。当年,营业收入超过1亿元。

2006年,招商引资显现活力,实现了招商引资工作由资源性开发向高科技、规模化、现代化发展的转变。全镇耐火企业整合为40家,全都显现出较好的发展势头。全镇耐火产品有普通黏土砖及回转窑烧锻高铝料、合成镁铝尖晶石、莫来石、白刚玉、亚白刚玉、致密刚玉及铝酸盐水泥耐火浇注料、化学结合耐火浇注料、黏土结合浇注料、低水泥耐火浇注料、新技术耐火浇注料等中高档耐火产品，有多个系列上百个品种，销售网络遍布全国，产品还远销美国、欧洲、日本、东南亚等国家和地区。实现利税1200余万元，较2001年翻了两番。2007年，郊区出台《关于加快振兴耐火工业的指导意见》，要求坚决淘汰限制落后产能，大力推进企业联合重组，全面加快耐火行业结构调整，加大对外开放力度，真正形成集团化经营、集约化生产、现代化运作、科学化管理的模式，增强抗风险能力和驾驭市场的能力。按照区委、区政府的指导意见，成立了河底镇不定型耐火协会，并出台了《振兴耐火工业方案》。镇党委、政府关闭淘汰了年产3万吨以下企业。依托“一会两所”（河底镇不定型耐火协会、河底镇建材研究所和德旭无机非金属建材研究所），科技投入1000万元，研制开发出电炉顶盖、树脂结合浇注料等8项高档产品，其中大型玻璃窑炉前唇砖和引砖等3项获得国家专利。当年，实现收入12950万元，同比增长25.5%。2008年，牵牛镇村耐火厂联合镇境外的华银耐火材料有限公司和下白泉耐火材料有限公司一分厂，组建成立山西华银耐火材料集团有限公司。集团公司组建成立后，总资产达6500万元，年实现收入7000万元，牵牛镇村耐火厂得到成功盘活。10月17日、18日，耐火材料生产企业参加了中国（荫营）耐火产业创新发展论坛。同年，共投资850多万元，新建了容纳17支铝矾土烧成新型竖窑的大河北烧成小区，全镇的耐火企业又全面走向振兴，形成了年生产20万吨不定型耐火材料基地。为使耐火生产立于不败之地，2010年，成立了河底镇不定型耐火材料研究所。到2012年，全镇耐火企业发展到53个。

在耐火产业发展过程中东南沟村的村办企业在1997后改制为股份制的形式承包给私人经营，2002年彻底拍卖给私人。此后维持正常生产的企业有9家。一直到2014年，东南沟村凭借耐火业的发展，每年上缴的税收均位于全镇前列，这种现象特地被郊区政府称为“东南沟现象”。

2014年，璞鑫耐火材料厂投资550万元，引进6台新型数控压力机，取代原有旧式压力机，生产的精密性、安全性和成品率得到大幅提高，企业效益显著增长。德旭耐火器材有限公司率先走出“互联网+”发展模式的第一步，投资1200万元建成耐火交易平台，利用现代商业网络和电子支付技术，使产品销售模式实现多元化。当年，全镇有耐火企业54个，从业人员992人，资产总计28258.69万元，产品有矾石、各类普通耐火材料、骨粉、骨料、浇注料和多个系列多个品种的中高档耐火制品，营业收入16919.68万元。

2014年耐火企业基本情况表

表9-7　　单位:万元、人

企业名称	成立年份	地　址	产品名称	资产总计	营业收入	从业人员
阳泉市温河耐火材料厂	1985.10	大河北	浇注料、骨料、骨粉	1333.51	343.58	21
阳泉市郊区安达矾石加工厂	1993.3	五架山	矾石	155.00	—	2
阳泉市瑞峰冶金耐火材料厂	1993.7	小河北	陶粒砂、筑炉材料	141.00	510.00	50
阳泉市郊区永亨耐火材料厂	1993.8	小西庄	耐火材料	60.00	5.00	4
阳泉市翔宇耐火材料厂	1995.6	东南沟	耐火材料	669.49	1567.69	34
阳泉市郊区弘源高温建材厂	1997.5	苇　泊	高铝粉骨料	285.10	39.21	5
阳泉市聚鑫耐火材料有限公司	1998.9	小固庄	耐火材料	1332.25	1107.08	46
阳泉市永利特种耐火材料厂	1999.10	河　南	耐火材料	729.26	1123.57	29
阳泉市瑞旺耐火材料厂	2000.3	河　南	耐火骨料粉	15.25	—	1
阳泉市金湾耐火材料厂	2000	东南沟	不定形耐火材料	50.37	—	6
阳泉市华能耐火材料厂	2001.3	东　村	耐火骨料粉	49.60	0.30	3
阳泉市郊区鸿盛耐火材料厂	2001.3	东南沟	耐火材料	17.20	—	4
阳泉市兴发特种耐火材料有限公司	2001.11	猪头堖	耐火材料	1315.53	2449.99	38
阳泉市金宇耐火材料有限公司	2002	东南沟	浇注料、透气砖	617.92	896.57	16
阳泉市顺天耐火材料有限公司	2002	东南沟	耐火材料	464.33	559.48	17
阳泉市远洋耐火材料厂	2003.11	小西庄	耐火材料	211.53	12.99	5
阳泉市郊区科兴耐火材料厂	2004.2	东南沟	耐火材料	818.67	521.41	24
阳泉市郊区永富耐火材料厂	2004.3	小河北	骨料细粉	63.00	32.16	4
阳泉市璞鑫耐火材料厂	2004.6	山　底	耐火材料	1684.89	1175.37	80
阳泉市金牛耐火材料厂	2004.10	小河北	不定形耐火材料	33.94	2.04	3
阳泉市广鑫源耐火材料有限公司	2004.10	固　庄	耐火制品	5074.50	2028.10	162
阳泉市郊区李六宝耐火材料厂	2004.12	小西庄	矾石	95.00	7.49	5
阳泉市世纪金峰耐火材料厂	2005.1	东南沟	耐火材料	91.00	—	2
阳泉市利君耐火材料厂	2005.4	东南沟	耐火骨料	130.23	—	2
阳泉市鑫旺耐火材料有限公司	2005.4	河　南	耐火材料骨料	845.50	699.24	40
阳泉市郊区家荣耐火厂	2005.6	东南沟	耐火材料	356.83	119.36	8
阳泉德旭耐火器材有限公司	2006.2	上章召	耐火材料	4982.91	34.69	82
阳泉市盛荣耐火材料有限公司	2006.10	下章召	耐火材料	850.32	300.56	10

续表 9-7

企业名称	成立年份	地址	产品名称	资产总计	营业收入	从业人员
阳泉市金广源耐火材料有限公司	2007.4	牵牛镇	耐火材料	200.00	—	—
阳泉市宏钢耐火材料厂	2007.8	河　南	耐火材料	128.53	23.58	7
阳泉市海博耐火材料厂	2008.3	小西庄	耐火材料	64.00	21.60	3
阳泉市建鑫耐火材料厂	2008.5	大河北	耐火材料	70.00	60.00	19
阳泉市郊区河底镇昌弘耐火材料厂	2008.5	大河北	竖窑烧料	120.00	224.70	20
阳泉市聚宝裕耐火材料有限公司	2009.2	小西庄	不定型形耐材保温材料	24.00	18.80	4
阳泉市东恒耐火材料有限公司	2009.5	东　村	耐火骨料粉	111.09	34.21	3
阳泉市科锐炉料有限公司	2010.8	小河北	耐火材料	100.00	—	3
阳泉市利仁耐火材料有限公司	2011.1	东　村	耐火材料	278.20	587.00	26
阳泉市晋云耐火材料有限公司	2011.4	山　底	矾石熟料	1442.04	1490.15	39
阳泉市郊区恒顺矾石加工厂	2011.5	上章召	耐火材料	5.20	1.20	6
阳泉市东鑫泰耐火材料加工厂	2011.6	下章召	耐火粉	282.03	17.28	7
阳泉同惠顺耐火材料厂	2011.6	东　村	耐火材料	30.00	1.50	4
阳泉市和进源耐火材料有限公司	2011.8	固　庄	耐火材料	396.21	27.28	25
阳泉市佳世通建材有限公司	2012.2	小河北	石子、石粉	120.00	8.78	6
阳泉市峰盛耐火材料厂	2012.7	东　村	耐火材料	120.00	—	3
阳泉市永顺耐火材料厂	2012.8	小河北	耐火材料	416.44	447.14	34
阳泉市明华科技有限公司	2012.9	上章召	煤焦质量分析等	1130.54	1.45	5
阳泉市恒源祥耐火材料有限公司	2012.9	下章召	耐火材料	25.00	—	10
阳泉市鑫地伟业炉料有限公司	2012.9	河　底	耐火材料	394.68	278.82	13
阳泉市金锐森耐火材料有限公司	2012.11	小河北	骨料细粉、浇注料、熟料	103.00	90.00	8
阳泉市东凯伟业耐火材料有限公司	2013.4	东　村	耐火材料	68.30	—	12
阳泉市龙溪伟业耐火材料厂	2013.5	小　沟	耐火材料	—	—	20
阳泉市金川耐火材料厂	2013.5	东南沟	不定型耐火材料	75.30	—	1
阳泉市康茂耐火材料厂	2013.7	苏家泉	耐火材料	20.00	50.30	10
阳泉市宏科耐火材料厂	2013.12	任家峪	耐火材料	60.00	—	5

生产工艺

20世纪中后期,镇境内开始生产耐火制品以来,一直沿用倒烟窑的产品烧结生产工艺。这种生产工艺虽然具有操作简单、热稳定性好、生产可间歇进行、产品质量可靠、原料煤不需要进行再加工等诸多优点,但有其本身的局限性,即烧窑时瞬时燃煤不尽。据测算,原料煤燃烧时,有30%燃烧不尽。燃烧不尽的原料煤,通过一支支高高耸立的烟筒随同燃烧中产生的一氧化碳、二氧化硫等有害气体,一同混合成浓浓黑烟,滚滚而出,宛如一条条黑色巨龙在天空盘旋。而更为严重的是,耐火行业落后的生产工艺,每年向大气中排放的有害烟尘气体,要占到镇境内工业排污量的70%以上,严重地影响大气的质量和居民正常的生活和身体健康。

但生产耐火产品建厂设备简单,原料可就地取材,能获得较高的经济效益,所以到20世纪70年代,镇境内有条件的社队多数都建有耐火材料厂。1978年改革开放后,随着经济的搞活,更重要的是国内钢铁企业的快速发展,对各类耐火产品的需求量有所增加,使得镇境内的耐火产业得到快速的发展壮大,在中部和南部地区,耐火工厂近乎遍地开花。20世纪90年代后,随着国家产业政策的调整和对环境质量的要求,镇境内以倒烟窑落后生产工艺为主的传统耐火工业面临生存和发展危机。为使耐火工业可持续发展,耐火污染必须治理,而最关键的是耐火工艺必须改变。但对倒烟窑的“黑龙”治理,是一项难度大、资金投入高的科技项目。到20世纪90年代后期,郊区累计投入1亿多元资金,采用多种改造技术,但最终结果,都是治标不治本,形不成耐火生产工艺的革命。经过反复的思考、酝酿和论证,最后认识到,要保证产品质量,更新生产工艺,并彻底治理污染,只有推倒倒烟窑,建立隧道窑才能实现。2002年,郊区大胆提出并迈开了“推倒倒烟窑,建立隧道窑”的耐火生产工艺革命的步伐。同年,镇党委、政府积极响应区委、区政府的决定,拉开了耐火工艺革命的序幕。2003年,以“变传统燃煤为燃气,变倒烟窑为隧道窑”的耐火生产工艺革命形成高潮,沿公路旁、人口稠密区的倒烟窑按计划拆除。到2004年,累计投入2360万元,对45座燃煤倒烟窑和17支烟囱进行拆除,建成2条隧道窑和25座梭式窑,完成耐火生产工艺的改造。当年,按照区委、区政府限期治理倒烟窑、彻底治理污染源的要求,镇党委、政府建立了严格的责任体系,不断加大工作力度,同时对污染物排放进行定期监控和分步治理,取得了明显成效。

到2006年年底,耐火生产工艺水平得到整体革新与提高。2007年,顺利推进了大河北矾石烧成小区建设。聚祥耐火材料公司黏土砖隧道窑煤气发生炉点火成功。到8月31日,共关闭耐火倒烟窑17家、45座,全面完成耐火倒烟窑治理确定的目标任务。2008年,以改造耐火竖窑为重点的耐火生产工艺革命继续向前推进，拆除矾石竖窑 38 支。2011 年，重点实施完成广鑫源耐火材料有限公司天然气烧成隧道窑生产线工程建设和山底璞鑫耐火厂扩建项目工程建设。到 2012 年,高能耗企业全部推行天然气烧成工艺。当年,全镇耐火企业生产全部完成耐火生产工艺革命建设，高高的烟囱及其射向蓝天的滚滚黑烟永远成为了历史。

第四节　冶金　铸造

冶　金

宋末元初,上章召村先民就有以焖炉打铁为生者,部分村民打制蘑菇钉。明代,河底镇境内的铁器生产已较普遍。嘉靖《盂县志》载:“铁矿出诸于山焉,铜矿出北乡,铁器出山底村”。清代,采矿冶炼业渐盛。清同治四年(1865),东南沟村因打铁炉多,炉户协商制定有多条规章制度。光绪《平定州志》载:“铁产州北诸山中,居民冶铁为主,凡日用器具,远货他方,甚利便之。”到 20 世纪 20 年代,冶铁业进入旺盛时期,民国 34 年(1945),河底、山底、东村、东南沟、牵牛镇、苏家泉、任家峪、邓家峪、关家峪等多个农村开始生产连尖、车瓦,制造车钉、蘑菇钉、铁铲、矿用道钉及农用镢头、大锄、镰刀等工具,还有生活用刀具、锅铲等,炼焖铁、铸川锅,进行生产自救,从业者超过 2000 人。仅牵牛镇村和苏家泉村就有铁炉 140 余盘,牵牛镇村还曾创立“牵牛镇京钉铁业”。产品有车瓦板、蘑菇钉及农具锄、犁、镰刀等。民国 36 年(1947)阳泉解放后,经过土地改革,镇境内的手工业出现了前所未有的兴旺。8 月,任家峪村有 84 个从事铁业生产的手工业者,以 14 盘土炉自发组织起“工人合伙炉”,靠土改斗争果实和劳动入股集资为资本进行生产。主要生产工具是古老陈旧的“牛撕鞴”(一种扇风用的工具)。日产铁轮车零件 147 公斤。到 1949 年,发展到 24 盘,工人也增至 192 人,累计生产铁货 121 万公斤。为了解决供销问题,同年 10 月,工人合伙炉又组织成为任家峪铁业联社,主要生产车川、车键。当时,镇境内从事生铁炉生产的村庄有山底、小沟、红土岩、河底、中佐、前龙光峪、里龙光峪、任家峪、邓家峪、燕龛、曹家掌等多个村庄,从事熟铁炉生产的村庄有河底、山底、东村、东南沟、苏家泉、上章召、下章召、苇泊、牵牛镇等多个村庄,从事铁矿业生产的村庄有大河北、小河北等。生产的铁货有铁锅、饼锅、车钉、车川、车键、茶壶等 100 余种。直至 2014 年,在部分农村仍可见到用废弃坩锅垒砌的地堰。

1951 年，上章召村郭秉池、郭田维组织本村 100 多个小手工业者，集资 3000 多元，成立上章召铁业生产合作社，以三眼窑洞作厂房，设有焖铁炉、炒炉、打铁炉，共计 10 盘，日产铁钉 3 包、焖铁 2500 余公斤、炒熟铁 900 余公斤。同年，任家峪铁业生产合作社、燕龛铁业生产社相继成立。1953 年，镇境内沿用多年的土化铁炉基本被圆炉取代。1955 年，上章召和下章召 2 个村的铁业生产合作社合并，更名为章召铁业合作工厂，转为市属集体企业。该时期，有铁业生产的村庄，基本成立铁业生产合作社。1958 年，镇境内村村建起小土炉，采取土洋结合的办法，掀起大炼钢铁运动。1963 年 10 月，以章召铁厂为主，在郊区李家庄村东组建为市金属铸件厂。

1978 年中共十一届三中全会后，镇境内的冶炼工业步入一个新的发展时期。1984 年 7 月，在阳泉市钢铁公司的大力支持下，上章召村开始筹建铁厂。历时 14 个月，投资 120 万元，到 1985 年 10 月，建成 18 立方米高炉，正式投产。年设计生产能力 900 吨。产品主要为生铁，规格有 14#、18#、22#、26#、30#、34#6 个品种，年实际产量 750 吨，年产值 560 万元。同年，东南沟村轧钢厂建成投产，主要生产圆钢，年产值达到 40 万元。1986 年，苇泊轧钢厂建成投产。进入 20 世纪 90 年代，冶炼工业的产品质量和新产品开发都有了新的突破。1993 年，燕龛乡办铁合金厂恢复生产。1996 年，河底金属镁厂建成，年产镁锭约 600 吨。同年，东南沟村轧钢厂因原材料（钢皮）短缺而停产关闭。到 2001 年，由于郊区冶炼企业实行产业调整和节能降耗，上章召等地的小型铁厂先后关停。同年，河底金属镁厂也完成拍卖重组。2008 年 5 月，阳泉市中亚铸钢制品有限公司在苇泊村建成，进行铸钢件连铸钢、圆钢加工。2014 年，中亚铸钢公司投资 3000 万元，完成 5 万吨轧钢生产线技改工程并投入生产，实现了产品由粗级钢坯向热轧钢产品的转型。当年，全镇冶炼企业只此 1 个，从业人员 120 人，资产总计 1697.7 万元，营业收入 5403.1 万元。

附：镇境内旧时冶铁工艺

冶铁，也叫焖炉，采用砂石或炉锅底原料砌成炉槽，长 4~5 米，宽 2 米，深 1.3 米，炉底呈土坑形状。炉槽用废炉筒支撑，先用大块炭铺底，再铺覆小块炭，厚 3 寸许。小炭块间要留出五六个小炭坑，以备引火时使用。熔具为坩埚。做坩埚时，将坩石料压碎过筛，运进熏窑后做成细泥，再用木模具在轮盘上转动拍成筒形，俗称“拍坩埚”。埚高 1.2 米，直径 0.2 米。待埚筒晾干后，将铁矿石和丈八细煤面以五比一（五份铁矿石，一份细煤面）的比例拌和均匀装入其内。在炉槽内预留的小火坑中放入燃物，点火上炭。后将装好铁矿石和细煤面的坩筒一行一行的立放在炉槽内，再撒一些小炭块，最后在其上撒放乏炭，用坩片盖顶，一个炉槽就装好了。待烧 5~7 天后，铁矿石就烧成了焖铁坯，坩筒就可熄火出炉。一个炉槽可装 200 个坩埚，烧成的焖铁坯约合 4 吨。

然后要将焖铁坯加工成熟铁坯。挖一个长 3 米、宽 1 米、深 2 米的坑，在其内用砂石垒砌一个直径 0.6 米的炒铁炉。炒铁炉预留有流揸渠和鼓风道。用干木材燃火后，将焖铁坯料装入炒铁炉内。后由两人拉风箱吹风，一直持续到铁坯料化成泥，渣质化成水，方能停止。渣质放流后，炉工师将未完全冷却的铁泥用火柱捅成小块，再用铁钳取出，由 4 人一起用铁锤打成方块，就成了熟铁坯。炉工师常使用的工具有火钩、火柱、火铲、火钳、铁砧、铁锤等。

一炉铁的冶炼，从开始装炉到形成熟铁，往往需要多人合力才能完成。一般有焖炉工 8 人、装料工 10 人、围坩（看火）工 2 人、炒铁大炉头和炒铁二炉头各 1 人、拉风箱工 2 人、打锤工 4 人，另有运料工多人。堆料场地有坩场、煤场、柴场、矿石场等，炉窑有熏窑、铁窑、干窑等。

铸　造

明代，河底镇境内铸造技艺已具有较高水平。明嘉靖年间（1522—1566），山底村金火匠张宇男、张宗美、张宗奎、张宗鲁为盂县藏山古寺铸造的大铁钟和铁大王像至今仍立古寺中。清雍正十二年（1734）四月十二日，任家峪村民铸造的铁臼（舂米器具）等实物至今仍存。清末民初，境内铸造业日渐繁荣。全村历代民办的土炉有葛姓炉、杨姓炉、西桃炉、中桃炉、东桃炉、东南炉、西南炉、西胜炉、东长胜炉、张姓炉、东沙湾炉、西沙湾炉、圪洞炉、小槐树底炉、南坡东炉、南坡西炉、南院炉、葛安炉、槐树炉、西南河炉、湾湾井炉、中南河炉、要姓炉、新民炉、南东河炉、郭姓炉、苗姓炉、段家坡炉、樊姓炉、铮炉等计有 38 座之多，主要铸造茶壶、把把锅、铮子等生活用具。河底村著名的工匠有鼓铸铮子的樊科，鼓铸铁钟、火炉的葛福成，鼓铸轮盘（匠人工具）的杨满。山西旧通志《公署略》载：“清咸丰四年，户部议准，于平定州河底镇设宝泉分局，开炉 20 座鼓铸铁钱。”后增为 29 座，工匠大都就地招收，最盛时

明嘉靖年间山底村为盂县藏山古寺铸造的铁大王像（图 9–2）

清雍正十二年（1734），任家峪铸造的铁臼（图 9–3）

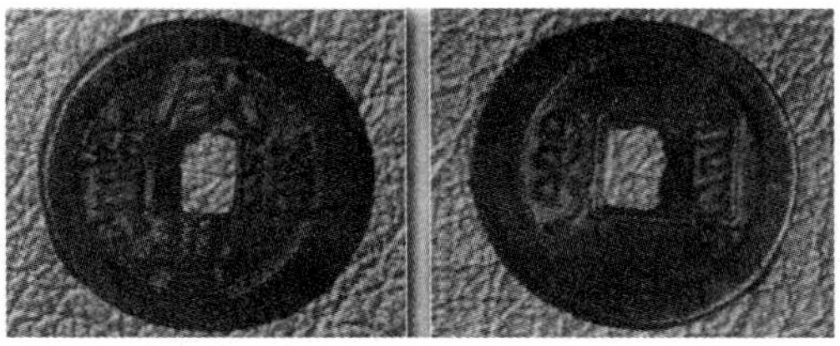
清咸丰年间宝泉分局铸的铁钱（图9-4）

达1000余人，始铸文钱，一钱一文。后又加铸当五、当十、当千等大钱，名曰“咸丰通宝”。开炉两年时间，就易银7万余两。清咸丰五年(1855)，河底村的“樊科”铁铮，远近闻名，远销河北、陕西、东北等地。河底村的传统产品有茶壶、把把锅，久用不锈；铮子，久用不起皮、不粘锅；锻制产品光亮异常；均成为河底特产。清同治年间，龙光峪村的铸造炉厂有13处之多；关家峪村也有了铸锅生产。该时期，燕龛村“中和镇”开办的锄炉，以生产销售为一体，以打制“京东锄”为主要产品，销往北京、保定、石家庄等地，一度享有盛誉。民国时期，镇境内的铸造产品日渐增多。当地人民以土法采掘冶炼，分别生熟制成日用什物，如灶具及一些工农业机械都较有名气。河底、中佐、龙光峪等村生产的“饼蒸”“板鏊”等“河小货”“托付货”及锤、炉条、香炉、车串等“大生货”，一直远销河北、山东、辽宁各省。山底等村生产的“京锅”更是畅销不衰。关家峪村铸造炉有9座、焖炉2座，生产铁锅、车川、车键、铁砂等。尤其铁砂(火枪、猎枪子弹)最有技术含量，是关家峪的特产，长时存放也不生锈、不粘连。铁砂的品种以其大小分为米砂、黄米、高粱、绿豆、大绿豆、黄豆、豌豆7种规格。抗日战争、解放战争时期，镇境内人民兴办土法铸造，制造兵器和农用器具，有力地支援了抗日战争和解放战争。民国34年(1945)8月，山底村20多个铁业手工业者在中共党组织的领导下，在圈羊的破窑洞内建成2座炼铁土炉，被当地群众称为“羊圈炉”，同时秘密进行手榴弹壳和地雷壳铸造，成为平定(路北)县第一座兵工厂。在“羊圈炉”的带动下，山底村又有5座私人合伙的土炉恢复了生产，产品有铁锅、犁铧、手摇织布机配件等。中华民国35年(1946)，平定县联社在河底成立河底铁业联社，这是阳泉最早的手工业生产领导机构。铁业联社组织东村、任家峪、邓家峪、山底、牵牛镇、红土岩以及镇境外的荫营、三泉、长岭等共23个村庄的手工业者召开了第一次联合会议，对原料的供应，煤炭、铁货的生产和运销作统一安排。又组织铁业工人生产八二毫米炮弹壳和炮弹叶。先在山底和境外的荫营两村试制炮弹壳、又在上章召村试制炮弹叶成功后，推广到苏家泉、下章召、河底、苇泊、东村、东南沟等地进行生产。这一年，平定县武委会还拨给铁业联社10万公斤小米，作为发展生产的流动资金。民国36年(1947)阳泉解放后，河底铁业联社随即迁至阳泉。同年，为了发展生产、支援前线，燕龛村党支部书记史达华带领全体党员、退伍军人、民兵，组织村民入股集资开办民生铁厂，厂址选在燕龛村甘泉寺，开始生产手榴弹壳和八二毫米炮弹壳，日产可达500个左右，用牲口驮、人担的方式送到三都村边区兵工厂。生产一直延续到1952年。到民国37年(1948)，山底、任家峪、河底、燕龛、关家峪等村生产的手榴弹壳约有900万个，八二毫米炮弹壳约300万个，炮弹叶约400吨，地雷壳约300万个。弹壳的性能质量达到了较高的技术标准，受到晋察冀边区政府的好评。其时，河底村的鼓铸产品已有名气，被誉为“河小货”远售他乡。全村历代民办的土炉有38座之多。

中华人民共和国成立后，镇境内铸造业向规模化发展。1950年，南峪村成立铁业生产合作社。同年，固庄村以股份制的形式组建了固庄村铁业生产合作社，参股人员20余人，进行土法炼铁，并试制成功手榴弹壳，支援抗美援朝战争。1951年，山底胜利铁业生产合作社联合本村的福兴炉、同和炉、恒兴炉、联合炉共4家私人合伙经营小炉场的手工业者，成立了山底铁业生产合作社，共有社员184人，产品以铁锅、灰生铁为主。同年，关家峪村成立了铁业生产合作社，购买了一台旧汽车发动机带动鼓风机，推广圆炉化铁新技术，产品以铁锅为主。1952年，山底铁业生产合作社又购置25马力煤气机，推广圆炉化焖铁技术，生产出铸水管、架子锅等，被评为华北五省二市模范生产合作社。同年，龙光峪村成立铁业生产合作社，铸造产品有锅盖、饼蒸、吊炉、茶壶、把把锅、铁盒等。1953年，河底村成立铁业生产合作社，全村的18座生炉、159名从业人员全部加入。1954年，山底铁业生产合作社建起全省手工业系统第一座8立方米小高炉，日产灰生铁10吨，开辟了土法炼铁生产技术改造新途径。20世纪50年代初期，阳泉市在任家峪村建成铸锅厂，采用砂模铸锅。1955年，河底铁业生产合作社引进煤气锅驮机鼓风。

20世纪50年代山底铁业社使用的鼓机（图9-6）

1956年，龙光峪铁业生产合作社引进了煤气锅驮机，传统的鼓铸土炉改变为半机械化圆炉。1958年9月，任家峪铁业生产合作社、河底铁业生产合作社并入地方国营苇泊铁厂。1959年，河底生产大队恢复生炉村办企业。同年，南峪村铁业生产合作社成为公社企业。1962年，任家峪村的铸锅厂采用硬模铸造；1964年，在全国铁锅质量评比中名列第五；1965年10月1日，定名为任家峪铸锅厂。同年，南峪村铁业生产合作社成为市手管局所属

20世纪50年代任家峪铁业社生产的大口径“广锅”（图9-7）

集体所有制企业。20 世纪 60 年代，河底、上章召、关家峪等村都建起铸锅厂。境内年产铁锅超过 10 万口，产品有系列“广锅”、系列桶锅，大锅改十印、大八印、三八印、西改锅，烟锅七印、六印等。1968 年，上章召铸锅厂转产手工铸管。1969 年，苏家泉大队引进任家峪铸锅厂的先进技术，建起铸造厂，主要生产各种系列锅具及火炉，产品销往阳泉、太原等地的土产公司。1970 年，上章召铸锅厂在阳泉市铸锅厂的帮助下改建成机制铸管。同年，牵牛镇村设置一个铸造组，生产水泵座、小水泵壳体、打夯机件、绞车齿轮等产品。1977 年，苏家泉大队接管东村公社建在本村的耐压水管厂。1992 年，苏家泉大队铸造厂对生产设备进行技术改造，增添压铸设备，年生产能力有所提高。

1978 年中共十一届三中全会后，镇境内铸造业又有了新的发展。除继续生产铁锅外，还根据市场需要，开发了铸水管、暖气片及其他机械铸件。二十世纪七八十年代，任家峪铸锅厂生产的“任”字牌高级系列铁锅，分为筒锅、程锅、召锅、烟锅、广锅 5 大类，蒸、煎、煮、炒、炖 5 大系列，有 8 个规格、58 个品种，因其皮薄、体轻、导热快、省燃料、内外光洁、价格低廉等优点，多次成为国家部级优质产品，在全国锅具市场享有很高声誉，远销河北、山东、河南、湖北、湖南、安徽、江西、上海、江苏、内蒙古等 21 个省、市、自治区，年销量 70 余万口，仍往往供不应求。1979 年，曹家掌村建成铸锅厂，主要生产各种类型的民用铸铁锅。该产品具有外表美观、重量轻、不生锈、使用寿命长等优点，远销湖南、湖北、广东、四川、安徽等 10 多个省份。1980 年后，关家峪村铸造厂开始生产民用火炉。后经几次改造，成为下部有铁抽屉，上部能盛水、又能带两组暖气片的锅炉式火炉。20 世纪 80 年代，关家峪村铸造厂从祁县引进暖气片生产线，开始生产暖气片。1983 年，河南大队新建了小型铸造厂。次年，苇泊村的 8 户农民、河南村和下章召村的三户农民分别联户各办起一个小铸造厂。1985 年，前龙光峪村委会采取“集体搭台，个人唱戏”的方式，出资 10 万元，鼓励扶持个人创办企业。随即有 7 个村民联合建起铸造厂，从业人员 20 余人，生产小铁轨和球磨机段、蛋，但仅生产 5 年后便因亏损停产。同年，猪头堖村投资 8 万余元建起炼铁炉，生产各种民用铁锅。1986 年，河底村 5 户农民联合建起一个小铸造厂。1987 年，上章召铸锅厂投资 100 万元扩建了铸锅机设备，年产量增加到 2000 口。1988 年，上章召炉前铸造厂建成投产。另外，燕龛、东村等乡的农机厂，除从事农机修造外，还进行铸造加工。主要生产各种型号的铸铁管、铸铁锅及机械配件等。1989 年，河底铸造厂生产的铸铁下水管成为人民大会堂改造和亚运村修建工程的指定产品。1992 年，关家峪村建成暖气片厂。同年，东村建成铸造厂，生产铸铁排水管。1993 年，燕龛村铸造厂进行了全面改造提升。同年，燕龛乡投资 80 万元，建成散热器厂。1994 年河底村有村办、民营铸造厂 4 个。到 1995 年，镇境内的铸造产品有下水管道、水暖管道、炊具、炉具及机械部件等。20 世纪 90 年代中期后，随着企业体制改革的深入进行，镇境内集体性质的铸造企业大多经拍卖成为私营企业或由私人租赁经营。而小型集体或私营铸造企业因受资金不足、技术滞后及产品缺乏创新而导致市场竞争力弱等多种因素制约，基本关停。特别是曾一度时期在全国深有影响、生产兴旺的炊具产品，也因其制造业缺乏创新、销路欠佳等原因，快速淡出市场。镇境内铸造业总体呈现下滑态势。2006 年，河底镇引入永茂机械等项目带动了传统铸造业的改造提升。当年，全镇共生产各类铸件产品 1.63 万件，营业收入 3690 万元。全镇铸造业又开始显现活力，逐步成为镇经济发展的主要产业之一。

2014 年，全镇有铸造企业 5 个，从业人员 83 人，资产总计 785.76 万元，主要产品有水暖器材、机械铸件等，营业收入 538.53 万元。

2014 年铸造企业基本情况表

表 9-8　　单位：万元、人

企业名称	成立时间	地　址	产品名称	营业收入	资产总计	从业人员
阳泉市宏昌胜机械制造有限公司	1997.10	牵牛镇	机械配件	59.66	191.72	22
阳泉市河底阀门厂	1997.11	河　底	水暖器材	25.20	140.10	10
阳泉市峰胜实业有限公司	1997.12	曹家掌	机械配件	81.98	138.76	14
阳泉郊区隆丰铸造厂	1998.3	关家峪	火炉、暖气片等	18.91	29.92	12
阳泉市郊区燕兴农机厂	2001.4	程　庄	机械配件	352.78	285.26	25

附：镇境内旧时铸造工艺

铸造又叫熔铸，备有炉、鞲（风箱、风筒）。也有采用水车作鼓风的。河底自古采用鞲扇作鼓风，俗称“牛屎鞲”。炉，采用砂石作料砌成炉槽，宽六尺余，长六尺至八尺，深四尺，炉底呈土炕形。鞲扇用柳木薄板制成，宽三尺，高四尺，呈凹形。鞲扇中下端有九乘七寸方孔，吊一个搭，叫作鞲搭。鞲扇系有拉杆，一炉二扇，置于炉槽后鞲房二风巷，俗称鞲堂。备牛粪约 5 公斤，用水伴稀上文火烧热，用时把它浇于鞲堂，使鞲堂呈泥型，起闭风润滑作用。

搧鞲时，一炉需 4 人，分班，一班 2 人，焚香计时换班。下午三四时上班，两人各执拉杆，慢慢上下拉动，叫“游鞲”；待火苗上冲，两人需加力叫“上鞲”，后期火苗由兰变红，需大风叫撳鞲。工时 10~12 小时，雇主一次付给小米 1~2 升。

熔铁法　俗称“装炉”。炉槽用废炉锅筒支炉底，上用大炭快铺底，撒小炭块三寸许，上面留 6 个小炭坑备引火之用。熔具用坩子压成细泥，做成筒形，俗称“拍坩埚”。明末清初，锅高 1 尺，粗（直径）9 寸。将杂铁放入坩埚内，有的适量掺入些铁矿石，置于炉槽，再撒一

些小炭块，最后用乏炭盖顶端，一炉装28锅；清中期，锅高一尺二寸，粗八寸，一炉装48锅；清末至合作化前，锅高一尺四寸，粗七寸，一炉装70锅至90锅。装炉又分为装大炉（茶壶）与装小炉（把把锅），大炉多装，小炉少装，铮炉至多装48锅。装毕，点火，送风。次日晨开炉，俗称“撕火”，大炉3天一撕，小炉、铮炉两天一撕。这是斯火的全景。

铸器法　先用模具做胎模，用粗、细砂做成模型，铸把把锅之类备有炉渣作表。匠人做模，减模工序后成形。从胎模至成形都要送烘干室（熏窑）烘干，然后全部装入土壕窑压紧待铸。铸器时，工匠视器物易成与否，依铁水优劣分别铸之。铁水优劣分为“心火”“头锅”“二锅”“边锅”。

炉工，俗称“装炉的”，旧时多为雇用。炉主，俗称“工炉主”。民国36年（1947）后以搭伙为主，实际为股份合伙制。大炉有大、二匠人各1名，（亦称金火匠人），助匠3人。该5人主要负责制作胎模。熔铁匠人，俗称“炉头”，负责制作坩埚、支炉、撕火。端模、担水、摇铁需各雇1人，称大小“摇铁的”。另外还雇有赶驴供料、搧鞴、摇四遍（铸铁炉渣，炉主用簸箕摇2至3遍，方可令他人再摇，故叫摇四遍），均不属固定工。小炉和铮炉雇大、二匠人各1名，供拌模1人，负责做基础胎模，其余与装大炉用人相同。

土铸设置有熏窑、铁窑、干窑、炉槽、鞴房、壕窑干场等，工具有炉头钳、倒火钳、拉火钳、炉槌及大小梢杆、梢锅、杵子、圩子、轮盘等。

第五节　建材工业

水泥及水泥制品

水　泥　1970年，河底公社建成阳泉市兴华水泥厂，主要生产325号、425号矿渣水泥，年生产能力5000吨。1980年，河底大队水泥厂建成投产，年产量约500吨。之后，上章召大队、苇泊大队也建起小水泥厂。20世纪90年代后期，亚洲金融危机发生后，对镇境内的水泥工业影响很大。随着对高耗能企业生产的限制，企业运行极度艰难，有的停产关闭，多数几乎是半停产状态。为使企业走出困境，镇党委、政府对水泥企业进行改制管理的同时，引导企业积极探索合作经营、规模生产的方式，加强环保设施建设，促进企业提高产品档次与质量，恢复经济增长。2001年，通过实施“强强联合”战略，于5月与青山水泥厂正式联合运作。到年底，生产水泥1.5万吨，实现收入240万元。2002年，阳泉市兴华水泥厂

与石家庄天隆工程材料有限公司联合运作，组建为阳泉天隆工程材料有限公司，于3月7日举行10万吨特种水泥生产线改扩建工程奠基仪式，当年12月29日正式竣工投产。主要生产膨胀剂、早强水泥、耐酸高强水泥等产品。2003年，全镇生产特种水泥1.5万吨，实现收入525万元。2004年，生产特种水泥2.7万吨。同年，河底镇在原镇办兴华水泥厂15万吨特种水泥生产线建设项目中，完成了2.6米×55米回转窑建设及相关配套设施，以及通厂公路等工程，共计投资2000多万元。全部建设完成后，该厂成为一座花园式工厂。之后，镇境内水泥生产企业平稳运行。到2007年，生产各类特种水泥、速凝剂产品9.3万吨，营业收入4025万元，完成税收354万元，比上年分别增长3.5%、4.2%和18%。到2008年，形成年产15万吨特种水泥的生产规模。2010年，水泥生产企业完成税收605万元，较2005年翻了两番。

2014年，全镇有水泥、速凝剂、铝酸钙生产企业3个，从业人员271人，资产总计7548.18万元，营业收入5596.19万元。成为河底镇经济发展的支柱产业之一。

水泥制品　1982年，河底公社水泥预制厂投产。1985年，河底预制厂建成投产，年产槽板4000立方米。1989年，河底镇新华水泥厂内部建起水泥预制厂。1995年后，随着企业产权制度改革的逐步推进、经济结构调整的加深和市场竞争的加剧，水泥制品产品种类减少，产量直线下降，水泥制品企业先后走向解体或转产。到2005年，水泥制品只有建筑用预制构件。

2014年，水泥制品企业有阳泉市河底预制厂1个，从业人员15人，资产总计141.14万元，主要生产排水管，年营业收入17.83万元。

墙体及装饰材料

砖　瓦　唐代，镇境内已有砖瓦烧制，用于修屋建庙。清代，砖瓦烧制已很普遍，皆手工操作。瓦的种类较多，如苏家泉村的瓦窑烧制的瓦，就有板瓦、筒瓦、猫头、滴水、房脊、兽头等多种。

1956年，固庄村建起青砖厂，年产青砖约10万块。1964年停产。1970年，牵牛镇村陶瓷厂购进1台压瓦机，用制作瓷器的坩土作原料烧制平瓦。1971年，任家峪砖厂建成投产，年产红砖100万块。之后，镇境内的制砖业逐步改进为机器制砖。1980年，固庄村购进1台压砖机，生产机制砖，次年停产。

由于黏土制砖造成土地资源的破坏，20世纪80年代开始，镇境内各乡镇都鼓励制砖企业学习新技术，利用工业废渣制砖，开始限制黏土制砖生产。1983年，猪头垴村集体投资12万元，建起压砖厂。占地面积400平方米，从业人员15人，生产建筑用空心砖。两年后因产品滞销而关停。1986年,牵牛镇村的制瓦业停产。到20世纪90年代,镇境内各乡镇都出台了保护土地资源的措施,对利用黏土制砖企业进行了强力控制,积极引导企业向利用工业废渣废料制砖方向发展。1994年7月,牵牛镇村建成彩釉地墙砖厂,生产地墙砖、外墙砖等产品,2001年停产。1999年,固庄村建起地板砖厂,利用煤矸石生产城镇人行道铺设用砖,2004年转产耐火材料。2000年,阳泉市郊区河底砖厂建成,并投资200万元,引进了双极真空挤砖机、自动切坯机、对滚机等先进的制砖生产线,成功实现了由黏土实心砖向煤矸石烧结砖的产品转型,产品质量也得到了提升。2001年,河底砖厂的环保型煤矸石砖总产值达300多万元,实现利税30多万元,取得明显的社会效益和经济效益。2003年,全镇销售红砖3258万块,生产城市广场砖10万平方米,实现收入200万元。2008年,阳泉市郊区河底砖厂投资702万余元,进行了窑炉改造,引进先进生产工艺,着手生产煤矸石空心砖。

2014年,全镇制砖企业有阳泉市郊区河底砖厂1个,从业人员150人,资产总计1808.45万元,主要生产煤矸石空心砖,营业收入1004.32万元。

白　灰　明代,镇境内已有白灰生产,多为民间经营,使用小土窑烧制,且农闲而作,农忙而息,产量甚微。

1979年,东村建起石灰厂。20世纪80年代初期,武家庄村建起石灰窑。1985年,河南村石灰厂建成投产,年生产能力1万吨。次年,下章召村建成石灰厂,年生产能力1.8万吨。到1995年后,白灰炼制企业呈下降趋势。到2008年,已无白灰炼制企业。

玻　璃　1982年,东村建成玻璃制品厂,生产灯罩、冷水具、茶具、酒具、鱼缸等20多个品种。1983年8月,河底公社建成玻璃厂。产品有啤酒具、玻璃杯、凉水具、平板玻璃等。到20世纪90年代初期,玻璃及玻璃制品企业或因产品质量低劣,或因设备落后,均已转产或关闭。

陶粒砂　2006年,陶粒砂生产企业在上章召村建立。此后,苇泊、中佐、东南沟、牵牛镇等村都建成陶粒砂生产企业。到2014年,共有生产企业5个。当年,从业人员406人,资产总计8619.37万元,营业收入6398.34万元。

2014 年建材企业基本情况表

表 9-9　　单位：万元、人

企业名称	成立年份	地　址	产品名称	资产总计	营业收入	从业人员
阳泉市河底预制厂	1997.1	河　底	排水管	141.14	17.83	15
阳泉市河底速凝剂厂	1997.1	河　底	速凝剂	561.23	577.89	43
阳泉市郊区河底砖厂	2000.3	河　底	煤矸石砖	1808.45	1004.32	150
阳泉天隆工程材料有限公司	2002.1	苇　泊	特种水泥、铝酸钙粉	4343.90	5018.30	178
阳泉中创陶粒有限公司	2006.9	上章召	陶粒砂	419.07	636.94	20
山西富尔顿科技有限责任公司	2008.8	苇　泊	陶粒砂	3738.70	2722.30	98
阳泉晋盛源石油压裂支撑剂有限公司	2010.11	中　佐	石油压裂支撑剂 陶粒砂	2572.60	2000.20	125
阳泉市王者石油压裂支撑剂有限公司	2010.11	东南沟	陶粒砂	1623.00	1038.90	162
阳泉中陶支撑剂有限公司	2010.12	牵牛镇	陶粒砂	276.00	—	1
阳泉天华工程材料有限公司	2012.1	苇　泊	铝酸钙粉	2643.05	—	50
阳泉市众辉建筑材料有限公司	2012.3	郊　里	矿渣超细粉	2745.12	1028.32	37

第六节　陶瓷工业

发展过程　镇境内的陶瓷制作业，主要集中在牵牛镇村。宋代，牵牛镇村就出产陶瓷器，并有黑釉、白釉之分。元代，牵牛镇村设瓷窑场，生产形成一定规模。据牵牛镇村三甲阁古碑碣记载，该村陶瓷制作在元代已有一定规模，烧制黑、白、黄釉瓷制品。明代时，该村的陶瓷制品已声名远扬。明嘉靖《盂县志》载：盂县“有磁窑一十九座”，多分布在牵牛镇、磁窑坡、烧磁窑等村。清末民初，牵牛镇村的陶瓷烧制仅余两三户，从业人员 40 余人，均以资本家雇佣工人经营。以烧制较粗糙的碗、罐为主要产品，并烧制民用瓷器及瓮、缸等容具。其后又逐渐发展。民国 10 年（1921），该村周氏开设瓷窑 1 座，年产陶瓷器 15.3 万件，后因军阀混战，赋税繁重而倒闭。此后，陶瓷业几经起落，到民国 18 年（1929），牵牛镇村陶瓷制作者达到 90 人，有碗轮 13 盘、瓮轮 3 盘，碗窑 5 座、瓮窑 2 座。年产碗 52000 纣

(约104万个)、瓮834柱(每柱3个),总产值约50万元(旧币)。民国26年(1937)10月,日军入侵阳泉后,牵牛镇村因处于抗日根据地而瓷业得到持续发展。积极配合“坚壁清野”工作,大量烧制便于隐蔽和埋入地下的大缸、大瓮,年产量6000余柱,超过了日军入侵前的5倍多,但仍供不应求。民国37年(1948),牵牛镇村生产的瓷器被列为阳泉地区手工业十大传统名牌产品之一。其时,牵牛镇村专门生产经营瓷器的有庆隆桓、德源泰等15家,共有铺面14处,作坊16处(房间95间、窑洞84眼),瓷窑18座(瓮窑11座、碗窑7座);制坯轮25盘(瓮轮13盘、碗轮12盘),泥池5处共计10个,坩子面场11处,还有与之相配套的坩子窑、泥碾、肥炭窑(煤窑)、晾坯场地等设施。年产瓷器140余万件,其中瓮2.4万件,碗100.8万件,杂货38万件;有从业人员180余人,其中相对固定的有165人,流动性的20余人。

中华人民共和国成立后,牵牛镇村陶瓷制作业不断发展。1950年,有瓷窑13座(瓮窑8座、碗窑5座),制坯轮17盘(瓮轮7盘、碗轮10盘),泥池5处,作坊12处,铺面12处。有从业人员130余人,年产瓷器约128.6万件。1953年,该村有3户村民自愿合作,组成互助瓷厂,资产为私有。1954年,以互助瓷厂为基础,成立了牵牛镇瓷业生产合作社,集中经营9座瓷窑(瓮窑4座、碗窑5座),年产瓷器113.7万余件。1955年,规定入社人员每人交股金80元,成为股份性质的合作社。1956年,私有资产大部分折价归集体所有,瓷业社正式成为集体性质的工副业——牵牛镇瓷业生产合作社。集中经营8座瓷窑,其中瓮窑5座,碗窑3座;同时有专供烧瓷窑用炭的炭窑1座,瓷业从业人员总数150余人。1963年,瓷器制作开始使用电力,提高劳动效率。“文化大革命”时期,瓷业生产被当作“重副轻农”的资本主义倾向而受到一定限制。从业人员减少到80人,年生产各类瓷器30余万件,年产值仅9万余元。产品由阳泉市土产公司统包统销,价格由阳泉市物价局决定,获利甚微。

1976年,牵牛镇陶器业新开辟了酿酒行业用的瓷方槽发酵缸、大号盛酒缸,化工行业使用的硫酸坛等产品,开始了由民用瓷器生产向工业用瓷器生产的探索。当年,生产硫酸坛2000个,全部售出,受到好评,产值12万元。到1978年时,从业人员80人,年产瓷碗26.4万件、瓷瓮2.88万件、硫酸坛2500个,总产值16万元。

20世纪80年代,牵牛镇村新建了陶瓷厂(图9-8)

20 世纪 80 年代，牵牛镇村新建了陶瓷厂。1988 年，迁入新厂，改变以往分散的作坊式的生产方式，从业人员增加到 120 余人。之后，逐步开发出了民用细瓷系列产品、化工耐酸系列产品、园林绿化系列产品、耐火建材系列产品。1994 年，从业人员达到 240 人，总产值 600 余万元。

2000 年后，随着市场新材料、新产品的不断出现，人们对传统瓷器的需求有所下降，牵牛镇村的陶瓷产品处于滞销状态。2002 年 11 月，牵牛镇村陶瓷厂改制为有限责任公司。2003 年，瓷器产品停产。此后，镇境内不再有陶瓷生产。

生产工艺 传统的瓷碗、瓷瓮制作，大致分为 3 个阶段、共 72 道工序才能完成。第一阶段是原料制备，包括坩子(高岭土、耐火黏土)的采刨、运输、配坩、碾面、碾泥、放泥、晾泥、焖泥、踩泥、揉泥等 24 道工序。坩子有白坩、黑坩之分。白坩用于瓮、盆、罐等的制作，黑坩用于碗的制作。坩子配制好后，堆积存放，经过半年至一年的自然风化，而后用泥碾子加水碾成泥浆，开闸放入泥池中沉淀，再存放半年以上，方成制器用料。其间，还需几经碎刨翻晾。将泥运回作坊后，经过十数遍的加水、焖、擢、垒、拆、脚踩、翻倒，才能将泥分块，放置于揉泥平台(平面青砖制成)，一块一块揉好，准备上轮。第二阶段是制坯成型，包括墩泥、搓拿、捏制、烧炕熏坯、平底、旋阶、掏窝、调釉、开浅口、绘画、界边等 33 道工序。是瓷器制作过程中最为重要的、技术性极强的阶段。首先将搓揉好的泥块墩在坯轮上，轮用皮带传动，专人搅动为动力。匠人负责拉坯成型。产品形成雏型后，置于热炕上恒温熏干(夏季也可在太阳光下晒)。瓮坯烘干到一定程度后，由端匠和工匠逐个加工，包括端正、整形、旋坯、挖足、施釉等；碗坯则由旋匠用专用旋刀在旋轮上将坯件底部旋割成圆形阶状，再掏成圆窝状底，并进行修整、上釉。晾干后的坯件存回坯房，由绘画工逐个绘画、界边、码垛齐整。每道工序都需格外小心，方能使坯件完好无损。第三阶段是烧坯开窑，包括运坯、打点、装窑、烧窑、晾窑、开窑、验货、捆纣、入库等 15 道工序。先给坯件底部沾碜、打点、再沾沙粒，然后装窑。旧时瓷窑为圆锥形双筒直烟窑，20 世纪 90 年代后，使用倒烟平窑和平推隧道窑，坯件从进窑到出窑可一次性完成。烧窑用 10 厘米大小的碎炭块，要经过低火升温、高温恒烧、降温熄火 3 个步骤，每窑须烧 5~8 天，恒烧时窑温一般为 1300℃，熄火后自然降温 10 天左右才可开窑。瓷器出窑后，还要验货标号，从好到次分出甲、乙、丙、丁四个等级，然后用草绳或高粱秸秆按等级分别捆绑成纣，入库码放。

产品种类及其特点 牵牛镇村的瓷器产品分民用、酿造、园林绿化、化工、耐火及建材等几大类。民用粗瓷器产品有系列瓮、系列盆、系列碗、系列罐及香炉、蜡台、酒盅等近 30 个品种，民用细瓷器产品有系列面盆、系列盘、醋壶、酒壶、酒盅、羹匙、烟灰缸等 10 余个品种;酿造用瓷器产品有各类坛、缸、瓮等多种;园林绿化用瓷器有系列花盆、花瓮、鱼缸等多种;化工用瓷器有硫酸坛、各种耐酸砖及球、环等多种;耐火及建材瓷器有各类砖、瓦、管等多种。该村瓷器所用原料就地取材,产品品质独特,壁薄釉亮,经济适用。具有民用瓷器倒入浊水澄清快,瓷碗盛开水不烫手,化工用瓷器耐酸耐碱性特别强等诸多优点,各类产品一直深受人们的青睐。1982 年,"牵牛牌"硫酸坛获山西省优质产品称号。1983 年,"牵牛牌"半截瓮获阳泉市优质产品奖。

第七节　其他工业

机械制造

农具制造为境内机械工业之始。明嘉靖年间(1522–1566),镇境内工匠已采用低碳钢作为锄、锹的刃口,并掌握了较熟练的擦生工艺。中华民国时期,章召一带产的蘑菇钉已远近有名,行销京、津等地,被钉鞋业冠以"京钉"美称。东村所产的车川、车键,装配木制大车车轮,经得起山路颠簸,长久不落,名闻晋、冀车行。民国 36 年(1947),燕龛村党支部书记史达华组织起燕龛煤铁业社,从事机械工业生产。

中华人民共和国成立后,木制大车逐渐被胶轮大车取代,"京钉"也被机制圆钉、秋皮钉挤出市场,遂于 20 世纪 50 年代后期被淘汰。

1953 年,燕龛铁业社更名为燕龛机械厂,研制并生产出郊区境内第一台机械产品——30 马力离心式水泵。1957 年,燕龛机械厂生产出钻床、车床等成套机械产品。1970 年,北方地区农业会议提出"建立县、社、队三级农机修造网"和"围绕农业办工业,办好工业支农业"的方针,在农机"大修不出公社、中修不出大队"的口号下,镇境内各公社都办起了农机修配厂,主要从事农机维修和铸造加工。1972 年,东村纺织机械厂开始生产纺织机配件,年生产能力 1000 吨。同年,任家峪切割机厂建成投产,主要产品为切割机,年生产能力 25 台。1984 年,山底村建成阳泉市郊区东村乡山底纺机厂,生产各种纺织机械配件。1993 年,产值达到 100 万元。1987 年,阳泉市郊区东村乡纺织机械厂建成,属乡办集体所有制企业。主要生产各类纺织机械配件,1993 年生产各类纺机配件 40 吨,总产值 100 万元。到 20 世纪 90 年代初期,镇境内的机械制造及加工业进入兴盛时期,主要产品有切割机、纺织机械配件等。20 世纪 90 年代后期开始,随着市场竞争加剧,以及技术人才缺乏等因数的制约，机械加工及制造企业多数关停或处于半停产状态。2005 年 5 月，阳泉市永茂矿山机电有限公司在燕龛村建成，主要生产矿山隔爆开关配件等。2014 年，全镇机械企业只此 1 个，从业人员 28 人，资产总计 1022.86 万元，营业收入 293.99 万元。

食品酿造

明清时期，河底村有酱、醋及烧酒加工行 2 家。20 世纪 50 年代，镇境内各大供销社都有醋、酱、酱油酿造业。一直到 20 世纪 90 年代，经营体制改革后，食品酿造逐步停止了生产。

火　药

清康熙十九年(1680)，河底村要氏创建火药厂生产火药。抗日战争时期，任家峪等村为支援抗战，生产火药，制作地雷、手榴弹。1962 年，河底村建成火药厂，主要生产硝铵炸药，有职工 50 多人。20 世纪 70 年代，在农业学大寨运动中，镇境内各农村筑路、造田时都曾用土法制作火药，但均为临时制作。1990 年，河底村火药厂年产量为 1500 吨，1992 年停产关闭。至此，镇境内无火药制作企业。

化　工

硫　黄　1950 年 3 月，牵牛镇村开始开采硫铁矿石，生产方式为原始的人工刨采运输，以人肩担和牛车拉运。同年，阳泉市河底硫铁矿在河底村建立，隶属于阳泉市硫铁矿工业公司。生产方式以井下开采为主，年生产能力为 10 万吨。主要产品为硫铁矿石、硫黄块、硫酸等。产品主要销往河北、江苏等多个省份，年总产值 313 万元。1953 年，前龙光峪村开始开采硫铁矿石，1954 年正式投产。生产方式为原始的人工开采，人均班产量只有 150 公斤，后逐步增加到 250 公斤。同年 1 月 1 日，牵牛镇磺业生产合作社成立，从业人员 219 人，按每股 5 斗小米入股，业务隶属于阳泉市手工业联社管理。到年底，该社从业人员增加到 254 人，自有资金 21140.30 元(社员股金 8311.30 元)，按 1952 年不变价计算，年完成工业产值 126075.60 元。1955 年，苏家泉村建成硫黄窑。1956 年 1 月，牵牛镇磺业生产合作社开始炼磺生产。1958 年 10 月，牵牛镇磺业生产合作社与河底磺业生产合作社合并，成立阳泉市第七磺厂，隶属于阳泉市手工业管理局，成为市属地方国营企业。1965 年苏家泉村通电以后，磺业生产有所提高，成为本村的支柱产业。1972 年，前龙光峪村对本村硫铁矿进行了改造，人均班产量提高到 500 公斤。1985 年后，苏家泉村硫黄窑由于资源枯竭等多种原因停产。里龙光峪、大固庄、小固庄、任家峪、中佐、河底等村都曾开采过硫铁矿。1986 年，前龙光峪村硫铁矿再一次进行技术改造，基本实现半机械化、机械化生产，人均班产量最终提高到 2 吨。1998 年，前龙光峪村硫铁矿进行了改制，租赁承包给私人经营，但生产不到半年后，因硫铁矿市场疲软、开采证过期等原因而停产关闭。2008 年后，镇境

内硫化工生产企业均因资源枯竭或污染环境等多种原因停产关闭。

化　肥　1980年，原河底镇办腐殖酸钠厂建成投产，主要生产与化肥配合使用的腐殖酸钠原材料。只到1983年，企业就因资金周转困难，销路不畅而停产。此后，镇境内无化肥生产企业。

化工原料　1986年，任家峪村建成阳泉市郊区任家峪化工原料厂，主要设备有反应釜、空压机、贮存罐、粉碎机、真空泵和水喷射泵等，主要生产赤血盐和硝酸两种产品，销往天津、北京等地。该产品质量达到国家标准质量要求，广泛用于医药抗生素增效剂、照相、炼钢热处理、电影制片以及制造火药等方面。1992年，小固庄村建成阳泉市新星化工厂，主要设备有蒸馏塔、锅炉、冷却机，产品有甲酚、二甲酚和三甲酚等多种。该产品广泛用于化学工业上的消毒剂、浮选剂、防寒增塑剂、溶剂及农药化合剂等，销往河北、河南等地。1993年，任家峪化工原料厂有职工22人，固定资产40万元，年产量150吨，年产值90万元，实现利税10万元。1995年后停产。此后，镇境内无化工原料生产企业。

碳酸钙　1985年，苏家泉村建成轻质碳酸钙厂，主要生产轻质碳酸钙粉。该产品于1986年进入国际市场，出口东南亚地区。1988年成为市优质产品和省乡镇企业系统优质产品，1989年成为省优质产品。1993年有职工130人，固定资产80万元，年产值145万元，上缴税金8万元。1997年后停产。此后，镇境内无碳酸钙生产企业。

轻　纺

制　鞋　1984年，山底村办起阳泉市郊区山塔鞋厂，生产布鞋和皮鞋，年产1万余双。1987年，山塔鞋厂投资120万元更换设备，转产特制工矿靴。1989年正式投产，年产量约8万双。2003年5月进行改制，名称改为阳泉市山塔鞋业有限公司。2010年6月又更名为阳泉市山塔工贸有限公司。到2008年，产量达到15.2万双。2014年，全镇制鞋企业只此1个，从业人员93人，资产总计1522.33万元，营业收入824.75万元。

针织服装　1986年，下章召针织厂建成，年生产线手套9万双。1987年，河底服装厂建成，年生产能力为30万件(套)。到1998年后，服装生产企业或因技术问题致使产品质量不达要求，或因产品滞销使资金周转困难而关停。

饮用水

2003年5月，山底村建成阳泉市绿然矿泉水厂，属集体所有制企业。主要生产纯天然饮用瓶装、桶装矿泉水，产品行销阳泉市范围。该饮用水水质优良，于2002年通过国家地质矿产部矿泉水检测中心、山西省国土资源局环境监察中心为期一年的勘测论证，经山西省天然矿泉水鉴定委员会鉴定为低钠、富锶、高硒型纯天然饮用矿泉水。该厂已通过

ISO9001 国际质量体系认证。2008 年,产量达到 20 万桶。2009 年,为改善村民的饮水质量,固庄村投资 80 万元,建成古泉纯净水厂,日产 80 吨,可满足 2000 余人的生活用水。2012 年 4 月,绿然矿泉水厂改名为阳泉市漾泉源水厂,转产纯净水。2014 年,漾泉源水厂有从业人员 21 人,资产总计 683.49 万元,营业收入 34.21 万元。

第八节　企业选介

股份制、私营生产企业

阳泉郊区隆丰铸造厂　位于关家峪村。1965 年,该村建起一座铸造厂,生产铁锅,产品有大锅改十印、大八印、三八印、西改锅,烟锅七印、六印,桶锅一至八桶。用砂模生产,锅样为水泥制作。做一个模只能铸一口锅,劳动强度很大。后从市二轻工业局锅场引进硬模,不再使用砂模,一个模可以连续铸几口锅,大大提高了生产效率,减轻了劳动强度。产品又增加 1 号、2 号、3 号洗衣盆。产品交市土产日杂公司销售。1980 年后开始生产民用火炉,产品有 1 号、2 号、3 号等多个规格。1984 年,对火炉产品进行改造,在火炉底端设计安装了一个铁抽屉,煤灰收集在里面可以直接拉出倒掉,既方便又卫生,更受用户欢迎,经济效益也有了明显提高。

1986 年后,产品开始自行销售,除销往山西省各地外,还远销河北、河南、内蒙古等省、自治区。

20 世纪 80 年代,从祁县引进暖气片生产线,开始生产暖气片,模型由人工制作。产品为 595 长翼型散热器,销往华北及东北地区。1991 年又从祁县引进新的生产设备,用机械制作模型。1992 年暖气片生产车间从铸造厂分出,新建了关家峪暖气片厂,专门生产暖气片,2010 年停产关闭。

1997 年在企业改制中,将铸造厂拍卖,厂房租赁,成为私营企业,更名为隆丰铸造厂。1999 年,对火炉产品又进行了一次改造。将火炉的上半部分改成能盛水、又能带两组暖气片的锅炉式火炉,产生的蒸气可增加室内空气的湿度。2014 年,有从业人员 12 人,资产总计 29.92 万元,营业收入 18.91 万元。

阳泉天隆工程材料有限公司　位于苇泊村东部,苇章公路旁,建于 1970 年,原名阳泉市兴华水泥厂,为镇办集体所有制企业。厂区面积 25346 平方米,建筑面 5676.17 平方米。

主要设备有球磨机 2 台、机立窑 1 座，其他配套机械 20(台)部。产品有 425#、525# 普通水泥，325# 矿渣硅酸盐水泥、525# 道路水泥。产品畅销河北石家庄、保定、沧州等地。该厂充分依靠科技人员，大胆进行技术改造。1992 年建设安装了微机控制生产线，使水泥产品的产量稳步提高，质量、标号稳定控制。1993 年，职工增加到 297 人，其中各类专业技术人员 10 人。固定资产达到 370 万元，年产量 44 万吨，完成产值 600 余万元，实现利润 58 万元。1997 年 10 月，改制为阳泉市兴华建材有限公司。到 2000 年 12 月，由于资不抵债，实施破产。

2001 年 1 月，由苇泊汽修厂的胡培明承接管理该公司，与石家庄天隆工程材料有限公司联合组建为石家庄天隆工程材料有限公司阳泉分公司。同年，从原石家庄特种水泥厂引进了特种水泥成熟的生产技术。2004 年 7 月，改制组建为阳泉天隆工程材料有限公司。并组织技术力量研究开发出了“天隆牌”快硬硫铝酸盐水泥、铝酸盐 CA-50 水泥、高效 U 型混凝土膨胀剂等系列特种水泥以及 SAC 填充材料等特种工程材料新产品。生产的高水填充材料、净水剂用铝酸钙、硫铝酸盐白水泥等产品填补了山西省新型材料产品空白，成为山西省高新技术企业，并成为“硫铝酸盐水泥”和“铝酸盐水泥”两大系列产品国家标准起草单位。之后，又组织技术力量研究和开发出了速凝水泥和 A 型自应力硫铝酸盐水泥以及适用于化工、净水行业使用的主要原料——铝酸钙粉等新型材料，取得了很好的经济效益和社会效益。2005 年 9 月企业顺利通过了 ISO 9001—2000 质量管理体系认证，2007 年 7 月，二期技改项目通过阳泉市环保局竣工环境保护验收。2009 年 9 月，铝酸盐水泥、快硬硫铝酸盐水泥获得国家质量监督检验检疫总局颁发的《全国工业产品生产许可证》。

公司始终注重技术力量的建设，与中国建科院等多个专业院校、科研单位保持着密切的技术合作关系。先后组建了阳泉建筑材料研究所和市级企业技术中心，致力于新材料的研究开发和生产。2010 年，成为阳泉市第一批年度清洁生产企业。特别是在 2011—2012 年期间，投资 1000 余万元，依靠武汉建材设计院的先进技术，采用国内最先进的干法生产工艺，对两条特种水泥生产线成功实施了节能降耗技术创新改造。2012 年，成为国家安全标准化三级企业，被省环保厅授予“蓝牌”环保企业。当年，销售收入达 6000 余万元，实现利税 1200 余万元。2013 年，公司节能技改项目验收达标。

经过多年的创新发展，公司获得了多项荣誉：2004 年，被阳泉市消费者协会推荐为“诚信单位”其产品被推荐为“可信商品”；2006 年 11 月，被阳泉市政府评为“守合同、重信用”企业；2007 年 1 月，被山西省质监局评为“山西省质量信誉 AA 级企业”；同年 12 月，被山西省科技厅命名为“高新技术企业”，被山西省环保局认定为“环境行为评价蓝色企业”；2008 年 10 月，其产品被山西省质量与名牌协会评为“用户满意产品”；2009 年，被山西省政府评为“守合同、重信誉”企业，其产品被评为“山西省名牌产品”；2010年，被郊区区委、区政府评为“十强企业”。

到2014年，公司已成为华北地区集特种建材研究、开发、生产、销售、服务为一体的专业生产企业，产品远销美国、俄罗斯、日本、韩国、英国等多个国家和地区。公司以全国唯一特种水泥品种最全、生产技术最强、工艺及设备先进的优势，成为中国建材研究总院、中材国际研究院的研发合作基地，也成为中国特种水泥混凝土工程材料协会副理事长单位。有 $\Phi 2.6 \times 55m$、$\Phi 1.6m—1.9 \times 39m$ 回转窑生产线两条，固定资产5000余万元，年生产能力15万吨。当年，有从业人员178人，资产总计4343.9万元，营业收入5018.3万元。

阳泉市山塔工贸有限公司　位于山底村，建于1984年，厂名为阳泉市郊区山塔鞋厂，属村办集体所有制企业，生产布鞋和皮鞋。1987年，投资120万元更换设备，转产特制工矿靴，1989年正式投产。厂区面积4490.2平方米，有固定资产870万元，主要生产“山塔牌”系列工矿靴，年产量20万双。该公司是山西省特种劳动防护用品定点生产企业、阳泉市民政局福利企业，环境优美，交通便利。2003年5月进行了改制，名称改为阳泉市山塔鞋业有限公司。2010年6月又更名为阳泉市山塔工贸有限公司。

企业自建立以来，坚持“以质量求生存，以信誉求发展”的经营宗旨，本着为用户负责就是为自己负责的精神，对产品质量精益求精。企业曾被山西省经贸委评为“省优”产品，被山西省工商行政管理局评为“重合同、守信用”单位。其产品在第三届全国农业博览会上被指定为名牌产品。2000年企业顺利通过ISO 9001国际质量体系认证，2005年成为第三届“全国诚信单位光荣榜”上榜单位。“山塔牌”产品商标在2009年被山西省工商行政管理局评定为“山西省著名商标”。公司以“实施商标战略、促进自主创新、推动企业转型”为突破，积极利用著名商标的品牌优势推动企业自主创新新工艺、新产品。“山塔牌”产品规格齐全，顺应市场需求进行开发。其中6kVA、25kVA、35kVA工矿绝缘靴深得用户满意和信赖。护趾工矿靴中筒、高筒质量上乘，为一线工人的生产提高了安全防护保障；专供伊斯兰教信徒的礼拜用鞋知名度也较高。

2014年，有从业人员93人，资产总计1522.33万元，营业收入824.75万元。

阳泉市兴发特种耐火材料有限公司　位于猪头垴村，为非公福利企业。前身为兴盛炉料加工厂，属村办集体所有制企业。建成于1991年，占地面积500平方米，固定资产8.5万元，从业人员6人。主要设备有球磨机和破碎机，主要加工铝矾土骨料和铁包浇注料。产品用于中小型钢铁厂的钢包和铁包的耐火浇注。年总产值80万元，主营业务收入70余万元，实现利税10万元。至1999年，先后生产了第一、第二、第三代浇注料、尖晶石和尖晶石细粉。尖晶石生产是当时耐火行业的新型产业。2001 年 1 月，企业体制改革后，改为现名，从业人员达到 30 多人。

公司成立后，高度重视技术创新和产品质量。2002 年，培养了技术人才，并引进了先进技术，增添了雷蒙磨、对滚机、压力机、脉冲式除尘器、三台提升机、两台振动筛、两台滚桶式搅拌机、两台破碎机等新设备。主要产品有高铝质、高镁质、黏土质定型和不定型耐火材料。定型的主要有中间包坐砖、冲击板、挡渣板、钢包冲击砖等；不定型的主要有钢包、铁包、中间包浇注料、中间包涂抹料、盖板料、中间包干式震动料等。主要销往石家庄钢铁公司、宣化钢铁公司和文水海威钢铁公司。2013 年，工业总产值和主营业务收入都达到 2000 多万元。2014 年 5 月，不定型耐火材料的生产和服务通过了 GB/T 19001—2008/ISO 9001:2008 质量管理体系认证标准。为员工上养老保险、意外伤害保险等，确保了职工最低收入，建立健全非公福利企业的工会组织和党组织。并热心社会公益事业，多次给本村老年人分发了面粉、食用油及各类蔬菜等。2014 年秋，公司董事长及全体员工为本村特困户武玉才捐款 3400 多元。当年，有从业人员 38 人，资产总计 1315.53 万元，生产耐火材料 0.8 万余吨，营业收入 2449.99 万元，实现利税 300 余万元。从 2009 年至 2014 年，公司连续被河底镇评为先进企业或优秀企业。2013 年和 2014 年，又被河底镇分别评为扶残助残十佳企业和纳税大户。

阳泉翔宇耐火材料厂　位于东南沟村最东面，建于 1995 年 6 月，属村办集体所有制企业，占地面积 300 平方米。当时，只有一部破碎机，一个生产厂房，只能生产单一的浇注料。1997 年，出现亏损。1998 年，企业改制后，于 8 月租赁给私人经营后，克服了多重困难，最终打破亏损局面，凭借过硬的产品质量和企业信誉，产品成功销售到山西运城海鑫钢铁公司。每年仅在海鑫钢铁公司的销售值就约 800 万元。

为了适应市场需要，企业大胆起用能人，有文化有创新的年轻人得到重用，并进行一系列技术革新。发明了提升机，改进了破碎机，降低了生产成本，产品不合格率由 50%降低到 1%左右。1999 年 4 月，出资 15 万元安装雷蒙磨，结束了长年在外加工的历史，仅该项节省各种费用 10 万多元。同时，钢包料产品又成功打进国营长治钢铁公司。2002 年正式被私人买断成为私营企业。

2008 年后，受原材料价格上涨等多种因素影响，产品销价一路下滑，甚至数月要不回货款。2009 年冬，一场罕见的暴雪又把刚建的厂房压塌。面对多重困难，企业最终想出让欠款厂家用钢筋抵货款的办法，然后把钢筋再卖成现金，解了燃眉之急。

2013 年 8 月，企业出资 60 多万元购回生产透气耐火砖所需的铁炉和搅和机、砖模。

请进河南耐火研究所高级工程师、郊区耐火材料工程师，试制成功添加剂、刚玉砖、透气砖等新产品。同年，海鑫钢铁公司因贷款失信而无法续贷款时倒闭，使多年积累的上百万欠款无法追回，企业几乎陷于停产状态。经过艰苦努力，又在河南西峡县源泉冶金材料有限公司找到销路，年销售骨料 2400 余吨。

2004—2013 年，翔宇耐火材料厂连年获得河底镇政府和郊区政府的荣誉表彰，多次被河底镇政府和郊区政府评为先进集体、优秀企业、十佳福利企业、扶残助残十佳企业、优秀民营企业、重合同守信用单位、扶残助残先进集体、纳税大户等。厂长谢进忠也多次获得镇、区优秀党员、优秀厂长等荣誉。

2014 年，有从业人员 34 人，资产总计 669.49 万元，营业收入 1567.69 万元。

阳泉市金湾耐火材料厂　位于东南沟村最东面的西河湾，建于 2000 年，注册资金 35 万元。建厂初，资金紧缺，人员不足，只有一部破碎机，也只能生产单一的骨料。为了适应市场要求，2001 年，购进雷蒙磨、对辊机等设备，产品增加到高粉、镁粉、钢包料和铁包料，主要销往河北、河南、内蒙古等省、自治区。

2008 年后，受原材料价格大幅上涨等多种因素的影响，生产停停干干，出现较严重困难。经过市场考察定位等多方面努力，并始终坚持“质量第一、信用第一、客户利益第一”的发展宗旨，最终扭转了困难局面，生产出现向好势头。2014 年，有从业人员 6 人，资产总计 50.37 万元，销售产量达到 6000 多吨，营业收入达到 450 多万元.

阳泉市郊区燕兴农机厂　位于程庄村，成立于 2001 年 4 月，属民营企业，原为燕龛乡农机厂。经营机械铸造和机械加工，年生产能力 1500 吨。企业宗旨：“质量第一，信誉至上”。主要产品有各种装载机斗齿，质量优良，畅销全国。机械加工，规格精准，质量有保证。2005 年，被阳泉市郊区工商局评为“先进民营企业”，2007 年，被郊区妇女联合会评为郊区“三八”创业示范基地。2014 年，有从业人员 25 人，资产总计 285.26 万元，营业收入 352.78 万元。

阳泉市顺天耐火材料有限公司　位于东南沟村西，建于 2002 年，占地面积 1600 平方米，名顺鑫耐火厂。有倒烟窑一座，煅烧铝钒石，效益不佳。2004 年在全区环境治理中，拆除了倒烟窑，购置了破碎机、对辊机等生产设备，并将厂名更改为顺天耐火材料有限公司。当时有从业人员 15 名，主要产品为各种浇注料。2006—2008 年，年均收入 1000 余万元，年上缴税金 120 余万元。后又添置了雷蒙磨，新增了一套生产设备，经济效益逐年上升。2014 年，有从业人员 17 人，资产总计 464.33 万元，营业收入 559.49 万元。

阳泉市金宇耐火材料有限公司　位于东南沟村，建于 1987 年，原名东南沟村骨料厂，主要生产耐火骨料。属集体所有制企业。1998年，企业改制后租赁给私人经营。2002年正式被私人买断成为私营企业，更改为现名。占地面积1720平方米，建筑面积200平方米。主要设备有破碎机、对滚机、雷蒙磨、混料机等。产品主要有各种浇注料、免烘烤捣打料、透气砖、水口座砖、环保无机封孔料等。产品销往山西闻喜、河北武安等地。2014年，有从业人员16人，资产总计617.92万元，营业收入896.57万元。

阳泉市郊区占海洗煤厂　位于程庄村，占地面积2660平方米。2004年4月立项新建，2005年正式投产。项目总投资1000万元，固定资产600万元。有职工20人，其中技术人员7人。年洗煤生产能力30万吨，年实际洗煤30万吨。年创产值8000万元，实现利税300万元。产品主要有洗中块、洗小块、洗精煤、筛末煤，质量灰分低、含硫低、发热量高。但投产后不久，受煤炭资源整合等方面的影响，致使煤炭筛选原料严重不足，生产处于徘徊状态。2010年后，生产趋向回暖。当年，又投资800万元，扩建新建了洗煤生产线，年生产能力提升到80万吨。2014年，有从业人员15人，资产总计767.58万元，创产值500余万元，工业增加值25万余元，营业收入568.09万元，上缴税金8万元。

阳泉市广鑫源耐火材料有限公司　位于固庄村，建于2004年4月。是山西省高新技术企业，也是全市最大的集烧结、生产、科研、工程服务为一体的不定形耐火材料主导企业。公司辖两个分厂、一个研究所（阳泉市不定形耐火材料研究所）、一个施工分公司、三个办事处。公司占地面积1.5万平方米，建筑面积8500平方米。有各类生产线9条，专业检测设备36台套，均为国内领先水平。

公司成立以来，始终奉行“科技是第一生产力”的宗旨，加大科研投入和研发力度，自主研发的高炉喷煤催化助燃剂、锂电池正极材料磷酸铁锂、高温节能均质材料等产品，在同行业内很受欢迎，得到用户的一致好评。科技产品的不断研发，提高了产品附加值，取得了良好的经济效益。公司年产各类耐火产品6万吨，主要有高炉喷煤催化助燃剂、烧结莫来石浇注制品、烧结铝镁尖晶石浇注制品、大中型高炉出铁沟浇注料、中间包干性工作衬、钢包耐火浇注料、轻质浇注料、有水炮泥和无水炮泥煅烧超微细高岭土、陶粒砂等6大类，共计60个品种，其中两项填补省内空白，四项填补市内空白。产品广泛用于冶金、化工、石油、机械制造等领域，在冶金工业中用量最大，占总产量的50%～60%。主要销往东北、华东、华中地区，包括鞍山钢铁集团公司、抚顺新钢铁责任有限公司、武汉钢铁集团公司、本溪钢铁（集团）有限责任公司、江苏恒耐集团等大中型钢铁公司。公司集销售、施工、维护为一体，为客户提供一条龙服务，并为国家高温行业打下良好技术基础。

为了更好地服务于钢铁和高温行业，提高技术研发能力，公司于2004年10月和

2005年1月，分别在辽宁省鞍山市和抚顺市成立广鑫源办事处，扩大销售网络。2006年1月，驻江苏省常州市办事处挂牌成立。同年，投资400万元新建阳泉市不定形耐火材料研究所，是一家集信息交流、科学研究、技术培训，产品研发、产品推介、项目策划、岗位招聘为一体的服务机构，到2014年已经服务全国500多家中小企业，其中当地中小企业110家。2007年，公司"技术研发中心"正式挂牌。2008年，与河南科技大学建立"产学研"合作机制，使公司自主研发能力有了很大提升。2010年，为了更好地对用户进行售后服务，公司斥资600万元成立了鞍山分公司，主要负责东北地区钢铁公司的施工和维护。2011年，公司自行研发并申报了"自动添加黄油机"等5项专利。公司已成为3G中国不定型耐火材料行业平台，通过平台可以与国际研究机构、行业协会、耐材协会等权威机构合作，依托专业的移动互联网3G技术，利用强大而灵活的功能模块及良好的系统扩展性，为用户提供安全便捷的操作环境，能覆盖所有耐火材料行业和耐火材料基地。

公司成立以来，先后被市政府评为阳泉市优秀企业、先进集体，被区政府评为振兴传统产业先进集体。2010年，被山西省中小企业局授予山西省最具社会责任中小企业荣誉称号；2011年被工信部授予第二批国家中小企业公共服务示范平台。

2014年，有从业人员162人，其中工程技术人员52人；资产总计5074.5万元，营业收入2028.1万元。

阳泉市郊区家荣耐火厂　位于东南沟村，建于2004年，经一年的紧张施工，于2005年建成投产试运行。总投资120万元，其中工程建设投资50万元，设备投资70万元。主要设备有10kV高压线500米、160kVA变压器1台、煤气发生炉1台、燃气梭式窑3座，还有大碾、混泥碾、锷式破碎机、对辊机、跑道锤，夹板锤等。形成年产各类定型耐火产品200吨的生产规模，产品主要销往河北、山东、东北、内蒙古等省、自治区。经过半年多的试运行，由于耐火市场的内部性下滑疲软，煤炭价格的快速上涨，加之煤气发生炉的不稳定性，导致产品成本加大，销售困难，生产还处在试运行阶段企业就被迫停产。

为了使企业起死回生，2008年，经过多方求证和认真思考，决定产品转型和进行技术投资。产品转型即根据市场需求由原生产定型耐火产品转向了生产不定型耐火产品。不定型产品的优点是易加工、运输、施工，而且经久耐用，总费用成本比定型产品低，市场前景广阔。技术投资主要是培养耐火材料方面的技术人才，这为产品的转型起到了关键作用。

在6年多的转产运行中，企业始终坚持"顾客至上，质量第一"的方针、"急用户之所急，想用户之所想"的理念、"诚信服务，厚德治厂"的宗旨，生产规模和销售收入不断壮大和提升。主要生产4大类、80余种系列产品。一是电力、石化、炼油行业及各类锅炉用耐火材料：自流式刚玉耐磨浇注料、耐磨刚玉可塑料、高强度耐磨耐火浇注料、各种流化床锅炉及垃圾焚烧炉用高性能耐磨浇注料。二是水泥建材行业用耐火材料：低水泥浇注料、耐碱浇注料、莫来石浇注料、抗剥落高铝砖、抗结皮浇注料、磷酸盐结合高铝砖、耐碱砖、镁铝尖晶石砖等。三是冶金、冶炼、铜业、铸造行业用耐火材料：钢包砖、刚玉砖、碳化硅制品、镁砖、镁铬砖、镁铝砖、铱包浇注料、铁钩免烘捣打料、镁质捣打料、镁铝捣打料、镁质涂料、镁碳砖系列、耐火陶瓷浇口管（代替流钢砖）、中间包用干式镁质振动料、干式镁质捣打料、喷补料。四是其他行业用耐火材料：玻璃窑用高铝质砖、粘土质砖、刚玉砖、SiC 砖、莫来石砖、镁砖、铝镁砖、锆英石砖、锆刚玉砖、铬刚玉砖及各种轻质砖、轻质保温浇注料、高铝质浇注料、锆英浇注料、锆英捣打料、硅酸铝纤维制品、珍珠岩制品、钢纤维浇注料等。并承建各种窑炉耐火保温材料安装、维修工程。

2014 年，有从业人员 8 人，资产总计 356.83 万元；产量约 4000 吨，产值 600 余万元，分别是 2008 年的 13 倍和 20 倍，实现利税 50 余万元。

阳泉德旭耐火器材有限公司　位于上章召村，为上海奉广网络科技有限公司于 2006 年 2 月投资兴建的高档不定型耐火材料高新技术企业，年生产能力 20 万吨。厂区面积 15 公顷，总投资 11000 万元。公司成立以来，高度重视技术创新和产品质量，大力实施“科技兴企、人才强企”的经营战略，采用国际领先检测仪器，建成无机非金属研究所和质量检测中心，并与河南洛阳耐火材料设计研究院、武汉科技大学、鞍山焦化耐火材料设计研究院建立了长期合作关系。产品种类齐全，主要有回转窑烧段高铝料、合成镁铝尖晶石、莫来石、白刚玉、亚白刚玉、致密刚玉及铝酸盐水泥耐火浇注料、化学结合耐火浇注料、黏土结合浇注料、低水泥耐火浇注料、新技术耐火浇注料等多个系列上百个品种。产品主要用于冶金、建材、化工、石油等行业。企业已获得自营出口权，销售网络遍布全国，产品还远销美国、欧洲、日本、东南亚等国家和地区。

2011 年，由盂县一私人业主以 3500 万元的价格接手该公司，企业名称仍然沿用原名称。主要生产回转窑烧成矾石料。2014 年，有从业人员 82 人，资产总计 4982.91 万元，营业收入 34.69 万元。

阳泉市郊区河底镇大河北矾石烧成小区　位于大河北村，厂区面积 3.4 万平方米，建筑面积 2950 平方米。2007 年 10 月，大河北村委会利用废弃多年的采石场作为招商引资平台，并提供优良服务。随后由 13 位民营企业家投资建厂，共建成环保型矾石竖炉 16 支，厂房、库房、办公室共 90 间，固定资产 1300 万元。2014 年，有从业人员 400 余人，年产优质铝矾石 16 万吨，产品销往东北、河南、河北、湖北等地。年产值达 4800 万元，主营业务收入3400万元,实现利税374万元。

山西富尔顿科技有限责任公司　位于苇泊村河底镇工业园区,2008年8月成立,注册资本1500万元。主要从事无机非金属材料、金属材料、高性能复合材料和环保材料的研发制造、销售和技术服务,以及货物进出口、技术进出口。年生产能力5万吨,产值1.5亿元。公司成功开发并生产的各种密度、强度及粒径规格的石油压裂支撑剂,其粒径、抗破碎能力、视密度、球度、浊度、酸溶解度、裂缝导流能力等均表现良好,领先于国内水平,部分指标达到和接近国际先进水平。公司已通过了质量管理体系（GB/T 19001-2008idt ISO 9001:2008)认证、环境与职业健康安全(GB/T 24001-2004idt ISO 14001:2004)认证,已申请加入国内最权威的中石化网络机构,具备国内外的销售渠道,成为自营出口企业。公司以“唯诚信能立业,依创新求发展”为经营宗旨,倡导“人品铸就产品”的经营理念,产品远销美国、加拿大等多个国家和地区。2014年,有从业人员98人,资产总计3738.7万元,总产值2019.8万元,增加值498.28万元,营业收入2722.3万元,实现税收127.98万元。

阳泉市圣利美型煤有限公司　位于固庄村，建于2009年8月。占地面积1200平方米,有两条型煤生产线,主要生产蜂窝煤,当年建厂、当年投产。属村办集体所有制企业,安排劳力15人。当年,产量70.19万块,收入15.03万元。2011年,产量和收入分别比2009年增长49.6%和124%。建厂后,村委会按户免费分配型煤,每户每年可分得1500块,保证村民生活用煤。产品不但满足自村使用,还销往邻村及盂县、和顺等地。2014年,有从业人员7人,资产总计118.77万元,营业收入0.31万元。

阳泉市和进源耐火材料有限公司　位于固庄村,建于2009年,原名阳泉市科盈耐火材料厂,属股份制企业。占地面积5680平方米,投资300万元,建有车间、厂房以及库房共30间。工厂装有电振给料机、马克破碎机、电动五层筛等先进设备100余台(件)。有高铝耐火粉、高铝耐火骨料加工生产线2条。主要生产经营不同规格、型号的新型耐火材料,设计年生产能力5万吨。主要产品为高铝耐火粉200目、325目，高铝耐火骨料0-1、1-3、3-5、5-8等规格。

该厂有一套严格的管理制度,所有产成品入库、出库都有详细登记。每个批次产品,都必须经过严格检验,合格后才能出厂销售。产品的优劣,按照其含铝成分的高低分为特级、一级、二级、三级四个档次。也可根据客户订单生产。

在生产过程中,为防止粉尘外泄,加工车间全部采用全封闭的设计,并安装空气除尘净化设备。考虑到职工身体健康因素,要求凡进入车间的工作人员必须头戴防尘帽,身穿防尘衣,面带防尘面罩。

由于实行股份制经营，全体员工，既是职工又是参与分红的股民。建厂以来，逐步形成遵纪守法、爱厂敬业的优良作风。通过几年的运营，取得较高的经济效益。2009年，投产不到4个月，产量就达1701吨，收入79.84万元，实现利润7.48万元，上缴国家税金14.93万元，股民分红达3.76万元，取得了开门红。2011年8月，企业名称改为现名同年，股民分红19.89万元。2014年，有从业人员25人，资产总计396.21万元，营业收入27.28万元。

阳泉市王者石油压裂支撑剂有限公司　位于东南沟村，于2010年11月3日在阳泉市工商局登记注册。注册资金1000万元，总投资3000万元。占地面积40多亩，厂房建筑面积约1万平方米。建设有两条生产线，烧成窑直径2.5米，长36米。公司已采用较先进的回转窑烧结设备，并形成独立的生产区块，在产品的研究开发上具有完整的试验中心和齐全的检测设备。一期工程于2011年初投产，每天可生产100吨石油压裂支撑剂；二期工程于同年6月建成。两条窑炉年产量可达6万吨，建设规模、生产设备、检验仪器等在国内同行业中均属先进水平。主要生产40/70目、30/50目、20/40目、16/20目、16/30目、12/18目等高、中、低密度系列产品。该公司本着“技术领先，诚信为本，质量第一，服务至上，科学发展”的经营理念和“全力满足客户要求”的精神，大力研制、开发其他不同规格的产品。2014年，有从业人员162人，资产总计1623万元，营业收入1038.9万元。

股份制、私营关停企业

阳泉市郊区牵牛镇木器加工厂　1954年，牵牛镇村3个村民合伙成立了木业小组，从事一些简单的木器加工和农具修理。1956年，财产折价归集体所有，村成立了木业组。1973年，设计制作电锯、电刨。1986年，在木业组的基础上扩建为牵牛镇木器加工厂。占地面积1072.16平方米，建筑面积623.12平方米。1989年，添置自动压刨机、平刨机、小带锯、凿眼机、铣床等设备，从业人员10余人。1994年，除从事一般的木工活外，还加工制作不同档次的新式家具及办公用具。1997年10月，在企业体制改革中，成为民营企业。到2007年，因产品缺乏市场竞争力而停产关闭。

阳泉市聚祥耐火材料厂　位于东村，厂区面积12500平方米，建筑面积4200平方米，始建于1970年，名为东村耐火材料厂，属村办集体所有制企业。机械设备有电碾、混料碾，产品有黏土砖、高铝砖和浇注料。生产使用木制模具，以人工打砖为主，效率不高。1974年，产值达到100万元。1985年，购进一台压力机，开始机械制砖。1993年，又购进1台压力机、2台夹板锤、2台机床。此后不在使用木制模具，生产效率有所提高。当年职工增加到170人，固定资产331.8万元，年产量7000余吨，总产值290余万元，实现利润7.4万元，上缴税金19.8万元。

1996 年企业改制后，由村民 5 人合股购买，成为私营股份制企业，企业名称也变为现名。1997 年，总产值达到 1000 万元。此后，由于受市场疲软和资金周转困难等因素的影响，效益有所下滑。到 2006 年时，总产值降为 59.4 万元。2009 年 3 月停产关闭。

阳泉市惠丰股份有限公司铸造厂　位于河底村，1972 年由原村办生炉改建为村办企业，后改建为惠丰公司铸造厂。除生产传统产品外，还增加了铸造平板、逆止阀门等新产品。1982 年，开始采用国家颁布标准，批量生产铸铁排水管道。产品由单一品种发展到 6 个系列、180 多个规格。1985 年，产量达到 1800 余吨，产品以质量高、品种全、供货及时、售后服务好，销往全省各地，并远销北京、深圳、沈阳、广东等地。北京人民大会堂和亚运工程也使用了该厂产品。1988 年，固定资产 50 万元，职工 137 人，总产值 113.26 万元。

1991 年，改建为股份合作制企业，并成为全省十佳企业之一。1992 年，投资 100 多万元新建面粉加工厂，当年投产。1994 年有职工 254 人，固定资产 150 万元，年创产值 570 万元。1995 年底停产。

阳泉市燕龛红旗煤矿　位于燕龛东九坪，建于 1974 年，为原燕龛乡办集体所有制企业。井田面积 0.63 平方公里，地质储量 625 万吨，可采储量 305 万吨。可采煤层 3 层，总厚度 11.2 米。主采 15#、12#、9# 煤层，平均厚度分别为 7 米、1.6 米、2.6 米，距离地面垂直深度平均 84.44 米。为优质无烟煤，低灰、低硫、高发热量，经国家煤炭科研单位检验为 A 级标准。有 3 个坑口，采用斜井开拓，井下采煤方法为炮采，工作面区段运输为煤溜运输，大巷运输为无极绳绞车运输，各坑口均实现机械通风。年生产能力 15 万吨。1993 年，有职工 326 人，其中各类专业技术人员 94 人；各类技术工人全部经专业培训合格后持证上岗。有固定资产 585.5 万元，生产原煤 16.28 万吨，年产值 1012.5 万元，实现利税 132.5 万元。被省煤炭厅评为“通风管理先进集体”。建矿至 1993 年，共生产原煤 240 万吨。1994 年，兼并乡汽车队，改制为带有集体性质的红旗实业有限公司。2008 年 12 月，在煤炭资源整合中停产关闭。

阳泉市银河煤炭有限公司　位于河底村，原为河底村办煤矿。建于 1978 年，1980 年投入生产。井田面积 1.203 平方千米，共含煤 5 层，编号自上而下为 11#、12#、13#、15#、15 下号，其中 12#、15# 为稳定的可采煤层，其余为不可采煤层。根据 1400000220469 号“采矿许可证”批准开采 12#、15# 煤层，均为无烟煤。12# 煤层平均厚度 1.6 米，结构简单。15# 煤层平均厚度 5.95 米。保有地质储量 351.89 万吨，可采储量 65.23 万吨，设计年生产能力 9 万吨，服务年限 5.6 年。建矿初，为炮采落煤，绞车提升、平车串钩运输，年产量不足 3 万吨。

1996 年，河底村成立经济实体——阳泉市银河工业股份有限公司，煤矿由公司董事长为法人代表。公司董事会决定，在本矿井田内对8#、9#、12#、15#煤全面动工开采，并投资重新恢复“旧三坑”15#煤的开采。次年，煤炭市场销售不景气，大量存煤积压。因此公司决定重新组建煤炭企业，实行“集体承包，个人负责”的经营方式，将银河工业股份有限公司改为银河煤炭有限公司，法人代表仍是董事长，实行矿长负责制，与村委签订合同。全矿从业人员225人，其中本村就业人员125人。每年与四川省永泉市一个包工队签订劳动合同，连续承包十二年。2002年，煤炭总产量8.5万吨，产值800多万元，上缴税金80多万元。

该煤矿有一个主斜井和一个回风斜井。主斜井斜长280米，倾角150° ，净断面积8.42平方米，粗料石砌碹；回风斜井垂深47米，净断面积6.75平方米，粗料石砌碹，倾角23° 。主斜井负责提煤、进风、运料、行人，回风斜井专负责回风。两井均兼作安全出口。矿井采用双回路供电，地面设有两台相同型号的变压器，型号为9-500/10/10/0.4KV，容量均为500kVA，供主斜井和回风斜井系统的地面380V生产负荷用电，一台工作，一台备用。

采煤方法本着投资少，见效快，安全性好和回采率高的原则，采用倾斜长壁采煤方式，金属液压支柱及金属铰接顶梁。回采工作面长50米，推进长度190余米，工作面采高为2.2米，放煤高度为4.17米，同时布置一对双巷掘进头。工作面采用炮采，刮板运输机运输，支护采用单体液压支柱配以金属铰接顶梁，采空区处理采用全部垮落法。提升方式为单钩串车混合提升，提升机型号为JTP-1000型，滚筒直径1000毫米，滚筒深度800毫米，提升速度为1.8米/秒，电动机为JRQ281-1型、37KV，钢丝绳为6*19-18.5。井下配电室设备配电点均设局部接地极，主排水泵房水仓中设主接地极，电气设备的金属外壳都进行接地，通过接地干线与电缆芯线与局部接地极可靠连接。井下主要通风设施有永久挡风墙、临时挡风墙、永久风门、调节风窗和风桥。在进风、回风巷道之间设置正反两道双向风门，以免正常通风或反风时风流短路；在进风、回风巷道的主交处设置风桥；在控制风量的巷道中设置了调节风窗；在主要进风、回风巷中建立测风站，以便准确测定风量。

矿井通信选用HY-128型程控交换机，中继方式采用数字中继，井下设固定工矿用本安型电话机，工作面设收音电话，局部设直通电话。井下照明选用BZX型矿用隔爆照明变压器综合装置。井下运输采用刮板输送机、运输顺槽刮板输送机，运输大巷矿车运到井底，最后由斜井提升矿车牵引运至地面。经筛选后，原煤分为大块、中块、三炭、四炭、煤面等种类。

安全设备有煤层注水钻机1台、湿式除尘风机1台、固定隔爆水袋200个、隔爆水袋托架钢材6.5吨、粉尘采样器2台、呼吸性粉尘采样器2台、呼吸粉尘测定仪2台、电热恒温干燥箱1台、掘进通风除尘器2台、光学瓦斯鉴定器20台、瓦斯检定校正仪1台、便携式瓦斯监测报警仪 20 台、充电器 10 台、瓦斯氧气检测仪 15 台、瓦斯报警矿灯 30 盏、一氧化碳鉴定器 AT 22 台、安全监控设备 KJ 99 型 1 套、监控主机及备机 2 台、远程断电器 2 台、防爆接线盒 25 台、甲烷传感器 5 台、风速传感器 2 台、负压传感器 3 台、风门传感器 7 台、开停传感器 5 台、温度传感器 3 台、一氧化碳传感器 3 台、阻车器 2 台、挡车器 2 台、挡车栏 3 套、防跑车装置 2 套、自救器 80 台、煤电钻综合保护装置 4 台、井下照明保护装置 2 台、避雷针高 30 米 3 支、阀式避雷针 6 台、防雷电保护装置 2 套;井下有单体液压支柱 400 根、Ⅱ型梁 42 根、金属交换顶梁 150 根、探水钻 1 台、潜水泵 4 台、回柱绞车 2 台、乳化液压泵钻 2 台、矿用阻燃电缆 6300 米。

井下配备较完善的瓦斯监测系统,实现集中连续监控。井下设计完善的通风系统。煤尘防治采取"以防为主"的综合防治措施,能有效控制粉尘度超限。本矿水文地质条件基本为简单类型,能有效防止水灾的发生和减少水害造成的损失。设置了较完善的防火设施及消防洒水系统,有效地控制火灾发生。建立有职业病防治机构,按规定每年对职工进行防病健康检查。矿内设有救护组织机构,与阳泉市军事化救护大队签订救护协议,对突发事故进行应急抢险。公司成立后,多次被区、镇评为"先进集体""纳税大户",成为河底村的经济支柱产业之一。2008 年 10 月,在煤炭资源整合中关闭停产。

阳泉市郊区牵牛镇村陶瓷厂　1979 年 3 月,为将分散的瓷器生产集中起来,牵牛镇村决定新建陶瓷厂。20 世纪 80 年代,用了两年多时间,在村南坡后底建成新厂。占地面积 17879.45 平方米,建筑面积 53756.56 平方米。建有 4 座倒烟平窑和生产车间,添置 3 台刮瓮机、2 台搅拌机、2 台球磨机、6 台手压机轮和 1 台电碾。1988 年 10 月,陶瓷生产告别了传统的、分散的、作坊式的制作场地,一次性迁入新厂。当年,有从业人员 120 余人。之后,为提高产品档次、增加新品种,该厂组织专人到山西省应县陶瓷厂学习培训;又从河北等地聘请专业技术人员,并引进先进的生产工艺和设备,先后开发出了民用细瓷系列产品(茶具、酒具、餐具等)、化工耐酸系列产品(砖、坛、球、环等)、园林绿化系列产品(花盆、花瓮、鱼缸等)、耐火建材系列产品(普砖、异型砖、特种砖、地板砖、耐火粉、骨粉等)。产品除在山西省销售外,还远销到河北、内蒙古等省区。1994 年,从业人员增加到 240 余人,年产值达到 600 万元。1995 年,建起一座推板窑,坯件送至窑口,经平推传动,至出口处,即成成品。1997 年,从业人员降为 109 人,其中技术骨干 12 人,年产瓷器 30 余万件,销售收入 100 余万元,实现利税 10 余万元。

2002 年 11 月,企业经过体制改革,成为股份有限责任公司。2003 年,瓷器产品滞销停产,企业随之关闭。

阳泉市郊区北庄村煤矿　建于1979年，为村办集体所有制企业。保有储量261万吨，井田面积1.07平方公里。主采9#煤层，保有储量196.02万吨，年核定生产能力9万吨，为优质无烟煤，适用于工业及发电。采用斜井开拓，井下采用短壁式开采，机械通风，回风井装有40千瓦离心式抽风机，工作面根据采掘状况的不同安装数量不等的局扇。井口到工作面的一切设备全部防爆。1992年，开始实行机械化开采。1993年，有职工130人，固定资产82万元，年产值138万元，实现利税70万元。2008年，出售给私人经营。同年，在全省煤炭资源整合中停产关闭。

阳泉市郊区东村纺织机械厂　建于1987年，厂区面积7650平方米，建筑面积3100平方米。属村办集体所有制企业，管理机构有技术检验科、供销科、财务科。主要产品为纺织机械配件，种类有大件B7、E2，小件F系列共400余种规格，主要销往国内各纺织厂。1993年，职工达到100人，年产各类纺机配件40吨，总产值100万元。1996年，固定资产250万元，总产值350万元，销售收入300万元。1997年10月企业改制后，拍卖于村民私人经营。最终因纺织机械配件销售不景气，于2004年5月停产。

阳泉市郊区隆鑫机械厂　位于关家峪村。建于1992年，属村办集体所有制企业。原名关家峪暖气片厂，1997年在企业改制中，将暖气片厂拍卖成为私营企业后，更名为隆鑫机械厂。不久，由于暖气片销路不佳，转产消防栓井盖，有4056、4057、4055三个规格。球墨铸铁的下水道井盖等部分产品出口美国、加拿大、德国、西班牙等国。最终由于经营不善，于2010年停产关闭。

阳泉市东凯伟业耐火材料有限公司　位于东村。1992年，该村利用原玻璃厂设施，建成阳泉市郊区东村铸造厂，属村办集体所有制企业。厂区面积4300平方米，建筑面积1100平方米。主要生产铸铁排水管道。产品采用国家相关标准，逐步发展到6个系列100多个规格，年产量达到500吨，销往山西省各地。1997年，有职工40人，固定资产200万元，年产值160万元，销售收入150万元，实现利税6.8万元。1998年，在企业改制中与原玻璃厂厂房一并拍卖于东村村民，成为私营企业，注册成立东凯耐火材料有限责任公司。主要生产经营炮泥、骨料、黏土粉、浇注料等不定型耐火材料。2013年，改为现名。2014年，资产总计68.3万元，处于停产状态。

阳泉市液体瓷釉涂料厂　位于牵牛镇村，建于1992年，属村办集体所有制企业。占地面积1354.33平方米，建筑面积703.28平方米。主要产品有普通及彩色内外墙涂料、多彩花纹涂料、瓷釉涂料、107胶等。瓷釉涂料具有耐水、耐老化、耐腐蚀、附着力强的特点，是仿瓷装饰釉面砖和马赛克的理想替代品，用于各种卫生设施、室内外墙面和各种防腐设备表面涂刷。该产品填补了省内空白,居国内同类产品的领先地位,受到用户好评。1993年固定资产43万元,年产值400万元。1997年主要生产设备有砂磨机、研磨机、搅拌机、恒温烤箱、气泵、取样筒等20台,从业人员40人。同年10月,在企业改制中公开出售,成为民营企业。2003年停产关闭。

阳泉市郊区牵牛镇造纸厂(牵牛镇包装厂) 建成于1993年,为集体所有制企业。造纸厂占地面积约4000平方米,建筑面积约1100平方米。两个厂有造纸、包装设备2套。造纸产品有包装内纸、瓦楞纸等;纸包装产品有纸箱、纸盒。1994年,共有从业人员38人。1997年,在企业改制中成为民营企业。2003年停产关闭。

阳泉市郊区邓家峪铁厂 建于1998年,占地面积280平方米。由村民3人共投资3.5万元合股联办。有职工10余人,化铁小高炉1座,生产铁锅、火炉等民用产品,有8个品种、20个规格。该厂以销定产,随销随产,年均生产铁货近1万件,年产值7万元。2004年,因效益欠佳停产。

集体生产企业

阳泉市郊区河底砖厂 属河底村办集体所有制企业,建于2000年3月。后投资200万元,引进了双极真空挤砖机、自动切坯机、对滚机等先进的制砖生产线,成功实现了由黏土实心砖向煤矸石烧结砖的产品转型,产品质量也得到了提升。2001年,河底砖厂的环保型煤矸石砖总产值达300多万元,实现利税30多万元,取得明显的社会效益和经济效益。2008年,投资700万元,进行窑炉改造,引进先进生产工艺,着手生产煤矸石空心砖。

2014年,有从业人员150人,资产总计1808.45万元,主要生产煤矸石砖,营业收入1004.32万元。

阳泉市漾泉源水厂 位于山底村,原名阳泉市绿然矿泉水厂。2003年5月建成,厂区面积3500平方米,属村办集体所有制企业。主要生产纯天然饮用瓶装、桶装矿泉水,产品行销阳泉市范围。该饮用水为近1000米深井水,水质优良。2002年,通过国家地质矿产部矿泉水检测中心、山西省国土资源局环境监察中心为期一年的勘测论证,经山西省天然矿泉水鉴定委员会鉴定为低钠、富锶、高硒型纯天然饮用矿泉水。该厂通过ISO 9001国际质量体系认证,并被国家爱国卫生运动委员会评为“全国农村优秀水厂”。2008年,产值达到49万元。2012年,名称改为现名,生产5加仑纯净水,不再生产3加仑纯净水和瓶装水。2014年,有从业人员21人,资产总计683.49万元,年产量13万桶,产值70万元,营业收入34.21万元,实现利税2万元。

集体停产企业

阳泉市郊区里龙光峪村煤矿　位于里龙光峪村西馒头山脚下石(盆口)阳(泉)公路北侧的石岩沟。始建于1952年(原23股民生矿),有两个坑口,为村办集体所有制煤矿。地质储量160万吨,井田面积0.686平方公里。可采煤层为12#、15#煤层,总厚度为7米,距地面垂直高度50米,属优质无烟煤。

建矿至20世纪60年代末,采用原始的作坊式开采,年产量仅几百吨。20世纪70年代后,采用斜井开拓。井下采煤方法逐步改进为电钻开采,短臂式落煤,木质支护。工作面区段运输为调度绞车接力运输,大巷运输为主绞车有轨运输。两个坑口分别用55kW和20kW机械主扇通风,坑口的进风井口为运输提升井,回风井口为安全出口。年生产能力9万吨。20世纪80年代时,产量逐年上升,到1986年时,产量达到10万吨。到1993年时,煤矿在册职工210人(包括外包工人),其中各类专业人员45人;固定资产308万元、总收入516万元、上缴各种税费60余万元。煤矿主要设备有55kW、20kW主扇各一台、干变2台、电机15台、开关30台。产品除自销外另与郊区煤炭运销公司统销结合销售。

之后,为了节省煤炭资源,煤矿执行了"珍惜资源、限定产量、改进采法、提高效益"的16字方针,加大了技术设备的投资力度,购进了先进的筛选设备,提高了产品的附加值。2000年后,虽然产量逐年有所回落,到2008年产量降到4万吨左右,但总收入仍达到1895万元。同年10月,根据煤炭资源整合政策,煤矿彻底封口关停。

阳泉市郊区龙光峪村硫铁矿　位于前龙光峪村,属村办集体所有制企业。1954年投产,从业人员30多人。生产方式完全为人工开采,生产效率很低,人均班产量只有150公斤,后逐步增加到250公斤。1960年成为公社企业,从业人员增加到60多人。1962年公社企业撤销,硫铁矿归还本村,成为本村经济收入的主要支柱产业。1972年进行了第一次改造,拓宽了运输巷道,安装了绞车,人均班产量提高到500公斤。1986年再一次进行技改,从采掘到运输基本实现了机械化、提高了劳动生产率,人均班产量由1吨逐步提高到2吨。1996年,从业人员增加到50多人,总产量达到2.5万吨,产值112万余元。1998年企业改制后,租赁承包给私人经营。生产不到半年,因硫铁矿市场疲软、开采证过期等原因而停产关闭。

阳泉市郊区邓家峪棋盘青砖厂　建于1956年,系村办集体所有制企业。初期,砖厂位于小北沟梁,利用白土,拌和少量红土,生产青砖,从业人员12人。每年4月至10月生产,可产青砖20多万块。生产流程为手工操作。1974年,因小北沟梁取土困难,砖厂迁至棋盘。1984年,购进机械设备,制砖改为机械作业。有两个大窑,每窑可烧制青砖1.2万块。

1986 年因效益欠佳停产关闭。

阳泉市郊区东村煤矿　建于 1960 年,改建于 1970 年,属村办集体所有制企业。井田面积 1 平方公里,地质储量 300 万吨,可采储量 200 万吨,可采煤层 1 层,总厚度 6 米。主采 12# 煤层,平均厚度为 5 米,距离地面垂直深度平均 20 米,为优质无烟煤。是合乎碳素生产需要的优质原料。有 3 个坑口,采用斜井开拓,井下采煤方法为爆破落煤开采,采掘为坑木支护。工作面区段运输为绞车拖运架子车运输,大巷运输为无极绳绞车运输。各坑口均实现机械通风,矿车运输,为半机械化矿井。地面建有完善的储装运输系统。年生产能力 15 万吨,产品主要销往河北等地。到 1993 年时,职工达到 95 人,其中各类专业技术人员 27 人,固定资产 36 万元,年产值 100 多万元,实现利税 26 万元。之后因资源枯竭,产量逐渐减少,1997 年停产关闭。

阳泉市郊区河南村砖瓦厂　建于 20 世纪 60 年代初,属村办集体所有制企业。产品为砖、猫头、滴水和筒瓦,完全为手工操作,产量很小。20 世纪 70 年代,开始使用机器制砖,但煅烧还是采用立窑,人工装填、出窑,劳动强度大。燃料采用无烟煤炭块,成本高。当时民房建筑、公共建筑很少,所以产量也不大。20 世纪 80 年代,随着居民住房的大批新建,生产进入旺盛时期,产品往往供不应求。到 2000 年,因生产方式和产品的落后及污染环境等原因而停产关闭。

阳泉市郊区燕龛村铸造厂　1964 年冬,在驻村公社干部的倡导和支持下,燕龛村办起了螺丝厂,加工小型螺丝。开炉时有铁炉三盘,人工搬扣。到 1965 年发展到 8 盘,从业人员 24 人,产品主要为方头、六头螺丝两种,销往阳泉二矿和四矿。随着生产的发展和集体收入的增加,1966 年建起铸造厂,取代了螺丝厂,重新恢复了中断 8 年的铸造业,厂内购买了车床设备,自己制造出炭化铁炉,产品主要为生铁水管,后逐步研发制造出了水泵,从业人员 40 余人。

为了进一步扩大生产规模,1968 年铸造厂迁至村小河南边,占地面积达到 2000 平方米,新建了铸工、机钳工、木工等厂房和保管、办公区,主要产品有多节水泵、铸铁水管、火炉、铁锅、铸铁暖气片等,销往阳泉市水泵厂、阳泉市阀门厂、阳泉市电工机械厂、阳泉矿务局各煤矿、阳泉市郊区平坦水泵厂等厂矿。有从业人员 60 余人，年产值达 100 余万元。1992 年后,由于市场需求的变化,主要生产暖气片。到 1997 年,终因产品不适应市场需求而停产关闭。

阳泉市郊区红土岩村煤矿　建于 1965 年,为村办集体所有制企业。井田面积为 0.24 平方公里,地质储量 205 万吨,可采储量 125 万吨,可采煤层 12#、15# 煤层。主采 15# 煤层，为优质无烟煤。有 2 个坑口，分别位于大阳坡和甜水坡。采用斜井开拓，井下采煤实行防爆化技术，支护为木支护，有瓦斯检查等设备，大巷运输为无极绳绞车运输，各坑口均实现机械通风。井上建有煤炭加工筛选装置。原煤主要通过公路外运销往河北等地。1993 年有职工 150 人，其中各类技术人员 30 人，固定资产 100 万元，年产值 420 万元，实现利税 50 万元。2008 年，在全省煤炭资源整合中停产关闭。

阳泉市郊区牵牛镇村煤矿　建于 1968 年，为村办集体所有制煤矿。矿区面积 2.85 平方公里，地质储量 2643 万吨，可采储量 1715 万吨。可采煤层 4 层，总厚度 11 米。主采 15#、12#、9#、8# 煤层，平均厚度分别为 6 米、2 米、1.7 米和 1.3 米，距离地面垂直深度平均 90 米，为优质无烟煤，含矸率 2%。有 6 对坑口，采用斜井开拓，采煤方法为高落式炮采，工作面区段运输为绞车提升，大巷运输为调绞单钩串车，各坑口均实现机械通风。年生产能力 37 万吨。1993 年，有职工 623 人，固定资产 606 万元，生产原煤 30.5 万吨，年产值 2645 万元，实现利税 269 万元。生产至 2009 年 10 月，在煤炭资源整合中停产关闭。

阳泉市郊区中佐煤矿　建于 1970 年，为村办集体所有制企业。建矿时已有 60 多年的开采历史。可采储量 20 万吨，井田面积 0.40 平方公里，可采煤层 15# 煤层，为优质无烟煤。采用斜井开拓，各坑口均实现机械通风。主要设备有主绞车 1 台、主扇 2 台、装煤机 1 台、汽车 1 部、主变压器 1 台、电机 12 台、局扇 4 台。年产量 5000 吨。1993 年，有职工 25 人，其中特种工人 3 人，固定资产 207 万元，年产值 30 万元。1998 年停产。

阳泉市郊区苇泊铸造厂　位于苇泊村，占地面积 9000 平方米。1974 年开始建设，1979 年建成投产，总投资 80 万元，安排劳力 50 多人，属村办集体所有制企业。主要产品有铸造上水铁管，生产规格有 75 毫米 × 4 米、100 毫米 × 4 米、150 毫米 × 4 米 m、200 毫米 × 4 米、300 毫米 × 4 米等多种型号。至 1993 年时，职工达到 260 余人，年产值 200 万元，实现利税 20 万元。后因企业规模小，不符合市场经济发展的需要，于 1996 年停产关闭。

阳泉市郊区郊里村煤矿　1978 年筹建，1979 年正式投入生产，属村办集体所有制企业，井下采煤采用电钻打眼，放炮采煤，机械通风。井下运输采用牲畜拉运（每车大约 300 公斤）。聘请有实践经验的人员担任安全员、瓦斯员等职务。20 世纪 80 年代后期，随着开采方法的改进，大巷运输使用轨道矿车运输，年产量达到 3 万吨左右，年产值 100 多万元。到 2000 年时，由于井下采区资源枯竭而停产。

2001 年，本村又在前东坡筹建新煤矿。经过一年多的施工建设，主回风井贯通，基本达到了生产条件。但由于后续资金短缺，煤矿生产证件办理受阻等多种因素被迫停工。2003 年，将新建煤矿以承包方式承包给村民私人经营。至 2008 年 6 月，山西省出台压产并井政策后,煤矿停产关闭。

阳泉市郊区河底镇青山煤矿　位于河底镇青山沟,建于1980年,为镇办集体所有制企业。保有储量56.5万吨,井田面积0.77平方公里。可采煤层为9#煤层和12#煤层,平均厚度分别为1.5米、1.2米,距离地面垂直深度平均95米。煤质坚硬发亮,为优质无烟煤。有2个坑口,采用斜井开拓,井下采煤方法为爆破后人工开采,支护采用坑木搭棚或坑木支护,工作面区段运输为人工拉运,大巷运输为矿斗运输,各坑口均实现机械通风。年生产能力5万吨,原煤主要销往煤炭运销公司。主要设备有装煤机、筛选机、铲车、发电机、绞车等24台(套)。到1993年,原煤产量突破设计生产能力,达到5.5万吨。有职工200人,其中助理工程师1人、采煤技术员9人;固定资产109万元;年产值300万元,创利税60万元。1998年,停产关闭。

阳泉市郊区程庄村煤矿　位于程庄村,建于1980年,属村办集体所有制企业。地质储量约200万吨,可采储量90万吨,井田面积0.57平方公里,可采煤层5层,总厚度14.35米,平均厚度2.38米。主采3#、9#煤层,距离地面垂直深度平均30米,属高瓦斯矿井,为优质无烟煤。保有储量99.2万吨,年核定生产能力9万吨,实际年生产能力5万吨。有2个坑口,采用斜井开拓。井下采用短壁式开采,坑木支护,工作面区段为畜力运输。1991年安装1套筛选设备,年筛选原煤5万吨,增加产值50万元。到1993年,职工达到120人,其中技术人员20人,均经专业培训合格后,持证上岗。固定资产120万元,年产值达到140万元。1995年后,采用金属摩擦支护,工作面区段运输为220型刮板输送机运输,大巷运输为无极绳绞车运输,各坑口均实现机械通风。主要设备轴流式主扇抽风机,滚筒式提升绞车。2007年,产量3.5万吨,产值达1400万元,实现利税70万元。曾多次被评为区、镇先进集体和纳税大户。同年,在煤炭资源整合中关闭。

阳泉市郊区河南村石灰厂　建于1981年,属村办集体所有制企业,占地1000平方米,从业人员15人。一开始为地窖式生产。即在原地挖个土坑,然后把煤炭块装底部,在中间放引火柴。点燃后,先装一层石灰石,后再装一层煤炭块。如此一层一层地一直装到像"蒙古包"式的样子后,在上面抹上黏土泥。圆顶部要留个出烟的圆孔。燃烧十天左右,石灰就可出窖。一窖能出30吨左右。这是原始的生产方式,生产周期长,产量低,成本高,工人劳动强度大。20世纪后,从业人员增加到18人,采用立窑生产。即靠墙挖一个圆柱状的烧窑,直径3~5米,高10多米,内墙用耐火砖垒砌,于下面2米高处用多根大号钢轨搭撩,然后装填石灰石和煤。在中下部用柴火点燃,后再装填石灰石和煤。这样上面装填,下面每天可以出石灰。每天一支立窑能出石灰30吨,生产效益提高了10多倍。随着村附近

农村钢铁厂的建立,石灰用量逐年增加。20 世纪 90 年代初期,河南村又建起了一支立窑,日生产量提高到 60 吨左右。主要销往苇泊工农钢铁厂、韩庄钢铁厂、上章召钢铁厂,还部分零售给民用建筑。

到 2000 年,由于附近小型钢铁厂的关停及原料的涨价,以及产品销路不畅、效益不佳、环保也不达标等原因而停产关闭。

阳泉市郊区东村玻璃厂　1982 年,东村从东北引进技术人才,投资 105 万元,建成第一盘九缸圆炉,开始生产。属村办集体所有制企业。主要产品有灯罩、冷水具、茶杯等,生产方式为人工吹制,产品销往全国各地。到 1984 年,累计总投资达到 360 多万元。生产规模由 1 盘炉发展到 3 盘炉,从业人员 131 人,年产值达到 150 多万元。产品发展到水具、酒具、茶具,鱼缸、灯具等 20 余个品种。1988 年以后,受到销路不畅等众多因素的影响,于 1991 年停产关闭。

阳泉市郊区燕龛村煤矿　位于燕龛村北后底沟口,1982 年开工建设,1984 年建成九尺坑口,正式投产。共计投资 5 万多元,属村办集体所有制企业。地质储量 957 万吨,井田面积 0.36 平方公里,主采 9# 煤层,为优质无烟煤。保有储量 165.01 万吨,年核定生产能力 9 万吨。适用于工业发电。1991 年实现机械化开采,并购置配备了 1 套筛选设备。1993 年,产值达到 140 万元,实现利税 70 万元。2008 年,在煤炭资源整合中停产关闭。

阳泉市郊区山底村煤矿　建于 1962 年,为村办集体所有制企业。井田面积 1.09 平方公里,可采煤层 5 层,分别为 6#、8#、9#、12#、15#,总厚度 11.3 米。主采 15# 煤层,平均厚度为 6.5 米,距离地面垂直深度平均 80 米,为优质无烟煤。年核定生产能力 9 万吨。1978 年改革开放以后,先后建设 5 对生产矿井,分别为官道沟 15#、12#,庙沟 15#、12# 和柳沟 15# 坑,均采用斜井开拓,15# 煤层采用高落式采煤法,12# 煤层采用短壁式采煤法。支护方式采用半圆拱料石砌碹和梯形木棚混合方式,工作面区段采用信号柱、把门柱、戗柱、锁口棚等支护形式,大巷运输采用单钩串车的运输方式,各坑口均实现抽出式通风。技工人员都经区培训中心培训合格后,持证上岗。

经过 20 多年的开采,有的矿坑资源枯竭,庙沟 12# 坑口于 2000 年 12 月关闭,官道沟 15# 坑口于 2002 年 8 月关闭。在煤矿安全秩序整顿中,柳沟 12# 坑未通过验收,2005 年底被列入关闭矿井。在煤炭资源整合中,官道沟 12# 矿井因单坑面积达不到 0.8 平方公里,储量达不到 200 万吨,于 2007 年年底政策性关闭。2009 年,经过兼并重组整合的山底煤矿庙沟 15# 坑归属于山西阳泉郊区牵牛山煤业有限公司,为整合保留矿井。此后一直未确定开采方式,到 2014 年处于暂时停产状态。

阳泉市郊区龙光峪煤矿 位于前龙光峪村刘家沟,建于1984年,属村办集体所有制企业。地质储量60万吨,可采煤层为15# 煤层,为优质无烟煤。采用斜井开拓,井下采煤方法为电钻开采落煤,各坑口均实现机械通风。主要设备有主扇1台、主绞车1台、干变2台、电机4台、开关5台。产品销售除自销外,另与郊区煤炭运输公司统销相结合。1986年,从业人员20余人,年产量1.5万余吨。1987年8月发生大面积塌陷事故,致使原固庄煤矿供水泵站、国防电缆及阳盂公路受损。1993年,因资源枯竭而关闭。

阳泉市郊区西沟村煤矿 位于村的东北面,东北毗邻阳煤集团一矿矿区,西北毗邻山西省阳泉荫营煤矿矿区,距石阳公路约4公里,交通十分便利。属村办集体所有制企业。占地面积为6298平方米,井田面积1.4平方公里。1984年建成投产,共投资56万元。可采煤层为3# 煤层,煤炭发热量高,为优质无烟煤。有职工60人,其中特工种人员20人。2001年,固定资产达到300多万元,年产量2万吨,销售收入100多万元。到2005年10月,由于煤矿整顿、资源整合重组而关闭。

阳泉市东村乡钙塑制品厂 位于东南沟村,建于1985年春,当年12月投产。占地面积约40亩,建筑面积约5500平方米,建设投资约300万元。主要生产钙塑制品及包装箱(替代纸箱),还生产地膜及条形彩色塑料布。所需原料为聚乙烯、聚氯乙烯、聚丙烯等化工原料,生产方式为一条龙生产,是当时比较先进的生产厂家。时有工人200人。但是由于受计划经济体制的制约,所需原材料供应不能满足生产需要,常常是时干时停;而500kW变压器属大马拉小车,费用高,因此企业在1993年被迫停产。

阳泉市郊区西沟村活性炭厂 位于西沟村口芽坡,1986年3月开始筹资建厂,1987年正式投产。占地面积3065平方米,总投资36.95万元。属村办集体所有制企业,有管理人员5人,职工30人。年产活性炭2000余吨,总收入200余万元。产品销往北京、天津、唐山等地。到1993年年末,由于销路不畅及环境污染严重等原因关闭。

阳泉市郊区邓家峪煤矿 建于1986年,为村办集体所有制企业。保有储量104.67万吨。井田面积0.21方公里,可采煤层为15# 煤层,为优质无烟煤。年核定生产能力9万吨。(另有12# 坑,建于1987年,井田面积0.93平方公里,保有储量314.95万吨,年核定生产能力9万吨)。采用斜井开拓,各坑口均实现机械通风。主要设备有选煤台、铲车、筛选机、煤溜、绞车、汽车、主扇等47台(套)。基本实现半机械化生产。有机械筛选设备,可分选大块、中块炭,提高了产品销售价值。煤炭主要靠公路外销,少量由铁路外运。1993年,有职工300人,固定资产200万元。年产原煤10万吨,年产值600万元,上缴利税72万元。2008年,在全省煤炭资源整合中停产关闭。

阳泉市康裕实业公司煤矿 位于固庄村小燕坡，建于1983年。1984年，小燕坡坑口建设完工。坑口至下主巷道用块石砌碹，铺设了轻轨，粉刷了墙壁，安装了电灯并配有回风井以及安全设施。1985年投产，属村办集体所有制企业。井田面积0.33平方公里，地质储量210万吨，可采储量140万吨，可采煤层为12#、15#煤层，总厚度10米，平均厚度分别为2米、6米，为优质无烟煤。采用斜井开拓，井下采用高落式采煤法和倒柱式采煤法。坑口安装120马力绞车提升，巷道安装调度绞车运输，工作面区段运输为煤溜、绞车运输，井下完善排水设备及输水管道，职工佩戴充电式头灯照明。场面使用链式推土机、移动式皮带装煤机和轮式铲车装车。各坑口均实现机械通风。整个生产达到半机械化程度，年生产能力10万吨，当年实际生产6.01万吨，收入124.97万元。

1988年，投资约20万元，安装了筛选煤设备，修建起分大炭、二炭、三炭、面煤4个库的煤台1座，每个库都安装1个煤溜口，方便汽车装运。1989年，与四川省永川市采煤掘进队签订合同，扩大了采煤队伍。投资13万元建起了职工浴室和充电头灯室，之后，不再用固庄煤矿代为头灯充电。

1992年，在西沟又开凿了一个四尺坑口，形成两个坑口出煤。1993年，职工达到162人，其中各类技术人员35人，固定资产257万元。1994年，煤炭年产量增加到7.76万吨，收入490.64万元，分别比1986年增长29.1%和292%。全村村民的工分值也由1986年的每工6元增至每工9.5元。

2001年，为改造磅房过磅条件，在西沟建起磅房并安装称重60吨的电子大磅和电子监控器。

2002年，在全省煤炭生产和销售市场整顿中，公司煤矿于1—4月停产整顿，经省组织的检查验收团验收合格后于5月发证恢复生产。在整顿期间，对丈八坑口、四尺坑口两个坑井，从工作面到运输巷道都进行了全面细致的检查和维修，井下电器一律更换为防爆型设备，随后又投资55万元，新建了变电室；投资16万元，完成双回路供电系统；制定了严格的安全措施和管理制度及操作规程；安装电子监控器、摄像头，对井下生产和瓦斯变动情况以及场面销售进行全天候24小时监控。通过改造提升，实现和市、区、镇煤管部门的联网监控。这次整改，还对全矿职工进行了一周的安全生产培训。特别是对矿长、安全员、瓦斯员、放炮员、代班长及电工都进行了严格的考试，考试合格后，由上级主管部门发给合格证书后持证上岗。当年，煤炭产量达到了7.31万吨，收入897.33万元。

2005年，山西省再次对煤炭行业进行整顿，公司煤矿的两个坑口经历4个月停产维修，验收合格后，丈八坑口开始生产。该次整顿的变化是：井下由高落式采煤，变为壁式开采；由木头棚柱支护更换为液压式支柱；工作面为防护网罩顶并安装链式传动刮扳机出煤。为了安全生产，投资100多万元对四尺坑完成了维修，安装了链式传动刮板机，但一直未恢复生产。矿至此只留丈八坑单井生产。2006年产量5.45万吨，收入达到1694万元。2007年8月27日由于煤矿冒顶，发生重大事故停产。2008年，在全省煤炭资源整合重组中，因年产量不达9万吨的生产规模而停产关闭。

阳泉市郊区邓家峪铸造厂　建于1987年，属村办集体所有制企业。总投资4万元，占地面积2500平方米，建筑面积1500平方米。从业人员30人。铸造产品有各种铁锅、火炉、杂件等共10多个品种、40多个规格。铁锅铸件生产在任家峪铸锅厂退休老工人邓选堂的精心指导下，其质量可与任家峪铸锅厂的“任”字牌铁锅产品媲美，广受用户青睐。大铁锅远销河北省获鹿、定州、新乐等地，民用火炉远销山西省太原、定襄、原平、忻州等地。1987年，全年生产铁货40多吨，完成产值12万元。1988年后，生产规模扩大，从业人员增加到50余人。1992年，全年生产铁货100多吨，完成产值120万元，均为历史最高值。1998年，企业改制，将设备进行了拍卖，厂房实行租赁。经过竞争，有3人以8.08万元的最高应价获得经营权。生产只维持至2001年，终因效益欠佳停产。

阳泉市郊区苇泊线材厂　位于苇泊村，1987年建成投产，占地面积1.6万平方米，总投资200万元，安排劳力60多人。属村办集体所有制企业。主要产品有6~8毫米盘条、10~16毫米螺纹钢及圆钢。20世纪90年代初，年产值一度达到580万元，实现利税20万元。后因企业规模小，不符合市场经济发展的需要，于1996年实施破产。

阳泉市郊区河南村铸造厂　建于1988年，占地面积约1500平方米，投资29万元，由阳泉市铸管厂设计、援建。属村办集体所有制企业，从业人员20人。产品为直径6~30寸多个规格的铸铁上下水管，采用立式半机械化并严格按照国家标准生产，日产量10吨左右。产品除销往寿阳、盂县外，还远销太原、石家庄、沧州、西安、东北等地。到2000年，因PV管大量占据市场，产品滞销而停产关闭。

阳泉市郊区任家峪煤矿　建于1989年，1990年投入生产，属村办集体所有制企业。矿区属沁水煤田阳泉矿区固庄—荫营勘探井田的一部分。保有地质储量186.14万吨，可采储量59.6万吨。开采15#煤层，开采深度840~780米标高。煤层厚度5.75~7.51米，平均厚度6.0米，为优质无烟煤。设计年生产能力6万吨。有2个井口，即主斜井和回风斜井，井田面积0.4298平方千米。采用斜井开拓，采煤方法为仓房式。2005—2006年对采煤方法和相关配套系统进行升级改造，矿井生产能力提升为9万吨／年。

采煤方法改为壁式炮采放顶煤法，全部垮落法管理顶板。采煤工作面顺槽长80~100

米不等,工作面采高 2.0 米,放顶煤高度 4.0 米,循环进度 0.8 米,采用 ZMl2D 型煤电钻打眼放炮落煤。工作面和顺槽各铺设一部 SGB—420／30 型刮板运输机运输,工作面支护采用 DW22 型单体液压柱和 DFB2000—3000 型 π 型钢梁铺顶金属网支护,最大控顶距 3.0 米,最小控顶距 2.2 米。在地面主斜井井口处安装一台 JT1200／1030 型矿用单钩提升绞车,担负原煤提升和材料设备运输。提升坡度 16°,斜长 380 米,提升每钩串车 6 辆。运输系统为采煤工作面原煤—工作面 SGB—420／30 型刮板运输机—顺槽 SGB—420／30 型刮板运输机—采区运输巷"U"型矿车接车装煤。TD—1 型调度绞车轨道牵引—主运输巷及井底车场—主斜井口 JT1200／1030 型绞车提升至井口地面车场—振动筛进行煤炭分离。矿井通风采用边界式通风方式,机械抽出式通风方法,主斜井为进风,回风斜井回风。回风斜井井口安装 2 台 FBCZN13 型轴流式通风机,电机功率 55 千瓦,一台工作一台备用,矿井总进风量为每小时 1538 立方米,总回风为每小时 1628 立方米。安全监管方面,矿井装备了 KJ99 型安全监控系统,系统内安装有 KJF123 型分站 3 台,可配接设备容量为 16 个传感器输入。井下分站布置于井底配电点,对瓦斯、风速、局部通风机开停状况、风门开关进行实时监测,并且每班配备专职瓦斯检查员,携带光感瓦斯监测仪器进行监控。供电系统方面,在地面主斜井口附近,建有一座 10kV 变电所和 0.4kV 低压配电室。设有两回路 10kV 电源线路,其中一回路引自任家峪变电站,另一回路引自苇泊变电站,一回工作,一回备用。分别对 15# 煤坑实施两回路专线供电,对地面其他动力和照明等实施单回路供电。由地面高压配电室引馈出专用 10kV 两回路电源线,沿主斜井、井下车场至中央配电室。井下中央配电室内设 6 台 PBG—50/10Z 型高压开关、2 台 KS9—200kVA／10／0.4kV 型电力变压器、2 台 BKD—400 型馈电开关,分别对采煤工作面、运输设备、局扇进行配电,并实现风电、瓦斯电闭锁。

为规范和加强安全管理,预防灾害发生,矿井制定各类安全规章制度和灾害预防安全措施及应急预案,定期对特工种人员和全体职工进行安全教育培训,提高全员安全责任素质。加大安全投入,有效地促进矿井的安全生产和经济发展。2008 年,矿井在籍人数 240 人,其中特工种人员 31 人,全年无一起伤亡事故。总产量 64214.1 吨,总销量 62515.85 吨。同年 10 月,在全省煤炭资源整合重组中,因不达相关规定要求而停产关闭。

阳泉市郊区关家峪煤矿　为 1991 年在村西坛坛沟的新建矿井,属村办集体所有制企业,1994 年改名为阳泉市隆丰实业公司煤矿。斜井开拓,主采 15# 煤层。井田面积 0.645 平方千米,储量 341 万吨(包括 12#、8# 煤层),其中 15# 煤层储量 111.2 万吨,可采量为 39.62 万吨,设计年生产能力 9 万吨。采煤工作面走向长 60 米,工其中作面长 25 米;采高2米,放顶煤4米。主要开采工艺为:挂顶网—打眼放煤—出煤移架—剪网放顶煤—移溜子放顶煤爆破落煤。炮眼三花布置,眼距1.2米,眼深1米。顶板支护采用单体支柱Π型梁联合支护。回采工作面采用单体支柱配Π型梁支护顶板,一梁三柱布置,设置三排支柱,柱距0.75米,排距0.8米,顶板管理采用全部垮落法。矿井通风由一个主斜井和一个回风斜井、两井筒组成,采用中央并列式通风系统,机械抽出式通风方式。工作面通风采用N—11.1kW局部扇风机通风,井下进、回风巷道之间设置正反双向风门风桥,掘进巷道设置调节风门。废弃巷道用挡风墙及时永久密闭,进、回风巷道建有测风站。回风斜井安装FBCDZ—6—NO13防爆轴流式通风机,另有同样型号的通风机 1 台备用。每班设通风员1名,随时检测风速、风量。工作面运输采用刮板运输机,型号为SGW—320/30型直接落入矿车。井下大巷运输为JD-11.1、JD—25型调度绞车、矿车接力运输。在主斜井安装一台单滚筒矿用提升绞车进行坑口提升,配备电机30kW,每次提升5辆0.75t标准矿车。煤炭运出坑口后进入振动筛分选。煤矿供电电源采用10kV高压架空供电线路, 架空导线选用LGJ—50钢芯铝绞线,钢筋水泥杆架设。地面设10kV变电所输出供电,并备发电机1台为停电时使用。地面负荷全部为380V/250V,井下采用660V/127V供电。2005年,改为双回路供电。井下低压设备供电采用MYP—0.38/0.66矿用橡套电缆,煤电钻用MYP—0.3/0.5型电钻电缆。井下照明选用矿用隔爆节能荧光灯和报警矿灯。地面主提升机和主通风机采用双回路供电,井下低压采用DW80型防爆型自动馈电开关作为坑下供电总开关。

为加强安全管理,每班都配备专职瓦斯员,并配备瓦斯报警仪。一旦发现瓦斯超限,及时采取处置措施。放炮时必须严格执行操作规程。一切电器使用、矿车运输必须按要求标准严格执行。排水泵备同型号水泵三台,一台工作,一台检修,一台备用。地面设防火消防水池,井下设消防管路,井下车场、排水房配备灭火器。调度室安装矿用程控通讯交换机,地面变电所、井口房、风机房、灯房、办公室及井下工作面、主要机电室,井底车场等处都安装电话分机。矿山救护由阳泉市军事化矿山救护大队负责。2008年,因井田面积不达0.8平方公里,政策性停产关闭。

阳泉市郊区燕龛乡曹家掌村煤矿 建于1991年,为村办集体所有制企业。地质储量112万吨,井田面积0.57平方公里,主采3#煤层,为优质无烟煤。保有储量159.12万吨,年核定生产能力9万吨。适用于工业企业的燃料、原料及发电等。采用斜井开拓,井下采用短壁式开采,大巷运输为无极绳绞车运输,通风采用机械方式,回风井设有30千瓦离心式抽风机,坑下工作面都安装数量不等的局扇。1991年,安装筛选设备。1993年,有职工100余人,固定资产60万元,年产原煤4万余吨,年产值88万元。2008年,在全省煤炭资源整合中停产关闭。

阳泉市郊区小沟煤矿　建于1992年，距阳盂公路1公里，为村办集体所有制企业。井田面积为0.74平方公里，地质储量403万吨。主采12#煤层，为优质无烟煤。保有储量125.8万吨，年核定生产能力9万吨。采用斜井开拓。原煤除供应本市化肥厂外，大部分销往河北等地。1993年，有职工213人，其中技术人员36人，固定资产65万元。年产值400万元，创利税40万元。2007年，在全省煤炭资源整合中停产关闭。

阳泉市郊区东村乡大河北耐火粉厂　建于1992年，厂区面积4764平方米，建筑面积772平方米，属大河北村办集体所有制企业。主要生产各种不定型耐火粉、骨料、浇注料等系列产品。产品主要销往东北、山东、内蒙古等地，1993年有职工30人，固定资产30万元。年产量2000吨，年产值60万元，上缴税金7万元。1994年，由于管理不善、产品质量低、品种单一、市场销路疲软等原因关闭停产。

阳泉市郊区牵牛镇村彩釉地墙砖厂　1994年动工，1996年竣工。属村办集体所有制企业。占地面积14613.17平方米，建筑面积5935平方米。有自动辊道窑3座，生产线3条，颚式及锤式破碎机、雷蒙磨、造粒机、摩擦压力机、球磨机、石碾碾、皮带输送机等主要机械设备30台(套)。主要产品有300×300×9(毫米)、300×150×9(毫米)、300×83×9(毫米)等不同规格、不同色彩、不同图案的地板砖、内墙砖、外墙砖。生产技术从河北唐山耐火厂引进。1997年，从业人员达到130人。2001年4月后，因产品质量落后，不能适应市场需求，产品滞销。虽经整顿及技术改造，但终因资金、技术等因素的制约，于10月停产。2003年8月，该厂由河北一麻姓老板租赁经营，生产"彩虹牌"广场砖。但因环境污染严重而得不到有效治理，2005年彻底关闭。

第九节　驻地企业

发展综述

20世纪50年代初，依托丰富的矿产资源，阳泉市在河底村界牌梁建成河底硫铁矿、在北庄村皇上沟建成燕龛煤矿、在红土岩村西南部建成红土岩煤业社，镇境内有了市属驻地企业。1954年1月1日，牵牛镇磺业生产合作社成立，业务隶属于阳泉市手工业生产合作社联合社管理。1958年9月，随着市手工业联社在苇泊村建成山西省地方国营苇泊钢铁厂后,任家峪铁业社和河底铁业社并入该厂。同年,在河底成立的木业、铁业和锄业3个生产合作社和中佐村铁业合作社合并,组建成立了河底人民公社冶炼厂;大搞钢铁运动结束后,改名为河底人民公社铁木农具修造厂;1962年,转为阳泉市手工业管理局直属企业,更名为铁木农具生产合作社;1967年,更名为河底铁木农机具修造厂;1969年10月,下放为郊区直属企业。其间,1964年,苇泊钢铁厂随着产品的转换更名为玛钢厂;1965年,南峪村铁业生产合作社由公社企业改属为市属集体所有制企业。1970年10月,市革委将市手工业管理局管辖的镇境内的红土岩煤业社、河底农机修造厂、河底混合社3个集体所有制企业划归郊区,属区革委工交办主管。1971年1月1日,河底农机修造厂和阳泉市农业机械修造厂合并,名为“711”农机厂。2月,红土岩煤业社和河底混合社分别更名为红星煤矿和河底红升综合厂。6月,又分别更名为红土岩煤矿和河底红卫综合厂。1973年6月,“711”农机厂又分为原先的两个厂,前者名称不变。1974年,全民所有制企业阳泉市化工一厂和化工二厂在南峪口建成,属阳泉市化学工业局管理。1976年,河底红卫综合厂生产出口地毯,1978年更名为阳泉市毡毯厂。20世纪80年代,区属企业矾窑煤矿程庄接续井建成。1980年7月,阳泉市手工业管理局改称阳泉市第二轻工业局,镇境内属市手管局管理的企业改属市二轻局管理。1982年1月,正式建立山西省阳泉固庄煤矿,镇境内有了省属企业。1984年4月,郊区成立手工业合作社联合社,镇境内的区属企业归其管理。

1986年,郊区成立第二轻工业局,和郊区手工业合作社联合社合署办公,镇境内的区属企业归其管理。1987年2月,区政府决定实行行业归口管理,将红土岩煤矿划归区煤运公司管理。1988年,阳泉市毡毯厂引进开发氮酮(渗透剂)化学产品。到1990年,河底硫铁矿经过40年的建设,发展成一个拥有注册资金1380多万元的全民所有制企业。有职工680多人。1991年,阳泉市毡毯厂改名为阳泉市化学助剂厂。

1994年以后,随着市场经济改革的深入发展,镇境内区属企业经历了放权让利和承包经营阶段。但体制不顺,机制不活、产权不清、权责不明、政企不分、管理不善、经济效益不佳等问题逐步显现并加重。到1995年,地面企业基本处于停产或亏损状态。区委、区政府针对存在的问题,采取了多种措施盘活镇境内的区属二轻企业,但最终收效甚微。1996年后,逐步对镇境内区属二轻企业实行了关停、破产或重组。

镇境内的市属企业中,影响较大的为任家峪铸锅厂。自1965年后,该厂在铁锅生产工艺上进行了多次重大革新,走上机械化生产的道路。铁锅产品多次在全国铁锅产品评比中名列前茅,声名大振。二十世纪八九十年代,该厂生产的铁锅产品销量盛极一时,往往供不应求。

1997年,市属阳泉市燕龛煤炭有限责任公司在程庄村建成。20世纪90年代中后期,市属地面企业或破产后改制重组,或停产,或关闭。2000年后,区属地面企业全部关停或破产。2008年后,区属煤矿企业在煤炭资源整合中或关停或并转。到2014年,镇境内正常生产的驻地企业只有阳泉市铸铁制锅厂(任家峪铸锅厂)和山西省阳泉固庄煤矿。

企业选介

省属企业

山西省阳泉固庄煤矿(阳泉二监)间隔位于固庄至苇泊村西。前身系山西省阳泉荫营煤矿的一个生产坑井——固庄九尺平硐。1965年7月1日,固庄九尺平硐建井工程正式破土动工,1969年10月矿井简易投产,1971年12月正式生产。到1981年,原煤产量已突破原设计生产能力,达到46.3万吨,累计生产原煤303.24万吨。1982年1月从山西省阳泉荫营煤矿分出,正式建立山西省阳泉固庄煤矿,隶属于山西省劳改局。井田总面积17.3平方公里,地质储量25017万吨,可采量16049万吨。煤质优良,煤层埋藏浅,储存稳定,便于机械化大规模开采。至1993年年底,采煤机械化程度提高到100%。

1998年10月,建成投产全国最大的超微细煅烧高岭土生产项目,进一步壮大该矿的非煤产业,增加了新的经济增长点。

2007年,全面实施年度预算管理,全面推行采购责任终身制。12月,被山西省总工会评为“企务公开先进单位”。2008年4月,被山西省环保局评为“山西省生态示范矿井”。

2014年,始终把安全工作放在高于一切、重于一切、先于一切的位置,不断强化大安全理念,继续严格执行矿领导带班制度。4月,被评为“山西省模范单位”;6月,再次被评为“山西省文明和谐单位标兵”。全年生产原煤93.69万吨。

市属企业

阳泉市任家峪铸锅厂位于任家峪村。明、清时期,任家峪村依托丰富的煤炭资源,已有了手工业的冶铁铸造,产品为车川、车键(铁轮车配件)。到民国7年(1918),炼铁土炉发展到40盘,大部分为地主富农经营,雇用工人约200人。日军侵华期间,曾一度停产。以后逐渐恢复,但发展缓慢。到阳泉解放前夕,土炉只有4盘,工人20余人。

民国36年(1947)阳泉解放后,在党和政府的领导下,当年8月,有84个从事铁业生产的手工业者,以14盘土炉自发组织起“工人合伙炉”,靠土改斗争果实和劳动入股集资为资本进行生产,14盘土炉各计盈亏,每炉6人,按人平均工资。主要生产工具是古老陈旧的“牛撕鞴”(一种扇风用的工具),生产传统产品车川、车键等,日产147公斤,全村统一推销。此后,“合伙炉”不断发展。到1949年,发展到24盘,工人也增至192人,累计生产铁货121万公斤。为了解决供销问题,同年10月,工人合伙炉又组织成为(正式命名)任家峪铁业联社,仍主要生产车川、车键。以统一供应原料,统一推销产品进行生产。年盈1.5万多公斤小米,但因没有健全的基金积累制度,年终即被生产者分光。1950年9月,铁业联社加入阳泉市任家峪供销社,改组为任家峪供销社附设生产部。以炉为单位划分了27个生产小组,生产走向正常。车川、车键销路很好,发动社员自由入股小米共15515公斤。到1951年9月,土炉增至30盘,盈利小米45347.5公斤,积累公积金小米18146.5公斤。并按照手工业合作社章程,改组成立为任家峪铁业生产合作社,选举了理事会,制定统一经营、统一管理、统一计算盈亏、统一工资与积累的管理制度,完全摆脱"单干"形式,开始了集体性质的合作社生产。

合作社建立后,公积金提取率,由过去的8%提高到13%,为扩大再生产提供了资金。1952年年初,改进了生产设备,"牛撕鞴"改为木风机,每炉日产量由165公斤提高到213.5公斤。随着社会的发展,胶轮车代替了铁轮车,滚珠轴承代替了车川,车键,致使车川、车键的销路越来越窄。此时正值抗美援朝时期,生产便转向制造手榴弹壳和地雷壳。手榴弹壳和地雷壳的生产结束了任家峪只能生产车川、车键的历史。社员收入普遍提高,由合作社前的人均每天挣0.5公斤小米,提高到每天挣5升小米的水平。为了进一步发展生产,改进技术,同年6月社员们又把一个月的工资作为股金入股。这样,合作社连股金带积累有了1.8万多元资金。10月,利用这些资金购买了鼓风机、柴油机、煤气机,建成了4盘圆炉。4盘圆炉每天化铁水0.58万多公斤,比土炉提高8倍,成本降低了33.4%,相当于7座木风机炉和33座土炉的生产,节省劳动力88.4%。其间,建立了党支部,选举了监事会,同时自筹资金建起了厂房、机房、办公室和业余学校共41间,安装了电灯设施,添置了1台2.5马力的发电机,靠煤气机带动供全社照明。1953年1月,中华全国总工会参观团到任家峪铁业社进行了参观。

同年6月,随着抗美援朝战争的即将结束,合作社停止了手榴弹壳的生产,少数社员转向"白铁板"生产,大部分社员又重操旧业,铸造车川、车键,但销路不畅。为了扭转被动局面,党支部从外地请来几位铸工技师,试产铸铁水管和火炉,开辟了新的生产门路。

1954年7月,以陈风喜为主,试制铸造做饭、取暖两用火炉获得成功,并开始批量生产。10月,又开始砂模铸锅生产。铸出的锅具有边沿齐整、黑灰皮色、不崩不裂、煮饭不变味等特点。同时,为了改进管理,制定了简易的"四定"(定员、定料、定量、定质)制度,初步实行了计件工资,使生产效率提高了31%,成品率达到95%,当年产量达到2913吨。1955年5月,砂模铸锅的检模工序改为脱模,劳动效率提高7倍。1956年年初,将模具全部变为用水泥渣制作，试行硬模铸锅获得成功，铸造出茶壶、脸盆、犁铧、火口等十几种产品。并生产出5.5米轻型解放式水车，支援农业建设。

在产品更新的同时，铁业社又配备烘炉、炼铁炉，建起1个机工车间，添置了30马力发电机等设备。1956年6月，邓家峪铁业社、固庄磺业社并入任家峪铁业社，职工人数增加到253人，自有资金增加到19.36万元，全年生产铁货1655吨、硫化铁矿石656吨。到1958年9月，任家峪铁业社并入地方国营苇泊铁厂。

1961年，遵照中央关于手工业发展的有关规定，9月18日，任家峪铁业社从苇泊铁厂分出，在旧厂址重新恢复铸锅生产。当时有社员110人，资金只有140元。在该种情况下，社员们主动拿出自己的工具，每人入股30元，因陋就简搞起了2500平方米的厂棚，建起3盘圆炉，购买了5部鼓风机、5台电动机，自制铸锅工具1000多套，基本上形成了铸锅配套生产。1962年，采用硬模铸造，生产走向正常。同年6月，在上海召开的全国物资交流会上获得了广东、广西、湖南、湖北对“广印锅”“广平锅”系列产品供不应求的重要信息后，社员们先后经过80多次研究，两次修改模具、配料，5次改进操作技术，终于试制成功“广锅”系列产品，并开始大批量生产。之后，经过多次改进，使之具有皮薄体轻、有弹性、不崩不炸、样式美观、内外光滑、色泽灰亮、两耳牢固、价格低廉共8大优点。到年底共生产铁货169925件，比1957年全市的产量还高出9倍。

1963年，产品滞销，积压资金达10万余元。为打开销路，根据市场信息，又生产出物美价廉的广把锅、广筒锅、带足两耳锅、笼锅等新产品，投放市场后受到好评。1961—1963年，任家峪铁业生产合作社连续被省、市政府评为“先进合作社”。生产的铁锅，由于原料好，工艺精、质量高，1964年在轻工业部组织的全国铁锅质量评比中，名列第五。1965年，还曾生产出香炉、蜡台、书夹、烟灰缸及一些仿制小动物等10多个品种的铸铁工艺品，并进入国际市场。同年10月1日，易名为阳泉市任家峪铸锅厂。1966年，产量638075口，合格率90%，产值287.6万元，创建厂(社)以来最好水平。该阶段，对设备进行技术改造，把单眼化铁圆炉改为八眼转风炉，后又改建为热风化铁炉，自制了土跑车、锯床等设备，促进了铸锅生产的发展。1970年后，又铸出新疆耳锅、两用火炉等新产品。当年铁锅产量568257口，合格率90.51%，产值264.1万元。1972年，投资8万元，建起长78米、重90吨的铸锅转盘流水生产线。1977年12月，“广六锅”在全省同行业铁锅质量评比中名列第一，被省手工业管理局评为“质量信得过”产品。

中共十一届三中全会后，建立和完善了经济责任制和全面质量管理制度。生产的“任”字牌高级系列铁锅，采用优质灰生铁压铸而成，薄而轻，质地密，表面光洁，边沿齐整，壁厚均匀、节省燃料、使用方便、不炸不裂；铁锅内面经过喷砂和抛磨处理，裸露铁质，便于人体吸收；铁锅外面采用防腐蚀装饰专利技术处理，高温抗氧化能力强，使用寿命长；造型设计为平缓底部，便于吸收热能，节能省时。该铁锅分为筒锅、程锅、召锅、烟锅、广锅5大类，蒸、煎、煮、炒、炖5大系列，有8个规格、58个品种。1979年11月，"广西改锅"荣获省政府颁发的"优质产品"证书。在全国铁锅质量评比中，"任"字牌铁锅被轻工业部评为优质产品。1980年，随着市手工业管理局向市第二轻工业局的变更，成为市属二轻企业。1982年，完成工业总产值118万元。

按照国家质量标准规定，铁锅加热骤冷试验一次不崩不炸为合格，而"广西改锅"在此项试验中，一般在三次以上也不会出现崩炸现象，超过了国家标准。由于产品质量好，其销售也越来越畅销。1983年4月，马来西亚吉隆坡万利源贸易有限公司李耀明特地来信，要购买该厂生产的"阳泉铁锅"及"任"字牌铁锅。1984年5月，省劳动竞赛委员会授予该厂集体一等功荣誉称号。

1985年，铸锅厂总占地面积拓展到16450平方米，其中建筑面积为6652平方米。固定职工224人，固定资产83万元。产品以铁锅为主，火炉、杂件为辅，共23个品种、124个规格。质量合格率均在90%以上，"任"字牌系列铁锅在金国21个省、市、自治区都有销售市场，赢得广大用户赞誉。当年，总产值达到123万元。同时，投资8万元购买了空压机、双缸气压铸锅机等设备。

1987年，挤压铸锅工艺获省优秀推广项目奖。1988年，"任"字牌铁锅再次被轻工业部命名为优质产品。1989年，搪瓷锅获轻工业部优质新产品奖，铁锅防腐蚀装饰技术获国家专利证书。同年，该厂联合全市7个铸锅专业厂家，组建成立"阳泉市铁锅企业集团"，年生产能力达到1万多吨。一直到20世纪90年代前期，"任"字牌铁锅生产、销售都处于兴盛状态，年销量超过70万口，仍往往供不应求。1993年，销售额达到122.6万元。到20世纪90年代中后期，由于受到市场新型锅具的冲击，产品竞争力下降，企业最终破产。1996年改制重组后，名称改为阳泉市铸铁制锅厂。企业性质没有改变，但生产管理变为私人经营，主要产品为锅具、火炉杂片铸件。2014年，有从业人员29人，产量400余吨，实现利税11万余元。

燕煤配件厂。位于燕龛村。1947年7月，根据解放战争和人民群众生产生活的需要，燕龛村党支部书记史达华响应党的生产自救的号召，建起了生产手榴弹壳、八二炮弹壳的兵工厂，名为民生铁厂，即支援了解放战争，又使群众度过了荒年。

中华人民共和国成立后，生产转向民用产品，主要有锄板、铁锅、洗脸盆、蘑菇钉、火炉、炉条、犁铧等。1950 年,为了扩大生产,改名为燕龛手工业联合生产合作社,生产逐步转向矿山设备制作。

1952 年 7 月燕龛村通电后,合作社走向流水线作业、机械化生产,产品也由初期的 30 多种增加到 70 余种。同年 9 月,从北京、天津购回旧汽车 3 辆,有了机械运输。11 月,刹车鼓试制成功,到 1955 年,产品种类上升到 135 种。1956 年,为支援农田水利基本建设,生产水泵 1000 余部。

1958 年,合作社从业人员达到 285 人,产品有大水泵和 14 寸水门等,种类达到 200 余种。同年 11 月,转为地方国营企业,改名为阳泉市地方国营燕龛机械厂。1960 年,机械厂完成了 25 项革新项目,其中锻工车间吹风实现了机械化,铸造安装了夹板锤,钳工创造了螺丝床,铸工实现了运输车轮化,筛沙实现了机械化,技工创造了移动刀架等。2 月 15 日,平定县手工业管理局在燕龛机械厂召开了"技术革新现场流动参观检查促进会"。同年 6 月,改名为燕龛农业机械厂,主要服务于农业生产。1962 年,试制成功锅驼机,与水泵配套出厂。1963 年,生产出小型动力收割机,既能灌溉又能收割。1967 年,除生产水泵、锅驼机、动力收割机外,又试制生产出小型拖拉机,生产机械化程度达到 95%。职工人数达到 360 余人,工厂面积扩大到 6.5 万平方米。

1968 年,试制生产出解放牌汽车缸体、飞轮壳、飞轮盘等产品,并试制成功半自动步枪一支,上交平定县人武部。1973 年,厂名改为燕龛汽车配件厂,归阳泉市交通局管辖,主要生产各种汽车配件。

1984 年,划归阳泉市煤炭工业管理局管辖,改名为燕龛工矿汽车配件厂,生产汽车配件和煤矿机械设备,并进行煤矿机械设备的维修等。

1997 年,并入阳泉市燕龛煤炭有限责任公司,成为该公司的下属单位,厂名改为燕煤配件厂,主要为公司煤炭生产提供设备维修及制造等服务。2014 年,有职工 140 余人。

阳泉市铸管厂。位于上章召村。1951 年,上章召村 100 多个小手工业者,以 3 个月的劳动报酬为股金,集资 3000 多元,成立了上章召铁业生产合作社,并恢复当地传统产品焖铁、炒铁、铁板、连介、京钉和铁锅的生产。以 3 眼窑洞作厂房,厂区占地面积约 800 平方米,有焖铁炉、炒炉、打铁炉共计 10 盘,日产铁钉三包、焖铁 2500 公斤,炒熟铁 900 余公斤。

建社初,社员入股不分红,收入用于扩大再生产。社员多属季节工,农忙种田,农闲做工。采用集中经营,个人领料交货的办法进行生产。1953 年,铁业社与农业社分家,开始单独经营。从燕龛请来铸工技术员郭希智,建起 1 座圆炉。1954 年,安装,1 台 15 马力煤气机,取代了人工鼓风的陈旧设备,焖铁日产量增加到 4500 公斤。

1955年，上章召和下章召两个村的铁业生产合作社合并，更名为章召铁业合作工厂，转为市属集体企业，由市手工业生产合作社联合社管理。其时有职工160人，资金3.3万元。主要生产设备有圆炉4盘、煤气机和蒸汽机各1部，产品以小管件、2米铸铁管为主，兼生产铁锅、京钉、火口、火炉等，工人按出勤、产量、质量实行评分计件工资。1957年4月，阳泉市手工业管理局成立后，企业归其管理。后半年，建起一座6立方米土高炉，扩大土铁产量。年完成利润由1954年的1.78万元增长到3.3万元。1959年，开始采用电力作为机械动力。

1964年9月，对旧设备进行改造。将2米平铸改为4米立铸，建起铸管车间，增加打压设备及吊车和8眼转风炉等，并更名为章召铸造厂。1968年，建成连续铸管线，主要设备有3部铸管机、3台皮带车床，开始执行山西省下达的指令性计划进行生产，铸管产品为75-300毫米管件，1969年增加了500毫米大管件。1970年，郊区大搞农田水利化建设，急需井壁管，该厂便搭起500平方米的席棚车间，生产井壁管。到1972年，铸铁管发展到12个品种，年产量由1968年的1988吨增加到8600多吨。1973年，自制铸管切头机、卷扬机等设备41台(件)，并试验成功白煤化铁等革新项目12项。当年，产量、产值、人均效率、利润均创历史最高水平。1974年，试产成功600毫米大口径铸铁管，将八眼转风炉改为冲天炉。

自办社以来，该厂一直坚持自己能革新改造的设备不买，能修的不丢，能用的不领。化铁过程中，工人们从购进的废钢铁中，分拣出有用材料，存放到1间小窑洞里备用，这处窑洞被职工亲切称为“万宝库”。1972年，厂里改进铸管机的振动减速器，缺少斜齿轮，自己加工不了，外面卖不到，就是从“万宝库”中获得的。

20世纪80年代后，铸管厂以生产承插铸管、直管、楔T型柔性接口铸铁管为主，元钉、井壁管管件为辅。1981年，随着市手管局向二轻局的变更，归属市二轻局管理。1983年，与中国市政工程华北设计院协作试制成功“山泉牌”楔T型柔性接口煤气管。同年，经山西省科委委托阳泉市科委鉴定后，投入批量生产，规格有300~500毫米三种。单根检测，水压达20千克/平方米，气压5千克/平方米，接口气密性压力4千克/平方米，均达到晋573-85标准。1984年生产3400吨，全部供阳泉市煤气公司使用，并获省优质产品奖。生产的“山泉牌”承插铸铁管，直管有100~700毫米、长度4~6米共11个规格。1985年，主要产品有250~400毫米井壁管和承插配套管件，均按国家GB 3420—82标准生产。其中300毫米×6的铸铁管获得山西省优质产品奖，300毫米×6、400毫米×6铸铁管均获阳泉市创优奖。同年，在社会主义劳动竞赛中，荣获省“五一”国际劳动社会主义改革创新二等奖。

1986年9月,铸管厂与上海煤气公司合作,试制500毫米SMJ型机械柔性接口铸铁管,经理化试验,水、气压试验完全达到技术要求标准,并在插口端外表面加工一凹环,安装时放钢质锁环,起承垫和防止插口滑脱作用,并采用内外两层密封圈。这种结构可在不停煤气的情况下即可更换胶圈的特点,是性能比较完善的机械性柔性接口管。

20世纪90年代末,改制重组后,名称改为阳泉市铸管有限公司。但此后到2014年,一直处于停产状态。

阳泉市纺织机械专用器材厂。位于山底村。1951年9月2日,以胜利铁业生产合作社为主,联合山底村福兴炉、同和炉、恒兴炉、联合炉等四家私人合伙经营小炉场的小手工业者,合并成立了阳泉市第一个铁业生产合作社——山底铁业生产合作社。有社员184人,制定并实行"四统四定"(统资金、统人员、统盈亏、统销售,定员、定量、定质、定料)的经营管理方法和累进计件工资制度。合作社还成立理事会,建立社员代表大会制度。

1952年,合作社自筹资金新建了厂房、办公室共26间,购置安装25马力煤气机,推广元炉化焖铁技术,主要生产传统产品——铁锅,被评为华北五省二市"模范生产合作社"。1953年开始生产铸铁水管、铁管,试验成功架子锅,并为阳泉市各手工业生产合作社分批培训元炉化焖铁技术人员和架子锅生产技术人员,被评为"山西省手工业模范生产合作社"。1954年,市联社批准新建再造炉冶炼生铁,工人们每人拿出一个月工资作为股金,购置了45马力蒸汽机、罗茨式鼓风机、五节卧式锅炉、水泵等设备,筹建第一座炼铁小高炉——8立方米小高炉。到1956年秋季投产,代替了再造炉。1957年,又兴建16立方米高炉一座,同年12月7日投产炼铁,再次被评为"山西省手工业模范生产合作社"。1957年后半年,合作社改为山底铁业生产合作工厂,产品仍以铁锅、灰生铁为主,职工发展到256人,当年产值达到88.72万元。1951—1957年,共创造产值330.97万元。

1958年6月1日,山底铁业合作工厂转为山西省地方国营山底铁厂,划给阳泉市冶金局管辖。由国家投资兴建76立方米炼铁高炉,翌年9月1日正式投产,职工人数增到1400余人。1960年灰生铁年产量达3万吨。

1962年,根据国家安排,职工精减到300人,撤销地方国营山底铁厂,重新恢复为山底铁业生产合作二厂。因硬模平锅和灰生铁为主的产品滞销,生产处于低潮状态。1963年7月,大部分工人并入市重工局耐火材料厂,只留一座15立方米小高炉生产,成为耐火材料厂一个铸造车间。1965年前半年,又从耐火材料厂调回一部分工人,重新开了8立方米高炉炼铁,并试验成功高炉出铁直接铸管的新工艺,降低了产品成本,生产得以恢复和发展。从此,产品以铸管为主。

1966年1月,由于生产形势好转,铸造车间又改建为阳泉市山底铸造厂,在耐火材料厂的原有人员复又调回,年产铸铁管3500吨左右。1970年增加了新产品底阀。12月,山西省轻工业局在阳泉召开全省纺织机械配件会议,会上决定山底铸造厂转产1511M型(44")棉织机配件。1971年,山底铸造厂易名为阳泉市纺织机械专用器材厂。省纺织公司出资5万元,作为试制棉织机配件费用。转产布机配件后,针对存在的实际困难,省纺织工业公司累计向该厂投资33万元更新了设备。同时,工厂先后数批派人到上海、石家庄、榆次等有关厂家实习。布机配件品种达300余种,年产量在50~60吨,产值占全厂总产值的20%左右。产品质量达到标准要求,在全省同行业质量评比中,多次名列前茅。1972年、1973年连续被阳泉市手管局评为先进企业。1978年年底,底阀因销路原因停产。同时,因原材料、燃料缺乏及成本过高等原因,12立方米高炉时停时开,全年开炉时间不足10个月。1981年,随着机构变更,成为市二轻企业。至1984年3月,被迫停止炼铁生产。同年9月25日,因布机配件严重积压,企业出现亏损。又重新恢复12立方米高炉炼铁生产。

从1971年至1984年,共创造产值1575.38万元,利润187.9万元。

1985年,厂区面积达66482平方米,建筑面积7200平方米。共有职工290人,其中大学毕业生1人。技术人员有工程师1人、助理工程师1人。年产值达到70万元。到20世纪90年代,随着纺织机械的更新换代,产品逐渐不适应市场需求,到1996年下半年,企业最终停产。

阳泉市玛钢厂。1957年,阳泉市手工业联社在苇泊村开始筹建钢铁厂。一年后,于1958年7月1日正式投产。当时有半机械化程度的高炉5个(2个15立方米、3个6立方米)。由于人员缺乏,同年9月15日将河底、任家峪、三郊、三都四个铁业社同时内迁并入,正式建立地方国营企业苇泊钢铁厂,有职工1570多人。由于原材料缺乏,以及产品质量和供销等方面存在的诸多问题,1961年年初,生产下马,累计亏损达260多万元。同年,根据相关政策,三郊、三都、任家峪三家铁业社迁回原址,剩下的河底铁业社,经过整顿,转产传统名牌产品茶壶、把把锅,转为苇泊铁业合作工厂,有工人200余人。1962年,由于产品滞销,企业濒临停产,经研究决定转产玛钢产品。1963年年底,派出40多人去天津学习玛钢生产技术。外派人员学成回厂后,企业开始生产玛钢产品,并于1964年更名为玛钢厂。

建厂初期,玛钢厂占地面积为34284平方米,建筑面积为13669平方米,固定资产261.3万元,流动资金205.9万元。由于受人员、设备、技术等多方面因素限制,生产规模较小,有1个圆炉、4台辅助设备、4台水压套丝机、6台皮带车床、6台砂轮机,主要生产水暖管道连接件、三通、弯头、管箍等玛钢产品,有13个品种、170多个规格。到1965年,生产持续增长，产品保持畅销态势，职工增加到250多人。1967年，更新部份机械设备，由原来的皮带床手工挑口变为套丝机加工，产品品种增加了四甬、堵头、吊瓶、伸井箍及拖拉机零件。至1976年，工业总产值逐年增长，年平均递增3.76%。

1978年后，企业生产采用了指标承包责任制，产品增加到100多个规格。1981年，成为市二轻企业。1984年后，企业由单纯的生产型转为生产经营型，加强标准、计量和全面质量管理工作。产品质量采用国家GB 3287-3289-82技术标准，实行严格的理化试验，由原来的隔炉化验改为跟炉快速化验。产品的机械性能达到抗拉强度33千克每平方毫米，延伸率≥8%，硬度HB=120—163，水压试验压力24千克每平方厘米（保持5秒钟），工作压力16千克每平方厘米。玛钢件行销全国17个省市。1984年，黑品管件获得市优质产品证书。1985年，企业主要设备有100余台（套），固定资产原值261.3万元，机械总能1329千瓦，职工548人，成为一座年产值为265.7万元，具有机械化生产能力的中型集体企业。在产品方面增加了镀锌管件，改变了品种单一的局面。为了适应市场需要，又由圆边产品增加到方边、无边产品，由普通产品增加到通内外丝、月弯产品，由同径管件增加到异径管件。同年，黑品管件获得省优质产品证书。1986年秋季，在"广交会"上，美国四大石油公司之一的"ATT"公司，通过解剖试验，认为该钢厂产品在工艺及外表光洁度等方面，都超过日本同类产品。同年，黑品管件成为轻工业部优质产品。1990年，并入阳泉市第一钢铁厂。

阳泉市第一钢铁厂。位于苇泊村东侧，1958年建厂，系全民所有制企业，属阳泉市重工业局管辖。厂区占地面积23万平方米，年核定生产能力17.45万吨。原名苇泊钢铁厂，1969年更名为工农钢铁厂，1985年又易名苇泊钢铁厂，1988年8月始定名为阳泉市第一钢铁厂。

1980年后，共投资6200万元，对高炉进行了技改扩建，同时瞄准市场，开发新产品。1983年，实现利润137万元，结束了连续亏损17年的历史。1991年11月，24公斤/米轻轨投入生产，填补了省内无轻轨生产的空白。1992年，省科研项目固态脱核电弧炉炼钢试验成功，该项目属国内首创，年新增生产能力3万吨。同年，高炉上料更换安装了2台SRD工业计算机，实现了准确计量和自动振料。主要设备有25立方米高炉两座，1800kVA矿热电炉两座，10吨电弧炼钢炉1座，中、小型轧机各1套。产品有生铁、6.5~10毫米线材、12~16毫米螺纹钢、12~16毫米直条、4#角钢、8公斤/米~24公斤/米轻轨、60平方毫米钢坯、55#钢锭、硅铁等10多个品种，畅销河北、山东、上海、江苏、四川等近20个省市。1993年时，职工有1570余人，固定资产6700万元，完成产值5200万元，实现利税1105万元。形成了集炼铁、炼钢、开坯、轧钢为一体的中型钢铁企业。之后，随着产业结构的调整，到1999年，最终停产关闭。

阳泉市燕龛煤炭有限责任公司。位于程庄村西，1997年11月成立，属阳泉煤炭运销公司管辖，注册资本1.8亿元。公司所属有程庄煤矿（生产矿井）、燕龛煤矿（暂时关闭）、聚银煤业（控股）、漾泉煤业（控股）4个煤矿和燕煤配件厂，总批复年生产能力450万吨，实际年生产规模为240万吨。新建一座年生产能力300万吨的选煤厂，产品分精煤、小块、中块、煤泥。并新建一条输送能力554万吨单头驱动的空中管状输煤皮带，此为亚洲最长的空中管状输煤皮带，实现了清洁、高效运输。煤炭外运形成了“选煤厂—管状皮带—铁路”的新型运输模式。

公司成立后，先后获得阳泉市安全生产先进单位、阳泉市地方煤炭系统先进单位、山西煤销集团文明和谐先进单位、山西省守合同重信用企业、山西省劳动模范关系和谐企业、全省造林绿化先进单位、山西省百强企业、山西省优秀企业、山西省属企业文明单位、山西省五一劳动奖状等荣誉称号。2014年，有员工2868人，总资产达到22亿元。

区属企业

阳泉市红土岩煤矿。位于红土岩村西南部，隶属于郊区煤管局，为集体所有制企业。始建于1952年，原名红土岩煤业社，归阳泉市手工业管理局管辖，1970年划归郊区。1971年2月改为红星煤矿，6月改为红土岩煤矿。矿区面积2.7平方公里，地质储量3600万吨，可采储量1200万吨。可采煤层4层，总厚度13.7米。主采12#、15#煤层，平均厚度7.5米，距离地面垂直深度平均60米，为优质无烟煤。煤质标准为灰分12.95%、全水分1.29%、挥发分11.34%、全硫分0.78%、固定碳76.59%、发热量7220千卡／千克，含矸率2.5%。适用于民用及化肥工业和其他化学工业的燃料及原料。有两对坑口，采用斜井开拓，采煤方法为短壁式炮采，工作面区段运输为刮板输送机，大巷运输为无极绳绞车，各坑口均实行机械通风。年生产能力12万吨。产品大部分外销邻近省市，部分产品出口外销。1987年，投资70万元建成坑口筛选煤厂，年入选能力12万吨，开创了郊区机械选煤先河。1993年，有职工410人，其中各类工程技术人员13人，固定资产347万元，年产值537万元，实现利税28.7万元。2008年后，在煤炭资源整合中，被列入关闭矿井关闭。

阳泉市矾窑煤矿程庄井。位于程庄村，为矾窑煤矿程庄接续井。1983年开始筹建，1987年建井。井田面积0.366平方公里，保有储量94.93万吨。批准开采3#、9#、15#煤层，主采9#煤层。煤质标准为全水分5.20%、灰分14.09%、挥发分16.0%、硫分0.50%、固定炭68.41%、发热量7650千卡/千克。年生产能力9万吨。2008年后，在煤炭资源整合中，被列入关闭矿井关闭。

第十章　商业贸易

第一节　商品市场

民营商业

明末清初，镇境内商业活动最兴盛的村庄有河底、牵牛镇等村，经营品种有煤、铁、粮油、陶瓷、日用百货、药品、土特产品、烟酒、布匹、文具等 20 余种。组织形式有独资、合资两种，经营方式有坐商、摊贩、货郎担 3 种。明嘉靖四十年（1561）至清乾隆元年（1736）形成的河底古街，成为平定州北地区的商业贸易中心；河底村的商号、摊贩主要集中在东自三官阁、西至普丰阁的一里长街内。东西两阁外 100 米左右，仍有零星的字号铺面。旅店和骡马店、骆驼店散设在街道西处及古河道两岸。清乾隆四十九年（1784）版《平定州志》载：平定州北乡河底镇每逢五、十日集。每逢集市、庙会或临近过年时，人流如潮，商品交易更加红火。

据清乾隆六十年（1795）重修老君庙碑记载，当时的商号有 144 家：亨源号、长喜好、兴盛隆、永祥居、万吉号、义远号、永来号、德隆号、永和公、聚源号、永茂号、天顺号、广德号、恭成号、王茂号、义成利、大来号、天长盛、宏恭广、信号、永盛号、广盛号、万兴号、泰来号、源丰号、永顺号、增万盛、茂盛号、广泰号、永成号、公兴号、兴盛号、顺和号、万裕号、同泰号、复泰号、人和号、瑞兴号、德丰永、裕成号、既翁号、通盛号、福隆号、三益号、上元号、亨泰公、永和号、顺义号、天锦号、恒太号、天保号、日章号、兴德号、永兴公、英盛号、金盛号、聚盛号、隆泰号、协成号、同裕号、便义号、集成号、同合号、泰成号、永兴号、吉广号、忠盛号、义和号、松盛号、万金号、隆盛号、保泰号、复兴号、魁盛号、松茂号、玉远号、德成号、崇德号、锦泰成、和合义、天顺泰、锦隆德、王成号、万义号、会锦号、西合号、元盛号、宝兴号、天昌号、兴成号、万昌号、晋和号、恒泰号、晋丰号、同心号、天成号、太亨号、如意号、望升号、元盛号、盛隆号、恒盛号、合成号、广和号、万和号、永顺号、和顺号、福顺号、三合店、广和店、兴成店、天成店、义心店、至公馆、祥云号、万顺号、文兴号、锦成号、天顺号、永和号、久兴号、三元号、祖元号、和成号、玉和馆、合心馆、合义馆、义成局、福兴局、如意骠、天长当、永兴当、晋隆当、福德当、祁县花店、昌盛铁店、顺义布铺、义合铁铺、永和油店、福兴布铺等。

初为永义成、庆记号,1953 年后为手工业合作社的前店后坊的前店(图 10–1)

清嘉庆年间，河底村街上出现了一种“前店后场(坊)”式的建筑物,即前面是店铺、后面是作坊。前面的店铺用于展销,后面的工场(作坊)用于加工、制作。这种把生产、销售连接在一起的经营方式，反映出当时商业的发展已非常兴盛，同时映衬出手工业生产也相当发达。作坊的产品种类较丰富,主要有食品酿造和加工、铁木器具制造、毡毯制作及服装、药材、皮革加工和土布印染等。这种前店后场(坊)的经营形式,一直延续到 20 世纪 70 年代。

清同治年间,河底村元兴盛药店开业。传至民国 30 年(1941),分设元兴恒(西元兴盛)、源兴胜(东元兴盛)。其时,有名气的药店除元兴盛外,还有同德堂、裕德堂、德生成、广胜德、德盛长、德胜隆、福隆元、同巨德、玉德堂等多家。

清末至民国 27 年(1938),河底村的商业更趋繁盛。这一时期,有坐商 105 家,小商贩摊点 40 余户,从业人员共计 460 余人。当时较大的字号有靖成玉、德合胜、大顺公、元兴盛等 10 余家,从业人员一般有 10 余人,多的有 20 人左右。延续多年的字号有大顺公、德合胜、元兴盛、兴泰隆、崇义成、福兴永、晋元永等 20 余家,短的有 100 余年,长的有 200 余年。当时,不少流动商贩将河底特产铁茶壶、把把锅、樊性铁铮、火炉等铸铁产品和锄板、铁锹、梢锢、蘑菇钉、门环、泡钉等农用锻造产品,以及牵牛镇村的瓷瓮、瓷盆、瓷罐、瓷碗等瓷器运销北京、天津、河北、内蒙古、河南、山东、东北、新疆等地。本省的盂县、寿阳、五台、忻州、朔县及河北的平山、井陉、获鹿等地商贾则多用驴、骡、骆驼及货担(俗称“常脚”)将当地特产莜面、荞面、胡麻油、柿子、柿饼、红枣、黑枣、核桃、花椒、碱块等驮运至河底镇境内销售。然后换取铁货、瓷货等产品又销往他地。

抗日战争爆发前,河底商业的经营门类分别有杂货行 12 家:靖成玉、靖成泰、广盛茂、兴盛魁、德合盛(南)、德合盛(北)、德义长、德义永、天和源、同泰和、同义和、恒盛公,棉麻布、戏装、百货行 14 家:义盛祥、积和祥、广隆公、益元德、增福长、复兴隆、福兴永、增义胜、范布店、三义德、广兴裕、万和隆、崇义成、增广兴,粮油行 8 家:永义祥、惜三堂、金长盛、兴泰隆、泰合永、二喜堂、福元义、立生,铁货行 16 家:永元成、永义厚、自成公、三合成、福隆成、大有恒、万义德、永义宫、兴和成、永义成、益顺德、大顺公、永太德、兴和成、同仁泰、德庆公，药店行11家：同德堂、裕德堂、德生成、广胜德、元兴盛、义元生、德胜隆、德盛长、福隆元、同巨德、玉德堂，饭馆、店房行11家：永成祥、福隆店、天成店、骆驼店、元合店、晋和店、同兴店、天义泉、晋元永、万和馆、光才店，文具、书店行2家：义兴成、具盛书局，茶店2家、晋盛长、合义堂，当铺1家、永茂当，钱铺1家、两义生，赁货铺1家、永胜魁，手工业加工、皮铺行4家、魁盛成、元盛和、同合成、仁义长，酱醋、烧酒加工行2家、春生永、宝元有，麻铺行2家、天胜麻铺、永聚成，银匠打制行2家、纯积楼、宝和楼，靴铺1家；张万茂，染房铺2家、怀盛永、隆盛，理发铺3家、福顺堂、李小秃、沙和尚。此外，还有三义炉等钉蹄铺2家，庆合永等赶毡铺2家，掌箩、绞簸箕铺3家，鞍铺2家和补锅、修锁、烟具配套、打制用具、编席、编筐、铁货绑架、骡马牙行以及集市、小商小贩各摊点等40余家，共计145家。

明清时期，牵牛镇村也发展成为盂县东南乡的重要集镇。明嘉靖三十年（1551）版《盂县志》卷三"关市"载："牵牛山市在县东三十里路通北直隶获鹿县""瓷器之货较之他物乃盛。"清乾隆四十九年（1784）版《重修盂县志》卷四"乡堡附市集"载：盂县东乡设有四市，其中"牵牛镇市四九日集。"清道光二十六年(1846),有各种商号68家；三益德、永庆成、四合花店、德泰新、允计店、锦泰店、万长店、义合店、义和号、万口成、公义生、福泉店、天顺店、天庆店、德源永、口恒盛、和合公、广盛号、兴顺口、义和成、口益恒、恒通顺、广泉号、永成号、广成号、聚盛兴、德和口、义成号、信成号、万丰号、天成号、兆丰号、福陞店、复成店、合成店、口吉店、义兴号、谦亨当、中孚德、德和昌、瑞立成、福和楼、昌丰德、恒泰号、获邑花店、隆盛成、益𡘙公、永隆号、恒益成、天泰公、聚和成、复兴隆、隆泰永、四合成、庆和木店、世兴炉、恒兴远、天锦盛、天泰染坊、大西店、吉泰当、允顺兴、兴成木店、涌泰诚、天德恒、万盛玉、裕盛德、元合店。清道光年间有名气的字号有广来德、恒义公、广兴公、天泰公、庆隆元、允顺心、昌记染、四合成、世兴炉、四兴成、益兴王、采连成、鹿泉涌共13家。牵牛镇村王汝瓒精通岐黄，有匾曰"儒医"。清咸丰年间，刘清秀有"儒医"之称。中华民国年间，李锡恩继承父业，辞教从医，自开诊所药铺。

清光绪七年（1881）版《盂县志》卷六"关市"也载"牵牛镇市四九日集"。当时村内的商贸活动多集中在官厅、小街、集场、观音阁、官洞、三甲阁、三观桥等东西长约0.5公里的路上。其中一段仍称之为小街。

清末至民国初，燕龛村较大的商号有三家："三和堂"杂货铺，史中铎开设，经营粮油、酱醋、棉布、百货、日用杂品，后经营中草药材并行医治病；"永德成"杂货铺，史中铣开设，以经营粮油为主;“中和镇”锄炉,以打制“京东锄”为主要产品,生产销售为一体。小一点的还有酿酒销售、食品加工销售、饮食、旅店等行业。河底村商业经营者 146 户,其中外来者占本村人口的 10.4%。

民国 26 年(1937)10 月,日军入侵镇境内后,实行经济统治,将该地划为治安区,来往通商被堵,市井萧条,百业凋零。其时,河底村倒闭商号 70 余家,牵牛镇村坐商仅存 5 户。

民国 35 年(1946)河底村工商业基本情况表

表 10–1　　单位:斗(折米)、人

经营种类	字　号	从业人员	营业额	纯收入
棉布百货	亨记	6	761.11	611.11
	复兴永	4	691.11	611.11
	广兴裕	4	279.99	199.99
	增胜兴	1	133.5	100
	无字号的 16 家	26	1441.02	880.02
杂　货	万茂恒	1	97.5	40
	无字号的 54 家	71	5312.18	2764.44
米面粮油	瑞　记	4	353.5	250
	本立生	3	336.8	227.3
	无字号的 12 家	22	2633.03	1671.03
药　材	同寿堂	2	156.1	111.1
	源兴胜	8	550	410
	德盛昌	5	764.17	666.67
	元兴恒	5	764.17	666.67
	义元恒	8	712.29	499.5
	义元生	8	438.1	357.1
	同居德	2	272.3	227.13
	三合成	1	67.5	40
	无字号的 3 家	3	458.49	261.43

续表 10-1

单位:斗(折米)、人

经营种类	字　号	从业人员	营业额	纯收入
书　籍	义兴成	4	145.49	99.99
	具盛书局	2	85	40
	无字号的 1 家	3	150.6	111.1
铁　货	仁　记	6	242	150
	长胜公	10	1010	825
	无字号的 4 家	7	461.59	298.59
旅　店	三星店	1	173.6	111、1
	三义店	1	95	40
	晋和店	4	307	250
	无字号的 8 家	15	842.58	448.58
酿　造	2 家(无字号)	6	488.63	379.13
肉　铺	1 家(无字号)	1	60	32.5
皮　铺	元盛和	6	644.5	529.5
	福泰隆	2	212.5	150
	无字号的 3 家	8	562.25	383.25
银匠铺	宝和楼	2	156.5	111.5
银匠铺	崇盛楼	2	162.1	111.1
掌　箩	义巨厚	4	230	150
鞍　铺	1 家(无字号)	1	138.6	111.1
木匠铺	5 家(无字号)	10	460.59	218.09
染　房	全记	4	230	150
	槐盛永	6	307.8	227.3
编　席	2 家(无字号)	3	216.5	190
麻　铺	2 家(无字号)	4	417.3	327.3
烟袋业	1 家(无字号)	1	65	37.5
牙　行	2 家(无字号)	4	218.75	108.75

抗日战争胜利后，部分字号逐渐复市，新的经营者也不断增加，商业贸易逐步复兴。

民国36年(1947)5月阳泉解放后，人民政府实行贷粮扶商政策，境内商业得到恢复。次年，河底村商业联合会成立，管理工商业各项事务，并帮助政府稳定私商，巩固和发展工商业。至1953年，各类工商业户稳定在136户，其中独资商业133户，合资商业3户，从业人员168人，全年销售总额达4582万元(旧币)。同年，原经营铁货的商业归铁业生产合作社统一管理销售。其时，部分私商、摊贩害怕国家政策有变动，提前申请报闭，到年末，经营户数减少57家，从业人数减少60余人。1954年，棉布、粮食实行统购统销，经营棉布、粮油的商户，归供销社统一管理。1955年，国家对工业、农业、资本主义工商业进行改造，采用合营的方法，使私营商业逐步纳入国家计划规道。河底的79家商户、108人按类组成4个商业小组，直接由商会管理。1956年1月，牵牛镇15户私营商户，按类归口手工业联合社及供销社。河底工商兼营者8户39人(资金18838元)转入阳泉市手工业联合社，6户13人经申请批准过渡到河底供销社；47户、51股(人)组成一个公私合营总店，分设棉布、百货、日杂、药材、估衣5个店(组)；4户组成一个合作小组；7户、10人转为河底供销社代销员。国家对公私合营总店的28164.44元私股资金实行赎买政策，付给定息。当时股金达1000元以上的共有7户，最多的为元兴恒(2股)5200元，其次为复兴永(巩风山)3812.42元。政府在公私合营企业派有公方代表，并妥善安排私方代表担任企(商)业领导职务。1958年，又有坚持自营的6户6人申请参加了公私合营总店。同年9月，总店药材组7户11股(资金11400元)撤出总店，归供销社管理。1959年10月转入阳泉市药材公司，成为其第七门市部。

1960年，公私合营总店全部并入河底供销社。到1966年，公私合营商业成为历史，不复存在。

“文化命大革”期间，民营商业被全部取缔。中共十一届三中全会后，国家实行改革开放新政策，鼓励个体私营经济发展，个体商业又开始兴办。20世纪80年代，以卖烟酒、零食为主的“小卖部”遍地开花。90年代后，个体商业有停有开，总体数量及规模逐步发展壮大，经营品种由最初的烟酒、副食扩大到五金、图书、粮油、中小农具等多个行业领域。

2014年，镇境内共有个体商业网点578个，从业人员1020人，经营品种有日用百货、副食、烟酒、蔬菜、果品、五金交电、文具图书、粮油及针织布匹、简单医药器件、中小农具等。

集体商业

民国29年(1940)，抗日民主政府派工作人员刘华，在山底村建立合作社。当时因日军入侵，合作社主要工作是开展对敌斗争。民国32年(1943)，执行边区政府指示，镇境内较大村庄开始建立农村合作社。

山底村合作社以生产自救，开展物资供应活动为主。后因汉奸出卖，杀害工作人员并将物资强走，合作社陷入困境。

民国36年（1947），为了巩固政权，发展生产、稳定市场、搞活流通、打击奸商，境内各村相继成立供销合作社。燕龛村史恒祥、史根成、史化珠3名革命伤残军人组织群众入股，每股7.5千克小米，组建荣军消费合作社。随后组织燕龛、曹家掌、西沟、程庄、北庄、郊里村群众集资入股（每户一般30斤小米），共有1049股。民国38年（1949）5月，为尽快繁荣经济，遵照人民政府指示，牵牛镇村党员和村干部明确分工，以间包干，以小米5公斤为一股，动员群众入股建社。共入943股，建起供销合作社。4月、5月，山底村动员村民入股，每股小米3.5公斤（每股按七角计算），共入700余股，计小米2500余千克。9月1日，合作社又正式挂牌成立。同年，东村成立生产供销社、河底村创办了供销合作社。1950年，燕龛荣军消费合作社改为平定县燕龛供销合作社。

1953年实行区乡制，1954年以乡并社。境内设有河底镇供销合作社、牵牛镇乡供销合作社、苏家泉乡供销合作社、苇泊乡供销合作社、任家峪乡供销合作社、山底乡供销合作社、燕龛乡供销合作社。1955年，国家实行粮、棉、油统购统销政策，物资凭证号按非农户、农业人口供应。1956年春，行政机构变更，牵牛镇乡供销社归山底乡供销社管理。1958年，人民公社成立，实行以社建社，境内设河底供销合作社、燕龛供销合作社。同年5月，供销社与国营商业合并，河底供销合作社改为河底供销合作总店，下设河底、山底、东村、苇泊、燕龛5个分店。继续贯彻执行发展经济、保障供给、城乡互助、内外交流的总方针。1962年6月，国营商业与供销合作社分开。1963年设立东村人民公社，东村供销社归东村公社管辖。1969年，供销社第二次与国营商业合并，河底供销社、东村供销社由郊区财贸办公室分管。1971年，燕龛供销社划归郊区财贸办公室分管。1973年 4 月，国营商业与供销社第二次分家，河底、东村、燕龛供销社划归阳泉市供销社管理。

1979年，供销合作社进行经济体制改革，基层供销社相继进行清股、扩股、分红兑现，农村供销社重新恢复了农民群众集体所有制的合作商业性质。

1984年年底，镇境内合作商业网点47个，在册人员252人，自有资金440.9万元。1985年3月，境内供销社归郊区供销合作社管辖，商品销售每年以8%左右的速度递增。2004年1月，供销社系统开始进行以“转换职工身份，变革用工制度”为主要内容的体制改革，到2006年年底结束。河底供销合作社改制为河底供销合作社有限公司，东村供销合作社和燕龛供销合作社改制为个人承租经营。1985—2014年，供销系统商品销售总额

86207万元，农资供应总额10879万元，供应化肥15450吨，中小农机具174720件，收购农副产品4620万元。

河底供销合作社　民国38年(1949)秋季，河底村动员村民入股，创办了供销合作社。主要经营棉布、百货、图书、粮油、沙货、瓷货、药材、土特产、樊姓铁砧、火炉、小斤货(河小货)铁茶壶、把把锅、铁锹、梢锢、蘑菇钉、泡钉等，服务、饮食行业有理发、照相、刻字、修表、镶牙、修、锄板车、旅店、饭店，另外还有酱、醋、烧酒加工业等。当年，实现利润4530元。1953年农历三月二十三，河底村举办了首次物资交流大会。共设大、小摊位222个，场地面积2000多平方米。参加交流大会人数达73500余人次，成交额5.0571亿元（旧币）。1958年5月，供销社与国营商业合并，河底供销合作社改为河底供销合作总店，下设河底、山底、东村、苇泊、燕龛5个分店。继续贯彻发展经济、保障供给、城乡互助、内外交流的总方针。1973年4月，河底供销社归阳泉市供销社管理，共有商业网点19个，职工146人，流动资金347.7万元。

1975年春，著名数学家华罗庚及他的两名学生，在供销社酱醋加工厂讲授推广优选法和统筹法。

由于上章召供销社服务站郭忠礼在农业学大寨运动中做出的突出成绩，1976年6月1日，《山西日报》以“战地后勤”为标题，文报道了他为农业学大寨服务的事迹。《阳泉报》也对该事进行了报道。

1978年11月，河底供销社百货商场开业，为两层结构，营业面积1200平方米，有职工27人，经营品种15000多个，年销售额181.4万元。为郊区第一个综合性商场。1980年，供销社生产资料部门市荣获市“模范集体”称号。

1982年，供销社批发部成立。成立后，对批发体制、流通渠道进行改革疏通，为70多个零售商店和个体商贩提供货源，购销两旺。其事迹在1983年2月5日被《人民日报》刊登。2月6日，又被《山西日报》刊登。同年，河底供销社荣获山西省供销社“模范集体”称号；1984年，荣获省供销社“先进集体”称号，并被记三等功。1985年，荣获省供销社“先进集体”称号。到2006年，改制为河底供销社股份有限公司。至2014年未改变。

东村供销合作社　民国33年(1944)，党组织在东村成立铁业生产合作社。游击队与商家联手，将日用商品、土特产品、粮食布匹、药品等贩运到河北平山县洪子店，为解放区军民解决日常用品和抗战物资。1949年10月，得到政府帮助，在原有小型铁业店的基础上办起了生产供销社，地址在曹家祠堂。共入股金3000余元，每股5公斤小米，每斤9分钱。1950年春，生产社和供销社分家。1958年，建起铁木加工厂、糕点加工厂和饭店。1961

部分年份供销社系统经济指标完成情况表

表 10-2

年份	商品购进（万元）	商品销售（万元）	从业人员（人）	流通费用（%）	实现利润（万元）	流动资金（万元）	农资供应（万元）	农产品收购（万元）	化肥供应（吨）	农　药（千克）	农机具（件）
1965	118	168.5	95	6.97	6.98	35	20.7	25.3	141	155	1836
1973	278	293.1	173	6.92	7.5	70.7	87.9	48.5	307	410	3104
1974	349.7	335.7	180	6.35	8.21	75	94	55.8	382	434	3750
1975	374.6	381.2	182	6.17	9.52	85.8	99.1	80.1	395	468	3904
1976	364.5	412.6	189	6.27	10.89	98.1	103	110.4	414	495	4150
1977	448.7	467.1	234	5.33	15.37	111.1	115.4	121	432	602	4642
1978	474.3	514	232	6.17	5.77	132.7	118	131.6	475	745	4814
1979	486.9	539.1	234	5.84	11.97	130.3	121.6	152.5	496	813	5015
1980	531.2	565.4	243	5.57	13.1	136.1	124.5	154.2	515	1054	5824
1981	584.3	623	244	5.94	12.2	149.7	137	169.4	567	1159	6402
1982	631	673	235	6.01	13.2	161.6	148	183	612	1250	6916
1983	675	715	241	6.27	13.8	170.7	155	192	642	1314	7262
1984	722	754	239	6.02	14.8	182.6	164	205	687	1406	7770

年 11 月，阳泉市商业系统在东村小学召开技术革新现场会，参观东村供销社革新制作的切菜机、和面机、硬币分类器、硬币整理器、锄耧工具。供销社主任王存孝出席全国商业系统召开的群英会。

1963 年，东村供销分社改称东村供销合作社。经营网店 15 个，经营品种有百货、棉麻及生产资料、农副产品、籽种、化肥等，另外还开办食品加工、粮油加工、酱醋加工、废品回收、木器加工、造纸、饭店、理发等多个部门。20 世纪 70 年代，“三姐妹门市部”多次受到省、市表彰。1975 年 8 月 21 日，《山西日报》刊登了新华社发的通讯；“为巩固无产阶级专政办商店”，详细报道东村供销社“三姐妹”商店扬腊果、潘莲英、张换莲的先进事迹。1979 年，扬腊果被全国妇联授予“三八”红旗手，1978 年至 1982 年被省政府授予“劳动模范”，1983 年被省妇联授予“三八”红旗手，1984 年被山西省“五一”劳动竞赛委员会荣记“二等功”；为 1978—1985 年省第四次、第五次党代会代表。

1985 年，供销社共有职工 78 人，商业网店 17 个，流动资金 69.1 万元。

2004年，开始体制改革，到2006年，改制为个人承租经营。至2014年未改变。

燕龛供销合作社　民国36年(1947)，燕龛村在进行土地改革的同时，成立了民生铁厂和农民铁厂，经济得到了迅速发展。为满足群众对日常生活用品的需求，村党支部决定由史恒祥、史根成、史化珠3名革命伤残军人组建荣军消费合作社。3人用退伍金小米两斗作为股金，向办事处贷款300元，正式成立了荣军消费合作社。1950年，改称平定县燕龛供销合作社，归平定县供销合作社领导。1971年，随着行政区划的变动，归属阳泉市郊区财贸办公室。1973年归属阳泉市供销合作社，1985年归属阳泉市郊区供销合作社。当年年底，有网点7个，办公营业网点占地面积900平方米，固定资产38万元，全社从业人员24人，流动资金90万元，年营业额200余万元。

2004年开始进行体制改革，到2006年，改制为个人承租经营。至2014年未改变。

国有商业

民国37年(1948)1月，阳泉“宝兴亨”国办商行为解放太原筹集资金、物资，在河底天主教堂开办兴隆号支行。是境内最早的国有商店，主要经营河底附近村庄生产的铁锅、铁壶、铁盆、车键等生、熟铁货及民用物资。并兼营粮、布、油、盐等生活用品。12月，宝兴亨商行与郭汉山(东村人)开办的河底民办铁店合并，更名为国营正太煤铁公司河底支公司，时有职工30余人，资本总额8.1万元，营业收入6.7万元。1950年2月撤离。1955年7月，在河底村、牵牛镇村设立粮站。1956年，牵牛镇粮站并入河底粮站。1959年，河底村的私营药店改造并为国营河底药店，成为阳泉市药材公司第七门市部。1964年，阳泉市食品公司在河底村开设食品购销店，有职工3人。1972年新建东村粮站。1982年新建固庄煤矿粮店。同年，市百货公司在固庄煤矿建起百货商店，职工9人，主要经营棉布、针织、副食、日用百货等，年营业额40余万元。1992年，由于固庄煤矿在苇泊建立新区，该商店便在新区建立了分支商店。1993年，设立东村药店。1994年，固庄煤矿百货商店进行了国有民营体制改革，变为私人承包经营。2004年，东村粮站并入河底粮站。同年，镇境内的国营药店全部由内部职工承包经营；2011年，全部转为私人经营。之后，镇境内的国营商业随着私人经营体制改革的完成，其人员、资金、销售等各方面不在进行专项统计。

药　店　1956年，河底村的11家私营药店全部参加了公私合营总店。1959年，全部转为国营河底药店，成为阳泉市药材公司第七门市部。1993年时，有职工5人，经营品种达到500余种。2005年5月，药店进行了体制改革，由内部职工承包经营。之后，经营品种、数量及销售金额、利税等各方面不再进行单项统计。2014年，在册人数2人，经营品种、范围基本没变。

食品购销店 1964年，阳泉市食品公司在河底村开设食品购销店。有一个简易屠宰场、一个门市部，职工3人。经营猪、牛、羊肉及禽蛋、水产品等。1977年，食品店迁至攀云桥西500米处，有职工8人。该店加工经营的猪头肉在本市内小有名气，市场一直向好。1993年后，随着市场的不断放开，营销受到冲击。同年，进行体制改革，归属市肉联厂经营。不久后承包于私人经营。2013年3月歇业，人事、财务等手续全部转属市云阁肉联厂。

粮　店 1955年7月，根据国家政策，粮食由原来的供销社经营管理，变为独立经营机构，在河底村、牵牛镇村设立粮站。1956年，随着国家定产、定购、定销政策的实施和农业发展的变化，供应人口减少，牵牛镇粮站并入河底粮站。1972年新建东村粮站，1982年在固庄煤矿设立粮店。2004年，东村粮站并入河底粮站。到2008年，由于经营困难，河底粮站关闭。

第二节　商品购销

农村统销

中华人民共和国成立初，粮油自由贸易。1953年，粮食实行统购统销政策后，国营粮食部门成为粮油经营的主渠道。农村人均口粮和缺粮户口粮供应，根据何时缺粮何时供应的原则，实行以户计算，一年一定。凡人均口粮在150千克以下者，在20世纪60年代一般由国家补供至140千克，20世纪70年代补至160千克以上。农村救济粮统一议价供应。农村出售粮食和农副产品，国家给予奖售。出售粮食以奖励化肥、煤油、柴油为主。1985年后，取消奖励政策。1988年，农村平价统销粮食政策取消，改为议价供应。1993年后，粮食销售市场全部放开，居民用粮改为市场供应。

城镇供应

城镇供应主要对象为城镇居民及机关，学校、团体等单位。1955年后，居民口粮实行分等定量，以户计算，凭证供应。定量标准分6等15级。其供应比例为小米、大米、豆面占30%，面粉、玉米面、杂粮占70%。行业用粮按用户需要，核定指标，逐月供应。1959年，居民口粮除儿童外，普遍压缩10%~20%。集体伙食单位推广定量就餐的办法。1960年，采取既减又保的原则，口粮标准每人每月平均节约1千克，但对从事高温、井下和其他重体力作业人员不得降低。

1974年，将职工口粮分为基本口粮和工种补差粮两部分，基本口粮凭证供应，工种补差粮由厂矿企业管理，逐月发放补差粮票。粮食部门对单位工种粮的人均月水平实行一年一核定。20世纪70年代中期，对居民定量供应的口粮标准，实行存取自由，居民可根据需求进行存粮。1976年起，井下工人面粉供应比例提高至63%。1984年开始，居民供应细粮比例调至60%，井下工人为65%。1985年后，粮油实行“双规制”。1988年，对非农业人口定量，除大中专学生、中学生和10周岁以下的儿童维持原标准，继续按平价供应外，其余一律每人每月供应14千克平价粮，超过部分议价供应。行业用粮和饲料一律放开，改为议价供应。1992年4月开始，实行购销同价，改变了平价粮油购销价格倒挂的局面。同年7月1日开始，取消平价粮油供应；12月1日开始，粮食销售价格放开。1993年后，粮食销售市场全部放开，城镇居民粮食供应制取消。

粮食购销

中华人民共和国成立初，境内公粮征收实行“标准亩”为土地产量计算单位，以“负担亩”为征收单位的计征办法。1951年，改为“以率计征，落实到户”的办法。1953年，粮食实行统购统销政策。实行比照农业税“标准亩”计算统购任务，并辅之以民主评议的办法，根据“国需民有”的原则，向农户征收公粮，统购余粮。同时，对缺粮户发证供应。1956年，实行粮食定产、定购、定销的“三定”政策，将土地划分为三等九级，根据农田质量和经营条件，评定面积单产和常年总产，以户计算，扣除每人全年口粮185千克、牲畜饲料（骡马350千克、驴191千克、猪50千克）和生产籽种后，统购余粮部分的80%，并根据当地实际，折收部分薯类（白薯2千克、红薯2.5千克、分别折粮0.5千克）。1958年“大跃进”中，境内出现高指标、浮夸风，不少地方虚报粮食产量，导致高征购错误的出现，使粮食产、购、留比例严重失调，农村占有粮食大幅度减少，维持再生产的饲料粮、籽种粮短缺。1965年，对原有征购任务进行民主评议，合理调整，并实行了征购“一定三年”不变的政策，同时实行超产超奖。1982年，实行粮食征购、销售、调拨包干“一定三年”不变的政策。1990年开始，粮食收购合同定购改为国家定购。1998年 4月后，实行“敞开收购、顺价销售、封闭运行”政策，宏观调控能力明显加强。

第三节　特色行业

陈家烧饼和东小过油肉

出西阁,走几步,就是陈家烧饼铺。陈家烧饼有特色,享誉青龙众食客(河底村古称青龙镇)。

陈家原籍河北井陉,旧时,为躲避战乱和天灾,举家逃难至河底村。因无土地耕种,难以度日,陈氏拉存领独子东小开了这一烧饼铺。小本经营,勉强维持全家生计。

陈家烧饼铺主营月饼和烧饼,经营有礼有节,童叟无欺,货真价实。其月饼香酥可口,皮薄馅足,入口即碎。尤其到农历八月十五期间,买客尤其众多,络绎不绝,只能排队等候。陈家烧饼更是具特色,从发面到配料,再从上炉烧烤到出炉上色,工序繁多。烧烤时采用独有的沙质双层吊炉龙鏊,工艺十分考究。烧饼有咸有甜,食客可随口味喜好自选。食时外脆内柔,香浓爽口,食后余香润喉,堪称一绝。20 世纪 50 年代公私合营前,陈家烧饼与扬家(拉和)油果、延家(小秃)火烧,三家名吃并驾齐驱,蜚声不绝,誉满青龙古镇。

陈氏东小,不仅烧饼炉(烤)得好,而且还拉得一手好拉面,炒得一手好菜肴。煎炸烹炒、清蒸红烧样样叫绝。公私合营后,供职于河底供销社饭店,为掌勺大厨。他炒的过油肉,选料、刀功、配菜、作料、火候、油温、上色、高汤、挂浆、明油,道道工序一丝不苟,工艺讲究,佐菜除少许黑木耳外,不加任何时令蔬菜,出勺装盘时,酱香四溢,色泽油黄,光滑鲜亮,口感滑嫩爽口,汁香肉松,味美盈喉。食后使人回味无穷,余香悠长。在当时的经济条件下,鱼虾海鲜、鸡鸭禽类很少。但经他烹饪的过油肉、大炒肉、回锅肉、白豆腐等菜肴都成了饭店的招牌菜,赢得众多食客的啧啧称赞。

杨拉和的油果

旧时,在河底街由杨拉和家开着一家油果店,祖祖辈辈经营了上百年,也是河底街的老字号,他们家的油果呈金黄色香脆可口,味道纯真,远近闻名。当时,走在河底街会经常看到,五六十岁的老人用烟袋杆挑着两个油果,那是爷爷给孙子买的"好吃的";外村回河底探亲的小媳妇用马连草串了二斤油果,那是回娘家孝敬父母的。煮出来放半天也不走样。矾、碱、盐的配比,水温的高低是他们家独有的技术。用油都是上好的胡麻与芝麻的调和油。因此,吃过杨拉和家油果的人形成了一个共识,就是"又脆又香"。

延小秃的火烧

中华民国时期，延昭维的火烧远近闻名。延昭维，小名叫小秃，平定东关人。从小随父亲延权，到河底村学炉火烧。该人性情刚直，小有文化，在父亲的严教下，他的火烧制工独到。经配料、炒油剂、揉条、上油剂、卷面、制坯、烘烤等多道工序精制而成。火烧为圆形，直径为3寸左右，薄后均称，色黄不糊，味香酥软，层多爽口，香气宜人。在当时，老百姓流传着一句话：延小秃的火烧，不敢捋着(luozhao)。

郭怀功的刻字

郭怀功是河底供销社的职工，乳名丑才，从小爱好书法，既是书法家又是雕刻家。在中华人民共和国成立后的计划经济时代，每家每户必须有户主的个人手章，无论在生产队分粮分菜，还是去银行存款、取款，或到供销社购物，办手续时都必须盖个人手章。由于他书法功底好，刻出的章均为标准的楷体，字迹工整清晰、字体清秀，因此，原河底公社、东村公社、燕龛公社的几千户人家刻手章时都找他，刻章的用料一般为梨木，也有有机玻璃的，形状有方形的四字章，也有长方形、圆形的三字章。有的村庄或单位的公章，经公安局备案后，也找他刻制。人们都称呼他郭老师。

武存喜的照相

20世纪50年代初，武存喜在河底街开设照相馆，这是河底村开办的最早的照相馆。他的照相技术十分精湛，在河底村方圆几十里颇有名气。照相机是老式带支架的大照相机。室内照相有专用的影棚，室外照相一般在上午、下午利用太阳光的测光光源进行拍摄。照出的相，黑白清晰，效果良好。邻村上下三五里远的人们，如果有照全家福的、朋友参军留影的、男女青年结婚留影的、学生毕业照集体相的、基干民兵训练照集体相的等，都会前来找他。当时照的相都是黑白片、玻璃底板，大小有一寸、二寸、五寸、八寸、十二寸不等。洗相通过暗室操作，一星期后就可取相。逢年过节时，他也会不辞劳苦，外出为农户照相。直至2014年，有的人家还保存着几十年前武存喜给他们照的相。

李忠廷的补锅

李忠廷，下千亩坪人。是个瘦小的老人，戴一顶黑色的瓜皮帽，两只眼睛虽小一点，却炯炯有神，两腮偏瘦，八字胡朝两边翘起。因他待人和善，喜笑颜开，人们就亲切地送给他一个外号——狗尾巴。中华人民共和国成立初及之前，村民家里的茶壶、铁锅等生活用具，使用时间长了，都需要修补，因此补锅也就成为当时的热门行业。他的补锅技艺非常精湛，能把锅上核桃大小的一个窟窿补得几乎看不出痕迹。因他补锅技艺好，待人和气，价格又便宜，所以人们家里的锅、壶等器具破了，也都愿意找他修补锅。他的手艺与人品在不少村庄都得到好评。

李维存的磨剪锵刀

“磨剪子来——锵菜刀”，这一声声的吆喝声响彻农村的大街小巷。这吆喝的人就是游走在河底镇境内及西南畀等地的磨剪锵刀匠——李维存。他生于清光绪15年(1889)，祖籍山东省乐陵市德州。从小在父亲的悉心传教和实践中，练就了一手磨剪锵刀的好手艺。民国26年(1937)，因家乡受灾，苦不堪言，便携妻及3个儿子到苇瀑村并定居下来。以磨剪锵刀、卖红绿颜色及针头线脑度日。他磨出的剪刀开闭自如、锁轴牢固，锵出的菜刀刃口锋利，因而名噪一时，一些专门从事理发、厨师、裁缝等艺人都慕名前来，让他修理刀具。

二十世纪四五十年代，他凭一块磨石一个盆，一把锉刀一条凳，几个小锤两条腿，几乎走遍了河底镇境内的大小农村。1962年返回祖籍，1963年去世。其三子李凤喜，少年时继承了父亲手艺，在苇瀑定居。李氏磨剪锵刀的手艺在河底镇境内一直小有名气。

第四节　票证管理

1954年9月15日开始，国家对棉布、棉花实行计划供应，按人定量，凭票购买。镇境内按照阳泉市规定，每人每年(不分年龄)凭棉布票购买棉布1丈5尺，凭棉花票购买棉花7两。新婚夫妇凭结婚证批供棉布3丈，棉花5斤。按照国家规定，镇境内经营棉布、棉花的零售门店凭回收的棉布、棉花票证到国营花纱布公司进货。

1955年8月25日，国务院同时发布《农村粮食统购统销暂行办法》和《市镇粮食定量供应暂行办法》。同年9月，以中华人民共和国粮食部名义，制定颁布了“全国通用粮票”，开始在全国各地发行使用。接着，各省、市、自治区发行了各自的地方粮票，在各自的地域内流通使用。11月，镇境内开始使用阳泉市发行的地方粮票、饲料票。但只限于在本市范围内使用，如有工作人员要到省外或省内其他县市出差办事，需用“购粮证”分别兑换全国或本省粮票，方能使用。镇境内流通的粮票有全国通用粮票、山西省地方粮票和阳泉市地方粮票。

1960年开始，国家实行了按工资比例发放日用工业品的购物票证，有近50种商品列入凭票证供应范围。粮、油以自愿节约的办法减少供应。按规定，镇境内的干部等脑力劳动者每人每月供应粮食由28斤减少到24斤，食用油由8两减少到3两。猪、羊、牛肉、鸡、鱼、蛋、糖、豆腐、蔬菜、糕点、纸烟等商品，按人定量，凭副食证号或票购买。日用工业品，最紧缺的自行车、缝纫机、手表“三大件”，以及丝绸衣料、绸缎被面等商品，即使有购物票证，也因货源短缺而不能买到。其他如火柴、肥皂、汗衫、被心、手工布鞋等商品，凭副食证号限量供应。瓶装酒类如汾酒、二锅头等，凭证票定量购买。

按照阳泉市决定，1983 年 9 月，镇境内取消棉布、棉花凭证定量供应制度。1988 年 5 月 1 日，对肉、蛋、菜、糖放开经营，同时发给职工一定生活补贴。1993 年 4 月 1 日，国务院颁布《关于加快粮食流通体制改革的通知》。遵照此《通知》精神，镇境内取消了购粮证、粮票、油票的使用，实行了粮油敞开供应。此后，流通近 40 年的购物票证成为历史。

第十一章　财税金融

第一节　财　政

机构体制

1953 年，国家建立中央、省(市)、县(市)三级财政管理体制，镇境内有河底镇、牵牛镇乡、苏家泉乡、苇泊乡、任家峪乡、燕龛乡 6 个乡财政管理机构。1958 年，建立了乡镇财政委员会，并建立账簿和简易决算制度。同年，人民公社成立。境内各公社开始执行“分项计划、比例包干、按时上交、年终结算”的财政管理体制。1959 年设立公社一级财政，境内各公社负责管理该公社范围内的各级财政财务工作，实行“统一领导，队为基础，三级(公社、生产大队、生产队)核算，各计盈亏”的管理体制。1977 年，各公社设置财政员，主管本公社的财政财务工作。1985 年，境内各乡镇成立财政所，形成乡镇一级的财政体系。1986 年实行“定收定支、收支挂钩、总额分成、差额补助、一年一定”的管理体制。1995 年，按照分税制财政管理的总体要求，境内各乡镇收入范围的收入全部归各乡镇，并且各乡镇财政建立了国库。2004 年，成立镇会计核算中心，负责管理全镇财政事务。2008 年，镇国库撤销。同时，镇财政实行“镇财区管镇用”的管理体制。到 2014 年，镇财政管理体制没有改变。

财政收支

财政收入　2000 年乡镇合并以前，镇境内的财政收支分别由原河底镇、东村乡和燕龛乡管理。2001 年，全镇财政收入 1802 万元，2005 年达到 4208 万元，增长 133.52%。“十五”时期，总收入完成 13781 万元，年均 2756.2 万元。2006 年突破 5000 万元，2010 年突破 8000 万元，增长 53.70%。“十一五”时期，财政总收入 34176 万元，年均 6835.2 万元；总收入和年均数均比“十五”时期增长 148%。到 2011 年“十二五”规划开局之年时，财政收入突破 9000 万元。2001—2012 年，几乎以每年 1000 万元的幅度向前递增，到 2012 年年末，总收入达到 9068 万元，是 2001 年的 5 倍，是“十五”期末的 2.2 倍，是“十一五”期末的 1.1 倍。财政收入的突飞猛进，极大地促进了经济建设及各项社会事业的发展。但从 2013 年开始,财政收入又急剧下滑,猛然跌回到5000多万元,几乎与“十一五”开局之年持平。2014年,财政收入5428万元,又继续下滑2个百分点。财政总收入由低到高,又由高到低,形象地反映出河底镇经济发展前行充满了曲折性。

2001—2014年财政收入情况表

表11-1　　单位:万元

年份	收入	年份	收入	年份	收入
2001	1802	2006	5210	2011	9500
2002	2181	2007	6402	2012	9068
2003	2319	2008	7202	2013	5552
2004	3199	2009	7354	2014	5428
2005	4208	2010	8008		

财政支出　2001年后,河底镇财政支出总体呈现逐年增长态势。是年,财政支出968.30万元。其中农业、林业、水利共支出30.91万元,占3.2%;教育支出725.16万元,占74.89%;行政管理支出86.27万元,占8.91%;医疗卫生支出69万元,占7.12%;抚恤和社会福利救济支出23.31万元,占2.41%。教育支出所占比例最大。“十五”时期,累计支出6230.22万元,年均支出1246.04万元;其中所占支出比例最大的仍为教育事业,累计支出4565.84万元,占73.29%。其次依次排列为行政管理,医疗卫生,其他,农业、林业、水利,抚恤和社会福利救济,文体广电,事业,社会保障管理费;分别累计支出508.15万元、317.17万元、241.97万元、215.12万元、214.14万元、95.41万元、82.33万元、4.9万元;分别占8.12%、5.09%、3.88%、3.45%、3.44%、1.53%、1.32%、0.08%。

“十一五”时期,累计支出13116.71万元,年均支出2623.34万元,均比“十五”时期增长110.53%;其中所占支出比例最大的仍为教育事业,累计支出8854.02万元,占67.50%;分别比“十五”时期增长93.92%、降低5.8个百分点。其次依次排列为农业、林业、水利,行政管理,抚恤和社会福利救济,医疗卫生,其他,文体广电,社会保障管理,事业。分别累计支出1392.31万元、1221.55万元、492.49万元、419.3万元、418.7万元、86.7万元、30.45万元、23.81万元;分别占10.61%、9.31%、3.75%、3.2%、3.19%、0.66%、0.26%、0.18%。农业、林业、水利和抚恤和社会福利救济由“十五”时期的第五位与第六位分别上升到第二位和第四位。增加城镇维护和环境保护两项临时性支出,分别为178万元和11.94万元,分别占总支出的1.36%和0.09%。

“十二五”规划期间，除 2014 年支出略有下降外，2011—2013 年均保持连续增长，4 年共支出 15559.93 万元；年均支出 3889.98 万元，分别比“十五”时期和“十一五”时期增长 212.19%和 48.28 万元。支出结构比例仍延续“十一五”时期的模式。

财政支出的大幅度提高，保证了河底镇经济建设和各项社会事业的发展运行，尤其保证了重点建设项目的顺利进行，提升了村民的生活水平，同时维护了政治、社会的稳定。

2001——2008 年财政支出表

表 11-2　　单位：万元

	2001 年	2002 年	2003 年	2004 年	2005 年	2006 年	2007 年	2008 年
农业支出	22.50	26.86	32.35	28.79	52.63	60.97	200.54	236.89
林业支出	5.92	6.38	6.75	7.82	9.98	25.88	12.32	14.49
文体广电支出	12.74	13.96	15.91	23.26	29.54	31.41	12.34	14.40
水利支出	2.49	2.91	2.70	3.39	3.65	3.95	4.74	4.91
教育支出	725.16	786.11	838.28	1006.81	1209.48	1361.47	1523.89	1755.03
医疗卫生	69	74.07	50.91	60.99	62.20	64.35	72.95	97.19
事业支出	9.92	10.85	16.39	21.07	24.10	23.81		
抚恤社会福利救济	23.31	26.80	45.04	36.50	82.49	47.40	220.05	62.92
行政管理	86.27	93.95	110.96	101.82	115.15	118.57	195.75	343.97
城镇维护	—	—	—	—	—	20	78	—
环保支出	—	—	—	—	—	—	11.94	—
专项支出	—	1	2	2	2	—	—	—
其他支出	—	—	77	70.40	94.57	115.56	66.26	25.10
人力资源社会保障管理费	—	—	—	1.73	3.17	5.21	5.95	7.15
合计	968.30	1042.90	1196.5	1333.90	1688.62	1885.28	2322.77	2561.88

2009——2014 年财政支出表

表 11-3　　单位:万元

	2009 年	2010 年	2011 年	2012 年	2013 年	2014 年
农业支出	321.57	404.47	440.34	638.27	619.59	622.22
林业支出	69.93	21.53	24.85	21.93	26.03	25.55
水利支出	4.91	5.48	8.50	7.47	9.18	1.80
文体广电支出	14.67	13.88	18.16	15.21	13.51	12.93
教育支出	2132.14	2080.49	2386.47	2598.81	2657.72	2635.59
医疗卫生支出	90.15	94.66	191.88	250.53	286.73	202.58
抚恤社会福利救济	72.38	89.74	89.44	65.11	0.08	0.08
行政管理费	243.34	319.92	312.51	264.53	339.68	288.51
城镇维护支出	80	—	—	—	100	—
其他支出	106.78	105	—	135	130.75	60
人力资源社会保障管理费	7.4	8.34	13.15	11.40	13.98	14.91
合　　计	3143.27	3203.51	3485.28	4008.26	4197.21	3869.18

预算外收支　二十世纪六七十年代,镇境内预算外收入有工商税附加、农业税附加、公用事业附加、企业利润分成、上级拨款、公共积累等项,支出主要用于广播、教育、医疗卫生等事业及公共建设方面。二十世纪八九十年代,收入主要为工商管理,支出主要用于教育事业、城市维护、企业更新改造、上缴国家能源交通建设基金等方面。

2000 年后,预算外收入主要有行政事业性收费、镇自筹资金、镇统筹资金及其他收入。支出为行政事业支出、政府性基金支出、基本建设支出、城镇维护、镇统筹支出和其他支出。2001—2014 年,共计收入 3194.54 万元,年均 228.18 万元;总支出 2729.07 万元,年均 194.93 万元。

2001——2014 年预算外收支情况表

表 11-4 单位:万元

年份	收入	支出	年份	收入	支出
2001	40	100.5	2008	445.79	182.40
2002	348.02	250.80	2009	146.64	176.90
2003	225.39	218.57	2010	127.36	128.03
2004	185.58	166.53	2011	230.49	265.15
2005	354.56	36.93	2012	110.92	149.80
2006	360.23	281.12	2013	65.80	270.60
2007	323.27	236.59	2014	230.49	265.15

财务管理

1953 年，国家建立三级财政体制，结合划乡工作，镇境内设立乡镇财政管理机构。1954 年,乡镇开始执行乡(镇)财政统一领导、乡(镇)级管理的财政制度。对镇境内工商企业执行的政策:一方面使工商企业者在正常的生产经营中有利可图,获得一定利润;一方面在税收政策上限制工商业者获得过多利润。1958 年 8 月,乡镇建立账簿及简易决算制度,并建立了乡镇财政委员会。同年,公社开始执行“分项计划、比例包干、按时上交、年终结算”的“收支包干”的管理体制。1959 年,镇境内建立公社一级财政,负责管理各公社范围内的各项财政财务工作,实行统一领导,队为基础,三级(公社、生产大队、生产队)核算,各计盈亏的管理体制。乡村企业开始执行山西省农村人民公社《工业企业会计制度》,下放公社手工业,工业企业按实现利润和公社实行五五分成。

1986 年,镇境内各乡镇财政确定收支项目,实行“定收定支、收支挂钩、总额分成或差额补助、一年一定”的管理体制。1987 年,镇境内乡镇企业的利润,通过所得税一部分上缴财政、一部分上缴乡政府、一部分上缴国家,其余部分留给企业。1993 年 7 月后,对镇境内企业开始施行《企业会计准则》和《企业会计通则》的财务管理制度。1995 年,进一步规范财政管理体制,按照分税制财政管理的总体要求,凡属于乡镇收入范围的收入全部划给乡镇。按照区财政提出并实施的乡镇财政建设和改革方案,为调动乡镇政府当家理财的积极性,镇境内各乡镇财政都建立了国库。1997 年,推行邯钢成本管理经验,强化企业内部财务管理和成本核算工作。同年,国家计委、财政部出台《关于取消部分基建项目收费进一步加强建设项目收费管理的通知》,明令取消建设部门19项、土地管理部门10项、其他部门共19项收费内容,镇境内做了很好地贯彻执行。

1998年后,镇境内执行财政部《基本建设财务管理若干规定》,第一要求有财政性投资的建设,建设单位要及时向乡、镇财政部门提交项目建议书,初步设计的批准文件和项目概算,按照财政部门的要求提供可行性研究报告、施工图及施工预算、施工合同、开工许可证等文件的复制件;建设项目停建、缓建、迁移、合并、分立以及其他主要变更事项,要在确定和办理变更手续之日起30日内,向财政部门提交有关文件、资料的复制件。第二,建设单位要向乡、镇财政部门报送基建财务报表。建设单位要按规定设置独立的财务管理制度,对基本建设中的材料、设备采购、存货、各项财产物资及时做好原始记录;及时掌握工程进度,定期进行财产物资清查。第三,建设单位的留成收入70%用于组织和管理建设项目方面的开支,30%用于职工奖励和福利。第四,已具竣工验收条件的项目,三个月内不办理竣工验收和固定资产移交手续的,视同项目已正式投产,其费用不得从基建投资中支付,所实现的收入作为生产经营收入,不再作为基建收入管理。

2003年,执行省财政厅转发财政部《关于印发〈基本建设财务管理规定〉的通知》规定,河底镇基本建设项目竣工财务决算审批程序比照财政部规定办理。(1)使用财政性资金的建设单位,在初步设计和工程概算获得批准后,要及时向镇财政部门报送项目年度预算,待镇财政部门审批确认后,作为安排项目年度预算的依据。(2)建设项目在编制竣工财务决算前,要认真清理结余资金。应变价处理的库存设备、材料以及处理的自用固定资产要公开变价处理,应收、应付款项要及时清理。清理出来的结余资金按下列情况进行财务处理:经营性项目的结余资金,相应转入生产经营企业的有关资产。非经营性项目的结余资金,首先用于归还项目贷款。如有结余,30%作为建设单位留成收入,用于项目配套设施建设,职工奖励和工程质量奖。70%按投资来源比例归还投资方。(3)在编制基本建设项目竣工财务决算前,建设单位要认真做好各项清理工作。清理工作包括基本建设项目档案资料的归集整理,财产物资的盘点核实及债权债务的清偿,做到账账、账证、账实、账表相符。各种材料、设备、工具、器具等,要逐项盘点核实,填列清单,妥善保管,或按国家规定进行处理,不准任意侵占、挪用。(4)基本建设项目竣工财务决算大、中、小型划分标准:经营性项目投资额在5000万元(含5000万元)以上,非经营性项目投资额在3000万元(含3000万元)以上的为大中型项目,其他项目为小型项目。

2004年,郊区对河底镇财政体制核定为财政补贴乡镇。2008年,镇财政国库撤销。同年,根据省、市对财政体制调整的要求,镇财政体制作出进一步调整,完善了“镇财区管镇用”的管理体制，增强了镇财政的自保能力，全镇财政的预算、决算、收入、支出等项内容由郊区乡财区管中心进行严格管理。到2014年，财务管理制度基本未改变。

会计核算中心

2004年，河底镇成立会计核算中心。会计集中核算以不改变资金使用权、财务自主权和审批权为前提，实行“集中管理、统一账户、分户核算”的管理模式，采用分步核算与分组管理相结合的组织形式，取消纳入单位会计岗位，撤销其银行账户，由会计核算中心统一进行核算，从而走向新的预算执行管理轨道。到次年，会计核算中心完成制度建设、会计移交、账务初始化和日常核算等项工作，对接受单位的会计资料进行了审核录入。根据《会计法》《山西省会计管理条例》和其他相关法律法规的要求，结合镇内单位核算的特点，制订了内部会计核算、报账业务等方面的规章制度。明确各项开支标准，正确填报账单，杜绝白条报支。强化内部管理，规范运作程序，对财务运行进行监督，确保会计核算的准确性和资金的安全性。到2014年，会计核算中心平稳运行，拒付了各种不合理支出，纠正和完善了各种原始会计资料。

第二节　税　务

机构沿革

民国元年(1912)，平定县税务局在河底设包税分卡，盂县在牛村设卡，征收税粮、税金。镇境内各村的税粮、税金分别向河底、牛村分卡缴纳。

民国26年(1937)日军入侵，10月29日，平定县城沦陷；12月16日，盂县城沦陷。此后，伪平定县公署、伪盂县公署成立税局，到镇境内强征税款。民国34年(1945)8月，抗日战争胜利后，伪税务机构撤销。盂县恢复建制，人民政府成立稽征局，后改为税务局。民国37(1948)8月，成立平定县民主政府，仍设财粮科，承担税务职责。镇境内的税务分别由盂县税务局和平定县财粮科负责管理。

民国37年(1948)8月1日，阳泉市工商局成立，兼负税收职责。12月10日，阳泉市税务局成立，在河底设立税务所。民国38年(1949)9月，阳泉市改称阳泉工矿区，阳泉市税务局改称阳泉工矿区税务局，在河底设税务三所。

1951年，第三税务所改称阳泉市第二税务所，仍驻河底村。1955年2月，第二税务所改称河底税务所,管辖河底镇、山底乡、东南昇乡、西南昇乡的税务。1957 年 8 月,阳泉市税务局成立阳泉市郊区税务办事处,河底税务所撤销,设税务征收组。1958 年,河底人民公社成立后,负责征收所辖社队企业工商税收。1962 年 6 月,阳泉市税务局复设河底税务所。“文化大革命”期间,税务机构变更频繁。1972 年,阳泉市税务局重新设立河底税务所。1973 年 1 月 1 日,阳泉市试行工商税。1977 年 8 月 27 日,河底税务所被确定为山西省财税系统工业学大庆、农业学大寨运动联系点。1979 年,河底税务所在西南昇人民公社设立税务征收点。

1984 年 5 月 1 日,阳泉市郊区税务局成立,河底税务所划归其领导。

1994 年 6 月,根据省政府《关于组建山西省各级地方税务局的通知》精神,正式组建成立阳泉市郊区地方税务局。在河底下设税务所,共有干部职工 6 人,为郊区地税局的派出机构,管辖河底镇地方税税务。

同年 8 月,贯彻执行国务院办公厅于 1993 年 12 月发布的《转发国家税务总局关于组建在各地的直属税务机构和地方税务局实施意见的通知》,撤销阳泉市郊区税务局,成立阳泉市郊区国家税务局。国家税务局系统实行国家税务总局垂直管理的领导体制。郊区国家税务局在河底下设税务所,共有干部职工 7 人,为派出机构,管辖河底镇、西南昇乡的国税税务,负责河底镇、东村乡的国税管理。从 2001 年 1 月后,随着东村乡、燕龛乡并入河底镇,河底国税所和河底地税所的管辖范围在原先的基础上也包含了上述两乡。

2014 年 8 月, 河底国税所根据阳泉市郊区国家税务局为实现税收专业化管理的要求,进行了机构调整。调整后,共有干部职工 5 人,负责阳泉市郊区全区的纳税评估。

同年,河底地税所共有干部职工 9 人。具体职责是受理辖区内纳税人办理开业、变更、注销税务登记和税务登记的验证、换证。受理纳税和、扣缴义务人纳税申报、税款征收及按预算级次划解入库。受理纳税人领购发票的申请。办理纳税人减、免、缓、欠、退税,延期申报申请的审核报批。对纳税人的日常税务检查。对委托代征单位和扣缴义务人的监督管理。

农业税收

农业税是起源最早的税种。民国 27 年(1938),平定县、盂县抗日民主政府在镇境内采取“合理负担、公平税负”政策,按比例计征农业税。对土地少的农民税率从低,对土地多、收入高的地主税率从高。对贫苦农民则予以豁免。民国 36 年(1947)秋,镇境内农业税实行统一累进税制。按土地好坏,分别确定每等土地产量的标准,再按每户土地等级计算产量,然后将产量以每十市斗谷折一个标准亩, 再按全家人口, 每人扣除一个半标准亩的免税额,余下的标准亩以亩为单位,按累进率计算应负担的分数,每分为小米 2.5 千克。次年 8

月后，镇境内执行华北人民政府颁布的《华北区农业税暂行条例》。税率每负担亩征收小米16千克，地方粮款(包括村款在内)每负担亩不超过小米2.5千克。1951年，执行税率每负担亩10.5千克，地方附加限制在规定税的20%以内。1952年，取消地粮附加，税率每一负担亩征收11千克。1954年，每标准亩夏征小米7.5千克。

1955年，对农业税征收作了相应改变。镇境内由原来的以户征收改为按户计算、以农业社代交，到农业社分红时再向社员扣回的办法。1956年，取消土地分红，实行以高级农业社为单位征收农业税的办法。社员自留地的农业税，由社员个人负担，国家统一向高级社征收，税率每个负担亩10.4千克。1957年，执行每一负担亩10.4千克或8.9千克两种税率。

1958年后，纳税以基本核算单位生产队结算。社员自留地免税，其免征部分由所在核算单位统一负担。个体农民与当地生产队实行同等税率，并执行“轻灾少减、重灾多减，持灾全减”的政策。平均税率为常年产量的13.02%。具体执行按不同经济类型下常年产量的10%、11%、12%、13%、14%五种税率，并均按征税实征额附加25%的附加和11%中学生伙食补助自筹。1961年，由于连年遭灾和平衡负担，对境内社队的农业税做了全面调整，在落实计税土地，调整常年产量和重点调减税负偏重队负担的基础上，农业税率由常年产量的13.02%，调减为10%。税率改为9%、10%、11%三级。1964年，对职工、干部、家属、居民开种小块地征收农业税或抵供粮食，计征税率比照对个体户的规定征收，即按照生产大队的税率，加征1成至5成。1970年后，农业税占实产量的2.68%；1975年后，占实产量的3.07%。1979—1982年，实行农业税按起征点减免政策。1983年，随着家庭联产承包责任制的落实，为了便于征收，改为“以户交村结算”的办法。1984年后，税率为常年产量的10.62%，1990年后，为常年产量的10.61%，1993年为常年产量的10.61%。1994年，国务院颁布《关于对农业特产收入征收农业税的规定》，将原征收产品税的农、林、牧、水产品等全部改征农业特产税。1997年7月，国务院颁布新《中华人民共和国契税暂行条例》，对契税的职能和要素又进行了必要的调整。同年，财政部下发《中华人民共和国契税暂行条例细则》。次年12月，山西省出台《山西省契税实施办法》。至此，镇境内均遵照以上税收规定执行，基本形成了以农业税为主体税种，农业特产税、耕地占用税和契税为辅助税种的农业税收体系。2002年，依据省政府批准的相关规定，确定了农业税主粮和计税价格。镇境内农业税主粮为玉米，计税价格为0.80元/千克。对水果、干果类农业特产，不再征收农业特产税，改征农业税。当年农业税平均税率为10.61%，税费改革后为7%。2003年，调整农业税政策，农业税收计税土地面积，以农民第二轮承包用于农业生产的土地为基础进行核定，计税产量以 1994—1998 年，5 年间农作物的平均产量核定。继续实行地区差别比例税率，取消屠宰税，停征农业特别税。2004 年后，停征农业税。

缴纳税种

中华人民共和国成立前，镇境内缴纳的税种按管辖地区的规定执行。

清咸丰九年(1859)山西开始抽厘。4 月 3 日，平定州(含盂县、昔阳县)在平定、盂县的关隘之处设厘卡 7 个，向过往商旅征收厘金。镇境内的过往商旅开始缴纳厘金。清同治十年(1871)，开始向平定州缴纳戏捐。清光绪元年(1875)，向平定州缴纳铁货公用税。清光绪十七年(1891)，向平定州缴纳土药税。

民国元年(1912)3 月，开始向平定县、盂县缴纳印花税。民国 4 年(1915)，开始向平定县、盂县缴纳屠宰税。同年，向山西省缴纳煤炭出境厘税。民国 14 年(1925)，向平定县、盂县缴纳斗税。民国 20 年(1931)7 月，开始向平定县、盂县缴纳营业税。民国 23 年(1934)，部分农村向平定县缴纳所得税。民国 27 年(1938)，镇境内按照平定县、盂县抗日民主政府的合理负担、公平税赋政策，按比例计征缴纳农业税。同年，部分农村向日伪税务局缴纳货物税、营业税、烟酒税、宴席娱乐税。民国 28 年(1939)9 月，晋察冀边区行政委员会修正公布《晋察冀边区征收营业税暂行条例》后，镇境内农村开始缴纳营业税。

中华人民共和国成立后，镇境内缴纳的税种发生了很大变化。1950 年，根据 1 月 30 日政务院颁布《关于统一全国税收的规定》和《全国税收实施要则》，镇境内缴纳的税种有货物税、工商业税(包括坐商、行商、摊贩之营业课税及所得课税)、盐税、关税、薪给报酬所得税、存款利息所得税、印花税、遗产税、交易税、屠宰税、房产税、地产税、特种消费行为税(筵席、娱乐、冷食、旅店)、使用牌照税共 14 种。

1958 年，根据国务院《关于改进税收管理体制的规定》，镇境内的印花税、利息所得税、屠宰税、牲畜交易税、城市房地产税、文化娱乐税、车船使用牌照税共 7 种税收，划为地方固定收入；商品流通税、货物税、营业税、所得税共 4 种税收，划为调剂分成收入。8 月，国家工商税制改革，镇境内的货物税、商品流通税、营业税、印花税共 4 种税合并为工商统一税缴纳。

1971 年 11 月，阳泉市实行行业税后，镇境内的综合税、工商统一税及其附加、城市房地产税、车船使用牌照税合并为行业税。

1983 年 4 月，根据国务院批转财政部的《关于国营企业利改税试行办法》，镇境内盈利的国营大中型企业(包括金融保险组织)，均根据实际利润，按 55%的税率缴纳所得税。

1984 年 1 月，开征增值税。5 月，阳泉市郊区税务局成立，镇境内根据郊区税务局的规定，缴纳的税种有工商税、产品税、增值税、营业税、资源税、工商所得税、其他工商税、城市房产税、屠宰税、牲畜交易税、建筑税、国营企业所得税和国家能源交通基金、税款滞纳金罚款共14种。

1984年10月，镇境内执行国务院批准发布的《国营企业第二步利改税试行办法》。将工商税按照纳税对象，划分为产品税、增值税、盐税和营业税；将第一步利改税设置的所得税和调节税加以改进，增加资源税、城市维护建设税、房产税、土地使用税和车船使用税。同时开始建筑税。1985年，开征城市维护建设税，集体企业缴纳所得税，国营企业缴纳调节税。1986年，开征缴纳教育费附加和水资源补偿费，个体工商户开始缴纳所得税，1987年1月，开征个人收入调节税和车船使用税。1988年，私营企业开始缴纳所得税。10月重新开征印花税，11月开征城镇土地使用税。1989年1月，开征筵席税和国家能源调节基金。1990年2月，开征价格调整基金。1994年，河底地税所征收和管理税（费）的种类有营业税（不含铁道部门、各银行总行、各保险总公司集中缴纳的营业税）、个人所得税（不含外籍人员、华侨、港澳同胞缴纳的个人所得税）、土地增值税、城市建设维护税（不含铁道部门、各银行总行、各保险公司集中缴纳部分）、车船使用税、房产税、屠宰税、资源税、城镇土地使用税、固定资产投资方向调节税、地方企业所得税（包括地方国有、集体、私营企业）、印花税、地方税的滞补罚款、按地方营业税附征的教育费附加。此外，还有遗产税、价格调控基金、水资源补偿费。

1996年，地方税开征林业基金；1997年，开征文化事业建设费；2000年，停征固定资产投资方向调节税；2002年，开征残疾人保障金；2003年，开征河道维护管理费和民兵役统筹费，停征农业特别税、屠宰税；2004年，停征农业税，开征工会经费；2007年3月，开征煤炭可持续发展基金；2011年1月，根据省政府办公厅发布的《关于地税部门代征采矿排水水资源费的通知》，开征采矿排水水资源费，停缴煤炭水资源补偿费；同年2月，根据《全省地方教育附加征收使用管理办法》，开征地方教育附加。

2014年，镇境内开征缴纳的税种（规费）有增值税、企业所得税、个人所得税、车船使用税、营业税、资源税、城镇土地使用税、印花税、房产税、耕地占用税、土地增值税、契税、城建税、教育费附加、价格调控基金、煤炭可持续发展基金、地方教育附加、采矿排水水资源费、文化事业建设费、河道工程维护管理费、残疾人就业保障金、工会经费、民兵统筹费等共23种。

2014 年营业税、印花税、资源税税目税率表

表 11-5

项目 分类	税 目	税 率	税 目	税 率	税 目	税 率
营业税	交通运输业	3%	建筑业	3%	金融保险业	5%
	文化体育业	3%	娱乐业	20%	服务业	5%
	邮电通信业	3%	转让无形资产	5%	销售不动产	5%
印花税	购销合同	按购销金额万分之三贴花	加工承揽合同	按加工或承揽收入万分之五贴花	建设工程勘察设计合同	按收取费用万分之五贴花
	建筑安装工程承包合同	按承包金额万分之三贴花	财产租赁合同	按租赁金额千分之一贴花	货物运输合同	按运输费用万分之五贴花
	仓储保管合同	按仓储保管费用千分之一贴花	借款合同	按借款金额万分之零点五贴花	财产保管合同	按投保收入千分之一贴花
	技术合同	按所载金额万分之三贴花	产权转移书据	按所载金额万分之五贴花	营业账簿	按实收资本和资本公积总额万分之五贴花
	权利、许可证照	按件贴花 5 元	—	—	—	—
资源税	原煤	0.3 元 / 吨 ~5 元 / 吨	其他非金属矿原矿	0.5 元 / 吨 ~20 元 / 吨或立方米	—	—

2014 年房产、土地使用、企业所得、城建税税率表

表 11-6

分 类	征税范围	计税依据	税 率
房产税	城市、县城、建制镇和工矿区	从价计征房产税的房屋为房产余值 = 房产账面原值 ×（1—扣除率）	1.20%
		从租计征房产税的房屋为实际租金收入	12%
土地使用税	建制镇	纳税人实际占用的土地面积	每平方米税额一等为 16 元；二等为 10 元；三等一级为 3 元；三等二级为 2 元。
企业所得税	纳税人从事生产经营所得和其他所得	应纳税所得额 = 收入总额 – 不征税收入 – 免税收入 – 各项扣除 – 弥补以前年度亏损	25%（在中国境内未设立机构、场所的，或虽设立机构、场所，但取得的所得与该机构、场所没有实际联系的非居民企业，取得的来源于中国境内的所得，适应 20%的税率）
城建税	除外商企业、外商投资企业外，同增值税、营业税、消费税的征收范围	纳税人实际缴纳的增值税、营业税、消费税税额	纳税人所在地在市区，包括郊区、工矿区的，税率为 7%；所在地在县城、建制镇的，税率为 5%；所在地不在市区、县城或建制镇的，税率为 1%。

2014 年车辆使用税目税率表

表 11-7　　单位:元

税目	计税单位	全年税额	备注
大型客车	辆	480	
中型客车	辆	420	
小型客车	辆	360	
微型客车	辆	180	
载货汽车	自重每吨	80	包括半挂、牵引车、挂车
三轮汽车低速货车	自重每吨	50	
摩托车	辆	40	
专项作业车轮式专用机械	自重每吨	56	

2014 年土地增值税适用税率表

表 11-8

级数	级　距	税率(%)	速算扣除系数
1	增值额未超过扣除项目金额 50%的部分	30	0
2	增值额趆过扣除项目金额 50%、未超过扣除项目金额 100%的部分	40	25
3	增值额超过扣除项目金额 100%、未超过扣除项目金额 200%的部分	50	125
4	增值额超过扣除项目金额 200%的部分	60	375
土地增值税税额 = 增值额 × 适用税率 − 扣除项目金额 × 速算扣除系数			

2014 年劳务报酬所得税适用税率表(1)

表 11-9

级数	含税级距	不含税级距	税率(%)	速算扣除数
1	不超过 20000 元的	不超过 16000 元的	20	0
2	超过 20000 元至 50000 元的部分	超过 16000 元至 37000 的部分	30	2000
3	超过 50000 的部分	超过 37000 元的部分	40	7000

2014 年劳务报酬所得税适用税率表(2)

表 11-10

级数	含税级距	不含税级距	税率(%)	速算扣除数
1	不超过 1500 元的部分	不超过 1455 元的部分	3	0
2	超过 1500 元至 4500 元的部分	超过 1455 元至 4155 元的部分	10	105
3	超过 4500 元至 9000 元的部分	超过 4155 元至 7755 元的部分	20	555
4	超过 9000 元至 35000 元的部分	超过 7755 元至 27255 元的部分	25	1005
5	超过 35000 元至 55000 元的部分	超过 27255 元至 41255 元的部分	30	2755
6	超过 55000 元至 80000 元的部分	超过 41255 元至 57505 元的部分	35	5505
7	超过 80000 元的部分	超过 57505 元的部分	45	13505

征收管理

1950 年,阳泉市在河底实行了统一发货票管理制度。发货票有中式两联直写、西式两联横写、上下联复写三种式样。1953 年后,镇境内开始使用山西省实行的统一发货票,分批发专用发货票、商品流通税发货票、商业零售发货票和总发货票 4 种。镇境内的纳税鉴定始于 1956 年。之后,1958 年、1973 年、1984 年历次税制改革后都重新进行了纳税鉴定。镇境内的纳税申报由纳税人填写纳税申报表,流转税每月申报一次。境内的国营企业所得税每月申报一次,月度终了之后 7 日之内办理纳税申报,缴清应纳税款;集体企业所得税每季度申报一次,季度终了之后 20 日内办理申报。申请减、免税的纳税人,在获得减、免税批准之前,也必须办理纳税申报,如数缴纳应缴税款,批准后退税。

1958—1982 年,国有企业实行利润监交办法。1983 年起实行"利改税",上缴利润改为征收所得税。凡从事生产经营的工业、商业、交通运输业、建筑安装业、金融保险业、饮食服务业以及文教卫生、物资、供销、城市公用行业和国有企业,均以全年利润为计征依据,缴纳国有企业所得税。其中大中型企业按 55%的固定比例税率缴纳,小型企业按 8%级超额累进税率缴纳,最低级为 10%,最高级为 55%。

1984 年 1 月,开征增值税,按产品销售额中的增值部分计征,一律实行比例税率,最高为 45%,最低为 4%。1986 年,在个体工商户中推行建账制度。通过建账进行税源控制。之后,增值税征收范围扩大,税目增至 31 个。1987 年以前,镇境内的税务登记根据阳泉市税务局的具体规定执行。1987 年后,执行阳泉市郊区的税务登记制度,"税务登记证"由阳泉市郊区税务局统一填发。税票使用执行市税务局制定的《阳泉市发票管理制度》。1989

年起对财务不健全的乡镇企业、个体企业和个体户采用定率征收增值税。1991 年,税票使用按照国家税务局规定,发票换版,使用全国统一发票监制章。1993 年后,按照同年颁发的《中华人民共和国发票管理办法实施细则》规定执行管理。通过发票进行税源控制。同年,河底税务所贯彻执行《中华人民共和国税收征收管理法》,依法管理。纳税人自领取营业执照之日起 30 日内,持有关证件,向税务机关申报办理税务登记。纳税人税务登记内容发生变化的,自工商行政管理机关办理变更登记之日起 30 日内或者在向工商行政管理机关申请办理注销登记之前,持有关证件向税务机关申报办理变更或者注销税务登记。纳税人、扣缴义务人按照国务院财政、税务主管部门的规定设置账簿,根据合法、有效凭证记帐,进行核算。个体工商户确实不能设置账簿的,经税务机关核准,可以不设置账簿。纳税人必须在法律、行政法规规定或者税务机关依照法律、行政法规的规定确定的申报期限内办理纳税申报。纳税人、扣缴义务人按照法律、行政法规规定或者税务机关依照法律、行政法规的规定确定的期限,缴纳或者解缴税款。纳税人未按规定期限缴纳税款的,扣缴义务人未按照规定期限解缴税款的,税务机关除责令限期缴纳外,从滞纳税款之日起,按日加收滞纳税款千分之二的滞纳金。同时,实施《中华人民共和国税收征收管理法》,镇境内取消了纳税鉴定制度。

1994 年 1 月后,根据国家分税制改革措施,镇境内增值税实行价外税。在规定标准以上即从事货物生产或提供应税劳务的纳税人年销售额 100 万元以上或从事货物批发或零售的纳税人年销售额 180 万元以上,一般纳税人基本税率为 17%或 13%。征收范围为货物、应税劳务、进口货物。增值税税率分为三档:基础税率 17%、低税率 13%、零税率。小规模纳税人按 6%的征收率征收,但不能领购增值税专用发票,不得抵扣进项税额。同时,原国有企业所得税、集体企业所得税、私营企业所得税合并为企业所得税缴纳。企业所得税实行 33%的法定比例税率,对规模较小、利润较少的企业实行低税率照顾:年应纳税所得额在 3 万元以下(含 3 万元)的,减按 18%税率征收;年应纳税所得额在 3 万元以上,10 万元以下(含 10 万元)的,减按 27%税率征收。外商投资企业和外国企业所得税与内资企业所得税并存。取消了国有企业调节税和国有企业上缴的能源交通建设基金和预算调节基金。实行统一的内资企业所得税后,国有企业不再上缴企业承包所得税。

1994 年,河底国家税务所和河底地方税务所成立后,镇境内的国税和地税征收分别由上述两个机构管理。

国税征管 河底国家税务所成立初,管辖河底镇、西南异乡的国家税税务,负责河底镇、东村乡的国税管理,主要管理的税种为增值税。

从 1998 年 7 月开始，商业、企业小规模纳税人的增值税征收率由 6%调减为 4%。

2001 年 5 月后，贯彻执行《中华人民共和国税收征管法》。将税收工作由过去的偏重执法管理，转向纳税管理与服务并重。专管员的名称也改为管理员，突出服务的意识。其业务由过去单纯的催税增加了纳税服务、纳税评估等内容，滞纳金由过去逾期一天加收应征税款的千分之五变为现在的万分之五。申报方式由过去的直接申报，增加了邮寄申报、网上申报等方式。当年，管辖范围在原基础上扩大到并入河底镇的东村乡和燕龛乡。

2002 年 1 月后，新开办的企业所得税从地方税务局改由国家税务局征收。

2008 年后，根据《中华人民共和国企业所得税法》，统一了内、外资企业所得税制度。企业所得税实行 25%的法定比例税率。对非居民企业在中国境内未设立机构、场所的，或虽设立机构、场所，但取得的所得与该机构、场所没有实际联系的非居民企业，取得的来源于中国境内的所得，适用 20%的税率。2009 年 1 月后，商业、企业小规模纳税人的增值税征收率由原先的 4%，又调减为 3%。

2014 年 8 月后，负责郊区全区的纳税评估。当年，河底国税所执行税种有增值税和企业所得税，增值税税率为一般纳税人 17%、小规模纳税人 3%；企业所得税税率为 25%。2001 至 2014 年共征收税款 47976.9 万元。

地税征管　1994 年，地方税收改革流转税制，实行以增值税为主体，消费税、营业税并行，内外并行的流转税制。营业税共设置 8 个税目 3 档税率：交通运输业、建筑业、邮电通信业、文化体育业税率为 3%；金融保险业、服务业、转让无形资产、销售不动产税率为 5%。提高了工资、薪金个人所得税费用扣除标准，缴纳土地增值税。1995 年 1 月，阳泉市郊区地方税务局接管阳泉市郊区农业税、农业特产税、耕地占用税、契税的征收职权，河底镇境内的农税征收归其管理。1996 年，缴纳林业基金；1997 年，缴纳文化事业建设费。2000 年，不再缴纳固定资产投资方向调节税。2001 年 5 月后，镇境内贯彻执行当年修订的《中华人民共和国税收征管法》。具体工作方式方法与河底国税所相同。娱乐业税率由之前的 10%变为 20%。2002 年，缴纳残疾人保障金。2003 年，缴纳河道维护管理费和民兵役统筹费，不再缴纳农业特别税、屠宰税。2004 年，不再缴纳农业税，开征工会经费。2007 年 3 月，开征煤炭可持续发展基金。2011 年 1 月，根据省政府办公厅发布的《关于地税部门代征采矿排水水资源费的通知》，开征采矿排水水资源费，停缴煤炭水资源补偿费；同年 2 月，根据《全省地方教育附加征收使用管理办法》，开征地方教育附加。2001—2014 年共征收税款 29236.93 万元。

税收减免

国税减免　2007 年,河底国家税务所开始执行《国家税务总局民政部中国残疾人联合会关于促进残疾人就业税收优惠政策征管办法的通知》《财政部国家税务总局关于促进残疾人就业税收优惠政策的通知》,对河底镇福利企业免征增值税,到 2014 年,共对 10 家企业减免税款。

地税减免　2003 年,河底地方税务所执行山省财政厅、山西省地方税务局联合下发的《关于调整我省部分行业在"非典"期间税收政策的紧急通知》,从当年 5 月 1 日起至 9 月 30 日,对受"非典型肺炎"疫情影响较大的行业实行税收优惠政策:对旅店业、旅游业、出租汽车公司和城市公共交通运输公司免征营业税、城市维护建设税、教育费附加;对饮食业的营业税、城市维护建设税、教育费附加减征 50%;对出租汽车司机免征个人所得

部分年份地税所获奖情况表

表 11-11

年　份	颁奖部门	奖　项
2004	山西省地方税务局	省地税系统年度文明单位
2005	阳泉市地方税务局	市地税系统年度文明单位
2006	阳泉市地方税务局	市地税系统年度文明单位
2006	阳泉市劳动竞赛委员会	三等功
2006	山西省地方税务局	省地税系统年度文明单位
2007	郊区区委、区政府	文明单位
2007	阳泉市委、市政府	第十一批文明单位
2008	郊区政风行风办公室	2007 年重点岗位政风行风评议标兵岗位(第 1 名)
2008	国家税务总局、团中央	国家税务系统年度全国青年文明号
2008	郊区财贸系统委员会	先进基层党组织
2008	山西省财政厅、山西省地方税务局	全省地税系统煤炭可持续发展基金征收管理工作先进集体
2009	山西省地方税务局	2007—2008 年度全省地税系统十佳税务所
2009	郊区政风行风办公室	2008 年全区政风行风工作标兵岗位,并免评一年
2009	山西省地方税务局	2008 年度煤炭可持续发展基金征收管理工作先进集体
2010	阳泉市地方税务局	省地税系统基层税务所征管状况监控分析考评成绩显著奖
2010	阳泉市地方税务局	基础建设和规范执法集体三等功
2011	郊区财贸系统委员会	创先争优活动先进基层党组织
2012	郊区财贸系统委员会	先进基层党组织

2001—2014 年税收缴纳情况表

表 11-12　　单位:万元

年　度	国家税	地方税	税款合计
2001	1025	776.7	1801.7
2002	1340.1	841	2181.1
2003	1559	760.6	2319.6
2004	2010.2	979.8	2990
2005	3015.6	1186.7	4202.3
2006	3640	1551.13	5191.13
2007	4102	2300	6402
2008	5106	2096	7202
2009	4704	2650	7354
2010	5153	2855	8008
2011	6400	3100	9500
2012	5468	3600	9068
2013	2188	3378	5566
2014	2266	3162	5428

税。对出租汽车公司减免的税收必须全部用于调低出租汽车司机向公司上交的承包费。同时,根据财政部、国家税务总局《关于非典型性肺炎疫情发生期间个人取得的特殊临时性工作补助等所得免征个人所得税问题的通知》,对第一线医务和防疫工作者,按照当地政府规定的标准取得的"非典型性肺炎"防治工作特殊临时性工作补助,免予征收个人所得税。单位发给个人的用于预防非典型性肺炎的药品、医疗用品和防护用品等实物(不包含现金)可计入个人当月工资、薪金收入,免予征收个人所得税。

同年,对河底煤矿因塌方造成井下设备损失 199004.87 元的实际情况,准予该企业在缴纳 2002 年度企业所得税前扣除相应价值。对郊区康裕加油站,因贮油罐漏油,造成泄露损失 36 吨,价值 99087.61 元的实际情况,准予该企业在缴纳 2002 年度企业所得税前扣除相应价值。对河底速凝厂,因欠款企业(下花园煤矿)破产,外欠无法收回,造成坏账损失 39520.09 元的实际情况,根据国家税务总局《企业财产损失税前扣除管理办法》文件规定,准予该企业在缴纳 2002 年度企业所得税前扣除外欠损失相应价值。免征永盛陶粒砂厂(社会福利企业)2002 年度企业所得税。

2004—2007 年,免征山塔鞋业有限公司、温河耐火材料厂、冶金建筑耐火材料厂、翔宇耐火材料厂、永利特种耐火材料厂、兴发特种耐火材料厂(社会福利企业)永盛陶粒砂厂(社会福利企业)各年度企业所得税。

2009 年 11 月 9 日晚至 12 日,郊区遭受了历史罕见的暴雪袭击,部分企业损失严重,大面积停工停产。根据阳泉市地方税务局《阳泉市地方税务局关于积极落实税收政策支持企业抗击雪灾恢复生产的通知》,给予受灾企业抗击雪灾恢复生产提供税收政策上的帮助。河底镇共有德旭耐火材料有限公司、河底速凝剂厂、江海通石油支撑剂有限公司、博士洗煤厂、广鑫源耐火有限公司、占海洗煤厂、天隆工程材料有限公司、中博石油支撑剂有限公司、山塔鞋业有限公司共 9 户企业符合房产税和城镇土地使用税困难减免税收的有关政策规定,得免税款共计 225866.9 元。

2010 年,针对璞鑫耐火材料厂资产损失 819072 元、牵牛山煤矿资产损失 51501121 元、河底速凝剂厂资产损失 164083.75 元的实际情况,准予上述企业当年在缴纳 2009 年所得税前扣除资产损失相应价值。次年,针对和美镁业有限责任公司已停产近 3 年的实际情况,对其 2010 年度欠缴的房产税和城镇土地使用税给予减免税照顾,共计 70387 元。

2013 年后,地税减免统计方式有所改变,不再具体到某个企业,而以分类总计的形式进行统计。当年,共减免 235 户次营业税 5.63 万元,以及城市维护建设税 0.31 万元、地方教育附加费 0.11 万元、其他政府性基金收入 0.01 万元,减免 13 户次企业所得税 73.81 万元,减免 8 户次城镇土地使用税 7.33 万元。2014 年,共减免以上各项分别为 810 户次 19.51 万元,816 户次 1.21 万元、0.46 万元、0.34 万元,13 户次 75.57 万元,8 户次 7 万元。

2006—2014 年福利企业减免税表

表 11-13　　　　单位:元

单位名称	地址	2006 年	2007 年	2008 年	2009 年	2010 年	2011 年	2012 年	2013 年	2014 年	合　计
阳泉市瑞峰冶金耐火材料厂	小河北村	1195075.75	972124.05	855593.76	735000.84	767076.07	746666.71	854583.75	425833.5	394644.95	6946599.38
阳泉市兴发特种耐火材料有限公司	猪头垴村	408485.81	833549.71	597917.05	699997.4	699997.4	676664.04	589163.28	539582.64	525000	6051607.00
阳泉市郊区科兴耐火材料厂	东南沟村	—	—	32083.33	384999.96	385000	385000	352916.63	417083.37	32083.33	1989166.62

续表 11-13　　单位:元

单位名称	地址	2006 年	2007 年	2008 年	2009 年	2010 年	2011 年	2012 年	2013 年	2014 年	合　计
阳泉市山塔工贸有限公司	山底村	249728.19	239998.00	358105.49	321326.17	695782.06	726738.15	687703.05	591099.04	581569.7	4774834.95
阳泉市鑫旺耐火材料有限公司	河南村	—	485253.52	500760.77	533749.78	723333.04	735000	726250	767246.43	583170.247	5101430.46
阳泉市永利特种耐火材料厂	河南村	394785.81	979505.32	367500.18	420000	420000	452083.3	449166.6	489999.96	396666.63	4530124.45
阳泉市温河耐火材料厂	温河灌区	640992.15	1118293.88	490000.28	490000	490000	490000	478333.32	478333.12	489996.66	5315113.07
阳泉市翔宇耐火材料厂	东南沟村	517655.40	1210517.50	420000.24	472482.96	682150.48	700000	668100	685570	635863.33	6569839.91
阳泉市利仁耐火材料有限公司	东村村	—	—	—	—	—	700000	732794.32	766372.27	699999.96	3015833.21
阳泉市永顺耐火材料	小河北村	—	—	—	—	—	—	37818.76	665097.87	769999.96	1624583.25

第三节　金　融

当　铺

清康熙二十年(1681),河底有当铺一家,东家赵永义。清乾隆五十九年(1794)有 4 家,即天长、永兴、晋隆、福德。清道光十六年(1836),较出名的当铺有永茂、广泰、万和、锦顺。清嘉庆年间,牵牛镇村李震在村小街北岸开设“谦亨当”一处。清道光二十六年(1846),除“谦亨当”外,还开设有“吉泰当”。清光绪十三年(1887),境内较出名的当铺为河底永茂当(初为合盛当)。中华民国建立以后,典当业日趋衰落。民国 19 年(1930),永茂当因遭闫军士兵在中秋节抢劫，损失巨大，被迫倒闭。旧时，镇境内有当无质，典当的对象主要是贫苦农民和小手工业者。当物以衣服、首饰、器具、古董为主，尤以布衣为多。当铺的内部机构简练，人员精干，一般设有大、二、三掌柜，内事先生、柜员和炊事员。典当程序，一般要经过看货、协商、开票、编号、上账、付款、上架等过程。当铺的抵押期限，即当期一般为24个月、20个月、18个月、15个月、12个月共5种，宽限期最长不超过半年。当物过期不取，当铺可下架拍卖处理。当铺的利率，清末多为2分，高者2.5分，后又加到3分，有的地方还实行过年（腊月、正月、二月）减利，如平时为2.5分，年底赎当的则减为2分，次年，3月又提高利率。利息的计算方法为，开票即算1个月，满月后的零天，一般按“过三不过四，过四不过五”的办法计算，即3天内不计息，超过4天或5天就按整月计算，也有半月内按半月、超过半月按整月计算的。中华人民共和国成立后，镇境内不再有典当行业。

钱　庄

清乾隆五十九年（1794），河底钱庄有义成局、福兴局、如义局3家。清道光十六年（1836），有福兴局、如义局两家。民国初，仅存两义生钱铺1家。钱庄组织形式有独资、合资和股份3种。内事先生和经营、外勤人员均为钱庄业务骨干，除每月拿优厚薪金外，大多顶有“身股”（俗称顶生意，与商业字号顶生意相同），3年账满即可分红。学徒期内工资微薄，期满即按年增加。顶身股可按股分红，身股有2股、4股、6股、8股等之分。中华人民共和国成立后，镇境内不再有钱庄。

货　币

清代，河底镇境内流通的货币有制钱、铜圆、银两和银圆。清咸丰四年（1854），户部铁钱局在山西平定州河底镇（今河底村粮站）设宝泉分局，开炉20座，鼓铸铁钱，由户部派司官二员监督，每年由山西筹铸本银4.8万两，解京搭放。咸丰九年（1859），宝泉分局经户部批准改归山西省接办，因铁钱使用不便，难以流通，故减炉14座。光绪十三年（1887）改铸铜元钱。民国初年，制钱停止使用。境内历代流通的银两名称繁多，而以银锭流通最广。银锭按其成色、重量、大小可分为3种：元宝、中锭、小锭。元宝即马蹄锭，重50两；中锭即小马蹄银，亦称小元宝，重10两；小锭亦称小银，重量大约1两至5两不等。此外，小锭银还有碎银、银块、碎元宝等，种类、成色十分繁杂。当时，银、钱相辅并行，一般流通方法是，大额交易用银，小额交易用钱。光绪二十九年（1903），镇境内始有银圆流通。最先是墨西哥鹰洋，其后有英国站人洋、光绪元宝（因有蟠龙图案亦称龙洋）及山西所铸二角辅币。辛亥革命后，孙中山半身像银币、袁世凯头像银币广泛流通，其中“袁头币”在境内流通量最大。民国8年（1919）2月，山西省公署曾规定山西境内商民交易，一律通行银圆和铜圆，不得行使银两及制钱,取缔各县纸币。民国年间流通的还有铜圆、钱票、晋钞、法币、关金卷、联银券、西北农民银行票、东北流通券、热河流通券,以及边币、冀南币等。

民国37年(1948)12月1日,中国人民银行成立。发行人民币,统一流通,冀南币、边币逐渐收回,规定人民币兑冀南币及边币的比价分别为1∶100和1∶1000。1955年3月,中国人民银行发行人民币,银行以新旧1∶10000的比价收兑旧人民币。为便于流通,1957年12月发行了金属分币(简称硬分币),与纸币等值流通。1962年4月,中国人民银行发行第三套人民币。1964年4月,市人民银行奉命收回镇境内流通的由苏联代印的1953年版3元、5元和10元券。之后,镇境内流通的钱币为中国人民银行发行的各类(套)人民币。

银　行

1949年10月,华北银行阳泉办事处在河底村设立营业所,专管阳泉市农村金融业务。1952年2月,中国人民银行盂县三区营业所在山底村设立营业所,1953年4月撤回盂县。1954年,阳泉市人民银行在河底村设立营业办事处,有干部职工4人。

1979年,阳泉市农业银行在河底村设立办事处。1984年,合并于荫营办事处。

1987年9月,中国建设银行阳泉市郊区支行在固庄煤矿设立储蓄所。2003年,该支行实行机构改革,固庄分理处撤并,所属业务划归信用社。

到2014年,镇境内共有中国农业银行、中国工商银行及中国邮政储蓄银行开设的分行(支行)、营业所5个。

农村信用合作社

1951年10月,境内农民集资建立了郊区境内第一个农村信用合作社——任家峪信用合作社。1954年,河底村民集资创办了信用合作社,入股1675户,股金4478元。当年,山底、牵牛镇、东村、燕龛等村的村民均集资办起了农村信用合作社,并产生了理事会、监事会。到2014年,镇境内农村信用合作社7个。主要职能职责是吸收公众存款,发放短期、中期和长期贷款,青年创业贷款和残疾人贷款,农户小额信用贷款、联保贷款、抵质押贷款,办理国内结算、跨行农民工卡取款业务及经营行业监督管理机构批准的其他业务。

信用社选介

任家峪信用社。创办于1951年。1958年后,先后隶属于中国人民银行阳泉市支行河底办事处、河底人民公社信用部。1983后,由中国农业银行阳泉市郊区支行负责业务指导监督,也称“行社合一”。1996年12月,在农村金融体制改革中,实行“行社脱钩”,与农业银行郊区支行分离,改名为阳泉市郊区农村信用社合作联社任家峪分社,为一级分社,归属阳泉市郊区农村信用合作社联合社管理。2007年10月,在新一轮金融改革中,经本社社员代表大会决议通过，进行统一法人社改革，正式申请并入阳泉市郊区农村信用社合作联社。2011 年、2012 年、2013 年，先后被河底镇政府评为“服务经济建设先进单位”。

2014 年，有职工 18 人，其中中级职称 1 人、初级职称 2 人，大学学历 6 人。向 4 个行政村的经济组织、农业人口及驻地单位约 4000 余人开展金融服务。

河底信用社。创办于 1954 年。1958 年后，先后隶属中国人民银行阳泉市支行河底办事处、河底人民公社信用部、中国农业银行阳泉市郊区支行分管管。1959 年与河底办事处分开。1980 年后，由中国农业银行阳泉市支行负责业务监督。实行一套人马两个机构，即阳泉市郊区河底农村信用合作社与中国农业银行河底办事处合署办公，农业银行的相关业务由河底信用社工作人员代办，也称“行社合一”。1996 年 12 月，在金融体制改革中，与农业银行分离，即“行社脱钩”，更名为阳泉市郊区河底中心信用合作社，为基层中心社。2005 年，被郊区农村信用社合作联社评为“盘活不良资产先进集体”；2006 年，被省农村信用社合作联社阳泉办事处评为“先进集体”。

2007 年 10 月，在新一轮金融改革中，河底信用合作社经本社社员代表大会表决通过，进行统一法人社改革，正式申请并入阳泉市郊区农村信用社合作联社。同年，被郊区农村信用社合作联社评为“组织资金先进集体”；2008 年，被省农村信用社合作联社阳泉办事处评为“先进集体”。2007 年、2008 年、2010 年、2012 年，先后被河底镇政府评为“服务经济建设先进单位”。2011 年，被郊区农村信用社合作联社评为“优质服务单位”。2013 年，在《阳泉日报》《山西发展导报》《三晋都市报》发表《河底信用社组织慰问残疾人创业模范》《贷款帮俺迈过三道坎儿》《河底信用社信贷助农增收》等文章。

到 2014 年，有干部职工 28 人，其中中级职称 4 人、初级职称 6 人，研究生学历 1 人、大学学历 25 人。下设 4 个服务网点，向 9 个行政村的经济组织、农业人口及驻地单位的 1.6 万余人开展金融服务。

燕龛信用社。创办于 1954 年。1958 年后，属燕龛人民公社分管。1983 起，由中国农业银行阳泉市郊区支行负责业务指导监督。实行一套人马，两个机构，即阳泉市郊区燕龛农村信用合作社与中国农业银行阳泉市郊区燕龛营业所合署办公，农业银行的相关业务由燕龛信用社人员代办，也称“行社合一”。1996 年 12 月，在农村金融体制改革中，实行“行社脱钩”，更名为阳泉市郊区燕龛信用合作社，为一级分社，归属郊区农村信用合作社联合社管理。2007 年 10 月，在新一轮金融改革中，经本社社员代表大会决议通过，进行统一法人社改革，正式申请并入阳泉市郊区农村信用社合作联社。

2009 年和 2010 年，先后被省农村信用社联合社阳泉办事处评为“先进集体”。2011

年、2012 年、2013 年,先后被河底镇政府评为“服务经济建设先进单位”。2013 年,《燕龛信用社“公司员工消费贷款”业务受热捧》文章被《阳泉日报》刊登。2014 年,有职工 11 人,其中中级职称 1 人、初级职称 3 人,研究生学历 1 人、大学学历 8 人。向 6 个行政村的经济组织、农业人口及驻地单位约 5000 余人开展金融服务,贷款余额突破 6000 万元,现代化的网上银行与理财产品正在逐步推广与普及。

东村信用社。创办于 1955 年。1958 年后,属东村人民公社分管。1962 年后,隶属于河底人民公社信用部,名为河底公社东村信用分部。1969 年后,名为阳泉市东村信用社。1975 年后,更名为山西省阳泉市东村信用合作社。1986 年后,更名为山西省阳泉市郊区东村信用合作社。2001 年 11 月后,更名为阳泉市郊区东村农村信用合作社。2003 年 3 月后,属河底农村信用合作社分管,名为阳泉市郊区河底农村信用合作社东村分社。2007 年后,并入阳泉市郊区农村信用社合作联社,名为阳泉市郊区农村信用社合作联社东村分社。

2014 年,有干部职工 9 人,向 12 个行政村的经济组织、农业人口及驻地单位开展金融服务。

第四节　保　险

1987 年 8 月,中国人民保险公司阳泉市郊区支公司河底保险所在河底村成立,有员工 4 人。经营险种有机动车辆保险、企业财产保险、雇主责任保险、货物运输保险、家庭财产保险、人身意外伤害保险、果树保险、养老保险共 8 种。年收保费 200 余万元。

1995 年 10 月后,河底保险所按照《中华人民共和国保险法》的规定开展工作。

1996 年 7 月,中国人民保险公司改组为中国人民保险(集团)公司,下设中保财产保险有限公司、中保人寿保险有限公司、中保再保险公司三家专业子公司。中国人民保险公司改组后,河底保险所更名为中保财产保险有限公司阳泉市郊区支公司河底保险所,经营险种缩减为机动车辆保险、企业财产保险、雇主责任保险、货物运输保险、家庭财产保险等 5 种。

财产保险

管理机构　1998 年 10 月,根据保险业整体改革方案,三家子公司自成体系,中保财产保险有限公司更名为中国人民保险公司(以下简称中国人保)。河底保险所随之更名为中国人民保险公司阳泉市郊区支公司河底保险所。

2003年7月，人保郊区支公司更名为中国人保控股公司阳泉市郊区支公司后，河底保险所随之更名为中国人保控股公司阳泉市郊区支公司河底保险所。2007年6月，随着中国人保控股公司的复名，中国人保控股郊区支公司也复名为中国人民保险公司阳泉市郊区支公司，河底保险所又复名为中国人民保险公司阳泉市郊区支公司河底保险所。

2009年9月，随着人保公司的体制改革，人保郊区支公司更名为中国人民财产保险股份有限公司阳泉市郊区支公司，河底保险所也随之更名为中国人民财产保险股份有限公司阳泉市郊区支公司河底营销服务部。同年10月，财保郊区支公司做出关于暂时撤销河底营销服务部，人员回郊区支公司集中工作的决定。11月，河底营销服务部奉命撤回到郊区支公司工作。

承　保　2001年，河底营销服务部经营的险种有机动车辆保险、企业财产保险、雇主责任保险、货物运输保险、家庭财产保险、意外伤害保险共6种。2004年，拓展4种政策性农业保险财政补贴品种：能繁母猪保险、玉米种植业保险、商业育肥猪保险、设施蔬菜种植保险。2007年，承保河底镇能繁母猪359头，保险金额35.9万元。2009年，新增能繁母猪养殖业保险险种。2011年，郊区开展玉米种植业保险试点，承保河底镇玉米种植面积3.28万亩，保险金额852.8万元。2013年年初，受理河底镇198亩蔬菜大棚设施蔬菜种植业保险投保。同年，新增商业性育肥猪保险险种。2011—2013年，年承保河底镇机动车1543辆，承保人身意外保险13540人。

2014年，经营险种有机动车辆保险、财产损失保险、责任保险、信用保险、意外伤害保险、短期健康保险、保证保险、农业保险共8种。2011—2014年，共收取保费843.72万元。

赔　付　郊区支公司河底营销服务部成立之初至2005年前，理赔权限属于财保郊区支公司。2006年，理赔权限统一上收。至2014年，由财保阳泉市分公司理赔中心负责，保户直接前往办理。

2006—2014年，共赔付镇境内保险总金额183.54万元。

人寿保险

管理机构　2003年3月，中国人寿保险股份有限公司阳泉市郊区支公司河底农村营销服务部成立，有员工5人。经营范围为河底镇。2003—2013年，河底农村营销服务部为中国人寿保险股份有限公司山西省分公司命名的金牌营销服务部。2014年，河底农村营销服务部工作人员13人。

承　保　2003年，经营险种有国寿鸿瑞两全保险（分红型）、国寿千禧理财两全保险（分红型）、国寿鸿寿年金保险（分红型）、国寿鸿泰两全保险（分红型）、康宁终身保险、康宁定期保险、国寿关爱女性疾病保险 A\B、国寿少儿两全保险、国寿英才少儿保险、子女教育保险(A)、子女教育保险(B)、国寿福瑞两全保险、国寿福馨两全保险、国寿 99 鸿福两全保险、国寿养老年金保险、国寿养老还本保险共 16 种。其后,险种逐步扩大。到 2014 年,经营分红型保险 29 种,其他保险 17 种。2003—2014 年,共收取保费 1172.39 万元。

赔　付　1985 年阳泉市郊区保险公司成立后,人寿保险赔付方式为投保人持相关材料,到人寿保险郊区支公司营业厅报案,经审核符合赔偿条件的,即于现金赔付。2008 年后改为投保人持相关材料,到人寿保险郊区支公司营业厅报案,经审核符合赔偿条件的,报人寿保险阳泉市公司,以银行划拨投保人账户的方式进行赔付。一直至 2014 年未改变。2007—2014 年,共赔付各类事故保险金 785986.97 元。

第十二章　经济管理

第一节　统计管理

1957年后，随着国民经济的发展，河底镇境内的统计机构逐渐健全。统计工作建立了年报、半年报、季报、月报和专项统计报5项报表制度，统计镇境内的工农业生产、商品流通、文化教育、人民生活等数据。1958年“大跃进”时期，统计报表的数据出现了严重的“浮夸”现象，后逐步得到核实纠正。“文化大革命”中，统计工作一度中断。1970年，统计工作开始逐步恢复。到1976年步入正轨，建立了月报、季报、半年报、年报和专项统计报的统计报表制度。主要统计报表有工业、农业、商业、固定资产投资、劳动工资等100余种。各种报表起报单位不一，工业、商业由单位报到主管局，农业由村报到乡镇(公社)。在年报表中，农业指标项目最多，高达200多个。

1984年，镇境内各乡镇均建立“农村统计台账”和“工业统计台账”。此后，每年都为郊区编辑《统计年鉴》(统计资料)上报了真实的资料。并为郊区的《统计信息》《统计报告》《工业效益动态》等刊物提供了相关资料。

1985年9月至1986年12月和1995年9月至1996年12月，配合全区的工作，完成2次工业普查。

1988年后，在各项调查项目中，推广抽样调查、重点调查、民意测验、典型调查和快速调查等多种方法，提高了调查的准确、真实、时效性。在统计制度改革方面，开展了农村一套表和企业一套表制度试点。在统计内容上，增加了反映改革过程和成果的统计指标。

1993年10月至1994年12月，配合全区工作，完成了首次第三产业普查，为郊区撰写《我区第三产业现状及发展思路》提供了分类整理后的普查资料。1997年，开展了第一次农业普查。同年，还进行了首次基本单位普查。2004年3月至2005年12月，开展了第一次经济普查工作。

到2008年，各统计部门都建立专业统计台账，综合统计台账，季度报表台账。

2014 年,全镇各行业共有统计人员 50 人。

第二节 工商行政管理

管理机构

工商行政管理是对工商业生产经营活动的行政管理和监督,体现国家的意志,行使政府的权力。

民国 37 年(1948)2 月,平定(路北)县民主政府在河底镇成立河底镇工商联合会,协助政府管理阳泉市第四区、第五区工商业事务,代行工商行政管理部分职权。其主要工作是对私营工商业者工商户进行登记,颁发会员证;审批各商号店铺开业、休业、停业;分配各商号税额和抽取杂税;管理监督各商号店铺遵纪守法及市场营业;协助政府组织庙会物资交流;维护会员合法权益,并提供商品信息。

同年 8 月,阳泉市工商局成立后,河底镇工商联合会改属于阳泉市工商联合会管理,镇境内的工商业事务由阳泉市工商局、盂县工商科分别对所属各村进行行政管理。

1956 年 9 月,河底镇工商联合会撤销。1958 年,镇境内的人民公社行使部分工商行政管理权力。

1969 年 11 月,镇境内各人民公社成立市场管理委员会,并在供销社设立打击投机倒把办公室。

1983 年 6 月,河底集贸市场开业。这是阳泉市工商行政管理局以 5 万元,购得位于河底街的影剧院并加以改建的市场。该市场由阳泉市工商行政管理局郊区工商行政管理所负责管理,有管理人员 3 人,驻河底村。此为最早驻河底村的工商行政管理工作人员。

1984 年 4 月,阳泉市郊区工商行政管理局河底工商所成立,管辖河底、东村、燕龛 3 个人民公社的工商事务,工作人员 5 人。主要职责是管理所辖范围内的集贸市场;负责乡镇以下企业经济合同纠纷的调解工作;查处违反《商标法》和《广告管理暂行条例》的案件。1991 年 4 月,国家《工商行政管理所条例》出台后,河底工商所按照其规定执行管理。

1994 年 6 月,东村工商所成立,负责东村乡和燕龛乡的工商行政管理事务。

2002 年 12 月, 郊区工商分局撤销东村工商所, 原管理事务归属河底工商所管辖。2007 年 2 月,河底工商所升格为副科级工商所。

2009年4月，省工商局《工商行政管理所办案程序规定》出台后，河底工商所按照其规定执行管理。

2010—2013年，河底工商所各年分别被市工商局、区财贸系统委员会、区政府、省工商局评为全国工商系统优秀工商所、先进基层党组织、食品安全工作先进集体和先进集体。

2014年，河底工商所共有干部职工16人。

市场管理

集贸市场管理　清乾隆年间(1736-1795)，镇境内的集市贸易就很活跃。牵牛镇逢四、九日集，河底镇逢五、十日集。河底的集市设东、西两个集场，东集场为牲畜集场，西集场为粮食集场。民国26年(1937)，日军入侵后，集期不能如常举行，市面萧条。

民国36年(1947)5月，阳泉解放后，境内集市迅速恢复，日益兴旺。1956年，境内“一化三改”基本完成，供销合作社成为商品流通主渠道，集市淡化。1958年人民公社化后，境内集市撤销。1960年，市政府恢复河底集贸市场。1963年3月，社会主义教育运动开始，二度关闭河底集贸市场。1979年1月，市工商局再次重开河底集贸市场。1983年，改建的河底集贸市场开业。该市场建筑面积1040平方米，可容纳120个摊位经营，常日开放。是郊区境内第一所商场型集贸市场，由市工商局管理。此后，境内的集贸市场不再是定期开市，均为常日开市。

河底工商所成立后，认真贯彻执行国家市场法规，鼓励各村各单位新建市场。在河底街、河底汽车站、东村、牵牛镇、固庄煤矿开辟集贸市场，积极支持农民经商。在集贸市场内实行划行归市，维护市场经营秩序，查处市场违法案件，纠正违章行为。经常开展教育宣传，要求商贩摊点文明经商，守法经营，明码标价，买卖公平。集贸市场商品能较好地满足群众生活需求，生意红火，市场涌现出许多文明经商、诚信经营、信誉良好的商户。1985年，山西省阳泉固庄煤矿投资8万元，在该矿建成围廊式集贸市场。

1991年开始，在商户中倡行诚信经营，严禁经销假冒伪劣商品，并开展无假冒商品信得过竞赛活动。同年8月，河底村在老爷庙宏场旧址设粮油集贸市场。

2003年春，“非典型性肺炎”疫情暴发后，镇境内的集贸市场受到严重影响，销售额大幅度下降。河底工商所贯彻执行区工商分局决定，停征当年3—9月份市场管理费共6.4万元。

同年9月，《国务院关于进一步加强食品安全工作的决定》发布后，保障食品安全就成为了工商管理部门的一项重要任务，也成为集市贸易管理的重要内容。河底工商所发动和组织各村及驻地企业建立和不断完善食品安全监管网络，培训食品安全信息员31人，加强受理举报、投诉和食品安全突发事件应急处置机制。2008年9月1日，市场管理费停征。同时,甘肃等地多例婴幼儿因食用三鹿牌婴幼儿配方奶粉致病并被曝光后,河底工商所立即清查了镇境内市场销售的婴幼儿奶粉的种类、质量及存放情况。此后,婴幼儿奶粉成为食品市场监管的又一重点。随后,河底工商所建立了市场巡查责任制,巩固食品监管网络,制定食品安全警示牌,查处和纠正食品安全违法违章行为,消除食品安全隐患。当年,共查处食品安全案件 18 起,并全部作出严肃处理。

2009 年，在集贸市场培养和树立食品安全示范户 33 名，很好地发挥了榜样引领作用。同年,进一步规范了食品经营秩序。2012 年,对一起聘用未取得健康证明的人员在其食杂店从事食品经营的事件,依据《流通环节食品安全监督管理办法》的规定,对其作出罚款人民币 500 元的处罚,并责令其辞退该聘用人员。

至 2014 年,镇境内未发生较大食品安全案件。

庙会市场管理 庙会因官府准许的定期举行的祭祀活动而形成，庙会市场由庙会衍变而来,因历史久远而形成传统。北宋时,境内庙市已经十分兴盛。清代祭祀之风尤盛,凡庙会都伴有庙市。庙市上的商品也以农产品、手工业产品和生活消费品为主。民国初期之前,镇境内的庙市及集市由官府通过牙人管理和控制。牙人或操控物价,或利用度量衡器投机弄奸,多为害买卖双方。民国 35 年(1946),晋冀鲁豫边区太行专区政府宣布取缔了牙行,镇境内的交易市场也不再遭受牙人的欺诈。

民国 26 年(1937),日军入侵后,庙会市场急剧衰落。

中华人民共和国成立后,国家提倡破除封建迷信,庙会祭祀活动减弱,逐渐变成物资交流会。1953 年,河底村在农历三月二十三传统庙会之期举办物资交流大会,参加者 7.35 万人次,成交额 50500 万元(时币)。1963 年冬,境内普遍开展社会主义思想教育运动,对传统庙会的举行进行了限制。“文化大革命”期间,传统庙会被彻底禁止。1978 年改革开放后,传统庙会逐渐恢复。1981 年 10 月后,境内各村传统庙会完全正常举行。河底工商所成立后,对辖区各村传统庙会的举行进行了指导和组织,引导政策容许范围内的商品上市,对商贩秩序进行了很好地管理。至 2014 年,各村传统庙会期间,均未发生较大商品交易欺诈行为。

消费投诉管理 为很好地解决消费投诉问题,1996 年 12 月,阳泉市郊区消费者协会河底分会成立。2003 年 5 月,执行《阳泉市消费者协会基层组织网络建设规范化实施方案》,要做到名称、人员、机构“三统一”,经河底镇党委批准,按照《方案》要求,重新组建了河底消协分会。

建会后,河底消协贯彻落实《消费者权益保护条例》,秉持消协宗旨,依据国家有关法律法规,对商品和服务进行社会监督,保护消费者的合法权益,引导消费者合理、科学消费,促进社会主义市场经济健康发展。在河底工商所的支持和指导下,河底镇各村和固庄煤矿建立消费者监督站,开展商品和服务监督。河底消协配合工商所,在每年的“3.15”消费者权益保护纪念日开展宣传纪念活动,并全年随时接受消费者投诉,进行纠纷调解。

河底消协会长由河底工商所历任所长兼任。至2014年,河底镇未发生较大的消费投诉案件。

企业监督管理

西汉时,镇境内的工商企业登记分别有上艾县、盂县衙署管理。之后,则由县衙的户房、工房具体办理。民国期间,在本地主管官署登记。日军入侵期间,工商业凋零败敝。民国36年(1947)4月26日、27日盂县和平定县先后获得解放后,镇境内工商业登记注册分别由盂县民主政府工商科和平定（路北）县民主政府实业科办理。民国37年(1948)2月,平定(路北)县民主政府成立河底镇工商联合会。除山底、小沟、红土岩、东村、大河北、小河北、北小西庄、南沟(今东南沟)、下章召等11个农村仍由盂县管辖外,镇境内各村的工商业登记均由河底镇平定(路北)县河底镇工商联合会全体工作人员工商联合会办理。1953年后,镇境内的工商业登记注册由阳泉市工商局管理。1984年4月,河底工商所成立后,管辖原河底镇、东村乡、燕龛乡工商业登记注册及监督管理。

登记初审　初审是对工商企业实行的最基本的、也是最基础的监督管理。河底工商所对工商企业建立管理台账、经济户口,登记开业及其后的变动情况,为监督检查提供依据。河底工商所成立后,依据1982年国务院发布的《工商企业登记管理条例》,登记实行分级登记制。镇境内凡在区工商管理局登记的工商企业在申请开业、年度检验、歇业,其申请书(表)、报告书(表)所填写各项均须经过河底工商所审验,包括实地勘验。

2014年,贯彻落实《国务院关于印发注册资本登记制度改革方案的通知》,河底工商所停止了年检初审工作。当年,注册登记的镇境内工商企业共325户。

监督管理　河底工商所成立后,依据国家工商行政管理法律条文,就企业登记注册事项开展监督

民国37年(1948)成立的河底镇工商联合会(图12-1)

管理工作。重点是核准登记注册企业的名称、经营场地、经营范围(包括主营和兼营的所有范围)、注册资金、从业人数和资质。对违反登记注册事项的轻微行为,进行批评教育后,责令改正;对情节严重造成不良后果的,进行立案查处。

工商案例

2004年,某村煤矿以土地复垦工程项目为由,未经工商行政管理部门核准登记,擅自进行露天煤矿开采。期间,河底工商所曾对其下达责令改正通知书,但其置之不顾,继续从事非法经营活动。6月21日,依法以阳工商郊河罚字(2004)2号处罚决定书,对该煤矿无照经营开采露天煤矿的违法行为作出处罚决定,予以取缔并处以罚款。

2010年,阳泉市某煤炭有限责任公司某煤矿至当年8月19日,尚未接受2008年、2009年两年度企业年检,且未向企业登记管理机构提交延期参加年检的申请,系逾期年检的违法行为。故依法限其30日内申报办理补检手续,并处以罚款。

2011年,某实业有限公司于当年3月开始,超出核准经营范围,从事煤炭筛选加工经营活动。在责令改正期满后,仍不办理变更经营范围手续,继续从事超范围经营活动。5月18日,依法以阳工商郊河罚(2011)018号处罚决定书,对其超范围经营之违法行为作出处罚决定,责令该公司停止违法行为并处以罚款。

2013年,郊区某加气站,从2012年12月开始,未办理营业执照,擅自在苇泊村从事天然气销售经营活动。故依法以阳郊河罚(2013)060号处罚决定书,对其无照经营之违法行为作出处罚决定,予以取缔并处以罚款。

个体、私营工商业管理

登记发照　1983年9月,国家工商行政管理局发布《关于全国统一个体工商业营业执照有关事项的规定》中,对个体经济的称谓由个体经营户变为个体工商业户、个体工商户。

1984年前,镇境内的个体工商业户由市工商局或区工商所管理。河底工商所成立后,负责原河底镇、东村乡、燕龛乡个体工商户的开业登记。符合开业条件、准予开业的,即行登记发给营业执照。个体工商户有改变登记项目的,须到工商所办理登记手续,称变更登记。个体工商户因故不再经营,须到工商所办理登记手续,交回营业执照(正、副本)、本店(场、厂)公章,称歇业登记。

1988年1月后,根据区工商分局的规定,河底工商所受理个体工商业者登记申请,审核个体工商户登记申请表,加注意见。然后申请人到区工商分局个体经济管理股办理其他相关事宜。从此河底工商所负责登记初审、转呈。

2004年4月,为优化发展环境,提升服务水平,区工商分局下放个体工商户登记事权，局长向各工商所签发委托书，河底镇个体工商户登记、发照复归河底工商所负责办理。2014 年 2 月后，执行国务院《关于印发注册资本登记制度改革方案的通知》，取消个体工商户年度验照贴花制度。河底工商所遂停止对个体工商户的年度贴花验照工作。

监督管理 1984 年以后，河底工商所每年对个体工商户进行一次年度检验，对照营业执照登记项目检查个体工商户的经营情况。对符合要求者在营业执照上加贴标记，称贴花验照。河底工商所坚持开展每年一度的个体工商户贴花验照工作。通过该项工作，监督个体工商户在营业执照核准的范围内从事经营，限制超越经营范围和其他违犯登记事项的活动。保护合法经营，坚持取缔无照经营违法活动，维护公平竞争环境。

2014 年，河底镇有个体工商户 1009 户，其中工业和手工业 28 户、商业 205 户、饮食业 47 户、服务业和修理业 34 户、交通运输业 226 户、其他业 469 户。

个体、工商案例

2003 年，河底镇某村有人未经工商行政管理机关登记核准，于当年 5 月 12 日开始，擅自在其村从事粉碎矸石并销售的活动，属于无照经营。10 月 20 日，河底工商所依法对其予以取缔并处以罚款。

自我管理 1984 年 10 月，原河底镇召开个体劳动者代表大会，选举产生理事会，建立了阳泉市郊区个体劳动者协会河底分会。

河底个协分会是阳泉市郊区个体劳动者协会的下属机构，同时接受河底镇党委和政府的领导，并接受河底工商所的工作指导。1987 年后，会长均由河底工商所所长兼任。河底个协分会成立后，努力贯彻落实《中国个体劳动者协会章程》，发挥协会自我管理、自我教育、自我服务的“三自”作用，倡行守法经营、爱国敬业，组织会员开展“光彩之星”活动。至 2014 年，会员中涌现出许多回馈社会、反哺人民的先进个体工商户，并受到政府表彰和社会各界的赞扬。

经济合同管理

监督管理 中华人民共和国成立前，镇境内大的经济交易，如房产或土地交易等，双方通过订立“契约”来明确交易事项，制约行为，按约履行。20 世纪 50 年代后，随着国家经济合同法律法规的建立，镇境内的经济合同由市工商局或所属县区工商所管理。河底工商所成立初期，正值乡镇企业蜂起、市场体制转型时期。企业经济交往频繁，经济合同签订存在较大的随意性。河底工商所努力开展经济合同法宣传活动，帮助企业建立经济合同管理制度。1984 年协助区工商局经济合同股举办经济合同法律培训班，培训厂长、经理及企业（供销社）经济合同管理员 64 人。境内实现经济合同管理机构、人员、制度“三落实”，经济合同管理趋于法制状态。

至 2014 年,工商所对经济合同的监督管理采取日常巡查和参加专项执法行动两种形式,监督企业是否建立合同管理机构,合同管理制度是否健全,所签订的合同书是否有专人保管;合同主体、意向、标的是否真实合法。巡查和专项执法行动中发现的一般问题当即指正,严重违法的依法查处。

清理“三角债” 20 世纪 90 年代初,镇境外企业对镇境内企业出现大量欠债,时称“三角债”,使镇境内不少企业运行艰难。河底工商所按照国务院清理“三角债”领导小组 1991 年 7 月治本清源清理“三角债”动员会精神,并依据《经济合同法》,帮助镇境内企业催讨债务。至 1993 年年末,共为镇境内乡镇企业催讨回积累外欠 418.76 万元。

重合同守信用活动 这是 20 世纪 80 年代开展的一项活动。1988 年,河底工商所按照区工商局关于开展“重合同守信用”活动安排,遵照 1986 年秋国家工商局召开的“重合同守信用”活动座谈会要求,积极组织镇境内企事业单位参加“重合同守信用”评比。从此,镇境内工商界开展“信用体系建设,争当重合同守信用单位,以信誉开拓市场”活动。工商所的工作人员深入企业,以市工商局制订的“抓好普法教育;依法签订合同,条款手续完备;配齐机构人员,健全规章制度;严格履行合同,没有违约行为;保证产品质量,提高经济效益”等 5 条标准,指导企业加强经济合同管理工作,督促履约,同时动员企业申报参加“重合同守信用”单位评选活动,保持已有成果,积极争取升级。当时,有阳泉市山塔鞋业有限公司、阳泉市绿然矿泉水厂、阳泉天隆工程材料有限公司、阳泉市燕龛煤炭有限责任公司和阳泉市苇泊汽车修理厂成为省级“重合同守信用”企业;阳泉市河底速凝剂厂、阳泉市郊区河底镇民爆物品管理服务站、山西阳泉永盛陶粒砂厂和阳泉市璞鑫耐火材料厂成为市级“重合同守信用”企业(服务站)。该项活动的开展,对树立企业信誉、促进经济发展起到了一定作用。

经济合同案例 2012 年,阳泉市城区郭某从当年 3 月 1 日开始,擅自在任家峪村以“海斌耐火材料经销部”的名义对外从事耐火材料销售经营活动。该行为虚构合同主体,违反了《山西省合同监督管理条例》有关规定,4 月 16 日, 河底工商所以阳郊河罚〔2012〕S029 号处罚决定书,责令郭某停止违法行为并处以罚款。

2013 年,山西省阳泉固庄煤矿史某擅自以“阳泉市郊区文果耐火材料经销部”的名义对外从事耐火材料销售活动。此行为虚构合同主体,违反了《山西省合同监管管理条例》有关规定,3 月 18 日,河底工商所以阳郊河罚〔2013〕S004 号处罚决定书,责令史某停止违法行为;并处罚款人民币 3000 元。

商标管理

商标注册核转　1979 年 7 月 31 日，位于苇泊村的阳泉市玛钢厂生产的水暖器材“阳”字牌商标在山西省工商行政管理局注册。成为镇境内第一个注册商标。

1983 年 7 月 6 日，河底公社牵牛镇大队生产的陶瓷缸、陶瓷罐“牵牛”牌商标在国家工商行政管理局注册。

河底工商所成立后，根据职责与权限，开展商标管理。针对乡镇企业初入市场，商标意识不够强的状况，在企业界普遍宣传商标法，讲解商标的作用和价值，鼓励企业使用商标、申请商标注册，帮助核转。1987 年 6 月，组织部分企业负责人参加了区工商局举办的商标法培训班。1989 年 7 月，组织部分企业参加了区工商局召开的商标工作会议，动员企业开展“重商标、创财富”活动。2002 年，培育了阳泉市郊区泉翔装饰涂料厂生产的涂料“泉翔”牌商标和阳泉市河底速凝剂厂生产的水泥“争时”牌商标。2006 年，阳泉市郊区发起商标战略，工商所再次发动企业申请商标注册。2008 年，培育了阳泉市绿然矿泉水厂生产的矿泉水“漾泉”牌商标。2009 年，培育了阳泉市山塔鞋业有限公司生产的鞋“山塔”牌商标。

商标使用管理　注册商标属拥有人专有。镇境内产品的商标使用历史悠久。清末民初，河底镇铸造的把把锅底、铁壶上的标记、铁匠王荣宣锻制菜刀上的“王”字、牵牛镇村烧制的瓷瓮、瓷盆底上的标记及河底街商号“德合盛”糕点包装封顶纸等，均具有商标的性质。河底地区铸造的铁货，均以“河托付”为标记，商标性质更为显著。二十世纪七八十年代任家峪铸锅厂生产的“任”字牌铁锅，“任”字就完全是一种商标性质。

冒充注册商标、擅自使用他人注册商标的行为均属违法行为。

河底工商所成立后，积极指导与推动企业注册商标，认真做好初审和转呈申报。同时指导企业建立商标管理制度，依法开展注册商标监督管理，保护知识产权。2006 年，在推进商标战略活动中，依法惩治商标侵权和虚假广告违法行为。工商所在做好日常监督工作的同时，参与专项执法行动。对一般性问题即进行批评指正，对较大问题则立案查处。

商标案例

2008 年，河底镇某村路某销售“背靠背”T 恤衫的行为，属于“销售侵犯注册商标专用权的商品”的违法行为。7 月 22 日，河底工商所依法以阳郊河〔2008〕068 号处罚决定书，责令路某立即改正其违法行为，停止销售，并罚款人民币 3000 元。

2010 年，山西省阳泉市第一钢铁厂贾某在其店内售肉时，擅自悬挂未经“双汇”注册商标所有权人授权的“双汇”冷鲜肉注册商标招牌，属于“侵犯注册商标专用权”的行为。12 月 16 日，河底工商所依法以阳郊河〔2010〕300 号处罚决定书，责令其停止侵权行为，并处罚款人民币 1 万元。

广告管理

镇境内商业广告历史悠久。叫卖,摇拨浪鼓、悬挂招牌及幌子,张贴等均属广告行为。河底工商所成立后,依据 1982 年国务院发布的《广告管理暂行条例》的规定,对镇境内的广告行为进行管理。市场广告监督管理采取两种方式,一是日常巡查;二是参加专项执法行动。对一般性违法违章行为予以批评指正,阻止其行为继续发生;对较大的违法违章问题,即立案查处。

1987 年后,依据国务院当年发布的《广告管理条例》的规定进行管理。

至 2014 年,镇境内尚无广告经营单位。

广告案例

2008 年,河底镇高某未经工商部门核准登记,于当年 4 月 8 日在河底大街的墙体上发布内容为“箭牌卫浴”的户外广告,违反《户外广告登记管理规定》的相关规定。7 月 22 日,河底工商所依法以阳郊河〔2008〕069 号处罚决定书,责令其停止发布广告,并处罚款人民币 2000 元。

2012 年,该镇某村赵某在未取得“户外广告登记证”的情况下,擅自在河底镇马路沿线张贴“经销各种耐火材料”的户外广告,违反了《户外广告登记管理规定》的相关规定。4 月 16 日,河底工商所依法以阳郊河〔2012〕S028 号处罚决定书,限令其在 15 日内补办“户外广告登记证”,并处罚款人民币 2000 元。

第三节　国土资源管理

机构设置

清代以前,镇境内国土资源由平定县、盂县衙署管理。民国元年(1912)两县衙署撤销,成立县公署。镇境内国土资源由平定县公署、盂县公署(后改称政府)管理。民国 36 年(1947)5 月阳泉解放后,镇境内国土资源分别由平定(路北)县民主政府民政科、盂县民主政府民政科管理。民国 37 年(1948)9 月,民主政府为镇境内农民颁发了“土地证”。民国 38 年(1949)8 月后,镇境内国土资源由所在区公所民政股管理。

中华人民共和国成立后,镇境内国土资源分别由阳泉市人民政府民政局、盂县人民政府民政科管理。

1953年，镇境内部分农村由盂县划入阳泉市第二区，其土地事务由所在区公所管辖。1982年12月，阳泉市郊区人民政府设立土地管理办公室，镇境内土地事务归其管理。

1986年，原河底镇政府设土地管理员，办理土地管理具体事务。1988年3月，阳泉市郊区土地管理局在镇境内各乡镇政府设土地管理员，具体办理土地管理事务。

2000年12月，郊区土地管理局撤销镇境内原各乡镇设立的土地管理员，在河底村设立阳泉市郊区土地管理局河底中心所，称河底土地管理中心所。从2001年1月开始，镇境内原各乡镇与西南舁乡的土地管理权属均归河底土地管理中心所。

2001年7月，随着郊区土地管理局与地质矿产管理局上划合并，成立阳泉市国土资源局郊区分局后，河底土地管理中心所也更名为阳泉市国土资源局郊区分局河底中心所，负责河底镇、西南舁乡国土资源管理工作，升格为副科级建制，核定编制8人。其职责是对辖区内的土地和矿证的各方面事务进行具体管理。2008年，被共青团郊区委员会授予青年文明号奖状。2011年，被市国土资源局评为先进集体。2013年，被省国土资源厅评为五星级国土资源所。2014年，被市国土资源局评为先进乡镇中心所。同年，河底中心所管辖范围仍为一镇一乡共49个行政村，其中河底镇32个、西南舁乡17个。

耕地保护

基本农田保护　2000年后，镇境内由于建设项目用地和资源开发规模不断扩大，加大了耕地资源保护和维护矿业秩序工作任务的艰巨性。

依据基本农田划定的有关规定和标准，参照农用地分等定级成果，严格按照规划确定的保护目标，调整划定基本农田保护区，并落实到地块和户。调整后的基本农田平均质量等级不低于原有质量等级。

2009年，该镇基本农田面积为25331.4亩，规划期间，调出基本农田总计2237.55亩，补划基本农田703.8亩。

大力开展基本农田整理，由过去单纯的数量型保护向数量、质量、生态型保护转变，改善基本农田生产条件和生态环境。通过加大公共财政对基本农田保护区建设的扶持力度，进一步提升基本农田地力等级和生产能力。

进一步落实基本农田保护各项法规制度，严格执行基本农田占用审批制度，占用基本农田必须经过依法审批。层层签订基本农田保护目标责任书，将保护面积分解到各村、户，落实到每个地块。规划期间，确保基本农田数量不突破规划指标、用途不改变、质量不降低。

为了加强对基本农田的保护，2001—2014年，镇政府在每年年初同各村村委会主任签订《基本农田保护责任状》，严禁各类建设用地占用基本农田，用制度来强化耕地保护。同时，采取日常巡查与卫星拍摄监察相结合的办法，对各类用地进行监察。在每年的“6·25”土地日，河底中心所都会大范围发放耕地保护宣传材料，举办各种宣讲班，提高全民，特别是村级领导干部严格遵守耕地保护红线的意识。

至2014年，各项建设用地维持在总体规划范围内。

违法用地查处　河底中心所在每年的日常巡查中，对发现的各类违法用地都依法进行了严肃地查处。2011年，查处阳五高速1158亩、阳五高速北收费站11.5亩、阳泉德旭耐火材料厂21.5亩共3宗典型违法占地案件。2012年，查处阳泉众辉建筑材料有限公司15亩、苇泊天华加气站10亩、燕龛煤矿炸药库9亩、苇泊冀东水泥厂3亩共4宗违法占地案件。2013年，查处河底兆瑞洗煤厂5亩、燕龛运煤专线110亩、燕龛华海洗煤厂12亩、中佐新农村住宅18亩、郊里新村村委会办公楼1.5亩共5宗违法占地案件。针对以上案件，根据土地管理法律法规的有关规定，对违法占地单位均作相应的罚款处罚，并要求其对被占用土地恢复原貌。

复垦造地　河底中心所成立后，对镇境内的土地状况进行多次勘察。通过实地调查，根据立地条件向镇政府提出复垦造地的可行性建议。各村都利用荒坡荒地，大力开展了复垦造地活动。通过复垦造地取得耕地总量的平衡，为经济发展提供用地保障。至2014年，共复垦造地包括基本农田整理2159余亩。

部分年份复垦造地统计表

表12-1　　　　单位：亩

年　份	村　名	新增耕地数	状　况	年　份	村　名	新增耕地数	状　况
2004	小河北	130	通过验收	2014	小　沟	184.82	待验收
2012	五架山	72.60	通过验收	2014	北　庄	40	待验收
2013	五架山	188.07	通过验收	2014	东　村	1233.9(基本农田整理)	待验收
2013	小西庄	310	通过验收	—	—	—	—

用地档案管理　2001—2014年，河底中心所共编制、存放和保管河底镇32个农村14362户的宅基地与村集体2687户各类企业用地的档案资料，其中存放1986年和1995年两次换发的资料。档案内容标注了应有的各类详细数据。

矿山资源管理

登记管理　20世纪90年代，镇境内的各类采矿许可分别由省、市、区地质矿产管理部门负责管理。

2001年后，国土资源管理部门坚持对矿山企业实行登记许可制度进行控制。镇境内的采矿许可由河底中心所负责申报登记企业的初审工作和年度检验的初审工作，对核准的申报事项开展日常监督管理。2014年，河底镇境内有证矿山企业有开采煤炭的山西阳泉郊区牵牛镇山煤业有限公司、阳泉市璞鑫耐火材料厂、阳泉市佳世能建材有限公司3家，采矿许可证号分别为C1400002009121220048100、C1403002010046120066476、C1403002011107130118868，开采种类分别为煤炭、铝矾土、石灰岩，均为露天开采。

采矿监管　1989秋，镇境内某村出现私挖滥采铝矾土的非法采矿行为。发现后，郊区政府随即组织土地、工商、公安等部门依法管理，对其进行了严肃处理。

2008年后，河底中心所将打击非法采矿行为作为工作的重中之重，进行昼巡夜查，开展集中打击行动。镇政府成立打击非法采矿小分队，配合国土资源管理部门执法队进行巡查打击。2011年10月，巡查发现某洗煤厂利用封闭的车间作掩护，以洞采方式暗自私采煤炭。其矿洞口采用电动液压开关，科技性、隐蔽性极强。河底中心所立即上报。郊区政府将其作为非法采矿的典型案件进行了严肃处理，查封洞口，彻底铲除，将当事人移送司法机关依法惩处，并给予所在村负责人以党内严厉警告处分。为严厉打击私挖滥采行为，2012年，镇政府与境内各村签订了《打击非法采矿责任状》，对村级领导干部实行一票否决制度。

至2014年，镇境内没有再出现私挖滥采行为。

地质灾害防治

2001年，河底镇组建地质灾害防治机构，由镇长任领导组组长。同时，河底中心所和地质灾害隐患点所在村都成立相应的组织机构。领导组编制了《地质灾害防治方案》，制定了《地质灾害防治措施》。以地质灾害隐患点所在村为责任单位，该村的村长为第一责任人，领导组与责任人签订《地质灾害防治责任书》。河底中心所等成员单位负责对监测资料与信息反馈的收集汇总，上报上级有关部门进行综合整理。

每年汛前都要求各村做好重点排查与加强监测预警工作。汛期，要求河底中心所实行24小时昼夜值班制，确保汛期情况做到上传下达、畅通无阻；同时不间断地对隐患点进行巡查，做好日常记录；对存在的问题给相关村委下发隐患防治通知书，并汇报镇地质灾害防治领导组，制定防范措施。河底中心所经过长期多次巡查，发现河底镇存在多处地质灾害隐患点,并向上级主管部门做了申报。

2014 年 6 月 13 日,镇政府组织河底中心所、河底派出所、河底中心卫生院等相关单位在大固庄村进行了地质灾害防治演练。

当年,山西省国土资源厅批准,镇境内地质灾害隐患点共有 15 个村、17 处(原为 15 处)。其中采空型地面塌陷 13 个村、13 处:前龙光峪村、里龙光峪村、邓家峪村、关家峪村、牵牛镇村、东村、红土岩村、曹家掌村、西沟村、程庄村、北庄村、固庄村、小固庄村;滑坡 3 个村 3 处:邓家峪村、山底村(潜在滑坡)、西沟村;斜坡 1 个村 1 处:东南沟村。灾害类型:13 处中型地面塌陷、1 处中型滑坡、2 处小型滑坡、1 处小型斜坡。灾害威胁对象共 520 户、2080 人。诱发因素为降雨和震动。

针对存在多处地质灾害隐患点的实际情况,河底镇采取向村委会下达隐患防治通知书、广播宣传、设立警戒线、汛期派专人 24 小时监控、利用贴片法结合巡查、遇险启动应急预案等多种防范措施和有效的治理手段,很好地控制了险情的发生。到年末,镇境内一直未发生大的地质灾害。

第十三章　中国共产党组织

第一节　概　述

河底镇地处于平定、盂县交界处，古时即有驿道穿过村中，一直是石家庄地区经盂县通往太原的必经之路，辖区内矿产资源丰富，农业手工业发展较快，人多地少，商业发达，在古代就享有平定“第一镇”的盛名。村内“商业一条街”在平定城外独一无二，是清代和中华民国时期平定州北经济贸易中心，外来人员平凡，便于开展中国共产党的秘密活动。

民国25年（1936）冬，八路军“战地工作团”和“山西牺牲救国同盟会”特派员到该辖区内发展会员建立组织，开展抗日救国活动。民国26年（1937）7月，抗日战争全面爆发，中共平定县工委自盂县迁至河底镇驻“三官庙”，迅速领导辖区内河底、苏家泉、上章召、东村、南沟、燕龛一带群众开展抗日救国斗争。同年8月，上级党组织八路军战地工作团派王试功、温藏宝等人，在今郊区北部地区开展抗日救国宣传活动，介绍苏家泉村进步青年武昌征等9人加入中国共产党。10月，在苏家泉村秘密召开第一次党员大会，选举产生中共平定（路北）县苏家泉党支部，武昌征任支部书记，此为河底辖区内最早的党组织。同年，八路军战地工作团派人到上章召村发展中共党员22名，成立上章召党支部，首任支部书记郭怀志。在东南沟村发展李凝瑞等6人加入中国共产党，并成立党小组，谢荣钟任党小组长。下年2月，建立东南沟党支部，李凝瑞任党支部书记。此后，又在小西庄、韩庄、下章召、东村、小河北、山底、程庄等村逐步建立了党的组织，并动员热血进步青年参军参战，参加抗日工作，辖区内党组织队伍不断扩展壮大。

到1949年，辖区内27个行政村建立基层党支部，党员人数达到960名。辖区内人民和全国人民一道在中国共产党的领导下，经历了抗日战争、解放战争，胜利完成了新民主主义革命，顺利地进入社会主义革命和建设的新阶段。期间，随着区划建制和名称几经变动，基层党组织干部也时有变化。1958年年初，乡改社后，河底人民公社下辖21个农村基层党支部，共有892名中共党员。1963年2月，荫营区重新设置并对农村人民公社的规模做了调整，辖区内河底人民公社下设 11 个农村党支部，共 452 名中共党员，东村人民公社下设 10 个农村党支部、共 362 名中共党员。1971 年 9 月，原平定县下设的燕龛人民公社划入该辖区，下设 6 个农村党支部、112 名中共党员。同年年底，辖区内河底、东村、燕龛 3 个人民公社相继召开了党员代表大会，选举产生了新的党委领导班子。1984 年 5 月，农村社改乡建制，辖区内各生产大队管理委员会改为村民委员会，各村党支部职能不变。1993 年，按照中央"五好"目标和区委《创建基层党组织建设先进区实施方案》，辖区内党组织不断加强自身建设。

2000 年 12 月，撤乡并镇，原东村乡、燕龛乡，与河底镇合并为河底镇，全镇 32 个行政村，14 个党总支，89 个党支部，党员人数达到 1683 余人。河底镇党委积极探索非公有制企业党建和"联村党委"工作新模式，组建非公党（总）支部 2 个，离退休党（总）支部 9 个，组建起河底村与中佐村、前龙光峪村，武家庄村、猪头垴村"联村党委"。建立和完善了党政领导"五包"责任制，即包班子建设、包信访稳定、包经济发展、包重点工程、包重点项目。党组织的凝聚力和战斗力进一步增强，党在农村的执政基础更加牢固。

2005 年，河底镇党委开展以践行"三个代表"重要思想为主要内容的保持共产党员先进性教育活动，实现了"党员干部受教育，科技发展上水平，人民群众得实惠"的总体要求。2006 年，开展村级组织活动场所改造工程，大力打造融党员活动、村民议事、服务代理、远程教育、文化娱乐为一体的实用性场所，村级组织办公活动条件得到了极大改善。2007 年，开展以"转型跨越当先锋，开放创新做表率，统筹城乡争一流"为重要载体的创先争优活动，全镇基层党组织和广大党员干部在"工业新型化，农业现代化，城乡一体化"的经济转型发展中，发挥了战斗堡垒和先锋模范作用。

2011 年，河底镇党委坚持以加强党的执政能力建设和先进性建设为主线，以扎实开展学习实践科学发展观活动和创先争优活动为重点，构建适应河底镇经济发展需要，群众满意的党建工作新格局，开展了"三争一促"活动，实现了"党员受教育，发展上水平，群众得实惠"的工作目标，党建工作水平全面提升。2013 年，河底镇党委团结带领全镇各级党组织和党员群众，以科学发展观为指导，以富民强镇为主题，以转型综改为主线，突出项目建设、集镇建设、生态建设三项重点，出台《党政干部六项工作制度》，重点在加强自身建设、提高创新能力、敢于先行先试、坚持民主集中制、注重廉洁自律等方面下功夫，充分发挥党员领导干部的引领和表率作用，为建设文明、富裕、开放、和谐的新河底做出了应有的贡献。

截至 2014 年年底，全镇 32 个行政村，有联村党委 1 个、行政村级党总支 14 个、党支部 89 个(其中非公党组织 39 个、企事业机关和村级总支下设支部 50 个),3 个居民委员会(河底、苇泊钢铁厂、阳泉市第二监狱居民委员会),全镇中共党员总数达到 2136 名。

第二节　组织机构

中共阳泉市二区(现郊区)河底辖区内乡镇建制时期党组织及领导人名录(1953.4—1956.3)。

中共河底乡总支委员会(1953.4—1956.3)

书　记　　张安全(1953.7—1954.7)

　　　　　李延林(1954.7—1956.3)

副书记　　光德怒(1953.7—1955.12)

中共牵牛镇乡总支委员会(1953.4—1956.3)

书　记　　曹志民(1953.9—1956.3)

副书记　　樊忠堂(1953.9—1956.3)

中共苇泊乡总支委员会(1953.4—1956.3)

书　记　　李根荃(1953.4—1954.11)

　　　　　梁毓荣(1954.11—1956.3)

副书记　　梁毓荣(1953.4—1954.11)

　　　　　张来寿(1954.11—1956.3)

　　　　　李春光(1954.11—1956.3)

中共任家峪乡总支委员会(1953.4—1956.3)

书　记　　史锦谦(1953.8—1956.3)

副书记　　任振国(1953.8—1956.3)

　　　　　贾五孩(1953.8—1956.3)

中共山底乡总支委员会(1953.4—1956.3)

书　记　　张守仁(1953.8—1956.3)

副书记　　杨震山(1953.8—1956.3)

　　　　　张　思(1953.8—1956.3)

刘克明(1953.8—1956.3)

中共苏家泉乡总支委员会(1953.4—1956.3)

书　记　　孙澄清(1953.7—1954.12)

　　　　　乔支成(1954.12—1956.3)

副书记　　乔支成(1953.7—1954.12)

　　　　　张贵全(1954.12—1956.3)

中共北小西庄乡总支委员会(1953.4—1956.3)

书　记　　杨士岐(1953.7—1955.2)

　　　　　李喜金(1955.2—1955.3)

　　　　　李喜元(1955.3—1956.3)

副书记　　李洪选(1953.7—1956.3)

　　　　　杨茂恒(1955.4—1956.3)

中共阳泉市二区(现郊区)河底镇辖区内合作化时期党组织及领导人名录(1956.3—1957.8)。

1956年3月,中共阳泉市二区委(现郊区)改设中共阳泉市荫营区委后,下层乡镇党组织调整合并为13个乡(镇)总支委员会,在河底镇辖区内的有4个乡(镇)总支委员会。1956年3月苇泊乡党总支委员会和河底乡党总支委员会合并组成河底镇党总支委员会。

中共河底镇总支委员会(1956.3—1957.8)

书　记　　李延林(1956.4—1956.7)

　　　　　任德富(1956.7—1957.8)

副书记　　李士祥(1956.6—1957.8)

中共山底乡总支委员会(1956.3—1957.8)

1956年3月,原牵牛镇乡党总支委员会和山底乡党总支委员会合并组成山底乡党总支委员会。同年3月,又成立东村乡总支委员会。

书　记　　张守仁(1956.4—1956.11)

副书记　　李　駓(1956.4—1957.8)

中共东村乡党总支委员会(1956.3—1957.8)

1956年3月成立东村乡党总支委员会

书　记　　李占宏(1956.4—1956.4)

　　　　　李喜元(1956.4—1956.10)

　　　　　傅　忠(1956.10—1956.11)

副书记　　傅　忠(1956.4—1956.4)

　　　　　李凝昌(1956.4—1957.8)

中共燕龛乡党总支委员会(1956.4—1957.6)

书　记　　白永保(1956.4—1957.2)

　　　　　白保祥(1957.2—1957.7)

　　　　　郭瑞春(1957.7—1958.4)

副书记　　刘保士(1956.4—1957.2)

　　　　　白永保(1957.2—1958.2)

　　　　　白保祥(1957.7—1958.4)

中共阳泉市郊区河底辖区内全面进入集体化时期党组织及领导人名录(1957.8—1958.8)。

1957年8月,中共阳泉市委决定,撤销荫营区委、站上区委,建立中共阳泉市郊区委员会,原两个区委下层乡(镇)党总支改称党委,中共阳泉市郊区区委下属18个乡(镇)党委,在河底镇辖区内的乡(镇)党委有4个。

中共河底镇委员会(1957.8—1958.8)

书　记　　孙继先(1957.8—1958.8)

副书记　　李士祥(1957.8—1958.8)

中共东村乡委员会(1957.8—1958.8)

书　记　　傅　忠(1957.8—1957.11)

　　　　　郭进玉(1957.11—1958.8)

副书记　　李喜元(1957.8—1958.8)

　　　　　傅　忠(1957.11—1958.8)

中共山底乡委员会(1957.8—1958.8)

书　记　　张守仁(1957.8—1957.11)

　　　　　孔庆寿(1957.11—1958.8)

副书记　　张守仁(1957.11—1958.8)

李　駓（1957.8—1958.8）

中共燕龛乡委员会（1958.4—1958.8）

书　记　　郭瑞春（1958.4—1958.8）

副书记　　白永保（1958.4—1958.8）

中共阳泉市郊区河底辖区内乡改社时期党组织及领导人名录（1958.8—1958.11）。

1958年8—11月，为适应人民公社化和“大跃进”运动发展形势的需要，山西省委决定，撤销平定县建制、平定辖区和原阳泉市郊区辖区合并，组成阳泉市郊区，组建8个党组、34个乡（镇）党委，实行党的一元化领导。同年9月2日，34个乡（镇）党委合并为13个乡（镇）党委。9日，全区实现乡转社，组建13个政社合一的人民公社党委。同年11月12日，随着“大跃进”形势的进一步发展，市委、市政府决定，撤销阳泉市郊区建制，建立阳泉市平定、荫营、东回、岩会、矿区5个人民公社。组建5个人民公社党委、由市委直属。合并后的13个乡（镇）党委、接着乡转社，13个乡镇转为政社合一的13个人民公社。13个乡（镇）党委改称13个人民公社党委。当时河底镇辖区内的乡（镇）就1个河底人民公社。

1958年9月2日西南舁乡、东村乡、河底乡、韩庄乡和原属平定县燕龛乡合并为河底镇，接着转为河底人民公社。中共河底镇委员会改称中共河底人民公社委员会。

中共河底人民公社委员会（1958.9—1958.11）

第 一 书 记　　孙继先（1958.9—1958.11）

第一副书记　　孔庆寿（1958.9—1958.11）

副　书　记　　庞庆元（1958.9—1958.11）

郭瑞春（1958.9—1958.11）

郭进玉（1958.9—1958.11）

王　鸿（1958.9—1958.11）

中共阳泉市郊区河底辖区内改为管理区时期党组织及领导人名录（1958.11—1959.4）。

1959年7月，中共阳泉市委撤销除矿区外4个人民公社组织及其党委，建立由市直属的阳泉市平定、荫营2个协作区及其党委。同年4月，撤销矿区人民公社党委和平定、荫营2个协作区及其党委，建立平定联社，下属23个人民公社党委改称管理区党委。同年5月，中共阳泉市平定联社委员会改称中共阳泉市平定郊区委员会。6月，中共平定郊区委员会改称中共阳泉市郊区委员会，基本上恢复回人民公社化初期时的状况，直到 1961 年 4 月，平定县从阳泉市分出，恢复原平定县建制。下属各公社党组织未变。只是在 1959 年 4 月河底管理区党委改称河底人民公社党委。

中共河底管理区委员会（1958.11—1959.4）

书　记　　孙继先（1958.11—1959.4）

副书记　　孔庆寿（1958.11—1959.4）

中共河底人民公社委员会（1959.4—1961.5）

书　记　　孙继先（1959.5—1960.2）

　　　　　王子华（兼，1960.3—1961.4）

副书记　　孔庆寿（1959.4—1960.2）

　　　　　樊锦堂（1959.4—1960.6）

　　　　　郭万银（1959.10—1959.12）

　　　　　孙继先（1960.3—1961.4）

　　　　　李种根（兼，1960.5—1961.4）

中共阳泉市河底辖区内在困难时期党组织及领导人名录（1959.4—1963.2）。

1961 年 4 月，中共山西省委决定平定从阳泉分出，恢复原平定县建制，阳泉市郊区辖区内的 6 个人民公社党委，由中共阳泉市委直属，阳泉市委根据中央有关指示认真调整农村各项政策，全面贯彻落实中央提出的“调整、巩固、充实、提高”的八字方针。精简机关干部和企事业单位职工。支援农村生产第一线，对“大跃进”反右整风中受到错误批判、处分的党员干部进行了甄别平反，把《中共中央关于农村人民公社当前政策问题的紧急指示性》（即十二条）等一系列方针政策落到实处，农村经济发展明显好转。同时，加强了对各人民公社党委的领导。

中共阳泉市河底人民公社委员会及领导人名录（1961.4—1963.2）

书　记　　孙继先（1961.4—1963.2）

副书记　　孔庆寿（1961.6—1963.2）

　　　　　白荣华（1961.6—1963.2）

　　　　　李根荃（1961.6—1963.2）

委　员　　孙继先（1961.6—1963.2）

　　　　　孔庆寿（1961.6—1963.2）

白荣华(1961.6—1963.2)

李根荃(1961.6—1963.2)

中共燕龛人民公社委员会及领导人名录(1961.4—1966.5)

书　记　郭瑞春(1961.4—1964.2)

刘玉忠(1964.2—1964.8)

(代)赵怀珠(1962.8—1964.8)

副书记　张成富(1961.4—1962.5)

赵怀珠(1962.8—1964.8)

曹拴成(1964.12—1965.7)

中共阳泉市荫营区河底辖区内人民公社规模调整时期党组织及领导人名录(1963.2—1966.5)。

1963年2月,经省委批准,中共阳泉市委重新组建荫营区的同时,将原市直6个人民公社的规模做了调整,原白泉人民公社分设出杨家庄人民公社;原河底人民公社分设出东村人民公社(原西南舁人民公社把小西庄村划入东村人民公社);原荫营人民公社分出一部分,原西南舁公社分出一部分,建立三郊人民公社。与此同时组建了杨家庄、东村、三郊3个人民公社党委。中共阳泉市荫营区委下属荫营、河底、西南舁、白泉、杨家庄、三郊、东村7个人民公社党委。

新组建的河底人民公社党委、东村人民公社党委,认真贯彻落实中央及省、市、区的方针。从1964年起全社开展"农业学大寨"运动和学习解放军的活动。开展农村社会主义教育"四清运动"(清公分、清账目、清财产、清仓库)。由于受"左"倾思想影响,致使部分农村干部受到错误的处理。"四清"运动还没有全面结束,1966年5月开始了"文化大革命"运动。

中共河底人民公社委员会及领导人名录(1963.2—1966.5)

书　记　李文同(1963.6—1964.4)

(代)李子荣(1964.6—1965.6)

副书记　孔庆寿(1963.2—1963.5)

黄甫文(1963.2—1966.5)

中共东村人民公社委员会及领导人名录(1963.2—1966.5)

书　记　王　鸿(1963.2—1964.5)

代书记　白荣华(1964.5—1965.1)

张步先(1965.4—1966.5)

副书记 李根荃(1963.2—1965.4)

中共燕龛人民公社委员会及领导人名录(1964.2—1966.5)

书 记 刘玉忠(1964.2—1964.8)

代书记 赵怀珠(1962.8—1964.8)

副书记 赵怀珠(1962.8—1964.8)

曹拴成(1964.12—1965.7)

中共阳泉市荫营区河底辖区内“文化大革命”开始时期党组织及领导人名录(1966.5—1967.4)。

1966年5月,中共中央发出《中国共产党中央委员会通知》(即“五·一六”),河底、东村、燕龛人民公社和全国、全省、全市一样,进入“文化大革命”时期。这个时期,农村和城市“四清”运动停止,全面转入“文化大革命”运动。

全社范围内开始学习贯彻通知精神,开展学术批判、横扫一切“牛鬼蛇神”。在此期间,公社党委尚能领导运动,不久《关于无产阶级文化大革命的决定》发布后,“红卫兵”兴起,各单位、各部门及农村群众组织普遍建立,其批判斗争的矛头直指各级党组织的主要领导,以所谓“走资本主义道路当权派”的罪名,被批判,“或靠边站”“或被罢官”。致使公社党委失去了对运动的领导。

中共荫营区河底人民公社委员会及领导人名录(1966.5—1967.4)

书 记 李文同(1966.5—1966.12)

武建民(1966.12—1967.4)

副书记 黄甫文(1966.5—1966.10)

乔茂德(1966.11—1967.4)

中共荫营区东村人民公社委员会及领导人名录(1966.5—1967.4)

书 记 (代)张步先(1966.5—1966.8)

书 记 王 田(1966.8—1966.11)

李文同(1966.12—1967.4)

副书记 乔茂德(1966.8—1966.11)

傅锁成(1966.12—1967.3)

中共燕龛人民公社委员会、燕龛人民公社核心小组及领导人名录(1966.5—1971.2)。

1967年3月,中共燕龛人民公社委员会被夺权;1970年3月,建立燕龛人民公社革委党的核心小组。

中共燕龛人民公社委员会及领导人名录

代理书记　　赵怀珠(1966.5—1967.3)

中共燕龛人民公社革委核心小组及领导人名录

组　长　　高鸿林(1970.3—1971.2)

副组长　　曹拴成(1970.3—1971.2)

中共阳泉市荫营区河底辖区内各公社核心小组成立时期党组织及领导人名录(1967.10—1971.5)。

1967年5月,经中共阳泉市核心小组批准,成立中共荫营区核心小组,此时,全社形势依然混乱,派性斗争有增无减,武斗事件时有发生,各单位,学校继续停产停课,直至1969年中央发出"7·23"布告后,各单位办学习班,实现群众组织大联合,全社形势逐渐好转。1970年10月,根据市、区革委核心小组的指示,河底公社、东村公社陆续成立公社革委党的核心小组,1971年2月平定县燕龛人民公社划入阳泉郊区领导,燕龛人民公社已成立了革委党的核心小组。

中共河底人民公社革委核心小组及领导人名录(1970.10—1971.5)

组　长　　辛毅山(1970.10—1971.5)

副组长　　史满昌(1970.10—1971.5)

中共东村人民公社革委核心小组及领导人名录

组　长　　葛碰怀(1970.11—1971.5)

副组长　　李引柱(1970.11—1971.5)

中共燕龛人民公社革委核心小组及领导人名录

组　长　　高鸿林(1971.2—1971.5)

副组长　　曹拴成(1971.2—1971.5)

中共阳泉市郊区河底辖区内各公社相继召开党员代表大会时期党组织及领导人名录(1971.5—1976.10)。

1971年5月,中共阳泉市郊区委员会建立后,下属9个人民公社党组织,相继召开党员代表大会，选举产生新的党委领导班子，各项工作向好的方向发展，全社形势进一步稳定。1976 年 10 月，中共中央一举粉碎江青反革命集团，全社的工作逐步走向正常。

中共河底人民公社委员会及领导人名录(1971.5—1976.10)

1971 年 5 月，河底人民公社党组织召开第三届党代会，选举产生中共河底人民公社委员会。

书　记　　辛毅山(1971.5—1972.5)
　　　　　李文同(1972.9—1974.2)
　　　　　高秀明(1975.2—1976.10)

副书记　　乔茂德(1971.5—1975.10)
　　　　　史满昌(1971.5—1975.5)
　　　　　王　华(1971.5—1973.6)
　　　　　樊锦堂(1973.6—1976.10)
　　　　　光德书(1973.12—1976.10)
　　　　　傅海川(1975.12—1976.10)

中共东村人民公社委员会及领导人名录(1971.5—1976.10)。

中共东村人民公社革委核心小组及领导人名录(1971.5—1971.7)

组　长　　葛碰怀(1971.5—1971.7)

副组长　　李引柱(1971.5—1971.7)

中共东村人民公社委员会及领导人名录(1971.7—1976.10)

1971 年 7 月，东村人民公社党组织召开第三次党代会，选举产生中共东村人民公社委员会。

书　记　　葛碰怀(1971.7—1976.10)

副书记　　李文同(1971.7—1972.9)
　　　　　王仰斗(1971.7—1972.5)
　　　　　高润杰(1972.7—1975.12)
　　　　　曹玉山(1973.6—1976.9)
　　　　　高绪忠(1973.12—1976.9)
　　　　　段检章(1975.2—1975.12)

中共燕龛人民公社委员会及领导人名录(1971.5—1976.10)

1971年5月,燕龛人民公社党组织召开第三次党代会,选举产生中共燕龛人民公社委员会。

书　记　高鸿林(1971.5—1976.10)

副书记　曹拴成(1971.5—1976.10)

　　　　胡玫锁(1972.7—1976.10)

中共阳泉市郊区河底辖区内各公社进入改革开放时期党组织及领导人名录(1976.10—1984.5)。

1976年10月,中共中央一举粉碎了江青反革命集团,历时十年的"文化大革命"动乱结束。从此,进入社会主义现代化建设新时期。1978年12月,中共十一届三中全会之后,随着党的工作重点的转移,公社党委把主要精力放在了社会主义现代化经济建设上。各村实行了以家庭联产承包责任制为主的经济体制改革。河底公社党委提出粮食生产两年过黄河(亩产500斤),三年达长江(亩产800斤)彻底解决粮食自给。东村公社党委提出三年实现小江南的战略方针,同时燕龛公社党委和河底公社党委、东村公社党委提出发挥煤炭优势、兴办乡村企业的发展战略。三年后总收入猛增,比1976年翻一番,粮食实现了自给有余。

中共河底人民公社委员会及领导人名录(1976.10—1984.5)

书　记　高秀明(1975.10—1976.10)

　　　　傅海川(1976.10—1982.10)

副书记　光德书(1976.10—1977.2)

　　　　樊锦堂(1976.10—1984.1)

　　　　王继志(1979.1—1984.5)

　　　　曹玉山(1983.4—1984.1)

中共东村人民公社委员会及领导人名录(1976.10—1984.5)

书　记　葛碰怀(1976.10—1979.12)

　　　　高绪忠(1979.12—1984.1)

副书记　曹玉山(1976.10—1980.8)

　　　　高绪忠(1976.10—1979.2)

　　　　余惠章(1977.9—1984.1)

　　　　李玉珠(1981.3—1984.1)

中共燕龛人民公社委员会及领导人名录(1976.10—1984.5)

书　记　　高鸿林(1976.10—1976.12)

　　　　　高海涛(1976.12—1979.12)

　　　　　胡玫锁(1979.12—1980.7)

　　　　　范德新(1980.7—1984.5)

副书记　　曹拴成(1976.10—1984.1)

　　　　　胡玫锁(1976.10—1979.12)

　　　　　史永明(1977.10—1979.5)

　　　　　程子华(1979.12—1984.1)

　　　　　任富银(1981.4—1984.5)

中共阳泉市郊区河底辖区内社改乡时期党组织及领导人名录(1984.1—1987.10)。

1984 年 5 月,根据省、市、区关于社改乡的安排,河底、东村、燕龛人民公社改为乡(镇)建制,各生产大队、管理委员会改为村民委员会。乡镇党委遵照区委提出的“以工为主、兴工致富;依托矿业、兴旺百业;改造农业、共同富裕”的目标,积极发展建材、煤炭、冶金三大支柱产业,狠抓交通、供水、电力等配套设施建设,村村硬化路面,绿化村庄。各支部全部建起党员活动室、开展“三会一课”,建立健全民主选举制度。

中共河底镇委员会及领导人名录(1984.5—1987.10)

书　记　　王继志(1984.5—1987.2)

　　　　　韩进祯(1987.2—1987.10)

副书记　　韩进祯(1984.5—1987.2)

　　　　　郑瑞合(1984.5—1987.10)

　　　　　胡毓文(1984.6—1987.10)

中共东村乡委员会及领导人名录(1984.5—1987.10)

书　记　　高海涛(1984.5—1987.1)

　　　　　张双和(1987.1—1987.10)

副书记　　李玉珠(1984.5—1986.7)

　　　　　宋崇云(1984.5—1985.2)

　　　　　周逸躬(1984.6—1987.10)

　　　　　郭珍寿(1987.1—1987.10)

张双和(1985.2—1987.1)

中共燕龛乡委员会及领导人名录(1984.5—1987.10)

书　记　范德新(1984.5—1986.7)

荆九来(1986.7—1987.10)

副书记　程子华(1984.5—1984.5)

任富银(1984.5—1986.7)

荆九来(1984.5—1986.7)

史虎生(1986.7—1987.10)

杨士银(1986.7—1987.10)

中共阳泉市郊区河底辖区内各乡镇进入小康时期党组织及领导人名录(1987.10—1998.6)。

1987年后,区委提出"深挖内涵、稳抓外延、狠上水平、争创名优、提高效益"的二十字方针,乡(镇)党委政府通过引进资金、引进技术人才及组织实施星火计划,攻关、联合开发等方式先后对乡办、村乡煤矿、耐火厂进行技术改造。进入20世纪90年代,乡镇党委坚持以推进科技进步、优化产业经济结构、提高经济效益为重点,大力发展城郊型高产优质高效农业和加快发展第三产业,使本乡镇农村小康建设取得显著成效。到1998年,辖区内邓家峪、大固庄、里龙光峪、燕龛、牵牛镇、北庄等7个村通过了宽裕型小康标准验收。

中共河底镇委员会及领导人名录(1987.10—1998.6)

1990年7月18日、1993年6月2日、1996年4月10日，中共河底镇委员会分别召开3次党员代表大会并依据组织程序,选举产生河底镇第五届、第六届、第七届党委和纪检委领导班子。至1998年6月,河底镇14个行政村有8个党总支、57个党支部、771名中共党员。

书　　记　韩进祯(1987.10—1990.7)

荆九来(1990.7—1995.2)

聂满金(1995.2—1998.6)

副 书 记　郑瑞合(1987.10—1991.10)

胡毓文(1987.10—1990.7)

马玉慧(1990.7—1993.5)

李　福(1991.10—1997.2)

赵富明(1992.12—1998.6)
要宜愔(1993.4—1996.4)
王汉声(1993.4—1998.6)
张喜瑞(1993.5—1997.2)
杨慧文(1997.5—1998.6)
李新福(1997.12—1998.6)

组 宣 员 刘贵喜(1987.10—1988.8)
周崇皓(1988.8—1990.7)
郭拉玉(女)(1990.7—1998.6)

党务助理 高招弟(女)(1992.10—1993.4)

中共东村乡委员会及领导人名录(1987.10—1998.6)

1990 年 7 月 18 日、1993 年 6 月 8 日、1996 年 4 月 10 日，中共东村乡委员会分别召开 3 次党员代表大会并依据组织程序,选举产生东村乡第五届、第六届、第七届党委和纪检委领导班子。至 1998 年 6 月,东村乡 12 个行政村共有 4 个党总支、20 个党支部、539 名中共党员。

书 记 张双和(1987.10—1989.3)
段检章(1989.4—1992.2)
胡亥英(1992.3—1993.7)
刘栓元(1993.8—1995.12)
郭少敏(1996.12—1998.6)

副书记 郭珍寿(1987.10—1989.6)
聂满金(1989.7—1990.4)
王桃成(1990.4—1995.12)
刘迎宝(1993.1—1996.3)
王国宝(1993.4—1996.7)
贾小楼(1993.4—1994.8)
李要君(1994.8—1995.10)
白朝辉(1995.6—1998.6)
杨慧文(1995.10—1996.11)
季春元(1996.1—1998.6)

程秀隆（1996.3—1997.2）

段维平（1996.11—1998.6）

李要君（1997.2—1998.6）

组宣员　王爱翠（女）（1990.4—1996.1）

王国宏（1996.2—1998.6）

中共燕龛乡委员会及领导人名录（1987.10—1998.6）

1990 年 7 月 19 日、1993 年 6 月 3 日、1996 年 4 月 16 日，中共燕龛乡委员会分别召开 3 次党员代表大会并依据组织程序，选举产生燕龛乡第五届、第六届、第七届党委和纪检委领导班子。至 1998 年 6 月，燕龛乡 6 个行政村有 2 个党总支、12 个党支部，163 名中共党员。

书　记　荆九来（1987.10—1990.5）

李玉珠（1990.6—1993.4）

葛军义（1993.6—1995.2）

张玉斌（1995.2—1995.12）

孙存晓（1995.12—1998.4）

张宝荣（1998.4—1998.6）

副书记　杨士银（1987.10—1993.5）

史虎生（1987.10—1998.4）

史存寿（1992.12—1998.6）

张玉斌（1993.6—1995.12）

张瑞琪（1995.12—1998.4）

赵晋瑞（1998.4—1998.6）

韩　峰（1998.4—1998.6）

组宣员　王文清（1990.6—1993.5）

傅　胜（1993.6—1994.5）

曹建社（1994.6—1996.1）

任晋忠（1996.1—1998.6）

1987 年 8 月 24 日，郊区第二次党代会提出各乡镇党委要配备专职纪检干部，1990 年 10 月 14 日，第三次党代会明确在 13 个乡镇党委、区直 4 个党委、8 个总支、8 个支部建立党内监督小组，配备专职人员 27 名，兼职人员 450 名，聘任党内监督员 500 人，党的纪律检查工作机构在全区形成网络。

中共河底镇纪律检查委员会及领导人名录(1987.10—1998.6)

书　记　　曹玉山(1987.10—1993.4)

　　　　　高招弟(女)(1993.4—1998.6)

中共东村乡纪律检查委员会及领导人名录(1987.10—1998.6)

书　记　　李常玉(女)(1987.10—1989.6)

　　　　　(缺职)(1989.7—1990.3)

　　　　　王桃成(1990.4—1992.5)

　　　　　郭东元(1992.5—1996.1)

　　　　　王爱翠(女)(1996.2—1998.6)

中共燕龛乡纪律检查委员会及领导人名录(1987.10—1998.6)

书　记　　曹拴成(1987.10—1993.4)

　　　　　郭美林(女)(1993.4—1995.12)

　　　　　赵钦泰(1996.1—1998.6)

中共阳泉市郊区河底辖区内各乡镇进入宽裕型小康时期党组织及领导人名录(1998.6—2000.12)。

1998年,该区经济运行出现了前所未有的困难,区委提出二次创业的战略方针。围绕这一战略,乡镇党委、政府从企业技改扩建入手,以加快开展第三产业为突破口,全力打造农业精品工程,使该乡镇经济逐步走出低谷。2000年12月撤乡并镇,全区由原来的13个乡镇合并为8个乡镇。东村乡、燕龛乡并入河底镇,全镇32个行政村,建立党总支14个,党支部89个,共有中共党员1683名。

河底镇委员会及领导人名录(1998.6—2000.12)

书　　记　　李新福(1998.6—2000.1)

副 书 记　　王可剑(1998.6—2000.12)

　　　　　　史一书(1998.6—2000.12)

组宣委员　　郭拉玉(女)(1994.1—2000.12)

纪检书记　　高招弟(女)(1994.1—1998.6)

　　　　　　李成文(1998.8—2000.12)

政法书记　　杨慧文(1998.1—2000.12)

东村乡委员会及领导人名录(1997.12—2000.12)

书　　记　郭少敏(1997.12—1998.4)
　　　　　李跃君(1998.4—2000.12)

副 书 记　刘迎宝(1994.1—1996.3)
　　　　　王国宝(1994.1—1996.7)
　　　　　贾小楼(1994.1—1994.8)
　　　　　李跃君(1994.8—1995.10)
　　　　　白朝辉(1995.6—1998.6)
　　　　　杨慧文(1995.10—1996.11)
　　　　　季春元(1996.1—1998.6)
　　　　　程秀隆(1996.3—1997.2)
　　　　　程继喜(1997.3—1998.4)

组宣委员　王爱翠(女)(1994.1—1996.1)
　　　　　王国宏(1996.2—1998.6)

纪检书记　郭东元(1994.1—1996.1)
　　　　　王爱翠(女)(1996.2—1998.6)
　　　　　王国宏(1998.8—2000.12)

燕龛乡委员会及领导人名录(1998.4—2000.12)

书　　记　张宝荣(1998.4—2000.12)

副 书 记　史虎生(1994.1—1998.4)
　　　　　史存寿(1994.1—2000.12)
　　　　　张玉斌(1994.1—1995.12)
　　　　　张瑞琪(1995.12—1998.4)
　　　　　赵晋瑞(1998.4—2000.12)
　　　　　韩　峰(1998.4—2000.12)

组宣委员　傅　胜(1994.1—1994.5)
　　　　　曹建社(1994.6—1996.1)
　　　　　任晋忠(1996.1—1998.8)

纪检书记　郭美林(1994.1—1995.12)
　　　　　赵钦泰(1996.1—1998.8)

任晋忠（1998.8—2000.12）

中共阳泉市郊区河底镇辖区内撤乡并镇后党组织及领导人名录（2000.1—2014.12）

撤乡并镇后新组建的河底镇党委，高举邓小平理论和“三个代表”重要思想伟大旗帜，全面贯彻中共十六大以来的各项路线、方针、政策，进一步解放思想，开拓创新，富民强镇，跨越发展，全面落实“工业强镇、园区兴农、市场建城”的发展战略，不断提升传统行业，发展新型行业，优化煤炭产业，发展餐桌农业、假日农业和生态农业，走出撤乡并镇之初经济萧条、后劲不足的困境。2013 年，河底镇第十一届代表大会召开，镇党委通过“领头雁”的带动，抓班子强队伍，建立健全党建工作联运机制；抓管理促规范，不断夯实基层组织建设基础；抓组织固基础，全面提升基层组织建设水平；为建设幸福富裕新河底提供了坚强的组织保障。到 2014 年年底，全镇 32 个行政村，有 1 个联村党委、14 个党总支、87 个党支部、2136 名中共党员（其中，有 3 个居民委员会）。

河底镇委员会及领导人名录（2000.1—2014.12）

党委书记　郭　斌（2000.12—2003.5）
田进勇（2003.5—2006.6）
张富英（2006.6—2011.5）
第一书记　王可剑（2012.6—2012.12）
杨兆明（2011.5—2013.12）
段拥军（2013.2—2014.12）
副 书 记　田进勇（2000.12—2003.7）
张成文（2000.12—2003.5）
刘郁珍（2000.12—2002.12）
武志明（2000.12—2001.12）
蔺计平（2002.1—2003.6）
张富英（2003.5—2006.6）
张斌武（2006.6—2007.11）
杨兆明（2007.11—2011.6）
王红卫（2011.6—2013.2）
何宗禄（2003.7—2007.12）
赵银贵（2003.7—2006.6）

韩晓东(2007.12—2009.1)
任晋忠(2007.12—2013.2)
任志刚(2013.2—2014.12)
张海刚(2013.2—2014.12)

组宣委员 张翠花(女)(2000.12—2003.12)
苏东生(2003.12—2007.12)
李红英(女)(2007.12—2011.5)
郭　鑫(女)(2011.5—2013.4)
梁　丽(女)(2013.4—2014.12)

纪检书记 蔺计平(兼)(2001.1—2003.6)
赵银贵(兼)(2003.6—2006.6)
武建明(2006.6—2007.12)
齐瑞新(2007.12—2014.12)

政法书记 赵　武(2000.12—2002.12)
杨建光(2003.1—2007.12)
苏东生(2007.12—2013.4)
葛占斌(2013.4—2014.12)

党政办主任 王银玉(2003.1—2003.12)
王军军(2003.12—2006.6)
张天骄(2006.6—2009.12)
葛占斌(2009.12—2014.12)

党委委员 葛计生(2000.1—2006.6)
李永平(2003.6—2006.6)
任晋忠(2006.6—2007.12)
王军军(2006.6—2014.12)
王　勇(2007.12—2011.5)
杨慧清(2011.5—2014.12)
王文身(2008.1—2009.12)

附：

中共阳泉市郊区河底镇各行政村历任党(总)支部书记名录

河底镇苏家泉村历任党支部书记名录(一)

表13-1

届　次	隶　属	职　务	姓　名	任职时间	备　注
一	平定(路北)县	书　记	武长征	1937.8—1939.12	—
二	平定(路北)县七区	书　记	赵正帆	1940.1—1942.12	—
三	平定(路北)县五区	书　记	闫　海	1943—1944	—
四	平定(路北)县五区	书　记	张贵全	1945—1946	—
五	阳泉工矿区五区	书　记	武长怡	1947—1949	—
六	阳泉工矿区三区	书　记	闫　海	1950—1951	—
七	二区苏家泉乡	书　记	张贵全	1952—	—
八	二区苏家泉乡	书　记	闫存有	1953—1958	—
九	郊区河底公社	书　记	赵五才	1959—	—
十	郊区河底公社	书　记	闫存有	1960—	—
十一	郊区河底公社	书　记	赵　爱	1961—	—
十二	郊区东村公社	书　记	闫存有	1962—1963	—
十三	郊区东村公社	书　记	赵富金	1964—1966	—
十四	郊区东村公社	书　记	赵拉喜	1967	—
十五	郊区东村公社	书　记	赵　爱	1968	—
十六	郊区东村公社	书　记	李玉贵	1969.1—1976.8	—
十七	郊区东村公社	书　记	闫先明	1976.9—1977.4	—
十八	郊区东村公社	书　记	闫喜云	1977.5—1978.12	—
十九	郊区东村公社	书　记	赵根元	1979—1981.12	—
二十	郊区东村乡	书　记	李维绣	1982—1996.2	—
二十一	郊区东村乡	书　记	赵宝银	1996.3—1999.10	—
二十二	郊区河底镇	书　记	赵润明	1999.10—2014.12	—

河底镇南沟村历任党支部书记名录(二)

表 13-2

届次	隶属	职务	姓名	任职时间	备注
	平定(路北)	组长	谢荣钟	1937.10—1938.2	—
一	平定县七区(路北)	书记	李凝瑞	1938.2—1940.1	—
二	平定(路北)县七区	书记	谢加谦	1940.1—1941.1	—
三	平定(路北)县五区	书记	谢国治	1941.1—1942.1	—
四	平定(路北)县五区	书记	孙澄清	1942.1—1945.3	—
五	阳泉工矿区五区	书记	李凝瑞	1945.3—1949.1	—
六	阳泉工矿区三区	书记	谢名谨	1949.2—1950.1	—
七	二区苏家泉乡	书记	孙澄清	1950.1—1953.1	—
八	郊区东村乡	书记	李鼎敦	1953.1—1954.2	—
九	郊区河底公社	书记	李富乃	1954.3—1959.1	—
十	郊区河底公社	书记	谢加谦	1959.2—1962.1	—
十一	郊区河底公社	书记	李凝昌	1962.1—1968.1	—
十二	郊区东村公社	书记	谢加康	1968.2—1970.1	—
十三	郊区东村公社	书记	李凝昌	1970.1—1974.1	—
十四	郊区东村公社	书记	李玉金	1974.2—1985.1	—
十五	郊区东村公社	书记	李名齐	1985.1—1987.1	—
十六	郊区东村公社	书记	谢爱寿	1987.2—1990.1	—
十七	郊区东村公社	书记	李玉金	1990.2—1991.1	—
十八	郊区东村公社	书记	谢名齐	1991.2—1994.1	—
十九	郊区东村公社	书记	谢爱寿	1994.2—1996.1	—
二十	郊区东村乡	书记	谢国光	1996.2—1998.1	—
二十一	郊区东村乡	书记	谢名齐	1998.2—2006.1	—
二十二	郊区河底镇	书记	谢进忠	2006.2–2009.1	—
二十三	郊区河底镇	书记	谢俊青	2009.2–2014.11	—
二十四	郊区河底镇	书记	宋根栋	2014.11–2014.12	—

河底镇东村村历任党支部书记名录(三)

表 13-3

届 次	隶 属	职 务	姓 名	任职时间	备 注
一组长	盂县二区牛村	党小组长	郭万喜	1938.7—1941.3	—
一	盂县二区	支部书记	郭万喜	1941.3—1942.1	—
二	平定(路北)七区	书 记	曹立仁	1942.2—1943.12	—
三	平定(路北)七区	书 记	傅 忠	1944.1—1945.12	—
四	平定(路北)三区	书 记	曹良清	1946.1—1946.12	—
五	盂县三区	书 记	傅 忠	1947.1—1947.12	—
六	盂县三区	书 记	王年小	1948.1—1949.11	—
七	阳泉市五区	书 记	曹志明	1949.12—1951.10	—
八	阳泉市二区	书 记	傅 忠	1951.11—1953.10	—
九	阳泉市二区	书 记	傅发俭	1953.11—1954.12	—
十	阳泉市二区	书 记	傅发仓	1955.1—1955.12	—
十一	阳泉市二区	书 记	傅发俭	1956.1—1957.2	—
十二	荫营区	书 记	李占宏	1957.3—1958.4	—
十三	郊区河底公社	书 记	侯志义	1958.5—1959.6	—
十四	郊区河底公社	书 记	李占宏	1959.7—1960.10	—
十五	郊区河底公社	书 记	侯志义	1960.11—1963.12	—
十六	郊区东村公社	书 记	傅发仓	1964.1—1964.12	—
十七	郊区东村公社	书 记	侯德功	1965.1—1965.12	—
十八	郊区东村公社	书 记	侯志义	1966.1—1966.12	—
十九	郊区东村公社	书 记	李福才	1967.1—1970.12	—
二十	郊区东村公社	书 记	侯志义	1971.1—1972.10	—
二十一	郊区东村公社	书 记	杨玉栋	1972.11—1976.2	—
二十二	郊区东村公社	书 记	杨玉栋	1977.1—1985.1	—
二十三	郊区东村乡	书 记	杨玉栋	1985.2—1985.12	—
二十四	郊区东村乡	书 记	曹拉富	1985.12—1986.12	—
二十五	郊区东村乡	书 记	郭根寿	1986.12—1990.2	—
二十六	郊区东村乡	书 记	杨玉栋	1990.3—1996.2	—
二十七	郊区东村乡	总支书记	王存寿	1996.3—1998.12	—

续表 13-3

届　次	隶　属	职　务	姓　名	任职时间	备　注
二十八	郊区河底镇	总支书记	李碰元	1999.1—2002.12	—
二十九	郊区河底镇	总支书记	谢宝川	2003.1—2005.11	—
三十	郊区河底镇	总支书记	傅海生	2005.11—2012.10	—
三十一	郊区河底镇	总支书记	李拉怀	2012.11—2014.5	—
	郊区河底镇		曹小怀	2014.5—2014.11	主持工作
三十三	郊区河底镇	总支书记	杨彦青	2014.11—2014.12	—

河底镇河底村历任党支部书记名录(四)

表 13-4

届　次	隶　属	职　务	姓　名	任职时间	备　注
一	平定(路北)四区	支部书记	程万利	1945.8—1947.4	—
二	平定(路北)四区	总支书记	张所成	1947.5—1947.12	—
三	平定(路北)四区	总支书记	狄殿旺	1948.1—1949.8	—
四	平定(路北)四区	总支书记	赵玉清	1949.9—1952.9	—
五	平定(路北)二区	总支书记	韩彦秀	1952.10—1953.3	—
六	阳泉市二区	总支书记	张安全	1952.3—1954.7	—
七	阳泉市二区	总支书记	李延林	1954.7—1956.3	—
八	郊区河底镇	党支部书记	光德恕	1956.3—1957.1	—
九	郊区河底镇	党支部书记	刘良玉	1957.1—1957.10	—
十	郊区河底镇	党支部书记	陈志明	1957.10—1958.9	—
十一	郊区河底公社	党支部书记	光德恕	1958.9—1959.7	—
十二	郊区河底公社	党支部书记	郭应堂	1959.7—1964.7	—
十三	郊区河底公社	党支部书记	光德恕	1964.7—1970.12	—
十四	郊区河底公社	党支部书记	段检章	1970.12—1975.3	—
十五	郊区河底公社	党支部书记	段格章	1975.3—1978.11	—
十六	郊区河底公社	党支部书记	段所存	1978.12—1981.11	—
十七	郊区河底公社	党支部书记	要义愔	1981.11—1984.3	—
十八	郊区河底公社	党支部书记	要义愔	1984.3—1987.3	—
十九	郊区河底镇	党总支书记	要义愔	1987.3—1994	—
二十	郊区河底镇	党总支书记	光玉苟	1994.3—2011.12	—
二十一	郊区河底镇	党总支书记	葛志军	2011.11—2014.12	—

河底镇小固庄村历任党支部书记名录(五)

表 13-5

届　次	隶　属	职　务	姓　名	任职时间	备　注
一	河底公社	书记	张　玎	1962.1—1972.12	—
二	河底公社	书记	张守仁	1973.1—1974.1	—
三	河底公社	书记	马英勇	1974.2—1975.12	—
四	河底公社	书记	张　玎	1975.12—1977.12	—
五	河底公社	书记	张寿长	1977.12—1980.12	—
六	河底公社	书记	张　继	1981.1—1982.12	—
七	河底公社	书记	张寿长	1983.1—1984.1	—
八	河底镇	书记	张　继	1984.2—1989.12	—
九	河底镇	书记	刘德永	1990.1—1998.11	—
十	河底镇	书记	张宝贵	1998.12—2014.12	—

河底镇程庄村历任党支部书记名录(六)

表 13-6

届　次	隶　属	职　务	姓　名	任职时间	备　注
一	平定燕龛乡	书记	程运联	1947—1949.1	—
二	平定燕龛乡	书记	李忠源	1949.1—1955	—
三	平定县燕龛乡	书记	程子银	1956—1958	—
四	平定县燕龛公社	书记	程尚元	1958.1—1961.12	—
五	平定县燕龛公社	书记	程敬修	1962.1—1963.12	—
六	平定县燕龛公社	书记	程宝元	1964.1—1965.12	—
七	平定县燕龛公社	书记	程子清	1965.1—1966.12	—
八	平定县燕龛公社	书记	程尚元	1967.1—1967.12	—
九	平定县燕龛公社	书记	曹拴成	1968.1—1969.12	代书记
十	平定县燕龛公社	书记	苏秀春	1969.12—1970.12	代书记
十一	郊区燕龛公社	书记	程玉金	1971.1—1972.12	—
十二	郊区燕龛公社	书记	程永秀	1973.1—1975.12	—
十三	郊区燕龛公社	书记	程永泉	1976.1—1977.1	—
十四	郊区燕龛公社	书记	程银猫	1977.1—1986.12	—
十五	郊区燕龛公社	书记	程永泉	1987.1—1993.12	—
十六	郊区河底镇	书记	程桃小	1994.1—2008.12	撤乡并镇

续表 13-6

届 次	隶 属	职 务	姓 名	任职时间	备 注
十七	郊区河底镇	书记	程五孩	2009.1—2010.5	—
十八	郊区河底镇	书记	李双来	2010.6—2011.12	主持工作
十九	郊区河底镇	书记	程会云	2012.1—2014.11	—
二十	郊区河底镇	书记	程秀存	2014.11—2014.12	—

河底镇小沟村历任党支部书记名录(七)

表 13-7

届 次	隶 属	职 务	姓 名	任职时间	备 注
一	平定(路北)三区	书记	张 志	1945.3—1945.12	—
二	盂县三区	书记	张正锡	1946.1—1948.11	—
三	阳泉五区	书记	张贵华	1948.12—1955.12	—
四	工区山底乡	书记	张 恩	1956.1—1956.12	—
五	郊区河底公社	书记	张正建	1957.1—1962.12	—
六	郊区东村公社	书记	张正建	1963.1—1965.12	—
七	郊区东村公社	书记	张正义	1966.1—1973.1	—
八	郊区东村公社	书记	张春海	1973.2—1979.12	—
九	郊区东村公社	书记	张崇权	1980.1—1983.12	—
十	郊区东村乡	书记	张崇权	1984.1—1986.12	—
十一	郊区东村乡	书记	张春海	1987.1—1990.12	—
十二	郊区东村乡	书记	张崇权	1991.1—1998.12	—
十三	郊区河底镇	书记	张润月	1999.1—2000.1	—
十四	郊区河底镇	书记	张双珠	2000.2—2008.12	—
十五	郊区河底镇	书记	张俊成	2009.1—2011.12	—
十六	郊区河底镇	书记	张俊成	2012.1—2014.12	—

河底镇猪头垴村历任党支部书记名录(八)

表 13-8

届 次	隶 属	职 务	姓 名	任职时间	备 注
一	郊区东村公社	书记	武满喜	1980.4—1983.12	—
二	郊区东村乡	书记	武常顺	1984.1—1986.12	—
三	郊区东村乡	书记	武香元	1987.1—1988.12	—

续表 13-8

届　次	隶　属	职　务	姓　名	任职时间	备　注
四	郊区东村乡	书记	武香元	1988.12—1992.12	—
五	郊区东村乡	书记	武香川	1993.1—2011.12	—
六	郊区河底镇	书记	张永川	2012.1—2014.12	—

河底镇邓家峪村历任党支部书记名录(九)

表 13-9

届　次	隶　属	职　务	姓　名	任职时间	备　注
一	平定(路北)四区	书记	邓　海	1946.1—1948.8	—
二	平定(路北)四区	书记	史锦谦	1948.9—1955.12	—
三	阳泉二区任家峪乡	书记	邓全礼	1955.12—1962.12	—
四	阳泉郊区河底公社	书记	邓玉田	1962.1—1964.12	—
五	郊区河底公社	书记	张俊云	1964.12—1974.12	—
六	郊区河底公社	书记	邓永全	1974.12—1979.12	—
七	郊区河底公社	书记	张俊云	1979.12—1981.12	—
八	郊区河底公社	书记	路上勇	1981.12—1989.12	—
九	郊区河底镇	书记	邓永全	1989.12—2001.12	—
十	郊区河底镇	书记	史晋生	2001.12—2014.12	—

河底镇曹家掌村历任党支部书记名录(十)

表 13-10

届　次	隶　属	职　务	姓　名	任职时间	备　注
一	平定(路北)	书记	曹玉成	1945.1—1946.12	—
二	平定县燕龛乡	书记	曹瑞联	1946.1—1949.12	—
三	平定县燕龛乡	书记	史　义	1950.1—1951.12	—
四	平定县燕龛公社	书记	单珍怀	1952.1—1967.12	—
五	平定县燕龛公社	书记	曹芝联	1968.1—1969.12	—
六	平定县燕龛公社	书记	曹道丑	1970.1—1973.12	—
七	平定县燕龛公社	书记	曹有义	1974.1—1975.12	—
八	郊区燕龛公社	书记	曹有林	1976.1—1976.12	—
九	郊区燕龛公社	书记	曹建社	1977.1—1981.12	—
十	郊区燕龛乡	书记	曹五怀	1982.1—1987.12	—
十一	郊区燕龛乡	书记	曹拉宝	1988.1—1988.12	—

续表 13-10

届　次	隶　属	职　务	姓　名	任职时间	备　注
十二	郊区燕龛乡	书记	曹厚吉	1989.1—1995.12	—
十三	郊区燕龛乡	书记	曹玉珠	1996.1—1997.12	—
十四	郊区燕龛乡	书记	曹建社	1998.1—1998.12	—
十五	郊区河底镇	书记	曹拉宝	1999.1—2003.12	—
十六	郊区河底镇	书记	曹双丑	2004.1—2005.12	—
十七	郊区河底镇	书记	曹爱平	2005.11—2008.12	—
十八	郊区河底镇	书记	曹双丑	2009.1—2014.12	—

河底镇北庄村历任党支部书记名录(十一)

表 13-11

届　次	隶　属	职　务	姓　名	任职时间	备　注
一	平定(路北)七区	书记	胡福林	1942—1946.8	—
二	平定(路北)七区	书记	赵　亮	1946.9—1947.5	—
三	平定县燕龛乡	书记	胡福林	1947.6—1949.6	—
四	平定县燕龛乡	书记	胡福财	1949.7—1951.10	—
五	平定县燕龛乡	书记	赵永福	1951.10—1953.3	—
六	平定县燕龛乡	书记	胡　憘	1953.3—1953.12	—
七	平定县燕龛公社	书记	梁禄元	1953.12—1963.10	—
八	平定县燕龛公社	书记	程子华	1963.10—1967.11	“文化大革命”期间
九	平定县燕龛公社	书记	程子华	1970.1—1973.10	停止三年
十	平定县燕龛公社	书记	程子铭	1973.10—1976.2	组织活动
十一	郊区燕龛公社	书记	胡秀亮	1976.2—1978.1	—
十二	郊区燕龛公社	书记	程子铭	1978.1—1980.12	—
十三	郊区燕龛公社	书记	赵全富	1980.12—1981.5	—
十四	郊区燕龛乡	书记	程子铭	1981.5—1984.12	—
十五	郊区燕龛乡	书记	梁海生	1984.12—1994.3	—
十六	郊区燕龛乡	书记	程子华	1994.4—1995.4	代书记
十七	郊区河底镇	书记	刘文忠	1995.4—2000.3	—
十八	郊区河底镇	书记	梁海生	2000.3—2005.1	—
十九	郊区河底镇	书记	傅　胜	2005.1—2011.11	—
二十	郊区河底镇	书记	傅　胜	2014.11.12—	—

河底镇大河北村历任党支部书记名录(十二)

表 13-12

届　次	隶　属	职　务	姓　名	任职时间	备　注
一	平定(路北)五区	书记	李顺元	1943.1—1943.12	—
二	平定(路北)五区	书记	李顺元	1944.1—1947.12	—
三	阳泉市五区	书记	傅思礼	1948.1—1949.12	—
四	阝日泉二区东村乡	书记	潘云国	1950.1—1954.12	—
五	阝日泉二区东村乡	书记	李吉昌	1955.1—1958.8	—
六	阳泉河底人民公社	书记	李珍元	1958.9—1960.6	—
七	阳泉河底人民公社	书记	李吉昌	1960.7—1961.12	—
八	郊区东村人民公社	书记	李喜元	1962.1—1970.12	—
九	郊区东村人民公社	书记	李三科	1971.1—1973.3	—
十	郊区东村人民公社	书记	李喜元	1973.4—1975.4	—
十一	郊区东村人民公社	书记	李海平	1975.5—1978.12	—
十二	郊区东村人民公社	书记	李海平	1979.1—1984.10	—
十三	郊区东村乡	书记	李子忠	1984.11—1987.3	—
十四	郊区东村乡	书记	潘存军	1987.4—1988.6	—
十五	郊区东村乡	书记	李海平	1988.7—1990.12	—
十六	郊区东村乡	书记	李士联	1991.1—1994.6	—
十七	郊区东村乡	书记	潘云虎	1994.7—1996.5	—
十八	郊区东村乡	书记	潘书川	1996.6—1998.8	—
十九	郊区河底镇	书记	潘青元	1998.9—2002.12	—
二十	郊区河底镇	书记	潘青元	2003.1—2004.10	—
二十一	郊区河底镇	书记	李玉拴	2004.11—2008.12	—
二十二	郊区河底镇	书记	潘海平	2009.1—2014.12	—

河底镇红土岩村历任党支部书记名录(十三)

表 13-13

届　次	隶　属	职　务	姓　名	任职时间	备　注
一	平定(路北)五区	书记	周德玉	1945.5—1949.12	—
二	盂县三区	书记	周培林	1950—1952	—
三	阳泉五区	书记	张记斗	1953—1955	—
四	阳泉东村乡	书记	张进书	1956—1957	—

续表 13-13

届　次	隶　属	职　务	姓　名	任职时间	备　注
五	阳泉河底人民公社	书记	刘光明	1958—1959	—
六	阳泉东村人民公社	书记	周培林	1960—1966	—
七	郊区东村人民公社	书记	刘克明	1967—1968	—
八	郊区东村人民公社	书记	高秀珊	1969—1970	—
九	郊区东村人民公社	书记	高秀珊	1971—1972	—
十	郊区东村人民公社	书记	周守云	1973—1975	—
十一	郊区东村人民公社	书记	刘东元	1976—1977	—
十二	郊区东村人民公社	书记	周守云	1978—1979	—
十三	郊区东村乡	书记	刘耀传	1980—1988	—
十四	郊区东村乡	书记	高金鹏	1989—1990	—
十五	郊区东村乡	书记	刘满贵	1991—1992	—
十六	郊区东村乡	书记	刘耀传	1992—1995	—
十七	郊区东村乡	书记	周守云	1996.6—1999.9	—
十八	郊区河底镇	书记	张富海	1999.10—2002.9	—
十九	郊区河底镇	书记	张富海	2002.10—2005.9	—
二十	郊区河底镇	书记	周子平	2005.10—2008.9	—
二十一	郊区河底镇	书记	刘妹金	2008.11—2011.12	—
二十二	郊区河底镇	书记	张富海	2011.11—2014.12	—

河底镇牵牛镇村历任党支部书记名录(十四)

表 13-14

届　次	隶　属	职　务	姓　名	任职时间	备　注
一	平定(路北)五区	书记	周赞猷	1943—1947	—
二	盂县三区	书记	周联仙	1948—1949	—
三	阳泉五区	书记	樊忠堂	1950—1951	—
四	阳泉市牵牛镇乡	书记	郭风翔	1952—1953	—
五	阳泉市东村乡	书记	樊忠堂	1954—1955	—
	阳泉市东村乡	书记	周赞猷	1954—1955	—
六	阳泉二区	书记	王玉珠	1956—1957	—
七	阳泉市河底公社	书记	周尔亮	1958—1959.1	—
八	阳泉郊区河底公社	书记	周献玘	1959.1—1959.12	—

续表 13-14

届　次	隶　属	职　务	姓　名	任职时间	备　注
九	郊区河底公社	书记	周联仙	1960.1—1960.12	—
十	郊区河底公社	书记	周寅躬	1961—1962.10	—
十一	郊区河底公社	书记	周献玘	1962.11—1975.10	—
十二	郊区河底公社	书记	周逸躬	1975.11—1977.8	—
十三	郊区河底公社	书记	王汉声	1977.9—1987.6	—
十四	郊区河底镇	书记	王汉声	1987.6—1989.12	—
十五	郊区河底镇	书记	王汉声	1989.12—1991.12	—
十六	郊区河底镇	书记	王汉声	1991.12—1995.12	—
十七	郊区河底镇	书记	王汉声	1995.12—1999.1	—
十八	郊区河底镇	书记	王汉声	1999.1—2001.12	—
十九	郊区河底镇	书记	周玉珠	2001.12—2005.11	—
二十	郊区河底镇	书记	李志忠	2005.11—2011.4	—
二十一	郊区河底镇	书记	傅素卫	2011.4—2011.11	主持工作
二十二	郊区河底镇	书记	王玉福	2011.11—2012.7	—
二十三	郊区河底镇	书记	周庆和	2012.8—2014.11	—
二十四	郊区河底镇	书记	付素卫	2014.11—2014.12	—

河底镇苇泊村历任党支部书记名录(十五)

表 13-15

届　次	隶　属	职　务	姓　名	任职时间	备　注
一	平定(路北)四区	书记	张迎登	1945.6—1946.11	—
二	平定(路北)四区	书记	高振文	1946.12—1949	—
三	平定(路北)四区	书记	张　玘	不详	—
四	平定(路北)四区	书记	郭计全	不详	—
五	阳泉二区苇泊乡	书记	梁玉荣	1950—1955	—
六	阳泉二区河底乡	书记	张来寿	1956—1957	—
七	阳泉郊区河底公社	书记	胡毓文	1958—1963	—
八	郊区河底人民公社	书记	张巨才	1964—1966	—
九	郊区河底人民公社	书记	张巨才	1966—1971	文革时期
十	郊区河底人民公社	书记	胡毓文	1971—1976.9	—
十一	郊区河底人民公社	书记	史爱保	1976.10—1983.12	—

续表 13-15

届 次	隶 属	职 务	姓 名	任职时间	备 注
十二	郊区河底镇	总支书记	张迎斌	1984.1—1994.6	—
十三	郊区河底镇	总支书记	王害和	1994.7—2001.12	—
十四	郊区河底镇	总支书记	李瑞才	2002.1—2010.8	—
十五	郊区河底镇	总支书记	史秀福	2010.9—2012.9	—
十六	郊区河底镇	总支书记	史满喜	2012.10—2014.12	—

河底镇五架山村历任党支部书记名录(十六)

表 13-16

届 次	隶 属	职 务	姓 名	任职时间	备 注
一	盂县牛村(二区)	书记	杨巨春	1938.5—1940.12	—
二	盂县牛村(二区)	书记	杨永义	1941—1942	—
三	平定(路北)七区	书记	杨向智	1943—1945	—
四	平定(路北)三区	书记	韩玉成	1946—1947	—
五	盂县三区	书记	杨银德	1948—1950	—
六	盂县牛村乡	书记	杨占芝	1951—1952	—
七	盂县牛村乡	书记	杨树茂	1953—1955	—
八	盂县东村乡	书记	杨明德	1956—1957	—
九	阳泉郊区河底公社	书记	杨元如	1958—1959	—
十	郊区河底公社	书记	杨巨赟	1960—1961	—
十一	郊区东村公社	书记	杨向士	1962—1964	—
十二	郊区东村公社	书记	杨碰怀	1965—1967	—
十三	郊区东村公社	书记	杨海双	1968—1970	—
十四	郊区东村公社	书记	杨秀云	1971—1974	—
十五	郊区东村公社	书记	杨福银	1975—1976	—
十六	郊区东村公社	书记	杨秀云	1976—1982	—
十七	郊区东村乡	书记	杨金川	1983—1986	—
十八	郊区东村乡	书记	杨增满	1987—1990	—
十九	郊区东村乡	书记	杨秀云	1991—1992	—
二十	郊区东村乡	书记	杨青寿	1993—1994.1	—
二十一	郊区东村乡	书记	杨占福	1994.1—1995.5	—
二十二	郊区东村乡	书记	杨润和	1995.6—1995.7	—

续表 13-16

届 次	隶 属	职 务	姓 名	任职时间	备 注
二十三	郊区东村乡	书记	白朝晖	1995.8—1996.12	—
二十四	郊区东村乡	书记	谭振德	1997—1998	—
二十五	郊区河底镇	书记	韩银双	1999—2004.6	—
二十六	郊区河底镇	书记	杨青寿	2004.7—2008.6	—
二十七	郊区河底镇	书记	傅宝平	2008.7—2010	—
二十八	郊区河底镇	书记	李耀芳	2011—2014.12	—

河底镇西沟村历任党支部书记名录(十七)

表 13-17

届 次	隶 属	职 务	姓 名	任职时间	备 注
一	平定县燕龛乡	书记	白文星	1954—1964	—
二	平定县燕龛公社	书记	白昇义	1965—1970	—
三	郊区燕龛公社	书记	白银才	1970—1975	—
四	郊区燕龛公社	书记	白富贵	1975—1977	—
五	郊区燕龛公社	书记	白保财	1978—1980	—
六	郊区燕龛乡	书记	白文英	1981—1990	—
七	郊区燕龛乡	书记	白文英	1991—1997.3	—
八	郊区燕龛乡	书记	白文英	1997.3—2000.1	—
九	郊区河底镇	书记	白贵清	2000.2—2003.12	—
十	郊区河底镇	书记	白昇进	2004.1—2005.11	—
十一	郊区河底镇	书记	白贵清	2005.11—2011.11	—
十二	郊区河底镇	书记	白瑞红	2011.11—2014.11	—
十三	郊区河底镇	书记	白瑞红	2014.11—2014.12	—

河底镇下章召村历任党支部书记名录(十八)

表 13-18

届 次	隶 属	职 务	姓 名	任职时间	备 注
一	平定(路北)县	组长	王守金	1937.12—1940.1	牺盟会
二	平定(路北)县七区	书记	乔支成	1940.1—1946	—
三	平定(路北)县七区	书记	王 林	1947.1—1947.12	—
四	阳泉市二区	书记	乔支万	1948.1—1948.12	—
五	阳泉市韩庄乡	书记	乔支成	1949—1957	—

续表 13-18

届　次	隶　属	职　务	姓　名	任职时间	备　注
六	阳泉市河底公社	书记	王家庆	1958—1964	—
七	阳泉市河底公社	书记	王栓成	1965—1968	—
八	郊区河底公社	书记	王进军	1969—1974.12	—
九	郊区河底公社	书记	郑　银	1975.1—1975.12	—
十	郊区河底公社	书记	王喜贵	1976.1—1980	—
十一	郊区河底公社	书记	王金荣	1981—1984	—
十二	郊区河底镇	书记	王世清	1985—1997.12	—
十三	郊区河底镇	书记	王书文	1998.1—1998.12	—
十四	郊区河底镇	书记	王苟泉	1999—2005	—
十五	郊区河底镇	书记	王云鹏	2005—2014	—

河底镇小河北村历任党支部书记名录(十九)

表 13-19

届　次	隶　属	职　务	姓　名	任职时间	备　注
一	盂县牛村(二区)	书记	杨有成	1938.4—1941	—
二	盂县牛村(二区)	书记	杨存银	1942.1—1942.12	—
三	平定(路北)七区	书记	杨茂恒	1943.1—1947.12	—
四	平定(路北)三区	书记	杨步州	1948.1—1948.12	—
五	盂县(三区)	书记	杨茂恒	1949.1—1960	—
六	阳泉郊区河底公社	书记	杨成贵	1961—1963.12	—
七	郊区东村公社	书记	杨士秀	1964.1—1964.12	—
八	郊区东村公社	书记	杨芝林	1965.1—1965.12	—
九	郊区东村公社	书记	杨成贵	1966.1—1968.12	—
十	郊区东村公社	书记	杨成贵	1969.1—1976.1	—
十一	郊区东村公社	书记	杨成贵	1976.1—1976.12	—
十二	郊区东村公社	书记	杨成贵	1976.12—1977	—
十三	郊区东村公社	书记	杨成贵	1978.1—1983.2	—
十四	郊区东村公社	书记	杨坡牛	1983.3—1986.12	—
十五	郊区东村乡	书记	杨坡牛	1986.12—1989.12	—
十六	郊区东村乡	书记	杨二苗	1989.12—1995.3	—
十七	郊区东村乡	书记	杨坡牛	1995.3—2000.5	—

续表 13-19

届 次	隶 属	职 务	姓 名	任职时间	备 注
十八	郊区河底镇	书记	杨爱平	2000.5—2001.12	—
十九	郊区河底镇	书记	杨爱平	2001.12—2005.10	—
二十	郊区河底镇	书记	杨爱银	2005.10—2008.10	—
二十一	郊区河底镇	书记	杨爱银	2008.10—2011.11	—
二十二	郊区河底镇	书记	高花妮	2011.11—2014.12	—

河底镇北小西庄村历任党支部书记名录(二十)

表 13-20

届 次	隶 属	职 务	姓 名	任职时间	备 注
一	盂县二区	书记	李格珍	1937.10—1952.12	牺盟会
二	阳泉北小西庄乡	书记	宋二喜	1953.1—1953.12	—
三	阳泉市东村乡	书记	李智金	1954.1—1964.10	—
四	郊区东村公社	书记	李格余	1964.11—1965.12	—
五	郊区东村公社	书记	李喜贵	1966.1—1968.12	—
六	郊区东村公社	书记	李格耀	1969.1—1969.12	—
七	郊区东村公社	书记	李喜贵	1970.1—1974.4	—
八	郊区东村公社	书记	李福牛	1974.5—1985.12	—
九	郊区东村公社	书记	秦鹏峰	1986.1—1995.4	—
十	郊区东村公社	书记	李石全	1995.5—1995.9	—
十一	郊区东村公社	书记	秦鹏峰	1995.10—1999.12	—
十二	郊区河底镇	书记	刘云寿	2000.1—2004.4	—
十三	郊区河底镇	书记	李保良	2004.5—2012.12	—
十四	郊区河底镇	书记	刘建生	2013.1—2014.11	—
十五	郊区河底镇	书记	李保良	2014.11—2014.12	—

河底镇中佐村历任党支部书记名录(二十一)

表 13-21

届 次	隶 属	职 务	姓 名	任职时间	备 注
一	平定(路北)四区	书记	苏思堂	1945.12—1948.10	—
二	平定(路北)四区	书记	王 俭	1948.10—1949.3	—
三	平定(路北)四区	书记	李根厚	1949.3—1949.9	—
四	平定(路北)四区	书记	王占仁	1949.10—1951.9	—

续表 13-21

届　次	隶　属	职　务	姓　名	任职时间	备　注
五	阳泉二区	书记	李根乙	1951.9—1952.3	—
六	阳泉河底镇	书记	李智贤	1953.8—1955.5	—
七	阳泉市河底镇	书记	李根厚	1955.6—1956.10	—
八	阳泉二区河底镇	书记	李智贤	1956.10—1957.3	—
九	阳泉二区河底镇	书记	李根厚	1957.4—1960.7	—
十	阳泉市河底公社	书记	李占宏	1960.7—1960.9	东村人
十一	阳泉市河底公社	书记	白荣华	1960.10—1961.3	河底人
十二	阳泉市河底公社	书记	苏宣堂	1961.3—1975.2	—
十三	郊区河底公社	书记	李思广	1975.3—1980.6	—
十四	郊区河底公社	书记	苏润月	1980.6—1992.4	—
十五	郊区河底镇	书记	高道全	1992.4—1997.4	—
十六	郊区河底镇	书记	李思广	1997.4—1998.1	—
十七	郊区河底镇	书记	李和贵	1998.2—1999	—
十八	郊区河底镇	书记	李林虎	1999—2001.12	—
十九	郊区河底镇	书记	苏炜本	2002.1—2004.12	—
二十	郊区河底镇	书记	李丑来	2005.1—2008.11	—
二十一	郊区河底镇	书记	苏金文	2008.12—2009.11	—
二十二	郊区河底镇	书记	王文身	2009.12—2011.11	—
二十三	郊区河底镇	书记	苏秋和	2011.12—2014.11	—
二十四	郊区河底镇	书记	苏秋和	2014.11—2014.12	—

河底镇山底村历任党支部书记名录(二十二)

表 13-22

届　次	隶　属	职　务	姓　名	任职时间	备　注
一	盂县二区	书记	鲍忠信	1940—1941	—
二	平定(路北)七区	书记	鲍忠信	1942.1—1944.1	—
三	平定(路北)七区	书记	杨震山	1944.2—1945.12	—
四	盂县三区	书记	杨震山	1946.1—1947.12.22	—
五	盂县三区	书记	张汝春	1948.3—1948.10	—
六	阳泉市五区	书记	鲍忠信	1948.11—1949.5	—
七	阳泉市五区	书记	张守仁	1949.6—1952.12	—

续表 13-22

届　次	隶　属	职　务	姓　名	任职时间	备　注
八	阳泉市山底乡	书记	杨震山	1953.1—1955.12	—
九	阳泉市二区	书记	张录	1956.1—1956.2	—
十	阳泉市二区	书记	陈正信	1956.3—1956.12	—
十一	阳泉市荫营区	书记	陈正信	1957.1—1957.5	—
十二	阳泉市荫营区	书记	陈正信	1957.6—1957.12	—
十三	阳泉市荫营区	书记	张录	1958.1—1958.8	—
十四	郊区河底人民公社	书记	陈正信	1958.8—1958.12	—
十五	郊区河底人民公社	书记	鲍华	1959.1—1959.12	—
十六	郊区河底人民公社	书记	张录	1960.1—1960.12	—
十七	郊区河底人民公社	书记	鲍华	1961.1—1961.8	—
十八	郊区河底人民公社	书记	张守仁	1961.9—1962.8	—
十九	郊区东村人民公社	书记	鲍华	1962.9—1964.12	—
二十	郊区东村人民公社	书记	张录	1965.1—1973.12	—
二十一	郊区东村人民公社	书记	张银怀	1974.1—1976.12	—
二十二	郊区东村人民公社	书记	高恒	1977.1—1983.12	—
二十三	郊区东村乡	书记	王国宝	1984.1—1987.12	—
二十四	郊区东村乡	书记	王国宝	1988.1—1991.1	—
二十五	郊区东村乡	书记	王国宝	1992.1—1996.3	—
二十六	郊区东村乡	书记	高鸿珍	1996.4—1997.9	—
二十七	郊区东村乡	总支书记	高鸿珍	1997.9—1998.12	6月18日成立总支
	郊区河底镇	总支书记	王国佩	1999.1—2001.12	—
二十八	郊区河底镇	总支书记	王国佩	2002.1—2005.11	—
二十九	郊区河底镇	总支书记	王国佩	2005.11—2008.9	—
三　十	郊区河底镇	总支书记	王国佩	2008.12—2011.12	—
三十一	郊区河底镇	总支书记	王国佩	2011.12—2014.11.7	—
三十二	郊区河底镇	总支书记	王国佩	2014.11—2014.12	—

河底镇燕龛村历任党(总)支部书记名录(二十三)

表 13-23

届　次	隶　属	职　务	姓　名	任职时间	备　注
一	平定(路北)	书记	史享先	1941-1942	—

续表 13-23

届 次	隶 属	职 务	姓 名	任职时间	备 注
二	平定(路北)	书记	翟奋勇	1943—1946	—
三	平定县燕龛乡	书记	史达华	1947—1950	—
四	平定县燕龛乡	书记	史化珠	1951—1957	—
五	平定县燕龛公社	书记	曹栓成	1958—1961	—
六	平定县燕龛公社	书记	史通隆	1962—1965	—
七	平定县燕龛公社	书记	史享春	1966.1—1966.12	—
八	平定县燕龛公社	书记	史通隆	1967—1968	—
九	平定县燕龛公社	主任	翟奋勇	1969—1970	“文化大革命”期间
十	郊区燕龛公社	书记	荆九来	1971—1972	—
十一	郊区燕龛公社	书记	史秀仪	1973—1974	—
十二	郊区燕龛公社	书记	史玉成	1975—1976	—
十三	郊区燕龛公社	书记	史所孩	1977—1978	—
十四	郊区燕龛公社	书记	史享玉	1979.1—1979.12	—
十五	郊区燕龛公社	书记	史玉成	1980—1981	—
十六	郊区燕龛公社	书记	史秀仪	1982—1991.12	—
十七	郊区燕龛乡	书记	史宝堂	1992—1998.11	—
十八	郊区燕龛乡	书记	荆万保	1998.12—2011.11	—
十九	郊区燕龛乡	书记	史俊宝	2011.11—2014.11	—
二十	郊区燕龛乡	书记	史俊宝	2014.11—2014.12	—

河底镇上章召村历任党(总)支部书记名录(二十四)

表 13-24

届 次	隶 属	职 务	姓 名	任职时间	备 注
一	平定(路北)	书记	郭怀志	1937.9—1939.12	—
二	平定(路北)	书记	李子成	1940.1—1940.7	—
三	平定(路北)七区	书记	郭 敞	1940.8—1948.12	—
四	平定(路北)四区	书记	郭尔瑞	1949.1—1950.5	—
五	阳泉市二区	书记	郭子玉	1950.6—1953.1	—
六	二区苏家泉乡	书记	郭尔瑞	1953.2—1957.2	—
七	河底人民公社	书记	郭俊义	1958.1—1971.1	—
八	河底人民公社	书记	郭成华	1971.2—1975.6	—

续表 13-24

届　次	隶　属	职　务	姓　名	任职时间	备　注
九	河底人民公社	书记	郭银福	1975.7—1976.3	—
十	河底人民公社	书记	郭忠凝	1976.4—1979.3	—
十一	河底人民公社	书记	郭满义	1979.4—1981.1	—
十二	河底人民公社	书记	张敬星	1981.2—1994.3	—
十三	河底镇	书记	郭满义	1994.4—1998.11	—
十四	河底镇	书记	郭冬梅	1998.11—1999.4	—
十五	河底镇	书记	郭润怀	1999.5—2000.3	—
十六	河底镇	书记	杨满才	2000.4—2005.11	—
十七	河底镇	书记	郭保孩	2005.12—2008.11	—
十八	河底镇	书记	郭文贵	2008.12—2011.11	—
十九	河底镇	书记	郭冬梅	2011.12—2013.9	—
二十	河底镇	书记	郭宝孩	2013.10—2014.11	—
二十一	河底镇	书记	郭文平	2014.11—2014.12	—

河底镇河南村历任党(总)支部书记名录(二十五)

表 13-25

届　次	隶　属	职　务	姓　名	任职时间	备　注
一	郊区河底公社	书记	王家庆	1962.1—1970.12	—
1962 年从下章召支部分出后建立河南村支部					
二	郊区河底公社	书记	王毛锁	1981.1—1998.12	—
1970 年与下章召支部合并后,1981 年又与下章召支部分开					
三	郊区河底镇	书记	王钢锁	1999—2002.12	—
四	郊区河底镇	书记	王钢锁	2003.1—2005.12	—
五	郊区河底镇	书记	王拉牛	2006.1—2008.12	—
六	郊区河底镇	书记	王拉牛	2009.1—2011.12	—
七	郊区河底镇	书记	王胜利	2012.1—2014.11	—
八	郊区河底镇	书记	王胜利	2014.11—2014.12	—

河底镇武家庄村历任党（总）支部书记名录（二十六）

表 13-26

届　次	隶　属	职　务	姓　名	任职时间	备　注
一	郊区东村公社	书记	张　绿	1977.2—1978.11	东村林厂与武家庄村为一个党支部
二	郊区东村公社	书记	鲍　华	1978.12—1979.11	
三	郊区东村公社	书记	张银怀	1979.11—1981.1	
四	郊区东村公社	书记	张彦怀	1981.2—1999.11	—
五	郊区河底镇	书记	武宜宏	1999.12—2002.11	—
六	郊区河底镇	书记	武彩英	2002.12—2005.11	—
七	郊区河底镇	书记	张虎元	2006.12—2009.8	—
八	郊区河底镇	书记	张虎军	2009.9—2014.11	—
九	郊区河底镇	书记	张虎军	2014.11—2014.12	—

河底镇前龙光峪村历任党（总）支部书记名录（二十七）

表 13-27

届　次	隶　属	职　务	姓　名	任职时间	备　注
一	平定（路北）	书记	李玉堂	1944.9—1945.1	—
二	平定（路北）	书记	程贵达	1945.1—1946.12	—
三	阳泉二区	书记	程贵绿	1947.1—1953.1	两村合并
四	二区苇泊乡	书记	李广贵	1953.1—1955.12	—
五	二区河底镇	书记	李　洲	1955.12—1958.12	—
六	郊区河底公社	书记	李玉堂	1959.1—1959.12	—
七	郊区河底公社	书记	李　洲	1960.1—1961.12	—
八	郊区河底公社	书记	李玉堂	1962.1—1970.12	两村分开
九	郊区河底公社	书记	李福浇	1971.1—1976.6	—
十	郊区河底公社	书记	刘满仓	1976.6—1978.12	—
十一	郊区河底镇	书记	杨书义	1979.1—1991.12	—
十二	郊区河底镇	书记	刘满堂	1992.1—1998.12	—
十三	郊区河底镇	书记	李增寿	1999.1—2003.4	—
十四	郊区河底镇	书记	李拉成	2003.4—2003.12	—
十五	郊区河底镇	书记	李保寿	2003.12—2008.12	—
十六	郊区河底镇	书记	李晋元	2008.12—2014.11	—
十七	郊区河底镇	书记	李晋元	2014.11—2014.12	—

河底镇里龙光峪村历任党(总)支部书记名录(二十八)

表 13-28

届 次	隶 属	职 务	姓 名	任职时间	备 注
一	平定(路北)	书记	李玉堂	1944.9—1945	前里一支部
二	平定(路北)	书记	程贵达	1945—1946	—
三	阳泉二区	书记	程贵绿	1947.1—1953.1	—
四	阳泉二区苇泊乡	书记	李广贵	1953.1—1955.12	—
五	阳泉二区河底镇	书记	李 洲	1955.12—1958.12	—
六	阳泉河底公社	书记	李玉堂	1959.1—1959.12	—
七	郊区河底公社	书记	李 洲	1960.1—1961.12	—
八	郊区河底公社	书记	李玉堂	1962.1—1963.12	两村分开
九	郊区河底公社	书记	程英珠	1963.1—1970.11	—
十	郊区河底公社	书记	程巨才	1970.11—1986.3.8	—
十一	郊区河底镇	书记	程银存	1986.3.8—1998.12	—
十二	郊区河底镇	书记	程要所	1999.5—2001.12	—
十三	郊区河底镇	书记	程巨才	2002.1—2005.5	—
十四	郊区河底镇	书记	程拉存	2005.5—2008.11	—
十五	郊区河底镇	书记	程拉存	2008.11—2011.11	—
十六	郊区河底镇	书记	程拉存	2011.11—2014.11	—
十七	郊区河底镇	书记	程拉存	2014.11—2014.12	—

河底镇大固庄村历任党(总)支部书记名录(二十九)

表 13-29

届 次	隶 属	职 务	姓 名	任职时间	备 注
	中共平定(路北)县七区	组长	张栓元	1944	—
一	中共平定(路北)县七区	书记	张 德	1944—1947	—
二	中共阳泉四区	书记	张守仁	1947—1949	—
三	中共阳泉二区	书记	贾和堂	1949—1953	—
四	中共任家峪乡	书记	贾五孩	1954—1956	—
五	中共三都乡总支	书记	张守仁	1956—1959	—
六	中共河底人民公社	书记	张七金	1959—1962	—
七	中共河底人民公社	书记	贾恭堂	1962—1964	—
八	中共郊区河底公社	书记	高玉书	1965—1971	—

续表 13-29

届　次	隶　属	职　务	姓　名	任职时间	备　注
九	中共郊区河底公社	书记	高步麒	1971—1975	—
十	中共郊区河底公社	书记	张巨财	1975—1984	—
十一	中共郊区河底镇	书记	张纯瑛	1985—1987	—
十二	中共郊区河底镇	书记	张纯瑛	1988—1990	—
十三	中共郊区河底镇	书记	张纯瑛	1991—1993	—
十四	中共郊区河底镇	书记	张福元	1993—1995	—
十五	中共郊区河底镇	书记	张福元	1996—1998	—
十六	中共郊区河底镇	书记	贾海平	1999—2001	—
十七	中共郊区河底镇	书记	贾海平	2002—2005	—
十八	中共郊区河底镇	书记	张二虎	2006—2008	—
十九	中共郊区河底镇	书记	张二虎	2009—2011	—
二十	中共郊区河底镇	书记	张二虎	2012—2014.11	—
二十一	中共郊区河底镇	书记	张三虎	2014.11—2014.12	—

河底镇关家峪村历任党(总)支部书记名录(三十)

表 13-30

<table>
<tr><th>届　次</th><th>隶　属</th><th>职　务</th><th>姓　名</th><th>任职时间</th><th>备　注</th></tr>
<tr><td>一</td><td>平定县四区</td><td>组长</td><td>张千祥</td><td>1944—1945</td><td>—</td></tr>
<tr><td>二</td><td>平定县四区</td><td>书记</td><td>张千祥</td><td>1945—1946</td><td>—</td></tr>
<tr><td>三</td><td>平定(路北)</td><td>书记</td><td>张四牛</td><td>1947—1948</td><td>—</td></tr>
<tr><td>四</td><td>阳泉二区</td><td>书记</td><td>张栓玉</td><td>1948—1949.12</td><td>—</td></tr>
<tr><td>五</td><td>阳泉二区</td><td>书记</td><td>张生恭</td><td>1950.1—1952</td><td>—</td></tr>
<tr><td>六</td><td>阳泉任家峪厂</td><td>书记</td><td>张秀荣</td><td>1953—1954</td><td>—</td></tr>
<tr><td>七</td><td>阳泉三都乡</td><td>书记</td><td>张娱</td><td>1955—1958</td><td>—</td></tr>
<tr><td>八</td><td>阳泉河底人民公社</td><td>书记</td><td>张秀荣</td><td>1959—1968</td><td>—</td></tr>
<tr><td>九</td><td>阳泉河底公社</td><td>书记</td><td>胡进书</td><td>1969—1979</td><td>—</td></tr>
<tr><td>十</td><td>阳泉河底公社</td><td>书记</td><td>刘玉毅</td><td>1980—1998.11</td><td rowspan="3">南峪改为关家峪</td></tr>
<tr><td>十一</td><td>阳泉郊区河底镇</td><td>书记</td><td>赵满成</td><td>1998.11—2014.11</td></tr>
<tr><td>十二</td><td>阳泉郊区河底镇</td><td>书记</td><td>赵满成</td><td>2014.11—2017.12</td></tr>
</table>

河底镇任家峪村历任党(总)支部书记名录(三十一)

表 13-31

届 次	隶 属	职 务	姓 名	任职时间	备 注
	中共平定(路北)县五区	党员	任裕元	1940—1941	—
一	中共平定(路北)县五区	组长	任裕元	1942.8.10—1944.12	党小组
二	中共平定(路北)县五区	书记	任忠举	1945.1—1946.12	党支部
三	中共平定(路北)县五区	书记	任裕惠	1947.1—1948.12	—
四	阳泉二区	书记	任满全	1949.1—1953.12	—
五	阳泉二区	书记	任九保	1954.1—1954.12	—
六	阳泉任家峪乡	书记	任振国	1955.1—1958.12	—
七	阳泉三都乡	书记	任允中	1959.1—1960.12	—
八	阳泉河底人民公社	书记	任振国	1961.1—1962.12	—
九	阳泉河底公社	书记	任裕才	1963.1—	—
十	阳泉河底公社	书记	任振国	1964.1—1970.12	—
十一	阳泉郊区河底公社	书记	任占阅	1971.1—1973.12	—
十二	阳泉郊区河底公社	书记	任东银	1974.1—1986.12	—
十三	阳泉郊区河底镇	书记	任修祥	1987.1—1988.12	—
十四	阳泉郊区河底镇	总支书记	任东银	1989.1—1994.6	—
十五	阳泉郊区河底镇	总支书记	任永牛	1994.7—2001.12	—
十六	阳泉郊区河底镇	总支书记	任计来	2002.1—2003.12	—
十七	阳泉郊区河底镇	总支书记	任海卫	2004.1—2005.12	—
十八	阳泉郊区河底镇	总支书记	任海平	2006.1—2008.12	—
十九	阳泉郊区河底镇	总支书记	高贵宝	2009.1—2011.12	—
二十	阳泉郊区河底镇	总支书记	任秋生	2012.1—2014.11	—
二十一	阳泉郊区河底镇	总支书记	任根义	2014.11—2014.12	—

河底镇郊里村历任党(总)支部书记名录(三十二)

表 13-32

届　次	隶　属	职　务	姓　名	任职时间	备　注
一	平定(路北)四区	书记	王占广	1943.12—1946.1	—
二	平定(路北)四区	书记	王大恒	1946.2—1953.12	—
三	平定燕龛乡	书记	王北恒	1954.1—1975.2	—
四	郊区燕龛公社	书记	王金秀	1975.2—1977.12	—
五	郊区燕龛公社	书记	邓金贵	1977.12—1982.11	—
六	郊区燕龛乡	书记	王联章	1982.11—1994.11	—
七	郊区燕龛乡	书记	王宝福	1994.11—1996.3	—
八	郊区燕龛乡	书记	李海贵	1996.3—2003.8	—
九	郊区河底镇	书记	高有贵	2003.8—2007.9	—
十	郊区河底镇	书记	邓海文	2007.9—2008.12	—
十一	郊区河底镇	书记	邓海文	2008.12—2014.11	—
十二	郊区河底镇	书记	邓海文	2014.11—2014.12	—

说明：以上名录按各行政村收集先后顺序排列

中共阳泉市郊区河底镇辖区内各村
第一任党支部书记(小组长)排列表

表 13-33

支部名称	书记姓名	性别	入党时间	建党时间	入党介绍人和建党主管单位
苏家泉支部	武昌征	男	1937 年 9 日	1937 年 8 日	八路军战地工作团介绍人王试功温藏宝
上章召支部	郭怀志	男	1937 年 9 日	1937 年 9 日	八路军战地工作团介绍人王试功温藏宝
北小西庄支部	李格珍	男	1937 年 9 日	1937 年 10 日	盂县县委派石正山，李格青
东南沟支部	李凝瑞	男	1937 年 10 日	1938 年 2 日	八路军战地工作团王试功
五架山支部	杨巨春	男	1938 年 5 日	1938 年 5 日	盂县县委派工作队
下章召小组	王守金	男	1937 年 12 日	1940 年 1 日	牺盟会韩庄村胡金林

支部名称	书记姓名	性别	入党时间	建党时间	入党介绍人和建党主管单位
东村小组	郭万喜	男	1938 年 7 日	1940 年 8 日	牺盟会刘敬民、崔贵明
小河北支部	杨有成	男	1938 年 8 日	1940 年 8 日	东南沟支部发展
山底支部	郭印章	男	1940 年	1940 年 8 日	牺盟会刘敬民、崔贵明
任家峪小组	任裕源	男	1940 年	1940 年 11 日	许光先、王晋斗、任四明
燕龛村支部	史享先	男	1941 年	1941 年	燕龛区委
北庄村支部	胡福林	男	1942 年	1942 年	燕龛区委
大河北支部	李顺元	男	1943 年 1 日	1943 年 1 日	—
牵牛镇支部	周赞猷	男	1943 年 2 日	1943 年 2 日	—
郊里村支部	王占广	男	1943 年 12 日	1943 年 12 日	—
大固庄支部	张栓元	男	1944 年 8 日	1944 年 8 日	—
前龙光峪支部	李玉堂	男	1944 年 9 日	1944 年 9 日	燕龛区委张德
里龙光峪支部	李玉堂	男	1944 年 9 日	1944 年 9 日	燕龛区委张德
关家峪支部	张千祥	男	1944 年 10 日	1944 年 10 日	平定四区委员李培荣
曹家掌支部	曹玉成	男	1945 年 1 日	1945 年 1 日	
小沟村支部	张　志	男	1945 年 3 日	1945 年 3 日	
红土岩支部	周德玉	男	1945 年 5 日	1945 年 5 日	
苇泊村支部	张迎登	男	1945 年 6 日	1945 年 6 日	
河底村支部	程万利	男	1945 年 8 日	1945 年 8 日	
中佐村支部	苏思堂	男	1945 年 12 日	1945 年 12 日	
邓家峪支部	邓　海	男	1946 年 1 日	1946 年 1 日	
程庄村支部	程运联	男	1947 年	1947	
西沟村支部	白文星	男	1954 年	1954	
小固庄村支部	张　玘	男	1949 年	1962 年 1 日	
河南村支部	王家庆	男	1950 年	1962 年 1 日	
猪头垴支部	武满喜	男	1961 年	1980 年 4 日	
武家庄支部	张彦怀	男	1950 年	1981 年 2 日	

说明：此表为河底镇 32 个行政村第一任党总(支)部书记，按建党时间先后排序

第三节　党员发展

民国26年(1937)10月,八路军120师政训处主任刘道生带领八路军战地工作团到达荫营地区,派王试功、温藏宝两人到苏家泉、上章召、东南沟、东村一带发动群众,开展抗日救国宣传活动。同年8月,吸收苏家泉进步青年武昌征、闫海、赵渡、张贵全、赵正帆、闫名、李运、赵德俊、赵毓芝共九人加入中国共产党。同年10月,秘密召开苏家泉村第一次党员会。选举产生本村第一届党支部,武昌征为第一任党支部书记。此后,八路军战地工作团和武昌征到上章召村发展中共党员22名,并成立上章召党支部。又相继在东南沟村发展李凝瑞加入中国共产党。同年10月26日,日军侵占娘子关,战地工作团转移到盂县,成立中共盂(县)平(定)阳(曲)寿(阳)榆(次)五县特委。五县特委决定,组建中共平定(路北)县工委。同年11月中旬,该县工委受命返回平定(路北),驻地为辖区内河底村三官庙。在河底、荫营、东村一带开辟抗日根据地,在东村、山底、东南沟、小河北等村发展党员,建立党组织。

在抗日战争期间,上级党组织一边宣传抗战,一边发动群众参加抗日。辖区内分别有东南沟村、北小西庄村、五架山村、小河北村、下章召、北庄村、山底村、牵牛镇、大河北、河底村陆续成立党支部,一些进步青年积极加入党组织,开展抗日战争。到1949年12月,辖区内已有曹家掌、程庄、邓家峪、苇泊、西沟、固庄、龙光峪、任家峪、关家峪、郊里、燕龛、小沟、红土岩等27个行政村先后建立基层农村党支部,中共党员人数由抗战初期的231名发展到960名。1952年,辖区内基层党支部通过一次整党整风,纯洁了党的组织,加强了党的领导。到1958年人民公社化后,辖区内的行政村全部建立了基层党支部,中共党员总数下降到892名。

1963年,河底公社分设出东村公社后,河底公社下属13个行政村建立了13个基层党支部,中共党员463名。东村公社11个行政村建立了11个基层党支部,中共党员377名。1971年,燕龛公社全部从平定县划回阳泉市郊区管辖后,下设6个行政村全部建立了基层党支部,党员136名。1984年,社改乡后,河底镇下属14个行政村建立党总支4个,基层党支部29个,党员589名。东村乡12个行政村建立党总支2个、基层党支部18个,共有中共党员491名。燕龛乡6个行政村建立党总支1个、党支部8个,中共党员154名。

2000 年 12 月撤乡并镇后，东村乡、燕龛乡合并河底镇，全镇基层党总支 6 个，党支部 57 个，其中非公党组织 9 个，全镇党员总数 1680 名。

进入 21 世纪以来，河底镇党委认真贯彻执行中共中央提出的“坚持标准、保证质量、改善结构、慎重发展”的发展党员工作方针，有组织、有步骤、有计划地做好发展党员工作，不断巩固基层党组织建设，壮大党员队伍，加强对入党积极分子的教育和培养，做好经常性的党员工作，每年都结合实际制定发展党员计划。以 2007 年为例，该镇共发展党员 50 名。其中，生产一线 48 人，占总数的 96%；35 岁以下的 25 人，占总数的 50%；高中以上文化的 36 人，占总数的 72%；妇女党员 17 名，占总数的 34%。从发展情况来看，党员年龄结构和文化结构得到了明显改善，该镇党员队伍结构趋于合理，党员队伍的整体素质得到进一步提高。

2010 年以来，镇党委采取多项措施确保发展党员工作做得更好，在严格入党程序方面，吸收新党员时严格把好“五关”：一看思想是否先进，二看政治是否坚定，三看纪律组织性强不强，四看行动上是否起到表率作用，五看工作能力及自身素质高不高。在建立健全发展党员工作制度方面，进一步完善了入党积极分子培养制度、积极分子档案制度、预备党员管理制度等，并确保制度落到实处。同时注重在企业、农业、教育一线发展党员，注重对一线入党积极分子的教育和培养，认真做好思想政治工作，确保有领导、有目标、有计划地进行，做到成熟一个、发展一个，保证质量，不求数量。

到 2014 年年底，全镇 32 个行政村，建 1 个联村党委、14 个党总支、87 个党支部、共有 2136 名中共党员，其中女党员 365 名，离退休干部职工回村居住的党员 242 名。（细化党员的年龄、文化程度及性别的比例）

1937—2014 年部分年份河底镇党员发展情况统计表

表 13-34

支部 \ 数字 \ 年度	建党初期		1949 年		1969 年		1984 年		2000 年		2010 年		2014 年	
	总数	女	总数	女	总数	女	总数	女	总数	女	总数	女	总数	女
河底村党总支	27	4	102	11	65	15	135	18	135	20	123	19	115	18
牵牛镇党总支	5	—	48	5	56	12	58	12	67	14	82	15	92	16
苇泊村党总支	5	—	48	5	40	6	38	6	52	7	67	8	80	9
中佐村党总支	18	2	30	5	30	5	29	5	28	4	34	5	37	6
上章召村党总支	22	—	58	10	45	13	52	14	64	13	62	15	84	16
下章召村党总支	25	3	66	9	61	9	55	9	64	10	60	10	62	10
河南村党支部	—	—	—	—	12	1	15	2	30	4	30	4	34	5
前龙光峪党支部	10	—	10	1	19	2	17	2	23	3	38	4	36	4
里龙光峪党支部	7	—	7	1	14	3	15	4	15	4	16	5	35	5
邓家峪村党支部	7	1	18	1	35	5	28	5	30	5	32	5	59	6
关家峪村党支部	4	—	10	1	17	1	19	2	21	2	25	3	40	4
固庄村党支部	19	2	26	4	14	5	16	5	24	5	34	5	37	6
小固庄村党支部	—	—	—	—	7	2	10	2	15	3	16	4	17	4
东村村党总支	5	—	49	4	68	6	86	9	80	10	85	10	84	11
山底村党总支	4	—	94	5	65	6	103	10	110	11	116	12	107	12
小沟村党支部	3	—	13	1	15	2	21	3	23	3	27	4	31	4
苏家泉党总支	9	—	45	2	56	3	52	3	64	4	63	6	65	6
红土岩党支部	5	—	12	2	13	2	21	3	28	3	33	5	44	5
大河北党支部	4	—	8	1	10	2	15	3	27	3	33	4	39	5
小河北党支部	12	1	30	5	35	6	30	6	35	6	38	7	42	8
小西庄党支部	5	—	37	6	38	6	39	4	37	5	38	4	38	4
任家峪村党总支	9	1	60	4	70	7	81	9	70	10	72	10	85	11

续表 13-34

支部＼年度/数字	建党初期		1949 年		1969 年		1984 年		2000 年		2010 年		2014 年	
	总数	女	总数	女	总数	女	总数	女	总数	女	总数	女	总数	女
五架山党支部	3	—	42	3	31	5	20	6	28	7	26	7	25	6
武家庄党支部	—	—	—	—	—	—	2	—	3	1	10	2	15	2
东南沟党总支	6	—	38	3	54	4	58	6	55	7	63	8	68	8
猪头垴党支部	—	—	—	—	—	—	6	1	4	1	6	1	13	2
燕龛村党总支	4	—	41	3	40	3	45	4	45	4	48	8	50	9
曹家掌党支部	5	—	22	1	13	2	22	4	29	3	30	4	47	4
西沟村党支部	3	—	20	2	22	3	14	3	14	4	18	4	24	4
程庄村党支部	4	—	8	1	8	1	13	1	16	1	15	2	22	3
北庄村党支部	4	—	8	1	8	1	19	1	20	3	28	4	31	4
郊里村党支部	7	—	10	1	11	1	12	2	20	2	21	2	17	3
联校党总支	—	—	—	—	81	32	103	46	138	58	156	63	178	85
非公企业党总支	—	—	—	—	—	—	—	—	—	—	10	1	12	2
离退休党总支	—	—	—	—	—	—	—	—	182	11	218	13	242	18
机关党支部	—	—	—	—	48	13	55	18	66	25	73	28	80	34
企业单位党支部	—	—	—	—	9	2	10	1	10	1	11	1	19	—
天隆党支部	—	—	—	—	—	—	—	—	—	—	—	—	9	—
卫生院党支部	—	—	—	—	8	1	9	1	10	1	11	4	13	4
其他	—	—	—	—	—	—	—	—	—	—	—	—	8	2
合计	241	14	960	98	1118	205	1323	230	1683	278	1868	316	2136	365

第四节　党费管理

按照党章规定，向党组织缴纳党费是每个共产党员必须具备的条件，也是每个共产党员应尽的义务。在党费收缴、管理、使用工作中，镇党委组织部门严格执行中央组织部和省、市、区委组织部门的规定，把党费收缴工作与严格党的组织生活、党员教育、民主评议党员、党员目标管理结合起来，同步推进，逐步形成并建立起一套完善规范的党费收缴、分类标准和使用管理办法。

党员收费标准按党员行业分布、收入状况区分对待。对有工资收入的党员，每月以国家规定的工资总额中相对固定的经常性的工资收入为计算基数，按规定比例缴纳党费；税后月收入 400 元（含）以下的按 0.5%，400~600 元（含）的按 1%，600~800 元（含）的按 1.5%，800~1500（含）的按 2%，1500 元以上的按 3%的比例交纳党费。在乡镇机关和乡镇企业工作或者外出务工的农民党员，村干部和民办教师（代课教师）中的党员，凡有固定收入的（工资和补贴）根据每月固定收入，按规定比例缴纳党费，其他农民党员每月交纳党费 0.2 元；实行年薪制人员中的党员，以上年月平均收入为计算基数，参照规定比例交纳党费；从事个体经营的党员，每月按季度月平均纯收入，参照规定比例交纳党费；离退休干部、职工中的党员，以国家规定的离退休费为交纳党费计算基数，领取养老保险金的党员，以养老保险金为基数，参照规定比例交纳党费；下岗待业的党员，依靠抚恤和救济为生的党员，领取当地最低生活保障金的党员，每月交纳党费 0.2 元；没有经济收入或交纳党费有困难的党员，由本人提出申请，经党组织同意，可以少交或免交党费。

为适应形势发展的要求，2008 年 2 月 4 日，中组部以中组发〔2008〕3 号文件下发了《中共中央组织部关于中国共产党党费收缴、使用和管理的规定》对党费收缴、使用和管理做了新规定。按月领取工资的党员，每月以工资总额中相对固定的、经常性的工资收入(税后)为计算基数，按规定比例交纳党费。工资总额中相对固定的、经常性的工资收入包括：机关工作人员(不含工人)的职务工资、级别工资、津贴补贴；事业单位工作人员的岗位工资、薪级工资、绩效工资、津贴补贴；机关工人的岗位工资、技术等级（职务）工资、津贴补贴；企业人员工资收入中的固定部分(基本工资、岗位工资)和活的部分（奖金）。党员交纳党费的比例为：每月工资收入（税后）在 3000 元以下（含 3000 元）者，交纳月工资收入的

0.5%；3000元以上至5000元（含5000元）者，交纳1%；5000元以上至10000元（含10000元）者，交纳1.5%；10000元以上者，交纳2%。实行年薪制人员中的党员，每月以当月实际领取的薪酬收入为计算基数，参照前两条规定交纳党费。不按月取得收入的个体经营者等人员中的党员，每月以个人上季度月平均纯收入为计算基数，参照前两条规定交纳

附：

党支部交纳党费报表(一)

交　党费存根

单位					
送交何月党费					
党员总数		已交人数			
党员增减数		未交人数		补交人数	
应收金额(大写)					
应收金额(大写)					
交费日期					
备注					

经手人：

党支部交纳党费报表(一)

交　党费存根

单位					
送交何月党费					
党员总数		已交人数			
党员增减数		未交人数		补交人数	
应收金额(大写)					
应收金额(大写)					
交费日期					
备注					

经手人：

附：

党委党费收缴报表(二)

单　位		总支支部数			
党员总数		交何月党费			
已交人数		交何月党费		未交人数	
应收金额(大写)					
实收金额(大写)					
上缴金额(大写)					
备　注					

此表一式两份留存根一份

党费。离退休干部、职工中的党员，每月以实际领取的离退休费总额或养老金总额为计算基数，5000 元以下(含 5000 元)的按 0.5%交纳党费，5000 元以上的按 1%交纳党费。农民党员每月交纳党费 0.2~1 元。学生党员、下岗失业的党员、依靠抚恤或救济生活的党员、领取当地最低生活保障金的党员，每月交纳党费 0.2 元。交纳党费确有困难的党员，经党支部研究，报上一级党委批准后，可以少交或免交党费。

新标准出台后，镇党委严格对照新标准进行查漏补缺和重新测算，并对 2008 年以来少缴的党费进行了补缴。

乡镇党委所收缴各支部的党费，全额上交。下拨的党费用于培训党员，订阅或购买用于开展党员教育的报刊资料，表彰先进基层党组织和优秀共产党员。

党费收缴原则上党小组长每月按党支部规定的时间，向党员收缴党费。也可由党支部组织委员直接向党员收缴党费，不设支部委员的由支部书记或副书记负责收缴，党费收齐后，填写党支部缴纳党费报表，将所收党费全部上缴上级党组织。

第五节　重要工作

党员教育和整党工作

民国 32 年(1943)年初，中共平定(路北)县委在辖区内组织党员干部学习中共中央整风文件以反对宗派主义为中心、检查和揭发党内各种错误思想认识。民国 36 年(1947)，辖区内农村在土地改革中全面开展了“三查”(查阶级、查立场、查工作)、“三整”(整顿思想、整顿组织、整顿作风)为内容的整党整风运动。1950—1952 年针对部分农村中共党员干部的革命到头思想和“三十亩地一头牛、老婆孩子热炕头”的滑坡思想进行整党，在下章召、山底(洞上)、三都等地严肃认真地开展思想斗争，教育党员克服轻敌、麻痹和革命成功思想，起到教育和促进作用。党内开展党员重新登记，部分党员自动退党。1957 年至 1958 年 10 月，在“大跃进”运动中，开展了整风运动，结合整社整顿基层党组织、整顿农村干部党员思想作风。1960 年，以人民公社采取党内外结合、生产和整改相结合的办法，教育党员改进工作作风。1977 年冬至 1978 年春，各人民公社党委组织全社党员开展了整风，着重解决因“文化大革命”破坏而造成的思想不纯、组织不纯、作风不纯的问题。1985 年 12 月至 1987 年 6 月，根据区委的安排，乡镇作为第二批开展全面整党，重点整顿思想、作风、纪律、组织。通过整党，全镇进行了党员登记，对不合格的党员实行限期改正，缓期登记和不予登记等办法，基本实现了“统一思想、改正作风、加强纪律、纯洁组织”的要求，全镇党员普遍受到一次深刻的思想教育，党的组织建设得到加强。1999 年，按照中央和省委部署，全党开展了以“讲学习、讲政治、讲正气”为主要内容的党风、党性教育活动，通过这次活动，全镇党员干部普遍受到了一次群众观念群众路线的再教育，促进了作风的转变和拒腐防变自觉性地提高。

进入 21 世纪以来，党的建设工作不断加强。2000 年年底至 2002 年 5 月，为深入贯彻落实“三个代表”重要思想，加强和改进党对农村工作的领导，切实解决农村存在的突出问题，在全镇村级领导班子和基层干部中，有计划、有步骤地开展“三个代表”重要思想学习教育活动，基本达到“让干部受教育，使农民得实惠”的要求，促进农村的改革开放和稳定发展。2005 年 2 月至 2006 年 6 月，镇党委按区委的安排部署，在全镇党组织和基层党员干部中开展“保持党的先进性教育活动”，达到“提高党员素质、加强基层组织、服务人民群众、促进各项工作”的要求。2013 年，按照中央、省、市、区委的安排部署，贯彻“照镜子、正衣冠、洗洗澡、治治病”的总要求，镇党委坚持以科学发展观为统领，以加强党的执政能力建设为重点，以建立健全党建长效机制为切入点，扎实开展党的群众路线教育实践活动，同时，结合党员党性分析试点活动和服务型党组织建设，推出“基层组织提升年”活动，镇党委严把党员入口关，打通党员出口关，建立不合格党员退出机制，出台《村级干部管理九条规定》，为发展新型河底奠定坚实的组织基础。2014 年，为加强基层支部的战斗力，镇党委开展了争创“五星级”党支部（团结协作星、队伍优良星、高效运行星、推动发展星、凝聚民心星）和争当“五星级”共产党员活动（诚信守法星、学习宣传星、创业发展星、公益奉献星、和谐文明星）。同时加强对非公企业的管理教育，帮助建立企业党组织，发展党员，建立完善了企业党组织工作制度、党费收缴制度、企业干部定期汇报工作制度、党员廉政建设制度、党员目标管理制度、党员生活制度、企业厉行节约反对浪费等多项制度，自觉接受群众的评议和社会监督，为全面建成高标准小康镇、和谐镇奠定了基础。

信访接待　1987 年，燕龛乡在信访工作方面重点抓了五件工作，一是抓基层信访民调小组的活动，注重横向联系；二是乡纪检委员以及党政领导干部实行分片包干责任制；三是按时接待，定期汇报；四是提倡文明接待，处理好初信初访，提高办案质量；五是做好上访户和告状人的政治思想工作。同时逐步完善三项制度，一是建立健全信访登记制度和信访档案制度；二是反映情况汇报制；三是经常检查督办制度。1991 年，东村乡小沟村的外出公路被盂县滴水崖村推出的石渣堵塞、造成人畜用水中断和煤矿停产、存煤自燃的来信后,区委领导迅速责成区信访局与区督察室的工作人员,先后8次到盂县和小沟村了解情况,座谈协调,使这一问题得到了及时妥善解决。1999年3月,河底镇苏家泉村清理农村合作基金时,欠村民10多万元,不能及时清偿,造成集体上访,区委书记王敬瑞、区长张清亲自接待,责成分管领导协调资金,分期分批清偿村民资金深受群众的欢迎。

第六节　重要会议

中国共产党阳泉市郊区河底人民公社第一次代表大会

1959年8月10日至11日在河底人民公社召开,出席会议的有河底、中佐等27个行政村党支部书记和85名代表,15名列席代表。会上,河底人民公社党委书记孙继先作党的工作报告,重点总结了大跃进以来的工作和党的建设。大会选举产生中共阳泉市郊区河底人民公社第一届委员会。

中国共产党阳泉市郊区河底人民公社第二次代表大会

1963年8月12日至13日在河底人民公社会议室召开, 出席会议的代表有13个行政村党支部书记和38名代表,8名列席代表。会上,河底人民公社党委书记李文同作工作报告,报告总结了1959年第一次党代会以来认真贯彻中共中央提出的发展国民经济总方针和落实“调整、巩固、充实、提高”八字方针所取得的成绩,分析了存在的问题,提出了新的工作任务。大会选举产生了中共阳泉市郊区河底人民公社第二届委员会。8月,东村公社、燕龛公社分别召开了第二次党代会。

中国共产党阳泉市郊区河底人民公社第三次代表大会

1971年5月12日至13日在河底人民公社会议室召开。会上,公社党委书记辛毅山代表上届委员会作《关于抓革命促生产的工作报告》。出席大会的代表有13个行政村党支部书记,机关企事业单位党支部书记和56名党员代表。大会选举产生了中共阳泉市郊区河底人民公社第三届委员会。5月13日、5月15日东村人民公社、燕龛人民公社也分别召开了第三次党员代表大会。

中国共产党阳泉市郊区河底人民公社第四次代表大会

1980年8月5日至6日在河底公社会议室召开,出席大会的正式代表94人,列席代表14人。会上,河底公社党委书记傅海川作关于《高举毛泽东思想伟大旗帜,坚持实事求是的建设社会主义新农村》的工作报告。报告对“文化大革命”运动中形成的162个冤假错案逐一进行了复查落实，纠正了“四清”运动中的错误处理决定，特别是对轰动全国全省的上章召大队“反标”一案中蒙冤死去和直接受害的当事人进行公开昭雪和恢复名誉。该次会议对各社各级领导班子和党员及广大干部进行了培训整顿。8月19日东村人民公社、燕龛人民公社也分别召开了第四次党员代表大会。

中国共产党阳泉市郊区河底镇第五次代表大会

1990年7月18日至19日在河底镇会议室召开，出席会议的正式代表86人，列席代表23人。会上，镇党委书记韩进祯作《关于全面推行把党的工作重点转移到以经济建设为中心的轨道上来》的工作报告，大会选举产生中共阳泉市郊区河底镇第五届委员会。7月18日、19日东村乡、燕龛乡也分别召开第五次党员代表大会。

中国共产党阳泉市郊区河底镇第六次代表大会

1993年6月2日在河底镇新办公楼会议室召开，出席会议的正式代表98人，列席代表19人。会上，镇党委书记荆九来作《关于紧紧围绕经济建设的中心，大力抓好物质文明和精神文明建设》的工作报告，大会选举产生了中共阳泉市郊区河底镇第六届委员会和纪检委员会。6月8日、5日东村乡、燕龛乡也分别召开了第六次党员代表大会。

中国共产党阳泉市郊区河底镇第七次代表大会

1996年4月10日在河底镇新办公楼会议室召开，出席会议的正式代表68人，列席代表16人。会上，镇党委书记聂满金作《关于坚持四项基本原则，坚持改革开放，把经济工作搞上去》的工作报告，大会选举产生了中共阳泉市郊区河底镇第七届委员会和纪检委员会。4月10日、16日东村乡、燕龛乡也分别召开了第七次党员代表大会。

中国共产党阳泉市郊区河底镇第八届委员会

2000年12月20日在河底镇办公大楼会议室召开，出席会议的正式代表88人，列席代表15人。会上，镇党委书记郭斌作《关于与时俱进全面加强党的建设，充分发挥基层党组织的凝聚力和战斗力，为强镇富民努力奋斗》的工作报告，大会选举产生中共阳泉市郊区河底镇第八届委员会和纪检委员会。

中国共产党阳泉市郊区河底镇第九届委员会

2003年10月5日在河底镇办公大楼会议室召开，出席会议的正式代表102人，列席代表11人。会上，镇党委书记田进勇作《关于加强党的建设，促进经济发展》的工作报告，大会选举产生中共阳泉市郊区河底镇第九届委员会和纪检委员会。

中国共产党阳泉市郊区河底镇第十届委员会

2006年6月21日至22日在河底镇办公大楼会议室召开，出席会议的正式代表106人,列席代表15人。会上,镇党委书记张富英作《关于解放思想,迎接挑战,富民强镇,实现跨越,为夺取社会主义新农村建设的新胜利而奋斗》的工作报告,大会选举产生中国共产党河底镇第十届党委委员。在中共河底镇第十届委员会和纪律检查委员会第一次会议上,采用无记名投票的方式,选举产生中共河底镇第十届委员会书记张富英,副书记张斌武、何宗禄,纪委书记武建明。

中国共产党阳泉市郊区河底镇第十一届委员会

2011年5月15日至16日在河底镇办公大楼大会议室召开，出席会议的正式代表106人,列席代表14人。会上,镇党委书记杨兆明作《踏上新征程,谱写新篇章,在新的起点上推进河底科学发展跨越发展》的工作报告,大会选举产生中国共产党河底镇第十一届委员会委员9名,纪检委员会委员5名。在中共河底镇第十一届委员会和纪律检查委员会第一次会议上,采用无记名投票的方式,选举产生中共河底镇第十一届委员会书记、副书记和纪委书记。党委书记杨兆明,党委副书记王红卫、任晋忠,纪委书记齐瑞新,党委委员杨兆明、王红卫、任晋忠、齐瑞新、苏东生、王军军、郭鑫、杨慧清、葛占斌。纪委委员齐瑞新、任海鹏、郭俊平、郭海峰、靳延德。

中国共产党阳泉市郊区河底镇第十一届代表大会第二次会议

2013年5月17日在河底镇办公大楼大会议室召开,出席会议的正式代表101名,列席代表18名。会上,镇党委书记段拥军作《关于统一思想,实干苦干,为建成幸福富裕新河底而努力奋斗》的工作报告。

中国共产党阳泉市郊区河底镇第十一届代表大会第三次会议

2014年6月23日在河底镇办公大楼大会议室召开，出席会议的正式代表97人,列席代表16人。会上,镇党委书记段拥军作《关于坚定信心,稳中求进,为建设幸福美丽富裕河底而努力》的工作报告。

第十四章　民主党派　社会团体

第一节　民主党派

抗日战争时期,中共平定(路北)县委和抗日民主政府在辖区内建立了各类抗日联合会组织,中华人民共和国成立后,各民主党派迅速发展,到20世纪80年代初至90年代中期,郊区各民主党派发展很快,民革、民盟、民进、民建、农工党等党派相继产生。河底镇辖区内有部分村民、职工、教师相继加入各党派组织,并成立了民主促进会、九三学社基层组织。

中国民主促进会

1983年6月,中国民主促进会阳泉市支部成立,郊区10名中小学教师和医生成为首批加入民主促进会阳泉市支部的会员。1987年,中国民主促进会燕龛支部成立,会员9名,主委王风英。1991年,中国民主促进会东村支部成立,会员7名,主委刘海金。两个支部均属于1987年在民进阳泉支部基础上组建的民进阳泉市委领导。到2014年,河底镇辖区内有民进支部2个,会员13名。

九三学社

2011年1月,固庄村村民张三虎加入九三学社,同年担任郊区人大常务委员。9月,九三学社郊区支社迁至河底镇固庄村,社址设在新学校院内。支社社长由阳泉市郊区纪律检查委员会干事李玉霞担任。九三学社以“九阳科技合作”为平台,充分发挥该社人才和科技优势,为固庄村食用菌生产提供科学技术和智力支持。

第二节　社会团体

早在抗日战争时期,辖区内河底、东村、燕龛等地就有了中国共产党领导下的青年组织、妇救会组织、工会组织和农会组织，他们帮助政府宣传抗日，积极为八路军、游击队扩军筹粮筹款，为抗日救国出力出人。解放战争时期，基层群团组织在中国共产党的领导下积极参军参战，组织地方武装，组织支前队、运输队、担架队、慰问队在解放战役中做出了重大贡献。中华人民共和国成立后，在社会主义改造和全面建设社会主义时期，他们在土改运动"大跃进"运动"农业学大寨"运动中都起到了突击队、战斗队的作用。中华人民共和国十一届三中全会后，党的各级领导班子破除以往的陈规戒律，狠抓经济工作，兴办乡村企业，这些组织在促进农村自然经济发展过程中起到了积极的带头作用。

妇女联合会组织

早在抗日战争时期，辖区内各村就成立了妇女抗日救国会。辖区内妇女组织随着区级行政机构的变动而设置。民国37年(1948)1月，由妇女工作委员会改称妇女联合会(以下简称妇联会)。1949年10月改称民主妇女联合会。1958年又改称妇女联合会。截至2014年，全镇32个行政村妇女联合会组织机构健全，均能够正常开展活动。

抗日战争和解放战争时期，辖区内妇女在各级妇女组织的正确领导下，积极参加剪发、放足等反封建和争取婚姻自由的活动，广大妇女积极送子参军、送夫参战，并为人民军队做军鞋、鞋垫、蒸干粮、参加民兵班、运输队等支前活动。还有不少妇女奋战在抗日第一线，抬担架、送情报、宣传抗日救国。东村妇女侯案妮，秘密参加抗日活动，经常深更半夜出入在各村为抗日村长、地下党组织送情报、传口信，1944年随母改嫁到曹家掌后，仍然坚持与组织联系，秘密开展抗日活动。1946年因内奸出卖，她不幸被日伪军抓捕，宁死不屈，英勇就义，年仅21岁。她的英雄事迹在辖区内广泛传播，家喻户晓。

中华人民共和国成立后，辖区内妇女组织一方面开展反对包办买卖婚姻和"扫盲"学文化等活动，一方面带领妇女积极投入生产劳动，在社会主义建设事业中发挥"半边天"作用。在"农业合作化"和"农业学大寨"运动中，辖区内妇女有的担任了领导干部，有的参加了"红大娘""铁姑娘"战斗队，有的还赶马车、当羊倌、猪倌等，大多数妇女奋战在农田水利基本建设第一线，涌现出一大批出席全国、省、市、区的积极分子和劳动模范。1957年，任家峪村妇联主任古保祥被评为出席全国的妇女代表，连续出席第三次、第四次全国妇女代表大会(群英会)，受到中央有关领导的接见。

中共十一届三中全会后，辖区内妇联组织带领广大妇女投入改革开放的大潮中。1980年，公社妇女联合会组织开展"巧姑娘好媳妇"等以提高妇女素质、发展妇女儿童事业为主线的各项活动。1986年，开展争创"五好家庭"竞赛活动、"献爱心"活动，为老山前线和内地部队子弟兵捐赠鞋垫等慰问品。1989年，开展"爱国储蓄百日竞赛"活动。1990年后，在区妇联的指导下，全社组建妇女禁赌协会。分别制定和实施妇女儿童“九五”“十五”“十一五”发展规划和纲要。辖区内妇女积极响应上级号召，涌现出大批高素质的妇女干部：“巧姑娘”“好媳妇”“五好家庭”和“致富女能手”。1979—1994 年，河底村高鱼妮多次荣获省、市、区“劳动模范”“优秀共产党员”“农村科技致富能手”“先进女能手”“三八红旗手”“关心下一代先进工作者”“优秀女企业家”等称号；1994 年 3 月，被授予“双学双比标兵”称号。东村供销社“三姐妹”商店全心全意为人民服务的事迹被新华社、中国商报、山西日报、山西人民广播电台等多家媒体报道。服务农民领头人杨腊果被全国妇联授予 1979 年度“三八红旗手”称号，并五次荣获“山西省劳动模范”荣誉称号，1984 年省劳动竞赛委员会荣记二等功，山西省第四届、第五届党代会代表。

21 世纪以来，镇妇联组织认真执行区妇联启动的“春雷计划”公益活动，动员全社会力量为妇女儿童办实事办好事。开展“双评”活动（评选“巾帼文明示范岗”和“巾帼建功标兵”）。辖区内阳泉市燕兴农机厂厂长、巾帼当家人程小白在阳泉燕兴农机厂任厂长 15 年来，企业产值收入递增、经济效益提高、职工收入增加，2005 年，被阳泉市郊区工商局授予“先进民营企业”；2007 年，被郊区妇联授予“三八创业示范基地”；2008 年，被市妇联授予“阳泉市优秀女企业家”；2009 年和 2010 年，荣获市、区“三八红旗手”称号；2010 年，荣获郊区首届“青年创兴之星”；2013 年，荣获郊区“巾帼建功标兵”。

2005 年，镇妇联在全镇启动家庭教育工程，成立家庭教育领导组和指导服务中心。2006 年，按区妇联安排，启动“恒爱行动”，全镇涌现出 28 名爱心妈妈。同年，山西省科协、省妇联授予牵牛镇村傅贵鱼“科普工作先进个人”称号。2007 年，全镇妇联开展“三和”创建活动，在广大妇女及家庭中启动“和在家庭”主题活动，这一活动的开展使全镇涌现出大批“和在家庭”的先进典型。截至 2014 年，全镇共评选出“十佳新女性”“十佳好媳妇”“十佳健康老人”“十大优秀家长”“十大优秀少年”“十大优秀兵妈妈”和“三八红旗集体”“三八红旗手”670 多个，为全面建设小康社会做出巨大贡献。同时，镇妇联以“三大依托”为手段推进女性创业就业，依托基地培训 800 余人次。在胡风林的蔬菜基地的帮助下，受益妇女累计达 600 余人。在华美工艺品厂，邓香转带领妇女学习技术，先后培训 300 多人次。镇妇联利用“三八”妇女节期间，举办“创和谐家园、展巾帼风采”妇女成果展，展出全镇妇女刺绣、绘画、书法、编织、根雕等方面的作品。举办“魅力女性、快乐巾帼”健身操大赛、“魅力河底、巾帼风范”主题联谊会。召开“贡献十八大、巾帼展风采”主题表彰会，对各行各业涌现出的妇女先进代表进行表彰。通过活动，提升妇女文化素质，丰富妇女文化生活，激励全镇妇女同心协力为建设幸福、富裕、平安、和谐的河底镇做贡献。涌现出一大批妇女先进典型,2011 年,东村侯便林获山西省“平安家庭”创建示范户称号,北庄村永恒绿宝、固庄村乡村食府获“山西省巾帼创业基地”称号,牵牛镇村无公害大养殖场获“山西省巾帼创业就业培训基地”称号,河底村被评为“全国基层妇联组织示范村”,河底镇妇联张晓敏获“山西省优秀女共产党员”称号。全镇有 150 多户家庭被评为“五好文明家庭”,有 100 多名妇女被评为“好媳妇”;有 120 多名妇女被评为“好婆婆”;有 300 多户家庭被评为“好邻居”。

辖区内妇女积极参政议政,到 2014 年年底,共召开七届妇女代表大会。第一届是 1973 年,河底公社、东村公社、燕龛公社分别召开妇女代表大会;第二届是 1980 年,3 个公社分别召开第二届妇女代表大会,并选举产生新一届妇女主任;第三届妇女代表大会是 1987 年社改乡后;第四届是 1993 年,河底镇、东村乡、燕龛乡分别召开妇女代表大会并选举产生新一届妇联主任;第五届各乡镇妇女代表大会召开在撤乡并镇前的 1998 年;第六届河底镇妇女代表大会是在 2009 年 2 月 27 日召开;第七届河底镇妇女代表大会是在 2014 年 2 月 27 日召开,正式代表 65 名。河底镇第七次妇女代表大会,高举中国特色社会主义伟大旗帜,深入贯彻落实中共十八大和中共十八届三中全会精神,紧紧围绕镇党委,政府的中心工作,坚持“一手抓发展,一手抓维权”的工作方针,大力开展“四大行动”“六大工程”的主题活动,努力提高妇女整体素质,团结奋进,巾帼筑梦,为发展幸福富裕新河底而努力奋斗。

河底镇妇联会

1949 年前,辖区内的乡(镇)村均有妇女组织,但妇女干部多数为不脱产干部,故未收录。1958 年 6 月,市、区、乡村改称妇女联合会(以下简称妇联会)。人民公社的妇女干部由上级任命。历任妇女干部名录:

主　任　黄金荣(1959.4—1963.2)
王转存(1963.2—1967.4)
张风瑞(1973.4—1980.7)
郭拉玉(1980.8—1990.12)
段梦栏(1991.1—1997.5)
光小娥(1997.6—1998.6)
庞锦平(1998.11—2008.3)
史丽霞(2008.3—2009.9)
张晓敏(2009.9—2014.12)

镜内东村人民公社历任妇联会干部名录：

主　任　巨拉弟(1963.2—1967.6)

李常玉(1973.4—1982.4)

王爱翠(1982.5—1990.3)

余香红(1990.4—1993.7)

任　琳(1994.1—1998.6)

辖区内燕龛人民公社妇联会自 1961 年 4 月平定县和阳泉市分开建制后，至撤乡并镇前历任妇女干部名录：

主　任　曹凤英(1961.4—1966.5)

(1966.5—1967.3)

高召弟(1975.1—1979.8)

郭美玲(1979.9—1995.10)

王丽芳(1995.10—1998.6)

青年团组

儿童团(少先队)

在抗日战争和解放战争时期，辖区内大部分乡村均建立儿童团组织，主要任务是开展宣传、站岗放哨、查路条、当交通员等。中华人民共和国成立后，辖区内各村学校都建立了少年儿童队组织。1954 年 2 月，少年儿童队改称少年先锋队(以下简称少先队)。少先队主要是开展读书搞科学小实验、除四害、讲卫生、义务劳动和学雷锋等活动。中共十一届三中全会后，随着改革开放的深入，少先队活动更加广泛，形式更加多样，二十世纪七八十年代，辖区内少年先锋队组织开展“学雷锋、树新风、争三好”“记张海迪姐姐一件事、一句话”“采摘树种支援甘肃绿化”和“我为红领巾添光彩”等活动。到 1985 年后，开展“援非捐款”“小主人，小目标”“学习赖宁，做党的好孩子”等活动，举办“心中有祖国、心中有他人”少儿书法、绘画、诗歌朗诵比赛。河底小学少先大队被省少工委授予“红旗集体”称号。

2004 年以后，辖区内团组织紧紧围绕团区委、区少工委的安排，以服务青(少)年，服务社会为宗旨，围绕《关于进一步加强和改进未成年人思想道德建设的若干意见》的精神，积极选树身边致富能手、创业典型、道德模范等榜样，在全镇中小学及乡村青少年中掀起“向榜样学习、向榜样看齐”等活动。同时在全镇开展各种球类比赛、文艺汇演、演讲辩论、书画摄影、英语比赛、“爱我中华”雏鹰夏令营、法制宣讲入校园等丰富多彩的乡村青少年文化活动，逐步推进青少年思想道德建设。

青年团

民国27年(1938)，辖区内部分乡(镇)村在中国共产党的秘密活动下纷纷建立青年抗日组织，青年抗日救国会、青年抗日武装、青年抗日先锋队。民国37年(1948)8月，辖区内各乡(镇)村成立青年联合会(以下简称青联会)。民国38年(1949)1月，辖区内各村设立中国新民主主义青年团工作委员会。1952年，阳泉市各区建立团委，配备专职青年团干部。1957年5月，中国新民主主义青年团改称中国共产主义青年团，各乡镇(人民公社)调配专职青年团书记。

在抗日战争及解放战争中，辖区内青年积极参军参战，支援前线，执勤巡防，参加生产劳动。中华人民共和国成立初期，团组织积极带领广大团员青年围绕中国共产党的各项中心工作投身于社会主义改造和社会主义经济建设洪流中并参与各项斗争。在抗美援朝运动中，动员团员保家卫国，参军参战，支援前线。进入社会主义建设时期，辖区内团组织一方面对团员青年进行党的艰苦奋斗等革命传统教育，开展多种形式的文体活动和“学雷锋”等活动，一方面带领团员青年积极投入“增产节约”“技术革新”“学先进，赶先进，超先进”等为主要内容的社会主义劳动竞赛，在生产劳动中发挥模范作用。

中共十一届三中全会以来，辖区内青年团组织紧紧围绕党的中心任务积极开展各项活动。各级团组织通过各种形式对团员青年进行思想教育，组建“青少年革命传统教育基地”，开展以“五讲四美三热爱”为内容的“学雷锋，树新风”“学赖宁”活动和“包军烈属、孤寡老人、包失足落后青年、包贫困户”为内容的“三包”活动，教育青年做“四有”(有理想、有道德、有纪律、有文化)青年。

1979年开始，团委号召辖区内团员青年开展“争当新长征突击手”活动，先后有上章召大队青年农机组被中国共青团中央命名为“全国新长征突击队”，下章召大队团支部书记王书文，被团中央命名为“全国新长征突击手”。1983年，全社团员青年响应中国共青团团中央号召，采摘树种，支持甘肃绿化。1984年，组织团员青年开展“搭台唱戏，牵线致富”“学科学、用科学”培养星火带头人等活动。1988年以来，团组织多次举办青年实用技术培训班，2005年，山底村施晓利获得“全国农村青年创业带头人”称号，受到共青团中央农业部表彰，他先后被评为“山西省优秀营销能手”“阳泉市郊区十大杰出青年”。2006年，通过座谈、培训、演讲、征文等各种形式组织团员青年践行“八荣八耻”。2008年，深入学习贯彻中共十七大精神，启动“统一思想、青春行动”，“青少年主题宣讲”等活动，开展“青年创业典型”培养评选活动，积极选树身边致富能手，创业典型和道德模范等榜样，在各村团员青少年中掀起了“向榜样学习，向榜样看齐”等活动。2011 年，共青团山西省委、山西省青年联合会授予河底镇“转型跨越山西省青年五四奖状”。

自共青团阳泉市郊区第一届代表大会于 1972 年 3 月 29 日至 30 日召开以来，辖区内河底人民公社、东村人民公社、燕龛人民公社都相应地召开了共青团第一届代表大会。此后，河底人民公社团委、东村人民公社团委、燕龛人民公社团委分别在 1977 年、1980 年、1984 年、1987 年、1990 年、1994 年、1997 年召开了第二届至第八届共青团代表大会，并选举产生了第二届、第三届、第四届、第五届、第六届、第七届、第八届共青团委员会和团委书记。2000 年撤乡并镇后，共青团阳泉市郊区河底镇团委分别在 2000 年、2004 年、2007 年、2010 年、2013 年召开了第九届至第十三届共青团阳泉市郊区河底镇代表大会，并选举产生了共青团阳泉市郊区河底镇委员会和团委书记。

共青团河底镇第十二、十三次代表大会换届以来，镇团委在镇党委和团区委的正确领导下，团结带领全镇青年，围绕镇党委工作思路，紧扣改革、发展、稳定的主题，通过深入开展思想理论教育，实施品牌化战略服务工程，培养了一大批积极投身于经济建设主战场的有志青年，扎实推进了团的自身建设。同时带领全镇青年认真服务经济建设，全力组织就业招聘活动，积极开展文化活动，大力关爱贫困学生的学习和生活，当好党的得力助手。河底镇共青团工作，其中青年志愿者工作尤为突出，是全省乡镇团委的先进典型。积极向团省委争取资金 40 万元，建成山底耀良希望小学。希望工程圆梦行动资助贫困大学生 60 余名，结对帮扶 50 余名贫困青少年。2012 年，根据团省委《关于开展乡镇团组织格局创新试点工作的通知》精神，镇团委作为试点单位，经过大量调研、考察，制定了《共青团组织格局创新“双推公考”选拔团干的实施方案》，采用党团员范围内，经基层团（总）支部推荐，党（总）支部推荐，以“笔试 + 面试”的形式，公开考试竞争，党组织考察、选拔基层中热爱党，对共青团和青年工作有热情，有一定影响力的青年代表，特别是青年能人，充实到镇团委领导班子中。通过“双推公考”，选拔 4 名编外副书记，4 名委员，并在全省进行了推广。

河底镇青年团组织历任书记名录：

书　记　刘明亮（1958.9—1958.11）

王存贵（1959.4—1960.12）

苏存花（女）（1961.1—1961.4）

苏存花（女）（1963.2—1963.12）

（代）（1963.12—1964.1）
郭忠钦（1964.1—1966.5）
王存贵（1966.5—1966.12）
（代）（1966.12—1967.1）
郭忠钦（1967.1—1967.4）
王继志（1972.3—1974.12）
程秀隆（1975.1—1981.12）
高召弟（女）（1982.1—1984.5）
靳星村（1984.6—1986.12）
段梦清（1987.1—1991.3）
光小娥（女）（1991.4—1997.5）
胡世勇（1997.6—1998.6）
史矛盾（1998.6—2002.12）
张全保（2003.1—2007.7）
史丽霞（2007.7—2013.7）
王世凯（2013.7—2014.12）

辖区内东村人民公社青年团组织历任书记名录：

书　记　李华贵（1963.2—1966.12）
傅计川（1967.1—1967.4）
田报玺（1972.3—1978.5）
王爱翠（女）（1978.6—1980.7）
谢贵生（1980.8—1984.10）
杨金生（1984.11—1986.8）
李金元（1986.9—1987.10）
梁素瑞（1987.10—1992.7）
吴永庆（1992.7—1996.3）
黄瑞刚（1996.3—1998.6）

辖区内燕龛人民公社青年团组织自 1961 年 4 月平定县和阳泉市分开建制后，至撤乡并镇前历任书记名录：

书　记　曹拴成（兼）（1961.4—1966.5）

（1966.6—1972.3）

曹存银（1972.3—1974.12）

高召弟（1975.1—1980.7）

郭美林（女）（1980.8—1981.12）

李云霄（1982.1—1988.8）

任晋忠（1988.8—1995.10）

王红卫（1995.10—1998.6）

工会组织

辖区内工会组织，最早产生于抗日战争时期，民国26年（1937）12月，平定县（路北）为组织工人志愿抗战，在辖区内各区成立了工人救国会。解放战争开始后，各区的工人救国会改称工人联合会。1948年2月，随着阳泉市总工会的成立，各区工会组织相继成立。工会组织团结广大手工业者，调动他们参加社会主义革命和建设的积极性，以维护劳动者的合法权益。

中华人民共和国成立后，各级党组织更加重视工会工作，辖区内机关、企事业单位的领导班子，都配备有分管工会工作的干部，工会组织团结带领职工开展增产节约，为社会主义革命和建设做贡献等活动。1958年以后，辖区内各村和企事业单位，全面走向集体化道路，工会工作显得尤为重要，尽管郊区没有成立总工会，但领导班子内有分管工会工作的，他们一级抓一级，层层抓落实，为调动广大职工投身于社会主义建设，开展了劳动竞赛技能比武等活动。

1976年11月，郊区工会委员会正式成立，并在同年12月29—30日召开了区总工会第一届代表大会。中共十一届三中全会后，工会组织为适应社会主义现代化建设的需要，服务改革开放，组织机构日趋完善，到2008年，区总工会在全区8个乡镇成立了工会联合会组织。

20世纪80年代，辖区内乡镇企业、机关企事业单位的职工工会活动主要靠郊区总工会的安排和指导。职工们积极投身于现代化建设事业，广泛开展以“双增双节”为主要内容的社会主义劳动竞赛和岗位练兵、技术比武等活动，同时为维护劳动者的合法权益，工会组织协助企事业单位制定了各种保护劳动者利益的规章制度。

1993年，河底镇工会建立了镇工会委员会，充分发挥该组织的“纽带”和“支柱”作用，发动广大职工投身于现代化建设事业，广泛开展了为“四化”立功、学先进、练硬功、登擂台、创水平岗位练兵和技术比武以及“我为厂贡献一计，帮助企业解难题”的合理化建议等活动，全镇掀起了全方位、多层次、多形式的劳动竞赛热潮。各级工会组织面对改革开放和建设社会主义市场经济体制的新形势，努力提高劳动者素质，推进企业技术进步。镇工会团结动员全镇广大职工积极参与，支持和推进企业改革，围绕企业“三改一加强”出谋划策，以经济建设为中心，坚持开展“一基四本”（基础管理、以人为本、降低成本、运营资本、质量为本）为主要内容的劳动竞赛，鼓励职工大搞发明创造和技术革新，为全镇经济建设做出了积极的贡献。

2000 年 12 月，由原河底镇、东村乡、燕龛乡撤并乡镇后，全镇共有工会组织 22 家，其中镇机关工会 1 家，煤炭企业工会 15 家，非煤企业工会 6 家，职工 2090 人，工会会员 2090 人。全镇工业上依靠 15 家煤炭企业作为支柱产业，产业结构调整步伐不断加快；农业方面万亩核桃，千头奶牛为龙头的农业生态园区，种养基地初具规模；第三产业发展进一步加快，横贯全镇的滴苇路三期工程顺利完工，以此为依托，带动全镇房地产、商业、饮食、服务、运输等行业出现了蓬勃发展的势头。2001—2002 年，河底镇先后被市、区评为“先进乡镇党委”“社会综合治理先进单位”“小城镇建设先进单位”，尤其是 2002 年被省双拥办评为省级“双拥”模范乡镇。

2006 年 7 月 27 日，河底镇工会联合会第一次会员代表大会召开，应到代表 33 人，实到代表 32 人，会上依法选举产生了工会联合会主席王军军，工会联合会副主席梁忠和，工会联合会经费审查委员会主任郭俊平。同年，全镇 32 个行政村全部成立了村工会工作委员会，村级工会组织进一步规范。随后，又在山底村、牵牛镇村召开会员代表大会，通过无记名投票的选举方式成立了村工会联合会。截至 2006 年，全镇已建村级工会工作委员会 30 个，村工会联合会 2 个，企业工会 20 个，行政机关单位工会 1 个，在职职工 2925 人，发展会员 2925 人，入会率达 100%，全部发放了工会会员证。全镇共有农民工 9200 人，发展会员 8800 人，入会率达 96%。建会企业全部建立了职代会或职工大会制度。全镇 20 家建会企业单位全部实行了企务公开，主要通过会议公开、版面公开、民主评议等形式，给职工一个明白，还干部一个清白。

河底镇工会联合会紧紧围绕镇党委、政府的中心工作，深入贯彻落实科学发展观，紧扣学习宣传实践中国特色社会主义工会发展道路这一主题，贯穿“面对面、心贴心、实打实服务职工在基层”活动这一主线，进一步强化服务大局、服务基层、服务职工、服务社会“四个服务”，突出工作亮点，全面履职，发挥优势，全力推进河底镇工会工作的创新发展。广泛深入开展“创建学习型组织，争做知识型职工”活动，大力推进职工素质工程建设。不断完善工会组织体系建设，提高工会组织的组织化水平。深入开展“示范村工会”创建活动，切实加强村工会组织建设。加强对非公有制企业工会的指导力量，推动非公有制企业工会工作的制度化、规范化。截至2012年年底，全镇基层工会组织发展到82个，会员人数5910人，其中，村工会联合会2个、村工会工作委员会30个、企业工会工作委员会49个、运输行业工会联合会1个。2012年，河底镇工会联合会被山西省总工会授予“山西省五星级乡镇工会”称号，被阳泉市总工会授予“五星级乡镇工会”称号。

2013年6月21日，河底镇工会联合会第二次会员代表大会召开，应到代表58人，实到代表56人，会上依法选举产生工会委员会委员7名：任晋忠、史丽霞、周云山、牛翔、陈九来、高鸿仁、王害和。任晋忠为河底镇工会联合会主席，史丽霞为副主席。新一届工会联合会组织动员广大职工踊跃投身以“争创工人先锋号，争当首席员工”活动为载体的劳动竞赛。在全镇企业中开展“四创四争”“创先争优”劳动竞赛，按照“创新、创先、创佳”要求，围绕企业技术改造和新技术、新产品、新材料、新工艺的开展，组织全镇广大职工开展“十个一”职工技术创新活动和小革新、小发明、小改选、小设计、小建设等五小活动，深入开展“大培训、大练兵、大比武”活动，挖掘职工中的绝活、绝招、绝技，做好传、帮、带，进一步提高了职工的科技文化素质。镇工会联合镇农业部门大力开展农民工日光温室蔬菜大棚、果树种植和畜牧养殖各类技能培训达2600人次。截至2014年年底，全镇32个行政村、2个非公企业全部建有职工书屋，总面积达4930平方米，总藏书72900册。牵牛镇、河底村职工书屋达到四星级标准，东村、固庄村达到三星级标准，邓家峪、山底、里龙光峪、天隆公司达到二星级标准。镇工会联合会深入开展的“春送岗位”“夏送清凉”“金秋助学”“冬送温暖”等工会四季服务活动，为失业农民工送岗位580个；为企业送消暑用品500余份；资助43名困难职工子女上大学，共计8.6万元；春节前慰问110名困难职工，为他们送去慰问金和米、面、油等慰问品；1162名职工参加大病互助，共计5.81万元；为机关全体女职工缴纳特病保险。

农民组织

民国26年（1937），抗日战争全面爆发，中共平定（路北）县工委为了组织发动正太铁路以北地区的农民群众抗日斗争，决定在“路北”开展建党活动，开辟抗日根据地工作。为防止日寇的侵扰杀害和国民党的干扰破坏，保护党的组织，上级决定只能以农民公开组织“农会”的身份秘密开展工作。当时农村民主政权组织就是“农会”，是农民通过民主选举产生的农民群众组织，既有公开性，又有合法性，便于开展抗日救国工作。此后，由于社会的变革，时代的发展，农民组织也随之而变。抗日战争时期叫农民抗日救国会，简称“农会”；土地改革时期，叫贫农团组织；60年代叫贫下中农协会，简称“贫协会”；到1968年演变成贫下中农代表会，简称“贫代会”。不论叫什么组织，都是在中共各级党组织的领导下，贯彻执行党的方针、政策，为广大农民群众服务。在不同的历史时期，起到了一定的积极作用，做出了不小的贡献。

农会组织

抗日战争时期，在平定(路北)县委和盂县县委的领导下，辖区内各村都建立了“农民抗日救国会”，在当时，农救会组织贫雇农宣传“合理负担，减租减息”的政策。民国34年(1945)，农救会改称农民联合会，简称“农会”。当时流传这样一首歌谣：“农会主任扛大旗，土地改革为了谁，本是农民欢迎你，农民翻身依靠你。”可见，农会在当时所起的积极作用是何其重要。农会在土改运动结束后，该组织逐年自行解散，其工作由村委代理。

贫农团组织

民国36年(1947)，辖区内随即开展了土地改革运动，同年6—7月，华北大队(以下简称华大)土改工作队进驻各村，依靠贫下中农，从贫下中农中选拔骨干分子，发展党员，培养干部，帮助建立了“贫农团”组织。贫农团的主要工作任务是划分阶级成分、发动群众、斗争地主富农、分田地、建立村政组织。他们在领导农民反对封建剥削制度，保护农民利益，保障农民政治权利，完成土改，支援革命战争等方面都起到了积极作用。

贫下中农协会组织

是在贫农团组织的基础上组建的协会。1964年，农村开展社会主义教育活动，要求各公社配备贫协主任，且必须是贫下中农出身的在公社在职干部和职工。辖区内各村先后都成立了贫下中农协会(以下简称贫协会)，其主要工作是组织会员学习《毛泽东选集》和上级的方针、政策，组织广大群众进行阶级路线教育，维护集体经济，协助工作队搞“四清”(清政治、清经济、清组织、清思想)。监督和参与各村及生产小队的生产财务管理，社会治安和政审工作。

贫下中农代表会组织

贫下中农代表会(以下简称贫代会)，成立于1968年，是由原“贫协会”演变而来，各乡镇(公社)都从在职干部中选配贫下中农出身的贫代会主任，当时的主要任务是管理学校，参与大队重大财务开支，对建设项目工程审核，监督“四类分子”(地主分子、富农分子、坏分子、反革命分子)对入学、当兵、当工人的青年农民政治审查。中共十一届三中全会后，“贫代会”停止工作。

第十五章　政权组织

第一节　综　述

中华人民共和国成立初，河底镇大部分村划归阳泉市下辖二区人民政府管辖。1953年5月,实行区乡制,境内始设7个乡人民政府,后建制区划进行了多次变动。1956年3月在二区改称荫营区的同时,进行第一次并乡,适当扩大了乡镇规模,境内原有的7个乡并为3个乡镇。1958年9月,山底乡、东村乡、西南舁镇、韩庄乡、燕龛乡合并,改称河底人民公社委员会。同年11月,改称河底管理区委员会。1959年,改称河底人民公社委员会。1961年,原燕龛乡六个村划归平定县,建立燕龛人民公社委员会。1963年2月,人民公社规模进行调整，境内设河底人民公社委员会、东村人民公社委员会和燕龛人民公社委员会。"文化大革命"时期,人民公社委员会先后改称人民公社管理委员会、人民公社革命委员会。1969年,各人民公社相继选举产生了新的领导班子。1981年9月,境内3个人民公社管理委员会先后通过召开人代会选举产生人民公社管委会。1984年5月,人民公社改称乡(镇)人民政府,开始实行乡科建制。2000年12月,撤乡并镇,东村乡、燕龛乡并入河底镇,下辖32个行政村。

1954年,境内始实行人民代表大会制度,乡镇人民代表实行普选,召开乡镇人民代表大会。"文化大革命"期间,公社(乡镇)人民代表大会中断,至1981年9月得以恢复。至2014年,河底镇总共历经9届,召开了34次人民代表大会会议。

第二节　行政机构

河底镇地处于平定、盂县交界处。有古驿道穿过村中,一直是石家庄地区经盂县通往太原的必经之路，境内人多地少，矿产资源丰富，手工业发展较快，商业非常发达。据记载，到清末中华民国时期，河底村的商业一条街就有店铺140余家，曾享有“平定第一镇”的盛名，成为清代和民国时期平定州北的经济贸易中心。

民国26年（1937）7月，抗日战争爆发，11月中共平定（路北）县工委由盂县上社迁址河底镇河底村三官庙，不久因日军进犯河底，形势紧张撤回盂县，随后机构暂时撤销。民国27年（1938）初形势出现好转，中共平定（路北）县工委重新组建，并成立平定（路北）边区公署。下设5个区公所，其中在河底境内的有五区（驻曹家掌村）辖区全部，在河底境内的东村、山底、苏家泉、西南舁、北舁等村归盂县六、七区管辖。

民国29年（1940）1月，平定（路北）县边区公署改成平定县抗日政府，随后中共平定（路北）县工委一行13人从盂县返回平定（路北）开展工作，当晚在河底村三官庙成立平定县（路北）抗日政府，任命刘鸿达为县长。在中共平定（路北）县工委和平定（路北）县抗日政府的领导下开展“三三制”民主建政工作，由群众直接选举区、村政权组织领导人，团结和带领人民群众进行抗日斗争。民国34年（1945）8月，日本投降，又经过3年的解放战争，到民国36年（1947）5月2日阳泉全境解放。5月4日设立阳泉市人民政府，郊区境内设阳泉市下辖二区人民政府，民国37年（1948）8月，郊区境内分设二、三、四区人民政府，民国38年（1949）1月，郊区境内又增设五区、六区人民政府，五区人民政府驻东村，平定县、盂县部分农村划归阳泉市。按照调整区划，在原四区范围内又增加了河底境内的燕龛、曹家掌、西沟、程庄、北庄、郊里、上章召、苏家泉、牵牛镇，划入五区在河底境内的有山底、小沟、红土岩、北小西庄、南沟、东村、小河北、大河北、五架山、下章召。

中华人民共和国成立后，境内建制区划又进行了多次变动，1950年2月，燕龛、东村等60余个村分别划归平定县、盂县。1953年4月，盂县的山底、东村等18个行政村，平定县的南坳、火石岩等17个行政村共35个行政村划入阳泉市归二区管辖。同年5月，实行区乡制，阳泉市二区（郊区境内）下设23个乡镇，在河底镇境内的乡镇有7个，即河底乡人民政府、牵牛镇乡人民政府、苇泊乡人民政府、任家峪乡人民政府、山底乡人民政府、苏家泉乡人民政府、北小西庄人民政府。境内燕龛乡人民政府时归平定县管辖。

建立区乡制以来，乡村主要是继续广泛深入地进行过渡时期总路线教育。1954年普选后，召开区第一届人民代表大会，选举产生了区级政权领导人，人民当家做了主人，促进了社会各项事业的发展。同时由初级农业社合并成立高级农业生产合作社。1956年3月在二区改称荫营区的同时，进行了第一次并乡，适当扩大了乡镇规模，区下辖13个乡镇人民委员会。河底境内原有的7个乡并为3个乡镇，原苇泊乡并入河底镇，原牵牛镇乡并入山底乡，原苏家泉乡、北小西庄乡合并成立东村乡，燕龛乡时归平定县辛兴区公所管辖。

1957年8月，为使行政建制适应经济结构，有利于加强统一领导，市委、市人委决定撤销站上区、荫营区建制，改设4个直属街道办事处和郊区。郊区下辖18个农村乡镇人民委员会，河底镇境内仍为4个乡镇，分别是河底镇、山底乡、东村乡、燕龛乡（时归平定县十四区公所管辖）。在1957年8月至1958年8月整整的一年间，郊区第一次建立了统一的政权组织，在这一年里各乡镇主要抓了农业合作社的进一步整顿和巩固工作，促进了社会主义革命和社会主义建设事业深入向前发展。

1958年8月，平定县和阳泉市郊区合并。原平定县的36个乡镇和郊区的18个乡镇第一次调整为34个乡镇，只历时10多天，尚未配备行政干部，就又进行第二次调整。同年9月2日，34个乡镇合并为13个乡镇。9月6日，13个乡镇人民委员会改称13个人民公社管理委员会，行政村改称管理区，河底镇境内的山底乡、东村乡、西南舁镇、韩庄乡、燕龛乡合并为河底人民公社。在1958年的人民公社化和大跃进群众运动中，农村大批劳动力以组织军事化、行动战斗化、生活集体化的形式，投入大炼钢铁、大搞深翻土地、水利建设的群众运动，极大地制约了生产力和各项事业的发展。实行人民公社化后，人民公社管理委员会设主任、副主任，下设生产、财贸、文教、卫生、民政、治安等部门。

1958年11月，市委、市人委决定撤销郊区建制，成立荫营等5个市直人民公社。1959年2月撤销除矿区外的4个人民公社，建立平定、荫营2个协作区，荫营协作区下辖4个管理区。

1959年，为了持续跃进，开展了“反右”斗争，把一些坚持真相、敢讲真话的人和对大跃进持有疑义的人当作右倾机会主义、保守派，进行错误地批判斗争，使一部分干部受到伤害。中国共产党和国家政权各组织的民主生活受到削弱，加上“大跃进”和人民公社化运动的失误，严重挫伤了广大干部群众的积极性，再加上自然灾害，河底境内和全国一样，人民群众的经济生活出现了严重困难。

1961年4月，阳泉市和平定建制分开后，市郊6个农村人民公社由市直接领导，原燕龛乡6个村划归平定县，建立燕龛人民公社委员会。河底镇境内仍有2个人民公社。1962年，固庄分设为大固庄、小固庄2个生产大队。1963年，龙光峪分设里龙光峪、前龙光峪两个生产大队。这一段时期，中央采取一系列措施纠正人民公社化运动和“大跃进”中左的失误，各人民公社在市委和公社党委的领导下，认真贯彻落实中央“调整、巩固、充实、提高”的八字方针。精减干部、职工，大力支援农业第一线，对在“大跃进”与“反右”整风中受到错误批判和处分的党员干部进行平反，全面贯彻执行中央关于农村人民公社的十二条等一系列政策,农村形势大为好转。1961 年 1 月,各村管理区改称生产大队。

1963 年 2 月,阳泉市重新设置荫营区,同时对人民公社规模再一次作出调整,河底人民公社的东村、苏家泉、大河北、五架山、红土岩、小河北、小沟、山底、东南沟 9 个村划出,西南舁人民公社的北小西庄 1 个村划出,成立东村人民公社,荫营区下辖为 7 个人民公社,河底镇境内有 3 个人民公社(燕龛公社仍归平定县管辖)。

在"文化大革命"初期,区下辖 7 个人民公社管理委员会,河底镇境内 3 个,燕龛公社仍归平定县管辖。

1966 年 5 月,中共中央发出《关于开展无产阶级文化大革命的通知》(以下简称"516"通知),开始了长达 10 年的"文化大革命"运动,运动初期,各公社党委、管委还能正常进行各项工作,领导干部群众认真学习"516"通知,随着形势的发展,1967 年 4 月各公社党政领导相继被造反派夺权。1967 年 4 月,各级领导被造反派夺权后,被揪斗,被隔离审查,监督劳动,境内处于无政府状态。1968 年 10 月,在人民解放军的介入下,组成三结合的荫营区革命委员会,而后各人民公社革命委员会成立,河底镇境内有三个人民公社革命委员会,燕龛人民公社革命委员会仍归平定。1968 年造反派夺权后,燕龛公社成立文化革命领导核心小组,王占元任核心小组组长,1969 年 3 月成立燕龛人民公社革命委员会。

1969 年 1 月,荫营区革委会改称郊区革委会。1971 年 2 月,平定县燕龛人民公社划归郊区,5 月,中共阳泉市郊区委员会建立后,下辖 9 个人民公社,相继选举产生新的领导班子,各项工作发展良好,全社形势进一步稳定。1976 年 10 月。中共中央一举粉碎"江青反革命集团",境内各社工作逐步走向正常。

1978 年前,郊区革委下辖 9 个人民公社,1978 年 1 月,由阳泉市城区划入义井、平坦、辛兴、旧街 4 个人民公社,至此郊区革委下辖 13 个人民公社革命委员会,河底镇境内有 3 个人民公社革命委员会。

1981 年 9 月,南峪改称关家峪生产大队,分设河南(归河底)、猪头垴、武家庄(归东村)三个生产大队。同年,郊区召开第九届人民代表大会,郊区革命委员会改称郊区人民政府,下辖 13 个人民公社革委会改称人民公社管理委员会,先后通过召开人代会选举产生新的政权组成人员,河底镇境内有 3 个人民公社管委会。

1984 年 5 月,按照中央决定,人民公社改称乡镇人民政府,生产大队管委会改称村民委员会,郊区下辖 2 个镇、11 个乡,河底境内有 1 个镇、2 个乡。

河底镇政府下设办公室、财政所、卫生办公室(兼计生)、服务站、城建办公室、环保办公室、统计站、农牧服务中心、林业站、水利站、农机站、土地管理办公室、经营管理办公室、煤炭管理站、电业管理站、企业管理站、广播电视管理站、文化站、司法办公室、民政办公室、邮电所、劳务站、档案室、派出所等机构。镇政府下辖关家峪、上章召、下章召、河南、河底、苇泊、牵牛镇、邓家峪、任家峪、中佐、固庄、小固庄、龙光峪、里龙光峪共14个村民委员会。

东村乡政府下设办公室、财政所、计生办、统计站、农机站、林业站、水利站、农技站、土地管理办、煤管站、企管站、广播电视管理站、文化站、司法办公室、民政办公室、邮电所、劳务站、档案室等机构。乡政府下辖苏家泉、猪头垴、大河北、武家庄、五架山、红土岩、小河北、小沟、东村、山底、北小西庄、南沟共12个村民委员会。

燕龛乡政府下设办公室、财政所、计生办、统计站、农机站、林业站、水利站、农技站、土地管理站、煤管站、企管站、广播电视管理站、民政司法办、邮电所、车队、基建办、劳务站、档案室等机构。乡政府下辖燕龛、曹家掌、西沟、程庄、北庄、郊里共6个村民委员会。

1987年后,区委提出“深挖内涵,稳抓外延,狠上水平,争创名优,提高效益”的二十字发展方针。境内乡镇按照这一方针坚持大力发展煤炭生产,积极发展地面企业,重点搞好加工转化,农、林、牧、副全面发展的方向,使境内国民经济收入快速稳步增长,其他各项工作也有较大发展。河底镇境内仍为一镇二乡。

1998年6月,郊区辖荫营镇、河底镇、义井镇、平坦镇、东村乡、西南舁乡、三郊乡、白泉乡、杨家庄乡、李家庄乡、燕龛乡、辛兴乡、旧街乡13个乡镇。1998年,全区经济运行出现了很大困难,镇政府按照区委区政府二次创业的战略方针,从企业技改扩建入手,加快发展第三产业,全力打造农业精品工程,使境内经济逐步走出低谷,小康建设速度加快,1999年2月,境内邓家峪、固庄、里龙光峪、燕龛、牵牛镇、北庄六村,由于各项建设指标合格,经验收通过,被市委命名为首批宽裕型小康村,同年年末小沟村成为宽裕型小康村。

2000年12月撤乡并镇,三郊乡、白泉乡并入荫营镇,东村乡、燕龛乡并入河底镇,辛兴乡并入平坦镇,全区辖4个镇4个乡共8个乡镇,河底镇辖32个行政村。撤乡并镇后,河底镇人民政府下设办公室、财政所、计划生育办公室、计划生育服务站、城建办公室、环保办公室、统计站、农牧服务中心、林业站、水利站、农机站、土地管理所、经营管理办公室、煤炭管理站、电业管理站、企业管理站、广播电视管理站、文化站、司法办公室、民政办公室、邮电支局、劳动服务中心、档案室、派出所等机构。镇政府下辖关家峪、上章召、下章召、河南、河底、苇泊、牵牛镇、邓家峪、任家峪、中佐、固庄、小固庄、龙光峪、里龙光峪、苏家泉、猪头垴、大河北、武家庄、五架山、红土岩、小河北、小沟、东村、山底、北小西庄、南沟、燕龛、曹家掌、西沟、程庄、北庄、郊里共32个行政村。

撤乡并镇后，镇政府根据区委区政府“强工兴农促三产”的经济发展总体思路，结合本镇实际，提出“团结奋斗，开拓创新，强抓机遇，争先发展”的方针，并全面落实“工业强镇、园区兴农、市场建城”的发展战略，不断刷新各项经济指标。

2014 年，全镇财政收入完成 5428 万元（国税 2266 万元、地税 3162 万元），规模以上工业总产值完成 14295 万元，规模以上工业增加值完成 3543 万元，招商引资完成 57740 万元，固定资产投资完成 50703 万元，农民人均纯收入达到 9600 元。

一是特色农业基础逐步夯实“百企千村”，项目落地生根，北庄、固庄、任家峪、河底、东村、程庄、山底等村和红旗公司，不论在种植还是养殖发展方面做出了突出的成绩。

二是新型工业发展优势明显，燕煤集团投资 3 亿元，建成洗选煤厂和程庄到华佳发煤站管状皮带输送机项目，于 2014 年 6 月试车投产，天华工程材料公司 20 万吨锂酸钙粉项目，一期工程于 2014 年 8 月投产。

三是宜居集镇建设稳步推进，建成河底、中佐、苇泊、一钢棚户区住宅楼 2.9 万平方米，精装固庄新村，建设五架山新村，太阳高速河底出入口于 2014 年 7 月 22 日建成通车。

四是因地制宜开发乡村旅游：关家峪村的垂钓休闲观光旅游景区建设初步形成；燕龛村的河道治理，寺庙维修，生态公园的整饰迈出了大步；大河北村联合温河灌区对温河开发进入起步阶段。

五是社会事业惠及更多群众，人居环境极大改善。

阳泉市郊区河底镇境内各村历任行政主要领导名录

表 15-1

<table>
<tr><th>历史时期</th><th>行政组织名称</th><th>下　辖</th><th>职　务</th><th>姓　名</th><th>任职时间</th><th>备　注</th></tr>
<tr><td rowspan="11">乡镇建制时期（1953.4—1956.3）</td><td rowspan="2">河底乡人民政府</td><td rowspan="2">辖河底 1 个行政村</td><td>乡　长</td><td>史华银</td><td>1953.4—1956.3</td><td rowspan="11">—</td></tr>
<tr><td>副乡长</td><td>耿殿旺</td><td>1954.4—1955.12</td></tr>
<tr><td rowspan="3">牵牛镇乡人民政府</td><td rowspan="3">辖牵牛镇、东村 2 个行政村</td><td>乡　长</td><td>傅　忠</td><td>1953.4—1956.3</td></tr>
<tr><td rowspan="2">副乡长</td><td>周占猷</td><td>1953.4—1956.3</td></tr>
<tr><td>侯巨才</td><td>1953.4—1956.3</td></tr>
<tr><td rowspan="6">苇泊乡人民政府</td><td rowspan="6">辖中佐、苇泊、龙光峪 3 个行政村</td><td rowspan="2">乡　长</td><td>郭永仓</td><td>1953.4—1954.11</td></tr>
<tr><td>李士祥</td><td>1954.11—1956.3</td></tr>
<tr><td rowspan="3">副乡长</td><td>李根厚</td><td>1953.4—1956.3</td></tr>
<tr><td>赵玉林</td><td>1953.4—1956.3</td></tr>
<tr><td>刘建飞</td><td>1954.1—1956.3</td></tr>
</table>

续表 15-1

历史时期	行政组织名称	下　辖	职　务	姓　名	任职时间	备　注
乡镇建制时期（1953.4—1956.3）	任家峪乡人民政府	辖任家峪、邓家峪、固庄3个行政村	乡　长	任裕惠	1953.6—1956.3	—
			副乡长	邓玉田	1953.8—1956.3	
				贾公堂	1953.8—1956.3	
	山底乡人民政府	辖山底、红土岩、小沟3个行政村	乡　长	高玉良	1953.8—1956.3	
			副乡长	周德玉	1953.4—1956.3	
				张锦华	1953.4—1956.3	
				刘玉果(女)	1953.4—1956.3	
	苏家泉乡人民政府	辖苏家泉（猪头垴）、南沟、上章召、下章召4个行政村	乡　长	闫　海	1953.7—1956.3	
			副乡长	李子成	1953.7—1954.12	
				王芝瑞	1953.7—1955.4	
				李凝瑞	1954.12—1956.3	
				郭昭维	1955.4—1956.3	
	北小西庄乡人民政府	辖大河北、小西庄(今北小西庄)、小河北、大西庄4个行政村	乡　长	李格玉	1953.4—1956.3	
			副乡长	李成林	1953.4—1956.3	
合作化时期（1956.3—1957.8）	河底镇人民委员会	辖河底、苇泊、中佐、龙光峪4个行政村	镇　长	韩彦田	1956.3—1957.8	—
			副镇长	史华银	1956.3—1957.8	
				张迎瑞	1956.3—1957.8	
	山底乡人民委员会	辖牵牛镇、红土岩、小沟、山底4个行政村	乡　长	高玉良	1956.3—1957.8	—
			副乡长	周联仙	1956.3—1957.3	
				张进书	1956.3—1956.12	
				李子良	1957.4—1957.8	
				周德玉	1957.1—1957.8	
	东村乡人民委员会	辖苏家泉、东南沟、东村、大河北、小河北、北小西庄6个行政村	乡　长	李喜元	1956.3—1956.4	—
				傅　忠	1956.4—1956.11	
				赵海满	1956.11—1957.8	
			副乡长	杨工岐	1956.3—1956.10	
				周光翠(女)	1956.3—1957.1	
				谢嘉美	1956.11—1957.8	

续表 15-1

历史时期	行政组织名称	下　辖	职　务	姓　名	任职时间	备　注
合作化时期（1956.3—1957.8）	燕龛乡人民委员会(时归平定县辛兴区管辖）	辖燕龛、曹家掌、西沟、程庄、北庄、郊里6个行政村	乡　长	郭子章	1956.4—1958.4	—
			副乡长	白明才	1956.4—1958.4	
集体化时期（1957.8—1958.8）	河底镇人民委员会	辖村未变	镇　长	武云山	1957.8—1958.8	—
			副镇长	张迎瑞	1957.8—1958.8	
				白荣华	1958.1—1958.8	
	山底乡人民委员会	辖村未变	乡　长	曹立功	1957.8—1958.8	—
			副乡长	高玉良	1957.8—1958.8	
				李子良	1957.8—1958.8	
	东村乡人民委员会	辖村未变	乡　长	李根荃	1957.8—1958.8	—
			副乡长	李珍元	1957.8—1957.11	
				谢嘉美	1957.8—1957.11	
				赵海满	1957.8—1957.11	
	燕龛乡人民委员会	辖村未变（时归平定县十四区公所管辖）	乡　长	董亭华	1958.4—1958.8	—
			副乡长	白明才	1958.4—1958.6	
				王双林	1958.4—1958.5	
				郭子章	1958.4—1958.5	
乡改社时期（1958.8—1958.11）	河底人民公社委员会	境内的山底乡、东村乡、西南舁镇、韩庄乡、燕龛乡合并为河底人民公社	主　任	郭瑞春	1958.9—1958.11	—
			副主任	曹立功	1958.9—1958.11	
				王玉荣	1958.9—1958.11	
				白荣华	1958.9—1958.11	
管理区时期（1958.11—1959.4）	河底管理区委员会	辖村未变	主　任	孔庆寿	1958.11—1959.4	—
			副主任	曹立功	1958.11—1959.4	
				白荣华	1958.11—1959.4	

续表 15-1

历史时期	行政组织名称	下　辖	职　务	姓　名	任职时间	备　注
困难时期（1959.4—1963.2）	阳泉市郊区河底人民公社委员会（1959.4—1961.4）	辖生产大队未变	主　任	孔庆寿	1959.4—1960.2	—
				张步华（兼）	1960.2—1960.4	
				李种根	1960.5—1961.4	
			副主任	白荣华	1959.4—1961.4	
				曹立功	1959.4—1961.4	
				郄山海	1959.5—1959.10	
				孔庆寿	1960.2—1961.4	
				赵俊山	1960.5—1961.4	
	河底人民公社委员会（1961.5—1963.2）	辖关家峪、下章召、上章召、河底、苇泊、牵牛镇、邓家峪、任家峪、中佐、小固庄、大固庄、前龙光峪、里龙光峪、苏家泉、大河北、五架山、红土岩、小河北、小沟、东村、山底、东南沟等22个生产大队	主　任	孔庆寿（兼）	1961.5—1963.2	1961年4月，阳泉市和平定建制分开后，市郊6个农村人民公社由市直接领导，原燕龛乡六个村划归平定县，建立燕龛人民公社委员会。河底镇境内仍有两个人民公社
				李文同	1962.8—1963.2	
			副主任	曹立功	1961.5—1962.6	
				王巨政	1961.5—1962.6	
				史锦谦	1961.5—1962.6	
				赵子恒	1962.5—1963.2	
	燕龛人民公社委员会（时归平定县管辖）（1961.5—1966.4）	辖燕龛、曹家掌、程庄、北庄、西沟、郊里6个生产大队	主　任	张成富	1961.5—1962.5	
				赵怀珠	1962.8—1964.12	
			代主任	曹拴成	1964.12—1965.7	
			副主任	曹拴成	1965.7—1966.4	
人民公社规模调整时期（1963.2—1966.5）	河底人民公社委员会	辖南峪、上章召、苇泊、邓家峪、中佐、下章召、河底、牵牛镇、任家峪、小固庄、大固庄、前龙光峪、里龙光峪共13个生产大队	主　任	孔庆寿	1963.7—1964.7	—
			代理主任	曹立功	1965.4—1966.4	
			副主任	赵富荣	1964.8—1966.4	
	东村人民公社委员会	辖苏家泉、大河北、五架山、红土岩、小河北、小沟、东村、山底、东南沟、北小西庄10个生产大队	主　任	白荣华	1963.3—1966.4	—
			副主任	王巨政	1965.4—1966.4	
				郭永昌	1965.4—1966.4	

续表 15-1

历史时期	行政组织名称	下　辖	职　务	姓　名	任职时间	备　注
“文化大革命”开始时期（1966.5—1967.4）	河底人民公社管理委员会	仍辖 13 个生产大队	代主任	曹立功	1966.5—1967.4	—
			副主任	赵富荣	1966.5—1966.11	
				王举步	1966.11—1967.4	
				赵仁杰	1966.11—1967.4	
	东村人民公社管理委员会	仍辖 10 个生产大队	主　任	白荣华	1966.5—1967.4	—
			副主任	郭永仓	1966.5—1967.4	
	燕龛人民公社管理委员会	仍辖 6 个生产大队	代主任	曹拴成	1966.5—1967.3	—
			副主任	曹拴成	1966.5—1967.3	
各公社核心小组成立时期（1967.10—1971.5）	河底人民公社革命委员会	辖 13 个生产大队	主　任	武建民	1968.10—1969.1	—
			第一副主任	史满昌	1968.10—1969.1	
				吕肇俭	1968.10—1969.1	
				靳玉恒	1968.10—1969.1	
				邓拉夫	1968.10—1969.1	
	东村人民公社革命委员会	辖 10 个生产大队	第一副主任	傅所成	1968.10—1969.1	—
			副主任	马芝亿	1968.10—1969.1	
				高绪忠	1968.10—1969.1	
				闫拉弟	1968.10—1969.1	
	燕龛人民公社革命委员会	辖 6 个生产大队	主　任	高鸿林	1969.3—1971.2	—
			副主任	曹拴成	1969.3—1971.2	
相继召开党代会时期（1971.5—1976.10）	河底人民公社革命委员会	辖 13 个生产大队	主　任	吴建民	1969.1—1969.11	—
				辛毅山	1970.10—1972.5	
				史满昌	1972.9—1975.5	
				傅海川	1975.6—1976.10	
			第一副主任	史满昌	1969.1—1972.9	
				傅海川	1975.1—1975.6	
			副主任	吕肇俭	1969.1—1976.10	
				靳玉恒	1969.1—1969.11	
				邓拉夫	1969.1—1969.11	
				王举步	1970.10—1973.6	

续表 15-1

历史时期	行政组织名称	下　辖	职　务	姓　名	任职时间	备　注
相继召开党代会时期（1971.5—1976.10）	河底人民公社革命委员会	辖 13 个生产大队	副主任	樊锦堂	1972.7—1976.10	—
				光德书	1973.11—1976.10	
				王继志	1975.2—1976.10	
				杨风英(女)	1975.2—1976.10	
	东村人民公社革命委员会	辖 10 个生产大队	主　任	葛碰怀	1969.11—1972.7	—
				高润杰	1972.7—1975.12	
				高绪忠	1975.12—1976.9	
			第一副主任	傅所成	1969.1—1969.11	
			副主任	马芝亿	1969.1—1969.10	
				高绪忠	1969.1—1975.12	
				闫拉第(女)	1969.1—1971.4	
				王仰斗	1970.10—1972.5	
				徐振忠	1970.2—1973.4	
				李文同	1971.4—1972.5	
				白荣华	1972.7—1976.10	
				曹玉山	1972.5—1976.10	
				何恩甫	1972.5—1976.10	
				李华贵	1973.4—1976.10	
				段检章	1975.2—1975.12	
				王爱翠(女)	1975.2—1976.10	
				季恕旺	1975.2—1976.10	
	燕龛人民公社革命委员会	辖 6 个生产大队	主　任	高鸿林	1971.2—1972.7	—
				胡玫所	1972.7—1976.7	
			副主任	曹拴成	1971.2—1971.4	
				李　忠	1971.8—1975.1	
				胡玫锁	1972.5—1972.7	
				赵怀珠	1972.5—1975.1	
				程子华	1972.5—1976.10	
				高召第(女)	1975.2—1976.10	

续表 15-1

历史时期	行政组织名称	下　辖	职　务	姓　名	任职时间	备　注
改革开放时期（1976.10—1984.5）	河底人民公社革命委员会（1976.10—1981.9）	辖南峪、上章召、苇泊、邓家峪、中佐、下章召、河底、牵牛镇、任家峪、小固庄、大固庄、前龙光峪、里龙光峪、河南共 14 个生产大队	主　任	傅海川	1976.10—1976.12	—
				王继志	1976.12—1981.9	
			副主任	王举步	1976.10—1977.10	
				吕肇俭	1976.10—1979.12	
				光德书	1976.10—1977.1	
				樊锦堂	1976.10—1981.4	
				杨风英（女）	1976.10—1978.12	
				王继志	1976.10—1976.12	
				胡玉文	1976.9—1981.9	
				白升渊	1979.5—1981.9	
				梁正经	1980.7—1981.9	
				张风瑞（女）	1980.7—1981.9	
	东村人民公社革命委员会（1976.10—1981.9）	辖苏家泉、大河北、五架山、红土岩、小河北、小沟、东村、山底、东南沟、北小西庄、猪头垴、武家庄共 12 个生产大队	主　任	高绪忠	1976.10—1979.12	—
				余惠章	1979.12—1981.9	
			副主任	白荣华	1976.10—1977.1	
				曹玉山	1976.10—1980.8	
				何恩甫	1976.10—1981.9	
				李华贵	1976.10—1981.9	
				王爱翠（女）	1976.10—1980.9	
				季恕旺	1976.10—1981.9	
				周逸躬	1977.9—1981.9	
				余惠章	1977.9—1979.12	
				李玉珠	1977.9—1981.9	
	燕龛人民公社革命委员会（1976.10—1981.9）	辖燕龛、曹家掌、程庄、北庄、西沟、郊里共 6 个生产大队	主　任	胡玫锁	1976.10—1979.12	—
				程子华	1979.12—1981.9	
			副主任	程子华	1976.10—1979.12	
				高召弟（女）	1976.10—1980.7	
				史金忠	1977.10—1980.7	
				史永明	1977.10—1979.5	
				杨士银	1980.7—1981.9	

续表 15-1

<table>
<tr><th>历史时期</th><th>行政组织名称</th><th>下　辖</th><th>职　务</th><th>姓　名</th><th>任职时间</th><th>备　注</th></tr>
<tr><td rowspan="20">改革开放时期（1976.10—1984.5）</td><td rowspan="7">河底人民公社管理委员会</td><td rowspan="7">辖区未变</td><td rowspan="2">主　任</td><td>王继志</td><td>1981.9—1984.1</td><td rowspan="20">—</td></tr>
<tr><td>韩进祯</td><td>1984.1—1984.4</td></tr>
<tr><td rowspan="5">副主任</td><td>胡玉文</td><td>1981.9—1984.4</td></tr>
<tr><td>白升渊</td><td>1981.9—1984.4</td></tr>
<tr><td>梁正经</td><td>1981.9—1984.4</td></tr>
<tr><td>张凤瑞（女）</td><td>1981.9—1984.4</td></tr>
<tr><td>葛军义</td><td>1984.1—1984.4</td></tr>
<tr><td rowspan="10">东村人民公社管理委员会</td><td rowspan="10">辖区未变</td><td rowspan="2">主　任</td><td>余惠章</td><td>1981.9—1984.1</td></tr>
<tr><td>宋崇荣</td><td>1984.1—1984.5</td></tr>
<tr><td rowspan="8">副主任</td><td>周逸躬</td><td>1981.9—1984.5</td></tr>
<tr><td>何恩甫</td><td>1981.9—1984.1</td></tr>
<tr><td>赵所义</td><td>1984.1—1984.5</td></tr>
<tr><td>李华贵</td><td>1981.9—1984.1</td></tr>
<tr><td>葛六八</td><td>1984.1—1984.5</td></tr>
<tr><td>季恕旺</td><td>1981.9—1984.1</td></tr>
<tr><td>李玉珠</td><td>1981.9—1984.1</td></tr>
<tr><td>（空）</td><td></td></tr>
<tr><td rowspan="3">燕龛人民公社管理委员会</td><td rowspan="3">辖区未变</td><td>主　任</td><td>程子华</td><td>1981.9—1984.5</td></tr>
<tr><td rowspan="2">副主任</td><td>荆九来</td><td>1981.9—1984.5</td></tr>
<tr><td>杨士银</td><td>1981.9—1984.5</td></tr>
<tr><td rowspan="11">社改乡时期（1984.5—1987.10）</td><td rowspan="5">河底镇人民政府（1984.5—1987.10）</td><td rowspan="5">下辖关家峪、上章召、下章召、河南、河底、苇泊、牵牛镇、邓家峪、任家峪、中佐、固庄、小固庄、龙光峪、里龙光峪共 14 个村民委员会</td><td rowspan="2">镇　长</td><td>韩进祯</td><td>1984.4—1987.5</td><td rowspan="5">—</td></tr>
<tr><td>胡玉文</td><td>1987.5—1987.10</td></tr>
<tr><td rowspan="3">副镇长</td><td>葛军义</td><td>1987.5—1987.10</td></tr>
<tr><td>马成元</td><td>1987.5—1987.10</td></tr>
<tr><td>张凤瑞（女）</td><td>1984.5—1987.10</td></tr>
<tr><td rowspan="6">东村乡人民政府（1984.5—1987.10）</td><td rowspan="6">下辖苏家泉、猪头垴、大河北、武家庄、五架山、红土岩、小河北、小沟、东村、山底、北小西庄、南沟共 12 个村民委员会</td><td rowspan="3">乡　长</td><td>宋崇荣</td><td>1984.5—1985.5</td><td rowspan="6">—</td></tr>
<tr><td>张双和</td><td>1985.5—1987.1</td></tr>
<tr><td>周逸躬</td><td>1987.1—1987.10</td></tr>
<tr><td rowspan="3">副乡长</td><td>周逸躬</td><td>1984.5—1986.12</td></tr>
<tr><td>赵锁义</td><td>1984.5—1987.10</td></tr>
<tr><td>葛六八</td><td>1984.5—1987.10</td></tr>
</table>

续表 15-1

历史时期	行政组织名称	下辖	职务	姓名	任职时间	备注
社改乡时期（1984.5—1987.10）	燕龛乡人民政府（1984.5—1987.10）	下辖燕龛、曹家掌、西沟、程庄、北庄、郊里6个村民委员会	乡长	荆九来	1984.5—1987.5	—
			乡长	杨士银	1987.6—1987.10	
			副乡长	白银才	1984.5—1987.10	
			副乡长	杨士银	1984.5—1987.6	
			副乡长	赵晋瑞	1987.6—1987.10	
各乡镇进入小康建设时期（1987.10—1998.6）	河底镇人民政府	辖14个村民委员会	镇长	胡玉文	1987.10—1990.6	—
			镇长	马玉慧	1990.7—1993.3	
			镇长	张喜瑞	1993.5—1997.2	
			镇长	李新福	1997.2—1998.6	
			镇长	王可剑	1998.6—2000.12	
			副镇长	葛军义	1987.10—1993.4	
			副镇长	张凤瑞	1987.10—1990.4	
			副镇长	马成元	1987.10—1996.1	
			副镇长	赵平书	1990.4—1993.4	
			副镇长	朱惠	1990.5—1995.12	
			副镇长	郭香泉	1993.4—1998.6	
			副镇长	史诚义	1996.1—1998.4	
			副镇长	史一书	1996.1—1998.6	
			副镇长	史冬梅（女）	1996.3—1998.6	
			副镇长	李永平	1997.3—1998.6	
			镇长助理	史冬梅（女）	1995.11—1996.3	
			镇长助理	张仲信	1996.8—1997.2	
	东村乡人民政府	辖12个村民委员会	乡长	周逸躬	1987.10—1990.4	—
			乡长	聂满金	1990.5—1993.1	
			乡长	刘迎宝	1993.1—1996.3	
			乡长	程秀隆	1996.3—1997.2	
			乡长	程继喜	1997.3—1998.4	
			副乡长	赵锁义	1987.10—1990.5	
			副乡长	葛六八	1987.10—1995.2	
			副乡长	王光荣	1990.5—1993.4	
			副乡长	季春元	1993.4—1995.12	
			副乡长	杨建光	1995.8—1997.12	

续表 15-1

历史时期	行政组织名称	下　辖	职　务	姓　名	任职时间	备　注
各乡镇进入小康建设时期（1987.10—1998.6）	燕龛乡人民政府（1987.10—2000.12）	辖 6 个村民委员会	乡　长	杨士银	1987.10—1993.6	—
				张玉斌	1993.6—1995.2	
				孙存晓	1995.2—1995.12	
				张瑞琪	1995.12—1998.4	
			副乡长	白银才	1987.10—1990.5	
				赵晋瑞	1987.10—1995.12	
				李云霄	1990.6—1998.6	
				史梅文	1993.4—1998.6	
宽裕型乡镇时期（1998.6—2000.12）	河底镇人民政府	辖 14 个村民委员会	镇　长	王可剑	1998.6—2000.1	—
			副镇长	段拥军	1998.6—1999.6	
				李云霄	1998.6—1999.6	
				聂有生	1998.6—2000.12	
				张成义	1998.6—2000.12	
				马汝清	1998.6—2000.12	
	东村乡人民政府	辖 12 个村民委员会	乡　长	李要君	1998.4—2000.12	
			副乡长	闫保明	1995.8—2000.12	
				赵海润	1993.6—2000.12	
				王常青	1996.3—2000.12	
				刘玉惠	1996.3—2000.12	
				谭振德	1997.12—2000.12	
	燕龛乡人民政府	辖 6 个村民委员会	副乡长	韩　峰	1998.4—2000.12	
			副乡长	张静（女）	1996.3—2000.12	
				施润平	1996.3—2000.12	
				张斌武	1998.8—2000.12	
				周慧剑	1998.8—2000.12	
撤乡并镇后（2000.1—2014.12）	河底镇人民政府	辖 32 个行政村	镇　长	田进勇	2001.3—2003.7	—
				张富英	2003.7—2006.6	
				张斌武	2006.6—2007.11	
				杨兆明	2007.11—2011.6	
				王红卫	2011.6—2012.12	
				任志刚	2012.12—2014.12	

续表 15-1

历史时期	行政组织名称	下　辖	职　务	姓　名	任职时间	备　注
撤乡并镇后（2000.1—2014.12）	河底镇人民政府	镇政府下辖关家峪、上章召、下章召、河南、河底、苇泊、牵牛镇、邓家峪、任家峪、中佐、固庄、小固庄、龙光峪、里龙光峪、苏家泉、猪头垴、大河北、武家庄、五架山、红土岩、小河北、小沟、东村、山底、北小西庄、南沟、燕龛、曹家掌、西沟、程庄、北庄、郊里共 32 个行政村	副镇长	何宗禄	2000.12—2003.5	—
				任晋忠	2000.1—2007.12	
				谭振德	2000.1—2006.6	
				蔺计平	2000.12—2002.12	
				王文身	2002.1—2011.5	
				王红卫	2003.7—2009.1	
				赵素卿（女）	2003.6—2007.10	
				王军军	2008.12—2014.12	
				魏思全	2008.4—2013.5	
				王　勇	2011.6—2013.5	
				王爱强	2013.5—2013.12	
				郭鑫（女）	2013.5—2013.12	
			镇长助理	李勇平	2000.12—2009.12	
				王银玉	2003.12—2006.6	
			常务副镇长	任晋忠	2006.6—2007.12	

附：

阳泉市郊区河底镇境内各村历任行政主要领导名录

表 15-2

村　名	序　列	职　务	姓　名	任职时间	备　注
上章召	1	村长	郭贵和	1949.1—1950.5	—
	2	村长	郭照维	1950.6—1953.12	—
	3	初级社社长	郭照贵	1954.1—1955.12	—
	4	高级社社长	杨子义	1956.1—1956.12	—
	5	高级社社长	郭和年	1957.1—1957.11	—
	6	生产大队长	郭照贵	1957.12—1966.12	—
	7	革委会主任	郭成华	1967.1—1967.12	—

续表 15-2

村 名	序 列	职 务	姓 名	任职时间	备 注
上章召	8	革委会主任	张建森	1968.1—1970.12	—
	9	革委会主任	郭银福	1971.1—1974.5	—
	10	革委会主任	郭忠凝	1974.6—1976.2	—
	11	革委会主任	郭满义	1976.3—1978.12	—
	12	管委会主任	张敬星	1979.1—1981.1	—
	13	村委会主任	郭静伟	1981.2—1994.3	—
	14	村委会主任	郭福孩	1994.4—1998.4	—
	15	村委会主任	郭宝孩	2000.1—2005.11	—
	16	村委会主任	郭海银	2005.12—2008.11	—
	17	村委会主任	郭军鹏	2008.12—2013.9	—
	18	村委会主任	郭改凤	2013.10—2014.12	主持工作
河南村	1	管委会主任	王计元	1962—1970	—
	2	村委会主任	王毛锁	1981—1998	—
	3	村委会主任	王毛锁	1999—2002	—
	4	村委会主任	王拉牛	2003—2005	—
	5	村委会主任	王拉牛	2006—2008	—
	6	村委会主任	王胜利	2009—2011	—
	7	村委会主任	王胜利	2012—2014	—
苏家泉	1	村 长	武凤如	1936	—
	2	村 长	赵书林	1937	—
	3	村 长	闫加林	1938—1940	—
	4	村 长	赵德俊	1941	—
	5	村 长	赵正德	1942—1944	—
	6	村 长	赵如秀	1946	—
	7	村 长	赵正德	1947—1948	—
	8	村 长	李新春	1949	—
	9	村 长	张贵全	1950	—
	10	村 长	李丁孝	1951—1952	—
	11	村 长	闫建明	1953	—

续表 15–2

村　名	序　列	职　务	姓　名	任职时间	备　注
苏家泉	12	村　长	李云福	1954	—
	13	管理区主任	赵如秀	1955—1958	—
	14	管理区主任	赵明帆	1959—1960	—
	15	管理区主任	赵如秀	1961	—
	16	管委会主任	李丁孝	1962—1964	—
	17	管委会主任	李玉贵	1965—1973	1967 年改成革委会
	18	革委会主任	赵根元	1974—1978	—
	19	管委会主任	闫喜云	1979—1981	—
	20	管委会主任	李春玉	1982	—
	21	管委会主任	杨七十	1983—1984	1984、1985 年改称村委会
	22	村委会主任	李白小	1985—1996.3	—
	23	村委会主任	闫明珠	1996.4—1996.11	—
	24	村委会主任	李春玉	1996.12—1999.3	—
	25	村委会主任	赵宝银	1999.4—1999.11	主持工作
	26	村委会主任	赵润明	1999.11—2001.5	主持工作
	27	村委会主任	李香元	2001.6—2003.3	—
	28	村委会主任	赵润明	2003.4—2006.2	—
	29	村委会主任	闫海斌	2006.3—2008.12	—
	30	村委会主任	胡根锁	2009.1—2011.12	—
	31	村委会主任	闫海斌	2012.1—2014.12	—
河　底	1	村　长	刘富才	1945.10—1946.9	—
	2	村　长	程先贵	1946.9—1949	—
	3	村　长	史化英	1950.11—1952.6	—
	4	镇　长	史化英	1953.4—1956.3	—
	5	高级社主任	王成忠	1956.3—1957.3	—
	6	混合社主任	史化英	1957.4—1958.7	—
	7	高级社主任	王成忠	1958.8—1959.6	—
	8	管理区主任	李士相	1959.7—1961.6	—
	9	管委会主任	刘良玉	1961.7—1964.7	—

续表 15-2

村　名	序　列	职　务	姓　名	任职时间	备　注
河　底	10	管委会主任	王成忠	1964.7—1968	—
	11	革委会主任	段检章	1969—1970.12	—
	12	革委会主任	段检章	1971—1974	—
	13	管委会主任	葛芝玉	1975.1—1976.12	—
	14	管委会主任	段所存	1977.1—1978.11	—
	15	管委会主任	要宜愔	1978.12—1981.11	—
	16	管委会主任	葛存银	1981.12—1987.3	1984 年改称村委会
	17	村委会主任	魏　恩	1987.3—1998.3	—
	18	村委会主任	光志书	1998.4—2011.12	—
	19	村委会主任	光根存	2011.12—2014.12	—
小固庄	1	管委会主任	张　玘	1962—1972	—
	2	革委会主任	张守仁	1973—1974	—
	3	革委会主任	马英勇	1974—1975	—
	4	革委会主任	张　玘	1975—1977	—
	5	管委会主任	张寿长	1977—1980	—
	6	管委会主任	张　继	1981—1982	—
	7	管委会主任	张寿长	1983	1984 年改称村委会
	8	村委会主任	张　继	1984—1989	—
	9	村委会主任	刘德永	1990—1998	—
	10	村委会主任	张宝贵	1998.12—2008	—
	11	村委会主任	张俊生	2009—2014	—
程　庄	1	农会主任	程存玉	？—1947	—
	2	村　长	史真猫	1948	—
	3	村　长	程所金	1949	—
	4	村　长	程金银	1950	—
	5	村　长	郭子章	1951—1953	—
	6	村　长	程子银	1954—1955	—
	7	高级社社长	程宝元	1956—1959	—
	8	管理区主任	程子云	1960—1961	—

续表 15–2

村　名	序　列	职　务	姓　名	任职时间	备　注
程　庄	9	管理区主任	程尚元	1962—1966	—
	10	革委会主任	程子清	1967	—
	11	革委会主任	程贵银	1968	—
	12	革委会主任	程宝元	1969—1970	—
	13	管委会主任	程永秀	1971—1972	—
	14	管委会主任	程尚元	1973—1975	—
	15	管委会主任	程银猫	1976	—
	16	管委会主任	程永泉	1977—2002	—
	17	村委会主任	程宝猫	2003—2008	—
	18	村委会主任	程五孩	2009—2010.5	—
	19	村委会主任	程会元	2010.6—2011.12	主持工作
	20	村委会主任	程会元	2012.1—2014.11	—
猪头垴	1	村委会主任	武春游	1980.4—1983.12	1980 年分村
	2	村委会主任	武怀珠	1984.1—1986.12	—
	3	村委会主任	武怀忠	1987.1—1988.12	—
	4	村委会主任	武香川	1988.12—1992.12	—
	5	村委会主任	武香川	1993.1—2011.12	—
	6	村委会主任	武建军	2012.1—2014.12	—
小　沟	1	农委主任	张　志	1945.3—1945.12	—
	2	村　长	张　志	1946.1—1948.11	—
	3	村　长	张贵华	1948.12—1955.12	—
	4	社　长	张　恩	1956.1—1956.12	—
	5	管委会主任	张正建	1957.1—1962.12	—
	6	管委会主任	张正义	1963.1—1965.12	—
	7	管委会主任	张正建	1966.1—1973.1	—
	8	管委会主任	张正义	1973.2—1979.12	—
	9	管委会主任	张正义	1980.1—1983.12	—
	10	村委会主任	张崇成	1984.1—1986.12	—
	11	村委会主任	张春海	1987.1—1990.12	—

续表 15-2

村　名	序　列	职　务	姓　名	任职时间	备　注
小　沟	12	村委会主任	张崇权	1991.1—1998.12	—
	13	村委会主任	张润月	1999.1—2000.1	—
	14	村委会主任	张润月	2000.2—2008.12	—
	15	村委会主任	张海清	2009.1—2011.12	—
	16	村委会主任	张万怀	2012.1—2014.12	—
东　村	1	农委主任	曹立仁	1939.10—1940.3	—
	2	村　长	曹立仁	1940.3—1941.1	—
	3	村　长	傅　忠	1941.2—1942.11	—
	4	村　长	傅子良	1942.11—1943.12	—
	5	村　长	王年小	1943.12—1944.8	—
	6	村　长	李玉川	1944.8—1945.12	—
	7	村　长	李玉川	1946.1—1946.12	—
	8	村　长	曹忠善	1947.1—1947.12	—
	9	村　长	傅　忠	1948.1—1949.11	—
	10	村　长	傅发俭	1949.12—1951.12	—
	11	村　长	侯志义	1951.12—1953.12	—
	12	村　长	曹立基	1954.1—1954.12	—
	13	村　长	傅发俭	1955.1—1955.12	—
	14	合作社社长	侯志义	1956.1—1957.2	—
	15	管委会主任	李斯亮	1957.3—1958.4	—
	16	管委会主任	曹献瑞	1958.5—1959.6	—
	17	管委会主任	侯志义	1959.7—1960.10	—
	18	管委会主任	白发仓	1960.11—1962.12	—
	19	大队管委主任	傅发俭	1963.1—1964.1	—
	20	大队管委主任	曹献瑞	1964.1—1965.1	—
	21	大队管委主任	侯金寿	1965.1—1968.11	—
	22	大队管委主任	侯志义	1968.11—1971.10	—
	23	大队革委主任	傅海川	1971.10—1972.10	—
	24	大队革委主任	谢富元	1972.11—1984.12	—

续表 15-2

村 名	序 列	职 务	姓 名	任职时间	备 注
东 村	25	村委会主任	郭根寿	1985.1—1986.12	—
	26	村委会主任	曹拉富	1986.12—1990.2	—
	27	村委会主任	曹忠义	1990.3—1996.3	—
	28	村委会主任	傅海生	1996.4—1999.4	—
	29	村委会主任	李碰元	1999.5—2003.3	—
	30	村委会主任	庞计福	2003.4—2005.12	—
	31	村委会主任	杨义清	2005.12—2008.11	—
	32	村委会主任	傅海生	2008.11—2012.5	—
	33	村委会主任	杨彦清	2012.5—2014.12	—
五架山	1	村 长	杨四元	1938—1940	—
	2	村 长	杨树茂	1941—1942	—
	3	村 长	杨明德	1943—1945	—
	4	村 长	杨元如	1946—1947	—
	5	村 长	杨巨赟	1948—1950	—
	6	管委会主任	杨向士	1951—1970	—
	7	革委会主任	杨碰怀	1971—1974	—
	8	革委会主任	杨海双	1975—1976	—
	9	管委会主任	杨增满	1977—1982	—
	10	管委会主任	杨金海	1983—1986	84 年改称村委会
	11	村委会主任	杨拉和	1987—1987.12	—
	12	村委会主任	杨金海	1988—1990	—
	12	村委会主任	杨金川	1991—1992	—
	13	村委会主任	杨青寿	1993	—
	14	村委会主任	杨占福	1994	—
	15	村委会主任	白朝辉	1995—1996	—
	16	村委会主任	谭振德	1997—1998	—
	17	村委会主任	韩银双	1999—2001	—
	18	村委会主任	杨占福	2002—2004	—
	19	村委会主任	杨青寿	2005—2008	—
	20	村委会主任	杨慧山	2009—2011	—

续表 15-2

村　名	序　列	职　务	姓　名	任职时间	备　注
五架山	21	村委会主任	杨宝红	2012—2014	村委委员主持工作
燕　龛	1	村　长	史启文	1943—1945	—
	2	村　长	史启盈	1946—1946	—
	3	村　长	史通来	1947—1948	—
	4	村　长	史根成	1949	—
	5	村　长	史亨寅	1950	—
	6	管委会主任	史通海	1951	—
	7	管委会主任	史通海	1952—1957	—
	8	管委会主任	史秀湖	1958—1960.6	—
	9	管委会主任	史亨忠	1960.6—1961	—
	10	管委会主任	史通海	1962—1963.10	—
	11	大队长	史通孝	1963.10—1965	—
	12	革委会主任	史秀仪	1966—1967	—
	13	革委会主任	荆九来	1968	1969、1970 年未选主任
	14	革委会主任	翟奋勇	1971—1973	—
	15	革委会主任	史玉保	1974	—
	16	革委会主任	史所孩	1975—1976	—
	17	革委会主任	史权福	1977—1979	—
	18	革委会主任	史亨玉	1980.12—1984.3	—
	19	村委会主任	史生贵	1984.3—1999.3	二年未选主任 1999.3—2001.5
	20	村委会主任	史海忠	2001.5—2003.3	—
	21	村委会主任	史忠贵	2003.3—2008.5	7 个月未有主任 2008.5—2008.12
	22	村委会主任	史俊宝	2008.12—2014	—
下章召	1	村　长	王玉珍	1944—1946	—
	2	村　长	乔支成	1947—1948	—
	3	村　长	王致凯	1949—1950	—
	4	管委会主任	王金万	1951—1953	—
	5	管委会主任	郑子明	1954—1955	—
	6	合作社主任	郑　银	1956—1957	—

续表 15–2

村　名	序　列	职　务	姓　名	任职时间	备　注
下章召	7	管委会主任	郑　银	1958—1969	—
	8	革委会主任	王进军	1969—1970	—
	9	革委会主任	郑　银	1971—1974	—
	10	革委会主任	王怀万	1975—1976	—
	11	革委会主任	乔　瑞	1977—1981	—
	12	革委会主任	王臭牛	1982—1983	—
	13	村委会主任	王臭牛	1984—1986	—
	14	村委会主任	王世清	1987—1998	—
	15	村委会主任	王苟泉	1999—2005	—
	16	村委会主任	王云鹏	2006—2014	—
西　沟	1	管委会主任	白永智	1954—1964	—
	2	管委会主任	白文星	1965—1970	—
	3	革委会主任	白保财	1971—1975	—
	4	革委会主任	白昇进	1976—1977	—
	5	管委会主任	白文英	1978—1980	—
	6	管委会主任	胡义才	1981—1990	1984 年改称村委会
	7	村委会主任	白文英	1991—1996	—
	8	村委会主任	白存怀	1997—2000	—
	9	村委会主任	白存怀	2001—2003	—
	10	村委会主任	白存怀	2004—2005	—
	11	村委会主任	白存怀	2005.11—2011.11	—
	12	村委会主任	白瑞红	2011.11—2014.12	—
牵牛镇	1	村长管委会主任	周赞猷	1948—1957	—
	2	大队长革委会主任	闫有成	1958—1970	—
	3	革委会主任	周献玘	1971—1974	—
	4	村委会主任	王汉声	1975—1991	—
	5	村委会主任	王汉声	1992—1995	—
	6	村委会主任	王汉声	1996—1998	—
	7	村委会主任	王汉声	1999—2003.3	—

续表 15-2

村　名	序　列	职　务	姓　名	任职时间	备　注
牵牛镇	8	村委会主任	周庆和	2003.3—2005.12	—
	9	村委会主任	周庆和	2005.12—2008.12	—
	10	村委会主任	李志忠	2009.1—2011.12	—
	11	村委会主任	李双平	2012.5—2014.12	—
红土岩	1	管委会主任	张凤英	1950—1952	—
	2	管委会主任	刘克明	1953—1955	—
	3	管委会主任	刘克明	1956—1957	—
	4	管委会主任	高秀珊	1958—1959	—
	5	管委会主任	高秀珊	1960—1966	—
	6	革委会主任	周守云	1967—1968	—
	7	革委会主任	周培林	1969—1970	—
	8	革委会主任	周培林	1971—1972	—
	9	革委会主任	刘耀传	1973—1975	—
	10	革委会主任	周仁成	1976—1977	—
	11	管委会主任	周仁成	1978—1979	—
	12	管委会主任	周培林	1980—1988	1984 年改称村委会
	13	村委会主任	刘青来	1989—1990	—
	14	村委会主任	刘满贵	1991—1992	—
	15	村委会主任	刘耀传	1993—1995	—
	16	村委会主任	无	1996—1999.9	—
	17	村委会主任	无	1999.10—2002.9	—
	18	村委会主任	张富海	2002.10—2005.9	—
	19	村委会主任	张富海	2005.10—2008.9	—
	20	村委会主任	张富海	2008.10—2011.9	—
	21	村委会主任	刘妹金	2011.10—2014	—
小河北	1	农委主任 村公所所长	杨会成	1937—1949	—
	2	管委会主任	杨银保	1950—1951	—
	3	管委会主任	杨千荣	1952—1953	—
	4	管委会主任	杨士斌	1954—1961	—

续表 15-2

村　名	序　列	职　务	姓　名	任职时间	备　注
小河北	5	管委会主任	杨武恒	1962—1963	—
	6	管委会主任	杨千荣	1964—1965	—
	7	革委会主任	杨芝明	1966—1967	—
	8	革委会主任	杨成贵	1968—1974	—
	9	革委会主任	杨海川	1975—1983	—
	10	村委会主任	杨士文	1984—1986	—
	11	村委会主任	杨坡牛	1987—1988	—
	12	村委会主任	杨荣鸿	1988—1989	—
	13	村委会主任	杨九九	1990—1993	—
	14	村委会主任	杨二苗	1994—1995	—
	15	村委会主任	杨坡牛	1996—1998	—
	16	村委会主任	杨爱平	1999—2003.3	—
	17	村委会主任	杨爱银	2003.3—2005	—
	18	村委会主任	杨爱银	2006—2008	—
	19	村委会主任	杨爱银	2009—2011	—
	20	村委会主任	杨润平	2011—2014	—
北　庄	1	农委主任	程林惟	1947—1949.10	—
	2	村　长	胡　憘	1958.3—1963.3	—
	3	大队长	胡　惟	1963.3—1967.1	—
	4	革委会主任	胡成元	1967.1—1970.1	—
	5	革委会主任	程子华	1970.1—1973.3	—
	6	革委会主任	赵晋瑞	1973.3—1976.6	—
	7	革委会主任	赵全富	1976.6—1982.3	—
	8	革委会主任	梁海生	1982.3—1984.6	—
	9	村委会主任	赵林双	1984.6—1992.3	—
	10	村委会主任	胡永辉	1992.3—1997.6	—
	11	村委会主任	刘文忠	1997.6—1999.3	—
	12	村委会主任	胡　峰	1999.3—2000.3	—
	13	村委会主任	胡俊海	2000.3—2005.12	—

续表 15–2

村　名	序　列	职　务	姓　名	任职时间	备　注
北　庄	14	管委会主任	胡　峰	2005.12—2014.12	—
曹家掌	1	村　长	曹三猫	1945—1947	—
	2	村　长	曹里怀	1948	—
	3	管委会主任	曹芝联	1949—1965	—
	4	革委会主任	曹存银	1966—1968	—
	5	革委会主任	单珍怀	1969—1970	—
	6	革委会主任	曹有义	1971—1972	—
	7	革委会主任	单珍怀	1973—1975	—
	8	革委会主任	曹建社	1976	—
	9	革委会主任	曹有林	1977—1980	—
	10	革委会主任	史亨贵	1981—1983	—
	11	村委会主任	曹文丑	1984—1985	—
	12	村委会主任	曹玉怀	1986—1987	—
	13	村委会主任	曹原吉	1988	—
	14	村委会主任	曹拉宝	1989—1991	—
	15	村委会主任	曹原吉	1992—1993	—
	16	村委会主任	曹玉珠	1994—1995	—
	17	村委会主任	曹石慧	1996—1997	—
	18	村委会主任	曹建社	1998	—
	19	村委会主任	曹拉宝	1999—2002	—
	20	村委会主任	曹双丑	2003—2008	—
	21	村委会主任	曹爱平	2009—2011	—
	22	村委会主任	曹所银	2012—2014	—
苇　泊	1	村　长	张来寿	1953—1963	—
	2	管委会主任	胡臭贵	1964—1966	—
	3	革委会主任	史爱保	1967—1968	—
	4	革委会主任	胡臭贵	1969—1973	—
	5	革委会主任	史爱保	1974—1976	—

续表 15-2

村 名	序 列	职 务	姓 名	任职时间	备 注
苇 泊	6	管委会主任	张迎斌	1977—1985	—
	7	村委会主任	张永寿	1986—1988	—
	8	村委会主任	张迎斌	1989—1994.7	—
	9	村委会主任	王害和	1994.7—2002.2	—
	10	村委会主任	李瑞才	2002.3—2010.8	—
	11	村委会主任	韩润元	2010.12—2011.12	—
	12	村委会主任	靳红亮	2012.1—2014.12	—
邓家峪	1	村 长	邓玉田	1947—1954.4	—
	2	村 长	邓全垒	1955.4—1956	—
	3	高级社社长	王子荣	1956—1958	—
	4	管委会主任	陈正修	1958—1959	—
	5	管委会主任	张俊云	1960—1961	—
	6	管委会主任	王子荣	1961—1963	—
	7	管委会主任	张俊云	1963—1973	—
	8	管委会主任	白道锁	1974—1977	—
	9	管委会主任	路占允	1978—1980	—
	10	管委会主任	邓春泉	1981—1981	—
	11	管委会主任	邓金锁	1981—1983	—
	12	村委会主任	邓永泉	1984—2001	—
	13	村委会主任	史晋生	2002—2008	—
	14	村委会主任	邓春生	2009.1—2014.2	—
大河北	1	村 长	潘云叶	1943.1—1943.12	—
	2	村 长	潘云玉	1944.1—1947.12	—
	3	村 长	李锁元	1948.1—1949.12	—
	4	村 长	潘云玉	1950.1—1954.12	—
	5	管委会主任	潘云国	1955.1—1958.8	—
	6	管委会主任	李吉昌	1958.9—1960.6	—
	7	管委会主任	李吉昌	1960.7—1961.12	—
	8	大队长	李吉昌	1962.1—1970.12	1966 年改称革委会

续表 15-2

村　名	序　列	职　务	姓　名	任职时间	备　注
大河北	9	革委会主任	李海平	1971.1—1973.3	—
	10	革委会主任	李三科	1973.4—1975.4	—
	11	革委会主任	潘存喜	1975.5—1978.12	—
	12	革委会主任	潘存喜	1979.1—1984.10	—
	13	村委会主任	李士联	1984.11—1987.3	—
	14	村委会主任	潘书元	1987.4—1988.6	—
	15	村委会主任	潘书元	1988.7—1990.12	—
	16	村委会主任	潘存富	1991.1—1994.6	—
	17	村委会主任	潘云虎	1994.7—1996.5	—
	18	村委会主任	潘青元	1996.6—1998.8	—
	19	村委会主任	潘青元	1998.9—2002.12	—
	20	村委会主任	李士华	2003.1—2004.10	—
	21	村委会主任	李士华	2004.11—2005.12	—
	22	村委会主任	潘海平	2006.1—2014.12	—
北小西庄	1	村　长	李生旺	1937—1938	—
	2	村　长	刘　万	1939—1940	—
	3	村　长	李智海	1941—1943	—
	4	村　长	李智清	1944—1946	—
	5	村　长	李智金	1947—1953	—
	6	管委会主任	秦来先	1954—1964	—
	7	管委会主任	秦隆金	1965—1968	—
	8	革委会主任	李恪耀	1969.1—1969.12	—
	9	革委会主任	李福牛	1970.1—1972.12	—
	10	革委会主任	秦隆金	1973.1—1974.4	—
	11	革委会主任	刘牛小	1974.5—1974.12	—
	12	革委会主任	宋二牛	1975.1—1982.12	—
	13	管委会改村委主任	李石全	1983.1—1995.9	1984 年改称村委会主任
	14	村委会主任	刘云寿	1995.10—1996.12	—
	15	村委会主任	刘云寿	1997.1—1999.12	—

续表 15-2

村　名	序　列	职　务	姓　名	任职时间	备　注
北小西庄	16	村委会主任	刘云寿	2000.1—2001.6	—
	17	村委会主任	李金寿	2001.7—2002.12	—
	18	村委会主任	李保明	2003.1—2005.12	—
	19	村委会主任	李保良	2006.1—2014	—
山　底	1	村　长	王殿维	1918—1919	—
	2	村　长	王殿维	1919—1920	—
	3	村　长	王殿维	1920—1921	—
	4	村　长	张鼎全	1921—1922	—
	5	村　长	王殿维	1922—1928	—
	6	村　长	张铭佐	1929—1933	—
	7	村　长	王殿维	1934	—
	8	村　长	张铭佐	1935	—
	9	村　长	张鼎珊	1936	—
	10	村　长	王殿维	1937	—
	11	村　长	李德厚	1938—1940	—
	12	村　长	施廷彦	1941—1944	—
	13	村　长	张旨升	1945—1945.8	—
	14	村　长	鲍　华	1945.8—1946.3	—
	15	村　长	张守仁	1946.4—1947.12	—
	16	村　长	高玉良	1948—1952.1	—
	17	村　长	施增仓	1953—1955	—
	18	高级社社长	杨震山	1955.1—1955.2	—
			鲍　华	1955.2—1955.3	—
			张　录	1955.3—1955.4	—
			李德荣	1955.4—1956.12	—
	19	高级社社长	张　录	1957.1—1957.6	—
	20	高级社社长	鲍　华	1957.7—1958.3	—
	21	管理区主任	张　录	1958.4—1958.9	—
	22	管理区主任	李德荣	1958.10—1958.12	—

续表 15-2

村　名	序　列	职　务	姓　名	任职时间	备　注
山　底	23	管理区主任	高玉良	1959	—
	24	管理区主任	陈正信	1960	—
	25	管理区主任	张永第	1961—1964	—
	26	管委会主任	张永第	1965—1973	—
	27	管委会主任	高　恒	1974—1976	—
	28	管委会主任	杨　政	1977—1980	—
	29	村委会主任	杨　政	1981—1983	—
	30	村委会主任	杨朴玉	1984—1987	—
	31	村委会主任	杨朴玉	1988—1991	—
	32	村委会主任	杨朴玉	1992—1995.5	—
	33	村委会主任	高鸿珍	1995.5—1995.12	主持工作
	34	村委会主任	高鸿珍	1996—1998	—
	35	村委会主任	王国佩	1999—2000	主持工作
	36	村委会主任	王国佩	2001—2008	—
	37	村委会主任	王国佩	2008—2014	—
固　庄	1	村　长	张　德	1949—1952	—
	2	村　长	张狗拴	1953—1954	—
	3	高级社社长	张守仁	1955—1958	—
	4	管委会主任	贾恭堂	1959—1961	—
	5	管委会主任	张世财	1961—1962	—
	6	管委会主任	高步麒	1963—1964	—
	7	管委会主任	张永全	1965—1974	—
	8	革委会主任	张巨财	1975	—
	9	革委会主任	张永全	1976	—
	10	管委会主任	史存贵	1977—1982	—
	11	村委会主任	史存贵	1983—1990	—
	12	村委会主任	史存贵	1991—1993	—
	13	村委会主任	贾海平	1994—1996	—
	14	村委会主任	贾海平	1997—1999	—

续表 15–2

村　名	序　列	职　务	姓　名	任职时间	备　注
固　庄	15	村委会主任	贾海平	2000—2002	—
	16	村委会主任	张二虎	2003—2005	—
	17	村委会主任	张二虎	2006—2008	—
	18	村委会主任	张三虎	2009—2011	—
	19	村委会主任	张三虎	2012—2014	—
中　佐	1	村　长	李凝瑞	1945.8—1948.2	—
	2	村　长	段成明	1948.3—1949.5	—
	3	村　长	苏文忠	1949.5—1952.12	—
	4	高级社社长	李崇广	1953.1—1959.5	—
	5	管理区主任	王占仁	1959.9—1969.2	—
	6	革委会主任	苏宣堂	1969.2—1972	—
	7	革委会主任	王占仁	1972—1974	—
	8	革委会主任	李林虎	1974—1975.11	—
	9	村委会主任	苏润月	1975.11—1986.4	—
	10	村委会主任	李和贵	1986.4—1992.4	—
	11	村委会主任	高道全	1992.4—1997.4	—
	12	村委会主任	李思广	1997.4—1997.12	—
	13	村委会主任	李林虎	1998.1—2001.12	—
	14	村委会主任	苏炜本	2002.1—2005.11	—
	15	村委会主任	苏秋和	2005.11—2008.1	—
	16	村委会主任	苏秋和	2008.1—2014.12	—
里龙光峪	1	村　长	程喜中	1940—1947	前里龙光峪一个支部两个村
	2	村　长	程贵禄	1947—1963	二村合一个村
	3	村管委会主任	程理中	1963—1967	二村分开
	4	村管委会主任	程英珠	1967—1974	—
	5	村革委会主任	王东所	1974—1986.3	—
	6	村委会主任	程吉如	1986.3—1996.1	—
	7	村委会主任	程王喜	1996.1—1997.5	—
	8	村委会主任	程要所	1997.5—1999.1	—

续表 15-2

村　名	序　列	职　务	姓　名	任职时间	备　注
里龙光峪	9	村委会主任	程巨财	1999.1—2005.12	—
	10	村委会主任	程拉存	2005.12—2008.12	—
	11	村委会主任	王素平	2008.12—2011.6	—
	12	村委会主任	王素平	2011.1—2014.12	—
武家庄	1	生产队长	张银怀	1977—1979	—
	2	村委会主任	张彦怀	1980—1999	1981 年前为大河北一个生产队
	3	村委会主任	武宜宏	1999—2002	1981 年后分设武家庄村
	4	村委会主任	张虎元	2002—2005	—
	5	村委会主任	张虎元	2005—2009	—
	6	村委会主任	武永平	2009—2014	—
关家峪	1	村　长	张雨成	1946—1949.3	—
	2	村　长	史俊汉	1949.4—1954	—
	3	初级合作社长	张拴玉	1955—1956	—
	4	高级合作社长	张拴玉	1956—1957	—
	5	管委会主任	张来所	1958—1959	—
	6	管委会主任	张　媛	1959—1960	—
	7	管委会主任	张忠宝	1961—1963	—
	8	管委会主任	胡进书	1964—1968	—
	9	革委会主任	段米栋	1969—1970	—
	10	革委会主任	张宝贵	1970—1983	—
	11	村委会主任	张宝贵	1984—1999.3	—
	12	村委会主任	赵满成	1999.3—2003.3	—
	13	村委会主任	张海珍	2003.4—2005.11	—
	14	村委会主任	赵满成	2005.12—2014.12	—
东南沟	1	村　长	李富乃	1947—1949	—
	2	村　长	李鼎宜	1950—1954	—
	3	村　长	谢加森	1955—1964	—
	4	村　长	李鼎宜	1965—1968	—
	5	革委会主任	李凝昌	1969—1972	—

续表 15–2

村　名	序　列	职　务	姓　名	任职时间	备　注
东南沟	6	村　长	谢加康	1973—1975	—
	7	村　长	李凝昌	1976—1982	—
	8	村委会主任	李志乃	1983—1984	—
	9	村委会主任	谢国光	1985—1987	—
	10	村委会主任	谢名齐	1988—1990	—
	11	村委会主任	谢国成	1991—1992	—
	12	村委会主任	谢爱寿	1993—1995	—
	13	村委会主任	谢国成	1996—1997	—
	14	村委会主任	谢名齐	1998—2005	—
	15	村委会主任	谢进忠	2006—2008	—
	16	村委会主任	谢俊青	2009—2011	—
	17	村委会主任	张宝金	2012—2014	—
	18	村委会主任	谢必程	2014.12—	—
郊　里	1	“两面”村长	王一恒	阳泉解放前	—
	2	抗日村长	王太恒	1949—1953	—
	3	高级社社长	王来元	1954—1963	—
	4	革委会主任	王保福	1964—1974	—
	5	管委会主任	王保怀	1975	—
	6	管委会主任	王联章	1976—1977	—
	7	管委会主任	王占华	1978—1981	—
	8	管委会主任	王联章	1982—1984	—
	9	村委会主任	高有贵	1984—1986	—
	10	村委会主任	王成怀	1986—1996	—
	11	村委会主任	李海贵	1996—1999.9	—
	12	村委会主任	王换金	1999.10—2003.3	—
	13	村委会主任	高有贵	2003.3—2008.12	—
	14	村委会主任	邓海文	2008.12—2014.12	—
任家峪	1	村　长	何金小	1953—1955	—
	2	村　长	任裕惠	1956—1960	高级社

续表 15–2

村　名	序　列	职　务	姓　名	任职时间	备　注
任家峪	3	管委会主任	何金小	1961—1966	—
	4	革委会主任	任志修	1967—1968	—
	5	革委会主任	任占阅	1969—1974	—
	6	革委会主任	任修祥	1975	—
	7	管委会主任	任裕贵	1976—1981	—
	8	村委会主任	任修祥	1982—1986	—
	9	村委会主任	任吉林	1987—1988	—
	10	村委会主任	任东银	1989—1990	—
	11	村委会主任	任真才	1991—1995	—
	12	村委会主任	任印贵	1996—1999.3	—
	13	村委会主任	任永牛	1999.4—2001.4	—
	14	村委会主任	任海平	2001.5—2005	—
	15	村委会主任	任金柱	2006—2008	—
	16	村委会主任	高贵宝	2009—2011	—
	17	村委会主任	任根义	2012—2014.12	—
龙光峪	1	村　长	李　汉	抗战时期	—
	2	村　长	苏甸春	抗战时期	—
	3	村　长	李聿昌	1946 年期间	—
	4	不　详	不　详	1947—1953	—
	5	合作社主任	刘建飞	1954—1956	—
	6	合作社主任	李玉堂	1956.1—1958.4	—
	7	管委会主任	李所功	1958.4—1961	—
	8	生产大队长	李所功	1961—1966	—
	9	接管委员会主任	李聿俭	1967—1968	—
	10	接管委员会主任	李连成	1969—1970	—
	11	管委会主任	李所功	1971—1976.4	—
	12	管委会主任	苏瑞春	1976.6—1979.1	—
	13	村委会主任	刘满仓	1979.1—1987.3	—
	14	村委会主任	李保寿	1987.3—1993.3	—

续表 15-2

村 名	序 列	职 务	姓 名	任职时间	备 注
龙光峪	15	村委会主任	刘满堂	1993.3—1999.3	—
	16	村委会主任	李守义	1999.3—2003.3	—
	17	村委会主任	李玉怀	2003.3—2014.12	—

第三节 施政纪略

阳泉市郊区河底镇现辖 32 个行政村，为郊区第二大镇，镇政府位于河底村。河底镇行政建制是从 1947 年开始，经历了各个不同历史时期的发展变化而来，一是由平定县、盂县划入部分地区，二是市区进行区划变更，三是 2000 年 12 月撤销东村、燕龛两个乡，并归河底镇而逐步形成的。

早在抗日战争开始时期，平定（路北）县抗日政府就由盂县上社迁至河底镇河底村三官庙。河底境内率先建立起区、村民主政权。1940 年在抗日政府的领导下，开展了三三制民主建政工作，由群众直接选举村，区政权组织。并利用境内各村商贾店铺多的优势和广大人民群众抗日救国的积极性，提出有钱出钱，有粮出粮，有力出力，合理负担，二五减租，逐步推进了“累进税制”，为抗战做出了贡献。

解放战争时期，境内的政权组织在中国共产党的领导下，把土改、生产、练兵作为中心工作，动员民兵参军参战，发动群众踊跃支前，组织运输队、担架队、慰问队等配合部队作战，直至境内解放。

阳泉解放后，面对战争遗留下来的千疮百孔的困难局面和人民群众衣不蔽体，食不果腹的生活，境内政权组织在党的领导下，组织人民积极发展生产，动员群众节衣缩食，生产自救，积极开办各种店铺，合作组，开办煤铁矿和各种加工业，成立互助组、合作社，掀起经济建设的高潮河底、上章召、任家峪。东村、山底、燕龛等村开办起铸铁炉生产手榴弹壳、地雷壳、八二炮弹壳等军工产品和民用产品，有力地支援了解放战争，也逐步改善了人民群众的生活。

中华人民共和国成立后，境内政权机构在党的领导下，领导人民群众在抗美援朝镇反运动，民主改革，增产节约、“三反”、“五反”、三大社会主义改造中做出了积极的贡献。

1952 年开始发展互助组，1954 年推广建立初级社，1956 年转为高级社，走上集体化道路。

1958 年 9 月，原山底乡、韩庄乡、燕龛乡、东村乡、西南舁镇一部分村并入河底人民公社。公社行政组织为人民公社管理委员会，村行政组织为管理区。1961 年 1 月，改称生产大队。在公社党委的领导下，公社管委会认真贯彻执行中国共产党的“鼓足干劲，力争上游，多快好省”地建设社会主义总路线，在境内掀起大跃进，大办公共食堂，大炼钢铁的共产主义过渡运动。

1961 年，燕龛人民公社划归平定，中共八届九中全会对国民经济提出“调整、巩固、充实、提高”的八字方针。境内人民公社管委会在党的领导下，认真贯彻中共中央调整农村政策的一系列方针和指示，取消供给制和公共食堂，推行三级所有队为基础的生产责任制，号召各行各业支援农业，困难局面得到好转。

1963 年 2 月，在人民公社规模调整中，从河底人民公社分设出东村人民公社，同年龙光峪大队分为前龙光峪大队和里龙光峪大队。该时期，境内有 3 个人民公社，河底人民公社下辖 13 个大队，东村人民公社下辖 10 个大队，燕龛人民公社（平定县管辖）下辖 6 个大队。

1964 年春，境内各村普遍开展“四清”运动，即清账、清工、清财、清仓进行自查自纠。同年夏季转向清政治、清经济、清组织、清思想的“四清”。以阶级斗争为纲的后四清运动历时两年，于 1966 年结束。

1966 年 5 月，无产阶级“文化大革命”开始，由于混淆了两类不同性质的矛盾，斗争的矛头直指各级党政机关领导。社、队干部相继被造反派夺权，各项工作被迫停止，境内各公社处于无政府的混乱状态。1968 年 10 月境内各人民公社成立革委会，公社领导坚守工作岗位，一手抓革命，一手抓生产，并随时准备被造反派批斗。1969 年，公社革委会按照市、县、区和公社党委的部署在全社开展了“一打三反”和清理阶级队伍运动，部分干部群众被整，形成一些冤假错案。1971 年 2 月，燕龛人民公社划入郊区，随后，境内各公社革委会带领广大群众把农业学大寨运动进一步引向深入。他们充分发扬大寨自力更生，艰苦奋斗的革命精神，以下章召为榜样，坚持不懈地大搞农田水利基本建设，同时适当发展工副业生产，改善农业生产条件，提高抗灾能力，壮大了集体经济，提升了社员的分配水平。河底、东村、燕龛三个人民公社的辖区内相继办起了乡办村办铸造厂和其他工副业。但在学大寨运动中，执行了一些“左”的路线，片面强调以粮为纲，严重制约了农村经济的发展。在 1975 年的批邓，反击右倾翻案风的运动中，境内人民群众对“江青反革命集团”倒行逆施的罪恶活动进行了坚决地斗争。1976 年 10 月，“江青反革命集团”被粉碎，持续 10 年的“文化大革命”结束。本时期末，境内河底人民公社下辖 14 个大队，东村人民公社下辖 12

个大队，燕龛人民公社下辖6个大队。

中国共产党十一届三中全会后，境内各公社革委会认真学习贯彻党的基本路线，落实党的各项政策，发动群众解放思想，开拓进取，各社、队进行了以家庭联产承包责任制为主的各项经济体制改革。根据境内人多地少而各种矿产资源丰富的优势，大力发展乡(镇)村企业，促进农、工、商等全面发展，经济迅速增长。1981年，南峪大队改名关家峪大队。

1984年5月，撤销人民公社体制，恢复了镇人民政府，大队改为村民委员会，境内的河底镇人民政府，下辖14个村民委员会，东村乡人民政府，下辖11个村民委员会，燕龛乡人民政府，下辖6个村民委员会。

1984年以来，境内各乡镇人民政府认真贯彻落实区委、区人民政府提出的以工为主，兴工致富，“依托矿业、兴旺百业、改造农业、共同富裕”。小厂变大厂，大厂变小区，低档变高档，高档变名优的一系列发展方针，实现了乡镇企业由分散型经营向区域型集团经济的转变。境内乡镇煤炭产业形成煤炭工业生产小区，地面企业认真贯彻执行区委区政府深挖内涵，稳抓外延，狠上水平，提高效益的方针，在河底镇整合了水泥生产，燕龛乡建起了工业矿厂，东村乡建设钙素厂的同时，在有条件的部分村又大力发展了好多新型企业。

在农业生产上，认真落实区委、区政府稳定粮食，调整结构，建设基地，改善生态，服务城市，富裕农民的指导方针，狠抓中低产田改造，大力发展水浇地、日光温室、果品基地等，境内经济和各项事业得到快速发展。

1998年，全区经济发展出现了很大困难，境内各乡镇认真贯彻落实区委区政府第二次创业的战略方针，以改扩建入手，以加快发展第三产业为突破口，全力打造农业精品工程，使乡镇经济逐步走出低谷。

2000年年底，撤乡并镇，东村乡，燕龛乡并入河底镇，全镇辖32个行政村。撤乡并镇后，镇政府根据区委、区政府强工兴农促三产的经济发展总体思路，结合本镇实际，提出团结奋斗、开拓创新、稳抓机遇、争先发展的方针，全面落实工业强镇、园区兴农、市场建城的发展战略，不断刷新各项经济指标，社会各项事业也有了很大发展。

2006年后，镇政府在镇党委的领导下，立足河底实际，坚持经济结构调整，经济转型发展的目标，全面实施农业立镇、工业强镇、城建兴镇战略，全力推进城乡一体化建设，以承接产业转移为主攻方向。开放合作，倾力招商，以改善民生为抓手，千方百计谋求惠农、强农、富农的新途径。全镇经济发展又有了新的突破。2010年，全镇农村经济总收入达23.2亿元，农民人均纯收入达6480元。

2011年以来，镇政府认真落实区委、区政府提出的战略举措：走好五条路子，实现五个突破的战略举措。在撤乡并镇10年发展的基础上，努力为实现未来发展梦想破难题、拓空间，围绕再造一个新河底的奋斗目标，全力推进经济发展方式转变，全面实施“农业立镇、工业强镇、三产兴镇”战略，着力在建设新兴产业集聚区、建设城镇化推进示范镇、建设现代农业综合示范区、建设宜居宜业的新河底、建设充满活力的新河底、建设和谐文明的新河底等重点任务上下功夫，为把河底建成一个新型工业重镇、特色农业大镇、绿色宜居集镇、和谐文明新镇做了许多有益的工作。

第四节 权力机构

1954年，中华人民共和国第一部《宪法》颁布，开始实施人民代表大会制度，乡镇人民代表实行普选，召开乡镇人民代表大会，一届三年，每年至少召开一次会议，从1956年开始，乡镇区划几经调整，名称多次变更，但普选工作在河底境内普遍进行1958年9月乡镇改称人民公社，行政村改称生产大队，撤销东村乡、燕龛乡并归河底人民公社，1961年4月阳泉市和平定县分开，原燕龛乡所属燕龛、曹家掌、西沟、程庄、北庄、郊里6个生产大队从河底人民公社分出，划归平定县，成立燕龛人民公社。1963年2月人民公社规模调整，东村、五架山、红土岩、山底、大河北、小河北、东南沟、苏家泉、小沟9个生产大队从河底人民公社分出，西南舁人民公社的北小西庄1个生产大队分出，成立东村人民公社1966年“文化大革命”开始后，公社（乡镇）人民代表大会中断。1971年燕龛人民公社划归郊区，1981年境内分设河南1个生产大队（归河底人民公社），猪头垴、武家庄2个生产大队（归东村人民公社），同年9月重新恢复乡镇人民代表大会（当时公社、大队统称管理委员会）1984年5月，撤销人民公社体制，建立乡镇人民政府，召开乡镇人民代表大会，为了加强乡镇人大工作，1990年开始，乡镇设立人民代表大会主席团为常设机构，并设常务主席（正科）1人，配备专（兼职）秘书1人，1995年根据修改后的《中华人民共和国地方各级人民代表大会和地方各级人民委员会组织法》规定，乡镇人大主席团改设乡镇人大主席，2000年12月撤乡并镇，撤销东村乡，燕龛乡并归河底镇，撤乡并镇前，河底镇人民代表54人，共历经6届，召开19次人民代表大会会议；东村乡人民代表50人，共历经9届，召开22次人民代表大会会议；燕龛乡人民代表42人，共历经13届，召开23次人民代表大会会议。撤乡并镇后，河底镇又历经3届，代表72人，召开15次人民代表大会会议。截至

2014年,河底镇历经9届,召开34次人民代表大会会议。

乡镇建立人民代表大会制度以来,在同级党委的领导下,在县、区人大常委会的指导和监督下,无论在“文化大革命”前还是在中共十一届三中全会后,都为本地区的经济和各项事业的发展、社会稳定、人们安居乐业起到重要作用,特别是乡镇人民代表大会议主席团成立后,乡镇人大工作十分活跃,并取得许多新的突破,成立之初开展的“四达标”(思想建设、制度建设、组织建设、设施建设达标)活动,为乡镇人大顺利开展工作奠定良好的基础,乡镇人大认真履行《宪法》,法律赋予的职权,积极工作,开拓创新。工作之一,组织代表开展执法大检查,促进了社会治安秩序的好转,提高了人们的法制观念,减少民事、刑事的发案率,为本地区的经济社会发展和人民群众安居乐业创造良好的社会环境。工作之二,围绕本乡镇经济和社会各项事业发展和群众反映强烈的热点,难点问题进行监督检查,提出建议,督促政府抓紧、抓实。工作之三,组织代表包括在本乡镇的市、区人大代表,开展了多种形式的代表活动,为本乡镇各项工作献计献策,特别是组织代表对乡镇七站八所的评议,对不合格的部门亮黄牌警告,责令限期整改震动很大,为乡镇人民政府及其部门推进工作,密切同人民群众的联系,改进干部作风起到了积极的促进作用。工作之四,狠抓乡镇人代会决议的落实和代表建议、意见的办理,使人民群众真正感受到人民代表大会权力机关的作用。

历届人民代表大会

第一届人民代表大会(1984年5月至1986年12月)

1984年5月11日至14日,在镇会议室召开第一次会议,出席会议代表54人,列席代表5人,会议听取和审议了镇长韩进祯所作的政府工作报告,对报告作了相应的表决,选举产生了新一届河底镇镇长韩进祯,副镇长张凤瑞(女)、葛军义。

1985年5月13日,在镇会议室召开第二次会议,出席会议代表56人,列席代表4人,会议听取和审议了镇长韩进祯所作的政府工作报告,对报告作了相应的表决。

1986年12月29日至30日,在镇会议室召开第三次会议,出席会议代表58人列席代表6人,会议听取和审议了镇长韩进祯代表上届镇政府作的工作报告,报告指出当年粮食总产量达到394.5万公斤,亩产399公斤,蔬菜总产量达到300多万公斤,新建起苇泊汽车修理厂,文化事业方面投资500万元,卫生事业投资180万元,上章召、河底、牵牛镇、苇泊、小固庄、任家峪、关家峪、邓家峪对老年人实行了养老金制度,全镇形势大好,报告经全体代表审议,作了相应的表决。

第二届人民代表大会(1987 年 5 月至 1989 年 4 月)

1987 年 5 月 7 日至 8 日,在镇新楼会议室召开第一次会议,出席会议代表 55 人,列席代表 4 人,会议听取副镇长胡玉文作的镇政府工作报告,经全体代表审议,作了相应表决,选举产生了新一届镇政府镇长胡玉文,副镇长葛军义、马成元、张凤瑞(女)。

1988 年 4 月 9 日至 10 日,在镇会议室召开第二次会议,出席会议代表 56 人,列席代表 4 人,会议听取镇长胡玉文作的镇政府工作报告,经全体代表审议,对报告作了相应表决。

第三届人民代表大会(1990 年 4 月至 1992 年 5 月)

1990 年 5 月 20 日至 21 日,在镇会议室召开第一次会议,出席会议代表 57 人,列席代表 5 人,会议听取副书记马玉慧作的政府工作报告,财政所所长作的 1989 年财政预算执行情况和 1990 年财政预算草案的报告,经全体代表审议,对报告作了相应的表决,选举产生了新一届政府镇长马玉慧,副镇长葛军义、马成元、赵平书、朱惠,人大主席团常务主席胡玉文。

1991 年 4 月 2 日至 3 日,在镇会议室召开第二次会议,出席会议代表 58 人,列席代表 5 人,会议听取了镇长马玉慧作的政府工作报告,人大主席团常务主席胡玉文作的人大工作报告,财政所所长作的 1990 年财政预案执行情况和 1991 年财政预算草案的报告,经全体代表审议,对报告作了相应的表决。

1992 年 5 月 10 日至 11 日,在镇会议室召开第三次会议,出席会议代表 57 人,列席代表 5 人,会议听取了镇长马玉慧作的政府工作报告,人大主席团常务主席胡玉文做的人大工作报告,财政所所长作的 1991 年财政预案执行情况和 1992 年财政预算草案的报告,经全体代表审议,对报告作了相应的表决。

第四届人民代表大会(1993 年 5 月至 1996 年 3 月)

1993 年 5 月 19 日至 20 日,在镇会议室召开第一次会议,出席会议代表 57 人,会议听取了镇长马玉慧作的政府工作报告,人大主席团常务主席胡玉文作的人大工作报告,财政所所长作的 1992 年财政预算执行情况和 1993 年财政预算草案的报告, 经全体代表审议,对报告进行相应的表决,选举产生了新一届河底镇镇长张喜瑞,副镇长马成元、朱惠、郭香泉。

1994 年 5 月 20 日至 21 日,在镇会议室召开第二次会议,出席会议代表 58 人,列席代表 6 人,会议听取镇长张喜瑞作的政府工作报告,人大主席团常务主席胡玉文作的人大工作报告,财政所所长作的 1993 年财政预案执行情况和 1994 年财政预算草案的报告,经全体代表审议,对报告作了相应的表决。同年,镇辖 14 个行政村普遍建立和完善了村民代表制度。

1995 年 5 月 18 日至 19 日，在镇会议室召开第三次会议，出席会议代表 59 人，列席代表 8 人，会议听取镇长张喜瑞作的政府工作报告，人大主席团常务主席胡玉文作的人大工作报告，财政所所长作的 1994 年财政预案执行情况和 1995 年财政预算草案的报告，经全体代表审议，对报告作了相应的表决。

第五届人民代表大会（1996 年 3 月至 1998 年 3 月）

1996 年，河底镇第五届人民代表大会第一次会议（图 15–1）

1996 年 3 月 17 日至 18 日，在镇会议室召开第一次会议，出席会议代表 56 人，列席会议代表 5 人，会议听取镇长张喜瑞作的政府工作报告，报告中指出：1993 年河底镇被市委、市政府命名为“小康镇”，1995 年被民政部授予“中国乡镇之星”称号，授予牵牛镇村“全国模范村民委员会”。1995 年全镇乡镇企业总收入、社会经济总收入突破 6 亿元大关，集体企业实现利税 2265 万元，人均收入 1923 元，1994 年牵牛镇村首批达到亿元村，总产值达到 18080.3 万元，其次是河底村达到亿元村，总产值达到 10026.1 万元，全镇粮食总产达 266 万公斤，亩产 244.9 公斤，蔬菜总产达 1164 吨，会议还听取镇人大主席胡玉文做得人大工作报告，财政所所长胡秋红作的 1995 年财政预算执行情况和 1996 年财政预算草案的报告，经全体代表审议，对报告进行相应的表决。

选举张喜瑞为新一届镇政府镇长，李敦义为镇人大主席，史一书、史诚义、郭香泉、史冬梅（女）为副镇长。

1997 年 3 月 19 日至 20 日，在镇会议室召开第二次会议，出席会议代表 58 人，列席代表 7 人，会议听取了副镇长史诚义作的政府工作报告，人大主席李敦义作的人大工作报告，财政所所长胡秋红做的 1996 年财政预算执行情况和 1997 年财政预算草案的报告，政府工作报告中指出：全镇经济建设，农业、三产形势好，教育工作被区政府授予“教育明星镇”称号，体育工作 1996 年 10 月被农业部、国家体委、中国农民体协授予“全国亿万农民健身活动先进乡镇”称号，河底村村委会副主任陈九来受到国务院副总理姜春云的接见。

三个报告经全体代表审议，作了相应的表决。选举李新福为河底镇镇长，李永平为副镇长。

1998 年 3 月 25 日，在镇会议室召开第三次会议，出席会议代表 59 人，列席代表 6 人，会议听取镇长李新福作的政府工作报告，人大主席李敦义作的人大工作报告，财政所所长胡秋红作的 1997 年财政预算执行情况和 1998 年财政预算草案的报告，政府工作报告中指出：全镇乡镇企业总产值达到 102519.3 万元，总收入达到 97685.2 万元，创利税 8500 万元，粮食总产量达到 276 万公斤，蔬菜 500 万公斤，三产产业户达到 1334 户，从业人员 1919 人，1997 年被区委授予“教育强镇”称号，省教委双验收达到“办学红旗单位”和“省示范初中”学校，同年又被市委、市政府授予“社会治安综合治理先进集体”“山西省精神文明建设先进乡镇”称号，牵牛镇村的王汉声被评为“申纪兰式的模范农民”，河底村的高鱼妮全家被评为“山西文明家庭”。三个报告经全体代表审议，作了相应的表决。

1998 年 5 月 20 日，在镇会议室召开第四次会议，出席会议的代表共 42 名，选举赵富民为河底镇人大主席，选举王可剑为河底镇镇长，选举李永平、史冬梅（女）、段拥军、李云霄、聂有生为副镇长。

第六届人民代表大会（1999 年 5 月至 2001 年 3 月）

1999 年 5 月 23 日至 24 日，在镇会议室召开第一次会议，出席会议代表 52 人，列席代表 14 人，会议听取了镇长王可剑作的政府工作报告，人大主席赵富民作的人大工作报告，财政所所长高彦明作的 1998 年财政预算执行情况和 1999 年财政预算草案的报告，经全体代表审议，对报告作了相应的表决。选举张成文、马汝清为副镇长。

2000 年 5 月 25 日至 26 日，在镇会议室召开第二次会议，出席会议代表 55 人，列席代表 14 人，会议听取了镇长王可剑作的政府工作报告，人大主席赵富民作的人大工作报告，财政所所长高彦明作的 1999 年财政预算执行情况和 2000 年财政预算草案的报告，经全体代表审议，对报告作了相应的表决。

2000 年 12 月，撤乡并镇，撤销东村乡、燕龛乡并归河底镇，镇辖 32 个行政村。

第七届人民代表大会（2001 年 3 月至 2006 年 6 月）

2001 年 3 月 6 日至 7 日，在镇会议室召开第一次会议，出席会议代表 71 人，列席代表 68 人，会议听取了镇长田进勇代表镇政府作的政府工作报告，郭斌作的人大工作报告，财政所所长王军军作的 2000 年财政预算执行情况和 2001 年财政预算草案的报告。三个报告经全体代表审议，进行了相应的表决，选举产生撤乡并镇后新一届政府领导，田进勇为河底镇人民政府镇长，何宗禄、谭振德、任晋忠、蔺计平为副镇长。

2002 年 7 月 4 日至 5 日，在镇会议室召开第二次会议，出席会议代表 72 人，列席代

表81人,会议听取镇长田进勇作的政府工作报告,郭新文作的人大工作报告,财政所所长王军军作的2001年财政预算执行情况和2002年财政预算草案的报告，三个报告经全体代表审议,进行了相应的表决,选举郭新文为镇人大主席,王文身为副镇长。

2003年7月6日至7月7日,在镇会议室召开第三次会议,出席会议代表70人,列席代表95人,会议听取了副镇长谭振德作的政府工作报告,人大主席郭新文作的人大工作报告，财政所所长王军军作的2002年财政预算执行情况和2003年财政预算草案的报告,听取镇领导关于捐资助建河底中学综合楼的报告,四个报告经全体代表审议,对报告进行了相应的表决。会议共收到代表提出的建议、意见8件,连同议案转建议、意见18件,总共26件。其中:教育方面1件,卫生方面2件,农业方面1件,公路建设方面7件,环保方面3件,财务管理方面1件,矿产资源开采方面2件,其他方面1件。

选举张富英为河底镇镇长,张成林为河底镇人大主席,王红卫、赵素卿(女)为副镇长。

2004年5月10日至11日,在镇会议室召开第四次会议,出席会议代表70人,列席代表78人,会议听取了张富英作的政府工作报告,人大主席张成林作的人大工作报告,财政所长郭俊平作的2003年财政预算执行情况和2004年财政预算草案的报告，经全体代表审议,进行了相应表决。该次会议共收到代表提出的建议、意见9件,其中:教育方面1件、农业方面1件、环保方面2件、公路建设和管理方面4件、其他方面1件。

2005年5月10日,在镇会议室召开第五次会议,应出席会议代表69人,列席代表90人,会议听取了镇长张富英作的政府工作报告,杨建光作的人大工作报告,财政所2004年财政预算执行情况和2005年财政预算草案书面报告,经全体代表审议,对报告作出相应的表决。此次会议共收到代表提出的建议、意见9件,其中:教育方面1件、农业方面1件、环保方面2件、公路建设和管理方面4件、城建方面1件。

2006年6月23日至24日,在镇会议室召开第六次会议,出席会议代表70人,列席代表62人,会议听取了副镇长任晋忠代表镇政府作的政府工作报告,杨建光作的人大工作报告,财政所2005年财政预算执行情况和2006年财政预算草案书面报告,经全体代表审议,对报告作出相应的表决。选举张斌武为河底镇镇长,赵银贵为河底镇人大主席。该次会议共收到代表提出的建议、意见15件,其中:农业方面1件、环保方面1件、城建方面5件、交通方面1件、工业方面2件、其他方面5件。

第八届人民代表大会(2007年4月—2010年6月)

2007年4月13日至14日在镇会议室召开第一次会议,出席会议代表74人,列席代表86人。会议听取了镇长张斌武代表上届政府作的政府工作报告,人大主席赵银贵作的人大工作报告，财政所2006年财政预算执行情况和2007年财政预算草案书面报告，经全体代表审议，作出相应的表决。该次会议共收到代表提出的建议、意见11件，其中：公路建设及管理方面3件、环保方面1件、饮水解困方面3件、新农村建设方面2件、计划生育方面1件、教育方面1件。

2007年11月25日在镇会议室召开第二次会议，出席会议代表71人，列席代表94人，会议听取镇党委副书记杨兆明关于全镇经济和社会各项事业发展情况的汇报。选举杨兆明为河底镇镇长。

2008年4月28日至29日，在镇会议室召开第三次会议，出席会议代表73人，列席代表95人，会议听取镇长杨兆明作的政府工作报告，人大主席赵银贵作的人大工作报告，财政所2007年财政预算执行情况和2008年财政预算草案书面报告，经全体代表审议作出了相应的表决。该次会议共收到代表提出的建议、意见19件，其中：公路建设及管理方面5件、环保方面5件、高效农业配套方面2件、新农村建设方面7件。

2009年5月15日至16日，在镇会议室召开第四次会议，出席会议代表71人，列席代表100人，会议听取了镇长杨兆明作的政府工作报告，镇人大主席赵银贵作的人大工作报告，财政所2008年财政预算执行情况和2009年财政预算草案书面报告，经全体代表审议，作出了相应的表决。该次会议共收到代表提出的建议、意见15件，其中：农业方面3件、工交方面1件、环保方面2件、科教文卫方面2件、其他方面7件。

2009年工作完成8大指标，办好10件实事，做好5项工作。

2010年6月26日至27日，在镇会议室召开第五次会议，出席会议代表71人，列席代表100人，会议听取镇长杨兆明作的政府工作报告，镇人大主席赵银贵作的人大工作报告，财政所2009年财政预算执行情况和2010年财政预算草案书面报告，经全体代表审议对报告作出相应的表决。该次会议共收到代表提出的建议、意见19件，其中：工交方面4件、农业方面2件、城环方面4件、其他方面9件。

第九届人民代表大会（2011年6月—2014年6月）

2011年6月4日至5日在镇会议室召开第一次会议，出席会议代表71人，列席代表105人。会议听取了镇长杨兆明作的政府工作报告，人大主席赵银贵作的人大工作报告，财政所2010年财政预算执行情况和2011年财政预算草案书面报告，经全体代表审议对报告作出相应的表决。选举王红卫为河底镇镇长，选举王军军、魏恩全、王勇、葛占斌为副镇长。该次会议共收到代表提出的建议、意见16件，其中：工交方面3件、农业方面1件、城环方面5件、其他方面7件。

2012 年 5 月 23 日至 24 日在镇会议室召开第二次会议，出席会议代表 69 人，列席代表 102 人，会议听取了镇长王红卫作的政府工作报告，人大主席赵银贵作的人大工作报告，财政所 2011 年财政预算执行情况和 2012 年财政预算草案书面报告，经全体代表审议对报告作出了相应的表决。区人大常委会副主任陈玉俊出席会议并讲话。该次会议共收到代表提出的建议、意见 22 件，其中：工交方面 3 件、农业方面 3 件、科教文卫方面 3 件、城环方面 8 件、其他方面 5 件。

在镇人大九届一次会议上，主席团共收到代表意见、建议 16 件，涉及农业、工业、劳动就业、民生民计、环保、教育卫生、城建等各个方面，镇人大主席团高度重视，进行了专题讨论和研究，将这些意见、建议整理后，以书面形式慎重交于政府和各职能部门，并要求限期办理，依法给予答复，通过督办，做到了事事有结果、件件有回音。

2013 年 5 月 17 日至 18 日在镇会议室召开第三次会议，应到代表 72 人，出席会议代表 68 人，列席代表 105 人，会议听取镇党委副书记任志刚代表镇政府作的政府工作报告，任晋忠作的人大工作报告，财政所 2012 年财政预算执行情况和 2013 年财政预算草案书面报告，经全体代表审议对报告做出了相应的表决。区人大常委会副主任王可剑出席会议并讲话。

选举任晋忠为镇人大主席，任志刚为河底镇镇长，王爱强、郭鑫为副镇长。该次会议共收到代表提出的建议、意见 20 件，其中：工交方面 4 件、农业方面 5 件、科教文卫方面 1 件、城环方面 7 件、其他方面 3 件。

2014 年 6 月 23 日至 24 日在镇会议室召开第四次会议，出席会议代表 65 人，列席代表 103 人，会议听取了镇长任志刚作的政府工作报告，人大主席任晋忠作的人大工作报告，财政所 2013 年财政预算执行情况和 2014 年财政预算草案书面报告，经全体代表审议对报告作出了相应的表决。会议共收到代表提出议案 2 件，建议、意见 27 件，其中，农业方面 7 件、工业方面 2 件、交通方面 10 件、环保方面 1 件、城建方面 2 件、教育方面 5 件。按照规定这些意见、建议、批评由主席团交由政府和有关单位研究处理。

河底镇人民代表大会主席名录（1990.6—2014.12）

常务主席　胡玉文（1990.6—1996.3）

李敦义（1996.3—1998.5）

赵富民（1998.5—2000.12）

郭　斌（2000.12—2002.7）

郭新文(2002.7—2003.7)

张成林(2003.7—2004.7)

缺 职

赵银贵(2006.2—2012.12)

任晋忠(2012.12—2014.12)

附:燕龛乡、东村乡部分人民代表大会

燕龛乡部分人民代表大会

燕龛公社第七届人民代表大会第一次会议于1981年9月14日至16日在燕龛人民公社会议室召开,参加会议代表30名,列席代表10人,特邀代表2人。会议听取了程子华作的"为把我社建成美好的社会主义新农村而奋斗"的报告。经全体代表审议,对报告作出相应的表决。选举程子华为燕龛人民公社管理委员会主任,杨士银、荆九来为燕龛人民公社管理委员会副主任。

燕龛乡第八届人民代表大会第一次会议于1984年5月18日至19日在乡会议室召开,出席会议代表35人,列席代表25人,特邀代表5名。会议听取程子华的工作报告,经全体代表审议,对报告作出相应的表决。选举荆九来为燕龛乡乡长,白银才、杨士银为燕龛乡副乡长。

燕龛乡第九届人民代表大会第一次会议于1987年5月7日至8日在乡政府会议室召开,出席会议代表33人,列席代表37人,特邀代表21人。会议听取了副乡长杨士银做的政府工作报告,乡财政所所长赵晋瑞的燕龛乡1986年财政预算执行情况和1987年财政预算草案的报告,经全体代表审议,对报告作出相应的表决。选举杨士银为燕龛乡乡长,赵晋瑞为燕龛乡副乡长。

燕龛乡第九届人民代表大会第二次会议于1988年7月16日在乡政府会议室召开,出席会议代表32人,列席代表28人。会议听取了乡长杨士银作的政府工作报告,乡财政所所长李拴贵作的燕龛乡1987年财政预算执行情况和1988年财政预算草案的报告,经全体代表审议,对报告作出相应的表决。

1990年为了加强乡镇人大工作,按照上级的安排,建立乡镇人大主席团为常设机构,设常务主席,配备专(兼)职秘书1人。

燕龛乡第十届人民代表大会第一次会议于1990年5月13日至14日在乡政府会议室召开,参加会议代表43人,列席代表29人,特邀代表5人。会议听取乡长杨士银作的政府工作报告，乡财政所所长李拴贵作的燕龛乡1989年财政预算执行情况和1990年财政预算草案的报告,经全体代表审议,对报告作出相应的表决。选举史秀湖为燕龛乡第十届人民代表大会主席团常务主席,杨士银为燕龛乡乡长,赵晋瑞、李云霄为燕龛乡副乡长。

会后举行了人大主席团挂牌仪式。

燕龛乡第十届人民代表大会第二次会议于1991年4月19日至20日在乡政府会议室召开,参加会议代表41人,列席代表30人。会议听取了乡长杨士银作的关于燕龛乡国民经济和社会发展第八个五年计划纲要的报告，人大主席团常务主席史秀湖作的人大工作报告，乡财政所所长李拴贵作的燕龛乡1990年财政预算执行情况和1991年财政预算草案的报告,经全体代表审议,对报告作出相应的表决。

燕龛乡第十一届人民代表大会第一次会议于1993年5月23日至24日在乡政府会议室召开,参加会议代表43人,列席代表32人,特邀代表4人。会议听取了副乡长赵晋瑞作的政府工作报告,人大主席团常务主席史秀湖作的人大工作报告,乡财政所所长李拴贵作的燕龛乡1992年财政预算执行情况和1993年财政预算草案的报告,经全体代表审议,对报告作出相应的表决。选举李玉珠为燕龛乡人民代表大会主席团常务主席,选举张玉斌为燕龛乡人民政府乡长,选举史梅文、李去霄、赵晋瑞为燕龛乡副乡长。

燕龛乡第十一届人民代表大会第二次会议于1994年3月26日在乡政府会议室召开,参加会议代表42人,列席代表25人。会议听取了乡长张玉斌作的政府工作报告,人大主席团常务主席李玉珠作的人大工作报告,乡财政所所长李拴贵作的燕龛乡1993年财政预算执行情况和1994年财政预算草案的报告,经全体代表审议,对报告作出相应的表决。

燕龛乡人民代表大会主席名录(1990.6—2000.12)

常务主席　　史秀湖(1990.6—1993.12)

常务主席　　李玉珠(1994.1—1995.12)

人大主席　　赵晋瑞(1995.12—2000.12)

东村乡部分人民代表大会

东村人民公社第三届人民代表大会第一次会议于1981年9月11日至12日在东村人民公社会议室召开,应出席代表68人,实出席代表64人,列席代表12人,会议听取了公社管委会主任余惠章作的工作报告,经全体代表审议,对报告作出相应的表决。

东村乡第四届人民代表大会第二次会议于1985年5月16日在东村乡政府会议室召

开，应出席代表68人，实出席代表65人，列席代表16人，会议听取乡长张双和代表上届政府作的工作报告，财政所负责人作的东村乡1984年财政预算执行情况和1985年财政预算草案的报告，经全体代表审议，对报告作出相应的表决，张双和在政府工作报告中说：在党的富民政策的指引下，全乡兴工致富方针牢固确立，经济结构明显调整，使全乡各级生产经济效益迅速提高。1984年，全乡工农业总收入达到1714.87万元，比1980年增长105%，比1983年增长40.4%，比年计划增长29.9%，一年净增493.87万元，人均总收入1252元，比上年增长39.8%，涌现出了小沟、山底、红土岩、小西庄、东村5个人均500元以上的村，小沟村已达千元以上，进入小康村。

东村乡第七届人民代表大会第二次会议于1994年3月24日至25日在东村乡政府会议室召开，出席代表48人，列席代表38人，特邀代表4人。会议听取乡长刘迎宝作的政府工作报告，人大主席赵所义作的人大工作报告，财政所负责人作的东村乡1993年财政预算执行情况和1994年财政预算草案的报告，经全体代表审议，对报告作出相应的表决。

东村乡第八届人民代表大会第一次会议于1996年3月27日至28日在东村乡政府会议室召开，出席会议代表50人，列席代表45人。会议听取程秀隆代表上届政府作的政府工作报告，乡人大主席赵所义作的人大工作报告，乡财政所负责人作的东村乡1995年财政预算执行情况和1996年财政预算草案的报告，经全体代表审议，对报告作出相应的表决。选举赵所义为人大主席，程秀隆为政府乡长，闫保明、赵海润、王长青、刘玉惠为副乡长。

东村乡第八届人民代表大会第二次会议于1997年3月17日至18日在东村乡政府会议室召开，出席会议代表47人。会议听取党委副书记程继喜代表政府作的政府工作报告，乡人大主席赵所义作的人大工作报告，乡财政所负责人作的东村乡1996年财政预算执行情况和1997年财政预算草案的报告，经全体代表审议，对报告作出相应的表决。选举程继喜为人民政府乡长。

东村乡第八届人民代表大会第三次会议于1998年3月26日在东村乡政府会议室召开，出席会议代表44人，列席代表40人。会议听取了乡长程继喜作的政府工作报告，人大主席赵所义作的人大工作报告，乡财政所负责人作的东村乡1997年财政预算执行情况和1998年财政预算草案的报告，经全体代表审议，对报告作出相应的表决。李要君在政府报告中说：经过一年的努力，全乡两个文明建设取得了显著成绩，农村社会经济总收入完成28718万元，比96年增长13.2%，乡镇企业总产值完成30010万元，比1996年增长10%，乡镇企业总收入完成25700，比1996年增长19.8%，人均纯收入达到2532元。经济工作跳跃式推进了在主区的位次，植树造林得了流动红旗，村镇建设走在全区前列，社会各项事业蓬勃发展，圆满完成了区委、区政府下达的各项指标和任务和该届人代会确定的年度奋斗目标。

东村乡第八届人民代表大会第四次会议于 1998 年 5 月 28 日在东村乡政府会议室召开，出席会议代表 43 人，列席代表 20 人。选举李要君为东村乡人民政府乡长。季春元为东村乡人大主席。

东村乡人民代表大会主席名录(1990.6—2000.12)

常务主席	赵锁义（1990.6—1994.12）
主　　席	赵锁义（1995.1—1998.5）
	季春元（1998.5—2000.12）

第十六章　国防建设

第一节　军事要地

境内峰峦起伏，地势险要，向为军事要地。明清时期，设有驿道、铺递。中华人民共和国成立后，古代军事设施随着现代交通、城镇建设的逐步发展，大多已渐次失去原貌，亟需加大保护力度。

要　塞

牵牛镇寨　古时是盂县通往平定的必经之路，在牵牛镇村设置关寨。据考，山寨设于牵牛山古驿道旁。该处山高谷深，地势险要，山寨恰扼其通行之咽喉。明嘉靖三十年（1551）版《盂县志》卷三“堡寨”载：“牵牛山寨周围三百步堐高二丈”。清乾隆四十九年（1784）版《重修盂县志》载：“村民依山建牵牛镇寨，傍水筑牵牛镇桥，寨高二丈，周三百步。”牵牛山（镇）寨为盂县境内46关寨之一，历代皆驻兵防守，明洪武三年（1370）设铺递，清康熙六年（1667）设汛。牵牛镇寨已无存。与牵牛镇寨互为唇齿的山寨中，位于本境的还有淖泥村（今东村）的馒头寨。

牵牛镇桥　清乾隆四十九年（1784）版《重修盂县志》卷四、光绪七年（1881）版《盂县志》卷六“关寨附桥梁”中有关于“牵牛镇桥”的记载。古桥坐落在古驿道咽喉地段，为盂县境内15座古桥之一。

烽火台　据考，设在牵牛镇村西大道桃儿岩梁北侧之灯台山上，为古山寨之附属。遇有敌情，即点燃烽火，传递信息。烽火台虽已无存，但尚有遗迹可辨。

大　门　分东大门、西大门两处。东大门在村东三家阁内，西大门在村西松林处，为古山寨设在驿道上的锁钥。大门有乡约负责看守和早开晚关。门板虽已无存，但西大门门墩遗迹尚可辨认，仍有村人记得门板厚实、门墩坚固，犹如城门一般雄厚。

官　厅　位于村小街西端，其北称大官厅，其南称小官厅，为古镇堡寨的政治文化活动中心场所，亦为来往之官府要员办公和停歇之处。

旗台坡　官厅对面之南坡。古时此处插旗，示为官厅标志。若有官员或差役到来，即在坡上张旗、鸣炮（铁炮），隆重迎迓。其地名沿用。

河底日军炮楼　日军侵占河底后，于民国30年（1941）8月，在河底村北山摩天垴修筑炮楼一座。该炮楼呈圆形，分为上下两层，其中下层建有六眼窑洞，呈圆形分布，窑洞深1丈6，有火炕、通气口、排烟道，为住宿、储藏、办公所用。上层为瞭望台，分设东西南北12个瞭望口，有南北两门。该处交通便利，地理位置优越，东可观察苇泊、上章召，北可目及苏家泉，南可联系樊家垴的伪军警备司令部。

盂（县）平（定）封锁墙（梨岩至花梁段）　盂（县）平（定）封锁墙是日军占领阳泉后，在阳泉境内修筑的规模浩大的军事工程。此“围墙”西起河底镇小西庄村，经南沟，逶迤东去，至下章召的花梁、红岭(又名大洞梁)、砖瑙，再折向东北，过韩庄，马庄，终至娘子关，全长近50公里。墙高1.5~2米，宽约1.2~1.5米，全由石头砌成。据统计，仅下章召村被拆坏的地堵就有200多亩。整个工程为分段修筑的，其中下章召段约5公里，于民国31年（1942）冬季开工，至民国32年（1944）7月完成，日征民工2000余人，均来自附近20多村，有河底、中佐、南峪、任家峪、邓家峪、牵牛镇、苏家泉、南沟、东村、山底、大河北、小河北、大西庄、小西庄，霍树头，三郊、韩庄，杨树沟、三都、千亩坪、前洼、后洼、南垴、火石岩等。由于风蚀雨剥等自然因素，部分地段塌陷，但主体保存尚好。

革命遗址

阳泉贸易局山底办事处　民国30年（1941），八路军在山底村西庙秘密设立贸易局办事处，隶属晋察冀边区平定（路北）县贸易局，为晋察冀边区洪子店总店“天德店”下设的分店之一，储备有粮油、布匹、煤油、电线等民用和军用物资，以供应周边各根据地所需，经理刘孟同（河北平山人），负责人山底张永发。民国32年（1943）遭日军抢劫，所有物资被日军运往盂县据点，办事处至此撤销。

山底新民兵工厂　民国33年（1944），平定（路北）县开展大生产运动，进行生产自救，县委派东村生产合作社主任郭汉山回村，秘密组织建立地下兵工厂，恢复了原来的“羊圈炉”共21座炼铁土炉的生产，主要产品手榴弹壳和地雷弹壳，成为平定（路北）县第一座地下兵工厂。到1945年，为警察冀抗日根据地生产手榴弹壳147万余个，地雷弹壳170万余个。解放战争时期，“羊圈炉”又率先试制成功82毫米炮弹壳，生产技术推广至荫营、燕龛等村。1946年4月，由于县委派来的郭东隆惨遭国民党阎锡山军队杀害，平定（路北）县联社将“羊圈炉”迁往盂县石窑昇村，继续生产手榴弹壳和地雷弹壳，正式定名为“新民铁工厂”，成为专供晋察冀三三兵工处的加工企业。“羊圈炉”迁走后，村民高五奎在旧址组织

40余人，合股生产民用铁货和手榴弹壳。

燕龛民生兵工厂　民国36年(1947)，燕龛村人民按照中国共产党的指示，在本村甘泉寺办起了兵工厂，取名为民生兵工厂，主要生产手榴弹壳、迫击炮弹和地雷，从业人员多时达50多人，所产弹药主要运往河底接收站，有时也运往阳泉等地，为解放战争和抗美援朝战争做出一定贡献，于1953年停产。20世纪90年代，经市、区文部门考证被列入市级文物保护单位，对原有的旧厂房也进行了修补，兵工厂的遗址保存尚好。

任家峪土炉铸造手榴弹壳旧址　民国36年(1947)，任家峪村人民为支援全国解放战争，在本村修筑面积约100平方米的铸造土炉。组织村民在该地采用土炉融化方式铸造手榴弹壳，一炉可生产200多个，弹壳的性能质量达到较高的技术标准，受到晋察冀边区政府的好评。1951年9月，成立任家峪铁业生产合作社，改造生产手榴弹、地雷壳，由于原材料中含有马叶汞的矿石，冶炼成的弹壳具有脆、轻、粉碎性好、杀伤力大的优点，该产品大量运往朝鲜战场。1952—1953年，中国电影公司将此拍成纪录片，并在全国放映。1953年，中华人民共和国全国总工会参观团到任家峪铁业社参观。20世纪90年代，阳泉市二轻局在此建立任家峪锅厂，生产"任"字牌铁锅，并对旧址进行了大规模改扩建，原厂房也得到维修、加固。

邓家峪村铸造手榴弹壳的土炉旧址　民国26年(1937)，抗战全面爆发，邓家峪村中共地下党组织动员村民在村委会东的三眼土窑及炉场生产手榴弹弹壳、地雷弹壳。模具、样品均由阳泉104厂(今晋东化工集团)提供，并负责装配及运输，一盘土炉一天能生产手榴弹壳200多个，所生产的弹壳性能好杀伤力大。20世纪90年代，村委会在对旧村改造时，将此土炉的三眼土窑填埋，炉场被平整绿化，只能看到三眼土窑的上半部。

第二节　重大兵事

河底镇境内矿产资源丰富，具有战略地位，乃兵家必争之地，故兵事频繁。日军占领河底后在境内制造了惨绝人寰的历史劣迹。河底人民在中国共产党领导下，开展了一系列抗日斗争，如捣毁小河北"红枪会"、燕龛伏击战、奇袭河底警备队、火烧维持会等，为抗日战争胜利书写了光辉的篇章。

近代战例

义和团火烧洋教堂　清光绪二十六年(1900),平定姜家沟贫民张大楞,在直隶深州(今河北深县)学徒时加入义和团,后回乡于县城南关真武庙设坛聚众,练拳习武,号召民众反对外来侵略,并派李大笨率团赴苇泊村焚烧天主教堂,驱逐洋教士,次年秋被官府武装势力血腥镇压。

抗日战争

和尚沟伏击战　1939 年的 9—10 月间,盂县胜利大队与十九团的一个班,在河底村外接近东村交界处的和尚沟,伏击了一次河底据点的日军,取得了很大胜利。打死驻河底日军中队长内藤,另打死打伤 5 人,缴获机枪 1 挺,步枪 2 支,手榴弹、子弹 4 箱,打死敌战马 1 匹。

捣毁小河北"红枪会"　民国 31 年(1942)4 月,在日军大扫荡期间,武家庄村的武才狗、大河北村的潘理所,小河北村的杨步喜等道首,在小河北村设坛练术,发展道徒 100 余人。他们威胁诱惑群众入会,勒索钱财,并勾结日伪,进行反共宣传,并抓捕抗日干部,抢劫公粮,气焰十分嚣张。平定(路北)抗日政府根据群众强烈要求,于民国 31 年(1942)6 月 25 日,晋察冀 2 分区 19 团在小河北村武装打击"红枪会",击毙几名负隅顽抗的道首,该反动组织被捣毁。

敌占区除奸　1943 年 1 月,平定县委决定在敌占区开展除奸工作,严厉打击汉奸、特务活动。首先由平定县大队大队长谭珠生带领武装,深入到河底据点住在猪头瑙碉堡下,处决了经常到苏家泉村活动的汉奸史老虎。农历三月二十三是河底的传统庙会,二十二日晚乘唱戏之际,史一轮等人进入河底村维持会,抓出汉奸李廷寿并处死在川地河。农历三月二十八是苇泊村的庙会,史一轮等人化装为商人,在戏台下生擒汉奸"花篓篓",将其在广众之下处死于苇泊梁上。

"寡妇桥"伏击战　1943 年 12 月 22 日,日军两辆汽车从盂县榆林垴向境内"寡妇桥"驶去,郊里村武委会主任王全芝组织民兵在"寡妇桥"路段,用地雷重创日军,当场炸死日军 3 人,伤 6 人,烧毁汽车 2 辆及其他物资。

燕龛村伏击战　民国 33 年(1944)1 月,驻河底日军一支十几人从郊里直扑燕龛村进行扫荡,燕龛村抗日民兵得到消息后马上组织反击,在村前甘泉寺坡底路段埋下地雷,并在路旁一柴草堆里藏入炸弹。当日军点燃柴草取暖时引爆炸弹,逃散中又踩爆地雷,炸死炸伤多人,给日军以沉重打击,该此次伏击战受到抗日政府的表彰。

奇袭河底警备队　民国 33 年(1944)冬,驻河底的日伪军经常到章召、韩庄、辛庄、西南舁一带烧杀掠抢。次年2月18日，驻河底摩天堖炮楼的日军又出发到西南舁扫荡。河底村侯家大院住着的警备队两个小队，有一个小队去了阳泉，兵力空虚。中共平定（路北）县委得到情报后，四连长马凯迅速集合部队，经过两小时急行军，于下午4点到达河底村，在河底武委会主任史毓芝内线关系的接应下，他们先在村公所抓获了伪军中队长，并向其讲明了中国共产党的政策。伪中队长表示愿意立功赎罪，遂带领部队包围了侯家大院。伪军中队长命令全体人员集合，缴械投降。该次战斗共俘获伪军40余人，缴获步枪12支，手枪3支，刺刀2把，战刀1把，子弹100余发。

东村民兵游击队火烧维持会　河底维持会位于河底村正中，有上百人的保卫团和警备队担任警戒，且是全副武装。民国33年（1944），秋冬之交某夜，东村民兵游击队袭击了河底维持会，炸伤保卫团3人，烧毁维持会草料1万多斤，房屋5间，门楼1座，缴获枪1支、子弹17发，抢得生铁板500多公斤，全部送往边区。边区政府奖励东村民兵游击队地雷8个，队长曹根明被批准加入中国共产党。从此，东村民兵游击队前后30多次深入河底维持会，共夺回了生铁4万多公斤，有力地支援了边区的兵工生产。

惨案实录

山底惨案　民国29年（1940）冬季的一天，驻盂县城的日军伙同宪兵队、自卫团50多人，在山底村到处砸门、抓人，有男女老少70余人被抓到施振风家的门前空地进行殴打。日军准备动手杀人，村长张害和凑集了99块银圆和20多只鸡，送与日军，70余男女才幸免于难。但是，日军强迫男女交合，不从者遭毒打。事后，村民多人身受重伤，个别人致残。

日军抢劫西庙"兴隆号"　民国33年（1944）2月某日晚10时许，日军带警备队2个排从盂县出发，在小沟村分成两路，一路抄山底南山桃林沟，一路沿河道进村。于次日凌晨3~4时包围了贸易局，搜查出部分物资及步枪1支，强迫村民把物资运往盂县，并把居住于此的贸易局4名干部捆绑带走，他们是李川贞（东堖村人）、荆忠进又名荆大牛（马家坡人）、张永艮（山底村人期间任会计），还有1人情况不详。在清城西沟口杀害2人，在乌玉东沟口杀害1人，张永艮死里逃生。

东村寨山事件　民国34年（1945）农历六月初九，日军由汉奸的带领下，在东村杀害了曹振明、王银存、傅焕银、傅银才、侯玉牛共5名民兵干部，制造了震惊边区的东村寨山事件。

大西庄惨案　民国34年（1945）农历六月十五凌晨2时许，河底、牛村、西南舁等据点的日伪军百余人，由盂县城日伪警备队第二中队长彭天柱及部属高志中、崔四毛带领，包围了大西庄村。来不及逃跑的村民都钻进了村中一条地道里。日伪军将堆在洞口旁的麦秸点燃，又找来扇车，对准地道口往里扇烟长达两个多小时。躲藏在地道里的58名村民全部遇害。

第三节　历代驻军

境内地处太行山西麓，东邻娘子关，是连接晋冀的咽喉地带，战略地位十分重要。从明清至今，众多兵家或安营扎寨，或转战途径，经历了先人无数的兵事活动。

绿营兵分置境内　清康熙六年(1667)在盂县设盂寿营，为绿营兵建制，属太原镇驻平阳总兵官统辖，负责平定州以及盂县、寿阳县的守备。盂寿营以游击一员统领，驻盂县，下辖中军守备一员，驻寿阳，千总一员，驻盂县中社汛(汛古同“讯”。中国清代兵制，凡千总、把总、外委所统率的绿营兵均称“汛”，其驻防巡逻的地区称“汛地”。下同)，把总三员，驻平定州城、牵牛汛和西烟汛。盂寿营下设分汛，其中牵牛镇分汛为其一；后设为“牵牛汛”“牵牛镇汛”；驻兵5名。清乾隆四十九年版《重修盂县志》、光绪七年版《盂县志》均在“兵防”“官师”中有记载“牵牛汛把总驻盂县兼城守”“牵牛镇汛防系在城把总派兵驻守”。把总有“贾之觉太原人行伍康熙六年任”，之后继有“偏关人武国玘、宁武人田养元、阳曲人李光贵、临汾人郭成临”等26人任。

平定兵变部队路经遗事　民国20年(1931)7月4日，在中共山西特委领导下，由山西特委军委书记苏亦雄(亦名谷雄一)直接指挥，在驻平定高桂滋部发动武装起义，成立中国工农红军第二十四军，史称平定兵变。

军阀高桂滋所属部队，原为陕西一个杂牌军队。民国19年(1930)夏，蒋介石与阎锡山、冯玉祥在中原混战，高桂滋部加入阎、冯一方，驻防山东，战争失利后移驻平定县城。后被张学良改编为陆军十一师。次年7月，山西省军委书记苏亦雄按照山西省特委的指示，趁高桂滋回京为其父祝寿之机，发动兵变。因攻不下平定县城制高点，起义部队撤至平定东关友爱医院汇合，经泊里、小河村，过桃河，跨越正太铁路，沿白泉、千亩坪、三郊、河底、牵牛镇到达盂县清城，沿途百余名青壮年加入起义军。在清城休整两天后，于7月7日上午，斜出牵牛镇、河底、韩庄、西南舁，进入盂县白土坡、东会里等地，后到达上社。两次途径河底，多名青年加入起义军。参加该次兵变的共有8个连，1800余人。经整顿，在盂县清城宣布成立中国工农红军第二十四军。

八路军　“七七事变”之后的9月中旬至下旬初，八路军120师的2个团、1个营从路南一直进驻河底，进行整修与备粮，准备北上，在河底皮章庙、苇泊大庙与学校各驻一个团，河底学校是司令部和一个营及剧社，卫生队驻女校，并为当地群众治疗疾病。

晋　军　民国35年(1946)2月，阎军奋斗团驻河底。

抗日游击大队　系阎军地方武装，由伪军改变和壮丁组成。民国35年(1946)10月5日，曾占领荫营。兵力312人，下辖7个大队，第四大队驻守河底。在民国36年(1947)5月的正太战役中被解放军歼灭。

中国人民解放军　民国36年(1947)中国人民解放军某部约一个团在牵牛镇村桃儿岩梁，构筑工事，与阎军作战一次，获胜。

1962年，中人民解放军北京军区通讯独立团第75哨所进驻东村村，任务是看管和维护东起平定黄统岭，西至盂县坞玉村的国防线路。首任领导郭文同，先后共换7任，后于1987年撤走。

1969年冬，中国人民解放军某部某团野营拉练，团部驻牵牛镇村半月。

中国人民武装警察部队山西省总队阳泉市支队二中队　1983年1月，中国人民武装警察部队山西省总队第二支队三大队十中队进驻固庄煤矿，担任看押任务。1988年，改用中国人民武装警察部队山西省总队阳泉市支队二中队。

附：河底据点日伪武装

日　军　1937年11月，日军进犯河底，并在村摩天垴修筑炮楼，以侯家大院为据点，驻有一个120人的中队。队长是中尉，有2~4名曹长，敌宪兵、宣抚员经常住有5~6人。其次是警察所10余人。另外还有敌人腹地宪兵队、黄川宪兵队的便衣，武器充足。河底据点所辖村有：河底，郊里，前里龙光峪，大、小固庄，任、邓家峪，南峪，月湾，三都，三郊，前、后洼，还有盂县的牵牛镇，苏家泉，上、下章召等(这是根据阳泉日军发给河底日军的军事挂图划分的)。

1937年11月，日军进犯河底(图16-1)

警备队(皇伪军)　为民国27年(1938)初日军建立的汉奸武装，着统一的黑色制服。

其人员来源有三:一是由国民党军投降部队改编的;二是收编的散兵游勇、兵痞、富家恶少;三是强抓的壮丁。民国 34 年(1945)前,河底驻有 2 个小队、70 余人,一般与日军驻扎在摩天垴炮楼内或附近的民宅,武器装备次于日军。

自卫团 为民国 27 年(1938)1 月,日军强迫各村成立的民团组织,主要任务是反对和限制共产党及其领导的抗日武装活动,协助日伪军维持本地"治安"。村设团部,伪村长兼团长。武器仅数量极少的劣质步枪,以及长矛、大刀。

第四节 地方武装

地方武装,清代有团练;民国时期有保卫团,抗日战争时期有中国共产党领导的战地工作团、平定(路北)抗日游击队以及各村的民兵抗日人民武装;中华人民共和国成立后,有河底镇人民武装部、东村乡人民武装部、燕龛乡人民武装部等。

团练保甲 清代设保甲团练,保甲治内,团练御外。保甲按村组织,十户为一牌,设牌长;十牌为一甲,设甲长。有事甲长传牌长,牌长传九家,一呼而集。团练亦以村组为组织,保甲之甲长即团长,牌长即团练队长。清雍正二年(1724),河底镇实行保甲制度,全镇 458 户编为 1 保,下辖 5 甲、50 牌,设保长 1 人,甲长 5 人,另设乡约 1~2 人,专管上下文书传递。

保卫团 中华民国年间,阎锡山统治山西时期的地方民团武装,是不脱产的准军事组织。凡年满 18~35 周岁的青壮年,均须编组入册,充当团丁。团丁以村编组,根据人数设连或排,连排长由村长和闾长担任。武器装备为鸟枪、长矛、大刀。

战地工作团 民国 26 年(1937)10 月,以王子华、梁晋平、史万修、王达成、郭梦秋、刘鸿达、吴忠和等为首的战地工作团进驻河底(该团由王子华、梁晋平组织成立的民运工作团和王达成、郭梦秋等北上抗日干部与荫营民运工作团合并之后到河底改为战地工作团)。

平定(路北)抗日游击大队 民国 26 年(1937)11 月,中共平定(路北)县工委在河底镇组建了平定(路北)县抗日游击大队。

河底镇人民武装部 民国 26 年(1937)11 月,中共平定(路北)县工委在境内河底镇建立,同时组建了平定(路北)县抗日游击大队。民国 27 年,平定(路北)县、盂县抗日根据地相继建立人民武装抗日自卫总队,各村、联村设村队部,下设中队。民国 30 年(1941)12 月,县武委会改称为人民武装部,区设武装大队部,村设武装中队部。

民国 37 年(1948),境内各村民兵组织受阳泉市四区人民武装大队部管理,驻地荫营后沟村。国 38(1949)年 9 月,阳泉市改称阳泉工矿区。阳泉市第四区人民武装大队部随之更名为阳泉工矿区四区人民武装大队部。1949 年 10 月,人民武装大队部仍延续中华人民共和国成立前。1956 年 8 月,河底镇、东村乡、山底乡的武装干部为不脱产兼职。1957 年,市兵役局派工作组,负责民兵和兵役工作。1958 年 9 月,设河底人民公社武装部。11 月至下年 4 月,变更为河底管理区人民武装部。1961 年 4 月,为阳泉市河底人民公社武装部。1963 年 2 月恢复河底人民公社武装部。1984 年,社改乡,河底镇人民武装部变更为河底镇人民武装部。2000 年,撤乡并镇中,东村乡、燕龛乡划归河底镇,随之,东村人民武装部、燕龛乡人民武装部并入河底镇人民武装部。2013 年,河底镇人民武装部“两部”(基层武装部、民兵营连部)建设达到“双六有”(基层武装部:有单独办公场所,有办公桌椅,有统一的资料柜,有制式的版面,有信息化建设微机,有配套的器材室;民兵营连部达到:有一间办公室,有一块民兵连制式门牌,有一面民兵连旗帜,有一套办公设施,有一块版面,有一条标语)的标准。

东村乡人民武装部　1949 年 1 月,境内设立阳泉市第五区人民武装大队部,驻东村村。1949 年 9 月,阳泉市改称阳泉工矿区。阳泉市第五区人民武装大队部随之更名为阳泉工矿区五区人民武装大队部。1949 年 10 月后,人民武装大队部仍延续中华人民共和国成立前五区不变。1950 年 2 月至 1953 年 4 月,阳泉工矿区五区人民武装部划归盂县,为盂县三区人民武装大队部。1963 年 2 月,设东村人民公社武装部。1984 年,社改乡,东村公社人民武装部变更为东村乡人民武装部。2000 年,撤乡并镇中,东村乡划归河底镇管辖,东村人民武装部撤销,所有工作随之转入河底镇人民武装部。

燕龛乡人民武装部　1961 年 6 月,燕龛公社接到平定县组织部《关于物色公社武装部长的通知》,要求从公社在职干部中选拔,特别注重部长人选的政治条件。1962 年 1 月,燕龛公社民兵工作组改为公社人民武装委员会,由党委第一书记、公社主任、武装部部长 3 人组成,属平定县管辖。1964 年,燕龛人民武装委员会升格为武装部。1971 年,燕龛公社人民武装部划归郊区。1984 年,社改乡,燕龛公社人民武装部变更为燕龛乡人民武装部。2000 年,撤乡并镇中,燕龛乡划归河底镇管辖,燕龛人民武装部撤销,所有工作随之转入河底镇人民武装部。

境内历任武装部部长一览表

表 16-1　　　　单位:年、月

河底镇		燕龛乡		东村乡	
历任部长	任职年限	历任部长	任职年限	历任部长	任职年限
王双林	1958.9—1958.11	曹栓成	1961.4—1962.1	马子义	1963.9—1969.3
史满昌	1958.11—1970.1	刘旭文	1962.2—1966.1	徐振忠	1969.4—1975.4
葛军义	1970.2—1984.5	李　忠	1966.2—1966.5	李玉珠	1975.5—1977.11
郑瑞合	1984.6—1993.9	刘旭文	1966.5—1966.11	赵所义	1977.12—1983.12
高海锁	1993.9—1993.12	李　忠	1966.11—972.12	谢贵生	1984.1—1987.10
葛敬义	1995.8—1999.5	王义同	1973.1—1980.8	傅永贵	1990.4—1993.4
葛计生	1999.5—2006.6	史虎生	1980.9—1995.12	谢贵生	1990.4—1993.4
王军军	2006.6—2007.12	郭东平	1996.1—1998.6		
王　勇	2007.12—2011.5	王红卫	1999.5—2000.12		
杨慧清	2011.5—2014.12				

说明:未标识年限为缺职。

第五节　兵役制度

清代以前,境内实行募兵制。抗日战争初期,为补充人民抗日军队,中国共产党领导的革命根据地实行自愿兵役制。1955 年春,根据国务院、中央军委征集补充兵员的指示,实行义务兵及预备役相结合的兵役制。义务兵成为中国人民解放军、中国人民武装警察部队以及消防部队兵员的主要来源。

募　兵　清代以前实行募兵制,以雇用招募形式征集兵员,服役没有期限。民国初年,各地军阀混战,兵员需求猛增,山西军阀阎锡山,除招募兵员外,还实行抓丁,境内多以重税代替兵额。民国 22 年(1933),国民党南京政府颁布的《兵役法》规定:年满 18 岁至 45 岁的男子均有服兵役义务,不服常备军兵役的服国民兵役,平时受训,战时征集。常备军兵役分现役、正役和续役。战时,18 岁至 35 岁经查合格者服现役,35 岁至 45 岁者服备补兵役。虽然提倡“当兵、纳税、受教育”是国民的三大义务,但实际上执行的仍是募兵制。民国 35

年(1946),阎锡山在阳泉地区推行“兵农合一”,凡 18 岁至 45 岁的男子,以 5 人为一组强制抽签,抽一人当常备兵,此举使人民积怨甚深。

志愿兵　抗日战争初期,为补充人民抗日军队,中国共产党领导的革命根据地实行自愿兵役制,号召青年踊跃参军参战。参军者自愿报名,经批准入伍,军属则享受优待。自愿兵役制一直延续到 1954 年。

民国 26 年(1937)11 月初,平定(路北)县抗日政府组织民运工作团,深入境内农村,动员青壮年参军。民国 35 年(1946)7 月,国民党军队向解放区发动全面进攻。为保卫胜利果实,境内人民响应党的号召,纷纷报名参军,形成了“父送子,妻送郎,兄弟争相上战场”的局面。1951 年春,境内掀起“抗美援朝,保家卫国”的群众运动热潮,上百名青年报名参军。

义务兵　1954 年冬,境内试征义务兵。1955 年春,根据国务院、中央军委征集补充兵员的指示,阳泉市第二区人民政府成立征兵办公室,从 1 月 9 日至 19 日,到当时属地河底镇、牵牛镇乡、苏家泉乡、苇泊乡、任家峪乡、山底乡进行征兵宣传,并摸底登记。1955 年 7 月,第一届全国人民代表大会第二次会议通过颁布了《兵役法》,国家正式实行义务兵役制。规定凡年满 18 岁的公民,不分民族、职业、社会出身、宗教信仰、教育程度,都有服兵役的义务。

1984 年 5 月 31 日,第六届全国人民代表大会第二次会议批准通过新的《兵役法》,国家实行义务兵与志愿兵相结合的兵役制度。超期服役的义务兵,已成专业技术骨干的,根据军队建设需要和本人自愿,可改为志愿兵,继续服役直到规定的退伍年限。义务兵成为中国人民解放军、中国人民武装警察部队以及消防部队兵员的主要来源。

义务兵征集为一年一次,少数年份为两次,征兵时间在冬、春两季,每年征兵时,乡镇人民政府根据征兵工作领导组的要求同时成立相应的征兵工作机构。每次征兵工作均按照宣传教育、报名登记、确定预征对象、体格检验、政治审查、审批定兵和集体交接等步骤进行。1989 年,河底镇出台《关于 1989 年春季征兵工作的安排意见》,要求征兵工作不准降低标准,必须做到“三严格”(严格执行征兵命令、严格兵员质量把关、严格入伍审批手续)、“三不准”(不准异地入伍、不准多征多接、不准降低条件)、“四符合”(政治、身体、文化、年龄符合规定)、“四杜绝”(杜绝对党的政策不满和有流氓盗窃、打架斗殴行为及有犯罪前科的,患有传染病、慢性病或智能低下等明显不合格的,小年龄或超龄的,初小文化程度或文盲的青年征集入伍)、“五不征”(政治不可靠的不征、有劣迹行为的不征、身体不合格的不征、文化程度不达的不征、年龄不符合规定的不征、冒名顶替的不征),达到“九个好”(组织领导好、宣传教育好、优抚落实好、新兵质量好、安全防范好、执行政策好、团结协作好、新兵交接好、处理退兵好），对于在征兵工作中不负责任活着造成不良影响要严肃查处，追究责任。1995 年 11 月 1 日，在冬季征兵中，河底镇印发 1000 余份宣传提纲和征兵政策问题送到在外打工上班的适龄青年家中，扩大了征兵工作的宣传面。1996 年，在征兵工作中，燕龛乡党委书记同本乡武装部部长一起参与新兵体检政审；河底镇党委书记利用闭路电视宣讲征兵工作的重要性。2005 年，河底镇武装部被区人武部授予“征兵工作先进单位”称号。2012 年，区征兵办对河底镇 2 名拒服兵役被退人员处以当年度优抚金 2 倍的行政罚款。

2001—2014 年河底镇、阳泉市第二监狱义务兵征集统计表

表 16-2　　单位：年、人

年份	人数	年份	人数	年份	人数
2001	18/8	2006	23/5	2011	15/21
2002	24/5	2007	22/12	2012	18/6
2003	22/9	2008	24/12	2013	21/4
2004	23/7	2009	14/15	2014	22/3
2005	25/9	2010	14/25		

说明：“/”前为河底镇义务兵人数，“/”后为阳泉市第二监狱义务兵人数。

预备役　1955 年 7 月，《中华人民共和国兵役法》正式颁布实施。11 月，根据上级指示，开始进行预备役登记。1958 年，中共中央作出“全民皆兵，大办民兵师”的决定。依照此精神，境内所辖各公社对年龄在 16 岁至 55 岁的男女公民，经政治审查和体格检查后进行了民兵与预备役合编。中共十一届三中全会后，国家的军事战略指导思想进行调整，预备役制度得到恢复和发展。1984 年 5 月，中华人民共和国新兵役法开始施行，民兵预备役建设重新步入法制轨道。此后，河底、东村、燕龛武装部结合一年一度的民兵整组，对 18 岁至 35 岁符合服预备役的人员进行兵役登记。1999 年 4 月 19 日，根据军委命令，83 师 248 团 1 营由乙种步兵营改变为一类预备役步兵一营，其中河底武装部为 248 团 1 营 2 连，全部为退伍军人组成。同年，中共预备役步兵 248 团委员会授予燕龛乡乡长韩峰为“支持预备役部队建设标兵”称号；河底镇党委书记、预任一营二连指导员李新福为“优秀预任军官”称号。2002 年，河底镇武装部全市预任军官集训中，取得优异成绩。同年 9 月，河底镇武装部成立新的二连支部。2005 年 12 月，河底镇武装部被预备役第 83 师授予“正规化建设先进单位”称号。截至 2014 年，全镇预备役 248 团 1 营 2 连在册人员共 104 人，其中专业技术人员 35 人。

第六节　民兵组织

中华人民共和国成立之前，境内民兵的主要任务是支前参战和执勤巡防。中华人民共和国成立之后，境内武装组织的主要任务是抓民兵工作和征兵工作。1955 年，根据《中华人民共和国宪法》和《中华人民共和国兵役法》，人民武装的工作重点转向预备役建设。1958 年，又将工作重点转向民兵建设。1976 年 10 月，“文化大革命”结束后，进入社会主义现代化建设新时期，人民武装部作为地方军事机关，围绕中国共产党的中心任务，积极组织广大民兵参加社会主义物质文明和精神文明建设；组织训练预备役部队，建立战时扩编体制，担负战备工作；配合区武装部搞好征兵和退役安置工作；实行“平战结合”和民兵与预备役结合，这不仅提高了民兵的整体素质，更充分发挥了民兵在建设中的骨干带头作用。

组织建设　民国 26 年(1937)11 月，平定(路北)抗日县政府在河底村组建武装抗日自卫队，即初期的民兵组织。队员一般是家庭历史清白的年龄在 16~25 岁的男性青年。其主要任务是站岗放哨、坚壁清野、掩护群众生产、破坏敌人交通。自卫队组建不久，即随抗日县政府转移至盂县。民国 30 年(1941)，为适应抗战形势，县政府第二次驻河底，根据本人志愿，将 16 岁至 23 岁的青年编为抗日先锋队，简称青抗先；将 24~35 岁的青年编为基干队，由青救会主任郭怀功负责。同时还组织青年妇女成立妇女救国会，以充分调动各阶层民众的抗日积极性，同年改称武委会。民国 34 年(1945)3 月，根据中央军委关于民兵工作的指示，对民兵组织进行整顿，加强了党对民兵组织的领导。同年 10 月，民兵组织整顿后，以 16 岁至 45 岁的青壮年进行组织编队。当时个别村以武委会为编制。解放战争时期，民兵组织在村党支部的领导下，重点转向对阎军的蚕食、封锁开展斗争。民国 35 年(1946)7 月，阎军占领河底村后，河底村基干民兵转移到大河北一带坚持斗争。民国 36 年(1947)，民兵组织的重点转向支援前线。境内各村将 16~45 岁的民兵进行组织编队，随同主力部队作战。根据年龄和身体素质分为四部分：一是随军担架队，负责运送伤员；二是运输队，为前线运送粮草弹药；三是治安队，帮助看押俘虏，协助指挥疏散群众，维护后方社会治安；四是生产保卫队，负责后方繁重的生产劳动及养护伤病员等工作，多由青年妇女及超龄民兵组成。

中华人民共和国成立后，规定年龄在 18~25 岁的青年方可参加民兵组织。1958 年，中共中央作出“全民皆兵，大办民兵师”的决定，凡年龄在16~55岁的公民，不分性别，经政治审查后均编入民兵组织。其中，年龄在18~30岁的男女青年为基干民兵，其余为普通民兵。1961年8月，在学习“六十条”的基础上，根据中央规定，民兵条件除身体残废的人和地富反坏右分子不能参加民兵外，凡满16~50岁的男女公民都可以参加民兵，其中16~30岁的男青壮年和16~25岁的女青壮年编入普通民兵，对年大体弱小孩多的小脚妇女，本人不愿参加者，个别的也可以不参加，基干民兵中无五类分子子弟，普通民兵无五类分子，带枪民兵须历史好，政治好，思想好。同年，民兵组织调整，河底公社建立了民兵团，生产大队建立了民兵营或连，营下设基干民兵连，连下设基干民兵排，连长、排长分别由各村民兵营长或连长兼任，直接受区人武部指挥。1963年，根据对民兵工作政治、组织、军事“三落实”的指示，对民兵的出入转队实行登记。

1970年，下章召民兵连、上章召民兵连、河底民兵营、里龙光峪民兵连、小河北民兵连、小西庄民兵连、南沟民兵连获全区“四好”单位称号。1972年3月，河底公社、东村公社，上章召、下章召、里龙光峪、牵牛镇、小西庄、东村连队在民兵整组中领导重视、群众关心、重点突出、方法对头、效果明显，受到区人武部的表扬。1973年8月29日至31日，在全区首届民兵代表大会上，下章召、苏家泉大队战备独立排荣获先进集体称号，下章召大队闵斌峰、王满贵作了先进典型经验介绍。同年，东村武装部提出“三勤一爱”(勤学习、勤深入、勤汇报，热爱本职工作)工作作风。1975年，河底、东村、燕龛3个公社各设专职武装干部2人，其中部长1人、干事1人。1976年4月10日至14日，河底武装部、整党整风办公室组织了各大队、企事业单位的民兵连(营)长和各工作队分管民兵工作的队员共30人，分4片对全公社17个民兵连(营)进行了比较全面细致的检查验收。检查验收的结果：一类连队有河底、牵牛镇、苇泊、上章召、任家峪、里龙光峪共6个，占全社民兵连队总数的35%。其特点：党总支重视，民兵干部齐全，作用发挥得好，各种制度健全落实，民兵活动坚持经常。二类连队11个，占65%，没有三类连队。全公社共建营6个，连22个，排105个。有民兵干部384名，其中贫下中农出身的274人，占干部总数的69%，党团员203人，占59%，25岁以下的67名，占15%，各大队支部书记担任了兼职指(教)导员。大部分大队的民兵连(营)长或指(教)导员都参加了支委，各排排长都参加了队委，有的还担任了生产队副队长。同年9月29日，阳泉民兵独立师1团成立，团辖3个营，其中三营由河底、东村公社民兵编成。1977年1月，河底公社和东村公社、燕龛公社组建温河水利工程民兵团，参加温河水利工程建设工作。

1980年，河底民兵921名，东村827名，燕龛420名。1983年1月，燕龛人民公社武装

燕龛乡武装部史虎生出席山西省政府、军区召开的“双先”会议(图 16–2)

部长史虎生出席了山西省政府、省军区召开的“双先”(先进集体、先进干部)会议。1986 年,坚持民兵与预备役相结合的制度,贯彻“减少数量,提高质量、抓好重点,打好基础”的方针围绕服务和服从经济建设社大局,减轻基层负担,发挥民兵作用。关家峪、北庄、东村 3 村民兵连受到全区通令嘉奖。

1990 年,重点落实民兵应急分队工作,全镇基干民兵主要任务是应付突发事件。在复员军人和基干民兵骨干中挑选部分人员组建了民兵治安小分队,积极开展治安联防活动。在河底镇 37 个乡村企业,有 34 个建立了民兵组织。1991 年,民兵整组按照“抓基层、抓训管、抓落实”的总体思路,重点整顿了民兵干部、基干民兵和应急分队队伍建设。河底镇为全镇现役的 29 名义务兵战士办理养老保险,投保档次为最高一级(400 元)。1994 年,严格按照“控制数量、提高质量、抓好重点、打好基础”的方针进行整组。1995 年民兵整组重点为调整组织结构,增强基层组织活力,解决了营连班子涣散、组织漏建、人员漏编的问题。河底镇 4 村对民兵组织实行版图正规化管理。1997 年,东村、燕龛、河底 3 个乡镇分别组建了 50~120 人的民兵应急分队,并配备了服装、头盔、和部分警具。东村乡由于注重培养民兵干部,70%以上的村干部都是从民兵连的岗位上提拔起来的。2 月,燕龛乡人民武装部下发《关于做好一九九七年民兵整组工作的安排意见》。1999 年,境内 3 个乡镇围绕适应“市场”和“战场”的需要,以调整布局,优化结构,突出重点、分类建设为总体要求,按照宣传教育、出入转队、调整干部、清点装备、修订制度、集合点验为程序重点开展了民兵应急分队和对口专业分队的建设。同年,东村乡基干民兵 150 人,河底镇 260 人,燕龛乡 50 人。5 月,预备役步兵第 248 团 1 营在郊区组建,河底镇设二连。

2000 年,东村和燕龛,2 乡人民武装部划归河底镇人民武装部。2003 年和 2004 年,开展民兵整组工作,以军事斗争准备为牵引,以质量建军为核心,调整布局,优化结构,突出抓好主要交通沿线和社情复杂地区的民兵组织。2005 年,全镇有基干民兵共 340 人,其中步兵 3 个连共 270 人,心理战分队一个 20 人,应急分队一个 50 人。2 月,郊区区委、区政府授予河底镇人武部“群团工作先进集体”称号、“民兵基层建设先进单位”称号。2006 年,民兵整组工作着眼于提高民兵快速动员和遂行作战任务能力。2007 年 1 月,河底镇人武部突出作战队伍、勤务保障队伍、应急分队和其他队伍四支力量建设,调整民兵组织,压缩基干民兵规模，走出了一条平战结合、注重质量、以精求强的民兵建设之路。2009 年 8 月，阳泉市委、市政府、军分区授予河底镇“人武部先进单位”称号。

2010 年 1 月，全镇 9 个基层营连部达到了正规化建设标准。河底镇民兵总数为 216 人，其中通信连 61 人，车辆维修分队 25 人，步兵连 130 人。2011 年，河底、里龙光峪、固庄 3 个村和镇武装部在硬件、软件各方面进行了改进和完善。2012 年 3 月，河底镇武装部印发《关于认真开展维护军人军属合法权益和帮战扶贫致富活动的通知》，当年解决邓家峪村门外排水纠纷、任家峪村污水流入农家耕田、大固庄村邻里不和造成伤人事件。2013 年，区人武部在河底镇设 31 人组成的抢险应急连队。2014 年是营连部规范化建设达标年，河底镇各村对照《阳泉市郊区民兵基层阵地规范化建设标准细则》和《阳泉市郊区民兵基层阵地规范化建设达标手册》，连部建设全部达标，基干民兵连部达标率达到 90%以上，全镇基干民兵任务总数达到 408 人。

2014 年河底镇基干民兵队伍编组任务区分表（408 人）

表 16-3　　单位：支、人

队伍名称	类型	人数	分配人物数
市级森林灭火专业队郊区分队	应急	30	底村 10 人、下章召村 10 人、里龙光峪 10 人
河底镇应急排		30	河底村 10 人、牵牛镇村 10 人、苇泊村 5 人、小分队 5 人
各村民兵应急班		220	河底、山底、苇泊、上章召、任家峪、牵牛镇、东村、南沟、苏家泉、曹家掌、小西庄、五架山各 10 人；其余村各 5 人
联合防空分队	支援	99	山底村 10 人、下章召村 10 人、里龙光峪 10 人，河底村 10 人、牵牛镇村 10 人、苇泊村 5 人、小分队 5 人。河底、山底、苇泊、上章召、任家峪、牵牛镇、东村、南沟、苏家泉、曹家掌、小西庄、五架山各 10 人；其余村各 5 人。河底、苏家泉、任家峪、上章召、牵牛镇、五架山各 10 人；里龙光峪 6 人，龙光峪、苇泊、固庄、关家峪、邓家峪各 5 人；东村 3 人、小西庄 3 人；中佐 1 人
情报侦测分队		9	镇武装部 2 人，河底、牵牛镇、山底、固庄、里龙、东村、北庄各 1 人
防化救援分队		20	东村 10 人、苏家泉 10 人

政治教育　抗战时期，主要进行抗日救国、民族气节、保卫家乡、军民合作、组织纪律等教育。解放战争时期的民兵教育，主要是进行保卫抗战胜利果实、保卫解放区、打倒蒋介石和建立新中国的教育。中华人民共和国成立后，主要进行党的路线、方针、政策、国防

观念和革命光荣传统教育。20世纪70年代后，根据美苏争霸危及世界和平和美帝霸权主义进行挑衅的国际形势，对广大民兵继续进行国防教育，端正在和平时期加强民兵建设重大意义的认识。中共十一届三中全会以后，党的中心工作全面转移到经济建设上来，国防建设指导思想也实行战略性转变。1970年5月在一讲（大讲形势）、二学（学习毛主席有关对战备方面的讨论和重要文章）、三忆（忆阶级斗争苦、民族恨）、四找（根据毛主席的教导、上级要求和先进单位、先进人物对照，找工作上、思想上、作风上的差距）、五查（查思想根源）、六定（订活动计划和措施）活动中，下章召村《两忆三查就是好，春耕生产掀高潮》和苇泊村《夺取农业更高产》的典型经验材料印发全区。1971年9月，东村公社武装部举办了民兵干部军政训练班，所属民兵组织12个连队、2个直属排，共有排级干部180余人参加。学习内容：毛泽东主席、林彪关于民兵工作的一系列重要指示，传达贯彻全军和地区民兵工作座谈会议纪要以及三都会议精神；学习各级党委关于学习大寨民兵连的决定和上级首长有关形势问题的报告。1974年6月6日，阳泉市人民武装部将河底公社下章召大队民兵营的《开展创造民兵工作"三落实"先进单位活动的初步做法》转发至各级武装部，要求抓好该项工作，及时汇报各自经验做法。1976年，河底公社社民兵共举办民兵干部、理论骨干学习班113期，参加的民兵达3960人次，民兵们共写出批判稿2436份，开批判会245次，出黑板报1432期，批判专栏172期。

1985年，以贯彻中国共产党的路线方针、政策、法律法令为主的全民性教育和参加以爱国主义为核心的国防教育。1986年按照"发动民兵干四化，围绕四化办民兵"的思想，以劳养武，富民强兵，充分发挥民兵在两个文明建设中主力军的作用。1987年，重点在民兵中开展反对资产阶级自由化斗争的教育。1988年，燕龛乡人武部举办了国防知识百题竞赛，东村乡在乡办企业中举办国防知识讲座。

1990年，结合"双基"（基本国情、基本路线）教育，在青年民兵中广泛开展了坚持四项基本原则，反对资产阶级自由化教育。重点抓了意识形态领域的反腐蚀斗争，加强思想道德和文化建设，在改革开放条件下，有效地防止了和平演变。1991年，进行新形势下的战备教育。1992年，开展了学党史、军史和学中共十四大文件活动。1998年，结合"三讲"（讲学习、讲政治、讲正气）教育，开展了邓小平理论及十五大精神学习活动。

2003年至2007年，开展了"学习实践'三个代表'，为全面建设小康社会做贡献"宣传教育活动，加强以反"台独"应急作战为牵引和履行抗洪抢险、森林扑火、应急维稳等多种职能教育。2008年主要贯彻党的十七大精神和科学发展观为主题的教育活动。2009开始，河底镇人武部在全镇民兵队伍中广泛开展了当代军人核心价值观教育。同年9月，河底镇人武部在阳泉市郊区“交通杯”国防知识竞赛和民兵防空知识竞赛中分获三等奖和二等奖。

2010 年 9 月，河底镇人武部在郊区纪念《中华人民共和国国防动员法》颁布实施暨国防知识大赛中荣获二等奖。2011 年，在建党 90 周年纪念活动，组织开展了“学党史，树典型”“知荣辱、树新风”“红歌传唱歌咏赛”等主题教育活动，积极参与百团大战胜利暨庆祝国防动员法颁布实施为主题的国防知识演讲大赛，全年组织民兵参加各类培训 30 余次。2012 年 2 月 12 日，河底镇 161 名民兵分批次在区武装部进行《人民防空的任务与作用》《核武器及其杀伤破坏因素》《对核武器的防护》《化学武器的防护》《生物武器的性能及其防护》《简易个人防护器材的制作》为主要内容的学习。2012 年，以领导干部、专武干部和民兵分队为重点教育对象，以民兵性质、任务、分队的职能、敌情、战备形式、爱国主义等为主要内容，对部分基干民兵采取讲课灌输、参观缅怀、聆听启蒙、观看电影、宣传教育等多种方法进行教育。2013 年 7 月至 9 月，100 多名民兵分批次聆听了镇党委书记、镇长、镇人大主席关于民兵建设的政治教育。另有 20 名基干民兵，参加了区武装部组织的庆“八一”征文演讲。9 月 18 日，河底镇 20 名民兵参加了献给武警、民兵部队文艺慰问演出。2014 年，重点组织全镇民兵进行习近平总书记的群众路线教育实践活动的学习。此外境内还建有 2 个德育教育基地，供境内学生和民兵进行德育教育。

军事训练　境内民兵的军事训练，始于抗日战争时期，训练内容：重点掌握常规武器的构造、性能及步枪瞄准，手榴弹投掷要领，土造地雷的制造和伪装技术等。抗日战争胜利后，境内民兵掀起了大规模的练兵热潮。参训民兵按区集中，每期一个月，每村派 5~8 人。训练科目除射击、刺杀和投弹外，还增加了攻城爆破、防熏、防毒、战场救护伤员等科目。

1958 年，各村 18~28 岁的男女青年普遍参加了训练。训练内容主要有射击、投弹、刺杀、爆破、土工作业和伤员战场自救等。此外，基干民兵增设了单兵战术课，如利用地形地物进行“三防”(防火、防毒、防化学武器)训练。

1964 年，民兵开展了“一帮一，一对红”比武练兵活动。1969 年 5 月，境内民兵武装参加了全区统一组织基干民兵进行战备拉练，拉练部队携带武器装备徒步行进，往返时间 5 天左右；途中练习攻防战术、传递口令、战场救护等科目。

1970 年，民兵训练重点为“三打(打飞机、打坦克、打空降兵)、三防(防原子、防化学、防空降)”训练。9 月，民兵营、连干部进行刺杀、射击、打坦克、利用地形地物、站岗放哨等军事训练。在军工生产上推广东村、任家峪土洋结合，以土为主的经验。1971 年，在郊区人武部民兵干部步枪射击集训中，燕龛公社 19 人参加，5 人优秀，夺得第一名；河底公社 41 参加，11 人优秀，排名第二；东村公社 38 人参加，5 人优秀，为第四名。1973 年 1 月 12 日

下章召大队开展民兵打飞机训练(图 16–3)

至 18 日,东村公社人武部组织了为期 7 天的排以上干部 73 人的军争训练,训练内容为射击、投弹和打坦克,其中优秀 12 人,良好 28 人;有 8 名民兵投掷在 40 米以上,基干民兵李喜贵投弹达 51 米。同月 25 日至 28 日,河底公社也举办了排以上干部共 119 人的军事训练,重点进行了实弹射击和炸药实爆。1974 年,军事训练中燕龛乡取得全区打坦克第一名的好成绩,东村民兵取得爆破和投弹两个第一名,河底取得射击第二名。所有民兵基本做到“三会”(会讲、会做、会教)。8 月 13 日,河底、东村、燕龛分别派出 27 名、18 名、12 名民兵参加全区实弹射击,河底以 92.5%的总评名列第二,东村总评 88.8%,燕龛总评为 75%。1975 年,河底公社 158 人参加了打敌坦克、爆破、实弹射击训练;燕龛公社 76 人参加了三三〇爆破、炸药爆破、实弹射击训练;东村公社 186 名人参加了三三〇爆破、炸药爆破训练。1976 年,河底公社人民武装部树立常备不懈的思想,做到早打有准备,晚打不松劲。在“五一”后集中训练民兵以上干部 10~15 天,训练内容是以打坦克、打飞机、打空降为主的技术战术训练,和射击、投弹、队列等一般军事科目的复习巩固和提高的训练。河底,上、下章召,龙光峪,大、小固庄共训练 364 人,累计实训 560 小时,尤其上章召大队还组织民兵利用晚上时间在大队礼堂内进行射击练习,苇泊大队民兵在农田基本建设中多次以民兵建制参加会战。1979 年,对民兵重点进行隐现目标射击、对空射击、破袭战等科目的训练。

1980 年,全区军事比武表演在三都大队举行。河底、东村、燕龛 3 个公社共派 24 名民兵代表进行了八二炮、六〇炮、四〇火箭筒、班用轻机枪和步枪山地射击。4 月 7 日,河底公社 13 名、东村公社 9 名、燕龛公社 6 名民兵进行的山地射击、单兵战术、理论考核中全部达优。1982 年,河底、东村、燕龛 3 个公社各选派民兵代表共 100 余人,参加在荫营举行了全区民兵比武表演,项目有 100 米胸环靶精度射击、人头钢靶射击、对气球射击、隐显目标射击、对酒瓶射击、“六〇迫击炮”射击、侦察技术等 8 项。4 月 20 日,河底公社 5 名民兵和燕龛公社 5 名民兵进行了 100 米半自动步枪头环靶射击,东村公社 5 名民兵进行了 100 半自动步枪气球射击。1987 年,训练对象转向民兵干部、步兵和专业技术兵,集中进行军营式规范化训练。1989 年始，民兵训练内容突出“三防”（防空袭、防暴乱、防自然灾害），参训人员为民兵应急分队成员和基干民兵。9 月，河底应急分队参加了全区人武部举行防爆乱演习。

1992 年，为推动民兵规范化建设，搞好新形势下的民兵军营式规范化训练，在全区阅兵中，河底镇武装部被评为“先进集体”。5 月 10 日至 6 月 20 日，全区民兵训练重点突出了“一员两手”（优秀教练员、射击能手、技术能手）和“三抓”（抓规范训练、抓考核比武、抓训练基地建设和管理使用）活动。受场地限制，河底训练点制定相应的考勤制度。1996 年，全镇民兵干部、专业技术队员和基干民兵参加为期两个月的军营式规范化训练。民兵干部突出了教学法和本级指挥课目的训练，基干民兵着重进行了单兵战术、技术的基础训练。同时，进行了防突发事件的演练。1998 年 6 月 25 日至 7 月 5 日，3 个乡镇的专武干部参加了全区组织的以队列、民兵工作条例、高科技知识、民兵动员业务、手枪射击、军事地形学为内容的集训。

2000 年，各乡镇人武、专武干部训练侧重抓了参谋业务技能的学习训练，提高了干部科技参战、科技支前、科技保障的组织指挥能力。主要突出了以计算机操作等高科技知识为主的新知识、新技能、新战法的学习训练。2003 年，主要是组织以森林灭火为背景的战术演练。2005 年，全镇民兵系统地接受了以共同条令、班排战术教学法和应急处置为主的培训。4 月，40 名民兵（牵牛镇 10 人、山底 7 人、东村 7 人、任家峪 8 人、里龙光峪 3 人、苏家泉 2 人、上章召 1 人、中佐 1 人、河南 1 人）兵分两路，分别由关家峪、下章召出发，集中训练，拉练至千亩坪村。同月 18 日，在阳泉市召开的“山西省改进民兵整租验收方式”现场会上，河底镇 50 名民兵参加警棍盾牌操训练。同年，河底镇人武部出台《关于维护沿线铁路重要目标的预案》。2006 年至 2009 年，河底镇人武部每年组建基干民兵共 249 人，其中步兵三个连 180 人，通信连一个 61 人，应急独立连一个 50 人，训练内容为队列动作、警棍盾牌操、防火、治安巡逻等科目。训练对象包含应急分队、专业分队、重点村部分基干民兵，2009 年 5 月 18 日，60 名基干民兵在牵牛镇、山底一带进行了防汛预案演练。

2010 年 1 月，河底镇人武部夺得全区民兵基础训练比武竞赛手榴弹投远第一名。2011 年 7 月 13 日，河底镇武装部组织了抢险预案拉练演练，任家峪、山底、牵牛镇、邓家峪等 6 支队伍共 60 人参加。2011 年，河底镇民兵整组工作中，组建基干民兵排共 30 人，训练内容包括队列动作、警棍盾牌操、防火、治安巡逻等；2012 年，河底镇人武部相继出台了《民兵抗洪抢险预案》《护林防火预案》《抗震救灾预案》《民兵反恐维稳方案》《民兵应急处突事件预案》《维护重要目标方案》《民兵快速动员方案》《民兵参战支前保障方案》。其中《应付突发事件预案》中对情况预想，兵力编成和任务区分，集结地域、开进方式和机动路线，组织指挥、行动原则、有关保障都做了详尽的规划。2013年，河底镇武装部制定《森林防火预案》《关于维护重要目标预案》《维稳反恐预案》《民兵支前保障预案》《应付突发事件预案》《维护社会治安预案》。

武器装备　抗日战争初期，民兵手中的武器主要是长矛、大刀、鸟枪及数量极少的土造地雷、手榴弹。民兵武器装备稀缺，把枪支视如生命，夜晚睡觉时将枪支放在身边，日出劳作枪不离肩。保管形式主要由民兵连干部或村干部个人保管，擦拭保养良好。抗日战争后期，民兵公开活动的村庄，逐步配备由部队替换下来的武器，并逐批装备民兵，村子较大的民兵连队有枪炮20~30件。为使一枪一弹掌握在可靠的人手中，特从基干民兵中挑选政治可靠的人作为持枪民兵，枪械由本人保管。20世纪60年代，国产新式枪械下发民兵连队，因数量少，一般由民兵干部掌握保管。1968年冬，以周某国为首的市苇泊玛钢厂造反派10余人在燕龛村抢夺步枪数支。事后，平定县破获此案，被抢枪支如数收缴，平定县革委会武装部对燕龛村民兵连连长史某怀及其母亲进行了表彰奖励。进入70年代，民兵武器数量种类增多，开始由民兵连指定专人看管，并建立健全登记、使用、擦拭、维修等规章制度。武器弹药存放有专门的箱（架、柜）。擦拭保养所需的油和布，由公社发放到大队。1971年9月19日，在全区持枪民兵武器检查中，燕龛公社和下章召连队达到"三有"（有制度、有检查、有教育）、"四无"（无生锈、无损坏、无丢失、无霉烂）标准。1976年，河底公社提高武装基干达到一件武器配备2套~3套人员的要求。武器都掌握在政治可靠的人手里。70年代末，国际形势缓和，民兵训练任务相对减少，加之个别单位民兵国防观念淡化，看管制度不落实，武器弹药被盗现象时有发生，鉴于此，全区实行了按公社集体保管的制度。

1980年6月25日，河底公社人民武装部出台《关于民兵连（营）武器装备管理规定》。一是民兵武器装备要保证掌握在政治可靠人的手里，每件武器要配1~3人，实行定人、定武器装备、定责任，保证一枪一弹不被坏人利用。二是要对持枪民兵经常进行形式战备教育，爱护武器装备和安全管理教育，不断增强战备观念，提高管理武器装备的自觉性。使持枪民兵人人做到："四会"（会使用，会保养，会检查，会排除一般故障）"三勤"（勤擦拭，勤保养，勤检查）。三是武器装备管理，要从实际出发，因地制宜，既要便于使用又要确保安全，凡有条件的单位都要集中保管。集中保管的单位必须有专车、专柜、专人负责，有管理制度。库房的门窗必须坚固可靠，不坚固的和不安全的要改造加固，并要逐步安装报警设备。不论采取哪种办法都要讲究实效，做到：白天常检查，夜间不离人，值班要交接，责任要明确。四是各民兵连（营）要建立健全规章制度，做到有据可查，有章可循。武器擦拭制度、检查制度、维修制度、交接制度、事故报告制度。五是民兵武器装备使用、要确实做到“十不准”:(1)不准使用民兵武器处理人民内部矛盾;(2)不准擅自外借、转让武器装备,需借时经公社武装部批准;(3)不准私自用民兵武器打猎;(4)不准私自带枪探亲访友,或参加集会;(5)不准平时在枪内压子弹;(6)不准玩弄武器和枪口对人;(7)不准无故鸣枪;(8)不准带枪酗酒;(9)不准随意拆卸和调换武器装备的零部件;(10)不准违章作业。六是广泛开展“四无”“四会”的活动,并要作为一项评比内容,对爱护武器装备有突击成绩的单位和个人要给予表扬和奖励。1980年6月27日,境内武器管理员参加全市民兵武器管理维修经验交流大会。1984年,武器管理达到八有制,领取有关部门的合格证书。1987年8月30日至9月3日,燕龛、河底、东村3个乡镇的武器,包括步枪、冲锋枪、机枪、卡宾枪、地雷、爆破筒、电台、电话、训练器材和物资等装备各种附件彻底移交回区人武部,完成了武器装备以区集中管理的任务。1989年,民兵武器管理做到“三勤”(勤检查、勤擦拭、勤保养),武器装备达到“四无”(无丢失损坏、无霉烂变质、无虫蛀鼠咬、无事故差错)。1990年,郊区人武部对境内三个乡镇原配发的民兵武器进行适当调整。进入和平时期,各类枪支全部归上级部门统一保管。

2014年,河底镇应急排战备物资有背囊40个、头盔40个、衣服40件、警棍30根、发电机1台、风力发电机2台、灭火弹5箱、铁锹10把。

支前参战 在抗日战争及解放战争中,境内民兵积极参军参战。北庄村第一任书记兼区武装委员会委员,村除奸队队长胡福林负责辛兴、官沟以北,清城、滴水崖以南的反特、除奸、除霸工作外,还带领中共党员胡情、赵玉、赵亮等和青年民兵程银宝、梁建英、胡成元、胡惟等人多次破袭日军从阳泉到盂县,郊里至清城段的交通干线和通讯线路,断公路割电线,秘密宣传中国共产党的抗日主张。民国27年(1938)冬,东村民兵半个月就割日伪电线1400千克,夺回生铁4万多千克。民国29年(1940),为配合百团大战第一阶段作战,境内民兵踊跃支前,组成各种运输队、担架队、破交团等战斗组织,冒着枪林弹雨配合部队作战,并有一批青年参加主力部队。民国31年(1942)9月24日夜晚,境内五区上章召、下章召、五架山、苏家泉、小西庄、东村、南沟等区民兵骨干300多人,自带粮草随军服务,并参加平定(路北)县组织的破路大队,对阎军控制的铁路展开破袭战,将青崖头到郊区4里长的电线割掉,破坏了该段的公路,并在路旁刷写了“打倒日本帝国主义”“坚持持久战”等口号。四区民兵70余人,将三都至林里的日伪电线500余千克全部割掉。同年冬,民兵夜间组织起来去推倒日军修筑的西起东村乡小西庄村,经南沟、下章召、红岭,东到娘子关,历时两年,全长50千米的封锁墙,迫使日军封锁计划破产。苏家泉武委会主任、民兵队长、区委委员赵玉锁带领周边民兵夜晚偷袭日军在河底摩天堖设的炮楼。东村武委会主任曹喜牛组织30多名游击队员，在河底清城、牛村、巨城一代袭击敌人，破坏交通和通信设施。民国32年（1943）7月24日，五架山民兵在村边南岭埋设地雷，将来村扫荡的牛村据点日伪军炸伤5人，重伤2人。同年，小西庄村刘先元在其他民兵的配合下，除掉看押修城墙的汉奸周疤子，并在区干部赵玉锁的带领下，除掉河底伪村长。民国33年（1944）1月，下章召村民兵200余人，于夜晚将日军放置在河底的7500千克生铁块夺回，送往平山小郊兵工厂。同年，燕龛村民兵郭二毛、史六猫等人在村前伏击日伪军，炸死炸伤数名，收到上级的表彰。民国35（1946）年11月6日，四区民兵30余人攻打驻扎河底村的“奋斗团”，俘虏100余人，缴获步枪50支，手榴弹、子弹若干箱。12月13日，四区民兵包围攻打河底地主武装——复仇队，击毙1人，俘虏53人。民国37年（1948）年秋，平定（路北）县委组织荫营、山底、上下章召等村民兵大规模生产82毫米/60毫米迫击炮弹体、弹翅和手榴弹体支援解放战争。在抗日战争、解放战争时期，山底人民积极参军、支前，其生产的“手榴弹”源源不断地输往各个战场，为此，山底村被上级授予“支前模范村”“对敌斗争坚决村”光荣称号。在解放寿阳、阳泉、太原战役中，仅小西庄村支前民兵就达180人，牲口130头；燕龛村支前民兵80人，其中史锁和、史星成在解放太原战役中荣功立奖。民国38年（1949），境内各区民兵组织配合公安机关开展取缔反动会、道、门工作。1986年，境内妇女为老山前线和有关部队捐赠鞋垫等慰问品。

执勤巡防　民国31年（1942）4月，红枪会道首武才苛、潘理所、杨步喜配合日军到平定县罗面咀扫荡，捕杀抗日干部和群众。6月25日，晋察冀二分区十九团，武装取缔红枪会，反动道首被击毙。中华人民共和国成立初期，重点协助公安机关维护社会治安。1949年，境内各村民兵组织配合公安机关开展取缔反动会、道、门工作，首先打击了“一贯道”“先天道”。8月，贯彻华北人民致府关于取缔封建会道门的公告精神，首先选择了一贯道活动嚣张的任家峪、上章召、赛鱼和前庄4个村，作为取缔试点，有50名中小道首登记集训，400余名受骗群众声明退道。1951年，境内民兵配合各级政府开展了镇压反革命运动。1972年，河底公社部分大队民兵完成了“303”长途干线护理任务护线。

1991年，牵牛镇村民兵连长谢肉小，带领4名民兵将2名人贩抓获，解救2名被拐骗到郊区的四川姑娘。1996年，东村乡治安小分队，在队长（民兵连连长）施喜生和公安部门的配合下，抓获由东北流窜阳泉市的杀人犯罪嫌疑人孙某发（杀死29人，伤1人）。3月25日，东村、燕龛、河底3个乡镇的民兵，统一着87式迷彩服、解放鞋、头戴钢盔，白手套、扎领带在太旧高速郊区段参加太旧高速公路全线开通执勤寻访任务。1998年，河底镇组织全镇的基干民兵对阳泉市第二监狱实行昼夜巡查。

2001年2月,成立了30人的治安巡逻队。2003年“非典”(非典型肺炎),组织各村民兵设哨卡300余个,设消毒检查点64处,参加民兵188人,并派驻郊里检疫站专武干部1名。做到“四定”(定人、定时、定位、定责任)、“三检”(检查在位情况、检查履行职责情况、检查落实交接班情况)、“一讲”(交接班室讲上周的情况)。2005年2月26日,河底镇各村民兵参加了滴苇线公路的剪彩仪式。是月29日,全镇组织民兵35人(牵牛镇8人、山底8人、河底8人、邓家峪6人、关家峪6人),协助公安连夜布控打击私挖滥采。7月1日,山底、小沟、红土岩、河底、里龙光峪、苇泊等村连队组织巡逻,打击私挖滥采。2008年8月北京奥运会期间,各村民兵在参与各村的维稳工作。2010年,关家峪村民兵连20人,成功围堵了一次私挖滥采。2011年,协助公安机关维护治安,保持社会稳定,特别是在打击私挖滥采工作中发挥了中坚作用。2011年5月,镇武装部承担了温河灌区东村改线工程的协调工作。其间,组织民兵维稳1次,化解纠纷6起。

参加生产 民兵是社会主义经济建设中的骨干力量,积极参加工农业生产活动,在本区重大工程建设中发挥了主力军的作用。1965年,全地掀起农田基本建设高潮,境内民兵成建制地大规模参加农田基本建设。队队兼有“大寨田”和蓄水池。1969年,积极响应毛泽东“深挖洞,广积粮,不称霸”的号召,境内形成全民性挖掘防控工事高潮,村村有地道,各家各户在自己房间,屋后或都挖筑能容纳本户人口藏身、储粮的防空地道。1970年,本区掀起深翻土地群众运动,近千名民兵参加了此次运动。人均深翻7.6亩。小河北、东村、苏家泉出现群众性挖地道、防空洞高潮。地道有翻口、卡口、陷阱、迷阵、房间等。特别是小河北村地道,基本达到了能攻、能守、能打、能退的地下长城。1971年11月,河底、东村、燕龛3个公社的民兵施工连参与温河水利工程。1972年,境内各村民兵参加07230战备公路(白猫梁至平定旧关)工程建设。1977年,境内各村选拔骨干参加温和水利工程大会战。河底公社连、河底公社连第三排、东村公社连第二排、水泥厂熟料连被评为“先进集体”,河底公社7人、东村公社5人被评为“模范标兵“和“先进个人”称号。2002年10月,阳泉市委、市政府授予河底镇“人武部民兵参建工作先进单位”称号。

2001—2014 年部分年份河底镇人武部参加生产活动一览表

表 16–4　　单位：年、人

年份	工程名称	活动内容	成　效
2001	关家峪村生态园区	整地	2000 余亩
		种元宝枫、侧柏、仁用杏等观赏性经济林	1 万余株
		开通了与园区建设配套的山间道路	5 公里
2002	民兵生态工程	种树	2000 余亩
		挖土石方	5000 余方
		修路基	3 条
2008	绿化家园	四旁植树	
2009	刘备山植树造林		
2010	三城同创	镇、区两旁植树	3000 余棵
2011	植树造林、城乡环境整治、打击私挖滥采		
2014	刘备山植树造林	2014	

抢险救灾　中华人民共和国成立后，辖区内民兵在完成艰难险重任务中，始终发挥了突击队作用。1962 年 7 月 29 日，西南舁公社的 6 个生产大队遭受风暴袭击，境内上、下章召，小西庄等村民兵赶赴灾区进行抢险救灾。1966 年 3 月 8 日，河北邢台地区发生强烈地震，地震波及本区，辖区内民兵迅速开展抗震救灾。同年 8 月 23 日，阳泉地区降暴雨，发洪水，桃河决堤，市区被淹。境内民兵紧急出动到阳泉火车站、西河滩货场抢运物资，维持秩序。1970 年 7 月 8 日，阳泉郊区 6 个公社、31 个生产大队遭受严重风雹灾害。灾情发生后，境内内民兵积极进行抗灾自救。1977 年 5 月 29 日傍晚，郊区受到暴雨夹冰雹的突然袭击。境内民兵，带干粮、带籽种、菜秧、牲畜、拖拉机等物资，赴李家庄、杨家庄 2 个受灾最严重的公社进行救灾。1982 年 7 月 29 日至 8 月 4 日，河底、东村等公社先后遭洪灾，灾情发生后，境内民兵战斗在抗灾救灾第一线。1992 年 10 月 8 日，盂县南娄乡发生特大森林火灾，区人武部深夜紧急调动境内民兵进行堵防灭火，及时阻止了火势蔓延。1998 年 3 月，狮脑山和桑掌林场同时出现火情，境内民兵赶赴现场，迅速进行扑救。

2001 年，组建 30 人森林防火专业分队，配齐必要的灭火器材。在 2004 年春季护林防火工作中，全镇民兵先后扑灭武家庄、曹家掌、大河北森林火灾，并在雨季组织 360 名抢险队伍承担起防洪重任，实行 24 小时待命。2005 年 3 月，大河北境内出现山火，东村、下章召共 150 名民兵参与救火。30 日，燕龛钱沟一带发生火情，全镇 800 民兵参与扑救行动。6 月 21 日，邓家峪发生山林火灾，全镇 1000 余名民兵参与救火，历时两天两夜，特别是曹家掌、下章召连队始终战斗在第一线，受到上级部门的表彰。2006 年 3 月，全镇民兵连长防火、防汛工作会议召开，安排部署各村民兵人员的配置以及器材的准备情况。2007 年 4 月 5 日，镇武装部对辖区内的重要山口、重要地段、重点村的防汛任务进行划分。2011 年，进入汛期，镇武装部组织 50 人的应急分队随时待命；对排查出的 3 个村、29 户 94 人，各民兵连协助村委会妥善采取了搬迁、撤离、专人看护等措施，确保了全镇人民的安全度汛。2012 年 4 月 17 日，曹家掌、西沟一带出现森林大火，各村民兵灭火分队奋战一天一夜。10 月 28 日，关家峪村西山一带，由于村民焚烧秸秆引起火灾，每村不少于 20 人民兵参与救火行动。2013 年 7 月 9 日，盂县发生森林火灾，河底急调 30 人的应急分队，参与救火，耗时一天一夜。10 月 18 日，河底镇 30 名民兵参加省军区对郊区武装部的检查验收，演练各种灭火器械的使用。

第十七章　政　法

第一节　公　安

机构设置

河底公安局派出所，组建于民国37年(1948年)8月，是全省公安机关在中华人民共和国成立前成立的派出所之一，隶属于阳泉市公安局管辖。1963年1月，阳泉市公安局撤销河底派出所建制，社会治安管理移交河底人民公社。1967年2月，阳泉市军事管制委员会重新组建河底派出所，隶属于阳泉市军事管制委员会管辖。1973年6月，撤销阳泉市军事管制委员会，恢复阳泉市公安局河底派出所建制，隶属于阳泉市公安局郊区分局管辖。2002年7月17日，随着全区撤乡并镇工作的进展，阳泉市公安局燕龛派出所、东村派出所撤销，并入阳泉市公安局郊区分局河底派出所，隶属于阳泉市公安局郊区分局管辖。其辖区内有32个行政村，68个企事业驻地单位，人口41369人。1997年11月，河底派出所投资70余万元，建成二层750平方米的新办公大楼。2014年，所内有正式干警9名，协管员3名。设所长、指导员、副所长、治安民警、户籍民警、治安内勤、户籍内勤、暂住人口协管员等职务。所内设民警责任区5个、警务室5处、户政大厅1处、办案功能区1处、指挥中心平台1处、配备监控探头283个、警车4辆、电脑19台、打印机10台。2002年，经山西省公安厅、阳泉市公安局考核评定为三级派出所。2004年，经山西省公安厅、阳泉市公安局考核评定晋升为二级派出所。历任所长是檀先隆、李晃、戎俊来、史燕云、曹金斗、李印周、任秀成、高成贵、徐敏、李要君、赵富民、杨慧文、赵前进、史玉林、司泉生。历任指导员为姜秀军、翟怀珠、马玉波、余文琦、张来栓、闫建书。撤乡并镇前，东村派出所历任所长是高海所、王所来(代)、杨新林、李要君、杨慧文、段维平。历任指导员为贾小楼、马玉波、翟怀珠、葛永红(主持工作)。撤乡并镇前，燕龛派出所历任所长是史存寿、崔建峰。历任指导员为任秀珍(女)、李拉丑。

治安管理

取缔封建反动会道门　中华人民共和国成立前，辖区有封建反动会道门，一贯道、先天道、圣天道、后天道、九宫道、红枪会等。封建反动道首利用封建迷信、掐诀念咒、喝符绝食、设坛练术等手段，造谣惑众、蛊惑人心、诈骗钱财、欺骗群众入会入道。在抗日战争时期，有个别反动会道门投靠日伪，充当汉奸。他们敌视共产党和抗日民主政府，多方打探情报，勾结日伪残害抗日军民。如大河北村、小河北村的杨成牛等人组织红枪会，发展道首道徒一百余人。有的道首道徒充当汉奸，多次为日伪出谋划策，提供情报，配合日伪军到罗面咀等村进行大扫荡，帮助日伪军抢夺群众财物，捕杀抗日干部和群众。他们的反动行径激起了广大群众的强烈愤慨。根据群众的强烈要求，平定(路北)县抗日民主政府作出决定，武装取缔红枪会。1942 年 6 月 25 日，晋察冀二分区十九团，对红枪会所在地小河北村发起攻击，”十余个负隅顽抗的反动道首道徒当场被击毙，道首杨成牛逃跑。这一取缔行动震慑了其他道会不敢再公开投敌资敌。1948 年 1 月 4 日，华北人民政府颁布《关于取缔封建反动会道门》的布告。根据布告精神，8 月 19 日，在市委的统一安排部署下，市公安局在辖区选择了一贯道活动比较猖狂的任家峪村、上章召村作为开展取缔反动会道门的试点。通过派驻工作队发动群众、调查摸排，号召道首道徒主动登记交代罪行，采取宽大与惩罚相结合的方法。在短时期内有 20 余名小道首主动登记，政府对他们进行了统一改造教育，不予追究，释放回家，150 余名上当受骗的群众主动声明退道。这一措施使取缔工作取得了明显效果，为下一步全市取缔封建反动会道门工作积累了经验。1951 年 2 月 21 日，中央人民政府颁布《中华人民共和国惩治反革命条例》，在全国开展了轰轰烈烈的镇压反革命运动和取缔封建反动会道门运动。在该次运动中，辖区共查获一贯道、先天道、圣天道、后天道、红枪会等道首 55 人，道徒 860 人。在打击处理上，对罪大恶极的反动道首依法判处死刑、无期徒刑和有期徒刑；对一般道徒进行登记，统一集训教育，让他们改过自新、重新做人；对罪行交代彻底，认识态度较好的免于处分；对不主动交代被群众检举揭发的，罪行不太严重者，经教育释放回家，实行群众管制、劳动改造。经过这次大规模的打击和取缔活动，辖区封建反动会道门大部分瘫痪不再滋生、基本灭绝。随着社会的进步，人民群众的觉悟不断提高，增强了反邪教的意识，有力地维护了社会治安秩序，巩固了国家长治久安，推动了社会主义事业的健康发展。

镇压反革命　抗日战争和解放战争时期，辖区有敌占区、游击区、解放区，有汉奸、特务、日伪组织的自卫团、阎锡山的奋斗团、还乡团、便衣队、复仇队等反革命武装。抗日战争时期日伪制造了“蔡家峪事件”，平定(路北)县公安局指导员王树仁、四区区长陈秉礼和两名战士英勇牺牲。1941 年,(路北)县公安局侦破了“蔡家峪事件”,处决告密汉奸曹锟。民国 29 年(1940 年)至民国 36 年(1947)辖区开展除奸反特斗争。据四区、五区、七区抗日民主政府和人民政府的不完全统计,处决汉奸、特务、叛徒、日伪人员、反动会道门道首共 36 人。1951 年 2 月 21 日,中央人民政府颁布《惩治反革命条例》,辖区开展镇压反革命运动。同年 5 月 1 日起,先后在燕龛村、河底村、东村等村召开群众大会,检举揭发、控诉反革命罪行并依照中华人民共和国公安部 1951 年 7 月 17 日颁布的《管制反革命分子暂行办法》规定,查处反革命分子 169 人。其中,枪决 12 人、判处无期徒刑 6 人、有期徒刑 30 人、回村管制 43 人、教育释放 78 人。

枪支弹药管理　民国 37 年(1948),根据阳泉市公安局的安排部署,贯彻华北人民政府颁布的《华北区枪支管理办法》和《携带枪支暂行规定》,河底派出所着手清理和收缴国民党军政人员、散兵游勇手中及流失在民间的枪支弹药。共收缴三八式步枪 17 支、手枪 8 支及其他枪支 12 支、子弹 2200 余发,并规定凡需携枪者均由批准机关颁发持枪证。20 世纪 50 年代,河底派出所建立管理制度,对枪支弹药进行了严格登记管理。按照阳泉市军事管制委员会发布的《关于对狩猎枪支弹药管理的几项规定》和《关于彻底收缴散存在社会上的武器弹药和军用物资的通知》精神,对非法藏有的武器弹药进行收缴,共收缴猎枪 15 支、仿真枪 6 支、猎枪弹 90 余发。1980 年依照《中华人民共和国枪支管理办法》,给辖区各用枪机关单位办理了持枪证件,并登记造册。2001 年,辖区共收缴自制单管猎枪 35 支、自制手枪 2 支、钢珠枪 3 支、制式单管猎枪 23 支、双管猎枪 12 支、猎枪弹 148 发。2014 年年底,收缴钢珠枪 15 支、仿真枪 6 支、子弹 15 发,均上交区公安分局。

民用爆炸物品管理　1974 年,阳泉市公安局发出《严格执行民爆物品管理规则,坚决禁止乱购乱销乱运的通知》,对辖区生产、储存、销售、使用民爆物品的单位逐个进行清理整顿并登记造册。改革开放后,随着形势的发展,区、乡、村煤矿逐年增加,使用单位达 40 余个。辖区新建民用爆炸物品仓库、炸药库、雷管库各 38 座,审批管理人员 478 名,其中保管员 78 名、押运员 48 名、看守员 84 名、放炮员 192 名、巡守员 76 名,并确立 1 名副(乡)镇长分管该项工作。依据 2006 年 4 月 26 日中华人民共和国《民用爆炸物品管理条例》规定,制定各种管理制度,做到有法可依、严格管理、依法管理、势在必行。进行“三统一”,即统一发证、统一制度、统一经营渠道;“四建”,即建管理机构、建专门队伍、建目标责任制、建爆炸物品专用库,专库专用,分类存放;“六抓”,即抓培训、抓检查、抓总结推广经验、抓查处、抓收缴、抓保险。对民爆工作做到“六专”,即专门机构、专人抓、专库、专箱、专业队伍、专责抓。对民爆物品管理做到领取、使用、清退“三签字”制度。派出所成立全省第一家民爆物品管理服务站，保留5座炸药雷管库，撤销各单位储存仓库，统一经营，统一管理，统一送货到使用单位，并在服务区安装监控设备，采取人防、技防、物防、犬防的措施。这一成功经验得到区公安分局的肯定，并在全区进行了推广。2011年4月至2014年年底，对辖区仅存的1个民用爆炸物品使用单位"阳泉市燕龛煤矿"进行了审核，安全负责人5人，安全员9人，放炮员30人，巡守员6人，保管员6人。对从业人员重新进行培训领证上岗，逐层逐级逐人签订了民爆管理、使用责任状，达到"不流失、不炸响"的工作目标，更好地为经济建设服务。

特种行业管理　1954年，河底派出所按照上级公安机关对特种行业的规范管理要求，对辖区的旅店业、印铸业、刻字业、旧货业、修理业、废品收购业进行登记造册。由上级公安机关审核并颁发特行许可证，业主依法经营。20世纪80年代，随着改革开放的不断深入，特种行业发展加快。根据1990年山西省公安厅出台的《关于加强特种行业管理的工作意见》。通过调查登记，全面整顿，辖区共有特种行业22个，其中刻字业1个，印刷业1个，旅馆业3个，废旧金属收购业9个，复印、音像、舞会业各1个，出租汽车业5种。2014年年底，辖区共有特种行业11个。按照区公安分局安排部署，对小棋牌室55家、废品收购站20家、小旅店8家、租赁房屋25户、废旧工厂20家等"九小"场所、"危化"行业重新进行了调查摸底、登记造册。

消防管理　1978年，中华人民共和国公安部，在治安管理工作中提出的"四防"，防火是第一防。辖区，河底、东村、燕龛人民公社成立防火委员会，1名副主任和派出所1名副所长负责防火管理工作。按照"以防为主，消防结合"的原则，每年春、冬两季，公社(镇)防火委员会和派出所召开两次防火工作会。派出所干警深入各学校，对学生进行防火安全常识讲解、防火自救演练。每年清明节和农历十月初一，防止野外上坟烧纸引发森林火灾，防火委员会和派出所组织机关干部和各村义务消防人员，在进山路口设岗，发放宣传资料5000余份。公社(镇)人民政府和防火委员会组织一支30余人的森林灭火中队，做到"召之急来、来之能战、战之能胜。"派出所对公共娱乐场所和生产单位不定时的开展防火安全大检查，对不符合消防安全经营的场所和生产单位，下达隐患整改通知书，累计150余份，限期整改。每年结合"119"消防宣传月活动，认真落实《全民消防安全宣传教育纲要》，运用贴近生活、贴近生产、贴近群众、贴近实际的宣传手段，充分调动广大人民群众和消防志愿者参与消防工作的积极性，不断提高全民的消防法制观念和自防自救能力，进一步普及消防安全常识，提高对火灾的防控能力。不断开展"清剿火患"的消防安全大检查，对辖区93家"九小"场所反复展开"地毯式"清查，严查薄弱环节，不留死角和盲区。2014年5月

27 日至 29 日，西沟村因高压线脱落引发森林火灾，过火面积涉及程庄村、燕龛村、曹家掌村的山坡林区，损失惨重。曹家掌村南松树山的千年古松化为灰烬的深刻教训，警示人们应防患于未然。在 2014 年消防隐患安全检查中，共发现隐患 22 处，当场整改 15 处，责令整改 7 处。有效遏制较大火灾事故，杜绝重特大火灾事故，为全镇经济建设和人民群众安居乐业营造一个平安和谐的消防安全环境。

治安防范

治安保卫委员会　抗日战争时期，民国 29 年（1940），平定（路北）县抗日民主政府公安局在辖区各村设立治保员，负责协助民兵维护本村治安秩序，除奸反霸，监视敌人行动，参与对敌斗争，保护群众利益。民国 34 年（1945）8 月，抗日战争胜利后，继续开展武装斗争，打击匪军，配合政府进行“二五减租”。土地改革时，配合“华大”土改工作队，加强对地主、富农的管制工作，协助政府镇压罪大恶极的汉奸、特务及反革命分子。

1951 年 11 月，辖区各村建立了治安保卫委员会（以下简称治保会），主要任务是协助公安机关肃清反革命分子和防奸、反特。1952 年 8 月中华人民共和国公安部颁发《治安保卫委员会暂行条例》，辖区有治保会 38 个，治保小组 183 个，治保干部 768 人。1961 年至 1966 年 6 月，河底派出所邀请上级公安干警对治保干部每年分期分批进行轮训，不断增强治保干部的法律意识，提高业务水平。该期间，治保会主要任务是护村、护田、护林、护厂、护库、护商店、护食堂、护饲养站、护公路；防特、防间谍、防盗、防毒、防火、防破坏、防车祸、防工伤事故、防各种灾害的“九护”“九防”工作。1978 年治保会的主要工作任务转变为“四防”，防火、防盗、防特、防灾害事故。在各个历史时期，治保会是公安机关联系人民群众的桥梁，是维护社会治安的主力军。1957 年 4 月，曹家掌村治保会，协助公安机关在蔡家峪抓获了小河北村取缔红枪会时逃跑的反动道首杨某牛，该犯被依法判处死刑执行枪决。二十世纪六七十年代，河底、燕龛、曹家掌、东村、山底、小沟等村的山上多次发现台湾国民党当局空飘物品和反动传单，治保会发动群众上山收缴这些物品共 2200 余件。1992 年 7 月，3 名四川籍少女被拐卖到牵牛镇村办煤矿外包工手中。他们把 3 名女青年隐藏到本村管道沟山中，蓄意再次转手拐卖。村治保会得知这一情况后，在村党支部的精心安排下，将 3 名少女从管道沟山中解救出来，立即派治保护送到成都市“打拐办”。事后，成都市“打拐办”给阳泉市“打拐办”送来表扬信，阳泉市“打拐办”又给村委会送来表扬信，治保会受到成都市、阳泉市和郊区各级领导的高度赞扬和大力表彰。1983 年在严厉打击刑事犯罪活动的同时，按照市、区的安排部署，派出所对治保组织进行整顿，各村各单位普遍实行了治安保卫责任制，区、乡（镇）、村建立三级社会治安综合治理领导机构，服务于改革开放和经济建设。实行群防群治，联防联治，建立起各种形式的联防队和护村、护厂、护院的群防组织，消除各种隐患，配合派出所惩治各种犯罪活动，在维护社会治安等方面都发挥了积极作用。2014 年，辖区有治保会 32 个、保卫科 12 个、治保小组 97 个、治保干部 198 人。

综合治理　1992 年 4 月，郊区成立社会治安综合治理委员会，河底按照区里部署成立相应的组织，配备 1 名党委副书记专抓综合治理工作，并兼任派出所所长。各村各单位确定分管领导，配备专兼职治安保卫人员，成立治安联防专职巡逻队、护厂队、护矿队、护校队和民兵应急小分队等群防群治组织共 45 个、182 人。镇党委、政府与各村、各单位签订《社会治安综合治理责任状》，镇领导包片、村级领导包村、治保人员包点，驻地企事业单位开展“创安”达标活动。从 1993 年起，全(乡)镇采取人防、技防、物防，对“五管”“要害”部位安装了“三铁一器”等多种手段为一体的安全防范措施，全方位、多层次有效地控制治安案件和刑事案件的发生。1984 年 4 月 30 日上午，阳泉市公安局、郊区区委在任家峪村召开“遵纪守法光荣户”挂牌现场会。河底派出所在现场会上做出了社会治安综合治理经验介绍，郊区公安分局、城区公安分局、矿区公安分局、矿务局公安处等单位参加本次会议。这一社会治安综合治理经验在全市得到了推广。辖区有 28 个村被市、区政府命名为“社会治安综合治理模范村”，35 个驻地企事业单位被命名为“创安先进单位”。派出所在区委设立的社会治安综合治理“八杯一旗”竞赛活动中，多次夺得“安定杯”金奖、银奖、铜奖和“旗帜先进单位”。1998 年，荣获阳泉市社会治安综合治理“红旗单位”称号，2006 年荣获全国社会治安综合治理“先进集体”称号。在大力开展社会治安综合治理工作的同时，河底派出所内部开展“三基”工作和大练兵活动，提高干警的执法能力和业务水平，被评为全省“三基”达标建设示范所。

平安创建　2004 年 12 月，根据市、区平安创建活动领导组的安排部署，河底镇党委、政府成立了平安创建领导组，广泛发动群众，开展创建平安镇、平安村、平安社区、平安单位、平安大道、平安校园活动。评选出“十星级”文明户共 1680 户，文明村及文明单位 38 个。保持镇区社会治安持续稳定，为经济提速发展营造了良好的社会环境。在平安创建活动中，各村加强健全以党支部为核心的治保会、调委会、巡逻队、村民代表议事会、党员议事会等群防群治组织，进一步充实修订村规民约，落实“两议一评五公开”制度。各厂矿充实修订厂(矿)规，继续开展“创安”活动。河底派出所落实警务公开制，警务前移、警力下沉，以平安创建为载体、加强警务建设。辖区划分为 5 个民警责任区，设立 5 处警务室，建立治安信息员。民警与群众“零距离”接触，及时掌握情报信息，发现和打击违法犯罪。2009

年12月，为着力加大对社会面的动态治安管控，派出所建立治安指挥平台，安装了视频探头283个，逐步加大视频监控范围，监控到村或单位，努力实现全天候、全方位、无缝隙、立体化防控覆盖。2009年，派出所与镇教委在辖区开展“护校安园行动”对全镇3所中学、13所小学、25所幼儿园，定期召开校园安全工作会议，提高安全防范意识，发现隐患及时查处、及时整改。派出所片警到各责任区学校担任法制副校长，开展法律教育讲座86场次。为重点中学和小学配备了专职校警10名，加强校园常态化管理，整顿治理校园及周边治安环境，真正做到有人管、有人看、有人巡、有人防，维护了校园正常教学秩序，确保全镇中小学的安全，切实起到了“护校安园”的职能作用。2013年7月，在开展“推进民生警务、亲民公安建设”和大接访活动中，派出所制定了各项便民措施，如所领导接待群众来访日，倾听群众诉求、开展法律服务、解决矛盾纠纷、增进群众感情，及时解决群众在日常生活和工作中涉及的治安问题，进一步深化“三转变、三服务、三提升”的民生警务、亲民公安活动。各警务室开展“送法律到身边”的法律咨询活动，认真宣传防盗、防抢、防骗的基本常识，使广大人民群众深切感受到法律知识在心中、公安服务在身边的便利，提高人民群众自我防范和自我保护的意识。2014年，在“一村一警，平安社区”的活动中，为加强与人民群众的沟通联系，第一时间发现矛盾、化解纠纷，方便群众报警求助，派出所落实了“一村一警”的工作部署，为每个民警制作“便民联系卡”，并向辖区群众广泛发放。做到“民有所求，警有所应”。这张特殊的名片为群众带来了诸多便利，群众亲切地称之为“连心卡”“护身符”。

重大事故处置

1969年5月1日晚，河底村庆中共九大活动放焰火时，不慎失火造成死亡2人，重伤2人的治安灾害事故。1970年4月1日晚7时许，燕龛公社联营煤矿发生瓦斯爆炸事故。死亡7人、轻重伤60人。1971年8月18日晚，河底村举办“物资交流大会”请汾阳剧团唱戏。入场时突然停电，群众相互拥挤，发生踩踏事件。导致死亡4人、重伤3人、轻伤8人。1975年3月31日，河南村代王庙制作防雹炮弹工地，发生爆炸事故。死亡1人，重伤5人。大王庙千年文物化为废墟。1979年5月25日下午，大河北村在续建水库时，旧水库坍塌，造成事故，死亡3人。1983年4月8日，邓家峪村煤矿发生透水事故，死亡6人。1984年7月8日7时20分，河底镇青山煤矿发生重大瓦斯爆炸事故。当班下井生产的39名工人和事故发生后下井抢险的6名工作人员同时被困。最终造成死亡22人，轻重伤14人，经济损失达16万余元。1988年5月17日，河底村老窑沟煤矿四尺坑下，发生瓦斯爆炸事故，造成死亡6人，经济损失达4万余元。1988年8月16日下午2时许，阳盂公路20公里700米处西侧固庄煤矿路口的馒头山（轿顶山），发生山体滑坡，造成重大险情，阳盂公路中断，电力、通信、线路中断。1989 年 11 月 19 日下午 6 时许，邓家峪村煤窑发生一起瓦斯爆炸事故，造成死亡 13 人，经济损失 115200 元。1991 年 4 月 24 日，曹家掌九号煤基建井下发生瓦斯爆炸事故，造成死亡 3 人，经济损失达 5 万余元。1997 年 6 月 18 日，西沟村村办煤矿发生瓦斯爆炸事故，造成死亡 5 人，经济损失达 20 余万元。2002 年 9 月 18 日 20 时许，固庄煤矿万达公司一采区发生一起冒顶事故，造成死亡 8 人，经济损失达 18 万余元。2007 年 8 月 27 日，大固庄村丈八煤矿发生冒顶事故，造成死亡 5 人。2014 年 5 月 27 日至 29 日，西沟村因高压线脱落引发森林火灾，过火面积涉及程庄村、燕龛村、曹家掌村的山坡森林。损失惨重，并将曹家掌村南松树山的千年古松化为灰烬。

户政管理

人口登记　民国 37 年(1948)8 月，河底派出所设立后，根据石家庄市人民政府规定的《登记审查蒋党人员执行办法》，建立了人口登记制，主要登记对象是辖区日伪时期的汉奸、特务；蒋介石、阎锡山政权的军、警、特、宪、政人员；被斗和清算的地主、富农、散兵、游勇、惯匪、反动会道门道首、道徒等共计 2136 人。1950 年 3 月，辖区全面开展公民户口登记工作，派出所内设户籍民警，各村设户协员。当年，共登记常住 3168 户、常住人口共 12006 人，其中男 5218 人、女 6788 人。1953 年 4 月 14 日，公安部下达《使用全国统一户口簿、册、表格、证件的通知》，派出所建立和完善户口登记制，建立户口登记簿和出生、死亡、迁入、迁出四项统计报表制。1953 年 6 月 30 日零时起，按照全国第一次人口普查领导组的安排部署，辖区开展第一次人口普查，登记 3497 户、共 14323 人，其中男 7210 人、女 7113 人。1958 年 1 月 19 日全国人大常委会九十一次会议通过《中华人民共和国户口登记条例》同日起颁布实施。辖区以后的户政工作进入正规化管理、依法管理。通过户政管理，准确地为国民经济建设提供人口信息，保障公民的合法权益。

民国 37 年(1948)8 月，派出所建立人口登记制度后，同时建立"留客报告制度"。旅店、客栈每日向派出所报送来客登记簿，居民家中留客及时申报。1958 年 6 月，辖区建立村、镇暂住人口申报登记制。1979 年随着改革开放的不断深入，辖区驻地企业增多，乡、镇、村煤矿等企业崛起，大量的流动暂住人口猛增。1984 年，派出所设立流动暂住人口管理室，对辖区暂住人口进行了全面登记造册，制定了"三定一登记"的管理办法。"三定"，即定暂住人口(包工队)负责人、定治安人员、定治安承包合同书；"一登记"，即暂住人口凭乡(镇)、村两级证明登记临时暂住户口。本着来人登记、走人注销的原则，并在外来人员务工、经营网点中建立治保组织。1994 年，派出所牵头组织(乡)镇煤管站、企管站、劳务站等部门，建立了暂住人口管理领导组。各村、各企事业单位配备一名暂住人口协管员，坚持“谁主管、谁用工、谁负责”的原则，对辖区流动暂住人口实行了“六有、六清、一状、一保证金”的管理办法。“六有”，即有证明、有档案、有照片、有指纹、有暂住证和有联系函；“六清”，即人数清、身份清、籍贯清、居住地清、从事职业清和姓名清；“一状”，即签订一份治安责任状；“一保证金”，即交纳一定数量的治安保证金。对务工人员建立集体住宿公寓化管理，对辖区4757名暂住人口建立登记簿并发放暂住证。2009年8月，郊区公安分局给河底派出所配备3名流动暂住人口专管员。由原来的单一管理型，转变为服务型。建立人口分层次的管理制度。2013年4月15日，山西省人民政府第253号令颁布《山西省流动人口服务管理办法》，河底派出所依照本办法对辖区的流动人口进行依法管理。2014年年底，辖区共有流动人口748人，发放居住证138人。

身份证发放 1985年9月6日，全国人大常委会第六届十二次会议通过《中华人民共和国居民身份证条例》颁布实施。河底镇成立居民身份证颁发领导组，并利用宣传资料、广播电视进行大张旗鼓的宣传发动工作，印发宣传单《致居民的一封信》等。1987年6月，区人民政府在辖区原燕龛乡进行身份证颁发试点工作，1988年根据试点工作经验，河底派出所对全镇年满16周岁以上的公民进行了人口信息核对、人像采集、登记造册、录入信息、制证、发证工作。居民身份证有效期分为10年、20年、长期三类，共发放居民身份证35081人。

2006年，河底镇成立换发二代身份证领导组，派出所在辖区重点开展上街宣传、入户动员、设置流动宣传站，张贴发放宣传资料和标语6000余份。通过4个多月的紧张工作，共换发二代身份证31373张。发证率达到96%。截至2014年年底，应发证人口33837人，未发证人500人，缓发证人1人，发证率为98%。

惩治犯罪

中华人民共和国成立后，为了巩固新生的红色政权，河底派出所打击的主要对象和任务是：反革命分子、特务、间谍的破坏活动和刑事犯罪活动。民国(937)年8月至1951年，辖区开展取缔反动会道门和镇压反革命运动。二十世纪六七十年代，开展“一打三反”斗争，打击经济犯罪和刑事犯罪。20世纪80年代初，开展严厉打击刑事犯罪活动，史称“严打”。在三年“严打”战役中，根据省、市、区委的安排部署，在镇党委的领导下，成立“严打”作战指挥部，制定了作战方案，开展战前动员，以派出所干警、治保干部、民兵为主体，全党全民齐参与的三年“严打”。坚持“从重从快一网打尽”的“严打”方针，频出重拳，打出了声势。辖区共破获各类刑事案件67起，查处治安案件141起。提请逮捕78人，刑事拘留67人，收容审查38人，劳动教养12人，行政拘留36人，罚款87人，警告21人，打掉犯罪团伙8个，收缴大量的赃物罪证。在三年“严打”中，人民群众扭送违法犯罪人员7人，在中国共产党的政策感召下，有的父送子、妻送夫到政法机关投案自首 18 人。这些人都受到了司法机关不同程度的宽大处理。80 年代后，辖区先后开展了以反盗窃，打流窜、破大案、挖团伙、打现行、抓逃犯、破积案等多次专项斗争。1989 年 3 月，开展“三打一查”（打击盗窃，抢劫，扒窃，查禁黄、赌、毒）、打击车匪路霸、“破坏三项电力设施”（水利、电力、通信设施）及“扫六害”（扫除卖淫嫖娼、制作贩卖淫秽物品、拐卖妇女儿童、贩运私种吸食毒品、聚众赌博、利用封建迷信骗财害人）等专项斗争。在晋煤外运郊里至苇泊的公路线上，多次发生持刀拦路抢劫过路司机的恶性案件。派出所同区刑警队通过发动群众、提供线索、调查访问、摸底排查、蹲坑守候、设卡堵截、随车巡查等手段，于 1990 年 10 月 17 日侦破 4 人特大抢劫犯罪团伙，破获抢劫案件 25 起，维护了晋煤外运的治安秩序。1991 年 11 月，派出所同区刑警队治安科，在五架山村、大河北村、苏家泉村、牵牛镇等地解救 7 名被拐卖妇女。11 月 22 日，在东村召开“严打”公判会，将三名拐卖人口犯罪嫌疑人依法逮捕。1994 年，开展“三打三整”专项斗争，在严打严整斗争中，破获各类刑事案件 29 起，查处治安案件 36 起，打击处理违法犯罪分子 16 人，整顿内部单位和治安混乱村 6 个。同年，在“五定一包”（定领导、定人员、定任务、定措施、定时间，包抓捕）的抓逃专项行动中，抓获逃犯 32 人。1996 年 3 月，在全市开展的“打团扫恶”专项斗争中，派出所通过严密排查，5 月 11 日发现隐匿在辖区燕龛煤矿的被吉林、辽宁两省公安机关通报的杀死 29 人特大系列杀人抢劫案犯孙某发。2005 年，派出所破获各类刑事案件 24 起，刑事拘留犯罪嫌疑人 7 人、取保候审 9 人。查处治安案件 86 起，处理各类违法人员 60 人，其中行政拘留 37 人、治安罚款 21 人、警告 2 人。2006 年，坚持以“打现行、破大案、打团伙、追逃犯”为主攻方向，开展各类“严打”整治专项斗争。严厉打击各类犯罪团伙、暴力犯罪、“两抢一盗”等侵财犯罪和经济领域犯罪；开展“打黑除恶”、治爆缉枪和“三禁”（禁赌、禁毒、禁黄）专项斗争，及时消除刑事犯罪，为创建“平安河底”奠定了坚实基础。破获各类刑事案件 22 起，取保候审 12 人、监视居住 5 人。查处治安案件 83 起，处理各类违法人员 43 人，其中劳动教养 2 人、行政拘留 11 人、行政拘留并处罚款 13 人、治安罚款 17 人。2007 年，严厉打击“两抢一盗”等侵财犯罪和经济领域犯罪，全力维护社会治安稳定。破获各类刑事案件 42 起，取保候审 19 人、监视居住 1 人。查处治安案件 78 起，处理各类违法人员 22 人，其中行政拘留 15 人、行政拘留并处罚款 4 人、治安罚款 3 人。2008 年，开展打盗抢，抓逃犯，保奥运、环京护城河专项斗争，同时开展整治交通、整治火灾、整治民爆物品和枪支弹药的专项整治，确保国际奥运会的安全。破获各类刑事案件 32 起，刑事拘留犯罪嫌疑人 9 人、取保候审 13 人、监视居住 1 人。查处治安案件 82 起，处理各类违法人员 19 人，其中行政拘留 14 人、行政拘留并处罚款4人、治安罚款1人。2009年，开展打击“两抢一盗”“命案必破”和打击传销犯罪“09行动”等专项行动，确保为中华人民共和国成立六十周年大庆创造和谐安定的社会环境。破获各类刑事案件27起，监视居住4人、取保候审17人。查处治安案件143起，处理各类违法人员229人，其中行政拘留并处罚款15人、罚款214人。2010年，继续开展打击“两抢一盗”专项行动，“泉安整治行动”和惩治流窜犯罪专项行动，确保社会治安大局稳定。破获各类刑事案件34起、刑事拘留2人、监视居住2人、取保候审2人、抓获网上逃犯8人。查处治安案件183起，处理各类违法人员76人，其中行政拘留并处罚款17人、行政拘留21人、罚款38人。2011年，开展“泉安利剑”整治行动，“晋安利剑”整治行动和“打四黑、除四害”、“清网追逃”专项行动，有效地维护了社会治安稳定。破获各类刑事案件8起、刑事拘留2人、监视居住2人、取保候审2人、抓获网上逃犯5人。查处治安案件116起，处理各类违法人员37人，其中行政拘留并处罚款10人、行政拘留23人、罚款3人、劳动教养1人。2012年，开展“泉安五号”行动、“破命案”、“打盗抢、抓逃犯”和打击“电信诈骗”犯罪的专项行动，确保中共十八大胜利召开。破获各类刑事案件50起，逮捕犯罪嫌疑人2人、取保候审10人。查处治安案件101起，处理各类违法人员26人，其中行政拘留10人、行政拘留不予处罚5人、行政拘留并处罚款6人、警告5人，追抓各类网上逃犯3人。2013年，继续开展“泉安行动”、“打盗抢、保民生”和惩治电信诈骗犯罪的专项斗争，继续开展“利剑”“网上追逃”“破命案、积案”的专项行动，创造和谐稳定的治安环境。共破获刑事案件53起，提请逮捕犯罪嫌疑人5人，取保候审8人，抓获网上逃犯1人。查处治安案件100余起，处理各类违法人员27人，其中行政拘留9人、拘留并处罚款7人、罚款3人、警告8人。2014年，开展“破案会战”专项行动。在会战中，破获了葛某某等4人系列盗窃案件68起，取得“破案会战”的辉煌战果，为稳定辖区内的治安奠定了扎实的基础。同年，共受理各类报警1228起，其中刑事案件142起、治安案件166起、纠纷案件419起、走失414起、求助66起、其他96起。破刑事案件102起，查处治安案件162起，惩治各类违法人员52人，其中提请逮捕13人、取保候审1人、行政拘留22人、拘留并处罚款6人、罚款6人、警告3人、行政拘留不予处罚1人、抓获网上逃犯1人。

案件侦破

民国28年（1939）6月21日，平定（路北）县为了开辟四区、五区抗日工作，派遣县公安局指导员王树仁、四区区长陈秉礼、二区区长韩德三等到燕龛一带开展工作，当晚住在蔡家峪村。由于汉奸告密，驻河底和荫营的两股日伪军连夜出动包围蔡家峪村。突围时，陈秉礼当场牺牲，王树仁及公安小分队的两名战士被捕后英勇就义，仅韩德三一人突围。

1941 年路北县公安局侦破了“蔡家峪事件”,处决告密汉奸曹锟。

1977 年 8 月 31 日,龙光峪村发现一具女尸,市区两级公安机关奋战七昼夜,侦破该案。任家峪村 11 岁少女任某某,因走亲戚在旷野路上被固庄煤矿劳改就业人员赵某鑫强奸并勒死,将尸体掩埋后潜逃,后被抓获。赵某鑫于 1978 年 4 月 29 日被依法判处死刑。1992 年 5 月 14 日晚邓家峪村民邓某宝窜至该村财务室,盗窃保险柜 1 个。同月 26 日,派出所同区刑警队侦破了以该犯罪嫌疑人为首的 6 人重大盗窃团伙, 查破盗窃现金 3500 元,国库券 7700 元,计算机 1 台,放像机 1 台、步枪子弹 20 发。该嫌疑人又在市区东风剧场、固庄煤矿盗窃“金陵牌”摩托车 1 辆和价值高达 10000 元的物品。邓犯被依法判处死刑。1992 年 5 月 29 日下午 3 时许,东村中学发生一起严重干扰教学秩序,摧残、强奸女中学生的暴力案件。经过多方调查访问,抓获 7 人犯罪团伙。2000 年 6 月 8 日下午,燕龛村山神庙公路涵洞内发现该村失踪的女青年的尸体。经查,系 6 月 6 日早 6 时 55 分离家外出锻炼后失踪。尸检结果表明死者系被奸污后头部受钝器伤致死。2000 年 6 月 13 日,分局刑警队和燕龛派出所同力侦破此案,抓获犯罪嫌疑人史某庆(男,37 岁,文盲),并于当晚从其家中获取血衣等罪证。史犯被依法判处死刑执行枪决。2005 年 9 月 27 日晚,任家峪村口煤场发生一起抢劫杀人案。煤场老板被人杀害,抢劫三星手机一部,现金 600 元。案发后,派出所和区刑警队刑侦人员赴陕西、河南两个县市,行程 12000 余公里,经过 19 个月的缜密侦查,2007 年 5 月 16 日晚 10 时许, 在陕西省西安市西影集团院内将犯罪嫌疑人张某忠抓获。次日早上,在阳泉一中教工宿舍地下室一处出租房内将另一名犯罪嫌疑人梁瑞斌抓获,二犯被依法逮捕。2006 年 7 月 12 日凌晨 1 时许,固庄村口附近一煤场看场人员被杀死在煤场房中,手机被抢。案发后,区刑警队和派出所成立了“7·12”案件专案领导小组。根据现场勘查和调查访问,专案组将该案定性为抢劫杀人案件,通过分析确定了该案的侦查方向,划定了侦查范围,并画出了犯罪嫌疑人的体貌特征。7 月 14 日,“7·12”案的两名嫌疑人在盂县路家村出现。专案组迅速组织市、区、所三级侦查员布控。7 月 15 日晚在盂县路家村乡上乌沙村三牛家将二人抓获,当场查获刀具一把和“7·12”案件被抢受害人的手机。7 月 15 日在强有力的证据面前,犯罪嫌疑人陈某明、史某保交代了犯罪事实,二犯被依法判处死刑。2007 年 10 月 5 日,山底村小学一年级 8 岁男生被绑架勒索,其家人被杀死。10 月 6 日区刑警队和派出所破获此案,将犯罪嫌疑人张某龙依法提请逮捕。2007 年 11 月 18 日早,山底村某村民到派出所报案称,其妻前晚在家中被人绑架,并抢走现金 5500 余元、三星手机 1 部,现索要现金 15 万元。接报后,派出所与区刑警队侦查人员迅速赶赴现场展开调查。经过缜密侦查, 于 2008 年 1 月 31 日将犯罪嫌疑人依法逮捕。

2012 年 1 月 17 日河底村发生一起杀人案，经派出所与区公安分局刑警大队侦查人员连续奋战 40 余天，于 2012 年 2 月 28 日破获该案，将抓获的 3 名犯罪嫌疑人依法刑事拘留。

第二节　司法审判

机构设置

本管辖区的司法受理、立案、调解及审判工作由河底法庭承担。河底法庭组建于 1984 年 4 月，隶属于郊区人民法院管辖。当年，法庭借用河底人民公社两间房屋作为办公室，面积 32 平方米，干警 2 人，配备有桌、椅、柜等普通办公用具，1 辆旧自行车作为交通工具。审判管辖区为河底人民公社、东村人民公社、燕龛人民公社。1988 年破土动工修建河底人民法庭，二层办公楼及三孔窑洞共 10 间，其中有法庭、车库、厨房各 1 间，总面积 495 平方米，1990 年 6 月落成投入使用。陆续配备办公电脑 3 台，办公车辆 1 部，共有干警 3 人。审判管辖区为河底镇、东村乡、燕龛乡、西南舁乡。审判管辖区内人口为 53026 人。2011 年 5 月，投资 380 万元新建 1800 平方米的河底人民法庭审判大楼。2012 年 10 月 11 日，法庭审判大楼落成，并投入使用。2014 年度，共有干警 4 人，配备新的办公用具。审判管辖区为河底镇、西南舁乡 49 个行政村和乡镇行政区规划内的工矿企事业单位 97 个(包括荫营煤矿、固庄煤矿)。审判管辖区常住人口为 63812 人。河底法庭历任庭长是任东晓、任义牛、刘满贵、翟希、赵建军、刘伟。

受理，立案，结案

河底法庭地处河底镇，审判管辖区有 49 个行政村、企业事业单位 97 个，经济繁荣。随着改革开放的不断深入发展，随之而来的各种民间纠纷，经济纠纷不断增多。法庭主要受理民商事一审案件，审查、立案、调解，审判工作是法庭各项工作的中心。从 1984 年后，在历任庭长和各位干警的辛勤努力工作下，30 年间共受理案件 2.4 万余起、审查立案 2.3 万起、撤诉案 2500 起、调解案 8600 起、审判案 11900 起。特别是随着改革开放不断深化，各种矛盾和民商事案件逐年增多，审结离婚案 2800 起，赡养案 400 起，抚养案 800 起，扶养案 150 起，土地纠纷案 180 起，赔偿案 3000 起，财产案 1600 起，民间借贷案 3000 起，金融借贷案 7000 起，借款合同案 1200 起，债务纠纷案 1500 起，购销合同案 1100 起，承揽合同案 500 起，承包合同案 400 起，租赁合同案 300 起，合伙协议纠纷案 150 起，追索劳动报酬案200起。随着广大人民群众的法制意识普遍增强，民商事案件呈逐年上升趋势。2014年，河底法庭共受理民商事案件315起，审判176起，调解97起，撤诉42起，结案率为100%。

开庭审判

在案件诉讼过程中，开庭审判对民商事案件一审起重要作用。为了提高干警的调解审判能力和水平，河底法庭紧紧围绕民商事案件的审判、执行和调解，开展多种形式岗位练兵，特别注重在审判中的普法教育工作。在庭审中，邀请人大代表、政协委员、人民陪审员、司法助理员、律师、法律工作者、人民调解员参加庭审达3000余人次。在开庭前，广大群众看到公告后，自觉参加旁听，旁听案件达到900多起，并有上万人次群众参加旁听，审判现场常常出现爆满的场面，有力地宣传了法律，让人民群众更好的理解法庭工作，有助于当事人了解民商事案件诉讼程序，当场提出意见和建议，提高庭审工作的效率。

巡回法庭

为了方便当事人，河底法庭专门成立巡回审判庭，法庭服务向前移，如交通肇事案、"三养"（赡养、抚养、扶养）案等一些简易案件，在受理案件时，简化立案手续、降低诉讼门槛、现场受理，给当事人提供简单易懂的格式化、填充式诉状和证据清单、金额的计算标准，尽量做到当天立案、当天结案。对符合缓、减、免诉讼费条件的一律缓、减、免诉讼费，尽快做到当日立案、当日调解、当日执行。对于事实清楚、双方争议不大的案件，采取速裁方式，利用法庭电子盖章、远程立案的优势，即调、即结，当即发送调解书，真正做到案结事了，双方当事人满意。

全程调解

河底法庭遵循着新时期人民法庭民事审判工作的指导原则，把调解工作贯穿审判工作的始终，创新工作理念，建立多元化调解机制，树立"全程调解"理念，把调解贯穿于立案、送达、开庭前、庭审中、判决前的每一个环节。本着息纷止争，案结事了的目标，耐心、细致、专心调解，不厌其烦、锲而不舍。在自愿合法的前提下，运用一切手段，决不放弃调解的努力。在调解过程中，找准双方利益的平衡点，把握双方的感情契合点，寻求矛盾化解的突破点，诉调对接，提高调解率，充分发挥调解的作用，努力化解各种矛盾和纠纷。2014年，河底法庭共调解案达97起，撤诉42起，满意率为100%。

法庭在受理、立案、庭调、庭审，全程诉讼活动中，书记员在送达法律文书时，积极主动向当事人释法。对年老、残疾、文化素质低的当事人必须宣读判决书或调解书，解答当事人提出的疑问，尽最大努力让当事人赢的清楚，输的明白，降低上诉率，为百姓提供优质高效的司法服务。

综合治理

为了创建和谐平安河底判管辖区，河底法庭积极参与社会治安综合治理和创建平安镇区活动，担负着镇区的民事案件和经济纠纷案件依法调解、审判任务。把一些不安定的因素及时化解在萌芽状态，把许多纠纷解决在基层，有效地防止矛盾激化，并积极开展案件回访制，回访、考察、跟踪、教育、巩固办案成果，防止不安定的因素再次发生。同时大力开展调查研究，及时掌握镇区社会治安动态，向镇党委政府提供决策依据，当好参谋助手。河底法庭从维护农村改革、发展、稳定的大局出发，对判管辖区的 49 个村的调委会担负起健全组织，建立制度，业务指导，信息反馈，开展培训等工作，定期对 156 名调解人员法律基础知识辅导和新法的讲解，指导简易纠纷案件的处理，在实践中帮助他们提高调解水平，让他们在社会治安综合治理中发挥应有的作用。法庭积极参与镇、区"八杯一旗"竞赛活动和创建平安河底活动，多次取得好的成绩。

法治宣传

在具体的工作中，河底法庭利用审判这一独特的形式，向广大人民群众开展普法教育、"开庭说法"、"以案说法"、"公民与法"等法治宣传工作。在办公大楼前设立普法专栏，定期更换法制宣传内容，在普法工作中针对管辖区人民群众生活中需要的法律法规，深入各村、各单位集中进行宣传，如《中华人民共和国民法》《中华人民共和国民事诉讼法》《中华人民共和国婚姻法》《中华人民共和国继承法》《中华人民共和国妇女权益保障法》《中华人民共和国老年人权益保障法》《中华人民共和国土地法》《中华人民共和国农村土地承包经营法》《中华人民共和国合同法》《中华人民共和国公司法》《中华人民共和国专利法》《中华人民共和国广告法》《中华人民共和国保险法》《中华人民共和国烟草专卖法》《中华人民共和国矿山资源法》《中华人民共和国反不正当竞争法》等法律法规。采用通俗易懂的语言和案例，使他们懂法、守法。在审判中，选择典型案例，公开进行审判，扩大办案效果。利用传统庙会教育公民懂法、守法进行法治宣传。特别针对一些赡养、扶养案件，通过公开审判、利用案例、开庭说法、以案说法，教育广大人民群众增强尊老爱幼的传统美德。在巡回办案审判中，向当事人和旁听群众宣传有关法律知识，解答前来咨询的人所提出的问题，利用解答问题时机，向咨询者宣传有关的法律法规。既解决了所咨询的问题，又增强了群众的法律意识，从而达到了审理一案、教育一片的巡回审判效果。在每年的"12·4"法制宣传日，制作法制宣传版面 430 余块，印发宣传资料 7000 余份，并当场向群众提供法律咨询，解答法律疑问。达到广大人民群众学法、懂法、守法，用法律来保护自己的合法权益。

为民便民

河底法庭本着司法为民、便民、人民法庭为人民的理念，始终坚持把“以人为本、执法为民”贯穿在整个司法执法活动中。在案件诉讼活动中，认真接待前来咨询的当事人，耐心解答当事人提出的疑问，回应当事人提出的司法需求。从案件受理、立案、庭调、庭审每个环节开展诉讼服务活动，并为一些年老体弱、行动不便的当事人，上门服务。开通审判速裁通道，对一些法律关系单一，事实清楚，争议较小的案件，经双方当事人同意，不受法律程序的限制，力争当日立案，当日结案。为了更进一步方便群众，河底法庭还组织“巡回法庭”，深入判管区偏远的地区，就地办案，就地开庭，当庭调解，当庭结案。便利了当事人诉讼，减少了当事人诉讼成本，形成当事人法庭与社会共赢模式，方便了群众。河底法庭组建后，坚持开展“走进法庭听审判”活动，有序组织社会各界人士和群众参与审判活动，让群众了解办案诉讼流程，加深人民群众对法庭工作的了解，进一步增强法庭工作的透明度。河底法庭制定了便民措施，并对每位法官建立了便民联系点，制作了便民联系卡，及时回应人民群众对法庭工作的关切，倾听人民群众对法庭工作的建议和意见。和谐民心，心系群众，事想群众，方便群众，一切为了群众，以实际行动做出对人民群众的庄严承诺，全力打造亲民、爱民、为民的基层法庭形象。

公正廉洁

河底法庭作为郊区法院最基层审判机关，直接面对着广大人民群众，承担着维护国家法律的尊严，担负着社会公平正义的光荣使命。河底法庭自成立以来，一直注重干警队伍建设，提高整体素质，确保司法公正。法庭经常组织干警加强法律和业务学习，积极参加各种考试，轮岗交流，岗位练兵，针对一些疑难案件展开研讨。法官与法官之间展开审判经验和调解经验进行交流，进一步提高执法水平和办案水平，使法官的专业素质明显提高，审视分析案件的能力不断增强，案件办理质量进一步提升。在人民群众中逐步树立基层法庭主持公道和正义的良好司法形象。为了保障司法公正，河底法庭不断加强廉政建设，教育广大干警充分认识工作中不良作风的极端危害，法庭制定落实审务公开制，把诉讼程序、收费办法、审判纪律等制度公开上墙，让群众走进法庭一目了然。组织干警集中观看《人民法院警示教育案例》，让每位干警重温入党誓词，开展廉政征文和“法律在法官心中”演讲等一系列活动。在审判活动中，坚决不办人情案、关系案、金钱案，坚决抵制吃请，坚决拒礼拒贿，信守清正廉洁，认真落实最高人民法院的“五个禁令”，真正做到管住自己的手，不该拿的不拿；管住自己的嘴，不该吃的不吃；管住自己的腿，不该去的地方不去。光明正大做人，公道正派办案。30 年来，河底法庭从未出现过干警违法违纪案例，为了进一步巩固多年来的廉政建设成果，以阳光审判规范庭审平台，法庭每年邀请人大代表、政协委员、人民陪审员进行庭审观摩，认真听取他们的意见和建议，定期向人民群众征求意见和案件当事人的意见。始终把法庭工作置于广大人民群众监督之下，践行社会主义核心价值观，让每位干警时刻树立忠诚、公正、廉洁、为民的法官形象，以自己的实际行动推进依法治国的进程，维护社会公平正义，为创建人民满意的河底法庭努力工作。

第三节　司法行政

机构设置

中华人民共和国成立后，辖区司法行政工作，由河底镇人民政府或河底人民公社下设的司法办公室主管，设司法助理员一人，一直延续到 2002 年 8 月，撤销镇"司法办"，组建成立阳泉市郊区河底司法所，隶属于阳泉市郊区司法局管辖。主要任务是普法宣传，法律援助，排查调处民间纠纷，参与社会治安综合治理，会同有关部门落实刑释人员的安置帮教、社区矫正工作以及完成上级司法行政机关和镇人民政府交办的其他有关工作。所内设所长 1 人，内勤 1 人。按照区司法局的统一安排内务建设的要求，建立规章制度，印制表、本、薄、册和有关文书资料，完善档案管理。河底司法所历任所长是赵旭平、周述明、闫丽丽、胡华勇、赵永胜。

法治宣传

1950 年 5 月 1 日，中央人民政府颁布了中华人民共和国成立后第一部法律《中华人民共和国婚姻法》。辖区和全国一样广泛开展普法教育宣传高潮，做到家喻户晓，妇孺皆知。反对封建婚姻、买卖婚姻、父母包办婚姻、废除一夫多妻制。提倡新的婚姻观念，实行男女平等、婚姻自由。《婚姻法》的颁布实施，使广大妇女的婚姻彻底得到解放，结婚自由、离婚自由，依法婚姻登记，保障妇女的合法权益。河底、东村、燕龛等村排练戏剧《小二黑结婚》。随着社会的发展和进步，特别是改革开放以来，各项法律法规的颁布实施，普及法律知识迫在眉睫。1985 年 11 月 5 日，中共中央出台《关于向全体公民基本普及法律常识的五年规划》。镇人民政府成立普法领导组，设立普法办公室，在辖区开展"一五"普法教育工作。在普法期间，各村各单位成立了普法小组，设立宣传站、配备法制宣传员，利用墙报、板报、广播、闭路电视等宣传工具进行法律法规宣传。各学校增设法制课、儿童唱法制歌,从小做守法人的活动。各村各单位联系本职工作,学法、懂法、守法,联系实际事例,学会用法律武器维护自己的合法权益。1991—1995年“二五”普法期间,在全民学习法律的基础上,1993年辖区实行依法治村,建章立制,民主管理。各村委会建立“二议、一评、五公开”制度,即“二议”党员议事会,村民代表议事会;“一评”评选遵纪守法光荣户和十星级文明户;“五公开”财务公开、宅基地审批公开,计划生育指标公开、承包合同公开、劳务负担公开。各村成立了红白理事会,使村风民风得到进一步好转。镇普法办、司法所、派出所、煤管站、劳务站、会计事务所、计生委等部门,对各村各单位的“两会一队”人员、各煤矿矿长、企业厂长、经理、会计、外包工队负责人和计生服务员分批分期进行培训达40余次。各村各单位购置法律书籍1500余册,出版专栏230余期,不断提高基层干部的法治观念,增强工作中的执法守法意识。1996—2000年在“三五”普法期间,镇普法办、司法所对镇机关副科级以上干部和各部门负责人及各村党支部书记、村委会主任、治保主任、民调主任、妇女主任分期分批举办《中华人民共和国宪法》《中华人民共和国民法》《中华人民共和国行政诉讼法》《中华人民共和国国家赔偿法》《中华人民共和国环境保护法》《中华人民共和国土地管理法》《中华人民共和国继承法》《中华人民共和国婚姻法》培训班。对各企业、厂矿长分批分期进行《中华人民共和国公司法》《中华人民共和国劳动法》《中华人民共和国煤炭法》《中华人民共和国矿山资源保护法》等法律法规的培训达45场。各学校重点开展《中华人民共和国教育法》《中华人民共和国未成年人保护法》《中华人民共和国国旗法》的宣传教育活动。在大力开展法制宣传的同时,各村各单位依法建立规章制度,村建立“村规民约”,厂矿企业建立“厂规矿规”,规范了行为,推进了学法、懂法、依法管理工作。2001—2005年“四五”普法期间,镇党委、镇政府聘请区信访局和市委党校讲师,对各村各企业的基层干部进行《信访条例》和《山西省群众逐级上访和分级受理制度实施细则》的培训,坚持依法治镇和精神文明相结合。同时又开展创建民主法治示范村活动和遵纪守法光荣户评先活动。司法所举办“民调日”和法律咨询活动,并为镇村两级举办依法治镇、依法治村的法律知识考试,参考人员375人,考试成绩达百分之九十七。2006—2010年“五五”普法期间,镇普法办、司法所开展了法律进村进企业,送法进户、法律扶贫活动,以“一学三讲”学法律、讲权利、讲义务、讲责任为重点的活动,“法律六进”进机关、进乡村、进社区、进学校、进企业、进单位等一系列活动。在镇党委、镇政府的领导下,辖区开展了“创建平安河底镇”活动,创建平安社区、平安村庄、平安企业、平安校园、平安大道。镇政府牵头组织司法所、派出所、法庭、各行政执法部门共同参与的法律服务自愿团,担负法律宣传,法律服务的职责。举办各类法治讲座150余场,大型法制宣传活动50余次,接受法律咨询

120余人，印发各类法制宣传资料5000余份。2011年后，继续开展“六五”普法工作。2011年4月22日，全国人大常委会通过的《关于进一步加强法制宣传教育的决定》中指出：中国特色社会主义法律体系已形成，这是我国社会主义民主法制建设史上的重要里程碑，这是法制社会走向成熟的重要标志。法律的生命在于实施，有法必依，执法必严，违法必究的任务更为突出。河底司法所在辖区进行大力宣传法制教育，组织村镇两级干部和企业干部学习有关法律法规。在全体公民中开展学法、用法、守法，熟练掌握相关法律法规的活动。司法所利用每年“12·4”全国法制宣传日，深入基层，以案说法。利用广播、网络，开办法制专栏，开通“12·4”专项网站。同时，充分发挥各学校法制宣传的重要作用，保证中小学学生法制课程，从小培养青少年遵纪守法的行为习惯。

人民调解

1954年2月25日，中央人民政府政务院颁发《人民调解委员会组织条例》。依据条例，辖区镇人民政府设立司法办公室，配备司法助理员，民调工作由荫营法庭管辖。各村成立了人民调解委员会，简称民调会。在各村党支部的领导下，以防为主，调防结合，负责调解本村各种民事纠纷，化解各种矛盾。“文化大革命”期间，民调组织和民调工作处于瘫痪。20世纪70年代，各村各单位民调组织逐步恢复。中共十一届三中全会后，随着改革开放不断深入，人民政府重新设立司法办公室和法律事务所，配备司法员。各村、各单位、各学校组织共青团、妇联会、治保会、民兵、民政等充实调整“民调会”。32个行政村和企事业单位、学校共有民调委员187人。民调会本着就地化解矛盾的原则，一般民事纠纷在本村或本单位调解处理，疑难纠纷案件由镇司法办和法律事务所或区司法局派员调处。每年调解率达87%以上。2002年8月，河底镇司法所成立后，培训民调人员200余人，印发《人民调解员实用法律手册》350余册。2007年，司法所本着人民调解与司法调解、治安调解、行政调解相对接的“三调联动”的运行机制，立足把矛盾纠纷及时解决在当地，化解在基层。2010年8月28日，十一届全国人大常委会十六次会议通过《中华人民共和国人民调解法》，2011年1月1日起实施。依法调解，化解矛盾，促进社会公平正义，成为人民调解委员会工作的新起点。从司法所成立到2014年年底，共调解各类纠纷矛盾2983起，婚姻纠纷824起，房产地基纠纷413起，赡养纠纷316起，继承纠纷117起，劳务纠纷318起，防止民间纠纷引发的自杀案件2起，防止民间纠纷转化为刑事案件26起，制止群众殴斗2起，防止群体性上访12起，为经济纠纷挽回损失83万余元。

安置帮教

安置帮教、社区矫正是司法所的一项重要职能工作。河底司法所工作人员，深入各村各单位依靠治保会、民调会对辖区回归社会的刑满释放、解除劳动教养、缓刑、假释、保外就医、取保候审6例人员进行调查摸底,分类登记造册,建立帮教档案,制定安置帮教规划,落实帮教措施。2004年,区司法局成立安置帮教领导组,司法所建立安置帮教工作站。各村、各单位建立安置帮教工作组,进一步完善区、镇、村三级安置帮教工作网络。2007年,司法所开展"安身暖心"工程,对94名回归社会"两放"人员进行妥善安置,如某村有一位刑满释放人员回村后,准备"破罐破摔"。所长得知这一情况后主动上门,同该谈心,积极联系就业单位安置就业,并帮其成家立业。再后来的回访考察中,该某感动地说"自己一定要重新做人,劳动致富,回报社会,做一个守法公民。"各村、各单位对刑释解教人员做到定人定责有人管,并建立了定期回访制。2011年2月25日,十一届全国人大常委会第十九次会议通过《中华人民共和国刑法修正案(八)》,明确对判处管制、缓刑、假释的罪犯依法实行社区矫正。这标志着我国社区矫正法律制度确立,为完善刑法执行奠定了重要基础。司法所在相关的社会团体,民间组织和志愿者的协助下,在判决、裁定或决定的期限内,矫正犯罪心理和恶习,并促进其顺利回归社会的非监禁刑罚的执行。2011—2014,司法所接受辖区社区矫正人员累计84人、解除58人,在册社区矫正人员26人。

法律援助

法律援助是一项扶助贫弱、保障社会弱势群体合法权益的社会公益事业。2005年,河底司法所设立法律援助工作站,依照中华人民共和国国务院《法律援助条例》规定,辖区的孤寡、残疾、下岗、失业、农村失地、农民工、未成年人等弱势群体需要法律方面代理的,因经济困难没有委托代理人的,可以向法律援助机构申请法律援助。解答法律咨询、代拟写法律文书、公证证明、代理刑事案件的辩护、代理民事案件、行政案件的诉讼、非诉讼法律事务的代理、其他形势的法律服务。2006年,法律援助工作站开通农民工法律维权"绿色通道",受理涉及农民工维权案12起。2007年3月5日,司法所和法律援助工作站在河底、东村、燕龛三个村先后开展维护弱势群体合法权益的法律宣传大型活动,印发宣传资料2600余,制作版面24块。截至2014年年底,法律援助工作站共受理法律援助案件26起,其中刑事案件2起,民事案件7起,非诉讼案件5起,公正援助12起,代写法律文书14份,法律咨询53人次。有效地维护了弱势群体的合法权益,促进社会公平正义,保障依法治国的顺利进行。

第十八章　教育　科技

第一节　塾馆教育

办学形式

家　塾　由家族或家庭设立，供其子弟读书的塾馆。境内较有名的家塾为河底村刘氏家族东西股于清康熙二十年（1681）兴办的家塾。其中东股家塾设在东后街老宅高房，西股家塾设在西后街刘氏祠堂。清嘉庆年间，刘氏在本家老宅（老爷庙舞台背后西侧）设馆，训本族子弟。清道光元年（1821），辛巳科乡试后任代州教谕的刘慧乙曾就读于本家老宅塾馆。

村　塾　也称乡塾，一般为以村集资联合开办的塾馆。聘请塾师授课，凡村民子弟，皆可就学。学生要自备桌凳。清末民初，河底村曾与中佐村联办乡塾，地址在河底村奶奶庙南横窑内，学生有30余人。

义　塾　由地方或个人资助开办的塾馆。明代称社学，清代称义学。招收贫寒子弟入学，不收学费，具有慈善事业的性质。塾师由主事者延请，酬劳束修也由义学奉送。此种形式，既为官府称道，又受贫民欢迎。清道光十八年（1838），河底村乡绅刘珂鸣出资协助重修文昌庙，并在庙中设立义学，广收本村寒门子弟就读。

办学状况

塾馆多设在祠堂、庙宇，有的设在自己家中，办学条件十分简陋。进入塾馆就读的学生，称作童生。塾馆里的学童，其家境大多较富裕，贫寒人家的子弟少。受封建传统观念的束缚，就读者全是男童，女童不能入塾读书。塾师自任或由塾馆聘请，其文化学识高低不一。塾馆所用教材，以启蒙识字课本《百字经》《三字经》《千字文》《四言杂学》等读物为主，经常采用的其他读本有《名贤集》《弟子规》《治家格言》《千家诗》《唐诗三百首》等。清末，河底村塾馆曾有《典故蒙引》等自编蒙学读物流行。塾馆的教学程序大多为识字、朗读、书写、开笔四步。教学方式以让学生读、背、写为主，识字启蒙，死记硬背，讲解不多；写字以仿写大楷为主。塾师对听不懂、学不好的学童，轻者训斥，罚站，重者则打手心，甚至罚跪。学童的学习时间长短不一，少则数月，多则数年，一般以冬、春两季农闲时为主。

附：部分古代科考名士

周　选　淖泥村（东村）人，元代进士，官至河南按察司使。

刘　茂　河底村人，清顺治六年（1649）己丑科进士。

刘　翌　河底村人，清乾隆四年（1739）己未科进士。

刘秉钺　河底村人，清乾隆十二年（1747）丁卯科乡试解元，十三年戊庚科会试中进士。

李　简　牵牛镇村人，清道光二年（1822）壬午科举人，曾任平遥县训守。

刘慧乙　河底村人，清道光元年（1821）辛巳科乡试后任代州教谕。

李汾清　牵牛镇村人，清道光二十六年（1846）武举。

李濂清　牵牛镇村人，清咸丰八年（1858）武举。

周灶星　牵牛镇村人，清同治六年（1867）丁卯科武举，曾任兵部差官。

阎奋鹏　苏家泉村人，清光绪年间曾任翼城县儒学正堂，光绪五年（1879）任盂邑（盂县）县令。

第二节　幼儿教育

发展概况

境内的幼儿教育，是在中华人民共和国成立之后，逐步开展起来的。1956 年，为使广大妇女能从家务拖累中解放出来，积极参加农业生产，境内各农村相继办起托儿所或幼儿园。园址多设在私人宅院，保育员一般为青年妇女担任，主要工作是看管孩子，同时教孩子们学唱一些简单的儿歌、做一点游戏等。至 20 世纪 60 年代初，因三年自然灾害的影响，幼儿园陆续解散。

20 世纪 70 年代，随着“农业学大寨”运动的开展，境内各大队又相继办起幼儿园，附设在小学。由有文化的妇女任教，学习内容为简单的识字和十以内加减法运算。部分大队还购置一些简单的玩具。幼儿园使用的教材是从各地教材中选抄的，科目、内容不一致。中共十一届三中全会后，幼儿教育得到新的发展。至 1980 年，境内共办幼儿园 30 所，在园幼儿 1340 名，教师 87 名。开始使用市教育局幼儿教材编写组提供的教材，有《幼儿游戏》《幼儿音乐》《幼儿美工》《幼儿计算》《幼儿故事》《幼儿儿歌》共6种。

1981年10月，教育部颁发《幼儿园教育纲要（试行草案）》。下年3月，山西省教育厅下达《六周幼儿班的教育内容和要求》后，区教育局于同年5月召开第一次全区幼儿教育工作会议，进一步明确办园宗旨、教育内容和方法等，初步纠正了幼儿教育保姆化、小学化的倾向。境内各幼儿园积极改进教学方法，充分利用废旧物或自然物制作教学玩具，因地制宜开展适合幼儿年龄特点的有趣活动，注重教学的直观性、趣味性和可接受性。开始统一使用省编《语言》《计算》试用课本，其他课程参照全国统编大班的教材进行教学。幼儿教育初步走上正轨。20世纪90年代，使用全省统编教材与幼儿读物，有语言、计算、美术、体育、常识、音乐6科。

1990年，国家教委颁发《幼儿园工作规程》和《幼儿园管理条例》2个法规后，境内各园以贯彻幼教两个法规为中心，狠抓办园条件、园所管理和师资队伍三项建设工作。境内各乡镇也随即制定出台了关于巩固和发展幼儿教育规划和加强幼教队伍管理的实施意见等文件。1991年后，根据郊区教育局幼教工作要求，各幼儿园环境创设都立足一个“土”字，突出一个“创”字，实现“农村幼儿园特色化”。重视养成教育和游戏在幼儿教育中的作用和地位，利用各种废旧物品，自制自创泥塑、面塑、昆虫标本、矿石标本、霸王棍、套绳等带有浓厚乡土特色的教玩具，并增添了图书，建立活动场地、沙池和种植园、花池及进行动物饲养等，为幼儿提供了多功能、可变性的游戏学习材料。1993年11月，阳泉市幼儿教育现场会在郊区召开。会议期间，与会代表参观河底、山底等4个幼儿园，省教委副厅级督学尹中川充分肯定河底、山底等幼儿园能够因地制宜、从“土”字突出“新”字的教学方法，为全市乃至全省幼儿教育工作开了先河，在全省具有推广价值。同年，河底幼儿园经市托幼办验收，达到省级一类园；被市教委评为“贯彻幼教两个法规”先进集体和区级“文明单位”称号。到1995年年底，境内各园园容园貌焕然一新。同时又涌现出苇泊、上章召、燕龛、曹家掌等一批独立幼儿园，独立园发展工程初具规模。1996年，经市托幼办验收，山底幼儿园达到省级一类园。

1997年，区教委出台《关于实施全面素质教育的实施方案》，提出了“四二二”幼儿素质教育模式，即以体、智、德、美“四育”为主线，以室内、室外活动为载体，以落实半日教育活动和卫保幼儿体检为内容，多层次全方位实施素质教育。境内各园根据“模式”进行研讨和实施。同年，河底幼儿园被评为山西省“幼儿教育先进集体”。1999年，山底幼儿园被评为郊区素质教育示范园。1999年后，境内幼儿园积极参与郊区《农村幼儿教育发展与提高的对策研究》等课题的实验，并取得阶段性成果。全镇各幼儿园积极开展了幼儿教育教学的实验研究工作,主要途径是参与课题实验、聘请专家教学、举行观摩研讨会、评选教学能手、评选优秀论文等,逐步形成以示范园为龙头、中心园为骨干、普通园为基础的三级教科研网络。

2000年后,河底、山底两所省级一类园,积极与较薄弱的部分幼儿园开展"手拉手结对子""手拉手送教下乡"扶贫帮教活动。当年,送教下乡20余次,捐物近1万元。2001年9月,按照教育部颁发的《幼儿园教育指导纲本(试行)》,将幼儿园的教育内容相对划分为健康、语言、社会、科学、艺术五个领域,进行教育教学。同月,镇联校推行中心园管理改革实验,制定了中心园管理的规章制度、评估细则等,形成幼儿教育动态管理机制,激发中心园工作的积极性,中心园事务由各中心园长决策。

2003年4月,根据《阳泉市幼儿园星级管理有关规定》,按照星级园标准,对各申报星级的幼儿园就办园条件、办园水平、办园效果三项进行测评,之后由区教育局评估验收。当年,河底幼儿园被评为阳泉市"小公民道德建设示范基地"。同年,镇小学附设的幼儿园(班)全部撤销,单独办园。2005年,全区幼儿园户外活动现场会在河底幼儿园召开。10月,河底幼儿园被评为阳泉市幼教工作"先进集体"。2007年,河底、山底、牵牛镇三所幼儿园被市托幼办评估验收为"四星级幼儿园"。2008年镇联校获区幼儿教育工作先进集体。2009年5月,区幼儿园教玩具现场会在牵牛镇、山底两所幼儿园举行。2010年6月,郊区教玩具现场会在本镇召开,分别参观河底、东村、山底三所幼儿园。2011年秋季开始,全镇所有大班幼儿享受区政府惠民政策,减免幼儿杂费。同年,镇联校被评为区自制教玩具"先进集体",曹家掌幼儿园被区幼教督导评为"先进集体"。2012年9月,牵牛镇、东村、任家峪、苇泊四所幼儿园承担区环境创设观摩会参观点。同年,镇联校被评为区环境创设"先进集体";下章召、大河北两所幼儿园被区幼教督导评为"先进集体";东村幼儿园被评为区"2011年度学前教育先进集体"。2013年,苏家泉赵霞的论文《论孩子共同成长历程》荣获第六届全国教育系统教学成果大赛二等奖。河底幼儿园老师刘小红,牵牛镇幼儿园老师葛丽芳,经过层层选拔评议,获得区"最美乡村幼儿教师"称号,其先进事迹在郊区电视台进行了专题报道。教师在论文、赛讲、基本功比武、演讲比赛等多个方面累计有110余人次获得区级以上奖励。当年开始,幼儿民办教师享受区政府补助,每人每月300元。2014年,全镇共有幼儿园24所,全部为村办,在园幼儿662人,教师105人;其中四星级幼儿园4所,三星级幼儿园6所,二星级幼儿园10所。幼儿民办教师每人每月享受补助600元;累计减免幼儿杂费687126元。

2014年幼儿教育基本情况统计表

表 18-1　　　　单位:人

园　名	幼儿数	教师数	星　级
河底幼儿园	160	16	四星级
牵牛镇幼儿园	67	11	四星级
山底幼儿园	68	8	四星级
东村幼儿园	37	9	四星级
大河北幼儿园	15	5	三星级
苏家泉幼儿园	30	4	三星级
苇泊幼儿园	24	5	三星级
任家峪幼儿园	27	5	三星级
邓家峪幼儿园	27	3	三星级
关家峪幼儿园	20	3	三星级
里龙光峪幼儿园	6	3	二星级
南沟幼儿园	11	2	二星级
小西庄幼儿园	16	4	二星级
上章召幼儿园	22	3	二星级
下章召幼儿园	16	2	二星级
大固庄幼儿园	7	2	二星级
燕龛幼儿园	25	3	二星级
曹家掌幼儿园	20	4	二星级
程庄幼儿园	9	2	二星级
北庄幼儿园	10	2	二星级
郊里幼儿园	11	1	—
红土岩幼儿园	9	2	—
五架山幼儿园	19	4	—
小何北幼儿园	6	1	—

2011—2014年幼儿杂费减免情况表

表 18-2　　　　单位:人、元

年份	人数	人均	费用合计	年份	人数	人均	费用合计
2011	253	395	99935	2013	233	851	198283
2012	238	850	202300	2014	218	856	186608

保教管理

机构设置　20世纪70年代至80年代初，境内幼儿园（班）大多附设在小学，有少数设在生产大队，幼儿教师由各村安排任用。幼儿园（班）都由各村学校兼管，联校有一名副校长分管。1983年9月后，境内各联校配备1名专职幼教视导员，专门负责幼儿教育管理工作。1990年，郊区确立村办园、镇（乡）领导、区指导三级齐抓共管的幼儿园管理体制。1992年后，各村由一名副书记分管本村的幼教工作，村委负责幼儿园的各项建设，聘用教师及落实教师待遇；各联校分管幼儿教育的副校长或视导员具体指导管理幼教工作；镇政府由1名分管教育的领导督促、检查各项工作任务的落实。至2014年，管理体制没有改变。

队伍建设　中华人民共和国成立初期，保教人员都是临时任用的青年或壮年妇女。到20世纪70年代，幼儿教育逐步走上正轨。1979年，境内共有幼儿教师及保育员55人。1980年后，对幼儿教师开展调整、充实和培训等项工作。到1985年，幼儿教师发展到85人。至1990年，幼儿教师共接受市、区级各类培训30余次，内容包括计算、语言、音乐、体育、美工、营养与健康等课程。1993年，市教委开始建立幼儿园园长资格审核制度，分期分批对园长进行在职系统培训。到2001年，全镇幼儿园园长经培训全部领取由省教育厅颁发的省级培训合格证书，任职资格率100%。2014年，全镇有幼儿教师103人（民办教师93人），其中区级保教能手11人、骨干教师25人；学历合格率为100%。

卫生保健　1983年开始，根据卫生部《托儿所·幼儿园卫生保健制度》的要求，境内100人以上的幼儿园，配备了兼职保健人员。2001年后，各幼儿园继续坚持“以教为主、保教结合”的方针，狠抓“一日生活”制度的贯彻落实，使幼儿一日的户外活动、游戏、教学交替进行，动静结合，培养良好的习惯。并且建立了健康体检、疾病预防、卫生消毒、饮水安全等多项制度，确保了幼儿的身心健康。

幼儿园选介

河底幼儿园　始办于1956年，1962年停办。1973年重新开办，园址在河底村西老君庙内，共有幼儿240人，幼儿教师8人。

1987年，河底村投资18万元在村中心新建一所幼儿园，占地面积2542平方米，建筑面积1046平方米，名为启惠园。园内有幼儿活动室10间，文体活动室、游艺室、保健室、美术活动室和图书室各1间，办公室11间；图书、玩具基本配套，活动室内有录音机、幻灯机、风琴等设备。1990年，添置双人滑梯、综合器材等大型游艺器械11件，并在园内修筑了花池、沙池、饲养角，配备保健医生。1993年经验收成为省级一类园。1995年，被市教委评为“贯彻两个幼儿法规”先进集体，并成为区级“文明单位”。1997年，被评为山西省“幼儿教育先进集体”。1999 年，积极参与郊区“农村幼儿教育发展与提高的对等研究”子课题“农村幼儿教师队伍稳定与提高的对策研究”课题实验，并取得阶段性成果。2000 年后，根据上级的安排，与基础薄弱的幼儿园经常开展“手拉手结对子”的活动。2001 年，参加省教育厅主持的“九五”课题“适应山西省情，实施幼儿素质教育研究”实验，其泥工、手工制作和户外体育活动，作为课题组唯一农村题材的科研成果，被制作成光盘在全国发行。

建园以来，因陋就简利用各种废旧物品，自制大量教玩具，丰富孩子们的视野，突出了集学、玩、乐、做于一体的农村教学特色。2013 年，河底村投资 630 万元改扩建幼儿园，将要建成一所规模大、标准高、质量优、功能全的一流农村现代化幼儿园。

2014 年，全园有教学班 6 个，在园幼儿 130 人，教职工 15 人，教师学历合格率 100%。

山底幼儿园　始办于 1992 年，位于山底村北面，园址独立，环境幽雅，有一栋半封闭的三层教学楼，建筑面积 2000 平方米，是一所基本符合《山西省建园标准》的农村幼儿园。园内设有教师办公室，会议室、资料室、传达室、保健室、作品室及 8 个活动室。幼儿人均读物 15 册、中小玩具 10 种以上，另有大型积木等教玩具 10 种以上，活动室配备电子琴、投影仪，彩电、放像机、电脑等，保健室配备视力表、体重测量器、诊断床和简单医疗器械。室外设有哈哈镜、大型转椅、滑梯、攀登架、跳跳床等活动器械。

幼儿园以《山西省幼儿园课程指南》为目标，以继续抓好常规教育为宗旨，以提高保教质量为核心，以构筑特色为突破口，以促进幼儿体、智、德、美全面发展的基本原则，以创办自己的特色为基本任务，以农村广阔的天地为基本素材，立足“土”，大胆“创”，“走依法办园之路，创农村幼教特色”，探索农村幼儿教育的新途径。

幼儿园自成立后，充分利用乡土资源，让孩子亲近乡土文化，丰富教育内容，培养孩子亲近社会，尊重和热爱乡土文化的情感。全面贯彻落实《幼儿园工作规程》，以“关注健康、尊重个性、突出特色”为目标，内强素质，外塑形象，加强教师队伍建设，增强团队奋斗精神，做出了较为突出的成绩。1996 年，先后被区教委评为“先进学校”、被省文化厅评为“蒲公英农村文化园”；1997 年，被区政府评为“先进集体”和“文化先进单位”，被区教委评为“先进集体”；1999 年，被市教委评为“先进集体”；2000 年，被东村乡政府评为素质教育示范园、素质教育先进集体；2006 年，被区政府评为“先进集体”。

2014 年，全园设有大、中、小共 5 个幼儿班，在园幼儿 68 人，教职工 8 人，教师学历合格率 100%。

第三节 小学教育

发展概况

清光绪三十年(1904),清政府颁布癸卯制《奏定学堂章程》后,境内开始兴办新式小学堂。学堂一般由村民集资兴办,学董全权管理。最早的小学堂为牵牛镇村在官厅西侧(今周和平住处)设立的国民小学堂,开办于清光绪三十一年(1905)。清宣统二年(1910),东村建立初级维新学堂。民国初,境内开始兴办新式小学堂旧塾馆被命令取缔,民国9年(1920),河底、中佐两村联办国民学校。民国16年(1927)盂县统一实行联合学区制,牵牛镇学校改为联合学校,除负责本村的学校外,还负责山底、东村、东南沟、章召、韩庄、青崖头等12个农村的学校工作。民国19年(1930),牵牛镇联合学校改为盂县一区第十四中心校,辖青崖头、红土岩、大黄沟、榆林脑等学校。民国21年(1932)春,河底高级小学在老君庙成立,只有1个班,有教师4人,学生30余人。次年,增为3个班,其中1个为女子班,俗称女学堂,有女学生30余人。当时,由于废科举,倡新学,境内小学教育发展较快,但条件十分简陋,师资较差。

民国26年(1937)10月,日军侵入阳泉,教育事业遭受严重挫折。当时境内出现两种办学形式:一是沦陷区办的新民小学,进行奴化教育,河底高级小学属此类;二是游击区办的两面小学,这些小学使用两种教材,平时使用抗日课本,日伪军来时使用战前旧课本,以应对敌人,牵牛镇、中佐、东村小学属此类。民国35年(1946),河底高级小学北迁盂县境内,在白土坡村创办了"河白高小"。在抗日战争环境中,大部分村仍坚持民办教育,如五架山等村组织的贫儿学习组。

民国36年(1947)年5月,阳泉解放。同年11月,根据阳泉市人民政府提出的"恢复整顿、稳步前进、发展教育"的方针,境内设立学区制,统一学制和课程。从此,教育开始稳步发展。到1949年,境内有小学11所,在校学生587人,教师75人。1949—1952年,各村积极发展教育,设立文教委员管理学校工作。一些小村庄如大固庄、小固庄、关家峪、邓家峪等村成立民校(小学),或叫"一揽子"学校,白天组织学生上课识字(学生年龄不分大小),晚上组织农民(青壮年)速成识字,扫除文盲。

1954年,阳泉市教育整顿委员会对小学分四批进行整顿,划定河底小学为三完小,山底、东村、牵牛镇、任家峪等有条件的大村都设立完小,一般小村普遍设立初小,境内小学教育网初步形成。为满足教学需要,解决师资不足等困难,河底、东村等小学,开始任用民办代课教师。1958年,受“大跃进”的影响,教学质量有所下降。1960年,由于国家处于经济困难时期,教育事业也发展缓慢,部分教师辞职,回家种地,教学质量继续下降。1961年,贯彻中央“调整、巩固、充实、提高”的八字方针,小学教育初步恢复,教学质量有所提高。之后,由于加强了学校的政治思想工作,大力开展学习雷锋活动,学校校风得到明显改变。1963年,河底小学被山西省教育厅确定为重点小学。该时期,境内基本形成小学由公社联校管理,联校有中心依托校,大村有完校,村村有初小的教育格局。

1966年“文化大革命”开始后,正常的教育秩序被打乱。1966年11月,联校更名为“文教办”,各学校成立“文革领导组”,取代了学校党政领导,继而又搞“教育学大寨”、“以阶级斗争为主课”“开门办学”等活动,文化课被置于次要地位。1968年11月,各小学开始实行贫下中农管理学校。1968年后,又盲目发展中学教育,小学改为五年制,较大的小学都“戴帽”增设初中部,成为七年制学校;有的学校还办起了高中班,挂牌九年制学校。该时期,“戴帽”学校增加,挤占小学校舍、设备,特别是师资严重不足,各大队只好临时选用民办教师,教学质量普遍下降。

1976年10月,粉碎江青反革命集团后,小学教育开始逐步走上正轨。中共十一届三中全会后,教育战线拨乱反正,小学的基础地位得到了保证和加强。1980年10月,省教育厅在河底学校召开全省电化教育现场观摩会,省、市领导充分肯定小学基础地位的重要性。为了充实加强小学的管理工作,开始了“摘帽并点”工作,到1983年底,境内已将10所戴帽小学撤掉初中部,改为六年制,“摘帽”总数占70%。1995年,河底小学参加联合国驻亚太地区办事处组织的《提高小学生学习质量联合革新计划》(简称“小学jip”)。到1995年,该镇“两基”(基本普及九年义务教育、基本扫除青壮年文盲)水平得到巩固和提升,1996年,河底小学成为国家10所小学管理规程实验校之一。同年9月,被评为区“明星学校”。1997年,境内小学开始有目标、有步骤、有计划地推进素质教育。2001年9月,东村联校、燕龛联校合并到河底联校。2002年,同时对学校规模不达100人的学校进行有步骤的撤并。2006年,河底小学启动创建区优质学校工程实验。到年末,共撤并学校13所。

2007年10月,全区优质学校现场会在河底小学召开。2008年,河底镇启动中小学生阳光体育冬季长跑活动,确保学生每天在校不少于一小时的活动时间。同年9月,任家峪中心校与固庄煤矿学校小学部组建育英小学,隶属于区教育局管理。燕龛中心校与河底中学燕龛教学点合并成为九年一贯制学校。同年10月,河底小学建起全区中小学第一个校史室,成为“校本课程”的活字典之一。2009年,东村中心校建成本镇第一所寄宿制学校。

同年12月,河底小学被评为省创建平安校园“先进单位”和区“优质学校”。2006年,河底小学启动创建区优质学校工程实验。到年末,共撤并学校13所。

2011—2014年,实施“义务教育深化提升”工程:一是实施均衡化发展提升工程。进一步加大教育投入,全面完成义务教育学校标准化建设,进一步缩小了学校与学校之间的差距,规范了义务教育管理,坚持依法治教,确保学生和随迁子女平等接受高标准义务教育。二是全力实施素质教育工程。以“四育”(健康教育、养成教育、责任教育、创新教育)为主线,加强“四育”素质教育理论研究与实践探索,全面推进本镇新时期素质教育,构建具有特色的素质教育体系,实现素质教育的提升与跨越。三是进一步深化全面育人工程。以“不求人人升学,但愿个个成人”和“让每一个学生成为合格的公民和最好的自我”为核心理念,深化全面育人工程,构建新时期学校、家庭、社会全员参与的现代育人体系。坚持从生活着眼,从过程入手,从细节抓起,将“育人”融入学校工作的各个环节,落实到具体的工作当中。四是全面深化基础教育课程改革。以提升学生的创新与实践能力为根本,以课堂教学改革为核心,进一步加强教育教学内容和方法的创新和教学手段、方法的改革,加强综合实践课程建设,加强对新课程的校本研究,积极构建符合新课程改革要求、有学校个性特色的教育教学运行机制和管理模式。优化教学过程,改革教育质量评价和监控办法,完善发展性评价制度,落实减轻中小学生过重课业负担的各项措施。五是教育公平迈上新阶段。全面推行校长、教师校际交流制度。每年教师交流达到应交流人数的10%左右,有效促进了教师资源的均衡配置,继续推行阳光招生、均衡编班,坚持划片、免试、就近入学,家庭困难学生助学体系不断完善。

2014年,全镇小学有中心校6所、基层校2所、教学点4个,教学班66个,在校生1419人。教职工184人,其中本科64人、专科112人、中师8人。

课程设置

中华民国时期,初小学制四年,开设通俗国语、算术、修身等课程;高小学制二年,开设国文、算术、经学、修身(后改为公民)等课程。

抗日战争时期,日伪占区的新民学校,对学生进行“中日亲善,同文同种”的奴化教育,开设的课程有国语、算术、修身、日语、体育等。游击区的学校备用两种教材,平时使用抗日教材,日伪军来时使用战前旧课本,以应付敌人。教材由教师自定,闲时多学,忙时少学或不学。

中华人民共和国成立后,初小一、二年级设国语、算术、体育、唱歌、图画、手工共6科;初小三、四年级设国语、算术、常识、体育、唱歌、图画、手工共7科;高级小学设国语、算术、珠算、自然、卫生、地理、历史、政治常识、体育、唱歌、图画、手工共12科。1955年增设手工劳动和周会课。1963年，小学五、六年级增设生产常识课，全日制小学各年级都开设写字练习课。1967年秋，语文课低年级以学习《毛主席语录》代替，高年级以“老三篇”代替；算术课学习工农业方面的简单计算知识，音乐课改为唱革命歌曲。1975年开展教育学大寨活动，大搞开门办学，以劳代教。直到1976年粉碎江青反革命集团后，该种教育状况才逐渐从根本上扭转。

1981年以后，小学一至五年级增设思想品德课和周会，图画课改为美术课，三年级起开设自然课，四、五年级恢复历史、地理课。1983年后，小学六年级所用教材，采用郊区教研室编写的教材过渡。

1993年秋季，小学起始年级实施新的《课程计划》，教材使用人民教育出版社的教材，劳动课使用省教委统一组织编写的教材。1994年秋季，国家教委对全日制小学课程（教学）计划进行调整。1995年秋季后，小学科技活动课，使用省教研室编写的山西教育出版社《小学生科技制作（试用）教具》。1997年秋季，五年级也使用九年义务教育各科新教材。1998年春季，小学一至五年级使用封面印有“全国中小学教材审定委员会审查试用”的九年义务教育教材，原试用教材停用。秋季起，小学思想品德课全部使用人民教育出版社编写的新教材，美术课使用人民美术出版社编写的美术教材，一年级至四年级音乐课使用人民音乐出版社编写的音乐教材。

2002年秋季，各小学开始实施基础教育课程的改革实验。语文、数学、思想品德、体育四科使用人民教育出版社编写的教材，艺术课使用科学教育出版社编写的教材，三年级英语课使用河北省教育出版社编写的教材。2005年秋季，小学一年级的品德与社会课使用山东人民出版社编写的教材，语文、数学使用人民教育出版社编写的教材。三年级品德与生活课使用山东人民出版社编写的教材，科学课使用（河北教育出版社）编写的教材，英语课使用人民教育出版社编写的教材。2006年以后，在起始年级对教材的选用根据学校实际情况而选择。2014年，使用人民教育出版社出版的教材。

部分年份小学教育发展情况表

表18-3　　　　单位：个、人

年份	学校数	班级数	在校生数	教职工数
1987	32	196	4282	350
1990	31	200	4383	352
1995	30	184	4232	320

续表 18-3

年份	学校数	班级数	在校生数	教职工数
2000	23	155	3751	265
2001	21	140	3478	271
2005	15	127	3336	263
2007	13	110	2782	227
2010	8	79	1640	209
2014	9	66	1479	184

学校选介

河底小学　始建于民国9年(1920),位于河底村,原名国民联校。1954年,更名为阳泉市第三完全小学校,1961年,更名为阳泉市郊区河底小学。1963年,被省教育厅确定为省重点小学。1971年,增加首届初中班3个,学生121人,学制2年,由此变为七年一贯制学校。1983年9月,取消初中部,恢复为单办小学。同年,河底村投资43万元兴建的教学大楼建成,占地面积11067平方米,建筑面积2284平方米,学校从天主教堂迁入新址。1988年,在全区率先实现"一无两有三配套"。学校坚持"面向全体,面向发展,创建特色"的办学方针,树立"德育为首,教学为主,素质为本"的办学理念。1994年,启动计算机教学实验,次年参与省级课题《小学JIP实验》实验研究。1996年,作为省唯一的学校参加国家级课题"小学管理规程"实验。同年9月,被评为区"明星学校"。1997年,被评为市"德育示范校"。1998年,被省教育厅评为"文明学校"。2001年,参加省级课题"校本化管理研究"实验,被省教育厅确定为省"示范小学",被评为市"艺术教育特色校",学校更名为阳泉市郊区河底镇联合学校河底中心小学。同年9月,中佐小学并入。2002年,启动基础教育课程改革实验,并形成以艺术教育为特色的教育特色。2003年9月,前里龙光峪小学并入。2004年11月,被省教育厅确认为省"义务教育示范校"。2006年,启动创建区优质学校工程。2007年7月,河底村投资100万元改造校园环境,更新教学设备,初步实现学校园林化、环境优质化、校舍明亮化、设施现代化的创建目标。2008年,又投资45万元,更换电脑50多台,做到班班配有电脑、投影仪、实物展台,装备多媒体教室、会议室、校史室和文化走廊。2009年9月,被评为省创建"平安校园"先进单位。同年9月,被评为省教育系统"先进学校"。同年11月,被评为国家级第三届中小学和谐校园创建"先进学校";12月,被评为市学生行为习惯养成教育"先进学校"。2010年1月,被评为区义务教育"优质学校"。同年,随着"校安工程"的实施,将原二层正向教学楼拆除,建起一栋框架结构的3层教学楼,建筑面积为2441平方米,工程总投资347万元。该楼具有抗震功能、消防功能及环保功能。同年 12 月，被评为市十年基础教育改革“先进集体”。2011 年 9 月，下章召、河南、武家庄学生并入。

2014 年，学校占地面积 1.1 万平方米，建筑面积 2700 平方米，校园面积 5000 平方米，绿化面积 2600 平方米。有电脑室、多功能教室、电脑备课室，另有实验、仪器、图书、音体美专用教室 10 个。共有 12 个教学班，学生 425 人，教职工 31 人，其中专任教师 29 人。专任教师中本科学历的 11 人、专科学历的 15 人；小学高级教师 8 人；市学科带头人 1 人、市教学能手 2 人。

第四节　中学教育

发展概况

初级中学　1958 年，按照中共中央、国务院《关于教育工作的指示》精神，在中佐村的寿宁寺办起第一所初级中学——中佐中学，境内始有中学教育，直属市教育局。建校伊始，市委、市政府为了加强对学校的领导，派高培信任党支部书记，李枝叙任校长，习惯上称他们为“红旗干部”。首届招生 5 个班，250 余名学生，有教职工 18 人。当时，学校开展教育革命，贯彻“教育为无产阶级政治服务，教育与生产劳动相结合”的教育方针，学生参加“全民大炼钢铁”，深翻土地，建校等劳动。由于学生参加劳动的时间较多，所以文化课的学习受到一定影响。1959 年 6 月，学校成立校务委员会之后，逐步建立起较正规的教学秩序。20 世纪 60 年代初，受自然灾害影响，学生严重辍学，流失率高达 40%。为了扭转这一局势，至 1964 年，学校着重抓教学质量的提高，普遍减少校内外劳动，教学时间得到保证，教学质量有所提高。到 1965 年，中考成绩连续两年名列全市榜首，在全市初级中学中产生“轰动效应”。到 1966 年，共招收初中班 17 个，毕业学生 1200 余名。

1966 年“文化大革命”开始后，学校先后停课。6 月中旬，市委派工作组进驻学校指导工作，成立“文革领导组”，学校更名为“东方红中学”。8 月，师生外出大串联。“文化大革命”开始的前两年，学校处于无政府和派性斗争状态，相互辩论攻击，武斗、打砸抢事件盛行，管理机构陷入瘫痪，领导、教师受到不同程度的批判。该种状况一直持续到 1968 年 6 月。同年 10 月，上级派“工宣队”进驻学校，开展“大联合”“清队”等活动，学校陆续开始“复课闹革命”。从 1968 年开始，由于单纯追求学生就近入学，不切实际地提出“念初中不出大队，念高中不出公社，几年内普及初中、甚至高中”的目标。在这种形势下，境内略具规模的小学在师资、校舍毫无保障的情况下，纷纷改为小学五年、初中两年的七年制学校。初中在校生大幅度增加，但教学质量极其低下。1969 年 3 月，“老三届”及 1969 届共 6 个班，全部毕业离校。5 月，河底学校的 5 个初中班并入中佐中学。同年，东村乡建立初级中学，首届招收一个班，学生 30 余人，教师 3 人。年底，学校成立“革命委员会”，负责学校日常工作的“工宣队”撤出学校。1970 年，燕龛乡建立初级中学，首届招收 1 个班，共有学生 70 余人，教师 5 人。教学质量难以提高的状况，一直延续到 20 世纪 80 年代初。

1981 年 5 月，教育部召开普通教育调整会，提出“充实加强小学，整顿提高初中”的方针。之后，境内开始对七年制学校及后来的八年制学校进行初中“摘帽并点”工作。1982 年 9 月，新的燕龛中学建成，本地区的初中生统一到燕龛中学就读。1983 年 10 月，原河底镇新建中学一期工程竣工，镇内 7 所八年制学校“摘帽并点”，37 个初中班共 1357 名学生全部迁入新址就读，学校随之更名为河底中学。1986 年，东村乡的八年制学校“摘帽并点”。至此，境内初中“摘帽并点”工作全部结束。小学附设初中班成为历史，初中教育走上了规范化建设轨道。1987 年，河底中学成为单办初中学校。1989 年，河底中学被命名为省首批示范初中，成为全省 8 所示范校之一，也是阳泉市第一所省级示范校。1990 年，河底中学参加联合国驻亚太地区办事处组织的《提高中学生学习质量联合革新计划》(简称“中学 JIP”)，并坚持 10 年之久的探索实验工作。1994 年获省“中学 JIP”实验示范校，1999 年 5 月获国家“中学 JIP”实验示范校，同年被评为省农村红旗办学单位。

2001 年 9 月，牵牛镇学校初中部撤销，镇政府安排初中生到东村中学就读。2004 年 11 月，河底中学被省教育厅确认为省义务教育示范校。同年，在学校布局调整中，燕龛中学并入河底中学，更名为河底中学燕龛分校。之后，中学教学设备和配套力度进一步增大，教学仪器、实验设备、文体器材和图书得到了进一步的充实和更新，实现了“四化六有八配套”(校园硬化、净化、绿化、美化，有教室、有围墙、有大门、有厕所、有旗杆、有饮水设施，图书资料、实验器材、美术器材、音乐器材、劳动器材、卫生器材、体育器材、电教器材配套)。2006 年，燕龛分校又更名为河底中学燕龛教学点。同年，各中学加入阳泉市城域网工程，实现了学校现代远程教育。2008 年 8 月，河底中学燕龛教学点和燕龛中心校合并，组建了燕龛九年一贯制学校。9 月，固庄煤矿子弟学校初中部并入河底中学。同年，河底中学被命名为“省语言文字规范化示范校”。2009—2010 年，各中学都实施完成了学校安全工程建设。2011—2014 年，实施义务教育深化提升工程。

2014 年，全镇有初中 2 所、九年一贯制学校 1 所，教学班 26 个，在校学生 988 人，入学率 100%。教职工 167 人，专任教师中有本科学历 134 人、专科学历 33 人。当年，河底联校被评为“全国心理健康教育工作先进集体”，河底中学和东村中学均被评为“郊区教育教学先进学校”。

高级中学　1970年春，中佐初级中学升格为高中，东村公社也新建了高中。1971年燕龛高中由平定县归属郊区。同年，中佐中学改为春季招生，正式招收普通高中1个班（高四班），学制两年。当时境内的高中，教学设备十分简陋，师资严重不足，学生全部走读。各校根据“五七”指示精神，办起了各种专业班，如农机班、农医班、农林班、财会班、卫生班、师训班等。学生除上文化课外，较多的时间是搞学校建设以及到工厂、农村参加生产实践活动。20世纪70年代，有少数规模较大的小学“戴帽”为九年一贯制学校，也承担了高中教学任务。到20世纪80年代，为提高教学质量，境内高中逐步撤销。1980年，燕龛高中撤销，共办了8届，培养学生280余人。1981年，有学生考取北京大学，首次叩开国家名牌大学的校门。1986年，东村高中撤销，共办了15届，毕业23个班，培养学生1504人。1987年9月，河底中学高中部撤销，共办了16届，毕业41个班，培养学生2400余人。此后，境内再没有开办过普通高中。

课程设置

1958年，中佐中学开展大编乡土教材活动，对原教材进行增、删、压、补、移的改革，基本不按教学计划上课。1962年，开设外语（英语）。1966年“文化大革命”开始后，教学计划不能很好地执行。1968年“复课闹革命”后，学校课程设有语文、数学、工业基础、农业基础、外语（英语）、军体、革命文艺七门课。1974年以后，提出“教育学大寨”，实行开门办学。1976年粉碎江青反革命集团后，课程设置恢复到“文化大革命”前的状况，教材仍沿用“文化大革命”后期的省统编教材。1978年秋季开始，初中语文使用全国统编教材，高中教材使用代用本。

1981年9月开始，初一年级开设青少年修养课，初二年级开设法律常识课，初三年级开设社会发展简史课；高中开设政治经济常识和辩证唯物主义常识课。高中一年级地理课改为高二开设。1985年，河底中学改为“三三”分段制。同年秋季，初中数学、外语、物理、化学教材内容根据上级安排进行了调整，高中使用人民教育出版社的教材。

1991年秋季开始，初中改为四年制。1992年起，初中阶段开设思想政治、语文、数学、外语、历史、地理、物理、化学、生物、体育、音乐、美术、劳技共13科。1995年初中开设科技活动课。1997年春季，初中各年级使用九年义务教育各科新教材。1998年秋季，初中各年级使用全国中学思想政治课教材，停止使用原教材。1999年春季开始，初中使用封面印有“全国中小学教材审定委员会审查（试用）”的九年义务教育教材，原实验教材停用。

2002 年,初中选用的基础教育课程改革实验教材是语文、数学、思想品德、体育、历史、地理、生物、音乐、美术共 9 种。2004 年秋季后,初中改为三年制。2007 年,开始实施《山西省义务教育地方课程设置方案(试行)》,七年级增设探究山西——文学赏析课,八年级增设绿色证书课。此后,对教材的选用,根据上级教育部门的要求而定。2014 年,使用人民教育出版社出版的教材。

部分年份初中教育发展情况表

表 18-4　　单位:个、人

年份	学校数	班级数	在校生数	教职工数
1987	3	49	2367	183
1990	3	42	1814	180
1995	4	60	2683	202
2000	3	70	2992	243
2001	3	62	2770	241
2005	2	46	2046	209
2007	2	45	1845	201
2010	3	41	1822	206
2014	2	26	988	167

学校选介

河底中学　位于河底村,始建于 1958 年,原名中佐中学,设在中佐村寿宁寺。1964 年和 1965 年,中考成绩连续两年名列全市榜首。“文化大革命”期间,改称东方红中学。1970 年,开设农机、卫生、师训 3 个高中职业班,次年开设普通高中班。从 1977 年恢复高考到 1987 年高中部撤销,共有 300 余人考入大、中专院校。1981 年,原河底镇开始在河底村和中佐村之间新建中学校舍。1983 年,一期工程竣工,原河底镇各村的八年一贯制“戴帽”学校的初中部迁入新址,更名为河底中学。1989 年,完成“一无两有三配套”工程,同年被命名为省首批示范初中。

20 世纪 90 年代开始,把“课改促校、质量立校、科研兴校、特色强校”作为基本发展战略,把“全面发展打基础,发挥特长育人才”作为战略思路,开足开全课程。在综合实践活动的开展、地方校本课程的开发、信息技术的应用实践等方面进行摸索实践。通过学科德育渗透、文体活动和学校文化氛围建设,做到“以体载德、以艺促德、以智育德、以风养德”。学校尝试建立多元化的学生评价体系,从学科学习评价、行为习惯评价、成长档案袋评价入手，向学生灌输“学习生活一体化”的理念，帮助学生实现“自我激励、自我管理、自我发展”。1990年参加到联合国驻亚太地区办事处组织的《提高中学生学习质量联合革新计划》后，适时对接省JIP实验，1991年成为省第一批试点学校。1993年动工修建西实验楼。1994年成为省“中学JIP”实验示范校，1995年成为国家“中学JIP”实验示范校，同年，被评为“省农村办学红旗单位”。1999年在郊区成立“五月之舟”文学社，学生作品多次在市、区报刊发表。舞蹈队、竖琴表演队、美术兴趣活动小组活跃于校园。2001年新建校围墙、校门、东综合楼，综合楼设有多媒体教室、现代化微机室、语音教室等专用教室，并对教学楼、校园进行美化绿化。2002年开始基础教育课程改革以后，学校确立“用新的眼睛看世界”的课程理念，相信“每个孩子都是好的”。提出“人人都是示范者，课课都是示范课”。组织教师学习“洋思经验”、“杜郎口模式”、吸纳太谷二中课改成果，推行“5+1”（5天教学日备课，周六学校组织研训）教研体制。教研体制。2002年和2003年，连续两年中考升学率达到70%~80%。2003年，被命名为阳泉市艺术教育特色校。2004年3月，在第14届“希望杯”全国数学邀请赛中，学生任超获金奖，名列全省第二，是阳泉市唯一的金奖。11月被省教育厅确认为省义务教育示范学校。同年，在全国“中华魂”读书活动中，学生王丰获国家级二等奖，代表全国的中小学生在人民大会堂持旗受奖。同年，被命名省绿色学校。2006年，被命名为市德育工作标兵校。同年，学生王佩、郭燕霞在全国中小学素质教育英语知识能力竞赛中分别获特等奖和一等奖，学生任学敏获生物素质教育能力竞赛一等奖。2007年，被命名为“省优秀基地学校”。2008年、2009年，学生朱莎、冯燕、高霞获全国中小学素质教育英语知识能力竞赛中一等奖。2008年，被命名为省语言文字规范化示范校，获郊区中小学田径运动会团体总分第一名。同年，学生刘秀芳、吴一波获23届市青少年科技创新大赛发明类作品一等奖，并分别获得第23届省青少年科技创新大赛发明类作品二等奖、三等奖。2009年，学生马睿获24届市青少年科技创新大赛发明类作品二等奖，获第24届省青少年科技创新大赛发明类作品三等奖。同年，被命名为“省体育传统校”。2010年获市中学生女子篮球赛第二名、男子篮球赛第六名。同年，学生赵心怡获25届市青少年科技创新大赛项目类作品一等奖、获第25届省青少年科技创新大赛项目类作品二等奖，学生苏磬获生物素质教育能力竞赛一等奖。获“市基础教育课程改革先进集体”称号。同年，实施完成了“校安”工程建设。

2014年，学校占地面积2.1万平方米，建筑面积9452平方米。建有教学楼、实验楼、综合楼及学生无机室、教师电子备课室、语音教室、多媒体教室，拥有一类配套的物理、化学、生物实验器材和文体器材。共有教学班14个，学生523人，教职工84人，其中专任教师76

人。专任教师中大学本科学历的 61 人,大学专科学历 22 人;中学高级教师 17 人,中学一级教师 30 人;省学科带头人 2 人,省教学能手 1 人;市学科带头人 2 人,市教学能手 4 人。

第五节　职业教育

初等职业教育

1958 年,在“大跃进”的形势下,为培养农村技术人才,解决小学毕业后继续求学等问题,在完成中佐中学招生计划外,8 月底,河底人民公社在河底村老君庙创建了全省第一所民办(社办)工农中学,亦称“红专学校”,这是境内初等职业教育的开始。当年,招收 1 个班,40 名学生,学生来源是本公社所辖大队未升学的学子。教学实行“五七”制,即五个月学习、七个月劳动,学制两年。课程设置有语文、数学、历史、农业技术等,学生集体食宿,粮油由公社批示,粮站领取。1959 年年底停办。不久,河底公社又在河底大队皮障庙内办起“红专学校”,年招生 2 个班,约 90 余人。学制两年,学生来源于本公社各大队,还有山底、东村、苏家泉等大队的学生。实行农忙劳动,农闲学习。坚持以农养教,勤俭办学的原则,创办茅锅厂、化肥厂等,由于师生努力,学校办得成效显著。这个时期,龙光峪也办起“红专学校”。1960 年,河底“红专学校”和龙光峪“红专学校”被评为“省先进集体”。到 1962 年年初,河底“红专学校”和龙光峪“红专学校”均停办。

1964 年,贯彻“两种教育制度”和“两种劳动制度”的指示,河底、牵牛镇、任家峪、苇泊、上章召、东村、山底、程庄、曹家掌等较大的大队相继办起农业中学,课程设置有语文、代数、物理、农基、珠算、音体美,学制两年,实行农忙劳动,农闲上学,半耕半读的办学形式。1969 年全部停办。农业中学的创办,对缓解中学招生压力,为农村培养人才起到了一定的作用。

20 世纪 70 年代初,为贯彻毛泽东提出的“以学为主,兼学别样”的方针,各戴帽七年一贯制学校均实行开门办学,办起了小农场、小化肥厂、养猪场、粉笔厂、茅锅厂等多种形式的小场。河底学校研制“九二〇”的实验,取得科学育种的新突破。1973 年,阳泉市开门办学现场会在河底学校召开,该校的经验,受到省、市、区的肯定和表彰。

中共十一届三中全会后,教育事业有了新的发展,初等职业教育主要在各中小学各学科教学中渗透。1991 年,镇境内“六三”学制向“五四”学制过渡,中小学使用郊区编写的乡土教材《富饶的山区》《农村实用技术》两册书,对职业技术进行课堂渗透。小学阶段在上好乡土教材的基础上，着力进行劳动技术教育；初中阶段在上好劳动课的基础上，用20%的时间进行职业教育，实行“3+1”模式，即前三年授文化课教材，第四年实行合理分流，开设1门~2门专业基础课，保证学生在校期间学到一技之长，学生毕业时，颁发初中毕业证和职业技术培训证书。2004年，恢复“六三”学制后，“初四分流”工作随之结束。此后，没有再开办初等职业教育学校或课程。

中等职业教育

1970年，境内开始有了中等职业教育。当时，中佐中学和东村中学的高中部根据实际情况，分别附设3个和1个职业班，重点学习农林、卫生、师训等专业知识，学制均为两年。1980年，各村学校均附设办起农业技术学校。1983年，东村办起职业中学，开设机电、财会两个专业，学制两年。1985年，燕龛乡建立卫生职业中学，开设医师、护士2个专业，学制3年。其生源来自郊区各农村，还有少数外省、市的学生，使用国家卫生学校统编教材，兼职教师由乡政府统一聘请。1987年，河底职业中学成立，开设文秘、财会、工美、幼师等专业课程。同年，河底职业学校和河底镇成人学校合办，实行长、短班结合的方式进行教学。长班为2年、短班为1个月~2个月。以短养长，长班教学职业技术专业训练，短班教学成人技术培训。1990年，东村乡职业学校成立。12月，培训农村人口达到80%以上，被省教委确定为“人口教育试点校”。

1991年，境内开始进行农村教育综合改革。河底职校为使学校真正办成农科教结合的实验基地，学校结合开设的专业，创办了经济实体，尝试走一条产教结合、内外结合、以厂养校的发展之路。建起学工、学农、幼教实习基地共6个，校内有校办工厂——阳泉市教玩具厂和2亩菜地，年创收两万余元。校外基地有河底幼儿园、河底蔬菜队、河底镇兴华水泥厂、阳泉市惠丰股份有限公司等，初步探索出一条村(企)、厂、校一体化优势互补、互利互惠，农、科、教结合的路子。1992年6月，原河底镇政府出台《河底镇农村教育综合改革实施方案》，提出以普通教育为基础、职业教育为骨干、村办教育为主体的农村大教育框架，形成政府统筹、各行各业办学、教育部门统筹、社会多元化配合的农村教育新体系，真正建立起“三教(普通教育、职业教育、成人教育)统筹，农科教结合“星火”“燎原”“丰收”三计划贯通的农村教育网络。当年，境内有职业中学3所。同年，东村乡职业中学的《春华秋实》电视汇报片，在全国人口工作汇报会上，向国内外专家、学者展示该乡的人口教育成果，受到与会各界的好评。至1995年，职业中学共举办人口教育轮训班10期，培训乡辖各村人员700余人次。这些受培训的骨干学员回村后，共组织培训村民1.2万余人次。1992年，牵牛镇学校在探索试行村校一体办学模式时，逐步强化中学职业技术教育，初中第四年,使50%的学生进行就业准备,开设1门~2门专业课。同时,学校的农技校对村里的青壮年根据其专业知识、文化程度的不同层次,分批分期进行专业知识教育和实用技术培训。开设的专业有财务会计、煤矿安全、瓷釉涂料3个班。到2000年,共培训学员356人次。

1996年，河底职业中学经省评估验收，成为郊区仅有的两所省级合格乡镇职校之一。2000年9月停办。燕龛乡和东村乡的职业中学也先后停办。之后,镇境内不再开办职业中学。

学校选介

河底农业中学　1964年,河底村成立农业中学,学制2年,聘请3名高中毕业回乡青年任教。教学以初中语文、数学基础课程为主,辅以作物栽培、农业气象、蔬菜种植、土壤和肥料等农业专门课程。学生以本村高小毕业生为主,同时吸收部分邻村学生。“文化大革命”开始后停办。1964—1966年,共招收学生140人,毕业后全部回到各自农村。

第六节　成人教育

农民教育

境内农民教育始于抗日战争时期。民国29年(1940)冬,根据晋察冀边区政府的指示精神,为了宣传群众,武装群众,组织群众,境内大部分村庄开展了声势浩大的冬学运动,各村成立了冬季运动委员会,建立识字班。冬学以识字为重点,并宣战学习一些政治、时事、生产、卫生等方面的内容,选择思想进步,热爱农民教育且有一定文化知识的青年担任讲解老师。在开展冬季运动的同时,河底、东村等村还组织宣传队、秧歌队、业余文艺队,宣传发动群众,提高了人民群众的思想觉悟。1945年9月,冬学运动改为民校。

中华人民共和国成立后,境内农村普遍开展扫盲识字教育,要求参加学习的学员,能拼读1500字左右,政府配备教育委员、扫盲教员,民校步入正常化。1953年春,境内各村推广祁建华的“速成识字法”,采用《速成识字课本》,小学教师积极参与讲解辅导。如河底村参加学习的学员有400余人,在教师的辅导下,全部达到了扫盲标准。1960年由于自然灾害等原因,农民教育处于停顿状态。1966年“文化大革命”开始,由于片面强调政治学习,忽视文化和技术学习,造成农村文盲、半文盲逐年增加。

1979年,境内各公社成立工农教育委员会,配备专兼职教师,聘请扫盲教师和辅导员，以扫盲教育为重点的农民教育在境内又广泛开展起来，各大队建立了农民教育领导组。境内农民教育重点由扫盲转入巩固扫盲成果，并试办农民业余技术学校。1981 年 5 月，上章召大队民校校长、大队党支部书记郭满义出席在沁水县召开的全省农民技术教育经验交流会，并在大会上介绍上章召大队民校的办学经验，上章召民校被列入全省重点农民业余文化技术学校之一。同年 8 月，阳泉市革委在上章召大队召开全市农民技术教育经验交流会，上章召民校负责人介绍办学经验。1984 年 12 月，东村乡民校在全市农民教育工作会上交流了办学经验。1990 年 12 月，山西省农民成人教育工作现场会在东村乡召开，东村乡被评为“山西省农村成人教育工作先进乡”。1995 年 12 月，原河底镇成人学校被国家教委评为“农村成人教育先进校”，并获奖牌 1 块。

1999 年后，境内成人教育重点转向扫科盲和对农民进行实用技术培训，乡镇成人学校和村办农技校均达到“六有”(有教室、有桌凳、有教师、有教材、有图书、有场地)标准，85%的青壮年农民均接受 1 门 ~2 门专业技术培训，均对他们的创业给予较大帮助。2014 年，有河底镇成人学校 1 所，村办农技校 32 所，共培训 3672 人次。

部分年份农民教育培训情况表

表 18–5　　单位：人、人次

年份	镇成人学校		村办农技校	
	兼职教师数	培训人次	兼职教师数	培训人次
2002	8	1034	69	3825
2005	6	937	65	3359
2008	4	811	62	3058
2011	2	737	61	3045
2014	2	756	61	2916

职工教育

镇境内没有对职工进行专门教育培训的机构或学校。20 世纪 80 年代，随着乡镇企业的快速发展，针对企业从业人员知识层次低，尤其是技术人员缺乏的现状，各个农村依托农业技术学校，在培养农业技术人员的同时，采取“走出去、请进来”的方法，对煤矿、耐火、水泥、铸造、制砖等企业，采取长期和短期相结合的方式，培训一大批管理人员和技术人员。一线职工，现场进行技术指导，培养并形成一批技术骨干。苇泊村依托汽车修理厂，采用农技校和工厂一同办学的形式，实行以厂养校，以校促厂，同步发展的策略，50 余名职工使用同一套教材，集中时间进行培训，边学边用，取得明显效果。

1987 年，境内各乡镇党校成立。到 2014 年，共培训中共党员、预备党员、入党积极分子、机关工作人员及农村“两委”干部627人次。同一时期，煤管站、企管站、财政所、文体站、计生站等部门到2014年，共分别培训煤矿管理及各类技术人员2035人次、企业管理人员1013人次、农业技术人员3926人次、财会人员198人次、文化体育辅导员234人次、农村计生人员527人次。

学校选介

东村民校　最初开办年份不详。1980年，恢复重办，为社办民校。公社革委会将会议室改为民校教室，并拨款5200元，购置教学设备。由一名副主任任校长，设立校务委员会，有4名委员组成，聘请兼职教师14人，以短班教学形式进行培训。随着农村经济的改革发展，民校先后开办了林果、财会、兽医,农广校专业班、地毯工艺、电影放映培训班6个专业技术培训班，1984年又开办了1个中央农业广播函授学校专业班和1个农业经营管理班，开学时，各村集资解决学员学费2792元，并为每个学员购置一台半导体收音机。到1985年，民校共开办各类专业班8个，培训毕业学员714人。其中农业经营管理专业班1个，学员58人；函授学校专业班1个，学员35人；电影放映培训班1个，学员15人；农广校专业班1个，学员70；财会班1个，学员26人；林果班1个，学员367人；兽医班1个，学员20人；地毯工艺班，学员123人。财会班学员毕业参加市统一考核评定后，获得一级主管会计职称的2人、二级主管会计职称3人、三级主管会计职称6人。当年停办。

河底镇成人学校　1987年成立，位于中佐村西寿宁寺内，学校占地面积2649平方米，建筑面积842平方米。开设文秘写作、财务会计、工艺美术、幼师4个专业，教职工17人，其中专业教师11人，实习指导教师4人，外聘教师2人。采用长短班相结合的形式进行培训教学，长班为2年，短办3~7天。有符合要求的校舍设施及设备全新的电化教学设备；有幼儿教玩具厂和日光温室两个校内实验基地，以及惠丰股份有限公司、兴华水泥厂、河底幼儿园等6个校外实习基地。是一所面向全区招收学员，融职业教育与成人教育为一体的学校。

为适应农村教育综合改革的需要，1993年大力开展实用技术培训，加速科学技术推广，推出“个十百千”燎原工程，即建好一个日光温室蔬菜基地，服务十个蔬菜专业户，指导一百个蔬菜栽培新技术，带动一千个庭院经济开发致富户，形成以个为中心、十为重点、百为载体、千为目标的科技辐射网络。

学校多年被评为市、区“先进集体”，由区教委验收为“合格学校”，是区级“文明单位”。1995年12月，被国家教育委员会评为“农村成人教育先进学校”。

2000年，有长班4个，短班2个，在校学员270人，教职工31人，其中专业教师14人，实习指导教师6人，外聘教师7人。到年末，共向社会培训各类人才500余人次；举办短期培训班36期，培训厂长、经理、企管、煤矿特工、计生、琴弦、舞蹈、体育、缝纫等各类人员3500余人次。此后，培训规模有所缩小。到2014年，镇成人学校有兼职教师2人，年培训各类人员756人次。

第七节 教学研究

教研活动

1979年开始，为了使教师适应新教材，镇境内各联校组织中学语文、数学、物理、化学、政治、外语6个学科和小学语文、数学两科的教师参加区教育局举办的教材教法培训班，该项活动一直持续至1983年。1988年，为加强教学常规管理，原河底镇制定出台了《关于教学常规的若干规定》等文件，使教学管理、教研组织逐步完善并趋于规范。1990年，区教育局在河底小学召开全区教学常规管理现场会，促进了全区各学校对教学常规管理工作的开展。1991年，境内各乡镇联校开始对教学工作全过程实行综合管理，并实行与教学质量相统一的中小学教学评估制度。同年4月，开始进行以“说课”为主要形式的教学研究。1992年，各联校正式组建了教学研究室，建立语文、数学和综合学科3个中心教研组。小学双轨以上学校建立学校教研组，双轨以下的建立备课组。中学按学科组建学科教研组。1993年9月，中小学教师参加全区九年义务教育新大纲培训，92.5%的教师通过了达标考试。同年，区教研室在原河底镇联校召开深化课堂教学改革研讨会。1994年，实施目标管理，镇教委与各校签订学年《教学工作目标责任书》。1995年，境内开展教学常规达标争优创特色活动。同年，经区级评估验收，境内有2所初中学校达规范化学校，河底小学达示范校标准。1996年，全区中小学管理规程现场会在河底小学举行，100多名校长参加会议。1997年，郊区教研室在全区中小学推出“成功教育、愉快教育”的教学模式，境内各乡镇联校教研室在中小学13个学科试行推出15种课堂教育模式，基本取得较好的教学效果。1998年，境内确定了10所小学作为素质教育试验校，初步构建起“五二三”（德、智、体、美、劳，学科课、活动课，课程表、作息表、校历表）素质教育模式，取消了百分制及期中考试、升学考试和各级统考，形成了“等级制＋激励性评语＋特长”为主要内容的小学素质评价体系，促进学生全面发展。2000年，经过区、镇两级对素质教育模式的培训，98%的中小学教师考核合格。9月开始，中小学语文、数学、英语三科起始年级使用新教材，按新大纲要求教学。同年，各中小学教学常规水平有了大幅度提高，学科课做到了课时、教材、教师三落实，活动课也做到了方案、教师、课时“三落实”。依据郊区总体部署，小学教育制定并实施全方位的《育人行动计划》，积极推行“小班化”教学的课堂改革实验，拉开了育人工程的帷幕。2001 年，河底幼儿园参加省教育厅主持的“九五”课题“适应山西省情，实施幼儿素质教育研究”实验，该幼儿园的泥工、手工制作和户外体育活动，作为课题组唯一农村题材的科研成果，被制作成光盘在全国发行。同年 4 月，郊区教育局在河底镇召开“小班化教学暨小学课堂教学改革研讨会”，参会人数达 200 余人，在苇泊小学和关家峪小学进行了实地观摩，8 名教师的课堂教学，得到与会专家的肯定与好评。同年，启动“校本化”（学校校本培训计划）管理实验，在全区率先推行学区一体化管理改革实验。2002 年 7 月，镇联校启动基础教育课程改革实验工作。2004 年 4 月，镇中小学积极运用区教育局《研究性学习》的教学方案。2005 年 9 月，在全镇中小学校推行“学洋思、促反思”活动，大力推广江苏洋思中学“堂堂清、日日清、周周清”经验，进一步深化课堂教学改革，提升教育管理服务水平。从学科教学、校长培训、教师引导、学校管理、教育科研等方面进行教育改革。2006 年，在中小学教师中开展“导师制”活动，使每一个教师都和 10 余名学生结成对子，对每个学生在思想上进行引导、心理上进行疏导、生活上进行指导、学习上进行辅导。

2007 年 11 月，在山西省基础教育课程改革总结会上，河底中学被评为山西省基础教育课程改革“优秀基地学校”。2010 年，河底小学被评为阳泉市十年基础教育课程改革“先进集体”。2011 年，苇泊学校实验并形成了“2+X”课堂教学模式（“2”指问题导入和达标过关，X为凸显各个学科特点的教学环节），被确定为“郊区课堂教学改革基地实验校”。河底中学“三段式”（预习自学，探究问题，训练应用；展示点评，总结升华；清理过关，当堂检测）教学模式等，探索出具有自身特色的教学方式。2012 年，河底小学被评为国家级新课程改革“先进学校”。到 2014 年，全镇教师在区级以上刊物发表的教研论文、案例中，获区级以上奖的论文有 1674 篇，其中区级的 1187 篇、市级的 325 篇、省级的 139 篇、国家级的 23 篇。

电化教育

1974 年，境内开始有了电化教育。是年，河底小学教师闫昌自制幻灯机 1 台和幻灯片《一块银圆》84 框，多次在境内学校放映。1976 年，河底小学从太原购进 1 台反射式幻灯机和 1 台黑白电视机，电化教学开始进入课堂。随后，东村等小学也购置幻灯机进行教学。1990 年，郊区教育局确定牵牛镇小学为电教实验校。当年，境内有 8 所中小学实现“两机一幕”（录音机、幻灯机、投影幕）班班进教室。

1993 年，河底小学、邓家峪小学配置各类微机 28 台，建起微机室，开展计算机教学实验。到 1995 年，“两机一幕”（投影机、录音机、投影幕）班班有的小学达 9 所，45%的小学建成为示范规范化的学校。1997年1月，河底中学被确定为市电化教育实验校。2006年，全镇所有中小学全部完成了农村中小学现代远程教育工程，并顺利通过省级验收，全部实现了与阳泉市教育城域网的连接，入网率为100%。

2008年，全镇初中、中心小学都能广泛开展信息技术教育，全部学校开设信息技术课，有专职教师5人，兼职教师17人。全镇有计算机教室13个，教师备课室68个，多媒体教室10个，电视机15台，VCD机18台，录音机47台，液晶投影机9台，“两机一幕”（液晶投影机、计算机、投影幕）进入教室的班有63个。有教学用计算机336台，小学平均每10名学生有1台，初中平均每9名学生有1台。2010年，山底小学被省教育厅评为现代远程教育工程教学应用“先进单位”。

2014年，全镇有计算机教室10个、教师备课室43个、多媒体教室9个，电视机10台、VCD机12台、录音机67台、液晶投影机7台，“两机一幕”进入教室的班71个。有专职教师3人、兼职教师6人。教学用计算机386台，小学平均每8名学生有1台，初中平均每7名学生有1台。

学制改革

民国时期，境内的小学堂改为小学校，小学校又分为初等小学和高等小学。初等小学均为四年制，高等小学为两年制，设五、六年级。

民国36年（1947）11月，根据阳泉市人民政府提出的“恢复整顿、稳步前进、发展教育”的方针，境内建立了学区制，规定小学实行“四二”学制，统一学制和课程。基本实行秋季招生。中华人民共和国成立后，根据新民主主义教育总方针规定，境内小学仍然实行“四二”学制，单独设立。

1958年，根据《关于教育工作的指示》精神，境内开始办起1所初级中学，学制为3年。1968年，境内较大小学“戴帽”增设初中，办成七年制学校。1970年，境内开始设高中，学制2年。增设高中的学校成为九年制学校。1971年，境内学校为春季招生。1978年1月后，执行教育部颁发的《全日制十年制中小学教学计划（试行草案）》规定，全日制小学学制为五年，统一秋季招生。

1983年后，境内“戴帽”学校逐步摘掉初中帽子。义务教育“五三”学制、“六三”学制并存。高中由2年制改为3年制。1991年9月后，境内各小学推行“五四”学制改革，将当年小学五、六年级学生全部升入初中，为“六三”学制向“五四”学制过渡阶段，两种学制并存。1993年9月开始，境内义务教育统一实行“五四”学制。2004年秋季后，义务教育由“五四”学制改为“六三”学制。当年，小学五年级不毕业，也不升学，初中不招新生，两种学制共存。2005 年后，义务教育正式改为“六三”学制，至 2014 年未改变。

农村教育综合改革

1991 年，境内开始进行农村教育综合改革。1992 年 6 月，经郊区人民政府决定，在牵牛镇村试办村校合一，三教统筹，农、科、教三结合的“一条龙”改革窗口学校，探索学前教育—普通教育—职业教育—成人教育“一条龙”的办学模式。该村学校成为集幼儿、小学、初中为一址的学校，在河底中学就读的本村初中生全部迁回本村学校就读。幼儿初步感知职业教育，小学开始渗透职业教育，中学逐步强化职业技术教育。实行“3+1”模式，即前三年授完文化课教材，第四年合理分流，50%的学生进行升学教育，50%的学生进行就业准备。开设 1 门 ~2 门专业课，村里的青壮年根据专业、文化程度的不同层次，分批分期进行专业知识教育和实用技术培训，开设的专业有财务会计、煤矿安全、瓷釉涂料三个班。到 2000 年共培训学员 356 人，牵牛镇学校成为郊区农村教育综合改革示范校。2001 年，牵牛镇初中部并入东村中学后，农村教育综合改革也随即停止。

第八节　教育经费

经费统筹

境内的教育经费，在中华人民共和国成立前，绝大部分依靠民间自行筹集。中华人民共和国成立后到 1983 年，主要由市财政统筹解决。1984 年后，由区财政统筹安排。依据《中华人民共和国义务教育法》和有关规定，1987 年开始征收城镇教育附加费，1988 年开始征收农村教育附加费。2003 年，随着农村税费改革，农村教育附加费停征。2007 年，全面落实农村义务教育经费保障机制改革，将义务教育经费全部纳入财政保障范围，实行预算单列，专户管理。2008 年后，开始实行国家义务教育“两免一补”政策，即对农村义务教育阶段家庭经济困难学生免费提供教科书、免杂费，补助寄宿生生活费。为全镇义务教育阶段所有在校学生免除杂费和课本费，免除东村中心校所有寄宿生的住宿费。至 2014 年没有改变。

勤工俭学

中华人民共和国成立前，境内一些学校，为解决办学经费，提倡“生产自救”“以工养学”，师生在教学读书之余，进行生产劳动，补充经费不足。

20 世纪 50 年代后期，部分学校为了补充教育经费，开始兴办一些小厂（场）。这些校办厂(场)对当时教育事业的发展起到一定作用,但也出现形式主义和以劳代教的倾向。

1966 年“文化大革命”开始,勤工俭学逐渐中断。“五·七”指示发表后,“学工、学农、学军”成为学校的主要任务,这时校校办工厂、农场,如河底小学的小化肥厂、小农场、小茅锅厂,当时办得红红火火。这个时期学生劳动多,严重影响了教学质量。由于境内学校的小厂(场)办的较有特色,1973 年区文教办在小河北学校召开全区勤工俭学现场会。

中共十一届三中全会后,勤工俭学得到恢复和发展。1988 年,境内各联校均设立勤工俭学办公室,负责各学校的勤工俭学事宜。境内学校办有麻刀厂、织布厂、制蜡厂、编织厂、木器加工厂、无线电修理厂、核桃林场等多种类型的小厂(场)50 余个。到 1995 年,中小学勤工俭学开展率达 100%。

1996 年后,勤工俭学主要以巩固、提高、调整、改革为主,学校积极探索后勤社会化改革,开源节流,校办小厂(场)渐次停办。进入 21 世纪后,已完全没有校办企业。

集资办学

清光绪八年(1882)版《平定州志》记载,清乾隆三十九年(1774),河底村贡生刘大有之妻赵氏,夫殁后,为自助儒学经费,捐地 80 亩,收租米 6 石 6 斗,以为诸生乡试捐资。清道光十八年(1838),河底村乡绅刘珂鸣出资协助重修文昌庙,在庙中设立义学。

中华人民共和国成立后,除公办教师工资和部分补助由国家拨款外,境内学校的新建、扩建、改建、维修等费用以及民办教师工资,主要依靠公社(乡、镇),生产队(村)给予解决。1974 年,关家峪新小学建成,面积 592 平方米,总投资 2.6 万元。1978 年,大河北小学建成,面积 388 平方米,总投资 1 万元。

1980 年后,境内集资办学高潮兴起。1982 年 9 月,经过两年的建设,由燕龛乡投资新建的燕龛中学竣工。同年,中佐小学、山底小学建成。1983 年 10 月,原河底镇新建中学一期工程竣工。同年,郊里小学、河底小学、河底中学建成。1984 年,北庄小学建成。同年,全区改善办学条件现场会在河底小学召开。1985 年,原河底镇集资 246 万元,用于改善办学条件。集资办学走在全区的前列。河南小学、东村中学、程庄小学建成。当年,原河底镇、河底村和山底村被评为阳泉市“集资办学先进集体”。1986 年,下章召小学、北小西庄小学建成。1987 年 9 月,河底村投资 18 万元新建的幼儿园投入使用,成为境内第一所新建村办幼儿园。同年,小固庄小学、小沟小学建成。之后,牵牛镇、山底、曹家掌等村也先后投资新建了幼儿园。1988 年,燕龛小学建成。同年,郊区政府在原河底镇召开了首次全区性的集资办学现场会。之后,集资办学迅速扩展的全区。1989 年,红土岩小学、上章召小学建成。同年,境内基本结束了利用古庙、祠堂、危旧房屋办学的历史。河底中学、东村中学、燕龛中学和 80%的小学实现了“一无两有三配套”(无危房,有教室、有课桌凳,图书、仪器、文体器材配套)。

1990—1993年,集资办学主要向高标准迈进。牵牛镇村投资200多万元,新建成牵牛镇学校。里龙光峪、大固庄、邓家峪、南沟等村,也先后新建了高标准的小学校舍。1992年,燕龛乡投资80多万元新建的燕龛中学教学楼竣工并投入使用。同年,郊区对1988—1991年度集资办学捐资助教先进个人进行表彰,其中有大河北村的潘牛小和河底村的光根存、要卯仓、李东贵,他们分别捐资3600元和3000元、1500元、1500元。1993年,原河底镇又集资1902万元,用于改善办学条件。同年,河底中学动工修建西实验楼。1994年,苏家泉小学建成。2000年1月,中国艺术研究院环境研究所副研究员、艺术顾问、中国城市科学研究会理事、中国太行书画研究所研究员赵岚专程从北京返回母校山底小学捐款1万元。

2001年,河底镇启动新一轮危房改造工程。同年,河底中学新建校园围墙、校门、东综合楼,并对教学楼、校园进行美化、绿化;任家峪村投资170万元,新建占地5500平方米、建筑面积1600平方米的小学校。新的小河北小学建成。2004年,河底中学被命名为“省绿色学校”。2005年,苇泊村投资28万元新建了幼儿园,郊里村投资24万元新建了幼儿园。2007年,全镇实施校园园林化工程建设。同年,河底村投资22万元,对小学校园进行全面改造升级,率先在全区建成园林化学校。东村寄宿制小学、河底小学、河下幼儿园改扩建工程竣工。2008年,任家峪村投资7万元改造了幼儿园,东村投资90万元新建了幼儿园。到年末,全镇新建或改扩建小学23所。2009—2010年,山西省实施校园安全工程(简称校安工程),所有学校先后利用两个暑假进行了校舍加固,可以预防八级以上地震,确保了师生在校期间的人身安全。2012年,山底村投机160万元改扩建幼儿园,红土岩村投资5万元改建了幼儿园。2013年,河底村投资630万元动工新建规划为规模大、标准高、质量优、功能全的一流农村现代化幼儿园;关家峪村投资5万元改建了幼儿园。2014年,五架山村投资110万元新建了幼儿园,东村小学接受捐资,对学校进行改造建设。到年末,全镇的中小学校全部得到新建或改扩建,有7所中小学成为园林化学校。

第九节 教师队伍

师资构成

民国前,境内教师称之为塾师,民间多称先生,形不成队伍。民国时期,随着现代教育的发展,从教人员逐渐增多。

中华人民共和国成立后,境内教师队伍迅速发展壮大。20 世纪 50 年代至“文化大革命”前,境内公办教师由市教育局统一分配,1954 年,境内部分小学开始聘用民办教师和代课教师。1958 年后,分配到境内任教的大专毕业生逐年增加。1965 年,境内有教师 109 人,其中中学教师 18 人,小学教师 91 人。

1966 年“文化大革命”开始后,教师大量流失。1968 年以后,由于不切实地提出“村村办初中,社社办高中”的口号,只好层层拔高使用教师,大量聘用未经培训的民办教师、代课教师,导致教师队伍整体素质不高。从 1974 年阳泉师范首届毕业生分配到境内到 1983 年,由国家分配大中专毕业生,且以本地籍的阳泉师范毕业生为主,是公办教师师资来源的主渠道。该时期,民办教师和代课教师仍占相当大的比重。1984 年开始,由于国家定向分配中师生,同时境内参加各种大专形式培训的教师陆续毕业,具有大专学历的教师逐年增多。据当年统计,小学教职工为 215 人,其中专任教师 187 人(民办教师 46 人),学历达标率为 74.3%;中学教职工 112 人,其中专任教师 95 人(民办教师 3 人),学历达标率为 47.7%。

1987 年,境内教育部门开始评定专业技术职务,是年,全镇首评中级职务 11 人。次年开始评定初级职务,共评定公办员级教师 173 人,助理级 93 人,民办员级 17 人,助理级 32 人。

1996 年,区委、区政府出台《关于在全区教育系统实行教职工定编定岗全员聘任的意见》,经过三年的实施,到 1999 年,经考核,全镇共聘用教职工 253 人,内退 5 人。2001 年,全镇实行“三评一量化”(教师互评、学生和家长评议教师、学校领导评议教师,教师业绩量化考核)教师考核制度,全面评价教师工作。当年,民办教师全部辞退。2002 年,按照新标准对在岗教师进行资格过渡认定,全镇中小学教师均取得了相应的教师资格。2003 年,按照郊区《关于在全区教育系统教职工定编定岗竞聘岗位的实施意见》和《关于郊区中小学教职工人员竞岗分流的实施意见》,开始人事制度改革,当年,全镇中小学有 387 人聘任上岗。

2014 年,全镇在编在岗教职工 351 人,其中中学教师 167 人、小学教师 184 人、幼儿教师 103 人(民办幼儿教师 93 人),学历合格率均为 100%。共有省级学科带头人 6 人、教学能手 3 人、骨干教师 3 人,市级学科带头人 7 人、教学能手 10 人、骨干教师 11 人,区级学科带头人 23 人、教学能手 19 人、骨干教师 39 人,教学新秀 15 人。

教师待遇

社会地位　阳泉解放前,境内教师被称为“教书匠”。地位不高,工作毫无保障,生活清贫,故民间有“家有半升粮,不当孩儿王”的说法。

中华人民共和国成立初，教师被誉为“人类灵魂的工程师”，受到全社会的普遍尊敬。后来历次政治运动，常常冲击教师队伍，特别是“文化大革命”时期，教师被贬为“资产阶级知识分子”“臭老九”，教师地位每况愈下。中共十一届三中全会后，尊师重教又蔚然成风，教师被亲切地称为“辛勤园丁”，政治地位有了新的提高。境内历次党代会、人代会、劳模会和妇代会，教师代表都占到一定比例。

1985年第一个教师节时，境内各乡镇党委、政府都隆重召开庆祝暨表彰大会，并作出决定，每年教师节，除表彰先进外，还要坚持开展尊师重教和为教师办实事活动。1984—2000年，先后将100多名民办教师转为公办教师，为10多名教师家属与子女转为城市户口。1997年起，境内每三年举行一次大规模庆祝表彰活动。2001年，全面启动教师健康工程，每年为教师免费体检一次，每年至少组织一次文体活动。2002年，全镇教师全部参加了阳泉市大病统筹互助基金会。同年，全镇教师以自愿捐款的方式，为郊区成立教师爱心扶贫帮困互助会筹集资金，对患大病和因病致贫的教师进行资助，到2014年，全镇累计有73名教师受到资助。2003年，全镇教师全部参加医疗保险，彻底解决教职工医药费报销难的问题。

到2014年，受到国家表彰获得“全国优秀教师”称号的1人，受到省级表彰的10人，受到市级表彰的106人次，受到区级表彰的235人次。

工资福利　民国初期，境内教师实行月薪制。高小教师甲等12元，乙等11元，丙等10元，丁等9元。初小教师甲等7元，乙等6元，丙等5元，丁等4元。工资微薄还不能按月支取。

中华人民共和国成立初，教育系统实行实物工资制。月米70公斤至100公斤不等，按当月末价可折合货币发放。1952年，教师月工资为22.4元。1955年，改为货币工资制。到1963年，国家先后三次调整工资。1964—1976年，教师每人月均工资33.6元。1977—1993年，境内公办教师先后7次调资，教师工资大幅度提高。到1993年，每人月均达到254元。此外，按照有关规定，教师享受公费医疗、生活困难补助、探亲路费、班主任津贴、教龄津贴、山区补助、书报杂志费、独生子女费、女教师卫生费和产假工资等多项福利待遇。期间的1984年，民办教师的工资年人均为450元。之后，逐年有所增长。1994年，燕龛乡实行公办、民办教师同工同酬，并逐月兑现。当年，郊区政府规定民办教师月工资额，中级为300元，初级为240元，员级为180元。1995—2005年，公办教师工资经历了5次提标和6次升级。至2000年，境内公办教职工工资月均694元。2006年7月开始，原工资结构改革为岗位薪级工资制，人均年工资收入1.19万元，2014年，人均年工资收入4.5万元。

第十节　行政管理

教育行政

民国36年(1947)阳泉解放后至1967年,境内教育均由市政府管理。1952年后,实行校长负责制。1957年后,实行党支部领导下的校长负责制。1963年调整后,实行当地党委和主管教育行政部门领导下的校长负责制。

1968年,境内实现各组织的大联合,由教育革命领导小组领导。1973年,设立公社文教办公室,1976年,改称联合学校。1994年9月,又改称乡、镇教育委员会。2000年,后复称乡、镇联合学校。2001年8月后,东村乡和燕龛乡联校随着乡镇撤并而并入河底镇联校。

镇联合学校是镇政府的一个职能部门。其主要任务是在镇政府和区教育局的领导下,贯彻执行党的教育方针、政策和上级行政部门的各项规定,协调有关方面,编制本镇教育规划,巩固和发展各类教育,负责该镇各中心园、中心校、职业学校等行政管理。

学校管理

1950年3月,境内始设学区。学区教育事宜由联合校长负责。联校下设中心校,有校长1人,小学一般由三任教师负责。各完全小学有校长1人,总务主任1人。20世纪60年代后,境内以公社设立联合学校,负责本公社内的完全小学和初级小学。联校在本公社驻地有依托完全小学。较大的村设有完全小学,由校长负责。规模小的学校由教导主任或主任教师负责。单人复式学校由任课教师负责。初级中学和高级中学由市、区教育主管部门统一管理。

1987年,境内中小学开始实行校长负责制。中学设校长1人,副校长2人,教导主任1人,政教主任1人,总务主任1人,团委书记1人。较大的小学配备副校长1人,教导主任1人,总务主任1人。1994年9月,乡、镇教委成立后,各中学机构设置为办公室、教导处、政教处、总务处和党、团队组织。

2001年9月,小学开始推行学区一体化管理改革实验。全镇设8所中心校,8所中心园,由中心校长统管本中心的事务。2008年,在不断完善学区一体化管理的同时,又推出学校管理“校本化”模式。

到2014年,全镇有初级中学2所、九年一贯制学校1所、中心校6所、中心园8所、成人学校1所、村办农技校32所。

师资培训

在职进修　1979年，高等师范函授恢复，山西省教育学院招收师专函授生，境内报名参加学习的具有高中、中师文化程度的初中教师共52人，分中文、数学、物理、化学、历史5个专业。到1984年，经考试合格并领取大专文凭的有50人。1986年，61名小学教师报名参加山西省中师卫电教育，到1990年，有34人取得中师毕业证书。1987年，45名初中不达学历的教师报名参加山西省卫电教育，到1993年，有36人取得大专毕业证书。1993年，有38人参加山西省教育学院全员培训，到1996年全部取得大专证书。1996年9月后，境内中小学教师师资培训工作逐渐由学历补偿教育向以提高师德、师能为目标的继续教育转变。当年，561名中小学教师参加全市统一组织的三笔字、简笔画、普通话、教具制作与使用、班主任工作技能及常用文体写作等科目的教学基本功训练及考核，参考率达99.8%，过关率达91%以上。此后，又参加全区中小学教师计算机初级培训和普通话水平达级培训，经测试全部合格。同年，有56名小学教师参加山西大学举办的“小学教育和教育管理”2个专业的大专班的函授学习，到2000年，41名教师领取毕业证书。1999年有33名中学教师参加山西省教育学院中文和教育管理两个专业的函授学习。2001年，区进修校与市教育学院合作举办小学教育大专班，有15名教师参加；同年，区进修校与太原师范学院合作举办教育管理本科班，有12名教师参加，通过5年的在职函授学习，到2006年均取得了毕业证书。之后，经过多年的在职培训学习，到2014年，全镇小学教师达大专学历以上和初中教师达本科学历的比例均达到80%以上。

校长培训

1986年，境内选送4名中小学领导，赴北京教育学院和北京行政管理学院，参加为期半年的学习培训。1990—2003年，分期分批选送51名中小学校长，以离职学习和在职函授两种形式，到阳泉市教育学院参加中小学校长岗位学习和提高培训，并领取了相应的合格证书。2004年以后，有18名中小学校长和各校推荐的后备干部参加阳泉市教育学院与区教师进修学校共同举办的校长岗位培训班，全部领取“校长岗位培训合格证”。2008年，全镇8名小学校长在市电化教育馆参加全市农村中小学现代远程教育校长培训，就信息技术和远程教育资源在教育教学中的管理和应用进行培训学习。到2014年，中小学校长持证上岗率达到100%。

普及九年义务教育

1985年9月，中共中央《关于教育体制改革的决定》提出要“有步骤地实行九年义务教育”后，境内各乡、镇党委、政府依据《决定》精神，把普及九年义务教育的实施工作列入议事日程。为了加强领导，各乡、镇政府成立了普及九年义务教育领导组，由分管文教的副乡、镇长任组长，政府相关部门的负责人为成员的领导机构。1986 年 7 月《义务教育法》颁布后，境内普及九年义务教育工作进入了依法治教的阶段。1989 年 12 月，乡、镇政府出台了《实施九年义务教育五年规划》《关于严格控制中小学生流失的规定》等文件，政府与各村签订普及九年义务教育合同，明确要求各村如期完成普及九年义务教育工作，力争在 1992 年前普及初等教育，1994 年前普及初中教育。经过 3~5 年的努力，普及工作迅速推进，取得了阶段性成绩。到 1991 年，底达到了小学阶段义务教育的基本要求，提前一年完成各项指标任务。到 1993 年，经自查评估，普及初中教育各项指标均达到国家要求的标准，并顺利通过市政府“普九”达标验收。境内适龄儿童入学率、巩固率均为 100%，毕业率为 99.5%。12~15 周岁少年儿童普及率为 99.1%。适龄少年初中入学率为 99%，巩固率为 98.5%，毕业率为 99.2%。1994 年 4 月，境内“普九”工作通过了省政府评估验收，达到了普及九年义务教育乡镇的要求。同年 12 月，河底小学、河底中学代表郊区接受了国家教委的评估验收，检查组对两所学校的“普九”工作给予了充分肯定，并一次性通过验收。1997 年 3 月，原河底镇被省政府“两基”评估验收组评为“实施义务教育先进镇”。到 2000 年，6~11 周岁适龄儿童入学率、巩固率和毕业率均为 100%。12~15 周岁儿童入学率为 99.2%，巩固率为 98.8%，毕业率为 99.7%；普及率为 99.1%。6~15 周岁残疾少年儿童入学率为 99.3%。“普九”工作进入了高标准巩固、提高阶段。

2002 年，河底镇出台《关于全面育人工程实施方案》，提出要关注人的全面发展的理念，全镇育人工作进入了改革、创新的快车道。2003 年，全镇小学适龄儿童入学率、毕业率均为 100%，辍学率为零。初中少年入学率 100%，毕业率为 99.9%，辍学率为 0.53%。“普九”人口覆盖率达到 100%。2004 年，河底中学、河底小学被省教育厅确认为义务教育示范校。2006 年，在巩固“两基”成果的基础上，加强了义务教育标准化建设步伐，提高“普九”水平，基本实现义务教育均衡发展。当年，小学适龄儿童入学率、初中少年入学率均为 100%，残疾儿童、少年入学率为 99.5%。2010 年后，全镇适龄儿童入学率、巩固率和初中少年入学率、巩固率仍然连续保持 100%。2014 年，河底镇继续充实、完善学校均衡化发展的软、硬件设施，准备接受国家的检验验收。

德育工作

阳泉解放前，境内游击区的学校就注重对学生进行思想政治教育，学校开设修身、“公民”等课程。对学生实施训育，组织学生学习时事政治，参加社会活动，以提高学生思想政治觉悟。阳泉解放后，学校进行的德育工作，主要是按照新民主主义教育方针，向学生进行爱国主义、国际共产主义思想品德教育。

1952 年,贯彻教育部颁发的《中小学暂行规程(草案)》中规定的德育目标,特别注重劳动教育,培养学生树立热爱劳动,热爱劳动人民的思想感情,养成劳动习惯。1954 年开始,各学校学习贯彻党中央关于小学、初中毕业生从事劳动生产的宣传提纲,批判“做工种地太脏、太累、太丢人”等轻视工农业生产劳动的观点,提出“学习是为了更好的劳动”的口号。1955 年贯彻实施《小学生守则》,收到良好效果。1956 年,学校开始设专职党支部书记,派“红旗干部”进校,加强党的领导。1960—1962 年,全国掀起了学习毛主席革命理论,用毛泽东思想指导中国革命和建设的全民运动,学校师生加强了理论学习。1963 年至 1966 年,学校思想政治工作以社会主义教育为中心,学校经常组织师生听老工人、老贫农、老红军、老干部的报告,访问“四老”成长史、家史,参观村史、厂史展览,开展“学雷锋,争三好”活动,学生中好人好事层出不穷。1966 年“文化大革命”开始后,学校思想政治工作由革命大批判取代。1976 年粉碎江青反革命集团后,学校思想政治工作以“抓纲治校”为中心,组织师生开展学雷锋活动,整顿校纪、校风和学风,思想政治工作有逐步走上正轨。

中共十一届三中全会后,学校政治思想工作以清理“左”的思想影响、建设“精神文明”为中心。1979 年 9 月,贯彻教育部重新颁布的《小学生守则》《中学生守则》草案,学校教育工作又有了可遵循的规则。1981 年后,各学校把实施《守则》与开展“五讲四美”“三热爱”“学雷锋,树新风,创三好”活动结合起来,学生精神面貌发生了深刻的变化。同年,河底小学、苏家泉小学被评为市“五讲四美”先进集体。1989 年,各学校普遍建立了学习宣传日常规范制度、岗位责任制度、考核评比制度,形成了学校、社会、家庭“三结合”的教育网络。

20 世纪 90 年代,贯彻《中共中央关于进一步加强和改进学校德育工作的若干意见》,实施学校德育工程,开展创建文明学校的活动,巩固和创新学校、家庭和社会三结合教育,建立家庭、学校和校外辅导站,开展家校联系活动,加强安全教育和法制教育,探索多种德育工作途径。在学校内部逐步形成了一个由共青团、少先队、学生会、班主任、政治教师组成的思想教育工作团队。各校普遍建立了德育工作岗位责任制、学生品德评比制,还拟定德育考核标准,使德育工作纳入经常化、制度化轨道。1991 年,境内 12 个教学班以上的中学和小学都设立了政教处,规模较小的学校配备 1 名德育负责人,当年,中学生违法犯罪率下降到 0.1%,小学生违法犯罪率实现了零的突破。1992 年,全区德育工作现场会在河底中学、河底小学召开,两校在会上介绍了学校德育工作经验。同年,河底中学被评为省德育工作“先进集体”。1995 年,郊区提出创建省级德育示范区的目标,确定原河底镇为“学校、家庭和社会”三结合教育示范镇。1996 年,河底小学被评为区“明星学校”。1997 年,河底中学被评为省级示范学校"红旗单位"和农村初中"红旗单位",河底小学被评为市级"德育示范校",山底小学成为省级德育基地,被评为市级文明学校、市精神文明"先进集体"、区"德育示范校"。1998 年,河底小学被评为省级"文明学校",东村小学被评为郊区"德育示范校"。2000 年,山底小学被评为省级"文明学校"。到年末,境内中小学生行为规范合格率保持在 98%以上,各校无违法犯罪案件和重大责任事故发生。

2001 年 1 月,天安门广场发生邪教"法轮功"自焚事件后,在新学期开学的第一天,各学校就以多种形式开展"校园拒绝邪教"活动,各校共聘请法制副校长 19 名,在学校增设了法制教育课。同年,苏家泉小学老师王秋平、山底小学老师张石来被评为山西省精神文明"先进个人"。2002 年,各校开展了"中华魂"系列读书及多种学习教育活动。2003 年,各学校实施《山西省学校德育工作规程》,河底小学少先队大队部被评为省"红旗大队"和"全国红旗大队"。2004 年,根据《中共中央、国务院关于进一步加强和改进未成年人思想道德建设的若干意见》精神,各校组织教师开展教育思想大讨论。在全国"中华魂"读书活动中,河底中学同学王丰获国家级二等奖,代表全国中小学生在人民大会堂持旗受奖。2006 年,山底小学被评为区全面育人工作"先进学校",河底中学被命名为市"德育工作标兵学校"。全镇 60%的学校达到"平安文明校园"标准。2008 年,开展"名曲进校园""一周一首名曲"和"经典背诵"活动,推动学校德育工作迈向新阶段。2009 年,河底小学被评为省创建平安校园"先进单位"、国家级第二届中小学和谐校园创建"先进学校"和阳泉市学生行为习惯养成教育"先进学校"。2010 年 8 月,苇泊小学编写的校本教材《古诗文欣赏》获阳泉市二等奖。同年,河底小学被评为市精神文明"先进学校",东村中学、苇泊小学被评为区级全面育人工作"先进学校"。2011 年,牵牛镇小学被评为市"平安文明校园"和农村中小学"德育工作特色校",山底小学被评为全面育人工作"先进集体",东村小学被评为市"平安文明学校"。2013 年 1 月,苇泊小学校本教材《古诗文欣赏》被评为山西省优秀地方课程和校本课程。同年 7 月,同学刘恒瑞获第二十届全国青少年爱国主义读书活动演讲比赛二等奖,11 月该生又获"中华魂"读书活动演讲比赛山西省二等奖和国家级三等奖。同年,河底小学被山西省文明办命名为"山西省乡村学校少年宫",成为郊区第二所学校少年宫。2014 年 4 月,河底小学同学付冰获 2014 年"快乐阳光"第十一届少年儿童歌曲卡拉 OK 电视大赛山西赛区(阳泉选拔赛)少年组一等奖。同年 8 月,以"中国梦、科学梦、青春梦"为主题的第二十六届全国青少年创新大赛在北京园博园举行,山底小学教师王仙平获大赛二等奖,这是山西省科技教师当时在全国大赛中取得的最好成绩。

教育督导

1990 年 9 月后，境内各乡镇联校配备一名督导员，负责本乡镇教育督导工作及对所辖小学的工作进行监督、检查、评估、指导。1992 年 10 月，北师大教育管理学院专家、教授一行 29 人，对原河底镇义务教育工作进行检查评估，充分肯定该镇基本达到实施九年义务教育合格水平。1994 年 4 月，该镇顺利通过山西省“两基”验收评估，为郊区成为山西省、全国首批“两基”工作达标县做了大量而细致的工作。1995 年 3 月，山西省“两基”评估验收现场会在郊区召开，本镇作为先进典型在会上作了经验介绍。之后，督导工作重点转向督学，促进素质教育的提升和义务教育均衡化发展，每年都要组织一次对中心园、中心校的督导评估。2001 年后，不再进行督导工作。

第十一节　科学技术

科技组织

1958 年，境内 3 个人民公社都建立农业技术推广站，设专职农业技术员，负责指导农民使用化肥、农药、改良品种等事宜。1983 年，境内各人民公社又建立科普协会，各大队建立了科普小组，共有会员 156 人，进行科学知识的宣传普及和新技术的试验推广。到 20 世纪 90 年代，境内较大的企业也建立科协组织，共有科技行业协会 39 个，会员超过 200 人。各乡镇分别有 1 名副乡、镇长兼任科协主席，并吸收煤管站、企管站、农业站、林业站、兽医站、电管站、卫生院、联校、团委、计生委、妇联等部门参加；各村和企业分别由村书记（主任）或企业一名副职任组长（分会主席），吸收土专家、土能手或有一定技能的人员入会，形成了一支有组织、有系统和分层次的对科学技术进行宣传普及与生产应用相结合的科技队伍。

2000 年后，镇政府进一步加强组织领导，整顿和规范耐火、煤炭、建材、化工、铸造、卫生、教育、畜牧、种植、蔬菜等行业协会。2007 年，东村种养协会分别被市、区科协评为“先进农业技术协会”。2008 年，镇建立科普惠农信息站，设立科普惠农信息栏，培训科普惠农信息员 97 人。到 2014 年，32 个行政村建起科普惠农信息站，建立信息栏，有了信息员。镇村两级都建立了科技文化活动中心和科普活动场所。

宣传培训

20 世纪 50 年代，境内配合爱国卫生运动，境内重点开展破除迷信，宣传科学预防和治疗疾病知识的活动。20 世纪 60 年代后，境内公社农业站，利用黑板报、专栏、广播、电影、发放科技书籍和科普考试等形式，向群众宣传科学知识，推广适用技术。如化学肥料的使用、病虫害防治及农作物的优种选用等。20 世纪 80 年代后，科普宣传活动和先进科学技术的推广应用更加广泛地开展起来。境内各村和较大企业建立漫画室，注重对科技知识的普及。为了进一步增强人们对“科教兴镇”“科技兴村”的深入认识，镇村两级举办了多场次的专题讲座或培训。2004 年，河底镇聘请有关市、区专家或学者进行专题培训 18 期（一期 3~7 天），培训 1362 人次；各村举办培训 65 期（一期 2~3 天），培训 8163 人次。通过讲授、当面咨询、现场演示等方式，很大程度地提高了受训人员的认识水平。当年，涌现出“两村两校两生态园区、三企业三农业园区、四户四人”的示范典型。同年，镇政府在各煤矿选拔了 40 名思想作风好、文化素质高的青年，赴山西煤炭职业技术学院学习深造。通过一年的脱产学习，经考核合格后，为其颁发大专毕业证书，成为河底镇历史上首批煤矿持证上岗的大专毕业生。之后，镇村每年都要举办科技专题讲座或培训。

2014 年，镇举办各类技术培训 18 期（一期 3~5 天），培训 1324 人次；各村举办各类技术培训 120 余期（一期 2~3 天），培训 8163 人次。全镇共实施科技项目 12 项，其中市级 1 项、区级 4 项，外聘各类专业人才 30 余人，同大专院校联合培训专业人才 32 人。农民的科技意识和科技能力普遍提升，各业中技术人员占到 30%以上。

技术推广

农业技术推广 1963 年，阳泉市农业建设局在小西庄、苏家泉等大队建立了玉米杂交种基地，划出良田 80 亩，进行良种繁育和提纯复壮，年育良种 2 万千克。经推广种植，获得较好效益。后随着新品种的引进，逐渐停播。20 世纪 70 年代，引进“长农 10 号”“长农 12 号”“晋中 202 号”“晋谷 21 号”等谷子优良新品种。结合新品种的引进，境内改进种植方法，推广使用下章召大队研制的三腿“梅花楼”，加宽了谷子的播幅，增加了密度，平均亩产量达到 250 千克。玉米种植，主要推广新品种“大单 2 号”“中单 2 号”“丹玉 6 号”和“丹玉 8 号”，加之使用化肥和改进种植技术，产量大幅度增长，平均亩产量达到 408 千克。同一时期，河底村建成境内第一个日光温室，采用暖园种植蔬菜，开创了境内冬季生产新鲜蔬菜的先例。20 世纪 80 年代后，日光温室在境内得到大面积推广建设。同一时期，玉米种植地膜覆盖新技术也得到推广应用，平均每亩增产 20%左右。2005 年后，推广使用的主要品种有“农大 108”“晋单 3 号”“农大 3138”“1059”等。同时实施完成 2000 亩无公害农产品产地建设，到 2007 年 4 月，东村、北庄、山底、上章召 4 个农村种植的北瓜、西瓜、西红柿、黄瓜共 4 个主要品种通过了省级无公害产品产地的认证。

工业技术推广　1972 年，河底铸造厂（惠丰公司），引进新技术，生产出铸造平板、逆止阀门等新产品。1982 年，该厂采用国家部颁标准，经过多名技术人员的努力攻关研究，批量生产出新型铸铁排水管，得到国家认可并被北京人民大会堂修复和亚运工程建设使用。1989 年，红旗煤矿对采煤方法进行研究改进，丈八井采煤由高落式改为对拉仓房式，使用可弯曲刮板运输机运输，大巷使用无极绳绞车运输，产量得到大幅度提升。1996 年，河底金属镁厂引进先进技术及设备，经过多次研究，1997 年，最终成功生产出镁铝合金。2006 年后，阳泉德旭耐火器材有限公司依托自身研究所不间断的研究，生产出多种高尖端的耐火产品，出口多个国家。同时，阳泉市天隆工程材料有限公司，经过科研人员不断攻关探索，建成年生产 20 万吨耐酸高强水泥等产品的特种水泥生产线。

科研成果

土窑洞加简易气调贮藏苹果技术　大河北大队等组织完成，获 1982 年市科技进步三等奖。

煤矸石作水泥混合材料试验　河底镇水泥厂组织完成，获 1984 年市科技进步三等奖。

高铝质钢纤维增强耐火浇铸料及其均热炉上的应用　小河北耐火材料厂组织完成，获 1993 年省科技进步三等奖。

TZR2 柱翼型铸铁散热器　阳泉市燕兴散热器厂组织完成，获 1993 年市科技进步二等奖。

发枝素促进短枝型苹果幼树发枝成形效因　燕龛乡果园组织完成，获 1994 年市科技进步二等奖。

综合养殖开发　燕龛村组织完成，获 1994 年市星火科技三等奖。

饮用水反渗透净化设施　河底村组织完成，获 2003 年市成果推广及产业化三等奖。

地震测报

1974 年 4 月，阳泉市第一个群众地震测报点在境内镇中佐中学建立。之后，在燕龛中学、河底小学也建立了群众测报点，形成了郊区最初的观测网。1980 年，测震、地倾斜、地磁和水氡观测手段投入使用。水氡观测在苇泊村采样，观测资料全部报送省地震局，并参加省局的质量检测评比。观测资料连续、准确、可靠，为监测山西中东部的地震活动和前兆异常提供了大量的基础数据，观测手段和地震速报多次在山西省获奖。

第十九章　文化　体育

第一节　综　述

河底镇历史悠久，文化积淀深厚，民间文艺、音乐、舞蹈、书法、美术、摄影薪火相传，尤以迓鼓、戏曲颇具地方特色。境内业余演出团体比肩而立，演出场所隔山相望，尤其是庙会每年延至十月，地域文化源远流长。在历史发展过程中，明代郭浩，清代刘元龙、刘澄、史凤存（燕毚旦），民国时期的周省躬、段玉明，中华人民共和国成立后的葛葆庆、郭俊卿、杨济才、高瑞清、王拉寿、刘建平、王秀怀、孙海珠、周时聘、杨灵仙、郭彦清等为代表的各类文人学者、表演艺术家，在河底境内具有一定影响。中华人民共和国成立初至20世纪60年代，以建立农村俱乐部和业余剧团为主要标志，群众文化发展空前。70年代，广播、电影、电视迅速普及，农村业余文艺宣传队自编自演文艺节目，形式多样、丰富多彩。80年代以后，随着改革开放的逐步深入，地方经济快速发展，境内一批文化设施陆续建成并相继投入使用，镇、村两级文化网络基本形成，文艺创作不断繁荣。2014年，全镇有乡镇文化站1个，农村文化室32个，镇、村影剧院3座，剧场9个，露天舞台9个；有农家书屋32个，藏书7.29万余册；境内人在国家、省、市、县（区）各级各类报刊、电台、电视台、出版社、演艺团体发表、撰写各类稿件数以千计之多。

境内体育活动由来已久，清末就有了体育活动场地。中华人民共和国成立后，群众性体育活动蓬勃发展，体育活动场所及设施从无到有，日趋完善，农村、学校陆续建立了运动场、篮球场、乒乓球室等活动场地，篮球、乒乓球、拔河、田径等体育项目逐步开展。群众体育活动空前活跃并取得优异成绩，1991年10月，河底镇、东村乡被山西省农牧厅、山西省体委命名为首批山西省体育先进乡镇，河底、苇泊、小固庄、山底、红土岩、东村等村被山西省农牧厅、山西省体委命名为首批山西省体育先进村。1996年12月，河底镇获“全国亿万农民健身活动先进乡镇”。2006年12月，河底镇被山西省体育局授予全民健身周先进单位。2013年12月，河底镇获“阳泉市体育工作先进集体”称号。

第二节 文体设施

文化设施

河底镇文化设施众多。中华民国以前，各地的文化设施多以庙宇、古戏台为主。抗日战争时期，境内各村均设立“民族革命室”，组织民众开展扫盲识字、抗日宣传、编排演出文艺节目。20世纪50年代末，境内各村创办农村俱乐部，发展较好的有牵牛镇、东村、苏家泉、河底、中佐等村。1963年，部分农村俱乐部改称文化室。“文化大革命”期间，俱乐部、文化室被迫停止活动。20世纪70年代后，集体经济发展不断壮大，相对富裕的牵牛镇、河底、东村、固庄矿等地开始投入大量资金修建各种文化设施。1979年，部分农村文化室恢复活动。80年代后，随着改革开放、经济发展，境内一批文化设施陆续建成投入使用，成为区、乡、村三级文化网络的基础。90年代，河底镇建成文化站，各村普遍建成影剧院、剧场、露天舞台，办起了小型图书室。1997年后，乡、镇和村图书室陆续与境内中小学图书室合并使用。2000—2006年，村文化室建设出现短暂滑坡。2007年，国家发展改革委和文化部下达《“十一五”全国乡镇综合文化站建设规划》，河底镇开始新一轮的乡镇、村文化设施建设。2008年，全镇建成32个标准化村文化室，文化室成为丰富境内村民文化生活的主要阵地。2013年，全镇32个行政村实现农家书屋、有线电视全覆盖。

河底镇影剧院

位于河底镇河底村，始建于1980年。占地面积1300平方米，有观众座位1760个，使用35毫米松花江座机。1993年，放映电影310场，观众4.763万人次，年收入5.4万元。1996年后，不再放映电影。

河底镇综合文化中心

位于河底镇人民政府大楼西侧，2008年由河底镇影剧院改扩建而成，占地面积1000平方米，活动面积600平方米。文化站内设“五室一院”，即图书阅览室、多功能文娱活动室、棋牌室、培训辅导室、特色文化展示室、影剧院。内部活动设施、设备齐全，实现综合文化站标准化建设。

燕龛乡影剧院

位于燕龛乡燕龛村，始建于1990年，占地面积760平方米，有观众座位999个，3道吊杆幕布装置，使用东风牌座机。1993年，放映电影250场，观众4.51万人次，年收入2.87万元。1996年后，不再放映电影。

东村影剧院

位于东村乡东村村，始建于1980年。占地面积1700平方米，有观众座位1600个，使用5501座机。1993年，放映电影290场，观众5.68万人次，年收入4.82元。1994年后，不再放映电影。

牵牛镇剧场

位于牵牛镇村，始建于1977年。占地面积1542.24平方米，有观众座位1000余个。村中传统庙会、节假日文艺等活动多在此进行。20世纪80—90年代，数次在此接待省、市戏剧、歌舞等大型文艺团体演出。

河底村露天仿古舞台

位于河底镇河底村，始建于1992年，总投资100万元，钢筋混凝土结构仿古型建筑，出檐歇山顶，琉璃瓦砌脊，黄、绿、蓝三色相间覆盖，占地面积1705平方米，可容观众万余人。

体育设施

清光绪三十一年（1905），牵牛镇村“官厅”场地成为村国民小学堂的体育活动场地。民国14年（1925）河底国民小学始建老爷庙东侧操场，占地面积2.5亩。解放初，河底村建后底沟天主教堂门前操场，占地面积3亩。1953年，牵牛镇村出资在官厅场地竖起本村第一副木制篮球架，供本村村民活动。1958年，中佐中学修建150米跑道田径场地。70年代，大部分村利用钢管材料焊接的篮球架安置在学校操场，取代木质篮球架。各中小学还在操场上先后增设单杠、双杠、鞍马、爬杆、跳高沙地、跳远沙地、自制乒乓球台等体育锻炼设施。1983年10月，河底中学建起200米环形跑道田径场地。1997年，苇泊小学新建带有看台的200米环形跑道田径场地。进入90年代，各村相继建起体育活动场地、篮球场、灯光篮球场、乒乓球活动室、老年人活动场地（室）等。到2014年，全镇建有健身广场（点）62个，5.92万平方米，健身路径达300件。有休闲健身公园7个，篮球场28个，1.68万平方米。乒乓球台23张，新建广场1.48万平方米，棋牌室有27个，人均公共体育场馆面积达1.99平方米。

第三节 文化团体

河底境内组建戏班始于清朝末年，排演的剧目多为山西中路梆子，咸丰年间(1851—1861)声誉日隆,经多年发展,戏剧演出活动也日渐活跃。牵牛镇村业余晋剧团的前身就始于这一时期,当时主要排演《盗板箱》《双送妻》等传统剧目,戏曲爱好者于农闲时节或雪雨天气聚于自家排练。中华民国时期,曾有燕龛娃娃班、山底村剧团等专业团体扎根境内。抗日战争时期,为配合抗日斗争,境内以上章召村办业余晋剧团、牵牛镇村业余晋剧团等为代表的多家剧团,开始结合形势编演《新沙江》《拜年》《大惨案》等抗日时装剧,被群众誉为新戏。抗战胜利后,多个剧团在排演传统剧目的同时开始陆续排演、移植演出《反阎》《离婚》《小二黑结婚》等以反抗阎锡山统治和提倡婚姻自由等为主要内容的时装剧，演出于解放区。阳泉解放后,境内剧团雨后春笋般发展,呈现出多家戏班争奇斗艳的态势,河底村业余晋剧团、东村村业余晋剧团等剧团相继在这一时期组建,戏班发展进入辉煌时期。“文化大革命”开始后,受普及“样板戏”的影响,境内剧团大多转为学习演唱革命样板戏的晋剧团,当时称“毛泽东思想宣传队”,主要排演《沙家浜》《红灯记》《智取威虎山》《红色娘子军》等样板戏和《白毛女》《平原作战》等现代剧在境内及周边演出,传统剧目发展进入低谷。进入80年代,政府号召振兴晋剧,各戏剧团体相继调整了班子,充实了演员,添置了行头,整理旧戏、赶排新戏,涌现出段玉明、郭秀玲、郭忠祥、栗桂莲、张丽、张红红、郭三毛、周建华等戏曲表演新秀,恢复和新编《逼婚记》《明公断》《新八件衣》《海瑞罢官》《见皇姑》《十五贯》等剧目,并在该地及周边县市演出,戏班发展进入鼎盛时期。随着物质生活水平的不断提高,人民对精神生活也提出了更高的要求,境内一些优秀的文化团体开始探索将晋剧表演与当时流行的音乐元素进行有机结合,增强了演出效果。其中,大型歌舞系列节目《人定胜天》《庆丰收》,女声表演唱《我为革命赶大车》《养猪姑娘》,百人大合唱《红日照遍太行山》《长城组歌》等节目获得市、区多项大奖,陈九来、季润林因小歌剧《李二蛋闹发家》获全市优秀演员奖。

燕龛娃娃班

亦称年老五娃娃班。民国元年(1912),五台县艺人年老五在盂县鹤山村创办中路梆子科班,民国13年(1924)冬,该科班迁入今阳泉市郊区境内燕龛村。有“名角”史凤存(燕龛旦)、张玉印(玉印红)、冀计(刀马旦)等,曾聘“老虎子”(生)、“二江湖”(红)、“银锁子”

（丑）、“二占子”（旦）、“脆红枣”（旦）、“浪倒旗杆”（小旦）等艺人搭伙串演。教师授徒不循“死打硬记”，注重“启发示范”。共办三期，带出艺徒近百名，大多擅长表演，塑造出的人物形象栩栩如生，民间有“年老五的娃娃会做戏”之美誉。成名者有吴本贞（三牛生）、吴本荣（二牛生）、段玉明（河底红）、聂金鳌（桃沟旦）、刘昌锁（粉条旦）、吴桂生（旦）等。民国26年（1937），因班主负债无力偿还，拍卖戏箱后悄然离去，戏班在左权拐儿村解散。

上章召村办业余晋剧团

民国32年（1943），由上章召村民杨玉枝偕同本村晋剧爱好者郭秉池、郭田维、郭忠礼、张清泉等人共同发起成立，系中路梆子业余剧团，初名自乐班，后名上章召村剧团。抗日战争时期，除排演部分古装剧目外，还排演《新杀江》《拜年》等抗日时装剧。解放战争时期，陆续编演《反阎》《离婚》《三打一》等以反抗阎锡山统治和提倡婚姻自由为内容的时装剧，移植演出《刘胡兰》《王贵与李香香》《小二黑结婚》等时装剧，排演《串龙珠》《高平关》《牧羊圈》等传统戏演出于解放区。20世纪50年代中期至60年代，排演《国公图》《打銮驾》《斩单童》《五女兴唐传》《平黄龙》等古装剧目，移植演出《落网》《社长女儿》《柳树坪》《三世仇》《夺印》等现代剧目。“文化大革命”期间，改称上章召毛泽东思想宣传队，公演了《红灯记》《沙家浜》《智取威虎山》等“样板戏”。1978年，更名为上章召村办业余晋剧团，恢复传统戏演出，代表作有《杨门女将》《忠烈千秋》《游西湖》等。

东村村业余晋剧团

1954年由村中晋剧爱好者组建。组建初期仅排演些小行头文戏《九件衣》《血手印》《杀狗》等。20世纪60年代，一批青年戏剧爱好者加入，剧团渐入中兴，演出《打金枝》《龙凤旗》《美人图》《玟洛阳》等剧目。“文化大革命”后停演传统戏，组建毛泽东思想宣传队，演出《沙家浜》《红灯记》《智取威虎山》等样板戏，《白毛女》《小保管上任》《掩护》《搬家》等现代戏。20世纪70年代后期，古装戏解禁，“毛泽东思想宣传队”复名“业余晋剧团”，重排并上演了《逼上梁山》《十五贯》《杨门女将》《雏凤凌空》等剧目。1980年，招聘组建民营剧团，剧目有《东汉演义（1—6）》《白兔记》《海瑞罢官》等本戏和折子戏，在本地和平定、盂县、五台以及河北平山等地营业演出。

牵牛镇村业余晋剧团

清代，村人王锡言（字子谨）喜读史，爱戏文，自编《盗板箱》《贩朝廷》《双送妻》等剧目，于农闲季节或雨雪天气，将爱好戏曲者聚集于自家排练习演。年复一年，形成牵牛镇村业余晋剧团。咸丰年间，盂县城修筑城壕时，此剧团在县城演出，一炮打响，县官王知事问询王锡言姓名，答曰“山野樵夫”，王知事盛赞并给予颇多奖赏。山西省晋剧马派创始人马兆麟(根根红)曾在村剧团传艺。民国初年,形成文武前场一应俱全,演员红黑生旦行当齐全,四梁八柱阵容齐楚的演出班子。戏班所唱主要代表作有《打金枝》《空城计》《三娘教子》《芦花》《断桥》《破洪州》《二进宫》《上天台》《下边庭》《八件衣》等。抗日战争时期,剧团排练的时装剧目有《兄妹开荒》《血泪仇》《劝学》《小二黑结婚》《劝夫归队》《大惨案》等,多次出色地完成抗日民主政府交给的编排任务。民国36年(1947),京剧艺人出身的土改干部张建国随"华大"工作队进驻本村。工作之余,帮助剧团排出《金鞭计》《打渔杀家》《连环套》等戏。20世纪50—60年代,大批演职人员充实剧团,先后排演《金沙滩》《汴梁图》《下河东》《凤台关》等剧目,剧团声誉愈来愈大。1966年"文化大革命"开始后,传统剧目停演。剧团改名为"毛泽东思想宣传队",排练革命样板戏《红灯记》《沙家浜》《白毛女》和其他歌舞说唱节目。1978年以后,传统戏恢复上演,村里派出专人到盂县晋剧团学习鼓板、胡呼一年余。1979年,剧团重新开始排练《见皇姑》《火焰驹》等戏。1985年,因受歌舞、电视等冲击,剧团基本不再进行大型演出。

山底村东剧团和西剧团

民国22年(1933),山底村始办剧团,聘请山西省晋剧名角、盂县人刘芝兰(女)任教,代表剧目《铁弓缘》《打渔杀家》《牧羊圈》等。抗日战争时期停办停唱,到民国30年(1947)后,才逐步恢复演唱。1952年,在铁厂铆锅炉的杨姓人组织了剧团,请杨喜存教师教戏,先后排演剧目《麒麟山》《南阳光》《杀府》《武子胥出城》等。"文化大革命"期间,剧团分为东剧团、西剧团,均称毛泽东思想宣传队,公演《沙家浜》《红色娘子军》《智取威虎山》《红灯记》等革命样板戏。1978年,东、西剧团合并,排演《逼婚记》《明公断》《黄鹤楼》《三哭殿》等经典曲剧目。

河底村业余晋剧团

1949年春,由村长程先贵,农会主任樊守信,村民梁大牛、季礼、郝生元等共同合议创办,始称河底戏班。初由樊守信、光旅恒任班主,聘请素与"燕龛娃娃班"深交的晋剧艺人史金鳌(艺名老河底红)启蒙施教,初演剧目《回荆州》《血手印》《七星庙》《忠保国》等。后不断充实,主要有《乾坤带》《讨荆州》《仁义图》《曹庄杀狗(全本)》等传统戏,《三滴血》《白素贞》等自排戏,《柳树坪》等现代戏。"文化大革命"期间,古装戏停演,剧团改称青年晋剧团,排演样板戏《沙家浜》《红灯记》《智取威虎山》等。1978年,在原基础上重新组建了河底青年业余晋剧团,主要有传统戏、歌舞、说唱等演出形式。1983年冬,更名为"河底百花晋剧团",经市文化局批准领证营业演出,剧目除原青年剧团的剧目外,还新排了历史戏《深宫恨》《三审皇宫案(1—3)》《屈斩道同》《新八件衣》等剧目,1986年冬停止外出营业演出。

苇泊村剧团

二十世纪三四十年代，以本村秧歌班、社火班为基础组建成立。班主胡鸿喜。北至青城，南到白泉，一时声名不小。演出剧目有《白蛇传》《反徐州》《牧羊圈》《蝴蝶杯》等。中华人民共和国成立后，由于女演员的加入使得剧团发展锦上添花。20 世纪 50 年代初，在村里大力支持下，剧团新排《汴梁图》《八件衣》《上天台》等传统剧目，演员功底扎实、唱腔有力、委婉动听，文武场面配合得当，包人包戏，蜚声四乡。代表作《忠保国》《困雪山》《双锁山》《老少换妻》等。20 世纪 60 年代，剧团人员得以补充，先后排演《打金枝》《黄鹤楼》等传统戏和《沙家浜》《红灯记》《智取威虎山》《平原作战》等现代戏。1980 年后，剧团人员进一步充实，陆续排演《十五贯》《佘彩花》等传统剧目。

燕龛村业余晋剧团

燕龛村民好戏，燕龛村剧团源远流长。清朝末年到民国初年（1912），“燕龛娃娃班”远近闻名，享有盛誉。表演旦角出名的史凤存人称“大燕龛”，史有栋人称“小燕龛”。20 世纪 20—30 年代，以荆向福为教头的剧社在燕龛兴起。1937 年后，燕龛剧社得到发展与壮大，是当时平定、盂县比较有影响的剧社之一，主要演出剧目有《忠报国》《明公断》《九件衣》《鞭打芦花》等。20 世纪 60 年代初，与燕龛机械厂合并演出现代戏《红岩》《刘树坪》《朝阳沟》《小保管上任》等。剧社先后培养出四代演员，20 世纪 70 年代初解散。

河底村毛泽东思想宣传队

民国 36 年（1947）阳泉解放，河底小学复学，由教师胡爱文组织青年学生创办。为配合河底土地改革运动，赶排《白毛女》《王贵与李香香》等时装剧在街头戏台宣传演出，后随运动结束解散。1953 年，村团支部组织 20 余名青年组织起时装戏（俗称新戏）演出团体，称河底青年业余晋剧团，演出《断肠草》《刘胡兰》《春耕忙》等剧目。1971 年秋，村共青团总支在原青年业余晋剧团的基础上成立河底村毛泽东思想宣传队，排演反映农业学大寨的《师徒双双进西山》、锣鼓说唱《敬爱的领毛主席》《延河畔女石匠》《拥军路上遇亲家》等节目。1973 年，购回管乐装备等充实乐队，积极参加各级群众文艺汇演，宣传队发展进入鼎盛时期。

八音会

旧时苇泊村有细乐班，称“八音会”，由寺庙庵观流传民间，起始年代无从考证。20 世纪 50 年代末，中佐村有家族传承的吹打乐。20 世纪 80 年代后，境内乡村中，此种乐队大约有十余支：上章召班、河底班、牵牛镇班、东村班、大河北班、南沟班、龙光峪班、苏家泉班。这些班子，从 90 年代起增加了鼓板、晋胡、板胡、二胡、电子琴、架子鼓等乐器，以晋剧、民歌、流行曲为主流，形成由戏曲清唱、对唱、歌曲独唱、对唱、集体演唱和器乐声乐演奏为一体的综合性民间音乐。有时候还要扮起戏来演一段,如《斩子交印》《走山》等折子戏和评说小品。21 世纪初,南沟、苏家泉、上章召、牵牛镇等村兴起西洋管乐队,配有小号、长号、圆号、萨克斯、单簧管、大鼓、小鼓、大镲、小镲等乐器,后加入歌曲并伴以舞蹈表演。

东村女子军乐队

东村女子军乐队成立于 2008 年,由村民武换鱼率先倡导组建。乐队由村东、村西两支队伍组成,共有乐队成员 50 余名,组队成员全部为成年女性,平均年龄 45 周岁。乐队主要面向社会服务,承揽婚礼、生日、开业、庆典、丧葬等仪式的吹奏、演唱、伴舞等文化娱乐服务项目,同时也参与传统节日及纪庆节日的助兴表演等公益活动。乐队成员按四季统一着装,分喜庆类红白系列装和殡葬类蓝白系列装。乐队配置大小军鼓 8 套、军号,小号,短号,圆号,长号,大号和萨克号等唇簧气鸣乐器 50 余套。乐队成立后,不断完善内部管理,十分注重曲目的不断更新和舞蹈的不断创新,每年向社会提供各类服务上百余次,创收几十万元。

戏迷组织(协会)

境内戏迷组织中华人民共和国成立前称“闹票”班,为民间自发组成的戏剧爱好者组织,主要是在阴天下雨,农闲时自娱自乐。这类戏迷组织大都乐队“九手场面”齐全,其中文场主要有胡呼、二股弦、三股弦、四股弦,辅之以笙、笛、唢呐等。20 世纪 60 年代后,文场增加了大提琴、小提琴、二胡、扬琴等。进入 90 年代后,又有电子琴加入。武场主要有鼓板、马锣、铙钹、梆子(亦称木头)、铰子、小锣,另有堂鼓、战鼓、吊镲、风锣、碰铃、三角铁、狗娃子等使用较少的“冷家具”。2000 年以后,民间兴起“戏迷协会”,主要是为适应乡间戏剧爱好者的需求,将松散的“戏迷”组织起来开展各种戏剧活动,包括组织“戏迷”班社。“戏迷”班社参与镇、村正头八月的文娱活动,也为庙会、婚丧嫁娶助兴。“戏迷”班社发展较好的有河底光来福班、牵牛镇周献正班、苇泊村张银斌班等。

第四节 文学艺术

文 学

境内人素喜文学,立志写作者甚多,至今有一些作品留世。明代郭浩,清代刘元龙、刘澄、史凤存(燕瓮旦),民国周省躬、段玉明等均有著作传世。中华人民共和国成立后,特别是改革开放以来,境内文学创作方兴未艾,大量颇具影响力的作者走上历史舞台,涌现一大批富有时代气息的诗歌、散文、小说、楹联等优秀作品。

1987年，李昧所组诗《盲歌集》发表于中国残联主办的《三月风》杂志。1988年4月，他的诗歌《人生的刻度》荣获全国短诗大奖赛优秀创作奖并被收入《展望诗集》；1992年7月，他的散文《钱去钱来话正道》由中央人民广播电台439播音室播出，获《金钱的位置》征文奖；1997年11月，他的杂文《难解的代数工程》由中央人民广播电台《午间一小时》播出，获周末杂谈二等奖；另有《弟弟身上有闪亮点》《阳泉一》《矿山的歌》《脚手架畅想》《留下美的记忆》《拉响我心爱的手风琴》等诗歌散文在山西省人民广播电台青少年园地节目播出并多数获征文奖。《教师情》《女儿叫我诗人》《致镇党委书记》《雪花来了》或在阳泉市人民广播台作为保留节目播出或在《中国妇女报》《娘子关》等报刊发表。

1994年，葛葆庆出版报告文学作品集《波涛上的吟唱》，又在省级报刊上发表散文、诗歌、报告文学、文学评论等作品数百篇，同时涉足影视，与人合作电影剧本《我的第十一个小学老师》。

1994年10月，张志善出版诗集《电建人之歌》，之后陆续出版散文集《火镰》《电建人之恋》，报告文学集《电建人之路》，散文译文集《高原魂》，革命故事选《戎马征程》，回忆录《峥嵘岁月稠》《岁月留醇》。

1998年，李书华在山西省《家教指南》双月刊发表《孩子眼中的爸爸》《山村电影》《广告儿子》等20多篇散文。2003年4月，他的散文《永不飘散的年味儿》获宝塔山扶贫集团全国百花文学大奖二等奖。2008年后，他的散文《生命如歌》《母亲的告白》《流淌的爱》《女儿记趣》《生日祝福》收入文集《生命如歌》《花落满径》《放飞朝阳》。2013年10月，他的诗歌《这样的夜晚》在北京《农家乐》杂志发表。

1998年9月至2013年年底，王拉寿散文《父亲的老犁》《我的小院》，小说《美丽的灰蝴蝶》《李岽》《喋血的爱》《幽灵激荡》，长篇报告文学《玉泉山作证》等作品在国家级报刊发表。

2003年10月，郭爱华《拥抱夏天》在全国诗歌散文“春笋杯”文学大奖赛获三等奖。2004年5月，《那一墙爬山虎》获“新辣味子杯”全国文学大奖赛优秀奖。11月，《那些泛黄的旧照片》在《散文选刊》发表，获全国第二届“古风杯”华夏散文大奖赛优秀奖；《女人四十这本书》获第二届“华夏作家网杯”文学大奖赛优秀奖。《被隔离的日子》获全国文学大赛精英奖。2005年3月，其作品获全国“首届‘千重山杯’中华当代精美短文大赛”优秀奖。5月，其散文《云雾缭绕天地情》获“第二届中国长城文学奖”全国文学大赛二等奖。2009年4月，他的《在看得见的地方微笑》获“改革开放三十年‘西小平杯’”征文三等奖。多件作品发表于《中国作家》《散文百家》《燕赵散文》《百坡》《今天生活》《山西妇女报》《山西政协报》《安化作家报》《辰光集团报》《矿工报》《蒙河》等报刊。网络文学《微品读》《西陆文学》《阳泉贫说》等作品被收录于《中华散文百年精华》《华夏散文精选》《散文百家十年精选》《华夏散文选淬》《中华当代精美短文大赛优秀作品集》《红色人生——中华儿女大型回忆录》《第二届华夏作家网杯文学大奖赛优秀作品集》、散文集《秋水微澜》《夜雨丁香》《阳泉市文学作品精选》《阳泉市日报优秀副刊作品选》《阳泉市优秀共产党员风采录》《阳泉交警二十年》、报告文学集《太行辉煌》等文集。

2006 年 3 月，郭彦清（又名郭妍青，笔名山月）小说集《街灯亮了》由中国文史出版社出版。2007 年，她的散文《用爱筑就 307》在《娘子关》杂志上发表，并在"建好北外环，打造大阳泉"征文赛中获得二等奖。2008 年 5 月，她的《街灯亮了》在阳泉第四届文学艺术创作中获铜奖。2014 年 6 月，其散文《我的家乡，我的城市》在"深化改革，赞美家乡，共筑中国梦"征文活动中荣获二等奖。

2009 年，杨济才的《寄情文史 20 年》、《河槽里那延伸的路》、《家住土崖下》、《土窑沧桑》、《看露天电影》（叙事长诗）、《远去的小河》等散文、诗歌等在省、市级报刊上发表，自撰楹联 100 余幅被省市有关刊物采用。

2011 年，郭晓红《山的那边那棵树》获世界华人颂祖诗歌大赛优秀作品奖。

2013 年，郭俊卿、杨济才作品《阳泉郊区赋》在三晋都市报发表。

张海东先后发表《谒交城县吕梁英雄广场暨华国锋墓》《晋阳王郭村谒张氏祖庙》《菩萨蛮·思念》《鹧鸪天·故乡》等 30 首诗词。

李凯红创作有《风筝》《少爷与眼线》《最后一个猎手》《看病》《兄弟》《盛唐随想》等多部中短篇小说与散文，发表于《黄河》《娘子关》及《佛山文艺》等，先后出版长篇小说《唐朝：激荡的盛世》，同名小说在北京人民广播电台《读史有学问》栏目连播，并被电台制作成 MP3，进行网络推广。

阎冰的散文《风景如画翠枫山》在《山西画报》发表。《我以我血荐轩辕》在《山西日报》刊载。

戏　剧

河底境内戏剧创作和表演历史悠久，影响深远。民国年间，郭育英编写《改良失代州（1—2）》《刘备哭灵》等大戏剧本（原稿存世），另有多件鼓书说唱词也曾在当时民间流传（惜原稿已轶）。抗战期间牵牛镇剧团多次出色地完成了抗日民主政府交给的编排任务。民国 34 年（1945）6 月 15 日，以日军在大西庄村地道熏死 58 口男女老少的大惨案为素材编写排练的晋剧《大惨案》，在当年 10 月平定（路北）县抗日民主政府在大西庄村召开的"6·15"

大惨案追悼大会演出，在人们心目中留下深刻印象。后来，《大惨案》不仅在境内，还在盂县、平定张家坳、豪村沟、大村、岳家庄等地演出，引起群众干部的强烈共鸣。民国35年（1946）至中华人民共和国成立，上章召、东村、任家峪、牵牛镇等村业余剧团，分别创作演出了《血泪仇》《反阎》《离婚》《新杀江》等时装剧目。1979年，郭俊卿和赵培龙合写的古装戏曲剧本《深宫恨》发表于《戏剧园地》，由市晋剧团排练上演。1980年，高国寿的小戏曲《李二蛋闹发家》发表于《阳泉群众文艺》。1984年，郭俊卿的新编历史剧《喋血蕲州》，发表于《戏剧园地》，由市晋剧团排练上演，代表阳泉市参加了山西省振兴晋剧调演，获六项大奖，并获山西省首届剧本征文三等奖。同年，郭俊卿还创作了历史故事连本戏《杨门巾帼》一至五集和《借乌纱》《仇大姐》（与王孝先合作），改编了传统戏《反潼关》、现代戏《焦裕禄》等剧目，并参与了《中国戏曲志山西省卷》的编撰。20多篇戏曲史论文章入省市级志书和刊物。1993年后创作了传统戏《牧羊圈（2本）》被阳泉市晋剧院排演成功，成为剧团代表剧目。1997年《晋剧名丑杨步云（山药蛋）传略》《晋剧须生段玉明传略》，诗《舞台题壁》先后在《山西戏友》发表，并收入《阳泉市文学作品选集》。2002年7月编写大型历史故事剧《盂山情》（第一编剧）获得山西省“五个一”工程优秀作品奖。2004年，郭俊卿创作大型历史剧《魂系大明》，移植改编《后妈》。2005年，高瑞清创立地方剧种赛兴秧歌剧。此后，2005年至2009年每年均有作品演出。2006年，郭俊卿移植改编莆仙戏《团员之后》《珍珠塔·跌血失塔》。2013年，《中路梆子在阳泉》在《娘子关》发表并被山西省文联评为第八届论文三等奖。《中路梆子在东四处》被收入阳泉三晋文化研究会《阳泉历史文化丛书》。2014年，将《杨门英杰》移植为豫剧《大宋巾帼》。整理阳泉晋剧团的自创神话剧《嫦娥奔月》。创作大型历史歌舞剧《藏山魂》。将越剧《新巡按斩父》改编为晋剧《法网情恨》。

美　术

绘　画

中华人民共和国成立前，境内美术作品主要见于寺庙内墙壁画，分别绘于明、清两代。清末民初，东村杨义元继承祖业，油漆、绘画、泥塑技艺娴熟，曾携子杨黑牛为刘备山刘备庙、林里关王庙、盂县藏山祠等庙宇塑像彩绘。他的泥塑造型准确，彩绘配料独特，人物相貌逼真，保存长久不退颜色，其故后黑牛子袭父业为周边乡村修葺庙宇留下许多手笔。清末民初，河底村私塾学人郭育英，喜绘画。从商之余作画甚多，存世的有《云想衣裳花想云》《春有佳人公孙氏》《观春如山色沮丧》《梅花雪落度白苹》《珠压腰衱稳城身》《赐名大国虢与秦》《就中云幕椒房亲》等20余幅作品。中华人民共和国成立后，境内学校普遍设有图画美术课。20世纪60年代，农村文化室定期办版报、出专栏，培养锻炼了一批业余美术作者。

1983 年，葛葆庆的水粉画作品《八一南昌起义》入选山西省美术家协会举办的山西省美术展览。1983 年，程润苟的水粉画《元宵节之夜》参加山西省首届农民画展。

1987 年，刘建平的油画《走过村庄》获第七届全国美展铜牌奖。1994 年，他的《欢乐黄昏》获得中央电视台中国画油画精品展银奖。1995 年，《过街桥》获第八届全国美展优秀作品奖。1999 年，《日出东方红》第九届全国美展优秀作品奖。2001 年，《东渡黄河》获纪念中国共产党 80 周年中国油画展览优秀奖；2003 年，他的《美丽人生》获第三届中国油画展创作优秀奖。

2000 年，陈文豪水彩画《惑》入选晋宝斋画展。2001 年，其水粉画《麻田全景》在阳泉市“建党 80 周年专题画展”参展。2013 年，他的国画《太行日出》获市二等奖。

2004 年，胡贤明的绘画作品获《全国文化活动周书法绘画魅力之星大赛》一等奖；2010 年，他的作品《OZAH》品牌策划获“天鹤奖”中国国际青年设计师大奖赛优秀奖，2011 年，其作品获全国第六届中小学生书法绘画一等奖、山西省第二届师生美术作品大赛优秀作品二等奖，作品《1 立方——个体性解析的视觉呈现》入选 2011 国际美术 Design 讲评会（韩国）。

2004 年，赵巧云的作品入展山西省油画展。2005 年，她在阳泉市举办个人油画展。2006 年，其《化蝶》《金秋》《桃花》《朝阳》《绿色的山庄》刊登在《艺术》杂志第三期，作品《金秋》荣获山西省第三届油画作品展优秀奖；2007 年，在北京“韩燕画廊”举办个人油画作品展，参加宋庄艺术家大展、北京表现主义画廊联展、北京卢浮宫大红门联展；2008 年 11 月，她在北京原创艺术博展中心参加“十二星座”联展、北京“拿弓艺术沙龙”联展。2009 年，她在北京原创艺术博展中心参加“一百个理想”展览，参加宋庄艺术节。

2006 年，陈涛的国画《朱砂竹》获全省国税系统展三等奖。2011 年，他的国画《紫雪点春风》入中央电视台书画频道迎春展播；2013 年，其国画《君子之风》获全省国税系统“喜迎十八大”展览二等奖。2014 年，国画《品茗菊香》获湖北武汉《书法学报》举办的首届全国书画作品大赛佳作奖。

刘贵喜的水彩画《丹顶鹤的故乡》获阳泉市教委组织的教师现场作画竞赛二等奖。

剪　纸

剪纸艺术在境内流传久远，心灵手巧的艺人不胜枚举。传统剪纸主要剪样图案有“蝴扑菊”“鱼叼莲”“喜鹊登梅”“鼠拉葡萄”“孔雀回头看牡丹”等多用于窗花、鞋花、兜肚、水口，“和合二仙”“龙凤呈祥”“狮子滚绣球”“五福捧寿”“鹿鹤同春”“长命富贵”“吉祥如意”等多用于嫁娶花盘、喜庆床帏及丧事幡吊等。1996 年，任家峪村人马香娥的剪纸作品《刘备山圣地欢迎您》《中国北京奥运》参加首届中华女巧手工艺品大赛获鼓励奖。2010年，牵牛镇李双堂、杨秀花夫妇的作品在阳泉市“森宇大戏台”展示并入围大赛决赛。境内较有名气的剪纸艺人还有东村村刘秀林、王玉莲、李计鱼，固庄村牛便娥、程鱼妮、刘变娥、张孝卿，程庄村程润娥等。

刺　绣

刺绣俗称“扎花儿”，深受本地群众喜好，品种繁多，题材范围广泛。中华人民共和国成立前，多为女鞋、童鞋、兜肚等服饰上的点缀和装饰。阳泉解放后，书包、提包、手帕上使用也较为普遍。二十世纪七八十年代后，时兴在枕头套、床罩、台布、鞋垫上“扎花儿”以作装饰。牵牛镇村的王凤仙、段臭鱼、周翠萍、郭芳芳，河底村的庞玉华、戴怀存等人较有名气。

雕　塑

根　雕

1990年，张建国根雕作品获阳泉市第三届“交通安全杯”美术展览第三名。1992年，周时聘的《阴阳合》等5件作品参加山西省首届根艺家优秀作品展获一等奖。1993年，周时聘在山西省“两会一节”《阴阳合》等24件根艺作品获优秀奖。1996年，周时聘的作品《逍遥游》在第三届根雕艺术优秀作品展中获佳作奖。2003年，张建国的作品在中国第八届根艺美术全国大展获得优秀奖。境内根雕方面造诣较深的还有郭存才，主要作品有马踏飞燕、孔雀回头看牡丹、凤凰展翅、猛虎下山、雄鹰腾飞等，在似与不似之间、抽象与具象相结合，不俗气，不笨拙，且透着几分灵气。

软　陶

境内软陶工艺方面影响力较大的是上章召人张艳云。2006年，其软陶作品获“双合成”杯“圆的想象”创意大赛一等奖。2007年，她成立了中国软陶艺术“福娃娃”工作室，其产品远销北京、深圳、中国台湾及美国等地。2008年，她的作品获奥运会“恒好中国”入围奖。2009年，获首届中国山西农博会银奖。2010年软陶作品《八仙过海》获中国“金凤凰”大赛优秀奖，其作品被山西省画报社选为出访瑞典的访问礼品。2011年，作品获第二届农博会银奖、全国休闲农业创意大赛优秀奖。2012年，软陶作品《童趣十二耍》获中国工艺美术“儒仕儒家·百花杯精品奖”铜奖。2013年获中国第九届粽子文化节“最佳工艺品奖”并作品被双合成收藏，其作品被山西省委宣传部推荐在第九届文博会参展。2014年，作品《福娃娃晋虎系列》获山西省山西旅游纪念品大赛铜奖，被评为100件山西礼物之一；作品《福娃娃晋虎系列》代表山西荣获第六届中国旅游商品大赛“2014中国旅游商品大赛”银奖；作品《民族风系列作品》获首届三晋巧姐大赛三等奖；作品“儿童十二耍”被太原市工艺美术馆收藏。

面　塑

境内的面塑艺术源远流长，自古就有七月十五送面羊，上坟祭祖、供奉神灵、馈赠亲友的传统习俗。旧时面塑工艺简单，品种较少，多为馒头、花卷和插花等。进入20世纪以后，面塑艺术作为珍贵的非物质文化遗产逐步受到重视。

境内闻名遐迩的是以苏家泉人杨灵仙、河底人胡怀英为代表的杨氏面塑。杨氏面塑工艺精湛、造型精美、颜色鲜亮。主要作品有《蝴蝶扑菊》《蜻蜓戏莲》《鼠拉葡萄》《喜鹊登梅》《三关点帅》《梁祝姻缘》《打金枝》《西游记》《红楼梦》《水泊梁山》等，其作品远销河北、山东、内蒙古等地，《龙凤呈祥》《戏剧人物》《花鸟合璧》等收入《旅游天地》画册，《龙凤呈祥》还被郊区申报为非物质遗产项目。2013年，胡怀英的面塑作品获阳泉市非物质文化遗产面塑一等奖。

音　乐

20世纪70年代，境内现代意义上的音乐才开始发展。1979年，高国寿作词、高瑞清作曲的歌曲《卖红枣》，获阳泉市歌曲创作三等奖。1980年，王剑辉创作的表演唱《十唱中央决定好》、秧歌调《兄妹赶集》，发表于《阳泉群众文艺》。1981年郭俊卿作词、宋清江作曲的歌曲《当兵的哥哥回山来》刊登在山西省活页歌选。1997年5月，山底人张志善的歌曲《啊，托起太阳的人》获《世纪之声》全国歌曲大赛获银奖；1999年，高瑞清作词、杨子军作曲的歌曲《秧歌红绸天上甩》入围阳泉市第三届精神文明建设“五个一工程”优秀作品并获奖；郭俊卿作词、刘满银作曲的歌曲《青山放歌》在阳泉优秀歌曲选发表。

2003年，郭俊卿作词、杨子军作曲的歌曲《我们万众一心》，成为阳泉市郊区抗击非典合唱会主歌。2005年，郭俊卿作词、余志强作曲的《咏莲》获得优秀歌曲奖，载入山西省纪律检查委员会、山西省音乐家协会主编的《廉政之声获奖歌曲集》，获得阳泉市“廉政之声”歌曲比赛一等奖。2006年，高瑞清主编《阳泉民歌选集》入藏山西省图书馆，山西大学图书馆，阳泉市图书馆、档案馆。2007—2015年，郭俊卿作词的歌舞《和谐郊区花似锦》、鼓乐说唱《英姿勃发美郊区》、表演唱《水姑娘》《金水引得凤求凰》《送春联》《打工的哥哥回家来》获得阳泉市春节文艺汇演二等奖、三等奖；陈九来编写的歌伴舞《年趣》《山村个呼唤》《改革的红花遍地开》分别获郊区春节文艺汇演一、二等奖。高瑞清编剧、刘满银作曲、宋莉编导、旧街乡佛洼村表演的赛兴秧歌剧《花为媒》获全市春节文艺汇演二等奖。郭俊卿作词、宋清江作曲，宋莉、梁小英导演排练的《春风吹开画一张》《唱的秧歌满太行》《唱着秧歌种希望》《红灯挂圆中国梦》《绿染秧歌满眼春》分获2011年、2012年、2014年郊区、阳泉市春节文艺汇演一等奖。另有南沟人谢海书、李海玉合作创作的歌曲《家家美》《携手向前走》《弯弯的山路》《金凤凰往咱山里飞》《丰收乐》《金玫瑰》也有一定社会影响。

舞　蹈

境内民间舞蹈种类繁多、来源广泛，古代祭祀、宗教文化、外地传入等均带来一定影响。演出多在正月进行，部分庙会也有舞蹈表演，大都为民间自发组织。抗日战争时期，在抗日民主政府的倡导下，境内各村"青抗先""妇救会"组织小学儿童打"霸王鞭""花鼓"(腰鼓)等，开展歌舞宣传活动。民间舞蹈经过改造，被赋予新的内容，成为宣传群众、鼓舞斗志、寓教于乐的主要形式之一。中华人民共和国成立后，境内民间舞蹈得到继承和提高，更加充满生机。20 世纪 60 年代初，中小学开始编排小型歌舞节目，参加联校文艺汇演。70 年代初，业余文艺宣传队创作力量得到加强，河底高瑞清编导的歌舞《伟大祖国在前进》、舞蹈《赶车姑娘》等节目多次参加区、市汇演并获奖。

1992 年，王秀怀创作的舞蹈作品《灯花花落在心尖尖上》首开阳泉市舞蹈作品国家级大奖先河。1993 年，王秀怀创作的《烛光里的妈妈》获大中专院校舞蹈比赛金奖。1999 年，王秀怀为央视《心连心》栏目参与创作一组舞蹈节目赴革命老区，首开阳泉市舞蹈编导进入央视晚会先河。2003 年，广场舞兴起，河底、邓家峪、牵牛镇等村的妇女舞蹈队的《花棍秧歌》《健排舞》，多次参加郊舞蹈比赛并获奖。其间先后有，郭俊卿作词、杨子军作曲、史苹果编舞的歌舞《华夏雄风》，获得全市春节文艺汇演一等奖；歌舞《金迓鼓　脆秧歌》获阳泉市"天元杯"《百花迎春》春节群众文艺汇演三等奖；舞蹈《走在春风里》获得阳泉市首届职工艺术节三等奖。2005 年，王秀怀执导阳泉市首场舞蹈专场晚会。2007 年，王秀怀为晋剧《大钟煌煌》编排舞蹈获山西省委宣传部精神文明建设"五个一工程"优秀作品奖。2008 年，由秋成作词、杨子军作曲、王秀怀编舞的辛兴村的歌舞情景剧《和出一片新天地》在阳泉市群众文艺汇演颁奖晚会中获一等奖，并获全市"颂祖国、迎奥运、唱阳泉"征歌活动金奖；郭俊卿作词、李金联作曲、李培军、杨丽琴编舞的歌舞《春歌唱红小康花》，获阳泉市 2008 年群众文艺汇演一等奖。2009 年，王秀怀编创作品赴京参演，获中国舞蹈家协会一金一银奖、中国文联特殊贡献奖。

曲　艺

迓　鼓　俗称"打迓鼓"。迓鼓艺术在境内流传历史不可远溯，据载，清乾隆壬辰年平定董懋极与牵牛镇周修德曾就表演技艺等进行过交流。迓鼓多由民间艺人自编自演，深受人民群众喜爱。中华人民共和国成立以后，迓鼓艺术也得到了很大的改革和进化，表演形式在原有传统模式基础上，进行了大的改变。由原来最初的 3 人、4 人，最后发展到 8 人、

16人、32人等,集说唱舞于一体。其中,多人说白大家合唱。说白采用地道的方言土语,多是记叙一段当时当地民间的轶事奇闻,极富生活色彩,语言诙谐幽默且朗朗上口,易记宜传,观众乐于接受。“唱”采用简洁明快的民歌曲调,地方色彩浓郁;舞,即是“掏”,过去是掏八宝儿,掏剪子股,这是迓鼓的特点,演奏员就是舞者,乐器也是道具。20世纪60年代,开始搬上舞台。迓鼓在境内分布广泛,牵牛镇、河底、东村、上章召、南沟、下章召等村影响较大。周省躬的《补二婚》《戒赌》,侯喜祥《应差·白兰送草》《搽荒土》《郝文学翻身忘本》是较为经典的曲目。1958年,阳泉市文化馆的魏国忠余志强李国庸跟钢铁文工团下乡演出曾经到牵牛镇搜集整理过迓鼓鼓谱曲调。1961年,牵牛镇的迓鼓以晋中人民代表团的名义,参加了山西省军区文艺竞赛,获得好评,蜚声境外。1996年后,迓鼓创作逐渐兴起。2005、2006年,郭俊卿编剧,余志强作曲的迓鼓《一出街门踩油门》《唱响阳泉》上了阳泉市春节文艺晚会。2005年3月,河底人陈九来的迓鼓《构建和谐社会咱能做点啥》获阳泉市“三节”文化活动领导组颁发的“春节文艺汇演优秀节目创作奖”;郭俊卿作词、杨子军作曲、史苹果编舞的迓鼓《祝福》,获全市春节群众文艺汇演二等奖。2008年,郭俊卿编剧、杨子军作曲、史苹果编舞的迓鼓《接村长》获山西省群星奖调演三等奖;《吃喝穿戴亮家当》《一条大道村前过》《迓鼓村里说迓鼓》《迓鼓打出精气神》(孙福利导演,王秀坏编舞)分获2009年度、2011年度、2014年度阳泉市春节文艺调演一等奖。受“非物质文化遗产”申报的带动,以及与舞蹈等其他舞种结缘后,迓鼓这一表现形式更加丰富、生动。

评说、小品、快板

20世纪90年代山底村谢书成创作评说《老妈过生日》《祖国一片新面貌》《咱村打出深井来》等段子。大固庄村刘成柱创作快板《党中央关心咱》,积极向群众宣传抗击非典知识,郊区电视台专门为其摄制专题片《竹板情深》彰显其创作热情。2007年,刘成柱创作并表演快板《夸固庄》。2013年,“九九”重阳节老年人才艺表演中,刘成柱、刘卫柱合作表演的快板《精神文明十二星放光明》均在河底镇获奖项,引起社会好评。2005年,河底人陈九来创作的说唱《“三个代表”在我村》获阳泉市郊区“三节”活动领导组授予的“郊区2005年‘金鸡晓春’群众文艺汇演创作奖”;2000年郭俊卿的《安心眼儿》获得山西省首届小品征文二等奖。

摄　影

民国37年(1948),东梁庄人梁俭永在河底开设新生照相馆,为境内拍摄人物照之始。20世纪50年代,猪头垴村人武存喜开设河底照相馆,使用一部老式带支架的大照相机进行拍摄。馆内有简陋的照相室,冲洗暗室。室外用自然光,室内有简单的布景,灯光。多拍摄全家福、朋友留影、入伍留念、结婚留影、学生毕业合影、干部集体照等。60年代初，境内照相业主要拍摄人物头像和全家福照，除接待来馆顾客拍照外，还开展流动服务。至今留落在周边乡村的老照片大都出于该照相馆。如奶奶庙前男女青年结婚时的留影、明灵王庙前无根松旁的留影、老爷庙铁旗杆下的留影、老君庙民兵打靶归来的集体照，都是武存喜的作品。

1980年，葛葆庆的摄影作品《闹洞房》和《青年演员表演电影片段》参加第五届亚太地区青年摄影比赛，在日本东京展出，前者获联合国教科文组织亚洲文化中心奖，刊载于日本《朝日新闻》、中国对外杂志《中国建设》、国际文化出版公司出版的《亚洲风情——亚洲摄影艺术优秀作品选》。1981年，《闹洞房》入选中国摄影家协会主办的《亚洲与大洋洲青年》摄影竞赛获奖作品展览，在北京北海公园晋安殿展出。1983年11月，摄影作品《煤的旋律》获中国摄影家协会和煤炭部联合举办的首届全国煤炭摄影艺术展览金牌奖，在中国美术馆展出并入选全国影展，刊载于中国首部摄影年鉴《中国摄影年鉴(1981—1983)》(中国摄影出版社)，同时入选该展览的还有《冰窗》《钢筋铁骨》等。

1981年以来，孙海珠在《解放军报》《科技报》《凉山日报》等国家级、省级、地市级报纸杂志刊登《腾飞》《站好最后一班岗》《奥星转场》《整装待发组照》等照片600余幅，有《大凉山的蓝天里》《古寺落雪》《女兵》《往事》等10余幅作品在各类摄影比赛中获奖。其中，《在大凉山的蓝天里》获四川省第一届少数民族艺术节中荣获摄影类比赛三等奖，《往事》在山西煤炭运销集团纪念建党90周年“党在我心中”第五届书法、美术、摄影展中荣获摄影类二等奖。

2000年，郭海昌的摄影作品《新娘》获中国文联“世纪之光”文艺作品摄影类一等奖，与黄旭升合作的《黄土风韵》获首届中国人体摄影大赛金奖。

2007年，周昕聘在中国电力投资集团公司华北分公司第二届文化艺术节“广电之魂”艺苑中获摄影一等奖；2008年，获中国电力投资集团有限公司首届职工文化艺术节“锦绣中电报——黄河魂”摄影三等奖。

书　法

境内旧时书法作品主要见于碑碣、题额、牌匾、对联、幡帐、证件、契约、字号招幌、郎中药方。其中清代学者刘元龙为“攀云桥”题额，燕龛郡庠生史联甲为燕龛书写正面面额“祝三桥”三字和背面：唵、嘛、呢、叭、咪、吽六字，字体遒劲可见一斑。清末民初，河底人郭育英有《调和怒里气，审慎喜中言，斟酌醉后酒，爱惜有时钱》和《常言说有力休种无粮地，人道有钱别娶活汉妻……》等两幅治家格言墨宝存世。其书法清秀，字体规矩，当地所见也少。20 世纪 50 年代,境内颇见功底的民间书法艺人有靳占履、靳占升、赵文忠、刘培训、周献鲸、郭怀玺,名气不凡。郭怀仁、郭怀功开隶书在阳泉之先河。李干卿、王明意、赵彦邦、陆治忠的字体影响一方书法,遗风仍可见。郭曙奇、杨济才、朱广耀、郭冬梅、胡秋红、靳星村等步其后尘,使境内书法大有起色。赵斐、苏卫华楷书、隶书、草书、美术字颇具功力,使得河底、中佐、苇泊、上章召、牵牛镇、燕龛等村书法有了新的活力。同时,由于各级书法家协会风起云涌,境内书法爱好者受此习染,水平有长足进步。

1985 年,葛葆庆书法作品获山西省企业文化书展优秀奖。1994 年,胡秋红软笔作品获山西省财政系统书画作品优秀奖。1997 年,荆星村书法作品入选庆祝阳泉建市五十周年《阳泉书法作品集》;魏惠书法作品选入阳泉市《建市 50 周年书法篆刻展》,行草作品入选阳泉市总工会《迎回归庆七一爱祖国》书画展;胡秋红(枫叶)横幅作品入《庆祝阳泉市建市 50 周年》阳泉书法作品集。1998 年,任宝平的作品入展山西省首届中青年书法篆刻展。1999—2001 年,任宝平的作品在《书法报》刊登、入选山西省《稷粮杯》书法展、入选纪念中国共产党成立 80 周年山西省美术书法展览。2004 年 10 月,任宝平的作品入展山西省第六届书法篆刻展。2005 年,任宝平书法作品分别入展“农行杯”山西省第二届中青年书法篆刻展;葛葆庆楹联书法获全国楹联书法篆刻大赛创作三等奖。2006 陈涛书法作品《傅山咏平定》诗一首(行书)获全省国税系统展优秀奖。2007 年,任宝平的作品入山西省新农村建设“尧都杯”农民书画展获作品获优秀奖;魏惠草书作品入展阳泉市书协举办的《阳泉市第六届书法篆刻大赛》。2009 年 4 月,葛葆庆隶书作品入展中国 2009 世界集邮展并获收藏证书,同年 9 月,其书法作品获庆祝中华人民共和国 60 周年中国书画名家作品展一等奖;魏泽草书作品入选阳泉市《建国 60 周年书画展》。

2010 年,陈涛书法作品李白诗《送孟浩然之广陵》(行草条幅)入阳泉市展览馆收藏。2011—2013 年,中央电视台书画频道连续三年迎春展播陈涛书法作品《家书》《鸟鸣涧》和书法古联高屋、绿树条幅等。2013 年,陈涛行书作品《春晓》获全省国税系统“喜迎十八大”展二等奖。2014 年,陈涛书法作品分别在市展览馆,其 30 余幅书画作品在《砚边五友》书画展中参展;张建国作品获江苏省第二届“森林公园杯”书法大赛获二等奖;魏惠草书作品入选《阳泉市“三区”纪念毛泽东诞辰 120 周年》书画展;魏泽草书作品入选《阳泉市“三区”纪念毛泽东诞辰 120 周年书画展》,楷书作品参展阳泉市《首届农民书法美术篆刻大赛获》优秀奖。

周时聘在山西文联山西省总工会山西日报等 15 家单位举办的《山西省第二届“晋阳杯”硬笔书法大赛》中获奖。

牵牛镇人武玉川的近百件篆刻、书法作品入选《中日篆刻作品邀请展》《西泠印社百年作品邀请展》等各种国际、全国性、全省、全市展览，载入《山西硬笔书法家精品集》等书刊。

第五节　群众文化

日常文化

境内群众文化活动由来已久。清代，以闹元宵和赶庙会为基础点的群众文化活动形成定式，世代相传。抗日战争时期，在中共党组织和抗日民主政府的领导下，元宵、庙会文化活动被赋予新的内容，成为向群众宣传抗日救国的主要形式之一。中华人民共和国成立后，境内群众性的日常综合文艺活动，随着各级文化工作机构和文化设施的不断健全，日趋丰富多彩。村集体、学校、共青团经常组织群众办黑板报、读报纸、听广播、看电影；积极培养群众文艺活动骨干，组建业余剧团、宣传队等，进行群众性自编、自演、自娱的文艺活动，参加省、市、区组织的文艺汇演，有些业余剧团还经常到外地进行巡回演出。

节日文化

重大节日开展丰富多彩的群众性综合文化艺术活动，也是境内的一个传统，其中尤以每年的元宵节为最盛。农历正月十四至十六，要连续大闹3天。白天在露天剧场唱戏，并有狮子舞、旱船、太平车、高跷、秧歌舞、腰鼓队、背阁、抬阁、牛斗虎等广场艺术演出。中华人民共和国成立后，节日的综合文艺活动更为频繁，从市到区，每年都要举办多次文艺汇演、文艺比赛。进入70年代，后又增加大型彩车游行。到晚间，张灯盘火（棒槌火）、燃放焰火，并有提灯游行以及龙灯、独龙杆、“九曲黄河阵”等各种街头文艺演出。进入80年代，增加了灯展，呈现出“火树银花不夜天”的壮观景象。届时，男女老少齐出动，摩肩接踵，观众如潮。

舞　阁　也叫脑阁，有扛阁、背阁之分。双人表演，下为成人，上为孩童，用弧形十字铁架连接支撑，绳索系牢，形成单腿独立、人叠人上之状。上女下男，浓妆重彩，随鼓点节奏翩翩起舞，轻步行进。多为4对、6对、8对群体表演。转阁，四个人抬一平板，上面放用铸造匠人制作模型的“轮盘”做机械传动。上置木板，两头固定站稳两孩童，随着轮盘转动，孩童也绕着起舞转动。

河底村素有舞抬阁的历史，旧时河底的抬阁由八人或十二人抬木制“天平”，上面叠站《吕布戏貂蝉》《打金枝》《白蛇传》（男下女上）等戏剧人物造型，女角假饰“三寸金莲”站在一只茶碗盖上，筛活扭捏，煞是好看。后来在1995年山西省小康建设现场会文艺晚会上改八人抬阁为拖拉机彩阁，风采别具一格。境内许多村历来就有舞阁的习俗，尤其是正月，活动更是频繁。舞阁这种独具风格的大众艺术形式，为当地的民间文艺发展增添了新的内容。

二鬼抱跌　一人表演也叫“死人背活人”，制作两个半截龇牙咧嘴状傀儡，捆绑于扮演者腰间，成“X”形。一傀儡上身在前，与扮演着下身穿同色套装。一傀儡下身在后，与扮演着上身穿同色套装。人为的阴差阳错，造成了“人背人”的视觉假象。多为群体表演，大鼓、铙钹伴奏。此外，还有独体表演的“活人背死人”。其为两个傀儡面对面、手拉手捆绑于扮演着脊背，成“K”形。布幔遮体，四肢着地，摸爬滚打，前驱后退，起伏上下，势如两人厮打，不可开交。旧称“二鬼抱跌”，后谓“美苏争霸”“贪官争赃”。该形式在境内的牵牛镇、河底、东村、上章召、下章召、大河北、小河北一直延续至今。

大头娃娃　表演者排纵队，表演无台词，鼓乐伴奏。表演时戴面具，穿彩衣，腰系红绿绸带，走十字步，过街串巷，扭捏作态，逗人欢娱。他们有的笑容可掬，有的憨傻可爱，有的英俊美丽，有的泼辣刁蛮，有的垂髫幼稚，有的耄耋和蔼，有的还扮演唐僧师徒等，既增添了节日气氛，又为百姓取乐一番，境内一般村庄均有。

花　杠　队列群体表演艺术。2 人抬一根特殊木质的(富有弹性)木杆，中间装饰 1 个小轿子，内置 1 个有名色花篮或纸制戏剧人物下面用花布幔了放配重铁，吊一串铃铛，抬起来颠开，颤颤悠悠，铃声作响，别有一番风趣。河底古有“七船八杠”的说法。

牛斗虎　旧时从盂县传入境内的一种模拟动物形体动作、无唱无白的传统舞蹈表演。表演者有四人，分“牛”“虎”两组。每组一人举头，一人随后，形成一体。在铿锵的大鼓、大锣、铙钹伴奏下“牛”“虎”开始追逐、对峙、格斗、跌扑等表演。其节目形象地颂扬老牛的忠厚倔强习性，刻画了老虎的凶猛彪悍的形象。20 世纪 80 年代，在境之北隅农村仍有延续。山底村最甚，程庄等亦有。道具，旧时都是土法制作，老艺人们自己动手，用土或木头做模具，然后把纸浆拍上去风干以后进行彩画。“牛皮”“虎皮”是把白布、白纱染成黄色后进行勾画。“牛尾”“虎尾”用麻绳或铁丝、布、棉花等制作。做工粗犷而不失逼真。质朴而不失灵泛。“牛斗虎”具有浓厚的文化特色和乡土气息，是正月十五大受欢迎的一道风景。

搭灯山　清末民初，境内较大村庄在元宵节和庙会祭祀之期皆有搭灯山之俗。灯山有高低两说，高灯山，用四根杉杆搭成四品架中部用木板搭成平台，上置木条所制作的若干灯架，上摆成数百盏(有说讲)油灯钵。顶部和四下多用芦席遮盖挡风。低灯山，就地搭棚，内射派与高灯山一样。事前有“传头执事”按“传牌”一并下达供品，香火、灯油等所需物件。届时摆起香案，敲响头锣，点亮油灯，人们作揖，烧香，行叩拜大礼。所有红火，都来灯山底赛神娱人一番。

提筋斗活龙 提筋逗活龙是一项用道具表演的娱乐活动。表演时用绳子把道具驾凌空中，用活动绳抽拉舞动，调整作出各种不同姿势的造型。有《二龙戏珠》《许状元拜塔》《二郎担山赶太阳》《鲤鱼跳龙门》《天女散花》《童子拜观音》等节目。表演过程配以灯光、火（药）光、声响效果，舞动起来气势磅礴，异彩纷呈。道具用竹皮扎绑成所需要的大架部件，而后用白绫将其连接好成型。再用龙须菜熬成浆，把绫布刷过（便于着色而且密不透风，旧时没有电灯，点上蜡烛照明）绘制好后，在成型道具的适当部位加用吊钩。表演时用3丈余高的架杆柜距50米处各搭一座平台，便于人来操作。中间用四根绳子，间隔一定的距离固定平衡起来。绳子上备有多个吊环，另有四根备用活动绳，表演时将道具上的钓钩挂在固定绳上预留的环内。用活动绳钩住道具适当部位，拉动活动绳进行表演。所有用的绳子都是绿豆粗细，而且必须用石蜡打磨光滑，方可使用。苇泊靳氏，油匠世家，有构思、纸扎、裱糊、绘描技能，故作此提筋逗活龙祖传于世。苇泊村靳钰小名千恒，曾经在1957年山西省第三次民间音乐舞蹈会演获优秀节目奖。大赛会刊发表《提筋逗活龙》评介和介绍靳钰的文章。

变 脸 苇泊人郭威于2000年考入晋中艺校，跟牛万春学花脸，2006年自费从四川知名变脸艺人丁童学习变脸技艺。回藉后自制“行头”道具登台献艺。能变出36张脸谱，变回一至两张。其人有戏曲武功基础，因而举手投足表演都很到位。多在重大庆典和逢年过节以及婚丧嫁娶参加助兴演出，所到之处受到观众的欢迎。这种艺术河底村也有所见，村人葛碰苟在2014年元宵节露演于河底影剧院舞台。

迎 灯 亦称提灯、送灯、灯会，正月元宵夜间群体表演项目，大多为期三天。表演时，全村男女老少，手提各式各样的彩色花灯，（自己制作的最好）内点蜡烛，排成一字长蛇阵，在门灯和大鼓乐队的导引下，上梁下沟，走街串巷，绕村行进，行进中亦步亦趋，亦舞亦蹈。此种习俗至今在仝镇无论大小村庄村一直延续。

绕黄河 “九曲黄河阵”用木桩361根，等距纵横排列。后者用木桩木桩顶端各置彩灯1盏，点燃蜡烛（后改用电灯）。锣鼓乐起，人们扶老携幼，鱼贯而入，左折右曲，穿行绕出。据说绕黄河取吉利，祛百病。所以村人都愿意参加，尤其是正月十六晚上，“撵虚耗”，参加人最多。河底、苇泊、山底、任家峪、东村的绕黄河传统已久。

耍社火 武术类表演项目，以古代兵器为导具。大社火使用刀、矛、剑、戟，小社火使用匕首、三节棍、三节鞭或徒手散打。传统节目有单刀破矛（音miao）、棍对枪、杀四门、枪会、棍会、钗会、铁锹会等。20世纪中叶，各村按居住地方或按村闾，各自都有自己的社火队，对打项目多数取材于《水泊梁山》《三侠五义》等历史故事诸如《平方腊》《四杰村》《黄三泰镖打窦尔敦》等。牵牛镇、河底均有。上章召的单刀破矛很见功夫，苏家泉的铁锨会在左近方圆很有名气。

打铁火　也叫泼贴火。一般在元宵节迎灯时进行。旧时，人们在一处下有柳树的高岸盘火，将生铁碎块装入坩埚内，用风箱鼓风把碎铁块化成“火水”操作者头戴草帽面遮布罩，足系“遮足”，一手执块长尺余，宽 3 寸，上凹不平的木板。一手拿一铁勺，以勺把铁水倒入木板凹处，速以勺撞击木板使铁水溅洒在柳树上再自由落下，由此形成“火树银花”。后来，有铸造厂的地方是把熔化好的铁水盛入“老包”抬到一高处，用铁勺将火水舀出少许泼在一把饱蘸冷水的扫帚上，铁水自由下落，洒在岸下石头上，溅出一片火花，观者在低处远，远望去恰似漫天繁星落下。该种红火多在河底、牵牛镇、任家峪、关家峪、上章召、苇泊、中佐等村盛行。

彩　车　20 世纪 80 年代出现在境内，是一种依靠机械以队列游行在大型场合的艺术形式。河底、东村、山底、任家峪、牵牛镇等村在元宵节以及重大庆典活动时将汽车或拖拉机用布景装饰成山水田林路，农林牧副渔等各种造型亮化活动起来；另一种是锣鼓民乐队着装坐在上面在行进中吹打；再一种是各种戏剧人物（传统现代均可）在彩车上造型。如此在大街、广场、公路上行进表演，古今文化交融，品类繁多，色彩纷呈，浑然一体，煞是好看。其中不乏含有许性激励启发性人的元素，寓意甚为深刻。

放焰火　用来在节日和庆典纪念祭祀时燃放的一种用火药制作是烟花爆竹。旧时境内只有河底要氏火药厂从清康熙十九年（1680）始独家制作，周边为数不多稀有燃放，其焰火为单色。燃放起去宛若点点星星，引人举目。进入 20 世纪 60 年代集体经济壮大。河底、任家峪、山底、东村、燕龛、上章召、下章召以及驻地厂矿固庄煤矿在节日和庆祝活动时燃放七彩礼花。色彩纷呈，花样繁多，接连不舍，煞是壮观。

舞龙灯　也叫逗龙。龙灯由龙头、龙身、龙尾组成。龙头在前，张口瞠目，用纸塑做成，现在多有布做。龙身多为九节或十二节，骨架用竹条木棒、麻绳和铁丝固定，并稠布包裹为表。龙尾在后，用质轻柔软的薄板制作，与头身连为一体。其形态逼真，栩栩如生。体内装有蜡烛或直流电灯用于照明，头尾各有一人举擎。龙身由九名至十二名壮汉肘起。前有一人手持火把或珠灯武术姿势导引，并伴有锣鼓队扬威。舞技有抖龙、吐火、喷水、飞天等，表演一般为一龙腾空，二龙戏珠、四龙交会、群龙出海等。舞龙灯在当地非常普遍，每逢节假日，人们便会组织起来进行表演庆祝，尤以元宵节最盛，现在大部分村都有自己的舞龙队伍，尤其河底、东村、山底、燕龛、程庄、牵牛镇、上章召、下章召、任家峪等都很火爆。进入 2000 年以来，各村村委都对舞龙活动较为喜欢而重视，并且能延续和发扬下去，以保护好这一传统民间文艺。

跑旱船 旱船为木质框架，上用彩绸盖顶，下用布幔遮住，四角垂吊绣球，边沿装饰小花。扮演者一人一船，浓妆重彩，肩背手提，碎步踮趋，酷似舟行水面，属于群体表演项目。少者十余人，多达几十人，双偶组合。艄公划桨领队在前，锣鼓乐队伴奏在后。表演程式有一字长蛇、双龙出水、花插八字、百舸争流等。20 世纪 70 年代后，境内对跑旱船进行再加工和整理，传统和现代相互补充和完善，演变成了由各种彩车、摩托车等牵引，用于大型集会庆典，在街道、公路、广场上举行表演，种类繁多，色彩缤纷，古今文化融为一体，辉映成趣。进入 2000 年后，在以小河北村较为传统的模式表演上，又涌现出山底村 60 多人组成的旱船队伍，多次参加郊区元宵节广场民间文艺表演。他们的表演栩栩如生，令人目不暇接。每每获得一等嘉奖。

踩高跷 踩高跷(俗称絷木腿)，河底、牵牛镇、东村、山底、苇泊一带多见，上下章召间或也能看到。每逢节假日，人们就会看到迎面走来的一字高跷队，登高望远，"筛活"作态甚是赏心悦目，为节假日和庆典活动增添了欢乐。踩高跷属于群体表演项目，分低、高两种。低高跷比较常见，跷高 0.6 米，高跷高 0.9~1 米左右。较难掌握。跷腿用硬质木头制作，紧贴扮演者小腿外侧，拿带子捆牢绑实，一般多由男性扮演踩走。扮演者身着彩妆，涂脂抹粉，扮作正角丑角、各色戏剧人物、大头娃娃等，手执相关道具，在音乐和锣鼓的伴奏下，依鼓点节奏进行表演。旧时有空翻、下叉等跷上技巧，20 世纪 80 年代后，增加了戴大头娃娃、穿长腿裤、抬花轿等踩走式样。

耍狮子 也叫狮子舞，有大小之分。大狮子二人合作表演，小狮子一人独耍，一般为双对表演。狮子头制作精细，相貌粗犷然吉祥，口大若盆，张合自如。扮演者头顶身披，弓腰垂臂，扮作狮状。锣鼓乐起，先有一人手执绣球腾空翻出。众狮紧随其后，依鼓点急缓快慢交换舞步。时而跃起，时而倒卧，表现得淋漓尽致。主要程式有上高台、过单桥、越障碍、滚绣球、前后翻等。扮演着要求年少体壮，腿脚灵便，具有一定的武术功底和技能。河底村。上章召、苇泊、东村、山底的耍狮队，在当地享有一定的声誉和口碑。

跑 驴 俗称"送闺女"，该种艺术形式是事先用竹条或铅丝加绸布裱糊制作成驴头驴尾，表演者扮各色形象，一前一后挎驴型在腰间(看去就像人骑驴，实则人挎驴)。和着音乐按剧本编排，"赶驴的"把鞭子一甩，毛驴应声起"跑"。动作有颠、蹦、跳、踢、前仰后合等，做出逼真活泼灵泛的上坡下沟形态。跑驴在牵牛镇、山底、河底、东村、苇泊等村都有，各村都出现过跑驴的佼佼者。当年，牵牛镇煤矿的周玉珠、王丑银尤为出色。

霸王鞭 在抗日战争时期传入境内，群体表演项目，参加者数十人上百人不等，化歌舞妆,着现代或民间彩服,手持木棍,长大约 1 米,用 2 种不同颜色彩绸或布条相间缠裹,呈螺旋花纹状,两头打红绿稠布。有的还系一对小铃铛。基本手法有两手击、两腿击、上下击、左右击、相互击等,锣鼓乐队伴奏。表演节目明快,姿态优美,令人精神振奋,耳目一新。境内牵牛镇燕龛南沟等村都有。进入 2000 年后,霸王鞭有所复兴,任家峪、河底、山底、南沟、下章召、牵牛镇等村都有近百人的霸王鞭队伍,在音乐的伴奏下,把他们的舞姿衬托得更加优美灵俏。

扭秧歌　也叫秧歌舞。抗日战争时期传入境内,群体表演项目,参加者数十上百不等,化歌舞妆或戏剧妆,穿各种服饰,男女老幼皆可参加,使用彩绸、花扇、花绢、手帕等道具,随锣鼓唢呐笙管器乐节奏,踩十字步和其他的舞步一起进行。曲调幽雅,舞姿多变,易学易演,境内村村皆有。河底、燕龛、山底、东村、牵牛镇、大河北、小河北、上章召下章召最为多见,河底还要延续到二月十九,上下章召红火到正月二十、正月二十五庙会。

跑马皮　是较为原始古老的民俗舞蹈,由民间祭祀活动演变而来。在境内(下章召一带最甚)流行,为群体表演,人数不等。表演者全为成年男性,头上缠红布条,面部涂抹油彩,上身全裸,下着短裤,一手执火把,一手提道具(铁刀、铁绳以及其他响具),面涂油彩,立眉竖眼、形容粗犷,面貌彪悍。舞闹分作两组,来回穿插,亦呼亦舞。奔走街巷。一般在元宵节前后夜间表演,意在驱赶邪魔。时人有"取吉利"之说,所以流传有"一夜跑马皮,终年无病痛"的俗话。近年"跑马皮"流入上章召、河底一带。

大头和尚戏柳翠　是三人表演表演项目。一人头戴面具,扮作大和尚,另两个人分别扮作小和尚和柳翠姐(旧时男扮女装),大鼓镲钹伴奏。基本情节,大和尚和柳翠姐产生了爱慕之情,顽皮捣蛋的小和尚连续从中戏耍。边走边演,滑稽幽默,诙谐风趣。该表演形式旧时在镇牵牛镇村比较流行,类似的表演还有《洞宾戏牡丹》《猪八戒逗毛娇娇》等。

街头杂剧　是二人或多人表演项目。有正剧、闹剧之分。依剧情需要设置角色,装扮成大肚老婆、年轻姑娘、傻小子、卖货郎等不同人物形象。使用手帕、彩扇、串铃、大烟袋、竹扁担等道具,在锣鼓、唢呐的伴奏下,表演于街头巷尾,边唱边舞,诙谐幽默。常见剧目有《王老送闺女》《傻小和他妈抬水》《大观灯》《大钉缸》《货郎相亲》《计划生育》等。

腰鼓队　抗日战争时期,传入境内,群体表演项目。参演者男扎白手巾,女扎红头绳大辫或时兴头系红纱巾,肩挎双面小鼓,身着红绿衣裤,腰系各色彩带,化歌舞妆,在大镲的导引下,表演于街巷场地。节奏齐整活泼,舞姿轻盈舒展,队形变换,井然有序,技艺高超者还会跳跃出各种舞蹈,表现出浓厚的喜庆气氛。河底、南沟常有该项活动。

锣鼓队　街场群体表演项目。习称"威风锣鼓",其在表演形式上区别于民俗舞蹈的伴奏乐队,表演者(多为女子)身着古代兵勇戏装上场。有大鼓队小鼓队之分。大鼓队 8~16 人,或更多队员组成。以一面(或几面)大鼓居中,鼓直径 1.2 米以上,四人同击一鼓。铙钹若干,以鼓为轴心围成半圆。其音浑厚,铿锵有力。小鼓队人数较多,数十成百不等。小鼓若干在前,铙钹手锣随后。一人手执旗帜站立高台指挥,队形随旗示变换。其音高亢激越,其势威武雄壮。大小鼓队均在击打时,排列不同队形,变换各种舞姿,附之演奏人员的呼吼声,表演出音响观赏双重效果。大固庄、山底最早,上章召、下章召、关家峪、里龙光峪、大河北、五架山、东村的锣鼓队也很红火。

健美舞　2000 年后,由有关部门教习传入境内的一种群体组合表演项目,几乎村村都有,河底、任家峪、燕龛、邓家峪等村尤为突出。其活动多为女性参加,既可健美又可娱乐,平时在场头院落,节日庙会(元宵节居多)搬上舞台,青壮年妇女着流行服装头饰,跳起有拿道具的有徒手的花棍秧歌柔力球等健排舞健美舞,既增添了节日气氛又使人开心愉快。

母老虎打架　流传在境内的一种广场表演形式。属有道白的"干板武秧歌"类。抗战土改时因带有反抗性,故而最为盛行。故事情节:村妇牛角老婆有女小姑姑,人样漂亮,精明强干。恶霸张唐伙同张青带家丁前去抢亲,牛角老婆不服,遂厮打,邻居侯庆等帮忙,打败恶霸,胜利收场。母老虎打架,最早出自哪里,现今仍无稽考,但据传上章召的较有声色。东村、苏家泉、南沟等村也有。

钉盘碗　可在广场、可上舞台的二人对唱节目。形式取材于传统戏《百草山·钉缸》一折。演唱内容大都根据一方的趣闻轶事自编,唢呐给调伴奏。人物一男一女,二人一替一句对唱。唱词诙谐幽默,时间可长可短,是一通俗好演,群众喜闻乐见的文艺方式。该种方式旧时境内各村都有。

庙会文化

河底古为大镇,周边乡村众星拱月,各村庙宇星罗棋布,多者甚而两三处,有庙即有会,有会即有物资交流。如此庙会与集市交融形成庙会文化,从农历正月始至十月底,赶庙唱戏在河底镇延绵不断,红火热闹此起彼伏,集市贸易水聚云屯,物资交流源源不断,民众所需多靠庙会而取,生产生活由此而乐业安居。

河底三月二十三邳彰庙庙会　汉朝人邳彤,后人称其药王。明天顺时,英宗病疮,梦有人阴治之,已而果愈,即梦中所见绘图求之,乃神也,特封明灵王,敕令广其庙制,平定州北与河底镇修其庙宇两座,曰"邳彰庙",定三月二十三日为庙祀。旧时,庙会期间唱戏赛神,香火甚盛,庙市繁盛,百货聚集。中华人民共和国成立后,人民政府破除封建迷信,倡导科学文明,将民间传统庙会移易为物资交流、文化娱乐盛会。每逢庙期,商贾云集,设摊贸易,以销售物资(农具)买卖牲口为主。1953年农历三月二十三物资交流大会盛况空前。大会是在阳泉市物资交流委员会统一领导下,由区派出所协助、村民委员会主办的。大会组委会还吸收了有关部门和私营工商业者的代表参加。大会共有大小摊位222个,场地面积达2000多平方米,由老爷庙底延伸至龙光峪口,长1公里、宽10米的街道挤得水泄不通,约有7.35万人参加交流会。大会成交额达5.0571亿元(旧币)。大会邀请了3个剧团、1个马戏团助兴。大会期间,还举办爱国卫生宣传活动和婚姻法等展览,受教育者达5.2万人。20世纪80年代,村委会决定每年农历三月二十三,公历10月1日为春、秋两季物资交流大会。1992年10月1日仿古大舞台落成后,镇政府与村委会共同决定,每年、每届、河底镇的庙会、春秋物资交流大会,不得少于2台戏助兴。20世纪末,河底邳彰庙被阳泉市郊区列为重点文物保护单位。其后庙会集市越发繁华,商品交流摊位摆满银河大街,延至文化广场。江南塞北各路客商云集,全国各地商品物流水聚云屯。

燕龛程庄北庄五龙庙庙会　旧时三月二十八五龙庙庙会唱戏赛神摆供祭祀3天,乡周边人以及远方来客,在捞儿劝捞儿,也有为儿童许愿辫锁,还愿开锁者磕头烧香。20世纪末,燕龛乡出资兴修龙山旅游区,五龙庙修葺一新,沿袭旧俗,阴历三月二十八为庙会日期。庙会期间,四面八方香客熙熙攘攘,云集五龙庙、捞儿山池中捞儿女,庙中许还口愿,形成一道别致风景线。各地商贩在燕龛河摆摊销售日用百货、家庭用品、布匹绸缎、农具家什、五金交电,交易额逐年攀升。

上章召下章召河南村大王庙庙会　旧时三村合办,农历四月十五在河南村大王庙戏台唱戏赛神3天,各类商贩在南河槽摆摊买卖,还有骡马牛驴交易。20世纪50年代初,旧戏台坍塌,三村或在河南坪或在上章召搭台唱戏。70年代中后期,上下章召村先后建起大礼堂(剧场),故而两个村各唱各村的业余剧团或写卖票戏。此间,商家分别在两村设摊交易。80年代和90年代,村镇计划生育部门融入计生宣传教育,展览图版引人注目,给庙会增添了新的亮点。

东村龙王庙庙会　旧时四月初四,东村龙王庙庙会多唱村中自乐班戏赛神3天。人民公社化后,村集体改旧戏台建露天剧场和剧场,演戏多写卖票戏大唱5天,还有马戏杂耍、蹦蹦床、儿童玩场等助兴。当然也有饮食服务业之饭棚餐饮夹杂其间。跨村长街两边设商品交易市场,销售布匹绸缎、衣裤鞋袜、日用百货、生产资料、生活用品、儿童玩具、现代播种耕耙器具。市场中人山人海,熙熙攘攘,吆喝叫卖声不绝于耳,成交额年年攀升。

山底玉皇庙庙会(洞儿上庙会)　旧时六月十九山底玉皇庙庙会(洞儿上庙会)名声较大,村里东西两班业余剧团均演戏以赛神3~5天不等。20世纪末,玉皇庙、龙王庙修葺一新，村里建成露天剧场，每年都写市县级顶尖剧团唱戏 5 天，临了还有歌舞安人余兴。庙会时商贸繁荣，买卖商家鳞次栉比，商品堆积，撩人心目，成交额可与邻村庙会相媲美。

牵牛镇牛王庙会　旧时七月二十五牵牛镇牛王庙会时，在集场戏台唱自乐班戏或行台班戏 3 天，并摆供上香以赛神。二十世纪六七十年代村集体出资建成露天剧场、影剧场，请省市级顶尖剧团唱戏 3 ~ 5 天以祭祀牛王爷。此时正值农闲，前去赶庙的乡民摩肩接踵，扶老携幼，大红伞、小花伞、细白草帽，煞是亮眼。庙会上，集市贸易商品交流，尤其是瓷器出售，规模不小。整个牵牛镇大街水泄不通，绸布涤纶撕帛声声，瓜桃梨枣挑秤盘满，商贾鼓囊而心喜，妇孺欢快而归，好一派升平景象。

燕瓮村庙会　燕瓮村有古刹曰甘泉古寺，据碑文记载：历年每逢农历二月二十九举办观音会，解放后不再举办。1996 年甘泉寺大规模维修竣工，寺院重塑佛像开光之日，定于农历八月十一日，同时把庙会时间定于此日，称为甘泉寺庙会。建立庙会近 20 年间，盛况空前，一是唱戏时间长达五至十天，歌舞一至两场；二是摆摊、卖饭的多，近 200 余家，摊位长达 500 米；三是人流多，来来往往近万人。庙会兴盛原因有三：一是临近秋收，各地庙会越来越少，商家抢做生意。二是村中街道宽阔整洁，村委会善待商家。三是村里文艺活动时间长、规格高、吸引的外来人员多。

河底镇庙会一览表

表 19-1

村　名	庙会时间（农历）	庙会名称
下章召村	正月二十	观音庙会
	四月十五	大王庙会
上章召村	正月二十五	填仓节庙会
	四月十五	大王庙会
任家峪村	二月初二	财神庙庙会
邓家峪村	二月初二	财神庙庙会
	六月十九	观音庙庙会
关家峪村	二月初二	财神庙庙会
	三月十八	娘娘庙庙会
河底村	二月十九	观音庙会
	三月二十三	邳彰庙会
	五月十三	老爷庙会

续表 19–1

村　名	庙会时间(农历)	庙会名称
小河北村	二月十九	送子观音庙会
燕龛村	三月二十八	五龙庙会(捞儿山庙会)
	八月十一	甘泉寺庙会
程庄村	三月二十八	五龙庙会(捞儿山庙会)
北庄村	三月二十八	五龙庙会(捞儿山庙会)
苇泊村	三月二十八	天齐庙会
东村村	四月初四	龙王庙会
	八月初四	关帝庙会(农贸会)
中佐村	四月初八	—
河南村	四月十五	大王庙会
南沟村	五月十三	老爷庙会
五架山村	六月初八	蒲台神庙会
	十月初一	—
山底村	六月十九	玉皇庙会(洞上)
小固庄村	六月二十五	老爷庙庙会
前龙光峪村	七月初七	老君庙庙会
曹家掌村	七月初十	大王庙庙会
里龙光峪村	七月十五	三官庙庙会
牵牛镇村	七月二十五	牛王庙会
红土岩村	九月初九	老爷庙会
大固庄村	九月初九	—

第六节　体育活动及竞赛

群众体育

民间体育　清代，牵牛镇、河底、东村等村民间体育活动以武术(社火)、象棋为主。村民常练拳习武耍社火，以健壮体魄。中华民国初年(1912)，除武术之外，民间还开展了下象棋(俗称“杀棋”)、游泳(俗称“耍水”)、滑冰(俗称“打滑汊”)、跳绳、踢毽子、打瓦儿、弹蛋儿(弹玻璃球)、滚铁箍(铁环)、赶屁牛(陀螺)、跳方等简易健身活动。抗日战争时期,在各村少年中兴起打“霸王鞭”等活动。

农民体育　中华人民共和国成立前,境内村庄除传统武术、中国象棋外,游泳、溜冰、成三、狼吃羊、跳茅坑、赶牛、推箍、打瓦儿、跳方、踢毽、顶拐、弹弓、掰手腕等简易小型体育健身活动广泛开展。春节期间,耍龙灯、踩高跷、跑旱船、舞狮子、扛阁、霸王鞭等活动普遍开展。

中华人民共和国成立后，在中国共产党和政府的大力倡导下，农村体育项目日渐增多,农民体育活动日趋广泛。20 世纪 50 年代,放风筝、游泳、滑冰、篮球、乒乓球、拔河、田径活动广泛开展。1958 年春节期间,阳泉市农民运动会在河底等村分设赛区,本镇运动员参加篮球、拔河、手榴弹、举重 4 个项目的比赛。60 年代,篮球、跑步、队列、广播操、跳高、跳远、投掷垒球、投掷手榴弹、乒乓球等项目也逐渐普及。

“文化大革命”期间,农民体育活动一度中断。“文化大革命”后期,结合国防教育和民兵军事训练,有组织开展了队列、刺杀、射击、跑步、爬山、投弹、爆破等一系列军训活动。儿童中流行的老鹰抓小鸡、荡秋千、顶拐、弹玻璃球、跳绳、打子、跳方、骑自行车、推箍等为主的游艺竞技体育。1975 年 8 月,河底公社首次举办农民体育和文艺演唱为一体的文体交流大会。1977 年,河底公社被授予“山西省群众体育先进集体”称号。20 世纪 80 年代,农村经济的快速增长,带动农民体育活动的广泛开展。青少年多玩军棋、跳棋等运动,中青年开始玩珂垃棋、围棋、麻将等运动。同时,友谊舞、迪斯科、霹雳舞等受到年轻人的青睐。1980 年后,每年春节至元宵节前后、国庆节期间境内大部分村都要举行一次体育竞赛,比赛项目有篮球、田径、乒乓球、拔河、越野赛、象棋等。1988 年秋,河底村成立体育运动委员会。1989 年,成立镇体委,分管镇长兼任镇体委主任。同年 9 月,召开河底地区“首届全民运动会”,设田径、篮球、乒乓球、拔河和中国象棋共 5 大类比赛项目。运动会历时 5 天,参赛代表队村级 14 个,厂矿 8 个,企业 20 个,共计 42 个代表队,参赛运动员 1252 名,裁判员 140 余名。之后,各村之间的篮球、乒乓球对抗赛不断开展。1992 年 3 月,全区农村体育工作现场会在本镇召开。4 月,河底村光存福被选入山西省农民乒乓球男队,参加了在上海举行的全国农民乒乓球赛。2006 年 9 月 28 日至 9 月 30 日,本镇举办了撤乡并镇以来首届全民运动会,设球类、棋牌类、田径、健身 4 大类,15 个项目的比赛,有 38 支代表队的 1529 名运动员参加了比赛。与此同时,全镇中老年健身队伍发展到 24 支,活动的项目有体育舞蹈、柔力球、太极功夫扇、太极剑、北京新秧歌、全健排舞、健身操、健身舞等,经常坚持锻炼的群众达6000余人，占全镇总人口的1/5。

老年体育　新中国成立至80年代末，境内老年人体育项目主要有传统武术、中国象棋等。90年代初，河底村季恕旺、李延林、樊锦堂、张安全等离退休老干部发起学练“鹤翔庄气功”“香功”的活动，中老年男女参加者甚多，以后又增加健身操、迪斯科、交谊舞等项目。1990年9月，在区首届老年运动会上，河底村老年代表队获得总分第一名。1990年农历九月初九，河底村举行第一届老年运动会，之后每年举办一次，老年比赛项目有，男女60米跑、男女60米走、男女端球、投篮、取水、门球等。1994年9月，河底村老年体协被评为区先进集体。在1995年市第六届老年人运动会上，河底村88周岁高龄的葛廉清老人获得中国象棋第15名，他也是参赛年龄最大的运动员。2003年9月，在阳泉市庆祝“九九重阳节”暨首届老干部艺术节庆典活动上，河底村的健身秧歌，获得优秀节目表演奖。2006年9月，在阳泉市第二届中老年柔力球比赛中，河底村获三等奖。2007年11月，河底村参加阳泉市第三届中老年柔力球比赛。

体育教育　清代，牵牛镇村办有武学堂，设有刀、枪、弓、箭、掇石等课程，经童试、乡试，有的学童获取了武生，还有的学童中了武举。

民国14年(1925)年，河底村在老爷庙东侧建操场，学校开设体育课，每周两节，成为本镇小学体育教学之始。民国21年(1932)，河底成立高小班，将体育教学列为学校教学内容之一，初小、高小合配1名专职体育教师。抗日战争和解放战争时期，该镇结合形势的要求组织学生开展打霸王鞭、投掷手榴弹、行军、跑步、刺杀、爬山等军训课程。

1947年，阳泉解放后，境内学校普遍重视体育和卫生工作，体育教学稳步发展，各校普遍开设了体育课，配备专职、兼职体育教师。但没有统一的体育教材，体育课主要进行队列训练、跑步、跳绳、踢毽子、游戏、打篮球等体育活动。1954年，各小学开始推行第一套广播体操，并将它作为学校体育不可缺少的项目固定下来。1956年，根据教育部的规定，每班每周设两节体育课，并按照颁布的体育教学大纲进行教学，学校体育代表队也成立，学校体育教学逐步趋于规范。各小学普遍开展以《准备劳动和卫生体育制》(以下简称劳卫制)和少年广播操为内容的体育活动。1958年，河底三完小文体工作成绩显著，受到晋中地区的表彰。1959年2月，中佐中学体育教师王树忠被评为“先进体育工作者”，受到省体委的表彰。国民经济困难时期，学校体育受到了影响，体育教学质量有所下降，一度暂停。“文化大革命”开始后，体育课受到严重干扰，学校体育课变为劳动课或军训课，教学秩序混乱。

粉碎“江青反革命集团”后，学校体育工作步入正轨。1979年，各校认真贯彻执行《中小学体育暂行规定》，学校的体育课按照山西省教科所编制的中小学体育课《学生用书》和

《体育教学大纲》教学，坚持“两课两操一活动”，广泛开展群众性体育活动。体育教师业务素质逐步提高，体育成绩不断提升。80年代，随着办学条件不断改善，场地、设备的逐步完善，各校购置大量的体育器材，严格按照《国家体育锻炼标准》的要求进行教学，在该镇中小学掀起了“达标”高潮。在上好体育课的同时，各校均组建代表队，且坚持常年的训练，本镇体育成绩在全区名列前茅。1988年8月，河底中学、河底小学、河底幼儿园被市体委、市体育局命名为阳泉市“一条龙”训练网络试点单位。1989年12月，牵牛镇学校被确定为“山西省体育传统项目（田径）学校”。1990年，牵牛镇学校体育教师郭海生被授予“山西省体育先进工作者”和“全国农村千名优秀体育教师”称号。20世纪90年代，各校按照国家教委颁布的《学校体育工作条例》的要求，进一步加强了体育工作的领导，体育设施、设备进一步完善，建立室内场地20余个。体育教学也在不断地改革和创新，学生体质进一步提高，体育活动成为各校抵制片面追求升学率、促进学生全面发展的重要措施，体育教学与体育成绩列入学校评估范围之内。中小学“达标”的优秀率和合格率逐步提高，各校每年举行田径运动会。

21世纪以来，学校体育卫生工作更加重视，场地、设施更加规范，体育课教学做到了经常化、科学化、规范化，体育训练更加系统、科学，体育尖子人才逐年增加。各校以“阳光体育活动”为载体，普遍开展丰富多彩的系列活动，特别是体育成绩记入学生中考总分以后，各学校更加重视体育教学的研究，加强体育教学的监管力度。根据国家课程计划的安排小学1—2年级每周增加2节体育课，以确保小学生的健康成长和发展。

2008年，河底小学被评为市实施《国家学生体质健康标准》先进单位。2009年，牵牛镇小学被评为市“阳光体育冬季长跑活动”先进单位。到2014年，全镇有专兼职体育教师24名。

镇办比赛

学生运动会　1971年4月，河底联校首届中小学田径运动会在河底学校田径场举行。此后，每年举办一次。1983年，中学生运动会在河底中学举行。小学生运动会在河底、苇泊、牵牛镇三所中心校交叉举行每年一次的运动会。至2014年，本镇共举办44届田径运动会。

农民运动会　1989年9月，河底地区“首届全民运动会”在河底中学田径场举行，竞赛项目有田径、篮球、乒乓球、拔河、中国象棋共5大项，参赛代表队42个，运动员1252名。2006年9月，本镇举办了撤乡并镇以来首届全民运动会，设球类、棋牌类、田径、健身4大类，15个项目的比赛，有38支代表队的1529名运动员参加了比赛，历时3天。2013年9月本镇举办了首届金秋全民篮球赛，分3个赛区进行比赛，有21支代表队，410名运动员参加了比赛。2014 年 8 月,该镇举行第二届金秋全民篮球赛,分四个赛区进行比赛,有 21 支代表队,406 名运动员参加比赛。

比赛成绩

1981 年 7 月,在山西省忻州地区举行的山西省青少年射击比赛中,牵牛镇学校选送的运动员郭翠鱼以 354 环成绩获女子气步枪 10+40 赛山西省第二名,被列入 1972—1985 年阳泉市“优秀运动员”。

1984 年,燕龛中学王勇慧获省运会初中组长跑冠军。

1985 年,燕龛中学获阳泉市田径运动会初中组团体总分第三名。

1987 年,燕龛中学程慧文荣获省运会初中组铅球第三名。

1988 年 7 月,在山西省首届青少年运动会上,山底小学王建春在自行车女子 3 公里(414811)和女子 3 公里团体(414211)的成绩荣获冠军,成为省自行车运动健将。

1991 年 12 月,在山西省第二届农民运动会上,河底村光存福获男子乒乓球单打第三名。

1995 年 8 月,市体委组织先进村篮球赛,曹家掌村获男子冠军。

2005 年 8 月,山底小学获阳泉市乒乓球团体赛第二名。

2010 年 6 月,河底中学获阳泉市中学女子篮球赛第二名。

2013 年 6 月,河底小学获阳泉市中小学乒乓球比赛小学男子组团体总分第二名,女子团体总分第二名。

第二十章　卫生健康

第一节　爱国卫生

开展爱国卫生运动是预防疾病，提高人民健康水平，保护劳动力最实际、最有效的手段。1952年，境内积极响应政府“动员起来，讲究卫生，减少疾病，提高健康水平，粉碎敌人细菌战”的号召，境内开展爱国卫生运动。对水井、房舍、畜圈、厕所，分别进行彻底清扫、消毒。1955年秋，又掀起大规模的“除四害”（老鼠、麻雀、苍蝇、蚊子）讲卫生运动，使麻雀基本绝迹，有效地遏制鼠疫、肠道传染等传染性疾病的发生。1958年1月，山西省卫生厅厅长杨某某、阳泉市副市长史某如一行6人在河底村考察卫生工作时，表扬河底村为学习稷山县“太阳村”的卫生先进村。1963年，东村公社共灭鼠3490只、苍蝇37.5千克、蚊0.5千克，房屋消毒246间，畜牧场36处、厕所115个。1964年，全境开展了只无灭资的爱国卫生运动。东村公社全年组织6次卫生运动，进行了大扫除、大清理、大洗刷、大捉、大捕、大检查、大评比、大总结、大表扬的“九大”工作。1974年开始阳泉郊区在农村提出的“两管”（管水、管粪）、“五改”（改水、改厕、改畜圈、改炉灶、改造环境），为主要内容的爱国卫生运动。村民自觉讲卫生，“大扫三六九（日）、小扫天天有”，室内院落、门口街道，到处干干净净，蔚然成风。

1981年，“五讲四美”（讲文明、讲礼貌、讲卫生、讲秩序、讲道德，心灵美、语言美、行为美、环境美）活动在全境开展，单位普遍建立卫生公约和“门前三包”责任制，村建立村规民约，强有力地治理了环境“脏、乱、差”。1983年开始，每年搞两次爱国卫生运动，主要是投放灭鼠、灭蝇、灭蚊等药物，粉刷墙壁，更新标语，培植花草树木，对饮用水进行消毒。部分条件比较好的村庄如河底、牵牛镇、大小固庄等村开始硬化街巷，有规划地设垃圾堆放站点，并配备了专用车辆清运垃圾。其间，对境内环境造成严重污染的企业有苇泊钢铁厂、上章召铸管厂和任家峪锅厂。同年，河底镇为达到绿化、美化、净化、新化，村村实现路灯化，住宅改旧翻新，垃圾定点堆放、定时清理，相继开展了“文明户”“文明村”“文明单位”“五好家庭”等的百分竞赛活动。1984年，小固庄村被评为省、市“卫生工作先进单位”。1986年1月，河底村出台《河底村环境卫生管理规定》，对设立环境卫生管理站、垃圾站，以及责任区划分、卫生费管理的征收都作出详细、明确的说明。

1990年东村乡、燕龛乡、河底镇分别同辖区内耐火、煤矿、钙场等排污企业签订《环境保护责任书》，要求企业安装除尘设备，办理废水排放许可证，禁止向温河、燕龛河排放污染物，垃圾集中堆放处理，在醒目地点设置永久性大型标语，按时上缴排污费同时对苇泊河进行清障治污。1991年，电磁电线厂、下章召耐火厂等企业投资进行美化绿化，河底镇完成水暖厂至河底车站一条街的美化、绿化美化一条街工程。1996年5月5日至10日，镇政府开展各村创建一条卫生文明大街，集中改厕30个，创建卫生文明单位30个的活动，要求做到村村有专职清洁工，村村无垃圾堆放。该活动列入河底镇“八杯一旗”（丰收杯、振兴杯、致富杯、聚财杯、腾飞杯、新风杯、奉献杯、安定杯，旗帜单位）竞赛内容。其间，镇政府组织各村分管卫生工作领导，采取交叉检查、打分排队等形式，对全镇第八个爱国卫生月活动情况进行了全面检查。检查结果“优秀”的为大固庄、里龙光峪、下章召、邓家峪、关家峪、中佐、河底中学、河底卫生院、兴华水泥厂、运输公司、经贸公司、镇机关；良的为任家峪、上章召、苇泊、河底、小固庄、牵牛镇、电线厂、一耐、永安建材厂、职校、敬老院；差的为河南、前龙光峪、青山煤矿。东村、燕龛两乡相应开展除“四害”、厕所改良、清理环境卫生、保健知识宣传等活动。

2003年，河底镇出台《关于在全镇广泛开展“讲卫生、讲文明、讲法制”集中整治活动的通知》，要求各村、各单位定专人、定责任、定时间、定标准、定效果，掀起以全面整治环境卫生，加强村容村貌管理，完善农村基本卫生条件，改善人居环境，提高人民群众生活和生存质量为主要内容的爱国卫生工作新高潮。重点抓了六方面工作：开展全方位的卫生大扫除；全面彻底地清除积存垃圾；深入开展除“四害”活动；加大改水改厕所和户厕整治工作；加强家庭宠物和家禽牲畜的管理；加强卫生防疫建设管理。是年，山底村为解决村民的饮水问题建成阳泉市绿然矿泉水厂（2012年，更名为漾泉源水厂）。2004年，河底、燕龛、程庄、里龙、固庄5个村列为全区首批文明生态村试点。到是年8月底，河底镇淘汰、拆除燃煤倒焰窑45座，治理污染企业17个。2008年5月，河底镇出台《河底镇2008—2015年环卫工作计划》，遵循“全面规划，合理布局，综合利用，化害为利，依靠群众，大家动手，保护环境，造福人民”的原则，严格执行国家关于环境保护的有关条例。计划设置了大气、水体、噪音的执行标准；规定了环卫工作人员队伍、经费、垃圾站点、公厕的设置，广场、主要街道、绿地等公共场所卫生保洁区措施及环卫工作规划制度。对镇区结合部、主要出入通道、农村居民区的积存垃圾、卫生死角进行一次彻底的清理，并制定出长效管理措施。开展了马路市场整治，规范广告牌匾。取缔了影响镇容的马路摊点。对主次干道的“牛皮癣”进行一次拉网式的清洗，做到随时产生，随时清除，建立“牛皮癣”治理的长效管理机制。强化了建筑工地管理建设施工地点设立了围墙，保持围墙周边干净、整洁，建筑材料在围墙内堆放，要码放整齐，绿网苫盖；对河道垃圾进行全面清理整治每周定时清理漂浮垃圾和沿岸杂物；每月清淤，疏通河道；随时清除淤泥垃圾。加强巡查和管理，队向河道内乱倒垃圾、乱扔杂物的行为进行查处。结合山西省迎奥运“赛在北京、游在山西”的活动要求，对旅游景区、景点、风景名胜区及沿线进行全面的环境卫生整治。在社会主义新农村建设中，按照“四改”（改水、改厨、改厕、改圈）“四化”（街巷硬化、村庄绿化、街道亮华、环境净化）的建设标准，上章召、郊里、任家峪、小固庄共4个村被区确定为社会主义新农村建设重点推进村，河底镇程庄、东村分别成为郊区“文明生态型”和“产业带动型”新农村。2009年，河底镇全面开展卫生城市创建活动，结合阳盂路、滴苇路绿化拆除临建16处1.1万平方米。

2011年，拆除滴苇路临建21处。2012年，全镇设立160个垃圾点，配备清运车辆48辆，清洁员182名。2013年，全面启动乡村清洁工程。全镇组织人力200余人次，动用装载机30台，清运车110量次，对京昆高速路对两侧原有的尾矿库、排土场、采空区、渣场等地质灾害区域生态修复。同时，清理垃圾、废弃物8000吨，整治平整面积达270平方米；白色污染20余处，面积达1.2万平方米；卫生死角80余处；违法广告张贴物50处，喷涂物36余处，拆除户外广告牌匾6块，粉饰建筑墙面1.6万平方米，无照流动商贩摊点5起。同年，山底、邓家峪、大固庄获“阳泉市卫生村”称号。

2014年，河底镇以“户为单元、村为基础、镇为主体”的多元化乡村环境卫生管理体系，各部门站所和各村的卫生责任区，做到每块地段有人负责，做到清洁区域不留死角，每天按时清理中心集镇区的生活垃圾，做到镇区垃圾不过夜。5月，张贴农村清洁工作标语50多条，悬挂宣传横幅20多条，发放宣传资料1000多份，并清理各类垃圾8600吨，境内30家对矾石竖窑进行停产整顿。

固庄煤矿行政科环卫队　山西省阳泉固庄煤矿行政科环卫队，成立于1994年4月1日，全队在册人数104人，承担新、旧矿区保洁任务，保洁面积达15.5万平方米，配备有垃圾倾倒车2辆，洒水车1辆，环卫督查车一辆以及环卫附属设施，垃圾箱、池、果皮箱、平车等360余个，环工管理制定了严格的考核办法，坚持一日三扫，分片包干，责任到人，垃圾日产日清，随时抽查，当月兑现，矿区环境达到整洁有序，该单位于2005年、2009年、2011年获得“全国文明单位”等称号。2008年、2010年、2012年，被评为省级文明和谐单位标兵。

燕龛煤矿责任有限公司环卫队 燕龛煤矿责任有限公司环卫队成立于20世纪90年代，主要承担公司内部环境卫生的改善，同时肩负着通往公司交通要道以及沿路两侧的环境清理工作。1997年，随着燕龛煤矿和程庄煤矿的合并，环卫队伍逐步发展壮大。到2014年，全队共有清洁工20多人，配备垃圾车2辆，洒水车1辆。

2014年河底镇环境卫生管理队伍建设情况统计表

表20-1　　单位：辆、个、平方米、人、吨

村名	清运车	收集车	垃圾桶	垃圾池	保洁面积	保洁人员	月清垃圾
河底	4	2	40	108	35000	49	980
东村	4	—	—	35	3200	10	300
郊里	1	—	—	6	28000	8	12
小河北	2	2	—	6	15000	21	2
山底	2	—	—	27	50000	37	260
苏家泉	3	—	—	24	10200	6	100
程庄	1	—	—	12	21800	5	90
燕龛	2	—	—	6	18000	6	60
西沟	1	1	—	5	5000	2	10
猪头垴	1	—	6	3	700	3	4
关家峪	2	—	—	11	12000	10	60
大河北	2	—	—	8	4000	2	4.8
东南沟	3	3	—	18	2000	8	90
小西庄	1	—	—	3	10050	2	14
五架山	1	1	—	6	13000	4	8
曹家掌	2	—	—	6	15000	5	20
上章召	4	—	—	12	3500	12	24
北庄	1	4	8	5	8000	4	100
红土岩	1	1	—	12	30000	6	60
牵牛镇	4	4	—	104	18000	23	360
任家峪	1	—	—	32	9500	7	90

续表 20-1　　单位:辆、个、平方米、人、吨

村　名	清运车	收集车	垃圾桶	垃圾池	保洁面积	保洁人员	月清垃圾
里龙光峪	2	1	—	16	10170	10	60
中　佐	2	2	—	8	16000	5	65
小固庄	1	—	—	6	14000	2	3
苇　泊	1	1	—	7	50000	8	52
前龙光峪	1	—	—	12	30000	2	35
邓家峪	3	—	—	17	26800	14	60
下章召	3	—	—	6	16000	5	90
固　庄	2	—	10	9	50000	1	270
河　南	1	1		2	2600	1	8
武家庄	1	—	2	4	300	3	12
小　沟	1	1	—	3	2500	3	5

说明:河底村洒水车 1 辆,苇泊村铲车 1 辆

第二节　医疗机构

卫生院

中华人民共和国成立后,从建立保健站,到联合诊所起步,境内医药事业发展迅速。1952 年秋,河底联合诊疗所成立。1953 年,河底镇合作诊疗所更名为河底诊疗所。1954 年燕龛保健站成立。1955 年,河底联合诊疗所恢复原名。1958 年 6 月,更名为河底医院。1960 年,东村设保健站。1963 年 6 月,东村保健站更名为东村公社卫生院。1970 年,河底医院更名为河底人民公社卫生院。1973 年,更名为河底中心卫生院。1977 年,燕龛公社卫生院正式挂牌成立。1982 年,固庄煤矿医院成立。1983 年,改称河底镇卫生院。1991 年,河底镇卫生院被评为出席市先进集体。1992 年,山西省阳泉市郊区医药药材公司成立,下设 3 个门市部,河底村为七门市部,又称"国药店"(现元兴盛药店)。1993 年,经卫生部验收为山西省首家"一级甲等医院",东村卫生院和燕龛卫生院为市甲级乙等医院。1995 年,河底镇卫生院率先成为省级"爱婴医院"。1996 年,固庄煤矿医院被评为国家二级乙等医院。1997 年,东村卫生院、燕龛卫生院、固庄煤矿医院达市级"爱婴医院"标准。同年,燕龛煤矿职工医院成立。1998 年,河底镇卫生院被命名为"文明示范窗口"单位。2001 年,河底镇卫生院

更名为河底中心卫生院。东村乡卫生院、燕龛乡卫生院分别为更名为河底中心卫生院东村分院、河底中心卫生院燕龛分院。2009 年,河底中心卫生院又恢复河底镇卫生院。

2010 年 9 月,医院开始执行国家基本药物制度,实行药品零差率销售,并开展公共卫生均等化服务工作。2011 年 9 月 1 日开始,全镇所有卫生所配备使用基本药物,选择市里规定的企业配送。2012 年,开始基本药物在省药品集中采购网络平台上统一采购,并进行基本药物价格公示。

河底镇卫生院　1952 年秋,河底村老年医生(中医)周子成、段黻章、段逢尚、李益山、谢嘉喜、高金山、段梦星共 7 人,每人集资 100 元,在村西刘氏(仁本)院内,创办河底镇合作诊疗所,由周子成负责。1953 年 3 月,阳泉市卫生主管部门派大夫张贵峨(西医)到河底领导诊疗所工作,并开始推广中西医结合治疗。此时,河底诊疗所有医务人员 9 名,部分经费由政府下拨。同年 5 月,河底诊疗所迁址街西原老字号“积和祥”(现农行大楼)院内。1954 年年初,迁至街中心原冯振义药店。1955 年年初,又迁址街东老爷庙青石坡大院内。7 月,朱振山、施艾清等 4 名医护人员调往诊所加强医疗工作,实行挂牌门诊。1958 年 6 月,河底医院有医务人员 16 名。1963 年 1 月,在现址新建门诊室、病房 15 间,有医务人员 17 名。1963 年 3 月,周贤躬接任院长。1970 年,河底人民公社卫生院有医务人员 24 名。1972 年,抽调一批农村“赤脚医生”充实到公社卫生院。1973 年,河底中心卫生院设内科、儿科、外科、妇科等科室,能做阑尾炎、剖腹产、疝气等小型手术,有医疗人员 34 人。1984 年,建立岗位责任制。1986 年,卫生院推进标准化管理,同时实行院长负责制。1987 年,通过举办培训班和送出去实习等形式,培养了一批医务工作者。1992 年,投资 140 多万元,建起了一幢标准化的综合大楼,并与阳泉市第一人民医院开展业务协作,成立市一院河底分院,聘请该院 53 名副主任医师以上专家,定期到卫生院坐诊。同年,卫生院坚持走协作办医的模式,解决了群众就医难的问题。1997 年之后的几年时间,受市场经济的冲击,卫生院收入下降,职工的工资由全额变为差额,卫生院一度陷于困难时期。2001 年,东村乡、燕龛乡并入河底镇后,原东村、燕龛乡卫生院成为河底中心卫生院的分院,为下设的二级机构。2005 年,建立新型农村合作医疗制度。2007 年,乡镇卫生院实行院长竞聘上岗。2008 年,与天津骨科知名度专家开展技术合作,同时确立以糖尿病为重点特色专科建设;同年,又与中华医药研究学会联合,邀请知名专家定期坐诊,定期讲学。2010 年 5 月 16 日,阳泉郊区残疾人康复中心在河底镇卫生院挂牌成立。2013 年,郊区人民医院中医科专家史华明大夫在河底镇卫生院指导二级以上医疗卫生机构对口支援乡镇卫生院项目。

至 2014 年,全院共有职工 34 人,其中副主任医师 2 人、主治医师 4 人,主管护师 8

人；有科室 17 个、病床 60 张。2014 年，全年门诊 43901 人次，住院 266 人次，全年经济总收入 250 万元。康复中心先后治愈白内障患者 80 余例，肢体矫形手术 72 余例，脑瘫、聋哑患儿康复训练 110 例。

1986—2014 年河底镇卫生院情况统计表

表 20-2　　单位：人、元

年份	门诊人次	住院人次	门诊收入	住院收入	年份	门诊人次	住院人次	门诊收入	住院收入
1986	19000	—	833.08	32524	2001	12215	355	346883	279497
1987	10400	521	87149	32147	2002	32007	194	357387	135128
1988	12400	551	95902	50705	2003	12660	164	413516	125644
1989	14400	555	114935	63148	2004	10872	69	323620	51547
1990	14500	352	148787	45435	2005	24098	152	458839	117846
1991	14800	498	153068	62502	2006	17510	125	503894	107179
1992	15600	827	201934	87059	2007	7920	97	306959	101123
1993	16000	860	370090	378242	2008	23563	342	574182	455242
1994	16000	1106	585599	657718	2009	24512	412	527159	556727
1995	18683	1272	697257	781926	2010	24817	445	548451	610193
1996	17215	1056	719411	714368	2011	23601	373	567350	628515
1997	8044	558	504214	425033	2012	39544	352	1321664	648970
1998	4650	390	313588	302075	2013	45023	562	1658846	911186
1999	14556	451	330696	433917	2014	43901	266	1146519	360574
2000	8080	495	385721	549066	—	—	—	—	—

东村卫生院　1956 年前，东村老中医傅桂昌在原小街开设“济生堂”药店。1956 年，响应国家公私合营的号召，药品、药铺归东村供销合作社经营，药店设在老爷庙第一层。1958 年至 1959 年三迁其址。1963 年，东村公社作出规定：逢每月 4 日，全体医务人员在阳泉市第二人民医院参加学习 1 天，并要求对群众态度和蔼，做到群众有病一叫就到，诊断细心，处理适当，争取药品不浪费、钱少花，病人要早愈，对上级下发的预防药品保证按期使用，绝不浪费，也不延误时间。1965 年，阳泉市第一人民医院流动医院在曹立业家开设门诊。同年 10 月 20 日，东村公社 10 个大队的 21 名人员在东村卫生院接受培训。1968 年，东村公社卫生院搬迁到新址，开设内科、儿科、妇科、中医科、外科，医务人员得到进一步的充实。

1994 年，东村公社投资 2 万元对卫生院进行改造。2001 年，东村乡卫生院合并至河底中心卫生院,为河底中心卫生院二级机构。截至 2014 年,全院共有职工 8 人,主治医师 2 人,有科室 2 个、病床 25 张。医疗设备有透视机。

1986—2014 年东村卫生院情况统计表

表 20-3　　单位:人、元

年份	门诊人次	住院人次	门诊收入	住院收入	年份	门诊人次	住院人次	门诊收入	住院收入
1986	8400	51	28105	7636	2001	10501	25	132064	3724
1987	12040	25	21672	3946	2002	12901	24	182928	3277
1988	10666	27	63465	3970	2003	13002	26	175807	2606
1989	8899	61	66567	9279	2004	12005	10	141696	1282
1990	11000	50	91505	7738	2005	12500	11	156718	2492
1991	13730	67	130367	12834	2006	13101	15	196977	5306
1992	13620	53	91639	8663	2007	1210	14	130052	5205
1993	13500	54	151233	7389	2008	599	6	147719	2546
1994	15000	51	318668	7220	2009	699	2	202572	2503
1995	15500	53	367939	7389	2010	720	—	185754	—
1996	12500	41	140040	5389	2011	5800	—	191279	—
1997	13491	38	152108	4475	2012	9518	—	577832	—
1998	14800	42	196334	6590	2013	17815	—	625620	—
1999	12100	51	247551	8840	2014	13500	—	435000	—
2000	12500	67	210954	12729	—	—	—	—	—

燕龛卫生院　1949 年之后,境内中草药由供销社代卖。1954 年,平定县政府投资 500 元,在燕龛史祥先家东房成立燕龛保健站。1955 年 10 月,平定县政府派娘子关卫生所赵莹等 3 人与本地 3 名医生筹建燕龛保健站,并划拨经费 1000 元。1958 年,医务人员发展至 10 人。“文化大革命”期间与燕龛兽医站合并。1972 年燕龛划归阳泉后,燕龛公社在燕龛村修建 10 间平房,为医疗办公用房。1981 年,投资 78666 元建双面平房 17 间。1989 年,燕龛乡建双面 4 层楼房共 62 间。1990 年迁入,设立科室有内、外、儿、妇、检验、中医、防保、手术室等。1994 年,与阳泉矿务局医院联合办医。2001 年,燕龛乡卫生院合并至河底中心卫生院,为河底中心卫生院二级机构。随着小煤矿的关闭和村集体搬迁等因素外来务工人员和当地服务人口急剧减少,2011 年燕龛卫生院功能科室只设药房、护理和防保,其他科室均停止运行。2014 年,全院共有职工 7 人,主治医师 1 人,主管护师 2 人;有科室 2 个、病床 20 张。医疗设备有 B 超机、X 光线机。

1993—2014 年燕龛卫生院情况统计表

表 20-4 单位:人、万元

年份	门诊人次	住院人次	门诊收入	住院收入	年份	门诊人次	住院人次	门诊收入	住院收入
1993	2766	18	83937	22462	2004	6835	8	305728	17116
1994	5862	23	156620	58354	2005	9497	26	317622	50522
1995	3799	24	116006	51188	2006	8802	25	300727	50133
1996	6049	22	170480	51451	2007	11386	42	290430	44363
1997	8001	29	125507	62805	2008	9521	38	242102	51640
1998	6561	8	180529	15933	2009	5668	47	163800	58208
1999	3977	13	150849	23620	2010	1730	10	106860	9858
2000	5404	13	189972	23456	2011	2813	—	108334	—
2001	5062	5	213595	7687	2012	2985	—	85886	—
2002	6218	9	262827	17334	2013	3452	—	152046	—
2003	8892	28	281577	61884	2014	2340	—	95000	—

阳泉固庄煤矿医院 阳泉固庄煤矿医院又称阳泉第二监狱医院,隶属于固庄煤矿。位于阳盂公路南、苇泊桥西。2003 年为省职业病健康检查机构。2006 年,省工伤保险协议医疗机构。截至 2014 年,有职工 118 人,其中卫生技术人员 106 人。拥有床位 150 张。临床设有内科、外科、妇产科、儿科、中医科、五官科、急诊室、理疗科 8 个科室,医技科设影像室、检验室、药剂室、心脑电图室、手术室。年门诊量 3 万余人次,住院 500 余人次,病床使用率 30.1%。

1986—2014 年固庄矿医院情况统计表

表 20-5 单位:人、元

年份	门诊人次	住院人次	门诊收入	住院收入	年份	门诊人次	住院人次	门诊收入	住院收入
1986	48560	456	1.6	1.8	1996	76665	789	7	5.1
1987	45422	487	1.5	2	1997	58619	762	6	5.4
1988	48788	492	2	2.3	1998	56881	824	8	5.6
1989	54289	408	2.2	2.8	1999	53548	575	9	5.4
1990	44762	468	2.8	2.6	2000	47625	615	19	10.2
1991	46977	440	2.9	2.6	2001	41114	640	30	18
1992	52221	613	5.2	3.1	2002	31065	841	48	38
1993	60398	608	6.1	3	2003	32711	715	98	66
1994	60398	705	5.8	5.1	2004	33367	653	118	82
1995	64766	588	6	4.8	2005	36901	564	160	106

表 20-5 单位:人、元

年份	门诊人次	住院人次	门诊收入	住院收入	年份	门诊人次	住院人次	门诊收入	住院收入
2006	31792	521	185	86	2011	25932	380	203	46
2007	29513	583	185	116	2012	31187	302	191	56
2008	34090	529	196	108	2013	34493	225	190	28
2009	35093	374	230	96	2014	38367	285	59	13
2010	30905	338	214	101	—	—	—	—	—

1986—2014 年固庄矿医院情况统计表

表 20-6 单位:人、元

年份	门诊人次	门诊收入	年份	门诊人次	门诊收入
1997	1902	6583.27	2006	4524	9354.39
1998	1886	6325.75	2007	4511	28163.51
1999	1950	5687.62	2008	4488	36722.34
2000	2156	6987.59	2009	5185	82351.75
2001	2246	6782.35	2010	5441	83836.25
2002	2510	6789.53	2011	6344	79626.59
2003	2550	6890.23	2012	6582	1077329.29
2004	2648	6998.53	2013	5134	88033.48
2005	3213	8023.50	2014	4996	69995.07

燕龛煤矿职工医院　燕龛煤矿职工医院其前身为燕龛煤炭有限责任公司卫生所，是燕龛煤矿卫生所和程庄矿卫生所于 1997 年合并后创建，隶属于燕龛煤炭有限责任公司。位于阳盂公路西、河底镇程庄村西。2006 年，确定阳泉市基本医疗保险定点医疗机构。2009 年晋升为省职业病健康检查机构。2014 年 2 月，经市卫生局审核批准，成立了燕龛煤炭有限责任公司职工医院，有职工 29 人，其中卫生技术人员 18 人，拥有床位 20 张。临床设有内科、外科、妇科、中医科 4 个科室。医技科设有影像室、检验室、心电图室、电测听室、药剂室、处置室。年门诊量 4000 余人次。

卫生所

境内人称之为“药社”“药铺”“药店”。农村卫生所始于合作化时期，初称农村保健站。1963 年，河底公社的苇泊、上章召、龙光峪、南峪、牵牛镇、任家峪、邓家峪、下章召 8 个大队各设保健站 1 个，河底大队设卫生所 1 个；东村公社的东村、南沟、苏家泉、红土岩、小河北、山底、北小西庄、五架山 8 个大队各设保健站 1 个。1964 年，东村公社有卫生所 1 个、保健站 7 个、保健室 1 个。1965 年后，境内农村短期速成培训了一大批“赤脚医生”，向农民提供初级卫生保健服务。20 世纪 60 年代末，保健站改称卫生所。1982 年 11 月，大队合作医疗站、保健站统一改称大队卫生所。1985 年，大队卫生所更名为村卫生所。20 世纪 80 年代后期，随着境内土地承包责任制的落实和推广，村级（大队）卫生组织失去“集体经济”依托，村（大队）卫生所（室）纷纷改变了所有制形式、经营方式和服务方向。

1990 年，依据阳泉市郊区区委、区政府出台《深化卫生改革的意见》实行了一村一所。1991 年，河底村卫生所、任家峪卫生所、苏家泉卫生所被评为区先进集体。1992 年，全镇行政村卫生所覆盖率达 100%。1993 年，河底镇 14 村、东村乡 8 村、燕龛乡 4 村卫生所达到阳泉市甲级卫生所的标准。1996 年，境内卫生所重点进行房屋、设备、人员三配套建设。1997 年，河底镇推行“乡村卫生服务一体化”的管理模式，其主要内容为“一体、两抓、三型、四有、五统一、六结合”。“一体”：就是在利益机制的调节下，通过政府推动、市场引导，在乡镇卫生院与村卫生所之间构建上下“一体”的关系；“两抓”：就是卫生院对村卫生所抓管理，抓监督；“三型”：就是根据村卫生所现实状况，因地制宜，采用以下三种不同的形式：一是联办型，卫生院与卫生所联合经营；二是监管型，卫生院对卫生所一项或几项业务的统一管理；三是派出利，对贫困村医疗属空白点由卫生院选派医疗人员下村服务。“四有”：就是看病有登记、送药有单据、售药有处方、收费有发票。“五统一”：统一组织领导、统一机构设置、统一人员管理、统一业务管理、统一药晶采购。“六结合”：一体化服务要与人事制度改革结合起来。二是与医疗卫生区域规划结合起来。三是与卫生资源的充分利用结合起来。四是与专业人才培养结合起来。五是与制度规范化结合起来。六是与推行农村合作医疗结合起来。1998 年之后，村卫生所由原来的集体创办转变为以个人租赁和合伙承包为主流的办所模式。

2000 年前后，在政府投入不足的情况下，农村卫生所不得不“自谋生路”，逐步走向市场化，非法行医点随之增多。2004 年，郊区卫生监督所取缔无证诊所 2 个。2005 年起，政府对个别农村卫生所的危房各给予近万元的补贴。2006 年取缔非法行医点 3 个，非法牙科 1 个。2007 年，取缔无证诊所 2 个。2008 年起，国家对农村卫生所、医生每年进行适当的补偿。同年，启动村级卫生所改造工程，东村村投资 18000 元对村卫生所进行维修，更换门窗、铺地，添置办公、医疗设施。2009 年，各村卫生所实行基本药品制度。重点为居住人口建立健康档案，全面了解了村民的健康状况，并且每年为老年人、慢性病人、0~3 周岁儿童进行体检及跟踪随访服务。

2010 年，全镇卫生所开展公共卫生均等化服务工作，配合卫生院完成老年人体检、慢性病随访、计划免疫等工作，对全镇人口建立居民健康档案，并进行不定期随访，上级对村卫生所的各项工作进行考核，合格者按照每村一医每月 400 元的补助发放到村卫生所，同时根据工作完成情况给予不定额补助。2011 年，村卫生所实行基本药物制度，药品零差价销售，政府按照农业人口每人每年 6 元计算补助到村卫生所。2012 年，镇卫生院和村级卫生所实行药品零差率销售，药价平均下降 25%以上。

截至 2014 年，全镇有医疗诊所 34 个，房间 96 间，医务人员 71 名，简易病床 40 张，其中东村、苏家泉、山底村各 2 个，其他均为 1 个。

部分年份河底镇农村卫生所设置情况统计表

表 20-7　　　　单位：人、元

年份	村数			村委设置的医疗点数					乡村医生和卫生员人数					农村接生员
	合计	医药费减免村	无医疗点村	合计	村或群众集体办	乡村医生或卫生员联合办	乡镇卫生设	个体办	合计	乡村医生	卫生员	其中		
												女性	接生员	
1987	32	3	1	31	30	1	—	—	91	40	51	37	20	20
1988	32	1	1	31	31	—	—	—	89	55	34	30	23	18
1991	32	2	—	32	32	—	—	—	118	44	57	51	22	28
1992	32	7	—	33	32	—	—	1	129	—	83	36	24	5
2000	32	25	—	36	32	—	4	—	100	58	42	—	—	19
2001	32	14	1	34	32	—	—	—	84	42	42	—	—	10
2002	32	1	1	34	34	—	—	—	84	54	30	30	—	—
2003	32	1	1	34	34	—	—	—	80	54	26	27	—	—
2004	32	1	1	34	34	—	—	—	80	54	26	27	—	—
2005	32	1	1	34	34	—	—	—	77	54	23	24	—	—
2006	32	1	2	33	33	—	—	—	77	54	23	24	—	—
2007	32	1	2	33	33	—	—	—	77	54	23	24	—	—
2008	32	1	2	33	33	—	—	—	81	52	29	20	—	—
2009	32	1	2	33	33	—	—	—	105	63	42	20	—	—
2010	32	1	2	33	33	—	—	—	105	70	39	15	—	—
2011	32	1	0	34	34	—	—	—	98	72	26	15	—	—
2012	32	1	0	34	34	—	—	—	98	71	27	15	—	—
2013	32	1	0	34	34	—	—	—	82	66	16	11	—	—
2014	32	1	0	34	34	—	—	—	87	71	16	11	—	—

河底村卫生所 1956年,河底村成立保健站,有保健员3名。1965年,保健员改称赤脚医生。1970年8月,开办合作医疗,由史通瑞任所长,聘任老中医高金山为师,培养5名赤脚医生,2名司药。经费来源以社员所交合作医疗费为主,公益金为辅,并组织医生采集、种植中药材作补充。社员看病用药按一定比例或根据实际情况减免或全免。1971年春,阳泉市第一人民医院派医生郭在川、石晶明、周勤新驻村具体指导合作医疗,并重点攻克气管炎顽症。1975—1976年,改为交费30%。1977年,大队出资1300元购置透视机1台,并改为交费70%。1979年以后,实行全交费就诊。

1981年,合作医疗所改为河底村卫生所。1984年,卫生所与村委会签订"双包"(经费包干、医疗包干)合同,调动医务人员的积极性。1988年,村委会投资9万余元,新建卫生所门诊楼1幢,建筑面积355平方米。至此,河底卫生所有3人被选送或考入北京中医学院、北京药物研究所、山西中医学校,有3人被阳泉市人民医院、河底镇卫生院选送后转为国家正式医务人员。

1994年,全所共有医务人员12名,其中主治医师的1名,医师4名,按摩医生1名(盲人),编外老中医1名,司药3名,所长1名,会计1名。由于医务人员的技术水平不断提高,周围十几个村庄的患者常来就医。卫生所多次受到市、区的表彰,被授予"市、区甲级卫生所先进集体"光荣称号。

2000年,卫生所实行为自负盈亏,上缴村委房屋租赁费1.03万元。2013年,村里投资10万元对卫生所房屋、环境、设备等进行整体维修,并增加配药室、电脑、打印机、文件柜等办公用品。由史宝金担任所长,全所有乡村医生4人,执业助理医师1人,司药人员3人。

牵牛镇村卫生所 1953年,私人药铺转归村供销合作社经营。1956年,村成立农村合作诊所,统管医疗卫生、妇幼保健、中草药品的采、供、销等工作,同时,引进西医西药,推行中西医结合治疗。1958年,牵牛镇村与山底、红土岩、小沟4个村在山底村老爷庙共同组建了联合卫生所,牵牛镇村中医生王玉珠担任所长,各村设立卫生保健站。联合卫生所对医务人员统一调遣,对药品统一调拨,对财务统一管理。牵牛镇村在音庙(现观音寺)院内设立卫生保健站,李锡恩任保健站站长。1962年,联合诊所撤销后本村建立了卫生保健站。1969年,推行合作医疗制度,保健站更名为牵牛镇合作医疗卫生所。1976年,合作医疗卫生所搬入村办公大院南排窑洞。1980年,迁至村大礼堂,用房8间,面积500余平方米。1981年,村合作医疗卫生所改名为牵牛镇村卫生所。1992年6月,阳泉市郊区卫生局授予卫生所"甲级卫生所"称号。1997年10月,村卫生所一分为二,分别为村民赵玉金、王玉喜出资买断,两家卫生所均为个体经营。主要医疗设施设备有B超机、透视机、显微镜、人工吸引器、超短波治疗仪、五官科检查仪、体重磅、高压消毒锅、煮沸器、氧气瓶、器械柜 4 组、中药箱 2 组 224 斗、病床 3 张、产床 1 张、其他医疗护理器械 50 余件等。牵牛镇村卫生所有乡村医生 4 人,执业助理医师 1 人,司药人员 3 人。

山底村卫生所　1950 年,盂县医院院长王尔昌到山底村建立医疗点,地址在王殿华院内。医生有郑宪密、武国栋,一切费用由盂县医院支付,主营西药。1953 年春,盂县医院山底医疗点撤销。1954 年,史吉泰(三都)、郑德芳(盂县)在该村官家院开设私人医院及中药店。1957 年,由牵牛镇、山底、红土岩、小沟四村在该村老爷庙共同组建“联合诊所”,由王玉珠任所长(牵牛镇村人)。有中医刘孔厚、王星汉、王玉珠、史吉泰,西医吕恒民(曾担任军医)。推行中西医结合治疗,普遍使用听诊器,血压计、注射器等。1962 年,联合诊所撤销后本村建立卫生保健站。1969 年,保健站更名为卫生所。由田彦士任站长,医务人员有 4 人。

1970 年,本村实行合作医疗,成立合作医疗管理委员会。1972 年 12 月,本村卫生所医务人员对全村 610 多人进行了太行山区食管(贲门)癌病普查:1969 年至 1971 年因食管癌死亡的有 12 人,其中男 8 人、女 4 人。1981 年,合作医疗所改为山底村卫生所。1985 年后,投资 7 万多元购买了透视机、氧气瓶、手术床、检查病床等器械,卫生所也由原来的 3 间民房增加到 12 间。1993 年,山底村卫生所被阳泉市郊区卫生局授予“甲级卫生所”称号。1999 年,全所共有医务人员 15 名,其中主治医师 2 名,医师 10 名、医士 3 名。医疗器械主要有 100 毫安、200 毫安 X 光机 2 台,氧气瓶 2 个,高压灭菌锅 1 个,煮沸器 1 台、x 观片灯 1 个,人体泵 1 台,木质中药柜 1 组,216 个药斗,西药架 3 个,病床 6 张,手术床、检查床各 1 架,其他器械 50 余件。被郊区人民政府授予“计划免疫先进单位”。

2000 年年初,村卫生所由谢宝珍、高建波承包,成立了第一卫生所和第二卫生所。有职业助理医师 1 名,乡村医生 1 名,施药 2 人,护理 1 名。截至 2014 年,第一卫生所承担计划免疫、妇幼保健等公共卫生服。第二卫生所承担饮水卫生食品安全任务。

任家峪村卫生所　1954 年村庙院建保健站,属河底供销社直接管辖,以中医药为主。任梦笔任站长,有医生、司药各 1 名,均为非农业户口。邻村大、小固庄,任家峪,关家峪均在此就诊。1958 年,保健站脱离河底供销社,归任家峪村所属,并更名为卫生所。其间,屡次迁址。1969 年,任永牛接任卫生所所长。20 世纪 70 年代,村医生在现阳泉市第一人民医院受训后,采用中西医结合为村民治疗病患,此外还负责全村预防接种、健康教育、医疗保健、计划生育等管理工作。盲人任祥从事按摩业务,李柱祥为司药员兼接生员。1984 年,村卫生所迁至礼堂。1993 年,获区首批“甲级卫生所”称号。2003 年,村卫生所改制为股份制,至 2014 年,由村民任喜金承包。设有诊断室 1 间,输液室 2 间,药房 1 间;主要设备有

30mA 光机 1 台，中药架 2 个，西药箱、柜 4 个，冷藏柜、电脑各 1 台，年门诊量 1000 人次。

苏家泉村卫生所　1960 年 2 月，河底公社委派卫生院周志城在苏家泉村建立保健站，占用村民李志忠家的一间平房，由周志城和该村村民李珍贵负责，先后培养出 7 名赤脚医生和 10 多名专业司药员，结束了村民外出求医问药的历史。1980 年，保健站更名为苏家泉村卫生所。1998 年，村卫生所改制由该村医生赵臭苗个体经营。2004 年，该村医生李存寿经上级有关部门核准成立苏家泉村卫生所二所。2010 年，李存寿任苏家泉村卫生所所长，二所由该村医生闫文金任所长。

东村卫生所　1970 年之前，村里没有保健站，看病由公社卫生院代理。同年 10 月，成立合作医疗所。1980 年后实行交费就诊。1981 年，合作医疗所更名为卫生所。1986 年，村委与卫生所签订补贴承包责任合同。1989 年，又归村委集体管理。1993 年，被授予区甲级卫生所光荣称号。1998 年，由集体管理的卫生所，承包与个人经营。东村卫生所房屋 7 间，建筑面积 150 平方米，木质中药箱 2 套 300 多个药斗，西药架 4 套，文件柜 2 个，两斗办公桌 6 个，配备电冰箱 1 个，高压消毒锅，售药拦柜 1 组，各种医疗器械 50 余件。主治医师职称的 2 名，医师 1 名。

关家峪村卫生所　关家峪村以前没有医生、药店，村民有病看病需要从外地（三都、任家峪、河底）请医买药。1961 年，成立关家峪大队卫生所，医生闫建修兼司药。1964 年增加司药员 1 名。1971 年，增至 3 人。20 世纪 70 年代，开始推行合作医疗制度，相继添置了相关的医疗器械及所需的设备。1980 年后，逐渐增至 5 人，专设接生员一名。1996 年副省长王昕、省卫生厅厅长朱耀文曾来关家峪卫生所参观、指导工作，并为卫生所题字“发展合作医疗，保障农民健康”。2001 年卫生所改制，由本村卫生所医生张巨全买断，还以关家峪卫生所的名义继续经营，并负责防疫急救等工作。

阳泉市银河煤炭有限公司井口保健站　20 世纪 80 年代，银河煤炭有限公司矿山保健站在井口设有保健急救站，建筑面积 40 平方米，配备有急诊抢救室、复苏机械、麻醉剂、抗休克裤、充气止血带等急救器材和急救药品，救护车辆，负责将事故中重病患者及时送往郊区及阳泉市各大医院抢救。矿井下车场设井下急救站，设计长度 5 米，净断面 8.24 平方米，采用扩散通风。配备充气止血带、担架等急救器材和急救药品。2011 年，随着关闭小煤窑政策的落实，银河煤炭有限公司井口保健站也随之撤销。

私人诊所

民间药店药铺河底村元兴盛药店，开业于清同治年间，传至民国 30 年（1941），分设元兴恒（俗称西元兴盛）、源兴胜（俗称东元兴盛）。清末至民国 27 年（1938），日军侵占河底前夕,有名气的药店除元兴盛外,还有同德堂、裕德堂、德生成、广胜穗、德胜隆、德盛长、福隆元、同巨德、玉德堂等河底村有中药店 11 家;牵牛镇有泰和堂、回春堂、庆和堂药店;东村有济生堂。此外,还有同德堂、裕德堂、德生成、广胜穗、德胜隆、德盛长、福隆元、同巨德、玉德堂等。

1956 年,药店实行公私合营。当时规模最大的私人药店为河底村的元兴恒,有资金 5200 元,从业人员 6 人。1997 年年末,随着国家对药材管理和经营体制的放开搞活以及村卫生所出售改制,经有关部门批准的私人药店药铺也在各村内应运而生。2005—2009 年,河底镇有药品、医疗器械使用、经营企业约 20 家。郊区食品药品监督管理局出动执法人员 300 余人次,监督检查企业 100 余家次,有效地整顿规范了河底镇药品、医疗器械市场秩序。2012—2014 年,郊区食品药品监督管理局对河底镇涉食涉药企业约 250 家进行了监管,共出动执法人员 400 余人次,监督检查涉食涉药企业 200 余家次。2014 年,全镇取缔非法行医点 3 个。

元兴盛药店 元兴盛药店位于河底村银河大街之西,与老君庙、河底农行毗邻,为河底村老字号药店。1956 年,药店实行公私合营。1992 年,为山西省阳泉市郊区医药药材公司旗下第七门市部,又称“国药店”(现元兴盛药店)。1997 年和 1998 年,连续两年荣获药材公司先进集体。2012 年,随着郊区药材公司破产,元兴盛药店划归郊区经贸局直管。同年,以个人租赁方式租与河底村民经营。营业面积 60 平方米,另有库房 3 间,办公室 1 间,资产约 2.5 万元,主要经销中药、成药、西药、保健品。有员工 2 人,年营业额 5 万元左右。

焦氏牙科 1951 年,焦振山(河北正定)在河底村(时属阳泉第二区)的东阁外开设镶牙馆,取名“震东镶牙”,并领取河底区政府颁发的工商户营业执照。后迁至供销社西侧后院。1956 年,公私合营到河底供销服务站(镶牙、修表、刻章、照相),属供销社管理。1962 年,搬迁至平定理家庄。1980 年,又迁回河底村,于原信用社对面开设门诊。2009 年,在河底镇卫生院开设牙科门诊,主要设备有涡轮钻压机、光固化机、牙科综合治疗仪、洁牙机、儿童氟离子防龋齿仪、高压消毒机、X 光牙片机、功能咬颌牙架、义齿制作观测台。可开展口腔修复、正畸、牙病防治、离体牙再植等治疗项目。年门诊量 3000 人次。

泰和堂 20 世纪 50 年代,史修紘(杨树沟泰和堂后人)在河底村大街中段挂牌行医。公私合营后,泰和堂划归河底供销社直属,史修紘回家为民行医。1986 年,银河大街改扩建时,泰和堂药店被拆。2003 年,史绘清于河底村后底沟车站,租赁底商一间,挂牌“泰和堂”,营业面积 50 平方米,员工 3 名,固定资产 10 万余元,年营业额 20 余万元。

同盛德大药房 同盛德大药房位于河底镇河底村南环路口, 成立于 2003 年 8 月,由

个体经营,营业面积 50 平方米,有医生 2 名,司药员 3 名。主要经销中药、成药、西药、保健品。常年聘请中国针灸学会会员、原阳泉市第二人民医院中医主任王晋于每周三、六日坐诊,并指导用药。主要治疗心脑血管病及后遗症,对关节炎、皮肤病、呼吸性疾病等疑难病症效果明显。2008 年、2009 年,连续两年被阳泉市食品药品监督管理局授予药品质量管理 A 级信用单位。店内固定资产约 10 万余元,年营业额达到 20 万余元。

元鑫大药房　元鑫大药房位于阳泉市郊区河底镇融浦家园底商,成立于 2010 年 3 月,由个体经营,为二层建筑,总营业面积 190 平方米,有医生 1 名,司药员 1 名。店内设有血压仪器、血糖仪、体重秤,免费为顾客进行血压、血糖、体重的监测。"让天下人都健康"为该店的服务宗旨。2010 年,被郊区食品药品监督管理局评为 C 级信用单位;2012 年,被郊区食品药品监督管理局评为 B 级信用单位;2010—2013 年,为"郊区职工医保定点单位"。

康丰大药房二部　为阳泉市康丰大药房有限公司分部,位于阳泉市固庄煤矿新区二号,新区南大门车管科一层。2012 年 6 月开业,为阳泉市价格诚信单位、医疗定点单位、A 级信用单位。营业面积 100 平方米,固定资产约 50 万元,有员工 5 人。主要经销中药、成药、西药、保健品,年营业额 120 万元。实行 24 小时,昼夜便民服务。

益仁药房　位于阳泉市固庄煤矿新区菜市场对面,文化活动中心南侧。2011 年 6 月开业,由个体经营,为城镇定点零售药店。营业面积 50 平方米,资产约 20 万元,有员工 2 人。主要经销中药、成药、西药、保健品,年营业额 30 万元。

第三节　医疗队伍

中华人民共和国成立前的乡村医生被称为"先生"。20 世纪 60 年代后多称"医生"。"文化大革命"期间称为"赤脚医生"。80 年代,恢复"医生"的称谓,也有个别村或个别人称之为"大夫"。

自清代以来,河底就不乏精通医道者。医生的学医途径,大体分祖传、师承、自学三种,且多为半农半医。行医方式有自设诊所、中药店坐堂(中药店铺经营者,为招徕顾客,增加销售额,专门聘请中医来店内诊病,中医看病收"脉礼"(诊费的俗称),药店卖药赚取药费),或游医乡间(人称"野太医"),其中尤以坐堂医生为多。

同治年间庠生段三泰,因家人病殁于伤寒,下决心自学医理,并主攻张仲景的《伤寒论》,人称儒医。清末至民国年间,受人称道的医生有河底的段德绪、苏喜和、史锦秀、李安、樊书田、段黻章、段黝章、朱振山、王太医、丁掌柜、马先生等。东村一带有傅桂昌,牵牛镇有刘孔厚、李锡恩,邓家峪有张万成,山底村王锦镛、鲍忠海、李德厚、田彦士,任家峪有任锡番、任梦笔。

中华人民共和国成立后,河底一带民间有一技之长的医生有周子成、马先礼、段逢尚(针灸)、王荣鹏、高靖山、李益山、王淑芝、周贤躬、谢嘉喜、任锡番、葛成文、史通瑛(祖传)、段梦昇、段梦星(祖传、妇科)、史修紘等。东村有傅发存,西沟有白根明。

1963 年境内设立保健站后,河底公社的苇泊、上章召、龙光峪、南峪、牵牛镇、任家峪、邓家峪、下章召 8 个大队和河底卫生所分别有技术人员 2 人、2 人、1 人、1 人、4 人(管理员 1 人)、2 人、1 人、3 人(管理员 1 人)、7 人(管理员 2 人);东村公社的东村、南沟、苏家泉、红土岩、小河北、山底、北小西庄、五架山 8 个大队分别有技术人员 3 人、3 人、3 人、2 人、2 人、3 人、2 人、1 人,其中包括一部分退役返乡军医。9 月,阳泉市卫生局下发《关于加强对游医药贩和半农半医管理的通知》,文件中明确规定河底公社的段梦星、史享乐(杰)、苏明堂,东村公社的谢嘉礼、潘荣生、杨国荣、杨如禄为半农半医。同年,各大队组织成立防癌委员会,每个小队有 1 名防癌员。仅东村公社当年排查出食道癌疑似患者 7 人。1964 年东村公社共有 22 名医生,其中中医生 14 人(包括学徒 5 人),西医生 2 人,有赚工资 11 人,赚工分的 1 人,党员 4 人,团员 3 人。同年,阳泉市中心医院流动医院在东村、河底、西南异 3 公社和盂县一带诊治 5448 人,抢救危重病人 9 人,为东村公社不脱产的卫生员 63 人进行培训,对 21 名农村医生进行业务辅导。1965 年 6 月 26 日,毛泽东发出了“把医疗卫生工作的重点放到农村去”的指示。随后,境内农村涌出了大批赤脚医生,他们一是来自医学世家者,二是从高中毕业生且略懂医术病理者,其中还有一些是上山下乡的知识青年,集中在市卫生学校进行短期培训。主要任务就是直接服务于农村,担负着防病治病、卫生防疫、妇幼保健、计划生育、根除传染疾病等方面的工作。他们拎着一个装有几片普通药片、一支针筒、几块纱布和一个听诊器的药箱,走村串户给人看病。尽管无法治疗大病,但通过一些简单的科学治疗和土法医疗,仍能治好一些疑难病症。赤脚医生是一个非全职工作,没有固定的薪金,有的只是每月从生产大队拿到一些补贴,有的只是以生产队记工分代酬,对改变当时境内农村缺医少药的状况和农村落后的卫生面貌起到了助推作用。河底村郭占山从石家庄中医学校毕业后回村务农,在村看病 20 年。

1970 年,毕业于农中的史通瑞参与河底卫生所的筹建。70 年代,教师史惠清兼职治疗皮肤病。1977 年考试恢复后,境内中青年报名参加考试进入卫校、医专。毕业后,返回境内从事卫生事业工作，成为医疗队伍中的一员，成为农村医疗队伍的骨干人才。1979年，河底村郭占山、邓家峪邓拉富、苏家泉李所英等加山西省中医人才选拔，后均被安置。

20世纪80年代，卫生系统采取派出去、请进来、传帮带等方法，培养一大批农村青年医务人员。1981年，史通瑞被市委评为爱国卫生先进个人。1982年、1983年、1984年，境内部分农村医生参加区卫生学校组织的短期培训。在地企业如固庄煤矿、燕龛煤矿、红土岩煤矿相继成立医院或卫生所、医务室，配备一定数量的医生。1989年，史通瑞在北京出席了中国药物研讨会。

1990年，河底镇基本达到"村村有诊所，村村有医生"的目标。1991年，河底镇卫生院李素静、东村乡卫生院李变玉评为"阳泉市先进个人"。河底镇卫生院刘荣生、李素静，东村乡卫生院王明声、李变玉，燕龛乡卫生院史贵所，邓家峪邓中喜，上章召郭怀银，中佐高道全，苏家泉赵智勇，东村李宝贵，曹家掌曹联荣评为"区先进个人"。1993年10月，任家峪任永牛被卫生部医政司、中国农村卫生协会评为"全国模范乡村医生"。此外较有名气的中医还有段广寿、泰和堂史惠清、毕业于医科大学的西药大夫樊秀清等。1996年，河底镇每村达到了至少1名乡村医生，能开展农村常见病、多发病的防治，可开展小型缝合、脓肿切除，做常规妇科检查。90年代末期，由于受经济市场的冲击，部分医生离开医疗队伍。同时也有一批离退休医生，退而不休，出现在境内的药店坐堂问诊。

2004年，郊区卫生局对在岗的乡村医生进行集中培训，考试合格后发放由省卫生厅统一印制的乡村医生资格证、执业证，有效期为5年。从2008年开始，政府对乡村医生进行1所1人每月400元的补助。2009年，郊区卫生局对乡村医生进行以医德医风、组织管理、服务管理、合作医疗、药品管理、安全管理、应急管理、基础工作、所容所貌、行政管理为内容的考核，河底镇58名乡村医生全部合格。2010年，考核人数57人，26人为优秀。2011年，考核内容为公共卫生服务、基层医疗、参与公共卫生管理、群众满意度，同年53名乡村医生中有24人被评为优秀。2013年参与考核医生57人，有6人达优。乡村医生执业证书有效期满，再注册人数共50人。截至年底，全境范围有专业卫生技术人员152名，农村医生71名，基本形成了中医、西医、中西医结合的医疗体系，但是中医面临后继无人的窘况。

1987—2014年河底镇医疗队伍情况统计表

表20-8　　单位:个、张、人

年份	机构数	床位数	医务人员数			
			合计	卫生技术人员	管理人员	工勤人员
1987	6	137	174	146	10	18
1988	6	137	161	144	10	7
1989	6	152	171	150	13	8
1990	6	152	191	156	24	11
1991	6	187	203	171	11	21
1992	6	245	230	202	11	17
1993	4	225	70	63	2	5
1994	4	225	65	58	2	5
1995	4	225	66	58	2	6
1996	4	225	65	57	2	6
1997	5	225	209	172	12	25
1998	5	225	213	176	12	25
1999	5	225	213	176	12	25
2000	5	225	193	162	11	20
2001	5	225	190	161	10	19
2002	5	225	187	159	10	18
2003	5	225	187	159	10	18
2004	5	225	184	157	10	17
2005	5	225	181	153	10	18
2006	5	225	182	152	12	18
2007	5	225	178	150	12	16
2008	5	225	177	149	12	16
2009	5	225	175	147	13	15
2010	5	225	174	146	13	15
2011	5	225	178	147	12	19
2012	5	225	176	146	12	18
2013	5	225	179	149	12	18
2014	5	225	182	152	12	18

说明:1993年至1996年医务人员不包含固庄煤矿医院

游　医　游医在清末民初颇多，但因受同行中不学无术、几近于诈骗者的影响，受到卫生管理部门的禁止和取缔。解放后，国家更是三令五申坚决取缔。随着改革开放，游医又有些死灰复燃，他们利用庙会、赶集等场所进行欺诈活动，有治疗眼病、牙病以及老年疾病，名目繁多。2C 世纪末，游医逐渐销声匿迹，取而代之的传销活动，以暴利为诱引，在境内组织人员，高价销售保健药品和健身器材，如当时一台摇摆机的市场价格为 500 元，而传销价在境内高达 3900 元之多。进入 21 世纪，随着国家打击力度的加大，传销逐渐呈现隐蔽趋势。而随着有线电视、电脑网络的普及，境内有人员参与了虚假广告的制作，并大肆宣传，尤以治疗高血压、关节疼痛、性病药品为主，大有屡禁不止之势。

劣　习　二十世纪七八十年代，农村医生受到民众的尊重，逢年过节，都要给医生送馒头，条件好的是面包，少则 6 个，多则 12 个。90 年代，随着人民生活水平的逐步提高，罐头成为替代品。进入 21 世纪，百姓出行方便，百姓看病不再局限在村里，该习俗逐渐退。

第四节　医疗设施

河底卫生院建院时，医疗设备只有一些小型器械，如听诊器、血压计、氧气瓶、消毒笼、药槽、担架、输液架、污物桶等。此外，还有必要的床板、床凳、桌椅、床垫、被褥、毛毯、枕头、诊断床、药品柜、器械柜等。1964 年，河底人民公社投资建病房 29 间。1968 年，东村公社卫生院安装透视机、心电图机、B 超机等设备。1973 年，河底卫生院医疗设备有透视、化验、无影灯、产床等，有病房 15 间，病床 20 张。1975 年，固定资产价值达到 5.45 万元。1976 年，河底人民公社投资新建 44 间二层门诊楼，建筑面积为 1021 平方米。1978 年，政府投资购买 200 毫安透视机 1 台价值 12900 元，心电图 1 台，价值 1760 元。1981—1985 年，先后购置电动吸引器、显微镜、电热消毒锅、咬骨钳、骨剪、手摇骨钻、万能换药车、分析天平、麻醉机、光电北色机、电煮沸器、七孔无影灯。1986 年，增添日本岛津黑白 B 超诊断仪 1 台，价值 4.26 万元。1987 年，政府投资 6 万元为卫生院增添了救护车、脑电图、透视机等医疗器械设备。1988 年，购买脑电图机 1 台，价值 11189.46 元。1989 年，引进大型 X 光机（300 毫安透视机）1 台，价值 37550 元。1990 年，燕龛乡政府投资 97 万元对卫生院进行扩建。同时，购置了心电图机，B 超机，X 线机等设备。1991 年，上级主管部门为河底卫生院调拨多功能麻醉机 1 台，麻醉呼吸机 1 台、十二孔无影灯以及洗胃机。1993 年，新增部分器械柜、药品冷藏柜。1994—1995 年，先后新增铝合金中药柜 3 套；裂隙灯 1 台 4600 元；婴儿暖箱 1 台；牙科椅 1 台；换药车 1 台。1996 年 1 月，河底镇政府投资新建 84 间综合病房大楼，建筑面积为 3769 平方米，价值 128 万元。2000 年，上级调拨给河底卫生院波姆光治疗仪 1 台，自购 B 超工作站 1 台。2002 年 6 月，固庄煤矿医院投资 61.6 万元购置北京岛津遥控 X 光机 1 台。2004 年 7 月，固庄煤矿医院引进韩国 GE 彩超 1 台，价值 88 万元。12 月，河底卫生院自购便携式 B 超 1 台。2005 年购进血液冷藏箱 1 台，半自动生化分析仪 1 台。2006 年 1 月固庄煤矿医院引进荷兰威图全自动生化分析仪 1 台，价值 80 万元。9 月又投巨资 471 万元，购进德国西门子双排螺旋 CT 机 1 台，日本科尼卡 CR 和干式洗像机各 1 台。同年，河底卫生院自购雾化器 1 台，血红蛋白仪 1 台。2007 年，河底卫生院自购酶标仪 1 台，牙科治疗设备 1 台。2008 年，新添空气消毒器 1 台。同年，固庄煤矿医院购置日本岛津 C 型臂 X 光机、双排螺旋 CT、彩超、500mA 遥控 X 光机各 1 台。2009 年，河底卫生院自购迈瑞监护仪 1 台；凯泰麻醉机 1 台，高温高压多功能钻锯一套，神经损伤治疗仪 1 台，超短波电疗仪 1 台，颈椎牵引床 1 台，紫外线消毒车 4 辆。2010 年，固庄煤矿医院增添电子胃镜、肠镜、全自动生化分析仪、中心监护系统、高压氧舱、全自动血球计数仪、救护车等大型医疗设备。2011 年，河底卫生院新增洗片机 1 台，半自动生化分析仪 1 台，洗胃机 1 台。2013 年 7 月 31 日，上级调拨村卫生所医疗器械制氧机、血糖仪各 32 台，价值 15.84 万元。2010—2013 年，燕龛煤矿卫生院投资 160 万元购进 500mA 遥控 X 光机、彩超、全自动生化分析仪、全自动血球计数仪、尿液分析仪、电测听、救护车等医疗设备。

1987—2014 年河底镇及驻地企业医疗队伍情况统计表

表 20-9　　单位：人

年份	合计	中医师	西医师	护师	中药师	西药师	检验师	其他技师	中医士	西医士	护士	助产士	中药剂士	西药剂士	检验士	其他技士	其他中医	护理员	中药剂员	西药剂员	检验员	其他初级卫生技术人员
1987	146	5	8	1	—	3	—	—	3	29	15	1	3	1	1	—	3	28	4	10	4	27
1988	144	4	20	3	—	1	—	—	10	10	14	1	3	1	1	—	5	8	7	7	3	46
1989	150	9	35	5	2	1	2	1	6	10	22	2	5	5	2	—	2	13	2	2	1	23
1990	155	8	29	4	2	2	1	1	7	18	38	3	6	4	2	3	2	19	1	4	1	—
1991	182	8	28	4	2	3	2	—	7	29	57	3	5	4	2	5	—	8	5	5	5	—
1992	202	8	27	4	3	3	1	—	11	26	49	3	5	4	3	—	1	14	4	5	6	25

续表 20-9　　单位：人

年份	合计	中医师	西医师	护师	中药师	西药师	检验师	其他技师	中医士	西医士	护士	助产士	中药剂士	西药剂士	检验士	其他技士	其他中医	护理员	中药剂员	西药剂员	检验员	其他初级卫生技术人员
2000	171	6	53	38	5	6	6	5	4	18	16	1	1	1	1	—	—	—	—	—	—	1
2001	170	6	52	38	5	6	6	5	4	18	16	1	1	1	1	—	—	—	—	—	—	1
2002	168	5	52	38	5	6	6	5	4	18	16	—	1	1	1	—	—	—	—	—	—	1
2003	165	5	51	38	5	6	6	5	4	18	16	—	1	1	1	—	—	—	—	—	—	1
2004	165	5	51	38	4	6	5	5	4	18	16	—	1	1	1	—	—	—	—	—	—	1
2005	162	5	49	38	4	5	5	5	4	18	16	—	1	1	1	—	—	—	—	—	—	1
2006	158	5	44	38	4	5	5	4	1	16	8	—	1	1	1	—	—	—	—	—	—	1
2007	154	5	46	42	4	5	4	4	1	15	5	—	1	—	1	—	—	—	—	—	—	—
2008	158	5	45	42	4	5	4	4	2	16	9	—	1	—	1	—	—	—	—	—	—	—
2009	156	5	43	43	4	5	4	4	2	15	9	—	1	—	1	—	—	—	—	—	—	—
2010	155	5	41	44	4	5	4	4	2	15	9	—	1	—	1	—	—	—	—	—	—	—
2011	155	6	41	45	3	5	4	4	3	14	10	—	1	—	1	—	—	—	—	—	—	—
2012	160	7	41	45	4	5	4	4	3	14	12	—	1	1	2	—	—	—	—	—	—	—
2013	160	10	43	45	4	4	5	4	2	14	10	—	1	1	2	—	—	—	—	—	—	—
2014	162	10	43	50	4	3	5	4	2	14	12	—	1	1	2	—	—	—	—	—	—	—

第五节　医疗合作

1969 年，任家峪村成立合作医疗，凡该村人员免 50%药费，住院人员报销 30%的药费。此政策一直延续至新农合，成为河底镇唯一坚持合作医疗的村庄。1970 年，境内卫生所普遍推广合作医疗制度（类似于医疗保险制度），即以免除诊断费、门诊费、处置费、注射费为主。1982 年 11 月，大队卫生所继续实行合作医疗制度，而且无论采取何种方式，都坚持集体办的原则。对于费用的减免要根据各村的经济状况和社员意见决定。1984年广泛推行农村合作医疗,始终坚持“群众自愿、形式多样、减免合理、农民实惠”的原则。1987年全镇有医药费减免村3个。随着家庭联产承包责任制的普遍推行和农村经济体制改革的深入,境内农村合作医疗出现了解体、停办的趋势,1988年,医药费减免村下滑至1个。1991年又增至2个,1992年达到7个。

1996年,河底镇的农村合作医疗发展到最高点。此时,合作医疗为五种形式:福利型,即免四费,这一制度多集中在集体经济比较薄弱的村,村卫生所坚持集体所有。风险型,风险基金由集体按村民每年每人5~10元筹集,村民看病免除四费(诊断费、出诊费、注射费、处置费),住院花费大、医药费超过规定数额,合作医疗给予减免40%~50%,有的村封顶,有的村不封顶。福利风险型,基金由集体和个人共同筹集,村民每人每年缴纳10元、15元、30元不等,集体按每人每年10元,也有的按集体分配收入的1%~1.5%筹集,村民在村卫生所或经卫生所同意转外地治疗的医药费共减免30%~60%,有的村封顶,有的村不封顶。该种形式涉及的村有任家峪村。企业统筹型,有河底镇硫铁矿、苇泊第一钢铁厂、固庄煤矿、红土岩煤矿、燕龛乡燕龛煤矿。预防保险型,专为妇女儿童实行的保健制度。凡在0~7周岁以内的儿童和孕产妇均按一定数额交保健保偿费,村卫生所负责在此期间的预防接种和孕产妇的检查。儿童在孕产妇出现保偿范围之内的疾病,按一定数额赔偿。到1996年,全镇14个行政村全部推行不同形式的合作医疗,行政村覆盖率达80%,受益人口达5万人。9月,副省长王昕赴关家峪、固庄村、镇卫生院参观指导合作医疗工作。1996年8月,省合作医疗研讨会暨阳泉市现场会会场设在郊区,全省分管卫生的县区长、卫生局长约300余人参加了会议,并参观了郊区的3个乡、9个村,其中包括河底镇关家峪、大固庄、任家峪。1998年以后的几年里,随着市场经济的逐步建立,计划经济条件下创办的合作医疗出现了新的困难,由于集体经济不足,合作医疗举步维艰,难以为继。1999年,关家峪、固庄、邓家峪3村卫生所成为全市合作医疗工作先进单位。2000年,全镇有医药费减免村25个。2001年,下滑至14个。2002年之后,全镇只有1个村仍然实行医药费减免。传统的合作医疗主要解决了农村缺医少药的问题。

2005年,实行新型农村合作医疗制度。是年,每人每年缴纳15元即可享受新型农村合作医疗制度,全镇共有26371人享受到医保政策。2007年,全镇农村新型合作医疗参保率达到81%,共2.6万人;城镇居民医疗保险工作进展顺利。2009年,每人每年缴纳20元;2010—2011年,每人每年缴纳30元。2012年,新型农村合作医疗筹资标准调整为每人每年50元,并实现“一卡通”,全镇农民共报销医药费212万元,参保率达到93.4%。2013

年，新农合筹资标准提高到60元，人口覆盖率为100%，城镇居民医疗保险参保2445人；新型农合参保人数达到14488人，城镇居民养老保险参保居民862人；发放城乡低保金、“五保”供养金、医疗救助金、残疾人生活补助金714.2万元。2014年的每人每年70元，使新型农村合作医疗制度真正实现了城乡同步发展的局面。

2005—2014年河底镇参合情况统计表

表20-10　　单位：元、人

年份	中央财政	省级财政	市级财政	县级财政	个人缴费	共计	参合人数	参合资金	参合资金	参合住院人数	参合补偿金额	参合门诊人数	门诊补偿金额
2005	—	—	—	—	—	—	27122	15	406830	49	21242	26922	242298
2006	—	8	13	14	15	50	26371	15	395565	90	48919	26278	262780
2007	20	8	13	14	15	70	26466	15	396990	83	39763	26291	262910
2008	40	16	10	14	20	100	26913	20	538260	251	247926	16406	169607
2009	40	16	10	14	20	100	25331	20	506620	232	293781	3050	311109
2010	60	24	15	21	30	150	25293	30	758790	167	294980	6025	54332
2011	108	46	23	23	30	230	25471	30	764130	211	280731	3787	39599
2012	132	54	27	27	50	290	26012	50	1300600	324	383649	27618	622095
2013	156	62	32	32	60	342	26729	60	1603740	486	521741	52001	862848
2014	180	70	35	35	70	390	26959	70	1887130	246	261957	30857	497588

第六节　公共卫生

疾病防控　清末民初，境内接种疫苗仅有牛痘苗1种。民国10年（1921），境内伤寒病流行，仅河底村一家就有7人死亡。民国26年（1937），八路军120师卫生队为当地群众治疗疾病。民国28年（1939），里龙光峪伤寒瘟疫死亡50余人。民国30年(1941)，伤寒病再度流行，死者甚众。民国35年（1946），境内疥疮、疟疾、伤寒、梅毒等病患流行。中华人民共和国成立后，接种范围逐年扩大，疫苗种类逐年增加。至20世纪50年代，相继投放使用的疫苗有百日咳菌苗、牛痘苗、白喉类毒素、伤寒三联菌苗、布式菌苗、卡介苗、炭疽疫苗、破伤风类毒素、霍乱菌苗、痢疾噬菌体共10种生物制剂。1960年，粮食严重减产，由于营养不良，境内出现严重的浮肿病。1963年，杆菌性痢疾河底3人，东村104人；急性肠炎河底3人；麻疹河底46人，东村97人；百日咳河底1人，东村8人。5月—6月，上章召村有斑疹伤寒 7 人，中佐 8 人(1 人死亡)，症状为头疼、发烧、皮疹等。1964 年，红土岩暴发流感 122 人感染，南峪(关家峪)98 人。同年，东村公社进行各种防疫注射 1401 人，其中牛痘 572 人次，伤寒 382 人次，布鲁斯 250 人次。小儿麻痹糖 197 人次。有百日咳 16 人、麻疹 11 人，伤寒 4 人，共 31 人，占发病人数的 0.07%，比 1963 年减少 60%。1965 年，东村公社认真贯彻“预防为主、治疗为辅”的方针，当年发生麻疹 13 人、白喉 1 人、布鲁斯 1 人。20 世纪 70 年代，境内较为流行的传染疾病有痢疾、腮腺炎(俗称“炸腮”)、流感。动物瘟疫有鸡瘟、猪瘟。到 1975 年，接种疫苗使用疫苗增加了麻疹疫苗、脊灰疫苗两种，共 12 种。1978 年，境内开始推行“三薄、一表、一卡、一柜”(新生儿出生登记、计划免疫登记、生物制品另发登记，计划免疫卡和生物制品使用统计表；)和传染病“两薄、一卡、一表”(传染病登记、人口死亡登记以及传染病报告卡、传染病报告表)为主要内容的计划免疫管理制度。1986 年，小儿麻痹糖丸、麻疹疫苗、百白破菌苗、卡介苗 4 种疫苗改为常年接种。1991 年，全镇初级保健工作有了较大突破，计划免疫率达到 97.3%。1993 年，根据国家和省有关规定和要求，每年冬、春两季开展糖丸强化普服活动，境内服食率 95%。1996 年，防疫工作以计划免疫为龙头，实行“三苗”进院(即在卫生院出生的新生儿全部接种卡介苗、脊灰疫苗、乙肝疫苗)，继续推行儿童计划免疫保健保偿制度。严格控制传染病的发生和流行，重点抓好肝炎、乙脑、狂犬病的防治，传染病发生率明显下降。2003 年，全镇 32 个村，村村成立“防非”专门组织机构，未发生 1 例“非典”病例，被区委、区政府授予抗击“非典”一等功。2004 年，乙肝实行免费接种。2007 年牵牛镇小学出现腮腺炎症状。河底小学出现风疹。2009 年，甲肝实施免费接种。13 苗实施省级免费接种乙脑。

1981—2014 年河底镇法定传染病发病情况统计表

表 20-11　　　　单位：人

年份	痢疾	麻疹	肝炎	百日咳	猩红热	流脑	流感	斑疹伤寒	乙脑	淋病	狂犬病	肺结核	腮腺炎	布病	风疹	甲流	水痘	手足口病	其他感染性腹泻
1981	83	21	19	—	8	1	—	—	—	—	—	—	—	—	—	—	—	—	—
1982	133	—	123	2	2	—	—	—	—	—	—	—	—	—	—	—	—	—	—
1983	71	—	7	—	2	—	—	—	—	—	—	—	—	—	—	—	—	—	—
1984	10	—	29	1	1	1	—	—	—	—	—	—	—	—	—	—	—	—	—
1985	27	—	7	2	—	1	—	—	—	—	—	—	—	—	—	—	—	—	—
1986	53	1	2	—	—	1	—	1	—	—	—	—	—	—	—	—	—	—	—
1987	38	—	16	—	—	1	—	—	—	—	—	—	—	—	—	—	—	—	—

续表 20-11　　单位:人

年份	痢疾	麻疹	肝炎	百日咳	猩红热	流脑	流感	斑疹伤寒	乙脑	淋病	狂犬病	肺结核	腮腺炎	布病	风疹	甲流	水痘	手足口病	其他感染性腹泻
1988	12	—	23	—	—	—	—	—	—	—	—	—	—	—	—	—	—	—	—
1989	23	—	8	—	—	—	—	—	—	—	—	—	—	—	—	—	—	—	—
1990	60	—	27	1	—	—	—	—	—	—	3	—	—	—	—	—	—	—	—
1991	65	—	33	—	—	—	—	1	—	—	—	—	—	—	—	—	—	—	—
1992	60	—	23	—	—	—	—	—	1	—	—	—	—	—	—	—	—	—	—
1993	23	—	—	—	—	—	—	—	—	—	—	—	—	—	—	—	—	—	—
1994	62	—	22	—	1	—	—	—	4	1	—	—	—	—	—	—	—	—	—
1995	63	—	8	—	—	—	—	—	—	—	—	—	—	—	—	—	—	—	—
1996	49	—	3	—	—	—	—	—	—	—	—	—	—	—	—	—	—	—	—
1997	51	2	7	—	1	—	—	—	1	—	—	—	—	—	—	—	—	—	—
1998	12	8	13	—	—	—	—	1	—	—	—	5	—	—	—	—	—	—	—
1999	15	—	12	—	2	—	—	1	—	1	—	4	—	—	—	—	—	—	—
2000	4	—	6	—	—	—	—	1	—	—	—	1	—	—	—	—	—	—	—
2004	15	1	23	—	2	—	—	1	—	—	—	18	—	—	—	—	—	—	21
2005	12	—	19	—	9	—	—	—	—	—	—	14	1	—	—	—	—	—	27
2006	21	7	30	—	—	—	—	—	—	—	—	17	7	—	7	—	1	—	33
2007	13	3	32	—	—	—	—	—	—	—	—	16	14	—	2	—	3	—	37

妇幼保健　旧时对医疗事业极不重视,广大妇女儿童的病痛无人问津。尤其是妇女,受习惯势力的束缚、摧残,生孩子时要坐谷草、土炕要垫炉灰渣,背靠干草包,产后喝稀米汤,百日内不准进干食,加上旧法接生缺乏必要的保健知识和应急措施,致使妇女难产、产后大出血、新生儿破伤风(“四六风”)及产褥热等胎前产后疾病得不到及时有效治疗,由此丧身者不乏其例,婴儿成活率低下。

解放后,中国共产党和政府十分关心妇女儿童的健康,配备专职人员,建立各级妇幼保健机构,促进了妇幼保健事业的发展。1950 年,政府贯彻“预防为主”和“为生产服务”的妇幼保健方针,破除迷信,移风易俗,大力推广新法接生,一些村选送旧法接生婆在二区(荫营)进行培训。1952 年,部分村成立妇幼保健组(接生站),并设专职保健员,大力提倡妇女五期(经期、孕期、产期、哺乳期、更年期)保健和农活“三调三不调”(孕期调轻不调重,经期调干不调湿,哺乳期调近不调远)的劳动保护措施,新生儿死亡率大幅度下降。1957年年初,市妇幼保健人员在河底村进行新法接生调查,119名婴儿中,新法接生116人,占接生率的98.3%。

20世纪60—70年代,各村卫生所对怀孕期妇女进行定期或不定期的产前免费检查。遇育龄妇女临产,卫生所便派接生员入户免费为其接生或采取相应措施,母婴生命安全与健康有了根本性保障。1978年,河底、东村、燕龛3个公社及所辖23个村的妇幼保健站,配备了专兼职妇幼保健员。80年代,妇幼保健工作进入新的发展阶段,儿童保健坚持基础免疫全程定量,定期注射接种有关疫苗和组织检查身体,预防接种一般由村里医生人负责,做到无病早防,有病早治,有效预防了传染病和其他疾病的发生。境内河底村卫生所配备了2名专职妇幼保健医生,为每个妇女建立了普查登记卡,实行定期B超普查防病工作。1981年,市妇幼保健医院和区妇幼保健站联合在东村公社进行了产儿畸胎抽样调查。1986年4月,河底镇对全镇采取计划生育采取放环措施的育龄妇女进行一次透环检查和绝育术后遗症检查;同时对0~7周岁婴幼儿进行了一次全面将看检查,并建立健康登记表,档案统一由村卫生所保存,真正做到生一个,壮一个。90年代,一些村妇联会、卫生所还定期不定期地邀请市、区医院和妇幼保健中心的专家大夫们对育龄妇女、采取节育措施的妇女、独生子女以及患有其他妇科病、常见病的妇女和其他村民进行身体检查、对症治疗和健康咨询,村民的妇幼保健意识普遍增强,胎前产后重病杜绝。1993年,境内儿童接受脊髓灰质炎强化疫苗。1994年,河底镇初级保健工作得到普及和提高,被区政府命名为“初保工作合格镇”。1995年,河底镇卫生院率先成为省级“爱婴医院”。1996年,在巩固爱婴医院成果的前提下,做好婚前保健检查,降低两个死亡率,有步骤推行孕产妇保健保偿制度。燕龛乡为达到爱婴乡标准,成立相应的领导组,使2000年出生4—6月的婴儿纯母乳喂养率达到80%。1997年,固庄矿卫生院、东村卫生院、燕龛卫生院达市级“爱婴医院”标准。1997年,缺陷儿发生数4人,其中神经管畸形发生数1人。1998年,缺陷儿发生数1人。1999年,缺陷儿发生数4人,其中神经管畸形发生数2人。2002年,缺陷儿发生数1人。2005—2012年,围产儿数分别为55人、6人、14人、47人、40人、32人、10人、16人。

2008年,开展免费婚前检查。2009年,由乡镇卫生院开展增补叶酸预防神经管缺陷项目。2010—2014年,开展基本公共卫生服务项目:免费婚检项目、增补叶酸预防神经管缺陷项目、孕产妇保健项目、农村孕产妇住院分娩增补项目、儿童保健项目、农村妇女宫颈癌检查项目。

1991—2014 年河底镇孕产妇保健情况工作统计表

表 20-12　　　　单位：人

年份	产妇	活产	孕产妇管理				接生情况		高危管理			孕产死亡	围产儿情况		
			产前检查	早检	产后访视	系统管理	住院分娩	新法接生	产妇	高危管理	住院分娩		体重<2.5千克	死胎死产	7天内死亡
1991	61	61	62	61	61	61	61	61	5	5	5	—	1	—	—
1992	621	629	64	64	572	64	64	64	6	6	6	—	—	—	—
1993	577	580	68	65	577	68	295	61	37	37	37	—	—	—	2
1994	476	478	82	80	476	80	295	72	10	10	10	2	2	—	—
1995	477	480	562	562	477	559	296	72	23	23	23	—	2	—	—
1996	416	418	421	421	416	416	277	70	13	13	13	—	1	—	1
1997	426	432	429	428	426	423	298	75	12	12	12	—	4	—	1
1998	370	374	371	365	370	363	301	77	13	13	13	—	4	—	1
1999	351	353	356	354	351	348	279	70	23	23	23	—	2	1	2
2000	391	393	394	394	391	388	365	77	36	36	36	—	6	1	1
2001	382	385	69	386	382	375	350	65	32	32	32	1	3	1	1
2002	362	361	104	362	360	361	352	104	57	57	57	—	4	1	1
2003	437	438	509	507	437	435	435	437	53	53	53	—	10	1	2
2004	380	371	450	456	370	372	358	370	64	64	64	—	7	2	3
2005	355	356	423	422	355	354	348	355	58	58	58	—	9	3	1
2006	407	411	410	410	407	407	406	407	101	101	101	—	13	3	4
2007	367	374	371	363	365	361	367	367	112	112	112	—	15	—	5
2008	344	349	350	315	342	314	349	349	103	103	103	—	11	1	5
2009	300	303	302	281	299	281	303	303	106	106	106	—	6	1	4
2010	285	290	289	201	285	199	290	290	117	117	117	—	7	1	4
2011	248	253	255	247	248	240	253	253	138	138	138	—	7	—	1
2012	216	217	222	215	216	209	217	217	217	217	217	—	—	—	—
2013	198	198	197	197	188	188	191	106	105	105	105	—	7	—	—
2014	172	174	177	176	164	162	174	174	92	92	92	1	3	—	2

说明：1981 年活产 665 人；1982 年活产 786 人；1983 年产妇 475 人，活产 474 人，7 天内死亡 1 人；1984 年产妇 250 人，活产 249 人；1985 年产妇 542 人，活产 536 人，7 天内死亡 6 人；1986 年产妇 62 人，活产 62 人；1987 年产妇 169 人，活产 164 人；1988 年产妇 86 人，活产 84 人；1989 年产妇 198 人，活产 198 人；1990 年产妇 154 人，活产 154 人；1991 年产妇 116 人，活产 116 人。上表中 1991 年的统计数据均来源于固庄煤矿。从 1992 年起，均含有固庄矿

1992—2014 年河底镇孕产妇保健情况工作统计表

表 20–13 单位：人

年份	儿童		5 岁以下儿童死亡			4 个月实查	4 个月母乳喂养	7 岁以下儿童保健服务			5 岁以下儿童营养评价		儿童保健服务	
	7 岁以下	3 岁以下			1~4 岁			新生儿访视	保健管理	3 岁以下管理	实查	体重 < –2SD	体弱儿	参与管理
1992	81	57	10	10	2	—	—	511	162	114	—	—	1	81
1993	4123	1717	—	—	—	—	—	512	170	132	—	—	—	85
1994	3971	1612	3	3	2	—	—	405	172	98	—	—	—	86
1995	3967	1409	1	1	—	—	—	408	198	152	—	—	—	99
1996	3647	1272	5	1	—	—	—	348	202	136	2239	22	—	101
1997	3377	1222	5	2	2	—	—	356	198	140	2079	6	—	99
1998	3058	1060	2	1	2	—	—	296	210	92	1848	10	—	105
1999	2749	979	2	2	1	—	—	281	186	100	1729	6	—	93
2000	2575	1133	3	1	—	—	—	315	204	134	1793	6	—	102
2001	2462	992	2	2	1	—	—	319	220	144	1580	7	—	110
2002	2274	963	3	1	—	—	—	256	202	150	1473	—	—	101
2003	2227	951	5	2	—	286	286	317	196	134	1495	8	—	98
2004	2175	935	3	3	—	298	298	277	222	114	1485	9	—	111
2005	2120	937	3	3	—	263	263	265	200	90	1435	4	—	100
2006	2192	986	4	4	1	368	364	319	216	174	1491	5	—	108
2007	2182	1000	7	6	—	339	333	287	266	200	1511	12	—	133
2008	2203	1024	7	5	8	125	119	302	244	224	1330	—	1	113
2009	2241	960	4	4	4	129	124	274	286	194	1447	—	—	97
2010	2186	940	3	3	3	148	144	269	348	186	1378	—	6	99
2011	2152	859	6	6	—	132	126	244	364	170	1363	—	—	85
2012	2046	812	—	—	1	109	108	217	328	176	1214	—	2	90
2013	1848	728	—	—	—	74	74	173	306	182	1076	—	—	91
2014	1634	627	3	3	—	59	56+	188	306	158	941	—	—	79

1997—2014年河底镇托幼机构管理情况统计表

表20-14　　单位:年、个、人

年份	幼儿园	独立幼儿园	幼儿教师	专职保健医	年份	幼儿园	独立幼儿园	幼儿教师	专职保健医
1997	31	1	11	—	2006	11	4	49	8
1998	31	1	12	—	2007	24	9	87	18
1999	31	1	12	—	2008	11	4	57	1
2000	28	1	12	—	2009	26	14	87	1
2001	29	1	15	—	2010	25	14	85	—
2002	29	1	14	—	2011	25	14	87	1
2003	29	1	14	—	2012	26	14	90	1
2004	29	1	13	—	2013	26	14	88	1
2005	29	8	90	4	2014	25	17	110	—

说明:1997—2004年,独立幼儿园、幼儿教师只包括固庄矿。专职保健医只有河底镇

1984–2014年河底镇使用生物制品接种免疫情况统计表

表20–15　　单位:年、个、人

年份	小儿麻痹糖	百白破	麻疹活疫苗	流脑疫苗	乙脑疫苗	精白破抗毒	卡介苗	乙肝疫苗
1984	3356	284	279	126	128	—	110	—
1986	3566	250	315	153	139	—	115	—
1987	3866	269	339	169	145	—	133	—
1988	4278	335	324	174	149	—	115	—
1989	4680	338	348	180	182	—	145	—
1990	3688	273	366	210	201	—	160	—
1991	3389	298	378	197	205	—	161	—
1992	3882	319	365	237	235	—	184	—

续表 20–15

年份	小儿麻痹糖	百白破	麻疹活疫苗	流脑疫苗	乙脑疫苗	精白破抗毒	卡介苗	乙肝疫苗
1993	3710	298	334	242	243	—	182	—
1994	3511	286	310	218	220	—	172	—
1995	3335	312	381	242	232	—	222	—
1996	3282	320	349	263	248	—	200	—
1997	2901	311	342	255	249	—	195	—
1998	3000	340	298	255	230	—	227	—
1999	3201	362	286	252	245	—	210	388
2000	3510	484	269	333	340	—	207	383
2001	3393	472	285	353	370	—	195	355
2002	3491	525	288	609	456	—	227	631
2003	4455	549	406	476	456	—	261	659
2004	7527	895	594	596	424	—	247	789
2005	4454	788	2050	334	431	—	253	818
2006	6906	868	831	329	699	—	210	1369
2007	5456	1124	992	360	485	—	191	895
2008	4896	970	843	441	816	—	77	802
2009	3777	892	923	952	1594	250	77	1642
2010	4284	1080	2120	352	1139	450	166	875
2011	5404	2096	2090	1912	1666	232	352	1877
2012	3115	2209	1084	1278	876	161	102	972
2013	3129	2121	1160	1028	1563	251	57	1169
2014	1973	1595	670	1010	704	182	10	1173

城乡居民健康档案　截至2014年年底，河底镇为32村的35584位居民建立居民健康档案纸质档案，均录入山西省居民电子健康档案系统。其中：2010年，建立档案11967份，2011年14579份，2012年9038份，2013年139份，完成全镇人口数的91%。

2011年，固庄煤矿医院纸质档案4352份，电子档案4254份；2012年，纸质档案503份，电子档案523份；2013年，纸质档案1559份，电子档案998份；2014年，建立纸质档案盒、电子档案均为12份。

健康教育　截至2014年，河底镇卫生院及分院举办各类知识讲座192次和健康咨询活动144次，发放各类宣传材料73种，约55723份，更换宣传栏内容18次，播放影像资料18种。

2011年，固庄煤矿医院印刷宣传品6种，发放资料4000份，制作图版6块，开设讲座及咨询活动2次；2012年，印刷宣传品8种，发放资料6000份，制作图版6块，开设讲座及咨询活动4次；2013年，印刷宣传品10种，发放资料1.2万份，制作图版8块，开设讲座及咨询活动8次；2014年，印刷宣传品11种，发放资料1.4万份，制作图版8块，开设讲座及咨询活动10次。

老年人健康　老年人健康管理服务的对象为65岁以上老年人。2010年，各村卫生所组织辖区内65岁以上老年人共2014人，在河底卫生院接受体检。2011年，考虑到老年人行动不便，来院体检困难的情况下，通过与镇政府协调，动用村级行政力量宣传、动员，下乡到各村卫生所进行体检，总人数为2222人。2012年，加大入户体检，当年体检人数为4007人。2013年，3752人。同年，东村、南沟、任家峪、下章召4个村建起老年人日间照料中心，使老有所养得到进一步落实；按政策落实伤残军人、优抚对象、义务兵各种补助255万元。2014年，体检3879人。

2011年，固庄煤矿医院老年人健康管理513人，2012年管理408人，2013年管理411人，2014年管理464人。

高血压患者健康　2010年，共管理高血压患者2091人，随访2091人次；2011年，管理2814人，随访2814人次。2012年，管理4699人，随访4100人次。2013年，管理4675例，随访4515人次。随访率为96%。2014年管理5099例，随访5099人次。随访率为96%。2011年，固庄煤矿医院管理718人，2012年管理95人，2013年管理168人，2014年，管理110人。

II型糖尿病患者健康　2010年，全镇共管理糖尿病患者513人，随访513人次；2011年513人，随访513人次；2012年753人，随访753人次；2013年857人，随访857人次、随访率为100%,控制率为87%。2014年1029人,随访1029人。

2011年，固庄煤矿医院管理175人,2012年管理29人,2013年管理106人,2014年管理30人。

卫生监督协管　2012年对32家卫生所,32个村的饮用水,30所学校（包括小学、幼儿园、中学)进行一年四季的巡查。医疗卫生方面:所有卫生所均具有医疗机构许可证,所有工作人员均具有乡村医生资格证,各村“医疗机构执业许可证”均悬挂于明显处所,但无医用垃圾袋,医用垃圾无焚烧处理。一周后复查,大部分卫生所整改情况良好,并有登记。饮用水卫生方面:全镇各村均有专人负责饮用水管理工作,村民饮用水各不相同,如燕龛村全部饮水地表水,但未经消毒处理,河底东村则饮用自来水,水洞水。各村管理水源的负责人均无健康合格证明,水净化处理差。学校卫生方面:学校均有晨间制度、传染病应急预案、请假、消假制度,每年对学生进行健康体检,学校饮用水有的是纯净水,有的是学生自带水,无教师的通风消毒制度。2013年,已全建立基本资料,各村均按要求开展信息上报工作。各项巡查项目均提高,发现的问题减少,逐步达到规范。2014年,对32个行政村卫生所、33所学校、32个村村民饮水情况进行34次巡查,巡查结果良好,发现的问题少,逐步达到规范化。

中医药健康　2013年10月,根据《中医药健康管理服务规范》开展中医药健康管理服务。每年为65岁及以上老年人提供1次中医药健康管理服务,在中医体质辨识的基础上对不同体质老年人从情志调摄、饮食调养、起居调摄、运动保健、穴位保健等方面进行相应的中医药保健指导;对辖区内居住的0~36个月龄儿童,向家长提供儿童中医饮食调养、起居活动指导。并在儿童6月龄、12月龄时给家长传授摩腹和捏脊方法,在18月龄、24月龄时传授按揉迎香穴、足三里穴的方法,在30月龄、36月龄时传授按揉四神聪穴的方法。开展具有中医特色的健康教育6场次，发放健康教育宣传资料15种2000余份。对全镇1967名老年人进行了体质辨识及中医保健指导，对3岁以内儿童健康管理服务340人，并向家长提供了中医指导。

无偿献血　1997年,境内开始实行公民无偿献血活动,参与人员主要是乡镇府机关工作人员、教师、医务工作者。1998年,《中华人民共和国献血法》正式实施。参与单位和人员进一步扩大,有企业职工,有外来务工人员,还有农民青年等,不在计划内献血者也踊跃报名参加。大规模有组织的献血活动共进行了三次，分别于1997年、1998年、1999年，2000年后趋于自愿献血。

第七节　民间疗法

中华人民共和国成立前，境内流行的民间医术有刮痧、拔火罐、拉火罐、推拿、按摩、放血、接骨等，均可起到急救和治疗以及缓减阵痛的作用。河底村段德绪人称干梁老先生，擅长内科，主治伤寒、瘟疫等传染病；史锦秀善用小方治疗各种疑难杂症；朱振山（平定）主治西医；东村付桂昌，人称福先生，30多岁开办济生堂药店。擅长儿科，曾用割刺疗法治好许多小儿病症。在内科方面尤为有名，用泻疗法和家传秘方《五殿母》治愈很多患者。邓家峪村张万成的针刺放营疗法远近闻名。

中华人民共和国成立后，20世纪50年代中期，史修宏曾去北京参加全国政协会议，并与国务院周恩来总理合影留念。在推行中西医结合时，阳泉市第一人民医院高级医师成国义曾求教与他。东村有付发存从小学习接骨技术。1955年，付发存被选为阳泉市人民代表常务委员会委员。西沟白根明擅长治疗气病、内科、妇科、儿科疾病。

1970年，境内卫生所开展“三土四自”（土医、土药、土法治疗，自采、自种、自制、自用中草药），推广新医疗法，以“一把草药、一根银针”“哪里有人，哪里就有医有药”“小病不出村、大病不出乡”的目标，使常见病、地方病、多发病得到有效控制和治疗。医生一般早上给人看病，抽时间参加大队的各项劳动。由于药品匮乏，经常到和顺、寿阳、盂县等地上山采药，主要采集黄芩、三颗针、菊花、荆芥等。牵牛镇村号召和动员群众上山采刨中草药材，售于村卫生所，由卫生所加工，再用于治病，曾有《采药歌》。医疗卫生条件不断完善，基本达到了小病不出村，大病不出镇的目标，生活质量明显提高。2000年，史绘清秉承主业，在外伤、疮痛等皮肤病方面小有名气，被收录于《中国专家大辞典》（中国人事出版社出版）一书中。

拔火罐　拔火罐为民间盛行的一种治疗方法。遇有伤风感冒、上火头痛时，皆用此法。使用时，先划着一根火柴，投入罐中，很快将罐口合于患处。因罐内空气受热排出，形成瞬时真空，在大气压作用下与皮肉紧合（也有在患处敷贴一块用醋和的生面饼，再将罐口合在上面），牢不可脱。约过15~30分钟，罐内渐冷却，渗入空气即自行或用手扳脱落。罐印处皮肤呈紫黑色，视为风寒而出；起红晕则视为火出。不必服药，也可起到治疗目的。今仍沿用。

饭后百步走　饭后不急于坐、卧，而是多走动，轻散步，以助消化，避积食，有“饭后百步走,活到九十九"之说。

食后嗽口　饭后以清水漱口,清洗口腔,健齿防病。

扣　肚　小儿积食时,找专人在腹部按照上下、左右、顺逆时针等手法进行推、揉、扣,以促进消化。

止　血　皮肤外伤出血,急用棉花烧灰或火柴盒侧面、马皮泡粉按于创口,可止血。

治烧伤　对于轻度烧伤,用鸡油或蛋清涂抹在烧伤表面可止痛,保护创面,防止感染,避免起泡。也有用紫草或地榆泡过的香油,敷烧伤处。

足　疗　入睡前,用热水烫脚,同时以手搓脚心(涌泉穴),对促进人体血液循环,保持四肢温暖皆有助益。

扭喉咙　把中指和食指曲成钳状,扭拧喉咙两侧皮肤,使之变青变紫,袪风散伙,多治咳嗽、咽喉疼痛、声音嘶哑症状。

掐人中穴　用于治疗因生气动怒,使身体痉挛僵直,呼吸困难和中风昏迷者。

刮　痧　患感冒、霍乱等病,用铜钱一枚,缠麻蘸油(食油),在胳肢窝、前心、后背、后脖颈等处,些许用力刮皮肉,直到出现红晕或紫黑色,就视为出了毒气,可达到治疗目的。今仍沿用。

治虫牙痛　折柳条一枝,在火上烤红一端,插入牙孔,烧断牙神经,可止痛。

捶击法　用手掌、拳头、木棍击打背部及四肢,加强血液流通,疏通筋络。此法可用于因疲劳造成腰背腿酸困,以及伤风感冒、痉挛、麻木的那个症状。1990 年后,村民开始使用胶锤、弹簧、保健锤自我锤击。

痄　腮　把仙人掌的刺挖去,捣烂后敷患处。

感冒高烧　用纱布蘸藿香水放在肚脐眼上可降温。

流鼻血　将对侧手臂举过头顶可止血或闻纳底鞋鞋帮。

眼进沙　翻开眼皮,让人用舌头舔。若成淤肉,则需用草叶锯破淤肉。

关节疼　用桑枝、柳枝、槐枝、桃枝煎水,连敷带喝。

乳　晕　把蒲公英捣烂敷病灶,同时煎水口服。

放四稍　突然昏厥,不省人事,口唇发紫,手足冰凉时,用锐器刺破手足指尖放血即可。

割　脾　小儿不想吃饭,在其手心的大拇指根部划破出血,可增强食欲。

落　枕　患者去怀孕媳妇家,然后倒坐门槛,让其用梳抡,或手按痛处。

眼　红　用指甲掐眼角或用温米袋敷眼皮可愈。

胃　痛　用乌梅、胡椒、红枣捣烂煎水口服。

就地取草药治病　蒲公英(俗称“没根窝”),煎汤服以清火败毒除疮;地肤籽(俗称“扫帚籽”),煎汤服似治挠疙瘩(荨麻疹);三春柳,煎汤饮治麻疹;刺萁菜(大蓟、小蓟),捣烂以汁止鼻血;用开水泡荆芥、艾叶、花椒等,毛巾沾水敷患处可治疗湿疹和缓减风湿性关节痛;马皮泡晒干磨粉敷伤口可止血。

附:

《采药歌》

阳泉遍山都是宝,蕴藏药材真不少。
药是人民保健品,病人个个离不了。
紧急疾病缺了它,有时就把命送了。
采刨药材收入大,奖钱奖粮受人夸。
既然好处真不少,赶快上山采刨药。
职工干部与学生,男女社员牛羊工。
专业队伍组织好,业余采刨也需要。
毛净干湿一齐收,立秋以后就能刨。
酸枣远志甜甘草,八月中旬也能搞。
要想身体保健好,人人动手个个刨。
采集收购要靠它,必须依靠党领导。

第八节　计划生育

中华人民共和国成立初,境内人们受封建思想的影响,对“多子多福”“儿女双全”“五男二女七子团圆”“传宗接代”“不孝有三,无后为大”“养儿防老”“早生儿早得济,没有儿子活受罪”“有儿无女无亲人,有女无儿绝了根”等封建观念较为崇尚,人口处于无节制的盲目的生育状态。

计生政策　1952 年 11 月 13 日,北庄村王桂芳一胎生三婴(两女一男),民政部门给予了经济补偿。1956 年,山西省下发《关于做好避孕工作满足群众需要的通知》和《关于进一步做好避孕工作的通知》。1963年,阳泉市防疫站下发避孕挂图,利用集会向群众宣传节制生育政策。1964年,东村公社大力开展节制生育。到70年代初,计划生育工作只停留在一般的宣传和提倡上,无专门的组织机构和计划措施,人口增长未能得到有效控制。

20世纪70年代初,继续宣传贯彻"生产要上去,人口要下来"的计划生育精神。当时的计划生育工作主要从晚婚晚育抓起,在广大青年中开始提倡晚婚。1972年,区革命委员会在下章召大队召开了计划生育现场会,推广下章召村未婚青年制定晚婚计划的生育经验,使全区的计划生育工作以点带面,全面展开。为了鼓励青年晚婚,区、公社先后实行了婚假延长等激励性政策。1973年,河底公社认真落实毛泽东主席有关计划生育的一系列指示,全社有62.8%的有生育能力的妇女落实了生育措施,未婚青年中94.5%的制定了晚婚计划,人口自然增长率由1972年15.9‰下降到1973年的13.18‰。为革命实行计划生育,为革命坚持晚婚,成为广大干部群众的自觉行动。其中下章召大队为全区计划生育做出了榜样,有97.2%的有生育能力的夫妇落实了计划生育措施,未婚青年87人都表示为革命实行晚婚,该村人口自然增长率控制在6.7‰。1974年1月18日,河底、东村、燕龛3个公社遵照毛泽东主席关于"人类在生育上完全无政府主义是不行的,也要实行计划生育"的教导,在全境广泛深入地开展了计划生育工作。1979年,国家出台政策明确规定"最好一个,最多两个"。

1980年5月22日苏家泉村闫跨牛、李润荷夫妇自愿领取全村第一个独生子女光荣证。9月25日,各公社、大队成立计生协会。同年,河底公社人口自然增长率降到10‰以下。1982年,重点贯彻"晚婚、晚育、少生、优生"和"提倡一对夫妇只生育一个孩子",严格控制两胎,坚决杜绝多胎,严格结婚登记,晚婚率逐年提高。同年,河底、东村、燕龛、固庄煤矿严格执行区政府制定的对只生一个孩子的夫妇实行领取"独生子女父母光荣证"的管理办法,对独生子女优先解决入托、入园、入学、就医、招生、招工以及独生子女家庭在农村住宅基地分配等问题给予倾斜。随后领证人数不断增加,教育行业成为领取独生证人数最多的单位。同时,乡、镇、村针对性地加大计划生育工力度。对自愿只生一个孩、领取独生子女光荣证的村民,以及对采取节育措施的均给予表彰和奖励,有的奖励电视机,有的奖励现金;有效地控制了计划外二胎及多胎生育。1983年5月,境内严格贯彻落实"三为主"方针(宣传教育与经济限制,以宣传教育为主;避孕节育与人工流产,以避孕节育为主;经常工作与突击活动,以经常工作为主)。1984年8月,河底镇采取对农工副业生产和计划生育工作一起抓的政策。东村公社出台了《关于计划生育工作的若干规定》。1981年至1984年,燕龛乡共有6对夫妇领取独生子女证。1985年,境内的河底镇、东村乡、燕龛乡启用计划生育委员会及财务专用章，原来的计生办用章作废（2001年合乡并镇后，东村、燕毚两乡计生委员会及财务用章作废）。1986年，河底镇将计划生育政策的执行情况、人口指标完成情况作为考核各村、各单位干部实绩的一项重要内容，并大力表彰和奖励计划生育先进集体和个人。

1990年，河底镇、东村乡、燕毚乡分别与区政府签订计划生育目标责任状。1991年，河底镇人口自然增长率控制在8.65‰，比上一年下降0.49‰，计划生育率比上年下降1.73%，但是多胎现象在一些村有所抬头。1993年，燕毚乡还积极为“双女扎结户”办理养老保险，为群众解决后顾之忧。1994年，河底镇、东村乡、燕毚乡分别成立计划生育服务中心。河底计生服务所经一次验收成为全市达标计生服务，被评为“文明服务所”。同年，河底镇计划生育率97.34%，人口自然增长率下降到5.06‰。燕毚乡全年全乡出生率为12.91‰，自然增长率3.99‰，被市委、市政府评为无多胎乡。1995年10月，经考试考核河底镇配备了1名计划生育专职副镇长。河底村有61人领取独生子女证，占一孩人数的25%。燕毚乡出台了《关于党政一把手对计划生育工作负总则的规定》，并实施计划生育“三结合”（把计划生育工作与发展经济、帮助农民勤劳致富奔小康、建设文明幸福家庭相结合）与“125”（每村有一个“三结合”试点企业或单位；全乡扶持200户计划生育户；全乡扶持50户计划生育“三结合”典型示范户，其中燕毚、曹家掌各10户，北庄、程庄各6户，郊里、西沟各4户）富裕工程相结合的政策。1997年，东村乡严格执行“控制人口增长，提高人口素质”的计划生育政策，出台了《关于实行计划生育费征收管理的具体办法》，生育三孩以上的在以上条款规定的基础上递增20%计划生育费，连续14年。同年东村乡人口出生率9.22‰，人口自然增长率为2.99‰。河底镇计划生育率95.01%，人口自然增长率下降为1.91‰，首次跨入无多胎乡镇。1998年，境内逐步开展了“六清六建”[一是清总人口数的底子，建总人口数账。二是清育龄夫妇总数，育龄夫妇落实节育措施，建育龄夫妇生育节育状况账。三是清党团员、干部、职工违纪超生的底子，建超生后是否按政策给予党纪、政纪处分账。四是清育龄夫妇违反政策超生的底子，建计划生育费征收是否按标准足额到位的账。五是按照“三为主”的标准和“六好”（领带重视，队伍建设好、政策落实好、宣传教育好、技术服务好、制度建设好、干群关系好）、“合格村”的账，清现有的“三为主”“三结合”“合格村”的底子，建“三为主”“三结合”“合格村”的账。六是清流动人口流入流出的底子，建流动人口育龄夫妇的账）工作]。同时建立“三卡”（常住人口登记卡、已婚育龄夫妇登记卡、户在人不在人口登记卡）、“六薄”（1997年10月—1998年9月的基本情况，即新婚及生育指标登记、出生登记、采取节育措施登记、征收计划外生育费登记、死亡登记、计划生育协会会员登记)、一单(村委计划生育月报告单)、一表(计划生育综合情况月报表的建账立档工作)。东村乡制定分片包点和三天一汇报、五天一检查制度。1999 年,河底镇综合节育率 90.77%,人出生率 6.92‰,人口增长率为 -1.04‰。

2001 年,全区机构改革中,河底镇设计生办,工作人员 2 名。河底镇计划生育服务所为全额事业单位,技术服务人员 8 名。2002 年河底镇以创"四优"(环境优美、技术优良、服务优质、管理优秀)为目标,以"双进万"(婚育新风进万家,优质服务进万家)为内容开展计生工作,全镇人口自然增长率控制在 0.413‰,计划生育率达到 96.32%。2003 年,积极实施"幸福工程"和"少生快富工程",河底镇以争创全国优质服务先进县区为目标和联合国人口与计划生育生殖健康第五周期项目活动为载体,出台了《关于 2003 年社会抚养费征收标准及各项处罚管理的规定》《关于争创全国计划生育优势服务先进乡镇的实施方案》和《关于落实计划生育优待奖励政策的实施方案》。是年计划生育率达到 94.36%,自然增长率降低到 0.86‰,出生率控制在 7.66‰。2004 年,全镇计划生育率达到 94.68%。2005 年,河底镇实行《山西省实施人口与计划生育"一票否决"审核细则》,重点对抓采掘业、建筑业领域的流动人口计划生育。并依据《阳泉市郊区计划生育奖励扶助具体实施办法》成立了镇、村计划生育奖励审核小组,严格执行对农村计生户奖励扶助政策。2006 年,全镇认真学习和严格执行"一法三规"(《中华人民共和国人口与计划生育法》《山西省人口与计划生育条例》《计划生育技术服务管理条例》《流动人口计划生育工作管理条例》),建立了服务承诺制和办事流程图,设立了监督台和举报投诉电话,全年办理生育服务证 381 个,独生子女父母光荣证 364 个;政务公开内容 4 期;流动人口的清查验证 423 例。3 月至 7 月底,在河底镇镇综治部门牵头,在镇计生办、派出所、工商所、城建、卫生院等部门合作下,以澄清全镇流动人口底数为重点,以建档立册、建立和规范流动人口管理和服务为目标,建立和完善"现居住地和户籍所在地人民政府共同管理,以现居住地管理为主的流动人口计划生育工作体制"的流动人口计划生育管理服务长效机制。这次清查验证活动的对象为流动人口,即指离开户籍所在地到异地居住 30 日以上年满 18 周岁的育龄人员。不包括出差、探亲、访友、就医、上学等原因离开户籍所在地到异地居住的人员。清查范围以出租屋、集贸市场、住宅小区、建筑工地、煤矿、自建房等流动人口居住和从业的地方场所为重点。清查的内容包括流动人口的姓名、性别、户籍地、现居住地、从业性质、流入(出)时间、婚姻状况、生育节育情况及持发证等项目。2007 年,中国 / 联合国人口基金第六周期生殖健康 / 计划生育项目顺利开展,农村计划生育家庭奖励政策全部兑现。2008 年,全镇有效建立了人口管理体制,使计划生育工作取得了显著的成效。并从当年起,全区对独生子和双女户实行中考加分制度。2009年，全镇规范村级服务室标准化建设，进一步加大综合治理力度和优质服务力度。2010年，全镇继续围绕稳定低生育水平这一主线，重点实施信息化网络、便民优质服务、计生队伍建设三项工作。2012年，全镇继续坚持以党政领导"一把手"亲自抓、负总责为核心的人口与计划生育目标管理责任制和计划生育"一票否决"制，实现计生率92.91%。2014年，国家逐步放开双独家庭生育第二胎。但是经过几十年的宣传教育，群众的生育观念发生较大改变。全镇全年申报生育二胎的人数寥寥无几。

2001—2014年河底镇计划生育抚养费征收及奖励情况统计表

表20-16　　单位：年、人、万元、户

年　份	计划外出生	征收社会抚养费	计划生育户数	计划生育人数	奖励资金
2001	12	—	—	—	—
2002	10	—	—	—	—
2003	17	7.64	—	—	—
2004	16	—	—	—	—
2005	16	12.78	1839	3250	63.2
2006	16	7.35	1839	3250	45.05
2007	13	34.31	1892	3358	44.26
2008	8	7.85	2460	4309	111
2009	10	10.38	2875	4842	238
2010	25	30.25	3120	5241	319
2011	21	21.75	3278	5445	333.4
2012	26	26.23	3364	5573	343.4
2013	46	27.66	3475	5745	358.7
2014	28	28.02	3583	5876	364.8

2008—2014年河底镇参加中考实行加分学生人数统计表

表20-17 单位:人

年份	河底中学	东村中学	燕龛学校
2008	47	34	—
2009	39	5	—
2010	43	6	35
2011	49	10	61
2012	69	3	70
2013	53	2	57
2014	41	2	56

2005—2014年河底镇计划生育奖励资金统计表

表20-18 单位:户、人、万元

年　份	独生子女家庭			其中:城镇独生子女家庭			双女绝育		
	户　数	人　数	金　额	户　数	人　数	金　额	户　数	人　数	金　额
2005	1730	3068	54.7	—	—	—	22	42	0.99
2006	1730	3068	36.5	—	—	—	21	42	0.99
2007	1793	3207	36.7	—	—	—	14	27	0.68
2008	2283	4005	98.7	—	—	—	100	199	5
2009	2756	4659	215.6	239	291	15.9	19	36	5.6
2010	2990	5041	289.7	476	518	29.2	27	54	11.3
2011	3159	5274	307	238	277	14.1	13	26	6.05
2012	3229	5392	316.7	403	487	28	11	21	4.3
2013	3302	5510	322.5	445	554	31.8	12	23	5.3
2014	3407	5643	331	459	567	31.6	6	11	1.75

2005—2014 年河底镇计划生育奖励资金统计表

表 20-19　　　　　　　　　　　　　　　　　　　　　　　　　　单位：户、人、万元

年份	退二孩			意外伤残			特别扶助			奖扶对象		
	户数	人数	金额	户数	人数	金额	户数	人数	金额	户数	人数	金额
2005	42	84	4.2	—	—	—	—	—	—	45	56	3.36
2006	42	84	4.2	—	—	—	—	—	—	45	56	3.36
2007	30	60	3	—	—	—	—	—	—	55	64	3.84
2008	17	34	1.7	2	4	1	3	3	0.36	55	64	3.84
2009	36	71	10.15	2	4	1	4	4	0.48	58	68	4.90
2010	29	58	10.9	2	4	1	4	4	0.48	68	80	5.76
2011	31	62	13.85	1	2	0.5	3	3	0.36	71	79	5.7
2012	22	43	9.95	2	4	1	4	4	0.96	96	109	10.5
2013	27	54	13.1	3	6	1.5	8	12	2.88	123	140	13.44
2014	28	55	12.55	—	—	—	9	13	4.63	133	154	14.78

说明：固庄煤矿社区 2008 年受奖工人和家属 1184 人，奖励资金 138300 元；2009 年受奖 927 人，奖励资金 563720 元；2010 年受奖 1183 人，奖励资金 561600 元；2011 年受奖 1101 人，奖励资金 537810 元；2012 年受奖 1063 人，奖励资金 515590 元；2013 年受奖 956 人，奖励资金 465720 元；2014 年受奖 721 人，奖励资金 408210 元。独生子女家庭职工（干部、工人）一次性奖励情况：2010 年 74 人，奖励资金 410715.9 元，2011 年 10 人，奖励资金 111558.6 元；2012 年 15 人，奖励资金 262310.7 元；2013 年 27 人，奖励资金 675209.4 元；2014 年 190 人，奖励资金 21850 元

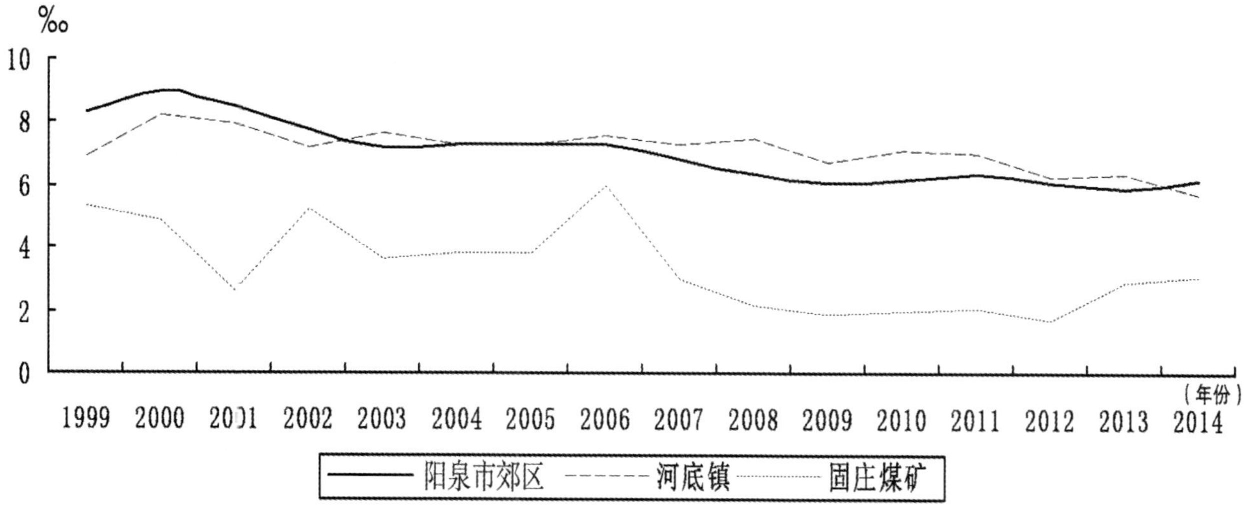

1999—2014 年阳泉市郊区、河底镇、固庄煤矿人口出生率对照图

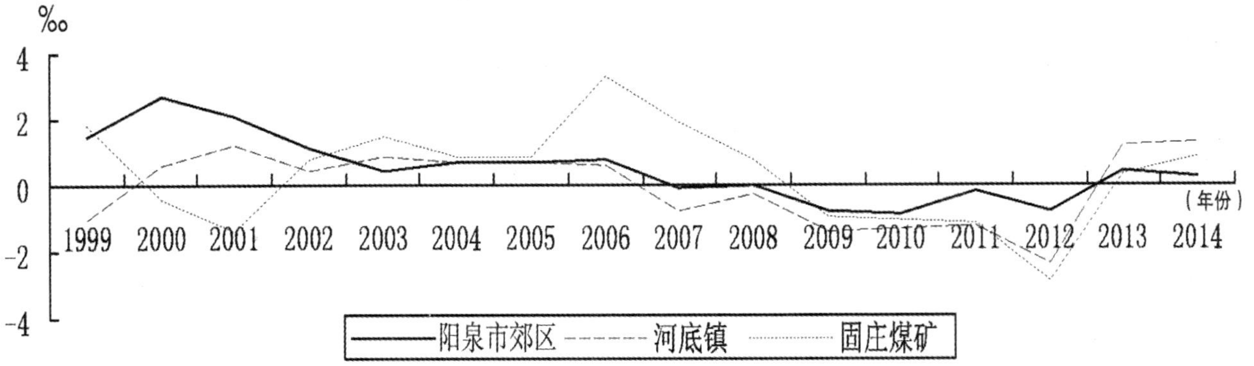

1999—2014 年阳泉市郊区、河底镇、固庄煤矿人口自然增长率对照图

宣传教育 1963 年，阳泉市防疫站下发避孕挂图，利用集会向群众宣传节制生育的政策，东村公社 2100 人接受教育。1980 年，计划生育作为国家政策确定之后，境内掀起了宣传热潮。首先利用广播、传单、专栏进行宣传，其次是组织学生宣传队，利用课余时间，进村入户宣传党的计生政策“一对夫妇只生一个孩子”。同年，区乡村三级计生协会成立。90 年代，全镇开展“少生快富奔小康”的宣传教育。1990 年 9 月，在全区纪念《公开信》发表十周年中，河底镇、东村乡各 1 个村被郊区计生委评为“先进集体”，河底镇、东村乡、燕龛乡各 1 人被郊区计生委评为“先进个人”。1992 年 5 月，河底、东村、燕龛组队参加全区组织的独生子女家庭运动会。同年，苏家泉、牵牛镇、下章召、小固庄、山底、曹家掌、北庄被评为“区文明计划生育村”。1994 年，河底镇邓家峪村的人口文化大院被省人口文化促进会命名为全省村级人口文化示范院。同年，河底村投资 2 万元为 19 户双女户术后上了养老保险，投资 3500 元为独生子女家庭父母和子女上了爱子女保险。上章召村对独生子女实行免费入托入学，直到小学毕业。1995 年，境内乡镇加大了计划生育宣传教育工作，人口警钟碑、条例上墙、固定标语、黑板报、村广播宣传经常坚持，资料入户传阅、人口学校定期上课、节假日传统庙会设立计划生育咨询台。同时计划生育奖励政策的执行较前有很大进步，促进了计划生育工作的健康发展。同年，上、下章召村，启用退下来的支部书记担任计划生育服务员。1997 年，东村乡、燕龛乡进入市文明服务所行列。至此，境内乡镇计生服务所全部达到市文明服务所标准。10 月，河底村支部书记光玉苟、村长魏恩为做一“双女户”工作 15 天，进行思想教育。1998 年 4 月 28 日，东村乡利用东村村庙会，组织全乡计生服务员开展计生宣传活动，悬挂标语 13 条，展览版面 12 块，播放录音累计 30 小时，散发宣传资料 6000 余份，咨询人数 100 余人，受教育人数共计 8000 余人。10 月，大固庄村举

办计生政策、优生优育、避孕节育等为主要内容的计划生育《应知应会40问》活动，全村120余名育龄妇女参加答题活动。1999年5月29日，河底镇、东村乡、燕龛乡各组织了一次街头宣传活动，设立咨询台，宣传计生协会章程及新条例，开展计生、优生、生殖保健咨询服务，村级计生协会还组织会员小组利用有线广播、黑板等形式，宣传中办6号文件精神。同年，东村乡专职(分管)领导亲自带队，挨门入户，耐心细致地对应术夫妇进行思想教育。

进入21世纪，河底镇按照“稳定低生育水平，统筹解决人口问题，促进人的全面发展”开展计生工作。2005年，全镇以普及优生优育、生殖健康、预防艾滋病等科学知识内容，大力开展“关爱女孩”活动和“落实奖励政策”宣传教育，推进“三项工程”建设，即高标准人口文化大院(河底镇14个，固庄矿1个)、人口文化活动室(河底镇15个，固庄矿1个)、计划生育文艺宣传队(河底镇15个，固庄矿1个)和“星级村”创建活动。在全区人口和计划生育专场文艺晚会上，关家峪村《媳妇招女婿》获二等奖，东村村《五期知识伴你行》、牵牛镇村《群众的一个家》获三等奖。邓家峪村被评为计划生育优质服务“星级村”。2006年，充分利用广播、版面等宣传手段，全镇积极倡导新型婚育观。创建文化大院20个，创建婚育新风一条街20个；利用节假日、纪念日、庙会，全镇全年制作宣传展板60余块，发放有关优生优育、致富信息资料共726份，有关避孕节育和生殖保健知识宣传资料1万余份、《致广大育龄夫妇一封信》7000余份。2008年，全镇32个行政村的《计划生育村民自治章程》得到规范，农村“四个自我”(自我管理、自我教育、自我服务、自我监督)进一步深化，村村都建立了国策宣传一条街或国策墙。北庄村、东村村集体投资兴建的蔬菜、水果大棚、河底村的奶牛养殖场、里龙光峪村的生猪养殖场都由计划生育户优先享受租赁。2009年，全镇重点开展人口文化建设、关爱女孩行动、婚育新风进万家和争创新农家活动。15个村张贴省新《条例》瓷砖，举办大型宣传活动4次，宣传品的进村率达100%，入户率达85%。2012年，利用广播、标语、黑板墙报等宣传阵地普及计生基础知识，群众知晓率达95%以上，90%以上的育龄夫妇至少掌握了两种以上避孕方法和优生优育知识，发放宣传资料2000多份，基层计划生育信息上报73期，开展人口文化摄影展览1次。2013年，大力开展“三晋康家”宣传活动，新建固庄、北庄、政府广场3个高标准的文化大院，更新高标准宣传标语，增添大型公益广告牌8块。为各村计生专干订购《人生》《村级计生工作人员应知应会》《预防出生缺陷知识问答》《优生科普知识手册》等杂志和读本，做到育龄妇女人手1份。

技术服务　历史上，境内妇女避孕方法主要是“体外排精法”或“中断性交法”。流产方式主要是让孕妇参加重体力劳动，如原地跳、推(另有转、座之说)磨盘(用磨杆挤压腹部)、擀小腹(用擀面杖在腹部压、擀、顶)等，以达到流产的目的，这样往往造成妇女早年身亡。

20世纪50年代末至60年代初，新式避孕方法逐步推行，普遍采用避孕套、子宫帽、避孕药膏、安全期避孕、压迫穴位、体外排精等节育方式。此后，随着计划生育工作的加强，针、药节育以及外用药、栓、膜等多种节育方式在境内推广。1963年，阳泉市防疫站在东村公社出售阴茎套112个，其中130人要求避孕，发动群众避孕的48人，绝育手术3人。1964年，阳泉市中心医院流动医院为东村公社培训接生员21人。同年，山底村8人做绝育手术。另有54人采取了避孕措施，其中领取避孕套41人、避孕药13人。1965年，阳泉市第二人民医院医生在河底公社、东村公社各村生产大队开展节育手术。同年，阳泉市卫生局举办了不脱产卫生院和接生员的培训，境内部分人员接受培训。

1972年，下章召大队90名未婚青年中，有87名未婚青年制订了晚婚计划。70年代末，河底公社配备了1名计划生育助理员，每村配备1名计划生育服务员。1979年，境内结婚229对，计划生育298对，共出生459人，多胎生育158人；晚婚率河底100%，东村64.4%，燕龛90%。“四术”（人工流产、中期引产术、男女绝育手术、放置宫内节育器技术）人数321人。

1980年，“四术”人数3271人，节育率分别为河底73.7%，东村67%，燕龛37.9%。1984年，河底公社卫生院加强了对节育技术人员的培训和指导。1986年10月，按照上级文件上节育环不宜多用放射线照射检查的通知，河底镇邀请阳泉市第一人民医院B超大夫，对全镇上节育环和做节育术后的妇女进行了一次B超检查。1989年5月，阳泉市郊区计划生育委员会组织基层计生工作人员进行了为期3天的培训，河底镇16人、东村乡14人、燕龛乡8人参加了该次培训。

1990年1月1日起，一孩生育使用地市计生委印制的“准生证”。4月，全区“双服务”(技术服务、宣传教育)中，东村乡2个村、河底镇2个村、燕龛乡1个村被评为“先进集体”，东村乡4人、河底镇10人、燕龛乡2人被评为“先进个人”。1991年5月6日，河底卫生院进行全区独生子女残疾儿童及成人伤病残鉴定。1992年，引进皮下埋植避孕法和米菲司酮药物人流新技术。1993年，“四术”作为工作重点。1995年，区计生委组织技术人员到辖区内的行政村，对已婚育龄妇女进行检查，还对妇科病进行普查、治疗，项目有妇检、内检、B超、孕情检查等，对查出有疾患的妇女进行建档，并给予治疗。1998年6月，燕龛乡计生委、计生协会聘请阳泉市老龄医院专家为全乡700余名育龄妇女进行了检查，并对检查出患有妇科疾病的妇女进行治疗。1999年3月，河底村孕前管理经验收到一致好评。

2003年4月，镇计生办对育龄妇女的婚姻史、生育史、节育史、生育意愿、避孕方法知情选择的态度、对计生服务有何需求等逐一调查摸底。同年，通过“公开招聘、择优录用”的办法，选拔任用了37名计生工作人员，全镇村级计生队伍结构发生了根本性变化。9月7日至8日，河底村、里龙光峪、大固庄村、关家峪、邓家峪、任家峪、下固庄、燕龛、程庄、苏家泉、山底的11个村和镇计生服务所的部分员工在郊区党校多媒体教室参加了郊区举办的生殖健康和计划生育优质服务培训，课程涉及“计划生育工作新思路、新理念、新方法”“项目有关概念及内容的解释”“正确认识一发推进避孕方法知情选择”“避孕措施知情选择”“计划生育技术咨询与人际交流”“避孕药具管理规范”“避孕方法的适应、禁忌症、优缺点副作用及处置”等。2004年，大力推进避孕方法知情选择，保障了群众自主地选择适宜、安全、有效的避孕方法，自觉实行计划生育。同年，1名具备执业医师或执业助理医师资格技术的大学生充实到镇计生服务所。2005年，在全区计生系统开展的计生岗位技能竞赛中，河底镇计生服务中心获得行政管理岗位技能知识竞赛团体第三名。同年，河底镇计生服务中心配备了血红蛋白仪、双目显微镜、医用压力锅、出诊箱等服务器械。2006年，河底镇计生服务中心做到了“五统一”，即统一技术服务人员着装、统一服务模式、统一操作程序、统一医学文书规范、统一医学档案管理。全镇全年服务人群达513人，咨询人数达120人、落实节育427例、B超普查人数1.1万人次、群众需求调查1000余份、反馈800多人、随访789人、优生优育服务84人。投资3万余元，更新了B超机、更换了档案柜，增设了化验设备，改善了服务功能。2008年，围绕“四免费一倡导”积极开展活动，即免费为全镇准备结婚的青年提供优生优育资料、免费为18~35周岁的未婚女青年和计划怀孕的已婚妇女接种风疹疫苗、免费为符合条件的育龄妇女发放“斯利安”、免费婚前检查和倡导先进生育理念，进一步完善了长效节育措施的落实。以避孕节育知情选择为载体，优质服务范围进一步拓展，延伸知情选择内容、规范知情选择程序、拓展知情选择范围，努力达到“全过程”（青春期、新婚期、孕产期、避孕期、更年期）、“宽领域”（计生、卫生、妇幼、村级）的要求，做到“四个提供”（提供安全、及时、周到的服务；提供知识普及服务；提供随访、副反应和并发症防治服务；提供避孕节育措施更换和终止服务），在知情选择程序上，按照“六步法”（问候、询问、告诉、帮助、解释、回访）的要求，对新婚期的育龄群众，设立咨询窗口、观看模具、发放卡片、发放药具等途径，为他们提供咨询、指导服务；对孕产期的育龄群众，开设知识讲座、开展面对面咨询、产后访视宣教等方法，向他们宣传相关知识；对避孕期的育龄群众，在落实或更换措施之前提供规范化的服务。积极推广使用“福施福”“斯利安”等优生营养素，努力降低出生缺陷发生率。2009年，全镇共为137人符合人群免费发放“斯利安”822盒，出生缺陷一级干预率达100%，累计干预人群1460人，出生缺陷干预率达100%。除小沟、西沟、武家庄整体搬迁外，山底、东村、邓家峪等15个村按照“村级示范服务室”的标准(亮化、美化、人性化、个性化)完成了村级服务室进建设,建设率达到了51.7%。

2010年,全镇共有22对新婚夫妇参加了婚前医学检查,免费发放“斯利安”931盒,出生缺陷一级干预率达100%。2011年,河底镇计划生育服务中心推行“一加一”(每月办理一件计生工作实事、每月每村上报一条计生信息)工作法,对育龄群众进行避孕节育科普知识讲解和指导,免费发放各种避孕药具,引导她们选择安全、有效、适宜的避孕节育措施,从而减少了意外妊娠率;对新婚、怀孕、产后、“四术”对象定期随访;积极开展孕前优生咨询指导、出生缺陷干预、生殖健康普查等活动,计划生育率达92.2%。2013年,严格执行“打击两非”(非医学需要的胎儿性别鉴定和非医学需要选择性别的人工终止妊娠)有关规定,搞好孕情服务,严格控制出生人口性别比。全年共体检11942人,实施手术182例,接待门诊病人500余例。

第二十一章　社会生活

第一节　基政工作

基政建设　明清时代，实行保甲制度。组织机构大致为：乡辖都，都辖保甲，一甲辖十牌，十户为一牌。由于村落大小有异，大村可分数甲，小村有的数村为一甲。保甲机构的主要任务是征收田赋，主持“迎神”“赛社”等活动和处理村上的一些纠纷。保甲制的行政机构有一定的行政实权，是封建统治的基层组织。

清雍正二年（1724），河底镇为五甲建制。其中街道商号为第五甲。设保长 1 名，甲长 5 名，另设乡约 1~2 名，专管一村上下文书传递。

民国初年（1912），以自然村为单位，村设村公所，作为行政管理机构，直属县政府管辖。村公所设村长 1 人，副村长 2~3 人，秘书（俗称先生）1 人。村公所下设间，其中河底村分为 18 个间（其中 4 个间为街道商号）。

抗日战争初期，在区委、区政府的领导下，进行清理村财政、改造旧政权的工作。民国 29 年（1940）6 月，按“三三制”（共产党员大体占三分之一、左派进步分子占三分之一、中间分子和其他分子占三分之一）开展了民主建设活动，以民主的方式，由群众直接选举了区、村政权组织。

民国 36 年（1947）至 1952 年，境内实行区、村制，各设村长 1 名。1953 年，实行区、乡、村制，境内共计 1 个镇 7 个乡、20 个行政村，24 个自然村，各乡设乡长 1 名、副乡长 1~3 名。1954 年，各村建立互助组。1955 年，在互助组的基础上建立“劳动农业社”和“富强工农联合社”两个初级农业成产合作社。1956 年 3 月，初级社转为高级社，实行政社合一管理体制。各乡（镇）设乡（镇）长 1 名，副乡（镇）长 2~3 名。村设村长 1 名，副村长、委员若干名。1958 年 9 月，乡镇改称人民公社，行政村改称生产大队。

1961 年 4 月，调整为公社、生产大队、生产队三级组织，以生产队为基本核算单位，通称“三级所有，队为基础”。1967 年，大队管理委员会被革命委员会取代。1969 年，公社管理委员会改称革命委员会，境内有河底公社和东村公社，革委会设主任 1 名，第一副主任 1 名，副主任若干名。各生产大队设主任 1 名，副主任、委员若干名。1976 年，恢复大队、小队机构。

1981 年 9 月，人民公社革命委员会改称人民公社管理委员会，境内有河底公社管理委员会和东村公社管理委员会、燕龛公社管理委员会。各人民公社管理委员会设主任 1 人，副主任若干名。各行政村的革命委员会改建为生产大队，各产生大队设主任 1 名，副主任、委员若干名。1984 年 5 月，实行乡（镇）村制，境内设河底镇、东村乡和燕龛乡人民政府，生产大队改建为村民委员会，乡（镇）人民政府设乡（镇）长 1 名、副乡（镇）长 2~3 名。村民委员会设主任 1 名、副主任和委员若干名。1986 年 10 月，河底镇设置河底村、苇泊钢铁厂、固庄煤矿 3 个居民委员会。

2000 年 11 月，按照山西省人民政府《关于印发山西省撤乡并镇工作方案的通知》，原东村乡、燕龛乡并入河底镇，下辖 32 个行政村、33 个自然村，3 个居民委员会未变。

村民自治 1987 年，全国人大通过《中华人民共和国村民委员会组织法》，境内各村严格按照《中华人民共和国村民委员会组织法》建立村民委员会，村民委员会由村民大会或村民代表会议选举产生，为群众自治组织。

1996 年 6 月底，河底镇进行村民委员会换届选举，根据山西省人民政府办公厅（1993）99 号文件精神，把这次换届选出的村民委员会确定为第四届村民委员会。以后届数依此为序。同年，各行政村开展村民自治示范活动。燕龛乡把北庄、西沟两村的村委换届选举工作作为基层党组织建设的整顿重点，进行组织部署，分别于是年 10 月 9 日和 12 月 28 日圆满完成选举工作。

1999 年，根据修改后的《中华人民共和国村民委员会组织法》《阳泉市郊区村民委员会换届工作方案》和区人大常委会《关于我区第五届村民委员会换届选举工作的指导意见》，按照“直接提名，直接投票”的原则，河底镇第五届村民委员会换届选举首次进行直接选举。第五届村委班子的组成不仅青年比重大，文化素质高，组织能力强，而且还保证了农村班子建设的连续性和稳定性，更重要的是保证了农村经济持续发展的健康性。

2005 年 11 月，河底镇进行第七届村民委员会换届选举工作。全镇各行政村进行了换届选举，换届选举率达 100%。2008 年 11 月，河底镇进行第八届村委换届选举。有超半数以上村通过直选实现了支部书记与村委主任“一肩挑”，一些新阶层、新实体代表逐步走进支村两委班子。2012 年 5 月，第九届村民委员会换届选举工作全部结束，支村两委“一肩挑”比例达到 50%，一大批“双带”（带头致富、带领群众共同致富）能力强的农村优秀人才选进“两委”班子。

河底镇村民委员会历届选举情况统计表

表 21-1　　单位：人、周岁

选举届次	村委人数	党员	妇女	退伍军人	高中以上学历	个体私营企业主	交叉任职	一肩挑	平均年龄
第四届（1996）	139	105	28	14	34	3	21	12	44.17
第五届（1999）	106	78	13	20	33	2	24	14	43.51
第六届（2003）	94	73	12	12	31	8	21	12	43.10
第七届（2005）	96	78	13	17	38	9	21	15	43.78
第八届（2008）	96	76	13	15	33	10	32	16	44.78
第九届（2011）	95	64	27	12	37	13	28	11	44.99
第十届（2014）	95	63	28	12	31	13	31	11	45.61

村务公开　2004 年，镇村务公开领导组认真宣传贯彻《中共中央办公厅、国务院办公厅关于健全和完善村务公开和民主管理制度的意见》文件精神，为确实做好村务公开管理工作，不仅要求各行政村在便于群众观看的地方设立固定位置、统一样式的村务公开栏，而且还坚持了“四个保证”（保证公开真实性、全面性、时效性、规范性）、“三个延伸”（由过去公开办事结果向办理事项的事前、事中、事后三个程序延伸）、“两全面”（由单一的村务公开变村务、党务两个方面的全部公开）、“一个目标”（无论公开什么内容、采用何种方式、通过多少程序、限定什么时间，都必须做到让群众明白，还干部清白，达到促进生产，社会稳定，充分调动干群积极性和主动性的总体目标）的基本做法。健全村务公开形式，完善民主管理制度，规范决策程序，强化监督管理约束机制，使村务公开民主管理步入良性轨道。

2005 年，河底镇出台《河底镇村级组织规范管理暂行办法》和《关于进一步深化和规范村务公开和民主管理工作实施意见》，以推进村民代表“议事会制度”为重点，重要事项都提交村民代表会讨论。大多数村都按照“六步民主决策法”来开展村务公开民主管理。一是村党组织召开全体党员会和村民代表会征求意见形成议案；二是村“两委”联席会议讨论通过；三是乡镇党委、政府对议案的内容及过程进行审查；四是村民会议、户代表或者村民代表会议讨论表决通过；五是限时在村务公开栏公开；六是整个决策过程由村民代表负责监督，在村党组织的领导下由村委会组织实施。有效地改变了少数人说了算，决策不民主的问题。在村务公开工作中，镇党委、镇政府明确规定各村公开内容底稿必须有乡相关部门负责人审核签字，使广大村民在最短时间内了解村务动态，参与村务决策。固庄、邓家峪等村还设定村务公开咨询日，印制村务公开意见反馈表，强化村务公开民主管理的规范。同时,全镇有80%的行政村还推行村干部一年两次述职交账会。

至2008年,河底镇对村务公开民主管理工作制定检查监督制度和激励考评制度,坚持每季度由镇村务公开领导组办公室定期检查和每半年村务公开领导组抽调相关成员单位联合检查的工作机制,对各村的组织领导、公开内容、公开时间、公开方式、公开程序、监督保障、档案管理等方面进行全面细致的考核验收,并作为村级整体工作年终考核的重要内容,与集体先进的评选直接挂钩。此外,为鼓励村干部勤于为群众办事,一心为农村建设服务,镇政府按照郊区有关政策,对连续12年当选村委主任和支部书记的村干部,到60周岁正常离岗的给予每月300元的财政生活津贴。所有行政村都推行村干部年度述职交账制度。

2010年以来,河底镇村务公开民主管理工作掀起新的高潮。固庄村在实践中,将"四议"(村党支部会提议、村"两委"会商议、党员大会审议、村民代表会议或村民会议决议)"两公开"(决议公开、实施结果公开)拓展为"六议"(1.动议,所有工作事项的最初来源依据想法。2.提议,党支部会议对动议进行提议。3.商议,对党支部会议的提议,村支"两委"要开会商议。4.审议,党员大会进行审议表决。5.民议,将党员大会审议事项征求群众意见。6.决议,村民代表会议或村民会议对事项进行表决)"两公开"(决议结果公开、实施结果公开)",增加"动议"和"民议"2个环节,创新依法治村、依规议事的工作流程,并实行了村干部、党员、村民代表和家庭承诺制度,他们的经验在全区得到推广,并成为全市的典型。全镇各村都普遍实行了"六议两公开",进行了村干部、党员、村民代表和家庭承诺制度,村级民主管理工作迈上新的台阶。同年,对在职村支书记、主任每月300元补助。

2013年9月,河底镇举办干部"三资(资金、资产、资源)管理、三务(党务、居务、财务)公开"培训会,全镇32个行政村的书记、主任、会计及镇三资代理服务中心的全体人员参加了培训。区经营办王斌武结合区政府出台的农村财务管理的"一个制度、两个办法"进行了培训,培训内容主要有货币资金管理、资产处置、工程管理、招投标等内容。镇纪委书记齐瑞新对"三务公开"进行现场演示。通过该次培训,提高了镇村两级干部的财务管理意识,为更好地加强村级组织财务管理提供有力保障。2014年,河底镇制定举债管理办法,杜绝盲目借债行为,同时出台乡村干部"15条"(包村工作责任制度、考勤值班制度、作风建设制度、学习制度、民主决策制度、廉洁自律制度、例会坐班制度、考勤制度、会议制度、工程项目管理制度、土地资源管理制度、村级财务管理制度、目标责任考核制度、督促检查制度、问责制度)。全镇32个村,全部实行收据和财务专用章统一管理,全部落实"备案"制度。燕龛村坚持事事两委商议、大事提请表决、村务及时公开、决策倾听民意,当年累计召开两委会议37次、党员会议11次、村民代表会议6次、集中公开28次、倾听群众意见建议280多条、采纳12条，成为新兴的示范村。山底村党总支、村委会在推进党风廉政建设中，坚持把“四议两公开”工作法贯穿于村民自治全过程，打造“阳光”村务，践行“为民务实清廉”宗旨，严格落实“四议两公开”工作法相关配套制度，特别是在对集体资金的管理过程中，严格认真执行经费审批制度。凡大额资金支出，必须由村理财领导小组研究、经村民代表会议表决通过、村务监督委员会监督实施方可支出，基本实现“六个全覆盖”，即街巷硬化全覆盖、天然气入户全覆盖、自来水入户全覆盖、数字电视入户全覆盖、安保防盗监控全覆盖、新型农村基本养老保险全覆盖，成为科学管理资源模式的廉洁乡村。

河底镇连续任职12年以上且享受政府补贴人员统计表

表21-2　　　　单位：人、元

年　份	人　数	补贴金额	年份	人数		补贴金额
				离任	在职	
2006	25/24	87900	2010	26/27/30/29	47/46/45/44/43	254400
2007	24/26	67800	2011	29/31/37	46/47	279600
2008	26	93600	2012	37/39	46/51	314100
2009	26	93600	2013	38/39/40	52	326700
—	—	—	2014	39/38/40/37	51/52	324900

说明：此表中的人数表示当年受补贴人员的变动情况。

第二节　拥军优属

拥军爱国　以前历代政府曾颁布过一些“条例”“细则”，表示对伤亡军人家属给予抚恤和优待，可是大多数成了纸上空文，致使伤残兵生活无着落，流落街头，扰乱社会安定。抗日战争和解放战争时期，河底为革命老区，素有拥军优属的光荣传统。抗日民主县、区政府和村党政干部对生活有困难的烈军属、伤残复员军人实行代耕、包耕和实物补贴。

中华人民共和国成立后，更加重视拥军工作。部分村庄为革命烈士立碑，为烈军属发放优待工，同时按照上级政策接收、安置复退军人。对困难家属、伤残户等发放抚恤金。建军节、元旦、春节等重要节日,村干部都要亲自到烈军属家中慰问,帮助他们解决实际困难。凡是烈军属,大门上都要悬挂“光荣烈属”和“光荣军属”的匾额。凡有立功者,村民政还组织学生敲锣打鼓上门送喜报、报喜。对残废军人,复员退伍军人,给予一定的生活补贴,对现役军人每人每年出勤优待工分。共青团、少先队还组织青少年为军烈属担水、扫院、抬烧土、送春联。该美德良风一直坚持到80年代初期。1951年春,境内掀起“抗美援朝,保家卫国”的高潮,群众自觉捐钱捐物。1956年,燕龛乡发动群众,向烈军属、荣复军人进行慰问,组织召开座谈会,听取他们的意见,了解他们的困难,并帮助他们进行解决。同年,对生活困难的烈军属和残疾人实行补助和定期定量补助(后简称“定补”)。1957年,燕龛乡为做好抚优和安置工作,启发军人参加生产的积极,参加在平定县举行的烈军属、荣复军人积极分子及拥军优属模范会议。1960年,河底村享受国家“定补”的烈士10户、26人,人年均45.6元。1966年,人均“定补”提高到69.6元。1972年,河底公社党委把民政优抚工作列入党委的议事日程,主要抓路线教育,抓党对民政工作的领导,抓党的民政抚优政策的落实,使全社的民政工作出现了新面貌。70年代末,某部在境内拉练,群众主动为部队腾房子、借灶具。1983年1月,中国人民武装警察部队山西省总队第二支队三大队十中队进驻固庄煤矿,每年的建军节、国庆节、元旦、春节等节日都由郊区政府和郊区民政安排部署,带着相关物资到固庄煤矿进行慰问。1984年,河底镇抚优款1900元。1985年起,由定期定量补助改为定期抚恤金。1988年,河底镇部分村庄、学校以及固庄煤矿驻地武警参与全区开展的共建文明村、文明街、文明单位活动。从1990年起,到1993年对每个义务兵年均按600元、700元、800元的标准发给优待金。1994年,河底村享受定补者9户(人),其中烈属3户,定补金额1800元;复员军人4人,定补金额1512元;病退军人2人,定补金额720元。2002年,河底镇“双拥”工作荣获“省级双拥模范镇”光荣称号。2004年,农村实行税费改革后,义务兵优待金的标准每人每年提高到1700元。

优待抚恤 抗日战争、解放战争时期,政府对烈士家属和因战致残的军人给予抚恤,执行晋察冀边区委员会颁布的抚恤标准。解放后,国家先后23次调整革命烈士抚恤、因公牺牲(不称烈士)抚恤、病故抚恤和革命伤残抚恤的标准。优待方式在不同历史时期的不同经济体制,给予烈军属及残废、复退军人粮食、布、衣服、家禽等方面的优待。其形式主要有以下几种:合作化前,推行代耕包耕制。1956年农业生产合作化以后,主要实行优待工分制,即以该村中等社员生活水平为标准,补足烈军属家属收入的不足部分,由集体补定工分(劳动日),参加统一分配。1963年,河底村享受优待工分的烈军属和残废军人共9人,计优待劳动日1080个,每户平均优待120个,相当于一个整劳力全年工分的三分之一。从

1978 年起，对生活不能自理，饮食起居需人扶助的特、一等伤残军人，每人每月发给 38 元的护理费。1982 年农村实行联产承包责任制以后，实行优待现金制度。1986 年，享受优待对象的有 17 户，优待金额 8480 元，户均 498.80 元。1993 年以乡镇户均优待最高的是燕瓮乡，达 1320 元。1994 年，河底村享受优待金的对象有 10 户，优待金额计 19680 元，其中烈属 4 户，户均 200 元；残退 4 户，户均 720 元；现役 18 户，户均 1560 元。

2001—2014 年河底镇抚恤金逐年发放表

表 21-3　　单位：人、元

年度	人数	金额	年度	人数	金额
2001	125	132666	2008	118	326762
2002	119	144530	2009	109	696658
2003	111	143488	2010	113	522577
2004	103	140967	2011	108	486335
2005	95	260312	2012	123	564466
2006	86	215304	2013	147	687564
2007	80	327907	2014	148	752606

2003—2014 年河底镇义务兵优待金发放表

表 21-4　　单位：人、元

年度	人数	金额	年度	人数	金额
2003	38	114000	2009	43	129000
2004	33	99000	2010	35	105000
2005	40	120000	2011	24	120000
2006	48	144000	2012	47	1738810
2007	46	138000	2013	60	2730894
2008	41	123000	2014	49	1774046

复退安置 民国37年(1948),境内乡、村按上级指示分别成立复员安置小组,负责办理抗战前入伍及参加工作人员的安置工作。1950年6月,中央军委和政务院颁布《关于人民解放军一九五〇年的复原工作的决定》后,人民解放军开始了统一的、有计划的、大规模志愿兵复员工作。1951年,复员安置小组更名为转业建设小组。同年,东村村中华人民共和国成立前参加革命的31名老复员军人(其中,伤残军人20人)回村务农,享受群众有待和定期补助。同年,河底村为患病和生活困难的复员军人发放救济并帮助2人调解婚姻纠纷。1948—1954年,河底村共接收安置17名复退军人。1958年,本着"从哪里来,回哪里去"的原则,接受第一批退伍义务兵,对农村入伍的回乡安排工作。其中河底村将110名退伍军人安置回村。其中11人复工复职、2人复学、55人重新安排工作。回农村的42人中录用为干部的2人,进村办企业27人(汽车司机21人、电工5人、钳工1人),自谋职业的13人,占应安置军地两用人才的39%。1980年之后,按照国家有关政策,境内实行优先安置退伍军人的优惠办法,积极做好退役士兵的就业工作,对自主就业的每年给予经济补偿。同时,对退伍军人在学习深造、自谋职业、婚姻、住房、治病等方面遇到的困难,乡、村两级安置部门都负责帮助解决。1985年之前,本境面临退伍义务兵数量多,安置任务重的困难,乡村两级政府采取思想教育同届军事及问题相结合的办法,鼓励和帮助他们会想劳动勤劳致富。涌现出像傅海生勤劳致富的优秀人物。对少数确有实际困难的,给予必要的物质帮助。有资料显示:2011年,全镇有11人享受经济补偿171000元;2012年,有18人享受经济补偿324000元;2013年,有28人享受经济补偿351000元。

第三节 烈士褒奖

中华人民共和国成立后,党委、政府始终重视烈士褒扬。在1951年、1952年两年间河底、苇泊、北小西庄为怀念烈士功绩,弘扬革命精神立碑刻铭,并以此作为经常性的革命传统教育活动基地。1980年,国务院颁布《革命烈士褒扬条例》后,区民政部门于1981年编写了本区《烈士英名录》。全镇正式认定并发证的烈士共250名,其中抗日战争时期118名,解放战争时期115名,抗美援朝战争中6名,社会主义革命和建设时期3名,其他8名。至2014年,境内苏家泉、东村等相继修建烈士公墓,以期缅怀先烈,激励后人。

2014年河底镇革命烈士纪念碑(塔、堂)统计表

表 21-5　　　　单位:年、厘米

村　名	碑　名	立碑时间	立碑地点	碑的尺寸	保存状况
河　底	河底镇纪念烈士碑记	1951	烈士堂	160×65	优
中　佐	为国捐躯	1966	寒　垴	160×75×20	差
	为国捐躯	2013	小龙光峪河	170×65×8	优
苇　泊	苇泊村烈士英名录	2015	凤凰垴	145×59	良
上章召	永垂不朽	1951	上章召村	600×160	良
下章召	烈士纪念碑	1950	红脑头	110×64	良好
河　南	—	2012	西坡河口	500×400	优
任家峪	烈士纪念碑	2012	悬头梁	800×1500	良
邓家峪	烈士碑	1992	马岭	150×40	良好
关家峪	革命烈士纪念碑	2015	石岩	1000×241	优
东　村	革命烈士纪念碑	1945	寨　山	92×50	良
	革命烈士纪念碑	1952	寨　山	136×60	良
东南沟	革命烈士纪念碑	2013	寺垴	200×80	优
苏家泉	革命烈士纪念碑	1951	村庙底	115×55	优
	革命烈士纪念碑	2010	全吉垴	200×120	优
小河北	烈士碑	1950	土古	172×60	良
北小西庄	烈士	1951	东阁	120×60	良
山底	烈士碑	1954	村西山	150×80	优
郊里	纪念碑	2013	东沟	150×30	差

河　底

王剪子　王志洪　史肉小　史通宣　史锦星
光福昌　光德明(光道存)　刘葵堂　刘根妹　郭贵锁
季玉鸿　张存才　苏德保　程洁成　程慕颐
段狗存　段梦筹(段牛牛)　侯玉让　郭满才　郭贵锁
赵妹成　荆山禄　耿殿钧　程道成　葛惠清
葛增焰　葛尚海　葛福元　樊荣田

中　佐

石　明　李瑞祥　李根寅　李根源　李根慰　李英书

苏金玉	段宝福				
龙光峪					
李　达					
里龙光峪					
张六崇	程鹏华	程夏玉	程富所	程三牛	程丙耀
程存成	曹五猫				
苇　泊					
史存六	史白小	史维堂	张丑牛	张　滋	张　璋
张富锁	杨清元	武虎小	荆山禄	胡金元	韩银怀
靳守荣	靳汝芝	胡德财			
上章召					
郭拉牛	郭新维	郭同牛	郭三和	郭清秀	郭小牛
郭福贵	郭喜和	郭计毛	郭爱小	郭二小	郭鼠妮
郭三小	郭润所	郭贵财	郭福财	郭灯林	樊厚堂
下章召					
王三富	乔杨小	王通经	王才经	王庙来	王九保
王大狗	王大山	王拴和	郑贵牛		
河　南					
王成贵	王虎存				
任家峪					
任德运	任福宏	任占贵	任东和	任金保	任银小
任仓牛	任聚才	任喜牛	任双元		
邓家峪					
邓祯祥	邓万丰	邓运堂	邓五牛	路才小	
南　峪					
张牛孩	张落成	张先所			
固　庄					
高明月					
牵牛镇					
傅来源	李银福	乔金牛	周勉躬	周联清	郭存所

赵牛小　黄九小　黄十保　樊志功

燕　龛

史四猫　史有财　史锁林　史通恒　史狗所　史五苗
史福林　史通太　史亨祥　史亨双

曹家掌

曹拉元　曹八月　曹丁友　曹三牛　曹玉小　曹成来
曹贵联

西　沟

白德财　白拉保　白富财　白先锁　白拉全　刘富堂

程　庄

李贵芝　李六十五　李六十七　程锁富　程宝祥　程鸿喜

郊　里

王通恒　王永恒

东　村

王艮春　石玉川　傅发魁　傅银才　傅忠义　傅根存
傅志荣　李计来　李二小　李聿贵　李四毛　李五十九
段春富　庞彦红　庞　会　侯玉牛　侯隆旺　郭　绶
曹五锁　曹喜牛　曹立银　曹立云　曹二牛　曹根明

东南沟

孙七妮　李桂只　张米贵　张义林　宋金喜　谢来喜
谢喜仓　谢国治(国)　谢福贞　谢怀林　谢新林　谢木死
谢书全　谢德美　谢计元　谢国银　谢国甲　李秃手

苏家泉

武春库　赵　聪　赵牛小　赵智小　赵智书　赵守忠
赵　伟　阎子斌　阎润狗　阎道元　阎拉川　阎五十
阎三小　阎进富　阎　洪　阎成牛　阎狗不理

大河北

傅大丑　李岽小　李四狗　潘小所　潘荣业

小河北

王　荣　杨存永　杨三苗　杨秋成　杨根和　杨东仓

五架山

杨有全　杨金才　杨德和　高进忠　高六小

北小西庄

刘牛小　李隆银　李格备　秦隆银　李五小　李七小
李妹成

山　底

李　书	张务(戊)小	张千锁	张　维(卫)
陈根兰	杨开元	施掌运	高开小
高六十一	鲍麻(忙)旦	潘　忠	潘福玉(潘玉苗)

红土岩

李东小　张俊山　张六十三　周二小　侯德永

★划线人员村里均无记载

第四节　社会福利

赈灾救济　境内在光绪三年(1877)、民国 9 年(1920)等大灾之年,田禾无收,饿殍遍野,民众流离失所。民国 36 年(1947),春夏连旱,境内半数以上农田误了播种期。阳泉解放后,每遇重大自然灾害,地方中共党支部和人民政府广泛发动和充分依靠人民群众,开展生产自救。1955 年 8 月,因旱灾、虫灾,全境谷田受损,政府组织男女老少灭虫。1960—1962 年,连续三年大旱,东村公社在党和政府的领导下,组织各村社员,依靠集体力量,狠抓水、肥、土为中心的八字宪法(水、肥、土、种、密、保、工、管),全社亩平施肥 153 担,整堎、加边达到 90%以上。1966 年 3 月邢台地震波及该地,出现房屋倒塌,畜圈损坏,市委拨款安排灾民生产生活。1982 年 7 月 3 日,燕龛、河底公社突然遭受冰雹袭击;29 日至 8 月 4 日又遭洪灾。重灾村迅速腾出库房、厂房、办公室安置灾民住宿。上级拨转款对灾民给予救助;同时发动灾民排洪整地,抢种秋菜,大力恢复工副业生产。1984 年河底镇发放救济款 5610 元,扶持脱贫致富户 4 户。2002 年,该镇在一年内分别经历了旱灾(4—5 月)、风雹灾(6—7 月)、洪涝灾(8—10 月)、低温冷冻灾(10 月)。2009 年 10 月,该境遭受特大雪灾,经济损失严重。

2000—2014 年河底镇救灾款和救灾粮统计表

表 21-6　　单位:户、元、公斤

年份	救灾款		救灾粮		户数	救灾款		救灾粮	
	户数	金额	户数	户数		户数	金额	户数	数量
2000	146	21000	356	61336	2007	262	45000	342	10500
2001	1358	185000	1356	101375	2009	1077	200000	375	10500
2002	1462	191000	824	30000	2010	542	80000	586	11650
2003	689	75000	1514	46000	2011	1036	200000	339	8375
2004	412	65000	465	12000	2012	848	280000	713	11250
2005	955	150000	483	12600	2013	1751	462000	691	9860
2006	992	192000	275	7500	2014	1027	330000	1025	10800

孤寡人供养　民国初年(1912),河底村天主教设有“保吃会”,对鳏寡孤儿尚有一些慈善之举,但无法解决众多贫苦群众的生计问题。中华人民共和国成立后,社会福利事业由国家和集体结合进行,使孤寡人得到赡养。1955 年前,河底村鳏、寡、孤、独和无劳动能力老人的生活困难,由群众互相解决或由互助组无偿包工代耕,国家发放救济粮、救济款,重点救济。1958 年农村人民公社对孤老残幼实行“五保”(吃、穿、住、医、葬)政策,由“五保”对象所在生产大队的公益金解决其生活中的粮、菜和住房等问题,并继续享受国家救济。其间,人民公社曾办有敬老院,但因条件不成熟,后又分散供养。1978 年以后,在集体分散供养和亲属承养的基础上实行集中供养。1982 年之后,全境各乡(镇)和部分农村,以统筹提、财政拨、村委交、民政补、群众捐、社会助等各种渠道,筹集资金,创办敬老院。1983 年,河底村建起敬老院,享受“五保”的 17 户、19 人,并有 14 人住进敬老院(先后已有 10 人已死亡),其他 4 人由集体供养。到 1985 年,境内先后建起乡(镇)级敬老院 3 所,村办敬老院 1 所。1994 年底,河底村符合住敬老院条件的有 14 人,其中能自理的有 7 人,由亲友供养的有 7 人。以上 14 人,集体每年给予适当的救济。2004 年,东村乡敬老院、燕龛乡敬老院、河底镇敬老院、河底村敬老院合并组建河底镇敬老院。2006 年,下召章村残疾人王秋虎,创建全区第一个民办养老机构,阳泉市郊区秋虎敬老中心,到 2014 年累计收养老人 36人。

河底敬老院　2004 年,由原来东村乡敬老院、燕龛乡敬老院、河底镇敬老院、河底村敬老院合并组建而成,重新选址新建,总投资 353.4 万元,占地面积 3500 平方米,建筑面积为2100平方米，房间60间，包括食堂餐厅、多功能活动室、图书馆、会议室、医疗室、男女卫生间、男女浴室、老人宿舍双人标间和普通间，共计120张床位。室内设施有电视、电话、衣柜、办公桌、沙发等。2014年入住老人36人，工作人员10人。

秋虎敬老中心 2006年，下召章村残疾人王秋虎投资1万元，在本村创建秋虎敬老中心，占地面积200平方米，建筑面积150平方米，共有房间5间，床位12张，工作人员5名。

残疾人事业 中华人民共和国成立后，境内政府在维护残疾人权益、安置就业、帮扶等方面做了大量工作。1992年12月，河底镇召开第一届残疾人联合会。1993年，境内各行政村及固庄煤矿成立残疾人协会，并配备专职委员。1994年东村村为本村30名残疾人发放了残疾证。2003年7月，为了扩大残疾人就业面，河底镇第二届残疾人联合会加大对残疾人就业工作的投入，缩小社会就业与残疾人就业整体水平的差距，实现同步发展，在全镇举办部分种养殖培训，培训内容包括养猪、养鸡、养奶牛、核桃树种植等，方式采取集中授课和实地参观相结合的办法。同年，开展“扶贫济困送温暖”活动。2005年，河底镇被中残联授予“助残工作先进乡镇”称号，并接受了全省残疾人达小康现场会的观摩。2006年5月，河底镇被山西省残疾人工作协调委员会授予“残疾人工作先进镇”称号。2007年，残疾人危房该工程全面完成。2009年，对残疾人配备辅助器具24件。2010年，精神病免费服药11人，配发残疾人辅助器具195件；“阳光家园计划”居家托养残疾人13户；残疾人机动轮椅车燃油补贴1户；区残联批准小额信贷8人。2011年，河底残联按照《阳泉市郊区重度残疾人救助实施办法》，对二级以上残疾人实施特殊救助，是年救助265人，救助金额184800元。同年，有17名残疾人享受国家“阳光家园计划”，接受资助金额11900元。为白内障患者免费筛查83人；精神病免费服药6人；配发残疾人辅助器具57件；“阳光家园计划”居家托养残疾人37户；残疾人机动轮椅车燃油补贴37户；小额信贷累计12人。8月被省人民政府残工委授予“全省残疾人工作先进单位”称号；12月被省残联授予“‘十一五’全省残疾人康复先进集体”。2012年3月，发放重残救助281人，共计金额196550元；在“基层党组织结对扶贫”项目中，全镇确定结对扶贫3户。为白内障患者免费筛查75人；精神病免费服药11人；配发残疾人辅助器具105人；“阳光家园计划”居家托养残疾人18户；残疾人机动轮椅车燃油补贴3户；小额信贷累计26人；无障碍改造对象5户。2013年，发放重残救助309人，共计金额216800元；为白内障患者免费筛查22人；精神病免费服药12人；配发残疾人辅助器具39人；“阳光家园计划”居家托养残疾人21户；残疾人机动轮椅车燃油补贴3户；小额信贷累计42人；无障碍改造对象8户。2014年，重残救助322人，共计金额259200元；精神病免费服药19人；配发残疾人辅助器具14人；“阳光家园计划”居家托养残疾人21户；残疾人机动轮椅车燃油补贴1户；小额信贷累计60人；无障碍改造对象4户。

2003—2014年河底镇残疾人培训会统计表

表21-7　　单位：人

年份	培训人数	培训内容	年份	培训人数	培训内容
2003	150	种养殖	2009	100	种植
2004	135	种养殖	2010	84	种植
2005	130	养殖	2011	150	种植
2006	120	种植	2012	160	种植
2007	50	种植	2013	120	养殖
2008	80	种植	2014	45	手工编织

城乡低保　2001年10月20日，郊区人民政府以阳郊政发〔2001〕75号印发《阳泉市郊区城镇居民最低生活保障办法（试行）的通知》，对本辖区内城镇居民、困难群众进行分类施保，实现应保尽保。为方便群众，并将困难户的低保金实行社会化发放。农村最低生活保障从2005年5月正式实施，标准由区人民政府按照能够维持农村居民全年基本生活所必需的吃饭、穿衣、用水、用电等费用确定。对象是家庭年人均纯收入低于当地最低生活保障标准的农村居民，主要是因病残、年老体弱、丧失劳动能力以及生存条件恶劣等原因造成生活常年困难的农村居民。最低生活保障标准要随着当地生活必需品价格变化和人民生活水平提高适时进行调整。2007年11月至2008年12月1日，按照晋民字〔2007〕159号、晋民字〔2008〕54号、69号、147号和阳民字〔2008〕34号分别提标至每人每月66元、76元、86元、100元、110元，共进行5次调标。此后除2009年外，每年都进行提标，其中2013—2014年提标幅度最大，达到每人每月46元。境内城镇、农村居民最低生活保障的实施，坚持国家保障与社会帮扶相结合，鼓励自救，在完善农村居民最低生活保障制度的同时，健全了临时救济、政策扶持、社会互助和家庭保障等配套措施。

2002—2014年河底镇城镇居民低保金发放情况统计表

表21-8　　单位：户、人、元

年　份	保障标准	户　数	人　数	金　额
2002	130	430	753	628812
2003	145	812	1643	963951
2004	155	854	1793	1365218
2005	155	701	1360	1374618

续表 21-8　　单位:户、人、元

年　份	保障标准	户　数	人　数	金　额
2006	175	710	1645	1746321
2007	185	832	1868	1847100
2008	235	809	1855	2286180
2009	235	721	1785	2387060
2010	315	725	1613	2464800
2011	285	748	1666	3193980
2102	325	637	1390	3510345
2013	355	660	1442	4501215
2014	380	636	1344	4433850

2005—2014 年河底镇农村居民低保金发放情况统计表

表 21-9　　单位:户、人、元

年　度	保障标准	户　数	人　数	金　额
2005	50	280	540	271402
2006	60	300	576	321306
2007	66	314	592	379416
2008	110	463	748	7924640
2009	110	356	674	766842
2010	120	474	873	980904
2011	142	505	921	1253352
2012	188	509	925	1486845
2013	212	535	1002	1941888
2014	228	617	1193	2566668

第五节　婚葬管理

婚姻登记　抗日战争时期,中国共产党领导建立的抗日民主政府,提倡解放妇女,男女平等,自由恋爱,制止和废除沿袭几千年的封建买卖包办婚姻。民国 30 年(1941),晋察冀边区政府颁布《婚姻登记暂行条例》,规定男 20 周岁、女 18 周岁为结婚年龄,实行登记结婚。民国 36 年(1947)阳泉解放后,婚姻登记由市辖区政府或区公所办理,包括结婚、离婚、复婚三项内容。

1950 年,国家颁布《中华人民共和国婚姻法》,结婚年龄未变。1953 年 4 月后,婚姻登记改由乡(镇)政府(人民公社)办理,各村设婚姻调解员 1 名。离婚一般是经过本村婚姻调解员采取协议离婚,协议不成功可通过诉讼离婚。1955 年后,办理结婚登记的法定程序包括申请、审查、登记发证。审查申请结婚当事人是否完全自愿,是否达到法定婚龄,是否符合一夫一妻制,有无禁止结婚的血缘关系和疾病。经审查合格,符合《婚姻法》《婚姻登记办法》规定的,婚姻登记机关为双方当事人办理结(复)婚登记,发给结婚证。1960—1979 年,离婚多为家庭出身和政治表现以及包办婚姻所致。

1980 年 9 月第五届全国人民代表大会第二次会议通过的新的婚姻法,规定男 22 周岁,女 20 周岁为结婚年龄,并提倡晚婚、晚育,禁止直系血亲和二代以内旁系血亲及患有不应结婚疾病的人通婚。1983 年起,婚姻当事人申请结婚登记时,须持有郊区妇幼保健站出具的婚前健康检查证明。结婚证、结婚登记申请书开始张贴婚姻当事人合影照,并加婚姻登记机关钢印。1985 年之后境内依照国家和省的婚姻登记办法与实施细则,将婚姻登记机关及婚姻登记员确定由乡(镇)政府的民政助理员兼任,经区民政局培训,持证履行职责。1996 年婚前健康检查人数达到最高,但是实检人数仍不达应检人数的一半。2003 年《婚姻登记管理条例》改为《婚姻登记条例》,实行区级人民政府民政部门为居民办理婚姻登记的机关,设立了阳泉市郊区民政局婚姻登记处。乡镇不再办理结婚、离婚等业务。改革开放以后,离婚的主因为志趣不投、感情不和、以及现代网络带来第三者插足以及婚外情。

殡葬改革 境内自古的丧葬习惯为木棺土葬,重殓厚葬。与之相伴随的有请阴阳、择坟茔、披麻戴孝、扬幡招魂等封建迷信活动。沿袭清明节、农历七月十五(部分村落)、十月一上坟祭祀的习惯。

中华人民共和国成立后,人民政府提倡殡葬改革。20 世纪 50 年代,主要倡导破除封建色彩的殡葬礼仪,取缔迷信活动。60 年代,重点依靠群众,革除土葬,铲除侵占耕地乱埋的不良现象,取缔专门为大办丧事提供方便的“赁货铺”和专司吹吹打打的“同乐会”等组织。20 世纪 70 年代初,区革命委员会曾推行指令性的殡葬改革办法,墓葬只深埋不占耕地,装殓不占棺木,丧服只佩黑纱不披麻戴孝,发丧不摆供,开追悼会。在大搞农田基本建设中将古老坟墓平整复耕等,并推行火葬。1976 年 4 月,在山西省火葬工作会议上,下章召受到表彰。5 月 27 日,河底大队党支部、革委会关于“破旧立新”的规定中提出:“今后村里死了人一律实行火葬。从当年5月30日起至7月30日，所有死者的火化费、运费、骨灰盒(不超过40元)、暂存费全部由大队解决。从8月份以后，火化费等费用仍由大队负责，骨灰盒由死者亲属负责……。"规定未公布前的5月9日，河底村党支部书记段格章的父亲去世，第一个实行火葬。同年，河底村共计有19人实行火葬。1977年有24人。1978年有16人。牵牛镇村连续两年火化21人。1980年后．殡葬改革重点是继续改革土葬，提倡以村建立集体公墓，积极推行火葬。国家职工病故后，不实行火葬者，不得享受丧葬费。同时期，随着生活条件的进一步改善，境内再度出现择墓地，请吹手，大操大办现象，并公开销售棺材、花圈、金童玉女、摇钱树、金山银山、冥币等丧葬品以及各类炮仗。

2002年之后，区、乡(镇)两级政府组建社会主义精神文明建设委员会，把殡葬改革列为议事日程之一。各行政村先后组建了移风易俗理事会，负责监督检查殡葬改革项目的落实。2003年，内受"非典"影响，民间办丧事讲排场、比阔气、铺张浪费的不良现象得到一定程度约束。但因受几千年来旧的殡葬习俗所影响，这种不良现象很快死灰复燃。除国家公职人员病故后实行火葬外，在群众中实行故后火葬尚未推开。同时，"赁货铺""鼓乐队""军乐队""红火班"等民间组织又开始盛行。

第六节　劳动和社会保障

劳动保障　中华人民共和国成立后，一直坚持对企业工人实行劳动保护。1949年，郊区贯彻华北人民政府颁布的《煤矿登记临时办法》，对境内的小型煤矿进行审查、登记和整顿。1952年，开始实施政务院颁布的《工矿交通及建筑企业职工死亡事故报告办法》，镇区范围内的企业普遍建立职工伤亡事故报告制度，设立安全生产组和技术指导组，负责本企业的安全生产和技术指导，镇区企业没有发生重大安全事故。1966年后，由于受"文化大革命"的影响，各企业的安全检查工作处于半瘫痪状态。1972年，河底公社革委会成立公交办，负责矿山安全管理。1975年，河底公社成立安全工作组，负责各村、各企业安全管理制度的制定和落实。同时，逐年增加安全生产的投入，企业加强职工安全生产教育，按季度发放职工劳保用品。1978年，镇区煤矿企业全部配备瓦斯监测器，矿井普遍安装防爆设备。1989年4月，河底镇正式成立安全委员会，负责管理全镇矿山井下及地面企业的安全生产，"国家监察，行政管理，群众监督，企业负责"的安全生产管理体制在全镇逐步形成。

随着乡镇企业的不断发展，劳动争议时有发生，群众维权意识日益增强。1989年，河底镇成立劳动争议仲裁委员会，开始受理劳动争议案件，并对仲裁活动进行监督。1995年，《中华人民共和国劳动法》正式颁布实施，为了进一步保护劳动者的合法权益，调整劳动关系，建立和维护适应社会主义市场经济的劳动制度，促进经济发展和社会进步，河底镇设立劳务站，对全镇用人单位进行遵守劳动法律法规和规章的监督检查，通过常规巡查和不定期抽查，及时查处了个别企业的违法行为，维护全镇良好的用工秩序。

2004年12月，《劳动保障监察条例》开始执行，河底镇劳务站及时组织相关单位和企业，认真学习劳动保障法律法规，对劳动者技能进行培训，主动加强劳企双方的权益保护。2005年后，河底镇劳务站按照有关法律要求，全面推行劳动用工合同签约制度，镇区所有企业全部签订劳企双方用工合同，有效地保护劳动者权益。2007年，河底镇劳动用工检查有序推进，劳动就业和劳动力转移工作有条不紊。2010年后，河底镇劳务站根据农村劳动力流动转移情况，及时举办就业培训10次，培训人员300余人，有80多人取得职业资格证书，劳动者素质普遍提高。

到2014年，全镇共接待劳动监察方面的投诉35件，处理25件；清理镇区范围内拖欠工资80万元；组织各类劳动用工检查30余次，圆满地完成了煤炭企业集中用工治理工作。同时，积极调解劳动争议案件12件。

社会保障　1953年1月，政务院《关于中华人民共和国劳动保险条例若干修正的决定》下达后，镇区百人以下的企业全部实行劳动保险合同。依据当时的实际情况，对工伤、工残进行鉴定，按照伤残程度享受国家规定的劳保险福利待遇。1954年5月，劳动保险由企业扩大到供销社、粮站，由工会组织进行管理。1966—1983年，镇区劳动保险工作由阳泉市劳动部门劳保科受理，负责职工伤残的鉴定。其间，受“文化大革命”干扰，劳动保险工作一度中断。

1982年，牵牛镇村实行村民退休养老金制度。从1983年开始，河底村实行村民退休养老金制度1984年，河底、上章召、邓家峪、任家峪、牵牛镇对老人实行养老金。1988年，河底村实行退休村干部享受“三老”（农村老干部、老党员、老模范）补贴。规定：凡符合“三老”条件的退休村干部，每人每年补贴180元。1993年，补贴调整为360元。村委会同时还规定，凡担任村党支部书记、主任在九年以上者，同样享受“三老”补贴；凡任职九年以上的副书记、副主任，按“三老”标准的66.6%执行补贴；凡生产队长、各厂（矿）长、经理、部门主要领导、党（总）支部委员、按“三老”标准的54.4%享受补贴；凡生产副队长、厂（矿）副职、副经理、部门副职、妇女队长，按“三老”标准的33.4%享受补贴；凡中华人民共和国成立前

(1949年10月1日)入党的,按生产队长待遇享受补贴,分别为360元、240元、192元、60元不等。1989年,牵牛镇村委参加集体劳动和工作15年以上的老村民办理养老保险。次年,该村还实行助学金制度,规定:凡考入大中专院校的学生,村委一次性发给助学金1000~2000元不等。

1994年,按照郊区政府出台的《关于建立多层次的社会保险体系的实施方案》,镇区范围内的牵牛镇、关家峪、河底等村相继为村民办理养老保险。燕龛村集体投资90余万元,为2300名农民加入养老保险。1995年,牵牛镇在原养老金的基础上再提高30%,由原来的每月每人30元提高至40元。

1996年,燕龛乡为农民职工养老投保金额12万元,占区任务的140%,至年底累计投保人数占全乡应保人数的90%以上。2000年,全镇各村普遍加强劳动保护工作,按照"先矿后企""先企后村""先易后难"的思路,分阶段、按实力开始推进社会养老保险。

2004年,河底劳动保障所正式成立,其主要职能:一是宣传引导办理农村养老保险;二是组织实施城镇居民医疗保险;三是协助郊区人社局劳动监察大队进行企业书面年审及日常检查;四是登记失业并与郊区就业中心配合搞好劳动力转移工作。2007年10月,河底镇立即开展城镇居民医疗保险工作,全面推行新型农村合作医疗制度。是年为居民办理医保1856人,收缴费用121600元。农村新型合作医疗参保率达81%,达到2.6万人。2008年,河底镇各村为村民交纳养老保险掀起高潮,先后有河底村、邓家峪村、里龙村、小沟村、任家峪村、关家峪村、牵牛镇等村按照不同年龄段,为30周岁以上的村民办理了60周岁后月领200元标准的养老保险,累计投入资金达1亿元,受到省、市、区农村养老保险机构的表彰。城镇居民医疗保险参保率达到93%。2009年,河底镇新型农保全面推开,先后涌现出固庄、小沟、山底等以集体补助加个人交费相结合的典型,是年全镇完成新农保23865人,其中城镇居民医疗保险制度、新型农村合作医疗制度,参保人数分别达1448人和22180人,占应入人数97%,交纳保险费用13505932元,位列全区第一。2012年新型农村社会养老保险全镇应入保16003人,实入14595人,参保率达91.2%;城镇居民社会养老保险制度试点工作,是年参保906人占应入人数的52%。

河底镇各类社会保险从无到有,从小到大社会保障能力不断增强。截至2014年,全镇农村养老保险达到14192人,占到农业人口的85%,参保率达到92%,保费金额达到210.8万元。镇区城镇职工养老、医疗覆盖率分别达到91.83%、86%,以"改善民生,兜底保障,社会和谐"为目标的社会保障工作取得明显成效。

第七节 宗教信仰

宗教事务

宗教管理 根据宗教活动堂点多、信徒多的实际情况，河底镇按照宗教工作有关政策、法规要求，从4个方面对宗教事务实行了规范化管理。一是管理组织规范化。成立由政法、公安、统战、民政、教育等有关领导参加的宗教工作领导小组，镇村两级级明确了分管领导，各宗教团体健全自身组织和宗教活动场所民主管理组织，分工负责，各司其职，每半年召开一次专题会议，研究和解决有关问题。二是堂点管理规范化。对各个宗教活动场所都进行了依法登记，制定了宗教活动管理制度，重大活动报告制度，做到了依法管理，有序开展活动。三是人员管理规范化。对参与各场所活动的教徒进行了造册登记，每年上报一次，并为场所负责人及教职人员建立了档案，定期培训。四是活动管理规范化。宗教活动必须在依法进行登记的活动场所内进行，不允许到场所以外进行宗教活动和宗教宣传，活动内容既要符合宗教教义、教规，又不违反法律法规、人民利益、民族团结和祖国统一。一些大型集会、祝圣仪式、节日庆祝活动，要求事先报请主管部门，不得因搞活动而影响社会秩序、影响群众生产和生活，损害公民的身心健康。

宗教场所 河底镇有5个宗教活动场所，即燕龛甘泉寺、程庄五龙庙、下章召禅智寺、河底明灵寺和天主教堂。1996年，按照《宗教活动场所管理规定》和信徒分布情况，对条件具备、布局合理、手续完善、证明齐全、制度健全的燕龛甘泉寺、河底天主教堂2个宗教活动点进行了登记、挂牌，并按时进行年检。2009年12月，程庄五龙庙、河底明灵寺2个宗教活动点经山西省民族宗教事务管理局批准并由郊区民族宗教事务管理局登记发证。

教 派

佛 教 北魏时期，佛教即已传入境内。东魏至唐，佛事活动形成一定规模。建于唐初的寺院有下章召禅智寺成为当时境内佛教文化中心。北周时，“周武灭佛”，禅智寺惨遭“法难”。相传建于唐的寺院还有燕龛甘泉寺。宋、金、元、明各代，佛教活动长期延续。金大定二十年(1180)，禅智寺住持道真高僧为苇泊村“求生兜率”，寿宁寺立有“同愿求生，内院修得，盂县石壁村禅智寺讲经传戒沙门道真，求生兜率内院，值遇龙花佛会礼念之图”石碑。清代，寺院增修扩建屡见不鲜。清末民初，有多家住有僧侣并有佛事活动的寺院。民国时期，禅智寺香火衰败，僧侣飘零。民国26年（1937），日军侵入境内，佛教寺院被占，寺院部分建筑被毁，佛事活动全部停止。中华人民共和国成立前，中佐寿宁寺曾有僧人30多人，庙产一顷多地，租给村民耕种，中华人民共和国成立后，僧众全部还俗，回乡务农。20世纪50年代，少数寺院恢复活动。1966年"文化大革命"开始，境内佛教全部停止活动。80年代后，随着宗教政策的落实，佛教活动得到恢复。1996年，燕龛甘泉寺正式领取宗教活动场所登记证书。2000年7月20日，阳泉市郊区佛教协会在辛兴圣泉成立后，燕龛甘泉寺组织宗教人士，积极开展各项宗教活动，增进了佛教文化的交流，建立了佛教徒间的友好往来，促进了佛教事业的正常发展。

道　教　在五代时期，道教即已传入境内。宋代，道教在郊区境内具有相当规模。苇泊天齐庙始建于元泰定二年（1325）。明、清两代，境内庙观众多。较为常见的有玉皇庙、老君庙、天齐庙、大王庙、龙王庙、真武庙、文昌庙、关帝庙、观音庙及财神、火神、虎神、牛王、马王诸庙。各庙多有固定祭祀时日。庙会期间及逢年过节，附近百姓众人扶老携幼，前往进香，跪拜供奉，祈祷神灵保佑，风调雨顺，国泰民安。民国26年（1937），日军侵入境内，道教组织自行解体。

天主教　清光绪二十年（1894），天主教徒、太原阳曲东黄水村人王建业等到河底、苇泊讲经传教。王建业全家10余人和苇泊村靳仁成、靳宝成两家10余人领先入教。清光绪二十八年（1902），太原教区意大利籍主教方济各会士凤朝瑞派中国籍神父胡宝善到河底主持教务，购得土地15.5亩。次年，河底天主教堂建成。内设天堂、宿舍、办公室、客房、保赤会、男女学堂等。保赤会有贞女冯玛利亚、曹加大利纳、贾玛利亚、房玛利亚4名。民国5年（1916），河底设总堂口，先后在苇泊、西南舁、义井村及平定县买房建堂，设立堂口，讲经传教。河底本堂总理平定、盂县、寿阳、昔阳教务。民国8年(1919)，直隶平山县的杨庆山、灵寿县的王浩兴、王浩富来河底村与神甫任文焕联系，随后，任文焕派冯文章去寿阳阳摩寺传教并发展教徒共六七十人。民国21年（1932），河底教堂归属榆次教区。以后神甫不断更换，但教徒数量一直增加。民国36年（1947）阳泉解放后，天主教停止活动。1952年，由河底村小学占用。1966年"文化大革命"开始，教会活动被禁止。1983年，天主教恢复正常活动。1984年1月，确定河底天主教堂归属晋中教区所辖。1985年，学校迁出，天主教房产由河底村接管，并租给该村木器厂和太钢十三冶占用。学校占用期间，拆除了教堂后院的部分房屋，建起了新教室和办公室。为落实中国共产党的宗教政策，1986年和1993年区委统战部和镇政府先后两次组织相关人员就天主教房产问题进行协商，分别将教堂大堂和前院落实给了天主教会，但由于后院新建房屋的产权归属问题，教会和河底村意见发生了分歧，因此，天三教房产遗留问题一直未能得到彻底解决。1996年，正式领取宗教活动场所登记证书。1997年，区委统战部以稳定为前提，有关政策为依据，多次召集河底镇、河底村、天主教堂负责人召开专题会议，研究房产遗留问题。经充分协商，12月26日三方签字，达成协议：1.凡天主教堂围墙以内的一切房屋设施（包括河底小学投资兴建的教室、办公室等）全部归天主教所有；2.教堂大门外的地盘（包括教会的猪圈一处、水窖一眼）由河底村委会统一规划占用，须留一条通往教堂的小车通道；3.对院内菜窖造成的损坏，由河底村无偿提供一定数量的预制板和红砖，天主教负责维修；4.天主教堂的房产手续费自己承担，房产证由河底村委协助办理。至此，河底天主教堂10多年的房产遗留问题得到了彻底解决。

第八节　人民生活

收　入　中华人民共和国成立前，境内由于长期战乱，土地贫瘠，灾害频繁，农业生产条件极差，生产力水平低下，农民收入增长极其缓慢。中华人民共和国成立后，经过土地革命和社会主义改造，农业生产条件有所改善，但因科技在农业生产上应用不够，农业的商品化程度很低，致使农业效益低下，加之工副业发展受到限制，农民收入水平仍极其低下，收入增长极其缓慢。

1973年，河底公社现金分配每人142元，东村92元，燕龛113元。1974年，河底公社平均每人收入146元，东村公社137元、燕龛公社117元。1975年，河底公社每个劳动日值1.43元，东村公社0.94元、燕龛公社1.03元。河底公社现金分配每人132元，东村、燕龛公社均为121元。1976年，河底公社现金分配每人139元，东村128元，燕龛115元。1977年，河底公社现金分配每人153元，东村129元，燕龛119元。

1979年之后，本区农村实行家庭联产承包责任制。乡镇工业发挥矿产资源优势，大搞黑、白、黄为主的采掘业。农村经济快速发展，农民生活明显改善，农民收入的主要来源除依靠农业外，开始有了来自企业的收入，但农业仍是农民收入的主要渠道。1980年，河底公社人均收入236.6元，东村公社248.4元，燕龛公社232.8元。1983年，河底公社现金分配平均每人408元，东村公社383元，燕龛公社532元。1984年，河底公社现金分配平均每人828元，东村公社592元，燕龛公社894元。1984年至1993年，农村继续推行家庭联产承包责任制，农业生产由自给自足的自然经济向商品经济转化的步伐加快，乡镇企业从资源型经济向加工型经济转移，第三产业逐步兴起，农民外出劳动和从企业得到的收入迅速增加。农民收入的主要来源由单一走向多元化，由单纯依靠农业转向以来自企业工资性收入和家庭经营收入为主的新格局。1984 年河底镇人均收入 828 元，1988 年为 997 元。1989 年燕龛乡人均所得 1155 元，1990 年 1200 元。

1991 年，河底镇人均居民纯收入 1074 元，东村乡 894 元，燕龛乡 1200 元。总收入千万元以上的村有河底、牵牛镇、山底、任家峪、上章召，其中河底为 2620 万元。人均收入千元以上的村有郊里、北庄、程庄、小固庄、里龙光峪、牵牛镇、下章召、小沟、大固庄、西沟、红土岩、燕龛、山底、河底、邓家峪、任家峪、关家峪，其中郊里最高为 1484 元。1992 年，河底镇人均居民纯收入 1213 元，东村乡 974 元，燕龛乡 1320 元，其中，燕龛乡农民人均纯收入 1531 元。是年总收入千万元以上的村有河底、牵牛镇、山底、任家峪、上章召、苇泊、下章召、邓家峪，其中河底为 3575 万元。人均收入千元以上的村有北庄、郊里、程庄、红土岩、里龙光峪、小固庄、任家峪、牵牛镇、河底、下章召、燕龛、大固庄、西沟、任家峪、邓家峪、猪头脑、山底、关家峪、曹家掌、苇泊、上章召、武家庄、中佐，其中北庄全区排名第九。1993 年，燕龛乡农民人均纯收入 2038 元，东村乡人均所得 1100 元。1994 年，燕龛乡人均所得 2302 元，东村乡 1200 元。1996 年，河底镇农民人均收入 2347 元，东村乡 1958 元，燕龛乡 2853 元。全区 20 强村中，牵牛镇、下章召、河底、里龙光峪、邓家峪名列其中，占全区总数的 25%，其中牵牛镇位居第二。在人均收入百强村中，郊里、燕龛位居前 10 名，其中郊里排全区第三，前 20 名还有小沟、北庄、邓家峪、牵牛镇。1997 年，河底镇农民人均收入 2780 元，东村乡 2582 元，燕龛乡 3223 元，燕龛乡位居全区第一。全区 20 强村中，牵牛镇、邓家峪、里龙光峪、山底、河底、名列其中，仍占全区总数的 25%，其中牵牛镇位居第七。

1997 年，乡镇企业实行改制，全区的乡镇企业格局由原来以集体所有制经济为主向多元化经济结构转变，股份制企业，私营企业、个体企业等非公有制经济从无到有，由小到大，逐步壮大发展起来，促进农村经济持续发展，农民收入实现平稳增长。2000 年以后，农村工业以传统产业新兴化，新兴产业规模化为目标，传统产业得到进一步改造和提升。2005 年至 2014 年，随着振兴传统产业作力度的进一步加大，农民收入呈现几何级增长。

消　费　中华人民共和国成立前后，本境农民生活消费支出主要以维持生活为主，生活消费的 70%以上主要集中在食品支出方面，且几年全部为主食消费。1962 年，东村乡零售消费 41.6 万元，较 1961 年增加 0.25%。其中，生活资料 34.5 万元。1975 年，境内每人年平均购买力 5.31 元。1977 年，每人年平均购买力 5.85 元。农民人均住房面积不足 10 平方米，且基本以土石泥坯房和低矮窑洞为主。此期间，境内百姓追求的“四大件”为自行车、缝纫机、收音机、手表。

中共党的十一届三中全会召开之后的1979年至1984年，境内出现了大规模的建房热，住房结构和质量有了明显改善，农民生活消费中食品支出所占的比重逐步下降，在食品支出中，主食支出明显下降，副食品比重逐步上升，百姓追求的“四大件”也由过去自行车、缝纫机、收音机、手表过渡到电视机、电冰箱、洗衣机、电风扇。河底公社农民新建房屋6107间，造价677万元；东村公社3649间，造价357万元；燕龛公社1590间，造价136万元。其中1984年河底公社农民新建房屋1444间，造价165万元；东村公社333间，造价31万元；燕龛111间，造价11万元。

20世纪90年代，农民消费结构逐步优化，消费支出向精神文化生活方面扩张，用于交通通讯、文教娱乐用品及服务的支出。在自行车、缝纫机、钟表、电视机已经普及基础上，电话、照相机、VCD、家庭影院开始步入农民的家庭，成为新“四大件”。1994年曹家掌安装农民住宅电话180部，成为阳泉市第一个电话村，西沟投资10万元安装闭路电视。1996年燕龛乡安装电话736部，占全乡67%，成为山西农村电话发展第一乡。

进入21世纪，彩电、冰箱、洗衣机、电话、电脑已普及。农民生活消费更加优化，消费支出逐步向享受型、舒适型方向发展。食品更加精细化，衣着更加成衣化和时尚化。农民居住条件明显改善，由集体统一规划、设计、建筑的一幢幢单元式楼房在众多富裕乡村拔地而起，居住功能更加完备，暖气、洗澡间、热水器成为众多富裕百姓人家的必备设施。耐用品消费中，手机、钻戎、小汽车进入百姓家庭。随着通信设施的迅速发展，3G移动电话、笔记本电脑开始进入平常百姓家。2003年，河底镇社会消费品零售总额达到1340万元，同比增长13.4%。

1993—2014 年河底镇人均生活消费统计表

表 21-10　　单位:万元

年　份	农民纯收入	食　品	衣　着	居　住	生活用品	医疗保险	交通通信	文教娱乐	其他商品
1993	—	476	200	91	99	48	13	133	29
1994	—	567	196	250	133	60	53	234	50
1995	—	541	220	98	86	65	53	212	35
1996	—	553	251	88	113	88	54	265	46
1997	—	615	244	74	134	97	53	226	97
1998	—	698	166	445	118	114	54	288	141
1999	—	741	191	124	105	161	84	275	48
2000	—	723	216	131	78	239	51	201	163
2001	—	644	243	166	84	281	91	352	235
2002	3100	662	238	144	64	128	135	488	161
2003	3380	666	342	157	70	142	202	532	124
2004	4005	955	378	880	192	199	298	515	228
2005	—	900	426	589	155	182	213	645	111
2006	4202	1092	404	2410	133	179	252	633	72
2007	5200	1065	456	1479	566	159	322	585	132
2008	5800	1625	594	853	175	293	353	605	177
2009	6052	1610	568	328	268	344	369	423	126
2010	6480	1619	722	469	312	277	609	407	127
2011	7711	1812	571	463	238	699	571	566	279
2012	—	1859	559	849	324	1040	447	504	157
2013	9022	1828	769	2493	1295	1612	800	979	314
2014	9386	1728	736	2154	427	793	651	960	186

第二十二章　民间习俗

第一节　岁时习俗

传统节日

春　节　农历正月初一为春节，俗称大年，是古老的传统节日。

春节前夕，即进入腊月后，人们便忙个不停。家家准备年货和年食，择“吉日吉时”扫房子、糊窗户、贴年画、剪窗花，将房屋庭院打扫整理一新，以象征“吉庆瑞祥”“辞旧迎新”。

办年货，进入腊月，家家户户置办年货，吃喝穿戴一应齐备。春节前两天，家家户户开始蒸年糕、炸油食（油糕、油布袋、麻叶、松核桃之类）、蒸馒头，作为过年的主食及走亲戚的礼物。中共十一届三中全会后，随着人民生活水平的不断提高，春节前夕，请厨师大炒、大炖，准备年食，已成为一种新的习俗。主要有炸带鱼、炒过油肉、炸丸子等，还要备好香纸、蜡烛、爆竹、供奉食品等，用来祭祀家堂及天地诸神。

贴春联，俗称贴对子，腊月三十（或二十九），家家户户在院门、家门门框、碾、磨、车及厨房、炕墙等处贴上春联，在院照壁上帖“福”字，以祈求全家福运当头。有倒贴“福”字，取“福到人家”之意。如果家中年前有丧事，三年不贴红对联，要贴也是紫兰对，以示对亡者怀念。

贴年画，是节前必办的一件事。旧时，人们把喜爱的表现喜庆吉祥、招财进宝、镇邪避鬼之类的年画买回来，贴在墙内，以增加节日气氛。中华人民共和国成立后，家家户户都要在正屋贴一张毛主席像，还贴一些戏剧、民间传说等条幅。“文化大革命”期间，贴毛主席语录、样板戏剧照。20 世纪 80 年代后，贴山水字画及招财进宝、福寿满堂之类的条幅、四扇屏等。90 年代后，互赠精美的风景挂历、明星挂历成为一种时髦，挂在墙上。

剪窗花，此俗由来已久，清扫房子后，将用红纸剪的“连年有余”“五福捧寿”“六合同春”“喜上眉梢”等喜庆内容剪纸贴在纸窗、风门和炕头上，把房子点缀的清新红火，以增添节日欢乐气氛。

腊月三十（或二十九），称除夕，尔时，门框上插柏叶，还在家门两旁门墩上放置红纸条裹的黑炭，相传红纸代表秦琼，黑炭代表尉迟敬德，意即“避邪”，有的还在院子里盘“接年火”，也叫“隔年火”，意在把上年的红火日子接下来。下半后晌，家家户户携香纸上坟请回祖宗。是日晚，家家户户要备香、纸、红腊及“供奉食品”、祭诸神、供祖先。晚饭吃饺子，俗称“扁食”，谓之“捞元宝”。也有吃烙饼，谓之“翻身饼”。午夜十二点，家家烧香焚纸，燃放鞭炮，谓之“接神”，旋即关门闭户，意在“招财进宝”。除夕夜，家家掸尘扫地，就寝前开柜取出新年衣物，一应穿戴，且将新年晨餐备齐，翌日早饭前不再做清扫、开柜、洗漱、切剁之忌事，意在避免“扫兴”“漏财”之晦气，以取“招财”“聚气”“岁首即勤”之吉利。家有年幼儿童者，长辈即把“压岁钱”压其枕头下，以示儿孙吉祥康福。合家老少于“小年”晚上通宵不眠，俗称“熬年”“守岁”。20世纪80年代后，各家各户都团聚在电视机前，观赏中央电视台春节联欢晚会。

是夜，家家还于院中堆柏枝、松柴燃之，俗称“轮火”，意在避邪。

大年初一，黎明即起，放鞭炮、着新装，向诸神位及家堂神敬香、烧纸。早饭多吃饺子，也有吃油茶泡饺子的。早饭毕，新媳妇上门认祖宗，邻里族友相互拜年，家长携儿孙出门向邻居和家族长辈拜年，各家备糖果、花生、甜枣以待。人人见面，相互祝贺。旧时，大年初一天明后，各村都要举行“迎喜神”活动。同时，有牲畜的人家要牵上马、驴、骡出来，到大道上溜达一回，俗称“踩漏”。午饭较为丰盛，有的吃馒头配炒菜，有的吃糕、油布袋，有的吃饺子。

正月初二、初三，早上要请新媳妇吃饭，就是把年前本族中取进来的新媳妇请来吃饭，以便认识家族长辈。正月初二开始，家家户户走亲访友，出门“拜年”，一般为初二拜“姥娘”（外祖母）家。初三拜“丈母”（岳母）家。初四到姑母家。除初五外，该项活动一直延续到正月底结束。

中华人民共和国成立后，春节过得越来越幸福、美好。除夕之夜，合家欢聚一堂、喜气洋洋，边看电视边守岁、熬年，精粮、肉蛋、菜肴齐备、穿戴整齐一新。对村里经济拮据的贫困户和“五保”户，区、乡（镇）政府及村委会或送白面、衣物到门，或扶济以现金。健康向上的“年俗”相沿不衰，一些封建陋俗，日渐为人们所淡漠。

破　五　正月初五叫“破五”。拂晓，家家即起扫除，并将所扫之尘垢同前一晚上用黄纸或五色纸剪就的“五穷媳妇”（五个侍女，象征五穷）放于十字路口，插在炉灰渣上，烧上香纸，然后放炮，称之为送“五穷土”。意为送走穷的，换上新的，也是人们对平安富裕生活的一种精神寄托。是日，不走亲串友，意在避免带来穷气、晦气。

石头节　正月初十叫石头节，石头节定在初十日，应该是从初十的十音化来，十与石同音，习惯祭祀碾神、磨神、碓臼神、泰山石敢当神等。旧俗在除夕于这些石器上贴“白虎

大吉”“青龙大吉”的春联后，正月初十日之前是不能启封的，初十之后方能磨面、碾米。

初十晚上传说“老鼠娶媳妇”，故也称老鼠娶亲日，俗称十指日。家家户户在瓮旮旯、墙角旮旯放置糖果花生、蒸供之类，为老鼠娶亲备礼，并点灯、焚香、敬纸，以表对老鼠娶亲的祝贺。这里对老鼠的供奉谈不上敬奉，大概是惹不起鼠害而供奉，让其感激人的抬举而终其作害。初十，人们还要用面蒸成玉茭、谷穗、倭瓜等农作物粮仓形状的食品，家家都要蒸“十指窝窝”，即用五谷面（麻、麦、谷、黍、豆）捏成12个窝头，代表一年12个月，用筷子在每个窝窝头上扎上1～12个小眼，对应表示每个月份。窝头上火蒸熟，下锅后，看哪一个窝头上的小眼里的呵水多，就预示着那个月份雨水多，庄稼不旱好生长。民间流传着“十指窝窝苦菜汤，婶婶大娘尝一尝”的谚语，该俗在20世纪70年代后不再流行。

元宵节　农历正月十五为元宵节，亦称上元节。唐代以来有观灯的习俗，故又叫灯节。十五前后境内乡村热闹非凡。届时，家家张灯结彩，村村鼓乐喧天，悬吊挂搭牌楼、耍社火、放焰火、扭秧歌、划旱船、舞狮子、转黄河等民间活动争妍斗奇。河底、东村大街两旁的“棒槌火”火苗四射，东村的高跷、抬阁、二鬼抱跌在临近县区中也小有名气。元宵节晚上，村村都要提灯“转道”，大鼓队引头，鸣锣执事开道，所有社火队、小会会儿，一切红火一个不落，绕遍全村大街小巷。章召等村转完灯后，要在庙上“散糕”，所有大人、小孩到此领糕，人们吃了此糕可图个吉利。正月十六，村村铙歌鼓吹、扮有杂戏，俗称“撵虚耗”，老少都要出门“消百病”。“转黄河”乃为境内又一习俗，从正月十四即开始“转黄河”，直至正月十七结束。其中尤以正月十六最为人多，并有十六转黄河去百病之说。至今，民间仍有“十六出门走一走，七灾八难可以丢”，“转转黄河阵，可以消百病”的俚谣。

正月十五民间有吃元宵的习俗。正月十五闹元宵要要到正月十八为止，故有“耍十七、闹十八，十九起来灰塌塌”之说。

中华人民共和国成立后，元宵文艺活动益盛。节日前后，乡镇所在地都要组织各种文娱活动。各机关、厂矿、学校都张灯结彩，满街灯火闪烁，各种机械灯、彩车更加引人入胜，文艺宣传队、武术队在街头组织表演。20世纪80年代后，游艺、演唱、灯谜、灯会、体育竞赛等活动盛行。

填仓节　正月二十日谓之“小填仓”，二十五日谓之“大填仓”。是日，家家都要把自己的坛坛罐罐放满或加添一些五谷杂粮，并加盖，称之“填仓”，象征五谷丰登，粮食满仓。此日家家还要烧香纸，供奉诸神，此俗现已不兴，但二十五送祖宗之俗仍存。

龙抬头节　农历二月初二为龙抬头节，出于龙能司雨的观念，认为该日雨水开始增多。民谚有“二月二，龙抬头（指小雨），大仓满，小仓流”。同时，二月二也为引财神之节，即

有“发财致富、招财进宝”之意。中华人民共和国成立前，家家于二月初一下午，在大门外及院内用石灰围一形似城廓的图案，曰“打灰城”；儿童则以石灰面围身，以为禁龙卵，意在消灾灭邪。是日各家饮食不尽相同，有的吃龙须面，谓之“挑龙头”；有的吃烙饼，谓之“剥龙皮”；有的吃扁食、煮鸡蛋，谓之“吃龙蛋”；有的吃米面油茶，谓之“炒龙髓”。初一要担满水瓮，初二不担水，怕担回“龙蛋”。如今，除饮食外，其他习俗大多已不存在。

清明节　清明节，又称“扫墓节”。是日，家家携香火纸钱冥衣上坟祭祖，妇女们要回娘家上坟，长辈逝世后第一个清明节要做“新节”。温河以北的乡村提前一天，以南的乡村提前两天做“新节”。中华人民共和国成立后，政府机关、团体、学校等多在清明节组织扫墓活动，缅怀先烈，也有的邀请革命前辈作报告，对青少年进行革命传统教育。2008年始，机关团体、厂矿休假一天。

端午节　农历五月初五为端午节，亦名“端阳节”，俗称“五月端午”。是日，民间吃粽子、饮雄黄酒，插艾叶柏枝于门侧。从这天起，儿童当月要“佩香包、香囊、戴百索长命缕”，取避邪驱瘟之吉利。妇女有戴桃枝、艾叶之习俗，以寓吉祥幸福。中华人民共和国成立后，此风渐衰，但那些反映人民大众追求幸福、平安、康乐的习俗仍沿袭。2008年始，机关团体、厂矿休假一天。

七夕节　农历七月初七为七夕节，亦称七巧节、情人节。这是传统节日中最具浪漫色彩的一个节日，也是姑娘们最为重视的节日。相传，到七夕夜晚，是天上织女与牛郎在鹊桥相会之时。此日晚上，人们抬头可以看到牛郎、织女在银河相会。

农历七月初七，妇女结彩线穿七孔针，庭中设瓜果祈祷，名曰“乞巧”。意在乞上天赐灵巧于待字闺中的女儿抑或人妻少妇。幼女以面制禽鸟形坠果为戏，名曰“巧食”。如今，青年男女在这天可谈情说爱，可游山玩水，可相约聚会，被冠以“中国情人节”新的内涵。

中元节　农历七月十五称中元节，俗称“秋祭日”，也称“鬼日”“鬼节”。是日，带香纸供品至坟祭祖，并将用色纸剪成的网状纸吊挂在田头地边，谓之“地头钱”，以供奉五谷神。

还有用面粉发酵后捏制蒸成羊及各种动物形状，统称“面羊”，除作供品外，姥爷、舅舅要送给外甥，谓之“送面羊”，该俗至今仍传而不衰。

中秋节　农历八月十五称中秋节，又名“团圆节”。河底辖区民间有赏月、祭月、拜月之习。是日，待月升时分，家家以月饼、瓜果、嫩玉茭、毛豆角等供月婆。祭拜之后，合家欢聚，摆酒席、食水果、分食月饼、共享天伦之乐。是夜，乡民赏月，喜欢云能遮月，认为“八月十五云遮月”为来年丰收预兆。节日前后，向亲友互赠月饼，以示祝贺，还有外甥给外婆家送月饼之习。中华人民共和国成立后，除拜月外，其余习俗相沿不变。2008年始，机关团体、厂矿休假一天。

重阳节 农历九月初九为重阳节。河底辖区民间有登高、赏菊、插茱萸之俗，温河以南有的人家还要蒸花糕，饮菊酒，以欢度佳节。1986年，该节定为“中国老人节”。节日期间，尊老、敬老、养老活动蔚然成风，乡（镇）、村都要召开座谈会，赠送礼品，组织开展老年文体比赛等活动。

寒衣节 农历十月初一为祭祖节，民间又称寒衣节。是日，人们携冥衣、供品上坟祭奠祖先、送寒衣，即用五色纸夹絮棉花糊制或缝制成衣、被、鞋等，祭奠时，与香纸同焚，然后，为先人墓丘培土，以示敬悼，迁坟合葬仪式多在此日举办。

冬 至 俗称过冬。因为这一天开始数九，是日午饭，家家户户多吃糕，有“过冬不吃糕，死下一旮旯”“过冬的糕，香折腰”之民谣。该俗至今尚存。

腊八节 农历腊月初八，古称腊日，今为“腊八节”。是日，家家熬腊八粥，多用小米、小麦、玉米、小豆、绿豆、黄豆、豇豆。食之有浓厚的乡土味，早上合家聚食，中午家家必吃“糜”。“糜”以黄米、红薯、老倭瓜、红枣焖成，民间广有“腊八不吃糜，死了没人埋”之民谣，同时还有腌制腊八蒜的习俗，该俗至今尚存。

祭灶王 腊月二十三为“祭灶王”，传说此日灶王爷要上天宫，向玉皇大帝汇报人间的事。为了使灶王爷不说人间抛米撒面的丑事，故以糖瓜供奉，所以有“糖瓜祭灶”之说。是日晚，家家点香火，供糖瓜于灶君前，求灶神上天为人间祝福，因为糖瓜性甜且粘，灶王爷吃了糖瓜便嘴软了，这样就能“上天言好事，回宫降吉祥”。中华人民共和国成立后，敬灶王之举渐消，但吃糖瓜之俗仍存。

纪庆节日

元 旦 俗称阳历年、新年。按国家规定，休假一天。元旦前，各机关、团体、厂矿、学校都要贴对联、插彩旗、挂红灯，以示庆祝。元旦期间，镇政府、村委会多有举办展览、越野赛跑、文艺晚会、体育竞赛、慰问军烈属、赠送慰问品或组织联欢活动。

国际妇女节 3月8日为国际妇女节。节日期间，镇政府和各村妇联都要组织庆祝活动，召开“三八”红旗手、“五好家庭”表彰会，举办各种活动以示纪念。

植树节 1979年国家将每年3月12日定为植树节，植树节前后，镇、村都要广泛开展植树造林宣传发动工作，并组织开展全民植树造林活动。

国际劳动节 5月1日为国际劳动节。届时，党政机关、团体、学校、厂矿休息一天，许多青年男女把“五一”节作为婚庆纪典的吉祥日，已成为新的传统。

青年节 5月4日为中国青年节。节日前后，各级共青团组织举办青年联欢会和青年先进工作者、“新长征突击手”表彰会，举办各类演讲会、报告会、智力竞赛、文体活动以示纪念。

国际儿童节　6月1日为国际儿童节。节日前后，各学校都要组织各类文体活动、成绩展览等，以示庆祝。全镇各机关、厂矿、村委会、社会团体都要向各小学和幼儿园捐款、捐物，赠送礼品，使活动更加丰富多彩。

中共诞辰　7月1日为中国共产党诞辰纪念日。节日期间，镇党委和各村党支部都要组织纪念活动，有的举行新党员入党仪式，表彰先进基层党组织以及模范党员先进事迹，有的党组织还要组织党员去革命圣地参观学习。

建军节　8月1日为中国人民解放军诞辰纪念日。每逢“八一”前后，镇政府、村委会都要组织民兵、青年团、妇女、少先队员慰问军烈属，给军烈属送温暖、办实事。

教师节　9月10日为中国教师节。自1985年国家确定该节日以来，每逢该日，镇政府、村委会都要举行庆祝会，表彰教育战线模范个人和先进集体，给在教育工作中做出突出贡献者进行奖励。采取座谈、访问、联欢等形式向广大教育工作者表示祝贺，并采取具体措施，改善教师的工作、生活条件。

国庆节　10月1日是中华人民共和国国庆节。节日期间休假三天，全镇各级机关、厂矿、学校升国旗、插彩旗、挂红灯，举行联欢会。国庆节也是新时代青年男女结婚的大好日子，成为新传统。

庙　会

庙会分布

旧时，每逢“佛诞”或遇祈雨、祈子、消灾还愿等迷信活动，就要在所建筑的庙宇举行祭奠仪式并唱戏酬神，各寺庙每到祭期，香客纷至，商贩云集，俗称“赶庙”。各村庙会每年举行一两次，会期一般三天。皆有固定的日期，如河底村阴历三月二十三的明灵王祠（皮彰）庙会，东村阴历四月初四的龙王庙会等。据2014年调查，全镇共有庙会35个。

庙会演变

中华人民共和国成立前，河底辖区庙会以迎神祭祀为主要内容，兼有贸易活动。各村庙会，商贾云集、买卖兴盛。中华人民共和国成立后，人民政府破除封建迷信，倡导科学文明。庙会一般以演戏剧为主，也演歌舞文艺节目，成为人们探亲访友、休息娱乐的好机会。1978年后，传统庙会已成为发展经济和繁荣文化的盛会。庙会期间，商家搭篷设摊，日用商品琳琅满目，除唱戏、演电影外，还举办各种文体比赛及展览活动。一些乡村企业还借庙会的机会邀请有业务往来的厂家和有关部门洽谈业务。

第二节　礼仪习俗

婚　嫁

河底辖区古今之婚俗随着社会的变革而不断革新。中华人民共和国成立前，境内沿袭以包办买卖为主要特征的封建婚姻制度，男女婚姻取决于“父母之命，媒妁之言”，一般男子 16 周岁，女子 14 周岁即可议婚或成婚。有的在五六岁议婚，甚至有襁褓为婚、指腹为婚和领养童养媳的现象。婚姻的缔结多以钱财为基础，不论贫富都有以命相择配偶的。联姻一般讲究贫富贵贱、门当户对、属相对头、生辰无忌克。民国初年(1912)，虽提倡婚姻自主，但受根深蒂固的封建思想影响，大多数婚姻实际上并不能自主。抗日战争时期，在根据地和解放区提倡妇女解放，废除买卖婚姻，实行婚姻自主，男女自由恋爱。民国 31 年(1942)，晋察冀边区的结婚年龄定为男 20 周岁，女 18 周岁，实行结婚登记。

中华人民共和国成立后，国家颁布婚姻法，结婚年龄定为男 20 周岁、女 18 周岁。童婚、包办买卖婚姻等陋习基本革除。1980 年 11 月 11 日，国务院颁布《婚姻登记办法》后，自由恋爱、自主婚姻、依法登记、文明结婚已成为男女青年以及整个社会所推崇的风尚。

婚礼程序，古有纳采、问名、纳吉、纳征、请期、迎亲“六礼”之说，繁文缛节甚多。中华人民共和国成立后至 20 世纪 90 年代初，日趋简化，一般程序是恋爱、订婚、登记、完婚、谢婚、回门。

传统婚俗

纳　采　旧婚俗的第一道程序，即由媒人代男家向女家提亲，全由媒妁往来游说，父母包办。中华人民共和国成立后，该俗已逐渐废除。

问　名　也称“换庚帖”“拿四柱”。纳采后，由家长询问对方子女生辰年龄，如果合适，即择日交换男女庚帖(中华民国时期叫婚书)。

纳　吉　卜得吉兆后，备礼到女家报喜，决定缔结婚姻，俗称“订婚”。

纳　征　俗称“下彩”。双方议定彩礼，由男方主婚人偕同媒人持彩礼单与彩礼到女家拜送，女家宴待，彩礼轻重不一。

请　期　男家纳征以后，择定婚期，备礼告女家，求其同意，俗称“看天气”。

迎　亲　俗称娶媳妇。富家迎亲，男方须备红围花轿一乘，内座属相与新娘不悖、十字披红的精干男童1名，俗称“压轿小”。视家境情况，再备数乘蓝围“四轿”。迎亲时，红灯引路，鸣锣开道，鼓乐吹奏。官宦人家更有旗、罗、伞、扇、朝天镫作迎亲仪仗，后随花轿、食牢、拜匣及男方、女方家相应的娶亲和送戚所乘的“四轿”。新娘在临上轿时，将大辫子梳成“倒扎角”，腰里还要挂“皇历”、铜镜。娶亲返回，在大门前落轿，由男方长辈打红灯绕轿三周，燃放鞭炮，轿夫将内轿从花轿内连同新娘抬入大门，新娘由女戚或伴娘搀扶出轿后，脚不沾地，踏红毡或红布款款而行，至天地神位前，即刻举行拜堂仪式。

河底辖区村民称拜堂为“拜天地”。其仪式铺陈非常讲究，天帝爷神堂灵位前设桌，上置方斗一只，写“满斗焚香”四字，插彩旗十二面，弓箭一套。新郎戴礼帽，插金花，穿长袍马褂，披红挂绿；新娘凤冠霞帔。男女各抱车辐枕在怀中(一尺多长的木棒，外用红纸表糊)，其上男写“长命富贵”，女写“金玉满堂”。司仪唱礼，鸣炮奏乐，新人先对天地下拜而后拜高堂，夫妻交拜，拜亲友，俗称“四双八拜”。拜堂毕，新人手牵同心结入洞房。洞房门内放一马鞍，鞍下置一灯，用红线系一块枣糕，名曰“粘脚糕”。新郎要跨过马鞍，寓意日子过得安安稳稳、步步登高。等新郎跨过马鞍后，有人就将这块糕抢走了，据说吃了这块糕要生个胖小子，长命百岁。入洞房后，新娘坐在炕上的凳子上，新郎新娘喝“和气酒”，然后从男家长辈的妇女中选出一吉祥人手托盘子进房撒帐，盘中盛红枣、栗子、花生、核桃、制钱各12枚，边辙边念撒帐歌。枣子谐音“早子”，栗子谐音“妮子”，希望有子有女、儿女双全。

新婚夜，民间有闹新房、逗新媳妇等习俗，跟新娘要“和气卷”、糖果之类。洞房内通夜点万年灯。临睡前，男方家选两个长辈或同辈的妇女，行“送儿女”仪式。翌日晨，新娘早起，梳洗打扮，把“倒扎角”改梳为“盘头”。随夫拜见本家长辈，称“道喜”。古时，女儿出阁后娘家人要到女儿家送饭道喜，表示对刚出嫁姑娘的关怀和安慰，后来送饭之举，多在迎亲、送亲时并行。

特殊婚俗

童　婚　旧时，贫家女孩从小被出卖或由父母包办订婚，到婆家当童养媳，饱受歧视和压迫，等长大后，办个简单的婚礼，便可同居度日。中华人民共和国成立后，该陋俗已绝迹。

指腹为婚　知己亲朋间，如双方妻子均已怀孕，共喝“同心酒”，口头订立“协定”，如双方生养一男一女，即为子女定下亲事，谓之“指腹为婚”。今该俗已破除。

纳　妾　旧时男子有妻，还讨小老婆，谓之纳妾。富家老小，纨绔子弟，多有纳妾一房乃至多房者，中华人民共和国成立后，婚姻法明令禁止。

换　亲　又称“打换亲”，源于古老的氏族间互换姊妹为妻或互换女儿为媳的外婚制。这种不用聘礼、姐妹或女儿互换的婚姻形式，在封建买卖婚姻时代曾在贫困人家施行。

表亲婚　指表兄妹之间的婚姻结合。通常是到姑姑或姨姨家做媳妇，俗称“亲上加亲”。中华人民共和国成立后，特别是20世纪70年代以后，该种婚俗已由政府明令禁止。

叔接嫂　弟娶亡兄之妻称“叔接嫂”，兄娶亡弟之妻称“大伯接弟媳妇”，该俗在中华人民共和国成立后偶有所见。

招门纳婿　俗称“上门女婿”“倒插门”“里找”。旧社会上门女婿要改名换姓，立有字据，多为女方父母无子、男方家境贫困下成就的婚姻。

荒　婚　也称抢婚。未婚夫或长辈病危，意在借助婚喜幸挽垂难，或使长辈在弥留时得以慰藉，俗称“冲喜”。如未婚夫卧床不起，婚礼时女子只好抱一只公鸡拜堂。抢婚时，如得病的长辈已去世，则用红布遮掩丧房，当日办毕婚事即治丧，俗称“抢婚接丧”。也有先办婚事、隔日再办丧事者。

婚姻新俗

恋　爱　男女平等，婚姻自主，情投意合，是建立在美满婚姻的基础上被绝大多数青年而接受的。恋爱的方式多样，有的找家长、亲戚朋友做介绍人从中牵线搭桥促成婚事，介绍人俗称“媒人”。进入20世纪80年代后，有的在报纸、杂志和电视台、电台登载“征婚启事”，由“媒体红娘”介绍恋爱关系的，也有的通过婚姻介绍所寻找意中人的。

订　婚　男女双方通过自由恋爱，互相同意确定爱情关系后，在双方家长操持下，便要进行订婚仪式。互赠信物合影留念。

登　记　旧时，婚姻成立没有登记程序，《婚姻法》颁布后男女必须依法登记。男女双方持相关证件，到男女任何一方的户籍所在地的民政部门进行结婚登记，双方一经登记就表明婚姻获得了法律的认可，成了合法夫妻。

完　婚　即择吉日迎娶新娘到夫家与新郎拜堂成婚，旧时称“娶亲”，今称“完婚”。20世纪50年代迎娶多用自行车，山庄则骑驴、骑马。70年代后期，多用客货两用车或小吉普。80年代后，常租用小轿车。迎娶时，男方家跟随“压车”男童及一男一女或双男双女娶亲。女方家跟随送亲和“送饭”者若干。男方迎娶时还伴有提黄酒坛者，俗称提“来回罐”，去时装酒，回时装绿豆芽，坛上放一双红筷，插两个大花糕；还备有喜糕一块，糕面上用红枣摆成双喜字样。迎亲队伍到女家以“小席”待之。完婚前日，新娘须在娘家择人开脸，拔除面颊、颈项上汗毛，以示黄毛丫头将成已婚媳妇。完婚当日，新娘与娘家请巧娘梳头打扮完毕，方同陪戚一同去迎娶。随同前往的还有抬食牢、抬嫁妆、提包袱者，食盒内装和气馍馍40个或80个，均是精工巧制名目繁多的各类面塑，如鸳鸯戏水、喜鹊登梅、二龙戏珠、孔雀回头看牡丹等。

迎新娘到家,即行婚礼。民间婚礼场合布置多挂毛主席像及红旗,司仪依程序唱礼,在爆竹鼓乐声中,依次请主婚人、证婚人讲话,新郎新娘向领袖像、家长、媒人、亲戚鞠躬,新人互拜、交换礼物后,长辈退席,新郎新娘介绍恋爱经过,在场的男女闹逗新人,煞是热闹。及至新人入洞房,晚间友人邻居相继而至,进行"闹洞房"活动。

谢　婚　完婚当日晚,由男方出资在岳丈家设宴谢婚,同时也即岳丈家"请女婿"。山底、东村一带谢婚在完婚次日进行。届时,女方的各辈女婿及亲友均来赴宴。是时,新女婿可随意地"偷拿"岳父家的东西,即表示女婿的精明与本事,又表示"半个儿子"在丈人家的随便和亲切。有不拿者,女方家也要偷藏些酒盅、筷子之类的小件让女婿带去,寄寓岳父母对女婿日日进财、光景好过的期望。

回　门　本地称回娘家,古称"归宁"。回门是新妇婚后第一次正式回妈家探亲。因多为新婚夫妇同行,故又称"双回门"。一般是完婚后10天回妈家,由新娘的父亲上门去叫。旧时,新娘回妈家通常要住一个月,新娘住妈家回归夫家后,新人们的婚姻生活也就完全走向正规了。如今回娘家,闺女一般不再住了。

河底辖区婚礼随地区的差别各异,在保留美好传统习俗的同时,礼仪由繁到简,有些陈俗已经消失。20世纪80年代后,旅行结婚和集体婚礼,追求简朴,文明新婚礼俗已成为广大青年的理想和风尚。

葬　仪

装　裹　人快断气时,要净身,换寿衣三、五、七件,等气绝置口含钱(两枚),停放在门板上,用麻皮捆住手脚,还在袖子上挂与死者年岁多两个的岁数饼(也叫打狗饼),用红布蒙脸,即向村邻亲友报丧,左邻右舍始上门帮忙治丧。

入　棺　入殓前,孝子及死者亲友拜祭,行入棺仪式。遗体入棺时,儿女要给铺褥子,近亲晚辈要给盖覆面。入棺时放岁数钱数枚于棺内。现在许多丧家使用冰棺,一般在出殡当天才将遗体从冰棺内移至棺材。

守　灵　装裹死者后,子女须守候陪伴在亲人遗体旁,事主家设灵堂守孝。凡灵堂多设于正堂、主房,布置花圈挽幛、纸草仙鹤、金山银山、大纸大香、雪柳花束、供菜、灵牌等;香烟烛火不断,孝子轮番于灵柩前日夜跪守,停柩末日,多行"上饭"大供礼。旧社会礼节繁缛,多则守灵四十九日至一百日,少则三、五、七日,皆因事主家况而定。中华人民共和国成立后,一般停灵三、五日即葬。

合　盖　也叫盖棺、封口。先由死者亲属及生前友好瞻仰遗容,继而子女用新棉花沾酒为死者净脸,再将死者生前最喜爱之小物件殓入棺内,征求众亲友意见后即行合棺。合棺前孝子不哭，意在不使亡灵招泪（累）而去，钉斧响，孝子大哭，示诀别大哀。

出　殡　俗称“发丧”“埋人”。擒材出房至门外起丧，棺材大头朝前，穷人四人抬棺，更穷者二人抬一薄棺，俗称“二人抬材一根杆”，至于席片卷尸入土为葬者也不罕见。富户出殡则松柏棺木油漆彩绘，并扎制金银斗、童男女、仙鹤、宅院、戏楼、纸幡等铺陈悬挂，请僧道动乐，念经诵忏，超度亡灵。午后出殡，由司殡人指挥，鼓乐开道，神主引桥前行；合家孝眷披麻戴孝、柱孝棒拉灵，后随亲友簇拥龙头棺罩送殡。抬棺者 24 人或 32 人不等，所经街巷、路口，间有亲友设供路祭，沿途哭声、炮声不断，直至送灵出村。灵柩进坟，再行葬礼。当晚，富豪人家行虞祭礼，上四套供，三八供不等，一般人家供菜次之，但均将桌裙、蜡烛换为红色。

服三、做七、做周年　出殡三日上坟祭奠，谓“服三”。从死者去世日起每七天为一七，逢七上坟祭奠一次，谓“做七”。“七七”终了，叫“尽七”。是日，亡人亲友同去坟墓烧纸供奉，中午由主家宴请。满三年祭奠谓“做三周年”。届时，亲友同去坟墓烧纸供奉，祭奠亡人。是日，请吹鼓手坐门哀奏，送纸楼上坟，单亲亡做“楼”，双亲亡做“院”，由孝女承办。中午由主人设宴招待亲友，饭后同去坟前祭奠，并将所有花圈、花束、金山银山、楼院纸幡等铺陈悬挂焚于坟前。礼仪之重，不次于出殡。

中华人民共和国成立后，丧葬旧习有所改进，但屡有反复。20 世纪 70 年代曾平坟为地。20 世纪 80 年代又筑墓为丘。民间葬仪时兴戴黑纱，胸佩白花，送花圈挽联，开追悼会，诵经绝迹，但奢办之风，屡有起伏，丧礼鼓乐时有时无。

葬　法

河底辖区自古通行土葬深埋。20 世纪 70 年代后倡导火葬，但仍盛行土葬，一般为家族采坟。

土　葬　掘土七尺，挖洞成“冥堂”；也有的要“碹葬”，即用砖石将土洞砌碹，棺木入土后，大头朝里，将刻有死者姓名、生卒年月的祭砖置于棺木小头前，用砖石垒封“冥堂”，俗称“垒垭门”，然后合土起丘，或立碑于墓丘，或置一大石于丘头，这种葬法，有寄埋、进正穴与合葬之分。旧时，还有掘土为窖的窖葬，今废。

火　葬　由殡仪汽车将尸体载至火花厂，运入炉内火花后，装入“骨灰盒”，由事主带回葬于坟茔。

公　坟　山底、河底等地曾有杂姓公坟（乱葬坟）。旧时异地士兵、商贾或乞丐死后皆葬于该处。

喜 庆

生 育 第一胎婴儿出生后，产房门上挂红布条拴筷子，如生男则另挂蒜两头。民家得子、得女，男人要先到丈人（岳父）家去报喜。报喜人要拿20个烧饼，返家时岳母付以小米。第一胎婴儿出生满月之日，开筵作庆，俗称“做满月”，也有四十天、两满月、一百天作庆的。山底等村有做整满月（女孩做三十天，男孩做二十九天）的。满月之日，外婆家及亲属邻居前往祝贺，礼品多为肚兜、斗篷、外衣及虎帽、虎鞋、银锁、手镯等。同时，有产妇衣服、食品之类。民间有“姑姑的鞋，姨姨的袜，老娘送的圪叉叉”之说。主人宴请亲朋邻友，并送枣饯糕或煮油糕给左邻右舍。由于经济条件的不断改变，现在礼品多为宝宝服、宝宝毯、毛料等贵重物品。婴儿周岁生日时，主人将瓜果食品、玩具书籍、秤尺刀剪、彩缎花卉、妇女针线等物品摆在炕上，让周岁婴儿挑拿，看婴儿先拿何物，以预测其爱好及未来事业发展取向。

庆 寿 亦称“做寿”。一般人年近花甲始做，以整岁做寿，俗称“整寿”。旧社会，凡富有者于生日前三日向三亲六眷下请帖，敬请光临。来者向寿星献赠面蒸寿桃10个或20个，也有送书画和寿帐者。清代有送寿匾的。穷人不做寿；家道小康者，虽也做寿，但酒席从简。解放后寿礼送糕点、寿糕、寿帐等。一般做寿，只有寿人、寿糕、寿桃，20世纪80年代后，流行直系亲属为长辈祝寿，礼品有寿糕、奶粉、各种营养品之类。同时，对孩子们的生日更加重视，但不大操大办。

乔 迁 河底辖区民家新建住宅，俗有先供祭谢土之习。迁居前先清扫整理一新，然后择吉日、张贴对联，“请”来水火，备足烟酒菜肴，邀客来贺，俗称“暖房”。亲友邻居或午或晚携礼来贺，向主人祝贺乔迁之喜，宾主饮酒畅叙。该俗在“文化大革命”时曾废。20世纪70年代后期复兴。

竣工或开业典礼 自古至今，民间修房盖屋竣工，主人家都要备酒设宴，招待工匠，俗称“吃犒劳”。凡公家修建较大工程、建筑设施竣工或较大企业及公、私商贾店铺开张营业时，皆张红挂彩，燃放爆竹庆贺。中华人民共和国成立后，特别是20世纪80年代以来，后者还要举行剪彩仪式以示纪念。

送喜报 中华人民共和国成立前，如遇金榜题名、疆场立功、官职升迁者，多有官方为之送喜报、赐匾额以示祝贺。中华人民共和国成立后，对应征参军为国立功者，也要给其家属送喜报。如今，对于捐资兴学模范、带头致富模范以及在某方面有突出贡献的标兵、家庭、单位，各级政府也要送喜报或挂牌匾，示贺勉励。

称　谓

直系亲属　父亲，俗称大或爹，解放后有不少称爸爸的；母亲，俗称妈或妈妈；父之父母，称祖父、祖母，俗称爷爷、奶奶或娘娘（当今称奶奶者为多）；父之祖父母，称曾祖父、曾祖母，俗称姥姥；父之曾祖父母，俗称老姥姥；对夫之父母，背称公公、婆婆，当面称呼同夫。

本族平辈　胞兄称哥哥，胞弟称弟弟，俗称兄弟；兄之妻称嫂嫂，弟之妻称弟妹，俗称弟媳，兄弟妻之间称妯娌；姊称姐姐，姊之夫称姐夫；妹称妹妹，妹之夫称妹夫，姐妹之夫间称连襟。堂兄、弟、姐、妹与胞兄、弟、姐、妹同称，但与人口头俗称时，叫隔奶兄、弟、姐、妹或叔伯兄、弟、姐、妹，用文字表述，则分别冠以“堂”；妻对夫之平辈，当面称呼同夫；对其姐、妹俗称大姑、小姑，对其胞兄、弟，俗称大伯、小叔；同父异母或同母异父的兄弟姐妹称呼同上，但背称后者为“隔山兄弟姐妹”。

父亲亲属　父之兄，称伯伯、俗称大爷；父之嫂称伯母，俗称大娘、大妈、大大；父之弟，俗称叔叔、叔父、亲大；父之弟媳称婶母，俗称婶婶、亲妈；父之姐妹，皆称姑母，俗称姑姑，姑之夫均称姑夫；父之姑及姑夫，俗称老姑姑、老姑夫；夫之姨及姨夫，俗称老姨和老姨夫。

母亲亲属　母之父母，称外祖父、外祖母，俗称姥爷、姥娘；母之兄弟，俗称舅舅；舅母，俗称妗、舅妈；母之姐妹，俗称姨姨，其夫称姨夫；母之姨母、姨夫、姑母、姑夫，同父亲亲属称谓。

妻方及夫方亲属　娶来的媳妇随同辈人称呼，解放前公婆及长辈称媳妇为“某某家”，解放后直呼其名，夫妻之双方老人互称亲家，其兄妹称对方父母为“亲翁”。男方对岳父、岳母一般不作任何称呼，现在也有称爸爸、妈妈或大爷、大娘、叔叔、婶婶者。妻之兄弟，称内兄、内弟，俗称大兄哥、小舅子。夫妻双方之外亲戚的同辈，皆以兄、弟、姐、妹相称，在文字表述中皆冠以“表”。夫系为姑表亲，母系为姨表亲。夫妻之间，过去互称孩子他大（或爹），孩子他妈，也有女称男谓当家的，男称女谓家里的，现多直呼其名。

晚辈称谓　本人的子女，男的叫儿子，女的叫闺女；兄弟之子女称侄儿、侄女；侄之媳称侄儿媳，侄女之夫谓侄女女婿；姐妹之子女称外甥，子之媳称外甥媳妇，女之婿称外甥女婿。

行路礼俗

指　路　河底辖区民间广泛流传“见人不施礼，多走二十里”的谚语。遇人问路，本地人十分热心指点，详告去向，如遇转弯，何处过桥、路程远近，有时还帮助出点子走捷径。如遇顺路，更热心带路，到分手时再详告走法，问路人礼貌谢别。

让　路　结伴出门，先宾后主，先长后幼，忌抢路。如遇路窄，则狭路相逢时，少让老，大让小，男让女，轻让重，行人让车辆，大车让小车，货车让客车。求人相助，惯称“劳驾”

“拜托”。若有所询，“请”字当先。熟人、同事路遇，微笑问候“您好”、“您早”，本地人则多以“吃啦？”(吃饭了)。“上哪圪呀？”(到哪里去)等语，互打招呼。

交际礼俗

古往今来，河底辖区人敦厚大方，谦恭有礼，待人热情。在民间交往中形成了诸如迎亲、交谈、礼让、酬答、宴请等方面的一般常礼和探望、慰问、捐助、帮工、酬谢、邀请、贺喜等方面的交际礼俗。

叩　头　相见礼仪，入席而坐，臀部紧靠脚后跟，伸腰并使臀部离开脚后跟，以两膝拄地则为跪，今对某些偶像、亡灵礼拜时有残留。

作　揖　见面礼节，双手合抱胸前，今有老年人仍行此礼，武术比赛，街头献艺、演员上场均以此为礼。

鞠　躬　古代礼仪，两脚并拢，双手下垂两股，弯曲上身以表敬意。今在某些集会及祭扫亡灵的场合中，仍为习见之礼，某些老年知识分子亦用作见面或道别之礼。

握　手　亲朋熟人相见或告辞，旧时拱手长揖，如今双方握手相见或送别。初次相见，须经熟人介绍再握手；遇尊长或上层人物，对方先伸手，再与相握；如戴手套，须先脱下后再握。握手握的越紧越长，表示越亲热。旧时农村无此习惯，现在此礼逐步形成。

回　拜　亦称回访。客人来访后，主人应前往复见客人，俗称回拜，若有来而无往，则为失礼，但回拜日期须根据情况而确定。

祝　酒　表达对好友即将离去的一种眷恋惜别之情，今人们通常在喜庆佳节以酒助兴时，拟以健康有益的祝酒词表达良好的祝愿。

赠　别　亲友远别，以物品或诗文相赠的一种行为。乡民赠别多以物，文人赠别惯以诗文书画，今人赠别方式各异。

招　呼　同事或熟人上下班碰面，互相微笑或点头问候“您好”“您工作忙吗？”“吃了饭啦”等，以示礼貌。

接待客人　客人进门，主人起身相迎，为客掀帘，请客人先入，敬烟敬茶都用双手；留客进餐，以客人“酒足饭饱”为快，但斟茶、斟酒又以不满不溢为雅敬，故有“茶七酒八”(倒茶7成，酒8成为宜)之说，客人在场不打骂孩子，不看钟表，避免“下逐客令”之疑。客人告辞，主人挽留，送客门外，恳嘱“慢走”，再邀来家。

做　客　客人进门，雨天要把雨具放置门外，忌带中草药、纸钱香烛、白布等不祥之物进屋。客人众多时，一一招呼握手，主人不请，不进卧室。

交　谈　交谈时目光注视对方，思想集中，不随便打岔插话，尤其不让小孩多嘴。解放前，男人们交谈还禁止女人“参言”。

陪　饮　宴席酒会，尊客人上坐，多令亲邻陪饮，自始至终，以尽斟酒酬宾之礼。男客由男陪，女客由女陪。今多因主人不喜饮又欲尽客人之兴，方请亲邻中之善饮者作陪。上菜请客人先吃，吃完饭后须先等客人放筷，中途有事退席惯说“对不起”“失陪了”“请原谅”。

其他邻友、同事、同学等有病，皆携礼探视，以示关怀。凡熟人、亲友有婚丧嫁娶之事，互通以礼。旧时，上礼者将装有名帖和礼钱的红纸包送事主家，事主账房收纳，即于名帖右上方书“谢”字相告，反之，则与名帖左下角写“璧”字归退，并于礼账记载。至今民家红白喜事，仍设有账房。

邻里亲友遇修建、迁居、红白大事，多有彼此帮工的传统，事后主家也以不同的形式酬谢帮工者。

无论单位、个人，凡遇邀办事宜，或口头通知，或张榜告知，或下帖，送请柬邀请，知者届时即至，以信为重。

以上常礼，“文化大革命”期间一度废止。20 世纪 80 年代后又盛行，持续开展“文明礼貌”活动，传统中健康的礼仪道德，同社会主义文明新风日渐融合。

第三节　生活习俗

饮　食

旧社会河底辖区民众生活贫困，吃糠咽菜不得温饱。中华人民共和国成立后的六七十年代，吃玉米面、小米为主，兼食杂粮。早饭惯吃玉米面糊糊，俗称“馓”，饭里掺山药、老倭瓜、红薯等。中午多吃玉米面圪蚪，和面时掺加榆皮面、粘杆面或豆面、白面等，间吃“糊嘟”、窝头、不烂、玉米面疙瘩、条、饼等。晚饭多吃小米粥，俗称“米汤”；或吃菜汤、和和饭，加食玉米面窝头、饼或捞饭。因地区差异，各村乡俗间有区别。东村、小河北一带，逢年过节喜吃“头脑”，即把豆腐、山药切成小块，熬成淡汤，汤内煮“揪片”或饺子。晚饭间吃煎饼、焖饼等。蔬菜夏季多食豆角、倭瓜、萝卜等，冬春则食豆叶菜、酸菜、山药、干萝卜条、干眉豆角，也吃腌制的老咸菜。

1979 年以后，河底辖区人民生活大为改善，特别是 1985 年以后，人民的主食均以白面和大米为主，小米和玉米面的比例大大下降，饭菜花样繁多，粗粮细作，味香适口，具有地方特色的高档次传统饮食已成为寻常百姓的家常便饭，如绿豆面抿曲、肉炸酱抿圪蚪、拉面、河涝、煎饼、烙饼、馅饼、饺子、糖包、花卷、猫耳朵、剔拨股、枣介糕、煮油糕、包子、荤素火锅等。蔬菜则以新鲜菜为主，如西红柿、黄瓜、茄子、北瓜、菜角等，加食肉、蛋、奶。冬季多食山药、白菜，村民还兼食酸菜。逢年过节总要改善生活，有时节日要吃特定的饭食。除夕夜吃饺子、烙饼，初一早、午吃饺子、馒头炒菜，二月二吃龙须面，五月端午吃粽子，七月十五蒸面羊，八月十五吃月饼，九月九吃糕，腊八吃腊八粥，过生日吃面条等。一年中，由于时令节气不同，饭食也有调剂变化。如夏季喝绿豆汤、吃凉粉，冬季喝羊杂割汤等。每逢婚丧嫁娶，总要设宴招待亲友。

服　饰

清末至中华民国中期，男子多穿对门式和大襟式上衣，裤子为中式肥腰裤，且以黑、白、蓝色土布为主。春秋戴红、黑疙瘩青布瓜皮小帽，冬戴毡帽、三棱瓦帽，系白布、蓝布紧腰带。脚穿一道眉、二道眉实纳帮鞋或圆口布鞋，袜子多为白土布袜。放羊人多穿老羊皮袄，贫苦人一般为粗布衣打扮，多绑腿带，戴暖腰兜肚，富人、士儒、商人、文职人员多穿长袍马褂，夏着纺绸布衫，头顶凉帽，冬穿羊皮坎肩，脚穿棉袜暖靴，还有戴礼帽和穿礼服呢、冲服呢、皮底鞋或千层底青布鞋的。妇女以中长式大襟短衣为主，一般人着旗盘领镶边短衣，穿掩裆裤，按季节与年龄戴绒线帽，蒙手帕、毛巾、戴小呢帽，少妇少女喜在鞋上绣花，富户中年妇女头戴缀有银器的缎面头匝，夏罩绉纱，冬戴栽绒帽加罩头帕。民国年间，太太、小姐穿旗袍，着短衫、罗裙、长腰丝袜、高跟皮鞋。童装则男素女丽，花色各异，男孩戴老虎帽、狗狗帽、狮子帽，穿虎鞋、猪鞋，女孩戴绣花帽，穿绣花鞋，婴儿穿连脚裤，披斗篷。民国末年，随着纺织工业的发展，“洋布”进入境内，穿洋布者日益增多，袜子也改为针织袜。

中华人民共和国成立后，随着人民生活的提高，衣料发生了显著的变化，由粗布、细布、斜纹咔叽、华达呢、灯芯绒、平绒、毛哔叽，逐步发展为各种毛料、丝织品、合成纤维及皮革等。人人皆有背心、衬衣、秋衣、秋裤、毛衣、毛裤等，鞋也由布鞋、球鞋，发展为穿皮鞋，在品种花样上也在不断变化。20世纪50年代，儿童、少年兴戴黑白六瓣瓜皮帽，中青年戴八角帽。60年代后，多戴前进帽、军便帽，穿方口、松紧口、五眼系带及带叉单眉布鞋，冬季多戴围巾、手套及带绒领的各式短大衣，又有棉猴衣，捷克式皮上衣、风衣、风雪衣。妇女在较长的一段时期内多穿大翻领单衣，对门襟中式棉衣，偏口制服裤和春秋衫。“文化大革命”期间，一度出现“千人一色、万人一式”的单调服装。从20世纪70年代后期开始，女青年夏穿连衣裙、高腰袜、高跟和中跟皮鞋、凉鞋，头罩旅游小帽。冬戴毛线帽、皮暖帽，穿长筒靴，身着呢大衣、登山衣、裘皮大衣。中共十一届三中全会后，青年穿喇叭裤、健美服、牛仔裤、老板裤、蝙蝠衫及西装，花色样式日新月异。童装花样更为繁多，幼儿园及小学学生逢重大节日多穿园服、校服，中山服仍有不少人喜爱。

首　饰

解放前，河底辖区女婴要扎耳朵眼，备日后佩耳环之用。富家男儿佩长命百岁银锁，女孩戴耳坠。姑娘出嫁时，戴有头簪、头钗、耳环、戒指、手镯、银针葫芦等首饰。中华人民共和国成立后，首饰习俗渐变，发饰多被发卡、丝纱、束发带、发网等取代。20 世纪 80 年代后，姑娘佩耳环、项链、戒指之风又兴，中青年男子也有戴戒指的。

发　型

清代，男子依满族习俗蓄长辫。民国初，男子沿袭近 300 年的畜发辫习俗破除，剪掉辫子，改留平头、背头，农民多剃光头。中华人民共和国成立后，多留平头、分头。20 世纪 80 年代，各种发型日趋增加，青年以无缝吹式为主，则分为长、短发型。清末民初，女童前额留刘海，梳单、双辫。出嫁后，将辫变髻，而后女青年多留双辫子，辫上扎蝴蝶结或红头绳之类，作为点缀。“文化大革命”初，曾“革命”到女子头上，无论老幼一律兴短发式。进入 20 世纪 80 年代后，吹剪发、烫发普遍，有波浪式、双单花式和云纹式等。

宅　居

河底辖区住宅有房、窑两种，房有平房、瓦房之分；窑有土窑、石窑、砖窑之别，今已发展到钢筋水泥结构的楼房。

窑　洞　为河底辖区民众最为普通的住宅，最初选向阳土塄挖洞，附以门窗挂前墙，以熟石灰抹墙，扌盘一火炕即可居住，俗名土窑。后发展为用石料、砖料碹成窑洞，称石窑、砖窑。窑洞口安门窗，一窑一门。前墙一般为砖墙、石砌一米高的明根，用锤錾凿以雨点、风披等纹理，大方美观。窑洞天窗顶上留一孔，以对流空气，门槛下也留一孔，俗称“猫道”。窑洞冬暖夏凉，坚固朴实。

瓦　房　民居瓦房通常以基石砌明根，前面明柱两排，上有立卧栏杆，檐下有檐台，通常除正面隔扇门窗外，山墙后墙均卧砖到顶，里贴土坯，屋顶铺平盖筒瓦，砌有中脊与边脊计五条。富裕人家脊端安兽或吻，俗称“五脊六兽”。做正房、主房者多筑五间，俗称“戚位”。

平　房　房顶用石灰、炉渣拌和夯制，有前坡，便于流水；墙壁用砖或石料垒砌，分条盘型、清水墙等多种。

火　炕　不论是窑洞还是瓦房，室内均盘火炕，冬季取暖，秋季炕粮，缺煤炭的地方还能兼用炕火做饭。农村炕火都筑有通天烟囱或半墙灶洞，便于通气。

宅　院

中华人民共和国成立前，传统的宅院格局多为四合院。其中官宦、富豪人家的宅院颇有讲究，有穿心院、过庭院、偏正套院等形式。院开正门者，进院迎面立一影壁。开偏门者，多以配房山墙代影壁。大门两旁立有石墩、石狮子，房顶脊端与大门顶脊安有吻兽，俗有“门墩鼓、八字墙、五脊六兽金瓦房”之说。四合院的上房为三间或五间，俗称正厅，有的配有耳房，多为长辈居住，外院多为瓦房或平房。也有的为窑洞，为长工房、马棚、畜圈等。大门多为两扇木门，并带闩关。家门除门扇外，另安风门。一般农户宅院不配套，有主配房各三间的“三三”院或主配房三合院。多数贫苦农民及山庄窝铺的住户因地挖窑，依山建房，大多有舍无院，或依土塄成院，或以石墙围院，用荆草编篱作门，一家几代居于一舍者也不少见。

中华人民共和国成立初到20世纪70年代，提倡建集体化新农村，多建排窑或排房，讲究整齐美观。80年代初，乡村居民多为正房三到五间，或正窑三至四眼，东西配房二至三间，自成一院。且从石碹窑洞发展到钢筋混凝土结构的平房或窑洞。80年代以后，民用小洋楼兴起，且日趋考究，喜建正房，设置套间，正偏配套，客厅、卧室、库房、灶房、盥洗室、卫生间、储存室均在设计之内。并讲究通风采光，坚固适用，舒适大方。室内以床代炕，冬季取暖为火炉或暖气，也有使用电褥及电暖气者。

炊器餐具

中华人民共和国成立前，平民百姓使用的炊具有：“驮一”至“驮八”铁锅、小砂锅、砂进矸、小甑钵、木勺、铁勺、铜勺、铜瓢、葫芦壳瓢、粗瓷碗、陶瓷面盆、铁茶壶、砂茶壶等。富户人家有铜火锅、细瓷茶酒餐具等。中华人民共和国成立后，铝合金灶具、搪瓷餐具、细瓷餐具进入千家万户。20世纪70年代后，不锈钢餐具、灶具及电热锅、高压锅等也逐渐被城乡居民、村民所使用。传统惯用砖砌的火炉做饭。80年代后，部分居民又兴水煤炉、节煤炉、煤油炉、煤气炉、液化气炉等。

家具陈设

中华人民共和国成立前，河底辖区富裕户有大铺柜、竖柜、方桌、条几、炕桌、方凳、长凳以及考究的描金竖柜带顶帽、八仙桌、太师椅、卧室暖阁、屏风等。中华人民共和国成立后，旧式箱柜逐渐淘汰。20世纪70年代初开始，新式大衣柜、高低柜、写字台、梳妆台、圆桌、方桌、靠背椅、沙发、茶几、双人包头床、家用电器普及到千家万户。80年代后，组合柜、沙发床、彩色电视机、洗衣机、落地收音机、电冰箱、电风扇等高档家用电器逐步进入一般家庭。

乘　载

明末清初，普通人出门一般步行。富裕人家多以坐轿骑马代步，后有木轮车、马车。光绪三十三年（1907），正太铁路通车，乘火车可到石家庄和太原。民国9年（1920）平辽公路建成后，汽车始进入境内。20世纪50年代自行车增多，但运输以独轮车、小平车、马车和少量汽车为主。20世纪60年代至70年代，出门多骑自行车。80年代后，河底辖区公路大发展，村村修油路、通汽车，不少青年和个体户购置了摩托车和各种机动车辆，农用车、三轮车、小轿车、面包车等交通工具大量增加。进入21世纪后，公共汽车通往大多数村庄，出门坐车取代了步行。大、中型客货两用汽车已成为主要运载工具。

第四节　生产商贸习俗

祭五谷神

中华民国时期，河底辖区村民谷子打场完毕，把谷子堆成堆后，要将杈把、落哥（连枷）、木锨等打场工具插在谷堆上，簸箕扣在谷堆上，然后行祭场仪式，女性回避，男性皆跪伏于地，由家长焚纸燃香。礼毕，谷子方可入仓。中华人民共和国成立后，该俗逐渐消失。

建　房

开工前，需请风水先生看天气（工夫）、择节日，还要摆供、烧香纸、撒五谷，然后破土动工。上大梁、合碹之日，户主必须先择时辰，在大梁和窑洞顶正中系上红布、蒜瓣、红筷、五色纸和2枚铜钱。合碹之日，主人设宴犒劳工匠，主要亲戚也前来祝贺，此俗至今仍存。

盘槽、修火台

旧时，村民在修筑厨房的火台和给牲畜盘槽（牲畜吃草料的长型槽）时，有南槽北旮旯之说，即火台忌朝北，驴槽忌朝南，此俗一直延续至今。村民住上楼房后，南槽北旮旯之忌已不存在。

老君会

也称“歇工节”。相传，冶金和采矿为太上老君李聃发明，采矿业是镇人传统职业，故对太上老君十分信仰。农历腊月十八为老君寿诞日，届时，煤炭、石料采掘、矾石采掘等行业贴对联、放鞭炮、备整猪、整羊、丰盛佳肴，天明前供奉在“老君爷”处，并烧纸焚香、跪拜，祈保平安。礼毕，共食此供，也叫“会餐”（旧时称“打拼火”），即日起放假，准备过年，此俗延续至今。

开　市

集体或个体企业开张、商店、饭店开业，都要择吉日，张灯结彩、贴对联、放鞭炮。有的还要举行剪彩仪式，以志庆贺，也借此扩大宣传，招徕顾客。商店、饭店还供奉着财神爷、观音菩萨像，祈求发财致富。

坑下作业

旧时，煤窑、硫黄窑等坑下不允许妇女下去，认为妇女属阴，下坑底会带来灾难。

砍　树

旧时，农历十月十五为砍树的节日。其他日子砍树要找阴阳先生看工夫。砍树时要在树上拴红，以求平安。特别是在砍伐老槐树等树龄较长的大树时尤其要这样。树砍倒后，茬面流出树汁，砍树人说树在流泪，要抓把土盖上，怕老天看见。

架　桥

开工前举行破土仪式，工程告竣，行通车剪彩庆典，设宴招待来客。

第五节　陈规陋习

迷　信

巫　术　女巫俗称师婆，男巫俗称神汉。巫术多用于求神、讨药，驱邪除病及祭祷仪式等“公请”或“家请”场合。巫术形式主要有咒、画咒符，施“法术”，民间称之为“跳神”“下马”。旧时，城乡有专门从事此业者，以愚弄人民、骗取钱财。中华人民共和国成立后，随着社会科学文化知识的普及与社会治安的加强，巫术渐除，20 世纪 80 年代后又有回潮。

鬼　魂　境内民间古来有鬼魂观念形成，如招魂、撵殃等繁缛的丧葬礼仪、祷灵祭祖等风俗。又如，人死后，家人立即去土地祠、五道庙给死者“压魂”，以防死者鬼魂到处游荡，不得安宁，此俗至今尚有流传。小孩受惊后常有惊恐不安、昏迷等症状，人们认为是丢魂了，夜深人静时去土地祠供奉祷告，手提秤盘，盘内盛有小孩鞋帽，叫着孩子名字回家，俗称“叫魂”，个别人家至今仍行此俗。成年人因受某种刺激、心量小、看不开事情而发生神志紊乱，人们被看作是“跟上鬼了”，要请巫婆或神汉用桃树条抽打病人，还在晚上带上香纸、蜡烛去五道庙前烧香焚纸，俗称“送鬼”。中华人民共和国成立后此俗渐少。

供　神　旧时，民宅院内迎门影壁或一进大门侧墙上均有石雕或砖砌的土地龛，俗称"土地爷堂堂"。龛内供有土地神像或牌位。新年伊始，焚香设供，祭祈五日，对联多写"土中生白玉，地内出黄金"。民间除供奉土地神外，还供奉天帝、家堂神、老君、灶君、财神等。供奉天帝的对联一般写"天高覆万物，地厚载群生"。20 世纪 60 年代后，神龛被砸，该俗渐绝。80 年代起，一些笃信者又兴供奉。

跪香祈雨　旧时，凡久旱不雨，乡人便聚集一处，头戴柳枝，手捧香烟，鼓乐开道，赴村庙祈雨，直到落雨方止。中华人民共和国成立后该俗已废。

求神讨药　乡村民家若有人患恶疾、邪病或久病不愈，其亲眷便到庙宇或巫婆的供桌上求神讨药。其实所讨的"神药"不过是风刮入碗中的香灰、草叶或爬入碗中的小虫。中华人民共和国成立后，该俗已不多见。

打卦算命　为预测吉凶祸福的迷信习俗，有相面、看手相、卜卦、拆字等种类，皆是骗术。该俗至今仍未绝迹。

求　签　亦为预测吉凶祸福的迷信习俗。信奉迷信者到寺庙焚香礼拜，并摇动签筒内有编号的竹片，再从中抽出一支，然后依具上的签诗或查阅签薄上的箴言来附会人事。也有在家里以制钱六枚摇动，依正反面次序为据，查阅皇历者，该俗今已绝少。

请阴阳、看风水　该俗称坟地与宅地为阴阳两宅，凡有修家采坟者，请阴阳先生选址择地，以图吉利。中华人民共和国成立后，该俗曾基本废除，20 世纪 80 年代后又有兴迹。

踩　台　该俗流传已久。凡新修的戏台，均择黄道吉日唱戏祭台，称踩台。方法是：先由台主与剧团商定踩台吉日，然后于是日午夜，置方桌及供品于台中，放过爆竹后，开始烧香、焚纸、叩头致祭，接着二花脸上场，口里念念有词，最后，由主持人把鸡头、红筷、细碗用红头绳系于前台梁上，以为镇物。次日，首场戏多演《打金枝》等喜庆吉利之剧目。中华人民共和国成立前，这场戏台下无人观看，意在礼让过往神灵先看，也为避邪。中华人民共和国成立初，首场戏兴男子观看，但站得离台较远，后慢慢靠拢。现在首场戏男女都可看，不再忌讳。阳泉解放后该俗废止，20 世纪 80 年代后间有行者，有的则以剪彩代替。

陋　习

吸　毒　俗称"抽大烟""抽料料"。清道光二十年（1840）后，该风在境内流行。毒品主要有鸦片、吗啡、海洛因、大麻等。中华人民共和国成立前，吸毒者大多为官僚豪绅，地痞流氓，继而涉及少数劳动阶层。中华人民共和国成立后，人民政府严令禁绝，此后境内再无吸毒者。

赌　博　俗称"耍钱"。此风流传久远，有打麻将、摸纸牌、丢色子、押宝等形式。民国时期,官府虽明令禁止,但暗中借此吃请受贿,故难以禁止,致使赌博恶习祸及境内乡村。

好赌者有的倾家荡产、有的沦为盗贼。中华人民共和国成立后,人民政府严令禁赌,这一恶习逐渐被根除。20 世纪 80 年代后,赌博现象有所抬头,但一经发现,轻者批评教育,重者绳之以法,终未成风。

缠　足　清代,境内女子六七岁时用白布帛紧扎双足,俗称裹脚。并以缠足之大小作为美丑标准,致使足骨变形。辛亥革命后,民国政府虽三令五申废除缠足,但除一些乡村入学女子不缠足外,大多数农家女孩仍受缠足之苦。中华人民共和国成立后,这一摧残妇女身心健康的陋习被彻底根除。

坐　月　指坐米汤月。旧时,境内妇女在生孩子的一个月内只许喝清米汤,日六七顿,每顿清水一砂锅,少则用三个手指捏入少许小米,多的也只许用一酒盅小米。妇女坐月期间不准进其他食物,因而产妇多虚胖(浮肿),有的患多种疾病,甚至还有身体虚弱以致死亡者。中华人民共和国成立后,随着科学知识的普及和妇女卫生保健工作的开展,这一陋习逐渐根除。

禁　忌

语言忌　逢年过节忌说不吉利的话。如饺子煮破忌说"破了",而说"挣了""煮过了"。抱孩子忌说"沉"或"结实",而说"骨重"。为长辈备寿物忌说"割棺材""缝装裹",而说"做寿材""做寿衣"。人亡,在其亲人面前忌说"死了",儿童夭折说"丢了"或"没了"。老年人去世说"老驾了""走了"。木匠凿卯眼忌说"凿蹋",而说"凿透了"或"凿通了"。到别人家拜访,进门询问主人时忌问"没人啦""不在啦",常问"在家呀不在"。人到中年论岁数忌说"九",因有"逢九为圪节头"之忌讳。对生理上有缺陷的人忌说伤害对方心灵的话,如"秃""瞎""拐""臭罐""蛇皮"等。

行为忌　借别人的药壶、药锅,忌送还,要等主家来取。借别人家的蒸馒头剂(俗称续头)则一定要还,以避断"续头"之嫌。熬米汤忌直接用手抓米下锅。忌隔门槛端碗、递饭。借别人的水桶忌空担着送还,应一只手拿一只或担水送还。忌在人前放屁,忌在枕头上坐,忌在炕上或椅子上蹲。忌在人背后吃饭。忌朝人泼水、吐唾沫、打哈欠、打喷嚏。生人忌入月房、绣房、账房。寻找主人时,家里无人忌进入。忌向火里或向水道眼小便。写信忌用红笔。凡家人和客人刚出门,忌立即扫地。新婚妇女百日内不进月房,怀孕妇女忌进丧房或送葬。人死在外,灵柩忌进村入宅。出殡后的停丧房忌家人打扫,常雇孤独老人先扫一遍。父母亡日称死忌日,连续三年逢忌日不饮酒作乐,逢春节单丧一年、双丧三年不扫房不贴对联;直系长辈死后子孙忌穿红戴绿,身穿重孝不入婚嫁喜庆场所,为死者装殓用的五谷、土坯、干草等物，凡向邻友借来的，丧主应立即付以吉利钱，忌白拿白用。女儿婚后忌在娘家过春节或分娩。卖牲口忌带走笼头，有买马只给一条缰的习俗。凡遇过年、结婚、做寿等喜庆日，忌打破家具。正月里妇女还忌针线。

第六节　美德良风

尊师重教

河底镇素有尊师重教的优良传统，民间认为“一日为师则终身为父”。逢年过节，有的邀请老师到家吃饭，有的向老师敬送礼品，还有的在夏秋季节向老师敬送瓜果蔬菜。旧传，每年冬至为学生“敬圣”“拜先生”日。至清末民国初，私塾学堂师生仍于冬至节到圣庙祭礼，学董也在该日宴先生，在校生员齐集，向老师行拜礼，还有的登门向老师敬送礼品。如今，祭礼之举虽废，尊师之道仍兴。村民尊纸敬字，“字纸”即有字的纸张，历来被视为圣品。不准随便乱扔，更不准用作手纸等用。

中华人民共和国成立后，人民政府更加重视教育，中共十一届三中全会后，集资办学蔚然成风。

1989 年，牵牛镇村兴建新学校，村民捐资 3.3 万元。1996 年 4 月，河底村全体党员为河底中学教学实验楼开工建设捐款 5000 元，固庄村党员、干部、群众捐款 7600 元。同年，苇泊村在凤凰山下修建新学校，全村村民 210 人共捐款 17190 元，同时有 15 个单位 490 人捐款 54 万元。2000 年，东村干部群众 50 人捐资助教 7930 元。2001 年，石家庄高新技术创新研究所董事长兼总设计师、中国古建园林专家、中国香港科学院士、北京艺术研究员赵岚（山底人）捐款 1 万元，为山底学校校园塑造雷锋半身像一尊。2002 年，山底村原煤矿矿长刘万寿为学校捐款 1 万元。2004 年，邓家峪煤矿向荫营中学改扩建工程捐款 18 万元。2007 年 4 月，东村学校在改扩建工程中，干部和村民 1100 余人捐资 81700 元。2008 年 9 月 17 日，阳泉市燕龛煤炭有限责任公司为荫营中学二期改扩建工程捐款 100 万元。

为提高子女的学习成绩，不惜用高薪聘请外地名师到校任教。1993 年，牵牛镇村从陕西聘请了数学、语文、英语等科教师 6 人。当年，参加中考学生 19 人，有 3 人考入中专，5 人考入郊区一中，3 人考入郊区职业中学，中考综合成绩居郊区第二序列榜首。1996 年，固庄村聘请盂县 2 名女教师到校任教，学习成绩显著提高，学生入学率达 100%，巩固率达到98%,成绩及格率达到95%,固庄村被河底联校授予“尊师重教”先进村。

1985年第一个教师节开始,镇、村每年9月10日都要举办各种形式的会议,庆祝教师节,倡导尊师重教,为教师办实事。

河底辖区村民以读书为荣,“书香门第”历来倍受崇敬。中共十一届三中全会后,河底、牵牛镇、山底、固庄、邓家峪、里龙光峪等村对考入大中专院校的学生均给予一定数量的奖学金。1991—1997年,牵牛镇村给考入大中专院校学生累计发放奖学金11.2万元。2002年,邓家峪村给考入本科达线的9名学生颁发奖金54000元,给考取第一名的研究生聂慧平奖金1万元。2006年1月,河底村村委决定对当年考取清华、北大的学生给予1万元的奖金,考取本科的学生给予5000元,专科给予3000元的奖金。当年,有30余名考入大专以上的学生受益。同年,山底村刘少文考入北大,村委会给予1万元奖金。

尊老爱幼

尊　老

中华人民共和国成立前,河底辖区有不少鳏寡老人因无人抚养而沦为乞丐,流落街头。中华人民共和国建立后,为让鳏寡老人安度晚年,20世纪50年代中期对已丧失劳动能力又无依靠的老人,经本人同意,均由集体实行“五保”(保吃、保穿、保住、保医、保葬)。1983年,河底村建起本镇第一个村级敬老院,享受“五保”的17户、19人,有14人住进敬老院。到80年代中期,境内河底镇、东村乡、燕龛乡均建起敬老院。每逢过年过节,党政领导携礼前往探望。从1987年起,境内各村按照区政府对农村男60周岁、女55周岁,1945年前入党,中华人民共和国后任村级正职10年以上,曾获地、市级奖励的老党员、老干部、老劳模实行“三老”定补。80年代中期,河底、牵牛镇、山底、固庄等村实行村民退休养老金制度,使他们“老有所养”,安度晚年。

1988年7月19日,山西省七届人大常委会四次会议决定,每年“九九”重阳节为本省老年节。境内乡(镇)党政机关及所属村委会,每年都要组织捐款、赠物排忧、节日慰问、办实事等敬老活动。2001年,由原来的东村乡敬老院、燕龛乡敬老院、河底镇敬老院、河底村敬老院合并组建河底镇敬老院,入住老人26人。2006年,下章召村残疾人王秋虎创建了郊区第一个民办养老机构——阳泉市郊区秋虎敬老中心,到2008年,累计收养老人36人。2011年11月,河底村村民姜芝明办起私营养老机构—阳泉市郊区玉金养老院,收养老人10人。2014年,全镇共有老年活动室30个,老年日间照料中心11个,并有专人负责。有镇办敬老院1个,“五保”人员26人;民办养老机构2个,收养老人20人。

爱　幼

中华人民共和国成立前，河底辖区有弃婴、溺婴、重男轻女的习俗。中华人民共和国成立后，人民生活水平不断提高，弃婴现象绝迹。如有孤儿，常有群众自愿抚养，或由孤独院收留，并供上学。从20世纪60年代开始，境内各村均办起托儿所或幼儿园。70年代，各学校附设幼儿学前班，由正规教师任教。各乡（镇）卫生部门对幼儿防疫、保健工作十分重视，并对婴儿定期进行体检。独生子女每月享受5元的营养补贴。每逢国际儿童节，社会各界人士都要向幼儿园捐款捐物。2014年，全镇共有农村幼儿园24所，在园幼儿662人，入园率达100%。

助人为乐

境内民间有助人为乐风尚。据光绪版《平定州志》载，燕龛村人史饱文，幼力学，其祖精于医术，文尽得祖传。每视疾多应手而愈，乡党赠匾曰："青襄济世"。同村人史成绩妻陈氏，为人本分，勤俭持家，教子有方，帮穷济贫，十分同情穷苦人，每逢讨吃要饭的穷人上门尽量帮助，并亲自为穷苦女叫花子洗脸、梳头，寻找虱子。陈氏去世后，仅去送殡的叫花子从陈氏大门就跪到燕龛村寺底坡，约有200米。亲族乡党先后为其挂牌3块—"壶德垂型""行端表正""五世同居"。其中，清嘉庆己卯年（1819）由翰林院庶杰士李印万赠的"五世同居匾"至2014年保存完整。民国30年（1941），河北省顺德府（今邢台地区）遭大旱，大批难民逃往山西，农历七月初十，正逢曹家掌村赶庙会，燕龛村木匠史拉寿捐出小米一口袋（90公斤），于村前寺底坡支大锅做饭，施舍难民，传为佳话，受到平定（路北）县五区政府的表彰。中华人民共和国成立后，捐款捐物、无私奉献等被视为共产主义高尚情操，爱国家、爱集体、爱人民成为广大人民群众的自觉行动，一代社会主义新风尚正逐渐形成。1984年3月29日，《阳泉报》载：3月13日，大雪纷纷，48号公共汽车由盂县返回阳泉时，因积雪太厚，只好中途停驶。这时天气已晚，车上旅客十分着急，司机张生联一方面积极与汽车公司联系，一方面到就近的北庄大队联系食宿问题。北庄大队得知情况后，热情接待了30多名旅客，妥善安排了旅客的食宿。旅客们返回阳泉后，联名给汽车公司和北庄大队写了感谢信。

捐款捐物

1966年3月8日，河北省邢台地震波及本境，河底辖区人民捐款捐物予以支援。大河北村村民潘牛小捐资3600元，河底村个体户光根存捐款3000元。1989年，郊区为建刘备山电视转播台集资捐款，河底镇捐资6万元，为全区乡（镇）捐资之首。1991年8月15日，我国南方遭特大水灾，河底镇、东村乡各捐款1万多元。1997年6月，李（家庄）荫（营）路竣工，境内各村纷纷捐款，其中牵牛镇村捐款5万元，山底村捐款2万元。河底、燕龛养猪场、里龙光峪、下章召、任家峪、邓家峪、关家峪、苇泊、苇泊汽修厂各捐款 1 万元。河底村光根存捐款 5 万元。1999 年 4 月，牵牛镇集体为苇滴公路改扩建一期工程河底段捐款 25 万元。2008 年 5 月 12 日，汶川发生 8.0 级大地震，境内各村党员干部、村民纷纷捐款，支援灾区重建。其中，河底村村民捐款 4 万元，全体党员交纳特殊党费 1.3 万元。固庄村党支部书记张二虎捐款 2000 元，副书记郭润兰、村委委员张建军各捐款 1000 元。苇泊村捐款 4 万余元，牵牛镇村捐款 6 万余元。

乐于奉献

清光绪年间（1875—1908），牵牛镇村西大道土垅屡受取土之毁，村长周士秀率众植松其间，形成后来之松树林。

中华人民共和国成立后，乐于奉献更是蔚然成风。1971 年，牵牛镇村动工改造旧村，北河道自西向东合碹成阁，工程浩大，所需石料 1.5 万余立方米，青年民兵夜间义务加班运送石料 8000 余立方米。同年，李作民、周赞猷、王彦赞等 10 余名六十多岁的老汉自愿组成“老愚公战斗队”，上西山垒坝、垫地、植树，受到阳泉市党政领导的表扬奖励。1985 年，牵牛镇官道沟里的二道桥倒塌，村民刘先明带儿子义务修复，事迹载于《阳泉报》。

见义勇为

奉公尽职

1980 年 5 月 15 日凌晨 1 时 15 分，郊区公安分局干警傅忠义（东村人）接到市公安局追捕盗抢劫车罪犯的命令后，与谢贵元、刘新建二人立即投入了战斗。他们驱车穿过盂县境内，直奔十八盘，当追到河北省平山县胜利桥附近时，罪犯见难以逃脱，便凶相毕露，连续开枪射击，傅忠义颈部左侧中弹，英勇牺牲，时年 25 岁，被山西省人民政府追认为烈士。1980 年，东村李素英为保卫国家财产，与抢劫银行的歹徒英勇搏斗，5 处受伤，中国人民银行授予其“全国金融红旗手”称号。同时，获山西省金融红旗手、大同市劳动模范等称号。1992 年 7 月，牵牛镇村治保会得知有 3 名 15~17 周岁的四川籍少女被拐卖于该村的 2 名外包工头目手中，且外包工意欲再次转手的信息后，时任村党总支副书记的李志忠亲自指挥治保会采取断然措施，及时将 3 名少女解救并护送回老家，受到了成都市、阳泉市和郊区各级领导的高度赞扬和大力表彰。

舍己为人

清光绪《平定州志》载，苇泊村张元珠，一生乐善好施之举不胜枚举。嘉庆二十四年（1819）四月，天空突降大雨，山洪暴涨，淤没固庄沟，炭窑内湮没 2 人、驴骡四五十口（头）。张元珠不吝资财，出钱雇工打捞，清挖窑道，经过三天三夜抢救，未伤一人一畜，他的功绩永远留在人们心中。据光绪七年版《盂县志》载：王树林，字桂一，清朝牵牛镇人，平生好义轻财。有一次到河南省经商，寻船渡河时，正遇有船翻入河中，船上的人全部溺水。王树林急于救人，但又不识水性，因而大声疾呼：“谁能救人一命，偿钱2万元”。众人奋力抢救，溺水者全部幸免于难。1966年，燕龛公社梁换果为抢救集体财产光荣牺牲。当时，平定县委号召全县人民学习她舍己为公的高尚品德。

1980年6月18日下午6时许，山底学校一年级学生张付忠在蓄水池玩耍，不小心跳入三米多深的水池里。该村村民李润海发现后，奋不顾身立即跳入水中，把遇险的张付忠救上来。孩子家长对李润海舍己救人的精神感激不已。

1982年夏，在燕龛进修校学习的教师李梦红（苏家泉人）为抢救被河水冲走的木材，她被洪水冲倒在水中，从燕龛河一直冲到山底河（今桥头处），光荣献身。当她的尸体被山底村王国宝、鲍金虎发现后，两人急忙跳入河中，把李梦红的尸体打捞上来，受到郊区领导和干部群众的好评。

拾金不昧

据光绪七年版《盂县志》载，牵牛镇村人赵袭，家境贫寒，务农为生。一日清晨上地走至界牌梁处，捡到一个装有铜钱数百（当时流通之制钱）的袋子。赵袭就在原地等候失主，等了一天未见人，傍晚回家后彻夜难眠。第二天拂晓，赵袭又携袋到界牌梁等候，仍无果。后就多方打问，一直寻到河底村找到了失主，将钱尽数交还。失主感激万分，要分一半钱给他，赵袭坚辞不受，拾金不昧，传为美谈。

中华人民共和国成立后，随着人们思想政治觉悟的不断提高，拾金不昧之风得以光大。人们捡到东西或原地等候，归还失主，或贴招领启事，寻找失主，或交派出所处理。1979年5月22日，山底村纺机厂工人张计牛从信用社提出存款1000元，准备家中修房急用，回家后发现丢失500元。该村田俊生担水时，发现路上有一捆东西，拾起来交于公安局。公安局接到山底纺机厂报来的丢失电话，立即派人送归失主，事后经查询方知其名。1984年“六一”儿童节前夕，牵牛镇小学学生王旭平在回家的路上捡到一块高级手表，沿路问人，未见失主。他立即返回学校，把手表交给老师，学校发给其“拾金不昧”奖状予以表彰。

家庭新风

中华人民共和国成立后，男女平等、夫妻互爱、家庭和睦的道德风尚得以发扬光大。截至2014年，全镇被评为市、区“五好家庭”户，达21户。

贤惠媳妇

中华人民共和国成立前，妇女地位低下，尤其是媳妇到了婆家，更是抬不起头来。中华人民共和国成立后，媳妇孝顺婆婆，不少媳妇胜过亲生闺女。1979 年 10 月，山底村妇女孟美风，年当芳龄，丈夫因公早逝，留下 70 多岁的公公和 3 个不懂事的孩子，本想改嫁，但念及孩子，公公无人赡养，即改变主义不再出嫁。她含辛茹苦，赡老扶幼，十年如一日，将公公养老送终，孩子抚养长大，被评为出席山西省的“五好家庭”。

善良后娘

境内有“门道地的风，后婆娘的心”的谚语。中华人民共和国成立后，一般后母都不虐待前妻子女，而且比对自己生养的孩子更为体贴入微。孩子长大成婚时，一样置办嫁妆和家具。五架山村赵春香，待前妻遗子杨银孩同亲生儿子，一视同仁，就是回娘家也要一起带上，30 年来精心抚养儿子和孙子，被当地群众传为佳话。

孝老爱亲

任家峪村村民袁桂芬，1949 年出生，她是家中的独生女，母亲体弱多病。1966 年，父亲患高血压瘫痪在床，她一个人挑起了家庭的重担，悉心侍奉两位老人，直到 1975 年父母双双病故。刚为久病的父母养老送终后，第二年，婆婆又患高血压，瘫痪在床，生活不能自理。1980 年，公公患癌症，举步维艰，2 个病人靠桂芬挖屎倒尿，端水送饭，悉心照顾。两年后公公去世，她继续照顾大小便失禁的婆婆，10 年间天天洗屎干尿垫，但她无怨无悔。她以自己一生的坚韧、勤劳和善良，践行着对家庭的承诺和责任，用自己的言行传承和诠释了中华民族孝老爱亲的传统美德。

2009 年，袁桂芬被阳泉市劳动竞赛委员会荣记二等功，并荣获阳泉市首届道德模范提名奖。

东南沟村村民李树民（李鼎厚的养子）与妻子谢瑞清在家务农，经济条件十分困难，除供一儿一女上大学外，还要精心照料身患重病的父母。他父亲李鼎厚（84 岁），身患肺气肿，常年卧床不起，离不开氧气，母亲高玉娥（83 岁），身患帕金森综合症。李树民与妻子悉心照料年迈多病的父母，十几年为他们寻医买药，端屎倒尿，从不叫苦叫累，虽然不是亲生儿子，但比亲生儿子还要亲，他们的事迹深受村民的好评。

和谐家庭

东村侯便林一家是阳泉市平安文明家庭的典范，是一个“五世同堂”之家，全家 13 口人，最长的 91 岁，年幼的 8 岁。夫妻相敬相爱，遵纪守法，平等互助。在生活中家庭和睦，尊老爱幼，教子有方，团结邻里，积极倡导健康文明的生活方式。在创建“平安家庭”示范户的活动中为村民树立了榜样，2010 年被市妇联评为“五好文明家庭”，是郊区第二届“十佳好媳妇”。

侯便林和爱人既是生活中的知心伴侣，又是子女们的好父母，更是好婆母和好儿媳。夫妻俩对于老人关爱有加，婆母已90高龄，行动不便。为了让老人安度晚年，他们主动承担照顾老人。侯便林既要照顾好孩子和老人，又要体贴丈夫，平时吃饭都要请老人先入座，为其端饭倒水。2009年婆婆摔倒做了手术，她天天守护在老人身边，洗脸梳头，端水倒尿。家庭成员为老人寻医找药，从无间断，使老人生活幸福，身体健康。

侯便林一家在创建“平安家庭”中争先参与献爱心活动，在2008年四川汶川大地震中，全家捐款1500元。并且全家人都做义务治安员，督促住户做好防盗工作，儿媳妇们坚持街道门前的清扫。在他们一家人的带领下，各家各户家庭矛盾少了，邻里互助多了，门前垃圾少了，绿色环保多了，家庭团结了，社会平安了。2011年，侯便林一家被评为山西省“平安家庭”示范户。

北庄村胡凤林，全家四口人，丈夫傅胜担任村党支部书记。在村里千方百计为村民增收想办法、办实事；在家里帮助妻子做家务，全力支持妻子种大棚蔬菜，连续多年被评为区、镇“劳动模范”“先进党务工作者”。

胡凤林是郊区有名的种植能手。2004年，村里建起了温室大棚，村民谁也不敢主动到大棚内种菜，她第一个站了出来，带着10名妇女走进了大棚。她没有知识，没有技术，种植大棚蔬菜一切都要从头开始。白天没时间，就在晚上加班学习。没有师傅指导，她就跑到山东去请，师傅讲不到的地方，就追根刨底地问。2004年，北庄温室大棚第一茬鲜菜种植成功。2005年，胡凤林带头承包了温室大棚，组织成立“阳泉市永恒绿宝农业有限公司”，吸纳北庄村菜农全部参加。2007年后，大棚经营规模扩大，蔬菜品种增多，北庄村的蔬菜有了名气，胡凤林也先后获得阳泉市“三八”红旗手、“十大农民女状元”、“劳动模范”、“巾帼创业明星”、“山西省优秀妇联干部”等称号。

胡凤林在外泼泼辣辣，在家里贤惠温和。她能干、吃苦、豁达、孝道。嫁到傅家近30年，作为家中的大儿媳，她非常孝敬公婆，始终如一的照料老人，主持家务。在她的带动下，妯娌们相处融洽，平时多沟通，遇事多商量。上敬重老人，下教育儿子，对待儿子的态度是严慈相结合，工作上严要求，生活上无微不至地照顾。在她的教育下，儿女的工作都受到了单位的好评。2012年，胡凤林一家被评为“山西省文明和谐家庭”。

文明户

从20世纪90年代开始，境内各村开展创建文明家庭的活动。2011年，固庄村开展了以弘扬正气，树立新风为主题的“十二星文明户”的评选活动。“十二星文明户”的内容为思想先进星、道德高尚星、创业致富星、遵纪守法星、移风易俗星、计划生育星、环境卫生星、科技文教星、孝老敬亲星、公益奉献星、邻里和睦星、团结互助星。2011—2014 年,全村选出十星以上户数占到全村总户数的 85%以上。2014 年年底,村委会专门召开了三年一次的表彰大会,对获得“十二星文明户”的 10 个家庭进行表彰奖励,每户奖自行车 1 辆。同时,专门建立表彰公告栏,公告获奖名单和照片,宣传他们的先进事迹,让身边的先进事迹在村民中开花结果,4 年中,固庄村没有发生一起刑事治安案件,也没有一个村民上访。

2013 年,为积极培育和践行社会主义核心价值观,大力推进善行义举四德榜(家庭道德、职业道德、社会公德、个人品德)建设,形成德耀家乡,向上向善的社会风尚。关家峪村支两委举办第一届争做“关家峪好人”,争上关家峪“善行义举榜”的活动。通过宣传身边先进人物事迹,用榜样的力量弘扬人间真善美,传递社会正能量,使全村形成“人人做好人,好人做好事,好事就上榜,好人有好报”的社会风尚。2014 年,全村评选出好婆婆 5 人,好妯娌 15 人,三八精英 4 人,长寿女星 10 人,文明户 7 人,受到市、区、镇政府的表扬和肯定。

第二十三章　文物古迹

第一节　文　物

古代文物

石　斧　1993年，下章召村民王玉存修建住房起土时发现石斧一把，该斧石质坚硬，长11厘米、宽4.5厘米，呈灰绿色。石斧因未经专家鉴定，属于何时文物不得而知。

燕龛石窟　位于村东北神嘴山下石湖坪，开凿于北魏年间，与平定乱流的开河寺石窟佛像为同一年代（公元450年左右）。20世纪70年代保存基本完整。在农业学大寨运动中，因劈山改河遭到部分损坏，至今保留8处，内有各种造像，对研究本地历史有一定的价值，系本镇最古老的文物。

上章召石窟（图23-1）

上章召石窟　北宋摩崖石龛，在上章召石佛庙西殿。有北宋元祐六年（1091）凿刻的石龛4个，自左至右，第一龛内雕坐佛一尊，第二三龛内雕坐佛2尊及象狮等，第四龛雕一佛二弟子像，石佛庙因此而得名。石龛右侧有石刻题记载："大宋国元祐六年十月四日盂县同类乡韩庄栽税户张用妻弟子王男张诚、张廉、张元同会人张德□。章召村西有韩绪地内被钱物修到释迦摩牟尼佛一会并本村同会人韩绪妻阿张氏自修圣僧一所，胡正妻阿赵氏并男四人韩瞻赵方、韩莒写佛人张德立。"

元代瓷碗　1990年，牵牛镇村在新学校修建工地中出土的瓷碗及大量的陶瓷碎片，经山西省文管所有关专家鉴定为元代烧制的产品。碗口径22厘米，底内陷，碗口似唇，白色釉面微黄，内绘有鸳鸯戏水图案。现存于牵牛镇村档案室。

清代铁炮　2001年，在修建滴苇公路挖土时，在苇泊村青石坡下河中挖出用生铁铸造的两门铁炮（一门已被村民毁坏破碎），炮身呈直筒圆锥状，重3000余斤，长3.13米，炮身前周长870毫米，壁厚88毫米，尾部周长1300毫米，壁厚157毫米。炮筒口径为100毫米，炮筒为熟铁管，长3米，炮筒壁厚20毫米。炮身后部有铸字，已生锈看不清。有记事者众说纷纭，一说明崇祯末年，一说康熙元年。炮身中部两方各有一个耳柄，呈圆形，粗100毫米，为支炮、搬运使用。炮尾有一点火装置，与炮膛相通。通身有4道高30毫米，宽50毫米环箍。此炮比例得体，炮口直径大，管壁厚，装药量大，射程远，是当时威力最大的重型大炮。

清代铁炮(图 23-2)

河底老爷庙铁旗杆　据有关碑文载，河底村老爷庙“山门东西耸立木旗杆一对，近年以来风雨摧折不堪耐久。清咸丰七年(1857)冬，阖镇共议易木为铁，于是敛财鸠工，鼓炉熔铸”。当即，除本村村众捐资外，又由户部晋宝泉分局捐银50两，监铸官眭卿云与三名大使各捐10两。鼓楼熔铸而成。共耗银160余两。铁旗杆高15米，直径0.30米，上下双斗八旗，云龙盘上，顶端原铸宝顶，4个风铃下垂，除八旗风铃装饰外，旗杆一体铸成。做工精细，创制剽悍，外由生铁作表，内有灰铁贯心，经年历月不生锈，不脱落，观者每是称奇，盖评其为倚天之剑或卓笔之峰，旗杆书联语，上为“大义并山河拱秀”，下为“丹心与日月争光”。铁旗杆屹立宏场，观者云集，叹为观止，故碑文又曰“四方之来观者，或讶为倚天之剑或惊为卓笔之峰，皆以为多年可以不朽，每知帝德永垂不係乎！”该文物被毁于1958年“大炼钢铁”中。

牵牛镇瓷罐　2000年4月出土。为牵牛镇村生产的最早瓷器。

牵牛政瓷罐(图23-3)

牵牛镇清代瓷鼎(图23-4)

牵牛镇清代瓷鼎　通体黑釉。高25厘米，口径25厘米。三足狮头，两耳叶状，为三足两耳圆瓷鼎。鼎外壁绘有牡丹花，口沿塑有花牙12个，造型独特，舒展敦实。瓷鼎制于清咸丰二年(1852)，是牵牛镇人阎治亲手捏造并烧制而成，初时献于村轩辕庙用，现存于观音庙内。

河底宝泉分局镇库大样钱　据《阳郊文史20期》载陈传江文记述：在阳泉市郊区河底村新农村建设施工中，挖出一堆废铁片，被人卖了废铁。……在这一堆废铁片中，夹带了面文北魏楷体汉字“咸丰元宝”，背文“镇库”，左右满文“宝泉”的记局镇库大钱。

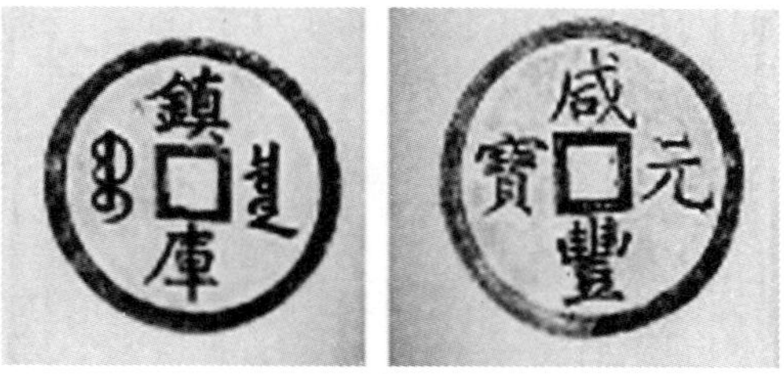

河底宝泉分局镇库大样钱（图23-5）

此钱直径11.4厘米，厚0.7厘米，穿径1.9厘米，经有关专家考证，确系清咸丰三年户部送达给山西铸局平定州镇库大钱。

雍正铁碓臼　现存任家峪铁厂库房的铁碓臼2个。分别高400厘米，口径一为420厘米；一为430厘米。上有“清雍正十二年（1734）四月十二日”铭文。两碓臼皆出自任家峪人之手。可惜年代久远，一个已开裂。

近现代文物

河底樊家铁砧　生铁铸品，锻造铁器的工具，整体呈正方形，砧面四边均为15厘米，高12厘米，正面上下方各有两个“耳”，其根部宽5厘米，长9厘米，高7厘米。其作用主要是在匠人锻打时卡住圪筒且能来回转动。砧的产地是河底村樊家，樊家塭出的砧，硬度好，打不凹，不粘铁，击打起来发出一种脆粼粼的响声，甚是好听，樊换来是铸造铁砧的拿手匠人，据说能铸造出如此好砧，有他的绝技，绝不外传。至今在人们口头上有“樊换来铸砧——一把沙”的传说，但谁也不知道这一把砂里有什么门道。旧时，上章召等村的蘑菇钉匠人，离了河底樊家的砧子是断然不行的。至于河底本村的“梁嘴匠人”用的砧子，自不必说。说到铁砧必须提到垫在它下面叫砧墩石的砂石，该石采自荫营石虎山，垫在砧子下，经长年累月击打，被砧子磨出一个印坑，时间越长坑就越深。久而久之，砧子和砧墩石不可须臾离开，也被列为锻打蘑菇钉的工具之一，也同砧一样成了文物。照片铁砧和砧墩石，现存上章召蘑菇钉末代传人郭守善家中。

河底樊家铁砧（图23-6）

盘　轮　是捏制陶瓷品和铸造铁锅模具“告活儿”的规范工具，高约40厘米，盘面直径约30厘米，底座和盘面呈两节，上节

盘　轮（图23-6）

有一尖锥，下节正中有一窠臼，两节套成一体转动，上盘以“告活儿”。为转动滑快，下节窠臼内放润滑剂。此物为牵牛镇、河底、任家峪、上章召等村的磁窑、生铁炉、砂锅厂生产必用盘轮。

蘑菇钉格筒　锻造蘑菇钉的工具，熟铁制品，通体长36厘米，可分作3部分。柄（俗称把子）：长28厘米，粗（直径）2.5厘米。匠人用右手把握（拧转），配合锤打，使铁货以成型。蘑菇钉六瓣，转6次打6锤，十分准确，转错或者打不在点儿上即打不成型，行里叫没有翻过手。盘（俗称核桃）在之间，椭圆盘状，直径4.5厘米，厚2厘米。以它卡在砧子里，下可拧转上可击打。头（俗称嘴子）长6厘米，上细下粗，平顶，顶部有一方形小眼。作业时匠人把红在火里（捻打出尖子）的剂子（俗称圪垯）夹出，灌进嘴子顶部小眼，上边用锤子击打盘。出蘑菇钉的6个瓣子和下边的沿子（俗称淋淋嘟儿）。因之格筒既是工具又是模具。在锻打蘑菇钉的过程中起着关键的作用。此格筒现存上章召蘑菇钉末代传人郭忠凝家。

蘑菇钉格筒（图23-8）

武天明司令员签发的通知　武天明，猪头垴人。1949年解放太原时任太原市一分区后勤司令部司令员，现存通知原件有两件，均由司令员武天明、政委程子聖签发。①《太原市壹分区后勤司令部通知，后供粮字第21号》，1949年4月10日决定，3月份应调剂□白面由，太原后指各任务队、各站、各机关、每人调剂白面2斤，希望各单位13日以前将现有人数造花名册送后司供应部审核后到一分部写介绍按应领数领取，编造花名册时须注意以下几点：“1. 随军民工由部队统一调剂，各任务队不填。2.三月下半月调来的备注栏内说明。3.四月份调来的不发给（不必填造花名册）。4.解散回家的不补。各单位接文后迅速造妥花名册来后司领取介绍信为盼。上通知各任务队、机关、站。”②《1949年3月30日：“关於供应工

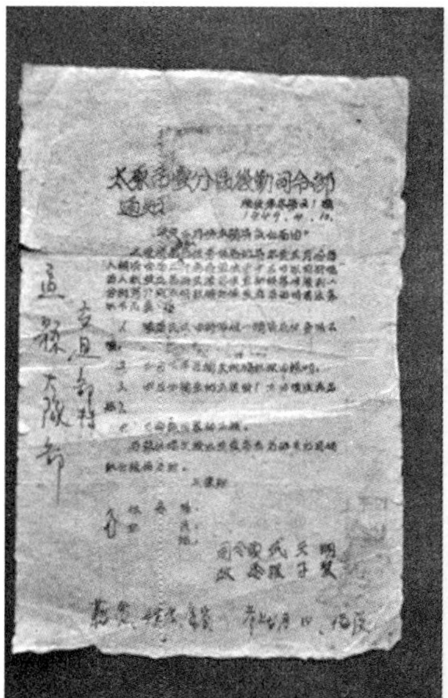
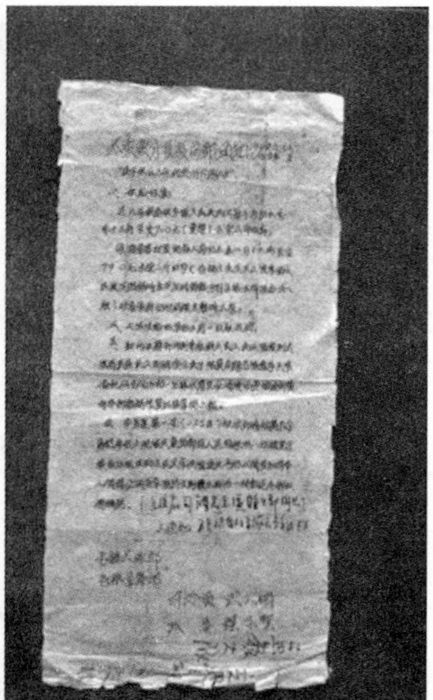
武天明司令员签发的通知（图23-9）

作的几个问题的通知》：一，供应标准①凡参战各任务队之民兵、民工，每人每日小米 1 斤 12 两，菜金 700 元（冀币）木柴 2 斤 4 两（各站之民兵民工同时报销时另与站的干杂分别另报，不得混合在一起）。生畜草料仍按前规定暂不变。二，上述供应标准自 3 月 1 日起执行。三，新的任务即将到来，参战之民兵民工陆续到达，原有民兵民工即将换回，关于结算问题各县要事先做好准备，把领取的一切粮款等完全清理清楚，编造计算向本部报销结算以便汇总上报。四，本年度第一季（一、二、三月）□鞋即将另发，凡分区级参战之脱离生产干部每人发给□鞋 1 双。领取手续由现任职机关单位填报花名册代领，并取得本人领据必须盖章。限于文到后三日一并报送本部以便领发。上通知各县大队部、各粮草总站。”

民国 37 年（1948）7 月 8 日出版的中共北岳区二地委《支部生活》 收藏于盂县杨有贵之手。标题为“红土岩支部团结群众解决生产中的障碍和困难提高群众生产情绪”。文中说：“平定红土岩村支书方风英、副书记张远明和经过整党有了进步的党员干部张风长、张现斗、侯德会等同志积极起来领导全体党员团结群众和新农会共同解决生产中的障碍：把土改中抽补了中农张现福、贫农张现禄好地换的赖地到现在还有六、七亩白地没有种，经解释后先把地种上了。把错斗了的中农张现福、刘现瑶。张先贵，贫农张现禄、刘现毕等的成分改正，退了一些东西（应全部退还）。他们说：“成分闹清了，一定要好好生产。”又从村社生产炉抽回了十石小米借给贫农吃和解决农具困难，群众情绪很高，全村苗子已经锄过头遍。

《支部生活》封面与内载文章（图 23-10）

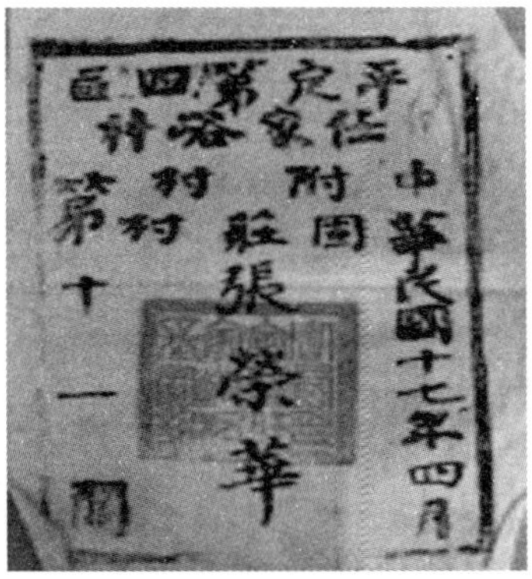

民国身份证，收藏于大固庄村（图 23-11）

民国村公所挂的灯笼，收藏于固庄村（图 23-12）

买房契约　该契约为下章召村村民王稳灼于民国24年(1925)5月买房时所立,契约包括买契、草契。草契上款还附有章程摘要6条,明确规定违约者处罚条例,草契落款处有民国政府印花税票一枚。

买房契约(图23-13)

章程条款:

第三条　征收契约税以银币计算，如原约系铜币成交者,应按当地时价折合银币。第六条:契纸不论买典每张价一元。”

第十五条　各村村副照章兼充卖田房公证人。买契价收百分之一五（每百元收一元五角)典契价收百分之一。公证费有买主出六成,卖主出四成。

第二十条　自契约成立之日起,买契以三个月未报税期,逾期不报者,以左例处罚。

(一)逾期一月加收三分,加至三月为止。

(二)三月以上者按照税额五倍以上十倍以下处罚。

第二十一条　契约成立后发现有匿价情事者勒令更换契约，补交短纳税额,并按分别处罚。

(一)买主按匿价减半处罚。

(二)卖主按匿价数十分之二处罚。

(三)说合人按匿价十分之二处罚。

(四)村长副长及产邻按匿价十分之一处罚。

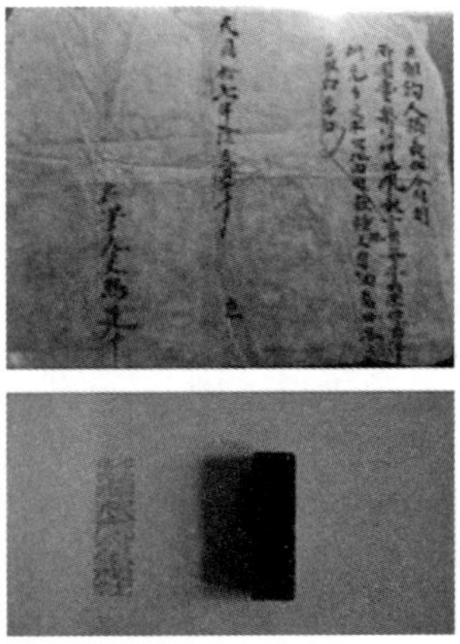
章程条款(图23-14)

第三十条　各县政府承办税契人员填写契纸每日送印一次，即印发契约期限自报税之日起以半月为限,于报税人员取时不得延期。

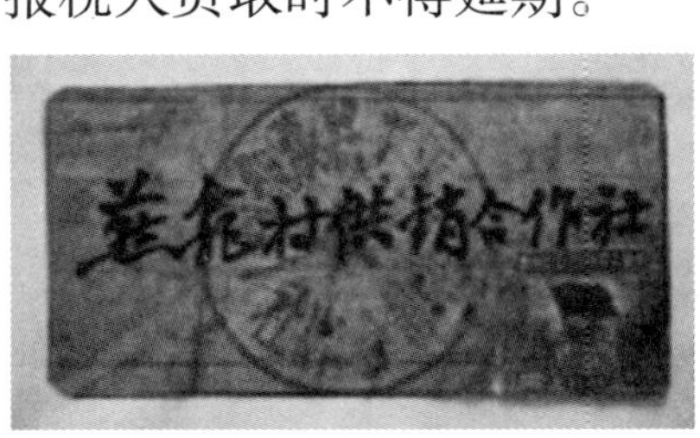
该为“平定县第四区燕龛村生产社”图章,收藏于燕龛村(图23-15)

收藏于固庄村的1949年版发行的人民币(图23-16)

收藏于燕龛村的生产合作社印花税票(图 23-17)

山西省第三届民间音乐舞蹈汇演会刊 此为1957年举行的“山西省第三届民间音乐舞蹈汇演”出版的会刊,内有介绍苇泊金钰提筋斗活龙的文章;出席山西省第三届民间音乐舞蹈汇演的阳泉市代表团名单,名单中有“周香兰”。

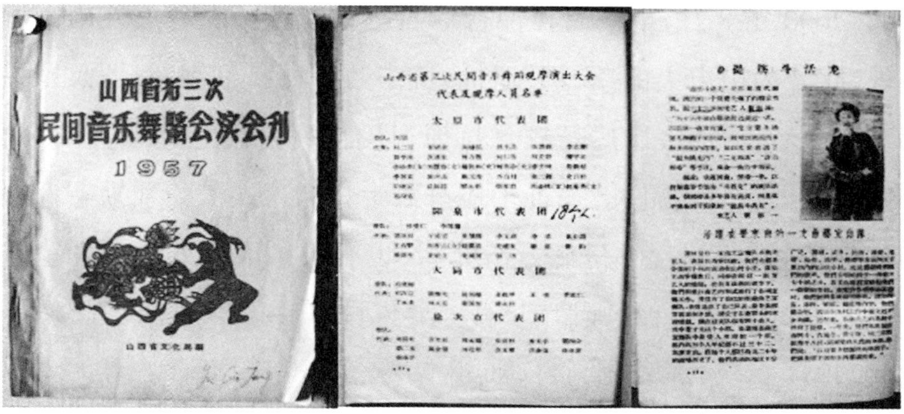

山西省第三届民间音乐舞蹈汇演会刊(图 23-18)

1953年的选民证(图 23-19)

民国三十八年土地房产所有证(图 23-20)

收藏在上章召村的1951年老式毛巾(图 23-21)

第二节　古　迹

古遗址

下章召旧石器遗址　1993年,下章召村民王玉存在红塭头离地面2米许土坡中发现石斧一具。

下章召灭佛遗址　2000年8月,下章召村禅智寺西侧50米处,发现一处已倒塌的地下土穴,。经挖掘发现,此处为历史上的“灭佛”遗址,坑中数十尊石刻佛像、罗汉及供养人像、头像与身躯全部分离,无一完整,显然是故意打损,且有多件佛像头,最高的80多厘米,最低的10多厘米,经清理共计29件。遗址中还有数十具僧人残骸与残损石像不规则相杂,有的尸骨作抱佛保护状,有的尸骨呈佛石击毙状,也有被猛火烧死与深埋窒息而死状,场面十分惨烈。据了解,出土的石刻佛像中,有一尊大理石彩色佛像,残高33.5厘米,砂石质,桃尖形大背光,顶部残缺,佛磨光高髻,面相清廋,在座左侧刻有一尊大理石彩色佛像,在座右侧刻有“天保四年(北齐文宣帝年号,即公元552年)十二月廿九日上为□□下下为□世父□”等20余字。另一尊细沙岩佛像座右侧,文字模糊,刻有“□□□□属□同斯显”,不足10字。同时出土的还有唐三彩、铁油灯、瓷罐及板瓦等物。这批石佛像毁于何时,有专家认为“毁于金代中期至元代初年”,但据中佐村寿宁寺现存金大定二十年碑文和禅智寺经幢所考,似乎这次“灭佛”与宋徽宗时期的“排佛之举”有关,其准确时间尚待进一步发现和考证。

牵牛镇瓷窑遗址　牵牛镇瓷窑遗址位于牵牛镇村西,分布面积为东西长14.6米,西北宽14.6米,计约213.16平方米。为明清时期当地民窑,现存瓷窑4座,基本保存完好,每个窑址平面呈圆形,外立面呈馒头状,当地人称“馒头窑”,窑的外墙用砖石砌筑,一般为坐北朝南向,窑门开在南面,窑内窑床呈半圆形,设2个烟道,以1号窑为例,窑高约8米,直径14.6米,窑壁墙厚1.8米,烟道直径2米,主要以粗瓷为主,有碗盘壶等日用器,釉色多以酱釉,白釉、黑釉为主,该窑是当地民间瓷窑。

牵牛镇烽火台遗址　位于村西大道桃儿岩梁北侧之灯台山上,为古山寨附属。遇有敌情,即点燃狼烟,传递信息,以为报警。今烽火台无存,尚有遗迹。

河底宝泉分局鼓铸铁钱遗址　位于今河底粮站处。据山西旧通志《公署略》载:“清咸丰四年，户部议准，于平定州河底镇设宝泉分局，开炉20座鼓铸铁钱。”后增设29座，工匠大都就地招收，最盛时达1000余人。始铸文钱，一钱一文，后加铸当五、当十、当千等大钱。阅面为“咸丰通宝”，背文左右满文记“宝泉”。因河底为冶铁之乡，工艺精湛，且原料产于本土，价格低廉，故收利颇丰，开炉仅两年就易银7万余两。后来由于钱币流通市场混乱贬值，出现滞销又加之民意逆反不愿使用，难以市场流通，于清咸丰九年(1859)停业撤局。

河底关帝庙遗址　俗称老爷庙，位于河底村东古河道北岸。占地面积1800平方米。始建于清康熙六年(1667)，清康熙五十七年(1718)、雍正四年(1726)、乾隆五十二年(1787)、道光二十五年(1845)、咸丰七年(1857)屡经修缮。

关帝庙坐北朝南，从河道上20余级石阶的宏场上耸立着一对铁旗杆。再步云龙神道或两侧13级台阶，山门殿前后均出1椽檐廊，中间4椽为马殿，亦称6架建筑。山门殿两侧有左“鹿”右“鹤”，意取“六合同春”的两幅砖雕。上有钟鼓二楼，经下院至立有砂石牌坊的上院，两侧有左右配殿。山墙上分别镶嵌左龙(二龙戏珠)右虎(虎虎生威)的砖雕，其线条流畅，刀工精细实属少见。为大庙主要建筑的正殿，面阔5楹，进深7檩，供关圣帝君，关平端印，周仓扛刀伺立左右，帝者神龛上书“志在春秋功在汉，心同日月义同天”联语，神龛左右分别绘有“夜读春秋”“刮骨疗毒”的壁画。大殿东西两侧有耳殿，左为观音堂，右为财神庙。另外还筑有供庙内住持道人生活起居的东西挎院(东院南北各有瓦房3间，西院南北西也有同样瓦房各3间)。关帝庙面貌濯赫，规模弘敞，东西宽17米，南北长20米，建筑面积430平方米。

关帝庙虽经兵火战乱，时局颠簸但仍很坚实，民国年间成为河底村国民小学(中华人民共和国后改为河底小学第二分小)的校园，1958年，河底人民公社机关在此办公。1990年，由于银河大街扩建，村民集资整体原样移建于河底村东官山的阳面。

庙内现保存碑刻6通，均为青石质，其中碑5通，碣1方，皆为清代，分别为雍正四年(1726)碣、乾隆丁未(1787)《新建关帝庙旗杆碑记》、咸丰七年(1857)《□铸□旗杆碑记》、道光二十五年(1854)《重修关圣帝君庙碑记》等。1999年，郊区人民政府公布为第三批区级文物保护单位。

垴天碗渣坡瓷窑址　位于牵牛镇村北垴天碗渣坡，分布面积2000平方米。现遗址上绝大部分被村民建房所占。在村民周润宝院东南，长10余米，宽4米，厚2米左右的文化层，可捡到碗、盘、壶等残片。在村民周润芝院东南有一残窑址，发现有烟道两处。在居民住房的周围还可发现碾压陶土的石碾。从出土瓷片看，大多为元明时代的遗物，且多为民用瓷器。

程庄五龙庙遗址　位于程庄村南捞儿山上，海拔1152米，面积1000多亩。山上松柏挺拔，植被茂密，山腰建有五龙王庙、捞儿泉，药王庙、五龙庙始建年代无考，据庙内现存碑记，元明清均有修葺，故为清代建筑风格，迄今686年。遗址东西16米，南北7.6米，分布面积121.6平方米。旧时，每年农历三月二十八祭祀期间，庙下龙泉求子者众多。求子能如愿，讨药即显灵，远近闻名，传奇四方，所以民间称："捞儿泉在捞儿山，捞儿山上捞儿泉。"

庙内现存碑刻6通，醮盆1座，经幢1座，均为青石质，分别为元泰定五年(1238)《五龙庙醮盆记》、明成化八年(1472)《重修五龙王朝圣母庙记》、清乾隆《重修龙王庙开乐楼碑记》、清道光二十一年(1841)《重修兴隆山庙宇乐楼禅居碑记》等，经幢及其他碑刻字迹已漫漶不清。现今镌刻在石牌坊的楹联共四幅：①捞儿泉浅能得鲤，兴隆山高不碍云。②龙飞苍穹天影静，月映寺院石径幽。③半池清水捞儿女，一片碧云不甘霖。④人来钟声香烟里，寺在山色树影中。

由于年长日久、时局变迁等原因，整个庙宇坍塌毁坏严重，1995年，程庄村、北庄村村民咸议，联合投资40万元重修五龙王庙和捞儿泉，使之恢复原貌；2002年修筑捞儿山道路和山门，2010年新修钟鼓楼并铸钟擭鼓，2011年修通北路。2014年庙宇住持释悲祥自筹资金20万元新建东慈白塔，塔高五丈有余，金黄宝顶，银色避雷针，圆形塔伞下16组配件，48个风铃随风作响。方形底座，青灰墙面，厚重大方。宝瓶通体洁白似玉，典雅庄重，屹立在白云碧空之下。1999年，郊区人民政府公布为区级文物保护单位。

古化石、奇石

古柏化石　1988年11月，在境内燕龛村西北山顶水土流失后，半面树体露于地面。体长4米，直径0.6米，仅存部分标本，据考证，系古代原始森林自生柏树，形成于二叠纪中期的两亿四千万年以前。

鳞木化石　2004年5月9日，牵牛镇村的古家山上发现了像巨蟒一样的化石，竖直夹于石缝之中。经郊区文体局、市文管局、太原理工大学矿业工程学院等专家鉴定。初步确定，该化石长约4米，粗约40厘米，是距今2亿5000万年左右(二叠纪时期)的鳞木化石，该树种距今约1亿7000万年左右，现已绝种。

邓家峪化石　2014年，燕机煤矿修建煤溜工程时，在邓家峪村西八吊坪砂岩中发现一具某某化石，该化石体积12.8立方米，直径60厘米(地质年代待考)。

青龙山奇石　自然奇石，位于河底村东大青石坡。20世纪70年代前，大青石坡的半坡上生长着一棵大槐树，槐树下有一约3丈见方，岩面平整光滑的奇石斜在坡上，青灰色的岩石上凸显一黑色蟠龙形图案，其"龙"头尾可辩，鳞爪分明，影现有致。龙形巨石上端

邓家峪化石（图23-22）

又兀立一块数丈见方的大奇石，从西而来迎面观之，岩面如刀削般整齐，上有二鸟相对形图案，二鸟中间有一圆形如月，此石“鸟”有头有尾，有爪有翅，相望对“月”。观之栩栩如生，河底的先人们把此两种奇观交织在一起，有说是“龙凤呈祥”，更有人说是“天降青龙”，更有“凤凰来仪”。于是河底镇史有青龙镇的名称。

关公试刀石　自然奇石，位于关家峪村西南刘备山（光绪版平定州志曰试刀石山）之涧，此巨石嶙峋，截然中缝崭然，方圆数丈之高大，传说关公单刀赴会，至此试刀于石，一刀将巨石斩为两截、一截在上，一截滚落于下，因以石名。清人陈熙载过此石留诗曰：“片石关家峪，相传汉寿攻，自经锋砺刃，不断谷生风，月偃龙光灿，山开虎力雄，云根余迹在，苔老绣苍红。”

古墓葬

东村金代墓葬　位于村东北。2012 年 6 月出土。墓葬坐北向南，墓室为仿木结构，形制为砖砌八角形单式墓，叠涩攒尖顶，由墓道、墓门、墓室三部分组成。墓室墙壁上有一幅自东南壁起，逆时针分别绘有牵驼、二十四孝之一的郭巨埋儿、备茶、男女老者对坐、散乐及侍酒、二十四孝原谷拖舆谏父、拴马等生动传神，用意深刻的壁画。整幅壁画绘制线条流畅，造型准确，色彩典雅，表情丰富的人物多达 25 个，是研究晋东地区古代绘画艺术和当时社会生活，风土人情的重要实物资料。据山西博物院文物保护中心工作人员称，该壁画有较高的资料性、珍贵性。于是派专人进行了壁画的保护性揭取作业。该壁画共分 15 块，约 12 平方米，全部运回山西省博物院，进行画背清理，加固，贴布修整画面，粘贴支撑板和面封护等一系列修复保护工作。

中佐村金代墓葬　位于中佐村寿宁寺西侧土崖下。东西 4.62 米，南北 3.76 米，分布面积 17.38 平方米，地表暴露穹隆顶砖室墓葬一座，墓葬仅存局部，墓壁有砖雕仿木构件的装饰，随葬品已不存。20 世纪 60 年代，中佐中学扩建操场时此墓碑暴露，属金代墓葬。

元关氏世系墓　位于关家峪村西龙凤山脚下东侧。南北 42 米，东西 95 米，分布面积约 3990 平方米。今关家峪墓葬未见封土。关氏世祖关龙逄，系夏朝桀之大臣，为古豢龙氏之后。“桀为长夜之饮，龙逄常引黄图以谏，立而不去。”桀怒，“于是焚黄图，杀龙逄”。据有关史料记载，关龙逄被杀于安徽南巢之亭山。该墓地原松柏参天，碑碣林立，垣墙高耸。

现墓地只留元泰定元年(1324)龙头石碑1通,碑高1.73米、宽1.05米、厚0.22米,阳面正文题目《关氏世系碑记》,阴面额题“关氏世系谱”,左侧面镌元代进士吕思诚诗二首。其一曰:“夜宿关家峪,晓行关氏坟。长松成偃盖,竖石刻新文。世系传三族,书丹近八分。铭章归墓侧,疏拙愧诸君。”右侧面记墓地立石之事。石碑位于一小台地上,北前5米处有石砌台阶5级,石砌所在平面距台阶底部高约1.5米。石碑左右及后部有围墙3面。相传,明清时有文官武将到此祭祀。元代大学士吕思诚《题关龙逢墓》两首:其一:“夜宿关家峪,晓行关氏坟。长松成偃盖,坚石刻新文。世系传三族,书丹近八分。铭章归墓侧,疏拙愧诸君。其二:石艾安平西北乡,关氏世系得真良。左昭右穆彝伦叙,推本溯源德泽长。宗派远年重显耀,主裔今日复明光。无边瑞霭松间涌,石碣应流芳百世。

将军墓　位于山底村北山顶,距村300米,分布面积50平方米,封土为平,地表现存墓碑1通,碑座1块。墓碑为清乾隆四十八年(1783)所立,高138厘米,宽58厘米,厚20厘米,碑阳楷书“将军墓”三个大字。碑阴楷书,碑文8行。碑文中记述仇犹国将军殉国于此,故名将军墓。1972年5月1日至1973年10月1日,山底村在将军墓旁修建万吨向阳水库,引温河水,惠泽百姓。

古祠庙

河底明灵王祠　俗称皮场庙,是药王邳彤之神所,位于河底村东。每年农历三月二十三日为其庙会,是全镇较大的庙会之一。邳彤者何人?据《平定州志》(光绪版)载:“王,邳姓讳彤,汉世祖云台功臣之一也,食采灵寿,邑人立庙祀之,明天顺时,英宗病疮,梦见有人为他阴治,醒后果愈,即梦中所见,绘图求之,乃神也,特封明灵王,广其庙制,州民相沿,三月二十三日赛神,香火甚盛,庙市肩摩,百货聚集。”明万历三十四年(1606),庙碑记载,“……州北五十里许河底村东,北有高岗,南有深洞,诚胜地也。”明嘉靖三十六年(1557),乡士柳禄纠众建庙正三楹,内塑明灵王神,庙貌尊严,赫然可畏。至明万历二十三年(1594),村众建庙三楹,之东西设钟鼓二楼,内外整齐,焕然一新。

据碑记载,清康熙三十二年(1694),村众捐资增修二门内东西下处。又据清康熙三十四年(1696)重修碑记载:“……历明及清至顺治九年,刘琏者重修,遂添东西配殿各三楹,今郭希亮、韩国鼎、程时龙协心同盛……”

王祠坐北向南,与后顶端玉皇庙、三皇殿、山门前茶庵、乐楼排列一中轴线,又与官山、攀云桥、青石丘、桥东侧排房、仙神庙,两侧文昌庙组成庙宇群,占地80亩。王祠正殿内塑王等三尊,东殿塑像四尊,西殿塑像五尊,东西耳殿,南殿俗称山门过亭,塑像四尊,山门东西为砖雕垂花门,浮托钟鼓二楼。

1999 年，阳泉市郊区人民政府公布为第三批区级文物保护单位。2008 年，有河南省某某寺僧人恒礼入住，改为佛家道场，称明灵寺，内供释迦牟尼。2013 年 12 月，阳泉市郊区宗教局公布为“四星级宗教场所”。

中佐寿宁寺　位于中佐村东寺底。坐北朝南，二进院落布局，东西长 36.6 米，南北宽 46.6 米，占地面积 1565.76 平方米。创建年代不详，据寺内金大定二十年（1180）石碣推断，至迟在金代已有此寺。1958—1983 年，曾为中佐中学的校舍。2002 年，村民集资维修并塑新像，现中轴线从南至北建有山门、一进院正殿（大雄宝殿）和二进院正殿（藏经楼），东西两侧建有配殿、东西耳殿，均为清代遗构。藏经楼高二层，底部为窑洞，面宽 3 间，中间辟拱形门，两次间辟拱形窗。室内设楼梯通往二层。二层为木构建筑，面宽 5 间。前檐每间设窗，今全毁。寺内另存碑 12 通，碣 3 方。1999 年，阳泉市郊区人民政府公布为第二批区级文物保护单位。

山底玉皇庙　位于山底村西山麓，俗称西庙，亦称“洞上”。是一处环境幽静、保存完好的古庙建筑群，规模宏大。

玉皇庙坐西朝东，依山面水，林次栉比，错落有致，庙宇比肩，总占地面积 9800 平方米，殿宇房屋 52 间。按其空间格局，上下分为五层。

一层：龙王庙，始建年代不详，据明嘉靖十六年（1537），《重修龙王庙碑记》：“龙王庙祠乃翠岑嵯峨，清流盘绕，古木数执，堪为神所栖，不知自何时创建”。清顺治、康熙、乾隆、嘉庆年间均有修葺。建有山门、钟鼓二楼、正殿、左右配殿、戏台（仅存基础）及下厨窑洞 3 眼。

二层：迎春阁长廊，创建于清乾隆四十六年（1781），旧为戏洞，供每年农历六月十九庙会期间，戏班子人的住处。现改为带大理石走廊的 8 眼窑洞。

三层：三官庙，始建于清顺治四年（1647），康熙、乾隆年间均有重修。建有山门、乐楼、钟鼓二楼、三官庙、火神庙、老君庙。

四层：朝阳洞，据清咸丰九年（1859）《重修朝阳洞碑记》：“山底村之西山，旧有朝阳洞，左襟秀水，右跨重峦，下有汛泉，崧浪自涌，洞口向东南，清晨观日出，故曰朝阳。入洞不数武，旁有石孔，园如瓮，人不能入，时闻簌簌声，而幽邃不可测，洞外俯视村落，烟火攒簇，如展图画……自玥迄今，为因为创，碑载可稽，仍称“朝阳洞”。与之配套的还建有山门、瞻桥、观音庙、佛殿、韦驼等。

五层：玉皇庙，创建于清顺治十二年（1655），康熙、乾隆、嘉庆、道光、同治年间多次重修大修。诸庙建筑精华主要集中在玉皇庙中。建有正殿、左右配殿、拜殿、南北厢房、山门殿、钟鼓二楼、碑廊过厅等。正殿面阔 3 间，进深 4 椽，硬山式屋顶，隔扇门窗、清式斗拱，天花板上依次排列55座大座龙、24块小座龙。拜殿与正殿相连，面阔大开间小两间，卷棚带双耳，宽敞而幽深。大开间雀替二龙戏珠，左右小开间丹凤朝阳。木质构件雕剔玲珑，造型优美。门外石柱雕有仙鹤双鹿，兆示安居乐业。

整个玉皇庙现存碑刻30余通，古松柏数十棵。20世纪60—70年代，学校曾设于西庙。80年代后期，村民逐年集资，村办企业投资500余万元对玉皇庙建筑群进行全面修葺，1991年，山西省文物局授予山底村"1990年度爱护文物先进集体"称号。

1994年，阳泉市郊区人民政府公布为"第二批区级重点文物保护单位"。

2006年阳泉市人民政府公布为"第二批市级重点文物保护单位"。

牵牛镇三甲阁　又名"玉皇阁""玉皇庙"，位于村东水口出处，建筑面积106平方米。据古碑文载，明万历十四年前，此处河道上就建有"石阁"(桥)。明万历十四年至二十五年(1586—1597)，村人马三才、张汝庆等倡举(一说由功德主张枝妻许氏施银八十八两)，在"石阁"(桥)上创建了"玉皇庙"(即"玉皇阁"、"三甲阁")，此后屡经修葺增补10余次。其中清康熙十年(1671)、光绪二十年(1894)的重修工程最为宏大，造就了现存三甲阁的雄姿。清光绪二十年前的三甲阁是外看三层、内实两层的"假三甲"。一层为无梁洞，分东西两间，西间供北帝真武，坐东朝西，东间供南海大士，坐西朝东，称"倒坐观音"。洞壁上还绘有《观音老母救八难》《西游记》图画。二层供玉皇大帝，台前站王灵官、太白金星、殷郊、虫王四尊神像。清光绪十八年，村人王锡祺、王锡寿昆仲二人集老者倡议重修，聘请堪舆数人"卜吉"，认为"此处易高较旧再起五尺许"。于是加楼板一层，改修成内外三层的"真三甲"，并在第三层内供一"昊天至尊"木质牌位(高1.3米，宽1米)。石阁东西顶额各镶嵌石匾一块，东镌刻"牵牛镇"三字，西镌刻"三甲阁"三字，字体雄浑遒劲，庄严肃穆。

三甲阁为歇山式，回廊，三层三檐，塔式，单体，方形阁楼，面阔3间，总高22.6米。阁顶为五脊五兽，正脊中央有瓷吻，一甲为砖碹窑洞，无梁，东西穿堂。有老檐通柱12根、二檐通柱12根。一甲走廊外有青砖花栏围墙，石条压顶。由一甲走廊台阶上至南墙开的小门，进入一甲墙内，拾级登上二甲西南走廊，四周均以镂空雕花木板装成围栏。二甲顶为木楼板，与通柱连接，方格形天花板上绘有彩色图案。东、西、南、北各有三道门窗，外有走廊可供游览。二甲东侧由木楼梯通往三甲。三甲全为木结构，楔卯互锁，构架严密，承压均匀，四周有28扇隔扇门窗组成。

三甲阁顶为古式筒瓦房顶。正脊为青色花脊，脊中安一黑釉三节葫芦状陶瓷宝鼎，用4根铁链固于四角；两端装青色盘龙鸱吻，东西正中各安一只黑釉瓷狮，四周猫头上安有140余只黄釉小瓷狮。

1977年、1985年、1992年，牵牛镇村先后对三甲阁进行修缮，并在每层角上悬挂4个风钟。风动铃响，清脆悠扬，三甲阁光彩焕然。1988年，三甲阁被确定为第一批区级重点文物保护单位。

2007年5月1日，三甲阁（玉皇阁）修缮及增建工程奠基开工。该工程是村党总支、村委会采纳村民建议，进行新农村建设的起始工程。为筹集工程建设资金，村党总支、村委会组织召开了全村村民大会及村籍在外工作人员会议，倡议大家自愿捐资助建，村民踊跃响应，当场捐资者争先恐后。在此后的数天时间里，自愿捐资者仍络绎不绝。总共收到千余名捐资者人民币21.6万元，实物（石墩、木板等）10余件。

牵牛镇村组成了三甲阁（玉皇阁）修缮及增建工程领导组，设立了施工组、监理组、财务组等机构。招标聘请了五台山古建筑施工队承担工程建设。工程内容为三甲阁外部整体维修（包括油漆、彩绘、更换已损瓦、脊等）。三甲阁主体两侧增建钟、鼓二楼；阁外修建水池（池内设五龙吐水、1.6米高的鲤鱼喷水，池边圆周配以十二生肖石雕和二十四节气刻图）；阁北新建碑厅、阁西建廊坊、大门；四周围墙设99垛，青石地板铺地，庭园栽花植树种草，并设射灯映托。同年10月1日，三甲阁（玉皇阁）修缮及增建工程经过连续5个月施工，顺利完成。牵牛镇村隆重举行三甲阁（玉皇阁）修缮及增建工程竣工剪彩典礼。三甲阁一改以往孑然独处、斑驳陈旧、石乱尘飞、遍地荒芜的状况，成为中有主建筑巍立，旁有鼓钟楼相伴，犹如三台星座，前有池清水明、庭院树绿花艳、廊坊有致、地洁墙整，整体流光溢彩的新景象。三甲阁不仅是村的标志、象征、派面，更成为村人文化活动的场所、休闲游乐的佳地。该项工程总投资66.5万元。其中郊区人民政府拨款1万元，社会各界捐资21.6万元，村委会出资43.9万元。1988年，郊区人民政府公布为区级文物保护单位。

河底玉皇顶三皇庙　在河底村东官山顶端，顺明灵王祠庙墙西侧随着山势向上蹬32个台阶，建有三进院，最上一层叫玉皇顶。玉皇顶上有两个殿，西侧是玉皇殿，东侧为三皇殿。三皇殿内塑有神农、伏羲、燧人氏三尊神像。塑像造型为原始人生活形象，未着衣物，只用树叶遮蔽下身。

伏羲：姓风，是一位东夷（华东）部落首领，他处于蛮荒向文明的转换时代，距今大约6000多年。伏羲为三皇之首，被尊为功德无量的太昊，比炎帝、皇帝还要早1800多年，他是中华人文的始祖。他教会人们结网捕鱼，发明了一辕车、钻木取火，创建了一夫一妻婚姻制度，发明了乐器“瑟”。作八卦，以通神明之德，以类万物之情。教化先民推行君子之道，开创了教育的先河，古人把伏羲列为“上上圣人”“斯文鼻祖”“亘古一人”。伏羲部落以“龙”为图腾，民间广为流传的以伏羲生辰“二月二日”为“龙抬头”的节日，以示纪念。中华儿女便成为“龙”的传人。

燧人氏是最早采用燧石撞击取火的先人。燧是上古取火的器具,它比钻木取火还要早很多年,当时人们就把最早取火的部落成为燧人氏,后来人们一直尊他们为火神。人们掌握了用燧石撞击取火的本领之后,结束了茹毛饮血吃生肉的时代,有了火,人们可以用陶罐开水喝、煮饭、煮肉、烧烤猎物。晚上,人们把火烧在人类居住的洞穴口上,防止豺狼虎豹的侵害,因为动物天生都怕火。燧人氏发明了撞石取火,是人类文明史上的一大飞跃。

神农:古书记载:“昔有熊氏娶有蛟氏,生炎帝,炎帝以姜水成”。起初炎帝在姜水流域居住,后沿渭水、黄河东迁到河北中部,河南东部和湖北北部,最后在山东曲阜一带定居下来,炎帝定五谷(麻、豆、糜、谷、黍),打井浇灌,发明耒耜、锄头、斧头等农具,开始了原始农业耕种。缓解了人们单靠捕鱼、狩猎而经常挨饿的现状。因此,人们把他称为“神农”。他还尝百草,定草药,制方剂。又称医药之神,俗称“药王”。战国第一部药物专著就定为《神农本草经》。他还教会人们栽桑种麻,养蚕织衣,开辟市场,进行以物易物的市场交易。他还发明了“琴”,开展娱乐活动,丰富了人们的精神生活。神农有四个儿女,其中女娲死后变成精卫鸟。衔西山之木石,发誓填平东海,至今仍留传“精卫填海”的神话故事,祝融是火神,共工为水神,后土为土神,都是炎帝的后代。

苇泊天齐庙　俗称大庙,位于河底镇苇泊村天仙台上,一进院落布局,东西 28.7 米,南北 73.9 米,建筑面积 729 平方米。占地面积 1700 平方米。始建年代不详。庙内长方型石盆铭刻“大元泰定二年(1325)岁次乙丑年巳月戊戌午时祭。”明正德十一年(1516)重修。清乾隆、嘉庆年间曾重修两次,光绪十八年(1892)再次重修并山门外南约 40 米处建戏台乐楼。塑东岳天齐神像。

该庙坐北朝南,中轴线有乐楼、山门、过殿、拜殿、正殿、东西有配殿。正殿西侧有三义殿,子孙娘娘殿,东侧院有马王、牛王庙,禅房东西各两屋。正殿为明代建筑,面宽 5 间,进深 7 椽,前出廊,卷棚顶硬山式,筒板瓦覆盖。檐下设柱头科和平身科,五踩斗拱。平身科出斜栱,形状雄健,榫卯严实。献殿正中置红砂石质香炉 1 个,上刻有“元泰定二年”字样。殿前两侧各置经幢 1 个。大殿呈明代建筑风格,山门左有六角亭,右有文昌塔。

其他均系清代建筑。乐楼戏台雕刻精湛,造型优美,保存完好。内塑神像 15 尊。存有明清以来碑刻 11 通,残经幢 2 座。

另外,庙院建筑还有一个独特之处为“十二幢院一出水”,即庙内大小十二座院落,唯有一个出水口,可见对院基设计之精心。1987 年,苇泊村集资,天齐庙已全面修缮。1988 年阳泉市郊区人民政府公布为第二批区级文物保护单位。2013 年,阳泉市人民政府公布的第四批市级文物保护单位。

牵牛镇轩辕庙　牵牛镇村古名牵牛山村、牵牛村，相传有神翁牵牛显灵于西山故名。先人择祥地而安居，兴陶瓷而乐业。唐宋时设山寨（史料可考），蔚然兴盛而日上。祖人感恩开陶冶先河之轩辕始祖惠泽，遂建庙，逢三月初三供奉，以铭人文始祖之德，以求中央天帝佑民，至光绪十三年修葺，香火盛旺。由于历年久远，风雨倾颓，只留古柏参天（1200余年），烟寂庙荒，趁逢国运昌盛，岁戊子玉皇阁修缮之际，新一届村委纳采众议，会集有识之士，共倡义举，整体规划，确立原庙旧址，将本村史上供奉诸神"轩辕黄帝、孔子、关帝、文昌、牛王、吕祖、药王、瘟神、龙王"集于灵地，合聚轩辕庙宇。因缘复出，普济苍生，以彰诸神之灵。2009年，诸神雕像由福建厦门大沿城市环境雕塑艺术有限公司设计，塑建。

下章召村观音庙　位于村中央的大街上方，坐东朝西，建在观音阁上，创建年代无考。观音阁深11米，宽4米，是河东河西的交点处，古时是通往东西的交通要道口，阁内用不规则的青石砌碹，东西碹口是打凿的青石花纹，阁桶内整洁光滑。

观音庙小巧玲珑，所处的位置在村中央的大街上方，从街面到庙顶有近20米，从下往上看，庙顶金碧辉煌，"北极玄武"，匾牌高挂，花栏斗拱，远眺如仙宫，近仰似殿堂，观音庙，堂宽6米，深6.5米，堂内塑两大神像，面东是观世音菩萨，面西是真武大帝，观音菩萨慈眉善目，面东端坐，真武大帝身背宝剑，披发怒目。该庙虽小，却供奉着释道两教两大神仙，一救苦救难，普度众生，一镇邪除恶，惩恶扬善，该种供法所见不多。

上章召石佛庙　上章召石佛庙位于该村西"禁山"之阳，始建于北宋元祐初年，坐北朝南，一进二层院落，东西31.85米，南北20.4米，占地面积650平方米。山门顶上有阁楼，供灵官。左右有钟鼓二楼，传说内有宋代所铸大钟，高4尺，直径3尺。进山门拾级而上，正面2层，上为正殿5间，进深7椽，歇山顶，大出檐，左为苍岩圣母祠，右为玉皇殿。下为窑洞5眼，中间一明两暗，左有20余级青石台阶通往玉皇殿。东南方有碑房一座，内有宋碑一通和明清碑数面。再往东有挂院一所，其中南北对称窑洞4眼。出偏门即入"禁山"。大院偏西有厢房3间，将一庙辟为东西两院，西院正殿面宽3间，进深7椽，硬山顶，前出檐，内有北宋元祐六年凿刻的石龛4个，因此冠名"石佛庙"。檐下手另有西配殿，面宽3间，进深5椽，内供药王爷。

整个大庙从南河槽拔地而起，数丈高，十余丈长台阶均为青石条垒砌而成，至今依旧挺拔砥砺，岿然不动。现存的山门、正殿窑洞、碑房、东挂院摩崖石龛焕发着神韵。

牵牛镇牛王庙　位于牵牛山顶峰，始建无考。明嘉靖版《盂县志》、清康熙版《新修盂县志》均记载为"牵牛山寺"。清乾隆版《重修盂县志》记载为"牵牛庙"，村人则称为"牛王

庙”。遗址上有《重修太古牵牛山》残碑数块,可知曾在明弘治年间、嘉靖年间、清雍正年间都重修过牛王庙。《周氏宗谱》中有清雍正十年(1732)重修牛王庙点滴记载;李氏《士麟支谱》中有“雍正拾年牛王山牛王庙中有李士麟所撰碑石一面今存”的记载。村人相传,在清道光年间、民国8年(1919)也曾重修过牛王庙。今庙无存,仅有遗址,面积20余平方米。

下章召禅智寺　位于下章召村南寺垴,占地面积1850平方米。据现存石碑记载,“按志自唐武德年间(618—626)旧有禅智祖庭。”曾于明正统十二年(1447)、成化元年(1465)、正德十二年(1517)重修,清康熙、乾隆、咸丰时均有修葺。寺院坐北朝南,由上院的大雄宝殿、东关公殿、西伽蓝殿,下院的观音罗汉东配殿、地藏阎罗西配殿、正南山门天王殿、东西便门、钟鼓二楼及寺院东侧僧人院,南端台阶之下官窑院相组成。正殿面阔3间,进深6椽,单檐带前廊,五彩双昂斗拱,隔扇门窗。六殿建筑均为悬山屋顶,呈明代风格。现存金元时期三兽头经幢底座及腰台1套,雕云图案醮盆顶面1个。明代石碑2通,清代石碑5通。1986年,阳泉市人民政府公布为第一批市级文物保护单位。2002年,下章召村集资,禅智寺已全面修缮。

燕龛甘泉寺　位于燕龛村,占地面积1800平方米。始建年代不详。据清嘉庆十六年(1811)重修碑记载:“甘泉寺建于唐,葺于宋,增修于元、明。”寺院坐北朝南,主要建筑有正殿、左右经幢石塔、东殿、西殿、小东殿、小西殿、南殿、东西二门、钟鼓二楼,以及东偏殿、后院僧室厢房、碑廊等。正殿面阔3间,进深5椽,出1椽檐廊。南殿北檐下七组五铺双抄斗拱及柱子、栏额、普板等木件,材肥料硕,做工笨拙,檐椽与飞头均带卷刹,且有全龙、狮头、虎头等式样的勾头和齿纹滴水,整座南殿与西殿一样,大有元明构建之风。除钟鼓二楼外,均为硬山屋顶建筑。现存明清石碑3通。1994年,燕龛村集资,甘泉寺已全面修复,郊区人民政府公布为区级文物保护单位。2006年,阳泉市人民政府公布为市级文物保护单位。

河底通保观　俗称老君庙,位于河底村古街西头。坐北朝南,由东西两座院落组成,东西27.7米,南北长31.7米,占地面积878平方米。据清康熙六年(1667)西阁东墙一石碣记载,原庙只有正殿一间为老君堂。清雍正八年(1730)创建通宝观,易正殿老君堂为三教祠。面宽3间,进深5椽,前出廊,单檐硬山顶,筒板瓦覆盖。廊布雀替木雕,额枋彩绘。檐下置柱头科和平身科,均为三踩。前檐每间辟隔扇门。清雍正十二年(1734)修建乐楼。清乾隆元年(1736)创建普丰阁(俗称西阁),阁上殿宇东为真武大帝祠,西为白衣大士庵。清乾隆五十八年(1793),道光十六年,又有重修东西配殿、正殿和东西耳殿,并在祠背后增建藏吉祠(俗称字纸洞)。清光绪十一年(1885),村众捐资再度重修,增建西院官窑6眼,南平房4

间，光绪十三年仲秋厥工告竣，耗白银283两。

1991年春，村委会投资10余万元进行全面整修和复修，并加盖琉璃瓦顶、吻脊，将20世纪60年代拆除的二门重修为垂花扇屏门，今易正檐挑角垂花重门楼，书“桂云楼”匾额，拆除南平房，扩大院基。加古色古香围墙，彩绘斗拱椽檐门窗格栅，重起青砖神台，金装太上老君等13尊圣象，从而庙貌焕然，神像濯赫，观内古槐森森，院中数十通碑碣可览，实为河底街一道风景，也是全村人等祈福祷告之所。1994年，阳泉市郊区人民政府公布为区级文物保护单位。

东村龙王庙　位于东村村东，始建年代不详，坐北朝南，一进院落布局，南北40.13米，东西25.34米。占地面积1016.9平方米，创建年代不详。明天启六年至民国24年，概有7次较大的修葺。1991年村民捐资再度修缮，完工后的龙王庙有：山门、正殿、观音殿、碑房、戏台、僧室。正殿面宽3间，进深6椽，前出檐，隔扇门，硬山顶，筒板瓦覆盖，脊瓴青瓦青兽横额大枋，贯连四柱，雕梁画栋，结构严谨，殿内塑有5尊龙王坐像，檐廊东西两侧存有“呼风唤雨图”壁画。观音殿青石台阶，4柱3间。三面观古戏台，木雕垂檐保存完整，碑室现存22通碑碣(其中14通从寿圣寺移来)，正殿左侧有龙泉洞，洞内有泉水，俗称“拜水池”。传说龙曾于此汲水，因立庙。龙泉洞西侧有单孔石拱桥1座，名为“望云桥”。1994年10月，被郊区人民政府公布为区级文物保护单位。

东村关帝庙　俗称老爷庙，位于村东中心松林背上，始建于元大德四年(1300)。坐南向北，南北22.6米，东西29.25米，占地面积为661.05平方米。庙内建有正殿、观音殿、老君殿、文昌殿、钟楼、戏台等，现存建筑均为清代。正殿为关帝殿，面宽3间，进深6椽，前出檐，硬山顶，板筒瓦覆盖，前檐每间辟隔扇门，檐柱有卷刹青石质柱础，上刻云纹。上庙首经中阁，俗称“斜阁圪料桥”，进庙门为第一节，经台阶30余上二节，建有鼓楼、钟楼、文昌阁(现无存)。再上台阶到第三节，建有正殿、老君殿、观音殿、碑廊。正殿内供金面执笏关公塑像，神台下有关平、周仓、王甫、廖化四尊塑像。东配殿内存清代石碑三通。1999年，被郊区人民政府公布为第二批区级文物保护单位。

河底文昌庙　位于村东官山，玉皇顶西侧，坐西朝东，东西25.65米，南北18.2米，占地面积约467平方米。据平定州志载：清康熙初年，村中信士刘澄与其侄子秉彝共同捐资创建。光绪三十二年维修，中轴线建有山门、正殿。正殿也叫文昌庙，面阔3间，进深6檩，前出廊，明间辟门，两次间辟窗，内供文昌紫薇帝君。廊两侧山墙各辟拱形门洞1个。北山墙上设神龛，龛内供文曲星君，龛前设柱2根，上书楹联，左书“作为文章黄卷喜无停笔处”右书“广行阴骘朱衣自有点头期”。南山墙也设龛，内供大成至圣先师文宣王。另有清光绪三十二年(1906)功德碑碣1方。正殿上下两层,底层为窑洞式,面阔5孔,一明两暗,前檐明间辟拱形窗。轴线两侧有南北配殿。

文昌即文星,亦称文曲星,旧时称主管文运星君,古人云:“莫道骚人在三楚,文星今向斗牛明”。句出唐刘禹锡《白舍人自杭州寄新诗有柳色春藏苏小家…寄浙东元相公》诗,意在赞美文星之文气可通天地贯九霄。现在有高考的人家,也有人来此祈祷。

河南大王庙　系藏山大王(赵武)行祠,为盂县72处大王庙之一。现庙中正殿仅有一块清朝雍正时重修的记事碑墙。此庙何时所建,纠首为谁,因年深日久,人为损坏等原因,已无从考证。

大王庙庙宇不大,但建筑别致,名声不小。坐落在大梁岭麓,四面石壁,二水环绕,苍松翠柏,风光无限,是藏山大王东游巡视必经之地。大门为吞口门楼,钟鼓二楼立于大门左右。门外青石台阶30余级,陡立壮观,正对隔河南岸古戏台,门内雕栏斗拱,神像威严。由大门而入,庙宇正殿为大王庙,西殿为碑文殿,东面是一个跨院,与正院相连,名为“佑善庵”,供奉着痘疹娘娘和送子观音,建筑布局完整合理。

传说大王庙之庙主为上章召、下章召、河南、韩庄、苏家泉五村,西南舁、霍树头、北舁(这才有了上三村下五村的说法)、南沟、东村、大河北、武家庄、小河北也有股份。旧时,每逢天旱不雨,庙主即召集上述10个村,共同举办祈雨仪式,其时,马皮领前,各村出会,百姓云集,虔心祈雨,场面壮观。尊神甚是灵应,沿村普降甘霖。百姓感谢灵感大王之佑护,故在每年农历四月十五为庙会日,各村朝山进会,与藏山庙会同日为期。届时信徒芸芸,商贩蜂集,百姓纷至沓来,本村献戏3~5日。于是该庙会就成了远近闻名的大庙会。但是,由于河南村大王庙年久失修,殿堂倒塌,荒草丛生,圮损严重,亟待整修,以重现千年古庙风采。

任家峪关帝庙　位于村中部,坐北朝南,占地面积688平方米。现存正殿(三圣殿)、东配殿(关帝殿)、西配殿(三官殿)和戏台,均为清代遗构,1997年维修。山门东侧房屋为新建。正殿建于一窑洞之上,面阔3间,进深4椽,单椽硬山顶,筒板瓦覆盖。戏台台基石砌,高1米,三面观,面阔3间,置柱头科,明间置平身科一朵,均为异形拱,黄色琉璃瓦覆盖,正脊置二龙戏珠琉璃构建,为1997年维修所为。庙内另存石碑2通。1999年,被郊区人民政府公布为区级文物保护单位。

河南村王家祠堂　王家祠堂,字号“光远堂”,位于河南村东,坐北朝南,占地面积345.6平方米,始建于清道光二十八年(1848)。现存建筑为清代遗构。中轴线上为大门、正房,两侧分别有东西耳房、配房。正房面阔3间,进深5檩,前插廊,硬山顶。施槛窗,六抹四扇隔扇门,前廊施补间三踩斗拱各一朵,搂雕雀替,鼓镜式柱础。内有清《王氏先远三代宗亲神位》碑及分支所立碑共 16 通。东西配房均面阔 1 间，进深 5 檩，卷棚顶。山门面阔 3 间，进深 5 檩，硬山顶。另有清咸丰元年(1851)《光远堂王氏新建家庙碑记》1 通。

古民居

大固庄西园堂张家大院　为古民宅建筑群，始建于清代道光年间(1821—1850)，坐落于大固庄村村北高坡。占地面积 4000 余平方米，建筑面积 3700 余平方米。包括窑洞 31 个、配窑 19 个、起脊房 74 间、其他用房 6 间，合计建筑 130 余间。

"西园堂"建筑群依坡而建，分南北两组，总体呈长方形。北面一组共建有 6 个院落，从东到西，依次为东院、祠堂、中院、长工院、新院及存放杂物的西院。南面一组一共建有 4 个大院，由东到西依次为下东院、下中院、下三院、下西院。

"西园堂"为半封闭式建筑群体。共有 10 个院落。其中南面 4 个院落为一组，未作封闭，为城堡式、庄园式建筑群体；北面一组建筑，正面 19 个窑洞一字排开，这些窑洞，根据当时主人身份和不同用处，配以东西厢房或配窑，分割为 6 个相对独立的院落。19 个窑洞最北面是一条东连固庄村口，西连张家祖坟长约 80 多米，高约 3 米的高大围墙；大院南面一组的建筑，由于建筑地形相对低于北面 3 米有余，因此，在南面建筑的 4 个院落，正面窑洞和下东院的东面配窑全是采用二层楼房式的建筑结构(当地称高房)。楼房的高出部分与北面、西面建有的高大围墙连在一起，就形成了一个全封闭式建筑群体。整个建筑群巧妙地利用了地形地貌，既安全、牢固，又显得庄重、气派，形成独有的建筑特色。

"西园堂"建筑群布局严谨，设计精巧。东大门便是这个建筑群体的主要出入通道，东大门坐西朝东，门高约 5 米，宽 3 米，是一个门洞式建筑。两扇木门厚约 10 厘米左右，门上钉有成排的铁钉，非常严密和结实。大门的前面是两根带底座的条形龙头石柱，上面刻有一副楹联。东大门顶端建有六角形的阁楼一座，并与东院的看家楼相通。据后人回忆：当时张家发财之后，为了防止响马、贼寇抢劫财物，保护院内人身安全，才专门修建了这座看家楼。楼就建在东院东配窑的窑顶上，是一座非常漂亮，精巧的小楼，同时，也是整个建筑群体的制高点。当年，张家常年雇佣一班有一定武功的人员住在该地，他们利用与东大门阁楼相连和地形高的便利条件，为张家从事瞭望、报警、看家护院等工作。

从东大门进入，有一条巷道，东西长约 80 米，用砖铺就的，左面是一排房子，右面是 6 个院落门面。这 6 个大门造型各异，根据主人身份的不同，有设计讲究、造型别致的垂花门楼，也有平常民居的一般大门。特别是那些讲究的大门两旁的石墩、石狮以及拴马环和上马石更能显示主人的身份。在张家大院的建筑群内，各个院落共同之处是大门统一坐北朝南，其中半数院落为四进二式结构，这些院落颇有讲究，多为穿心院、过庭院、偏正套院。

四合院的上房多为 3 个或 5 个窑洞,左右建有相互对称的厢房,南面配有专门的会客厅,形成了东西窄,南北长,左右对称、中庭开阔、上高下低,尊卑有序的庭院模式。

新院便是这一类建筑的典型代表。新院是“西园堂”建设时间比较晚,也是当今保护最好、最完整、受损毁最小的一个院落,房顶端与大门安有吻兽,俗称“门墩鼓,八字墙,五脊六兽金瓦房”。新院的门楼正中央悬挂有清朝授予“武都尉”官职的牌匾。通过高高的门楼走进新院,迎面是一个雕刻精美的照壁。向东,可通过侧门进入东面的院子,这个院子相对较小,正面有两个窑洞高高在上,中间的月台上建有一卷棚顶式的廊房(据说是主人看书的地方),从 3 级台阶走下可进入南房;向西,南面是一排 7 间大小会客厅。向北,通过二进门入内,可以看到,正面有 3 个窑洞,月台下面,左右各建有 3 间厢房。新院的建筑地形采用前院、里院、月台以上一层高过一层的建筑结构。月台以上的正面窑洞地形最高,这样,整个院落就形成一个层次分明,较为完善的中国北方四合院建筑模式。

在“西园堂”建筑群中,所有院落相对独立,但又相互连通,形成了院院相连,门门相通,院中有院的结构,犹如进入迷宫一般。

“西园堂”建筑群除窑洞外,整体房屋多采用悬山式建筑屋顶,通天夹扇菱花门窗。虽然只是一组民居式的建筑,但建筑工艺十分精湛。斗拱飞檐、做工精细,雕刻细腻、形象逼真。工艺十分精湛。整个建筑群均采用青石坐底、蓝砖砌墙。院内建筑飞檐陡壁、亭台楼阁,美不胜收。进入大院俯仰,随处可见的是砖雕、木雕、石雕等艺术珍品,有呲嘴嘹牙的铁角兽,也有栩栩如生的石雕、木雕精品。它们题材表现广泛,富有强烈的艺术感染力。砖雕主要体现在房脊、猫头滴水和照壁、影壁的花墙等处,雕刻线条娴熟,刀法精细,既有传统的吉祥图案和花纹,又有花卉、鸟兽、干鲜果品等浓郁的地方特色;木雕主要体现在雕刻细腻的房檐、柱头和门窗上面;石雕则更多见于各个院落大门两边的将军石、廊柱底座、门墩石鼓等上面。这些地方多被刻上“松竹延年”“松竹梅兰”“喜鹊登梅”“麻姑献寿”“鹿鹤同松”等精美花纹和图案。此外,石雕也常用于雕刻石狮子。在张家大院有两种石狮子,一种是端坐于大门口的带有夸张体态的高大石狮子, 另一种是立于门墩两边憨厚可爱的小石狮子。张家新院二进门处一对小石狮子,形象逼真、人见人爱。

“西园堂”建筑群十分讲究“风水”,综观整个建筑群的 10 个院落,除看家楼外,所有建筑都不对外开窗,窗户一般开在院内,意为聚财,保财。屋顶之水基本流向院内,靠边的楼房,房顶也多采用单坡顶设计,以做到“肥水不外流”。另外,建筑群外的水系设计也很讲究。下雨时,雨水从建筑群北面的制高点,分左右环绕庄园交汇于南面一处后,统一流向村前面的小河。这就是风水学中的所谓“门前渠水绕,财源滚滚来”的说法。

“西园堂”建筑群，整体建筑宏伟、气派。但由于历史的原因，年久失修，再加上人为的拆除、改建等原因，损坏较为严重。特别是“文化大革命革”期间，张家大院一些珍贵的建筑艺术品遭到破坏，造成了大院文物无可估量的损失。

“西园堂”建筑群选址讲究、环境优美，它不但具有中国北方民居的特点，还具有浓郁的地方建筑特色。具有一定的历史、文化、艺术和开发，利用价值。

牵牛镇王氏宅院　位于牵牛镇村西，坐北朝南，因山势梯级而建，由东西两座院落组成，东西35.8米，南北48.1米，占地面积约1722平方米，东院由三进院落组成，一进院建有南房和侧门，二进院建有东西厢房、正房和西廊房，三进院建有东西厢房和正房。西院为二进院，一进院建有大门、东西厢房、正房，二进院建有东西厢房和正房。大门砖砌，面宽一间，山下二层，硬山顶，筒板瓦覆盖。底层置板门2扇，山下层木雕雀替精致，墀头砖雕“积善、庆余、承先、启后”等字样。大门两侧置抱鼓石1对。院内部分建筑墙体上书写“文化大革命”时期标语。

牵牛镇周氏宅院　位于牵牛镇村中部。坐北朝南，临街沿河筑坝，因山势梯级而建，整体建筑呈东、中、西三条纵深，前、中、后及高房4个层面，由11个既相互连贯串通，又独立成院的院落组合而成。占地面积约9000平方米，建筑面积3800多平方米，建有瓦房69间，窑洞26眼，平房11间，高房4处共25间。建筑群里门内有门，院中套院，窑上建房，有明有暗，布局巧妙；院中甬道纵横交错，迂回曲折，左右贯通，上通下达，错落有致，层次分明，排列有序。

周家宅院建东、西两道大门，其中东大门为正门，介于前院和东前院之间，门高两丈有余，为砖木结构，分上下两层，其下有门，上为门楼，高耸直立，雄伟壮观。砖木雕刻精致典雅，刀功相当考究。周家宅院为阳泉市郊区较大规模的院落之一，具有一定代表性的北方民居建筑。

河底村史家大院　兴建于清乾隆、嘉庆年间（1770—1820）。该建筑群坐东北向西南，包括大小院落32个，其中大院（主院、老院）18个，小院（偏院挎院）12个，其他功能院2个，共有大小窑洞105眼，瓦房89间，占地面积17000平方米，建筑面积5500平方米。

建筑群中院落结构同中有异，其主院为砖木结构的四合院，正面3眼窑洞（正窑、东窑、西窑或正窑、南窑、北窑）主要为主人居住，正窑前面有“前檐”，两边各建有配窑两眼或配房3间；正中建有二门；前院二门外面对的是5间砖木结构接待客人的大房，叫“客位”或“戚位”。（接待客人之用）旁边或中间建有大门，俗称“吞口门楼”。院落左右还建有1~2个配院（也叫偏院），主要为长工居住或做伙房或喂牲口。有的偏院专门用来储备粮食,正面窑洞深12米,里面常年凉爽,存放粮食可多年不坏。

本建筑群分三大区:东院区、底下沟区、上头区。规模最大的是东院区,东院区分为上院下院两部分,共有大院6个,小院4个,碾磨院1个,东大门外还有一个羊圈院,全部用围墙围了起来,成为一个整体。

现存最完整的是上院的东主院和中宅院,其建筑风格十分考究:门楼高大通达,窑洞宽敞脱亮,瓦房窗明几净,走廊亮道通风畅朗,照壁雕刻精美,客位陈设卓然,门窗勾罗万字,前檐垂花滴秀,花栏斗拱玲珑,脊寿瓦当剔透,一幢幢大院中轴明确,方正对称,上尊下卑,蕴精聚齐,体现着浓郁的中国北方传统文化和民族元素。

河底村刘家大院　俗称"进士院",系清朝"一门四进士"大学者——祁隽藻外公刘燈之府第。始建于清乾隆年间,坐落在河底村古河道北岸,占地面积约2400平方米,建筑面积800余平方米。

刘家大院是河底村大院之一。其建筑为:三进院,东西花园,建筑群雕梁画栋,气势恢宏,原建筑院落座北朝南,上院正窑3眼,东西配房各两间,中院正房面阔5间,三明两暗;硬山式屋顶,另配有东西厢房各两间。皇帝钦赐张嘴兽于门楼,房顶两端,正房斗拱枋椽硕实、至今房顶寸草不生。前院正房中间为客厅,与中院南北相通,家中有大型庆典时开放,东侧有三门通往中院。

前院为三合院,东西配房各两间,大门设在前院正中央。与客房前后门,中院正房门贯通,遇上婚丧大事,房门全开。中院正房两侧的门通往东西花园,花园里浮荷垂柳,假山高耸,古槐参天,夏秋两季鲜花盛开,有花匠侍弄,供人们观赏。大门前清澈的小河淙淙流过,风景优美,环境宜人。院内建筑群石雕、木雕、砖雕共50余处,整个大院给人以古色古香生动隽美之感。

河底村葛家大院　又称南院,位于河底村西头青山沟,河底葛氏二十世祖葛履冠人称"葛八千",在清道光年间所建宅舍。建筑面积约为600多平方米,占地面积约1000平方米。

院落座南朝北,背山面水。圆碹砖拱式大门,上有"嘉水安澜"砖雕草书牌匾。背面牌匾为"寿山福海"。大门西侧有一泉,名为"圪嘟泉",泉水清澈,常年流经大门前,此后墙上方雕刻有"山清水秀"行书砖雕匾额,南山绿树成荫,前面小河流淌,风景秀美,空气清新。

大院分东西两院。进了大门,与之并排的有两处建筑,一是门房,二是砖雕的东院大门大影壁。东院大门方向朝北,二门内,上院有正窑3眼,下院东西配房各两间;西院为两进院,大门朝东,为筒口雕花门楼,大门从上往下共有木雕、砖雕、石雕8处。砖雕有"刘海戏蟾""仙姑坐莲"石雕有"喜鹊登梅""猴子观鸟",木雕为垂花式,并镶有"兼兵"匾额,此为葛家出过武举人的留迹。西大门内，前院有“客位”3间，客位两侧各有厢房两间，北面大房共有7间。“客位”门窗的木雕、砖雕线条流畅、技艺精湛，共12处，其中砖雕“鲤鱼跳龙门”“狮子滚绣球”最为显眼，客房里有“八仙桌”“书案条几”“描金竖柜”等文物。为了防潮，房子下面约为石头碹的地下窑洞。西院里院坐南朝北，门楼为垂花式，门楼上方砖雕牌匾为“吉星高照”。进了西院二门，上院正房面阔7间，五明两暗，硬山式屋顶，屋顶正中有“吉星楼”，下院有东配房两间，西配窑2眼，大门、二门、影壁的脊领上方两端共有“闭嘴兽”8对。至今院落及各种雕塑均保存完整。

燕龛村史家“仁里堡”宅院　清嘉庆、道光年间，燕龛村五十世祖史册后人在村东始建“仁里堡”，先修堡内上巷三处院落，号“积善堂”。到清道光二十年，又续修下巷三处院落及西大门、二门、北大门、南北通道、史家祠堂等，于道光二十六年（1846）竣工。占地面积11000平方米，村人俗称上三院、下三院，是一处古朴典雅的清代民居院落群。

“仁里堡”建筑群坐西朝东，上下巷各有3座院落（包括每处院落的跨院），两条巷口处分别筑有大门、二门和两丈高的围墙，3米宽的通道。堡内所有巷道全由石板铺设，院内有青砖铺地，平坦整洁。南边的西大门。二门尚保存完整，大门梁上仍保留“大清道光二十六年岁次丙午积善堂仝修仁里堡西大门六月初二乙卯”字迹。

仁里堡上巷的三处院落，民国以来由于人员杂居，翻修，重修损坏严重，下巷的三处院落尚保存完整，特别是史鸿藻故居比较完好，上下巷的宅院相互连贯串通，又独立成院，每处院落布局大体一样。

史鸿藻故居为四合院规制三进院，呈目字轮廓。大门为吞口门楼，一进大门迎面的照壁，右侧是北跨院小门，左侧为戚位瓦房，东厢房和前檐全由石柱支撑，与主人居住的西正窑相对，南边从小门进去为杂院。进二门为南北厢房，也全由石柱支撑。进三门为主院，建有西正窑3眼，中间窑洞插有前檐，由石柱支撑的南北厢房位于西边。南北窑侧建有通往南北跨院的通道门。主人院的正窑与北窑中间的墙壁正中建有天地爷龛位。

北跨院有正西窑3眼，南、北、东各有厢房，院东北角建有券门，北窑顶上建有小房一座，是“仁里堡”子弟读书学习的私塾。

堡外北50米处，建有史姓家族祠堂一座，每年农历十月初一，凡从燕龛徙居到各地的史氏族人都要派代表回来，到祠堂祭拜祖先。

古戏台、阁

河底老爷庙戏台　始建于清咸丰元年（1851），为三面大出檐，卷棚顶，三面观古式戏台。其造型独特别致，雕刻玲珑剔透，精美别致，彩绘华美考究。面积宽大敞亮。两面照对称舒展,出将入相门槛宽敞,台下看场可容千人不挤,声音可传里许,清亮绕远,是山西省较大的古典舞台之一。旧时,配备红色桌椅4张12把,以为演戏所用。

河底老爷庙戏台(图23-23)

苇泊天齐庙戏楼　始建于清光绪十八年(1892)十一月。戏台坐南朝北,建筑面积88.70平方米,占地面积1138.70平方米。前台明间是高大的勾连卷棚悬山顶,次间是略低的普通歇山顶。后台是悬山半坡顶,两侧耳房为硬山顶,集五种体质为一身。前台明三暗五,面阔7.8米,明间进深5.3米,台口方形小抹角石柱4根,中间大石柱两根,高3.5米,两侧小石柱高2.7米,柱头上承接小额枋、大额枋、平板枋。因为采用明三暗五剪柱造所,大额枋显得极为硕大,斗拱五彩双昂,都呈龙形。小枋下施骑马雀替,上雕二龙戏珠。次间小枋下骑马雀替,雕一凤,角梁下系有风铃。台口前有石狮一对,台口及左右两侧由0.3米的石柱与0.2米的石板镶嵌。明间大额枋下施骑马雀替,上雕有老鼠拉葡萄、云朵。平板枋施五彩双昂,戏台隔扇安装在前后台柱间。次间右辟上场门,左辟下场门(台下看相反)。前砌有八字照壁,檐椽、斗拱平板枋、由额垫板、由额、垂帘柱等,均系砖雕。东照壁额刻“绝调”,西照壁额刻“新声”。后台5间,无柱,三架梁,两侧耳房各一间。《阳泉文物录》载曰:“从规模、结构、用料、台顶、雀替看是阳泉市现存舞台之最。制作精湛,造型奇特,堪为上乘之作。”经多年保护修缮,此戏台以宏伟的风姿展现着境内古典建筑的风韵。

苇泊天齐庙戏楼(图23-24)

下章召观音阁大戏台　面对观音庙,坐西朝东,建筑时间不详,戏台建筑面积为45平方米,戏台宽9米,深5米。戏台顶部全是木头结构,枋椽排列有序,台顶多少年滴水不漏,丝毫无损,台虽然没有花栏斗拱,华丽的雕刻,整体建筑却结实大方。只有戏台出口处左右各镶着一块石碑,一块碑记的是清嘉庆元年(1796)修河西桥出资出工的事宜,另一块碑记载的是温河木桥上不可溌水,不可砍伐河沟的柏树惩罚事项。据推测,这两块碑是修补戏台时镶进去的,在20世纪60年代,村里的泥木石匠嫌前台中间两根木柱看戏时碍眼,就在台顶部加一根横梁,将两根支柱取掉,使台面宽敞。戏台前下方青石雕刻,精细的花纹和图案,隔一米处还刻着一个石猴。20世纪80年代，戏台两侧还镶嵌了两幅瓷砖图案，台阶还加上了青石栏杆，台中央有书法家书写的黑底金字“丰乐园”，戏台经过彩绘，整体着实壮观，不失为一非物质文化遗产。

河底村通宝观戏楼　修建于清雍正十二年（1734）。始建为卷棚顶，清光绪十二年（1886）重修改建为歇山顶，三面大出檐挑角样式。彩绘雕梁雀替。1992年，村委投资1万余元按原建样式大修。旧时，台上配备黄色桌椅全套，五股灯两盏。重修后改为老年活动中心，配备大理石桌6盘，石鼓座24个，大方桌3张，木椅12把。是中老年人活动的好去处。

河底村通宝观戏楼（图23-25）

苇泊聚秀阁　位于苇泊村东，坐西朝东，东西7.25米，南北6米，占地面积43.5平方米。创建于清乾隆三十年（1765），阁建于青石砌筑的台基之上，台基中部辟拱形门洞贯通，阁面宽3间，进深7椽，前出廊，硬山顶，板筒瓦覆盖，内塑像东为观音菩萨，西为太上老君。廊北侧有清乾隆三十三年（1768）“新建聚秀阁碑记”1通。南侧有清嘉庆十三年（1808）“重掏大井碑记”1通。

阁前右侧有古槐一棵，株高约15米，树冠直径6.4米。

苇泊经世阁　位于苇泊村西，坐西北朝东南，东西6.6米，南北8.5米，占地面积65.03平方米。始建于清乾隆十八年（1753），清道光二年（1822）重修，2009年再度维修。现存主体为清代结构，阁建于青石砌筑的台基上，台基中部辟拱形门洞贯通，门洞上方嵌石匾1块，内书“经世阁”。台基右侧设台阶通往阁上。阁面阔3间，进深7椽，前出廊，硬山顶，筒板瓦覆盖。明间辟门两次间辟窗。明间门上悬木匾1方，书“普照乾坤”，阁内东南塑火神像，西北，塑财神像1尊。阁前有青砖砌筑花栏墙，阁内侧油坊有清道光二年《重修阁记》碑一通。

下章召观音阁　位于下章召村中央的大街上方，坐东朝西，创建年代不详。占地面积152平方米，现存为清代遗构，2003年维修。观音阁由上下两层组成，下层为一石券窑洞，之上为木构建筑，面阔3间，进深6椽，硬山顶，黄琉璃瓦覆盖，正脊中置宝瓶式脊刹，两侧各设龙形吻1只，为新置。前檐底部设木雕二龙戏珠装饰，前檐装修不存。2003年，被郊区人民政府公布为区级文物保护单位。

古教堂

河底村天主教堂　清光绪二十年（1894），天主教由太原阳曲东黄水村教友王建一来平定、河底、苇泊等地讲经传教。光绪二十八年（1902），太原教区意大利籍方济各会士凤朝瑞主教派中国籍神甫胡宝善到河底主持教务，在河底村购地 15.5 亩。光绪二十九年(1903)，由胡宝善主持建造河底天主教堂。

河底天主教堂位于河底村后底沟，坐西朝东，东西宽 30.3 米，南北长 91.3 米，占地面积 2766 平方米。分前后两院，前院有寝室、育婴室、钟楼等。后院有主教堂，主教堂建筑高大，气势宏伟，正面为仿欧式罗马式建筑风格，三门拱券作为尖形，教堂为硬山起脊建筑，高 12 米，宽 7.7 米，长 19.5 米。其门洞为拱式，置门板 2 扇，门洞上方正中为拱形装饰墙，内置五角星 1 枚，其两侧为锥形装饰墙，均为青砖砌筑。教堂前檐辟尖拱形门 5 道，正中门上有砖雕匾额 1 方，内书“天主教堂”，两侧门上方各设圆形洞 1 个。顶部为仿西式建筑风格的女儿墙。后墙辟拱形门 1 道，拱形窗 4 个，北侧墙上嵌有“河底镇修堂记”碣 1 方。河底教堂建立后，河底镇成为平定、盂县、寿阳、昔阳等地的总堂口办理教务。近 40 年间，先后有 9 位神甫主持教务，曾经有 8 名贞女。教堂还设“经言学校”，发展教徒 800 多人。中华人民共和国成立初期，河底天主教堂成为河底完校的校舍，1986 年归天主教会管理。1993 年，河底镇党委、政府落实河底天主教房产政策及有关房产问题的处理意见，将河底天主教原有房屋的产权，由河底村全部归还天主教，当年木器厂迁出，前院归还教会。

1994 年，被阳泉市郊区人民政府公布为第二批文物保护单位。

苇泊天主教堂　位于苇泊村东北，坐北朝南，东西 16.6 米，南北 26.25 米，占地面积 435.75 平方米。现存大门、正方、东西厢房和南房，均为中华民国时期建造，由外国传教士购置设为教堂。大门设在东侧，为一拱形门洞，置板门 2 扇，门洞上方有砖雕匾额 1 块。之上为仿木结构的砖雕飞檐。最上是尖拱形装饰墙，其两侧各建戴帽尖顶方柱 1 根。具有西方建筑风格。大门正对东厢房山墙镶嵌影壁 1 面。正屋为窑洞式建筑，面宽 3 间，一明两暗，南房面宽 6 间，进深 6 椽，硬山顶，筒板瓦覆盖，现为村民张文才所有。

古　桥

攀云桥　位于河底村明灵王祠对面，建于清乾隆三十一年(1766)，后被埋没，2008 年河底广场施工时暴露。此桥横跨河底河，为南北走向之单孔石拱桥，长 18.25 米，宽 4.3 米，桥涵高约 7 米。南端有乐楼，北面有茶庵各 1 座。左右桥拱横额分别镶有“攀云桥”“霞浦垂虹”，系乾隆二十一年丙子科乡试举人直隶怀柔知县(刘元龙，字云骧，号涂昔)所书。桥面两侧雕花石栏杆挡定，为乐楼看者场地。

2014 年，村镇合谋共举重新修葺，此建筑于同年 10 月动工，民众翘首以待。

牵牛镇桥　位于牵牛镇村，清乾隆四十九年（1784）《重修盂县志》卷四、光绪七年(1881)《盂县志》卷六“关寨附桥梁”中有“牵牛镇桥”的记载。古桥坐落在古驿道咽喉地段，为盂县境内 15 座古桥之一。

上章召永占桥　位于上章召村南的沟底河道之上，始建年代不详。为上、下两层单孔石拱桥，呈东西走向，长 12.1 米，宽 3.25 米。桥面块石铺墁，桥两边有青石栏杆和望柱。桥头望柱上雕石狮，其余望柱为圆形。

燕龛祝三桥　位于燕龛村甘泉寺以南 40 米处的“钱河”之上，总长 20 米，宽 4 米，净跨 6 米，为独孔石桥，是燕龛村至曹家掌的必经之路，“祝三”是指祝平安、多福、长寿的意思。

甘泉寺位于燕龛村东南，钱河、银河在甘泉寺前汇合，每逢雨季河水暴涨，乡民出行困难，过往客商严重受阻，只得留宿于甘泉寺之中。为了造福乡民，民国 12 年(1923)，由燕龛村村长史宏源，村副史中铎，郡廪生史联甲、甘泉寺主持僧郑海源(法号理成)召集本村闾长、邻长、商家、字号及各户家长于甘泉寺公议，在村前钱河架桥一座，乡民一致赞成。

民国 13 年(1924)春动工，由韩庄村匠人胡喜林、胡喜珍、王六猫带人承建，开三角河石头，就地取材，挟杆抬石，精工细作，一锤三錾，桥石凿卯榫，严丝合缝。“祝三桥”造型独特，做工精细，坚固结实，宏伟壮观，实为晋东地区建桥史上的精品工程。“祝三桥”共用 360 块料石，全部凿石卯榫合缝，耗资白银 1240 两，于民国 13 年(1924)农历六月初建成，六月初六下大雨，两河水涨，“祝三桥”纹丝不动。六月初十竣工，“踩桥”庆典，乡民及各方人士云集燕龛志贺。

祝三桥正面额碣“祝三桥”，由郡廪生史联甲书写，并刻有佛家“唵、嘛、呢、叭、咪、吽”六个字，桥栏有五霸诸侯为镇物。

民国 14 年(1925)在桥南建牌窑洞 1 座，立碑 3 块，上表功德，流芳于世。史联甲为建桥写《咏祝三桥景古风》诗文一首。

全文 280 个字，将燕龛的人文地理，风土人情全部描绘出来。祝三桥是民国年间燕龛地区最大的民间捐资工程，它与甘泉古寺、千年古树融为一体，是燕龛人文历史的象征。

附：

咏祝三桥景古风

象三史联甲[1]题

燕龛都甲属三贤，创建石桥甲子年。
都夸谋事是人力，那知成事总由天。

细数石数三百六，暗兴周天相同焉。
龙紧两条像天地，四时委石列眼前。
上合三十六天罡，七十二煞在下边。
二十四字符节气，一岁循环天道传。
形园好像天之体，色应五行事最玄。
对面桃园排松柏，窑头松林锁云烟。
左达甘泉千古寺，右列文昌宫巍然。
东和天生石桥像，地开石门桥西传。
顽固坡在桥之北，桥南七星脑上悬。
春秋仙桃佛手美，白菜北瓜冬夏鲜。
锤打鼓响声闻远，惊动西游四位仙。
遥观势若长虹现，银河奚劳鸟鹊填。
有志竟成愚公事，远石成事谁著鞭。
若问祝三名何起，村社平安福绵延。
禄存人物繁富内，河桥巩固寿弥坚。
水进财门机先兆，钱河倒流理难研。
山环水绕成佳境，人杰地灵结善缘。
从此功行圆满后，请兴善士乐盘旋。

兹因桥工告竣，落成有期，随录古风，谨报四方。诸善士即景生情，解囊相助，庶美景芳名并垂不朽云。

中华民国14年

①史联甲先生字象三，燕龛村人，清光绪年间廪生。

斜阁圪料桥　位于东村东中心，始建于元大德四年（1300）。桥宽3.5米，长48米，高38米。桥的整体结构为砖石结构，南北走向。桥面连接关帝庙第一个台阶，桥北于戏台（乐楼）广场相连。一孔斜阁，依河而建，河为东西走向，斜阁全部用四面见线的青石铺砌，斜阁顶部上方刻有“永安”二字，桥面两侧由青砖铺造。1米高的花墙顶，顶部由石条覆盖，方砖铺面，整体建筑华丽大方。旧时，是盂县东40里外的第一桥。1976年，在新农村建设中，此桥被埋。

第二十四章　人　物

第一节　人物传略

古代人物

郭　浩　(？—1449),上章召村人。少时聪颖,喜好读书,受其父(友辰,永乐进士)熏染,学业精进。先由庠序廪生选荐到京师国子监,为贡生。后经礼部会试中试,为贡士。明宣宗宣德七年(1442)授工部主事。

明正统十四年(1449),蒙古瓦剌首领也先率兵南犯,明英宗(朱祁镇)轻信宦官,举师“北狩”,郭浩随驾出战。在土木堡(今河北怀来县境内)兵陷重围,全军溃败,英宗被俘,郭浩被执,不屈而死。朝廷念其英烈可敬,追封为员外郎。赠其父郭友辰为承德郎户部主事,其母王氏为太安人,其长子郭思恭以岁贡授平凉府(今甘肃平凉县)知事,赐其次子郭思聪太学生(一作国子生),任钜县(今山东巨野)主簿。郭浩平生喜文章,通诗词。著作仅存《游藏山》诗句14行。

周　宏　生卒年不详,字大宽,牵牛镇村人。明代任在京工部使,历九载,无间言,荣褒封。在京时与司理监太监李公相交甚契。后遇有开银矿事,李公领旨敕剑,所过州县,惟尚杀戮,闻之者莫不悚然。将至盂境时,宏以故交名,欣然主动与李相接,待之丰焉,致盂邑秋毫无犯。邑人称颂,全赖公之力也。

刘　茂　河底村人,清顺治五年(1648)戊子科乡试中举人,顺治六年己丑科会试中武进士,历任掌印兼屯守备,江南凤阳宿州卫掌印守备、广东惠州镇平海都司。后阶升定远将军,从三品。

清朝顺治皇帝刚刚进入北京,明朝重臣吴三桂逃亡至广东,拥立小皇帝,建立南明政权,那时睿亲王多尔衮率几十万大军讨伐南明,刘茂作为主将,随多尔衮一齐出兵,在广州惠州的一次战斗中不幸身亡,后葬于河底村“神堂垴”刘氏老茔。

刘　澄　生卒年不详,字鉴如,清康熙年间河底村人,武秀才,性宽厚,有大量。事继母老而弥忝,轻财爱友,急公好义,倾囊济贫,毫无难色,与其侄秉彝出资建文昌庙于河底村东隅官山。子大典恩贡,孙峨,曾孙元龙皆举人。

刘　熤　生卒年不详,字明轩,河底村人。清乾隆三年戊午科乡试中举人,四年已未科会试中进士。历任湖北远安知县、黄冈汉阳知县,后迁宜昌府同知(正五品)。为官期间,精明强毅,凡富豪凌虐平民,执法不贷,鞫狱多所平反。当地百姓称其"悍慓"。皇帝恩赐建府邸于河底村古河道东北岸,卒于官。其父秉彝增封政大夫。

刘熤生性严厉,教子有方,尤对次女影响甚大,其嫁于寿阳祁韵士,所生五子三女,50余年"力持家政,至老弗怠""慈厚严明,识度卓越""教子严而有法",被尊为"刘太夫人",特别是其丈夫蒙冤入狱,后又发戍伊犁,家庭遭到变故之际,她为使子女教育不致中断,毅然离京返回乡里,自办家塾"延师课读,督责备至,偶一懈怠,辄加捶处",培育出祁寯藻等文人学士,成就了这个"一门四翰林、三代帝王师"之家。

刘秉钺　生卒年不详,字骏生,清乾隆年间河底村人。乾隆十二年(1747)受督学夏公推荐,参加丁卯科乡试,中解元。十三年戊辰科会试中进士,任陕西武功县令。在武功任职期间,对各种案例严加剖析,从不草率轻断。当时巡抚陈某称刘堪为大用。可惜在任三年即病逝,仅年 22 岁。

刘元龙　生卒年不详,字云骧,号涂昔,河底村人。清乾隆二十一年丙子科乡试中举,由教职改授直隶怀柔知县。为官 39 年,清正廉明,品德高尚,从不贪图个人享受,深受百姓拥戴。晚年回乡,境域潦倒,人叹他"世人以贫而仕,公竟以仕而贫"。《平定州志·文苑》谓其"奇气隽才",古诗文辞,跌宕不凡。有诗评曰:"夙擅陈思才八斗,凌云健笔摩霄穹"。刘元龙书法雄健敦厚,今存笔迹有:清乾隆丁亥年(1767)"攀云桥"书额;五十九年重修河底村老君庙碑记。

魏　挚　生卒年不详,河底村人,清嘉庆二十三年(1818)戊寅科乡试中举人。任郡吏,先生文采出类拔萃,文思五车八斗,为人厚道谦和,《平定州志·艺文》收其《拟古十二韵为云骧刘先生作》一诗。

曹世福　生卒年不详,东村(原名淖泥村)人,活动在清同治年间。其人好义善施,每遇修筑桥梁道路之事,皆慷慨解囊,乐于捐献。所居淖泥村有西堰岭(现西岩梁),是河北获鹿井陉等地通往仇犹(今盂县)的通衢大道,其路崎岖不平,泥沼多阻,十分难行,世人叫苦不迭。公捐钱铺石平路,村人交口称赞,史册留名。

史鸿藻　生卒年不详,燕龛村人,清同治年间中举,光绪八年参与重修《平定州志》,创办燕龛村仁里堡“积善堂”私塾，教学育人。

近现代人物

史凤存 （1855—1928），晋剧名伶，乳名存寿，燕龛村人。因天赋所致，他从小就对戏曲产生了浓厚的兴趣。过时过节，逢戏必看，看后模仿嬉戏。十四五岁时，和顺县任杨（谐音）戏班在邻村唱戏，存寿不顾父亲劝说，入任杨戏班，潜心学艺。

史凤存主工小旦、刀马旦，有时也唱青衣、花彩。他身段好，嗓子好，扮相好，加之后天磨砺出的好功底，在短短两年中便学会了《蝴蝶杯》《嫦娥奔月》等五本四回六个折子戏。出师后随班演出。后来另搭他班唱戏，以《百花点将》《杀狗》两出戏唱红了河北张垣和山西雁塞一带，留有“放下抬材下葬，不误燕龛旦百花点将”之口碑（因其原籍燕龛，故得艺名“燕龛旦”）。民国元年（1912），史凤存因年老告别舞台，全家徙居荫营，以卖豆腐和河涝维持生活，有时也给村中“自乐班”排戏。民国3年（1914），他受聘于五台人年老五所办的“年老五娃娃班”，担任教师（该班社初在盂县鹤山，后迁平定燕龛村故俗称“燕龛娃娃”）历时五年，共培养出三批娃娃。此班成名的艺人有河底红（段玉明）、己酉旦（青衣、盂县人）、二牛生（吴本荣）、三牛生（吴本贞）（阳曲人）、贵生旦（河北井陉人）、臭旦（河北保定人）、昌锁旦（平定人）以及二花脸黑六子和武生存喜等人。

史凤存对艺术刻苦钻研，精益求精，使他成为当时“梨园行”不可多得的全才，尤以做功见长。他善于调动一切艺术手段着力刻画人物。经他塑造出来的艺术形象，不论大家闺秀还是小家碧玉、巾帼英雄抑或女中须眉，无不逼真传神，每令观者咂舌。看过他演戏的人们说，见他六月天唱《烤火》，“冷”得浑身起鸡皮疙瘩，有的说他唱《打路》，腾空跃起的坐蹲连蹦三次。人们赞美他扮甚象甚，大小角色从不懈怠。燕龛旦一生演戏甚多，主要有《蝴蝶杯》《嫦娥奔月》《祥麟镜》《火焰驹》《云罗衫》《打金枝》《破洪州》《双锁山》《阴魂阵》《杀狗》《起解》《挂画》《烤火》《拾玉镯》《百花点将》等。

艺术上的成就使史凤存在同行中享有很高的声誉，不少人如晒鞋旦等人慕名向他求教。他虞诚相待，毫无保留，直到对方学会为止，而且分文不取，只求来者也留下“一手”。他常对人说：“三人行必有我师，再孬的‘把式’也有独到之处，取他人之长，补自己之短是我最乐意的。”在授徒上，不管是“贴身”的还是“过门”的，均无远近亲疏之分。旧时，科班中有“打戏打戏全在打，三天不打误娃娃”之说。而他却认为：“教在得法不在打，学在自取不在怕。”传艺时他很少打骂训罚徒弟，而他所教的艺徒均相继成器。

史凤存不仅乐意教人所求、帮人所难、解人所危，而且常常为同事解囊相助。同行中无不盛赞其技艺的高超和待人的善良。民国17年(1928)农历二月，在盂县城关二郎庙演戏时，突患腹痛，三昼夜而不止，徒弟们只好将他抬回燕龛老家。农历二月初九谢世，享年73岁。

王殿弼 (1888—1928)，字子筑，山底村人。其父王锦镛庠生人称老秀才，是本村一生有药店兼煤窑主，经济条件宽裕。

王殿弼自幼读书，聪明好学。民国4年(1915)考入山西政法大学堂，攻法律专业，学制三年，民国7年(1918)毕业，因其品学兼优深受南桂馨赏识。(南桂馨时任山西政法大学堂校长，他学法律崇尚法治，辛亥革命后，任中华国民政府财政部部长，中华人民共和国成立后，任全国政协常委)。特意选派王殿弼到自己的老家五寨县任承审(主管法律审判案件的最高官员)。民国15年(1926)他升任宁武知事。由于他任职中官声好，收到南桂馨一家人的赞扬。山西省省长奖给王等义账光复纪念章，同年，王殿弼任山西绛州代理知事。绛州在辛亥革命后改称新绛县，是山西重要城市和商业发达的水陆交通枢纽，素有南绛北代之称。

民国16年(1927)夏，由于晋南社会治安乱，农民进城和他直接对话三天，在那时做官非常艰苦，王殿弼积劳成疾，在绛州逝世，年仅40岁，官府令厚葬，他的灵柩寄居在绛州守巨园内。同年冬，王殿弼的灵柩由驾队送回山底村。

王殿弼去世后，他的夫人李小妮携子女回到山底居住，民国27年盂县十三区就设在王殿弼的院内，不少共产党干部在这里住过，他家成为中国共产党领导的秘密联络点。

王殿弼的家庭是一个追求进步、富有民族气节的知识分子家庭。他受孙中山同盟元老南桂馨影响，专攻法律，亲自实践，在州、县担任要职多年。曾受到民国政府的嘉奖。他是山西最早的一批法治新官员，是其中佼佼者。同时，他做官清正廉洁，没有官架子，每逢回家探亲，一到小沟就下轿步行，见人就握手问候，受到家乡父老的称赞。

赵　伟 (1922—1945)，原名赵晓帆，曾用名陈伟、赵伟祯、赵民生。苏家泉村人。

民国11年(1922)赵伟出生在一个农民家庭。童年天资颖慧，勤奋好学。在小学读书时，每次考试成绩总是名列前茅。11岁随叔父赵西到太原求学，考入了阳曲县立第一高级小学。在此期间，受叔父、老师等一些爱国进步人士的启发和熏陶，在幼小的心灵里播下了革命的种子。后因叔父受阎锡山通缉转徙他地，他无所依托而被迫辍学回家。当时，他才13岁，就担起了生活重担，和大人们一道去榆次等地，以出卖苦力为生。

民国 26 年(1937)“卢沟桥事变”后，赵伟义愤填膺，他给村民们积极宣讲抗日救国的道理，控诉日本帝国主义的侵略罪行。10 月，当八路军战地工作团刚到了河底镇，他就星夜提着马灯前去报名参军，从此开始了革命生涯。参加革命后，赵伟一直从事青少年组织宣传工作。由于他年青有为，积极肯干，在晋察冀边区举办的青年干部训练班培训结业后，被组织上选拔留在边区政府青救会做组织工作。为了全力以赴投入革命事业，赵伟多次改名换姓，一直没有和家里通信。民国 29 年百团大战后形势好转，他的父亲思子心切，徒步数百里到边区政府所在地阜平找见他。领导准他返乡探亲，他也只住 3 天就提前归队了。

民国 30 年(1941)12 月，组织上派赵伟到当时斗争十分尖锐、环境极为残酷的广灵县工作。先后任区抗联主任和青救会主任。民国 33(1944)年，任广灵北山工委宣传部部长。为了开辟阳原北山、天镇南山一带的工作，他经常和战友们化装成卖布或卖牲口的商贩去侦察敌情。有一次因环境险恶，无法在村里居住，他就带着战友们在墓地里过了一夜。事后，他十分诙谐地说：“我们和死鬼睡了一夜，总算躲过了活鬼(日军)的搜捕。”战友们听了大笑不止。他就是以这种革命的乐观主义精神，经受了严峻而艰苦的战争考验。

民国 34 年(1945)6 月 22 日，赵伟和二区区长任铁志带领 5 名干部到桑乾河北岸牛蹄庄宣传党的抗战政策，发展人民武装。在圪塔头村夜宿时，因汉奸告密，于凌晨 3 时被日伪军包围。当时只有赵伟有一支手枪，其余战友只有一两颗手榴弹，敌众我寡，难以突围。日伪军开始以喊话诱降，但是战友们十分沉着，听从赵伟的指挥，隐蔽在炕沿下等待我天阳支队的援救。过了许久，日伪军见毫无动静，遂恼羞成怒，放火烧房，并用机枪扫射。后来竟穷凶极恶地从房顶挖开一个大洞，向里扔手榴弹。这时，赵伟一面大骂日伪军，一面用手枪还击。战友们也一个个宁死不屈，把仅有的手榴弹投向日伪军。最后，赵伟见子弹也打尽了，手榴弹也扔完了，战友们也负了伤，他就把手枪拆毁，连同文件一同扔进火堆，然后甩掉上衣，纵身跳上窗台，在熊熊的烈火中痛斥敌寇，高呼：“打倒日本帝国主义！”“中国共产党万岁！”为中国人民的解放事业献出了宝贵的生命，年仅 23 岁。

赵伟等牺牲的噩耗传到晋察冀十三地委，战友们极为悲痛，在雷家坡为遇难烈士召开了追悼会。抗战胜利后，中共党组织和政府在烈士遇难地树碑纪念。

曹夸妮　(1927—1947)，女，原姓侯，民国 16 年(1927)出生在东村的一个贫苦农民家庭，从小生性活泼，胆子大，16 岁经盂县(当时东村属盂县二区管辖)的妇女干部动员，参加了抗日工作，同男人一样送情报、割电线，什么也不怕，后因母亲改嫁，随母迁到曹家掌村曹姓人家。从此夸妮改姓曹，叫曹夸妮。曹夸妮到曹家掌后，受进步思想的影响，经常活动在曹家掌、燕龛、西沟、石板片等村，动员妇女做军鞋、烧干粮，抗战支前。

民国35年(1946)阎军侵占荫营后,大肆抓捕共产党员,革命干部。曹夸妮带领群众坚持工作在对敌斗争的最前线。民国36年(1947)4月1日早,由于叛徒出卖,正在吴家掌开展工作的曹夸妮不幸被阎匪还乡团12堡抓捕,阎军把她五花大绑,打一皮鞭问一声"谁是共产党员?""谁是村干部?"曹夸妮说"我是村干部,到处都是共产党,你们杀不尽抓不完!""要杀要砍,不要多问!"气得敌人暴跳如雷。阎军把曹夸妮押送到荫营治村公所街上村关押。不久曹夸妮便在荫营龙天庙河南湾被敌人杀害。临刑前,曹夸妮面对敌人的屠刀,毫无畏惧,双拳紧握,视死如归,不断高喊:"共产党万岁!"曹夸妮牺牲后,曹家掌村民兵连夜将她的遗体抬回曹家掌村,含泪将她安葬。

段德绪 (1880—1949),字赞基,号柳下居士,河底村人。段德绪出身于小手工业家庭,幼年学过锻工,后入乡塾读书,爱好书法,专攻颜体。他的父亲是很有名气的村医,在其父的传授督导下,段德绪潜心学医,民国初期已在数十里内外行医,颇负盛名。他待人忠厚,医德高尚,对求医者不分贫富,一视同仁,村民尊称他"干梁老先生"。民国21年(1932),段德绪经村民推荐任村长。以后,他传授医术给长子黻章(字文),次子黺章(字文藻),两个儿子也成为远近有名的中医。至今已传8世,直系有3人从医。

史达华 (1909—1959),曾用名通宣,燕龛村人。民国26年(1937)参加八路军,同年加入中国共产党。曾任八路军总部侦察营指导员,八路军一二〇师后勤部运输大队大队长、连长。民国36年(1947),组织起燕龛煤铁业社,从事机械工业生产,任阳泉市燕龛村党支部书记,燕龛民生铁厂厂长兼党支部书记。中华人民共和国建立后,历任燕龛村手工业生产联合社主任兼党支部书记,铁业生产合作社主任兼党支部书记,燕龛机械厂厂长兼党支部书记。组织工人研制并生产出郊区境内第一台机械产品——30马力离心式水泵,此后又生产出钻床、车床等成套机械产品。1950年,被评为"山西省劳动模范",1953年被评为山西省一等劳动模范,1954年、1956年被评为"山西省特等劳动模范"。

王成贵 (1942—1964),河南村人,1960年参军,多次立功受奖,荣升副班长。1964年6月,作为中国人民解放军济南部队先进代表之一,受到毛主席、周总理等中央领导的接见,并合影留念。1964年8月23日,部队在河北省武清县大运河进行武装泅渡演习中,为救炊事班战友,光荣牺牲,年仅22岁。

谢加靖 (1901—1965),东南沟村人。从小跟随母亲在河底村长大成人,在祖父谢志东的私塾学堂读书。民国27年(1938)加入中国共产党,民国31(1942)年回东南沟老宅定居,任本村村长,以开铁货铺,教书为掩护,在河底、五里庄从事党的工作。民国35年(1946)调河北平山县洪子店。民国36(1947)年石家庄解放,调华北地区煤铁总公司,后更名为燃料工业公司任经理。1965年病逝,享年64岁。

陈福亮 (1917—1965),山底村人。由于其家乡盛产煤炭,具有悠久的冶炼铸造历史,陈福亮从小就对炼铁铸锅耳濡目染,对生产工艺产生了浓厚的兴趣。长大成人后,随同其父,闯荡关东,远赴辽宁本溪一带,打工谋生,从事铁业。"七七"事变后,由于战乱,返回家乡,继续从事冶炼铸造业。

民国34年(1945)8月,陈福亮加入中国共产党,开始投身革命。在党组织的领导下,他秘密组织山底村20多个铁业手工业者,在圈羊的破窑洞内建成两座铸造土炉,进行手榴弹壳铸造,成为平定(路北)县第一座兵工厂。当时的陈福亮任技术员,他大胆进行了土法制作兵工产品的试验,先后生产出手榴弹壳、八二毫米炮弹壳、炮弹叶、地雷壳等多种兵工产品,有力地支援了抗日战争和解放战争的开展。

中华人民共和国成立后,陈福亮所在的山底胜利铁业生产合作社联合本村的福兴炉、同和炉、恒兴炉、联合炉4家私人合伙经营小炉场的手工业者,成立了山底铁业生产合作社。1950年,被评为"山西省工农业劳动模范"。1952年,他大胆进行技术革新,购置25马力煤气机,推广圆炉化焖铁技术,生产出铸水管、地板、架子锅等产品,山底铁业生产合作社被评为华北五省二市模范生产合作社。1954年,该社建起全省手工业系统第一座8立方米小高炉,日产灰生铁10吨,开辟了土法炼铁生产技术改造新途径。1958年,该社改为山西省地方国营山底铁厂。此后,他又再次组织工人进行技术改造,先后建起15立方米高炉和76立方米高炉,使该厂成为全市手工业系统规模较大的冶炼企业。

程敬修 (1904—1966),程庄村人,10岁时在家干活挑煤,14岁做长工,18岁在家务农,20岁开始当徒工并在外做工。民国26年(1937)10月参加青年抗敌决死队,历任战士、副班长,1938年1月10日加入中国共产党,民国28年(1939)10月决死队一中队事务长、大队部管理员、团供给处粮秣员,民国31年(1942)十一旅事务长,旅政生产采购、旅政合作社副经理,民国36年(1947)调輜重连指导员、二野四兵团十四军司令部政治指导员,1951年十四军司令部招待所所长,1954年十四军司令部协理员。其间,参加大小战斗20次,立大功

5次，三等功一次。身患慢性气管炎、手颤病、腹痛、腹裂伤享受二等保健，副营级待遇，1954年8月退休。退休后，要求组织义无反顾，自愿选择返乡。在三年困难时期，他无私奉献，用晚年智慧建设家乡，回报乡亲。1962年任程庄村党支部书记，并捐资购买第一部扩大器（喇叭），积极带领全村父老发展生产。1966年，组织村里开会时因突发脑溢血不幸病逝，享年61岁。程敬修一生为党、为国、为家乡贡献了自己毕生精力。

张北辰 （1908—1966），原名张斗耀，苇泊村人，自幼在苇泊村小学读书，又在平定县巨城完小读书5年，之后去吉林省扶余县同聚公商店学徒3年。返乡后，在苇泊村、中佐村任小学教员，并行医看病。抗日战争前夕，参加山西省牺盟会组织的村政干部训练班，担任政治教员。在太原和介休学习4个月，之后短期担任河底镇村长。抗日战争开始后，与共产党多有接触。在晋察冀边区民主选举中被选为平定（路北）县议员，民国29年（1940）加入中国共产党，历任平定（路北）县第五区政府村长助理员，平定（路北）县兴隆号商店经理等职。中华人民共和国成立初期，先后在石家庄、天津工作，历任石家庄正太煤铁公司秘书，天津华北煤铁公司秘书室副主任，天津日报通讯员等职。1950年到北京后，历任中国煤建公司秘书处副处长，中华书局编辑行政室主任，编辑部古代史组组长，中国财政经济出版社第二编辑室主任。1965年6月因病在北京去世，享年57岁。

张　瑄 （1923—1966），东南沟村人，系中国人民解放军广州军区后勤部原副部长，空军上校军衔。民国26年（1937）4月参加革命，同年11月参加八路军。民国30年（1941）4月加入中国共产党。参加了著名的百团大战、辽沈战役、平津战役、渡江战役、湖南剿匪、抗美援朝、国土防空等多次战役。历任战士、卫生员、班长、排长、连长、营长、团长、广州军区空军后勤部副参谋长、副部长等职。1966年9月因病在空军广州医院逝世，享年43岁。同年11月，中华人民共和国民政部、中国人民解放军总政治部授予“革命烈士”称号。

张五成 （1890—1968），邓家峪人，祖传世医。幼年随父学医，精通急慢性喉症的“针刺放营疗法”。由于家庭贫困，无力读书深造。成人后以扛长工为生。旧时缺医少药，有许多喉症患者。张五成不顾生活窘迫，给村里人诊治喉症，不论贫富随叫随到，从来不摆架子，不讲价钱。他医术高超，一针见效，常能妙手回春，在阳泉平定境内名声远扬。

郭　玘　（1918—1969），上章召村人。手工业工人，初小文化程度。民国26年（1937）10月加入中国共产党，历任支部通讯员、组织委员、书记、副村长、农会主席等职。民国37年（1948）1月调平定七区任组织委员，民国37年（1948）11月至民国38年（1949）2月，任区委常委。民国38年（1949）3月至1950年2月任阳泉市委组织部组织干事。1950年3月至1951年10月，任中共阳泉市第二区委副书记。1951年10月至1953年5月，任中共阳泉市第二区委书记。1953年5月至1956年4月，任荫营区委第一书记兼监委书记、手工业办事处主任。1956年4月至1957年3月，任荫营区委书记。1957年9月至1958年7月，任阳泉市郊区委员会财贸部部长。1958年8月至11月，任阳泉市平定郊区区委工业部长。1958年11月至1959年2月，任阳泉市荫营公社主任，1959年2月至4月，任荫营协作办副主任。1959年4月至1960年8月，任阳泉市交通局党委书记。1960年8月至1961年4月，任阳泉市经委副主任。1961年4月至12月，任阳泉市交通局党委书记。1961年12月至1963年2月，任阳泉市白泉公社党委书记。1963年2月至1964年7月，任荫营区委书记。1964年8月任阳泉市"四清"工作队副队长，后因病休养。"文化大革命"中遭迫害，卒于"五七"干校。

抗日战争时期，郭玘在中国共产党的领导下，积极开展党的工作，壮大党的队伍，保护党的干部，维护人民群众利益，与日伪军进行了艰苦卓绝的斗争。在解放战争时期，兴农会、斗地主、锄汉奸、分田地，为革命胜利进行了不懈的努力。解放后历任要职，但他生活俭朴，为党、为人民做了大量工作。虽然在"文化大革命"中，受到了错误的审查，身心遭到严重摧残，但他对党、对人民的信念与忠诚始终不动摇，表现出一个共产党员的坚定立场与忠贞信念。1981年1月2日，郊区区委为其恢复了名誉。

段玉明　（1915—1975），河底村人。晋剧演员，工须生。段玉明幼年家贫，民国13年（1924）卖身，入年老五所承的燕龛娃娃戏班。

段玉明入班后，坐科须生，拜张玉印（玉印红）为师。因他天赋颇具，敏悟好学，深得张氏喜爱，遂从严施教于"基功"并亲传"稍子功"。三年学成出科，又三年谢师，技艺大进，崭露头角，一出《上天台》扬名晋东"东四处"，始得艺名"河底红"。

段玉明16岁谢师完毕，进入荫营史巨才的"烂计班"。民国21年（1932）辗转至寿阳，拜王应锦（万盏灯）为过门师傅。20世纪30年代末期，奔太原投须生泰斗丁果仙创办的"步云剧社"，应工须生，活唱"零碎"。后因会戏较多，且文武皆可，给丁果仙拉了"二套"。从此,他刻意将戏路子转移到唱做兼重的功架戏、动弹戏上来。由于日夜苦练,拼力太甚,不幸“塌中”。痛苦之余,毅然到海子边喝冰求音,坚持年余,嗓音复得,再度登台。20 世纪 40 年代初期,转入太原“新化剧团”,以其宽绰的戏路和豁力的表演,同丁果仙、梁小云、马秋仙、郭兰英等名伶同台演出了《反徐州》(饰徐达)、《美人图》(饰介子推)等多出剧目。

中华人民共和国成立后,段玉明先后为华北人民晋剧团、山西省人民晋剧一团、山西省戏曲剧院、山西省实验剧院演员。临近不惑之年的段玉明始终坚守舞台,在以“丁(果仙)、牛(桂英)、郭(凤英)、冀(美莲)”四大头牌为主的最佳演出阵营中,与众多知名度很高的艺人同台演出,技艺日臻精熟。1953 年,段玉明在华北人民晋剧团时与冀萍、胡国安、冀美莲等合作排演了大型现代戏《一个自愿军的未婚妻》,在省内外引起重大反响。据山西省《实验剧院院志》载,段玉明在五六十年代所排演的《漳河湾》《五十元钱》《丰收之后》《幸福之路》《旭日东升》等现代戏中无一没有段玉明参加。1957 年,他在山西省第二届戏曲观摩演出大会获集体演出奖的《文嫣》中饰张治一角,荣获个人表演奖。1959 年 4 月,随山西人民福建前线慰问团赴福建演出《黄鹤楼》《一个自愿军的未婚妻》(片段),深受志愿军、解放军官兵的赞誉。

20 世纪 60 年代初期,段玉明以党领导下的老艺人姿态,服从分配,调晋中专团,与程玉英、乔玉仙、王万梅等名家合作共事。后期,他在演现代戏《红灯记》《太行英雄》中饰演主要角色。

1974 年,段玉明身患胃癌,患病期间仍为故里业余剧团排戏。一直至临终前几日仍抱病上台为村里文艺宣传队化妆、指导。

傅发存 (1902—1979),东村人,祖传名医接骨先生,他传承父辈接骨医术,专心致志,精益求精,促使了他医术升华,超越了前辈。中华人民共和国成立初,阳泉市接骨医术相当脆弱,市级医院没有出类拔萃接骨人才,唯傅老先生接骨医术独树一帜,手到病除。他医德医术高明,凡经他治疗的骨折者,日后复旧如初,无丧失劳动能力者。当时交通不便,他骑着自养马出诊,遍及盂县、平定、郊区。伴随着年老体弱,耄耋岁月,仍坚持为患者治疗。他的高尚情操,受到患者好评。1955 年,当选为“阳泉市人民委员会委员”。

任 荣 （1904—1979），任家峪村人。任荣自幼家境贫困，从7岁开始拾铁拣炭，给本村的炉主干杂活，借以糊口度日。

民国18年（1929），为维持全家生活，任荣挑起了货郎担，走街窜乡，靠攒下的积蓄，开了小杂货铺，经营油、盐、酱、醋之类。日军入侵后，店铺因遭劫而倒闭，他被迫务农为生。民国37年（1948）3月加入中国共产党。同年，与任忠和等人组织起“工人合伙炉”，从事铁业生产。1951年，任家峪建立铁业生产合作社时，他当选为理事会主任。他多次带领社员群众，改进生产工具和设备。为了试制手榴弹壳，他亲自翻山越岭到离村10多里地的燕龛，挑回沙来搞试验，终于成功。他善思考、会理财、通管理，掌握了生产主动权，从而使沙模铸锅、铸火炉、铸水管、铸茶壶等新产品试验成功并投入批量生产。同时，其根据社内的生产情况制定了简易的计件工资制度，调动了社员的生产积极性。

1961年，曾一度合并到苇泊钢铁厂的任家峪铁业社又分出来重新建社。当时仅有140元资金，厂房工具全无。任荣把家里的木料无偿拿到厂里修建厂房，并带领社员自筹工具，使铁业社的生产迅速恢复。1962—1965年，任家峪铁业社在生产阳泉名特产品的同时，创出了畅销南方的广锅系列产品。任家峪铁业社转为铸锅厂后，任荣担任厂长。他以厂为家，严于律己，不断改进经营管理，把全部精力用在发展铸锅生产上，铸锅产品行销20多个省、市、自治区，赢得了众多用户。他多次被省、市政府授予“先进工作者”称号。

傅忠义 （1955—1980），东村人。1972年，傅忠义参加工作，在阳泉郊区公安分局当民警。1976年加入中国共产党。在工作中他遵纪守职，尽心尽责，任劳任怨，一丝不苟，体现了一名公安战士忠于党、忠于人民、忠于祖国的高尚品德。

1980年5月15日凌晨1时15分，郊区公安分局接到市公安局追捕盗抢劫车罪犯的命令后，傅忠义同谢贵元、刘新建立即投入紧张的战斗中。他们驱车穿过盂县城，直奔县境东北的十八盘。当追至平山县胜利桥附近时，罪犯见难以逃脱，凶相毕露，连续开枪射击。傅忠义毫不畏惧，置个人生死于度外，加速前进，继续追击。追至平山县古月公社下三家店村石岭坡，距罪犯仅40多米时，罪犯穷凶极恶，再次开枪射击。傅忠义的颈部左侧中弹，光荣牺牲，年仅25岁。中共阳泉市郊区区委区政府为他举行了隆重的追悼大会。山西省人民政府追认他为革命烈士。

张德功 （1919—1981），固庄村人。民国 26 年（1937）10 月参加工作。民国 35 年（1946）加入中国共产党。

参加工作后，他曾任郊区区委秘书长、阳泉市委组织部副部长。1951 年调阳泉市人民法院工作，先后任接待办主任、荫营地区法庭庭长、阳泉市中级人民法院审判庭庭长、审判委员会委员、常务副院长（行政 15 级）等职。

“文化大革命”期间，他被迫害，打成“现行反革命”，移送回固庄老家劳动改造。干过农活，放过羊。其家属、亲友也受到牵连，造成妻子跳井未遂，女婿跳井自杀的悲剧。

张德功对党忠心耿耿，虽遭受迫害，仍然不屈不挠，体现了一个共产党员的高尚品质。在从事审判工作期间，他依法办事，公正办案，从没有出现一起冤假错案，受到基层群众的一致好评。

1973 年 10 月，张德功平反后，重新回到法院工作。1980 年离休。1981 年 4 月逝世，享年 62 岁。

周省躬 （1897—1982），乳名新福，字慕曾，清光绪三十一年（1905）在本村读私塾。民国 13 年（1924）在盂县县立师范传习所毕业。民国 15 年至 17 年，就读于山西省陆军学校军佐传习所。毕业后因家境不济，返乡持家。民国 37 年（1948）始在盂县东会里村、石窑峪村教书多年。1960 年退职，返村务农。1981 年病故，享年 84 岁。

周省躬自幼天资聪慧，才思敏达，兴趣广泛，尤喜创作。中年时期就是很有名气的民间文学艺术创作人士。抗日战争时期，他创作出《劝学》《打懒汉》等节目为宣传抗日支前起到积极作用。尤其是经他手采集和编导的《大惨案》受到平定（路北）抗日县政府和当地军民的首肯和支持，该剧连续在平定（路北）县、盂县等地多场演出，发挥出较大的震撼作用。

周省躬的文艺创作以迓鼓最具特色。民国 36 年（1947）前后，他编写出的迓鼓有《补二婚》《抽大烟》《戒毒》《买卖婚姻害死人》等。有效地配合了时政宣传（其中《补二婚》还被《阳泉市郊区志》载入）。中华人民共和国成立后，他编写出的迓鼓《王老汉忆苦思甜》《新旧社会两重天》《计划生育好处多》为群众所喜闻乐见，至今仍然流传在乡间经久不衰。

周省躬平素勤奋好学，善于观察，潜心积累，精于提炼，创作时常常信手拈来，出口成诵，词句中的方言俚语既幽默诙谐脍炙人口，又入木三分恰到好处。令人捧腹之时又品尝到诸多意味，至今逢年过节的文艺活动时，村人都会情不自禁地想到他，念叨他。省躬还喜好书法、绘画，有生之年常应约写对联、契约、匾额等，耄耋之岁仍无倦怠。

赵正帆　(1923—1982),苏家泉村人,民国 26 年(1937)10 月加入中国共产党。抗日战争与解放战争时期,曾任苏家泉村党支部书记、小学教员、教育科助理员、高小校长、阳泉市报社编辑等职。中华人民共和国成立后,历任阳泉市委机关总支党委书记,阳泉市城区区委书记,市委宣传部部长,市委统战部部长等职。1956 年调太原市工作。1956 年至 1959 年,1971 年、1973 年曾两度任太原市人民医院党委书记兼院长。1959 年至 1965 年,任太原市中心医院党委书记兼院长。其后曾先后任太原市重点业余少体校，太原市二十三中党委书记、太原市科学技术委员会农医技术处处长。享受副地市级待遇。1982 年因病去世。

赵　西　(1905—1988),苏家泉村人。《光明日报》编辑,20 世纪 30 年代初,毕业于山西教育学院。抗战初他曾协助茅盾先生在西北编辑文艺刊物。民国 27 年(1938)在兰州加入中国共产党。民国 29 年(1940),辗转至绥西《奋斗日报》社主持副刊工作。因发表激进言辞,被国民党特务秘密逮捕,并于民国 31 年(1942)押送至西安集中营。在集中营里,他坚贞不屈,团结一批志同道合的朋友,以文艺为武器,揭露国民党的倒行逆施。民国 33 年(1944)他被保释出狱,并经友人介绍到潼关中学教书,后又转到民盟机关报《西安工商日报》社的联合版任编辑。民国 37 年(1948)在华北大学工作。

中华人民共和国成立后,他应民盟主席张澜先生和胡愈之约,经组织同意,调到《光明日报》社工作。后来他当选为报社工会主席,为报社职工办了许多好事。“文化大革命”中,身心受到很大摧残。中共十一届三中全会后，他应出版社之约，准备编撰《中国文学史稿》。但终因病魔缠身,经常住院,实在无法执笔,常常引为憾事。赵西于 1988 年病逝于太原,享年 83 岁。

李珍元　(1921—1988),又名臭毛,大河北村人,家庭出身贫寒,自幼聪明好学,青年时开始潜心学医,自学成才。他中西医结合,最擅长的是儿科、针灸、精神病等一些疑难杂症,由于他医术精湛且为人和蔼,前来就诊的患者络绎不绝,经他治愈后的精神病患者不计其数,他的医术不仅远近闻名,还有远在河南、运城等地的患者慕名前来就诊。他待人忠厚,医德高尚,对求医者不分贫富,一视同仁,患者为表示感谢和钦佩,赠送的旌旗和匾额数不胜数。

史长如 (1920—1989),乳名史宝孩,燕龛村人。民国29年(1940)参加抗日工作,民国31年(1942)加入中国共产党,先后担任抗日青救会主任、青年抗日先锋队队长、武委会指导员、区助理、秘书、代理区长、副区长、区长。民国36年(1947)任平定县司法科科长,平定县第一任法院院长。1952年9月至1955年1月,任平定县副县长。1955年至1958年,任榆次市副市长。1958年至1962年,任榆次专署卫生局副局长。1962年任晋中行署(地区)建设银行行长、书记。1972年任吕梁地区农机局副主任。1975年任晋华纺织厂医院院长。1980年任榆次市革委会副主任。1981年任榆次市人大常委会常务副主任,1983年离休,1989年病逝于榆次,终年70岁。

郭汉三 (1920—1991),原名郭万杰,东村人。郭汉三出生于一个富裕家庭。民国24年(1935)小学毕业后,到河底镇大顺公铁店当店员,繁杂的事务和勾心斗角的商人气习使他对经商逐渐产生反感。两年后毅然辞职,回乡务农。

民国26年(1937)10月,日军进入娘子关,侵占阳泉。郭汉三受抗日思想影响,投身于革命斗争中,并担任了东村小区的青救会主任,积极宣传党的抗日思想,带领民兵破交通、割电线、除汉奸,做了很多抗日工作。

民国31年(1942),郭汉三任教于东村民办公助学校。教书的同时,兼顾村里的抗日斗争。民国33年(1944),东村组织生产合作社,郭汉三被群众推选为合作社主任。他胆大心细,组织群众同敌人巧妙周旋,大力开展生产自救。他在山底村发动20多名铁业手工业者开始尝试"羊圈炉"生产。他还组织了一支群众运输队伍,用毛驴将本地产品驮到河北省洪子店贸易公司,换回群众所需的日常生活用品,深受村民拥戴。他领导山底铁业工人试制手榴弹壳、地雷壳,亲自背着手榴弹壳和地雷壳翻山越岭到平定(路北)县委驻地进行鉴定,这些产品源源不断地被送到抗日根据地兵工厂,有力地支援了抗日战争。

抗日战争胜利后,郭汉三调任平定县铁业联社主任。民国35年(1946)3月,他加入了中国共产党。次年5月阳泉解放后,他历任阳泉铁业推进社副主任,煤铁支公司生产部部长,阳泉市供销合作社副主任,手工业生产联社副主任、党委书记,全国手工业生产联社理事会理事,阳泉市手工业管理局局长,第一工业局局长等职。他千方百计地解决了手工业生产的资金、厂房、设备、供销等多方面的问题,为阳泉手工业集体经济不断壮大做出了显著成绩。1960年后,先后担任阳泉市经委副主任、物资局局长、重工业局局长等职。他经常深入基层,调查研究,注重发挥群众的作用。积极组织恢复传统名牌产品,大力发展"全国短线、全省缺门”的新产品，粉末冶金、机制铸铁管、铁皮印刷、玛钢管件、泡沫塑料等新产品在阳泉先后问世，填补了山西省的空白。

1979年6月，郭汉三任阳泉市革命委员会副主任兼手工业管理局党委第一书记。1984年任阳泉市二轻局巡视室主任。虽然年过六旬，身体多病，但他仍然时刻关心着阳泉的经济建设和二轻工业的发展。在1984年12月召开的阳泉市集体工业联社第五届社员代表大会上，郭汉三当选为阳泉市集体工业联社理事会名誉主任。1991年因病去世，享年71岁。

王继志 （1943—1991），牵牛镇村人。1962年毕业于平定师范学校，同年7月参加工作，1971年5月加入中国共产党。历任阳泉市郊区河底公社团委书记、革委会副主任、河底镇党委书记。1987年至1990年，任阳泉市郊区人民政府副区长。1991年3月28日因公逝世。

在分管科教文方面。1987年7—9月，区科协组织专人，绘制大型科技版面57块，分别以雷电的产生、神鬼传说的由来、各种天文现象的出现以及生产生活中的实用技术等为主要内容，走乡串村进行巡回展览。1988年年初，区科协利用各种乡村庙会、物资交流会等群众集聚场所，散发地膜覆盖、快速养猪、科学养兔、果树病虫害防治的技术资料1200份。同时，组织专业技术人员，设立科技咨询服务台，解答群众提出的各种问题。1988年8月举办全区首届业余舞蹈大奖赛。从1988年起，全区加强了中小学教学常规管理，先后出台《关于加强教学常规的若干要求》《关于贯彻落实教学常规的具体要求》等文件，使教学管理、教研组活动逐步完善并趋于规范。1989年、1990年，郊区教研室先后两次分别在河底中学、河底小学召开有140名教师参加的教学常规管理现场会。1990年，区实验小学、牵牛镇小学、固庄矿子弟学校被确定为电化教育实验校，全区有45所中小学实现“两机一幕”（录音机、幻灯机、投影幕）进教室。1990年10月，区科协牵头联合全区23个单位，在荫营镇举办首次“科技周”宣传活动。各举办单位结合本部门的业务，以挂图、板面、录像和口头咨询的形式向群众宣传科技知识。1991年，本区开始积极推广对教学工作全过程实行综合管理，并与教学质量相统一的中小学教学评估制度。

在分管城建工作方面。1988年，按照荫营镇建设总体规划，区政府投资420万元，兴建荫营东大街，于1990年竣工。东大街西起荫营镇政府，东至铁路桥，全长1.5千米，宽26米，给水、排水、供电、通讯、防洪、绿化等设施全部配套，成为镇区新规划的中心街道。1988年以来，本着对荫营河道既治理又有效利用的原则，对旧堤进行加高加固，在不影响排洪能力的前提下，提出建房方案。先后在河道上修筑起建设银行、荫营综合商场、工商局、工商银行、荫营饮食服务总公司、粮食局、荫营货站、石林烟行、桥上集贸市场等9幢大楼。

王殿臣 （1901—1992），字子敬，山底村人，殿臣早年丧父母，小学毕业后到盂县城独立谋生，在盂县城一家铺子当过二年夥友，民国8年（1919）考入山西省陆军学兵团，学习军事，1925年毕业后任山西省民兵教练所少尉助教、山西省国民师范教员、山西省军官教导团上尉副官，国民党第二战区司令长官部参谋处少校参谋，中校参谋。抗日战争时期1939年至1942年任少将谍报组长，收集日军在晋西一带的活动情况。1942年8月调回参谋处附员室委部附（系编外人员）。

抗日战争胜利后由晋西回到太原，住太原市小仓东巷2号，1946年7月退役。解放后靠出租小人书维持生活。1992年农历十月二十三去世，享年92岁。

殿臣对国民党政治上的腐败忧心忡忡，他认为国家有难匹夫有责，早在抗日战争爆发之前在国民师范任教时就参加过马克思列宁主义研究小组，寻求救国救民的真理，抗日战争爆发后，在民族处在生死存亡的紧要关头，他坚决拥护共产党倡导的抗日民族统一战线，日军侵占太原后随二战区转移到晋西与共产党、八路军共同抗日，为抗日战争的胜利做出了贡献。

殿臣曾为阎锡山晋军参谋部谍报组少将组长，还主管过粮钱，在太原解放前夕退役。但在那腐败的官场贪污成风的旧社会，他能做到廉洁奉公，蔑视贪赃枉法，不仗势欺人，做人光明磊落，行为端正，其高尚品格实属难能可贵，为后人所敬仰。

同时，他受内兄程宏毅（曾任全国供销合作总社副主任）的影响，为人低调、从不把自己视为当官的，常为百姓着想，曾在驻地乡宁县寺下村，亲自带领部下为老百姓办好事，修桥补路，改善环境卫生。看到家乡山底村文化落后，想在家乡办学校，但因战火不断，加上个人经济力量不足，未能如愿。

解放后，殿臣以实际行动拥护中国共产党，拥护社会主义，诚心实意地跟着共产党走社会主义道路。1956年参加了共产党领导的民革组织，对中国共产党全心全意为人民服务的宗旨，非常佩服。为了响应抗美援朝的号召，他节衣缩食，争先捐献钱财，积极走集体化道路，走街串户把太原市北城区的个体小书摊组织起来，成立了北城区小书摊租赁业合作社，并担任该合作社副主任。在党的号召青年学生上山下乡接受贫下中农再教育时，他不顾自己年事已高，身边无子女的实际困难，坚决支持子女上山下乡。“文化大革命”时期，虽然身处逆境，但仍能正确对待，对党和国家仍充满着希望和信任。

殿臣一生自立自强，品性刚直，作风严谨，心胸宽广，不计较个人得失，生前常教育子女说：“一生不做坏事，不染恶习”，这是他做人的准则，也是他人生的真实写照。他起居有节，讲究卫生，一生中从不吸烟，不饮酒。虽历经忧患，但能从大处着眼，心中坦诚，1992年去世,享年92岁。

曹国英 (1916—1995),东村人,民国25年(1936)6月参加中国工农红军,历任机枪连连长。民国34年(1945)在天津李家桥战役中不幸负伤后转入地方医院治疗,同年12月复员,定为二等甲级残疾军人,享受老红军生活待遇,转业地方后拒绝市人武部工作安排,毅然回乡从农,在农业合作社,人民公社等社会主义革命建设时期,始终保持着一个革命军人永不褪色光荣传统。在担任生产小队保管和大队(村)保管员时,工作认真负责,不怕苦,不怕累,大公无私,敢于担当,一身正气,两袖清风,在他有生之年出色地圆满完成村党支部交给的任务,深受广大干部群众好评,1995年病故,享年79岁。

王进军 (1924—1995),下章召村人。民国28年(1939),年仅15岁的王进军,参加了中国共产党领导的八路军,历经抗日战争、解放战争和抗美援朝战争,英勇杀敌,屡建战功。民国30年(1941),他加入中国共产党。历任定襄二支队战士,晋察冀二分区4团班长、排长、副连长、连长、营长,64军191师573团营长。新中国成立后,历任志愿军191师573团营长,山西荣军中学五大队大队长。1955年,王进军从部队转业回到地方,被安排到阳泉市体委工作,直至"文化大革命"开始。1969年2月,王进军积极响应中共中央关于干部下乡插队的号召,回到了阔别多年的家乡,担任下章召村革委会主任,一年后改任党支部书记。在他返乡期间,正值全国"农业学大寨"运动蓬勃开展,王进军率领下章召广大群众,战天斗地,向穷山恶水和自然灾害做斗争。建成了横跨温河的"幸福桥",结束了村里祖祖辈辈通过一条陡峭的羊肠小道过温河石槽的历史;在三道梁一片光秃秃的青石窝子植树造林,使昔日的青石窝里树成林、果满园;架设了4条3千米长的空中索道,新开了26千米盘山道路,结束了村里农民运粮送粪全靠驴驮人挑的历史;将东去的温河水沿着山岭经高灌站的水泵抽到了离村2.5千米的高山水库里,改变了村里吃水种田,全靠老天的历史;率领群众整堎加边,改造农田,使漫山遍梁的"三跑田"(跑水、跑肥、跑土)变成了平展展的"三保田"(保水、保肥、保土);带领群众科学种田,在传统耧的基础上,大胆改制成功了"梅花耧",有效提高了谷子单产。经过5年艰苦奋战,终于使下章召发生了翻天覆地的变化。1971年,全大队粮食亩产达到437.5千克,人均粮食579千克。从1968年到1973年,粮食产量平均递增率为30%。五年间产下的粮食超过了前13年粮食生产的总和。五年里,大队向国家交售的粮食共75万千克,超过应征任务的5倍,等于1969年前3年全村生产的粮食总和。大队有了拖拉机5台,电动机33台,动力机械发展到了1600马力。1970年1

月,王进军的先进事迹在《人民日报》以长篇通讯《继续革命永向前》刊登。1975 年任阳泉市革委会副主任,1980 年任阳泉市体委副主任、市老年体协副主席。1985 年离休,1995 年 5 月去世。系中共阳泉市第五届委员会委员。

张玉玺 (1918—1996),河底村人。民国 27 年(1938)参加革命工作,民国 29 年加入中国共产党。

民国 27 年至民国 34 年 10 月,任战地工作团宣传员(期间在抗大学习 6 个月),后调任七大队排长、晋察冀四分区九区队基干队、平定游击队副指导员、晋察冀第一野战军通讯队排长、华北第二兵团司令部通讯队、19 团通讯处副队长、队长等职。

1950 年赴朝作战,任 195 师炮兵通讯科参谋、股长、科长。1952 年回国后在解放军高级步兵学校学习并留校任主任教员。1956 年调北京军区对外军训部任指导员,之后调邢台军分区任训练科长、少校军衔。

1965 年转业到平定县,先后任县供销社主任、书记,县医院书记、院长,县革委委员、常委,县防疫站站长、书记等职。1984 年离休,享受地市级待遇。

在抗日战争、解放战争和抗美援朝战争中分别获得“三级自由独立勋章”“三级解放勋章”和“国旗三级勋章”。1996 年 6 月 4 日病逝,享年 88 岁。

韩进祯 (1941—1997),阳泉市郊区三泉村人,民国 30 年(1941)出生,初中文化程度。1961 年 2 月加入中国共产党。1956 年 6 月在阳泉市化工局三泉硫铁矿参加工作。1960 年 1 月至 1975 年 4 月任三泉村会计、统计、村委会主任、党支部书记等职。在担任村级领导期间,带领全村干部群众,认真贯彻落实党在农村的路线、方针和政策,响应党的号召,“抓革命、促生产”,稳定农业,提高产量,搞活副业,增加收入,走农民共同富裕的道路,使三泉村的经济发展登上新台阶。

1975 年 5 月至 1977 年 8 月,先后任荫营公社卫生院院长、荫营公社农机站农机员。1977 年 9 月至 1980 年 6 月,任荫营公社副主任。1980 年 7 月至 1984 年 1 月,任三郊公社副主任。1984 年 1 月至 1990 年 5 月,先后任河底镇党委副书记、镇长、党委书记。在河底镇工作期间,他团结带领镇党委、政府一班人,坚持以邓小平建设有中国特色社会主义理论为指导,坚持改革开放,大力发展乡镇企业,壮大集体经济,改善人民生活,为河底镇经济及各项社会事业的全面发展奠定了坚实的基础。

1990 年 6 月至 1997 年 8 月,韩进祯先后担任阳泉市郊区第十二届、十三届人大常委会副主任，并当选为中共阳泉市郊区区委第二届委员、阳泉市第八届人大代表。其间，他坚持党的基本路线，在政治上始终同中共中央保持一致，认真履行宪法和法律赋予的职责，经常深入乡（镇）和企事业单位联系代表，走访群众，认真听取意见建议，为常委会行使职权，制定重大决策提供了重要的参考和依据。同时，他积极宣传人民代表大会制度，宣传社会主义民主和法制建设的重要性，为进一步坚持和完善人民代表大会制度，推进郊区基层的民主与法制建设进程，做出了积极的贡献。

1997 年 8 月 2 日病逝，终年 57 岁。

曹玉牛 （1938—1998），东村人，出生于农村文化艺术世家，其父亲，叔父及兄长，皆是村传统文化艺术活动爱好者、积极参与倡导者，红火班的主导者。正因为在这文艺世家氛围环境影响下，在其父言传身教熏陶下，为他在后来走向农村文化戏曲舞台，能成功演绎塑造不同历史人物形象奠定了基础。

曹玉牛自幼勤奋好学，具有文艺天赋，15 岁开始随父学戏曲。在父兄影响教化下，他不顾家境贫寒，吃糠咽菜，刻苦学人之长，补己之短，常常模仿戏曲名人表演艺术，在唱腔道白上精雕细琢，一句台词，一个动作，朝夕相伴，反复精炼，不畏嘲讽，精益求精。

1956 年，本村文艺戏剧爱好者，自掏腰包，每人每月三元，聘请外地戏剧老师，办起村剧团，他第一个报名参加剧团，他主演须生，有时其主角尚缺，他带演花脸，唱红，唱丑，唱生，有时司鼓。古装剧，现代剧，正面反面角色，样样都演，尤其在《薛刚反唐》中扮演徐策跑城表演堪称一绝，他的艺术表演造型曾被郊区宣传文化部门征集。

1980 年，他凭借自己艺术天赋和表演艺术资源积累的资本，在村支“两委”的支持下，自办组建《阳泉市兴华晋剧团》，他从戏曲源地平遥、介休、榆次等地招聘演员，并特邀河北省获鹿县剧团导演，编导节目，剧团达 70 余人，编演的主要剧目有：“薛刚反唐”“东汉演义”“白兔记”“海瑞罢官”“打金枝”等，巡回演出遍及周边地域，在平定、盂县、五台、河北平山一带深受群众欢迎。1998 年病逝。

武长征 （1924—1999），中共党员，猪头垴村人，曾在盂县牛村任小学教师，日军侵华后，弃教从戎。在盂县历任一区区委书记。民国 34 年（1945）日军投降后，任阳曲县敌工委部长。民国 36 年（1947）进入中央党校学习。1949 年太原解放后，任省公安厅秘书办公室主任，不久调山西省检察院二处任处长。1958 年调忻县任县长。当年 12 月，忻县、定襄合并为忻定县后，任县委书记处书记兼县长。1959 年调黑龙江农学院附属农场工作。1994 年调阳曲县三区任区委书记。1999 年逝世。

郭一平 （1918—2000），河底村人，原名郭光懋，字惠民，曾用名郭真，生于民国7年(1918)12月，民国14年至25年，先后就读于本村国民小学、高小、平定中学。就读期间受进步思想影响，加入抗日牺牲救国同盟会。积极宣传抗日救国。民国26年(1937)11月，在本村参加战地工作团，同年12月加入中国共产党，1937年至1945年，先后任盂县中心县委组织部干事，四区区委组织委员，1938年到省委党校学习，历任崞县基干游击队指导员，晋察冀二地委机关巡视员、干事。平定（路北）县组织部部长，代书记、书记，晋察冀四、三、二地委敌工部部长、民运部部长、武装部部长。民国36年(1947)后历任冀晋区党委、察哈尔省委。南下区委、皖南区委机关研究员，秘书处长等职。1952年6月至1978年，先后任华东监委办公室副主任、主任。监察部高级监察员、内务部城福司、农救司副司长。干校副校长，民政部农救司副司长，干校副校长等职。1984年离休，2000年逝世，享年82岁。

曹立功 （1926—2000），东村人，民国15年(1926)7月出生，民国37年(1948)12月入党。

1932年至1938年，在本村小学读书。1939年至1946年在村务农。1946年6月至1948年5月，参加中国人民解放军。1948年6月至11月在村务农。1948年12月至1949年7月，在阳泉市委党校学习。1949年8月至1952年2月，任阳泉市税务局职员。1952年3月至1957年3月，任河底税务所所长。1957年4月至1958年6月，任山底乡乡长。1958年7月至9月，任河底人民公社副主任。1958年9月至1963年，任河底公社副主任。1964年至1966年，任河底公社主任。1969年至1970年，任河底公社生产组组长。1971年至1976年，任杨家庄公社党委书记。1976年至1980年，任阳泉市农机公司书记。1986年离休，2000年病故，享年75岁。

王国山 （1934.11.5—2002.3.7），山底村人，中共党员，大专文化，高级经济师，河底完小毕业后，于1952年8月参加工作。1952年8月到1963年3月在山底铁厂任会计、团总支书记、车间主任；1963年4月至1971年4月任阳泉市手工业管理局、市二轻局党委办公室干事、政工组副组长；1971年5月至1973年4月任市轻工技校校长、党总支书记；1973年5月至1976年4月任阳泉市橡胶厂党总支书记、厂长；1976年4月至1983年11月任阳泉市二轻工业局副局长兼市钢管厂党总支书记、厂长；1983年12月至1992年4月任阳泉市二轻工业局党委副书记、局长；1992年5月至1995年11月任阳泉市二轻局巡视员；1995年11月退休。2002年3月7日去世。

王国山在工作期间于 1983 年兼任阳泉市工商业联合会执委，1985 年任山西省手工业联合社理事，1986 年任阳泉市企业管理协会副会长，1987 年任阳泉市城区人大代表，1988 年任阳泉市贸易促会委员。所受奖励和荣誉：1957 年被评为出席阳泉市手工业联社先进工作者，以后又数次被评为局先进工作者，1958 年选为阳泉市青年建设社会主义积极分子代表大会代表并授奖，1965 年 7 月，评为晋中地委昔阳县社教工作团五好队员，1983 年荣获山西省三等功。

郑庙荣　(1926—2002)，中共党员，大专学历，少校军衔，下章召村人。民国 35 年(1946)7 月，参加了中国人民解放军。次年 5 月，加入中国共产党。

参加革命工作后，他先后任中国人民解放军战士、副班长、连长、坦克营参谋长、营教导员等职。他转战南北，参加了解放太原、解放忻州等著名战役，在战斗中屡立战功，频授嘉奖。1955 年，解放军实行军衔制，他被授予少校军衔。1958 年，他经部队推荐成为首批进入我军军事院校学习的学员。1961 年，毕业于中国人民解放军装甲兵学院。

1964 年 12 月，调山西省榆社县人民武装部任政委。1967 年，“文化大革命”进入高潮，他奉命进驻太原市革命委员会“支左”，并任主要负责人。1969 年，调入中国人民解放军内蒙古建设兵团 41 团任政委。1971 年，当选为内蒙古自治区党代会代表。1978 年 11 月，转业到阳泉市供电局任党委副书记。1983 年，任阳泉市供电局调研员。1985 年 7 月，在原岗位离休(享受副地市级待遇)。

2002 年农历七月二十，郑庙荣因病逝世，享年 76 岁。

杨林田　(1931—2002)，中共党员，大专文化，会计师，山西左权人，1946 年参加工作，曾任河底镇财务所所长。政协阳泉市郊区委员会第二届常委。

杨林田从事的工作主要是财政工作。从农村到城市始终没有离开财政这一行。在河底工作期间，为了干好工作，杨林田自学政治经济学、会计学原理，获得会计师职称。他总结自己多年的工作经验，结合河底镇实际，编写了 5 万字的整章建制材料，制定了河底财政所内部《干部职工守则》《工作人员岗位责任制》《河底财政工作实施细则》《镇财政预算制度》《乡镇企业财务管理制度》，使全镇财政工作有章可循、规范运行，促进了工作开展，提高了工作效率。他坚持改革开放，在支持经济效益好的企业的同时，注重与后进企业直接联系，制定增收节支措施，有效增强了企业活力，促进了企业的发展。在他的倡导下，镇财政集中预算外资金，大力发展各项社会公益事业，为镇卫生院配备了B超诊断仪，解决了群众看病难的问题；为3个缺水村开凿深井，基本解决了5000多人的吃水问题；建起了镇敬老院，解决了全镇孤寡老人的养老问题；新建了加油站，解决了全镇机动车辆加油难的问题，还给镇办中学购置了教学设备等。河底镇财政所管好用好预算外资金的经验，受到省财政厅的高度重视和好评。河底镇财政所的经验在《山西财税》月刊上作了介绍，在省内外引起很大反响。他本人在1990年被财政部授予“财务系统先进个人”称号。杨林田作为区政协常委并担任财贸工作组组长，他积极参加政协组织的各项活动，并组织财贸工作组全体委员，多次深入基层调查研究，撰写提案，深入荫营镇农机厂、西南舁乡青山水泥厂、义井镇特种水泥厂等企业，对乡办企业职工养老问题进行实地调研，在调查研究的基础上提出《关于在全区乡镇企业中全面实行职工养老金制度的建议》，得到区委、区政府的高度重视，为新时期政协工作开创新局面做出了积极的贡献。

杨林田因病医治无效，于2002年去世，享年72岁。

赵沛帆 （1923—2005），小名赵玉锁，苏家泉村人。他少年时代，正处于中国战乱纷争的年代，他目睹了旧封建势力和帝国主义压榨穷苦百姓的困苦不堪生活。促使他坚定不移的走上了革命的道路。民国26年“七七事变”后，他投身到轰轰烈烈的救国救亡运动中。历任苏家泉村抗日青年救国会主任、小学教师、区武工队干事、武委会主任、平定县三区武装部副大队长、二区武装部大队长。随后到华北军政学校学习。毕业后，随解放大军南下到豫鄂陕边区的陕西商南县竹村关区担任武委会主任兼指导员。

中华人民共和国成立后，赵沛帆先后担任丹风县竹村关区委书记、土改组长、镇安县青钢区委书记、镇安县委组织部部长、镇安县委副书记、地区行署专员、山阴县副县长、商洛地区副食公司书记、主任、商洛地区农副公司经理、书记、商洛地区供销社副主任等职。1983年离休。2005年病逝，享年82岁。

阎维珍 （1929—2005），小名拉锁。苏家泉村人。幼时正值战乱年代，只有小学文化程度。民国34年（1945）7月在平定县武装大队参军，之后在部队自学达到高中文化程度。1983年6月离休。行政15级，师职待遇。在部队历任班长，护士长，军医，政治干事，政治秘书，政治教导员，政治主任，政治委员等职。在党内担任过支委，支部书记，师党委委员等职。曾在中央林彪反党集团专案组担任过审讯和监护犯罪嫌疑人的负责工作达五年之久。参加过解放石家庄、大同、太原战役和抗美援朝战争。在解放战争时期荣立过三等功，获解放纪念章和解放奖章各一枚。在抗美援朝战争中立三等功2次。荣获朝鲜独立功勋章2枚和中国政协抗美援朝纪念章1枚。1983年离休后，曾被评为军区优秀党员，先进离休干部和老有所为先进个人。1988年中央军委授予独立功勋章1枚。2005年病逝,享年76岁。

谢轮飞 (1915—2006),东南沟村人。民国26年(1937)10月参加革命工作,民国27年1月加入中国共产党。参加革命工作后,历任战地工作团员、盂县中心县委宣传干事、盂县牺盟分会宣传干事、盂县县立抗日高小校长等职。

民国31年(1942)4月调县公安局任股长。民国34年5月调盂县任公安局局长,同年10月,调雁北阳高县公安局任副局长。民国37年4月调雁北专属公安处任侦查科科长。1951年7月调察哈尔省公安厅任政保处科科长。1953年1月调华北公安局任经保处科科长。1953年6月任华北行政委员会保卫科科长。后任中共中央直属西苑机关保卫科科长。1956年4月调贵州省委组织部任审干办化验室副主任,后任组织部办公室主任、干部处处长。1961年6月调贵州省委党校任副校长。1972年4月调贵州师范学院任院党委常委、副院长。1982年12月离休,享受高干行政十一级待遇。2006年1月病逝,享年91岁。

傅 惠 (1924—2006),东村人,中共党员,山西省二轻工业厅处长,1985年离休,享受副厅级待遇。

民国26年(1937)秋,年仅13岁就参加八路军,号称"小八路",同年参加平定战地工作团。民国27年(1938)年后转入晋察冀八路军第四分区任火线剧社宣传员,连文化教员,营青年干事。民国28年加入中国共产党。民国29年(1940)8月参加"百团大战",任连副指导员。

抗日战争胜利前夕转业到地方工作,先后任阳泉市供销社,市手工业联合社秘书、科长、副主任、山西省二轻工业厅处长等职。"文化大革命"期间受到冲击,蒙受不白之冤,遣返回乡。1974年平反恢复工作,任省二轻厅处长。1985年离休。

2005年,为纪念抗日战争胜利和世界反法西斯胜利60周年,获得中共中央、国务院、中央军委"纪念中国人民抗日战争胜利60周年"荣誉勋章一枚。2006年8月逝世,享年82岁。

韩晨旭 (1922—2009),山底人,1945年参军入伍,1947年3月加入中国共产党,参军后历任晋察冀分区三旅一团炮兵连战士、文书、十旅党支部书记、团政治处书记、组织干事、64军191师政治部保卫科长,1955年被授予大尉军衔。1966年8月转业到辽宁省,历任辽宁人民广播电台编辑部负责人、省建委建材处处长、省建材局水泥玻璃处处长、企业管理处处长,1982年离休,享受副厅级待遇。2009年去世,享年87岁。

在部队期间,曾参加解放蔚县、望都县、清风店、石家庄等战斗战役,立战功一次。1950年随部队入朝作战,参加了抗美援朝第五次战役,打过三八线,1953年7月回国。

韩晨旭在解放战争中多次参加战役、战斗并荣立战功,为解放战争的胜利做出贡献。中华人民共和国成立后,参加抗美援朝战争作战勇敢、事迹突出,多次荣立战功,为保卫祖国做出了贡献。转业地方工作后,认真贯彻执行党的路线、方针、政策,解放思想、实事求是,有强烈的革命事业心和政治责任感,忠于党、忠于人民,密切联系群众,艰苦朴素、清正廉洁,在单位有很高的威望。病重期间和去世后,辽宁省委、省政府及有关部门领导前去探望或参加追悼会,家乡山底支村两委派人参加了追悼会。

赵秋帆 (1927—2009),苏家泉村人。从小在家读书,"七七事变"后因时局动荡和家境困难而辍学,在家种地务农。并积极参加抗日斗争。先后担任村儿童团长,青救会主任,副治安员及民兵爆炸组长等。民国32年(1943)6月加入中国共产党。民国34年(1945)日寇投降前参加了平定县教师训练班,先后在山底、杨树沟、三都等村当小学教员、校长等。民国37年秋,调阳泉四区任区委秘书,宣传委员。1949年,奉调北上,参加解放绥远省的工作。同年12月,进入归绥市(现呼和浩特市),先后担任区委宣传委员兼区团委书记,区委副书记,书记等。1956年,后任中共呼和浩特市委组织部副部长。"文化大革命"中受迫害。后期重新安排工作。1971年,任呼市五七干校副校长,校党委副书记。1980年,后任呼市科委副主任、顾问。1984年至1989年,任呼市人大常委会专职委员。1989年12月离休。

史革新 (1949—2009),河底村人。1977年考入北京师范大学政教系,1979年考入本校历史系研究生班,攻读中国近代史,1981年毕业,获硕士学位,留系任教。1988年评为副教授,1992年获博士学位,1997年晋升教授,次年评为博士生导师。他认认真真教书,清清白白做人,被他指导过的,无论是本科生还是博士生的论文曾多次获奖,本人也先后获北京市教学教改优秀成果一等奖、国家优秀成果二等奖,及国家级教学成果二等奖。在担任北京师范大学历史系(现为历史学院)党总支书记期间,曾被评为北京市市级优秀党总支部。他全身心扑在教学和科研工作中,曾历任北京师范大学中国近代文化研究中心主任,北京师范大学教学委员会委员,兼任中国人民大学清史研究中心专职研究员,中国社会科学院近代史研究所思想史研究中心副主任等职。先后出版各种著作10余本,发表学术论文100余篇,曾获得北京市哲学社会科学优秀成果奖,北京市第四届哲学社会科学优秀成果二等奖,第三届中国高校人文社会科学研究优秀成果三等奖,山西省图书出版特等奖,教育部优秀教育图书二等奖等多项奖项。他几十次被邀请参加全国各地的学术研讨会,并赴台赴日进行学术讲学和学术交流工作,成为这一学术领域里知名专家,2004年获得国家颁发的特殊津贴。他先后参加了教育部"211 工程""马工程""青石编撰"等国家重点科研项目,于 2008 年国家教育体制改革中被评为二级教授。2009 年年初,由于突然不能进食被确诊为食道癌晚期。他得知病情后,分分秒秒的抢时间修改即将毕业学生的论文,直到要做大开胸手术的前夜。六个月不能进食及放疗过程中,他忍受着巨大的病痛折磨,早起晚睡,抢时间修改所承担的国家重大科研课题文稿。在他第一次昏迷时,竟将屋外传来的音乐声误以为是国歌,朝着守在身边的历史学院院长说:"小杨,快,晚了,学校都放国歌了,我们还要去参加学校的教改会议呢。"当从昏迷中清醒的刹那间,还要求在场护工赶快给"小杨"打电话,交代自己对教学教改的意见。"生命不息,工作不止。"是他一生的真实写照。在他弥留之际,北师大党委授予她"十大优秀共产党员"光荣称号。2009 年去世后,当选为北师大 2009 年度"感动师大"人物。党和国家又追认他为"北京市优秀教师""国家级优秀教师"等光荣称号。

赵 斐 (1917—2010),辽宁本溪人。无党派人士,高中文化。政协阳泉市郊区第一、二届常委。民国 14 年(1925)9 月至民国 20 年(1931)9 月,在家乡读小学。民国 21 年(1932)3 月至民国 28 年(1939)2 月,先后在北京、东北难民子弟职业中学和南京、湖南、广西读中学。民国 28 年(1939)年 4 月至 1949 年 10 月,先后任小学教员、国民政府办事员、雇员,广西桂林《新工人月刊》主编、湖南祁阳县《劳动时报》总编辑、《贵州日报》编辑主任、天津《劳动月刊》总编辑。1949 年 11 月至 1957 年 3 月,在中央文化部技术局、对外文化联络司、国务院对外文化联络局三处任科员。1958 年全国发展中学教育,中共中央决定从国家机关抽调工作人员支援黑龙江、山西、贵州三省发展教育,经本人自愿申请,9 月,他到山西省阳泉市中佐中学(现河底中学)任教师。其间,赵斐和学校教职员一起整修校舍,改善办学条件,开始了他的教育生涯。"文化大革命"期间,被剥夺了教书权利,打成黑帮,关进牛棚,并强制劳动,受到冲击。1972 年 5 月 20 日,他重新走上了三尺讲台,获得了工作的权利,从此他潜心教学研究,在工作中一丝不苟、认真负责,成为学校的骨干教师。1978—1980 年,连续三年被评为全校"优秀教师"和"模范教师",成为广大师生学习的标兵和榜样,并被推选为出席镇、区人大代表、阳泉市政协委员。1986 年,出席山西省各界人士为四化做出贡献积极分子代表大会。1982 年被市教育局评为"模范教师";1983 年,被郊区总工会评为"工会积极分子";1984 年,被区委、区政府评为"劳动模范",被市教育局评为"先进工作者"。

在 30 年漫长的教育教学生涯中,赵斐带领师生搞社会调查,组织大家开展文体活动,每逢“五四”青年节、“七一”建党节重大纪念庆典活动，他都要自告奋勇给全校师生作爱国主义教育专题演讲。由于学识渊博，阅历深厚，他的演讲深受广大师生欢迎，并对学生的全面发展、健康成长产生了深远的影响。在他的教学生涯中，先后有1500余名学子直接或间接聆听过他的授课，一批批学生在他的辛勤哺育下迈进了大学、中专的校门，其中不乏北京大学、人民大学的高才生，有的甚至远涉重洋走出了国门，成了国家和社会的有用之才，同时也为建设家乡培养了一大批技术骨干、生产能手、劳动模范和企业家等本地人才。

1990年9月，赵斐退休。此后，他退而不休，继续奉献余热，自办高中补习班，他一边授课，一边全力以赴帮带年轻教师，并将自己几十年来的教学体会和高中教案全部整理出来，奉献给中青年教师。

2010年2月，赵斐因病去世，享年93岁。

刘砚青 （1923—2010），谱名俊田，乳名九元，河底村人。刘砚青从小天资聪颖，喜欢读书，1930年在本村老爷庙读初小，1934年高小毕业。他从小品学兼优，勤奋刻苦，时常班内第一，深受老师喜欢，并为他的名取自砚青。在他就读时，正是日本帝国主义全面侵华、疯狂侵占中华的前奏、华北危机、中华危机。在学校的地下工作者、任课教师程国梁的影响下，民国29年(1940)8月毅然走上了抗日救国的征途。

参加革命后，他被分配到晋察冀边区平定(路北)县公安局任文印员，工作刻苦，从不叫苦，完成组织交给的各项任务，积极追求进步，民国30年(1941)2月加入中国共产党。抗日战争和解放战争时期，他历任晋察冀边区、北岳区四专区平定县公安局干事，晋冀行署公安局，晋冀区专署公安处股员、副股长，盂县公安局秘书、副局长、局长，盂县县委社会部长；忻县专署公安处治安科科长、秘书科科长、党支部书记。中华人民共和国成立后历任省公安厅秘书，省人民检察院人事处长、研究室主任、党组成员，省人民检察院监察委员会委员，省直总党委讲师团副团长、宣传部部长、党委常委，山西人民出版社副总编，山西省出版局副局长、党组成员；山西省人民检察院检察长、党组书记；山西省人大常委会副主任、党组成员。

刘砚青是山西省第五次、六次党代会代表，第七次党代会特邀代表，五届省委委员，省委政法委委员，省六届、七届、八届人大代表，最高人民检察院咨询委员会委员，山西省个体劳动者协会名誉会长，山西法学会、青少年犯罪研究会顾问。

抗日战争时期，刘砚青在平定县公安局工作期间，负责侦查、搜集辖区沿线敌伪军情报，铲除特务汉奸工作，与敌斗智斗勇、创造性地建立了一批内线关系，多次遇险，处变不惊，义无反顾，为取得斗争胜利做出了积极贡献。解放战争时期，他积极参加了取缔反动组织一贯道等斗争，并亲自编写《反动组织一贯道的滔天罪行》一书，受到好评。担任忻县地区取缔一贯道反动组织副总指挥时，坚决贯彻省委提出的"砍头、拦腰、挖根"政策，彻底摧毁了该地区一贯道组织，维护了社会稳定。全国解放后，在省公安厅、省检察院、省直总党委讲师团和宣传部任职期间，做了大量富有成效的工作。60年代初，他与真文一道呕心沥血，编写了《学习中共八届八中全会文件讲座》一书，对宣传指导全省的社会主义建设起到重要作用。在出版系统任职期间，认真规划全省的出版布局，分别组织、筹建和改造了山西省美术印刷厂、山西省新华印刷厂，使山西省的图书印刷能力和水平大幅提高，出版事业迈上一个新的台阶。

任省人民检察院检察长、党组书记期间，深入贯彻中共十一届三中全会以来的路线、方针、政策，一手抓改革开放，一手抓打击犯罪，依法从重从快打击了严重刑事犯罪活动。他直接参与和指挥了"三年为期、三个战役"的严打斗争，配合公安、法院、司法部门，严厉打击了犯罪的同时，注重社会治安综合治理。在打击严重经济犯罪活动中，他坚决贯彻高检院和省委的部署和要求，首倡发布了"七·一五"、"五·二五"通告，敦促经济犯罪分子投案自首，坦白交代了自己的问题和罪行，取得了明显效果，受到了社会各界的好评。他及时深入第一线解决问题，总结概括出了一套符合当时实际的工作经验，得到了高检院检察长杨易辰的首肯，推动了全面打击经济犯罪斗争。

刘砚青高度重视群众的来信来访工作，亲切接待群众，受理了大量来信来访，及时化解了矛盾，促进了社会和谐，他身体力行的坚持和完善人民代表大会制度，积极参加并组织了人民代表评议"一府二院"的工作，是山西省人大评议工作的主要发起者和组织者之一。他总结了浮山县人大开展的"代表向选民述职，选民评议代表"的经验，产生了广泛影响，重编《法律工作丛书》《法官手册》《检察官手册》《警官手册》《律师手册》《公证员手册》《仲裁员手册》等书，极大地推动了全省的普法工作。他善于思考，笔耕不辍，亲自撰写了大量政论文章和主题调查。其中《谈腐败现象及遏制对等》《正确认识社会主义初级阶段的阶级斗争，提高加强人民民主专政的自觉性》《严格执法是加强法制建设的关键》《坚持和完善人民代表大会制度的理论和实践》等文稿被全国性重要刊物采用。离休后仍坚持深入实践，调查研究，写出多篇调查报告，为高检院及省人大工作提供了参考。

刘砚青具有坚定的共产主义信念，经受了战争年代艰苦斗争的严峻考验，始终忠于党、忠于人民、忠于社会主义事业，为民族独立、人民解放和社会主义建设事业做出了积极贡献。

2010年5月19日在太原逝世,享年88岁。刘砚青逝世后,中共中央总书记、国家主席胡锦涛及习近平、李源潮、肖扬、张思卿、崔伟,中共中央组织部、最高人民检察院等发来唁电。同时,时任国家副主席习近平、中组部部长李源潮、最高人民检察院检察长张思卿,最高人民法院院长肖扬、中共中央组织部、最高人民检察院、山西省委、山西省人民政府、山西省人大常委会,山西省委书记、省长以及离退休的原领导都为刘砚青遗体敬献了花圈。

胡毓文 (1936—2011),苇泊村人。1958年—1963年,任苇泊村党支部书记。1971年—1976年8月,任苇泊村党支部书记。1976年9月调河底公社企业管理站任总支书记。1977年3月任河底公社副主任。1987年任河底镇镇长。1990年任河底镇人大主席团主席,其间,当选为市、区人大代表、郊区十二届人大常委会委员、市十届人大常委会委员。1996年退休,2011年12月去世,享年75岁。

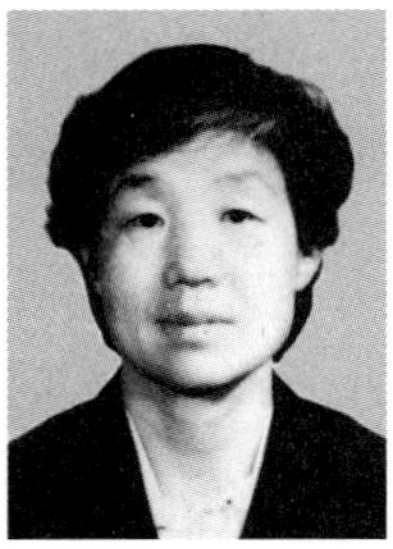

杨腊果 (1943—2011),女,小河北村人,1958年6月参加工作,1973年加入中国共产党。1958年6月至1962年12月在东村供销社造纸厂当工人,1962年12月至1964年4月,在东村供销社饭店从事服务员工作。1964年4月至1976年6月,在东村供销社负责百货门市部工作。1976年6月,任东村供销社主任、副书记。1985年3月调回区供销合作社,担任纪检审计办公室主任。1998年12月退休,2011年8月22日病逝。享年68岁。

在东村供销社工作期间,她负责百货门市部,为方便群众,服务百姓,她带领门市部另外两名同事,打破集体企业的八小时营业制,想方设法克服个人困难,率先实行节假日、午休、开会、学习、盘点都不关门的全天候营业制,并做到一年四季、始终如一,她们的辛勤付出,不仅使营业额明显上升,同时极大地方便了广大群众的商品购买。在经营模式上,她们破除传统坐商等客的习惯,定期走村串户,送货到农户、到田间、到工地,帮助8个生产大队办起了"红书室",为农民群众提供了丰富的文化食粮。在经营种类上,按群众需要增设品种,在原百货的基础上,增加了小商品、小药品、年画3个柜台,同时为解决农村群众没地方裁衣、锁边的困难,门市部还增设了量体售布、现场裁衣锁边等业务,极大地方便了群众。在走村串户、送货下乡中,她们发现有的村不通邮,她们就代售邮票,为群众免费代寄信件。为解决群众小宗购买,她们把46种大宗商品实行拆整零售,并送货到家,方便群众购买。酷暑盛夏,群众防暑用的人丹、十滴水、清凉油她们会及时送到田间地头;风雪严寒,群众御寒用的小胶布、润肤油、手套、棉帽她们会及时送到农建工地。逢年过节,她们还对烈军属、"五保"户上门服务,东村82岁的"五保"户商某鱼,无儿无女,她们经常上门帮助洗衣补裤,其事迹在乡里传为佳话。以杨腊果为代表的“三姐妹”门市部,就是从群众的头疼脑热想起,从百姓所需的针头线脑做起,以小商品大作为,在平凡的岗位上创造了非凡的业绩,其全心全意为农民服务的事迹享誉三晋,先后在《中国商报》《山西日报》《山西人民广播电台》等多家媒体报道。

1974 年至 1984 年,杨腊果连续十年被评为出席省、市、区、乡的“先进工作者”和“劳动模范”。1979 年至 1983 年,连续五年被评为出席市、区、乡、社的“模范党员”。1979 年至 1984 年,连续六年被评为出席省、市、区、社的“三八红旗手”。1979 年,被命名为全国“三八红旗手”。1984 年“五一”国际劳动节,被山西省社会主义劳动竞赛委员会荣记二等功。1978 年 4 月及 1985 年 8 月,两次当选为中共山西省第四、五次代表大会代表。1979 年 10 月及 1980 年 9 月,连续两次出席山西省妇联第五、六届代表大会。1983 年 6 月,出席山西省供销合作社社员代表大会。1981 年及 1983 年,分别当选阳泉市第八届、阳泉市郊区第八、九届人民代表大会代表和阳泉市第六届政协委员。

晋卫华 (1919—2013),又名靳鑑,苇泊村人。民国 22 年(1933),在荫营高级小学毕业后,因家境贫寒无力供其深造,只得回村务农。民国 23 年至民国 25 年,在榆次、太原当学徒和纱厂工人。民国 26 年(1937)4 月、5 月间,参加了牺盟会抗日先锋队。同年 10 月,参加战地工作团,参加并组建平定游击队、县政府,同时加入中国共产党。民国 27 年年初,在平(定)、盂(县)、阳(曲)、寿(阳)特委组织部任干事,后调军队工作,先后任军分区司令部参谋干事、科长。民国 34 年(1945)调冀晋军区司令部工作,民国 37 年调北岳军区司令部工作。1951 年任军委技校训练部副部长。1954 年任军委南京军事学院训练部政训处处长、战史研究室主任。1960 年因病离休。后在安徽芜湖军分区干休所修养,军级离休干部,2013 年 5 月在芜湖去世,享年 94 岁。

谢加义 (1931—2013),东南沟村人。高小毕业。民国 37 年(1948)3 月参加工作,同年 5 月加入中国共产党。1948 年 9 月至 1950 年 8 月,任小学教员、校长。1950 年至 1967 年,任阳泉市二区政府助理员、区委秘书、组织委员,东堖乡(基点乡)党总支书记,阳泉市荫营区区委秘书兼办公室主任、区委副书记,阳泉市郊区区委秘书、郊委(驻平定)办公室主任,阳泉市委农村工作部办公室副主任、主任、市委办公室干事,阳泉市郊委农村工作部副部长、郊区区委办公室主任,阳泉市委办公室副主任、主任。1967 年至 1968 年“文化大革命”时期他被夺权、批斗。1968 年至 1969 年,住市“五七”干校。1969 年至 1992 年,历任阳泉市革委政工组整党办公室副主任、主任、政工组办公室副主任、宣传办公室主任、市委政治部副主任、市委宣传部副部长(1977 年后主持工作)、市委农村工作部部长兼任市农业办公室主任、市农业发展研究中心主任。1993 年 3 月离休。1997 年任市老区建设促进会副会长兼秘书长。后任市关心下一代工作委员会委员。

他在农村工作期间,曾兼任多个社会职务。1985 年任山西省农经学会理事,1986 年任山西省农村发展研究中心研究员,1988 年任山西省农民旅游协会理事,1989 年任山西省农村专业技术研究会阳泉分会理事长。在此期间,还被聘为市农经学会、乡镇企业家协会、农业金融协会、农业银行信用等级评审委员会和气象局气象服务工作顾问。

他长期从事理论宣传工作和农村工作。1982 年被省委宣传部评为模范报告员。1985 年在在职干部理论教育中被评为市模范学员。1987 年在总结阳泉市农村经济改革发展经验的基础上,同山西省农村发展研究中心合编了《滚动经济》一书。1990 年,被山西省农业高级职称评审组评为高级农经师。1986 年,被评为市直机关和阳泉市优秀共产党员,1989 年被评为端正党风先进个人,2005 年,在本单位保持共产党员先进性教育活动中被评为模范党员。

他离休后仍受组织委派或部门聘约从事许多中心工作和社会工作。1995 年后的几年中,担任市委政策研究室论文定期评定工作和市广播电视月评工作。2000 年至 2001 年,任"三讲"教育巡视组组长,对农村"三个代表"学习教育活动试点进行了领导班子和干部的考核。1995 年和 2000 年,先后受市地方志办公室、郊区地方志办公室、市委农工部约聘为《阳泉市志》《阳泉郊区志》《阳泉农业合作化史》审读和市委党史研究室聘请为《中国共产党阳泉历史》编审。

谢加义是中共阳泉市第六次党代会代表、第六届市委委员,阳泉市第九届人民代表大会代表。2013 年 9 月病逝,享年 82 岁。

阎维新 (1940—2013),苏家泉村人。1959 年 9 月参加工作,1966 年 6 月加入中国共产党,小学学历,经济师。中共阳泉市郊区委员会第二届候补委员、第三届委员,阳泉市郊区第十三届和第十四届人民代表大会代表,中共阳泉市第六次党代会代表,阳泉市第十届人民代表大会代表。

1959 年 9 月至 1976 年 5 月,先后在河底公社苏家泉磺厂、河底农具厂、阳泉市机械修造厂、阳泉市郊区农机厂、阳泉市水暖器材厂工作,曾任统计员兼出纳员、革命领导小组副组长、厂长、党支部书记等职。工作中,他坚持干部参加生产劳动,大胆改革,勇于创新,重视发挥技术骨干的积极作用,自力更生、艰苦创业,闯出了一条创新发展企业之路。他把原来以手工生产茶壶、铁锅、铁木农具为主要产品的工厂,改造发展成能够生产各种水泵和粉碎机等农业机械的机器化工厂。由于工作成绩突出,于 1964 年荣获山西省五好职工(省级劳模)称号。1972 年,他为温河水库组织生产了大口径 D 型双吸水泵,又试制成功了小四轮拖拉机,这两项均填补了阳泉市工业生产的空白。特别是在 1973 年阳泉市机械修造厂从郊区农机厂分出后,他面对一无场地、二无资金、三无定型产品的困难局面,白手起家,艰苦创业,带领全体职工边建厂、边生产,迎难而上,仅用 3 个月就建成新厂并生产出疏水器、小阀门等水暖器材,产品畅销全国。由此企业积累了资金,走出了困境,职工由 66 人发展到 100 多人,产值达到百万元,使企业重新焕发了生机。经上级批准,阳泉市机械修造厂更名为阳泉市水暖器材厂,成了区营企业中的先进单位;区政府召开了现场会,推广成功经验。

1976 年 6 月,调入阳泉市郊区人民政府工作,先后任工交办公室主任、计划委员会副主任、交通局局长、计划委员会主任。1993 年 6 月,当选为郊区第十三届人大常委会副主任;并于 1996 年起兼任郊区公路建设指挥部常务副总指挥。1998 年人大换届后任区老区建设促进会会长、老年体育协会主席、关心下一代工作委员会主任等职。在多年的工作中,他善思好学、爱岗敬业、严谨务实、勇于创新,为阳泉市郊区的工业、交通、经济计划和社会发展做出了显著贡献。2000 年 4 月退休。2013 年 4 月 11 日,在北京病逝,享年 73 岁。

武天明 (1918—2014),又名武长珠,猪头垴村人。民国 26 年(1937)9 月加入中国共产党,同年 10 月参加八路军,任盂县三区自卫大队长,宣传、组织、武装群众抗日,民国 27 年任盂县游击队大队长,民国 29 年调任盂县公安局长,开展反特除奸运动。民国 30 年至民国 32 年,任盂县游击大队政委,领导军民开展艰苦卓绝的反扫荡斗争。民国 32 年后半年,武天明到抗大二分校学习。民国 33 年调任分区武装部政工股长、副部长。民国 34 年至 36 年,任冀晋军分区武委会副主任。民国 37 年至 1949 年,任晋中一分区武装部部长。1949 年至 1952 年,任忻县军分区副司令员兼参谋长。1955 年调任北京军区 50 速中学习。1959 年任晋中军分区司令员。1969 年任晋东南军分区第一政委。1971 年任山西省军区副政委。1978 年任河北省军区顾问,1981 年离休。2014 年逝世,享年 96 岁。

李格正 (1918—2014),中共党员,小西庄村人。他自幼勤学善思,8岁至12岁,在本村私塾和初级小学读书,当时的学校实行的是半耕半读,其实际在读时间只有5个冬季。13岁至18岁在高级小学读书,由于时断时续,实际在读也只有两年。高小毕业后,在家劳动一年,遂后到河底镇的一个小书店当店员。

1937年1月,加入山西省牺牲救国同盟会,开始接触进步思想的熏陶。同年4月,到共产党秘密领导下的山西国民民兵军官教导团第九团接受军训,正式参加革命工作。同年10月加入中国共产党,与入党介绍人、牺盟会特派员朝燕如保持单线联系。次年9月,在延安第二兵站医院公开组织生活。

抗日战争时期,历任牺盟游击队中队长、青年抗敌决死队政工员,八路军荣誉军人学校政治指导员。民国27年(1938),在上寺浩战斗中,由于战功卓著,受到决死第四纵队十二总队登报表扬。在艰苦的抗战岁月中,虽未参加过大的战役,但配合正规部队展开了灵活多样的游击战,为抗战胜利贡献了自己的力量。解放战争时期,历任军委直属政治部及军委军事工业局干事,合作社副主任、秘书等。民国35年(1946),参加了东北三下江南四保临江的冬季战役和辽沈、平津两大战役,为解放全中国做出了积极的贡献。曾被中华人民共和国授予三级独立自由勋章、三级解放勋章、中共中央军委授予中国人民解放军二级红星荣誉勋章。同时在解放东北、华北、中南时授予三枚纪念章。中华人民共和国成立后,历任东北民主联军总后勤政治部及四野兼中南军区军需政治部干事、组织科长、总后军需生产部岳阳办事处政委、总后政治部直工部副部长、军委特种工程兵部队检察长、保卫部副部长、青海省玉树军分区政委、青海省军区政治部副主任、主任、青海省军区副政委。数十年来,默默无闻,辛勤工作为部队的正规化和现代化建设做出了突出的贡献。1955年,被授予中校军衔;1960年,晋升为上校军衔。进入晚年后,他时刻挂念家乡的发展。2001年,将他毕生收藏的珍贵图书260余册,无偿捐献给了家乡的阳泉图书馆。2014年4月5日因病医治无效,在西安逝世,享年96岁。

第二节　人物简介

马玉慧　民国38年(1949)5月出生，阳泉市郊区上白泉村人，大学专科学历，1975年加入中国共产党。

1968年阳泉一中高中毕业，当时正值知识青年上山下乡时期。毕业返乡后经过实践锻炼，先后任白泉乡团委书记，办公室主任等职。1983年考入山西农业大学，攻读农学专业。1985年农大毕业后，任杨家庄乡政府副乡长，乡党委副书记。1986年，任杨家庄乡乡长。1990年任河底镇党委副书记、镇长。1993年，任三郊乡党委书记。1995年12月，任阳泉市乡镇企业管理局副局长。由于身体原因，2001年退出领导岗位，任阳泉市农业局助理调研员。

王可剑　1958年生，山西省平定县人。1989年7月加入中国共产党，大专文化。1980年9月在阳泉市肿瘤研究所参加工作。1984年任市计划生育委员会业务科副科长，1987年9月在市委党校党政专业班学习。1991年8月任平坦乡挂职副乡长。1993年11月任平坦乡科技副乡长。1996年1月任义井乡副乡长、副书记。1998年任河底镇党委副书记、镇长。2001年8月任区计划生育局局长。2002年4月，在市委党校第一期中青年干部培训班学习。2002年7月，任平坦镇党委书记。2006年6月，任区政府办公室主任。2007年4月，经区第十六届人民代表大会选举任区人大常委会副主任。

王汉声　又名二牛，民国34年(1945)6月生，牵牛镇村人。1960年高小毕业返乡务农。1967年起历任生产小队长、村团支部书记、革委会副主任、主任等职。1970年12月加入中国共产党。1977年10月后任村党支部书记、党总支书记，同时兼任革委会主任、村委会主任、牵兴实业总公司总经理等职。

王汉声多次荣获省、市、区“劳动模范”“优秀共产党员”称号。1987年获“阳泉市优秀乡镇企业家”称号。1993年、1994年，连续两年荣记阳泉市劳动竞赛委员会二等功，1995年被山西省政府授予“山西省功勋乡镇企业家”“山西省劳动模范”称号。同年，牵牛镇村委会被民政部授予“全国模范村民委员会”称号。

王红卫　1972年8月出生，山西省平定县人，本科学历，1993年8月参加工作，1997年6月加入中国共产党。

1993年8月至1999年5月在燕龛乡工作，任农机员、团委书记等职务；1999年5月至2000年12月任燕龛乡武装部部长；2000年12月至2003年6月任西南舁乡党委委员、武装部部长；2003年7月至2009年1月调任河底镇副镇长；2009年1月至2011年5月调任西南舁乡党委副书记、乡长；2011年5月至2013年1月调河底镇任党委副书记、镇长；2013年1月调任西南舁乡党委书记。

王志连　山底村人，1963年12月出生，1988年12月加入中国共产党，教授、硕士、博士研究生导师。

1970年9月至1977年7月在山底小学读书。1977年8月至1979年8月在本村务农。1979年9月至1987年7月在东村中学、荫营中学读书。1981年9月考入山西师范大学政教系读本科，获经济学学士学位。1985年8月留校任教。1987年9月考入华东师范大学苏联东欧问题研究所攻读硕士研究生。1991年被评为讲师。1991年9月考入华东师范大学国际问题研究所攻读博士研究生。1994年8月获法学博士学位。1994年到山西大学工作，1996年被评为副教授，开始担任硕士研究生指导教师。1996年6月至2000年10月任山西大学校长办公室副主任、主任。2000年10月任忻州师范学院党委委员、副院长、院长，2018年1月任省政协常委。

任教以来，王志连指导毕业硕士研究生20余人，不少硕士生考入了北京大学、清华大学、中国人民大学等全国重点大学攻读博士学位。在学术研究上他长期从事国际政治、国际经济问题研究，出版《漂浮不定的云》等专著，参加撰写《战后东欧与中国社会主义发展历程比较研究》等10余部著作，在《东欧中亚研究》《当代世界与社会主义》等著名刊物上发表论文30余篇。

王爱梅　女，民国18年(1929)出生，曾任村妇联会主任，中共党员。

1943年由境内郊里村嫁入固庄张姓人家做媳妇，1945年加入中国共产党，1949年任村妇救会主任(后改称妇联会)至20世纪70年代。任职期间，正逢抗日战争和解放战争时期，她积极组织全村妇女给八路军、解放军战士做军鞋、手榴弹袋、米袋等物品，有力地支援了抗日战争和解放战争的胜利。解放初期，积极投身于妇女解放，与卖办、包办婚姻做斗争。一边继续组织妇女参加农业生产，一边又在河底镇卫生院学习新生儿接生技术，学成后为村民免费服务。她的接生技术精湛，经验丰富，在邻村上下，小有名气。除本村外，固庄煤矿、任家峪、苇泊、郊里、小固庄等周边农村谁家媳妇生小孩，多请她接生、帮忙。据统计，由她亲自接生的婴儿多达120多名。是村民一致公认的好人。

邓　云　民国6年（1917）3月1日出生，东村人，原姓曹，又名曹立忠。1933年至1936年，在东村打铁炉打铁钉；1937年8月参军，当时由于全国抗战爆发，他参加了在盂平县（盂县、平定县）地方工作团；1937年10月，工作团编入晋察冀边区四分区，他任七大队政治处宣传队队长（当时分区为若干大队，盂平县属七大队，灵寿为九大队，平山为八大队）；1938年5月，三个大队合并，编为晋察冀军分区第四分区，为鼓舞广大群众的抗日激情，分区成立了火线剧社，同月，他光荣加入中国共产党，任剧社支部书记；1940年，任平井怀（平定、井陉、怀鹿）支队政治处组织干事；1941年，任四分区五团政治处组织股长，5月任五团一连政治指导员。1942年秋季，参加夜袭灵寿城战斗，为一线部队缴获了大批粮食及军用物资。1943年在反扫荡战争中，为军区司令聂荣臻部前进扫清障碍，所在连攻克日军在平山县界内的焦石岩村的暗碉、保垒，此次战斗进行的异常艰苦，战斗中他光荣负伤。1944年初，出院时被认定三等乙级残废。1945年因残废转业，在平定县路北银行任主任。1947年阳泉解放，任阳泉历史上首个政府银行——阳泉银行营业所主任。1948年，解放太原城时，任后勤粮站站长，为前线运送粮食物资。1949年，太原解放后，任盂县民政科长、四区区委书记。1950年在省委党校学习，1951年至1952年任盂县县委常委、组织部长。1952年干部定级为行政17级干部。1953年调晋中，任晋中地委财贸部教育处长。1956年调晋中地委财经干校，任党委组织委员、党委办公室主任。1962年至1966年在山西省委领导下的四清工作团工作，在昔阳任工作团监察处处长，在介休任四清工作团分团政委。1966年在介休工作团参加挖渠劳动中，腰部严重挫伤，到晋中医院治疗。1970年因腰伤，经组织批准，将组织关系介绍回阳泉，由阳泉市组织部老干局安置休养。1983年3月23日，阳泉市委组织部发给离休干部证书。1995年与2005年，两次获得中共中央、国务院、中央军委颁发的“抗日英雄”金质奖章。

邓守义　民国32年（1943）出生，又名宝宝。邓家峪村人。太原军分区副司令员。毕业于南京高级陆军学校、北京财贸金融学院。1960年应征入伍，历任山西省军区警备营管理员，阳泉市人武部秘书、装备科长、副部长，省军区司令部管理处处长。1989年任太原军分区副司令员、太原警备区军事志办公室主任、《太原市军事志》主编。山西省扶贫基金会秘书长。酷爱文学创作，在《人民日报》《解放军报》等多种报刊发表1800余篇文章，约540万字。

荣立山西省三等功。

田进勇 1962年8月出生，阳泉郊区下荫营村人，大学文化程度，1981年9月参加工作，1987年6月加入中国共产党。阳泉市郊区第六届、七届、八届、九届区委委员，第十四届、十五届、十六届、十七届、十八届人大代表，阳泉市第十二届人大代表。

参加工作后，先后在西垴学校、三郊中学任教。1987年9月调入郊区民政局，任办公室主任。1995年1月到三郊乡小庄村挂职锻炼，任小庄村村委主任，并兼任三郊乡党务助理，其间被中共山西省委评为模范工作队员。1996年2月任三郊乡政府副乡长，分管农业工作，其间还兼任火石岩村党支部书记。1998年4月任西南舁乡党委副书记、乡长。2000年12月任河底镇党委副书记、镇长。2001年被市委、市政府评为出席全市农业战线劳动模范、被授予“为人民服务的好公仆”称号。2003年5月任河底镇党委书记，在年度社会主义劳动竞赛中，被市劳动竞赛委员会荣记三等功。2006年6月任郊区人民政府党组成员、副区长。2013年3月任郊区区委常委、宣传部部长，其间，于2014年1月兼任郊区人民政府副区长。

史玉宝 1962年出生，苇泊村人，中共党员，大学文化程度。历任阳泉市郊区燕龛中学教导处主任、市委宣传部副科长、科长、副部长等职务，现任市委宣传部常务副部长，是中国共产党阳泉市委员会第十一届委员会候补委员、委员。为省记者协会常务理事、省社科联委员、省文联委员。主编有《抗战中的阳泉》《阳泉市争矿运动史料》《山西史话·阳泉卷》等专著。参与策划阳泉春节文艺晚会等大型活动及电影《伏击》等影视作品。在各类报刊发表诗歌、杂谈等300余篇。荣获山西省五一劳动奖章一次。

光根存 1955年生，河底村人。无党派人士，经济师，阳泉市亨通有限公司经理，私营企业主。

1970年初中毕业后，在村办铸造厂当铸工。1980年在村办火药厂当业务员。1984年，创办阳泉市农业生产资料购销站，任经理。1986年，创办阳泉市残疾人社会福利服务社，任董事长。1987年创办郊区首家个体运输企业——阳泉市通贸股份有限责任公司。1991年创办了阳泉市亨通有限公司，任经理。1992年成立了阳泉市第一家民营企业党支部、工会。2011年任河底村委主任。

1989年以来，他连续26次受到省、市、区各级党委政府的表彰，多次被评为“劳动模范”“劳动模范标兵”“私营企业标兵”“先进私营企业标兵”“十佳青年厂长（经理）”“青年企业家"以及"尊师重教先进个人""捐资助教先进个人"等称号，并荣立市级三等功 1 次。他乐于资助公益事业，为阳泉市以及郊区公益事业累计捐款 50 多万元。当选为区政协二届委员，三届、四届、五届常委；市政协七届、八届、九届常委，十四届人大代表，并兼任区工商联合会会长、市工商联合会副会长、阳泉国际文化交流中心理事会常务理事等职。

任志刚　荫营镇小西庄村人。1973 年 6 月出生，1997 年 12 月入党，大专学历，1995 年 8 月参加工作。

2013 年 2 月至 5 月，任郊区河底镇党委委员、副书记、镇长候选人。2013 年 5 月至 2014 年 12 月，任郊区河底镇党委委员、副书记、镇长。

刘守绅　乳名道银，河底村人。民国 12 年(1923)12 月生，民国 34 年(1945)8 月参加工作，同年加入中国共产党。从参加工作至 1948 年，先后任民兵自卫队长，区武委会主任、干事，平定七区武装部教导员，县武装部政治股干事。

1948 年至 1986 年 12 月，先后任南下陕西省商洛地委商南县委办公室主任，富水区委书记，地委纪委办公室主任，丹凤县委副书记，商州市县委副书记，商洛地区纪检委副书记，商洛地区民政局局长，商洛地区纪检委副书记。1987 年离休，享受副地市级待遇。

刘建平　生于 1957 年 11 月。河底村人。1963 年至 1974 年就读于河底小学、中佐中学。1974 年至 1976 年，在河底公社电影队工作。1976 年至 1978 年，在阳泉郊区宣传部工作。1978 年 3 月至 1982 年 1 月，在山西大学艺术系上学，毕业后留校任教。1988 年当选为中国美术家协会理事。1989 年 9 月至 1991 年 7 月，在中央美术学院油画创作研修班进修。1992 年晋升山西大学美术系副教授。1994 年当选为山西省美术家协会副主席。现任中国艺术研究院教授，硕士研究生导师。任中国油画学会理事。

李　珍　民国 29 年(1940)6 月 9 日生，山底村人，曾用名青元，中共党员，高中文化，政工师。先后在河底高校、阳泉二中读书。1958 年 8 月应征入伍，历任战士、班长、文书、军械员。1964 年提干，被授予少尉军街，历任中国人民解放军京字 905 部队秘书、干事，北京军区工程兵政治部保卫处干事、北京军区保卫部机要秘书，山西省军区政治部保卫处干事、寿阳县装武部副政委、山西省军区军事检察院副检察长、交城县武装部政委、党委书记、交城县委常委。1987 年转业到太原市蔬菜副食品总公司任党委副书记，2000 年退休。曾当选为太原市第七次党代会代表。

李　智　山底村人，民国 21 年(1932)5 月出生。1950 年 10 月加入中国共产党，大学文化，高级经济师。民国 36 年至 1955 年在平定师范读书。1955 年至 1959 年在山西师范学院读书。1959 年至 1965 年在晋东南医学专科学校工作。1965 年至 1975 年在中华人民共和国对外贸易部工作。1975 年至 1977 年在中国纺织品进出口总公司工作。1977 年至 1981 年在中华人民共和国驻比利时王国(兼欧洲经济共同体及卢森堡大公国)大使馆工作。1981 年至 1986 年在中国纺织品进出口总公司工作。1986 年至 1988 年在中华人民共和国驻英国及丹麦王国大使馆工作。1988 年至 1993 年在中华人民共和国驻加拿大多伦多总领事馆工作，任商务参赞，1993 年退休。

李文生　1963 年出生，东南沟村人。1982 年毕业于大同师专班中文专业，2001 年中央党校函授学院行政管理专业毕业。1982 年至 2014 年，在阳泉日报社工作，历任记者部主任、副总编辑、总编辑、社长，高级记者职称。

李玉平　1964 年 9 月生，大河北村人。1981 年 9 月应征入伍，在北京军区 52916 部队服现役，中共党员，本科学历。曾经在酒泉卫星发射中心工作 20 多年，先后任战士、学员、班长、排长、连长、指导员、协理员、战勤参谋、作试参谋、副处长、处长，兼团支部书记、党支部书记、党委委员、教导大队外聘教员等职。参加了我国对越自卫反击后勤保障、东风系列导弹、尖兵系列卫星、载人航天工程、巡航导弹研制的多次测试发射任务。先后被部队评为“四有三讲两不怕”先进个人、优秀团干部、优秀指导员、优秀共产党员、参谋尖子、四会教练员，受到部队多次嘉奖，接受江泽民、胡锦涛等党和国家、军队领导人的检阅和接见，荣立个人三等功两次、集体二等功一次，个人荣获载人首飞成功金质奖、载人航天突出贡献奖、巡航导弹试验突出贡献奖和中国载人航天基金奖提名，在团职岗位上经总装备部批准荣立个人二等功一次。

2004 年 9 月转业到甘肃省政协机关工作。先后任提案委员会办公室副调研员、省委学习实践科学发展观活动领导小组督导巡视组成员、科教文卫体委员会办公室主任、人口资源环境委员会办公室主任，兼支部委员、党支部书记等职。先后被评为优秀公务员、优秀党务工作者、联村联户为民富民先进个人等。

李玲娥　女，1964年出生，中佐村人，无党派人士。1986年、1989年、2001年分别获中国人民大学经济学学士学位、经济学硕士学位和经济学博士学位。1989年至2014，在山西财经大学工作，现为山西财经大学教授、博士生导师。2001年9月至2004年6月，在南开大学理论经济学博士后流动站工作。2013年10月至2014年10月，在德国波鸿鲁尔大学地理所做访问学者。主要研究领域是马克思主义经济学、私营企业劳资关系、资源型城市转型。获“山西省学术技术带头人”“山西省高校优秀青年学术带头人”“全国供销合作社系统优秀教师”“山西省优秀青年科技工作者”“山西财经大学优秀教师”荣誉称号。

在国内外刊物发表学术论文50多篇，出版个人专著3部、合著3部，主持承担省部级项目11项，论文和著作获省部级奖12项。专著《论中国现阶段私营企业的分配关系》获山西省第五次社会科学研究优秀成果二等奖、山西省高校第四届人文社会科学研究优秀成果二等奖及山西省社科联2004年度“百部(篇)工程”一等奖。

李玲娥还兼任山西省经济学会理事、山西省《资本论》研究会理事、山西省生产力学会理事、山西省外向型经济研究会常务理事、山西省青年科技工作者协会常务理事以及山西省新晋商联合会理事。

李维程　1959年2月生，苏家泉村人。1977年7月，高中毕业回村参加集体劳动。1979年7月，考入山西省雁北师范专科学校汉语言文学系。1982年7月，师专毕业后分配到郊区教师进修学校任教，兼任校团总支书记。1985年9月，调至郊区区委宣传部任理论教员。1990年3月，任副部长。1991年9月至1993年9月，在中共中央党校政治理论本科班函授学习。1993年4月担任义井乡党委副书记。1996年1月，调任郊区政府办公室主任。1997年10月，任郊区荫营镇党委副书记、镇长。1998年5月，任镇党委书记兼人大主席。2001年6月，调矿区任区委常委、组织部部长。2002年10月，调平定县任副县长。2012年7月，任阳泉市编办主任。

李新福　阳泉市郊区荫营镇下荫营村人，1957年3月出生，1984年7月加入中国共产党，大专学历。1976年11月至1983年4月，在荫营公社任办公室干事。1983年4月至1987年8月，调阳泉市郊区区委办公室工作，期间于1985年7月至1987年8月，在山西大学脱产进修。1988年3月至1997年3月，调平坦镇先后任副镇长、镇长。1997年3月至1999年12月，调河底镇任党委书记。1999年2月至2007年，调郊区交通局。2007年至2010年，调区政府任区长助理。2011 年至 2013 年,调区总工会任常务副主席。

杨兆明 阳泉市郊区平坦镇西河村人,1969 年 3 月出生，中共党员，1995 年 6 月入党,大学本科学历。

1990 年 8 月至 1993 年 10 月,任郊区计划委员会科员。1993 年 10 月至 1997 年 3 月,任郊区政府办科员。1997 年 3 月至 2000 年 12 月,任三郊乡副乡长。2000 年 12 月至 2003 年 6 月,任义井镇人民政府副镇长(期间：2000 年 11 月至 2002 年 11 月，在首都经济贸易大学产业经济学专业研究生课程班学习)。2003 年 6 月至 2006 年 6 月,任义井镇党委副书记。2006 年 6 月至 2007 年 6 月,任义井镇党委副书记、镇长。2007 年 6 月至 2011 年 5 月,任河底镇党委副书记、镇长。2011 年 5 月至 2013 年 2 月,任河底镇党委书记。2013 年 2 月至 2014 年 12 月,任郊区农委主任。

宋根栋 1968 年 1 月出生。东南沟村人,中共党员。1987 年参加工作,在东南沟村耐火厂上班。2002 年 4 月,创建自己的企业——顺鑫耐火厂并担任厂长。2004 年 8 月转型改建,公司更名为“阳泉市顺天耐火材料有限公司”,宋根栋担任公司董事长。2014 年 11 月,担任阳泉市郊区河底镇东南沟村党总支书记。

2004 年,村村通公路的大型工程通到了河底镇东南沟村。工程完毕后,路虽然平了,但却不像以往宽了,一些大型车辆想要通过,存在一定的安全隐患。于是,宋根栋自愿出资 5 万元,把村里的这条路用混凝土补宽加固,得到了村民的高度赞扬。这是宋根栋涉足公益事业的开始。2005 年,他为村里的小学捐助 4 万多元用于修整教室和桌椅翻新,解决了教室屋顶漏水情况。2007 年,他为山西省红十字会捐赠 10 万元,用于救助先天性心脏病患儿。2009 年,宋根栋首次和山西希望工程办公室合作,出资 10 万元帮助贫困大学生。2010 年,宋根栋再次出资 10 万元,帮助贫困学子梦圆象牙塔。同年,他开始援建希望小学,先后拿出 80 万元分别在郊区小河村、西南舁村援建两所希望小学。2011 年,宋根栋再次出资 120 万元，援建了三所希望小学。之后他将爱心播撒到更多需要的地方——大同应县、长治壶关、甘肃平凉、新疆吉木乃县,都留下“耀良”这个名字。五年间,宋根栋共出资 280 万,援建了 7 所“耀良希望小学”。此间,他还先后出资 30 多万元,帮助了 100 位贫困大学生。

宋尊晰　1954年生。东南沟村人。1978—1981年，在山西师范学院学习。1982—1985年，中国人大在职硕士研究生。1985—2002年，任阳泉商业学校讲师。2002—2005年，任香港新鸿基金融集团分析师。2007年，任山西农业大学客座教授，山西大学兼职教授以及太原大学教授。

张　兴　曾用名海栋、海东，山底村人，民国36年(1947)4月生，中共党员，大学本科学历，助理研究员，1971年6月参加工作。

1955年9月至1968年，先后在山底完校、中佐中学、阳泉一中高中读书。1968年12月“老三届”知青返原籍插队，曾任村生产队副队长、村团总支书记、民兵营教导员。1970年12月加入中国共产党，同时选为村党支部委员。1971年6月参加工作，任东村公社革委会保卫组干事、郊区革委会保卫组干事。1972年5月起任阳泉市革命委员会政工组、政治部、市委组织部副科长、科长、办公室主任，兼任阳泉市党建理论研究会秘书长。1992年4月任阳泉市委统战部副部长，兼任阳泉市统战理论研究会常务副会长，阳泉市海外联谊会常务副会长。1998年8月，任阳泉市环境保护局党组书记、局长，期间受聘担任阳泉煤炭专科学校兼职教授和学术委员会委员。2007年4月退休。对阳泉市组织、统战、环保工作和非公经济发展做出贡献。

张兴曾当选为阳泉市郊区首届党代会代表、阳泉市城区第八次、第九次党代会代表；阳泉市第八次、第九次党代会代表，政协阳泉市第八、九、十届委员；阳泉市文联第三、四次代表大会代表，阳泉市总工会第八、九次大会代表；阳泉市环境科学学会理事长，阳泉市民间文艺家协会副主席，阳泉市戏迷票友协会常务副会长兼秘书长，阳泉市老龄人才资源开发协会副会长兼秘书长，阳泉市作家协会会员，阳泉市摄影家协会会员；山西省工会十一大、十二大代表，山西省民间文艺家协会第四次代表大会代表，山西省工商联理事，山西省三晋文化研究会理事。喜好历史和民间文化研究，藏书500余册，有多篇论文发表，有专著出版。

在职期间，他多次被市委授予“先进工作者”“优秀党员”“优秀党务工作者”，被市委、市政府授予“桃河治理功臣”“热电联产功臣”“支持扶贫工作模范领导干部”“公路建设先进个人”“支持党建工作先进个人”“阳泉市离退休干部发挥作用先进个人”等荣誉。山西省政府两次授予“整顿严查环境违法行为专项行动先进个人”，山西省环境科学学会授予“学会先进工作者”，被省委组织部授予“优秀共产党员”，2007年4月退休。

张　景　曾用名国栋，山底村人，民国34年(1945)2月生，中共党员，高中学历，1964年2月参加工作。

1952年9月至1961年7月，先后在山底小学、东村高小、中佐中学读书。1961年7月至1964年1月，在本村参加农业生产劳动。1964年2月参军，1965年12月加入中国共产党，在中国人民解放军陆军六十九军步兵某师坦克某团服役，历任炮长、车长等职。连续五年被评为五好战士。1969年3月，在北京军区装甲兵坦克第七师第二十六团工作，先后任排长、连指导员、参谋、干事、团政治处组织股股长。1973年荣立三等功一次。1978年8月任团政治处主任(副团职)。1979年，在北京军区组织的20个军级单位军政训练考核中由他主持的政治处获得第二名，荣立建团以来第一次集体三等功，本人受到军嘉奖，并被六十九军树为先进政治处。1981年任中国人民解放军第一〇九野战医院政治处主任。1983年4月任陆军第六十九军坦克团政治委员(正团职)、团党委书记。1985年4月转业到阳泉市城乡建设环境保护局任纪检委书记。1987年2月，任阳泉市城建局党委副书记兼纪检委书记。1995年5月，任阳泉市公用事业局党委书记。1996年和2000年，因在城市道路改扩建的平定路、赛鱼路两路建设和旧城改造工作中成绩突出，被阳泉市委、市政府两次荣记一等功，局党委连续五年被阳泉市委授予先进基层党组织。曾当选为阳泉市第六次、七次、八次党代会代表。2005年3月退休。

张三虎　1962年6月出生，固庄村人，中共党员，九三学社员，大专文化程度，高级工程师。1981年3月至1987年12月任阳泉市郊区河底镇固庄村治保主任、民兵连长，1987年12月至1992年12月任阳泉市郊区河底镇固庄村副村长，1992年12月至2004年4月在外务工，期间于2001年9至2005年7月取得大连理工大学无机非金属材料工程专业函授本科学历，2004年4月至2008年12月任广鑫源耐火材料有限公司董事长，2008年12月至2014年11月任阳泉市郊区河底镇固庄村村委主任，2014年11月，任阳泉市郊区河底镇固庄村党支部书记、村委主任。

2012年被中共阳泉市委，市政府评为“新农村建设模范个人”，同年被阳泉市政府授予“村主任领头雁”称号、被阳泉市委、市政府评为“阳泉市农业农村工作先进个人”，2013年、2014年连续两年被阳泉市郊区人民政府评为“优秀干部”，2014年被阳泉市委、市政府评为“阳泉市劳动模范”、被国务院残疾人工作委员会评为“全国扶残助残先进个人”，并于5月16日在北京人民大会堂受到习近平总书记等中央领导的接见。

张玉斌　1963年农历六月出生，苇泊村人，大学本科学历，工作期间脱产两年在山西省委党校学习获得政治经济学研究生学历。1983年9月参加工作，1985年5月加入中国共产党。1983年9月至1987年3月，先后任阳泉市林业局干事、郊区林业局技术员、区政府办秘书、义井乡副乡长。1987年4月至1998年5月，先后任团区委书记、辛兴乡乡长、燕龛乡乡长、书记等职。1998年6月至2009年10月，先后任区政府副区长、区委副书记兼副区长、区委副书记兼区委党校校长、白泉工业园区管委会主任兼党工委书记、阳泉市计生委主任等职。2009年11月至2012年7月，任阳泉市林业局局长。2012年8月至2014年，任盂县县委书记。

张志忠　山底村人，民国12年(1923)10月出生，民国33年11月加入中国共产党。民国37年(1948)4月至民国38年(1999)1月任北岳军事区浮训营教导队司务长，浮训营一营供管员，曾参加过和平解放北京、大同和解放太原等战役。民国38年9月任南下教导师一团供给员。1950年1月，任湖南会同军分区黔阳县大队供给股股长。1950年10月，任湖南省军区独立二十四团后勤处副主任，1952年11月，任湖南省军区暂编二十六团后勤处副主任。1953年4月，任湖南省军区营建分会财务科副科长、管理科副科长。1956年6月，任446部队仓库副主任、党委委员。1960年4月，任湖南省韶山建设指挥部材料处处长、党委委员。1961年12月，任湖南省军区后勤部军械处副处长、处长。1966年5月，任湘潭军分区后勤部部长、党支部书记。1979年1月离休，享受副师级待遇。

张宝同　民国31年(1942)3月生，东南沟村人，大专文化，中共党员。退休前任阳泉市商业局党委书记，阳泉市第十一届人民代表大会常务委员会委员，高级政工师。2001年7月退休，享受副厅级待遇。

1962年参加中国人民解放军，1965年加入中国共产党，1984年1月至2001年8月，任山西省阳泉市商业局党委书记，商业集团公司党委书记，贸易局党委书记。其间，商业局党政多次荣获省、市授予的光荣称号和奖励。张宝同多次被省、市委授予”优秀企业思想政治工作者””重视纪检工作的党委书记”称号。曾撰写多篇论文在《阳泉日报》《阳泉宣传》等报刊上发表，1997年撰写的论文《认真开展”双学”活动，重振国有企业雄风》在全省党员”双学”活动交流会上进行了交流.合著的书籍有《社会主义若干历史教程》《党的建设理论与实践》。同年在任商业集团公司党委书记时，经山西省企业思想政治工作人员高级专业职务评审委员会评审，被授予高级政工师资格。张宝同是阳泉市职工思想政治工作研究会第一届理事会理事，中国共产党阳泉市第六、七、八次代表大会代表，是阳泉市矿区第二、三、四、五届人民代表大会代表，阳泉市第十一届人民代表大会代表、常务委员会委员。2001 年退休，同年，在中国共产党建党 80 周年之际被省委授予"优秀党务工作者"称号，经阳泉市"十五"经济结构调整规划领导组决定，特聘为"十五"经济结构调整规划课题研究委员会委员，参加了阳泉市"十五"规划的调研论证。

张建国 东南沟村人。1954 年 12 月出生于广东省广州市。1969 年 11 月应征入伍，1974 年 8 月，加入中国共产党。1969 年 11 月至 1979 年 8 月，先后在中国人民解放军空军遂溪基地航空机务大队三中队、空军航空兵第六团机务大队、空军航空机务学校 331 班、空军工程学院三系学员六队任职，历任电气员院校学员、飞机特种设备维修工程师；1979 年 8 月至 1990 年 5 月先后在中国人民解放军空军第七军司令部机务处、航空工程部任职，历任正连职参谋、副营职助理、副团职专业技术主任等职，1988 年恢复军衔制时被授予空军中校军衔；1990 年 5 月，至 1994 年 5 月，在中国人民解放军广州军区空军航空工程部、装备部外场处任职，历任科长、正团职助理等职；1994 年 5 月至 2005 年 12 月，在中国人民解放军空军驻广州地区军事代表局任职，历任处长、高级工程师；1996 年 9 月被授予空军大校军衔，2004 年 9 月担任空军驻广州地区军事代表局专业技术五级高级工程师（享受副军职待遇）。服役期间，参加了抗美援越、西沙自卫反击战、对越自卫反击战、对越牵制作战等战役，先后荣立三等功三次，并多次荣获空军颁发的中国人民解放军科学技术进步奖和优秀共产党员称号。2005 年 12 月退出现役，任电子工业部第五研究所国家军用标准质量管理体系（GJB9001B–2009）国家注册审核员。

张海生 1952 年 10 月 28 日出生，小固庄村（62 年前大、小固庄同村），1968 年 3 月参加工作，中共党员，大学本科学历，工程师，2012 年 10 月退休。

张海生一生孜孜不倦，勤奋好学。1976 年至 1979 年就读于太原工学院机械系，1986 年到山西省委党校中青年领导干部培训七班深造，1987 年 5 月至 6 月被团省委选送到国家经委培训中心参加国家经委共青团中央举办的第三期全国厂长企业管理研究班学习，1999 年 8 月至 9 月参加中共中央纪委监察部北戴河培训中心第 56 期培训班，2005 年 6 月至 7 月参加中共中央纪委监察部杭州培训中心纪检监察综合业务培训班学习。

在 40 余年的工作中，他对工作兢兢业业，任劳任怨，先后担任和兼任过阳泉市微型电机厂厂长，城区科学委员会副主任，区党委委员、郊区经济委员会副主任，郊区安全委员会副主任，郊区二轻工业局局长、党委副书记，市纪委、监委驻阳泉市人口计生委纪检组副组长、监察室主任，中国青年企业家协会会员，山西省青年企业家协会副会长，山西省青联委员，山西省青年社会主义改革研究会第一届理事，阳泉市青年企业家协会理事、副会长，阳泉市郊区青年企业家协会理事、副会长，阳泉市计划生育协会第三届、四届理事，阳泉市戏迷协会副会长，曾出席阳泉市城区第三届和第四届党代会代表，城区第九届、第十届人民代表大会代表，阳泉市科学技术协会代表、理事。

张海生参加工作后先后多次荣获厂、区、市优秀党员、先进个人、先进科技工作者、先进厂长、市劳动模范。1984 年 5 月至 1985 年 5 月先后两次荣立山西省社会主义劳动竞赛委员会三等功二等功各一次。1985 年被山西省经委评为山西省技术开发先进工作者。1986 年、1989 年先后两次被省委、省政府授予“山西省劳动模范”。1988 年 3 月被省经委、省体改委、团省委命名为“山西省十大杰出优秀青年企业家”。1988 年 5 月被省科协、省经委评为年度“讲理想　比贡献”竞赛活动先进个人。1988 年 6 月被国家经贸委、国家体改委、共青团中央命名为“全国优秀青年厂长”。2007 年 4 月被中共阳泉市委、阳泉市人民政府授予阳泉“建市 60 周年劳动功勋”奖章。2008 年 12 月被市纪委授予 12 年以上优秀纪检干部并颁发了荣誉证书。1986 年 11 月在太原举办山西省首届经济体制改革论文研讨会上，他撰写的论文《努力提高企业自我改造、自我发展的能力》经专家评审获省首届经济体制改革优秀论文一等奖。1988 年 5 月在山西省青年联合会“为七五计划出成果做贡献”竞赛活动中荣获一等奖。1989 年 5 月荣获山西省八十年代山西青年精英称号。

1988 年 11 月 6 日至 12 月 6 日，他由中华全国青年联合会派遣参加由共青团中央、中国青联组织的中国青年代表团，在中华全国青年联合会副主席李克强为总团团长及山西省青年联合会副主席支树平为分团团长的带领下，对日本东京、四国、香川、广岛、横滨、大阪等城市的经济及工业企业进行了为期一个月的考察和研修。

张海生的先进事迹，曾先后入选《中外企业家名录大全》《中国当代企业家名典.山西卷》等多部著作，并在《山西日报》等刊物上进行了较为全面系统的报道。

张喜瑞　阳泉市平定县西锁簧村人，1952 年 1 月出生，阳泉市郊区党校补习高中学历，1969 年参加工作，1991 年 11 月入党。

1959 年至 1965 年，在本村小学读书。1966 年至 1969 年，在平定中学读书。1969 年 12 月至 1983 年 12 月，任义井煤矿通风队队长、安全科科长。1984 年 1 月至 1986 年 12 月，任燕龛煤矿矿长。1987 年 1 月至 1989

年 8 月，任阳泉市煤管局、安监局副局长。1989 年 9 月至 1993 年 1 月，任郊区煤管局副局长，期间于 1990 年 9 月至 1992 年 6 月，在郊区党校（高中）结业。1993 年 2 月至 1999 年 3 月，任河底镇镇长。1999 年 8 月至 2013 年，任郊区煤管局党总支书记。

张斌武 1966 年 1 月出生，山西省平定县人，大学本科学历，1987 年 8 月参加工作，1995 年 5 月加入中国共产党。

1984 年 10 月至 1987 年 7 月，在山西林业学校林业专业学习；1987 年 7 月至 1996 年 3 月，先后任阳泉市郊区林业局办事员、科员，林政站长、林产品服务处主任、办公室主任；1996 年 3 月至 1998 年 8 月，任阳泉市郊区林业局副局长；1998 年 8 月至 2001 年 7 月，任阳泉市郊区燕龛乡人民政府副乡长；2001 年 7 月至 2003 年 6 月，任阳泉市郊区蔬菜中心主任；2003 年 6 月至 2003 年 9 月，任阳泉市郊区荫营镇党委副书记（正科级）；2003 年 9 月至 2006 年 6 月，任阳泉市郊区荫营镇党委副书记兼纪检书记；2006 年 6 月至 2007 年 6 月，任阳泉市郊区河底镇党委副书记、镇长；2007 年 6 月至 2011 年 5 月，任阳泉市郊区荫营镇党委副书记、镇长；2011 年 5 月至 2013 年 5 月，任阳泉市郊区荫营镇党委书记；2013 年 5 月，任郊区区委常委、统战部长、荫营镇党委书记。

张富英 1964 年 6 月生，荫营镇马庄村人，大学文化程度，1982 年 7 月参加工作，1985 年 11 月加入中国共产党。

1982 年 7 月至 1985 年 9 月在荫营镇人武部工作，1985 年 9 月至 1987 年 7 月在市委党校理论班学习，1987 年 7 月至 1993 年 4 月在区委组织部任科员，1993 年 4 月至 1998 年 6 月在荫营镇先后任组宣委员、副镇长，1998 年 6 月至 2000 年 12 月任区政协秘书长，2000 年 12 月至 2003 年 5 月任区政府办公室主任，2003 年 5 月至 2006 年 6 月任河底镇党委副书记、镇长，2006 年 6 月至 2011 年 5 月任河底镇党委书记。2011 年 5 月至 2014 年 12 月任郊区人大常委会副主任。

张福宝 固庄村人，民国 37 年（1948）7 月出生。中共党员、高级工程师、研究生学历，曾任汾西矿务局副局长。

少时，在本村小学、任家峪高小、中佐中学读书。1963 年，考入大同煤校，任校学生会宣传部部长、班团支部书记。1967—1980 年，在山西汾西矿务局柳湾煤矿工作，先后任工人、技术员、采煤队长等职。1980 年 5 月，任汾西矿务局生产技术处助理工程师、工程师。1981—1983 年，考入山东矿业学院深造，取得本科学历。1983 年 4 月回到汾西矿务局工作，任高阳煤矿副矿长、矿党委委员等职。

1984 年 10 月加入中国共产党。1985 年至 1992 年 7 月，在山西煤炭干部管理学院及中国矿业大学北京研究生部学习。1992 年 7 月至 1995 年 4 月，任高阳煤矿矿长兼党委书记、汾西矿务局党委委员和安全监察局第一副局长等职。1995 年 5 月至 2008 年 7 月，任汾西矿务局副局长、山西汾西矿业（集团）有限责任公司副总经理（副厅级）。2006 年 7 月至 2011 年 5 月，兼任山西省国有重点煤矿汾西矿区采煤沉陷综合治理领导组常务副组长兼办公室主任（正厅级）。2011 年 5 月退休。

张福保从小好学、刻苦钻研、积极向上。在工作期间，认真负责、兢兢业业，懂技术善管理、用贤士育能人，有较高的领导水平、管理艺术和学术水准。因工作绩效显著，曾荣获“中国煤炭工业优秀矿长金钟奖”、“优秀企业家”和省部级“劳动模范”、“优秀共产党员”、“先进工作者”等表彰和奖励。由他撰写的《煤矿灾害的预防与对策》一书由中国矿业大学出版社出版发行。《试论企业综合激励模式》《论“伐谋”、“伐交”、“伐兵”的竞争策略在煤矿安全工作中的应用》《汾西矿区采煤沉陷综合治理》等多篇优秀论文以及多项技术革新成果先后受到国家、部、省和汾西矿务局等单位的表彰奖励。他还积极参加社会活动，多年来一直担任山西省组织行为学协会、中国煤炭建设协会、山西省土木建筑协会、山西煤炭建筑协会等多个学术团体的理事会理事。

张福保的先进事迹和卓著业绩被入选《中国企业家辞典》《新世纪兴国人才》《世界优秀专家人才名录》等多部名著。

陈仲英　女，山底村人，1949 年出生，1970 年加入中国共产党。1964 年 9 月至 1968 年 7 月在太原第一化学工业学校读书，1968 年 7 月至 1973 年 3 月在国防化工厂三车间当工人，1973 年 3 月至 1978 年 9 月在山西机床厂保卫部当干事，1978 年 9 月至 2002 年 6 月任山西省委组织部组织处干事、副处长、干部综合处副处长、处长。2002 年 6 月任山西省编制委员会办公室副主任。2009 年退休。

郄孝义　民国 34 年（1945）2 月生于苇泊村。河底完小、中佐中学、平定师范完成学业后分配太原教育战线工作。1972 年加入中国共产党。先后任小学大队辅导员，太原市团市委干事、太原市委办公厅秘书。1987 年省委党校培训班毕业后，一直从事城市建设管理工作。任太原市市政公用局副局长、局长、党委书记。曾受到人事部、建设部、“全国建设系统先进工作者”表彰。先后被省委书记、省长、党和国家领导人乔石、邹家华接见。退休后从事老龄事业，任太原市老龄协会秘书长。

郑化民 原名李恩荣，乳名义寿，河底村人。民国 15 年（1926）9 月出生，民国 22 年至民国 26 年就读于本村小学、高校。民国 34 年（1945）11 月在本地参加革命工作。民国 35 年（1946）调干到太行工商局工作。1949 年加入中国共产党。1950 年至 1961 年先后任山西机器厂科长、山西省委机关干事、五机部 763 厂党委宣传部副部长、部长。1964 年至 1973 年，先后任中国国际贸易促进委员会副处长、商参处处长、出展部副部长、赴国外展览馆馆长等职。1974 年至 1979 年，任中国驻尼日尔大使馆商务参赞，1980 年调中央组织部工作。1981 年至 1989 年，任贸促会纪检委书记、咨询公司顾问。1990 年 3 月离休。现为中国环宇电子集团公司高级顾问、阳泉市政府高级经济顾问。

赵　黎 苏家泉人，1925 年 4 月 6 日出生。1937 年 7 月参加革命，先后在平定县政府、盂县牺盟会和解放剧社工作，1940 年入党，1942 年在延安抗日军政大学二分校附中学习。1945 年至 1955 年抗大毕业后，历任中共军委二局报务员、电台台长、副科长，1956 年任中国人民解放军总参谋部 0017 部队参谋长，1960 年转业到中国科学院物理所任业务处长，后到中华人民共和国对外文化联络委员会任专员及对外友协党总支书记并兼任三个副部长。1971 年调中科院物资局，1979 年筹建中科院空间科学技术中心，任地面部副主任直至离休（副部级待遇）。

荆九来 燕龛村人，民国 32 年（1943）9 月出生，1964 年参加工作，1970 年 12 月入党。

1951 年 9 月至 1959 年 9 月，在燕龛小学读书。1957 年 9 月至 1960 年 7 月，在平定岩会中学读书。1986 年至 1988 年，在燕龛卫校读书。1964 年 7 月至 1966 年 12 月，在平定县社调队工作。1966 年 12 月至 1969 年 12 月，在燕龛村务农。1967 年 12 月至 1973 年 12 月，任燕龛村副主任、党支部书记。1973 年 12 月至 1980 年 10 月，任燕龛乡农机员。1980 年 10 月至 1990 年 10 月，历任燕龛乡副乡长、乡长、党委书记。1990 年 4 月至 1995 年 4 月，任河底镇党委书记。1995 年 4 月至 2013 年，任郊区农牧局局长。2003 年退休。

胡培明 1965 年 8 月出生，苇泊村人，大专学历，中共党员，1983 年 10 月参加工作，高级经济师。1983 年 10 月至 1987 年 12 月任阳泉市平板玻璃厂车间主任，1988 年 1 月至 1992.年 5 月任苇泊汽修厂会计、副厂长，1992 年 6 月至 2001 年 3 月任苇泊汽修厂厂长，2001 年 4 月至 2003 年 6 月石家庄天隆公司阳泉分公司总经理，2003 年 7 至 2014 年 12 月任阳泉

天隆工程材料有限公司任董事长兼总经理。

2011 年被省建材协会评为“山西省建材行业产业结构调整功臣企业家”；同年被阳泉市委宣传部、环保局评为“阳泉市十佳环保市民”；2012 年被省建材协会评为“山西省建材行业质量管理卓越领导者”；同年被阳泉市委、市政府评为“阳泉市新农村建设模范标兵”，荣获阳泉市劳动竞赛委员会“阳泉市五一劳动奖章”；2013 年被阳泉市委，市政府评为“阳泉市农业农村工作先进个人”，被省企业家协会评为“山西省优秀企业家”，2014 年荣获“山西省劳动模范”称号。

要宜为 生于 1953 年 6 月，河底村人。山西省教育学院中文专业函授大专学历。1971 年 1 月参加工作，在河底学校任教师。同年 7 月到阳泉师范中文专业学习，1972 年 2 月毕业后分配回河底学校任教。1977 年 7 月到中佐中学当教师，并先后担任学校团总支书记、办公室主任。1984 年 4 月调郊区工商局工作，先后任办公室主任、合同股长、政务助理。1985 年 6 月加入中国共产党。1990 年 4 月任白泉乡副乡长。1993 年 1 月任三郊乡党委副书记、乡长。1995 年 1 月任荫营镇党委副书记、镇长。1997 年 9 月任荫营镇党委书记。1998 年 6 月当选阳泉市郊区人民政府副区长。2003 年 4 月当选为中共阳泉市郊区区委常委、政府常务副区长。2006 年 6 月，任郊区政协党组书记并当选为政协阳泉市郊区第六届委员会副主席。2007 年 4 月，任政协阳泉市郊区委员会党组书记、政协阳泉市郊区第七届委员会主席。2011 年，任阳泉市郊区关心下一代工作委员会主任，老龄委员会主任。

段拥军 河底村人，1967 年 11 月出生，1985 年 8 月参加工作，1990 年 11 月加入中国共产党，阳泉师范毕业，中央党校在职本科学历，档案助理馆员职称。

1985 年 8 月至 1988 年 9 月在三郊中学任教；1988 年 9 月至 1995 年 1 月，任阳泉市郊区交通局办公室主任、团支部书记；1995 年 1 月至 1996 年 3 月，任阳泉市郊区辛兴乡党务助理（挂职）、东西畛村党支部书记；1996 年 3 月至 1998 年 9 月，任阳泉市郊区辛兴乡副乡长；1998 年 9 月至 1999 年 5 月，任河底镇副镇长；1999 年 5 月至 2000 年 12 月，任阳泉市郊区乡镇企业管理局副局长；2000 年 12 月至 2003 年 6 月，任旧街乡党委副书记；2003 年 6 月至 2006 年 6 月，任郊区人民政府办公室主任；2006 年 6 月至 2011 年 5 月，任平坦镇党委副书记、镇长；2011 年 5 月至 2013 年 2 月，任义井镇党委书记；2013 年 2 月至 2014 年 12 月，任河底镇党委委员、书记。

聂满金 阳泉市郊区南堖村人，1952年5月出生，1970年5月入党，1975年参加工作。

1961年至1965年，在南堖村小学读书。1965年至1966年，在韩庄完小读书。1975年至1977年，在三郊公社任补贴制干部。1977年至1980年，在三郊公社任团委书记。1980年至1983年，任三郊公社党委政府办公室主任。1983年至1984年，任三郊公社管理委员会副主任。1984年至1989年，任三郊乡副乡长。1989年至1990年，任东村乡党委副书记。1990年至1993年，任东村乡党委副书记、乡长。其间，于1989年至1992年，在省委党校党政干部理论函授班学习。1993年至1995年，任西南舁乡党委副书记、乡长。1995年至1998年，任河底镇党委书记。1998年至2000年，任郊区镇区建设指挥部副指挥。2000年2月任郊区人民医院党委副书记，2012年退休。

高鱼妮 曾用名高秀英，女，民国23年(1934)12月生，1983年8月加入中国共产党。她的娘家为西南舁乡孔南庄村，12岁童养到河底光家。1950年5月加入新民主主义青年团，曾先后任大队青年团委员、民兵营副营长、妇代会副主任、人民陪审员、生产二队、四队妇女队长等职。1954年至1958年，任河底磺业社监理事会委员。

1982年担任阳泉市郊区第九届人民代表大会代表，1986年担任中共阳泉市郊区第二次代表大会代表。1979年至1994年，曾多次荣获省、市、区“劳动模范”“优秀共产党员”“农村科技致富能手”“先进女能手”“三八红旗手”“关心下一代先进工作者”“阳泉市妇联优秀女企业家”称号。1994年3月，阳泉市双学双比协调领导组授予她“双学双比标兵”称号。

高喜存 山底村人，1954年生。中共党员，阳泉市政协第十一届、十二届委员，阳泉市第三届拔尖人才。1975年5月参加工作，任原东村公社补干；1976年8月调市商业局政治处以工代干；1978年12月调市财委办公室干事；(期间1983年9月至1985年7月，在山西师大干部专修科读大专)；1987年7月至2001年8月调市直机关党(工)委工作，历任副科长、科长、副书记等职(1992年至1994年，入中央党校本科函授经济专业继续教育)；2001年8月至2014年7月任市委党史研究室主任。其间，主持编撰出版了阳泉地区首部中共历史，筹办了山西省“中共创建第一城——阳泉”全国专家论证会；主编了《中共阳泉党史人物传》《中共阳泉党史》；参与编撰了《阳泉百科全书》，牵头完成了多项国家和省重点党史编研课题，先后获得国家和省市多项奖励和荣誉。

郭　斌　1958年出生，山西昔阳县人。1975年参加工作，1976年10月加入中国共产党，历任区委组织部副部长、辛兴乡、河底镇党委书记、区政府副区长、区委常委、政法委书记、阳泉市公共资源交易中心主任等职。

郭俊泽　曾用名郭桃元。民国33年(1944)生于上章召村。1964年参加工作，1985年加入中国共产党。

1952年9月至1956年9月，在上章召小学读书。1956年9月至1958年9月，在河底完小读书。1958年9月至1961年9月，在中佐中学读书。1961年9月至1964年8月，在平定师范读书。

1964年8月至1969年8月，在阳泉市桃河小学任教。1969年8月至1980年9月，在阳泉报社工作，历任编辑、记者、工商组组长、总编办公室主任。1980年9月至1989年6月，在阳泉市人民政府工作，历任干事、办公厅调研室主任、办公厅调研室主任兼办公厅办公室主任、办公厅副主任、副秘书长、副秘书长兼办公厅主任。1999年6月至2002年9月，任市政府副秘书长兼市经济体制改革委员会党组书记、主任。2002年9月至2004年9月退居二线。2004年9月退休。

郭俊卿　笔名矛戈、庞然、殷希，生于1944年，上章召村人。高中文化程度，中共党员，中国戏剧家协会会员，国家三级编剧，山西省戏剧理论研究会理事，山西省艺术创作中心特聘创作员，阳泉市三晋文化研究会理事，政协阳泉市郊区第三至八届委员。

1965年3月参加工作后，分别在河底公社、区农机厂、娘子关提水工程、温河水利工程任职，1974年至1976年担任共青团阳泉市郊区区委书记。1976年5月担任区委宣传部副部长。1980年调任市文化局艺术研究室副主任。

1981年着手创作《喋血蕲州》，经过14次修改，于1984年公开发表，由市晋剧团排练上演并参加全省振兴晋剧调演，获山西省首届剧本征文三等奖。1985年至1990年任市晋剧团副团长、党支部书记期间，他的写戏生涯渐入佳境，先后创作了大型历史故事剧《深宫恨》、连台本戏《杨门巾帼(1~5本)》和《借乌纱》《仇大姐》《心灵》，改编了《反潼关》《焦裕禄》等剧目。还参与《中国戏曲志·山西卷》的编撰，受到文化部、国家民族事务委员会和全国艺术科学规划领导组嘉奖。另有20余篇戏曲史论和名家传记分别入《阳泉市志》《阳泉文化志》《阳泉市郊区志》。

1990年至1993年任区政协办公室主任。1993年12月当选为区文联主席后，主持编印了“热土”系列丛书《散文诗歌专辑》和《戏剧曲艺歌曲专辑》共60万字，创作了传统戏《牧羊圈(1~2本)》和评说小品《安心眼》，在省市级报刊发表诗歌、歌曲200余篇。《牧羊圈》成为剧院品牌剧目，在阳泉三区两县及晋中、太原久演不衰，观众如潮，轰动一时。《安心眼》也获得山西省首届小品征文二等奖。2002年，他被山西省文化厅艺术创作中心特聘为创作员，编写了大型历史故事剧《盂山情》(第一编剧)并荣获省“五个一工程”优秀作品奖。并把域中历史人物郭浩演绎成《魂系大明》一部历史戏曲剧本。至2014年，该已创作大型历史、现代戏曲剧本22部，立在舞台12部之多。2004年退休。

郭喜寿 东村人，民国31年(1942)出生，中共党员，中共阳泉市第六、七、八次党代会代表，退休后享受副地市级待遇。

1962年毕业于平定师范，期间曾任学生会主席。1966年加入中国共产党。1971年任城区团委书记。1973年出席共青团山西省第六次代表大会。1975年任平坦公社党委副书记、革委会副主任。1980年任共青团阳泉市委副书记、党组成员。1983年任阳泉市二轻局副局长，同年任市轻工业局党委书记。1988年在北京经济函授大学学习。1992年任阳泉市交通局党委书记。

曹子凝 曾用名曹春联、曹抗存，曹家掌村人，1931年3月17日出生在一个贫苦农民家庭。1948年4月加入中国共产党并同时参加革命工作，在平定四区吴家掌任教；1949年1月至1951年12月在山西省立平定师范学校念书（学生）；1951年12月至1952年7月任盂县三区白土坡中心小学校长；1952年7月至1954年3月任盂县教育工会主席；1954年3月至1955年6月任盂县工会联合会秘书兼教育工会主席；1955年6月至1956年10月任盂县县委办公室副主任；1956年10月至1958年11月任盂县县委会秘书；1958年11月至1959年2月任中共阳泉市盂县联社党委会秘书长；1959年2月至1959年3月任阳泉市联社办公室副主任；1959年3月至1965年12月任盂县人民委员会办公室主任；1965年12月至1967年2月任中共盂县县委常委、盂县人民委员会副县长；1967年2月至1968年12月“文化大革命”受冲击；1968年12月至1972年10月任盂县革命委员会办事组组长；1972年10月至1974年1月任中共盂县县委常委、县革命委员会副主任；1974年1月至1975年7月任中共盂县县委副书记、县革命委员会副主任；1975年7月至1981年3月任中共盂县县委副书记、县革命委员会主任；1981年3月至1984年5月任中共盂县县委副书记、盂县人民政府县长；1984年5月至1989年5月任盂县八、九届人大常委会

主任；1989 年 5 月至 1993 年 7 月任阳泉市第九届人大常委会副主任，1993 年 7 月 1 日离休。1990 年 2 月 22 日，荣获 1988 年至 1989 年度“山西省人民政府优秀建议”奖；1995 年 7 月 20 日荣获中国林学会“劲松”奖。他是山西省第五、七届人大代表，阳泉市第八、九届人大代表，盂县第六、七、八、九届人大代表。被省政府评为“山西省林业劳动模范”，并授予“绿化旗手”荣誉称号，颁发奖章一枚、奖杯一对。

曹立智 乳名富金，生于 1950 年 10 月，东村人，中共党员，教授，主任医师。1972—1974 年，在晋东南医专读书，1988 年入党。1974 在阳泉市第一人民医院外科，骨科工作，先后任主治医生，外科副主任，主任，主任医师、教授，山西省骨科专业委员会委员，市骨科专业委员会主任委员，国家级《实用骨科杂志》编委委员，市一院外科党支部书记，1996 年、1999 年分别获市科技进步一等奖。

曹有山 山底村人，原名曹有善，1919 出生。民国 33 年(1944)参加工作，民国 35 年加入中国共产党。民国 37 年奉命南下，调陕西省军区后勤部工作，先后任供训队、军事干校指导员。白河县、平利县武装部政委。1966 年退休，1982 年改为离休，享受副师级待遇。

曹俊德 生于 1957 年 2 月，东村人，中共党员，大学本科，哲学学士，管理学硕士，中央国家机关工作人员。

1975 年至 1977 年，在东村人民公社办公室任秘书。1977 年考入天津南开大学哲学系学习。1982 年 1 月入党，同年 2 月被分配到中共中央办公厅工作，后调中央档案局工作。现任北京电子科技学院党委副书记，副校长(正地市级)。

葛占魁 河底村人，出生于民国 27 年(1938)年 8 月，大学本科学历，中共党员。

1949 年至 1954 年，在河底完小读书。1954 年至 1960 年，在阳泉一中读书。1960 年 9 月至 1964 年 7 月，在山西大学读书。1964 年 8 月至 1974 年 8 月，在阳泉二中任教。1974 年 9 月至 1984 年 3 月，在阳泉市教育局工作。1984 年 3 月至 1986 年 10 月，任阳泉市体委主任。1992 年 11 月，被评为出席全国业余体育训练先进工作者，获得“精育新星”奖。2014 年 3 月，被授予山西省“老年体育工作特别贡献”奖。1998 年 9 月退休。

程明贵 程庄村人,1957年出生。1965年7月至1973年7月,在程庄小学、北庄中学读书。1973年至1975年,在曹家掌高中读书。1976年3月至2005年7月,在93658部队任多职。西安空军通讯学院大学专科、工程师、副师级、上校军衔。

傅海川 民国32年(1943)3月生,东村人,1962年6月毕业于中佐中学。初中毕业返乡劳动。1963年任本村团支部副书记,第三生产小队会计。1964年参加工作, 当年5月推荐到市党校学习,3个月结业转入阳泉市借调干部,参加社会主义教育运动,简称“四清”运动。1966年5月加入中国共产党。

1968年10月借调干部返乡,同年10月,任本村革委会第一副主任,党支部副书记。1972年2月调东村公社任水利技术员兼温河指挥部渠道工程指导员。1975年1月调河底公社任革命委员会第一副主任,1976年任主任。1978年任河底公社党委书记。1982年,出席市区党代会和阳泉市第九届人民代表大会,并授予“先进集体”“先进个人”称号。

1982年10月调郊区区委工作,任区委常委,区委副书记、副区长(代理)。1984年调阳泉市经济技术开发总公司任副总经理。1986年调回郊区参加区委组织的组织史编撰工作,同年报考中国人民大学国际对外贸易函授班学习。1989年任杨家庄乡党委书记。1993年任郊区乡镇局局长。同年8月任荫营镇党委书记。1995年任郊区煤炭工业局党总支部书记。2003年退休。

谢　华 曾用名谢爱荀,东南沟村人。1957年8月16日出生。1975年7月5日高中毕业返乡务农。任村团支部书记,革命委员会委员。1976年11月入党。1977年1月8日参军,为空军第十一军勤务连战士;1977年5月在空军十一军司令部航行处当译电员;1979年4月考入空军第十六航校调度大队上学。1980年4月提干分配空军临潼场站调度室任调度员;1987年3月部队单位改名为飞行管制中心,任副主任(副营职);1992年4月任主任(正营职)。1997年8月转业到中共西安市委办公厅秘书二处干部(正科级);1999年4月任市委总值班室主任(正科级);2002年5月任秘书二处副处长;2007年4月任秘书二处正处级调研员;2008年4月调任西安市未央区机关事务管理局局长(正处级),受奖:1987年工作突出嘉奖三等功一次。2002年省政府通报表彰为“防洪救灾先进个人”。

谢玉金　东南沟村人，1962 年 10 月出生，1980 年 10 月入伍，1983 年 5 月入党，1985 年 7 月提干。研究生学历，毕业于解放军装备指挥技术学院和西南政法大学。曾在中国人民解放军西昌卫星发射中心任战士、司务长、助理员、副处长、处长（正团）等职务。2007 年 3 月转业到成都市，2014 年，四川省林业厅工作，职务为正处级调研员

谢会琴　1971 年 2 月生，东南沟村人，中共党员。1978 年 9 月至 1983 年 7 月，在东南沟小学读书。1983 年 9 月至 1986 年 7 月，在东村中学读书。1986 年 9 月至 1989 年 7 月，在阳泉一中读书。1989 年 9 月考入山西大学数学系计算数学专业学习，1993 年 7 月大学毕业，获得山西大学计算数学专业理学学士学位。毕业后分配到太原卫星发射中心从事技术工作 20 多年，现为太原卫星发射中心技术部高级工程师，技术七级，大校军衔。1994 年 11 月加入中国共产党。2004 年 6 月获得山西大学计算机应用技术专业工学硕士学位。

谢素莲　女，1962 年出生，东南沟村人。1985 年和 1988 年毕业于山西大学生物系，分别获理学学士和硕士学位。2001 年毕业于中国科学院水生生物研究所，获理学博士学位。2001—2004 年，在中国科学院应用生态研究所进行博士后研究。1987 年参加工作，在山西大学生命科学学院任教。现为山西大学生命科学学院副院长，教授，博士生导师。

谢海宝　1974 年出生，东南沟村人。中共党员，中央党校自修大学本科学历。1989 年初中辍学，学习摩托维修；1996 年进入北京市东城区保安分公司从事保安工作。期间，抓捕违法犯罪嫌疑人 500 多人，因反扒成绩出色，荣立个人二等功 2 次、个人三等功 6 次。2004 年荣获“北京市十佳保安”；2005 年荣获“北京市劳动模范”“全国劳动模范”“北京市感动东城十大人物”“感动阳泉十大人物”，被北京市东城区保安分公司授予“终身保安”荣誉称号；2007 年被山西省电视台评为“山西省年度十大新闻人物”；2008 年荣获“首都志愿者之星”，作为北京地区奥运火炬手参与奥运火炬传递；2009 年应邀在天安门观礼台参加中华人民共和国成立 60 周年国庆典礼；2012 年应邀在天安门广场参加人民共和国成立 63 周年为人民英雄纪念碑献花仪式；2013 年在北京市“孝星”的评选中，因为十多年对对门邻居孤寡老人无微不至的照顾被北京市老年中心评为”西城区孝星”。

潘换梅 山底村人，民国38年(1949)年1月出生，1979年7月加入中国共产党，山西省党委校政治理论专业函授大专学历，经济工程师、高级会计师。

1962年山底学校毕业，1963年任山底村第五生产小队出纳员；1966年任山底第五生产小队队长；1968年任山底大队主管会计；1971年12月参加工作，先后担任郊区汽车队会计员、调度员；1983年4月任郊区运输公司经理、党支部书记；1987年7月任郊区交通局局长；1991年10月任郊区财政局局长、党支部书记；1995年12月当选郊区人民政府副区长；1998年3月当选中共阳泉市郊区区委常委、区政府常务副区长、郊区行政学校校长；2003年4月当选为政协阳泉市郊区委员会党组书记、政协阳泉市郊区第六届委员会主席；2007年8月任阳泉市郊区关心下一代工作委员会主任、阳泉市郊区老龄工作委员会主任。并授予全市净化社会主义环境促进未成年人成长先进工作者，2009年退休。

1992年、2003年、2007年曾当选为阳泉市郊区十四届、十五届、十六届人民大会代表，1992年至1999年入选阳泉市第十届人民大会代表。2002年至2007年阳泉市第十届政协委员。

1995年3月被山西省委、省人民政府授予“山西省劳动模范”称号。

霍道昌 山底村人，民国21年(1932)出生，1952年加入中国共产党，大专文化，高级经济师。

民国31年（1942）至民国34年在本村小学读书。民国34年8月至1951年在本村羊圈炉、石窑峪、东村铁厂、阳泉裕兴机械厂当工人，1951年至1954年在阳泉市辗铁厂任质检、劳资员。1954年至1958年在阳泉市工业局任科员。1958年至1961年任阳泉市化工局人事科副科长、组织部副部长。1961年3月至1964年10月任河底硫铁矿总支副书记，1966年至1984年任阳泉市化工局组织科长，革委副主任、副局长、局长。1984年至1995年任阳泉市轻工局局长、党委书记，1995年离休。

河底镇副县级以上党、政、军干部一览表

表 24-1

姓 名	性 别	籍 贯	生 年	工作单位及职务
丁义武	男	河 底	1952	山西省冶金研究所党委书记
王 田	男	下章召	1927	温河灌区建设总指挥
王义金	男	东 村	1942	长治市总工会常委、经济技术部长
王玉福	男	下章召	1938	阳泉市农牧局局长
王付云	男	下章召	1965	阳煤集团副总经理
王存玉	男	东 村	1943	人行阳泉中心支行常务副行长
王成亮	男	河 底	1937	阳泉市绿化委员会副主任
王进军	男	下章召	1924	阳泉市革委副主任、市体委副主任、体协副主席
王志连	男	山 底	1963	忻州师范学院院长
王国山	男	山 底	1934	阳泉市二轻工业局局长
王家忠	男	下章召	1927	晋中地区秘书长、建设局局长
王继志	男	牵牛镇	1943	阳泉市郊区政府副区长
王喜才	男	河 南	1961	大同市房管局副处长
邓守义	男	邓家峪	–	太原军分区副司令员
史一书	男	苇 泊	1963	阳泉市二院党委书记
史长如	男	燕 龛	1920	榆次市人大常委会副主任
史长所	男	燕 龛	1954	阳泉市开发区工会主席
史化财	男	燕 龛	1947	阳泉市疾控中心主任
史计财	男	关家峪	1956	阳泉市卫生局副局长
史玉宝	男	苇 泊	1962	阳泉市委宣传部常务副部长
史享先	男	燕 龛	1911	孝义县人民银行行长
史秋生	男	燕 龛	1961	太原市体校党委书记
史宣林	男	河 底	1930	太原铁路分局政治处主任、政法办主任
史爱臣	男	燕 龛	1926	阳泉市林业局副局长
史通宾	男	燕 龛	1924	汾西矿务局两渡矿工委副主席
史理所	男	燕 龛	1926	大同市农机局副局长
史喜平	男	苇 泊	1962	阳泉市委组织部副部长、老干局局长

续表 24–1

姓　名	性　别	籍　贯	生　年	工作单位及职务
史满昌	男	河　底	1927	阳泉市委党校副校长
史豪强	男	燕　龛	1957	阳泉市矿区人大常委会副主任、总工会主席
史燕红	男	燕　龛	1962	固庄煤矿党委副书记、总经理
白成太	男	西　沟	1919	河北省邢台地区水利局县团级调研员
白智永	男	西　沟	1915	阳泉市总工会副主席
朱存牛	男	上章召	–	中国民办局管理处处长
任万元	男	任家峪	1927	阳煤集团工程处处长
任玉珍	女	任家峪	1933	呼和浩特市物资公司经理
任所才	男	任家峪	1956	阳泉城区政协副主席
任根存	男	任家峪	1925	阳泉市供电局副局长
刘书云	男	小西庄	–	阳泉市矿务局工程处副处长
刘生明	男	河　底	1941	阳泉市轻工局副局长
刘守义	男	河　底	1949	黄河电视台纪检书记
刘守维	男	河　底	1947	阳煤集团宏厦总公司总经理
刘荣生	男	牵牛镇	1952	阳泉市第二人民医院院长
刘砚青	男	河　底	–	山西省人大常委会副主任
刘贵珍	男	小西庄	1956	山西电视台副台长
刘培鸣	男	河　底	1941	太原市农牧局局长、党组书记
刘培胜	男	河　底	1924	广西柳州钢铁厂党委副主席兼工会主席
李　珍	男	山　底	1940	太原蔬菜食品公司党委副书记
李　智	男	山　底	1931	国家外贸部驻加拿大多伦多总领事馆商务参赞
李　璠	男	山　底	1952	霍县矿务局处长
李乃铭	男	牵牛镇	1942	阳泉市卫校党支部书记
李玉平	男	大河北	1964	甘肃省政协人口资源环境委员会主任
李庆广	男	中　佐	1942	阳泉市第二人民医院党委书记
李宝存	男	东　村	1962	阳泉市城区人大常委会主任
李陞堂	男	龙光峪	1938	阳泉宾馆党委书记
李换如	男	东　村	1917	山西皮革厂党委书记
李格正	男	小西庄	1918	青海省军区副政委政治部主任

续表 24-1

姓　名	性　别	籍　贯	生　年	工作单位及职务
李格联	男	小西庄	1915	湖南省湘潭行署专员
李晓东	男	大河北	1980	陆军第 31 集团军少校
李晓华	男	小西庄	1962	四川省宜宾市公安分局政委
李晓庆	男	大河北	1986	东海舰队航空兵上尉
李润怀	男	小西庄	1956	阳泉市人大财经委主任
李维程	男	苏家泉	1959	阳泉市编办主任
杨士福	男	小河北	1926	沈阳铁西区环境卫生汽车一队
杨济才	男	上章召	1960	阳泉市郊区政协副主席
杨银福	男	小河北	–	阳煤集团三矿党委书记
杨惠文	男	山　底	1966	盂县副县长兼县公安局长
宋爱金	男	小西庄	1957	阳煤集团工程处经理
张　亮	男	山　底	1951	阳泉市农委党组副书记、第一副主任
张　景	男	山　底	–	阳泉市市政公用事业局党委书记
张小平	男	苇　泊	1969	荫营煤矿副矿长
张文阁	男	山　底	1944	阳泉市盐务分局局长
张玉明	男	山　底	1950	内蒙古电建公司党委宣传部长
张玉斌	男	苇　泊	1962	盂县县委书记
张巧花	女	山　底	1955	九三学社阳泉市委驻会副主委
张世明	男	苇　泊	1963	省运阳泉公司董事长
张东平	男	小　沟	1958	阳泉市国土资源局副局长
张北辰	男	苇　泊	1908	中国财政经济出版社第二编辑室主任
张有明	男	山　底	1957	阳泉市实验中学校长
张先晓	男	苇　泊	1942	阳泉市城区法院院长
张仲生	男	固　庄	1921	山西省农业机械工司总经理
张志忠	男	山　底	1922	湖南军区湘潭军分区后勤部部长
张苟存	男	东南沟	1943	阳泉市民政局副局长
张建存	男	东南沟	1955	中国兵器晋西工业集团公司任党委组织部部长
张炳旭	男	山　底	1946	山西省汽车贸易总公司总经理
张晋龙	男	山　底	1965	阳泉市公安局副局长

续表 24-1

姓　名	性　别	籍　贯	生　年	工作单位及职务
张海东	男	山　底	–	阳泉市环境保护局党组书记、局长
张银和	男	牵牛镇	1958	山西省应县人民政府副县长
张彩红	女	山　底	1966	阳泉市中级人民法院党组成员、专职审判员
张智华	男	固　庄	1953	阳泉市卫生监督所所长
张新民	男	河　底	1952	辽阳市结核病医院副主任
张福宝	男	固　庄	1948	山西省汾西煤炭集团副总经理
张慧清	男	小　沟	1964	阳泉市发展改革委员会副主任
陈凤岐	男	山　底	–	山西省党校行政处副处长
陈仲英	女	山　底	1947	山西省编制委员会办公室副主任
陈志昂	男	山　底	1942	太钢公司纪检委副书记
武小星	男	猪头垴	1959	阳泉市水利局副局长
武天明	男	猪头垴	–	河北省军区副政委
郄孝义	男	苇　泊	1942	太原市市政公用局局长
郄鸿珍	男	苇　泊	1921	市福利院院长
周明书	男	红土岩	1956	阳泉市行政执法局局长
周锦华	男	东　村	1926	霍州市人大副主任
庞毓英	男	东　村	1929	阳泉市劳动局局长
郑计平	男	下章召	1963	阳泉市供电局副书记、纪检书记
郑东锁	男	下章召	1943	阳煤集团纪检副书记
郑庙荣	男	下章召	1926	阳泉市供电局副书记
赵　西	男	苏家泉	–	光明日报社工会主席
赵书帆	男	苏家泉	–	太原市委党校进修部主任
赵光复	男	牵牛镇	1931	阳泉市税务局局长
赵江峰	男	苏家泉	–	呼和浩特市交通征费稽查局工会主席、总支副书记
赵际红	女	苏家泉		山西省委党校法学部副主任
赵建军	男	苏家泉	–	平定县委常委武装部部长
赵雪青	女	苏家泉	1971	阳泉市档案局党组书记、局长
赵富荣	男	苏家泉	1938	阳泉市郊区人大常委会副主任
胡万明	男	任家峪	–	阳泉市人大人事委主任

续表 24-1

姓 名	性 别	籍 贯	生 年	工作单位及职务
胡计平	男	苇 泊	1961	阳泉市委党校副校长、市行政学院副院长
胡俊平	男	苇 泊	1963	晋东天然气公司董事长
胡彩屏	女	东 村	1971	广州市外经局综合处副处长
胡道红	男	苇 泊	1959	阳泉市城区人大常委会副主任
要宜为	男	河 底	1953	阳泉市郊区政协主席
施海青	男	山 底	1979	阳煤集团巡查专员
耿年生	男	河 底	1960	阳泉市规划局副局长
晋卫华	男	苇 泊	1919	南京军事学院战史研究室主任
高爱萍	女	山 底	–	民主促进会阳泉市委驻会副主委
高喜存	男	山 底	1954	阳泉市委党史研究室主任
郭一平	男	河 底	–	民政部民政干校副校长
郭万银	男	东 村	1923	阳泉市供销社副主任
郭子荣	男	上章召	–	平定县革委主任
郭四宝	男	上章召	–	阳泉市四中党委书记
郭四清	男	上章召	–	中国人民解放军海外联络处处长
郭汉山	男	东 村	1919	阳泉市革委副主任兼二轻局党委第一书记
郭民主	男	上章召	–	太原市煤干校党委书记
郭有才	男	牵牛镇	1943	阳泉市公安局政治部副主任
郭进玉	男	上章召	–	阳泉市农业银行副行长
郭苏维	男	上章召	–	陕西省宝鸡市城建局局长
郭建设	男	上章召	–	阳泉市公安局四处处长
郭俊平	男	上章召	–	阳泉市公安局二处处长
郭俊泽	男	上章召	–	阳泉市政府副秘书长兼办公厅主任
郭俊银	男	上章召	–	大同市公安局局长
郭俊清	男	上章召	–	阳泉市建材局党委书记
郭真祥	男	上章召	–	阳泉市农业局副局长
郭根才	男	苇 泊	1938	南庄煤矿党委书记
郭喜寿	男	东 村	1942	阳泉市交通局党委书记
郭善祥	男	上章召	–	阳泉市郊区人大常委会副主任

续表 24-1

姓　名	性　别	籍　贯	生　年	工作单位及职务
郭满仓	男	河　底	1975	阳泉市郊区政府副区长
唐会廷	男	东　村	1942	青岛港务局正县级调研员
黄金荣	女	牵牛镇	1938	阳泉市二院党委书记
曹小红	女	曹家掌	–	阳泉市人大人事委副主任
曹书元	男	曹家掌	–	山西省公路局阳泉分局副局长
曹有山	男	山　底	1919	陕西省白河县、平利县武装部部长
曹有忠	男	曹家掌	–	阳泉市对外贸易经济合作局副局长
曹俊德	男	东　村	–	中共中央办公厅电子科技学院党委副书记
曹慧明	男	东　村	1954	阳泉市档案局局长
阎维新	男	苏家泉	1940	阳泉市郊区人大常委会副主任
葛占魁	男	河　底	1938	阳泉市体育运动委员会主任
葛军义	男	河　底	1948	阳泉市郊区政协副主席
韩计红	男	苇　泊	1932	阳泉市二轻局副局长
韩保红	男	苇　泊	1966	阳煤集团新景矿矿长
韩晨旭	男	山　底	1922	辽宁省建委企业管理处处长
韩虎平	男	苇　泊	1967	北京市大兴区特警队队长
程会平	男	里龙光峪	1962	阳泉市委副秘书长
程志强	男	里龙光峪	1962	阳泉市财政局(正县)副局长
程保存	男	里龙光峪	1957	阳泉市招生办主任
程祯喜	男	里龙光峪	1965	市国资委总会计师
程继喜	男	里龙光峪	1968	阳泉市郊区政府常务副区长
傅　志	男	东　村	1911	阳泉市职工消费合作社主任、支部书记
傅　惠	男	东　村	1924	山西省二轻厅副厅级巡视员
傅成臻	男	东　村	1948	阳泉市商务局党委副书记兼纪检书记
谢　华	男	东南沟	1957	西安市未央区机关事务管理局局长
谢书海	男	东南沟	1947	阳泉市人民检察院纪检组长
谢玉金	男	东南沟	1962	四川省林业厅正处级调研员
谢加义	男	东南沟	1931	阳泉市委农工部部长
谢国义	男	东南沟	1948	阳泉市委新闻中心副主任

续表 24-1

姓 名	性 别	籍 贯	生 年	工作单位及职务
谢轮飞	男	东南沟	–	贵州师范学院副院长
谢宝金	男	东南沟	1954	阳泉市十七中校长
谢贵元	男	东 村	1950	阳泉市矿区公安分局政委
靳志华	男	苇 泊	1933	阳泉市政府办公厅副处级调研员
靳秀珍	男	苇 泊	1933	阳泉市人大办公厅副主任
靳秀瑞	男	苇 泊	1937	阳泉市土地局副局长
翟朝辉	男	燕 龛	1963	阳泉市市直机关工委副书记
潘东平	男	大河北	1959	南煤集团党委副书记
潘换梅	男	山 底	1949	阳泉市郊区政协主席
霍道昌	男	山 底	1930	阳泉市轻工业局局长、党委书记

河底镇副高级以上企事业单位专业技术人员一览表

表 24–2

姓　名	性　别	籍　贯	生　年	工作单位及技术职务
王凤花	女	河　南	1981	昆明农业大学教授
王文杰	男	下章召	1971	阳泉十二中中教高级
王玉福	男	下章召	1938	阳泉市农牧局高级农艺师
王付云	男	下章召	1965	阳煤集团高级会计师
王志连	男	山　底	1961	忻州师范学院教授
王秀红	女	下章召	1966	阳泉市十一中中教高级
王改鱼	女	河　底	1963	虎桥中学中教高级
王国山	男	山　底	1933	阳泉市二轻局高级经济师
王国璋	男	山　底	1945	河底中学中教高级
王建春	女	山　底	–	山西省体工队自行车运动健将
王香兰	女	下章召	1951	阳泉市农牧局高级畜牧师
王便红	女	牵牛镇	–	荫营中学中教高级
王润喜	男	下章召	1955	阳泉市郊区经贸局高级工程师
王跃军	男	下章召	1978	山东潍坊发动机厂高级工程师
史　宇	女	关家峪	1980	南京大学副教授
史化财	男	燕　龛	1947	阳泉市疾控中心主任医师
史彦涛	女	任家峪	–	阳泉市第一人民医院妇科主任医师
白俊平	男	西　沟	1976	阳煤集团第三医院副主任医师
白晓晶	女	西　沟	1974	阳煤集团总医院副主任医师
任进斌	男	任家峪	–	阳泉市第一人民医院副主任医师
任和平	男	任家峪	1955	阳泉市第二人民医院主任医师
任振林	男	任家峪	–	阳泉市第三人民医院主任医师
刘玉花	女	河　底	1966	河底中学中教高级
刘占田	男	河　底	1958	河底中学中教高级
刘守文	男	河　底	1957	阳泉二中中教高级
刘宝凤	女	河　底	–	阳泉市第一人民医院儿科主任医师
刘宝银	男	河　底	1957	河底中学中教高级

表 24-2

姓　名	性　别	籍　贯	生　年	工作单位及技术职务
刘荣生	男	牵牛镇	1952	阳泉市第二人民医院副主任医师
刘爱平	女	河　底	1969	河底中学中教高级
刘海昌	男	龙光峪	1956	阳泉市第二人民医院主任医师
刘跃生	男	西　沟	1959	阳泉市第十四中学中教高级
刘银玉	男	小西庄	–	荫营二中中教高级
刘瑞平	男	河　底	1962	河底中学中教高级
苏小平	女	中　佐	–	阳泉市党史研究室副研究员
李　阳	女	山　底	–	长春财经学院副教授
李　智	男	山　底	1931	中国驻加拿大多伦多总领事馆高级经济师
李　騵	男	牵牛镇	1937	阳泉市药材公司高级经济师
李云贵	男	小西庄	–	燕龛中学中教高级
李五孩	男	龙光峪	1947	阳煤集团高级工程师
李文怀	男	河　底	–	中科院太原煤化工研究所研究员
李改存	女	小西庄	–	荫营二中中教高级
李改琴	女	山　底	–	阳泉市第一人民医院副主任护理师
李玲娥	女	中　佐	1964	山西财经大学教授、博士生导师。
李钢所	男	上章召	–	阳泉市郊区教研室中教高级
李保才	男	河　底	1959	河底中学中教高级
李根银	男	苏家泉	–	阳泉市规划设计院高级工程师
李爱英	女	龙光峪	1941	中国人民银行阳泉市分行高级会计师
李爱明	男	苏家泉	–	河底中学中教高级
李恕荣	女	河　底	1957	阳泉市第一人民医院副主任护理师
李雪军	男	苏家泉	–	美国纽约百事可乐公司高级工程师
李鹏飞	男	牵牛镇	–	阳泉市农牧局高级农艺师
李满才	男	龙光峪	1950	阳煤集团高级工程师
杨士巧	男	苏家泉	–	武警太原消防支队高级工程师
杨成元	男	五架山	–	东村中学中教高级
杨志勇	男	上章召	1949	阳泉市郊区教育局中教高级
杨树花	女	山　底	–	阳泉市郊区一中高级会计师

表 24–2

姓　名	性　别	籍　贯	生　年	工作单位及技术职务
杨喜庆	男	山　底	–	中国人民保险公司阳泉分公司高级经济师
吴玉贵	男	曹家掌	–	阳泉日报社主任编辑
宋千寿	男	东南沟	–	燕龛中学中教高级
宋建华	男	北小西庄	–	广州大学教授
张　怀	男	山　底	–	阳泉市第三人民医院副主任药师
张　敬	男	山　底	–	阳泉二中中教高级
张　瑞	男	–	–	河底中学中教高级
张凤花	女	固　庄	1957	河底中学中教高级
张玉娥	女	东南沟	–	中科院遗传与发育生物学研究所副研究员
张香梅	女	固　庄	1955	阳泉市农业局高级农艺师
张炳旭	男	山　底	–	山西汽车工业贸易总公司高级经济师
张银凤	女	山　底	–	古城中学中教高级
张瑞生	男	关家峪	1969	阳泉市第三人民医院副主任医师
陈　睿	男	山　底	–	太原自来水公司高级经济师
武　祯	男	猪头垴	–	同方卫视高级工程师
季润林	女	河　底	1951	河底中学中教高级
郄晓波	男	苇　泊	–	阳泉三中中教高级
庞丽丽	女	东　村	–	阳泉市第一人民医院消化内科主任医师
郑计平	男	下章召	1963	阳泉市供电局高级工程师
郑寿泉	男	下章召	1963	阳泉市经委高级工程师
单爱莲	女	河　底	–	中国药理杂志编辑部副编审
赵　岚	男	山　底	–	北京园林艺术研究院研究员
赵光复	男	牵牛镇	1931	阳泉市税务局高级经济师
赵远帆	男	苏家泉	–	中国社会科学院文学研究所副编审
赵秀帆	女	苏家泉	–	阳泉科技干部局高级经济师
赵际勇	那	苏家泉	–	美国阿贡国家实验室高级研究员
赵晓峰	男	苏家泉	–	呼和浩特市企业高级工程师
赵满成	男	关家峪	1962	人力资源和社会保障部劳资所研究员

表 24-2

姓　名	性　别	籍　贯	生　年	工作单位及技术职务
荆向忠	男	河　底	–	阳泉市社会经济调查队高级统计师
胡玉厚	男	苇　泊	1938	山西省煤炭设计院高级工程师
要涛英	女	河　底	1970	阳泉市疾控中心副主任护师
段逢尚	男	河　底	–	阳泉市郊区河底卫生院副主任医师
段梦平	男	河　底	1959	河底中学中教高级
段梦昊	男	河　底	1949	阳泉五中中教高级
施丽芳	女	山　底	–	阳泉市规划局设计院国家注册规划师高级工程师
施爱珠	男	山　底	–	阳泉市园林局高级兽医师
耿海连	女	河　底	1963	河底中学中教高级
高　英	女	山　底	–	盂县一中中教高级
高云生	男	苇　泊	1948	阳泉市第三人民医院主任医师
高瑞明	男	山　底	–	中国电子科技集团公司第十五研究所高级工程师
郭凤英	女	东　村	1940	山西大学教授
郭巧珍	女	河　底	–	北京青云航空仪表公司高级工程师
郭向京	男	上章召	1948	河底中学中教高级
郭怀喜	男	河　底	1956	河底中学中教高级
郭翠红	女	河　底	1973	古城中学中教高级
曹小英	女	任家峪	–	阳泉市第二人民医院副主任医师
曹立智	男	东　村	1950	阳泉市第一人民医院骨科主任医师
曹晓芳	女	东　村	–	省城乡规划设计研究所高级工程师
曹新平	男	东　村	–	东村中学中教高级
曹蔚枝	–	曹家掌	–	山西省交通研究院高级工程师
曹蔚卿	–	曹家掌	–	山西省公路局阳泉分局高级工程师
阎　慧	男	苏家泉	1981	南开大学副教授
阎千锁	男	苏家泉	1956	阳泉第一人民医院神经外科主任医师
阎旭斌	男	苏家泉	–	东村中学中教高级
阎树林	男	苏家泉	–	南煤集团高级经济师
阎俊义	男	苏家泉	1974	中国三峡集团公司高级工程师
阎晋光	男	苏家泉	–	深圳国信证券股份有限公司稽核总监注册会计师
梁小平	女	河　底	1962	古城中学中教高级

表 24–2

姓　名	性　别	籍　贯	生　年	工作单位及技术职务
葛力泉	男	河　底	–	阳泉市科学技术交流中心副研究员
葛海明	男	河　底	1963	赛鱼中学中教高级
程文林	男	里龙光峪	1940	山西农业大学硕士研究生导师
程贵铭	男	里龙光峪	–	中国农业大学硕士研究生导师
傅存果	女	东　村	–	西安气象局高级工程师
傅红燕	女	东　村	–	山西汇华会计事务所高级会计师、注册会计师
谢长命	男	东南沟	1942	阳泉日报社副主任编辑
谢国义	男	东南沟	1948	阳泉市委新闻中心高级记者
谢素莲	女	东南沟	1962	山西大学生命科学学院教授
靳一恒	男	苇　泊	1956	阳泉市第一人民医院主任医师
樊成贵	男	–	–	河底中学中教高级
樊继密	男	河　底	–	阳泉市技术学校高级讲师
潘珍梅	男	山　底	1957	阳泉市第一人民医院副主任护理师
潘换梅	男	山　底	1949	阳泉市政协郊区委员会高级会计师
霍彩红	女	山　底	1957	阳泉市第一人民医院副主任检验师
霍道昌	男	山　底	1930	阳泉市轻工业局高级经济师

河底镇市级以上劳动模范一览表

表 24-3

姓名	性别	籍贯(单位)	生年	授予、时间、单位
马银兰	女	苏家泉供销社	–	1964 年山西省人委授予六好职工
王双保	男	下章召	1947	1973 年阳泉市革委授予劳动模范并荣立三等功
王书文	男	下章召	1955	1979 年共青团中央授予新长征突击手
王书明	男	河底中学	1944	1993 年国家教委、人事部授予全国先进工作者
王汉声	男	牵牛镇	1945	1995 年、1998 年山西省委、省政府授予劳动模范
王进军	男	下章召	1924	1973 年阳泉市授予劳动模范并荣立三等功 1971 至 1974 年山西省授予劳动模范
王国佩	男	山底	–	1998 年阳泉市政府授予劳动模范
王国宝	男	山底	–	1993 年阳泉市政府授予劳动模范
王保成	男	东村	–	1971 年阳泉市革命委员会授予劳动模范
王爱翠	女	东村	–	1969 年阳泉市革命委员会授予劳动模范
古保祥	女	任家峪	1928	1959 年阳泉市政府授予劳动模范 1957 年 10 月北京参加全国第三届第四次妇女大会(群英会)
史达华	男	燕龛	1909	1950 年山西省政府授予劳动模范 1953 年山西省政府授予一等劳动模范 1953 年山西省政府授予特等劳动模范
付海生	男	东村	1959	2010 年、2011 年阳泉市政府授予劳动模范
白青海	男	程庄	1970	2014 年阳泉市政府授予劳动模范
白昇进	男	西沟	1951	2009 年阳泉市政府授予劳动模范
光玉苟	男	河底	–	2007 年阳泉市委、市政府授予劳动模范
任玉文	男	任家峪	1945	1982 至 1984 年阳泉市政府授予劳动模范
任永牛	男	任家峪	1945	1993 年卫生部医政司授予全国模范乡村医生
任贵荣	女	东村	–	1984 年、1985 年、1986 年阳泉市政府授予劳动模范
任裕贵	男	任家峪	1935	1972 年阳泉市革命委员会授予劳动模范
刘耀传	男	红土岩	–	1982 年阳泉市政府授予劳动模范
闫维新	男	苏家泉	1940	1964 年山西省人委授予五好职工
李银双	男	西沟	1955	2007 年阳泉市政府授予劳动模范
李蕴辉	男	牵牛镇	–	1950 年山西省人委授予先进生产者

续表 24–3

姓名	性别	籍贯(单位)	生年	何年何单位授予
杨玉栋	男	东村	1926	1984 年、1985 年阳泉市政府授予劳动模范
杨腊果	女	小河北	1943	1978 年、1982 年山西省政府授予劳动模范
张秀荣	男	关家峪	–	1962 年山西省政府授予劳动模范
张迎斌	男	苇泊	1946	1987 年阳泉市委授予优秀党员 1984 年阳泉市委、市政府授予先进工作者 1982 年阳泉市委、市政府授予劳动模范
张忠宝	男	关家峪	–	1962 年阳泉市政府授予劳动模范
张宝贵	男	关家峪	–	1995 年阳泉市政府授予劳动模范
张海生	男	小固庄	1952	1986 年、1989 被省委、省政府授予“山西省劳动模范”称号 1988 年 6 月被国家经贸委、国家体改委、共青团中央命名为“全国优秀青年厂长”;
陈凤喜	男	任家峪铁业社	–	1961 年山西省人委授予先进生产者
陈福亮	男	山底	1917	1950 年山西省政府授予劳动模范
郑银	男	下章召	1922	1955 至 1957 年山西省政府授予劳动模范 1958 年出席晋中地区劳动模范 1972 年山西省授予劳动模范 1973 年阳泉市革委授予劳动模范并荣立三等功
赵满成	男	关家峪	–	2002 年阳泉市政府授予劳动模范
胡凤林	女	北庄	1962	2010 年、2011 年阳泉市政府授予劳动模范 2010 年山西省妇联授予优秀妇联干部
胡培明	男	苇泊	1965	2014 年山西省政府授予劳动模范 2014 年阳泉市政府授予劳动模范 2014 年山西省授予优秀企业家
要宜恂	男	河底	1935	1997 年省体委授予老年体育先进个人 1997 年阳泉市劳动竞赛委员会荣立三等功
高鱼妮	女	河底	1934	1997 年阳泉市精神文明指导委员会授予文明家庭,山西省授予精神文明示范户
高鸿珍	男	山底	–	1996 年阳泉市政府授予劳动模范
郭计猫	男	苇泊	1908	1956 年阳泉市政府授予劳动模范
郭根寿	男	东村	1945	1986 年阳泉市政府授予劳动模范
曹厚吉	男	曹家掌	–	1988 年、1998 年阳泉市政府授予劳动模范 1999 年共青团员山西省委、山西省经贸委、体改委授予优秀厂长
曹润孩	男	曹家掌	–	1983 年阳泉市政府授予劳动模范
曹道存	男	曹家掌	–	1980 年阳泉市政府授予劳动模范
韩砚田	男	苇泊	1917	1954 年山西省政府授予劳动模范
程贵喜	男	程庄	1932	1979 年阳泉市革命委员会授予劳动模范
程银存	男	里龙光峪	1940	1996 年阳泉市委、市政府授予农业战线劳动模范

河底镇市级以上党代表一览表

表 23–4

姓名	性别	籍贯	生年	何年入选为何级别党代表
王进军	男	下章召	1924	1970 年入选市第五届党代表并当选委员
王国佩	男	山底村	–	2006 年入选市第十届党代表
李占宏	男	东村	1924	1959 年入选市第三届党代表
李娥妮	女	东村	–	1964 年入选市第四届党代表
杨腊果	女	小河北	1943	1978、1985 年入选省第四、五届党代表
张水鱼	女	东村	–	1970 年入选市第五届党代表
张秀荣	男	关家峪	–	1959 年入选市第三届党代表
胡进书	男	关家峪	–	1970 年入选市第五届党代表
胡培明	男	苇泊	1965	2001 年至 2011 年入选市第九至十一届党代表
要宜憘	男	河底	1936	1987 年入选市第六届党代表
郭汉三	男	东村	1919	1949 年至 1970 年入选市第一至五届党代表

河底镇市级以上人大代表政协委员一览表

23-5

姓　名	性　别	籍　贯	生　年	何年入选何级别人大代表政协委员
王凤英	女	燕　龛	1952	2007 年入选阳泉市第十三届人大代表
王国佩	男	山　底		2002 年入选阳泉市第十二届人大代表
王国宝	男	山　底		1992 年入选阳泉市第十届人大代表
邓五锁	男	邓家峪		1992 年入选阳泉市第十届人大代表
古东兰	女	小　沟	1945	1982 年入选阳泉市第八届人大代表
史秀仪	男	燕　龛	1939	1987 年入选阳泉市第九届人大代表
史素珍	女	河　底	1938	1982 年入选阳泉市第八届人大代表
史海林	男	燕　龛	1943	1992 年入选阳泉市第十届人大代表
光玉苟	男	河　底		1997 年入选阳泉市第十一届人大代表
光根存	男	河底村	1955	1992 年入选政协阳泉市第八届委员
李敦义	男	东　垴		1997 年入选阳泉市第十一届人大代表
杨三妮	女	东　村		1954 年入选阳泉市第一届人大代表
杨士英	男	小河北		1992 年入选阳泉市第十届人大代表
杨蜡果	女	小河北	1943	1976 年入选阳泉市第七届人大代表
郑　银	男	下章召	1922 年	1955 年至 1965 年入选政协阳泉市第二至五届委员
赵美林	女	北　庄		2002 年入选阳泉市第十二届人大代表
赵锁义	男	苏家泉		1992 年至 1997 年入选阳泉市第十、十一届人大代表
胡凤林	女	北　庄	1962	2007 年至 2012 年入选阳泉市第十三、十四届人大代表
胡宝珍	男	北　庄	1971	2012 年入选政协阳泉市第十二届委员
胡毓文	男	苇　泊	1936	1992 年入选阳泉市第十届人大代表并当选人大常委会委员
要宜愔	男	河　底	1936	1992 年入选阳泉市第十届人大代表
高鸿珍	男	山　底		2012 年入选阳泉市第十四届人大代表
郭汉山	男	东　村	1919	1954 年至 1958 年入选阳泉市第一至三届人大代表 1963 年至 1965 年入选阳泉市第五至六届人大代表 1958 年入选阳泉市第八届人大代表 1955 年至 1957 年入选政协阳泉市第一、二届委员

姓　名	性　别	籍　贯	生　年	何年人选何级别人大代表政协委员
葛六八	男	河　底		1997 入选阳泉市第十一届人大代表
傅发存	男	东　村	1902	1956 年入选阳泉市第二届人大代表
傅海川	男	东　村	1943	1982 年入选阳泉市第八届人大代表
潘书元	男	大河北	1955	1997 年入选阳泉市第十一届人大代表

河底镇博士学位以上学子一览表

24-6

姓名	性别	籍贯	生年	何年何单位获得何学位
王永红	男	下章召	1965	博士学位
王志连	男	山底	1963	1994年获华东师范大学博士学位
王建明	男	东村	1975	山西大学获博士学位
任申真	男	任家峪	1980	2005年中国科学院获博士学位
任帮兴	男	任家峪	1988	2012年美国俄亥俄州辛兴那提大学获硕士学位攻读博士学位
任静卫	男	任家峪	1980	2009年北京大学医学院部获博士学位
刘俊	女	河底	1987	2012年北京大学攻读博士学位
刘俊杰	男	河底	1978	2007年中国船舶科学研究中心获博士学位
闫慧	男	苏家泉	1981	2010年北京大学获博士学位
闫俊义	男	苏家泉	1974	博士学位
李柯	女	河底		博士学位
李彬	男	河底		博士学位
李世强	男	河底	1986	2012年太原工业大学攻读博士学位
李志钢	男	小西庄	1986	博士学位
李玲娥	女	中佐	1964	1989年中国人民大学获经济学博士学位
李荣保	男	龙光峪	1961	博士后学位
李晓莹	女	山底	1983	2014年厦门大学获博士学位
李雪军	男	苏家泉	1974	博士学位
杨文龙	男	小河北	1981	2010年中国人民大学获博士学位
宋建华	女	小西庄	1967	博士后学位
张晶	女	山底	1982	2013年同济大学攻读博士学位
张文平	男	红土岩		2014年浙江大学攻读博士学位
张志红	女	苇泊	1975	1994年南开大学获博士学位
武祯	男	猪头垴	1980	2006年清华大学获博士学位
要晖宇	男	河底	1975	2009年美国获博士后学位
段燕斌	男	河底	1984	2012年北京交通大学获博士学位
侯昌	男	东村	1990	2014年北京大学攻读博士学位
高华	女	红土岩	1976	2010年南开大学获博士学位
郭四清	男	上章召	1964	博士学位
郭岳琴	女	河底	1983	2014年北京农业大学获博士学位
渠志灿	女	龙光峪	1960	博士后学位
谢雪燕	女	东南沟	1984	2013年清华大学获博士学位
魏学琼	女	河底		2014年北京师范大学攻读博士学位
魏学超	男	河底	1986	2013年清华大学攻读博士学位

第二十五章　文献杂录

第一节　重要文献

中共河底人民公社委员会工作报告

（1963 年 8 月 13 日第二次党代会）

各位代表：

现在我受公社党委的委托，向本社第二次党代会做国内外形势，一九五九年第一次党代会以来的工作和一九六三年任务的报告请予审议。

一、国内外形势（略）

二、几年来工作的总结

自从 1959 年召开党的第一次代表大会以来，在党中央和毛主席的英明领导下，高举总路线、大跃进、人民公社三面红旗，坚持依靠贫农、团结中农、孤立地富的阶级路线，认真贯彻了党中央提示的大办农业、大办粮食，以农业为基础、以工业为主导的发展国民经济的总方针，和以调正[整]为中心的调正[整]、巩固、充实、提高的八字方针，对各方面工作进行了正[整]顿、彻底纠正了五风，改进了领导作风，这样就使我们的工作蒸蒸日上，一天比一天好起来。

1.认真贯彻执行了各项政策。一九五九年春季我们就认真贯彻了党中央郑州会议规定的整顿和建设人民公社的十四句话的方针，这对人民公社的巩固和发展起了极大的作用，一九六〇年冬季以来我们又坚决地贯彻了党对农村的“十二多”指示，和人民公社工作条例修正草案“六十条”，纠正了共产风为主的“五风”，供赔退了现金 2101634 元，物资 898 件，并进行了政治上的甄别，共甄别对象 243 人，其中纠正了 163 人，下放了基本核算单位，除南峪仍是大队核算外，其余部分实行了小队核算，调正[整]了生产大队和生产队的规模,稳定了队型,肯定了所有制,正[整]顿了公社工业,在分配政策上坚决实现了各尽所能、按劳分配、多劳多得、不劳动者不得食的政策。在征购政策上实现了包产不变、超产多吃、减产少吃。所有这些,都进一步调整了生产关系,使生产关系和生产力的水平更加适应,大大调动了广大社员的集体生产积极性,进一步巩固了集体经济,人民公社已经走上了健康发展的道路。同时还大力加强了生产队的经营管理工作,进一步贯彻了民主办社勤俭办社的方针。各个生产队普遍健全了"三投"和以提高农活质量为中心的定额管理等制度,经营管理水平有了一定的提高,管理上的混乱状况有了很大的好转。

从1961年以来,我们还大力加强了恢复和发展农业生产力的工作,由于精减职工和减少城镇人口,仅去年我社农村增加劳力394人,使农村的正[整]半劳力由年初3702个增加到4096个,增加了11%,这是我社近年来劳力最多的一年。通过恢复弃耕地和厂矿退地,恢复了弃耕地1092亩,扩大了耕地面积。经过土地基本建设和田间管理等措施,土地质量和土地利用率有了显著提高,全社水地面积由1961年的124亩增加到171亩。在牲畜方面通过调正[整]所有制和改进饲养,使役方法减少并停止了非正常死亡。通过繁殖和购进还增加了大牲畜116头。目前全社大牲畜已达到658头,牲畜的膘情都好于去年,役力普遍增强。各行各业还从经济上、人力上、技术上、物质上加强了对农业的支援,进一步巩固了工农联盟,促进了农业生产的发展。

2.加强了思想教育工作,提高了党员、干部和广大群众的政治觉悟。几年来我们在党内一直坚持了"三会一课"制度,轮训了党员,紧抓了干部学习,并在广大群众中进行了一年一度的正[整]风正社和社会主义教育。

为使党员永不忘本、永不变色,永远保持旺盛的革命热情,高度的阶级觉悟,全社各个支部坚持了定期召开支委会、党员会、小组生活会和上党课制度,坚持不断的进行了时事政策教育,党的基础知识教育、革命传统教育、党史教育、阶级教育和革命前途教育,这样就使我党在各项工作中,起到了战斗堡垒作用。保证了各项政治任务的完成。

另外,通过轮训党员和广泛的社会主义教育,加强了对党员和社员的思想工作,几年来我们共轮训党员565人次,集中各级干部学习321人次,同时进行了经常不断的社会主义教育。60年冬至61年春,经过五个月革命,夺取了五权;61年冬至62年春进行了五定,调整了生产关系,特别是去冬今春以来,我们返[反]复地、持续地、广泛深入地对广大党员、干部、群众进行了形势教育、阶级教育和社会主义前途教育,做到了大落实,纠正了十二种单干倾向,煞[刹]住了单干风,揭发了阶级敌人的十大罪状,严厉打击了阶级敌人嚣张一时的反动气焰,极大地提高了广大群众的思想觉悟,据初步调查坚定走社会主义道路的人，由原来的 6184 人增加到 7338 人，上升了 18%，这对进一步巩固人民公社集体经济,发展农业生产奠定了思想基础。

3.加强了组织建设,□常保持了党的充沛战斗力。共产党已经是执政的党,已经在全部国家工作中居于领导地位,全国如此,我社亦是如此,全社 14 个大队中都有党的支部,66 个小队中有 38 个小队有党的小组,有 60 个小队都有党员,而且都担负了一定的领导工作。这对保证完成各项任务起了巨大的作用。但是,过去的经验告诉我们,执政党的地位很容易使我们的党员滋长骄傲自满情绪，沾染上官僚主义的习气。甚至有的利用工作之便,进行贪污盗窃,所以我们为了纯洁党的队伍,每年总要进行一次整党工作,通过整党及时地纠正了工作中的缺点和错误,批判了党内的错误倾向,并对于那些蜕化变质分子、阶级异己分子进行了清洗,四年来共清洗出党的 8 人。

另外,对于犯有较为严重错误,但检查深刻有悔改决心的同志 30 人,给予了一定的组织处分。对于犯有一般错误的同志采取了说服教育的办法,提高了觉悟,这样既避免了“一棒子打死”,也坚持了原则教育了全党同志。

在努力提高党员质量的同时,我们有计划接受了在各个战线上勇[涌]现出来的积极分子,而又完全合乎党员条件的同志入党增加了党的新血液。四年来共吸收新党员 29 人,已转正的 21 人、还在进行考验的 4 人、已取消预备期的 4 人。对于这些人,都按照党章规定履行了组织手续。保证了党的纯洁性,扩大了党的队伍。

干部参加劳动是我党的优良传统,是领导好阶级斗争、生产斗争、科学实验这三项伟大的革命运动的确实保证,也是改进领导作风,贯彻群众路线的主要方法。所以在几年来,我们根据中央历次指示,强调了干部参加劳动。特别是今年以来,我们通过学习中央、省、市委有关指示,参观了昔阳大寨、井沟后,对干部参加劳动有了进一步认识。积极地参加了集体生产。七个月以来,全社大队级干部 64 人共做劳动日 5167.4 个,每人平均 80.8 个,比去年同期提高了一倍左右,小队级干部 177 人共做劳动日 2213.3 个,每人平均 189 个,公社干部 10 人(除 2 名养病)共做劳动日 55.2 个,每人平均 5.5 个。干部参加劳动以后,不仅减少了补贴工,而且更重要的是直接参加了生产斗争,做到了正确指导生产,得到广大社员的普遍满意。

4.加强了党对民兵、妇女和共青团的领导,充分发挥了它[他]们的政治运动、生产运动和各项工作的突击,助手模范代[带]头作用。在民兵中进行政治落实、组织落实、军事落实的正[整]动工作,开展了五好民兵活动,加强了三项任务和十项要求的教育。在妇女中开展了“三五好”竞赛,加强了婚姻法的教育,保证了妇女在各项工作上的地位。在共青团中开展了“四好”团支部,“五好”团员和优秀团干部的活动,充分发挥了党的助手作用。

5.由于扎扎实实地进行了上述工作,几年来,经过波浪式的发展,使我社的经济情况有了很大的好转。

尽管1962年全社农业生产上连续遭到了冻、旱、风雹等自然灾害,但仍然获得了较好的收成。粮食产量1962年全社平均亩产211.8斤,比1961年亩产196斤提高了8%,总产□斤,比1961年总产1559.337斤提高了48%,蔬菜产量,虽然连续遭灾,没有达到计划指标,但上市任务超额完成了1.8%,质量也比往年大有提高,而且基本上满足了城市需要,总收入在1962年达到1937.189元,比1961年1626.464元,提高了19%,人平达到了80元,比1961年提高了13%,劳平达到了1.16元,比1961年提高了6%,由于粮食增产,社员分配部分也有相应的提高,62年社员分配比61年提高□%,此外在畜牧方面、林业方面也都取得了一定成绩。

更重要的是,几年来我们大力发展和利用了电力,全社十个大队已经通电发展电动机九台、水泵一部、动力水车一台,有三个大队用于了水利,有七个大队用于了付[副]业单位,有一个大队在服务于社员生活方面,全社有电碾一个电磨六个。60%的社员户按[安]上了电灯,所有这些都是有史以来所没有的。另外在交通运输业方面也有了很大发展,在59年以前,全社仅有8个大队有马车,平车也为数很少。经几年的发展做到了公社有汽车,大队有马车,部分小队有平车,公路四通八达,各种车辆畅通无阻,村村通电话、队队有喇叭,发展了土制化肥厂,制造了化肥,同时还培养相当数量的技术人材[才],所有这些都为我们进一步进行技术革命创造了条件。

以上情况表明,几年来我社各方面的工作都取得了显著成绩。这些成绩的取得,最主要的是党中央和毛主席的正确领导。实践证明,党和毛主席指引的道路总路线、大跃进、人民公社三面红旗,“以农业为基础,以工业为主导”的发展国民经济总方针以及以调正[整]为中心的“八字”方针都是完全正确的,这些成绩的取得还由于我们坚决地贯彻执行了党的各项政策。我们深深感到政策一被群众掌握,就会变成巨大的物质力量,我愈来愈清楚地体会到政策的威力,应该说我们所取得成就都是党的政策的胜利。这些成绩的取得是由于全党同志,团结广大群众,在最困难的时期以坚韧不拔的革命毅力,艰苦奋斗、节衣缩食,增产节约克服了困难。

我们的成绩虽然是巨大的,但如果以党的八届十中全会的要求来衡量,我们的工作还是做得不够的,其主要问题是:

①党不管党或党政不分的现象程度不同地存在,归纳起来有十多十少:(一)生产抓的

多,贯彻政策抓的[得]少;(二)行政事务管的多,政策思想工作管的[得]少;(三)一栏子工作抓的多,支部工作抓的[得]少;(四)使用党员干部多,培养少;(五)工作布置的多,督促检查少;(六)领导说的多,党员说的少;(七)接收新党员处理党员和其它[他]会议开的多,正常党委会、支部会少;(八)一栏子会议多,先党内后党外的会议少;(九)运动中教育的多,正常的思想工作少;(十)上传下达的多,调查研究的少。

②对于党的方针政策学习的不够,表现在工作上或左或右摇摆不定,特别是在一九六○年,我们不切实际地提高了由大队向公社过渡的问题,采取了公社所有制,强调了集中统一造成了"一平二调三收款"的共产风,并提出了"五改十化十领先"的口号,这样就使生产关系超过了生产力水平的发展,而人们的思想觉悟还未达到这样的高度,所以它实际上是超越了客观实际,违犯[反]了社会发展的规律,违犯[反]了人民公社三级所有队为基础的根本制度,所以造成了干部五风严重,群众思想低落,积极性不高,生产力受到了严重破坏,使农业生产遭到了很大损失。

③党的民主生活不够健全,公社党委没有定期的制度,有时开会也是研究一般的工作,对于党的重大政策原则缺乏经常的学习和讨论。对于集体领导分工负责制坚持执行的较差。党的代表会议制度也很不健全,党章规定公社每年应召开一次代表会议,但我社由于种种原因,从59年以来还未召开,这样就使广大党员不能经常地对我们的工作进行检查和监督,发表自己的意见和提出批评,同时也使个别支部出现了书记包办、压服民主,对于党员的意见置之不理、不加过问等不良倾向。

④社会主义教育的□在深度和广度上还存在的问题仍然是相当严重的(一)对于单干倾向解决的不彻底,领导决心不大、措施不力,目前尚有五种单干倾向存在:A 还有相当一部分扩大了自留地未收归集体,有的决心不大、有的和干部有关,采取了明纠暗不纠的手段,这是非常错误的;B 部分大队对于非法开垦的小林地还未处理或者处理不够彻底;C 私人养大牲口、买小平车,养羊超规定的仍然存在;D 外流人员还有相当数量至今未予解决;E 付[副]业上仍存在着单干倾向特别是五匠外出拦工,结算和投资手续还不够合理。(二)对阶级敌人还揭发的不透,打的不狠,特别是有部分干部党员阶级观点模糊、思想上麻木不仁,界线[限]不清、不分敌我、认敌为友;有的大队培养医生、培养会计;不管政治条件,有的把四类分子安排到付[副]业菜园里,在队的剧团内大部分有地富反坏分子或他们的子弟,另外有些学校培养学生对于学生的政治条件也不加过问,加心培养或保送四类分子的子弟外学这样,这样就给他们创造了深造的机会,而他们毕业以后就都打入了我们的内部,分布在各个地区、各个部门,这样就成为反革命的社会基础。另外阶级敌人活动也是

相当严重的，有的利用迷信组织大批活动，求神讨药、跳神送鬼、摆供看坟、进行道教活动，有的造谣煽动、反攻倒算、投机倒耙、贪污盗窃腐蚀革命干部，瓦解革命队伍等。(三)部分干部、群众对于国家集体个人三者之间的关系仍然认识不足，在处理各种问题时往往是只从一时一地本单位本部门考虑，不能从全局出发，从国家利益出发，有的单位隐瞒私分，有的干部偏分多沾，强调个人利益，部分社员仍有挑肥拣瘦、抢工分的现象等，所有这些都是需要我们进一步加以解决的。(四)四清不够彻底，群众发动的不够充分，有些问题还没有暴露出来，甚至暴露出来的问题还未得到解决，制度还未健全。

⑤干部参加劳动还没有被所有的人认识了它的伟大的革命意义，还未□起应有的重视。对参加劳动的目的还不够明确，因而不能通过劳动指导生产做好工作，而是单纯的为劳动而劳动，为挣工分而劳动，甚至是支应上级而劳动。对于工作和劳动的关系处理的不好，互相结合的不够，参加劳动的制度还不够健全，特别是公社干部做劳动日最少，还不能给下边创造更多参加劳动的机会。

三、今后的工作任务

在目前中国共产党的任务，就是要团结广大群众，高举总路线、大跃进、人民公社三面红旗，坚决贯彻执行以农业为基础，以工业为主导的发展国民经济的总方针，大力巩固集体经济，发展农业生产并且为实现农业的机械化、电气化创造更好的条件。今年全社计划播种粮食作物15356.3亩，平均亩产达到229斤，比一九六二年提高8.2%；集体总产量达到3516593斤，比一九六二年提高52.5%；播种商品蔬菜240亩，平均亩产达到2621斤，比一九六二年提高54%；总产达到629040斤，比一九六二年较少93%(因播种面积减少)。总收入达到2463421元，比一九六二年提高27%；到一九六七年集体总产量要达到4095820斤，比一九六二年集体总产量2304673斤提高了77.7%；亩产到一九六七年达到280斤，每年平均增长6.44%，林牧付[副]业都有很大提高。

为了完成上述任务，我们必须做好如下工作：

(一)积极地、因地制宜地进行农业技术改革是党在农业问题上的根本路线，也是提高生产率，改变农业生产面貌的根本出路，根据我社现有条件，应着重抓好如下几个方面：①积极发展电力，广泛利用电力，在现有十个大队已经通电的基础上，计划今年全社14个大队全部通电，现有的蓄力水车，凡是有条件的要尽量改为动力水车。根据需要和可能有计划地推广与发展电力铡草机、玉米脱粒机和电动扇车实现碾磨电气化，要求60%以上的大队有电碾电磨一切付[副]业单位，凡是有条件的尽量利用电力生产并逐步解决社员照明用电。②试验创造和推广一切先进农具，适当发展运输力，做到大队有马车，力争小队有平车，并加强道路的维修，推广深耕农具，应根据不同情况尽量将山地步犁、双轮双铧犁等利用起来。③大抓良种繁殖与推广，各生产队应普遍设立留种地以提高种子的品质纯度和抗疫力，逐步实现优种化。④合理轮作倒茬、因地制宜、密植间作，使所有土地得到充分利用并将养地种地结合起来。⑤大抓狠抓化肥，凡是有□炭硫磺渣的大队应全部在今年内建立小型的土制化肥厂制造化肥，扩大肥源并应千方百计改进技术，提高质量除足本队需用外并应大力支援兄弟队社的需要。⑥大力培养技术骨干和加强农业科学技术的研究和推广工作，要求建立技术研究小组，提倡老农带徒弟继承祖先的传统的耕作经验。组织回乡知识青年学习和研究新的科学技术，把他们培养成既有文化又懂技术的又红又专的新型农民。

（二）加强党的建设，如我所说：我们党已经是执政的党，我们的党员都担任了一定的领导工作，所以我们的责任更加重大了，我们工作的好坏，对我国社会主义建设事业和广大群众的生活都有直接的影响，为此要做好以下几项工作：

①经常向党员干部进行马列主义和毛泽东思想的教育，党的路线政策和形势阶级斗争的教育，党的基本知识、党的优良传统的教育，坚决贯彻党的基层工作 40 条，不断地提高党员干部的觉悟程度和工作能力真正起到模范带头作用，必须建立与健全“三会一课”制度作为经常性的教育形式，在教育中，要紧密联系实际，把学习和解决思想问题和工作问题结合起来。另外要利用农闲，每年应普遍轮训一次党员，党的支部每半月应召开一次支委会，半月一次小组生活会，一月一次党课，使每一个党员经常保持旺盛的革命热情，更为重要的是通过几年来的实践证明在我们的党员中还有不少人在组织上虽然入了党，在思想上都还没有入党或者没有完全入党，这就说明我们的教育任务仍然是繁重的，我们必须通过各种教育形式，使每一个共产党员都成为一个真正合格的共产党员。

②保持党的纯洁性是使我党领导好阶级斗争，生产斗争、科学实验这三项伟大革命任务永远立于不败之地的确实保证，所以我们要经常在党内开展批评和自我批评，增强团结、改进工作，对于那些严重的投机倒耙分子、贪污盗窃分子、不可救药分子、混入党内的阶级异己分子要坚决清洗出党，不可迁就。但对于犯有一般错误的同志，也不能採[采]取一棒子打死的态度，应根据检查认识程度，给予不同处分，但不论什么处分，要严肃慎重，坚决履行各种手续。

实践证明，为了纯洁党的队伍，主要的问题是加强对吸收新党员的管理，对于申请入党的人和予[预]备期满的予[预]备党员进行认真的审查，使予[预]备党员在予[预]备期真正受到考察和教育，对于还不完全合乎条件而要求入党的人要及时进行教育，什么时候完全达到党员标准什么时候再进行入党，对于够条件的，要按党章规定严格履行入党手续，不得草率从事。

③实行民主集中制，民主集中制是党的列宁主义的组织原则，是党的根本组织原则，也是党的工作中的群众路线在党的生活中应用。

为此必须充分发扬党内民主，健全党内民主生活，采取各种措施，造成生动活泼的民主风气，使党员敞开思想畅所欲言，切实保障党员的民主权利。领导干部要虚心倾听党员群众的意见，任何人不准压制批评，压制民主或滥用职权、乱扣帽子，任意斗争也不能置之不理、不加过问。不论正确与否，都要耐心的进行讨论，以理服人，不能压服，为此必须健全党的小组生活会和党员大会。公社要健全党的代表大会制度，坚持一年召开一次。

党的团结和统一是党的建设的重要问题之一，是党的生命。经常注意维护党的团结，巩固党的统一，是每一个党员神圣的职责。所以我们必须（一）必须服从党的统一领导（二）各级党组织必须经常讨论研究和学习党的方针政策和组织工作，并坚决执行党的各项决议（三）必须认真系统地研究各单位的工作，并对各项工作进行经常的监督（四）坚决同一切分散主义、本位主义进行斗争维护党的统一。每一个党员都要识大体顾大局，从全局利益出发，自觉地使个人利益服从党的利益、局部利益服从整理利益，眼前利益服从长远利益。

④认真遵守党政干部三大纪律八项注意，它概括了党的传统的优良作风，它是根据多年来革命斗争的经验制定出来的，它对加强党的建设、密切党同群众的联系有重大的作用。所以不但全体干部必须严格遵守，而且全体党员也必须严格遵守。

（三）继续搞好社会主义教育，党的八届十中全会指出，在无产阶级革命和无产阶级专政的正[整]个历史时期，在由资本主义过渡到共产主义的正[整]个历史时期存在着无产阶级和资产阶级之间的阶级斗争、存在着资本主义和社会主义这两条道路的斗争。被推翻的反动统治阶级不甘心于灭亡，他们总是企图复辟，同时社会上还存在着资产阶级的影响和旧社会的习惯势力，存在着一部分小生产者自发资本主义倾向，因此在人民中还有一些没有受到社会主义改造的人，他们人数不多只占人口的百分之几，但有机会就企图离社会主义的道路，走资本主义道路，在这种情况下阶级斗争是不可避免的，我社的实践证明了中央的这一论断是完全正确的，从去冬今春社会主义教育当中，揭发出来的问题来看，我社也同全国一样出现了尖锐的阶级斗争，其表现形式是：①反攻倒算②造谣煽动③教育子弟进行阶级报复（有的教育子女为父报仇；有的教育子女指从土改时被清的房屋土地；有的写变天账；有的为子女起反动名字）④投机倒耙⑤盗窃集体和国家财产⑥拉拢腐蚀干部

⑦幕后策划、挑拨离间⑧聚众赌博、危害治安⑨消极怠工、抗拒改造⑩煽动单干,另外牛鬼蛇神的活动也有所抬头:1.求神拜药 2.烧香焚表、许愿还愿 3.修祖坟看风水 4.巫婆神汉活动也有所增多 5.买卖婚姻也较为严重 6.绘画神像等。由于阶级敌人的煽动,在广大社员中也出现了严重的单干倾向,对于这些问题,我们虽然在社会主义教育当中进行了评审打击和处理,但这些并不会经过一个运动就可以彻底解决,而且是需要我们做长期的艰苦细致的工作,为此我们必须作[做]好如下工作:

①加强对广大社员进行阶级和阶级斗争的教育,使广大社员进一步认识阶级敌人的本质和阶级斗争的长期性、复杂性,提高革命警惕性,及时揭发与打击敌人的破坏活动和各种阴谋。

②加强对四类分子的管理,定期召开四类分子会议,撤查其思想和行动表现,并经常进行评比加强保甲制度,责成政治上可靠的同志监督其行动并教育广大社员进行群众性的监督,另外应限制其行动,只许他们规规矩矩、不许他们乱说乱动,凡是外出应向保甲干部或治安干部请假。

③坚决把付[副]业、菜园剧团中和财会人员及大小队干部中的四类分子及其家属清洗出去,任其规规矩矩在广大社员的监督下参加田间劳动,不可迁就、不可动摇。

④凡是介绍外出工作和国家干部结婚或升学培养干部都应将政治条件放在首要地位,要从其家庭成分、家庭成员政治情况和社会关系进行严格的审查。

⑤坚决贯彻依靠贫农下中农,团结中农的阶级路线。我们建设社会主义,必须有真正可靠的力量,才有可能孤立无产阶级的敌人,贫农下中农是农民中的多数,是农村中的无产阶级和非无产阶级,是集体主义道路、集体经济的最积极的拥护者。是建设社会主义和共产主义事业在农村中的社会基础。只有依靠他们才能更好的实现无产阶级专政,才能形成巩固的工农联盟,才能很好地管理国家,办好农业集体经济,才能有效地镇压和改造一切敌对分子,才能击败资本主义势力的包围,所以我们要进一步正[整]顿贫下中农组织,根据“十不准”条件纯洁贫下中农队伍,充分发挥其对我们工作的协助和监督作用。

⑥坚决纠正单干倾向,继续贯彻以农业为基础,以工业为主导的发展国民经济总方针和人民公社工作条例60条以及中央关于巩固人民公社集体经济、发展农业生产的决定,通过回忆讲“三史”,开展新旧社会对比,进一步认识社会主义的优越性和资本主义的危害性,提高广大社员的社会主义觉悟。把所有的单干倾向坚决彻底全部干净停止下来以至杜绝。为此我们应做好如下工作:①党员干部洗手洗澡,首先应把自己或者亲友的非法小块地,扩大自留地交归集体,其余凡是危害集体经济的事情或者活动该停的立即停下来,该

归集体的完全交归集体。②进行调查研究、实地勘察，如有非法开恳[垦]小块地的，应责令其立即止，发现暗中仍搞单干的，应进行严肃处理。③对于私人平车牲口，养羊超规定的应按照六十条规定酌情合理作价收归集体。④对于外流人员应设法叫回，好确系当地需要，我们又有剩余可办理适当手续。

（四）认真加强对干部参加劳动的领导，干部参加劳动是党的优良传统之一，是党在社会主义建设时期的一项极为重的政策。干部参加劳动实质上是一场无产阶级思想和资产阶级的阶级斗争。

干部参加劳动同群众打成一片是我们的干部永不变质的一个基本条件，各级干部要能在阶级斗争中站稳立场、要能很好地领导群众进行阶级斗争，必须经常参加劳动，在思想上、感情上、生活上同劳动群众保持密切的联系，只有这样才能搞好工作，为此我们应：①缩减补贴面、减少补贴工，把补贴工压到最低限度，最高不得超过总用工数的2%，实行定工生产、定额补贴的办法，春季定死、秋后不变，和社员一样奖征[惩]。②自上而下改进工作，为干部参加劳动创造条件。第一，要严格控制会议，可开可不开的一律不开，公社开会要经过区委批准，经过批准的会议，能下去的不集中公社开，能少用时间的，不延长时间。第二，要严格控制表报，凡是未经过市统计局或市委批准的表、报不给基层乱发。第三，公社干部下乡工作除特殊情况外，一律不得在劳动时间找干部开会谈话或调查访问，即便夜晚开会，也要提前作[做]好准备，早开早散，一般不得超过两小时，以免干部过于疲劳，影响第二天劳动。第四，各级干部下乡要一面劳动一面工作，不得晚上开会，白天睡觉。③要对工作和劳动做出妥善安排，做到劳动工作两不误。第一，要加强集体领导、明确分工，小问题个人负责，大问题集体研究，日常工作建立干部轮流值班制度。第二，工作和劳动紧密地结合起来，尽量利用中午、晚上、雨天和其它[他]劳动空隙时间开会，多利用地头饭场做工作，尽量不占用劳动时间。第三，要做到时不空过、路不空行，尽量挤时间参加劳动，不因或者少因工作耽误劳动。第四，大队干部要包队工作、包队劳动，做到参加劳动和指导工作相结合。④把干部和党员的好坏，首先要看你劳动态度的好坏、劳动日做的多少。⑤开展竞赛、定期评比，全社应开展“五好”干部竞赛，即（一）思想工作好，（二）遵守执行政策好，（三）群众路线民主作风好，（四）参加劳动领导生产好，（五）调查研究实事求是好。为了搞好竞赛，公社大队应建立干部参加劳动的登记，总结评比制度，大队要做到每月一公布、一月一评比，公社要一月一公布通报全社，一季一评比，总结经验、树立标兵。

（五）坚决搞好“四清”，在目前，农民迫切地要求我们认真地清理账目，清理仓库，清理财务，清理工分。我们应把“四清”作为进行社会主义教育的新阶段去对待它，去冬今春虽然搞出些问题,但发动群众还不够充分,问题暴露的不透,所以我们应当集中优势兵力、增兵添将,依靠贫下中农,充分发动群众有计划、有目标地搞好“四清”重点,以突破一点,带动全面。首先发动群众把去年以来的帐[账]目、仓库财务工分,同时把由国家投资,银行贷款和商业部赊销所添置的资产全面地、彻底地清查一次,这是同社会主义教育相结合的大规模的群众运动,主要是解决人民内部矛盾,但由于贪污盗投机倒耙、蜕化变质分子来说,也是一场严重的阶级斗争。

党的方针是:说服教育,洗手洗澡轻装上阵,团结对敌,我们每一个同志都要过好这一个社会主义的大关,被迫不如自动、迟清不如早清,四清是非清不可,一年解决不了二年,二年不行,总而言之要彻底搞好四清,任何人不得侥幸,必须搞深搞透,既要防止敷敷衍衍走过场,也要防止拖拉机,我们要普遍进行复查。凡是搞的不认真,不彻底的,必须重搞。一些必要的制度还没有建立的必须建立起来。

今后除了按照“六十条”的规定,定期公布账目之外,每年要大清一次,使“四清”成为人民公社、大队和生产队,首先是基本核标单位的一项经常制度,并作为一种重要的社会主义教育。

各位代表:我们的前景无限光明,现在的形势对我们十分有利,我们必须善于抓住这个有利的时机,充分发挥主观能动作用,不断地改进自己的组织和工作,不断地加强党同群众的联系,更高地举起毛泽东思想的旗帜,更高地举起总路线、大跃进、人民公社三面红旗,沿着党的八届十中全会所指引的方向,同心同德、团结一致、艰苦奋斗,为使我们的党成为更加光荣、更加伟大、更加正确的党,为促进国民经济的新高潮,获得新的胜利而奋勇前景。

中共河底人民公社委员会工作报告

玉米品种试验总结

阳泉市河底公社下章召大队科研组

一九七五年

一、试验目的

为了贯彻毛主席“备战、备荒、为人民”的伟大方针，进一步比较鉴定品种的丰产性能，抗逆力和适应性。为今后推广新品种创造经验，加速玉米新品种在本地区的推广，使玉米优种尽快在生产上发挥作用，以适应发展社会主义大农业的需要。

二、供试材料

表 25-1

玉米名称	组合名称	供试单位
文革 1 号	华 160×太 184	本　队
吕单 3 号	太原 183×提 423	吕梁农科所
金皇后		本　队
忻黄单 32 号	瑞北 1×金 0-3	本　队
春朵 12 号 CK	（瑞北 1×3811）×（？ ×斯×7）	本　队
忻黄单 9 号	157×金 0-3	本队
吕单 12 号	旅 28×金 14	吕梁农科所
武 105×C103	武 105×C103	阳泉市种子站
吕单 5 号	旅 28×太原 183	吕梁农科所
吕单 10 号	0H45×156A4	吕梁农科所

说明：以本地区主干品种春朵 12 号为对照

三、试验的方法

采取顺序排列，重复二次，小区面积 0.05 亩，长 20 尺，宽 15 尺。

四、试验地的基本情况

试验地设在村西的梯田旱地里、沙壤土、肥力中等、前茬谷子、秋天深耕一次，约八寸深。春耙耕两次。在播前用步犁浅耕一次，并亩施中等农家肥 150 担。

五、播种与管理

在四月十七日用穴种法下种，在出苗以后结合中耕亩施碳铵化肥 80 斤，在拔节以后锄田两次。

六、气象条件

我队位于北纬 31° 51′，东径 113° 33′，年平均气温在□度左右，极端最高温度 40.2℃。极端最低温度 -19℃，年降雨量平均 609.3 毫米，多集中在 6～8 月份，占全年降雨量的 50%以上。初霜日平均出现在 10 月 12 日左右。最早出现在 4 月 5 日左右，最早出现在 3 月 13 日，最晚出现在 4 月 29 日，无霜期 186 天。

七、结果分析

（一）从生育期看

忻黄单 9 号、吕单 10 号为中早熟种。比对照早八天，于九月十日成熟，生育期 125 天。金皇后，忻黄单 32 号为中晚熟种，金皇后比对照晚 4 天。于九月二十日成熟，生育期 137 天。忻黄单 32 号，比对照晚 2 天，于九月十八日成熟。生育期 135 天，平均生育期 130 天。

（二）从抗病性看

金皇后，文革 1 号轻感黑粉病。

（三）从抗倒性看

晋单 3 号不抗倒伏，文革 1 号金皇后、忻黄单 9 号、吕单 5 号抗倒性较差，黄单 32 号，武 105×C103，晋单 12 号抗倒。

（四）从抗旱性看

金皇后，春朵 12 号，忻黄单 32 号，武 105×C103 较耐旱，吕单 10 号抗旱性较差。

（五）从产量看

吕单 3 号产量最高，平均亩产 790 斤，比对照亩产 710 斤增产 20.6%，居首位。

武 105×C103 平均亩产 780 斤，比对照增产 19.1%，居第二位。

忻黄单 32 号平均亩产 760 斤，比对照增产 16%，居第三位。

吕单 5 号平均亩产 720 斤，比对照增产　　%，居第四位。

吕单 12 号平均亩产 710 斤，比对照增产 8.4%，居第五位。

吕单 10 号平均亩产 675 斤，比对照增产 3.1%，居第六位。

产量最低的是忻黄单 9 号，其次是金皇后，忻黄单 9 号平均亩产 575 斤，比对照减产 12.2%，居第十位。

金皇后平均亩产 580 斤，比对照减产 114%，居第九位。

八、小结

(一)总评

综合性壮好的是忻黄单 32 号,武 105 × C103。但忻黄单 32 号就位偏高。

(二)今后的意见

对忻黄单 32 号要加大播种专积,对武 105 × C103,晋单 3 号进行边示范边推广,对于其它[他]品种要连续试验,对金皇后要彻底淘汰。

中共河底镇委员会办公室
河底镇人民政府办公室

关于印发河底镇镇村两级干部管理制度的
通　知

各村：

为全面贯彻落实中央“八项”规定和区委八届五次全会以及全区三级干部会议精神，进一步加强干部管理，改进工作作风，打造一支“懂规矩、守纪律、能干事、不出事”的干部队伍，经镇党委扩大会议研究决定，对2014年制定的《党政干部管理制度》和村级干部《管理规定》进行了充实完善。现印发给你们，请遵照执行。

2015年4月2日

河底镇党政班子九项工作制度

一、政治制度

严肃党的政治规矩和组织纪律，思想上、行动上、组织上、工作上与上级党委保持一致全面落实“五个必须”，违背党的宗旨和民主集中制原则的话不讲、事不办，不传谣信谣，不发表有损于党和政府形象的言论。不向党组织隐瞒个人重大事项。不搞团团伙伙“小圈子”和非组织活动。

二、党建工作责任制

推进镇党委“五好”建设，抓好基层党组织领导班子和基层民主政治建设，树立抓好党建是最大政绩的思想，把党建工作与中心工作同谋划、同部署、同考核、同落实，常抓不懈自觉担当起从严治党的政治责任。健全和落实组织生活制度，每半年召开一次民主生活会，加强党委自身建设。

三、包村工作责任制度

镇党政科级干部对所包村实行“六包”制度，即包思想教育、包班子建设、包安全稳定、包经济发展、包重点工作、包民生民计，注重村级班子经常性管理，要敢于管理、善于管理、勤于管理、严于管理。包村干部任所包村监委会第一主任，参加村重大会议，参与村重大决策。

四、镇村干部实行日常谈心谈话制度

镇干部要掌握支村两委和所包村党员、村民代表、困难群体、上访群众的基本情况和动态，以经常谈心谈话上门入户方式勤联系、常沟通，全面掌握村情民意。

五、作风建设制度

严格执行“八项”规定，带头反对“四风”，文明办公、文明接待、文明服务，实行离岗告示、门牌职务公开制度，建立工作台账，记录工作笔记，每年走访农户不少于100户，每月至少有十天时间深入村或企业解决实际问题，统筹协调分管工作、协管工作、中心工作、包村工作、创新工作、应急工作，自觉维护党委权威，树立良好个人形象。

六、学习制度

班子成员要按照中心组的学习计划，学习党在农村的有关方针、政策、法律和业务知识，建立学习台账，每年集中学习不少于12次，在工作中学习，在学习中工作，建设学习型机关。

七、民主议事决策制度

原则上每周召开一次党委扩大会议，以民主集中制的形式讨论决定重要事项，各分管领导要汇报本部门重点工作进展情况、存在问题、应对措施和下周计划。严守会议秘密，杜绝会上不说，会下乱说。实行主要领导末位表态制度和不直接分管干部人事、财务、工程项目、行政审批、物资采购等五个方面工作。

八、考勤、值班制度

班子成员有事、有病不能上班或到会，必须向镇党委书记、镇长请假；严格执行值班制度，不得脱岗，因病因事应主动调岗并报党政办备案；每天24小时通讯畅通。

九、廉洁自律制度

带头落实“两个责任”和“一岗双责”制度，对所分管的工作和所包村党风廉政建设、作风建设负全面责任。严格执行《中国共产党党员领导干部廉洁从政若干行为准则》、《党政机关厉行节约反对浪费条例》，带头控制、降低三公经费支出，禁止利用职务之便谋取不当利益，不得借婚丧嫁娶大操大办。上班期间坚决杜绝麻将、扑克、电脑游戏等娱乐活动，中午和值班期间不得饮酒，八小时以外坚决不允许到歌舞厅、洗浴中心、高档饭店会所等场所。

河底镇村级干部十二项管理规定

一、政治制度

严肃党的政治规矩和组织纪律，思想上、行动上、组织上、工作上与上级党委保持一致，违背党的宗旨和民主集中制原则的话不讲、事不办，不传谣信谣，不发表有损于党和政府形象的言论。不向党组织隐瞒个人重大事项。不搞团团伙伙“小圈子”和非组织活动。

二、干部监管制度

严格落实区委、区纪委制定的《农村干部管理办法二十条》《村干部廉洁履行职责若干要求》《村干部日常行为暂行规范》。第十届新任村主任“九项承诺”适用于全体村级干部，要挂在办公室，接受监督。各村制定并落实《支村两委议事规则》《党员和村民代表管理办法》《村规民约》三项制度。

三、例会坐班制度

各村要根据实际情况制定支村两委日碰头、周例会制度，两委主干每天至少一人坐班，杜绝“走读”，确保24小时通讯畅通。

四、考勤制度

村主干外出两天（含两天）以上必须事前向镇党委、政府主要领导和包村领导履行请假手续，两委其他成员外出必须向村主干请假。发生山林火情、群体上访、治安刑事等突发性事件村主干必须第一时间现场处置。

五、会议制度

村干部必须准时参加各级召开的会议，村主干因事因病未能参会的，要分别向镇党委书记、镇长请假；其它[他]两委成员因事因病不能参会的，要向召集会议的分管领导请假。对无故不到会或经常迟到的，在镇政府电子屏公开通报一周、大会点名批评、罚款等方式处理。

六、工程项目管理制度

村级重点工程和项目，必须办理规划、土地、环保、立项、招投标、安全三同时等手续，必须具备合同、预算、决算、审计报告，镇三资代理服务中心方可按进度拨付工程款。各村建设项目在20万元以下（含20万）的工程由本村村集体组织实施或由本村村民承建的项目，原则上可以不履行招投标手续。20 万元以上的工程必须履行招投标手续。所有建设项目必须履行“四议两公开”工作程序。

七、土地资源资产管理制度

任何集体和个人不得以任何名义与任何人私自违法违规买卖、转让、承包、租赁土地、资源和资产，不得以虚假承诺和小恩小惠诱导村民（代表）签订有违法律政策、损害村民和集体利益的合同协议、不得随意处置集体资产，有此行为的合同无效。同时镇政府对该村实行 1~3 年区域限批，镇纪委立案调查并公布结果。

八、村级财务管理制度

执行预决算备案、工程项目备案、经济合同备案、限额上报备案、负债审批、专用票据、财务印章集中保管和三资台账八项制度。执行村财镇管、收支两条线、三审五联签，限额审批等制度和程序，原则上千元以上以支票转账结算；日清月结，连续三月无故不报账的，镇三资代理服务中心停止一切资金拨付；杜绝坐收坐支，严控过度举债（借款十万元以上要经民主程序说明借款用途并报镇政府批准，借款一般应为无息）。村级财务每年审计一次，发现问题镇纪委立案调查并公开结果。

九、目标责任考核制度

年初镇政府与各村确定经济和社会发展目标责任，各村不折不扣完成。实行半年一汇报，全年两评议（党委政府评议、党员村民代表评议）考核办法。

十、重大事项请示报告和风险评估制度

各村涉及人、财、物和各类工程项目、大型活动，在履行“四议两公开”程序的同时要事先向包村干部、村监委会第一主任请示汇报。包村干部有建议否决权。对大的决策要从法律、纪律、安全、信访、财务、环保风险等方面进行风险评估，风险不可控的要重新制定方案。

十一、督促检查制度

执行村事镇监制度，重大事项施行前须向党委政府汇报，变事后处理为事前监督。村干部要把年度工作计划、廉政承诺采取书面方式公开公示，便于党委政府和群众监督。对镇党委、政府出台制度的落实情况、重点工程、重点项目、重点工作的推进情况、上级交办任务的完成情况不定期督促检查。

十二、问责制度

对作风专断、不按原则办事、班子不团结、为政不勤不廉、工作失责决策失误、参与私挖滥采和私自买卖土地资源、发生影响较大的集体越级非正常上访事件、较严重安全事故、护林防火和治安刑事案件的，要取消评优评模，由镇纪委立案调查并进行问责。

政府工作报告

——在河底镇第九届人民代表大会第四次会议上

（2014 年 6 月 24 日）

各位代表：

现在，我代表河底镇人民政府向大会报告工作，请予审议，并请各位列席代表和同志们提出意见。

一、2013 年工作回顾

2013 年，面对严峻复杂的国际国内形势，在镇党委的正确领导下，全镇上下集中精力发展经济，全力推进社会事业，倾心尽力改善民生，较好地完成了镇九届人大三次会议确定的目标任务，奠定了突破河底的坚实基础，迈出了转型崛起的坚实步伐。2013 年全镇财政收入共完成 5566 万元；规模以上工业总产值完成 21157 万元；规模以上工业增加值完成 5527 万元；招商引资完成 58327 万元；固定资产投资完成 59890 万元；农民人均纯收入实现 9386 元。

重点项目有序推进。认真落实"六位一体"工作机制，全年引进各类经济技术项目 9 项，签约金额 10.1 亿元；实际到位资金 59890 万元；投产项目 4 项，完成投资 10500 万元。燕煤公司 300 万吨洗配煤生产线项目、管状皮带输送机项目、欣原机电修造项目、天华工程材料公司 20 万吨铝酸钙粉等一批工业重点调产项目相继完工。一年来通过技术改造、节能降耗、外引内联，璞鑫耐火产能扩大，兴发耐火效益提升，晋云耐火达产达效，促进了传统产业升级上档。河底速凝剂厂新产品研制开发成功，王者石油支撑剂公司实现多元化经营，中博与富尔顿公司成功合作，中亚铸钢节能降耗改造项目的顺利开工，为全镇产业升级、经济转型带来了新的亮点。

现代农业提质增效。全年生产粮食 599.1 万公斤，生猪出栏 18400 头，蛋鸡存栏 187000 只，肉羊存栏 3000 只，肉牛存栏 70 头，改造温室 80 亩，栽植核桃 2800 亩、苹果 200 亩，新建程庄 3 万只蛋鸡养殖、下章召千头肉羊养殖小区，新增农民专业合作社 6 个，举办蔬菜种植、核桃栽培、果树修剪、温室大棚管理等实用技术培训班 12 期，受益人数达到1200多人。围绕调结构、转机制、增效益，五架山、东村、小西庄村复垦造地800余亩，涌现出了华龙农超对接、易汇“公司加农户”、北庄村的大户经营等新型经营模式，推动了传统农业向产业化、集约化迈进。

新型城镇构架形成。编制完成镇区9平方公里的控制性规划（2013年–2017年），以河底古镇区为核心，滴苇路为中轴，以北部商贸物流园、东部苇泊工业园、南部固庄生态园三个功能区为副中心，构建起河底新城的整体框架。镇区供水、排水、供暖等公共基础工程相继开工，河底村新一轮旧村改造、中佐富景小区二期工程正式启动，固庄生态新村开始内外装饰，河底幼儿园形成主体。新农村建设扎实推进。五架山新村建设，山底1#、3#楼工程，北庄村中心广场、小河北通村公路等一批村镇建设项目相继建成，东村、北庄、下章召、红土岩、上章召、武家庄、邓家峪七村被列入省级“一村一品”专业村。

人居环境持续改善。打好生态修复硬仗，完成京昆、阳五高速林带建设600亩、荒山绿化2800亩；河底凤凰堖农民公园初具规模，栽植各类苗木40余万株。全面启动乡村清洁工程，整治河底路清洁一条街，打造邓家峪、大固庄、北庄、任家峪4个示范村，全镇清理积存垃圾8000余吨，粉饰建筑墙面1.6万平方米，城乡面貌明显改善。完成三项环保项目调查、农村环境调查，关闭取缔非法储煤、储料、洗料场地17家，关闭死灰复燃矾石竖窑15支。

社会管理全面加强。全面落实“一岗双责和两个主体责任”，严格履行安全生产责任制，扎实开展隐患排查治理活动，认真开展各项专项整治工作，天隆公司、德旭公司通过“三级安全标准化”验收，全镇安全形势持续好转。组建专业森林灭火分队4支，护林防火实现网格化管理。坚定不移地贯彻执行“三个一律”和“七个坚决”，始终保持严厉打击私挖滥采的高压态势，全年取缔非法采矿坑点46处，查扣挖掘机主板9件、铲车、钩机等各类车辆28辆，矿业秩序得到明显好转。加强社会治安综合治理，“安全乡村”基本监管体系达标率100%，“安全村”达到26家。加大矛盾纠纷排查力度，一批历史遗留的涉诉积案、久拖未决的信访难案得到妥善处理，人民群众满意度明显提高。

社会事业长足进步。提升办学条件，注重校园文化建设，新建河底中心幼儿园，河底联校荣获全国心理健康教育工作先进集体。发展文体事业，新建农民健身场所、休闲广场2处，成功举办秋季农民篮球赛。扩大就业规模，开辟产业孵化基地，全年培训各类人员3000人，转移劳动力300人。健全社会保障，新农合人口覆盖率100%，城镇居民医疗保险参保2445人；新型农保参保人数达到14488人，城镇居民养老保险参保居民862人；发放城乡低保金、五保供养金、医疗救助金、残疾人生活补助金714.2万元。东村、南沟、任家峪、下章召4个村建起老年人日间照料中心，老有所养进一步落实；按政策落实伤残军人、优抚对象、义务兵各种补助 255 万元。促进强农惠农，落实国家粮食、良种、农机补贴政策，补助资金 130 余万元；加大农村危房改造力度，落实补助资金 65.3 万元，42 户危房户搬入新居。实施农村亮化工程，安装太阳能路灯 362 盏。全镇人口自然增长率为 -1‰，退耕还林工作合格率达到 100%，冬季“爱心煤”发放完成。共青团、妇联、工会、民兵预备役、宗教等各项工作都取得了新进展。

各位代表，过去的一年，我们聚精会神、全力以赴推进了一批重大项目、完成了一批重点工程、解决了一批难点问题、办成了一批惠民实事，巩固了发展形势，奠定了发展基础。这些成绩的取得是区委、区政府大力支持的结果，是镇党委正确领导的结果，是镇人大、政协监督支持的结果，是全镇人民共同奋斗的结果。在此，我代表河底镇人民政府，向各位人大代表、广大干部群众，向所有参与、关心和支持河底发展的同志们、朋友们，表示衷心的感谢和崇高的敬意!

在总结工作的同时，我们也清醒地认识到全镇经济社会发展中存在的困难和问题。集中表现在：主要经济指标增速放缓，部分企业经营困难，财政收入明显回落；主导产业单一化问题更加凸显，企业创新能力不强，资源、环境、土地等要素制约进一步加大，发展的质量和效益有待提升；农村集体经济弱化，农民增收渠道不宽，基础设施建设滞后，生态环境欠帐[账]较多；资源开发、征地拆迁、回迁安置、工资拖欠等引发的矛盾纠纷增多，社会管理还存在薄弱环节；政府职能转变还不够到位，“慵懒散，慢拖推”的情况仍然存在，铺张浪费、吃拿卡要的现象并没有杜绝。对此，我们将高度重视，采取有力措施，切实加以解决。

二、2014 年政府工作的指导思想和主要预期目标

当前，世界经济缓慢复苏，国内经济趋稳向好，特别是国家全面深化改革和推进新型城镇化建设的重大战略部署，将进一步激发经济社会发展的内生动力和活力。围绕“千亿阳泉、百万新城”奋斗目标，市委、市政府强力推进“工业强市、文化兴市、扩城阔市、生态靓市”四大战略，2014 年明确提出了“项目建设、改革开放、民生改善”三大突破重点。区委、区政府作出了实施五大战略，创新五条路径，打造生态宜居新城，建设现代城郊强区的全面部署。总体看，今年我镇发展既面临着一系列有利条件和难得机遇，也面临着诸多压力和挑战。

根据区委八届四次全体（扩大）会议和中共河底镇第十一届三次会议精神，今年政府工作的总体思路是：

以邓小平理论、“三个代表”重要思想和科学发展观为指导，全面贯彻落实党的十八大、十八届三中全会精神，按照稳中求进、改革创新的总要求，围绕“发展大河底，河底大发展”的总目标，打基础、保民生，抓改革、增活力，创环境，促和谐，力争在平台打造上实现新突破，在农业发展上取得新进展，在城镇建设上迈出新步伐，为全面建成新型工业重镇、特色农业大镇、绿色宜居集镇、和谐文明新镇打下坚实的基础。

综合考虑各方面因素，今年经济社会发展的主要预期目标是：财政收入完成8000万元，其中公共预算收入完成2861万元；现价总产值完成12亿元；规模以上工业增加值完成5720万元；招商引资完成6亿元；固定资产投资完成8.5亿元；农民人均纯收入达到9600元。上述指标的提出，综合考虑了发展需要和支撑条件，体现了稳中求进、合理增长的原则，也为全面深化改革、加快结构调整创造条件、留出空间。

实现今年经济社会发展目标，必须在转变经济发展指导思想的基础上，突出“打基础、抓改革、创环境”。打基础，就是树立正确的发展观和政绩观，加强基础设施建设，推进基础产业发展，扎实做好各项基础性工作，增强发展的稳定性和持久性。抓改革，就是抓住“综改示范”这一重大机遇，坚持把改革创新作为根本动力，贯穿于经济社会发展的全过程和各个方面，以改革破解瓶颈，以改革推动转型，以改革促进民生改善。创环境，就是强化环境是第一资源、生态是最大潜力的理念，创优发展环境，改善生态环境，赢得区域竞争的软实力和硬资本。

三、2014年工作安排

按照中共河底镇十一届三次会议部署，2014年政府工作要以全面深化改革统领全局，建设三大工程、实施十大项目、做好六个方面的工作。

三大工程：一是完成太阳高速河底出口连接线；二是启动河底工业园、河底商贸物流园平台打造工程；三是配合实施阳大铁路河底段建设工程。

十大项目：北庄村300亩设施蔬菜示范园扩建项目；燕煤集团与北庄村“百企千村”生态园项目；关家峪晋鑫京泉农场新建项目；中亚铸钢技术改造项目；河底5万平米居民住宅楼项目；五架山新村建设项目；东村1.5万平米居民住宅楼建设项目；固庄村生态园建设项目；阳泉通达汽车检测线扩建项目；郊里村河底林场综合开发项目。

六项工作：

一、坚持项目带动，工业强镇，全力打造经济腾飞的强大支柱

河底的振兴在转型，转型的关键在产业，产业的根本在项目，项目的载体在平台。建设工业强镇，我们必须走好“巩固壮大传统产业、培植新型潜力产业、全力拓展招商空间”三步棋。

一要抓好基础、培植龙头，实现传统产业的发展壮大。用足用好综改试验区及扩权强区政策，努力破解铝矾土资源供给瓶颈，大力支持天隆公司向亿元企业迈进。重点培植璞鑫、兴发、翔宇、金宇、广鑫源、永利、兴旺等7大耐材企业扩规上档，探索联合发展、捆绑发展、集团经营的道路，扩大我镇耐火产业的市场占有份额。下大力取缔非法违法矾石竖窑，大力推广采用洁净能源烧成的新型窑炉，提高资源利用率。按上级政策规范晋云、鑫地伟业、德旭、大河北烧成小区等铝矾土熟料生产企业，优先供应本土企业，努力实现互利共赢。

二要加大扶持、推进项目，促进新型产业达产达效。主动协调，创优环境，加快推进天华公司20万吨净水剂、中亚铸钢20万吨轧钢生产线技改扩建、众辉30万吨超细粉、华夏兴田搅拌站等项目达产达效。煤炭方面，重点抓好燕煤300万吨洗煤生产线、管状皮带输送机项目，争取早日投产。石油支撑剂行业，以富尔顿、晋盛源、王者、中陶、科锐、中创6大企业为重点，要抓住市场企稳回暖的机遇，加强联合，信息共享，增强行业整体竞争力。

三要创优环境、打造平台，拓展招商引资发展空间。抓住我区综改试验区和扩权强区的利好机遇，先行先试、敢行敢试、多措并举、多方筹措，加快河底新型工业集聚区平台建设。依托固庄煤矿新监区搬迁项目，力争形成水、电、暖、气、路、通信"六通一平"的项目平台1000亩以上。紧抓京昆高速河底出口开通的历史机遇，打造商贸物流平台800亩以上。重点扶持，搞好服务，启动山西新盟纸业12万吨环保石头造纸工业园区建设。

二、坚持调整结构，强农惠农，全力谱写农民致富的崭新篇章

以工业化理念谋划发展，强化龙头带动、基地联动、市场驱动，在"精特细"上下功夫，在观光、旅游、餐饮方面做文章，走河底特色的现代农业之路。

一要坚定目标方向，做大做强现代农业。要按照中央1号文件的要求，积极推动科技兴农，转变经营机制，规范土地流转，让更多的农民在土地经营上利益最大化。以建设现代农业园为目标，巩固东村、山底、北庄、上章召、苏家泉、南沟等村的蔬菜基地建设。树立"模式多样化、品种差异化、投资多元化、生产标准化、集中连片化"的发展理念，北庄、东村要新建7000平米连栋大棚和200亩蔬菜温室；以固庄食用菌种植为突破，辐射带动任家峪、中佐、河南等村发展食用菌项目。积极推进燕龛万头猪场和晋鑫京泉农场一期工程建设早日开工，推进东村、下章召、里龙光峪、西沟等传统养殖专业村扩规上档，支持牵牛镇、红土岩、山底、曹家掌、五架山、武家庄、程庄等新建养殖小区发展壮大，切实发挥规模带动效益，引导农业产业化多方向发展。

二要坚持多措并举，夯实传统农业基础。发挥土地资源相对丰富的优势，盘活撂荒地，用好偏远地，继续扩大经济林种植规模，重点发展优质核桃。2014年要新栽核桃3000亩，真正把核桃产业培育成为农民持续增收的绿色银行。大小河北、五架山、小西庄等村要适当发展苹果种植，借鉴西南舁经验，发展采摘农业，循序渐进地试种、引种、发展中药材产业,探索林果业与中药材的兼植兼种,提高土地单位效益。

三要完善产业要素,拓宽农民增收渠道。要从"强龙头、抓组织、建基地、树品牌"入手,着力构建"企业+基地+农户"、"合作社+农户"等产业化经营模式,继续引导农超对接、农市对接、农社对接等新型销售模式,逐步打造农产品自主品牌。支持家庭农场发展、鼓励联户规模经营,有序推进土地资源向种植业、养殖业大户流转。鼓励有条件的村建设"农事体验园"、开办"市民农庄"、创办"花卉乐园",发展土地租养、大棚领养、花卉托养等特色服务。西沟、小沟、武家庄3个整体搬迁村,要充分利用耕地、林地、宅基地资源,通过争取政府支持、引进企业开发、农民筹资筹劳等办法,实现闲置土地的产业性开发,促进农民增收。

三、坚持规划先行,拓城靓镇,全力实现集镇建设的重大突破

新型城镇化是我国改革发展的重大战略,是拉动内需,保持经济持续健康发展的内生动力。我们要紧紧抓住这一机遇,以全省"百镇建设"示范镇为核心,全力推进城镇化建设步伐,同时要大力发展以服务业为主的第三产业,做到产城融合、永续发展。

一是做好规划设计,拉大城镇发展框架。进一步完善修编"一核一轴三组团"的镇区发展规划,使其更加合理、更趋科学。全力完成京昆高速北出口开通工作,争取7月份建成通车;协调做好昔阳大寨到阳泉北站专线铁路和河底客运站建设工程;积极筹措建设镇区外环路、铁路客运站与镇区连接线,高速公路与镇区连接线的基础设施工程,全面完成镇区集中供水、排水、供暖等工程改造项目,提高镇区品味,拉大镇区发展框架。

二是推进工程建设,开启集镇建设蓝图。充分发挥河底得天独厚的地理、历史和人文优势,挖掘自身潜力,吸引人口集聚,全面推进镇区建设步伐。河底村要启动5万平米住宅楼项目,完成河底幼儿园、河底文化活动广场、潘云桥修复等三项工程,要紧抓昔阳大寨到阳泉北站铁路建设的机遇实施猪头垴村整体搬迁,有序推进龙光峪村地质灾害治理。固庄村要加快新村建设步伐,争取年内喜迁新居。同时,要完成中佐村富景小区二期建设,启动阳泉一钢10000平米棚户区改造工程。实施镇区主要街道环境风貌整治工程,从根本上改变"脏乱差"的现象。突出"美丽乡村"主题,重点抓好山底1#、3#楼配套工程,东村15000平米住宅楼工程、任家峪商贸新区开发等项目,发挥中心村作用,推进新农村建设。五架山村要坚持科学规划、产村共建、彰显特色,走出一条资源型乡村靓丽转型的新路子。

三是实施旅游带动,创新城镇发展思路。充分开发镇域内的自然资源及人文资源,大力发展乡村旅游。大河北村要加大同温河灌区的协调力度,做好温河旅游开发项目的规划设计,统筹发展采摘农业、水面游船、河道漂流、溶洞开发等项目。固庄生态园的建设要体现农家乐、风情游，建成集餐饮、休闲、体验为一体的高标准生态园。燕龛沟五村要整体规划，实施燕龛河治理工程，打造燕龛生态沟，突出原生态，回归大自然的乡村旅游文化。转变河底林场经营机制，依托郊里村，联合固庄矿，逐步规划建设滑雪、旅游、餐饮、垂钓、采摘等游乐项目，努力把我镇建成阳泉的后花园，市民的游乐园，让旅游产业成为农民增收、经济发展新的增长极。

四、坚持以人为本，狠抓安全，全力开创和谐稳定的良好局面

安全是最大的民生，是比泰山还重的责任，是任何时候、任何地方、任何情况都不能触碰的高压红线。我们一定要铭记习近平总书记“要始终把人民生命安全放在首位、发展决不能以牺牲人的生命为代价”的深刻教诲，时刻以敬畏生命、敬畏责任、敬畏制度之心，按照“一号文件、一票否决、一把手工程”的要求，加大安全工作考核权重，扎实做好安全稳定各项工作。

狠抓安全生产不松懈。一要强化监管。按照“党政同责、一岗双责、齐抓共管”的要求，进一步建立健全安全生产监管责任体系，确保安全监管全覆盖、无盲点。二要强化检查。严格落实部门监管主体和企业责任主体“两个主体”责任，不断引深非煤矿山、建筑施工、人员密集场所、危险化学品、民爆物品、锅炉压力容器、特种设备、燃气管道以及校园安全、食品安全、护林防火、防汛防灾等重点行业和领域的安全大检查活动，加强隐患排查治理，切实做到防患于未然。三要强化督查。采取不发通知、不打招呼、不听汇报、不用陪同，直奔一线、直插现场的方式，不定期对隐患排查情况进行抽查，对检查不深入、排查不到位、治理走过场的村和企业，视同发生安全事故严肃处理。四要强化基础。深入推进企业标准化建设、“安全乡村”创建、食品安全网格化管理，加强安全宣传教育。

严打私挖滥采不手软。要深刻汲取大阳泉“12·18”盗采国家煤炭资源案件教训，充分认识当前私挖滥采的危害性、隐蔽性和复杂性，猛药治疴，重典治乱，对私挖滥采坚决实行“零容忍”。一要严格监管。由国土、公安、供电部门主要参与，乡村两级具体负责，建立定期不定期巡查制度，逐村逐户逐点落实监管责任。特别是对有浅层资源赋存和动力电源接入场所，要经常性地、一户一户地、不留死角地彻底清查。二要严管工程。今后，凡新上造地、养殖、修路、新农村建设等项目，必须经国土部门严格审核，政府批准。尤其对涉及地下资源的土地占用和新上项目，要严格审批并及时公示，确保有效管理和群众监督。三要严打重处。对发现的私挖滥采案件，要采取国土部门扣押设备、公安部门抓捕涉案人员和打击黑“保护伞”、纪检监察部门开展公职人员失职渎职调查、审计部门对所涉村财务进行审计的办法，重拳出击，多管齐下，坚决做到迅速打、彻底打、往痛处打。四要严肃问责。对工作存在失职、渎职的部门工作人员和镇、村领导干部，要按照镇政府和各村所签订的责任书以及相关法律法规，严格进行责任追究。

五、坚持执政为民，普惠民生，全力促进民生水平的显著提升。

我们要把改善民生做[作]为最大的政务来做，坚持以人为本，搞好“基本民生”、保障“底线民生”、关注“热点民生”，最大限度地谋民生之计、最大程度地解民生之急、最大力度地办民生之需，不断增强人民群众的满意度和幸福感。

一是合理优化教育资源配置。严格落实优先办教育政策，继续加大幼儿园设施设备的投资力度，提高幼儿教师工资待遇，实施边远山村教师岗位津贴全覆盖工程，完成河底中心幼儿园、东村幼儿园建设，切实解决农村幼儿“入园难”问题。二是全面启动镇志编纂工作。充分发挥志书资治、存史、教育、兴利、警示、交流六大功能，为地方经济建设、扩大对外开放、发展旅游事业、传承优秀文化提供精神智力支持。三是全面提升农村医疗服务水平。大力推进参合农民购买商业大病保险制度，切实解决农民“因病致贫、因病返贫”的问题。实行村卫生所免收一般诊疗费和低保对象免费享受新农合医保，完善乡村医生养老保险制度，稳定壮大村医队伍。落实村级卫生所基本药物和设备补助政策，认真落实零差价销售。四是依托产业孵化基地促进创业就业。继续巩固和扩大产业孵化基地建设，积极争取、正确引导，推动全民创业、自主创业、艰苦创业，消除“零就业”家庭。五是进一步扩大城乡基本养老保险、基本医疗保险覆盖面，全力推进农村危房改造工程建设，逐步改善低收入人群和困难家庭的居住条件。六是继续巩固和提高“五个”全覆盖工程，高质量完成刘备山景区关家峪段、郊里至河底林场、五架山通村路等公路建设工程。完善村级文化健身配套设施，建设河底文化广场，提升居民的生活质量。深入开展“阳光计生”行动，切实维护好妇女儿童合法权益，加强防震减灾，重视档案管理，关心支持民族宗教工作，推进国防教育和后备力量建设，不断提高“双拥”工作水平。

六、转变政府职能，改进作风，全力维塑勤政廉洁的政府形象。

*优化发展环境。*完善“社会服务管理中心”职能，强化服务功能，增加服务内容，设置更多的职能部门和窗口单位，优化办事流程，减少办事环节，提高办事效率。坚持依法行政，加强法治政府建设，自觉接受人大、政协和社会各界监督，加强法制宣传教育，改善法治环境，规范行政执法行为。

*改进工作作风。*进一步加强和改进工作作风，扎实开展党的群众路线教育实践活动，突出整治“四风”，严格落实《农村干部管理二十条规定》《河底镇党政班子工作制度》及《河底镇村级干部管理规定》。继续精简会议和文件，严控各类检查评比活动，绝不搞华而

不实、劳民伤财、急功近利的形象工程。加大行政问责力度，坚决查处慵懒散奢、吃拿卡要、效率低下、不负责任、执行不力、弄虚作假等行为，确保政令畅通。加强机关干部队伍建设，强化公仆意识、服务意识、责任意识，建设一支作风优良、纪律严明的基层干部队伍。

厉行勤俭节约。全面落实《党政机关厉行节约反对浪费条例》，牢固树立过紧日子的思想，坚决杜绝大手大脚、铺张浪费。调整优化财政支出结构，优先保运转、保民生、保重点项目，进一步压缩"三公"经费和政府投资项目支出规模。从严控制差旅费等行政经费支出，一律不参加没有实质内容的招商引资和外出考察培训等活动。加强对领导干部勤俭节约的监督约束，带动全社会形成节俭之风。

强化廉政建设。严格执行中央关于干部工作生活方面的待遇规定，构建公务用车和办公用房管理长效机制。强化行政监察和审计监督，严肃查处违法违规案件。加强干部队伍廉洁从政的监督与管理，严肃查处以权谋私、失职渎职等行为，树立清正廉洁的新形象。

各位代表、同志们，尽管在前进的道路上有困难、有风险，但只要全镇上下同心同德、开拓奋进，我们就没有克服不了的困难，就没有战胜不了的风险。我们有理由相信，河底的发展前景广阔、潜力巨大，河底的明天一定会更加美好。凝心聚力谋发展，策马扬鞭自奋蹄，让我们在镇党委的坚强领导下，团结一心，共克时艰，扎实做好改革发展稳定各项工作，为建设更具实力、更富活力、更加美丽、更为幸福的新河底而努力奋斗！

第二节　诗文选录

题关关龙逄

吕思诚

夜宿关家峪　晓行关氏坟
长松成偃盖　坚石刻新文
世系传三族　书丹近八分
铭章归墓侧　疏拙愧诸君

吕思诚　元泰定年间进士　义东沟村人

大风谣

刘元龙

飞飙忽与云为愁　鱼鳞草莽无停留
老龙欲展吸水气　巨虎怒啸声飕飕
石燕不翔六鹢退　爰居避险辞海陬
浮埃障天昼昏翳　白日惨淡黄霾愁
为霖泽物忌造化　不尔罪兮其谁邮
农夫悬来叹空室　败栏三月闲耕牛
大无麦兮古所记　况复不播安有秋
去年七月惨纵虐　天禾披靡无半收
因此粱粟佑腾贵　炊珠食玉贫民忧
今复杨沙发屋逞狂悖　毋乃嗜杀千天尤
安得排云呼上帝　两师洒道飞廉囚

如膏春雨遍渠满　甲拆青绿盈西畴

刘元龙　清乾隆年间　河底人

游藏山

郭　浩

藏山疑是壶中天　白云半在云之巅
两崖夹峙路盘旋　横溪瑶草叠翠田
群峰削出芙蓉鲜　铲锤夺得造化权
秋声入耳争鸣蝉　胜游拟结鸥鹭缘
披襟痛饮九十千　吟余肺渴思吞川
杖携方竹沿流泉　寻幽吊古蜡屐穿
洞中石榻供我眠　梦回今古俱茫然

郭　浩　明代　上章召人

题将军墓

傅廷彦

策马将军岭　凭吊将军墓
将军名不传　将军冢如故
沧桑凡几更　片石眇烟雾
夜戛智氏钟　噌吰比大頀
庙谟有胜算　胡然失借箸
欲为梁父吟　松楸日已暮

傅廷彦　清代人　生平不详

看露天电影

（叙事长诗）

杨济才

小序：孩孩儿们注意听，今黑夜咱村演电影，要问电影演的甚？赶快问问马计明！这是上世纪60—70年代流传在阳泉北郊河底一带的一首儿歌。那时候，有一支二人组成的公社电影放映队活跃在河底公社13个生产大队。其中，一个叫马计明，一个叫刘佩石。他俩的名字可以说是家喻户晓，老幼皆知。每当他们来临时，村里就成了欢乐的海洋。现将当时的热闹情景再现出来，权且作为对那时偏僻农村贫乏而又单调的文化生活的回味！

叫起套，赶上驴，
小排车走在河槽里，
驾辕的牲口跑得欢，
赶车的后生乐歪了嘴。

太阳刚刚落了西，
南场里接来放映队，
大人孩子笑眯眯，
浑村热闹得像开锅水！
挑撩清，挖圪洞，
木头杆杆树俩根。
扯得展，绷得紧，
白布布上拴绳绳，
四个角角各一根，
银幕挂在正当寸。
刘佩石，马计明，
他俩可真是大明星，

只要看到他二人，
拽着后襟就往家里请！

七家抢，八家争，
派饭派在家户中。
大火上烧的是碱面饼，
圪捞里炒黑豆菜饭热腾腾。
小米捞饭抿成山，
剔拔股在锅里秃碌碌得转。
葱炒辣椒调和好，
豆芽酸菜往上端。

街门外有人朝里僚，
洞顶上有人往下瞧，
眼看天色已不早，
可他俩还没有吃呕好！

等得孩孩们可世界跑，
等得大人们心圪搅，
等得雀儿睡了觉，
等得猫儿狗儿不停得叫……

东梁上的星星还没有挂，
刘备山的太阳才刚落下，
其实人家吃得也不工大，
是咱着急心理起变化。

一双双，一对对，
年轻人抓住这机会，
悄悄钻进旮旯里，

厾厾(du　du)揑揑不知做甚哩!

抱小孩,扶老人,
手里拿的是小板凳,
手电棒儿照出一道道明,
各家各户就出了门!

喇叭里发出了哼哼声,
就好像开戏前打头腾。
电影终于开了演,
加演演得是新闻!

接下来正片就放映,
银幕上出来个五角星,
四周的道道耀眼明,
人们把手掌都拍疼!

《地道战》,《地雷战》,
演得都是战斗片,
虽说演了无数遍,
但大家看了一遍还想看。
故事情节滚瓜烂熟记心间,
人物对白张口就来都会念。

银幕上,
日本鬼子龇牙咧嘴真凶狠,
烧杀掠抢折腾咱中国老百姓。
主席的思想放光明,
克敌制胜有保证。
武工队,八路军,

军民团结齐上阵，
一举把敌人消灭尽！

银幕下，
社员群众义愤又填膺，
恨不能冲上前去斗顽凶。
看到最后我们获了胜，
全场暴发出了欢呼声！

电影很快到剧终，
人们依依不舍往出涌，
南场里留下些石头圪墩墩，
等到下次演时还能用！

这就是，
露天地里看电影，
美好的记忆在心中
时间虽逾几十年
其中的乐趣说不尽！

看如今，
群众文化生活真繁荣，
数字电视电脑进了门，
想看什么全由你，
再不用露天地里坐那冷板凳！

时代步伐真迅猛，
科学发展上水平，
改革开放大潮涌，
和谐社会颂太平！

阳泉市任家峪铁业生产合作社

山西阳泉市任家峪(共三百户)铁业生产合作社在去年九月由二十七盘半背半泻式的炼铁炉、二百二十个铁业工人组成。这个生产社对任家峪村人民的经济生活有决定性作用。它把本村的运输、供销等行业都带动起来了。当地群众用“黑行(指铁业)不动,百行无用”这句话来形容它的作用。由于全体社员的努力,铁业生产社日益发展壮大。现该社正在筹备购买煤气机,安装炼铁小高炉,准备变分散落后的生产为集体的半机械化的生产。

从合伙炉到生产社

任家峪铁业生产社的发展过程就是教育农村小手工业者“组织起来”的过程。它是在一条曲折的道路上发展起来的。

该村在一九四七年实行土地改革后,就有八十四个从事铁业生产的手工业者,以十四盘铁炉为中心,组织起来,集体生产。但各炉独立经营,自负盈亏责任。他们把这种组织形式叫做合伙炉。两年之内,合伙炉不断发展,铁炉由十四盘增加到二十四盘,人数由八十四人增至一百九十二人。两年当中,合伙炉共生产了二百四十二万斤铁货,销货收入合一百五十四万斤小米,每个成员每日的平均收入是十斤小米。

人们的收入增加了,对于生活资料的需求也增加了。当时他们购买生活资料,必须跑到邻村去,既误工又多花钱,有时还买不上好东西。于是大家组织了一个以供应生活资料为主要任务的铁业联社。铁业联社并兼营推销铁货的业务。一年当中,铁业联社供应额达一百零五万斤小米,盈余一万多斤小米;在推销铁货产品业务中也盈余了一万多斤小米。这时产生了一个问题,这些盈余,“是分掉呢,还是留在联社?”经过大家讨论,就把这笔盈余分了。不久淡季到来,把旺季的积累分光了,淡季就难以维持再生产了。有五盘合伙炉因发不出工资而停了工,其余没有停工的也发生很大的困难。在这种情况下,大家感到了加强领导的重要性。他们找到了阳泉市供销总社,所有合伙炉的成员都加入了供销社。合伙炉都改为生产小组,附属于供销社的生产部内。

由于有了统一的领导,各生产小组的原料供给和产品推销问题都解决了,生产大有起色,各小组开始有了公共积累。这一年共盈余了九万多斤小米,除劳动分红百分之四十,福利及教育金各用百分之五,上缴百分之十外,还积累了三万六千多斤小米的公积金。社员们从此深刻体会到组织起来的好处。

原料供应和产品推销问题解决以后，大家要求进一步提高生产，改进工具，统一经营。这时阳泉市生产联合社筹委会已经成立，任家峪铁业生产合作社就在这个组织领导下建立起来了。

生产社的优越性

生产社成立以后，很快地显示了它的优越性。例如，在统一管理以前，各生产小组都有一个干部负责购买原料、推销成品、登记账目；二十七个小组就需要二十七个人。现在同样的事，只用十二个人就行了，这样就节省了十五个人力，每年还可节省四千五百万元的管理费用。生产社用社员的股金和过去的公积金定制了二十七套“木风机”，代替原有的“牛斯拜”（一种落后的扇风工具）。过去每炉每日平均出三百三十斤铁货，现在能出四百二十七斤，增加了百分之二十九点四。这种技术改进给社员很大的教育，他们真正认识了要改进生产技术，是非走集体化的道路不可的。

生产社的工资制度更加合理了。过去各生产小组都实行平均工资制度，不问产量多少，一律以每工十斤小米计算。技术好的闹情绪，说“这是吃大锅饭”。生产社参照当地甘河硫磺生产合作社的工分包件制，实行了“多劳多得，少劳少得，以劳计酬”的劳动工分工资制。即在各炉的销货额中，扣出百分之四点五的管理费，扣除生产社供给各炉的原料、燃料以及补助原料的费用，再扣除百分之十三的公共积累，剩下的数目就是工资，按民主评定的“分”数比例分配。

这种工资制的优点是，工资与产量相结合，产量越多，工资越多；工资与原材料相结合，原材料消耗越少，所得工资越多，这种办法能发挥社员的创造性和积极性。

社员生活的变化

铁业生产社的巩固和发展，大大地改变了社员的生活状况。

社员的工资普遍提高了。生产社刚成立的时候，在一九五一年第四季度社员每个工作日的平均工资就增加到一万八千二百三十六元，一九五二年第一季度更增加到二万二千六百元，其中工资最高者如十六号炉的任忠连，每个工作日的工资是五万三千六百元。社员们谈起以前的工资：“现在每天六、七斤，日本鬼子统治的时候，只挣三、四斤，最坏的一天只挣一、二斤，刚解放的初期，每天还挣五、六斤，和现在比起来，真是天比地了。”

老社员任喜贵回忆解放前的穷困情形说：“咱过去给炉主扛了十四年的活，长年借支，天天发愁，生活还是糠上加糠，菜上加菜，一家八口人没一条被子盖，冬天夜里睡在热炕上，烫着半截身子，冷着半截身子，一夜要翻几百回身。”任喜贵这两年新做了三床被子和褥子，又做了新袍子和褂子，还买了两条宁夏毛毯，能够不断吃白面。他在信用社里存着一千斤小米,家里还有一匹洋布,四、五担小米。

这样的人家,在任家峪并不是少数。生产社社员中积存一千斤小米以上者,有百分之五十以上;生产社社员在信用社的存款共有九万五千七百五十斤小米,全村已经没有"拉饥荒"的了。该村供销合作社九个月来销货额六亿二千六百四十三万元,每人每月在供销社的购买力平均约为六万元,比附近一般农村人民的购买力高出三倍。一九五一年,该村共捐献抗美援朝捐款一千八百万元,其中生产社社员捐献的就占了一千二百万元。

再前进一步

任家峪铁业生产社是在手工业与农业开始分离的基础上成长起来的。社员们已经从农民转化为手工业工人,但还有很大的保守性。任家峪生产社历次改进工具,都经过很复杂的斗争。有赞成的,有反对的,但在正确领导之下,经过教育动员和实践证明之后,一切保守思想都克服了。在最近筹购煤气机,建造工厂的期间,开始时有半数社员不同意,经过酝酿教育,大多数社员才拥护安装煤气机。因此加强对社员的政治思想教育,这是该社需要努力的主要方向。

此外,进一步从多方面满足社员的生活需要,也是很重要的。"粮食加布"显然已经解决不了问题,因为他们已经在买座钟、手表、毛毯和皮箱了。因此供销合作社应当加强供应工作,把社员的生产和生活更好地组织起来。此外,还应当鼓励社员进行储蓄。

(原载 1952 年 9 月 8 日《人民日报》第 2 版)

阳泉郊区赋

郭俊卿　杨济才

太行之右，省垣之东，晋冀门户，镶一颗璀璨的明珠，谓之阳泉。狮脑山隈，桃河水滨，煤海之乡，有一片神奇的土地名日郊区。

郊区者，东邻平定，西昆寿阳，南仰市区，北接盂县。地域宏厚，凡六百一十八平方公里。人口繁密，概二十三万之众。其乃通本地之咽喉，是达外埠之要道。曾因商品源源而惠及黔首，亦缘乌金滚滚而富甲一方。嗟夫！采苍天之灵气，山智水仁，撷大地之精华，煤广田丰。

回望亘古洪荒，史前即有先人于斯茹毛饮血而生息；追忆源远春秋，旧石器时代上祖在此钻燧取火而繁衍。历秦皇汉武，近日月乃为居；经唐宗宋祖，图山川而布其利。有典籍载，自西汉始曾隶上艾，隶石艾，隶广阳；又属平定，属原仇，属盂县。直至 1947 年阳泉解放而设市，人民共和国建立，辖区陆续划入。或工矿区，或大公社，渐第形成今日之区划格局。阖区社会政通人和，事业革故鼎新而久矣。

阳郊壮之，壮在地理山水。山川壮丽，籍莽莽高原以恢宏，凭巍巍太行而雄伟。南踞狮脑，北栖凤凰，东襟玉泉，西戴翠枫。刘备山、凤凰山，山山藏宝；桃林沟、汉河沟，处处飞虹。枣园村旧石器已冷，耐火城高铝砖恒温。千亩坪五谷丰稔，工业园炉火通红。小城镇玉楼绮窗人靓丽，大通衢车水马龙争朝夕。桃花河碧水一道微澜掠趣，文谷水潺潺百里渺波涟漪。嗟夫，青山兮，驰走竞奔，雄岭逶脊；绿水兮，倒影田园，折射小区；家园兮，春雨朝阳，天蓝地碧；大众兮，人面桃花，俊男靓女。伟哉，阳郊，煤海乌金，温暖九州四海；美哉，阳郊，宜居之乡，聚天地之灵奇。仰曰月之光辉，映大干之瑞祥，纳山河之宝气，委实钟灵毓秀之山川，真正物华天宝之福地。於戏，何人妙笔，能描我阳郊山河之壮丽；有谁绣口，能述我阳郊春秋之往昔。

阳郊俊也，俊在历史文明。文明源源，看当时竞起之神祇群英，仰历史皆比也贤达开明。区志云：夏代桀之大臣关龙逄，引黄图以直谏被弑，于此地立碑，因有今关家峪；公元前四百九十七年，春秋朝周敬王之期，晋卿赵简子平坦垴筑城，杀赵稷军血流成河，故遗洪城河地名；汉刘邦遣三齐王韩信伐赵屯兵于斯，扎营于树大林荫之处，方得“荫营”自古及今;三国者刘关张,神游在兹,羽箭择地,方各营其庙于此。刘备居西山之巅,爰得刘备山名;关云长箭落玉泉山麓,王者之庙濯赫庄重,国保文物,华夏闻名;张翼德好胜而远,鸣镝飞落上千亩坪。至今三足鼎立,堪称阳郊胜景。虽为佚事传说,已然昭彰人心。明英宗朝,贤臣郭浩,为御瓦剌,随驾亲征,土木被执,铁骨铮铮,不屈而死,魂寄大明;平坦堂棣,李念李愈,上表朝廷,秣马厉兵,心系民生,清廉可风;清季,鸿儒张穆,著述颇丰,蒙古游记,崔蔡之匹,斋诗文集,才显表里;民国期,张士林资助争矿,性格豚鱼,扶危济困,急公好义;石评梅著名作家,为妇女解放呐喊,堪为五四运动新文化先驱。银圆山庄是晋商,骡驮车拉携了铁货远走口外;张家大院乃名胜,上楼下洞山西布达拉宫天下珍奇。燕龛娃娃班铁板铜琶饮誉三晋,小阳泉五月鲜梆子乱弹蜚声京畿;传统迓鼓打上省城蟾宫折桂,三泉王勤赶赴全国群英大会。忆昔日庠学私塾吟哦朗朗,文中武式人才济济,河底郜外婆呼唤祁寯藻,陶然亭义井乡人悼女须;看今朝重点高中莘莘学子跻身清华北大,国外讲堂有我山庄窝铺农家子弟。嗟夫,一方热土古老而神奇。或太平盛世,或版荡之秋,人才辈出兮,不乏名流矣。

爰及近代,国势维艰,多少英雄豪杰金戈铁马,几许血荐轩辕折戟沉沙。民族危亡,仇深恨大,每每刀落剑起,屡屡狂风暴雨。三泉甄梦笔秘密组建中国共产党阳泉地区第一个临时支部;荫营韩九龄扯起抗日义勇军大旗;抗日区长岳勇临危不惧正气凛然而壮烈牺牲;大西庄五十八口男女老少,不屈倭寇,地道战惨烈捐躯。八路军百团大战铸丰碑,狮脑山兜鍪铁血壮纛麾。宏基鼎定烈士芳名垂青史,大业告成浩歌正气留天地。

阳郊丰焉,丰在物阜民康。自阳泉解放,沉沉天幕,豁然澄朗。人民共和国成,几许调整,阳郊设区,百业俱兴,乘风破浪。承前启后,继往开来,建设俊功,跻身全省县区之右榜。欣看今日之阳泉郊区,地下资源开发,煤炭、矾石、硫磺号称黑白黄富甲一方。地上产业耐火、建材、化工、冶金品牌响亮。中国荫营耐火城熠熠生辉,煤业集团转型跨越乌金墨浪。应验了孙中山"以平定煤铸太行铁"之大言,证实着郭沫若因写"揭破岩层夺铝矾"的濯濯诗章。六大支柱产业托起明星乡镇,八面来风吹动百舸桅樯:牵牛镇瓷器历史久远,小西庄砂货天下名扬,三泉村珐花陶再放异彩,荫营镇耐火产品青春焕发闯大洋。

新型农业当仁不让。农业税免去,生产力解放。依靠科技,科学种田,肥田沃土丰粮。大棚蔬菜四季常青,退耕还林,绿色染就家乡。生态环境,清淑和旸,蓝天绿野,旭日永昶,若至春夏,树木成荫,鸟语花香;每逢秋冬,爽气清开,瑞雪飞扬,千山尽染,万里澄亮。阳郊风物闻名遐迩,可风,可张,可扬!

阳郊兴哉,兴在转型跨越。转型跨越,得益改革开放。先行先试,转在依托煤而不依赖煤；实事实办，至于重总量更重质量。以科学发展为统领，政治、经济、文化、社会、生态建设五位一体。新型产业集中发展区、城乡一体化示范区、现代农业示范区之"三区"战略发展有序。工业新型化、农业现代化、城乡一体化、区域生态化日新月异。高速公路快速发展，园区建设脚踏实地，小城镇彰显特色，新农村高楼群起。开南乡市场迎远道客人，放北壤青峰多产出矾铝，让东岭沃土粮果丰收，令西山煤炭光耀国家门楣，阳泉郊区兮，于斯益彰。观之百业勃兴，瞻之前程无量。诗赋动阳春，催绿色之崛起；知时有好雨，润万物而有生机。维我阳郊，坚持中国特色社会主义道路，党心民心不移；维我阳郊，高擎十八大红旗，坚持深化改革扩大开放之宏举；维我阳郊，坚持科学发展，全面建设小康社会；维我阳郊，敢当重任勇于争先之精神勃起。四走四变四集中接力迅跑，走好五条路子扩大效益，双百四带凝聚人气。於戏！上承先人之潜德灵光，自强不息，递传千年盛名；下启来者之聪明睿智，与时俱进，谱写千年华章，创万世之奇迹。

美哉！阳泉郊区！祝二十三万人民福祉永葆，愿六百一十八平方公里土地丰饶长春。

古镇今韵

李　慧

在郊区，河底人被称为"北乡人"。河底村地处我市郊区北部，距盂县城仅 20 公里。"河底"得名于村落主体贯穿于河沟谷底，又因村中一条长条山岭头对青龙山，尾翘界牌梁，清代曾在青龙山下的"龙口"设钱局，铸造铁钱，故河底村又有"青龙古镇"之称。青龙古镇曾为平定州北第一重镇。

明末，河底的商业已形成规模。嘉庆四十年至乾隆元年形成的河底古街道，是平定州北的商业贸易中心。明清时期，有商贾字号 140 余家，经营行业有煤、铁、土产、棉布、印染、酿造等 20 余种。商号、摊贩主要集中在河底古街三官阁至普丰阁的一里长街内。旅店、骡马店、骆驼店散设在街道西处及古河道两岸。不少流动商贩将河底特产铁茶壶、把把锅、河小货、蘑菇钉等产品销往北京、天津、内蒙古等地。寿阳、五台、井陉等地的商贩将莜面、荞面、胡麻油等驮运到河底销售。

我八九岁时常跟随大爷，在河底古街道的各个店铺间流连。多年的车马行走，青石铺就的路面已经坑坑洼洼。时代变迁，陈旧的店铺已不适应现代商业的发展。1987 年，河底村委对古街道进行了全面改造。将街道拓宽为 14 米，建成商业店铺兼住宅楼 22 幢，大大改善了商铺的经营环境。但此举也招来不少非议，一条见证了青龙古镇繁华盛况的古街道，如今已不见踪影。现在古街道的旧址上，是买卖兴隆的现代商铺。谁也无法阻挡拆旧建新的步伐，但青龙古镇海纳百川、通达四方的经营理念从不曾改变。

河底是平定州北的文化重镇。明清两代在河底建造庙、观、祠、阁有 18 处之多，现存具有较高艺术价值的有皮场庙(明灵寺)、老爷庙、老君庙、天主教堂四处。其中两处被列为区级重点文物保护单位。每年农历三月二十三是皮场庙庙会之日，其日，皮场庙香火旺盛，来自各地的游人、商贾云集河底，人头攒动，热闹异常。老爷庙前曾有一对做工精细，高耸入云的铁旗杆，高十五米，上下二斗八旗，可惜此文物毁于 1958 年大炼钢铁。天主教堂为光绪二十九年，本村神甫胡宝善修建，为一所洋式小堂，供本村信友共聚诵祷。时至今日，除我市北岭坡天主教堂外，河底教堂仍为天主教教民诵经活动的唯一场所。1992 年，河底大舞台竣工，舞台造型为全仿古，四面大出檐，琉璃瓦脊，仙人走兽，台口两侧照墙上有白水泥浮雕团龙，一吨重的斗拱悬挂檐下，建筑宏伟，堪称全省第一舞台建筑。每年二月十九观音庙庙会，三月二十三皮场庙庙会，大舞台上都会有精彩纷呈的戏曲演出，精湛的演员表演和恢宏的舞台建筑相得益彰，为观众带来了一场极具冲击力的视觉盛宴。

如今绵延两公里的车站一条街已形成规模，沿着 8 路公交车的行进路线，街道两旁店铺林立，各种生活物品一应俱全。其中不得不说咸亨饭店的招牌菜“红烧排骨”，这道菜味道鲜美，回味绵长。饭店依傍着河底屠宰场，每天都能买到上好的排骨。街里段记肉铺手工压制的“猪头肉”，肥而不腻、大名远扬。每天上午十一点之前，?“猪头肉”均已售卖完毕。段记肉铺的经营者不为利诱，坚守着一贯的制作工艺序，绝不偷工减料。沿街的饭店还售卖红豆豆稠饭、榆皮面饸烙、酸菜抿圪斗、山药丝丝徽等一些爽口、醇正的本地农家饭菜，让来到这里的客人能品尝到正宗的“河底味道”。这几年河底村大搞小城镇建设，一幢幢崭新的住宅小区拔地而起，如今在河底村，住小区，开小车的村民比比皆是。每天早上，在村中心广场，人们在抖空竹、打陀螺，清脆的鞭子声和高低起伏、热闹活泼的空竹声响彻云霄，三三两两全副武装的骑行者，在蓝天白云，青山绿瓦的掩映下，沿着乡村公路轻松骑行。河底人很能跟得上时代的步伐，河底人早就过上了城里人的生活。

远离市区的喧嚣，觅一处交通便利、环境优雅、民风淳朴的村镇去旅游和居住，是每一个城里人的梦想。青龙古镇，河底新村正以它海纳百川、通达四方的宽广胸怀欢迎四方宾朋的到来。

(载于 2014 年 8 月 13 日《阳泉日报》)

走阳光廉洁道　谋河底大发展

郭彦清

一

恍若一梦，河底从里到外换了大行头。高楼鳞次栉比，街道干净整洁。广场上是健身跳舞的人群，会议室里是参加培训学习科技致富的村民。还有那股廉洁之风，从村头吹到村尾，吹暖了村民的心田，催生了全村基层党组织廉政建设的新气象。

不熟悉的人来了会惊叹，“这是农村吗？”

当然，这是农村。这是俺们热爱，喜欢的大农村。

“哟，这里好热闹好排场。”村里人笑笑，这里有不排场有不热闹的时候吗？

先看着砖厂吧。砖厂的改扩建让工人们从心里感到开心，现代化的模式让妇女们眉开眼笑，她们再也不用受苦受累的搬砖垛砖了。再也不用两只粗糙手，一只铁夹子挥汗如雨了。如今，她们只用按按电钮，认真操作就完成工作了。还有那送砖的车穿梭在工地，司机们脸上绽放的是希望的光芒。型煤厂也已全部竣工并投入生产。闲散的村民都有了满意的职业。

从领导到员工，扑下身子做工作，廉政大会月月开。一句句含义深刻的廉政警句随处可见，成为整个村子里的一种文化。

如果你去过河底的车站，你就看见新的楼群正拨地而起，这是5万平方米住宅楼工程已开工建设，村民们来来往往路过，盼着，细数着他们可以住进楼房的日子。也过上那种，“住进楼房周(就)是好，想可(去)茅房不用跑；二毛(拇)指头一咯搬，洗碗做饭不发难。不和泥来还不打炭。”的好日子。

新建河底幼儿园，是领导最重视的工程。这项投资680万的高标准园已投入使用，园里各种设备齐全，教师和孩子们在园里游戏，唱歌，跳舞，学习。从此，家长放心了，老师舒心了，孩子开心了。

一切都在变，从孩子到老人，告别旧生活，赶上新政策，品味好日子。目前，物流中心和蔬菜批发市场项目现已形成300亩招商平台，还在积极打造中；已投资100多万元打深井一眼；作为河底村的“五大项目”供水、供暖、排水等各项工程正在有条不紊地推进。

"村民向往的生活水平,就是村支两委奋斗的目标"村主任如是说。

二

作为山西省"百镇"建设之一,河底村在日新月异的蒸蒸日上。在新农村建设的春风里,在廉洁之风的飘散中,那些鲜亮的日子里,飘浮着一粒粒鲜亮的尘埃,充塞着一处处鲜亮的角落,炫耀着一座座鲜亮的庭院,装扮着一条条鲜亮的老街,展示着一块块鲜亮的标签。修了戏台修了庙,路灯照亮了夜行人,村口还立起了大牌楼。鼓号队,文艺队,谁为人民谋利益,人民就把谁记心里,每个人都有脊背,脊背就是一块大碑。

作为山西省"百镇"建设之一,河底村在上级党委的正确领导下,积极推进小城镇建设,特聘请市规划设计院对全村进行了总体规划,并通过"四议两公开"工作法,干部群众形成了 "发展大河底, 河底大发展""打造绿色新农村, 建设特色新城镇""创新再造新河底,实现村强民富裕"的工作思路。明确了本届村委会的"五个一"奋斗目标:居住人口达一万人;人均纯收入达一万元;给每位村民年发放各种福利达一千元;村民养老金在原先基础上月增加一百元;2020 年户均楼房居住面积达一百平方米。决议形成后,"两委"及时公开,接受群众监督,村民积极参与,建言献策,在干部群众的共同努力下,全村一条心,共圆河底梦。2013 年,河底村常住人口达 8300 余人,年人均纯收入达到 9951 元,村民年发放各种福利达 600 元,60 岁以上的退休村民退休金月增加了 100 元,达到 300 元。老人生活有了保障,街边楼下,夕阳里,有他们不服老的身影,或下棋,或玩牌,或健身。

河底村是全区的经济十强村,但村干部的收入兑现在全当中是较低的。一年赶四次庙会,从来没有招待客人的习惯。总支成员收入水平低了,但党风廉政建设的起点却高了。不请人吃喝了人气却旺了。不与民争利,吃苦在先,享受在后,河底村干部的做法是很有典型意义和意义的。还利于民、让利于民,清廉到这个地步是很难能可贵的。河底村党总支书记、村委会主任从不轻易陪客,这样的表率,这样的示范是很少见的。其他委员的住宅、衣着、生活水平都保持普通化,大众化,用河底老百姓的话说;"俺村的干部,生活像老百姓,工作是不要命。"

就是这样的领头人,带领着全村发家致富,带领着大伙发展大河底。

三

一切了然与民心。河底村是这样,河底村委是这样。河底村通过民主选举,产生了村务监督小组和理财小组,对村务实施情况、财务收支情况等全程监督。比如河底砖厂的改造、财务收支情况等都全程监督。党员会议和村民代表会议召开一次。都要商议村集体的大事要事；每年年底党员和村民代表听取支村两委述职报告，以无记名投票方式民主评议两委成员误工补贴。村委会还设立了“周六群众接访日”，面对面倾听村民对“两委”成员的工作情况和作风建设的意见、建议。通过采取党内监督与群众监督相结合的方式，让村干部时刻牢记坚守党纪的底线、恪守道德的底线、远离法律的“高压线”，让无处不在的监督转化为为民、务实、清廉的不竭动力。监督的机制，让老百姓放心，宽心。

执政为民廉为本，为官一任勤当先。只要村里有什么大事，难事，村委领导的身影就在哪里。在村委备月车的后备厢里，没有什么贵重东西，放置的是铁锹、水鞋，工作服。连路边洗车工都说，你们真是时时备战的好领导啊。

村民心里都有杆秤，只有村民满意了，干部们的廉政工作才算做得好。河底村的领导如是说。对于他们来说，这比什么都重要。

河底村的监督制度很健全，村民监督村民管，民主监督两相连。这种监督好似电子眼，亮亮堂堂。因为，河底村党总支始终把党风廉政建设当作事关党组织生死存亡的大事去看待、去认识；始终把党风廉政建设当作与人民群众保持血肉联系的大事去解决、去实践。河底镇经济工作会议后，河底村两委班子就把来自四面八方的群众呼声引导到围绕发展主线的“四议两公开”工作上，这种有序、有效的组织活力，收到了立竿见影的效果。从书记、主任，到普通群众；从党员大会、村民代表大会，到每家每户的炕头被窝；全村上下热议的话题都是围绕一个主题——发展。两委班子及时地把来自各方的意见集中起来，贯彻下去，再集中起来，最终形成了心往一处想的集体智慧和劲往一处使的工作合力，那就是“河底大发展，发展大河底”，明确了河底科学发展、转型发展的方向。

四

不经意间，岁月的拂尘弹去了太多的痕迹，默默的高楼围护左右，似要诉说即将绝版的故事，情节逐渐不再完整。女人们的手指中没有了顶针的禁锢。泥火盘拆了，再也不用掏炉灰，和泥打炭。电磁炉上，按下一个个现代化的健，炒出一盘盘香喷喷的菜。上班回来的汉子们说，给咱再吃一回窝窝头哇，忆苦思甜吃稀罕。

不是河底村的村民眼气你，听；“住上楼房‘邹’(就)是好。出门是唱歌来又跳舞，回家是电视来玩电脑。吃饭是四菜还加一汤，睡前还洗‘一外’(个)热水澡。”

哪里想过这样的好日子，在外打工的人都陆续跑回来了。有什么理由放着这样美丽而且还在建设得更美丽的家乡不回来。翻过日历，一页一页，在电脑里储存着厚重的历史，也敲击出来自世界各地的信息。这是大显身手的好时机,也是河底村的一面好镜子。多年来,河底村在党务公开、村务公开、财务公开方面已经形成制度并在实践中取得了实实在在效果。为便于村民及时了解“两委”工作举措,村集体投资1万多元安装了电子显示屏,滚动公布村里的重大事项、财务收支、计划生育奖励扶助等情况,让群众一目了然;设立了农廉查询室,配备了电脑,点击阳光农廉网就可了解更多的村政村务,增加公开的透明度;对于财务收支情况,每个村民均可直接查询,充分保障了群众对村务的知情权。比如“2005年村里就融浦小区立项与出台《村民自治章程》两个重大事项,组织全体村民进行公投公决,这一举措取得了良好的效果,也引来了上级组织部门及新闻媒体的深切关注与高度评价。

这种廉政勤政的清风吹遍田间地头,村务公开的阳光洒进每一位村民的心中。村委干部常说的一句话就是:“要用我们的辛苦指数换取老百姓的幸福指数。”

在河底这个廉洁的大家庭里,造就了幸福的温床。这种廉洁如一朵鲜花绽放在银河大街、绽放在村村户口,绽放在每个老百姓的心窝。干部的思想与行动,让老百姓记在心坎。廉洁、自律、向上成了河底的村风,让干部与群众的思想得了更进一步的升华。

五

富裕廉洁的门帘已掀起,街巷里不再安静,那静卧了多少年的土坡土路早被机器的轰鸣温暖,轻一声,重一声,急一声,缓一声,声声翻搅着心的躁动。广场、戏台、平展展的水泥路通向了家门口。在村人的惊诧中,一切顺期而来。街心成了繁华路段,在喧闹的路上,村人的身影挺直,健爽。喷泉,自来水,光鲜时尚的衣物,口袋里的手机,连老人们知道了网络。一幢幢繁华的钢筋水泥楼里充满了欢声笑语。正月十五的红火里,村民们正在唱:

“俺的媳妇叫水仙,百园包下百亩田;各种蔬菜都种全,早早上市她争先。”

“俺的媳妇叫牡丹,承包养鸡走在前;响应党的好政策,发家致富路子宽。”

河底这片厚重的黄土地上,漫着前进的气息,漫着现代化的气息,漫着廉洁之风的气息。这是我们用笔、亦用歌声或舞蹈怎也表达不尽火红的日子,怎也道不完金钥匙打开的富裕生活。

富裕和廉洁分不开,幸福和责任分不开。河底村凭着自己独特的魅力演绎着繁荣的情景剧。一幢幢高楼拔地而起,小区整洁,环境优美,看不到一点乱纸乱屑,两旁是商业房,生意红火,人来人往。5所文化娱乐场所上到处活跃着村民。新农村的新气象展现在大家面前。这里有着,一人有事大家帮,全村有事共商量,敬老爱幼学贤良,和谐助人成风沿的良好村风民俗。

俗话说金杯银杯不如人民的口碑，不管是问政还需还是要问计，老百姓发言都积极。帮扶结对，统筹协调，一切井然有序。全村有廉洁活动日，群众党员全参加。这样一个古集镇，一个山西首批命名的新农村建设示范村。党总支始终把党风廉政建设与小康建设、新农村建设、构建和谐社会同部署、同落实，以城镇化建设、文化建设、地域建设、民主政治建设为抓手，形成了"打造绿色新农村，创建特色新城镇"的战略和"创新再造新河底，实现村强民富裕"的奋斗目标。在这村落面积 1.3 平方公里，耕地 2320 亩，常住人口 8300 余人的村里，河底村充分尊重和保障村民的知情权、参与权、决策权和监督权，营造了风清气正的党风村风，实现了政通人和的新气象，跻身全省、全市、全区"文明村"、"先进基层党组织"、"红旗党支部"行列。

今后，河底村还会加快小城镇建设的步伐发展大河底，以商业化带动河底大发展，实现人口集聚、土地增值。通过镇党委的工作推进会、支村两委每周的碰头会、每月的民主生活会，班子更加凝心聚力，全身心地投入到了发展河底的事业当中。在上级党委、政府的正确领导下，在群众路线教育实践活动的开展中，河底村将开创出前所未有的新局面。是啊！河底廉洁的战鼓已擂响，河底发展的战鼓也擂响。擂出了永远的春天，擂出了无限的美好。

漫话"蘑菇钉"

郭俊卿

按语：明.英宗朝工部主事郭浩诗作《游藏山》中，有"群峰削出芙蓉鲜，炉锤夺得造化权"之句。此为赞颂其家乡地理环境之遗墨，也是讴歌其故里上章召村人，开创自己的产业，锻造"蘑菇钉"，依此而安身立命，依此而养休生息的慷慨之笔。下面的短文，就着此字句，具体写出"造化权"之美好，"夺得"之不易，"炉锤"之伟大！

在阳泉郊区河底镇上章召村，曾经流传着一种叫打"蘑菇钉"的民族手工业工艺。

过往的年代，"蘑菇钉"养活了这个村一村子的人，也养活过周边邻村一带的人。使他们灾荒年月免于一死，平常时日不致冻馁。小小"蘑菇钉"功劳大焉！

一、蘑菇钉根脉

打蘑菇钉起源于何时？何人为开山鼻祖？在上章召是个谜，至今谁也说不清楚。当年村里的几个文化人想写写这个养活过一村人的蘑菇钉，曾经访问过他们的祖辈，上下求索过它的根脉。然，终因岁月嬗递，人过物稀，水湄山巅，湮没覆盖，来龙难求渊源，去脉不知何处。无奈，这些个文化人翻开史料，见上章召于大元国皇庆元年从盂县招贤四都北舁村迁徙而来。也许是上章召的人，带了祖籍先人的手艺到得这里养家活口？但寻寻觅觅总也找不到不见北舁祖尊有打铁传教的依据。这就不得不否定了前面的想法。

经过多年的上下求索，人们终于找到一条切实的答案，那就是：特殊的地理环境，孕育了特殊地方产业——炼铁。

上章召，西与苇泊接壤，东与下章召毗邻。北与苏家泉相连，南和后洼近靠。境域仅平方公里。这里，距西仅仅 3 里却没有煤炭，距东 1 里就土地窄切，南北只走里许便出了地界。境内，地上青石干山，地下石灰岩层，土地瘠薄，粮食欠缺。看来，此地的自然环境无疑是恶劣的，靠土地吃饭显然的没有大的指望的。

然而，换一个角度，用另一个眼光看，这里西出 3 里就有丰厚的煤炭资源，往东不到里许土地山场宽绰，再去东数里上西南舁一带，不但土地广阔且有铁矿蕴藏。如果操持另一种产业，换一个活法，就可以生存下去。用上章召人精明，用他们的话说“不能死按吊二钱吃米”。于是，就近买回煤炭，低本收来东上下来的铁磒（音滚）开起了焖炉，泻炉，炒炉，打铁炉。前三者另文，这里只是漫漫话打铁炉生产“蘑菇钉”的过程及其“匠人”手艺。以叙其“根脉”。

二、蘑菇钉牵涉

蘑菇钉有形，上为圆顶，有瓣分六，边有围裙，如淋水滴落，俗称“淋淋冻儿”；下为钉脚，四棱见方，出尖而锐利。

蘑菇钉有状一如采来之蘑菇，抑或撑开之雨伞。故外人称“蘑菇钉”，自家人叫“钉子”也叫“货”。

蘑菇钉有色，曰火色，曰货色，曰宝色，其色英蓝，人们均以“蓝莹莹”来形容，来求取，来界定优劣。

蘑菇钉有韵，且具明显个性。匠人一旦打成，（就如指纹一样）就把个人信息输入其中了，也像现代人写字一样，只要见过某人某次，无论软笔还是硬笔作书，以后再见一眼就可以认得出是谁的手笔。蘑菇钉也然，本村有上百个匠人，是谁的货，都能分得一清二楚，盖无差错。

蘑菇钉分种类大体有四：一蘑菇，二磕齿，三平钉，四玉叶儿。其异为：

蘑菇：有“范子”（俗称“扼子”）将顶部扼园，形如蘑菇，也如水泡，故也叫“泡儿钉”。

磕齿：无“范子”，凭手工将顶部盘成六瓣儿，然后打出西边周围的“淋淋冻儿”。

平顶:小于蘑菇、磕齿,顶部平面,下沿儿也有“淋淋冻儿”形的“裙子”玉叶儿:大小同平顶。钉脚长,无围裙。

蘑菇钉有其文化内涵。我们上溯几百年去想象,在毫无机械,完全用手工作业的情况下,要把数斤重的铁块(俗称板子条)锻造成一个一个,几钱重的小小蘑菇钉,靠的是精深的技术来。它的生产是一个复杂的过程。

蘑菇钉技术在上章召是一代一代祖传下来的。其师承大多是“父传子艺,子承父业”。(俗称拉徒弟)人们在家里亲情备至,爱心十足,一旦跳进“隔道”就是师徒,有打骂,有训斥,严厉有加,这时候人们信奉的是“严师出高徒,不打不成器”的师道尊严。也有少数人不愿意让的孩子在自己的手下受“磕打”便把儿子托给或弟兄亲属,或朋友“干爷儿”。其实这些师父出于对徒弟的负责,并不比父亲们“宽松”。学手艺的人讲究“奶功”这一说,所以学打钉大都在八、九岁就进入近乎“残酷”的学徒生涯。三年学成,十一二岁就成了好匠人。他们大都是穷家出身,夏天连条裤子也没得穿,只好系一块叫做“遮火”的油布了事。可是小匠人们,人人腰间都勒一根破布条辫的裤带,为挎烟袋荷包所用。在今天看来这样的场景似乎有些“滑稽”但在当时人人如此,也就见怪不怪了。打铁匠人“翻手”最难学,也最重要,因为,打铁必须学会打“方”,翻过手才能打得出“四棱四剪”一直线的“活儿”,就成了蘑菇钉“匠人”。成了“蘑菇钉匠人就能养家活口。上章召人们口头上流传着一句话说,“匠人翻过手,养活七八口”说的就是这个理儿。最发人感触的是在上世纪六七年代走一旦进上章召就可以看到不少上了年纪的人身躯皆是“驼背趔膀”手臂都弯曲成圈。如同攥了什么东西伸似得伸展不开。这都是因为他们刚届垂髫,骨头嫩软就干上力不能支的活计,直至成年,连一天也没有歇缓过,生生地把个身子骨窝瘸成个“半残废”的样子。

哎,我们的祖辈啊！都是打铁打得……

打蘑菇钉有作坊叫炉子。炉子一般在窑洞山墙下边,或门外零散旮旯安设,梁架用树杈撑起,顶部搭盖树枝或玉米秸秆。冬天用高粱秆围撮,抹上圪渣泥以挡风雪。炉子里唯一机械是运来鼓风,叫作“鞴”,也称“风匣”的物器。以鞴为中轴线,分开两边盘炉,每炉三种火。挨鞴最近的叫“鞴窝火”,离鞴最远的叫“稍子火”,鞴对面那头的叫“顶头火”以此三种火为说,每一种是一个“隔道”,每一“隔道”又分两囵火,每火占一匠人(火的样子是离地二尺多高垒起一个台,中间砌出大约七、八寸见方的火口,火口直通下面叫作“撩屁眼”的地方,上面用八寸长,见方的生铁“炉条”凳住,为了不浪费火力火口用陶土捏造的‘盖火’盖住。)这样一盘炉子多则六个匠人,少则四至五人匠人,每个匠人有一个“砧墩’按砧墩石錾砧子以供锻打而用。另外不可忽视的还有煽鞴(拉风匣)的把式,他是一盘炉子劳作时间最长的人，每天从起五更开始一直搧到最后一个匠人下工［俗称了(liao)了(le)］才能下工。这些人绝大多数是极贫人家的老人小孩妇女童养媳妇，抑或身有残疾，鳏寡孤独者。铁匠们好心，把他们搭揽进来，挣几合(ge)米或者几个蘑菇钉好来养家糊口。他们自然尽心尽力而为。这种人工煽鞴鼓风一直延续了几百年，一直到上世纪五十年代“大搞钢铁”有了电，才被“电动吹风机”淘汰。听老辈人说山西省晋剧名角河底红段玉明就是在这里走进戏班子的。

因为打造蘑菇钉工序繁多，所以用运工具也随之而多。粗略地说大大小小有十几种，如：

砧子，生铁所铸，方墩形，四耳，面子运作锻打硬底面。右上角有一孔可按散子。砧子以河底樊家的为上等，上章召匠人非此不用。

大锤，体大量重，运来锻打较大的铁件；

切锤，较之鎯锤体小量轻运来切开(断)铁条打蘑菇钉切(圪垯)所用；

盘锤，又小于切锤，盘打蘑菇钉顶面造型所用。

大钳，前有嘴，后有柄(俗称腿)。齐嘴，长柄，运来挤(夹)较大铁件。打蘑菇钉，散条、鋌条必用之具。

小钳，尖嘴，短柄，灵活，巧使。运来挤较小铁件。打蘑菇钉切圪垯、盘钉用之。

大散子，下有刃上有顶，是一种劈断用家具，打蘑菇钉“散条”时，用大钳夹住使之。

小散子，上大下小，有刃。一般按在砧子面右上方的小孔内。打蘑菇钉“切圪垯”时用之。

圪筒，是打造蘑菇钉最后一道工序——盘钉所用之成型工具。其主体为一尺寸长短的铁杆，上端渐细至顶，中间有一小孔，顶面成蘑菇钉底面模型。顶端往下约二寸许，焊一“算盘子”状粗铁环以作卡子，匠人盘钉时好将圪筒卡在砧耳中间。

另外，还有两件“司火”所用的附属工具，即：司火所用的火勾、火锵。火勾勾出炉火内的炉渣；火锵捅下炉条间夹住的杂物。

三、蘑菇钉生产

锻造蘑菇钉是一个非常烦琐的生产过程，从匠人们的作息时间就可以看出他们劳作的辛苦和艰难。这里我们举出蘑菇钉匠人一天作息时间流程：

“起五更”：不管天长天短，无论夜短夜长，打铁的都是起五更劳作。如冬天，夜里鸡叫三遍(约凌晨4点)煽鞴的伙计站在高处顶着寒风呜叫“××叔哎——起哇！”全炉的伙计都叫遍了他最先进了鞴堂。打铁的匠人们撫着板子条和小碳陆续来到，人们相互没有多少言语，却都抽着旱烟，点着炉火，开始一天的劳作。有趣的是全村里赶牲口的，拾粪的，担碳的，妇女磨面的都跟着叫五更的起来了，吱吱扭扭开大门的声音此起彼伏，于此，人们各自干开自己的活计……至今这样的山村晨曲在笔者心底里萦绕不绝。

“鐝”条：待炉火烧旺，匠人就把从苇泊买回来约七寸长。二寸宽一寸多厚的条板放进炉内烧红，这时候是最要风力的，煽鞴的得使上劲的拉，把炉火搧得像“狮子”一样，才能把条板烧红，匠人们用大钳挤出用大锤锤打，摊成半寸厚的铁板，再红一火后用鐝子将其鐝成寸许宽厚的毛鉌。

“鋋条”：毛鉌加火烧红后，在砧子上锻打成五分粗细，有棱有线的四棱铁条。这道工序要的就是匠人“翻手”功夫，手翻“真”了才能打得周正。否则，打出来的条就没楞没线，不成样子。这时太阳出宫一杆来高，该吃早饭了，趁此人们可以小憩一会儿，但奇怪的是无论挨家多近，匠人们就是不回家，圪蹴在砧墩上狼吞虎咽地吃了老婆孩子送来的一小锅馓子就算拉到，赶快进行下一道工序。

“切圪垯”：条再次吃火（入火红透），用切钳挤出，上砧子上手掌切锤锻打，下手来回翻动，捻出钉四棱而尖的脚后上散子断下，这就是匠人所叫的“圪垯”。实则是蘑菇钉毛鉌。这道工序吃把式就在切下的圪垯长短粗细准确，即使切千数八百也不差一头二俩，不然，不是不足分量人家不收，就是分量超重自己赔钱失本。

“盘钉”：圪垯入炉吃火后，用小钳挤出脚冲圪筒眼贯进，上手使盘锤下手有尺寸地拧“圪筒”，只六锤打成六瓣花样，后放平圪筒于砧子边打出“淋淋冻”，稍用小力磕出，一个蘑菇钉告以成货。盘钉是最后成型工序，匠人必须掌握好火力的大小，火候的迟早，吃火的浓淡，才能打出上好的火色，呈现“蓝莹莹”的货色。但也有功夫不到的把式打出来的钉子老是“铁锈红”片子，这样的货是很难交的。匠人们说得好，打铁的“火里粜莲花”，打铁如同写字，用墨不当，写出来的字当然浓淡就不相宜了。

蘑菇钉打成。时已过午，匠人们早已饿得“前心贴后心”了，他们放在砧子上十个蘑菇钉（给煽鞴的工钱）懒洋洋地拧转“盖火”走出“隔道”扛了自己一天的“辛苦”先先后后回家去了。搧鞴的则不能，他得耐着性子等到最后一个完了（有时候得熬到小半后晌）才可以下工回家。

就那一把黑手黑脸吃过午饭，接下来围绕蘑菇钉的附带营生还很多如：

“数货”：是匠人们一天心情最好的时候，所以他们的手势动作也最是好看。你瞧，左手不经意地抓起钉子，忽颠着抛给右手，右手一五一十……过一下就算了事。好的把式则不按五个五个的数，他们三个，五个随便凑整而过。看起来草草了事，但下来一个不差。这都是匠人们“手熟为能”的经验使然。

“送货”：当天，把数好的货送进有钱掌柜开的铁铺，等铺里伙计数过后，到账桌跟前记账,待时开支。送货也是一道坎儿,那些“学手”或火色不好的匠人,总得把好匠人的货搅进来一些来,才能过了收货人的眼。这样往往是儿子搅父亲的,徒弟搅师傅的。好在收货人大部分是自己村里的老少爷们,将地将糊也就过去了,大家共同应对着来收购铁货的商人。

“称条”:就是买原材料。打蘑菇钉的原材料上章召村本村没有,得到邻近的苇泊、苏家泉去买,因为上章召独家经营的“焖炉”炼出来的焖铁,经过”炒铁炉“锻炼,便成第一次加工后的“炒铁块”。上章召对“炒铁块”不再加工,全部卖给苇泊、苏家泉的“筛条炉”进行第二次加工才成“条板”上章召的蘑菇钉匠人都得到这两个村去买,土叫法儿是“称条”。本钱多一点一回买十来天的,本钱少的只能买一两天的。买好了条天气就到下半后晌……

“糧吃的”:匠人们的光景好赖不一,好的玉茭搅秕谷闹个“肚儿圆”赖的“嘴滚嘴”圪牵一天说一天。他这些人趁称条去的一条路,顺便到河底集上买一、二升玉茭背回家来,老婆们当晚磨下才能吃一顿“啯嘟”。

“砸碳”:此时天已快黑,打铁的抓紧时间的把从里河里(指任、邓家峪。前里前里龙光峪驼回来的“混炭”砸成红枣来大的小炭块,以供明天使用。

“泥炉”:捏盖火,这两件事分别十天半月干一回。泥炉是用黏土、陶土、碾细掺入“猫儿道”(炉膛)里的“鏁灰’和成泥,把用破了的炉火四周整刷整齐,不让火焰跑掉,以集中火力。

“捏盖火”:是把从焦山墚刨回来的陶土(俗称矸子)用“硫子”粉碎,加水和成泥,后在平石板上,揉来揉去,揉成坨儿,再捏成胎子然后用木板拍打成底平面拱,前后齐头的物件,阴干后便是“盖火”。

待上述营生做完天已入夜,匠人们又等明天叫五更了。

“打平伙儿”:打铁的人们吃喝苦焦,但苦中取乐,也有解馋打牙祭的时候,那就是隔一月半载“好吃嘴”伙计提出,用蘑菇钉换些或白面或油果大烧饼聚在一起,不拘几碗,美美地吃一顿或拉面或撅圪垯,这叫“打平伙儿”,过去的人吃好饭食少,一旦遇上一顿真的有人吃得“圪蹴”不下去,撑的不行了就拉着在平地上蹓蹓……。

周而复始,上章召打铁的人就是忙着这样的营生,过着这样的日月。

四、蘑菇钉市场

说道蘑菇钉市场,必然提到蘑菇钉的用途。小小蘑菇钉虽然在典籍上名不见经传,但在实际生活中用途是不可小视的,它既可以加固又可以耐磨。大到顶船只,钉扇车,钉门扇,小到,钉鞋底,钉家具。它在历史上曾经起过不可替代的作用。

从钉鞋底说开来,几百年贫穷落后的旧中国,不管平民百姓还是达官显贵,人人都要穿鞋,老百姓自不必说,就是那些"剜下腿弯补圪腚"的廉吏穷官,也都想让自己的鞋子一双能穿好几年。穿好几年关键在于鞋底。如此,村里庄稼人还自不必说,就是跑市井的小贩、走衙门的捕快、拉骆驼的商贾、戍边的卒伍、连当"假皇帝"的戏子,眼光统统地把集中在蘑菇钉上来。人们选择了蘑菇钉替他们的鞋底子出力。另外,可以想到,历史上曾经有过从蘑菇钉故乡走出去的"工部主事"郭浩,他能不力所能及地把蘑菇钉推荐给"兵部衙门"去钉战船,钉军鞋嘛!这样蘑菇钉岂不是在朝廷也有了一席之地了吗?

如此,百姓、军伍、官家、商贾、大人。小孩、男人、女人人人打钉子钉鞋底,一双鞋新的时候就钉上蘑菇钉,一直钉到破得不能再穿的时候,满满两鞋底的蘑菇钉,足足有一、二斤重。如此,蘑菇钉的市场大到何等地步,自然不言而喻,勿曰云云了。上章召人差不多都记得祖上人说过,他们的蘑菇钉远在明清时就被官沟、大阳泉等地的商人贩到"口外"甚至"关外"。也听说有打蘑菇钉的匠人闯了关东,子孙后代多了就叫下个"小章召"。传说归传说"关外"见过"蓝莹莹"的蘑菇钉,后来,解放初期阳泉的保晋公司,中华人民共和国成立后郭汉山他们搞起的手工业公司都管蘑菇钉的生产、收购和推销。蘑菇钉市场直至上世纪50年代末仍然活跃。

尾 声

随着时代的推移,社会的进步,国家的富强,人民生活水平的提高,布鞋被胶鞋、革鞋、皮鞋、塑料鞋取而代之。蘑菇钉也被机制圆钉"挤兑"的黯然失色。然而,销声匿迹不等于没有存在过。蘑菇钉在历史的长河中,曾经是反射过太阳光辉的一滴水,它的精神韵味作为遗产一定将在人们心目中,最起码是上章召人心中留下不可磨灭的影响。

因此,谨以此拙文抚慰蘑菇钉匠人们的在天之灵!

云深不知处

——周时聘和他的艺术天地

陶 正

周时聘,山西根雕艺术家,山西阳泉人,又名海生,号裁云斋、跛足樵夫。

周先生感情丰富、待人坦诚、不流俗媚、执着、自重、书卷气息和艺术气质颇浓。他能诗、善书、好篆刻，近年来寂寞无主，又与苦心志、劳筋骨的根雕艺术结下不解之缘。

周先生悟性甚高，加之文化底蕴较深而又勤勉，故入道不久，就触类旁通，厚积薄发，在根艺上取得了长足进展，形成了鲜明个性。

周先生的作品或简练明快，或含蓄典雅，或古朴凝重，或婉约灵秀，给人以丰饶的审美感受。而造型的奇美诡异；工艺处理的了无痕迹；尤其是作品命题取意、立意和赋意之巧、之深、之不落窠臼，都显示了较高的文化品位和哲人情愫。

周先生重于意而不重于刀，作品无拼接、无嵌补，介乎似与不似之间，崇尚发现自然、顺应自然、表现自然。《阴阳合》系取深山千年黄檀之根雕制，整体造型明暗想照、虚实相映、粗细相间、轻重相依、刚柔相济——处处相反相成，对立统一，传达了中国传统文化意蕴的深刻和古代哲学思想的博大精深，令人叹为观止。周先生自诩这件力作“赖以天地造化而达天人合一”，可谓道出了根雕艺术超凡脱俗、雅俗共赏的真谛。

根艺道中言：“黄金易得根难寻”，所谓：“可遇不可求是也”。然而，要想得到上佳的原材料，仍需历辛苦披荆棘而多方求索。周先生的作品颇得儒雅之士和收藏名家的青睐，这与他含辛茹苦沙里淘金的根痴行径是分不开的，他的一首名为《寻根》的小诗透漏了个中境界：“造化奇姿天地间，星移斗转百千年。人在云深不知处，未言次去几时还。”

周时聘现为山西省群众文化学会会员，中华名人文化交流促进根艺委员会主任。

一九九三年十一月十五日凌晨二时

陶正，北京歌舞团艺术创作室主任，作家、一级编剧。北京文学艺术家联合会理事。中国作家协会会员。

著有长篇小说《旋转的舞台》、《月光织成的网》、《重叠的印象》、《第三种死亡》，中短篇小说集《女子们》、《天女》，报告文学《愿有英俊出于中华》，散文《我本随和》，歌词《北京大学百年校庆组歌》，歌舞剧剧本《盛世行》，电影文学剧本《京城缉捕队》等。

短篇小说《逍遥之乐》获 1983 年全国优秀短篇小说奖，宗清乐舞《盛世行》获 1990 年文华新剧目创作奖，歌词《日月同光彩》获 1995 年全国歌词创作一等奖。

周时聘先生的作品多次参加各类展出，曾获得《山西省首届根雕艺术家作品大赛》一等奖，山西省第四届“两会一节”《山西省民间艺术展》24 件作品获得优秀奖并获组织奖，《阴阳合》、《逍遥游》被《第三届中国根雕艺术优秀作品展》推选为佳作。作品《阴阳合》《千年灵芝》收入中国艺术品网站。

周时聘的作品颇得儒雅之士和收藏名家的青睐，许多作品被企业家、领导人、艺术家和爱好者收藏。在1996年山西根雕艺术品拍卖会上，他的作品得到专家们的充分肯定，被称为“艺术第一”，许多作品被买家收藏。他在中南海受到刘澜涛、程思远、郝治平、刘润生、古今生等同志的接见，并且受到高度评价。在郝治平家做客，作品《有凤来仪》和一幅书法作品被郝治平收藏并回赠她的绘画作品《牡丹》。经中国国际广播电台、《神州画报》介绍到世界各地。《阳泉日报》《山西日报》《华北电力报》等发文专访。

周时聘现为山西省群众文化学会会员，中华老人文化交流促进会根艺委员会主任。

山底村与古仇犹将军墓

高海波　张海东

“凿道曾迎智伯钟，雄藩从此霸图空。孤臣雪涕随流水，双鹤闲谭话故宫。秋草断碑寒雨绿，残鸦高树夕阳红。停骖此日闲登眺，宦思离心总不穷。”

每每读起明代诗人陈颢写的这首《过仇犹有感》时，人们不禁会想起“智伯献大钟”这个典故(《史记·樗里子传》记：“智伯之伐仇犹，遗之广车，因随之以兵，仇犹遂亡。”)。人们在因仇犹君利令智昏感到惋惜的同时，也为赤章曼枝这个“死谏”之臣的眼光、胆识所折服。我们作为山底村“土著”民，站在这虽称不上巍峨但也雄宏的将军岭(山底村民称此地为将军墓，海拔近1000米)，向西北远眺古仇犹古城方向(盂县古城坪，《地括志》载：“并州盂县外城，俗名原仇，亦名仇犹，戎翟之国也。”)，近看那通庄严肃穆的“将军墓”古碑(古碑由邑人付廷彦于乾隆年间立，现存于山底村西庙群忠烈堂)，那场发生于公元前457年由晋国权臣发起的一场考验贪欲、斗智斗勇的灭国之战仿佛就在眼前，山岳震动，寒风呼啸！也许是地缘的因素，而更让我们崇敬的是长眠于脚下这块黄土、忠君报国、不畏强暴的仇犹大将军。

很小的时候就听老人讲，山底村北山安葬着一位古仇犹国大将军。由于年代久远，谁也不知道这位将军叫什么名字，只知他当年在今河北境内戍边(仇犹国与中山国交界处)。因国家发生战乱(智伯灭仇犹)，智伯统率的晋军大摇大摆以方车二轨载运大钟战车开道，就像战场上总冲锋时步兵尾随坦克之后一般，直奔仇犹国都而来。大兵压境，兵临城下，仇犹国军民举手无措，仓惶应战，寡不敌众，城池攻破，国王被斩，香妃殉亡，将士溃不成军。大将军得信遂星夜策马回援。当率部行军至此时，远远望见故都已燃起熊熊大火，国破君亡！在回防三层障（山底村东头温河边）时，又与晋国军队遭遇。虽率部浴血奋战，但终因寡不敌众而战败。大将军不肯屈从晋国军士的劝降，边杀边走，行至山底村北山最高处时，觉报国无望，遂横剑自刎！留存的部下及当地百姓为了表达对大将军殉国壮举的崇敬，也希望让他的忠魂一直守护着仇犹子民，便将他的遗体安葬在北山最高处。从此，山底村北山更名为将军岭（村民一直习惯地把“将军岭”称之为“将军墓”）。

历史长河涓流不息。2500年前我们的民族正从奴隶社会向封建社会过渡，铁器才刚刚使用，生产力还十分低下，适应自然与改造自然的能力相对有限，人们对生存环境的要求更为苛刻。而山底村中有一条终年不断的河流经过，两岸水肥草美，良田千亩，北山、南山森林茂密，植被丰富，尤其是北山沿西南至东北走向横亘，正好将冬季的西北风阻挡，如此得天独厚的自然环境，不正是先人们绝佳的安身立命之地吗？

山底村在明朝以前叫“得胜村”（村西有得胜窑为证，《阳泉地名志》有记载），因何更名不得而知。另外，史料中没有山底村境内发生过除“将军岭之战”以外的任何战事之记载，那么“旗杆梁”“三层障”“前营崖”“寨山（东村境内）”等具有战争味道的地名是什么时代的产物？而“得胜”之名又因何而取呢？

公元前770年，周平王东迁后，王室势微，诸侯坐大，北方游牧民族频频进犯，仇犹国正好也是这个时期立国（《盂县志》：春秋中期，公元前660–650年，白狄于境内建立仇犹国），当时的仇犹与晋国虽然联姻，但也发生过不少战争。而山底村“将军岭”从地理位置上又正好是拱卫仇犹城的天然屏障、前沿阵地，显而易见，村中境内不乏具有战争色彩的地名是顺理成章。如果有幸路过沿温河北岸观看，从“三层障”到“前营崖”再到“寨山（东村境内）”，确实有一种一夫当关、万夫莫开的气势和险境！

那么，“得胜村”难道没有可能是为了纪念仇犹大将军某场战役“得胜还朝”？如果这是真的，岂不是印证了山底村有2500多年的历史？

清乾隆《盂县志》卷九艺文志下之十三，由邑人史献咏先生撰文的《将军墓碑记》，把将军墓与藏山、水神山风景名胜碑刻列为一起。全文如下：“距清池�武北五里有将军岭，岭有将军墓，传为仇犹国将军殉国葬此，则岭之以将军得名也久矣！第不知此将军也结缨乎，仗剑乎，提戈跃马而丧元乎，兵尽矢穷而毙命乎：人代茫茫，何名何氏，徒令过此者慨焉，长思而三叹也！虽然无庸也春秋之法，贤者书爵，否则书名墓称将军，则既有其爵矣，所不知者名耳，然有名则将军以名传，无名则将军以不名之名传，岭以将军名则将军以岭名，历千秋，亘万古，岭一日不毁，则将军之名也一日不毁，此亦与巢殳荷蒉事，异而理同者也，何疑焉？不然风号雨溢，电掣雷奔，其恍兮惚兮，以沦没于无，何有之乡者不知凡几，而将军忠义凛凛，过斯岭者，固已疑有其形、有其声矣，名与氏奚论，赵之厮养卒失名，李温陵为之说曰：斯即姓，养卒即名。呜呼！况尊为将军者乎！乾隆壬寅夏同志立石于前，而大书曰将军墓，予感诸君子之慕义无穷也，聊短述。”

2013 年 9 月新版《郊区志》第 55 页写到：“河底镇历史悠久，文物古迹丰富。东村西部将军岭将军墓，相传为仇犹将军殉国之地，后人立碑志之，今墓尚存。”

2014 年阳泉文物局出版的《阳泉市郊区、城区、矿区文物通览》中写道：“将军墓，位于山底村北 3 里，相传为仇犹国大将军殉国之地。”

郊区河底镇山底村，旧属盂县管辖。阳泉解放建市以后，划归阳泉市郊区管辖。因境内盛产煤铁等十余种矿石，明清时期的煤铁开采已具一定规模，炼铁炉场达 150 多座。将军墓所在位置，历来属于山底村界内，不知何因，《盂县志》说其在清城村东北 5 里地方，新版《郊区志》又说在东村西部。这两种说法都不准确。近年来，市政府相关部门和有关专家多次考察，确认山底将军墓为古仇犹国大将军殉国之地，至今将军墓残碑仍在原地。仇犹国都城在今盂县县城东十里许，距山底村十余里。

据山底村老人祖祖辈辈口口相传，为了保家卫国，这位不知名的大将军与入侵者智伯军队浴血奋战，战到最后，因寡不敌众，在此殉国，葬于此。最终国破人亡，此事，《史记》有记载。

将军墓占地亩余，1972 年 5 月至 1973 年 10 月，山底村在将军墓原地修建了一个万吨向阳水库，库深 15 米，直径 30 米，在整个挖掘过程中，未挖掘出有价值的文物，未见到尸骨遗骸，只发现有 3 支铁剑、枪头。这个土丘可能是将军疑冢(为防破坏、偷盗而增设的假墓)。

故事是凄美的，却也是真实的。(《盂县志》载，仇犹国的两位大将军，前一位是牺牲于北庄“折将坪”的大将军，后一位大将军则自刎殉国，距城东南十二公里处有一座大山名“将军岭”，相传为仇犹国这位大将军自刎殉国处。)读到这里，在被仇犹将军的壮举所感动的同时，一种莫名其妙的亲近感油然而生——据村史料记载，山底村在明朝中期有 700 多户，70 多个姓氏；目前仍有 1200 余户，近 5000 口人，50 多个姓氏。难道山底村民中某些人是将军或者其部众的后人？安葬将军的百姓难道没有我们的先人？这一史实岂不证明山底村早在 2500 年前已有先民定居下来？

(原载 2018 年 1 月 17 日《郊区周刊》第四版)

话说河底鼓铸制钱

王　俭

白羊墅周家祠堂里保存着一块石碑，碑文名曰《钱项记》，文中有“我郡中河底镇立铁炉，以铸铁钱通行天下”云云。查河底镇通宝观所存《宝泉分局碑记》，碑文中有“甲寅之夏，宝泉分局设镇东，当附监督隋太守来”云云。两篇碑文均记载从咸丰四年起河底镇为朝廷鼓铸制钱之事，道出了一段鲜为人知的钱币艰难历史。

咸丰年间，清政府身负《南京条约》赔款的压力，又兼太平军北上，林凤祥、李开芳等已攻入山西，官场又需要查处贪污腐败，一方面是镇压起义急需大量的军饷开销，一方面是鼓铸制钱的原材料告缺，清廷内外交困，大厦将倾。咸丰四年四月十九日，管理户部事务大臣祁寯藻上书《为将户部铁钱局移设山西鼓铸钱文事奏折》，奏称，户部原派户部郎中隋藏珠，后又增派户部主事周悦让，前往山西监督鼓铸钱币，已有设局开卯章程。此奏折与《宝泉分局碑记》所言相符。甲寅之夏，即咸丰四年夏天，“当附监督隋太守来”即适逢朝廷委派隋藏珠前来监督铸钱。隋藏珠在户部期间先后任主事、郎中，咸丰七年出任江西建昌知府。在河底监督铸钱时，“严禁扰民，民大悦，回京时饯送者六十里不绝”（《广饶县续志》）。周悦让也有好名声，据称在河底监督铸钱时，不肯虚报，亏款甚巨。幸亏好友帮助，得以补偿。

咸丰四年六月初六日，祁寯藻上书《为添铸铁钱以便民用事奏折》中陈述：“窃惟法与时为变通，事必求其有济。近年来，因存局铜斤不敷鼓铸，于是改铸各种大钱，以羡补不足。又因放银之款，大半折给钱文，用钱之数愈多，铸钱之铜愈少。”“现在臣部派员前往山西移炉就铁，实铸尚须时日，即巡防处开炉鼓铸，尚须逐渐增添，亦难克期定有确数。是局铸铜钱，万难稍减。第铜之来源，远在云南。目前江路未清，运道实形阻滞，就令京师采买、劝捐以及煎炼低潮，并渣土铅燥设法煎换，百计图维，亦仅敷衍一时，终难为久远之计。”“再。现在局中添设九炉，每炉三十馀人，所有匠役约有三百馀员之众。若无官役当差，殊难办理。拟择其谨慎老成者，拔送八名，轮班听用。”河底村是煤铁之乡，又是祁寯藻的外祖父刘家所在地。葛力泉《祁寯藻》称宝泉分局设在河底村东杨家大院。《山西通志·公署》记载：“咸丰四年，户部议准，于平定州河底村设宝泉分局，开炉二十座，鼓铸铁钱”。

从咸丰三年三月起，户部所铸“当十”大钱称为“咸丰元宝”，有六钱重，与重约一钱的制钱相辅而行。制钱一千二百文作银一两。七月，添铸“当五十”大钱一种，有一两八钱重。同年十一月，谕告各省推行铸造当五、当十、当五十、当百各样大钱，暂行停铸当二百、当五百、当千钱五种（见《祁寯藻集》下册第 298 页）。当千者重为二两，当五百者重一两六钱，二者紫铜色，当百者重一两四钱，黄铜色。皆打造精致，光泽如镜。字迹清晰，文曰“咸丰元宝”。而从咸丰四年起，宝泉分局所铸制钱一律称为“咸丰通宝”，大者直径约有 2.4 厘米左右，小者直径不足 2 厘米。这种小钱若称其为“小皮钱”显然更为恰当。为了节约成本，在铸造钱币的过程中混入的铁与铅含量甚至超过了铜料。祁寯藻在奏折中声称“均可节省铜十万斤”，导致“咸丰通宝”质地脆弱，销路不畅。奸商乘机贩运铁钱倒买银两，物价上涨，百姓生计艰难。

《咸丰朝实录三十五》咸丰八年十一月丁丑：“户部奏《请将未能设法疏通铁钱率行出示之知县议处》一折，山西平定州设立宝泉分局，鼓铸铁制钱与铜钱一律行使，商民欠已相安。乃盂县知县李昌炽，以绅士禀请而搭行，不思善为开导，设法疏通，并不申详上司听候筹办，辄敢率行出示‘不得尽用铁钱’，以致铺户相戒，不敢收售铁钱。实属办理不妥。李昌炽著交部议处，以示惩儆，并著山西巡抚通饬所属，遍行晓谕。凡州县征收钱粮及商民交易，务须照旧，铜钱铁钱一体行使。倘有拘分成数或竟不用铁钱者，均照新定《阻挠铸务章程》惩办。至各省地方，无论是否设炉鼓铸铁钱，凡有铁钱行用之处，在官征收钱粮，与商民交易，均应与铜钱一律行使，不得歧视。其地方州县如有勒令分成、致境内铁制钱阻格不通者，即著指明严参，照阻挠新章办理，以重圜法。”同日，又谕告军机大臣：“户部奏，据山西宝泉分局监督隋藏珠等呈称，‘平定州等处银价忽长。访系直隶奸商，将运铁钱数十万串来州买银，约定九、十月银钱两交，遂致银价骤长。请饬直隶、山西督抚查禁’等语。现在各处鼓铸铁制钱，原期无分畛域流通利用，乃该奸商等，竟敢豫立期约，越境贩运，致开买空卖空之弊。现在该州银价昂贵，不仅小民生计艰难，钱法亦因之敝坏，实属大干例禁。著庆祺饬查所属，毋令此等奸商出境私贩。并著英桂饬令平定州出示查禁，一面访拿惩办以重圜法而利民用。”

咸丰十一年六月，白羊墅所立《钱项记》云：“从来钱项之变换，原不必拘限也。吾辈修窑而费铁钱三千一百五十文，有其缘矣。只因咸丰五年，我郡中河底镇立铁炉，以铸铁钱通行天下。如百文，铜六铁四，不月，尽铁钱，是时夥米出粜，俱铁钱。不意八年冬十月，钱项或变，铜二铁八，十一月，铜三铁七。至九年春正月，铜铁各五，秋八月，铜九铁一。未几，又变为铜八铁二。此钱欲出，不得由是废之。恐族人疑，故略刻数言以明之。石维祥等撰文。”

曾任天津府知府的平定籍官员蔡子璧，“赋性刚直，持论正大，在任多善政”（《蔡氏族谱》),故不避劳怨,设法变通,他曾上书朝廷,指出“户部在平定境内设宝泉分局,铁钱日增,铜钱日少,致使百物昂贵,民不聊生”,奏请“暂停鼓铸”。此举受到朝野普遍称道。

第三节　统计报表

1969—1976年,河底人民公社统计资料及2014年河底镇主要经济数据。

河底公社生产小队个数、农业户数、农业人口统计资料

表 25-2

大队名称	一九六九年			一九七〇年			一九七一年			一九七二年			一九七三年			一九七四年			一九七五年			一九七六年		
	生产队	户数	人口	生产队	户数	人口	生产队	户数	人口	生产队	户数	人口	生产队	户数	人口	生产队	户数	人口	生产队	户数	人口	生产队	户数	人口
河底	16	967	3842	16	1018	3923	16	1026	3981	16	1049	4033	16	1070	4103	16	1064	4144	16	1090	4126	16	1097	4137
中佐	3	213	933	3	213	947	3	214	948	3	216	952	3	216	963	3	220	977	3	221	981	3	216	975
龙光峪	2	99	432	2	102	441	2	106	448	2	109	453	2	108	465	2	109	474	2	112	482	2	113	488
里龙光峪	2	114	502	2	120	507	2	125	521	2	134	524	2	135	542	2	136	543	2	136	548	2	137	554
苇泊	9	405	54	9	417	1695	9	415	1709	9	438	1718	9	434	1776	9	445	1809	9	457	1830	9	462	1861
上章召	5	325	1410	5	326	1465	5	331	1487	5	343	1500	5	356	1547	5	365	1562	5	372	1594	5	376	1597
下章召	5	304	1311	5	320	1365	5	320	1362	5	325	1342	5	323	1353	5	328	1416	5	335	1409	5	332	1359
任家峪	5	388	1559	5	400	1603	5	403	1646	5	429	1668	5	411	1715	5	410	1742	5	415	1750	5	418	1757
邓家峪	5	226	876	5	225	880	5	206	899	5	255	909	5	233	941	5	239	967	5	249	974	5	252	969
南峪	3	142	634	3	154	649	3	154	665	3	165	667	3	160	677	3	159	688	3	169	699	3	163	702
固庄	1	59	217	1	58	227	1	60	233	1	64	240	1	64	269	1	64	271	1	65	262	1	69	307
小固庄	1	49	150	1	55	163	1	57	172	1	47	164	1	47	177	1	57	183	1	54	196	1	54	190
牵牛镇	6	558	2260	6	565	2312	6	578	2348	6	600	2378	6	604	2411	6	606	2420	6	611	2462	6	618	2491
合计	63	3849	15780	63	3973	16177	63	3995	16419	63	4174	16548	63	4161	16939	63	4202	17196	63	4286	17313	63	4307	17387

河底公社全部劳动力、社队工付业劳力统计资料

表 25-3

大队名称	一九六九年		一九七〇年		一九七一年		一九七二年		一九七三年		一九七四年		一九七五年		一九七六年	
	全部劳动力	其中工付业劳力	全部劳动力	其中工付业劳力	全部劳动力	其中工付业劳力	全部劳动力	其中工付业劳力	全部劳动力	其中工付业劳力	全部劳动力	其中工付业劳力	全部劳动力	其中工付业劳力	全部劳动力	其中工付业劳力
河　底	980		930		1045	289	955	341	1003	414	1150	272	1407	272	1413	214
中　佐	293		317		392	67	365	94	375	105	390	105	401	105	385	95
龙光峪	168		181		187	23	190	54	185	61	222	15	216	15	214	57
里龙光峪	225		216		202	39	212	85	216	61	228	58	229	58	230	43
苇　泊	693		670		664	104	540	112	610	169	595	140	630	140	620	114
上章召	370		431		409	52	443	128	448	119	463	141	487	141	466	43
下章召	564		587		500	52	470	84	470	59	470	60	527	60	527	75
任家峪	482		505		652	60	706	135	736	189	740	171	760	171	765	133
邓家峪	329		347		386	61	285	88	285	79	259	87	393	87	384	69
南　峪	255		258		271	44	275	64	275	50	310	35	315	35	315	53
固　庄	80		121		106	19	98	34	116	33	150	3	123	3	145	26
小固庄	60		70		85	18	60	8	78	17	73	19	75	19	69	17
牵牛镇	537		557		805	176	821	302	821	215	760	296	919	296	980	167
合　计	5036		5190		5704	1004	5420	1529	5618	1571	5810	1402	6482	1402	6513	1106

河底公社耕地面积、水浇地、大寨田统计资料

表 25-4

大队名称	一九六九年			一九七〇年			一九七一年			一九七二年			一九七三年			一九七四年			一九七五年			一九七六年		
	耕地面积	水浇地	大寨田	耕地面积	水浇地	大寨田	耕地面积	水浇地	大寨田	耕地面积	水浇地	大寨田	耕地面积	水浇地	大寨田	耕地面积	水浇地	大寨田	耕地面积	水浇地	大寨田	耕地面积	水浇地	大寨田
河　底	3396		1200	3396	14	815	3563	8	883	3472	25	975	3471	200	1300	3471	200	1300	3460	200	1300	3453	200	1300
中　佐	763	150	200	763	210	320	804	173	185	791	105	180	785	80	210	785	80	210	785	80	263	782	80	263
龙光峪	364		140	364	15	182	386	44	206	380	70	300	380	55	300	380	55	300	380	100	300	380	100	280
里龙光峪	440		100	440	20	170	464	50	150	464	50	204	464	50	210	464	70	220	464	70	220	464	120	220
苇　泊	1627	110	630	1623	150	880	1709	100	650	1683	120	780	1683	100	830	1683	100	830	1678	100	850	1678	100	900
上章召	1784		500	1784		800	1885	80	528	1885	110	542	1879	57	642	1879	77	742	1879	77	1000	1818	77	1100
下章召	1812	397	802	1943	165	800	1943	165	635	1927	165	800	1927	200	850	1927	200	850	1927	200	900	1873	200	1000
任家峪	1030	150	521	1060	70	800	1121	30	570	1121	30	570	1121	55	600	1121	55	600	1121	300	700	1121	420	701
邓家峪	798	35	200	807	80	200	849	132	242	838	130	374	838	50	454	838	50	454	836	50	454	836	50	460
南　峪	467		100	467		262	495	100	80	495	100	100	485		150	485		150	484		150	484		150
固　庄	280	80	150	280	80	217	296	80	70	296	150	90	296	80	100	296	80	100	296	80	120	296	130	120
小固庄	121	2	20	121	60	60	125	60	10	125	80	80	125	18	85	120	18	85	120	18	85	120	18	85
牵牛镇	1857	11	500	1857	51	250	1953	120	1120	1922	60	700	1922	400	700	1922	400	700	1922	420	730	1922	420	730
公　社																						113		113
合　计	14739	935	5063	14905	915	5756	15593	1142	5329	15399	1195	5695	15376	1345	6431	15369	1385	6541	15352	1695	7072	15340	1915	7422

河底公社粮田面积、平均亩产统计资料

表 25-5

大队名称	一九六九年		一九七〇年		一九七一年		一九七二年		一九七三年		一九七四年		一九七五年		一九七六年	
	梁田面积	平均亩产	梁田面积	平均亩产	梁田面积	平均亩产	梁田面积	平均亩产	梁田面积	平均亩产	梁田面积	平均亩产	梁田面积	平均亩产	梁田面积	平均亩产
河　底	3396	408.8	3396	558	3335.5	645	3322.5	333	3391	548	3284	550.2	3281	550.5	3273	600
中　佐	745	490.5	463	596.5	458	711.3	753	420	758.5	573	738.5	600	738.5	580	735.5	646
龙光峪	354	525	364	651	364	679.3	362	397	365.5	590	355	703.5	355	560	355	801
里龙光峪	4315	519	433	676	440	713.5	436	388	444	601	436	604	436	465	436	802
苇　泊	1568	455.1	1581	543	1619	625.3	1611	338	1627	522	1587	580	1587	650	1582	627
上章召	1784	428	1784	542	1784	627	1775	413	1819	545	1763	517	1763	532.5	1710	633
下章召	1756	518	1943	604	1802	875.8	1786	452	1757.5	638.5	1779.5	445.4	1779.5	484	1730.5	455.3
任家峪	1030	493	1060	667	1030	736.9	1028	490	1078	593	1025.5	640	1025.5	700	1025.5	802
邓家峪	798	442	807	555	8045	515.8	790.5	419	807	500	786	514.4	786	700	786	771
南　峪	467	490	467	752	457	775	454	576	468	646.3	452	537	452	893	451	961
固　庄	280	443	280	587	280	627	277	414	284	542	279	543	279	553	279	643
小固庄	121	695	121	840	119	912	113	596	119	694	128.5	803	108.5	700	108.5	979
牵牛镇	1799	320	1857	590	1832	630.6	1823	329	1862	528	1809	596	1809	510	1809	710.5
															102	338
合　计	14530	443.7	14556	588.5	14325	681	14531	398	1478	560	14403	556	14400	576	14383	653

河底公社粮食总产统计资料

表 25-6 1977 年 7 月 1 日

大队名称	一九六九年	一九七〇年	一九七一年	一九七二年	一九七三年	一九七四年	一九七五年	一九七六年
	总 产	总 产	总 产	总 产	总 产	总 产	总 产	总 产
河 底	141.13	189.56	215.14	113.07	185.74	180.69	180.62	196.38
中 佐	36.55	27.62	32.58	32.52	43.49	44.31	42.84	47.54
龙光峪	18.60	23.70	24.73	14.82	21.56	24.97	19.88	28.44
里龙光峪	22.41	29.26	31.40	17.34	26.68	26.33	20.29	34.98
苇 泊	71.35	85.77	101.25	64.30	84.89	92.05	103.16	99.25
上章召	76.35	96.67	111.82	74.91	96.68	91.12	93.88	108.25
下章召	91.05	117.42	157.82	80.56	112.19	79.33	86.19	78.78
任家峪	50.77	70.72	75.91	52.62	63.89	65.66	71.79	82.25
邓家峪	35.26	44.80	45.52	34.06	40.33	40.44	55.02	60.60
南 峪	22.88	35.12	35.42	26.76	30.25	24.27	40.37	43.34
固 庄	12.40	16.42	17.56	11.81	15.38	15.15	15.44	17.94
小固庄	8.41	10.17	10.85	7.15	8.26	8.71	7.59	10.63
牵牛镇	57.65	109.49	115.53	61.62	98.11	107.89	92.30	126.72
								3.45
合 计	644.81	856.72	975.53	591.54	827.45	800.92	829.37	938.55

河底公社蔬菜面积、平均亩产统计资料

表 25-7　　　　1977 年 7 月 1 日

大队名称	一九六九年		一九七〇年		一九七一年		一九七二年		一九七三年		一九七四年		一九七五年		一九七六年	
	面积	亩产	面积	亩产	面积	亩产	面积	亩产	面积	亩产	面积	亩产	面积	亩产	面积	亩产
河　底	180	3584	77	5445			108	1850	151	4913	137	2400	231	1466	20	
中　佐	43	4293	350	4018	475	2930	21	7240	35	6891	42	1900	54	4448	20	12083
龙光峪	37	1810	10	4210	20	4820	21	1704	25	5527	21	1972	20	3750	5	14000
里龙光峪	38	1715	12	3624	16	1370	28	900	34	1810	30	1400	29	1760	6	9000
苇　泊	101	2258	73	2285	4	8130	86	2177	92	5166	80	2697	63	2580	49	4427
上章召	115	2100	38	6000	100	2360	136	1300	101	2826	61	1500	76	1220	20	7000
下章召	86	3000			131	4580	184	815	131	2678	131	1009	131	2587	20	13009
任家峪	50	5364	13	5600			31	4813	76	3476	76	2381	76	1880	15	15400
邓家峪	33	4978	15	6668	49	2242	46	1594	46	4374	47	1000	40	3154	15	9846
南　峪	24	2034					41	1656	14	11390	31	2246	39	2400	10	8000
固　庄	10	2000	6	1800	8	2440	13	2610	13	2900	15	4500	15	2400	6	7298
小固庄	9	4250	10	6400	14	4285	4	3500	11	5636	6	5000	11	5000	5	1600
牵牛镇	119	2960			51	2122	53	3669	74	4795	96	2623	70	2259	35	5378
															2.5	1800
合　计	835	3142	604	4047	868	3267	772	1886	803	4201	773	2015	855	2235	208.5	11157

河底公社蔬菜总产统计资料

表 25-8　　1977 年 7 月 1 日

大队名称	一九六九年	一九七〇年	一九七一年	一九七二年	一九七三年	一九七四年	一九七五年	一九七六年
	总 产	总 产	总 产	总 产	总 产	总 产	总 产	总 产
河 底	64.51	41.94		20.00	74.19	37.81	33.89	63.99
中 佐	18.46	120.57	139.24	15.21	24.12	7.98	24.02	24.17
龙光峪	10.74	4.21	9.64	3.58	13.82	4.14	7.50	7.00
里龙光峪	4.80	4.55	2.19	2.50	6.12	4.20	5.10	5.40
苇 泊	22.80	16.68	3.25	18.72	47.54	21.58	16.24	21.69
上章召	24.20	22.20	23.60	17.90	28.55	9.15	9.31	14.00
下章召	29.42	20.74	60.00	15.02	35.10	13.23	33.89	26.06
任家峪	26.82	7.30		14.92	26.42	18.10	14.29	23.09
邓家峪	9.96	10.00	10.99	6.70	20.12	4.70	12.62	14.77
南 峪	5.84			6.79	15.95	6.94	9.32	8.00
固 庄	2.00	1.08	1.95	3.40	3.80	6.75	3.60	4.38
小固庄	3.83	6.40	6.00	1.39	6.20	3.00	5.50	0.80
牵牛镇	35.23		10.82	19.45	35.49	25.16	15.82	18.83
公 社								0.45
合 计	258.61	255.67	267.68	145.58	337.41	162.74	191.10	232.63

河底公社林业生产统计资料

表 25-9　　　　1977 年 7 月 1 日

大队名称	一九六九年			一九七〇年			一九七一年			一九七二年			一九七三年			一九七四年			一九七五年			一九七六年		
	造林面积	育苗面积	另星植树	造林面积	育苗面积	另星植树	造林面积	育苗面积	另星植树	造林面积	育苗面积	另星植树	造林面积	育苗面积	另星植树	造林面积	育苗面积	另星植树	造林面积	育苗面积	另星植树	造林面积	育苗面积	另星植树
河　底							39	1	1400		13			10			20			20	2000		20	11000
中　佐									100		3	200		5	150		5.5	3000		5.5	3200		5.5	3000
龙光峪								1	1450		2	3900		2.5	2650		3	100		3	2500		3	200
里龙光峪							9	1.5	100	5	2	2000	5	2	300		4	30		4	700		4	1800
苇　泊							10	4	1500		4	4000		11	500		10	1000		10	1000		10	8000
上章召							8	0.5	200		3	100		14	700		15	30		15	2000		15	4000
下章召							20	5	1871	40	6	150	50	12	230		16.5	400		16.5	1000		16.5	1650
任家峪							3	0.5	6550		2	3000	5	2	1000		4.5	2850	3	4.5	1200		45	2000
邓家峪							90	4	2550	3	5.5	2000	50	8	1000	10	8	5000	10	8	2000		8	2000
南　峪							20	2.5	4338		3	1600		3			5	300		5	500		5	1000
固　庄								1	430		1	830		2	1000	30	1	40		1	1200		1	1000
小固庄									500			1000			500		0.5	800		0.5	1000		0.5	1000
牵牛镇							40	0.4	4622	70	6	11280	20	6	7450	10	17	2400		17	500		17	5000
公　社																						1500		200
合　计							239	21.4	26511	118	50.5	30060	130	77.5	15580	50	110	15950	13	110	18800	1500	110	41850

河底公社大牲畜统计资料

表 25-10　　　　1977 年 7 月 1 日

大队名称	一九六九年			一九七〇年			一九七一年			一九七二年			一九七三年			一九七四年			一九七五年			一九七六年		
	总数	其中		总数	其中		总数	其中		总数	其中		总数	其中		总数	其中		总数	其中		总数	其中	
		牛	马		牛	马		牛	马		牛	马		牛	马		牛	马		牛	马		牛	马
河　底	151	17	11	145	18	10	135	18	11	139	17	10	131	17	10	137	17	13	139	17	17	152	12	27
中　佐	29	4	5	27	2	5	31	3	5	39	3	5	35		5	33		6	27		4	31		5
龙光峪	20	4		17	4		17	4		17	4		17	4		21	4		19	3		19	2	2
里龙光峪	26	1		26	1		28	1		25	1		26	2		26	3	1	26	1	3	25		
苇　泊	88	24	2	90	25	2	100	25	1	83	21	4	88	17	3	88	16	3	93	15	6	89	13	3
上章召	74	21	8	79	24	8	83	26	9	84	29	9	82	24	9	80	25	9	83	23	13	83	21	13
下章召	106	19	11	96	12	14	107	17	17	88	12	13	85	10	13	88	10	15	83	7	16	88	6	21
任家峪	53	2	1	60	2	1	69	4	1	64			52			48			48		2	51	2	3
邓家峪	52	12	1	45	4	3	39	2	2	36	1	1	37	1	2	36		2	37		3	35		1
南　峪	31		3	32		3	35		3	35		1	33		1	31			31			28		
固　庄	21	4	2	23	4	2	24	5	2	15	3	1	15	3	1	15	3	1	14	3	1	16	2	1
小固庄	10		2	10			11	2		7			7			7			9		3	9		2
牵牛镇	97	12	4	99	10	5	92	10	3	95	10	3	93	9	4	91	10	4	92	8	5	88	5	9
公　社				4	1	1																		
合　计	758	120	50	753	107	54	771	117	54	727	101	47	701	87	48	701	88	54	701	77	72	714	63	87

河底公社大牲畜统计资料

表 25-11　　　　1977 年 7 月 1 日

大队名称	六九年		七〇年		七一年		七二年		七三年		七四年		七五年		七六年	
	其中		其中		其中		其中		其中		其中		其中		其中	
	骡	驴	骡	驴	骡	驴	骡	驴	骡	驴	骡	驴	骡	驴	骡	驴
河　底	57	16	57	60	57	49	63	49	63	41	64	43	64	41	71	42
中　佐	20		20		23		31		30		23		23		26	
龙光峪	11	5	12	1	12	1	12	1	12	1	16	1	16	0	15	
里龙光峪	13	12	12	13	12	15	14	10	15	9	19	3	20	2	23	2
苇　泊	19	43	19	44	28	46	28	30	39	29	40	29	45	27	49	24
上章召	37	8	39	8	7	41	41	5	44	5	42	4	44	3	45	4
下章召	24	52	23	47	27	46	26	37	25	37	25	38	24	36	25	36
任家峪	24	26	32	25	41	23	40	24	36	16	35	13	35	11	25	11
邓家峪	12	27	12	26	25	10	25	9	25	9	25	9	23	11	25	9
南　峪	16	12	19	10	23	9	25	9	28	4	29	2	29	2	26	2
固　庄	6	9	7	10	7	10	7	4	7	4	7	4	6	4	9	4
小固庄	6	2	7	3	7	2	7		7		7		7		7	
牵牛镇	24	57	27	57	37	42	39	43	40	40	44	33	50	29	57	17
公　社			1	1												
合　计	269	319	287	305	306	294	358	221	371	195	380	179	386	166	413	151

河底公社猪羊统计资料

表 25-12　　　　　　　　　　　　　　　　1977 年 7 月 1 日

大队名称	一九六九年			一九七〇年			一九七一年			一九七二年			一九七三年			一九七四年			一九七五年			一九七六年		
	猪	其中：集体	羊	猪	其中：集体	羊	猪	其中：集体	羊	猪	其中：集体	羊	猪	其中：集体	羊	猪	其中：集体	羊	猪	其中：集体	羊	猪	其中：集体	羊
河　底	190			226	45		639	61		453	95		207	79		255	81		1153	230		248	67	
中　佐	66			87	23		128	13		116	8		82	9		98	10		104	12		96	14	
龙光峪	11		335	45	5	289	76	8	242	46	4	254	27	2	299	?	2	263	61	14	258	108	26	232
里龙光峪	4		214	16	7	220	89	7	201	54	11	127	41	5	136	51	7	155	53	21	190	103	43	110
苇　泊	73		450	117	7	315	427	42	157	153	19		63	8		85	11		152	70		231	119	
上章召	222		201	242	52	169	525	130	343	220	106	202	270	129	134	307	115	154	395	151	53	488	255	
下章召	159		196	190	80	727	352	122	365	351	157	382	180	108	408	151	74	412	240	78	418	271	137	348
任家峪	30		259	123	12	416	160	35	400	163	51	300	74	21	285	45	5	350	100	52	350	234	169	216
邓家峪	13		521	44	15	410	148	15	370	104	15	345	55	10	380	64	9	350	73	13	350	107	60	300
南　峪	12		441	26	7	435	121	27	330	62	16	310	32	6	341	29	4	350	41	15	349	82	31	331
固　庄	25		125	20		100	52	7	97	56	11	81	42	9		32	5		56	43		61	8	
小固庄	35			45	30		40	6		20	10		20	4		31	6		85	41		103	11	
牵牛镇	104		122	160	23	500	320	26	270	161	11		150	5		178	10		294	41		456	103	
公　社																								
合　计	944		2913	1341	356	2621	2077	509	2975	2069	534	2051	1342	295	1979	1211	339	2064	2107	781	1968	2688	1043	1537

河底公社农业机械总动力统计资料

表 25-13　　1977 年 7 月 1 日

大队名称	一九六九年		一九七〇年		一九七一年		一九七二年		一九七三年		一九七四年		一九七五年		一九七六年	
	总动力	其中：排灌	总动力	其中：排灌	总动力	其中：排灌	总动力	其中：排灌	总动力	其中：排灌	总动力	其中：排灌	总动力	其中：排灌	总动力	其中：排灌
河　底	285	258	180	150	230.5	285.6	330.5	295.6	308.8	231.2	1457.7	174.2	1503.4	179.5	812	180
中　佐	198	28	40	25	105.4	32.6	65.5	39.3	57.6	38.1	112	38	135.6	53	152	53
龙光峪	64.5	22	98	34	146.1	26.1	165	64	178.84	102.7	184	129	230.6	129	244	129
里龙光峪	190	20	51.5	28	90	40	107	39	72	46	108	46	156	46	197	76
苇　泊	181	138	115.9	69.4	150	69	162	81	450	394	450	183	450	159	604	159
上章召	19.3		31.5		120	93.8	123.5	71.5	235	134	283	134	367	170	488	170
下章召	274.8	133	166.6	116	721.8	537.2	812	537	620	430	596	430	669	430	713	430
任家峪	286	25	105	20	201	13.6	650	220	346	160	273	109	395.6	109	811	109
邓家峪	35	15	43	28	159	27.2	162	95	152	114	152	114	304.22	107.2	348	107
南　峪	67		82		108.26	27.2	137.2	45	260.8	52.8	135	49	190	49	218	49
固　庄	165	35	60	47	938	54.4	112	87	160	125	134	100	212	132	249	159
小固庄	45	20	67	17	66.4	30.6	35	24	72.16	44.2	76	34	152.6	34	139	34
牵牛镇	143	15	120	35	176	56	312	129	265	157	346	167	435	200	525	200
公　社											165		245		508	
合　计	20536	708	1160.5	569.4	3313.5	1293.3	3173.7	1717.4	3178.2	2029	4471.7	1707.2	5446	1797.7	6008	1855

河底公社农水泵、拖拉机、汽车统计资料

表 25-14　　　　1977年7月1日

大队名称	一九六九年			一九七〇年			一九七一年			一九七二年			一九七三年			一九七四年			一九七五年			一九七六年		
	水泵	拖拉机	汽车	水泵	拖拉机	汽车	水泵	拖拉机	汽车	水泵	拖拉机	汽车	水泵	拖拉机	汽车	水泵	拖拉机	汽车	水泵	拖拉机	汽车	水泵	拖拉机	汽车
河　底		2			2		13	2		13	2		13	1		8	1		7	1		7	5	1
中　佐							5	1		7	1		6			6	1		6	1		6	2	
龙光峪							8			8			6			9			9	1		9	1	
里龙光峪							4			4			3			4			4	1		5	1	
苇　泊					1		3	1		3	1		10	3		10	4		8	4		8	6	1
上章召							5	1		3	1		4	1		4	2		3	2		6	4	1
下章召		1			1		7	1		7	1		7	2		6	4		6	4		6	5	
任家峪		1			1	1	6	1	1	2	1	1	4	1	2	4	1	2	5	1	2	5	3	2
邓家峪							4			6			6	1		6	1		4	1		4	2	
南　峪							1			3	1			1			1		2	2		5	3	
固　庄							5			6			6			6	1		6	1		7	2	
小固庄							2			3			3			3			3			5	1	
牵牛镇		1			1		4	1		3	1		8	2		9	2		9	2		9	4	
公　社			2			2			2			2			2			2			4		5	4
合　计		5	2		6	3	67	8	3	18	9	3	76	12	4	75	18	4	72	21	6	82	44	9

河底公社收入部分统计资料

表 25-15

大队名称	一九六九年		一九七〇年		一九七一年		一九七二年		一九七三年		一九七四年		一九七五年		一九七六年	
	总收入	其中农业	总收入	其中农业	总收入	其中农业	总收入	其中农业	总收入	其中农业	总收入	其中农业	总收入	其中农业	总收入	其中农业
河　底	69.71	19.36	69.78	24.01	83.93	26.48	82.10	13.51	116.29	22.25	118.87	21.87	121.99	20.50	150.99	23.02
中　佐	15.88	3.96	11.52	6.75	16.10	7.71	17.50	3.71	18.16	5.19	20.20	5.36	24.82	5.12	27.60	5.41
龙光峪	13.67	2.47	10.55	2.96	11.18	2.11	16.74	1.65	19.73	2.51	20.19	2.74	12.29	2.23	19.43	3.22
里龙光峪	16.74	2.81	13.55	2.62	9.99	3.71	12.37	1.89	20.38	2.84	21.40	2.95	14.43	7.26	21.47	3.86
苇　泊	43.70	9.17	33.85	9.66	52.46	12.32	73.28	7.37	73.81	9.93	72.01	10.09	90.56	11.06	77.94	10.95
上章召	58.46	9.65	52.15	11.60	56.32	12.89	61.27	8.17	66.95	10.29	73.31	9.53	88.15	10.24	95.99	11.94
下章召	27.39	10.37	21.23	13.24	26.65	18.72	21.48	8.84	23.84	15.19	19.62	8.54	23.70	10.27	33.25	10.90
任家峪	72.15	6.89	45.76	8.59	37.07	9.68	38.26	5.99	61.47	7.34	25.09	7.53	19.94	8.23	71.21	9.42
邓家峪	26.23	4.19	15.40	5.79	19.99	5.88	27.46	4.07	29.99	4.64	35.30	4.60	30.29	6.13	20.38	1.57
南　峪	33.05	3.29	28.60	4.42	30.09	4.15	39.23	2.98	45.07	3.49	51.10	281	49.67	4.50	47.42	4.75
固　庄	10.85	1.44	9.76	1.73	8.57	1.98	10.34	1.34	9.33	1.67	7.14	1.82	12.44	1.76	10.61	2.51
小固庄	6.98	0.94	6.32	1.09	7.75	1.09	8.00	0.78	8.83	0.91	13.52	1.03	10.22	0.89	9.80	1.00
牵牛镇	56.58	8.60	40.62	13.40	50.20	15.16	46.38	7.28	49.29	11.09	73.23	12.18	73.18	11.22	70.15	14.01
公　社																
合　计	451.39	83.64	359.09	106.86	410.25	122.88	1150.41	67.58	543.43	97.74	594.55	91.55	638.28	94.41	171.33	68.08

河底公社收入部分统计资料

表 25-16　　1977 年 7 月 1 日

大队名称	一九六九年		一九七〇年		一九七一年		一九七二年		一九七三年		一九七四年		一九七五年		一九七六年	
	其中		其中		其中		其中		其中		其中		其中		其中	
	林业	牧业	林业	牧业	林业	牧业	林业	牧业	林业	牧业	林业	牧业	林业	牧业	林业	牧业
河　底	0.27	0.02	0.15		0.36		0.08		0.24				0.16		0.25	
中　佐		0.03		0.02		0.04		0.03			0.02	0.03		0.02	0.01	0.03
龙光峪		0.01		0.03		0.04		0.03		0.03		0.04		0.04		0.06
里龙光峪		0.03		0.05		0.08		0.02		0.03		0.04		0.03		0.04
苇　泊	0.40	0.20	0.34	0.25	0.52	0.10	0.33	0.17	0.38	0.03	0.13	0.04	0.34	0.03	0.28	0.16
上章召	1.04	0.08	0.63	0.15	0.70	0.07	0.26	0.16	0.87	0.09	0.59	0.13	0.29	0.26	0.46	0.45
下章召	2.74	0.15	2.78	0.22	2.66	0.33	2.86	0.29	3.63	0.20	2.26	0.23	1.32	0.36	1.86	0.90
任家峪	0.07	0.23	0.07	0.08	0.03	1.87	0.04	0.15	0.22	0.11		0.20	0.31	0.15	0.05	0.99
邓家峪	0.30	0.13	0.10	0.05	0.07	0.09	0.28	0.12	0.49	0.10	0.20	0.16	0.31	0.12	0.57	0.16
南　峪	0.13	0.01	0.07	0.07	0.04	0.06	0.12	0.09	0.12	0.15	0.04	0.20	0.15	0.09	0.15	0.13
固　庄		0.04	0.08	0.05		8.04			0.04	0.03		0.01		0.01		
小固庄	0.01	0.01		0.01		0.03				0.02						
牵牛镇	0.48	0.41	0.22	0.34	0.18	0.32	0.28	0.17	0.32	0.56	0.21	0.09	0.23	0.10	0.23	0.34
公　社																
合　计	5.44	1.35	4.44	1.32	4.56	3.07	4.25	1.23	6.31	1.35	3.45	1.17	3.11	1.21	3.86	3.26

河底公社收入部分统计资料

表 25-17　　1977 年 7 月 1 日

大队名称	一九六九年		一九七〇年		一九七一年		一九七二年		一九七三年		一九七四年		一九七五年		一九七六年	
	其中		其中		其中		其中		其中		其中		其中		其中	
	付业	其他	付业	其他	付业	其他	付业	其他	付业	其他	付业	其他	付业	其他	付业	其他
河底	49.55	0.50	44.91	0.71	55.74	1.35	67.88	0.62	89.79	4.02	96.53	0.47	110.58	0.74	127.05	0.67
中佐	11.30	0.59	4.50	0.25	7.66	0.70	13.11	0.65	13.13	0.32	14.76	0.16	19.42	0.26	1.45	0.21
龙光峪	10.96	0.23	7.37	0.18	7.80	0.23	14.81	0.25	17.03	0.16	17.74	0.17	16.02	0.11	16.02	0.12
里龙光峪	13.67	0.23	9.30	0.60	5.49	0.70	9.89	0.57	17.04	0.37	17.97	0.44	11.73	0.42	17.21	0.37
苇泊	33.82	0.11	23.52	0.08	39.45	0.07	65.24	0.18	63.13	0.34	61.64	0.10	79.05	0.07	66.40	0.15
上章召	47.47	0.21	39.43	0.34	41.94	0.73	52.13	0.55	55.19	0.51	62.67	0.44	76.81	0.55	82.75	0.39
下章召	14.06	0.10	4.95	0.04	4.28	0.61	5.75	3.74	4.33	0.48	7.44	0.16	11.67	0.09	19.09	0.51
任家峪	64.35	0.62	36.18	0.85	22.64	2.85	31.02	1.05	52.74	1.07	60.46	1.91	58.57	2.69	62.27	3.59
邓家峪	20.18	0.93	9.06	0.39	13.69	0.26	22.56	0.44	24.59	0.17	30.06	0.18	23.61	0.13	22.81	0.26
南峪	22.81	0.81	23.86	0.18	25.30	0.54	35.93	0.10	41.02	0.28	47.76	0.29	43.73	1.20	41.95	0.44
固庄	9.30	0.07	7.74	0.15	6.31	0.25	8.43	0.56	6.44	1.05	5.51	0.29	10.40	0.26	8.49	0.10
小固庄	5.93	0.09	5.10	0.12	6.44	0.18	6.98	0.24	7.84	0.06	10.92	0.07	9.22	0.10	8.30	0.28
牵牛镇	46.59	0.49	26.31	0.35	33.85	0.69	38.20	0.45	36.09	0.83	59.65	0.58	61.86	0.28	53.70	1.55
公社																
合计	355.99	4.98	242.23	4.24	270.59	9.16	371.93	9.40	428.36	9.66	493.11	5.26	532.67	6.90	547.49	8.64

河底公社费用部分统计资料

表 25-18　　　　1977 年 7 月 1 日

大队名称	一九六九年		一九七〇年		一九七一年		一九七二年		一九七三年		一九七四年		一九七五年		一九七六年	
	费用总计	其中生产费用	费用总计	其中生产费用	费用总计	其中生产费用	费用总计	其中生产费用	费用总计	其中生产费用	费用总计	其中生产费用	费用总计	其中生产费用	费用总计	其中生产费用
河　底	17.88	17.70	14.71	14.44	21.15	20.95	26.55	26.27	37.88	37.56	40.89	40.65	51.78	51.56	62.18	61.95
中　佐	3.96	3.92	3.19	3.160	3.60	3.53	4.95	4.80	5.23	5.13	6.21	6.00	8.83	8.80	9.61	9.54
龙光峪	3.66	3.51	2.87	2.49	3.16	2.98	3.80	3.56	4.97	4.72	5.21	5.00	5.60	5.49	5.81	5.67
里龙光峪	4.42	4.40	2.80	2.69	2.68	2.59	3.25	3.18	4.65	4.62	5.33	5.20	6.40	6.38	5.89	5.87
苇　泊	22.26	32.02	17.56	17.01	13.77	13.41	29.07	28.77	28.59	28.38	28.89	28.56	48.71	48.32	34.38	33.98
上章召	23.14	23.91	20.06	19.73	19.96	19.77	26.39	26.01	28.24	27.97	31.80	31.47	41.88	41.78	44.20	44.11
下章召	10.32	10.13	5.36	5.28	5.62	5.52	6.34	6.08	5.96	5.61	6.13	5.88	8.01	7.94	12.10	11.99
任家峪	23.11	23.61	7.49	7.29	6.35	6.06	14.33	12.49	25.09	24.68	28.46	28.35	28.23	28.13	30.82	30.75
邓家峪	5.72	5.57	3.88	3.78	4.89	4.73	5.90	5.71	7.08	6.78	8.70	86.37	8.60	8.47	8.13	7.99
南　峪	17.40	17.26	16.16	15.86	13.09	12.65	16.95	16.16	19.51	18.61	25.27	24.19	25.83	25.77	21.32	21.26
固　庄	2.97	2.86	2.34	2.25	2.55	2.45	3.75	3.42	3.53	3.39	2.99	2.65	3.88	3.84	3.13	3.10
小固庄	1.40	1.29	1.37	1.35	1.75	1.68	1.92	1.88	1.10	1.56	2.59	2.43	3.16	3.10	2.58	2.56
牵牛镇	13.84	13.78	14.59	14.16	15.53	15.37	16.45	15.34	14.11	13.76	20.25	19.43	22.86	22.77	18.31	18.21
公　社																
合　计	150.13	140.91	112.38	109.49	114.10	111.69	159.65	153.67	186.34	182.77	212.72	208.18	263.77	262.30	258.46	256.98

河底公社分配部分统计资料

表 25-19　　　　1977 年 7 月 1 日

大队名称	一九六九年		一九七〇年		一九七一年		一九七二年		一九七三年		一九七四年		一九七五年		一九七六年	
	分配总计	集体提留	分配总计	集体提留	分配总计	集体提留	分配总计	集体提留	分配总计	集体提留	分配总计	集体提留	分配总计	集体提留	分配总计	集体提留
河　底	51.82	14.60	55.07	17.19	16.78	18.80	55.55	10.96	78.40	26.74	77.98	25.79	80.21	27.71	88.81	33.55
中　佐	11.92	4.10	8.33	2.37	12.50	3.04	12.56	3.04	13.43	3.31	14.11	3.16	15.98	5.09	17.50	5.70
龙光峪	10.00	3.94	7.68	3.04	8.02	2.20	12.93	4.22	14.86	5.45	15.48	5.62	12.79	5.31	13.61	5.73
里龙光峪	12.32	5.45	10.75	4.61	7.32	1.34	9.12	2.36	15.63	6.49	16.07	6.30	9.11	2.70	15.58	7.33
苇　泊	21.44	7.06	16.29	4.69	38.69	13.97	44.21	13.97	45.22	14.13	43.12	13.27	41.85	17.71	43.56	17.83
上章召	35.33	15.84	32.18	14.36	36.36	16.96	34.89	13.74	38.71	15.97	41.55	17.48	46.27	21.60	51.79	27.20
下章召	17.07	5.32	15.87	6.11	20.97	8.33	15.89	1.58	17.88	2.67	12.50	1.71	15.69	3.45	21.16	5.62
任家峪	48.49	23.61	38.27	16.15	30.72	8.19	28.12	5.49	36.38	10.62	41.62	12.53	41.72	15.82	45.49	18.61
邓家峪	20.52	9.37	11.52	2.12	15.10	4.12	21.57	6.48	22.91	7.22	26.50	9.53	21.70	7.30	22.25	7.83
南　峪	15.66	6.35	12.45	4.61	17.01	6.12	22.27	8.91	25.56	11.00	25.83	11.38	23.84	12.26	26.09	13.80
固　庄	7.88	5.12	7.42	4.69	6.02	2.75	6.59	2.39	5.69	1.80	4.65	1.73	8.55	4.68	7.48	3.31
小固庄	5.58	2.97	4.95	2.47	6.00	2.94	6.08	2.51	7.23	3.20	9.43	4.85	7.06	3.79	7.22	4.05
牵牛镇	42.73	16.27	26.04	4.17	34.67	8.80	29.93	5.48	35.19	9.26	52.98	17.21	50.82	19.46	54.43	21.62
公　社																
合　计	300.76	120.02	246.72	86.58	296.16	97.56	299.71	81.13	357.09	117.86	381.82	130.56	375.59	146.88	414.97	172.18

河底公社分配部分统计资料

表 25-20　　　　1977 年 7 月 1 日

大队名称	一九六九年		一九七〇年		一九七一年		一九七二年		一九七三年		一九七四年		一九七五年		一九七六年	
	分给社员	每人平均	分给社员	每人平均	分给社员	每人平均	分给社员	每人平均	分给社员	每人平均	分给社员	每人平均	分给社员	每人平均	分给社员	每人平均
河　底	37.20	96.80	37.88	96.60	43.98	110.40	44.59	110.50	51.66	126	52.19	126	52.50	127.2	55.36	133.60
中　佐	7.82	85	5.96	63.20	9.46	100	9.52	100	10.12	105	10.95	111	10.89	110.90	11.80	119.70
龙光峪	6.06	139	4.64	105	5.82	129	8.71	172.30	9.41	202	9.86	208	7.48	155.30	700	161
里龙光峪	6.87	135	6.14	131	5.98	115	6.76	129	9.14	169	9.77	180	6.41	116	8.25	148
苇　泊	14.38	86	11.60	68.50	24.72	144.50	30.24	176	31.09	175	29.85	165	24.14	131.90	25.73	139.30
上章召	19.49	138	17.72	121	19.40	131	21.15	141	22.74	147	24.07	154	24.67	154	24.59	154
下章召	11.75	94.50	9.76	71.50	12.64	94	14.31	106.60	15.21	113	10.79	76.40	12.24	85.60	15.54	111.30
任家峪	24.88	157.40	22.12	136	22.53	135	22.63	135	25.76	150	29.09	167	25.90	148	26.88	153
邓家峪	11.15	131	9.40	107	10.98	122.10	15.09	116.70	15.69	167	16.97	175	14.40	148	14.42	148
南　峪	9.31	143	7.84	120	10.89	162	13.36	200	14.56	215	14.45	210	11.58	165.60	12.29	175
固　庄	2.76	125	2.73	120.27	3.27	140	4.20	175	3.89	145	2.92	108	3.87	145	4.17	136.60
小固庄	2.61	175	2.48	152	3.06	178	3.57	217.50	4.03	228	4.58	250	3.27	167	3.17	167
牵牛镇	26.46	115	21.87	95	25.87	109	24.45	102.80	25.93	108	35.77	148	31.36	128	32.81	131.70
公　社																
合　计	180.74	114.10	160.14	99	198.60	121.28	218.58	132.20	239.23	1112	251.26	1461.0	228.71	132	242.79	139

河底公社劳动日(值)统计资料

表 25-21

1977 年 7 月 1 日

大队名称	一九六九年		一九七〇年		一九七一年		一九七二年		一九七三年		一九七四年		一九七五年		一九七六年	
	劳动日	劳动日值	劳动日	劳动日值	劳动日	劳动日值	劳动日	劳动日值	劳动日	劳动日值	劳动日	劳动日值	劳动日	劳动日值	劳动日	劳动日值
河　底		1.10	37.82	1.00		1.10	41.94	1.05	41.80	1.22	41.70	1.25	32.09	1.63	33.49	1.65
中　佐		0.86	8.57	0.68		1.05	10.13	0.94	10.73	0.99	10.65	1.04	9.23	1.18	8.60	1.31
龙光峪		1.08	5.66	0.82		1.00	6.31	1.40	6.91	1.41	6.78	1.50	4.93	1.50	5.24	150
里龙光峪		1.11	6.09	0.96		0.93	6.76	1.00	7.62	1.20	7.24	1.35	6.41	1.00	6.20	1.33
苇　泊		0.91	16.81	0.69		1.41	19.40	1.56	19.40	1.60	19.68	1.51	17.76	1.36	18.14	1.42
上章召		1.44	14.89	1.19		1.25	15.75	1.39	15.64	1.45	16.83	1.43	14.15	1.74	13.90	1.77
下章召		1.00	11.33	0.86		1.13	10.10	1.41	11.95	1.25	12.53	0.85	13.60	0.90	14.39	1.08
任家峪		1.66	15.11	1.46		1.43	17.39	1.30	18.28	1.41	18.92	1.53	14.81	1.75	14.90	1.80
邓家峪		1.25	10.44	0.90		1.10	10.70	1.42	11.32	1.38	11.78	1.44	9.11	1.58	9.45	1.52
南　峪		1.25	7.47	1.05		1.32	8.54	1.57	9.25	1.58	9.39	1.54	7.74	1.49	7.48	1.64
固　庄		0.91	3.37	0.81		1.04	3.61	1.16	3.67	1.06	4.01	0.79	3.57	1.08	3.42	1.22
小固庄		1.30	2.30	1.08		1.36	2.05	1.74	2.28	1.72	2.55	1.63	2.42	1.35	2.16	1.46
牵牛镇		1.10	19.88	1.10		1.25	22.23	1.10	27.45	0.94	28.98	1.24	33.83	1.33	24.30	1.35
公　社																
合　计		1.15	159.74	1.02		1.15	174.91	1.25	186.30	1.28	191.04	1.31	159.65	1.43	161.67	1.50

河底公社粮食分配部分统计资料

表 25-22　　　　1977 年 7 月 1 日

大队名称	一九六九年		一九七〇年		一九七一年		一九七二年		一九七三年		一九七四年		一九七五年		一九七六年	
	分配总计	其中：国家征购	分配总计	其中：国家征购	分配总计	其中：国家征购	分配总计	其中：国家征购	分配总计	其中：国家征购	分配总计	其中：国家征购	分配总计	其中：国家征购	分配总计	其中：国家征购
河　底	141.73		189.56		215.14	2.30	110.82		181.72	3.30	180.69	2.30	180.62	2.30	196.38	3.60
中　佐	36.55		27.62		32.58		31.67		42.28	0.80	44.31		42.84		47.54	0.10
龙光峪	18.60		23.70		24.73	0.50	14.38		20.91	0.50	24.97	0.40	19.88	0.40	28.44	0.80
里龙光峪	22.41		29.26	1.51	31.40	8.11	16.95		26.08	0.60	26.33	0.60	20.29	0.09	34.98	1.00
苇　泊	71.35		85.77	2.00	101.25	2.50	62.63		83.79	2.50	92.05	1.50	103.16	1.50	99.25	2.30
上章召	76.35	7.10	96.67	12.03	111.82	12.53	73.25	6.84	94.03	12.00	91.12	8.00	93.88	8.00	108.25	12.00
下章召	91.05	19.32	117.42	30.00	157.82	58.50	80.56	8.50	112.19	31.00	79.33	8.05	86.19	8.00	78.78	8.05
任家峪	50.77		70.72		75.90	0.10	50.42	0.10	60.93		65.66		71.79		82.25	0.10
邓家峪	35.26		44.80	1.00	45.52	0.60	33.19		39.56	0.70	40.44	0.50	55.02	0.50	60.61	1.20
南　峪	22.88		35.12		35.42	0.50	26.19	0.10	29.34		24.27		40.37	1.00	43.34	1.60
固　庄	12.40	0.30	16.42	1.01	17.56	1.50	11.48	0.54	14.95	0.50	15.15	0.50	15.44	0.50	17.94	0.90
小固庄	8.40	0.30	10.17	0.50	10.85	1.00	6.73	0.05	7.77	0.20	8.71	0.20	7.59	0.06	10.63	0.20
牵牛镇	57.65		109.49	2.00	115.53	1.80	60.04		95.59	1.15	107.89	1.00	92.30	1.00	126.72	3.00
公　社															3.44	
合　计	644.80	27.02	856.72	58.05	975.52	89.94	578.31	16.13	809.14	53.25	800.92	23.05	829.37	23.35	938.55	34.85

河底公社粮食分配部分统计资料

表 25-23　　　　1977 年 7 月 1 日

大队名称	一九六九年		一九七〇年		一九七一年		一九七二年		一九七三年		一九七四年		一九七五年		一九七六年	
	分给社员	每人平均	分给社员	每人平均	分给社员	每人平均	分给社员	每人平均	分给社员	每人平均	分给社员	每人平均	分给社员	每人平均	分给社员	每人平均
河　底	125.44	325	160.35	409	181.72	459	93.98	233	155.67	380	157.34	379	155.19	373	163.09	393
中　佐	31.81	345	23.84	253	28.14	298	26.35	275	35.56	370	37.67	384	36.56	373	39.89	405
龙光峪	14.86	341	17.54	396	19.44	432	11.78	260	17.79	385	20.18	426	16.90	349	22.89	470
里龙光峪	17.50	343	20.30	402	23.27	450	14.10	270	21.48	400	21.88	400	16.66	303	26.49	480
苇　泊	58.48	353	18.28	405	81.93	480	54.53	317	70.64	403	76.00	420	84.65	461	81.37	439
上章召	54.99	387	61.84	423	71.54	485	55.57	371	68.54	450	70.38	450	72.09	450	76.66	480
下章召	53.98	399	63.29	463	71.54	526	59.08	440	65.32	485	59.48	420	59.84	425	58.59	420
任家峪	46.35	297	63.60	396	68.55	419	43.04	259	54.46	318	59.45	337	63.60	362	71.26	404
邓家峪	29.91	349	36.70	420	38.22	428	27.91	308	33.59	357	35.17	365	45.76	470	47.29	485
南　峪	19.77	313	26.53	470	28.09	4.25	22.22	333	24.49	362	20.52	298	32.11	460	33.55	480
固　庄	8.79	398	9.89	515	11.23	480	9.02	381	12.09	470	12.60	470	12.74	477	13.33	490
小固庄	5.80	387	6.99	429	8.35	500	5.44	332	6.51	388	7.22	390	6.04	302	8.25	425
牵牛镇	50.40	222	92.60	400	98.16	421	50.81	214	85.99	356	94.66	387	76.25	311	105.24	424
公　社																
合　计	518.08	328	651.75	403	730.18	447	473.83	287	652.13	386	672.55	391	678.39	391	747.86	430

河底公社实有储备粮统计资料

表 25-24　　1997 年 7 月 1 日

大队名称	一九六九年	一九七〇年	一九七一年	一九七二年	一九七三年	一九七四年	一九七五年	一九七六年
	实有储备粮	实有储备粮	实有储备粮	实有储备粮	实有储备粮	实有储备粮	实有储备粮	实有储备粮
河底	16.22	22.64	13.72	6.29	18.22	25.88	27.60	32.88
中佐	1.40	1.88		0.09	1.37	2.62	4.45	6.75
龙光峪	2.38	6.46	4.35	2.64	3.09	4.83	4.45	6.10
里龙光峪	2.86	7.68	5.31	3.01	4.48	4.95	4.59	9.18
苇泊	9.60	17.55	11.26	4.43	6.67	11.75	17.08	20.40
上章召	5.93	19.64	27.60	24.03	25.68	21.40	22.15	24.75
下章召	7.86	23.46	10.02	6.40	12.40	11.85	10.10	7.13
任家峪	0.27	0.97	0.97	0.39	0.39		1.39	4.66
邓家峪	3.30	6.69	3.42	1.54	1.80	1.22	3.53	9.40
南峪	0.23	4.72	3.68	2.91	3.37	1.89	4.08	6.50
固庄	3.85	7.81	9.08	7.69	7.68	7.20	7.63	8.25
小固庄	3.81	5.21	3.33	3.83	2.61	2.61	2.79	3.29
全牛镇		6.95	6.16	2.97	2.11	4.61	5.34	7.36
公社								3.44
合计	57.71	131.66	98.90	66.22	89.87	100.81	115.18	150.09

2014 年河底镇统计资料

2014 年河底镇农业生产综合情况

表 25-25 单位:人、亩、公斤、头、只

	乡村人口	乡村从业人员	粮食面积	粮食产量	蔬菜面积	蔬菜产量	果园面积	水果产量	核桃面积	核桃产量	年末猪存栏	年末猪存栏	年末羊存栏	年末鸡存栏
合计	36821	11782	18097	5377050	1221	7451250	806	423001	7033.5	156060	12850	60	3392	157300
河底	5229	1530	1782	488620	60	112000			455	22680	260		235	3800
中佐	869	285	582	130280	20	9700			197	7880				
前龙	504	252			1	200			270	13000				
里龙	592	135	106	31800	1	200			30	15000	650			
苇泊	2107	945	716	96550	20	80000			450	15000			157	14000
上章召	1685	447	1100	320190	100	831000					200		80	12000
下章召	983	326	827	235550	20	88000	198	209000	540	4000			600	12000
河南	337	132	232	55500	5	5200	100	98000	110	5500				500
任家峪	2032	720	471	138850	11	18000			156.8	200	50			17000
邓家峪	1134	450	438	151200	10	24100			180	3200	70			
关家峪	890	232	110	33000	45	339000			260	13000	900	40	60	1000
固庄	476	178	87	36750	34	20250			28.7	900	140			
小固庄	212	97			1	200			73	1000				
牵牛镇	3108	700	675	150250	35	118000			170	8500	3200		200	
东村	2473	908	1460	493300	440	3799000			700	2000	400		40	55000
南沟	1333	468	851	248200	54	190500			200	8000	160		100	14000
苏家泉	1293	460	1212	460800	68	416000			169	8450	270	20	370	2000

续表 25-26

	乡村人口	乡村从业人员	粮食面积	粮食产量	蔬菜面积	蔬菜产量	果园面积	水果产量	核桃面积	核桃产量	年末猪存栏	年末猪存栏	年末羊存栏	年末鸡存栏
大河北	681	260	556	154620	10	48000	200	80000	335	10000	230		30	
小河北	763	243	608	210000	36	125000								
五架山	720	232	1358	464900	30	60000			920	15000	900		60	
小西庄	858	300	1037	399590	30	64000	40	0			510			
山　底	3650	850	1140	214650	30	255000					760		300	9000
小　沟	529	176	140	42000	1	200								
红土岩	765	240	220	59450	5	18000	28	26000			2200			
猪头垴	159	66	145	41630	5	14000								
武家庄	158	52	90	36000	1	200			100	200	450			
燕　龛	819	225	450	112150	18	61500	240	10001	0	0	860		460	
曹家掌	1067	390	860	294200	40	109000	0		1000	800	620		210	4000
西　沟	214	110	200	100000	20	87000			280	300	20			
程　庄	460	154	248	62610	20	180000			209	100			410	13000
北　庄	488	150	300	78560	40	318000			150	1250			80	
郊　里	233	69	96	35850					50	100				

2014 年 12 月河底镇乡镇企业主要经济指标月报表

表 25-27 单位:万元

	本年本月止累计				上年本月止累计			
	计	其中:工业	其中:规模以上工业	▲第三产业	计	其中:工业	其中:规模以上工业	▲第三产业
甲	1	2	3	4	5	6	7	8
一、增加值	19238	14638	3261	3650	31626	24925	5527	2658
二、现价总产值	86152	62152	14295	15928	121640	91230	21157.1	22968
三、工业销售产值	58967	58967	14542	0	79125	79125	21833	0
四、出口产品交货值								
五、营业收入	74938	54210	14126	15928	98257	76258	20158	20931
六、利润总额	325	261	82	30	980	825	215	12
七、上缴税金	5420	2920	382	2500	5000	3301	943	1250
八、劳动者报酬	1598	995	78	535	3012	2865	212	135
▲固定资产投资完成额	50703	2000		43483	59890	37242	1193	15712
▲企业单位个数(个)	78	73	6	6	78	65	6	7
▲期末从业人员(人)	2125	1987	420	112	2302	2058	450	142

限外辑要

2015 年

农村土地经营权确权登记颁证工作正式启动

为了认真贯彻落实2015年中央1号文件精神，搞好农村土地承包经营登记颁证工作。3月31日，河底镇召开了农村土地经营权确权登记颁证工作动员暨培训会。镇党政领导班子全体成员、镇机关有关部门、驻地站所有关负责人以及全镇32个行政村书记、主任、分管副主任、土地台账管理员共计130余人参加会议。在会上，制定了《河底镇农村土地承包经营权确权登记颁证实施方案》，河底镇土地确权工作的帷幕正式拉开。

群众路线教育活动“两方案一计划”整改落实情况通报会召开

4月3日，河底镇召开群众路线教育活动“两方案一计划”整改落实情况通报会。河底镇党委班子全体成员、32个村“两委”主干、学校、卫生院等主要负责人参加了会议。教育实践活动整改落实、建章立制环节开始后，河底镇党委召开主题交流会12次，培训党员干部5次，充分听取意见，反复研究讨论，制定了“两方案、一计划”，通过聚焦“四风”，梳理出班子“四风”突出问题21条，作为整改任务进行整改。经过多次整改和“回头看”活动，已经对照整改完毕。

山西省百镇建设绩效评估调研组到该镇检查调研

5月7日省百镇建设绩效评估调研组深入河底镇检查调研，由省住建厅村镇处赵毅副处长带领的百镇建设绩效评估专家调研组一行7人，就我镇近年来开展的百镇建设情况进行检查调研，调研组的专家领导们通过实地观摩工程项目、听取相关建设情况的汇报、随机走访调查等形式对我镇近年来开展的百镇建设工作进行了详细的评估调查。

庆“五一”职工象棋大赛隆重举行

5月9日至10日，河底镇工会联合会、镇文体站联合举办了庆“五一”职工象棋大赛。来自全镇基层工会的46名象棋爱好者参加了比赛。比赛采取积分循环制，采用电脑抽签编对、排名，共进行7轮161场比赛。46名棋手分成数个小组，捉对厮杀。棋手们“楚河汉界”陈兵布阵，历经两天激烈鏖战，河底村工会联合会推荐的选手张海军获得冠军；关家峪村工会推荐的张海燕获得亚军；苇泊村工会推荐的张有太获得季军。

区政府妇女儿童工作委员会成员单位到河底小学慰问

5月29日，郊区政府妇女儿童工作委员会成员单位慰问我镇河底小学。区人大、总工会、文联、公安局、供电局、信息中心、统战部、开发公司、工行、区经信局在区人大主任王梦贺、副主任潘钰的带领下到我镇河底小学进行“六一”慰问。镇党委书记郭智英、镇人大主席任晋忠、副镇长郭鑫陪同慰问。慰问组为河底小学带来了2万元的慰问金。

中共阳泉市郊区河底镇第十一届代表大会第四次会议召开

6月18日，中共阳泉市郊区河底镇第十一届代表大会第四次会议召开。会议认真审议并通过了镇党委书记郭智英同志代表中共阳泉市郊区河底镇第十一届委员会所作的《主动适应新常态，勇于担当抓落实，在新的起点上推进河底科学发展、转型发展、和谐发展》的工作报告。大会号召，全镇各级党组织和广大党员干部，要以党的十八大、十八届三中、四中全会精神和习近平总书记系列重要讲话精神为指导，在区委、区政府的坚强领导下，团结和带领全镇人民，坚定信心、振奋精神、克难奋进、扎实工作，为加快河底科学发展、转型发展、和谐发展而努力奋斗！

第九届人民代表大会第五次会议召开

6月18日至19日，河底镇召开第九届人民代表大会第五次会议。会议听取并审议通过了河底镇人民政府工作报告、人大主席团工作报告。报告客观公正、实事求是的总结了2014年工作，同时确定了2015年全镇经济社会发展的指导思想和总体目标：围绕项目建设、城镇建设、平台建设三项重点，深化改革创新，加速转型升级，推动民生改善，全面开创新型工业重镇、特色农业大镇、绿色宜居集镇、和谐文明新镇建设的新局面。！

该镇开展打击非法违法采矿工作

7月20日，河底镇开展打击非法违法采矿工作。河底镇对严厉打击非法采矿工作进行全面部署。按照全面排查、不留死角、严惩重处、不留隐患的总体要求，在全镇严厉打击盗采矿产资源违法行为促进安全生产“百日行动”基础上，对全镇范围内的非法采矿进行更进一步、更加细致的摸排，对排查出的非法采矿进行严厉打击取缔，对非法采矿遗留的安全隐患坚决消除，进一步查找出前一阶段打击非法采矿工作中存在的疏漏和不足，彻底取缔和消灭新的或死灰复燃的非法采矿点，在已有成果基础上进一步夯实打击非法采矿工作，切实维护全镇矿业秩序的安全稳定。

山西省委督查组到该镇调研“六权治本”工作

8 月 3 日，省委法治办规划指导处处长王素梅率省委督查组到河底镇调研“六权治本”工作，在固庄村，王素梅一行通过查看图板展板、查阅资料、实地调研走访等方式，对“依法确定权力、科学配置权力、制度约束权力、阳光行使权力、合力监督权力、严惩滥用权力”工作的贯彻落实情况进行督查调研。

举行公祭烈士活动

9 月 30 日是国家第二个“烈士纪念日”。河底镇举行烈士纪念活动，缅怀烈士的不朽功绩。上午九时，公祭活动开始，河底镇全体机关工作人员肃立默哀。镇长任志刚主持，镇党委书记郭智英、镇人大主席任晋忠抬着花篮缓步迈上台阶，走到抗战烈士纪念碑前，向抗战英烈敬献花篮。全体人员瞻仰烈士灵堂，掬躬默哀。通过纪念烈士活动，深切缅怀革命先烈们的丰功伟绩，寄托对革命先烈的无限哀思，弘扬革命先烈的崇高精神。

2016 年

城镇居民医保工作全部结束

为了保障全镇城镇居民能享受到基本医疗的权益，河底镇劳保所扎实推进 2016 年居民医疗保险征缴工作。本着方便快捷、简化程序的原则，河底镇劳保所 2016 年充分利用社会化管理服务大厅，集中 6 名专业服务人员，从 2015 年 10 月至 2016 年 1 月底全程征收居民费用，截止 2016 年 2 月中旬，全镇共完成居民医保 2866 人，收取费用 422850 元，为居民享受医疗保验权利提供了保障。

农村产业发展专题研讨会召开

2 月 16 日至 19 日，河底镇党委按照“冬季行动”要求，运用“六带工作法”，召集镇党委班子成员以及各村书记、主任，分片召开了四场“农村产业发展专题研讨会”，讨论河底镇未来的发展方向和总体规划。经过本次研讨会，明确了全镇产业的发展目标和产业发展总体思路，更加坚定了发展本村特色产业的信心，形成了河底镇干部、群众合力推动“三大战役”顺利实施的良好格局，为驱动河底经济发展迈上新台阶打下坚实的基础。

该镇举办庆“三八”演讲比赛

为推进“最美家庭”活动深入开展，传颂“最美家庭”家风故事，用好家风引领浸润良好社会风气。河底镇妇联在 3 月 8 日举办了“弘扬中华美德、传承文明家风”演讲比赛。本次比赛共有21名选手参加,参赛选手紧扣“家庭”这个主题,娓娓道来,声情并茂地讲述家庭故事,畅谈对家风、家训、家庭美德的理解,给人以温情与感动。

年度经济工作暨先进集体劳动模范表彰大会召开

3月20日上午,河底镇召开2016年经济工作暨2015年度先进集体劳动模范表彰大会,镇村两级干部、全镇各行各业涌现出的劳动模范、先进集体代表,各驻地站所负责人等共计160余人参加会议。会议决定:全镇各级领导干部都要在推动河底改革发展的实践中创造新业绩;要在推动河底改革发展的实践中树立新形象;要在推动河底改革发展的实践中引领新风尚;为加快建设富裕河底、美丽河底、幸福河底而努力奋斗!

山西省总工会领导到该镇调研

3月23日上午,省总工会组织部杨晓梅率调研组到河底镇北庄鑫海种植专业合作社调研工会组织建设情况。杨晓梅部长指出:在农民专业合作社建立基层工会组织,是新时期工会工作的延伸发展,也是工会工作与农村经济工作的相融互动,是充分发挥工会职能作用的重大举措。通过在农业合作社建立工会组织,劳动者有了“娘家”了,工会组织壮大了,农业工人素质提高了,合作社经济发展了,也为全镇经济转型快速协调发展提供有力的智力支持和组织保障。

阳泉市妇联主席朱玉芳深入河底镇看望贫困儿童家庭

在6月22日中国儿童慈善日之际,市妇联主席朱玉芳、区女妇联主席李秀芳深入河底镇猪头垴村看望贫困儿童武敏一家。在此次慰问活动中,市妇联主席朱玉芳高度赞扬了武敏乐观向上、勇挑生活重担的精神,号召大家都来向武敏学习,在此次慰问中,市妇联向武敏授予“阳泉市十佳少年儿童”的荣誉称号。市区两极妇联共向武敏捐款2000余元,其中爱心人士年近八十的郑守梅大姐将自己变卖画作的500元稿酬赠于武敏,并鼓励她好好学习,长大也成为一名妇女干部,为广大弱势群体代言,做妇女的娘家人。

千人党员干部群众大会召开

6月25日,河底镇召开全镇千人党员干部群众大会。此次会议是继党代会、人代会之后,全镇新一届领导班子召开的又一次重要的会议。全镇所辖32个行政村两委成员、区镇党代表、人大代表、部分村民代表、党员,驻地站所、机关全体工作人员,共计1000余人参加。会上,马军军镇长从河底镇现状、发展机遇、今后主要工作、当前常抓不懈六项重点工作、总体要求等方面,对2016年全镇总体工作进行安排部署。黄瑞刚书记做了《点燃激情、凝聚人心,以滚石上山的毅力,马上就办的作风奋力开创河底各项工作的新局面》的讲话,从印象河底、优势河底、定位河底、规矩河底、和谐河底五个方面强调全镇党员干部要立规矩、树形象，崇尚担当、奉献河底，全面实施文明河底、规矩河底、宜居河底、宜业河底、平安河底、阳光河底“六大工程”。

镇妇联参加阳泉市巾帼法律援助志愿者示范培训班暨阳泉市妇联系统“六五”普法表彰会

7月3日至7月7日，河底镇妇联参加了由市司法局、市法律援助中心、市妇联联合举办的“阳泉市巾帼法律援助志愿者示范培训班”。我镇参加此次培训的有镇妇联、河底村妇联、固庄村妇联。在本次阳泉市妇联系统“六五”普法表彰大会中，我镇妇联被授予“河底镇模范存林巾帼志愿者队伍”，河底村妇联被授予“阳泉市先进妇女维权站”、固庄村任丽慧被授予“阳泉市优秀妇女信访代理员”荣誉称号。

该镇开展防汛抢险抗灾工作

7月19日下午晚19时，山底河雨水暴涨，鉴于“雨情、汛情、水情”异常多变，镇政府现场领导决定进行筑坝拦洪，根据险情共筑两道拦洪坝。20日下午13时，现场工作人员抓住降雨减弱有利时机，利用大型机械设备，对小沟、山底河关键结点进行疏通。截止20日下午4时，山底村路面河水顺利改道，进入山底河，泄洪畅通，确保了山底河沿岸人民生命财产安全。抢险中，我镇共出动抢险人员30余人，动用挖机2辆、铲车3辆、工程车2辆，启用镇政府储备抢险沙石500余方，紧急调用山底村修桥石头及矾石500方，并从河底村紧急运送黄沙500余方。此次山底防汛抢险中，该镇无一人员伤亡，灾情损失降到了最低程度。

该镇统计站开展人口抽样调查

河底镇统计站开展人口抽样调查工作。其中河底村1786户，5386人，划分为20个小区。山底村977户，2550人划分为10个小区。截止8月22日已经按时上报郊区统计局。此次调查的目的是了解2010年以来我国人口在数量、素质、结构、分布以及居住等方面的变化情况，为国民经济和社会发展规划提供科学准确的信息支持。

固庄村举办家庭才艺大赛

8月28日固庄村在纪念知青插队40周年暨固庄村庙会之际，举办首届家庭才艺大赛。此次大赛所有参赛队均以家庭为单位，参赛节目由家庭成员自行编排表演，旨在通过唱歌、歌舞、器乐、现场书法、绘画展示等不同的表演形式，把家庭文化搬上舞台，把家庭文明、家庭道德融入其中。本次活动固庄村一改往年雇戏班子唱戏的传统模式，通过庙会改革创新，以建设文明和谐幸福家庭为切入点，紧扣习近平总书记提出的重视家庭建设，营造健康向上的团结和睦氛围，体现了社会道德和文明家风的协调统一，积极探索了文化建设在区域管理现代化实践中的引领作用。

阳泉市第三届“最美家庭”表彰暨“平安文明家庭创建”推进会在固庄村举行

8月25日，阳泉市第三届“最美家庭”表彰暨“平安文明家庭创建”推进会在该镇固庄村举行。参加这次会议的有市委常委、副书记王旭明，市委办公厅副秘书长程会平，郊区常委、副书记孙毅，副区长赵旭，市妇联主席朱玉芳，市妇联副主席韩静等领导，以及各街道、乡镇妇联主席，全市52个“平安家庭”、“文明和谐”、“最美家庭”成员。此次推进会由市妇联主办，市综治办，市文明办协办，旨在表彰和奖励在2016年度全市各条战线上涌现出的“文明和谐”、“最美家庭”等，鼓励表彰他们为平安创建工作中所作出的积极贡献。

区长武建功深入该镇调研

9月4日上午，区长武建功，副区长刘瑞生、段拥军，中铁三院李建成经理，中铁十局第三标段项目部李太福经理一行到河底镇调研阳大铁路建设工作。

共青团河底镇第十四次代表大会圆满召开

11月18日上午，共青团河底镇第十四次代表大会隆重召开。镇党委副书记赵世杰、团区委副书记高连富、全镇32个行政村，各直属中学及非公企业的团员代表，优秀青年等共计80余人参加。

该镇档案工作顺利通过省二级复验

12月6日下午，市档案局副局长王宇翔、郊区档案局局长康建琴、副局长董燕军到河底镇我镇进行“山西省档案室二级”复验。验收中，检查组通过实地查看镇档案室的文书档案、会计档案、科技档案、声像档案、实物档案、专项档案、电子档案七类档案，对河底镇的档案工作给予了充分肯定，并提出今后要把档案工作列入日常管理，要有人管，有人干，使档案工作再上一个新台阶。

山西省领导莅临该镇指导农业普查工作

12月2日，省农村处副处长郭俊德、主任李怀明一行莅临河底镇牵牛镇村指导农业普查工作。指导组在区、镇统计工作人员的陪同下，实地察看了牵牛镇村农普办工作，听取了村农业普查开展的工作汇报，并与镇、村农普工作人员进行座谈。

山西省妇联主席张葆到固庄村考察妇女工作

12月8日，省妇联主席张葆在市委副书记王旭明，区委书记王明厚、妇联主席卢冬华、区妇联主席张翠花的陪同下，对河底镇固庄村的妇女工作进行了全面检查指导。近年来，固庄村的“十二星文明户”“平安一条街”成为引领全市平安创建工作的领头雁。特别是2016年全市平安创建现场会在固庄村召开，固庄村的张三虎、刘敬芳家庭被评为阳泉市第三届最美家庭,张文亮家庭被评为2016阳泉市平安家庭。

2017年

全区农业普查启动仪式在该镇举行

1月1日,郊区农业普查启动仪式在河底镇固庄村举行。副区长段永军、镇长马军军、区统计局副局长王千寿、河底镇镇长助理葛占斌参加了启动仪式。农业普查是全面了解“三农”发展变化情况的一项重大国情国力调查。此次普查重要的目的就是查清我们农业农村的基本情况掌握农村土地流转、农业生产、农业经营主体、农业规模化和产业化的新情况,反映农村发展新面貌和农民生活新变化,为我区监测、全面建成小康社会进程,服务农业现代化提供科学依据。

赵森拾金不昧受赞誉

1月15日,牵牛镇赵森捡到一钱包,钱包内有现金3000余元,银行卡数张,通过查找核实,失主在第一时间内找回财物。青年赵森拾金不昧的举动充分表现了河底镇青年的高尚情操和精神风貌,传递了正能量,让更多的人感受到温暖,感受到世间的善良、美好和正义。

镇妇联举办首届软陶培训班

1月16日,河底镇妇联联合郊区妇联、太原福娃娃软陶工作室在河底镇苇泊村举办河底镇首届软陶培训班。河底镇40余名妇女参加。此次培训旨在给广大赋闲在家的妇女寻找合适的创业就业项目,培训一批有意从事软陶制作的妇女,让软陶制作工艺品制作落户河底,软陶之花在河底镇这片土地上结出丰硕的成果。

该镇积极参加郊区旅游推介会

4月7日至8日河底镇参加郊区旅游商品、旅游产品推介会。此次推介会分别在平坦镇翠枫山和桃林沟举行,以“我说郊区好风光”为主题,共设四个环节分别是开门见山、锦上添花、各领风骚、超群绝伦进行乡镇风采PK大赛。河底镇的旅游商品推介主要是以“一沟”—燕龛沟;“一区”—温和灌区;“一山”—刘备山等景区为主,旅游产品主要围绕任字牌铁锅、晋云湖醋、玫瑰系列产品、张小虎土鸡蛋等特色产品。

镇第十二届党代会代表补选工作全面开展

按照《党章》和《中国共产党基层组织选举工作暂行条例》规定,并报区委同意,4月16日下午固庄村党支部召开党员大会,增补河底镇第十二届党代会代表。经选举,24人同意张魁福同志当选为中共河底镇第十二届党代会代表。

该镇与中广核太阳能有限公司签订土地流转协议

4月19日下午，阳泉市中广核太阳能有限公司与河底镇小沟、五架山、小西庄3村签订光伏建设用地土地流转协议。此次协议签订，标志着中广核河底100WM光伏发电项目进入实质性建设阶段。截至目前，已完成所涉7村的打点定界，正在进行小西庄地块道路建设、五架山村测量与场平等工作。

市、区文联到郊里村举办采风创作活动

5月12日，市文联和郊区文联到河底镇郊里村联合举办采风创作活动。参加活动的有市文联主席侯讵望，市文联副主席赵存珍，郊区区委常委、宣传部长田进勇，郊区文联主席米爱梅，河底镇镇长马军军等领导，以及来自市直各文艺家协会，区文艺家协会的共50余名艺术家。活动中，田进勇作了致辞和讲话。各位艺术家们走进郊里村进行采风创，激情展示了他们的绘画，书法等艺术，并到阳泉森达康农业开发中心(河底林场)参观了旅游开发项目的进展情况。各位领导针对郊里村实际，提出了发展思路、建设的合理规划及经营模式的指导意见和要求。结束后，全体合影留念。

“爱你一生一世，相约绿色河底”集体婚礼成功举办

5月20日上午，河底镇举办“爱你一生一世，相约绿色河底”集体婚礼活动。此次婚礼以“创建文明乡村，倡导易俗新风”为主题，通过开展“见证爱情、描绘爱情、爱情宣言”等环节，大力倡导勤俭节约、婚事新办、健康文明的婚庆生活方式。婚礼上区委宣传部精神文明办主任郭鑫、镇党委副书记李富军分别作为证婚人为新人们贺词。通过举办此次集体婚礼，旨在进一步推动移风易俗，婚事新办、简办的舆论风气，树立科学、文明、健康的良好社会风尚。

中共阳泉市郊区河底镇第十二届代表大会第二次会议召开

5月25日上午，河底镇召开中共阳泉市郊区河底镇第十二届代表大会第二次会议，共计177人参会(正式代表107人，列席代表70人)。会上听取了由镇党委书记张魁福同志代表中共阳泉市郊区河底镇第十二届委员会作的工作报告和由镇纪委书记武海军同志代表中共阳泉市郊区河底镇纪律检查委员会作的工作报告，并分别讨论表决通过。会中，各代表认真填写了大会提议和建议，共收到29件。经提议和建议审查小组审核，其中10件作为一般性意见，会后将专门作出答复；其余19件提议转为代表建议，并报请镇党委将按照有关规定，安排落实代表(提案)建议的办理工作。

区妇儿工委成员单位慰问上章召小学

5月27日上午，郊区妇女儿童工作委员会组织成员单位慰问了河底镇上章召小学，为学生们带去了慰问金和拳拳关爱。参加河底镇慰问活动的成员单位有：郊区统战部、郊区信息中心、郊区食药局、白泉工业园区、郊区供电局、工行郊区支行、区开发公司等7家单位。在慰问活动中，成员单位为上章召小学捐款14000元。

该镇举行首届“千年古风韵·魅力新河底”文化旅游节

6月26日上午，2017河底首届“千年古风韵?魅力新河底”文化旅游节在捞儿山举行开幕仪式。此次活动分为旅游节启动仪式、全镇旅游宣传版面展示、特色旅游产品展示、舞蹈节目表演、登山健步走活动等六个方面。活动期间，区领导及各村参赛选手迈着矫健的步伐从捞儿山山脚下出发，沿着林荫绿径，健步行走，展现了广大领导干部积极进取、蓬勃向上的精神风貌。

挽救生命之花再度绽放爱心捐款传递温暖力量

5月，河底镇山底村小女孩施欣利被查出急性淋巴细胞白血病，需要手术治疗。河底镇妇联、团委于2017年7月13日向全镇爱心人士发出了关于“爱心捐款倡议书”，立即得到了全镇爱心人士的积极响应，纷纷伸出援助之手，积极参加到这次“献爱心捐款”活动中来，点点爱心，汇聚成河，无私助人，温暖真情。共募集人民币15499元，其中现金11833.5元，微信转账3666.18元。

成功举办“共创卫生镇，喜迎十九大”集体舞大赛

10月13日，河底镇“共创卫生镇，喜迎十九大”集体舞在河底文化广场拉开帷幕。此次集体舞比赛，全镇32个行政村共33个节目参加了角逐，动感的舞蹈引来众多群众驻足观看，赢得观众阵阵热烈的掌声。经过三个小时激烈的角逐，最终固庄，河底村获得一等奖。

河底镇综治中心建成运行

作为郊区综治中心建设试点乡镇，河底镇全力推进镇、村两级综治中心建设，确保进度达标，验收合格。新的镇综治中心在原有镇社会服务管理中心的基础上按照新标准改造提升，投入资金四万余元，改造面积近400平方米，目前主体工程施工完毕。新建综治办公室、视频监控室、心理服务室，改造了群众接待大厅，硬件设施提质上档，办公环境明显改善。

两委换届顺利进行

10月到12月，河底镇圆满完成了农村党支部、十一届村民委员会换届选举工作。10月至12月底，河底镇党委政府制定了切实可行的两委换届选举实施方案，早动员。早部署，确保按时平稳得完成了这次农村两委换届选举任务。

该镇深入学习中共十九大精神

进一步推进“两学一做”学习教育常态化制度化、维护核心见诸行动主题教育。11月21日，正值河底镇32个村顺利完成农村支部换届工作之际，河底镇召集各村新一届支部班子成员、村委会主任、党政班子成员及机关全体共计150余人集中学习十九大工作报告。镇党委书记张魁福作《新时代、新思想、新征程》的党课宣讲。

山底村获全国文明村称号

10月，在国家精神文明委员会开展的全国第三批精神文明奖评选中，山底村荣获全国精神文明村称号。

2018年

年度经济工作暨全镇干部大会召开

3月3日，河底镇组织召开2018年全镇经济工作暨全镇干部大会。会上镇长马军军总结2017年经济工作所取得的成绩，精辟地分析了当前的经济形势，并对2018年的经济工作提出了奋斗目标和明确要求。镇党委书记张魁福强调，一是加快思想再解放。二是加快体制机制再变革。三是加快领导方式再创新。四是加快干部素质再提升。

镇妇联举办“传家训树家风”家庭故事讲述会

5月25日下午，河底镇妇联“传家训树家风”我的家庭故事讲述会在镇大会议室拉开帷幕。参加这次讲述会的有10个村的妇联主席，她们围绕孝敬公婆、扶助丈夫、教育子女等方面讲述了自己的家庭故事，本次讲述会采用评委打分结合大众评委投票的方式，最终郊里村王海媚获得“最美人心”奖；上章召村韩珍珍、苇泊村苏利花获得“最美故事”奖；山底村张莲凤、燕龛村程芝莲、关家峪村李风云获得“最佳讲述”奖；牵牛镇村黄海英、邓家峪村张亚素、任家峪村任芝青、苏家泉村闫素云获得“优秀讲述”奖。本次讲述会旨在通过讲述的方式将我的家风家训亮出来，向典型学习，教育大家传承好家训，树立好家风。

集体产权制度改革工作现场观摩推进会暨固庄村股份经济合作社成立大会召开

5月29日，河底镇召开集体产权制度改革工作现场观摩推进会暨固庄村股份经济合作社成立大会。本次大会参会股民通过举手表决的方式通过了《固庄村股份经济合作社章程》、《股东代表选举办法》，并以无记名投票的方式选出了股东代表25人。随后召开股东代表会议，选出了由3人组成的理事会和3人组成的监事会。固庄村股份经济合作社为河底镇的第一个股份经济合作社。

镇村两级干部分期赴江浙等地进行参观培训

5月11日至24日，河底镇组织机关科级干部、“两委”主干约六十多名学员分两期到江浙等地进行参观培训，先后到江苏永联村、江阴长江村、华西村、蒋巷村、青蛙村、沙家浜红色教育基地，浙江滕头村等地进行学习参观。邀请了永联村经济合作社常务副社长宋兴祥、党总支书记蒋志兵为学员详细介绍了全国优秀乡村发展的历史与经验，确保此次培训取得“真经”。

山西阳泉智慧生态医养敬老工程产业园项目在固庄村奠基

6月23日，2018年阳泉郊区十大重点项目山西阳泉智慧生态医养敬老工程产业园项目，在固庄村奠基开工。山西阳泉智慧生态医养敬老工程产业园项目，是郊区2018年十大重点项目，也是中国航天建设集团打造的“军民融合产业化”重点项目。项目总投资13.6亿元，占地508亩，总建筑面积约42万平方米，设计床位3001张。项目将充分利用本地多元优势，为老龄群体打造以养老和医疗相结合的智能、生态、多功能的敬老工程示范基地。工程包括建设老年公寓区、公共服务区、配套设施区和养老产业人才培训中心。项目建成后，可带动2000余人的就业和相关产业发展。项目的建设对于推动全区经济转型升级、实施创新驱动战略，将产生重要的示范、引领、带动作用。

镇文联成立并召开第一次代表大会

7月19日，阳泉市成立第一家乡镇文联——河底镇文联。在成立大会上，全体代表选举产生了河底镇文联第一届理事会理事、常务理事、主席团成员、主席、副主席、主席团任命了秘书长、副秘书长。青龙古镇，文人辈出，老中青三代艺术家们用卓越的才华和对这片土地深厚的热爱谱写了一曲曲艺术华章，为全市、全区的文艺繁荣做出了自己的贡献。新成立的河底镇文联将履行自己的职能：团结引导、联络协调、服务管理、自律维权，团结和带领全镇的艺术工作者，点燃他们艺术创作的热情，凝聚他们艺术的成果，恪尽职守、不负众望，让青龙古镇的艺术之花常开不败！让青龙古镇的艺术作品走出郊区，走出娘子关、走向全国。

编 后 记

《河底镇志》的编写始于2014年6月，经过3年多时间的紧张工作，于2017年12月完成志书初稿编纂。

《河底镇志》整个编写过程，主要分三个阶段：第一阶段从2014年4月至2014年6月为酝酿启动阶段。中共河底镇党委、政府酝酿后作出编纂决定，随后原河底镇党委书记段拥军、镇长任志刚亲赴郊区地方志办公室与有关负责人进行座谈交流，共同就修志的有关问题进行了深入细致的探讨研究，提出基本思路：由河底人修河底志，由区地方志办公室全程负责志书的技术指导和业务培训，由镇政府全权负责编写队伍的组建、经费的筹措以及相关环节的后勤保障工作。

2014年5月26日，成立由镇党委、镇政府主要领导及各职能部门负责人组成的镇志编纂委员会，同时出台了镇志编纂实施方案。6月6日在镇政府会议厅召开动员会，区镇村有关部门60余人参加。会议对镇志的编修工作做出了具体的安排部署，并成立了《河底镇志》编纂委员会。会后又专门召开了相关人员的工作培训会，区政协副主席兼区地方志办公室主任杨济才对所有参编人员进行了编前培训，区地方志办公室支部书记侯晋元根据《河底镇志》的编纂方案起草了镇志编目及凡例，随后提交镇志编委会进行审查讨论。

根据编写方案要求和编纂工作需要，河底镇党委政府在广泛征求社会各界的前提下，确定了初编人员名单及可承担的章节编纂任务。即，杨济才负责概述后记及志书定稿；侯晋元负责自然环境、农业；马根全负责大事记、民间习俗；郭占升负责古镇渊源、交通信息和传媒；翟拴富负责经济综述、工业；郭彦斌负责村镇建设、经济体制变革、文献杂录；闫冰负责人口、社会生活；高瑞清、史化镇、葛锦馨负责商业贸易、经济管理、财税金融；傅海川、史虎生负责党派群团、政权组织；陈益廉负责武装军事、卫生计生；段书平负责科技教育；史存寿负责公安司法；郭俊钦负责文化、文物古迹、人物相关章节的资料收集及初稿编写。

第二阶段从2014年6月到2015年6月为志书资料的收集和初编阶段。根据所承担的编写任务，各参编人员很快介入工作，积极主动地深入到各村及相关部门进行资料征集。各行政村按照镇党委、镇政府在动员会上的安排部署,责成专人走街串巷,进家入户对第一手资料进行征集,并对一些有关重要人物事件的历史线索进行了翔实细致地了解和核实。在此过程中,一些离退休老干部、老同志和热心史志事业的文人学者,不辞劳苦、不讲条件、风雨无阻、勤奋敬业,对所涉及编写内容的相关资料进行了搜集挖掘;一些在职国家工作人员,利用本职工作之余,积极投身镇志相关资料的整理和收集,他们主动把日常工作中涉及河底的有关文献资料、档案资料、多媒体资料和一些实物资料进行了拍照登记,分类汇集后与编纂人员进行了资料分享。

经过近一年时间的紧张工作,到 2015 年 6 月资料征集初步完成,志稿初纂有序进行。其间,镇党委、政府主要领导人更替频繁,修志队伍思想一度波动较大,志书编纂写写停停,进度缓慢。2016 年 9 月,志书草稿成稿并分发到参编人员手中,进行相互交流,作进一步修改完善,鉴于有些章节内容资料缺失严重,留存空白较多。编委会多次召开编纂工作会议,共同研究探讨解决编纂过程中遇到的有关问题,并达成了广泛共识,保证了志书编纂工作的顺利进行。

第三阶段,志书总纂成稿阶段(2016 年 12 月到 2017 年 12 月)。志书在草稿完成的基础上,为了加快进度,经编委会研究决定,总纂成稿责成区地方志有关专业编辑人员和曾经有过编修经验的相关人员对志书编纂进行总纂。对原有人员进行了调整,新增了王永清、云霞、王周成、葛瑞夏、任爱凤等编校人员。这些同志以河底镇历史发展脉络走向为主线,以地方志行文规范为依据,对全书进行了幅度较大的修改,包括章节的重新编排和内容的再次增删。

经过以上编纂人员认真负责地修改完善,志书最终形成征求意见稿,并送达区镇村党政领导和有关部门以及对河底历史发展情况比较熟悉的专家学者,广泛征求社会各界的意见和建议。结合所收回征求意见以及见稿修改情况,编纂人员对其所对应相关部分再次作了修改补充,对志书资料再次作了认真的核对、甄别和考证。2018 年年初,经编委会同意,报方志出版社进行审读。

在志书的编纂过程中,河底镇各行政村历任老干部、老同志以及有关文史爱好者为本志提供了大量的实物资料和口碑史料;区地方志、区党史研究室、区档案馆、区统计局等单位为本志提供了不少珍贵的文献资料,特别是参与志书编纂的工作人员,怀着热爱家乡、奉献家乡、讴歌家乡的家乡情怀,以高度负责的敬业精神,任劳任怨、凝心聚力、团结协作、精心工作,有力地保证了志书编纂工作的顺利进行和圆满完成。在此,镇志编委会一并向以上这些同志致以崇高的敬意和衷心的感谢!

当然，对于编委会来说，镇志编纂在全区尚属首次，既无可供借鉴的成功经验、也无一支高素质的专业编纂队伍，加之河底镇域区划变更频繁、档案资料留存较少、志书必要资料相对不足，这些给志书编纂工作带来了很多问题和困难，因此，志书中存在错误缺点在所难免，肯定不尽如人意，恳请方家批评指正。

《河底镇志》编纂委员会

2018 年 11 月 17 日